Gestão Ambiental e Sustentabilidade no Turismo

Gestão Ambiental e Sustentabilidade no Turismo

ARLINDO PHILIPPI JR.
DORIS VAN DE MEENE RUSCHMANN

EDITORES

Universidade de São Paulo
Faculdade de Saúde Pública
Faculdade de Arquitetura e Urbanismo
Escola Politécnica
Centro de Capacitação e Pesquisa em Meio Ambiente
Universidade do Vale do Itajaí

Copyright © 2010 Editora Manole Ltda., conforme contrato com os autores.

SECRETARIA EDITORIAL
Maria Vanda Arakilian

PRODUÇÃO EDITORIAL
Editora Manole

CAPA
Nelson Mielnik e Sylvia Mielnik

PROMOÇÃO E REALIZAÇÃO
Faculdade de Saúde Pública da USP
Faculdade de Arquitetura e Urbanismo da USP
Escola Politécnica da USP
Cepema-USP
Universidade do Vale do Itajaí

FOTOS DA CAPA
Ana Maria da Silva Hosaka
Opção Brasil Imagens

PROJETO GRÁFICO E DIAGRAMAÇÃO
Acqua Estúdio Gráfico

DADOS INTERNACIONAIS DE CATALOGAÇÃO NA PUBLICAÇÃO (CIP)
(CÂMARA BRASILEIRA DO LIVRO, SP, BRASIL)

Gestão ambiental e sustentabilidade no turismo / Arlindo Philippi Jr.,
Doris van de Meene Ruschmann, editores – Barueri, SP: Manole, 2010. –
(Coleção Ambiental, v.9)

Vários autores.
Bibliografia
ISBN 978-85-204-2497-1

1. Desenvolvimento sustentável 2. Ecoturismo 3. Gestão ambiental 4. Meio
ambiente 5. Proteção ambiental 6. Turismo – Administração 7. Turismo –
Planejamento I. Philippi Jr., Arlindo. II. Ruschmann, Doris. III. Série.

09-00739   CDD-338.4791

Índices para catálogo sistemático:
1. Turismo: Gestão ambiental e sustentabilidade: Economia: 338.4791

Todos os direitos reservados.
Nenhuma parte deste livro poderá ser reproduzida, por qualquer
processo, sem a permissão expressa dos editores.
É proibida a reprodução por xerox.

1ª edição – 2010
A Editora Manole é filiada à ABDR – Associação Brasileira de Direitos Reprográficos

Direitos adquiridos pela:
Editora Manole Ltda.
Av. Ceci, 672 – Tamboré
06460-120 – Barueri – SP – Brasil
Fone: (011) 4196-6000 – Fax: (011) 4196-6021
www.manole.com.br
info@manole.com.br

Impresso no Brasil
Printed in Brazil

O Centro de Capacitação e Pesquisa em Meio Ambiente da Universidade de São Paulo (Cepema-USP), localizado em Cubatão (SP), é um centro dedicado à pesquisa, capacitação e educação. Seus prédios e instalações foram construídos pela Petrobras, como parte de compensação ambiental à cidade de Cubatão.

A missão principal do Cepema-USP é oferecer ambiente multidisciplinar para pesquisas dedicadas ao equacionamento e à solução de questões ambientais em harmonia com os setores público e privado da sociedade.

Concebido como centro voltado à pesquisa e orientado a projetos, o Cepema-USP constitui-se em ambiente fértil para conjugação de esforços de pesquisa interdisciplinar. Estudos visam produzir inovações e desenvolver estratégias de uso sustentável de recursos naturais que envolvem minimização de impactos ambientais; racionalização do uso de água e energia; aperfeiçoamento e otimização de processos; prevenção e redução de poluição; desenvolvimento e avaliação de processos de gestão ambiental.

A presente publicação contribui para reflexões, experiências técnicas e inovações relacionadas à gestão ambiental aplicadas ao turismo em bases sustentáveis e constitui-se em espaço estimulado pelo Cepema.

Conselho Consultivo

Antonio Esio Brascian, Arlindo Philippi Jr., Carlos Frederico Martins Menck, Claudio Augusto Oller do Nascimento, Frank Quina, Jorge Alberto Soares Tenório, Luiz Carlos de Sá Rocha, Marcelo de Andrade Romero, Maria de Fátima Andrade, Marcus Vinicius de Mello, William França.

EDITORES

Arlindo Philippi Jr.
Doris van de Meene Ruschmann

AUTORES

Adriano Lucchesi Pires Bastos
Atlantic Connection Travel

Alcyane Marinho
Universidade do Estado de Santa Catarina (Udesc)

Ana Luisa Howard de Castilho
Editora Neotropica

Ana Maria da Silva Hosaka
Editora Manole

Ana Tereza Tessari Vicente
Universidade do Vale do Itajaí (Univali)

Anete Alberton
Universidade do Vale do Itajaí (Univali)

Anna Júlia Passold
Instituto Ekos Brasil

Arlindo Philippi Jr.
Faculdade de Saúde Pública da USP

Athos Henrique Teixeira
Universidade do Vale do Itajaí (Univali)

Beatriz Veroneze Stigliano
Universidade Federal de São Carlos (UFSCar)

Carlos Alberto Barbosa de Souza
Universidade do Vale do Itajaí (Univali)

Carlos Alberto Cioce Sampaio
Universidade Regional de Blumenau (Furb)

Carlos Alberto Tomelin
Universidade do Vale do Itajaí (Univali)

Carlos Ricardo Rossetto
Universidade do Vale do Itajaí (Univali)

Carolina Braghirolli
Faculdade Estácio de Sá-SC

Carolina Piccin Silberberg
Sistema Assessoria Ambiental

Caroline Valença Bordini
Ruschmann Consultores

Daniella Mac Dowell
Sistema Assessoria Ambiental

Delsio Natal
Faculdade de Saúde Pública da USP

Diego do Nascimento Bastos
Universidade Federal do Rio de Janeiro (UFRJ)

Dores Cristina Grechi
Universidade Estadual do Mato Grosso do Sul (UEMS)

Doris van de Meene Ruschmann
Universidade do Vale do Itajaí (Univali) e
Escola de Comunicações e Artes da USP

Edlaine Faria de Moura Villela
Faculdade de Saúde Pública da USP

Elaine Ferreira
Universidade do Vale do Itajaí (Univali)

Elenara Viera de Viera
Universidade do Vale do Itajaí (Univali)

Emílio Lèbre La Rovere
Universidade Federal do Rio de Janeiro (UFRJ)

Ernesto Hsieh
Pousada Coração da Mata

Éverton Luís Pellizzaro de Lorenzi Cancelier
Universidade do Vale do Itajaí (Univali)

Fernando Fernandes da Silva
Universidade Católica de Santos

Flavia Mastrobuono
Universidade Anhembi Morumbi

Francisco Antonio dos Anjos
Universidade do Vale do Itajaí (Univali)

Gilda Collet Bruna
Universidade Presbiteriana Mackenzie

Gregório Jean Varvakis Rados
Universidade Federal de Santa Catarina (UFSC)

Helena Ribeiro
Faculdade de Saúde Pública da USP

Heliana Vilela de Oliveira Silva
Universidade Federal do Mato Grosso (UFMT)

Heros Augusto Santos Lobo
Universidade Estadual Paulista Julio de Mesquita Filho

Hildemar Silva Brasil
Escola de Comunicações e Artes da USP

Izabella Mônica Vieira Teixeira
Secretaria de Estado do Meio Ambiente-RJ

João Edson Fagundes

Fundação Itajaiense de Turismo (Fitur)

Joaquim Rondon da Rocha Azevedo

JHS Construtora

José Roberto da Silva Lunas

Universidade Estadual do Mato Grosso do Sul (UEMS)

Josildete Pereira de Oliveira

Universidade do Vale do Itajaí (Univali)

Karina Toledo Solha

Escola de Artes, Ciências e Humanidades da USP

Leandro Bertoli Neto

Santa Catarina Turismo S.A.

Lindemberg Medeiros de Araujo

Universidade Federal de Alagoas (Ufal)

Lineu Belico dos Reis

Escola Politécnica da USP

Luciana Carla Sagi

Ruschmann Consultores

Lucila Maria de Souza Campos

Universidade do Vale do Itajaí (Univali)

Luiz Fernando Ferreira

Ministério do Meio Ambiente

Marcelo de Andrade Roméro

Faculdade de Arquitetura e Urbanismo da USP

Marcia Faria Westphal

Faculdade de Saúde Pública da USP

Maria Cassiana Borin Sanche

Instituto Educacional Bom Jesus/Ielusc

Maria Cecília Focesi Pelicioni

Faculdade de Saúde Pública da USP

Maria do Carmo Barêa Coutinho

Universidade Católica de Brasília

Maria José Barbosa de Souza

Universidade do Vale do Itajaí (Univali)

Marta Poggi e Borges

Universidade Metodista de Piracicaba (Unimep)

Oswaldo Dias dos Santos Junior

Centro Universitário Curitiba

Patrícia Cristina Statella Martins

Universidade Estadual do Mato Grosso do Sul (UEMS)

Paulo dos Santos Pires

Universidade do Vale do Itajaí (Univali)

Priscilla Jacqueline Zimmermann Weidgenant

Universidade do Vale do Itajaí (Univali)

Rafaela Gonçalves Rosa

Empreendimento Ilha de Porto Belo

Renata Ferraz de Toledo

Instituto Nacional de Pesquisas da Amazônia (Inpa)

Sabrina Rodrigues de Sousa

Escola de Engenharia de São Carlos da USP

Sara Joana Gadotti dos Anjos

Universidade do Vale do Itajaí (Univali)

Savanna da Rosa Ramos

Centro Universitário Maringá (Cesumar)

Sebastião Roberto Soares

Universidade Federal de Santa Catarina (UFSC)

Silvana Audrá Cutolo

Faculdade de Saúde Pública da USP

Sílvia Regina Cabral

Universidade do Vale do Itajaí (Univali)

Silvia Regina Morel Corrêa

Universidade Federal do Rio Grande do Sul (UFRGS)

Sônia Maria Sfair Kinker

Secretaria do Meio Ambiente-PA

Tadeu Fabrício Malheiros

Escola de Engenharia de São Carlos da USP

Tristão Sócrates Baptista Cavalcante

Centro Universitário do Norte (Uninorte)

Valdir Fernandes

Faculdade de Saúde Pública da USP

Valmir Emil Hoffmann

Universidade do Vale do Itajaí (Univali)

Vinicius Lino Rodrigues de Jesus

União Pioneira de Integração Social (Upis)

Os capítulos expressam a opinião dos autores, sendo de sua exclusiva responsabilidade.

Sumário

Prefácio XV

Apresentação XIX

PARTE I – GESTÃO, POLÍTICA, PLANEJAMENTO E SUSTENTABILIDADE

Capítulo 1
Turismo e meio ambiente: relação de interdependência 3
Paulo dos Santos Pires

Capítulo 2
Papel do poder público para o turismo sustentável 31
Karina Toledo Solha

Capítulo 3
Papel dos órgãos públicos no incentivo à adoção do *ecodesign* 45
Joaquim Rondon da Rocha Azevedo

Capítulo 4
Desenvolvimento turístico e sustentabilidade ambiental 63
Helena Ribeiro, Beatriz Veroneze Stigliano

Capítulo 5
Turismo internacional e proteção do patrimônio cultural e natural
da humanidade 83
Fernando Fernandes da Silva

Capítulo 6
Hospitalidade & sustentabilidade 97
Ernesto Hsieh

Capítulo 7
A classificação como indutora do processo de qualificação
da oferta hoteleira no Brasil 109
Leandro Bertoli Neto

Capítulo 8
Planejamento e gestão sustentável do turismo: contexto social,
métodos e enfoques 127
Francisco Antonio dos Anjos, Sara Joana Gadotti dos Anjos,
Gregório Jean Varvakis Rados

Capítulo 9
Planejamento e gestão de turismo comunitário sustentável:
metodologias PEC & SiGOS 151
Carlos Alberto Cioce Sampaio, Valdir Fernandes, Arlindo Philippi Jr.

Capítulo 10
Avaliação ambiental estratégica no turismo 173
Emílio Lèbre La Rovere, Diego do Nascimento Bastos,
Heliana Vilela de Oliveira Silva, Izabella Mônica Vieira Teixeira

Capítulo 11
Aplicação da análise multicritério para avaliação
da sustentabilidade em empreendimentos turísticos 203
Sebastião Roberto Soares, Sabrina Rodrigues Sousa

Capítulo 12
Turismo e riscos à saúde 233
Edlaine Faria de Moura Villela, Delsio Natal

PARTE II - ECOTURISMO E SUSTENTABILIDADE

Capítulo 13
Unidades de conservação: aspectos históricos e conceituais 263
Ana Maria da Silva Hosaka

Capítulo 14

Educação para o turismo: turistas e comunidade 301

Maria Cecília Focesi Pelicioni, Renata Ferraz de Toledo

Capítulo 15

Potencial turístico e saneamento ambiental em unidades
de conservação 313

Silvana Audrá Cutolo, Tadeu Fabrício Malheiros, Arlindo Philippi Jr.

Capítulo 16

Ecoturismo: a importância da capacitação profissional
do condutor ambiental local 349

Luiz Fernando Ferreira, Maria do Carmo Barêa Coutinho

Capítulo 17

Visitação sustentável em unidades de conservação 383

Anna Júlia Passold, Sônia Maria Sfair Kinker

Capítulo 18

Roteiros turísticos em unidades de conservação 417

Adriano Lucchesi Pires Bastos

Capítulo 19

Turismo de aventura em unidades de conservação 439

Alcyane Marinho

Capítulo 20

Infra-estrutura viária e turismo em unidades de conservação 461

Josildete Pereira de Oliveira, Oswaldo Dias dos Santos Junior

Capítulo 21

Marketing de relacionamento: força competitiva
para agências de viagens 477

Carlos Alberto Tomelin, Athos Henrique Teixeira

Capítulo 22

Turismo, proteção ambiental e sustentabilidade 499

Gilda Collet Bruna

GESTÃO AMBIENTAL E SUSTENTABILIDADE NO TURISMO

PARTE III - GESTÃO AMBIENTAL EM ORGANIZAÇÕES TURÍSTICAS

Capítulo 23
Gestão ambiental de empreendimentos turísticos 533
Lindemberg Medeiros de Araujo

Capítulo 24
Canais de distribuição em turismo & hotelaria:
mudanças e perspectivas 557
Éverton Luís Pellizzaro de Lorenzi Cancelier, Maria Cassiana Borin Sanche

Capítulo 25
Redes de empresas e instituições de suporte ao turismo:
teoria e prática 575
Valmir Emil Hoffmann, Carolina Braghirolli, Lucila Maria de Souza Campos

Capítulo 26
Atores e práticas de sustentabilidade ambiental
em empreendimentos hoteleiros 603
Elenara Viera de Viera, Valmir Emil Hoffmann

Capítulo 27
Infra-estrutura básica como fundamento do turismo
sustentável 633
Lineu Belico dos Reis

Capítulo 28
Redução do consumo de energia em empreendimentos
hoteleiros 659
Marcelo de Andrade Roméro

Capítulo 29
Conforto ambiental na hospedagem da terceira idade 673
Carlos Alberto Barbosa de Souza, Silvia Regina Morel Corrêa

Capítulo 30
Eventos como estratégia para o desenvolvimento
de organizações turísticas 687
Savanna da Rosa Ramos, Anete Alberton

SUMÁRIO **XIII**

Capítulo 31
Dimensionamento de eventos turísticos e sustentabilidade 713
Flavia Mastrobuono

Capítulo 32
Gestão ambiental e responsabilidade social em eventos 735
Carolina Piccin Silberberg, Daniella Mac Dowell

Capítulo 33
Responsabilidade social em organizações turísticas.......................... 755
Maria José Barbosa de Souza, Elaine Ferreira

PARTE IV - ESTUDOS DE CASO

Capítulo 34
Políticas públicas para desenvolvimento do lazer: um modelo
referencial 777
Doris van de Meene Ruschmann, Caroline Valença Bordini,
Luciana Carla Sagi, Vinicius Lino Rodrigues de Jesus

Capítulo 35
Projeto Gentis Orientadores: preservação, conservação
e turismo na Ilha de Porto Belo, SC 795
Carlos Alberto Tomelin, Sílvia Regina Cabral, Ana Tereza Tessari Vicente

Capítulo 36
Sustentabilidade como estratégia de desenvolvimento:
Ilha de Porto Belo, SC 811
Doris van de Meene Ruschmann, Rafaela Gonçalves Rosa,
Priscilla Jacqueline Zimmermann Weidgenant

Capítulo 37
Turismo em Paranapiacaba: revitalizando a economia
e reabilitando a Vila 843
Ana Luisa Howard de Castilho

Capítulo 38
Sustentabilidade e competitividade: Águas de São Pedro 871
Marta Poggi e Borges

GESTÃO AMBIENTAL E SUSTENTABILIDADE NO TURISMO

Capítulo 39
Turismo religioso e sustentabilidade 889
João Edson Fagundes

Capítulo 40
Autogestão e controle de visitantes: *voucher* unificado
em Bonito, MS 913
Dores Cristina Grechi, Heros Augusto Santos Lobo,
Patrícia Cristina Statella Martins, José Roberto da Silva Lunas

Capítulo 41
Adaptação de hotel de selva para o ecoturismo na Amazônia 933
Carlos Ricardo Rossetto, Tristão Sócrates Baptista Cavalcante

Capítulo 42
Produção turística em cidades saudáveis: Fernando de Noronha 957
Marcia Faria Westphal, Hildemar Silva Brasil

Índice Remissivo 997

Dos editores e autores 1009

Prefácio

A curiosidade humana é a força motriz da atividade de visitação que a história viria a batizar de turismo. O ímpeto de explorar novos espaços, de diversificar o repertório de experiências e memórias é uma propriedade natural do ser humano, ainda que as condições de vida no passado tenham sido altamente restritivas às práticas de turismo. Além dos freqüentes conflitos bélicos, da precariedade dos meios de transporte e do perigo iminente das viagens, as atividades de lazer não eram observadas como um direito ou uma necessidade, mas uma regalia de pouquíssimos. Mesmo depois da abolição dos regimes escravocratas, por centenas de anos predominou a cultura do trabalho como redenção humana, o que logicamente convertia o ócio em um desvio do que se entendia ser a finalidade da existência. Dando um salto na história, o lazer, há menos de dois séculos, ainda não cabia no conceito utilitarista que regia o uso do tempo. A educação repetia o credo da cultura industrial, na qual a atividade humana precisava convergir para fins produtivos, mas não necessariamente promotores de felicidade.

Desde então, temos assistido a profundas transformações, tanto desencadeadas por um crescente processo de prosperidade material das sociedades e de seu poder de consumo de bens e serviços, quanto impulsionadas pelo fantástico desenvolvimento dos meios de comunicação e, notadamente, dos de transporte. Nessa simbiose histórica, tem prosperado uma cultura mais adepta ao lazer, que encontra na atividade turística uma de suas opções mais atraentes. A mobilidade conquistada pelo homem fez redimensionar o impacto de sua presença e, de certo modo, globalizar seus efeitos. Paris, o maior destino turístico do mundo, com 16 milhões de turistas por ano, é o exemplo mais expressivo, pois convive permanentemente com uma população visitante de mais de um milhão de pessoas por mês. É um contingente que duplica o seu poder de impactação ambiental. Um problema que se agrava, porque o turismo não só se consolidou como uma atividade da cultura contemporânea, mas também porque se firmou como um relevante gerador de receitas e de emprego, fenômeno marcante, aliás, em todo o setor terciário. Logo, há um esforço sem precedente na exploração do turismo como alternativa ao progressivo desemprego funcional derivado dos processos de informatização e robotização. Em um momento histórico em que a humanidade percebe mais lucidamente as conseqüências nefastas de sua presença no mundo, a questão que emerge, com urgência e força, é se os empreendimentos e atividades turísticas, assim como o poder público, estão comprometidos – e em que grau – com o desenvolvimento sustentável do turismo, o que pressupõe necessariamente a inserção do tema gestão ambiental em seu planejamento de ações.

Sobre esse grande desafio para a humanidade se concentra esta obra – um amplo painel que compila estudos sobre a relação dicotômica e interdependente entre gestão ambiental e sustentabilidade do turismo. É um trabalho que já nasce como guia referencial, dado o espectro de abordagens e a diversidade de autores que subscrevem a obra.

Nela, encontramos primeiramente o esforço de muitos dos autores na caracterização da relação de interdependência entre turismo e meio ambiente, como forma de consolidar a perspectiva sustentável com que as atividades e os empreendimentos turísticos deveriam ser convenientemente geridos. Imprescindível nessa tarefa, autores ressaltam o papel articulador ou mediador do poder público na gestão ambiental, ao mesmo tempo em que denunciam a falta ou o insucesso das políticas públicas na implementação do turismo sobre bases sustentáveis, seja pela falta de recursos, seja pela baixa qualificação dos gestores públicos. Um sintoma dessa deficiência dos gestores está, por exemplo, no escasso estímulo à adoção do *ecodesign*, proposta que pode não apenas assegurar o cumprimento de princípios de responsabilidade social e ambiental, mas também garantir o sucesso de empreendimentos turísticos ao conferir sustentabilidade às iniciativas e ao elevar significativamente sua competitividade.

Gestão Ambiental e Sustentabilidade no Turismo expõe a preocupação ante o perigoso processo de mercadorização da natureza estimulado pelo turismo, que pode romper frágeis limites sustentáveis e impor estados irreversíveis de degradação ambiental. Outra ameaça potencial aqui apontada é a descaracterização de comunidades e suas culturas ancestrais no afã de adequarem-se a imposições de mercado, em detrimento dos valores tradicionais que deram origem ao seu apelo turístico.

A identificação dessa e de outras problemáticas serve como ponto referencial para propostas de gestão sustentável apresentadas pelos autores. Dessa perspectiva depende especialmente a manutenção de unidades de conservação ambiental passíveis de exploração turística e de espaços integrantes do patrimônio cultural da humanidade, uma preocupação acentuada por incidentes como o de 2001, por exemplo, quando o governo afegão liderado pelos Talibans destruiu duas relíquias do século V – estátuas gigantescas de Buda, uma de 53 e outra de 38 metros de altura, esculpidas em montanhas de pedra na Província de Bamiyan.

Esta obra busca referendar alternativas efetivas de gestão sustentável do turismo. Aponta, entre outros, a necessidade de introdução de um novo conceito de hospitalidade, na qual a oferta de serviços esteja adaptada e dimensionada a princípios de sustentabilidade, contrariando posturas atuais de desperdício e impactação ambiental nas áreas de uso dos espaços de hospedagem. Recomenda, também, a adoção de práticas de classificação hoteleira como forma de induzir o processo de qualificação dos Meios de Hospedagem do Turismo (MHT), na medida em que valoriza e distingue seus diferenciais de qualidade.

É uma obra que dá espaço a abordagens inovadoras, como a que estabelece a relação entre turismo e saúde, indicando o risco que a atividade representa nas estratégias mundiais de controle sanitário, o que, por outro lado, pode se tornar uma oportunidade vantajosa para empreendimentos ou *trades* que valorizam e apóiam a implementação de medidas preventivas de saúde.

Ainda na temática sanitária, os autores se esforçam em apontar as deficiências nos sistemas de saneamento e o seu conseqüente grau de impacto, principalmente nas unidades de conservação, espaços com imenso potencial turístico, porém mais suscetíveis aos reflexos da ocupação humana.

Embora seja natural objeto desta obra diagnosticar ameaças e riscos na relação meio ambiente-turismo, seu caráter fortemente propositivo fica evidente ao subsidiar, tecnicamente, alternativas de promoção sustentável do turismo. Há ênfase nas unidades de conservação, sobre as quais os autores exploram aspectos da sustentabilidade nas atividades de visitação, definição de roteiros, na implementação do turismo de aventura e nas condições de infra-estrutura viária.

A efetivação de tais propostas está condicionada à resposta do poder público, mas especialmente à adoção, pelos agentes turísticos, de práticas socialmente responsáveis. E nesse item, percebemos o destaque que os autores conferem às iniciativas motivadas por esse senso de responsabilidade, traduzido em políticas privadas de gestão que tomam a sustentabilidade como critério na implementação de seus projetos. Iniciativas como a redução do consumo de energia nos empreendimentos turísticos e o dimensionamento sustentável dos eventos são dois exemplos que ilustram uma perspectiva de responsabilidade social em ascensão. É uma postura evidenciada em eventos, cada vez mais popularizados, em que a impactação ambiental é admitida por seus organizadores, que propõem medidas compensatórias ou de minimização de seus efeitos. Trata-se de uma estratégia que pode ser entendida como marketing oportunista, mas que acaba por disseminar a proveitosa idéia de que todo indivíduo deve se responsabilizar social e ambientalmente.

Para desfecho desta obra abrangente e multiangular, alguns estudos de caso são apresentados, descrevendo experiências que podem sinalizar, por seus acertos ou erros, alternativas mais eficazes de gestão sustentável no turismo. O conjunto é uma contribuição preciosa, pois municia reflexões e práticas demandadas por um mundo em evidente encruzilhada histórica, hoje posicionado entre a lógica inconseqüente de um sistema econômico que se mostra autofágico e a árdua opção por um modelo de desenvolvimento que concilie prosperidade com a promessa de futuro para a humanidade.

O turismo, pela natureza de sua atividade, precisa liderar os esforços de consolidação de práticas ambientalmente sustentáveis. E por dois motivos primordiais: primeiro, porque sua sustentabilidade depende visceralmente da manutenção de boas condições ambientais e de uma relação harmonizada entre as atividades turísticas e as peculiaridades culturais e tradicionais das comunidades; segundo, porque o êxito do turismo sustentável pode exercer efeito multiplicador, replicando seu modelo em outras áreas produtivas, de modo a instaurar uma ordem econômica fundada não mais na ditadura do lucro danoso e irresponsável, mas no equilíbrio racional entre as demandas humanas e a saúde do meio ambiente.

José Roberto Provesi
Reitor da Universidade do Vale do Itajaí (Univali)

Apresentação

Inegavelmente, o turismo e suas atividades associadas vêm ocupando um espaço cada vez maior na agenda da sociedade em termos sociais, econômicos e ambientais, com reflexos profundos no ambiente de negócios, no lazer, na dinâmica de regiões, influenciando e sendo influenciados por decisões políticas.

Esta situação tem demonstrado que o estabelecimento de políticas no âmbito das decisões de caráter público e privado, envolvendo governos, empresas e sociedade civil, demanda por reflexões, conhecimentos e práticas que contribuam para um desenvolvimento sustentável, apoiado em princípios que tragam viabilidade econômica, justiça social e equilíbrio ambiental a todo um conjunto de ações e atividades relacionadas ao turismo.

Com base nestas premissas, esta publicação se propõe a trazer o concurso de acadêmicos e profissionais, professores e pesquisadores relacionados ao estudo e a prática da gestão do turismo, com ênfase na questão ambiental e alicerçada na expectativa da sua sustentabilidade, sendo constituída de 42 capítulos, agrupados em quatro partes.

A Parte I, contendo doze capítulos, desenvolve aspectos relacionados a política, planejamento e gestão voltados à perspectiva da sustentabilidade do turismo. São abordados a interdependência entre turismo e meio ambiente; desenvolvimento turístico e sustentabilidade ambiental; o papel do poder público e de seus órgãos; a proteção do patrimônio cultural e natural no turismo internacional; métodos de planejamento e instrumentos e ferramentas de gestão para sustentabilidade, envolvendo hospitalidade, classificação, contexto social, turismo comunitário, avaliação ambiental estratégica e análise multicritério, entre outros, completando-se esta parte com a identificação de riscos à saúde resultantes da atividade turística.

A Parte II, desenvolvida em dez capítulos, traz perspectivas, instrumentos e alternativas para o ecoturismo com sustentabilidade. São abordados aspectos históricos e conceituais de unidades de conservação; o contexto da educação para o turismo envolvendo turistas e comunidade; o saneamento ambiental em unidades de conservação com potencial turístico; a capacitação profissional de condutores ambientais locais; a adoção de princípios para visitação sustentável; o estabelecimento de roteiros turísticos; a utilização do turismo de aventura; a preocupação com a infra-estrutura viária; são tópicos desenvolvidos como elementos importantes para a construção do ecoturismo em unidades de conservação. Completa-se esta parte com uma abordagem da força competitiva do marketing de relacionamento, seguida de conceitos e reflexões que embasam a necessidade de proteção ambiental para a existência de turismo com sustentabilidade.

Na Parte III, onze capítulos debruçam-se sobre aspectos de relevância para uma adequada gestão ambiental em organizações turísticas. Iniciando com uma abordagem sobre o processo de gestão ambiental de empreendimentos turísticos, são discutidos canais de distribuição em turismo e hotelaria, teoria e prática de redes de empresas e instituições de suporte ao turismo; atores e práticas de sustentabilidade ambiental em empreendimentos hoteleiros; e o uso de eventos como estratégia para o desenvolvimento de organizações turísticas. São ainda desenvolvidos os temas de infra-estrutura básica como fundamento para o turismo sustentável; redução de consumo de energia em empreendimentos hoteleiros; conforto ambiental na hospedagem da terceira idade; o dimensionamento de eventos turísticos como pressuposto para sustentabilidade, complementados pela discussão sobre gestão ambiental e a responsabilidade social em eventos e organizações turísticas.

A Parte IV traz, em nove capítulos, estudos de casos com discussão e apresentação de experiências nas cinco regiões administrativas do país. Abrindo a discussão, é abordado modelo referencial de políticas públicas para desenvolvimento do lazer, seguido de experiências e propostas como: projeto Gentis Orientadores para preservação, conservação e turismo, e adoção dos princípios da sustentabilidade como estratégia de desenvolvimento para a Ilha de Porto Belo, SC; o turismo em Paranapiacaba, Santo André, SP, como instrumento de revitalização da economia e reabilitação da Vila; a discussão e aplicação de princípios da sustentabilidade para competitividade em Águas de São Pedro, SP; a reflexão sobre possibilidades e caminhos do turismo religioso e sua relação com princípios da sustentabilidade; a experiência do *voucher* unificado na autogestão e controle de visitantes de Bonito, MS; condições e características da adaptação de hotel de selva para o ecoturismo na Amazônia; complementando-se com estudo sobre produção turística e cidades saudáveis, com base em conceitos voltados à qualidade de vida, desenvolvido na Ilha de Fernando de Noronha, PE.

Esta obra destaca-se pela interação entre os temas tratados, devidamente apoiados em estudos, pesquisas e práticas desenvolvidos em variados quadrantes do País, por um conjunto de autores representando diferentes disciplinas e profissões, oriundos de universidades, instituições públicas e privadas e empresas com atuação na temática turismo, meio ambiente e sustentabilidade.

A conjunção destes fatores – ciência, tecnologia, inovação, multi e interdisciplinaridade, estudos, pesquisas, práticas, universidades, instituições, empresas – com visões e reflexões de caráter local, regional e nacional, coloca à disposição dos leitores uma obra ao mesmo tempo que abrangente, inovadora, por possibilitar a aproximação e o tratamento do turismo com as questões ambientais, contribuindo, desta forma, para um desenvolvimento alicerçado nos princípios da sustentabilidade.

Arlindo Philippi Jr. & Doris van de Meene Ruschmann
Editores

PARTE I

Gestão, Política, Planejamento e Sustentabilidade

Capítulo 1
Turismo e meio ambiente:
relação de interdependência
Paulo dos Santos Pires

Capítulo 2
Papel do poder público para o
turismo sustentável
Karina Toledo Solha

Capítulo 3
Papel dos órgãos públicos no incentivo à
adoção do *ecodesign*
Joaquim Rondon da Rocha Azevedo

Capítulo 4
Desenvolvimento turístico e
sustentabilidade ambiental
Helena Ribeiro, Beatriz Veroneze Stigliano

Capítulo 5
Turismo internacional e proteção do patrimônio
cultural e natural da humanidade
Fernando Fernandes da Silva

Capítulo 6
Hospitalidade & Sustentabilidade
Ernesto Hsieh

Capítulo 7
A classificação como indutora do processo
de qualificação da oferta hoteleira no Brasil
Leandro Bertoli Neto

Capítulo 8
Planejamento e gestão sustentável do
turismo: contexto social, métodos e enfoques
*Francisco Antonio dos Anjos, Sara Joana Gadotti
dos Anjos, Gregório Jean Varvakis Rados*

Capítulo 9
Planejamento e gestão de turismo comunitário
sustentável: metodologias PEC & SiGOS
*Carlos Alberto Cioce Sampaio, Valdir Fernandes,
Arlindo Philippi Jr.*

Capítulo 10
Avaliação ambiental estratégica no turismo
*Emílio Lèbre La Rovere, Diego do Nascimento Bastos,
Heliana Vilela de Oliveira Silva, Izabella Mônica
Vieira Teixeira*

Capítulo 11
Aplicação da análise multicritério para avaliação da
sustentabilidade em empreendimentos turísticos
Sebastião Roberto Soares, Sabrina Rodrigues Sousa

Capítulo 12
Turismo e riscos à saúde
Edlaine Faria de Moura Villela, Delsio Natal

Turismo e Meio Ambiente: | 1
Relação de Interdependência

Paulo dos Santos Pires
Engenheiro Florestal, Univali

INTRODUÇÃO

A relação entre o turismo e o meio ambiente é tão ampla e multifacetada que a sua abordagem teórica obriga, de saída, à definição de um enfoque para que, a partir dele, delimite o alcance do conteúdo temático sem, com isso, ignorar as conexões existentes com outros aspectos pertinentes, porém inseridos em âmbitos de abordagem temática externos ao enfoque definido.

Dessa forma e, ainda, com uma preocupação didática no sentido de apresentar um conteúdo informativo que possa ser útil, sobretudo à formação acadêmica de estudantes de graduação dos cursos de turismo, hotelaria e hospitalidade, e também a quem atua profissionalmente nessas mesmas áreas, buscou-se expor as múltiplas facetas e implicações da relação entre turismo e meio ambiente. Como poderá ser constatado, trata-se de uma relação de interdependência já plenamente integrada ao sistema turístico, e que nesta oportunidade será apresentada muito mais em sua amplitude do que em seu aprofundamento, entendendo-se que seja esse o tratamento mais adequado aos objetivos do público leitor para o qual é destinado, considerando, ainda, o formato da presente publicação.

Se, para o leitor, o turismo enquanto objeto de estudo ou campo de atuação já é de seu domínio, o mesmo pode não acontecer quanto à compreensão do significado de "meio ambiente" e de sua abrangência, que é exatamente do que trata a primeira parte deste capítulo. A partir daí, a abordagem passa a ser estruturada em duas vertentes básicas que buscam revelar o caráter de interdependência na relação entre o turismo, como agente responsável pelo desencadeamento de atividades impactantes sobre o meio ambiente, e este em seu estado de qualidade para a vida humana, com as inevitáveis repercussões também no turismo.

A segunda parte deste capítulo apresenta os processos e fenômenos que mais repercutem atualmente sobre a situação do meio ambiente e a condição de vida da humanidade, e os efeitos negativos de cada um deles no turismo.

A terceira parte discorre sobre os impactos ambientais do turismo, tanto em seus efeitos negativos como positivos. Desde já, é importante ressaltar que a implantação da infra-estrutura e facilidades do turismo, juntamente com as atividades turísticas propriamente ditas, produz impactos negativos diretos e indiretos sobre o meio ambiente, ocupando o seu papel na matriz das atividades humanas que estão contribuindo para a modificação dos padrões naturais da qualidade ambiental global. Por outro lado, o desenvolvimento de um turismo ambientalmente responsável pode proporcionar benefícios à proteção ambiental e à conservação da natureza, de onde ele próprio obtém os recursos (naturais, culturais e paisagísticos) que o viabilizam, assumindo também o seu papel neste aspecto – papel este que vem adquirindo importância crescente na mesma proporção do crescimento atual do turismo.

A quarta e última parte do capítulo identifica a relevância ecológica de determinadas áreas naturais com grande fragilidade intrínseca diante de perturbações antrópicas. É também destacada a sua importância enquanto recurso natural demandado por distintos usos turísticos e recreativos e que, por isso, está merecendo a atenção de organizações mundiais para o reconhecimento e proteção como patrimônio da humanidade.

A ABRANGÊNCIA DO CONCEITO DE MEIO AMBIENTE

Etimologicamente, as palavras que formam o termo "meio ambiente" podem ser definidas da seguinte forma, de acordo com Valenti (1984):

meio (do latim *medium*) é o lugar e contexto imediato onde se encontra ou se movimenta qualquer ser vivo; ambiente (do latim *ambire*) é o que está periférico, que envolve o ser vivo [...] o seu entorno imediato, completando e reforçando, portanto, a idéia de "meio".

Dessa forma, a utilização isolada ou conjunta das duas palavras (um pleonasmo justificável) não altera o significado essencial daquilo que representam diante da sua aplicação nos estudos do turismo, sendo conveniente, todavia, que se padronize a adoção da terminologia, evitando o uso indistinto das possíveis variações acima descritas.

Conceitos biofísicos (restritos) de meio ambiente

É o conjunto de condições, leis, influências e interações de ordem física, química e biológica que permite, abriga e rege a vida em todas as suas formas (Lei n. 6938/81 – Política Nacional do Meio Ambiente).

É o âmbito biofísico natural, suas sucessivas transformações artificiais e sua dimensão espacial (Sunkel e Giglo, 1980).

Conceitos ampliados de meio ambiente

A noção de meio ambiente inclui o meio natural, as tecnoestruturas criadas pelo homem e o meio social. Inclui, portanto, as interações entre os elementos naturais e a sociedade humana, ou seja, os domínios ecológico, social, econômico e político (Sachs, 1986).

- O meio ambiente é composto por três níveis distintos de existência: o físico, o biológico e o humano, cada um dos quais obedecendo as suas próprias leis, além das leis dos níveis inferiores (Meadows, 1989).

- O planeta físico, sua atmosfera, hidrosfera e litosfera (ar, água, luz, temperatura, minerais, estruturas artificiais), obedecendo às leis da física e da química;

- A biosfera, que inclui todas as espécies vivas (ser humano, animais, vegetação, microorganismos), obedecendo às leis da física, da química, da biologia e da ecologia;

- A tecnosfera e sociosfera, que são o mundo criado e transformado pelo homem, incluindo prédios, máquinas, governos e economias, artes e religiões, e obedecendo a leis da física, da química, da biologia e da ecologia e, também, a leis criadas pelo próprio ser humano.

A partir da base conceitual exposta, será adotado na presente abordagem o substantivo "meio ambiente" e o seu derivado "ambiental" como terminologia padrão. Por sua vez, como o enfoque central será o âmbito biofísico do meio ambiente na sua relação com o turismo, o conceito de referência será o de Sunkel e Giglo (1980), anteriormente apresentado.

O MEIO AMBIENTE E AS IMPLICAÇÕES PARA O TURISMO

O meio ambiente – e sua essência, a natureza – no curso da história geológica, hidrológica e biológica da terra, sempre passou e continua passando por processos naturais de transformação, todos eles dentro de uma escala cronológica que transcende o ciclo de vida da humanidade. Por isso, muitos desses processos não podem ser percebidos pelo ser humano, embora entre eles existam fenômenos que vêm ocorrendo de forma pontual dentro da escala de vida das civilizações passadas e atuais, sobre as quais os impactos ambientais gerados apresentam grande repercussão.

São os chamados desastres (ou catástrofes) naturais, como as inundações, as avalanches, os terremotos, as erupções vulcânicas, os ciclones e tornados, as secas e ondas de calor, os incêndios e as doenças epidêmicas. Embora todos eles possam ser entendidos na sua condição de processos naturais inerentes à história evolutiva do planeta Terra, alguns passaram a ser também entendidos a partir das modificações que a humanidade vem impondo à biosfera e à atmosfera do Planeta.

Dessa forma, à exceção do vulcanismo e dos terremotos, em cuja dimensão geológica não há comprovação científica de que o homem tenha ainda interferido, os demais desastres, embora de origem natural, passaram a ter sua freqüência, intensidade e local de ocorrência associados a mudanças ambientais contemporâneas, como o aquecimento e a poluição da atmosfera, em uma escala global nunca antes verificada. As atividades humanas baseadas na queima de combustíveis de origem fóssil, especialmente o petróleo e o carvão, são as que mais contribuem para as mudanças ambientais que estão alterando os padrões naturais de circulação das massas de ar na atmosfera, bem como da temperatura dos oceanos e da circulação das correntes marinhas, que determinam, por sua vez, o padrão de ocorrência dos referidos desastres naturais.

Dessa forma, pretende-se abordar aqui o estado do meio ambiente e, para tanto, os processos ou fenômenos que mais repercutem atualmente na qualidade ambiental e na condição de vida da humanidade serão apresentados em sua abrangência, significância e repercussão para o turismo, conforme reconhecem Euhofa et al. (2001) e Unep (2002). São eles:

- O aquecimento global e as mudanças climáticas;
- O esvaziamento da camada de ozônio;
- A poluição do ar e a chuva ácida;
- A escassez e poluição da água;
- A degradação dos solos;
- A perda da biodiversidade;
- Os desastres naturais.

Aquecimento global e mudanças climáticas

Possivelmente, o mais perceptível fenômeno ambiental pela humanidade, as mudanças climáticas globais que se intensificaram sobretudo a partir dos anos de 1990, vêm sendo atribuídas pela maior parte da comunidade científica mundial à intensificação do aumento da temperatura da atmosfera do planeta.

Tal processo vem ocorrendo devido ao descontrole na emissão de gases poluentes, principalmente o dióxido de carbono, seguido pelo metano, o óxido de nitrogênio, os clorofluorcarbonos e o vapor de água. Todos esses gases são originados por atividades humanas como a indústria, o funcionamento de usinas e os meios de transporte que queimam combustíveis fósseis (carvão, petróleo e gás natural), e também das queimadas, da criação de gado, do uso de fertilizantes, da disposição do lixo e do funcionamento de equipamentos à base de substâncias poluentes.

O acúmulo e a concentração desses gases na atmosfera terrestre passaram a formar uma barreira que impede a dissipação do excesso de calor no espaço, e uma quantidade maior de calor proveniente do sol passou a ficar retido na atmosfera terrestre causando aumento das temperaturas sobre a superfície do planeta (continentes, mares e oceanos), o chamado efeito estufa.

8 | GESTÃO AMBIENTAL E SUSTENTABILIDADE NO TURISMO

Como o tempo e o clima são determinados em boa parte pelas massas de ar (quente e frio) na atmosfera, e como o seu padrão de formação e de circulação é influenciado pela temperatura, atribui-se as atuais mudanças climáticas ao fenômeno do efeito estufa. O resultado efetivo desse processo é sentido pela humanidade em várias regiões do planeta, sobretudo por meio das seguintes ocorrências:

* Alteração no padrão de distribuição das chuvas e aumento da intensidade e freqüência das tempestades ao redor do planeta. Isso ocasiona enchentes e erosão em regiões de alta e média latitude (regiões temperadas e geladas) e seca em regiões de baixa latitude (regiões equatoriais e tropicais). Com isso, florestas, ecossistemas costeiros, terras baixas e áreas úmidas, além de pequenas ilhas, serão os ambientes naturais mais afetados. As mudanças na disponibilidade e na qualidade da água, além de afetar a agricultura e as populações rurais, aumentarão a incidência de doenças transmitidas por vetores, o que já se verifica com o ressurgimento global da malária, dengue e cólera;
* Aumento do nível dos mares. A expansão dos oceanos provocada pelo aumento da temperatura das suas águas, somado ao degelo das calotas polares poderá resultar no aumento médio do nível dos oceanos em 6 cm por década, segundo o Painel Internacional sobre Mudanças Climáticas das Nações Unidas (Unep, 2002). Entre as conseqüências previsíveis estão o aumento das enchentes, a alteração da linha de costa, a contaminação de reservatórios de água potável e a destruição de terras agrícolas no litoral;
* Mudança nas zonas climáticas. As alterações no padrão global das chuvas e das temperaturas poderão resultar na mudança das zonas climáticas a partir das regiões polares. Como são as zonas climáticas que determinam a ocorrência e distribuição natural da flora e da fauna, alterações em curto prazo farão com que muitas espécies de plantas e animais (e seus ecossistemas) enfrentem ambientes hostis sem capacidade de adaptações, expondo-as, assim, ao risco de extinção.

Como as mudanças climáticas afetam o turismo

Se o turismo pode ser considerado um dos causadores (ainda que de forma indireta) do aquecimento global, por outro lado, ele é afetado diretamente pelas mudanças climáticas, visto que as regiões onde mais existem riscos de tais mudanças (zonas costeiras, pequenas ilhas, terras baixas e áreas úmidas) compreendem as principais atrações turísticas ao redor do mundo. Portanto, se estas áreas forem alteradas ou destruídas, as respectivas populações e governos locais, bem como todo o *trade* turístico envolvido, poderão sofrer prejuízos significativos.

Da mesma forma, as mudanças nas zonas climáticas e conseqüentes alterações na ocorrência, distribuição e deslocamento da fauna e da flora implicarão na perda de destinos turísticos baseados predominantemente nesses recursos.

Por fim, o aumento de tempestades e de enchentes destruirá a infra-estrutura básica e turística, além de, juntamente com o aumento das ondas de calor, favorecer o surgimento de epidemias, afastando as chegadas turísticas nas áreas afetadas. Alguns exemplos concretos ocorridos a partir da última década (Euhofa et al., 2001):

- No leste do Mediterrâneo a freqüência e a duração de períodos com calor extremo (temperaturas acima de 40ºC) vêm causando desconforto a turistas e residentes;

- A epidemia de cólera trouxe ao Peru prejuízos elevados no turismo e nos esportes de pesca, ocorrendo o mesmo com o turismo na Índia devido a uma epidemia. Na Espanha, constatou-se a ameaça de ressurgimento da malária;

- O declínio da cobertura de nuvens na Austrália aumentou a exposição à radiação solar nociva;

- Ilhas turísticas, nas quais está ocorrendo a dengue, estão sendo evitadas por navios de cruzeiro, ameaçando empregos e entrada de divisas;

- A diminuição da quantidade de neve em estações de esqui está reduzindo a temporada turística nestes destinos;

- Furacões e suas conseqüências (vendavais, enchentes) estão provocando perdas materiais e de ingressos turísticos no Caribe, América do Sul e Indonésia.

Acontecimentos ambientais dessa ordem, relacionados às mudanças climáticas, além de causarem miséria e sofrimento em larga escala, aumentarão os riscos nos negócios relacionados ao turismo, dificultando a obtenção de empréstimos e a cobertura de seguros a muitas regiões e seus empreendedores.

Esvaziamento da camada de ozônio

O ozônio, um gás que ocorre naturalmente, é encontrado formando uma camada na estratosfera entre 12 e 15 km acima da superfície terrestre. Sua presença nessas condições é vital por absorver a radiação ultravioleta (UVR) proveniente do sol, impedindo que esta atinja a superfície da terra.

Substâncias químicas, entre elas os clorofluorcarbonos (CFCs) que são liberados na atmosfera, além de contribuírem para o efeito estufa, entram em contato com a camada de ozônio e, por meio de reações químicas, quebram as moléculas deste gás, provocando o seu afinamento ou esvaziamento, o que comumente se chama de "buraco na camada de ozônio".

Tal situação permite a penetração em níveis elevados de radiação UVR, podendo causar: queimaduras e câncer de pele; cataratas e outras doenças nos olhos; prejuízos ao sistema imunológico de humanos e animais, reduzindo a resistência a infecções e doenças como o câncer, malária, herpes e alergias; alterações na estrutura das plantas e no seu padrão de crescimento, tanto em plantações como em ecossistemas naturais; redução do crescimento das plantas e formas de vida marinhas; degradação de materiais plásticos, obras de arte etc.

Como o esvaziamento da camada de ozônio afeta o turismo

Todos os turistas que procuram por destinos de sol e mar e pelos demais ambientes ao ar livre expõem-se ao risco de adquirir doenças causadas pelos níveis elevados de radiação ultravioleta, especialmente a UVB, risco este que irá variar em função da localização desses destinos em relação às falhas da camada de ozônio na atmosfera e aos cuidados com a proteção pessoal, amplamente difundidos. Tal segmento de turistas representa parte significativa da atividade turística em todo o mundo, com mais ênfase nas regiões intertropicais onde o sol, o calor e a água são, justamente, os principais atrativos turísticos. Além disso, os danos diretos à agricultura e à vida marinha, por exemplo, também afetam o turismo na medida em que estes constituem importantes insumos para o mesmo.

Poluição do ar e chuva ácida

A poluição do ar, ou seja, a concentração elevada de gases e partículas poluentes, causa a deterioração da qualidade do ar com efeitos sobre a saúde do ser humano, das plantas e animais e, também, na conservação de materiais.

Os poluentes primários, emitidos por fontes identificáveis, mais significativos são: o monóxido de carbono; os óxidos de nitrogênio; os óxidos e dióxidos de enxofre; os materiais particulados; os compostos orgânicos voláteis; e os metais, principalmente chumbo, cádmio e mercúrio. A poluição do ar é um grande problema em todas as grandes áreas urbanas do mundo e sua concentração nesses locais varia com o nível de atividade industrial, a densidade de tráfego, as condições climáticas e o uso de tecnologias para o controle da poluição.

Por sua vez, a deposição ácida, mais conhecida como chuva ácida, ocorre a partir da reação de substâncias, provenientes da queima de combustíveis fósseis (carvão e petróleo) e do lixo, como o dióxido de enxofre e óxidos de nitrogênio com o oxigênio, a água e outros oxidantes presentes na atmosfera, formando compostos ácidos que irão se precipitar ou na forma de uma deposição úmida juntamente com a chuva, a neve ou a umidade do ar, ou na forma de uma deposição seca, juntamente com materiais particulados. Entre os efeitos negativos da chuva ácida estão:

- Malefícios à saúde humana (doenças respiratórias e pulmonares, como bronquite e asma);
- Danos a espécies da flora e da fauna, principalmente aquelas que dependem do meio aquático para a sua reprodução e sobrevivência;
- Prejuízos no crescimento e no vigor das florestas de regiões frias e nas propriedades nutricionais do solo;
- Aumento da corrosão de materiais e deterioração de pedras e outros revestimentos em prédios, estruturas e veículos; bem como o aumento de poeira em construções de estruturas acarretando o aumento dos custos e de sua manutenção.

Como a poluição e a chuva ácida afetam o turismo

As cidades mais poluídas do mundo são também importantes centros turísticos, bem como destinos de final de semana com oportunidades de lazer de curta duração para distintos segmentos da população. Cada vez mais os turistas estão se preocupando com a poluição do ar urbano – um levantamento feito na Europa mostrou que o ar limpo foi o principal critério da escolha de destinos para as férias.

Por sua vez, os danos às florestas e a perda de espécies da fauna devido à acidificação significam a degradação de recursos turísticos primordiais. A deposição ácida em construções históricas e outros monumentos obriga o aumento dos custos de manutenção e recuperação. Portanto, essas ocorrências se constituem em fatores de risco para a estabilidade turística de muitas localidades, cujos atrativos preferenciais são exatamente os recursos históricos materiais atingidos pela acidificação. Por fim, elevadas taxas de enxofre inaladas por turistas e população residente podem causar doenças respiratórias e prejudicar a saúde.

Escassez e poluição da água

A água é um recurso renovável, porém finito, e naturalmente reciclado nos ciclos hidrológicos da Terra. Mesmo sendo renovável, ela é considerada um recurso finito, porque os padrões humanos de uso da água raramente são compatíveis com os padrões naturais de sua disponibilidade. O uso da água pela humanidade inclui o seu armazenamento, tratamento e fornecimento para a indústria, irrigação agrícola, uso doméstico, sendo também requerida para a geração de energia, transporte, saneamento, turismo e recreação.

A água doce representa apenas 2,5% do total de água do Planeta e a maior parte desta (quase 70%) está congelada em geleiras nas regiões polares, na neve permanente das altas montanhas e em camadas subterrâneas da Antártida e Groenlândia. A maior parte dos restantes 30% se encontra em lençóis subterrâneos profundos e de difícil acesso. Portanto, apenas uma fração inferior a 1% da água potável da Terra se encontra em fontes superficiais, como as nascentes, lagos e rios, que são as fontes comuns de abastecimento de grande parte da população mundial. Quanto ao consumo, 70% é utilizada na agricultura, 20% na indústria e 10% no uso doméstico (Euhofa et al., 2001; Shik, 2001; Montaigne, 2002). O turismo participa, direta ou indiretamente, dessas três formas de consumo da água doce, e essa escassa reserva estratégica de água está sendo progressivamente comprometida, não apenas pelo aumento do consumo na indústria, agricultura, uso doméstico e urbano, entre outros, mas também pelo desperdício e pela poluição.

Cerca de 1.500 substâncias já foram identificadas, além de poluentes aquáticos, não só da água potável dos rios, lagos e nascentes, como dos demais recursos hídricos, localizados nas áreas úmidas continentais e costeiras, além de mares e oceanos. Contudo, as principais fontes poluentes são: resíduo sólido e esgoto produzidos nas cidades; terra e resíduos de fertilizantes e pesticidas da agricultura; efluentes de metais pesados, organoclorados e outros produtos resultantes de processos industriais; derramamento e vazamento de óleo por transporte e descarregamento em terminais, ou em operações de refinarias.

A poluição também já atinge os aqüíferos no subsolo, cujo aproveitamento futuro poderá ser comprometido. As conseqüências já conhecidas da poluição hídrica são: a morte e a redução de espécies e de populações aquáticas e a inviabilização do uso da água pela perda de sua qualidade com impactos no equilíbrio ecológico, nas atividades produtivas e de lazer e na própria sobrevivência da humanidade.

Como a escassez e poluição da água afetam o turismo

Se a água é um dos mais importantes recursos do turismo, enquanto elemento básico de inúmeros atrativos, como insumo é indispensável, estimando-se que nos países desenvolvidos os turistas usam dez vezes mais água nas suas atividades diárias do que os habitantes locais (Euhofa et al., 2001). A qualidade da água é ainda particularmente importante para os destinos turísticos preferenciais, como os balneários em praias, rios e lagos, e poluição nesses locais resultará automaticamente na decadência do turismo e dos complexos recreativos neles implantados.

Degradação dos solos

A degradação dos solos já afeta cerca de 16% das terras agrícolas no mundo e a cada ano cerca de 5 a 6 milhões de hectares de novas áreas se tornam degradadas (Euhofa et al., 2001). Para compensar essas perdas e para acompanhar o crescimento da demanda por alimentos, novas áreas naturais são pressionadas e ocupadas com a produção agrícola.

A forma mais comum de degradação dos solos é a erosão induzida pelo homem. Em condições naturais, ou mesmo sob manejo agrícola adequado, a cobertura vegetal e as suas raízes estruturam fisicamente o solo, protegem-no da ação dos ventos e da água, e mantêm a sua umidade e os nutrientes necessários ao desenvolvimento da vegetação, seja ela natural ou plantada. O processo erosivo tem origem na retirada da vegetação natural protetora do solo, consolidando-se diante de práticas nocivas na agricultura e pecuária, assim como nos desflorestamentos e queimadas descontroladas e sem critérios de conservação dos solos. Em casos extremos a erosão chega até as rochas, tornando irreversível a sua recuperação. A salinização (acúmulo de sais em concentrações tóxicas para a vegetação), secas prolongadas, incêndios florestais e exploração mineral de superfície são outras causas recorrentes da degradação dos solos.

Como a degradação dos solos afeta o turismo

Embora os solos em si não sejam atrativos diretos do turismo, sua qualidade e conservação constituem recursos básicos para produção de alimentos e desenvolvimento socioeconômico de muitas regiões turísticas no mundo todo. Nesses casos, a degradação dos solos produtivos aumenta a marginalização social, compromete a segurança alimentar e a permanência de recursos humanos capacitados para servir ao turismo, desqualificando essas regiões e afastando-as dos principais fluxos turísticos. Com isso, ao mesmo tempo em que o turismo se priva de atrativos potenciais, regiões e países perdem uma via de desenvolvimento pelo turismo.

Perda da biodiversidade

Em essência, biodiversidade é o total de gens, espécies e ecossistemas de uma região, sendo que a atual riqueza de vida na Terra é o resultado de milhões de anos de história evolutiva (WRI et al., 1992). A biodiversidade é, portanto, um recurso básico que atua como um sistema de suporte da vida no planeta. Estima-se que 40% da economia global esteja baseada em produtos e processos biológicos (Christ et al., 2003), porém o valor da biodiversidade para a humanidade é incalculável, bastando constatar, por exemplo, que:

- A partir da domesticação dos componentes selvagens da fauna e da flora, a humanidade passou a obter alimentos, produtos industrializados e muitos remédios;
- A agricultura se desenvolveu a partir da domesticação dos componentes vegetais silvestres da biodiversidade;
- A biodiversidade é a base do fornecimento de matéria-prima para muitos produtos industrializados da vida moderna;
- Plantas e animais fornecem substâncias e princípios ativos tanto para a medicina tradicional quanto para a medicina moderna;
- A biodiversidade é a base da engenharia genética, possibilitando o aumento da produtividade agropecuária e silvicultural, a defesa contra pragas e doenças, e a adaptação às condições climáticas;
- A biodiversidade é fundamental nos ecossistemas naturais para que estes mantenham a sua capacidade de prestar serviços ambientais tais como absorver a poluição, manter a fertilidade dos solos, o suprimento e a depuração da água e a regulação de microclimas.

Em escala global, a biodiversidade está sendo reduzida a uma taxa muito mais alta do que por processos naturais de extinção, devido à deterioração e fragmentação dos ecossistemas naturais. As florestas tropicais e os ecossistemas aquáticos (marinhos, costeiros e de água doce) têm sido os mais afetados nos tempos atuais. Entre as principais causas amplamente reconhecidas incluem-se:

- Exploração excessiva de espécies animais e vegetais por meio de atividades como a caça, a pesca industrial e da indústria madeireira;
- Poluição da água, do solo e da atmosfera pelo uso indiscriminado de venenos, a chuva ácida e a contaminação por resíduos industriais, urbanos, marítimos, da mineração e da exploração de petróleo;
- Modificação do clima global com o aumento crescente da temperatura média do planeta, afetando a capacidade de resistência e de adaptação de muitas espécies;
- Expansão descontrolada da agricultura, pecuária e silvicultura (florestas plantadas) de alto rendimento, tomando o lugar de áreas onde havia práticas de produção nessas mesmas atividades, porém biologicamente diversificadas;

- Crescimento populacional, expansão urbana, desigualdades sociais e crescimento da pobreza exercem pressão crescente sobre áreas naturais remanescentes nas regiões subdesenvolvidas e em desenvolvimento;
- Espécies invasoras, ou seja, a introdução intencional ou acidental de espécies exóticas (vegetais e animais), que se tornam resistentes e agressivas em ambientes naturais nos quais não ocorrem naturalmente e onde estabelecem competição, introduzem doenças e depredam as espécies nativas.

Devido a sua importância para a humanidade e a sua situação de risco, a biodiversidade foi incluída entre as cinco áreas temáticas prioritárias da Cúpula Mundial do Desenvolvimento Sustentável, em 2002. Desde a última década, três novos conceitos de conservação da natureza – os *hotspots*, os corredores ecológicos, e as ecorregiões – estão sendo difundidos como estratégias importantes para a conservação da biodiversidade mundial.

Os *hotspots* estão representados atualmente por 34 regiões ecológicas (no Brasil, a Mata Atlântica e o Cerrado), identificadas em ambientes naturais terrestres como aquelas que, ao mesmo tempo, possuem alta diversidade biológica e elevado número de espécies endêmicas (espécies que só ocorrem nessas regiões), além de estarem altamente ameaçadas, ou seja, já perderam pelo menos 70% de sua vegetação original (Mittermeier et al., 2004).

Os corredores ecológicos são grandes extensões de terra que contêm ecossistemas florestais e outros ecossistemas associados. Sua função é prevenir ou reduzir a fragmentação das florestas existentes por meio de uma rede composta por diferentes modalidades de áreas naturais protegidas, integradas com terras indígenas e áreas particulares, que servirão de "corredores" para a recolonização dos animais e a recomposição das áreas já degradadas (MMA).

As ecorregiões são áreas que permitem compreender a diversidade ecológica dentro de regiões naturais maiores, os biomas. Em uma ecorregião, plantas, animais, solos, rios e outros fatores possuem uma interligação ecológica tão grande que se um deles for afetado haverá conseqüências sobre os demais. No Brasil, foram estabelecidas 49 ecorregiões a partir dos sete biomas já reconhecidos, segundo informações do site da WWF.

Outro critério adotado para identificar áreas com elevada biodiversidade e valor ecológico, porém relativamente bem conservadas e com baixa densidade populacional, é o das grandes regiões naturais. São 37 no mundo todo, sendo quatro no Brasil (o Pantanal, a Caatinga, a Amazônia e os banhados do litoral sul), abrigando extensas amostras de ambientes intactos em sua flora e fauna e suas complexas relações ecológicas (Mittermeier et al., 2004).

Como a perda da biodiversidade afeta o turismo

A beleza e a integridade de ecossistemas naturais, tais como as montanhas, as florestas, os lagos e os elementos costeiros, são importantes recursos turísticos. Em distintos países, como Quênia e Estados Unidos, os ecossistemas e seus componentes naturais possuem mais valor e geram mais renda quando protegidos sob a forma de Reservas Naturais ou Parques Nacionais, para receber visitantes, do que se transformados em terras cultivadas ou em outras formas de ocupação humana.

O turismo e a recreação encontram na natureza e nos componentes da sua biodiversidade – a diversidade de espécies (da fauna e flora) e a diversidade de ecossistemas (terrestres e aquáticos) –, uma fonte de recursos cada vez mais valorizados para o seu desenvolvimento. Países como a Costa Rica, Madagascar e Belize têm em sua biodiversidade a principal atração turística. Christ et al. (2003) constatam, ainda, que muitas das principais destinações turísticas do hemisfério norte estão em áreas de *hotspots*, enquanto no hemisfério sul os países que abrigam áreas de *hotspots* estão experimentando um rápido crescimento turístico.

Desastres naturais

Os chamados desastres naturais, ou calamidades (que ocorrem devido a processos de natureza geológica, atmosférica e biológica), além de causarem danos materiais e vítimas em grandes proporções, podem apresentar sérios efeitos ao turismo, quando afetam regiões ou destinações preferenciais, tanto do turismo internacional quanto do doméstico. Algumas dessas calamidades, quando ocorrem em regiões subdesenvolvidas das Américas, África e Ásia, são agravadas diante da pobreza e da falta de mecanismos de prevenção e assistência.

Abalos sísmicos (terremotos) e suas conseqüências, como os *tsunamis*, juntamente com inundações e ressacas oceânicas são responsáveis por 60% das mortes humanas. As secas vitimam outros 19%, as tempestades e os furacões terrestres, 18% e as avalanches e deslizamentos, 3% (D'Amaro, 2005). O Quadro 1.1 mostra a classificação e a distinção entre os fenômenos destrutivos da natureza:

Quadro 1.1 – Classificação dos fenômenos destrutivos da natureza.

Classificação	Fenômeno
Hidrometeo-rológicos	Ciclone extratropical (ocorre normalmente nos oceanos; apresenta ventos mais fracos que os furacões)
	Ciclone tropical (tem ventos fortes e um ponto de calmaria [olho] em seu centro; começa no oceano e pode atingir a terra. No mar do Caribe recebe o nome de Furacão e, no Pacífico, de Tufão)
	Tornado (tem origem em nuvens sobre terra firme; apresenta ventos muito fortes; possui pequeno diâmetro)
	Tempestades
	Inundações
	Nevascas
	Secas e ondas de calor
	Raios
Geofísicos	Terremotos
	Erupções vulcânicas
	Tsunamis
Biológicos	Epidemias (como malária, dengue, cólera etc.)

Fonte: Baseado em Shik 2001; Montaigne 2002 e D'Amaro 2005.

IMPACTOS AMBIENTAIS DO TURISMO

A definição oficial de impacto ambiental adotada no Brasil pela Resolução Conama n. 306, de 5/7/2002, é genérica e com finalidade operacional para os processos de estudo e relatórios de impacto ambiental (EIA-Rima), referindo-se aos impactos adversos, ou negativos, causados por atividades humanas, não contemplando claramente seu caráter positivo ou de contribuição que tais atividades podem ter em relação ao ambiente. O mesmo ocorre em relação à definição apresentada pela Euhofa et al. (2001), que também é ampla, mas que possibilita uma interpretação mais apropriada ao interesse turístico:

> impacto ambiental é a mudança nos aspectos ou indicadores ambientais resultantes de uma atividade, comparado com o padrão, ou o grau de mudança, nesses mesmos aspectos ou indicadores caso tal atividade não tivesse ocorrido.[1]

De qualquer forma, os impactos ambientais devem ser avaliados, considerando: a especificação do período e da área (espaço, território) sujeitos a uma determinada atividade humana, e os efeitos diretos e indiretos dos impactos.

Os impactos ambientais que o turismo pode causar são reconhecidamente amplos e multifacetados. Eles podem ser considerados pelos efeitos adversos (negativos) ou pelos efeitos benéficos (positivos) que desencadeiam a partir da implantação e do funcionamento da infra-estrutura (das facilidades e dos equipamentos turísticos e recreativos) e, com eles, dos fluxos e da permanência dos visitantes nas localidades e destinos turísticos. Serão abordadas aqui essas duas facetas, todavia de uma forma mais comedida em relação aos impactos potenciais negativos do turismo.

Benefícios do turismo para o meio ambiente

Como o turismo baseia-se no aproveitamento e na fruição do patrimônio natural e cultural, tem-se uma condição privilegiada para que haja um interesse na sua proteção por parte dos protagonistas dessa atividade. O turismo pode também assumir um importante papel no aumento da

---

[1] Tradução livre do autor.

consciência ambiental e na educação para o consumo sustentável por meio de sua vasta rede de distribuição de serviços, e prover incentivos econômicos para a proteção de habitats naturais que sofrem pressão de outros usos ecologicamente insustentáveis (WTTC e IH&RA, 1999). O turismo pode trazer significativa contribuição para a conservação das áreas protegidas. Neste sentido, os benefícios diretos do turismo para a conservação podem ser agrupados nos seguintes aspectos (Christ et al., 2003; Eagles et al., 2002):

- Fonte de financiamento para a conservação da biodiversidade, especialmente nas áreas naturais protegidas (no Brasil, conhecidas como unidades de conservação), por meio de contribuições financeiras diretas de turistas e operadoras de turismo, ou pela arrecadação de taxas e licenças de atividades turísticas e recreativas em áreas naturais;
- Justificativa econômica para a proteção de áreas naturais com potencial de geração de receitas;
- Alternativa econômica para as comunidades locais reduzirem a exploração excessiva dos recursos naturais dentro das áreas protegidas, ou em seu entorno.

De maneira mais ampla, a chegada do turismo e a presença de turistas pressionam as autoridades locais, juntamente com a participação de outros segmentos atuantes da sociedade, a adotar medidas de planejamento e proteção ambiental. Isso pode acarretar na promoção de modelos de gestão ambiental e qualificação de destinos diversos como praias, montanhas e o meio rural, por exemplo, pela redução de conflitos relacionados ao uso do solo, pela racionalização do consumo de energia e pelo tratamento de efluentes e resíduos.

Esses modelos são vistos como iniciativas voluntárias para o turismo sustentável (OMT et al., 2004) e se desdobram em três tipos básicos: os selos ecológicos, os prêmios e o autocomprometimento. Entre as certificações mais conhecidas estão:

- Blue Flag (européia) – para a certificação de praias e marinas;
- Green Globe (mundial) – para a aplicação dos princípios da Agenda 21 do turismo;
- Neap (australiana) – para a certificação do ecoturismo;
- Ecotel (mundial) – para a certificação dos meios de hospedagem;

- TOI (mundial) – para a incorporação dos princípios de sustentabilidade pelas operadoras de ecoturismo; e
- PCTS (brasileira) – para a certificação do turismo sustentável.

Impactos negativos do turismo em relação ao meio ambiente

A exemplo da indústria e de outras atividades humanas, o turismo exerce impactos sobre o ambiente por ser um grande consumidor de combustíveis, eletricidade, alimentos e outros recursos da água e da terra, gerando significativas quantidades de lixo e emissões de poluentes. Ao mesmo tempo, possui interesse na manutenção da sua qualidade ambiental, por ser o ambiente biofísico a sua principal fonte de recursos. Dessa forma, a limpeza e a saúde do meio ambiente, seja ele natural ou não, torna-se, cada vez mais, um fator crítico para que o turismo seja bem sucedido.

Nas mais variadas destinações ao redor do mundo – como as zonas costeiras do Caribe, da Ásia e da América do Sul, os *resorts* de montanha da América do Norte e da Europa e os parques nacionais da África –, a degradação ambiental causada pelo turismo tem provocado perdas nos negócios (Unep, 2002). Os turistas (especialmente os internacionais) evitam praias poluídas, áreas naturais sujas por material descartável ou visitar áreas campestres e rurais já descaracterizadas por padrões urbanos de assentamento e de arquitetura.

A queda do movimento turístico decorrente da perda na qualidade do meio ambiente diminui significativamente a entrada de receitas, alimentando um ciclo vicioso em que a falta de capital para melhorias e capacitação leva à depauperação do ambiente e dos serviços turísticos, afastando cada vez mais os turistas, principalmente aqueles que possuem maior poder de consumo e que são, portanto, potenciais geradores das receitas necessárias para tais investimentos.

Os impactos ambientais negativos do turismo podem ocorrer sobre o ambiente natural e seus componentes básicos (ar, água, vegetação, solos, vida selvagem, ecossistemas, formações rochosas, minerais, fósseis e paisagem), bem como sobre o ambiente construído pelo homem, especialmente sobre o seu patrimônio material (sítios arqueológicos, monumentos e construções históricas). Podem ser de natureza direta, ou seja, causados pela presença de turistas, suas atividades e comportamentos, ou indireta, decorrentes da implantação de infra-estrutura para servir ao turismo (Ceballos-Lascuráin, 1996; Unep, 2002).

Impactos ambientais negativos do turismo

Esse tema vem sendo objeto de abordagem acadêmica por parte de diversos autores, como Mason (1990), Kuss et al. (1990), Mathieson e Wall (1993), Ceballos-Lascuráin (1996), Pires (2001) e Eagles et al. (2002), com variadas propostas quanto à tipificação e classificação dos impactos ambientais do turismo. Porém, por sua representatividade e importância globais, serão destacadas aqui duas classificações propostas por instituições com atuação mundial. A primeira é difundida pelo Programa das Nações Unidas para o Meio Ambiente, por intermédio de seu site e que possui uma área de atuação voltada ao desenvolvimento do turismo e suas implicações em relação ao meio ambiente. Trata-se de um painel geral dos impactos do turismo e de seus efeitos negativos sobre o meio ambiente, conforme mostra o Quadro 1.2.

Quadro 1.2 – Impactos do turismo.

Tipologia dos impactos	Incidência / Forma de ocorrência
Esgotamento dos recursos naturais	Da água potável Dos recursos da terra (minerais, florestas, solos, vida selvagem, combustíveis fósseis etc.) Dos recursos locais (energia, alimentos, matérias-primas)
Impactos físicos	Da implantação de infra-estrutura e facilidades turísticas Do desenvolvimento das atividades turísticas
Poluição	Nas destinações turísticas Em escala global
Em escala global	Na perda da biodiversidade Nas mudanças climáticas No esvaziamento da camada de ozônio

Fonte: Baseado em Unep 2002.

Em documento lançado no ano de 2001 pela Associação Internacional de Hotéis e Restaurantes, Programa das Nações Unidas para o Meio Ambiente e Associação Internacional de Escolas de Hotelaria também destinado a uma ampla difusão mundial, os impactos negativos do turismo sobre o meio ambiente são classificados em relação ao componente do ambiente biofísico afetado, tanto em decorrência da implantação de infra-estrutura e facilidades turísticas, quanto em decorrência do uso e ocupação pelos turistas, conforme o Quadro 1.3:

Quadro 1.3 – Impactos negativos do turismo em relação ao ambiente físico.

Componente afetado	Tipologia dos impactos
Terra	Conflitos de uso do solo
	Consumo excessivo de recursos naturais
	Degradação dos solos
	Destruição da vegetação
	Efeitos na vida selvagem
	Expansão e poluição arquitetônica
Água	Poluição e contaminação por lixo sólido e por efluentes bioquímicos
	Destruição física de ecossistemas aquáticos
	Erosão do solo e assoreamento de recursos hídricos
Ar	Emissão de poluentes pelos meios de transporte utilizados pelo turismo
	Emissão de poluentes pelo consumo de energia nos demais serviços turísticos
Outros problemas decorrentes	Barulho, congestionamentos, escassez de água e de alimentos, sazonalidade

Fonte: Baseado em Euhofa et al. 2001.

Ambas as classificações, a exemplo de outras abordagens voltadas para a mesma temática, procuram cobrir o amplo leque de desdobramentos proporcionados pelo desenvolvimento do turismo sobre o meio ambiente. Assim como outras atividades que requerem a ocupação de espaços e a interferência nos componentes ambientais preexistentes, as necessidades e as condições para a oferta turística – como o suprimento de água e de energia, os meios de hospedagem, os restaurantes e as estruturas recreativas, além de estradas, acessos e aeroportos – demandam matérias-primas muitas vezes extraídas de forma ilegal, e destrutiva, de locais como dunas, leito e margem de rios, praias e encostas de morros.

Ecossistemas naturais como florestas e áreas úmidas (planícies fluviais e costeiras) são freqüentemente destruídas ou fortemente alteradas pela construção de acomodações e equipamentos turísticos e recreativos, causando, a médio e longo prazos, distúrbios ecológicos com efeitos adversos ao próprio turismo e às comunidades envolvidas. Impactos graves também ocorrem em relação aos recursos costeiros e à dinâmica marinha onde, por exemplo, a implantação mal planejada de marinas e de quebra-mares (molhes), a extração de areia e rochas, o avanço descontrolado de construções sobre a linha de costa e a pavimentação intensa provocam a destruição de ecossistemas como os recifes de corais, manguezais, costões, foz de rios e praias, além da ruptura das conexões naturais entre a terra e o mar, potencializando, dessa forma, a ocorrência de desastres naturais.

Os mesmos ambientes naturais, com sua fragilidade ecológica e seu potencial produtivo, são freqüentemente expostos ou atingidos por atividades náuticas e aquáticas voltadas ao turismo ou à recreação em águas costeiras, como mergulho e pesca esportiva, percursos marinhos e fluviais e ancoragem de embarcações, que não seguem procedimentos de proteção ambiental.

De forma mais pontual, porém muito disseminada, o uso excessivo e descontrolado de trilhas e caminhos rústicos em diversos tipos de terrenos com cobertura vegetal natural provoca a erosão do solo e a destruição da vegetação de entorno.

Por fim, a vida selvagem, ou seja, a fauna natural, sofre os impactos de um uso turístico inconseqüente, cujas aproximação e agitação excessivas dos visitantes, movimentação de veículos e seus ruídos, e alimentação induzida provocam mudanças indesejadas no comportamento e nos hábitos dos animais.

Quanto à poluição (sonora, do ar, do solo, da água e estética), o turismo tem uma parcela de contribuição potencialmente expressiva. A começar pelo transporte turístico nas suas formas terrestre, aérea e aquática, que estão em constante crescimento. Outras comodidades largamente utilizadas pelo turismo como a refrigeração e a climatização de ambientes, cujos equipamentos em muitos casos ainda funcionam à base de substâncias poluentes, contribuem para a emissão de poluentes na atmosfera e acarretam conseqüências globais sobre o esvaziamento da camada de ozônio, o efeito estufa e a chuva ácida. A poluição sonora de aviões, carros, ônibus e de veículos recreativos como *jet skis* e embarcações que servem ao turismo e aos turistas, são geradores de estresse, aborrecimentos e distúrbios auditivos, não só ao ser humano, mas também à vida selvagem.

O turismo, inevitavelmente, produz resíduos sólidos e efluentes orgânicos (esgotos), e a má disposição ou destinação final dos mesmos é um sério problema, principalmente em áreas com alta concentração de turistas. Os rios, mares, lagos, estuários e recifes de corais, as margens de estradas, os caminhos e trilhas na natureza, e com eles a própria paisagem, costumam ser os ambientes mais afetados pela destinação inadequada do lixo, do descarte de materiais e do esgoto gerado pelos turistas por suas atividades e pelos serviços a eles prestados. Contudo, a poluição nesses ambientes afeta a viabilidade das próprias atrações turísticas, além de comprometer a saúde humana.

Por fim, o turismo ainda provoca a poluição estética quando não integra as suas estruturas e equipamentos às características naturais e culturais do entorno preexistente. O *design* exótico ou a arquitetura padrão de *resorts* muitas vezes contrasta com as construções tradicionais, não se integrando à paisagem natural e cultural das localidades onde se instalam. Estruturas como passarelas, mirantes, acessos rodoviários, estacionamentos, locais de recreação, entre outras, construídas para atender o turismo, em muitos casos constituem intrusões visuais, desequilibrando a unidade e harmonia das paisagens naturais do entorno. O contorno natural da linha de costa no litoral costuma ser uma das características mais afetadas pela implantação não planejada de estruturas e facilidades turísticas.

O turismo na sua forma mais intensiva, o turismo de massa, no qual se verifica a concentração excessiva de turistas, equipamentos e infra-estruturas, tem deixado uma marca indelével e irreversível em destinações pelo mundo todo; várias delas experimentando uma decadência, como conseqüência do conjunto de impactos ambientais anteriormente relacionados, e que podem ser sintetizados nos seguintes aspectos:

- Transformação radical dos ecossistemas;
- Grande consumo de recursos naturais;

- Sobrecarga de efluentes e resíduos no ambiente;
- Topografia (relevo) natural sensivelmente alterada;
- Descaracterização das paisagens naturais e culturais preexistentes.

Mesmo o turismo alternativo, cujas principais vertentes são o turismo na natureza, o turismo de aventura e o turismo em áreas rurais, ao descobrir e passar a explorar de forma descontrolada novos destinos, encontrará ecossistemas naturais e suas paisagens com elevado nível de fragilidade, fazendo com que os possíveis impactos decorrentes sejam qualitativamente muito nocivos, levando a uma rápida degradação. O mesmo poderá ocorrer em relação à herança cultural das comunidades que vivem no entorno desses ambientes.

AS ÁREAS NATURAIS ECOLOGICAMENTE SENSÍVEIS MAIS PROCURADAS PELO TURISMO

Com o crescimento significativo do turismo nas últimas décadas, um número também crescente de turistas está interessado em conhecer e explorar novas e remotas destinações, ainda caracterizadas pelo estado de conservação dos ecossistemas que identificam suas paisagens naturais, além da presença de comunidades autóctones com seu modo de vida a elas integrado. Essas áreas são ecologicamente sensíveis porque seus recursos naturais são muito vulneráveis a transformações físicas por apresentarem uma grande diversidade e interdependência de habitats e qualquer mudança em um componente do ecossistema terá efeitos imprevisíveis em todo o sistema.

No entanto, tais áreas são justamente as que vêm recebendo esse aumento de visitantes por possuírem os principais recursos dos quais depende o tipo de turismo que por elas demanda, tornando a sua conservação fundamental também por este motivo. A seguir, apresenta-se de forma genérica uma breve identificação das áreas naturais mais sensíveis, assim reconhecidas por organizações mundiais como Unep, Unesco, IUCN e WWF:

- Ilhas, mar costeiro e praias: integram os ambientes insulares e litorâneos e seus ecossistemas mais sensíveis são os recifes de corais, as praias de desova de tartarugas e os locais de reprodução das aves marinhas;

- Florestas pluviais tropicais: possuem elevada diversidade em formas de vida animal e vegetal, apresentando em seu interior uma complexa estrutura ecológica;

- Savanas: são ambientes de transição entre as florestas e os campos, com predominância de vegetação herbácea (ervas) e arbustiva (arbustos). Sua fauna e flora são muito vulneráveis às queimadas e outras atividades humanas descontroladas;

- Montanhas: além de abrigarem expressiva biodiversidade e possuírem recursos minerais e madeireiros, são a fonte vital de suprimento de água para bilhões de habitantes;

- Áreas úmidas: são ecossistemas altamente produtivos que proporcionam dois terços da captura mundial de peixes, além de serviços ambientais como água limpa, proteção contra enchentes, remédios, combustível e materiais de construção. Ocorrem na forma de charcos, estuários, deltas, lagunas, mares rasos, planícies aluviais e manguezais.

Áreas ecologicamente sensíveis, como os pólos gelados e os desertos, ainda se encontram menos vulneráveis ao turismo devido à sua localização e dificuldades logísticas de acesso e permanência. Já ecossistemas específicos como cavernas, rios e lagos apresentam grande vulnerabilidade às atividades impactantes do turismo, estando, para efeito da presente abordagem, incluídos nas grandes áreas naturais já apresentadas.

Por sua vez, as áreas protegidas (unidades de conservação), são áreas especialmente destinadas à proteção e à manutenção da biodiversidade e dos recursos naturais e características culturais associadas. As principais organizações mundiais que atuam na proteção dessas áreas e seus respectivos focos, ou modalidades de atuação, são as seguintes:

- Programa das Nações Unidas para o Meio Ambiente (Pnuma) – por meio do Centro Mundial para o Monitoramento da Conservação;

- Organização das Nações Unidas para a Educação, Ciência e Cultura (Unesco) – por meio dos Sítios do Patrimônio Mundial (natural e cultural) e das Reservas da Biosfera;

- União Internacional para Conservação da Natureza (IUCN) – por meio das Reservas da Biosfera; Áreas Marinhas Protegidas; Áreas Montanhosas Protegidas e do Patrimônio Mundial;

- WWF – por meio das ecorregiões;
- Conservação Internacional (CI) – por meio dos *hotspots* e das grandes regiões naturais.

CONSIDERAÇÕES FINAIS

A obtenção e a elaboração do conteúdo exposto neste capítulo, a partir de uma postura pessoal do autor, baseou-se em algumas referências contemporâneas de circulação mundial produzidas por organizações de reconhecida atuação na área ambiental e de conservação da natureza, que incluem, em sua esfera de abordagem, o turismo e as implicações do seu desenvolvimento sobre o meio ambiente. Trata-se de um conteúdo com viés claramente ambiental e conservacionista, voltado a um entendimento básico (e absolutamente não exaustivo e tampouco conclusivo) sobre a relação de interdependência entre o turismo e o meio ambiente.

REFERÊNCIAS

Ceballos-Lascuráin, H. **Tourism, ecotourism and protected areas.** Gland, Suíça e Cambridge: IUCN, 1996.

Christ, C. et al. **Tourism and biodiversity: mapping tourism's global footprint.** Washington, DC: C.I. / Unep, 2003.

[CI] Conservation International. **Grandes regiões naturais.** Belo Horizonte: CI. Disponível em: http://www.conservation.org.br/como/grandesregioesnaturais. Acessado em: set. 2008. México: Cemex, S.A. de C.V.; Agrupación Sierra Madre, S.C. 2004.

D'amaro, P. O homem pode sobreviver à natureza? **Terra**, São Paulo: Peixes. Ano 13, n. 155. p. 46-61, 2005.

Eagles, P.F.J.; McCool, S.F.; Haynes, C.D. Sustainable tourism in protected areas: guidelines for planning and management. **Best Practice Protected Areas Guidelines Series, n. 8.** UK (Cardiff University): Unep/WTO/IUCN/WCPA, 2002.

Euhofa; IH&RA; UNEP. **Sowing the seeds of change: an environmental teaching pack for the hospitality industry.** Paris: Euhofa/Ih&Ra/Unep, 2001.

Kuss, F.R.; Graefe, A.F.; Vasque, J.J. **Visitor impact management: a review of research.** v. 1. Washington, National Parks and Conservation Association, 1990.

MASON, P. **Tourism: environment and development perspectives.** Londres: WWF, 1990.

MATHIESON, A.; WALL, G. **Tourism: economic, physical and social impacts.** 2. ed. Nova York: Longman, 1993.

MEADOWS, D.H. **Harvesting one hundredfold: key concepts and case studies in environmental education.** Nairobi: UNE, 1989.

MITTERMEIER; RUSSEL A. et al. **Hotspots Revisited: Earth's biologically richest and most endangered terrestrial ecoregions.** Cemex Books on Nature, 2004. Disponível em: http://multimedia.conservation.org/cabs/online_pubs/hotspots2/cover.html. Acessado em: 24 set. 2008.

MMA. **Projeto corredores ecológicos.** Brasília: [s.n.], [200-].

MONTAIGNE, F. Água sob pressão. **National Geographic-Brasil.** São Paulo: Abril, set. 2002, p. 50-81.

OMT; WTO; BTO. **Iniciativas voluntárias para o turismo sustentável.** São Paulo: Roca, 2004.

PIRES, P.S. Interfaces ambientais do turismo. In: TRIGO, L.G.G. (Org.) **Turismo: como aprender, como ensinar.** 2. ed. São Paulo: Senac, 2001, p. 229-255.

SACHS, I. **Espaços, tempos e estratégias do desenvolvimento.** São Paulo: Vértice, 1986.

SHIK, I.A. O fantasma da sede. **National Geographic-Brasil,** São Paulo: Abril, set. 2001, p. 18-19.

SUNKEL, O.; GIGLO, N. **Estilos de desarrollo y médio ambiente en la América Latina.** México: Fondo de Cultura Econômica, Lecturas n. 36, 1980.

UNEP. **Tourism's three main impact areas; Environmental impacts of tourism.** 2002. Disponível em: http://www.uneptie.org/pc/tourism/sust-tourism/sensitive-tourism. Acessado em: out. 2005.

VALENTI, J.V. Las distintas visiones geográficas de las relaciones entre naturaleza y hombre. **Revista de Geografia.** Barcelona, Depto. de Geografia – Universidad de Barcelona, v. XVIII, 1984, p. 5-17.

[WRI] WORLD RESOURCES INSTITUTE; [IUCN] UNIÃO MUNDIAL PARA A NATUREZA; [PNUMA] PROGRAMA DAS NAÇÕES UNIDAS PARA O MEIO AMBIENTE. **A estratégia global da biodiversidade: guia para aqueles que tomam decisões.** Curitiba: FBPN, 1992.

[WTTC] WORLD TRAVEL AND TOURISM COUNCIL; [IH&RA] INTERNATIONAL HOTEL & RESTAURANT ASSOCIATION. **The global importance of tourism.** abr. 1999.

WWF. **Materiais avulsos publicados e disponibilizados para associados.** [199-].

_____. **Ecorregiões.** Disponível em: http://www.wwf.org.br. Acessado em: 2005.

Papel do Poder Público para o Turismo Sustentável | **2**

Karina Toledo Solha
Bacharel em Turismo, Escola de Artes, Ciências e Humanidades da USP

INTRODUÇÃO

As discussões sobre teorias de desenvolvimento têm sido, ao longo do tempo, uma temática amplamente abordada pelas diferentes áreas das ciências humanas. É uma preocupação constante dos pesquisadores de economia, geografia, sociologia e política, que buscam compreender a sua dinâmica e definir parâmetros de análise. Isso tem levado a sérias reflexões e a grandes mudanças de paradigma na compreensão do fenômeno e da sua importância, principalmente no caso dos países inseridos no denominado grupo dos "países em desenvolvimento".

Durante muito tempo, associou-se o desenvolvimento ao crescimento da renda per capita. Atualmente, os indicadores de desenvolvimento tendem a ser mais abrangentes, considerando que o critério renda não é o único e nem o mais apropriado. Como ressalta Milone (1998, p.514), o desenvolvimento deve incluir outros indicadores como "a diminuição dos níveis de pobreza, desemprego e desigualdade e, também, a melhoria nas condições de saúde, nutrição, educação, moradia e transporte".

De modo geral, esse ainda é um tema bastante polêmico e tem estimulado a realização de diversos estudos para responder aos mais variados aspectos da questão. No turismo, esse assunto tem motivado inúmeras pesquisas para compreender e identificar as etapas do processo de desenvolvimento sob diferentes enfoques. Autores como Beni (1991, 1998),

Hall (2001), Lickorisch (1994) e Lickorisch e Jenkins (2000) preocuparam-se em discutir o papel do poder público na promoção do desenvolvimento turístico e destacam que essa relação está intrinsecamente associada às características de cada local, região ou país – como cultura, base econômica, organização administrativa e tradições políticas –, além da prioridade dada ao setor turístico, a qual determina, com freqüência, o tipo de atuação que se espera do setor público na esfera do turismo. Recentemente, além dessas variáveis, também se associou uma nova preocupação relacionada à aplicação do conceito de sustentabilidade turística nas políticas e ações de desenvolvimento previstas para o setor.

Este texto pretende identificar o papel do poder público no desenvolvimento do turismo e as estratégias utilizadas para aplicar o conceito de turismo sustentável. Este estudo fundamenta-se num extenso levantamento bibliográfico sobre questões pertinentes às relações entre poder público e turismo, no Brasil e no mundo, complementado pela consulta a relatórios técnicos, documentos oficiais, artigos e sites que tratam da aplicação do conceito de turismo sustentável na promoção do desenvolvimento turístico no Brasil.

PARTICIPAÇÃO DO PODER PÚBLICO NO DESENVOLVIMENTO DO TURISMO

A participação do poder público no desenvolvimento do turismo tem sido amplamente discutida, principalmente no que se refere às características e aos limites de sua atuação. Considera-se também que a própria evolução e a expansão do fenômeno, em nível mundial, provocaram profundas mudanças na maneira de conduzir a atividade, assim como na importância do Estado nesse processo.

De modo geral, o Estado sempre está presente no desenvolvimento dos setores da economia considerados prioritários, com propósito de estimular, restringir ou apoiar financeiramente os projetos desenvolvidos, interferindo de maneira positiva ou negativa. O Estado exerce sua influência nas atividades econômicas principalmente por meio de instrumentos, políticas e agentes fiscais, tributários, monetários, cambiais, creditícios e social-trabalhistas (Cano, 1998).

No setor turístico, conforme a análise de Lickorisch e Jenkins (2000, p.241), a postura do Estado, de modo geral, tem sido de distanciamento, caracterizada por pouca ou nenhuma intervenção direta, exceto quando os outros setores da economia apresentam dificuldades: nesses momentos, o turismo parece uma alternativa de reversão rápida de panoramas econômicos negativos e, conseqüentemente, observa-se uma maior interferência do Estado, em razão da possibilidade de entrada de moeda estrangeira.

Segundo Beni (1998, p.102), a atual expansão do turismo, associada ao aumento da concorrência, da competitividade e da profissionalização, e o crescimento das preocupações sociais e ambientais tornaram indispensável uma postura mais comprometida e proativa do Estado. De acordo com esse autor, o distanciamento do poder público pode refletir na iniciativa privada que, sem diretrizes claras e objetivas da sociedade, tende a conduzir o turismo para o desenvolvimento das atividades mais lucrativas, descuidando de outras áreas, como a social e a cultural.

É preciso, no entanto, destacar que a participação do Estado no desenvolvimento do turismo pode ser bastante diferenciada, conforme observado em pesquisas realizadas por organismos internacionais, como a Organização para Cooperação e Desenvolvimento Econômico (OCDE) e a Organização Mundial do Turismo (OMT), a fim de verificar como o setor público dos países-membros tem se organizado para gerenciar a atividade turística (Lickorisch e Jenkins, 2000, p.250).

Apesar da evolução da atividade turística e da preocupação sobre a relevância da atuação do poder público no setor, não se verifica um padrão comum nas estruturas governamentais. A propósito, os relatórios anuais da OMT apontam que, em dois terços dos casos, esse poder está centralizado nacionalmente, como Ministério, e apenas um terço dos países atua por meio de agências estaduais (Lickorish e Jenkins, 2000, p.250), enquanto outros optam por não interferir diretamente no setor, como é o caso dos Estados Unidos, que em 1996 extinguiram seu órgão nacional de turismo. Outros exemplos, citados por Lickorisch e Jenkins (2000, p.222), em que há uma forte tendência de reduzir o nível e o escopo de intervenção, são o Reino Unido e a Suécia, enquanto os países em desenvolvimento têm percorrido o caminho inverso.

No Brasil, embora a participação no desenvolvimento do turismo ocorra em todos os níveis do poder público, ainda se verifica uma grande fragilidade das representações regionais, estaduais e locais, situação compreensível dentro de uma estrutura com longa tradição de centralismo, na qual as outras esferas só eram vistas como cumpridoras das regras emanadas pelo poder central.

Tal situação começou a se alterar a partir da década de 1990, com as novas políticas do turismo implementadas pelo governo federal, como o Programa Nacional de Municipalização do Turismo (PNMT), no período de 1994-2002. O PNMT tinha como principal estratégia a descentralização das ações e o incentivo à participação dos municípios na co-gestão do Plano de Desenvolvimento Sustentável do Turismo. Contudo, a partir de 2003, as propostas de municipalização foram postas de lado e o novo Plano Nacional de Turismo estabeleceu, como política prioritária, a regionalização do turismo, com o objetivo de criar e comercializar produtos turísticos regionais, apoiada na participação e no envolvimento do poder público estadual.

Além da atuação dos organismos públicos nos vários aspectos do desenvolvimento turístico, verificou-se, recentemente, que o Poder Legislativo tem assumido um papel de destaque nas discussões sobre a atividade turística, com a implementação da Comissão Permanente de Turismo na Câmara dos Deputados e da Subcomissão de Turismo do Senado, contribuindo para priorizar o assunto nos debates nacionais e regionais e sensibilizando a comunidade para essa questão.

Embora sejam bastante diversificadas as experiências de participação do poder público no desenvolvimento turístico, todos têm um desafio em comum: conseguir promover uma "parceria desenvolvimentista com o setor privado" (Jenkins, 1998, p.33) que ultrapasse a preocupação básica de oferecer incentivos, o que significa uma relevante mudança de postura, cujo principal objetivo é buscar o efetivo envolvimento e comprometimento do setor privado na tomada de decisões.

Obviamente esse assunto ainda está em debate, principalmente pelas diferentes possibilidades de implementação que apresenta. No entanto, a questão apontada por Jenkins (1998, p.33) ressalta uma das facetas contemporâneas do desenvolvimento do turismo, que merece dos especialistas uma discussão mais aprofundada e um movimento do setor público para ajustar-se a esse novo cenário.

Mudanças na postura do setor público foram percebidas por Lickorisch e Jenkins ao afirmar que o Estado "agora tende a oferecer o que chama de ambiente propício, ou seja, fornece apoio legal e infra-estrutura para estimular atividades comerciais" (Lickorisch e Jenkins, 2000, p.222). Esse ambiente propício relaciona-se não somente com as necessidades diretas da atividade turística, mas também com questões gerais do país em relação à estabilidade econômica e política, ao desenvolvimento social refletido pela educação e saúde e pelas relações internacionais. Além disso, trata-se de uma nova forma de relacionamento com os setores interessados, em que a capacidade de persuasão, de argumentação e de criação de parcerias faz grande diferença na busca de resultados para o setor (Hall, 2001).

De modo geral, mesmo com as mudanças de paradigma sobre o papel do Estado, as suas atribuições no desenvolvimento do turismo não mudaram muito. O que há são percepções diferentes em relação às funções exercidas pelo poder público.

Estudos realizados em 1974 pela União Internacional de Organizações de Viagens (Iuoto), antecessora da OMT, descrevem cinco principais funções do Estado no desenvolvimento do turismo: coordenar, planejar, legislar e regulamentar, empreender e incentivar. Hall (2001) examina essas funções:

- Coordenar: ocorre nas diferentes esferas do governo, a fim de evitar duplicação de recursos entre as várias entidades turísticas governamentais e o setor privado e para desenvolver estratégias eficientes para o setor;

- Planejar: consiste na elaboração e implementação de planos de desenvolvimento do turismo em suas várias escalas (nacional, regional e local) e por diferentes organizações governamentais;

- Legislar e regulamentar: atende tanto na emissão de passaportes como na política de meio ambiente e trabalhista, podendo atuar como facilitador do desenvolvimento do turismo;

- Empreender: quando além de fornecer infra-estrutura básica, age como proprietário e diretor de empreendimentos como hotéis e empresas de viagens;

- Incentivar: por meio de incentivos financeiros, de informações sobre negócios e pela geração de demanda turística, sempre com trabalho de marketing e divulgação.

Os itens relacionados pela OMT são detalhados por Lickorisch (1994, p.252), que acrescenta a função de elaboração da política e de criação da estrutura para propiciar a consulta a todos os segmentos da sociedade.

Acompanhando essas transformações, alguns autores, ao se referirem às atribuições do Estado, abordam o tema sob a ótica da gestão e, conseqüentemente, demonstram tratamento mais comercial para essas questões, como Cooper et al. (2001, p.269) que as dividem em duas categorias:

- Gestão de oferta e custos: refere-se ao planejamento e controle do uso da terra, à regulamentação de construções e do mercado, à pesquisa e ao planejamento de mercado, à taxação, à propriedade e ao incentivo aos investimentos na infra-estrutura turística;

- Gestão de demanda e receita: refere-se às ações de marketing e promoção, ao fornecimento de informação, ao estabelecimento de preços e ao controle de acesso.

Tal compreensão possibilita tratar as atribuições do poder público não como tarefas dispersas, mas como parte de um conjunto de atividades que podem interferir tanto no produto final a ser oferecido quanto na sua comercialização. Essa postura profissional e técnica, que pode contribuir para obter resultados comerciais importantes, desconsidera, no entanto, as influências e a importância das interferências políticas para que o turismo seja uma atividade sustentável.

Certamente, para promover o desenvolvimento do turismo será necessário estabelecer com clareza o papel do poder público nas várias fases do processo: elaboração, implementação e, principalmente, monitoramento e avaliação. Essa necessidade é apontada pela OMT (2003, p.96), que ressalta também a existência do compartilhamento das responsabilidades entre o setor público e a iniciativa privada e verifica o crescente envolvimento das organizações não-governamentais, atuando de forma significativa, principalmente nas pequenas localidades.

Isso indica que o poder público deve mostrar seu comprometimento com o desenvolvimento planejado e sustentável do turismo. Para que isso ocorra, ele deve estar organizado, ser flexível e atuar de forma profissional para obter o consenso entre interesses diversos. Além disso, também é indispensável conseguir implantar uma estrutura administrativa que permita a transformação dessas políticas em ações sustentáveis em diferentes esferas e níveis do poder público, e isso pode ser concretizado com criação de órgãos na sua própria estrutura ou de entidades que tenham flexibilidade, agilidade e, sobretudo, representação nos diversos segmentos que atuam no turismo.

PODER PÚBLICO
E TURISMO SUSTENTÁVEL

Embora as relações entre o setor público e o turismo tenham passado por profundas transformações, até pouco tempo não contemplavam preocupações com temas relacionados à sustentabilidade de seu desenvolvimento. A própria noção de desenvolvimento sustentável foi aprimorada a partir da década de 1970. O turismo, no entanto, começou a ser discutido a partir de abril de 1995, quando,

> por iniciativa da ONU, realiza-se a Primeira Conferência sobre Turismo Sustentável, em Lanzarote, nas Ilhas Canárias. Foi co-patrocinada pelo Programa Ambiental dessa mesma organização, e pelo Programa sobre o Homem e a Biosfera da Unesco e pela OMT. Uma das principais preocupações do Encontro foi a observação, que expressou a maioria dos participantes, de que a iniciativa privada, à época, pouco se sensibilizava com os programas e ações de preservação ambiental. (Beni, 2003, p.8)

Mesmo assim, o foco estava na sustentabilidade ambiental, sem preocupações com outras dimensões, como a social, a econômica, a histórico-cultural e a tecnológica.

Desde então, os estudos sobre turismo e sustentabilidade avançaram muito. Contudo, observa-se, comumente, a utilização equivocada do termo, especialmente quando a questão do turismo sustentável é vista, quase exclusivamente, na sua dimensão ecológica, pois não se leva em conta que o desenvolvimento sustentável do turismo ocorre como resultado de ações integradas e articuladas que consideram as diferentes dimensões da sustentabilidade. Esse aspecto foi apontado enfaticamente por Beni (2003, p.12):

> Não podemos, a essa altura, confundir Sustentabilidade Ecológica do Turismo com Turismo Sustentável – a sustentabilidade ecológica ("licenciamento ambiental"), ("qualidade ambiental"), ("gestão ambiental"), ("desenvolvimento ambiental sustentável") é apenas um dos cenários da sustentabilidade do Turismo.

Depois da Primeira Conferência sobre Turismo Sustentável, em abril de 1995, muitos outros encontros de especialistas ocorreram pelo mundo, os quais geraram uma série de documentos que aprofundam as discussões sobre o desenvolvimento sustentável e o turismo:

- Princípios do Turismo Sustentável (1992): elaborado pela WWF e Tourism Concern, ambas organizações não-governamentais, esse documento enfatiza a conservação dos recursos turísticos de base para assegurar o equilíbrio entre as partes implicadas, ou seja, o turismo e o meio ambiente (Kanni, 2004, p.101);

- Agenda 21: trata-se de um programa de ação abrangente elaborado na Conferência da Terra, das Nações Unidas sobre Meio Ambiente e Desenvolvimento, em 1992. Esse documento prevê ações específicas para o setor de viagens e turismo e preocupa-se em demonstrar as vantagens ao setor da atividade sustentável (OMT, 2003, p.145). Entre as várias orientações, há a preocupação com questões referentes ao setor público que deveriam ser observadas para alcançar o desenvolvimento sustentável do turismo, são elas:

  a) A avaliação da capacidade do quadro regulatório, econômico e voluntário, com o propósito de apoiar o desenvolvimento de políticas que viabilizem a implementação do turismo sustentável;

  b) A avaliação das implicações econômicas, sociais, culturais e ambientais das operações da organização/instituição, a fim de examinar sua própria capacidade de atuar na direção do desenvolvimento sustentável;

  c) Treinamento, educação e formação da consciência pública, no sentido do desenvolvimento de formas mais sustentáveis de turismo e com o objetivo de viabilizar a capacidade necessária para execução de tarefas nessa direção;

  d) Planejamento para o turismo sustentável com base no estabelecimento e na implementação de medidas que assegurem o planejamento efetivo do uso do solo, maximizem benefícios ambientais e sociais e minimizem danos potenciais à cultura e ao meio ambiente;

  e) Promoção de intercâmbio de informações, conhecimento e tecnologias entre países desenvolvidos e em desenvolvimento que viabilizem o turismo sustentável;

  f) Fomento à participação de todos os setores da sociedade;

  g) Monitoramento para avaliação dos progressos alcançados ante as metas de turismo sustentável, por meio de indicadores confiáveis e aplicáveis local e nacionalmente;

  h) Estabelecimento de parcerias que facilitem iniciativas responsáveis;

- Guia de desenvolvimento do turismo sustentável: elaborado pela OMT com base nas ações propostas pela Agenda 21, tem como objetivo subsidiar o monitoramento de seu desenvolvimento responsável.

Apesar do aprofundamento ocorrido nas discussões sobre o tema e do reconhecimento do importante papel a ser desempenhado pelo poder público, ainda persiste a visão de que o desenvolvimento sustentável do turismo se aplica somente a áreas naturais, o que sinaliza a necessidade de ampliar os estudos e debates sobre esse aspecto para além do âmbito acadêmico.

Mesmo com as questões conceituais pendentes, verifica-se que o desenvolvimento sustentável do turismo está inserido no cotidiano dos organismos públicos, seja nos discursos seja nas políticas governamentais, como consta no *Plano Nacional de Turismo – 2007-2010*:

> O turismo pode ser uma importante ferramenta para o alcance dos objetivos de desenvolvimento do milênio, particularmente com relação à erradicação da extrema pobreza e da fome, à garantia de sustentabilidade ambiental e ao estabelecimento de uma parceria mundial para o desenvolvimento (Brasil, 2007, p.15).

Essa questão também faz parte de projetos especiais em desenvolvimento, como aquele que trata do turismo e do alívio da pobreza, proposto pelo Ministério do Turismo, com base nas orientações da OMT (Brasil, 2005).

O conceito de turismo sustentável também está presente nos diversos planos e projetos de desenvolvimento turístico elaborados pelo setor público, muitas vezes atendendo às orientações e diretrizes de instituições financiadoras, como o Banco Interamericano de Desenvolvimento (BID). Atualmente, todos os planos de desenvolvimento de turismo dos estados brasileiros que contam com recursos externos devem considerar a questão da sustentabilidade em seus projetos – esses projetos são denominados Plano de Desenvolvimento Integrado do Turismo Sustentável (PDITS).

Na maior parte dos municípios brasileiros, a aplicação do conceito de turismo sustentável, entretanto, ainda está distante da realidade cotidiana. Esse conceito ainda não é compreendido com clareza, exceto por algumas localidades que têm como principal atrativo turístico o meio ambiente natural e, portanto, utilizam com freqüência os parâmetros de sustentabilidade aplicados à gestão ambiental.

Esse fato confirma uma das preocupações apontadas por Murphy (2001, p.200), que afirma ser necessário simplificar e difundir o conceito de turismo sustentável para um público mais amplo, envolvendo-os tanto no debate quanto na operacionalização. Como público mais amplo, podem-se entender os profissionais do setor, as diferentes esferas do setor público, a iniciativa privada, as comunidades, a mídia e os próprios turistas.

Nesse sentido, observam-se algumas experiências como a criação, em 2001, do Conselho Brasileiro de Turismo Sustentável (CBTS), que tem como objetivo atuar como órgão gestor, consultivo e acreditador do processo de certificação do turismo sustentável no país. Em 2002, foi lançado um Programa de Certificação do Turismo Sustentável, liderado pelo Instituto de Hospitalidade (IH) e pelo CBTS, com o objetivo de elaborar o sistema de normas e de certificação, capacitar profissionais multiplicadores e auditores para a implantação do sistema de certificação, capacitar e assistir tecnicamente empresas turísticas para facilitar a adoção das normas de certificação e promover no Brasil e no exterior o sistema como um todo e as empresas certificadas (Salvati, 2003).

Essas ações refletem a preocupação em estimular o desenvolvimento sustentável do turismo na iniciativa privada e, de certa forma, procurar mudar a percepção de que a aplicação do conceito de sustentabilidade resulte na redução da viabilidade econômica dos empreendimentos. Para Kanni (2004, p.107), essa é uma ação de valorização dos empreendimentos turísticos, uma vez que a certificação

> subentende a adoção de um sistema padrão de aceitação internacional e com rígidos critérios de qualidade. Este *status* qualifica as organizações, bem como seus produtos e serviços, para competir em mercados consumidores mais exigentes e representa, portanto, um diferencial diante da oferta concorrente dando à organização vantagens competitivas.

Enquanto o CBTS entende que a operacionalização do turismo sustentável deve ser estimulada pela certificação de empreendimentos e profissionais, a WWF do Brasil, com o apoio do BID, atua na esfera municipal do setor público realizando seminários para discutir o papel das políticas públicas no desenvolvimento do turismo sustentável. Desses seminários, surgiu um documento denominado *Turismo responsável – manual para políticas públicas*, o qual:

delimita como as legislações em seus diferentes níveis afetam ou são afetadas pela atividade turística, esclarecendo as competências do município em atuar com políticas de fomento e controle e propondo um conjunto de leis e decretos para a adequada implantação de uma política local em turismo, visando sua sustentabilidade econômica, social e ambiental em longo prazo. (WWF-Brasil, 2004, p.14)

Verifica-se que a preocupação com a aplicação do conceito de sustentabilidade no desenvolvimento do turismo tem como um dos seus principais promotores as organizações não-governamentais, especialmente aquelas envolvidas com a proteção do meio ambiente. Nas discussões realizadas no evento promovido pela Associação Mundial para Formação Profissional Turística (Amfort), na Bahia, Beni (2003, p.15) ressaltou sua preocupação com a implementação de um conceito de turismo sustentável equivocado, por estar mais relacionado à gestão ambiental dos empreendimentos do que com as diferentes dimensões da sustentabilidade.

Naturalmente, um processo de implementação de turismo sustentável orientado apenas e exclusivamente por organizações não-governamentais, focadas em questões ambientais, pode reduzir a questão do desenvolvimento sustentável do turismo à gestão ambiental. Contudo, é necessário compreender que as ações implementadas por essas organizações contam com o apoio do poder público e de organismos financiadores de projetos turísticos e devem ser valorizadas e reconhecidas pelo seu pioneirismo.

A participação dessas organizações nesse processo reflete a inexistência de uma política específica para promover o desenvolvimento sustentável do turismo e a situação precária apresentada pelo setor público, que não oferece condições para apoiar ou mesmo desenvolver políticas de turismo, em razão da estrutura administrativa fragilizada e das dificuldades decorrentes dos escassos recursos financeiros disponíveis e dos recursos humanos inadequados tanto em quantidade quanto em qualidade (Solha, 2004, p.144).

Essa realidade aponta para a imperiosa necessidade de promover o fortalecimento institucional do poder público em todas as esferas, por meio da capacitação dos recursos humanos e do estabelecimento de processos administrativos ágeis e eficientes, com o propósito de atender aos anseios e às expectativas da sociedade em relação ao desenvolvimento sustentável do turismo.

CONSIDERAÇÕES FINAIS

De modo geral, a participação do poder público no desenvolvimento do turismo ocorre somente quando este setor é considerado relevante, baseada no retorno que ele apresenta como atividade econômica. Durante muito tempo, poucos países entenderam o turismo como atividade econômica prioritária e, como conseqüência, freqüentemente mantiveram uma postura de distanciamento. Contudo, esse cenário mudou drasticamente nas últimas décadas, pois o setor tem se mostrado em contínuo crescimento mundial e cada vez mais competitivo, fatores que têm levado o poder público a rever continuamente seu papel no desenvolvimento do turismo.

Apesar da evolução da atividade turística e da conscientização sobre a relevância da atuação do poder público no setor, observa-se a existência de experiências bastante diferenciadas que são resultado da combinação de variáveis como valores culturais e políticos, situação econômica, ideologia política, entre outras.

No Brasil, observa-se que os novos desafios têm levado a mudanças de postura e de estratégias de desenvolvimento e, conseqüentemente, a adequações na estrutura administrativa nas diferentes esferas do poder público. Neste momento, entende-se que o poder público tem como principal função exercer um papel de articulador, o que significa implementar parcerias com os diversos segmentos que atuam na atividade, em especial o setor privado, a fim de promover o desenvolvimento turístico sustentável.

Apesar da mudança nas relações entre o setor público e o turismo, verifica-se, ainda, a existência de sérias dificuldades relacionadas tanto ao entendimento das questões conceituais sobre turismo sustentável quanto às estratégias para promover a aplicação desse conceito.

A isso se associa a incapacidade do poder público em gerir a atividade turística, em decorrência dos escassos recursos financeiros e da baixa qualificação dos gestores públicos.

Algumas ações na promoção do desenvolvimento sustentável do turismo, entretanto, têm sido realizadas por organizações não-governamentais, especialmente aquelas focadas nas questões relacionadas à gestão ambiental.

Nesse contexto, percebe-se a importância de promover uma ampla discussão e reflexão sobre a atuação do poder público na promoção do desen-

PAPEL DO PODER PÚBLICO PARA O TURISMO SUSTENTÁVEL | **43**

volvimento sustentável do turismo, uma vez que é dele a responsabilidade pela definição de políticas de turismo que possam contemplar o conceito de sustentabilidade, em todas as dimensões e, conseqüentemente, no seu conjunto, pelo modelo de desenvolvimento do turismo no país.

REFERÊNCIAS

BENI, M.C. **Análise do desempenho do sistema nacional de turismo instituído na administração pública.** São Paulo, 1991. Tese (Livre-Docência). Escola de Comunicações e Artes, Universidade de São Paulo.

_____. **Análise estrutural do turismo.** São Paulo: Senac, 1998.

_____. A certificação do turismo sustentável. **Turismo em Análise,** São Paulo, Aleph, ECA/USP, v. 14, n. 2, p. 5-16, 2003.

BRASIL. **Turismo sustentável e alívio da pobreza no Brasil.** Brasília: Ministério do Turismo, 2005.

_____. **Plano Nacional de Turismo: 2007-2010.** Brasília: Ministério do Turismo, 2007.

CANO, W. **Introdução à economia: uma abordagem crítica.** São Paulo: Unesp, 1998.

COOPER, C. et al. **Turismo: princípios e práticas.** Porto Alegre: Bookman, 2001.

HALL, C.M. **Planejamento turístico: políticas, processos e relacionamentos.** São Paulo: Contexto, 2001.

JENKINS, C. Desenvolvimento do turismo: o contexto. In: ENCONTRO DE TURISMO BRASIL–GRÃ-BRETANHA: A DIMENSÃO DOS SETORES PÚBLICO E PRIVADO. 1998, Salvador. Unifacs, SCT, Sebrae, 1998, p. 25-37.

KANNI, F. Sustentabilidade e responsabilidade socioambiental nas empresas turísticas: certificação ambiental no segmento de hospedagem. In: RUSCHMANN, D.; SOLHA, K.T. **Turismo: uma visão empresarial.** Barueri: Manole, 2004.

LICKORISCH, L.J. **Desarrollo de destinos turisticos: politicas e perspectivas.** México: Diana, 1994.

LICKORISCH, L.J.; JENKINS, C. L. **Introdução ao turismo.** Rio de Janeiro: Campus, 2000.

MILONE, P.C. Crescimento e desenvolvimento econômico: teorias e evidências empíricas. In: PINHO, D.B.; VASCONCELLOS, M.H.S. **Manual de economia.** 3.ed. São Paulo: Saraiva, 1998.

MURPHY, P.E. Turismo e desenvolvimento sustentado. In: THEOBALD, W. **Turismo global.** São Paulo: Senac, 2001.

[OMT] ORGANIZAÇÃO MUNDIAL DO TURISMO **Guia de desenvolvimento do turismo sustentável.** Porto Alegre: Bookman, 2003.

SALVATI, S. **Entrevista Instituto Virtual de Turismo.** 2003. Disponível em: http://www.ivt-rj.net/ivt/indice.aspx. Acessado em: 7 ago. 2007.

SOLHA, K.T. **Órgãos públicos estaduais e o desenvolvimento do turismo no Brasil.** São Paulo, 2004. Tese (Doutorado em Ciências da Comunicação). Escola de Comunicações e Artes, Universidade de São Paulo.

VEIGA, J.E. **Meio ambiente e desenvolvimento.** São Paulo: Senac, 2003.

WWF-BRASIL. **Turismo responsável: manual de políticas públicas.** Brasil: WWF, 2004.

Papel dos Órgãos Públicos no Incentivo à Adoção do *Ecodesign* | **3**

Joaquim Rondon da Rocha Azevedo
Arquiteto, JHS Construtora

INTRODUÇÃO

A valorização dos recursos naturais propiciada pelo crescimento do ecoturismo e, de maneira geral, pelo turismo de base natural provocou uma série de mudanças na maneira de conceber, planejar, implantar e operar produtos e destinos turísticos.

As mudanças em relação ao modelo tradicional de turismo percorrem todos os aspectos da atividade, desde a infra-estrutura até o marketing, passando pela formação de recursos humanos, formatação de atrativos e roteiros, alimentos e bebidas etc.

No que diz respeito à infra-estrutura e ao desenvolvimento físico, a disciplina que melhor reflete os princípios de respeito e valorização dos recursos naturais e culturais é o *ecodesign*. Também conhecido como *design* sustentável ou "*design* para o meio ambiente" (*design for environment*, DfE), o *ecodesign* sintetiza uma abordagem diferenciada do planejamento de instalações de infra-estrutura, equipamentos e produtos, cujas diretrizes fundamentais são a minimização dos impactos negativos e a potencialização dos recursos locais e renováveis.

Embora possam ser aplicados aos mais variados setores – produtos manufaturados, projeto de indústrias e mineração, grandes obras de infra-estrutura –, os princípios do *ecodesign* têm uma importância particular no turismo. A busca pelo chamado *sense of place*,[1] objetivo central do *ecodesign* no caso de projetos de infra-estrutura e equipamentos, pode trazer vantagens significativas a um empreendimento turístico:

- Redução de custos na implantação, por meio da minimização de movimentos de terra, aproveitamento de materiais locais etc.;
- Redução de custos operacionais, pela adoção de tipologias construtivas e tecnologias passivas de conforto ambiental que minimizam o consumo de energia e de água;
- Minimização dos riscos de passivos ambientais;
- Diferenciação do produto turístico, por meio da valorização de recursos locais – tais como técnicas construtivas, materiais, objetos decorativos, paisagens – e da sua integração aos atrativos;
- Oportunidades de marketing, derivadas da adequação ambiental (e social) do empreendimento.

A adoção do *ecodesign* em empreendimentos turísticos pode dar-se em diversos níveis, desde a utilização de produtos manufaturados até a regulamentação do setor, passando pelo projeto arquitetônico, canteiro de obras e também pela certificação. Este texto concentra-se nos aspectos que dizem respeito aos órgãos públicos do turismo e nas ferramentas de incentivo, regulamentação e suporte que podem ser por eles utilizadas no estímulo à adoção de práticas ambiental e socialmente adequadas no planejamento e na implantação de produtos e destinos turísticos. Antes de tratar do tema, no entanto, cabe uma discussão mais aprofundada da origem e dos princípios do *ecodesign*.

---

[1] O conceito de *sense of place*, literalmente "sentido do local", deriva do conceito de biorregionalismo e traduz uma preocupação em adaptar a construção às características locais – como relevo, solos, hidrografia, ventos predominantes, insolação e, ainda, materiais e técnicas construtivas locais – gerando uma sensação de pertencimento e harmonia. Em geral, a fonte de inspiração é o próprio repertório vernacular local, cujas respostas às condicionantes revelam um profundo conhecimento empírico. No entanto, muitas vezes as soluções baseadas em tecnologias exógenas avançadas também podem trazer resultados satisfatórios.

ORIGENS DO *ECODESIGN*

As origens do *ecodesign* estão ligadas à tomada de consciência em relação a problemas ambientais que percorreram os mais diversos setores da sociedade com maior intensidade a partir da década de 1960.

Embora a utilização do termo seja relativamente recente, o uso consciente de técnicas naturais voltadas ao meio ambiente remonta pelo menos ao final do século XIX. Em 1880, por exemplo, surgiu uma prensa acionada por um motor a vapor solar, e em 1908 o inventor americano Frank Schuman concebeu um protótipo de captador que serviu de base para os painéis coletores solares atuais. Em 1933, foi apresentada na Feira Internacional de Chicago uma "casa de cristal", cujas paredes eram feitas de vidro e tijolos refratários e, de 1939 a 1961, o Massachusetts Institute of Technology (MIT) conduziu sistematicamente pesquisas sobre aparelhos solares (Pearson, 1992).

A partir da década de 1960, esses e outros trabalhos de alguns pesquisadores como George Löf – que já naquela época vivia em uma casa solar – encontram ressonância em setores da contracultura que buscavam um modo de vida mais natural, em contraposição à busca desenfreada pelo progresso e desenvolvimento.

A contaminação desses trabalhos pela contracultura propiciou a incorporação de preocupações sociais e, em particular, a valorização da cultura e dos modos de vida tradicionais. Promoveu, ainda, mudanças profundas em hábitos de consumo, que levaram as empresas a buscarem formas de conceber e fabricar seus produtos que gerassem menos impactos negativos, hoje sintetizadas em disciplinas como o Life Cycle Assessment (LCA) – análise do ciclo de vida de um produto desde sua concepção até a disposição final de seus materiais componentes, que monitora e sugere medidas de mitigação de impactos em todas as fases da vida de um produto, tendo como preocupação essencial a sua sustentabilidade. Esse tipo de análise também é conhecido como *cradle to grave* (do berço ao túmulo).[2]

No campo acadêmico, essa contaminação também se mostrou fértil, gerando trabalhos importantes para conceitos como o de desenvolvimento sustentável, e orientou as ações da maior parte das organizações não-gover-

---

[2] Mais informações sobre o LCA estão disponíveis em: http://www.pre.nl, ou http://www.life-cycle.org.

namentais (ONGs) e agências internacionais voltadas para a questão ambiental e para a promoção do desenvolvimento sustentável. Entre os trabalhos de maior impacto, encontra-se o de Schumacher (1973), que desenvolveu o conceito de tecnologia apropriada. Também chamada tecnologia intermediária, seu objeto de estudo são as mudanças tecnológicas que, segundo ele, provocam mudanças maiores na vida econômica, social, cultural e política das pessoas.

Schumacher constata que as inovações tecnológicas, que em sua maioria se dão em países industrializados, muitas vezes não são acessíveis ou apropriadas aos países em desenvolvimento. Por sua vez, as tecnologias tradicionais usadas por comunidades desses países são freqüentemente ineficientes ou improdutivas, e estão sob a constante ameaça da velocidade das mudanças tecnológicas. Nesse contexto, a tecnologia apropriada situa-se justamente entre as tecnologias avançadas de capital intensivo de países desenvolvidos e as tecnologias tradicionais de subsistência, tendo como foco a satisfação das necessidades básicas de uma população e a otimização do seu tempo, das capacidades e dos recursos naturais. Essas são também as preocupações essenciais do *ecodesign*.

No caso do turismo, o conceito de tecnologia apropriada também é importante para compreender os impactos econômicos, sociais e culturais da cadeia produtiva como um todo.

Hoje, a importância do *ecodesign* é amplamente reconhecida. Na indústria da construção civil – de extrema importância para o turismo –, a oferta de materiais recicláveis e atóxicos é cada vez maior, assim como a adoção de tecnologias de reciclagem de água e resíduos, e captação de energia solar. Diversas normas sobre esses temas já foram e continuam sendo elaboradas, e os setores de arquitetura, engenharia e construção estão cada vez mais familiarizados com esses princípios.

PRINCÍPIOS DO *ECODESIGN*

No que diz respeito à infra-estrutura e aos equipamentos voltados para o turismo, a face mais visível do *ecodesign* é a dos materiais e das tecnologias construtivas e de sistemas ambientalmente adequados, como tintas à base de água, tubos hidráulicos feitos de material reciclável, e, principalmente, sistemas de aquecimento solar e painéis fotovoltaicos, sistemas de aproveitamento de água de chuva e águas servidas, e sistemas de tratamento de efluentes.

A utilização desses materiais e tecnologias é, sem dúvida, importante. No entanto, há outros aspectos que muitas vezes passam despercebidos e que são tão ou mais importantes para a adequação ambiental de um edifício ou de uma obra de infra-estrutura do que a escolha dos materiais ou dos sistemas de instalações. Há aspectos do *ecodesign* que dizem respeito à implantação, à tipologia construtiva e à organização do canteiro de obras, além da escolha dos materiais e sistemas. Cada um deles constitui um conjunto de diretrizes que diferem fundamentalmente do modo tradicional de construir, no que diz respeito à atenção aos recursos naturais e culturais do sítio em que se está construindo. Juntos, esses conjuntos de diretrizes garantem a adaptação da infra-estrutura ao contexto em que se insere. Os conjuntos de diretrizes são apresentados a seguir.[3]

Implantação

No que diz respeito à implantação de edifícios e obras de infra-estrutura para o turismo, os princípios do *ecodesign* se traduzem em uma preocupação em preservar e interpretar os recursos naturais e culturais locais, mais do que em manipular e controlar o ambiente para atender às necessidades e aos desejos dos visitantes. O objetivo principal é dar ao visitante a chance de entrar em contato com as particularidades da paisagem local, tais como vistas, cheiros, sons e a cultura local. Para isso, é necessário que se mantenha uma escala humana e íntima, que se evite a desconfiguração das características originais do terreno, e que se respeitem os limites de mudança aceitáveis previamente determinados. Algumas diretrizes básicas a serem seguidas são:

- Planejar o desenvolvimento paisagístico de acordo com o contexto, evitando a sobreposição deste por padrões e soluções genéricas;
- Compreender o sítio como um ecossistema integrado, com mudanças ocorrendo ao longo do tempo em equilíbrio dinâmico. O equilíbrio não deve ser alterado pelo desenvolvimento proposto;

---

[3] Para uma discussão detalhada dessas diretrizes, ver USDA/NPS (1993).

- Analisar a viabilidade do empreendimento em termos sociais e ambientais em longo prazo, não apenas em termos econômicos em curto prazo;
- Minimizar alterações na vegetação existente, movimentos de terra e alterações em cursos d'água;
- Locar estruturas para tirar o máximo proveito de tecnologias de energia passiva, a fim de proporcionar conforto ambiental (por exemplo, aproveitando o sombreamento de árvores em regiões quentes, os ventos predominantes em regiões úmidas ou barreiras naturais ao vento em regiões frias); A Figura 3.1 mostra a orientação das construções para maximizar a exposição ao vento e minimizar exposição ao sol da tarde.

Figura 3.1 – Esquema ambiental para construções em clima quente e úmido, mostrando a orientação das construções para maximizar a exposição ao vento e minimizar a exposição ao sol da tarde.

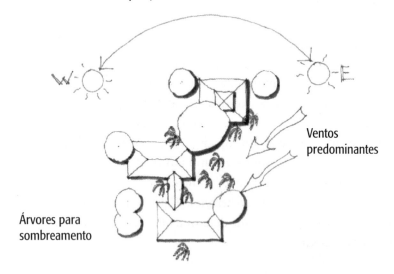

- Criar espaços para processar dejetos (instalações para coleta e reciclagem, tratamento de efluentes, disposição de resíduos sólidos orgânicos etc.) no próprio local;
- Desenvolver a infra-estrutura em fases, o que permite o monitoramento de impactos cumulativos;
- Incorporar plantas nativas ao paisagismo e usos e costumes locais à programação e operação do empreendimento.

Tipologia construtiva

No que se refere à tipologia construtiva ou à forma adotada nas construções, os princípios do *ecodesign* se traduzem essencialmente em uma resposta adequada às condicionantes locais. A construção deve, assim, minimizar os impactos negativos sobre os ecossistemas e a paisagem, e ao mesmo tempo valorizar os recursos naturais e culturais locais por meio de sua utilização adequada e do "emolduramento" da paisagem natural. A construção deve ainda ter o papel de demonstrar claramente como se dá a adaptação a um determinado ambiente, contribuindo para a interpretação e a compreensão das suas características, algo especialmente importante no ecoturismo (Figuras 3.2, 3.3 e 3.4). A seguir, são apresentadas algumas diretrizes básicas de tipologia construtiva.

- Utilizar tecnologias simples, apropriadas às necessidades funcionais;
- Incorporar tecnologias de energia passiva para responder ao clima local (por exemplo, aberturas para ventilação na cobertura em climas quentes e úmidos, pátios sombreados com espelhos d'água em climas quentes e secos, paredes feitas com material de alta inércia térmica em climas frios).

Figura 3.2 – Tipologia típica de clima quente e úmido.

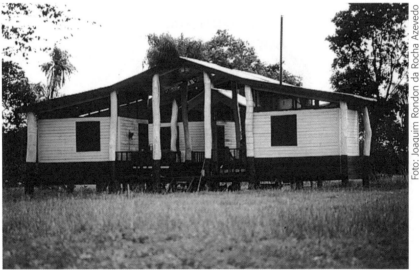

Foto: Joaquim Rondon da Rocha Azevedo

- **Figura 3.3** – Tipologia típica de clima frio de montanha.

- Dar preferência a estruturas de pequeno porte, que se acomodam mais facilmente à vegetação existente e ao relevo;
- Considerar a interface entre o terreno e a construção para minimizar a interferência na paisagem e na linha de céu;
- Intensificar a relação entre espaços internos e externos por meio de grandes aberturas e da minimização de paredes maciças;

Figura 3.4 – Alojamento na Posada Amazonas, Peru.

- Utilizar aberturas para emoldurar vistas;
- Otimizar o uso dos espaços, propiciando espaços mais flexíveis e reduzindo as necessidades de área construída;
- Minimizar a impermeabilização do solo e a concentração da água de chuva em poucas linhas de drenagem (propiciando erosão do solo);
- Planejar futuras ampliações para minimizar demolições e desperdício;
- Garantir a acessibilidade de pessoas com necessidades especiais;
- Incorporar materiais e tecnologias locais às estruturas, e peças do artesanato local à decoração;
- Fazer do acesso à construção um portal que acentue as características diferenciais do local.

Organização do canteiro de obras

Tão importante quanto um projeto final adequado é o planejamento da construção, a qual deve sempre ser pensada de maneira a minimizar os impactos sobre o sítio e evitar intervenções temporárias desnecessárias. Algumas recomendações são:

- Planejar escavações e movimentos de terra a fim de minimizar o acesso de máquinas pesadas ao local;
- Evitar a utilização de máquinas que provoquem ruídos excessivos;
- Construir primeiramente os acessos e utilizá-los para o transporte de materiais;
- Controlar o uso de energia na obra;
- Minimizar o desperdício e definir local e processos para gerenciar o entulho e outros resíduos sólidos.

Materiais e sistemas construtivos e de instalações

Como já apontado, há hoje no mercado uma vasta gama de produtos e tecnologias ambientalmente adequados de pronta utilização. Eles devem ser selecionados de acordo com as características do local e com os objetivos do empreendimento, a fim de garantir a adequação das soluções. Algumas recomendações são apresentadas a seguir.

- Evitar o uso de materiais que consomem muita energia para serem produzidos, que causam danos ao meio ambiente e que geram resíduos e/ou materiais nocivos à saúde;
- Utilizar a análise do ciclo de vida dos produtos na tomada de decisões sobre materiais de construção;
- Utilizar madeira e outros materiais renováveis procedentes de empresas que comprovadamente efetuem o gerenciamento ambiental de seus recursos e processos;
- Usar, sempre que possível, sistemas de iluminação e climatização de baixo consumo de energia. Verificar a possibilidade de utilização de fontes alternativas como gás, energia eólica e fotovoltaica;
- Utilizar, sempre que possível, a água de chuva para fins não-potáveis;
- Reciclar as chamadas águas cinzas, provenientes de pias e chuveiros, para fins não-potáveis;
- Verificar a sustentabilidade e qualidade de fontes alternativas de água como poços superficiais e profundos e nascentes;
- Utilizar aparelhos sanitários de baixo consumo;
- Tratar todos os efluentes lançados em corpos d'água, de acordo com os padrões estabelecidos.

ECODESIGN E ÓRGÃOS PÚBLICOS

A adoção dos princípios do *ecodesign* diz respeito, em grande parte, à atuação dos responsáveis pelo planejamento e pela execução das obras, instâncias nas quais é tomada a maior parte das decisões que afetam o desempenho ambiental de uma construção.

No caso de obras públicas, a responsabilidade do poder público é direta, cabendo aos responsáveis a adoção dos princípios anteriormente listados.

No caso de empreendimentos privados, ainda que indiretamente, a atuação dos órgãos públicos também é necessária. De fato, dada a natureza descentralizada da atividade turística, essa atuação é fundamental para

PAPEL DOS ÓRGÃOS PÚBLICOS NO INCENTIVO À ADOÇÃO DO *ECODESIGN* | **55**

garantir que todos os atores que concorrem para o desenvolvimento do espaço físico estejam alinhados às mesmas diretrizes de minimização de impactos negativos e valorização dos recursos naturais e culturais.

Em essência, são quatro as formas de atuação indireta dos órgãos públicos que visam à adoção de práticas adequadas no projeto e na execução de empreendimentos turísticos: planejamento, regulamentação, incentivo e assistência técnica.

Planejamento

A ferramenta mais importante para garantir o desenvolvimento físico adequado de um produto ou destino turístico é o planejamento do uso do solo. Sem ele, os objetivos que devem nortear a aplicação das demais ferramentas não ficam claramente definidos, comprometendo todo o processo.

O plano de uso do solo deve conter objetivos claros, definidos com base em problemas e oportunidades de natureza social, ambiental, política e econômica, de maneira integrada, de forma a garantir a sustentabilidade da iniciativa. O estabelecimento de objetivos claros também faz com que as negociações e a tomada de decisões se dêem com bases objetivas, reduzindo a margem para discussões. Facilita ainda a visualização das ações a serem realizadas e sua inter-relação, e o monitoramento e a avaliação dos resultados.

Além de objetivos claros, o plano deve conter também a definição e o mapeamento de prioridades, indicando as atividades a serem estimuladas e o local em que devem ocorrer.

A definição de prioridades é essencial para minimizar conflitos quanto ao uso do solo motivados por diferentes interesses. Um exemplo típico é o de áreas de interesse ecológico, que do ponto de vista da conservação devem ser protegidas, mas que do ponto de vista do desenvolvimento do ecoturismo devem ser exploradas. A definição de prioridades pode apresentar soluções para esse conflito, definindo, por exemplo, áreas-núcleo que permanecem protegidas, circundadas por áreas em que o uso turístico é permitido, ou definindo diferentes níveis de uso para diferentes áreas.

A participação de todos os grupos de interesse, tanto na definição de objetivos como de prioridades, é essencial, seja para garantir que os objetivos se aproximem da visão desses interessados, seja para garantir um nível maior de compromisso de todos com a implementação das ações previstas no plano. Esses grupos de interesse – os chamados *stakeholders* –

podem incluir órgãos públicos de turismo, desenvolvimento social e meio ambiente, comunidades receptivas, empresários e investidores, entre outros.

É importante observar que o desenvolvimento de planos de uso do solo pressupõe a capacitação dos recursos humanos dos órgãos envolvidos, sem a qual nem o desenvolvimento do plano nem a sua posterior implementação podem se realizar. A capacitação dos quadros desses órgãos envolve habitualmente investimentos em treinamento, aparelhamento e, muitas vezes, no aumento da própria equipe. A experiência mostra que muitas das dificuldades podem ser superadas com uma melhor coordenação entre os diversos órgãos envolvidos, o que muitas vezes implica medidas simples e sem custo.

Exemplos de sucesso de integração entre diversas agências governamentais podem ser encontrados no Nepal, na Tailândia e mesmo no Brasil, onde o Grupo Técnico de Coordenação – Amazônia foi criado para coordenar as atividades de diferentes ministérios (da Indústria e do Comércio e do Meio Ambiente) no desenvolvimento do turismo na Amazônia Legal, com base em diretrizes para uma Política Nacional do Ecoturismo conjuntamente definidas. A estratégia facilitou a negociação e a coordenação de esforços com organismos internacionais como o Banco Interamericano de Desenvolvimento (BID) que patrocina o programa Proecotur, baseado nas prioridades definidas pelo grupo (Sweeting et al., 1999).

O desenvolvimento dos planos pressupõe ainda a sensibilização e o aumento do conhecimento das populações locais, para que elas possam participar ativamente do processo, refletindo suas prioridades e seus interesses nos objetivos definidos e contribuindo ativamente para a implementação das medidas propostas. Campanhas públicas de sensibilização, parcerias com ONG e cooperação com o setor privado são algumas das ações que podem contribuir para melhorar a participação da população local em iniciativas de planejamento.

Regulamentação

A maneira mais simples de um governo definir regras de conduta e padrões de ocupação é a instituição de leis e outras formas de regulamentação. Trata-se de uma ferramenta poderosa que, no entanto, precisa estar integrada a outras ferramentas para ser efetiva, pois pode potencialmente

PAPEL DOS ÓRGÃOS PÚBLICOS NO INCENTIVO À ADOÇÃO DO *ECODESIGN* | **57**

causar conflitos e exigir o emprego intensivo de recursos para a fiscalização do seu cumprimento.

Os diferentes tipos de regulamentação podem ser diferenciados quanto à sua abrangência. Há, assim, regulamentos que abrangem diversos setores da sociedade e todo o território de um país, e outros que se aplicam a locais e regiões definidos e a setores específicos, como o de turismo.

No que diz respeito à proteção aos recursos naturais, a regulamentação de abrangência nacional e intersetorial tem se mostrado eficiente, estabelecendo regras que devem ser cumpridas por toda a sociedade, em qualquer atividade e em qualquer local, visando à proteção de um bem público do interesse de todos, com regras que valem igualmente para todos. No Brasil, alguns exemplos são o Código Florestal, que estabelece restrições ao aproveitamento das chamadas áreas de preservação permanente e também a necessidade de preservar no mínimo 20% das propriedades rurais (em algumas regiões o percentual é maior), e a proibição à caça de animais silvestres, que se aplica a qualquer pessoa no território nacional.

Há também regras quanto à utilização de faixas de marinha (uma faixa imaginária ao longo da costa com largura determinada), de grande importância para o ordenamento espacial de empreendimentos turísticos. Em países como o Butão, as leis nacionais também têm forte impacto sobre o desenvolvimento do turismo, em particular a limitação do número de visitantes anuais e a exigência de um gasto mínimo por dia, medidas que selecionam o perfil e o fluxo dos visitantes.

As regulamentações locais têm também um importante papel na definição do desenvolvimento físico do turismo. Por apresentarem uma abrangência mais restrita, podem se concentrar em questões de interesse específico para o ordenamento de um determinado local ou região e atender com mais precisão às necessidades e exigências de determinados grupos de interesse. Por esse mesmo motivo, podem sofrer distorções, motivo pelo qual têm que funcionar em conjunto com leis nacionais mais abrangentes.

Alguns exemplos de regulamentações locais são os códigos de obras e as leis de zoneamento que estabelecem regras para o uso e a ocupação do solo e para construções, tais como área máxima e limite no número de pavimentos que podem ser construídos, recuos, exigências quanto ao tratamento de efluentes, reciclagem de água e instalações em geral, critérios de adequação sanitária, entre outros. Podem ser uma poderosa ferramenta na garantia da implantação das medidas planejadas para o desenvolvimento ordenado de um destino, sobretudo se estiverem baseadas em estudos de limites de mudança aceitáveis e contemplarem os interesses dos diversos setores envolvidos.

O licenciamento é também uma importante ferramenta para garantir a adoção de práticas de *ecodesign* em empreendimentos turísticos. Em essência, obriga esses empreendimentos à análise e verificação de conformidade dos projetos com os regulamentos – leis locais e nacionais –, para que possam ser implantados e operados, o que, em princípio, garante o atendimento aos padrões exigidos.

No caso de construções pequenas e médias, o licenciamento envolve geralmente a aprovação do projeto junto à prefeitura e ao órgão ambiental estadual ou federal (quando há movimento de terra, supressão de vegetação nativa, intervenções em áreas de preservação permanente etc.).

No caso de construções de grande porte e obras de infra-estrutura, em geral é exigido o Estudo de Impacto Ambiental (EIA) que compreende o estudo de diversos aspectos do empreendimento e, em particular, de seus impactos ambientais e sociais, de maneira a comprovar a sua adequação e a eficiência das soluções propostas para minimizar os impactos negativos decorrentes de sua implantação.

Do ponto de vista da aplicação dos princípios do *ecodesign*, trata-se de uma ferramenta valiosa. No entanto, muitas vezes os custos e os recursos técnicos e humanos envolvidos na elaboração de um estudo dessa natureza inviabilizam os empreendimentos, o que acaba por entravar o desenvolvimento turístico.

Para resolver a questão, muitos países vêm adotando uma solução intermediária, os chamados *tiered processes* (Sweeting et al., 1999), em que os empreendimentos são submetidos a níveis de avaliação sucessivos, com exigências que aumentam à medida que se comprovam a complexidade e os impactos potenciais do projeto. Nesse tipo de processo, em geral o EIA só é exigido para projetos em áreas altamente prioritárias para a conservação. Para todos os outros projetos, o primeiro passo é uma avaliação do alcance potencial dos impactos sociais e ambientais, para o qual apenas uma pequena análise é necessária, com os dados levantados para o estudo de viabilidade do empreendimento. Os projetos que, ao serem filtrados por essa primeira análise, demonstram não implicar impactos significativos obtêm a licença. Àqueles que não passam nessa primeira filtragem é solicitado um EIA preliminar que em geral é feito paralelamente à análise de viabilidade formal do empreendimento. Se um EIA completo é considerado necessá-

Incentivos e outras ferramentas financeiras

rio, ele é em seguida solicitado, antes que os projetos definitivos para o empreendimento estejam concluídos, o que evita o desperdício de recursos.

Incentivos e outras ferramentas financeiras

Há várias formas de incentivo e controle financeiro, como subsídios, diversos tipos de crédito, taxas e algumas soluções mais inovadoras. Esses meios complementam as ferramentas de regulamentação, viabilizando o cumprimento de suas exigências ou reforçando suas diretrizes de outras maneiras. Utilizando uma metáfora comum, enquanto a regulamentação atua como um chicote para golpear um cavalo, os incentivos funcionam como a cenoura que se coloca à frente do animal para que ele atinja seu objetivo.

As taxas, pouco populares entre os empresários e o público, agem de forma similar à regulamentação, na medida em que elas desencorajam determinadas práticas. As taxas, no entanto, proporcionam aos cofres públicos recursos que, se bem aplicados, podem reverter benefícios aos próprios interessados no desenvolvimento de um turismo de qualidade. É o caso, por exemplo, de taxas pagas sobre danos ambientais, as quais reforçam a necessidade de adequação perante os empresários e, ao mesmo tempo, geram recursos para a mitigação desses danos.

Subsídios e incentivos financeiros positivos também são uma forma de estimular a adoção de determinadas práticas (uma vez que eles são concedidos àqueles que atendem a critérios predeterminados). Porém, ao contrário das taxas, eles não implicam gastos adicionais, o que é muito importante em razão dos riscos de empreendimentos turísticos e da alta competitividade entre destinos e produtos.

Os incentivos positivos podem incluir *soft-loans* (empréstimos a custo baixo), redução de impostos (incentivos fiscais), subsídios para o treinamento e emprego de pessoal local, subsídios na compra de determinados equipamentos etc. É uma oportunidade, por exemplo, para estimular a adoção de sistemas de tratamento de efluentes ou para o processamento de resíduos sólidos, ambos com grande impacto sobre o desenvolvimento de um destino turístico, ou ainda para estimular a utilização de mão-de-obra local.

Há ainda os chamados *trust-funds*, recursos provindos do governo ou de instituições privadas, concedidos a fundo perdido. Em muitos casos, esses recursos vêm das próprias taxas pagas por empreendimentos turísticos ou dos chamados *offsets* (contribuições dos próprios empreendimentos ou dos turistas que visitam o local). Em geral, os recursos de *trust-funds* destinam-se a projetos de conservação ou de desenvolvimento comunitário e a projetos que demonstrem ter claramente um componente desse tipo. No entanto, mesmo que empreendimentos turísticos não se beneficiem diretamente, o investimento em melhores condições sociais ou na preservação dos recursos naturais é positivo para a atividade, na medida em que garante a qualidade dos recursos em que se baseia.

Os *performance bonds*, comuns em empreendimentos em outros setores, também vêm sendo utilizados em empreendimentos turísticos em razão de seu potencial para incentivar a adoção de critérios adequados na implantação de infra-estrutura e para garantir recursos para mitigar eventuais danos ambientais com recursos do próprio empreendimento. Os *performance bonds* são basicamente uma forma de seguro feito pelo empreendedor. Se ocorrem danos, os recursos são utilizados para mitigar seus efeitos. Em caso negativo, os recursos são recuperados pelo empreendedor e podem ser utilizados de outras formas.

Assistência técnica

Embora possa também ser considerada uma forma de incentivo, a assistência técnica no desenvolvimento de projetos merece ser colocada à parte em razão de sua importância, para garantir o atendimento às exigências legais e também facilitar o acesso a incentivos financeiros.

A elaboração do projeto de um empreendimento, a adoção de critérios de *ecodesign* e a adequação ambiental são tarefas relativamente complexas, para as quais boa parte dos empreendedores, em particular no caso de empreendimentos comunitários e de pequeno porte, não está preparada.

Entre as diversas atividades em que empreendedores podem ser assistidos, estão a elaboração de planos de negócio, o desenvolvimento de projetos de arquitetura e engenharia, a elaboração de processos para o cumprimento de exigências legais e solicitação de incentivos financeiros, a adoção de melhores práticas e a incubação e *mentoring* dos empreendimentos em sua fase inicial.

Com a devida capacitação, os órgãos públicos podem desempenhar essa importante função que, em conjunto com a regulamentação e os incentivos e com base em um sólido planejamento, forma o alicerce sobre o qual deve se estruturar uma política consistente de estímulo à adoção dos princípios do *ecodesign* e de adequação ambiental de maneira geral.

CERTIFICAÇÃO

Embora não seja atribuição exclusiva dos órgãos públicos, a certificação tem um papel decisivo na formatação de destinos e produtos turísticos sustentáveis, seja pela imposição do governo por meio de normas oficiais, seja pela iniciativa de auto-regulamentação do próprio setor. Com efeito, o setor de turismo, ao reconhecer a necessidade de elevar o nível de qualidade de equipamentos e serviços turísticos e na tentativa de atender a um mercado cada vez mais exigente e competitivo, vem se mobilizando e tomando a iniciativa de estabelecer critérios que levem a um sistema de credenciamento e certificação que seja amplamente reconhecido.

O Brasil está à frente do processo, liderando a iniciativa na América Latina, por meio do Programa de Certificação do Turismo Sustentável (PCTS), ponta-de-lança de uma rede que congrega ONGs e outras instituições em todo o continente, a Sustainable Tourism Certification Network of the Americas.[4] O programa lançou recentemente um conjunto de diretrizes intitulado *Meios de hospedagem – requisitos para a sustentabilidade*, que servirá de base para o processo de certificação a ser implantado em seguida, voltado para meios de hospedagem. Conjuntos de diretrizes similares para outros setores do turismo devem ser lançados em breve.

CONSIDERAÇÕES FINAIS

O *ecodesign* sintetiza princípios de adequação de infra-estrutura, equipamentos e produtos voltados para a minimização dos impactos ambientais, sociais e culturais negativos, e para a valorização de recursos locais. Sua importância é hoje amplamente reconhecida, e diversos setores econômicos vêm adotando esses princípios para atender às demandas da sociedade. No caso do turismo de base natural e do ecoturismo, sua importân-

---

[4] Mais informações estão disponíveis em: http://www.pcts.org.br.

cia é ainda maior, dado o seu potencial de valorizar e proteger os recursos sobre os quais a atividade se baseia.

É importante destacar que o *ecodesign* não se resume à utilização de materiais e tecnologias ambientalmente adequados, tais como painéis solares ou sistemas de reciclagem de água. Ele compreende princípios que definem uma abordagem diferenciada do projeto e da construção/produção que percorre todo o processo, desde a fase de concepção até a disposição final de resíduos, passando pelo planejamento e pela execução.

O papel dos órgãos públicos é essencial na adoção desses princípios, seja diretamente – no caso de contratos públicos – seja indiretamente, por meio de ferramentas de planejamento, regulamentação, incentivo econômico e assistência técnica. Dada a natureza descentralizada da atividade turística, a atuação indireta desses órgãos é ainda mais importante para garantir que um destino como um todo seja desenvolvido em conformidade com os princípios da sustentabilidade.

Por fim, é importante notar que a atuação dos órgãos públicos, visando à adoção de práticas de *ecodesign*, não deve ser motivada exclusivamente pela responsabilidade social e ambiental desses órgãos. A adoção do *ecodesign* deve antes ser enxergada como uma medida essencial para o sucesso de empreendimentos turísticos de qualquer porte, seja para garantir a sustentabilidade da iniciativa, seja para aumentar sua competitividade em um mercado global crescente e cada vez mais exigente.

REFERÊNCIAS

BRASIL. **Diretrizes para uma Política Nacional de Ecoturismo.** Brasília: Embratur, 2004.

LYLE, J.T. **Design for human ecosystems: landscape, land use and natural resources.** Washington: Island Press, 1985.

PEARSON, D. **Vivre au naturel.** Paris: Flammarion, 1992.

SCHUMACHER, E.F. **Small is beautiful: economics as if people mattered.** Londres: Blond and Briggs, 1973.

SWEETING, J.E.N.; BRUNER, A.G.; ROSENFELD, A.B. **The green host effect: an integrated approach to sustainable tourism and resort development.** Washington: Conservation International, 1999.

USDA/NPS. **Guiding principles of sustainable design.** Denver: Denver Service Center, 1993.

Desenvolvimento Turístico e Sustentabilidade Ambiental

4

Helena Ribeiro
Geógrafa, Faculdade de Saúde Pública da USP
Beatriz Veroneze Stigliano
Bacharel em Turismo, UFSCar

INTRODUÇÃO

Recentemente, o turismo vem recebendo espaço privilegiado na imprensa escrita, não nas páginas tradicionalmente dedicadas a amenidades, como Suplemento Turístico, Caderno de Viagens etc., mas dentro do Caderno de Economia de importantes periódicos do país. Também a comunidade acadêmica tem se debruçado sobre o tema que, até há pouco tempo, era visto por ela com um pouco de distanciamento. A criação do curso universitário de Turismo em universidades de renome é resultado do maior espaço que o turismo vem conquistando na academia, em análise crítica e aprofundada, sob olhar objetivo e por meio de métodos científicos.

Por trás dessa atenção da academia está o fato de que a atividade turística vem crescendo de modo bastante acelerado em todo o mundo, e no Brasil em particular.

Dados referentes ao turismo internacional ilustram seu crescimento. De acordo com a Organização Mundial do Turismo (OMT), em todo o planeta, 846 milhões de turistas se deslocaram em 2006. Já em 2007, houve um aumento de 6%, totalizando cerca de 900 milhões de turistas e marcando o quarto ano sucessivo de crescimento (OMT, 2008).

Em 2007, houve 52 milhões de chegadas suplementares em todo o mundo: a Europa recebeu cerca de 19 milhões; a Ásia e a região do Pacífico,

64 | GESTÃO AMBIENTAL E SUSTENTABILIDADE NO TURISMO

17 milhões; nas Américas esse número cresceu para cerca de 6 milhões; África, 3 milhões; e Oriente Médio, 5 milhões.

A região das Américas, recobrando o dinamismo, duplicou seu índice de crescimento depois dos 2 % registrados em 2006. O setor se viu respaldado pela recuperação do mercado receptor dos Estados Unidos (+10 %) e os fortes resultados dos destinos da América Central e do Sul, que foram favorecidos pelo euro forte e por uma constante vinda de turistas dos Estados Unidos (OMT, 2008).

As receitas do turismo internacional quadruplicaram nas últimas décadas, passando de US$ 107,5 bilhões, em 1981, para US$ 483 bilhões, em 2002. Comparando-se com os valores totais de exportações mundiais, que cresceram sobremaneira no período analisado (1981-2002), verifica-se que o turismo internacional representava 5,51% dos valores das exportações mundiais em 1981, passando a 7,69% em 2002 (Embratur, 2003). Em 2006, a geração de divisas advindas do turismo internacional alcançou 733 bilhões de dólares. O turismo representa aproximadamente 35% das exportações mundiais de serviços e mais de 70% em países menos desenvolvidos.

Na atualidade, em um ranking mundial, a França ocupa a 1ª colocação, recebendo 79,1 milhões de turistas/ano, seguida pela Espanha (58,5 milhões), Estados Unidos (51,1 milhões), China (49,6 milhões) e Itália (41,1 milhões). O Brasil, 37º colocado, vem mantendo certa estabilidade, recebendo em torno de 5 milhões de turistas estrangeiros por ano, o que propicia o ingresso de 3 a 4 bilhões de dólares no país, anualmente, nos últimos cinco anos. A Tabela 4.1 ilustra o crescimento das receitas brasileiras com o turismo internacional que, apesar do significativo aumento, não chegou a acompanhar o percentual de crescimento das receitas internacionais com turismo, anteriormente mencionado.

Tabela 4.1 – Receita gerada pelo turismo internacional no Brasil entre 2003-2007.

Ano	Valor em US$ milhão
2003	2.479.000
2004	3.222.000
2005	3.861.000
2006	4.316.000
2007	4.953.000

Fonte: FGV/Embratur/MTur 2007.

É interessante verificar o aumento da receita gerada pela atividade, destacando que o valor, em 1981, era de US$ 1.726 em ingressos. Em média, o visitante desembolsa US$ 91,74 por dia, em uma estada de 18-19 dias, conforme última estimativa da Embratur.

Esse valor era de US$ 66,79, em 1992, e de US$ 86,17, em 2002. É relevante que, no ano de 2006, o gasto médio diário dos turistas de negócios, eventos e convenções foi de US$ 165,14, enquanto o dos visitantes de lazer foi de US$ 73,53 por dia.

O ano de 2007 apresentou a melhor marca da série iniciada em 1969. A receita superou em 14,76% os US$ 4,316 bilhões registrados em 2006, consagrando o setor como o quinto item da pauta de exportações, atrás apenas de minério de ferro, petróleo bruto, soja em grão e automóveis.

Em contrapartida, os brasileiros que viajam ao exterior gastaram US$ 5,8 bilhões em 2006, um aumento real de 22% em relação aos US$ 4,7 bilhões de 2005, o maior valor registrado desde 1998, época em que o dólar valia cerca de R$ 1,00. Tendo em vista a receita com a vinda de turistas, em 2006, pode-se notar um déficit no período de US$ 1,4 bilhão. A corrente cambial de turismo (receita mais despesa cambial turística) em 2006 (US$ 10 bilhões) superou em 17,47% a registrada em 2005 (US$ 8,5 bilhões) (FGV/Epabe; MTur/Embratur, 2007).

A OMT destaca que, entre os 30 países que lideram a lista dos gastos no exterior – o Brasil é o 26º neste ranking –, os maiores aumentos foram registrados por turistas de países emergentes, como Índia, Polônia, Kuwait e Tailândia.

Cabe destacar que o incremento da despesa cambial turística é devido, em grande parte, ao fato de maior número de brasileiros estarem aproveitando a valorização do real para viajar e realizar mais gastos no exterior.

De acordo com a World Travel and Tourism Council (WTTC), no mundo todo as estimativas são de que o turismo tenha contribuído com 3,6% do Produto Interno Bruto (PIB), em 2007, e tenha sido responsável pela criação de 231 milhões de empregos. A título de exemplo, dos empregos criados em 2007, segundo a WTTC, 72 milhões tiveram lugar na China, onde o turismo já representa 12,2% do PIB (WTTC, 2007a). No Brasil, a criação de postos de trabalho no setor de turismo girou em torno de 5,876 milhões em 2007, 6,4% do total de postos, ou 1 em cada 15,5 postos. Estima-se que o setor tenha contribuído com cerca de 2,6% do PIB, em 2007. Além disso, a demanda de turistas internacionais no Brasil representa 1,1% do mercado mundial (WTTC, 2007b).

GESTÃO AMBIENTAL E SUSTENTABILIDADE NO TURISMO

A Tabela 4.2 ilustra a evolução do número de turistas que visitam o Brasil.

Tabela 4.2 – Entrada de turistas estrangeiros no Brasil – 1970 a 2006.

Ano	Entrada de turistas
1970	249.900
1975	517.967
1980	1.625.422
1985	1.735.982
1990	1.091.067
1995	1.991.416
2000	5.313.463
2001	4.772.275
2002	3.784.898
2003	4.132.847
2004	4.793.703
2005	5.358.170
2006	5.018.991

Fonte: Embratur 2007.

Verifica-se certa estabilização com relação ao número de visitantes vindos de outros países, destacando a mudança na metodologia de mensuração ocorrida no início dos anos 2000, que reflete, em grande parte, a redução dos valores entre 2000 e 2002. Quanto à procedência dos turistas, a Tabela 4.3 indica sua origem, em termos de continentes responsáveis pela maior emissão, em um período de quase 10 anos.

Tabela 4.3 – Continente de origem dos turistas vindos ao Brasil – 1999, 2002 e 2006.

Procedência – Continente	Número de turistas em 1999	Número de turistas em 2002	Número de turistas em 2006
América do Sul	2.961.694	1.459.268	1.803.013
Europa	1.227.835	1.375.391	1.968.838
América do Norte	647.809	752.966	855.098
Ásia	104.701	80.943	188.117

Fonte: Embratur 2003; 2007.

Em detalhes, a Tabela 4.4 apresenta dados relativos aos 20 principais destinos emissores de turistas para o Brasil.

Tabela 4.4 – País de origem dos turistas vindo ao Brasil – 2006.

País de origem	Nº de turistas	%	Posição
Argentina	921.061	18,35	1º
Estados Unidos	721.633	14,38	2º
Portugal	312.521	6,23	3º
Itália	291.898	5,82	4º
Uruguai	290.240	5,78	5º
Alemanha	277.182	5,52	6º
França	275.913	5,50	7º
Espanha	211.741	4,22	8º
Paraguai	198.958	3,96	9º
Inglaterra	169.627	3,38	10º
Chile	148.327	2,96	11º
Holanda	86.122	1,72	12º
Suíça	84.816	1,69	13º
Japão	74.638	1,49	14º
México	70.862	1,41	15º
Canadá	62.603	1,25	16º
Bolívia	55.169	1,10	17º
Peru	54.002	1,08	18º
Venezuela	50.471	1,01	19º
Colômbia	50.103	1,00	20º
Outros	611.104	12,18	
TOTAL	5.018.991	100,00	

Fonte: Embratur 2007.

Em geral, o visitante internacional que escolhe o Brasil como destino tem entre 32 e 50 anos, cursou ensino superior e já esteve no país outras vezes. A maior parte vem a lazer, mas é cada vez mais representativa sua vinda por motivo de negócios, eventos e convenções. Em média, tem um gasto diário de US$ 91,74, permanece 18-19 dias no país e faz uma boa avaliação da infra-estrutura básica e turística dos locais por onde passa. Além disso, tem intenção de retornar ao Brasil (Fipe, 2006).

Dados da Embratur, de 2006, indicaram que, dos turistas estrangeiros no Brasil, 58,7% se hospedaram em hotéis, *flats* ou pousadas; 26,1% em casas de parentes e amigos; 8% em casas alugadas; 3,4% em casa própria; 2,4% em *camping* ou albergue e 1,5% em outros meios de hospedagem.

Atualmente, 67% dos vôos internacionais chegam a Guarulhos (SP) e outros 19% ao Rio de Janeiro (RJ). Estratégias vêm sendo traçadas de modo a permitir a distribuição para outros aeroportos, considerando a existência de quinze capazes de receber vôos internacionais no país.

Dados do turismo receptivo brasileiro indicam que, apesar do lazer representar o principal motivo das viagens internacionais ao Brasil, vem decaindo proporcionalmente. Em 1992, as viagens para lazer representavam 72,6%; em 2002, 51,2%; e em 2006, 44,1%. As entradas de estrangeiros motivadas por negócios, congressos e convenções variaram de 24,3%, em 1992, para 28,3%, em 2002, e 28,1%, em 2006. A visita a familiares e amigos representou, em 2002, 15,6% e, em 2006, 24,4% das vindas internacionais; estudo ou pesquisa 1,6% em 2002 e 1,5% em 2006; tratamento de saúde 0,3% em 2002 e 0,6% em 2006, religião/peregrinação 0,5% em 2002 e 0,4% em 2006, compras representaram 0,3% em 2006 e outros motivos totalizam 0,6% dos visitantes.

Os destinos mais visitados são Rio de Janeiro (RJ), Foz do Iguaçu (PR), Florianópolis (SC), Salvador (BA), São Paulo (SP). Historicamente, o Rio de Janeiro (RJ), é a cidade mais procurada pelo estrangeiro a lazer. Pela motivação negócios, eventos e convenções, o eixo Rio-São Paulo ocupa o topo da lista, sendo a capital paulista o principal destino.

O visitante que apresenta maior desembolso por viagem é o suíço (média de US$ 1.528,8). O italiano é o segundo (US$ 1.515,5) e o canadense o terceiro (US$ 1.459,3). Já o turista que mais permanece no Brasil é o italiano, ficando em média 27,08 dias, seguido pelo português (25,77 dias) e pelo suíço (24,53 dias) (FIPE, 2006).

Verifica-se, no período de 2002 a 2006, que pouca mudança tem ocorrido no ranking dos países emissores de turistas para o Brasil. Contrariando expectativas, não houve um aumento considerável no posicionamento dos países vizinhos; os Estados Unidos mantêm-se como 2º maior emissor; do continente europeu, Portugal passou a ser o que mais turistas envia ao Brasil, passando da 5ª para a 3ª posição, sem outras modificações de destaque.

Percebe-se, pelos dados citados anteriormente, que a atividade turística ainda apresenta grande potencial de crescimento no Brasil. Embora esse impacto positivo do turismo para os municípios venha sendo mostrado por meio da geração de renda, de emprego e de melhor condição de vida para as populações receptoras, as opiniões nem sempre convergem, havendo preocupações com a qualidade da atividade turística em si e com o potencial de impactos ambientais e sociais que ela pode causar (Nicoletti, 2002).

Além da visão do turismo como um bom negócio e uma opção para o desenvolvimento de regiões, há a criação de uma cultura do turismo, baseada no fascínio pelas viagens e pela busca de lugares novos e diferentes.

Segundo a historiadora Mary del Priore (2001), a viagem celebra o reencontro do homem com o imprevisto, permitindo-lhe romper os ritos sufocantes do cotidiano e arrancando-o de sua quietude. O Renascimento trouxe, com as grandes viagens, a descoberta da liberdade e fez da viagem um instrumento de conquista e de descoberta para o mundo europeu.

No entanto, já na Antigüidade, viajantes tinham o hábito de deixar o local de moradia e trabalho para desfrutar de lazer em pequenas viagens. Por outro lado, foi no século XVII, que as bases para o turismo, como atividade marcante da era moderna, começaram a se desenvolver. Jovens da aristocracia européia viajavam em busca de experiência e crescimento pessoal. Desenvolveram-se infra-estrutura e rede de serviços para acomodar esses jovens, que freqüentemente eram acompanhados por tutores (SESC, 2000). Daí surgiu a expressão *grand tour*, muito utilizada nos séculos XVII e XVIII (Yasoshima e Oliveira, 2001).

A atividade começou a se consolidar em meados do século XIX, com o emprego da palavra "turismo", em um contexto de fortalecimento dos movimentos sociais da classe trabalhadora, que fizeram com que ela conquistasse tempo livre diário, semanal e anual remunerado e cada vez maior. Esse tempo livre começou a ser usado para práticas de lazer, dentre elas o turismo. Foi, também, a partir do século XIX e início do século XX, que antropólogos, geógrafos e outros intelectuais desenvolveram fascínio por viagens e por observação das diferenças ambientais e culturais.

Com o desenvolvimento do automóvel e, posteriormente, do avião, o turismo foi se popularizando. Após a II Guerra Mundial, ganhou maior impulso devido, especialmente, ao aumento do poder de compra, à busca de bem-estar e ao fim da guerra. Passou a ser objeto de desejo não só de estudantes e intelectuais, mas dos trabalhadores.

O TURISMO NO SÉCULO XX

Turismo foi definido por Moesch como uma complexa combinação de inter-relacionamentos entre produção e serviços, em cuja composição integram-se uma prática social com base cultural, com herança histórica, a um meio ambiente diverso, cartografia natural, relações sociais de hospitalidade, troca de informações interculturais. O somatório desta dinâmica sociocultural gera um fenômeno recheado de objetividade/subjetividade, consumido por milhões de pessoas, como síntese: o produto turístico (Moesch, 2000, p. 9).

Segundo Cruz (1998), a história do turismo pode ser dividida em três épocas. A primeira, que vai até a metade do século XIX, é a do turismo incipiente ou elitista. A segunda, que vai de meados do século XIX até meados do século XX, caracterizada pelo início da sua popularização, é a do turismo de transição. A terceira é do turismo de massa, a partir da segunda metade do século XX até hoje, na qual grande número de pessoas tem acesso à sua prática.

Os geógrafos Jacqueline Beaujeu-Garnier e Georges Chabot (1963), em início dos anos de 1960, já haviam discorrido sobre o tema num capítulo de sua obra *Traité de Geographie Urbaine,* sobre a Função de Acolhida (*Fonction d'Accueil*) de algumas cidades. Segundo os autores, era função de algumas cidades oferecerem meios de cura, de repouso e de distração. Ressaltam o fato essencial de que a maior parte de suas populações não é permanente, possui em outro local ou cidade sua residência principal e desenvolve, nas cidades turísticas, atividades de lazer ou descanso. Destacam as cidades-sanatório, as estações de água e as cidades de recreação – dentre elas as de banhos de mar, as de turismo de montanha, as cidades de sol – e as cidades de aposentados. Neste último caso, não são refúgios temporários, mas permanentes, como Nice, na França, Miami, nos Estados Unidos, e Santos, no Brasil.

Já na década de 1960, os autores apontavam os principais problemas das cidades turísticas: a expansão das áreas urbanizadas, a população flutuante, a sobrecarga dos serviços e da infra-estrutura de saneamento em algumas épocas do ano, a dicotomia cidade do luxo e da pobreza, a pressão sobre os preços locais.

O turismo é uma atividade típica de populações urbanas. Decorre, portanto, da industrialização, da urbanização e da degradação das cidades, bem como dos incômodos advindos da vida urbana: o estresse e o trabalho sistematizado.

A massificação da atividade turística tem valorizado, especialmente, áreas costeiras de clima temperado mediterrâneo e tropical-equatorial. Depois, as áreas de montanha têm se popularizado, sobretudo para esportes de inverno, nos países temperados, e para refrigério das classes mais abastadas, nos países de clima quente. Isso se explica pelo fato dos habitantes dos países do Primeiro Mundo, – de onde sai a maior parte dos turistas mundiais, pois têm maior renda, mais tempo de lazer e mais "cultura turística" – serem de clima frio, temperado continental e temperado oceânico.

O clima representa uma grande motivação para o turista, tanto para propósitos de conforto climático como para melhoria da saúde. Apesar da cura climática não figurar tanto, hoje, como motivo do turismo, devido à predominância da medicina curativa e baseada em medicamentos, ela persiste em diferentes partes do mundo. Nos países frios ocidentais, sobretudo, há migrações em massa, de curto prazo, para evitar o frio e a umidade do inverno e o calor e a umidade do verão.

Por outro lado, há uma grande procura de turistas por centros urbanos, como Paris, Roma, Madri, Nova Iorque, onde as atrações são, sobretudo, de ordem histórico-cultural. No entanto, uma estreita relação entre turismo e meio ambiente se estabeleceu, pois o meio ambiente constitui, hoje em dia, "matéria-prima" principal da atividade turística, por alguns chamada de "indústria do turismo".

O termo "indústria do turismo" é bastante empregado, sobretudo na Europa, embora seja inadequado, pois as atividades envolvidas fazem parte do setor de serviços. Entretanto, por exigirem uma integração de atividades, como numa linha de produção, a denominação indústria foi apropriada pelo setor.

A deterioração da qualidade de vida nas grandes cidades faz com que um número cada vez maior de pessoas procure, nas férias, nos feriados e nos fins de semana, as regiões com belezas naturais e com clima agradável. Diegues (1994) descreve como, já após a Revolução Industrial, com o crescimento populacional urbano e a presença de ar poluído nas cidades, a vida no campo passou a ser idealizada, sobretudo pelas classes sociais não envolvidas na produção agrícola, originando uma atividade de contemplação da natureza selvagem, lugar de reflexão e de isolamento espiritual. Do mesmo modo, o mar e a praia passaram a ser valorizados. Os escritores românticos também contribuíram para essa valorização do mundo natural e selvagem. Esses sentimentos estão nas raízes dos movimentos preservacionistas e da criação de Parques Naturais. O primeiro parque nacional criado, para visitação turística e não para moradia, foi o de Yellowstone, nos Estados Unidos, já em 1872.[1]

Segundo Ruschmann (1999), o contato com a natureza constitui atualmente uma das maiores motivações de viagens de lazer. As conseqüências do fluxo em massa de turistas para locais extremamente sensíveis, como praias e montanhas, devem, necessariamente, ser avaliadas e seus aspectos negativos evitados, antes que esse valioso patrimônio natural se degrade de forma irremediável.

Ainda de acordo com Ruschmann, no Brasil, foi a partir de 1950, com apogeu nos anos de 1970 e 1980, que o turismo de massa cresceu, em um ritmo muito rápido, e as localidades turísticas viveram uma expansão sem precedentes. Naquelas décadas, muitos excessos de destruição ambiental foram praticados, agravados pela qualidade medíocre da arquitetura nas localidades turísticas.

Apesar dos questionamentos com relação ao nível de coexistência que pode ser atingido entre a conservação e o lazer em áreas naturais, especialmente nas Unidades de Conservação (UCs), há esforços na busca por estratégias para minimizar os impactos que este uso pode causar, ou acelerar, sobretudo em termos do gerenciamento da visitação (Stigliano e César, 2007).

A partir da segunda metade da década de 1980, a atividade turística passou a considerar seus impactos ambientais, uma vez que vinha sendo fortemente prejudicada por eles. Vários casos de cidades turísticas brasileiras que sofreram importante processo de estagnação econômica em virtude de poluição ambiental podem ser citados, como Santos e São Vicente, no litoral paulista.

---

[1] A questão sobre se Yellowstone foi o primeiro Parque Nacional do mundo é controversa. Áreas como Hot Springs Reservation (1832) e Mariposa Grove (1864) também clamam pelo título, sem deixar de citar o Parque Nacional da Tijuca (1861), o Horto Florestal da Cantareira (1896) e o Parque Nacional de Itatiaia (1937). Destaca-se que, inicialmente, muitas dessas áreas protegidas foram criadas sob outras denominações, passando por modificações, com os avanços no setor ambiental.

Desde então, houve uma renovação do turismo, cuja clientela busca, cada vez mais, experiências e sensações novas, calma, contato com a natureza, aventuras e conhecimento mais aprofundado das regiões visitadas.

O turismo na natureza, ou o turismo ecológico, ocorre também em localidades turísticas já estabelecidas. Nas novas localidades, evita-se a ocupação de todos os espaços recobertos por vegetação e a degradação ambiental. Surge a preocupação com o saneamento ambiental (coleta e destino final adequado do lixo e do esgoto) com o tráfego de veículos automotores, a poluição visual, a destruição dos ecossistemas e a preservação do conforto térmico.

A massificação do turismo, se por um lado veio expandir sobremaneira seus impactos socioambientais, por outro, trouxe seu barateamento, de modo que todas classes sociais encontram, cada uma de acordo com sua realidade socioeconômica, as oportunidades de viajar e conhecer lugares e culturas diferentes. A modalidade conhecida como turismo social, baseado em colônias de férias e outros locais subsidiados, diferencia-se do turismo comercial, por atender classes sociais menos abastadas, mas ajuda a formar a chamada "cultura turística", transformando o turismo em valor e aspiração junto a esses segmentos da população.

Desenvolvimento turístico e sustentabilidade ambiental

A relação entre o desenvolvimento do turismo e as questões ambientais, de forma bastante simplificada, tem sido abordada sob dois enfoques majoritários: turismo como origem de degradação socioambiental e o turismo visto como alternativa de desenvolvimento econômico e social sustentável.

A idéia de sustentabilidade aliada ao desenvolvimento foi se constituindo ao longo da década de 1980, e se materializou no Relatório Brundtland, denominado Nosso Futuro Comum (World Comission on Environment and Development, 1987), no qual aparece a definição mais oficial de Desenvolvimento Sustentável. Segundo o relatório, "Desenvolvimento Sustentável é aquele que atende às necessidades das presentes gerações, sem colocar em risco o atendimento às necessidades das futuras gerações" (World Comission on Environment and Development, 1987). De acordo com Leroy e Acselrad (2000), o desenvolvimento sustentável baseava-se em uma visão econômica dos sistemas biológicos, pensados como estoques capazes de produzir excedentes de biomassa. Caberia ao desenvolvimento apropriar-se dos fluxos tidos como excedentes da natureza, sem comprometer o que se entendia como capital natural. No entanto, inúmeras tentativas vêm sendo feitas no sentido de incorporar ao conceito as relações sociais. Não se trata de uma sustentabilidade dos recursos e do meio ambiente, mas também das formas sociais de apropriação e uso destes recursos e do meio ambiente. Segundo os mesmos autores, há uma tendência de se mudar o paradigma dominante do desenvolvimento com base em princípios de justiça social ancorados no dinamismo dos atores sociais da construção democrática. A Conferência das Nações Unidas sobre Meio Ambiente e Desenvolvimento, a Rio 92, teria aberto espaço para avanços na tentativa de produzir uma nova cultura do desenvolvimento, particularmente revendo os conceitos tradicionais e apontando para três eixos básicos de ação: a) promoção de equidade por processos distributivos; b) consolidação e construção de direitos; e c) garantia de reprodução das bases ecológicas do desenvolvimento social.

É baseando-se nesta nova cultura de desenvolvimento, que contemple esses três eixos básicos, que entendemos a inter-relação desenvolvimento turístico e sustentabilidade ambiental.

Turismo: alternativa de desenvolvimento econômico e social ou origem de degradação ambiental?

Para muitos municípios ou regiões, o turismo passou a substituir a indústria como paradigma de desenvolvimento econômico, devido à crescente exigência de elevados capitais para criação de empregos industriais e da diminuição de empregos neste setor, conseqüência da busca de aumento da produtividade dos trabalhadores industriais. Por outro lado, a industrialização, da forma como foi implantada na maior parte do país, causou destruição generalizada dos recursos naturais e altos níveis de poluição do ar, das águas e do solo. Apesar dos controles ambientais realizados nas indústrias mais antigas e das exigências do processo de licenciamento ambiental das novas, que minimiza, previne ou compensa os seus impactos ambientais negativos, a indústria ainda é vista como degradadora e poluente. O turismo aparece, então, como uma alternativa à geração de empregos para as populações locais, sem a contaminação que o processo industrial pode gerar.

Como já se discutiu anteriormente, o turismo, enquanto atividade econômica e social, encontra-se em franca expansão. Diversas modalidades de turismo alternativo e menos impactantes ao meio ambiente vêm se desenvolvendo e se afirmando. Por turismo alternativo, entende-se aquele oposto ao turismo convencional, ou de massa (Stigliano, 2004). Trata-se de uma nomenclatura utilizada por diversos autores, como Cohen (1987), Gartner (1996), Fennell (2002), Boullón (2000) e Tulik (2003).

De acordo com Tulik, a expressão turismo alternativo suscita muita polêmica, devido a suas inúmeras conotações e ambigüidades. Em termos gerais, evoca a busca pela contenção de riscos de acarretar excessivos uso e danos ao meio, com impactos destruidores e homogeneizantes às localidades. Tulik comenta que esta discussão remete à questão da sustentabilidade, norteada pelos princípios da pequena escala, o que, teoricamente, não conduziria à degradação ambiental, fato que não se verifica, na prática, em alguns locais.

Cada uma dessas modalidades é voltada para público específico e com características diferenciadas. As áreas rurais são, por excelência, os espaços de quase todo turismo alternativo. Portanto, o que diferencia os tipos de turismo alternativo é, sobretudo, a motivação dos viajantes.

Listamos abaixo algumas das principais modalidades, destacando o turismo ecológico, ou ecoturismo, uma das mais difundidas:

- Turismo ecológico ou ecoturismo. Segundo definição da Embratur/Ibama, "o ecoturismo é um segmento da atividade turística que utiliza, de forma sustentável, o patrimônio natural e cultural, incentiva sua conservação e busca a formação de uma consciência ambientalista através da interpretação do ambiente, promovendo o bem estar das populações envolvidas" (Embratur, 1999).
  É realizado em parques, reservas naturais ou qualquer outra área de interesse ambiental. De modo geral, procura promover atividades de baixo impacto ambiental e visitas a lugares de relevância ecológica, geralmente integradas a alguma atividade de educação ambiental;
- Turismo de aventura – em alguns casos se confunde com o ecoturismo, pois geralmente se desenvolve em áreas mais preservadas. No en-

tanto, as atividades desenvolvidas são mais ligadas aos esportes "radicais", como canoagem, saltos, escaladas, vôos de ultra-leve etc.;

- Turismo de contemplação da natureza voltado a grupos de terceira idade;
- Turismo de negócios, eventos e convenções;
- Turismo cultural – é a modalidade mais antiga, mas persiste ainda hoje. Movimenta grandes fluxos turísticos, compreendendo as atividades turísticas relacionadas à vivência do conjunto de elementos significativos do patrimônio histórico e cultural e dos eventos culturais, valorizando e promovendo os bens materiais e imateriais da cultura. Abrange desde visitas a prédios de relevante valor histórico, eventos religiosos, gastronomia, a outras inúmeras possibilidades;
- Turismo "anti-estresse" – é uma modalidade específica de turismo destinada a relaxar e desenvolver a camaradagem entre executivos, ou mesmo funcionários de empresas. Assemelha-se ao turismo ecológico, às vezes ao de aventura, mas é acompanhado por profissional da área de psicologia, que desenvolve trabalho com os participantes após as atividades do dia;
- Turismo de lazer e diversão, sobretudo, para os parques temáticos e festas comemorativas;
- Turismo rural em hotéis-fazenda, pesque-pagues, estações de águas, estações de montanhas, visitas a parentes que moram no campo etc. Como foco principal estão as atividades de comunidades tradicionais com base na agropecuária semicamponesa e num artesanato doméstico. No estado de São Paulo já equivale em números ao turismo para o litoral;
- Turismo para o litoral, que também é o local do turismo de massa por excelência;
- Turismo estudantil que visa a formação e a educação de jovens.

Outro ponto importante é que o turismo se volta para diferentes faixas etárias. Há programas e atividades específicas para todas as idades, assim como para diferentes níveis econômicos e sociais.

A busca do turismo sustentável apresenta-se hoje, em todo o mundo, por conta de uma situação contraditória: embora se constitua numa atividade econômica, cujo principal agravo ao meio ambiente consiste na sobrecarga da infra-estrutura de saneamento básico, traz em seu bojo medidas de estímulo ao controle desse tipo de impacto, como forma de sobrevivência e de expansão da própria atividade, já que o "turismo pode destruir o turismo" (Ruschmann, 1999). As atividades turísticas podem ocasionar grandes impactos ambientais, sobretudo quando não preocupadas com eles.

Alguns dos principais impactos ambientais registrados são:

- Destruição da paisagem. A segunda residência é uma modalidade turística altamente consumidora de espaço e, portanto, exerce grande pressão sobre o território, provocando alto custo ambiental e modificando a paisagem. Também os hotéis voltados para o turismo de massa são devoradores de espaço. Surge, então, uma grande contradição, pois o turismo depende de paisagens belas, mas seus efeitos podem descaracterizá-las por meio de, por exemplo, pisoteio e destruição da vegetação nativa, ocupação de áreas agrícolas, diminuição da fauna silvestre, poluição de mananciais etc;
- A flutuação sazonal exige altos investimentos em áreas geralmente pobres, para prestação de serviços e colocação de infra-estrutura de saneamento: coleta e destino final de resíduos sólidos, esgotamento sanitário, fornecimento de água potável e eletricidade. Pode-se citar o exemplo dos municípios brasileiros ao longo do Rio Araguaia e ao longo do litoral nordestino, com grande potencial turístico, mas com grande falta de infra-estrutura de saneamento e serviços extremamente precários. Essa carência se torna mais aguda nos meses de férias, quando a população cresce de forma exponencial e o poder público não tem recursos suficientes para seu atendimento. Normalmente, há grandes esforços para dotar a população sazonal de turistas de infra-estrutura e serviços de saneamento. Entretanto, a maior parte do ano essa infra-estrutura e esses serviços acabam ficando ociosos, gerando desequilíbrios financeiros. Há tempos os municípios com vocação turística, em todo o mundo, vêm tentando diminuir essa curva de flutuação demográfica e o conseqüente excesso de uso ou ociosidade, através de férias escolares escalonadas, turismo de terceira idade, congressos e simpósios etc;
- Efeitos sobre a demografia do local em três sentidos: a) aumento da densidade populacional, através da atração de mão-de-obra qualificada para trabalhar nos empreendimentos turísticos e não-qualificada para a construção desses empreendimentos, formando áreas nobres para os turistas e, freqüentemente, invasões de áreas e favelas para os trabalhadores menos qualificados; b) seletividade na oferta de trabalho, uma

GESTÃO AMBIENTAL E SUSTENTABILIDADE NO TURISMO

vez que a mão-de-obra requerida geralmente é jovem e com qualificações para atendimento de hóspedes bilíngües, de boa aparência; c) alterações nos padrões de morbimortalidade das regiões turísticas, com aparecimento de novas doenças, recrudescimento de velhas epidemias e, eventualmente, com melhorias nos serviços de saneamento e de saúde, melhorias nos índices de saúde de populações locais;

- Exigência de construção de rodovias para atender ao crescente volume de tráfego. Até nos países europeus, com população estável há décadas, o aumento da riqueza e do tempo de lazer têm levado à construção de rodovias com expansão de área dedicada aos transportes e conseqüente redução de espaço agrícola e de vegetação natural;
- Poluição atmosférica e alterações climáticas;
- Poluição arquitetônica, com introdução de elementos estranhos à paisagem e à cultura local;
- Desagregação de traços culturais das comunidades locais. Alguns dos efeitos socioculturais negativos mais freqüentes em decorrência da atividade turística desordenada são o desaparecimento e a modificação de formas de cultura tradicionais, o neo-colonialismo e outras formas de dominação cultural, o aumento de problemas sociais, como uso de drogas, prostituição, violência, jogo, o prejuízo à mobilidade, as modificações idiomáticas, o "efeito imitação" – moradores buscam copiar hábitos e comportamentos do visitante, sofrendo aculturação – , a descaracterização da vida social local, a segregação dos residentes locais, a "espetacularização" de danças, ritos religiosos e cerimônias e a degradação do patrimônio histórico e cultural (Coriolano, 2003; Mathieson e Wall, 1982; Pérez de las Heras, 1999; e Lage e Milone, 2001). No caso, os grandes empreendimentos são os que geram maior impacto, pois tendem a padronizar as localidades pelo tipo de consumo que prevalece entre os visitantes.

Por conta desses impactos negativos há autores, como Arlete M. Rodrigues (2000), que consideram a atividade turística, na própria essência, incompatível com a idéia de desenvolvimento sustentável, porque dirige o consumo aos lugares exóticos, transformando-os em comercializáveis, nos padrões de conforto e qualidade de vida do mundo "moderno", retirando, portanto, ao longo do tempo, a característica de exótico. Segundo a autora, é uma atividade que sacraliza a natureza e, ao mesmo tempo, submete-a ao mundo da mercadoria, pois se paga para desfrutar da natureza, da paisagem natural ou do ambiente natural construído. Além disso, a infra-estrutura produzida e apropriada para se chegar aos lugares e para prover serviços aos turistas, como bares, hotéis, restaurantes, lojas, acabam por romper com o equilíbrio anterior, que foi exatamente o atrativo para as atividades turísticas.

Portanto, é preciso pensar e estudar o turismo em seus dois lados: a produção e o consumo. Não é só o turista o responsável por problemas de ordem ambiental das localidades, mas, também, e em grande medida, aqueles que produzem a infra-estrutura e os equipamentos e serviços para os turistas.

A vocação turística não contempla todos os municípios e muitos que têm essas qualificações, freqüentemente, as exploram de forma bastante inadequada, fazendo com que o seu desenvolvimento turístico se torne insustentável.

Por outro lado, há autores, técnicos e políticos que consideram que o desenvolvimento local representaria a possibilidade de compatibilizar o desenvolvimento com conservação ambiental, sendo o turismo ecológico a atividade que concretizaria essa possibilidade.

Dentre as vantagens do turismo, enquanto atividade econômica, considera-se que este, geralmente, é uma atividade não oligopolizada, é intensiva em mão-de-obra, que se desdobra num amplo e diversificado leque de atividades-meio, muitas delas na economia informal ou familiar.

Ainda existem poucos estudos sobre o turismo como elemento para o desenvolvimento local (Lima e Coriolano, 2003; Rodrigues, 2000). Entretanto, por ser uma atividade que pressupõe a qualidade da infra-estrutura de serviços urbanos e também investimentos, dos municípios e regiões, na saúde e na educação de seus habitantes, personagens essenciais à própria atividade, ele pode ser um indutor ao desenvolvimento de comunidades.

Os produtores de turismo necessitam da preservação da diversidade cultural e das culturas regionais, assim como da preservação das paisagens naturais de beleza cênica, da biodiversidade de fauna e flora, do saneamento ambiental, para sua sobrevivência econômica e durabilidade de suas atividades, uma vez que os consumidores do turismo, cada vez mais, assim o exigem. Desse modo, as atividades turísticas podem motivar a conservação de aspectos relevantes do ambiente e das culturas locais.

O turismo como *fator de arranque* para o desenvolvimento local, e mesmo como indutor de um subseqüente desenvolvimento regional, estaria na sua possível conversão em fator estruturante e motor de um desenvolvimento diversificado e sustentado. Existe a possibilidade dos excedentes monetários gerados por este setor serem canalizados para outros, promovendo uma diversificação da base produtiva local (Benevides, 2000).

O turismo alternativo, com base local, apresenta opção de desenvolvimento sustentável, sobretudo para aquelas áreas que hoje se encontram economicamente debilitadas, por não terem se conectado às ondas de modernização e de frentes pioneiras, mas que tiveram um passado de fausto econômico, com edificações passíveis de serem revitalizadas e mantidas pelas atividades turísticas, bem como manifestações culturais e áreas naturais remanescentes. São Luís do Paraitinga (SP), pode ser citada como um exemplo.

Importante, no entanto, é que o desenvolvimento turístico de uma região não se baseie em decisões tomadas fora desses lugares, mas que tenha forte participação das comunidades regionais na figura de seus mais diversos atores sociais. Relevante, também, é o desenvolvimento e fortalecimento dos cursos universitários de turismo para promover a formação de profissionais qualificados a lidar com essas complexas questões, que exigem uma formação interdisciplinar criteriosa.

Por fim, urge resgatar a figura do viajante, aquele que busca a diversidade a fim de compreendê-la e a partir dela enriquecer sua trajetória de vida e contribuir para a construção de um mundo melhor. Segundo Del Priore (2001), "viajar é imergir no mundo, é ver-se dissolver pelos caminhos o sentimento de pertença, é trilhar com prazer um espaço de liberdade, é, por fim, maravilhar-se ou horrorizar-se com o outro".

REFERÊNCIAS

BEAUJEU-GARNIER, J.; CHABOT, G. **Traité de geographie urbaine**. 3.ed. Librairie Armand Colin, 1963.

BENEVIDES, Ireleno P. Para uma agenda de discussão do turismo como fator de desenvolvimento local. In: RODRIGUES, Adyr B. (Org.). **Turismo e desenvolvimento local**. São Paulo: Hucitec, 2000.

BOULLÓN, R. **Ecoturismo: sistemas naturales y urbanos**. 2.ed. Buenos Aires: Librerías y Distribuidora Turística, 2000.

COHEN, Erik. Alternative tourism: a critique. **Tourism Recreation Research**, v. 12, n. 2, p. 13-18, 1987.

CORIOLANO, Luzia Neide M.T. O turismo de base local e o desenvolvimento na escalada humana. In: LIMA, Luiz Cruz; CORIOLANO, Luzia Neide M.T. (Orgs.). **Turismo e desenvolvimento social sustentável.** Fortaleza: Educe, 2003. p. 60-70.

CRUZ, S.H.R. **Os impactos do turismo na Ilha de Marajó (PA): aspectos ambientais da Praia do Pesqueiro.** São Paulo, 1998. Dissertação (Mestrado). Universidade de São Paulo, Escola de Comunicações e Artes.

DEL PRIORE, Mary. **Folha de S. Paulo,** Suplemento Mais, 13 fev. 2001.

DIEGUES, A.C. **O mito moderno da natureza intocada.** NUPAUB/USP, 1994.

EMBRATUR. **Estudos do turismo brasileiro; Ecoturismo nas regiões sul e centro-oeste.** Brasília, 1999.

_____. **Anuário estatístico da Embratur.** Vol.30-2003. Instituto Brasileiro de Turismo: Brasília, 2003.

_____. **Anuário estatístico da Embratur.** Vol.34-2007. Instituto Brasileiro de Turismo: Brasília, 2007. Disponível em: http://200.189.169.141/site/arquivos/dados_fatos/Anuario/entrada_de_turistas_no_brasil_em_2005_e_2006.pdf. Acessado em: 10 mar. 2008.

FENNEL, David A. **Ecoturismo: uma introdução.** São Paulo: Contexto, 2002.

FGV/EBAPE; MTUR/EMBRATUR. **Pesquisa anual de conjuntura econômica do turismo.** Março, 2007, ano III.

FGV/EMBRATUR/MTUR. Boletim de Desempenho Econômico do Turismo. Vários números. 2007. Disponível em: http://200.189.169.141/site/br/dados_fatos-/conteúdo/boletim.php?in_secao=291. Acessado em: 10 mar. 2008.

FIPE. **Demanda turística internacional,** 2006. Fipe/Embratur/MTur, 2006.

GARTNER, William C. **Tourism developmente: principles, processes and policies.** Nova York: John Willey & Sons, 1996.

LAGE, Beatriz Helena Gelas; MILONE, Paulo César. **Economia do turismo.** 7.ed. São Paulo: Atlas, 2001.

LEROY, Jean-Pierre; ACSELRAD, Henri. Novas premissas para a construção de um Brasil sustentável. In: RATTNER, Henrique (Org.). **Brasil no limiar do Século XXI.** São Paulo: Edusp, 2000.

LIMA, Luiz Cruz; CORIOLANO, Luzia Neide M.T. (Orgs.). **Turismo e desenvolvimento social sustentável.** Fortaleza: Eduece, 2003.

MATHIESON, Alister; WALL, Geoffrey. **Tourism: economic, physical and social impacts.** Nova York: Longman, 1982.

MOESCH, M.A. **Produção do saber turístico.** São Paulo: Contexto, 2000.

NICOLETTI, Lenita. **O lixo, o turismo e os desafios para a gestão integrada de resíduos sólidos em uma unidade de conservação: estudo de caso em Pirenópolis, APA Pirineus de Goiás.** São Paulo, 2002. Tese (Doutorado). Faculdade de Saúde Pública, Universidade de São Paulo.

PÉREZ DE LAS HERAS, Mônica. **La guía del ecoturismo, o cómo conservar la naturaleza a través del turismo.** Espanha: Mundi-Prensa, 1999.

RODRIGUES, Arlete Moysés. Desenvolvimento sustentável e atividade turística. In: RODRIGUES, Adyr B. (Org.). **Turismo e desenvolvimento local.** São Paulo: Hucitec, 2000.

RUSCHMANN, Doris van de Meene. **Turismo e planejamento sustentável: a proteção do meio ambiente.** 2.ed. São Paulo: Papirus, 1999.

SESC. REVISTA E, n.10, ano 6. São Paulo, maio 2000.

STIGLIANO, Beatriz Veroneze. **Visitantes em Unidades de Conservação: o método VAMP aplicado ao Parque Estadual de Campos do Jordão (SP).** São Paulo, 2004. Dissertação (Mestrado em Ciências da Comunicação). Escola de Comunicações e Artes, Universidade de São Paulo.

STIGLIANO, Beatriz Veroneze; CÉSAR, Pedro de Alcântara Bittencourt. Gerenciamento da visitação em áreas naturais: considerações sobre a aplicação do método VAMP ao Parque Estadual de Campos do Jordão – SP, Brasil. **Turismo em análise**, v. 18, n. 1, maio, p. 66-72, 2007.

TULIK, Olga. **Turismo rural.** São Paulo: Aleph, 2003.

YASOSHIMA, José Roberto; OLIVEIRA, Nadja da Silva. Antecedentes das viagens e do turismo. In: REJOWSKI, Mirian (Org.). **Turismo no percurso do tempo.** São Paulo: Aleph, 2001.

WORLD COMISSION ON ENVIRONMENT AND DEVELOPMENT. **Our Common Future,** 1987.

[WTTC] WORLD TRAVEL AND TOURISM COUNCIL. **World: Travel & Tourism. Navigating the path ahead.** The 2007 Travel & Tourism Economic Research, WTTC, 2007a.

_____. **Brazil: Travel & Tourism. Navigating the path ahead.** The 2007 Travel & Tourism Economic Research, WTTC, 2007b.

Sites consultados

[OMT] ORGANIZAÇÃO MUNDIAL DO TURISMO. Disponível em: http://www.unwto.org/ index_s.php. Acessado em: 2 fev. 2008.

Turismo Internacional e Proteção do Patrimônio Cultural e Natural da Humanidade

5

Fernando Fernandes da Silva

Advogado, Universidade Católica de Santos

INTRODUÇÃO

Neste capítulo, propõe-se uma análise da relação entre o fenômeno do turismo e a proteção internacional do patrimônio cultural e natural da humanidade. Tal análise compreende a abordagem do fenômeno turístico como elemento do fenômeno econômico, ou seja, um serviço inserido nas relações de uso e de troca da economia de mercado. A expansão do turismo está totalmente associada à expansão dessa forma de economia, caracterizada pelo aumento do fluxo de capitais, da circulação de bens e de serviços pelo mundo. Em seguida, apresenta-se a análise do turismo na esfera do ordenamento jurídico internacional. A análise jurídica é centrada na interação do fenômeno econômico com o jurídico, isto é, a aderência deste com a realidade da economia de mercado. Após a análise do fenômeno do turismo, é feita uma abordagem das normas internacionais da proteção do patrimônio cultural e natural da humanidade, aprovadas sob o patrocínio da Organização das Nações Unidas para a Educação, Ciência e Cultura (Unesco). Isso porque este conceito revela uma política institucional da Unesco prevista no seu Tratado Constituição, denominado Tratado de Londres (1945). Aqui, o objetivo é identificar eventuais aspectos positivos e negativos da relação da proteção do patrimônio cultural e natural da humanidade com o turismo, visando propor alguns itens de aperfeiçoamento dessa relação, como fonte de geração de riqueza e de crescimento humano.

UMA BREVE APRESENTAÇÃO DO FENÔMENO TURÍSTICO

Desde a década de 1930, diversas conferências internacionais ocorreram com a finalidade de estabelecer normas reguladoras do turismo internacional. Entre elas, a "Conferência Internacional de Estatísticas do Turismo" (1991), organizada pela Organização Mundial do Turismo (OMT), a qual aprovou uma recomendação que dispunha sobre o conceito de turismo: "As atividades de pessoas que viajam e permanecem em locais fora de seu ambiente usual, por não mais de um ano consecutivo, para fins de lazer, negócios e outros" (Lickorish e Jenkins, 2000, p.53).

Tal definição de turismo permite a melhor compreensão da síntese do fenômeno que congrega várias atividades humanas relacionadas ao transporte de pessoas de um espaço físico a outro, por razões diversificadas, mas especialmente ligadas ao conhecimento direto de determinado espaço físico. O turismo também compreende as atividades de fruição das qualidades do espaço físico visitado, bem como, em vários casos do próprio trajeto realizado para a chegada daquele espaço físico.

Essa noção de turismo parte da constatação de que há alguns anos o turismo era voltado para as áreas de serviços e de lazer. Atualmente, tem-se o turismo ecológico e cultural. Assim, o turista pode visitar locais ricos em manifestações folclóricas, assim como, locais ricos em ecossistemas. Em ambos os casos, o turista também interage com esses locais e com os seus recursos: participa das danças populares, dos festejos populares, pratica trilhas em florestas, escala montanhas, dentre outras atividades.

O turismo internacional compreende as características acima descritas, observando-se que a referência é o espaço físico do Estado. Em outras palavras, o complexo que inclui as atividades turísticas caracterizadas pelo transporte de pessoas de um Estado a outro.

AS ETAPAS DO DESENVOLVIMENTO DO TURISMO

Estudos desenvolvidos por Lickorish e Jenkins (2000, p.21) revelam que o desenvolvimento do turismo compreende quatro etapas, "altamente influenciadas pelas mudanças no transporte", pois este é o "principal serviço na atividade que consiste em sair de casa para um novo destino". Frise-se que os autores analisam esse fenômeno dentro de uma perspectiva européia, como será visto a seguir.

A primeira etapa, denominada turismo pré-histórico, é desenvolvida entre a Idade Média e o início do século XVII. A Revolução Industrial que se instala nos Estados do norte europeu proporciona o crescimento de classes de comerciantes e profissionais, com poder de riquezas para a realização de viagens; assim como, a Reforma Protestante e a secularização da educação, influenciadas pelo movimento Iluminista, estimularam a realização de viagens para adquirir conhecimento pela cultura de outros países. A viagem passa a ser mais um instrumento de formação educacional.

A segunda etapa, sob o ponto de vista econômico, é representada pelo desenvolvimento dos trens e dos navios a vapor que mudaram completamente as formas de viagens até então praticadas. Segundo Lickorish e Jenkins (2000, p.22),

> o rápido crescimento da população e o aumento da riqueza criaram um novo e enorme mercado em um curto período. Inventou-se a viagem em massa e, com ela, o desenvolvimento de resorts e a introdução da indústria de viagens, formada por agências e operadoras de turismo, com novos métodos de marketing como excursões organizadas, pacotes turísticos, pôsteres e folhetos.

A partir de uma perspectiva cultural, a segunda etapa, que permeia todo o século XIX, é desenvolvida sob a influência do movimento romântico, que estimula o interesse das pessoas pelo conhecimento da origem dos seus povos e Estados – aspecto nacionalista do movimento. Neste sentido, ao provocar o interesse pelo passado, o movimento romântico estimula a proteção dos bens arquitetônicos, dos bens artísticos e das cidades ligadas àquele passado. Nessa mesma perspectiva, surge o interesse pela proteção das grandes riquezas naturais da nação, ou seja, os seus monumentos naturais e as suas paisagens. Conforme Lickorish e Jenkins (2000, p.28), o interesse pelos bens naturais também é incentivado pelo desenvolvimento do movimento romântico na arte e na literatura, que relatam a existência de cenários e montanhas.

A terceira etapa desenvolve-se entre os anos de 1918 a 1939. Caracteriza-se pela contribuição notável da utilização do automóvel e da introdução do denominado turismo social, evidenciado pelo aumento das férias pagas, das atividades de lazer, do camping, do aumento do número de albergues e da introdução do "turismo com ônibus fretados" (Lickorish e Jenkins, 2000, p.22). Nessa perspectiva, na Grã–Bretanha, em 1930, cerca de 15 milhões de pessoas tiravam férias anuais, configurando-se num hábito normal da rotina dos ingleses, e não mais numa atividade de luxo.

A quarta etapa compreende o ano de 1945 até os dias de hoje. No final da Segunda Guerra Mundial há um aumento dos serviços de aviação, inclusive dos vôos transatlânticos. Há uma expansão do turismo internacional entre os EUA e o Continente Europeu. O turismo internacional também se expande entre os Estados europeus, em virtude do Plano Marshal, que destina consideráveis somas de recursos financeiros para o desenvolvimento do turismo entre esses mesmos Estados. A partir de então, o turismo transforma-se num fenômeno global, por ser um serviço que integra o fenômeno da globalização, contemplando Estados de todos os continentes.

A CONTRIBUIÇÃO DA OMT PARA O DESENVOLVIMENTO DO TURISMO INTERNACIONAL

Marco importante na disciplina jurídica internacional do turismo foi a criação da OMT, cujos estatutos constitutivos foram celebrados na cidade do México, em 1970. Em 1974, por meio de resolução da Assembléia Geral da Organização das Nações Unidas (ONU), a OMT foi transformada em Órgão Intergovernamental e, em 2003, adquiriu o *status* jurídico de Agência Especializada das Nações Unidas.

A criação da OMT representa, no ordenamento jurídico internacional, a preocupação da comunidade internacional em regulamentar um fenômeno de caráter global, a fim de conferir segurança nas relações jurídicas por ele propiciadas, tais como, transporte, seguro, proteção dos bens e locais a serem visitados, dentre outras.

No Estatuto Constitutivo da OMT, outro objetivo a ser observado é a utilização do turismo como instrumento de aproximação entre os povos, mediante o exercício da compreensão das diversidades culturais e da prática da tolerância:

> O objetivo principal da Organização é o de promover e desenvolver o turismo com vista a contribuir para a expansão econômica, a compreensão internacional, a paz, a prosperidade, bem como, para o respeito universal e a observância dos direitos e liberdades humanas fundamentais, sem distinção de raça, sexo, língua ou religião. (art. 3º do Estatuto da OMT, tradução do autor)

E o terceiro, e talvez o mais relevante, é a criação de uma política permanente a respeito do turismo internacional. Em outras palavras, a criação de uma organização internacional permite a criação de estratégias, planejamento e metas a serem estabelecidas para o desenvolvimento do turismo internacional. Além disso, pelo fato de possuir 154 Estados-membros a OMT garante um compromisso permanente entre os membros da Comunidade Internacional no sentido de tornar uma realidade a política de desenvolvimento do turismo.

Conseqüentemente, a adoção de tais políticas gera um crescimento de normas internacionais – convenções e resoluções – relativas ao turismo e às obrigações delas advindas a serem observadas pelos Estados e os principais atores do turismo internacional.

A CARTA DE TURISMO CULTURAL (1976) E O ICOMOS

Durante o Seminário Internacional de Turismo Contemporâneo e Humanismo, realizado em Bruxelas (Bélgica), em 1976, promovido pelo Conselho Internacional de Monumentos e Lugares de Interesse Artístico e Histórico (Icomos) foi aprovada a Carta de Turismo Cultural (1976), com nove disposições relativas a um segmento do turismo denominado turismo cultural.

Vale frisar que a Carta aprovada pelo Icomos não é uma norma jurídica internacional que disciplina compromissos jurídicos entre Estados e em relação a outros sujeitos do ordenamento jurídico internacional, entre eles os seres humanos ou as empresas privadas. Trata-se de um documento internacional cujos objetivos são: orientar os agentes governamentais e não-governamentais a respeito dos princípios a serem observados na elaboração de políticas relativas ao turismo cultural e orientar os especialistas desse segmento do turismo a adotarem as posturas previstas na Carta.

A Carta de Turismo Cultural (Icomos, 1976) é organizada em duas seções: a primeira, denominada Postura Básica (Disposições 1 a 4), que contém os conceitos básicos sobre turismo e turismo cultural e a sua relação com o patrimônio mundial, cultural e natural; a segunda, denominada Bases de Atuação (Disposições 1 a 9), que contém as disposições relativas às formas de atuação dos agentes governamentais e não governamentais na promoção do turismo cultural e na sua relação com o patrimônio mundial, cultural e natural.

Releva destacar da Carta de Turismo Cultural (Icomos, 1976) que o turismo cultural

> é aquela forma de turismo que tem por objetivo, entre outros fins, o conhecimento de monumentos e sítios histórico-artísticos. Exerce um efeito realmente positivo sobre estes tanto quanto contribui – para satisfazer seus próprios fins – à sua manutenção e proteção. Esta forma de turismo justifica, de fato, os esforços que tal manutenção e proteção exigem da comunidade humana, devido aos benefícios socioculturais e econômicos que comporta para toda a população implicada.[1]

A Carta, em sua Disposição n.4, recomenda uma interação positiva entre turismo cultural e proteção ao patrimônio mundial, cultural e natural ao dispor que tal respeito somente pode ser assegurado

> mediante uma política dirigida à doação do equipamento necessário e à orientação do movimento turístico, que tenha em conta as limitações de uso e de densidade que não podem ser ignoradas impunemente. Além do mais, é preciso condenar toda doação de equipamentos turísticos ou de serviços que entre em contradição com a primordial preocupação que há de ser o respeito devido ao patrimônio cultural existente.

Esta interação positiva é salientada em outra disposição que orienta os Estados a adotarem e aplicarem prontamente a Convenção Relativa à Proteção do Patrimônio Mundial, Cultural e Natural (1972) e a Recomendação Relativa à Salvaguarda dos Conjuntos Históricos e a sua Função na Vida Contemporânea (Nairóbi, 1976).[2]

---

[1] Cf. Disposição 3, da Postura Básica.

[2] Cf. Disposição 3, das Bases de Atuação.

O PATRIMÔNIO CULTURAL E NATURAL DA HUMANIDADE

Após a Segunda Guerra Mundial a comunidade internacional organizou-se em torno da proteção de determinados bens culturais e naturais relevantes para a coletividade humana. Na Conferência de Londres, em 1945, é criada a Organização para as Nações Unidas para a Educação, Ciência e Cultura (Unesco), organização intergovernamental, vinculada ao Sistema das Nações Unidas.

Nos termos do Tratado Constituição da Unesco, ou Tratado de Londres (1945), em seu art. 1º, § 1, c, compete a esta organização a tarefa de zelar "pela conservação e proteção do patrimônio universal de livros, obras de arte e monumentos de interesse histórico ou científico" e recomendar às "nações interessadas as convenções internacionais que sejam necessárias para tal fim".

Nesse sentido, desde a sua criação, a Unesco aprovou dez recomendações internacionais relativas à proteção do patrimônio cultural e natural da humanidade[3] e patrocinou a aprovação de quatro convenções internacionais também relativas ao mesmo tema.[4]

---

[3] As recomendações aprovadas pela Unesco, durante as suas conferências gerais, são as seguintes: 1) Recomendação que define os princípios internacionais que deverão aplicar-se às escavações arqueológicas (1956); 2) Recomendação sobre os meios mais eficazes para tornarem os museus acessíveis a todos (1960); 3) Recomendação relativa à proteção da beleza e do caráter dos lugares e paisagens (1962); 4) Recomendação sobre medidas encaminhadas para proibir e impedir a exportação, importação e transferência de propriedade ilícitas dos bens culturais (1964); 5) Recomendação concernente à conservação dos bens culturais que a execução de obras públicas ou privadas pode pôr em perigo (1968); 6) Recomendação sobre a proteção, em âmbito nacional, do patrimônio cultural e natural (1972); 7) Recomendação sobre o intercâmbio internacional de bens culturais (1976); 8) Recomendação relativa à salvaguarda dos conjuntos históricos e sua função na vida contemporânea (1976); 9) Recomendação sobre a proteção dos bens culturais móveis (1978); 10) Recomendação sobre a salvaguarda e a conservação das imagens em movimento (1980).

[4] As convenções, aprovadas sob o patrocínio da Unesco, são as seguintes: 1) Convenção para a Proteção dos Bens Culturais em Caso de Conflito Armado (1954), e seus Protocolos I (1954) e II (1999); 2) Convenção sobre as Medidas a Serem Adotadas para Proibir e Impedir a Importação, Exportação e Transferência de Propriedade Ilícitas dos Bens Culturais (1970); 3) Convenção Relativa à Proteção do Patrimônio Mundial, Cultural e Natural (1972); 4) Convenção Relativa à Proteção do Patrimônio Cultural Subaquático (2001).

É no contexto dessas fontes internacionais de direito que surge a concepção de patrimônio cultural e natural da humanidade: bens eleitos pela comunidade internacional indispensáveis no atendimento das necessidades humanas, independentemente do território onde estão situados e, portanto, merecedores de uma tutela jurídica internacional baseada na co-responsabilidade entre os Estados, organizações intergovernamentais e não-governamentais. Deve-se esclarecer que os bens tutelados são de naturezas diversas, a exemplo, bens imóveis e móveis; bens materiais e imateriais; e bens culturais e naturais. Essa tutela também estende-se a bens em casos de conflito armado e bens em tempos de paz. E, finalmente, a proteção é intertemporal: visa à conservação para a atual e para a futura geração, pois a proteção é de interesse da coletividade humana.

Entre as fontes de Direito Internacional relativas à proteção do patrimônio cultural e natural da humanidade, cabe-nos analisar mais detidamente a Convenção Relativa à Proteção do Patrimônio Mundial, Cultural e Natural da Humanidade (1972).[5]

A Convenção da Unesco (1972) prevê que integram o patrimônio cultural e natural da humanidade os bens de "valor universal e excepcional", a saber: 1) bens culturais: os monumentos, os conjuntos e os lugares notáveis (art. 1º); 2) bens naturais: os monumentos naturais; "as formações geológicas e fisiográficas e áreas nitidamente delimitadas que constituam-se de espécies animais e vegetais (...)"; e 3) lugares notáveis naturais (art. 2º).

A seleção dos bens culturais e naturais e a verificação do "valor universal e excepcional" que eventualmente possuam é feita pelo Comitê do Patrimônio Mundial, órgão composto por 21 representantes dos Estados signatários da Convenção da Unesco (1972), e que se reúne a cada dois anos para decidir sobre questões dessa natureza (arts. 8º a 14). Assim, o Comitê deverá realizar tal seleção conforme critérios previstos na Convenção da Unesco (1972) e outras, conforme as normas por ele aprovadas e consubstanciadas nas denominadas Diretrizes.

---

[5] Passamos a denominar Convenção da Unesco (1972). Aprovada no Brasil pelo Decreto Legislativo n. 71, de 30.6.1977, com reserva ao parágrafo 1º do art. 16. Promulgada pelo Decreto n. 80.978, de 12.12.1977.

Os bens selecionados são inscritos na Lista do Patrimônio Mundial e se eventualmente estiverem ameaçados de destruição irreversível ou extinção são inscritos na Lista do Patrimônio Mundial em Perigo para receberem da Unesco e da comunidade internacional uma assistência emergencial e reforçada.

A inscrição na Lista do Patrimônio Mundial tem o condão jurídico de tornar o bem integrante do patrimônio cultural e natural da humanidade que passa a receber uma proteção nacional e internacional.

A proteção nacional reside no art. 4º da Convenção da Unesco (1972) e prevê uma série de obrigações que os Estados devem observar em seu território para proteger o bem, submetido à sua soberania, mas submetido a um regime jurídico de proteção previsto naquela Convenção. Assim, compete ao Estado a responsabilidade de "identificar, proteger, conservar, valorizar e transmitir às futuras gerações" os bens situados em seu território.

A proteção internacional compreende a assistência técnica, financeira e educativa que o bem receberá, coordenada pelo Comitê do Patrimônio Mundial, órgão executivo da política de proteção internacional prevista pela Convenção da Unesco (1972).[6] Este órgão é auxiliado nas suas atividades pelas organizações não-governamentais Icomos e pela União Internacional para a Conservação da Natureza (IUCN). Também, é auxiliado pelo Fundo do Patrimônio Mundial, órgão criado pela Convenção da Unesco (1972), cuja competência é agregar os recursos financeiros indispensáveis à proteção dos bens culturais e naturais.

Sumariamente, a assistência técnica compreende as atividades científicas que possam contribuir para a conservação do bem, a exemplo de técnicas de restauração a serem empregadas numa escultura semidestruída ou no envio de especialistas a locais ameaçados de destruição para elaborarem uma estratégia de proteção emergencial. A assistência educativa compreende a atividade de formação, isto é, preparo de mão-de-obra especializada nas mais diversas áreas de proteção, e atividade de informação, ou seja, difusão à comunidade internacional, promovida pela Unesco, da relevância e da importância dos bens tutelados, assim como, a promo-

---

[6] Cf. arts. 19 a 26 da Convenção da Unesco (1972).

ção de campanhas que buscam a participação das sociedades civis na proteção de tais bens. Um dos exemplos mais recentes, neste campo, é a campanha promovida pela Unesco para a proteção das estátuas dos Budas que foram destruídos parcialmente pelos membros do Governo Taleban no Afeganistão. A assistência financeira compreende o envio de recursos financeiros pelo Comitê do Patrimônio Mundial aos Estados que possuem bens inscritos na Lista do Patrimônio Mundial e de forma emergencial àqueles ameaçados de destruição, a exemplo da Cidade de Goiás, que recebeu US$ 50 mil da Unesco, em 2002, em razão da inundação provocada pelo Rio Vermelho no final de 2001.

No Brasil, podem-se destacar os seguintes bens inscritos na Lista do Patrimônio Mundial: Brasília (DF); Ouro Preto (MG); Diamantina (MG); Congonhas (MG); Salvador (BA); Olinda (PE); São Luiz (MA); Cidade de Goiás (GO); Reserva da Mata Atlântica do Sul; Reserva da Mata Atlântica do Descobrimento e Serra da Capivara (PI).

Todos esses bens, assim como outros, inclusive os não inscritos na Lista do Patrimônio Mundial, são fontes de geração da atividade turística. Portanto, uma das razões da necessidade da proteção eficaz de tais bens.

O TURISMO CULTURAL

O turismo internacional contribui com a proteção do Patrimônio Cultural e Natural da Humanidade, pois os bens que o integram são em parte a própria fonte da atividade turística.

Assim, a atividade turística pode conter um valor científico e educacional ao estimular pessoas a visitar museus ou estudar a origem das cidades e sua função na vida contemporânea. Aliás, devemos pensar certos bens culturais como testemunhos do passado e que nos permitem um aprimoramento científico cultural, a fim de lidar com os problemas existenciais da atualidade, mas que são tão antigos quanto a própria existência humana, a exemplo de textos sobre filosofia ou tratamentos médicos.

A atividade turística pode ser estimulada pelo lazer ao proporcionar às pessoas descanso, entretenimento, envolvimento com atividades lúdicas, que contribuem para a saúde mental; ou até um valor de interação plena, a exemplo das práticas desportivas em áreas naturais protegidas, como o *rafting*.

CONSIDERAÇÕES FINAIS

O turismo internacional é caracterizado pela viagem realizada por uma pessoa que se desloca de um país a outro, por razões de lazer, família ou negócios.

Atualmente, o turismo internacional é um fenômeno global, numa dimensão física que, devido ao aprimoramento dos transportes e dos meios de comunicação, proporciona a execução desta atividade em qualquer país do mundo. A globalização do turismo, também, contempla uma dimensão dos serviços, devido à formação de oligopólios em relação à prestação da atividade turística. Os oligopólios, as alianças entre empresas de transporte, comunicação, hotelaria e finanças, ao reunirem recursos para a prestação dos serviços turísticos o tornam mais potentes, dinâmicos e abrangentes (Paiva, 2005, p.41-49).

A conseqüência da globalização do turismo é o adensamento da sua regulamentação jurídica no âmbito do Direito Internacional, especialmente em razão da criação da OMT que congrega, atualmente, 154 países. Este adensamento, isto é, uma regulamentação cada vez mais extensa e profunda da atividade turística, também é observada no âmbito das organizações não governamentais a exemplo da Carta de Turismo Cultural (1976), aprovada pelo Icomos, como foi visto neste capítulo.

Entre os aspectos positivos da atividade turística, deve-se ressaltar que esta atividade produz renda e empregos. Além disso, estimula a melhoria da infra-estrutura econômica dos Estados, pois estes precisam, para dar suporte ao turismo, implementar suas redes de transportes, hoteleira, de saúde e de comunicação e manter bons padrões de funcionamento. De acordo com as estatísticas da OMT o número de turistas no mundo, em 1960, era de, aproximadamente, 69 milhões de pessoas; e em 1994, em torno de 537,4 milhões. Portanto, houve um aumento de 800% (Lickorish e Jenkins, 2000, p.40).

No ano de 2006, a Caixa Econômica Federal reservou R$ 1 bilhão para empréstimos relativos à atividade turística. Essa quantia representa um aumento de 47% em relação ao período de 2005, cujo montante reservado foi de, aproximadamente, R$ 681 milhões. Estima-se que mais de 10 milhões de pessoas viajaram pelo Brasil, por razões turísticas, na década de 1990. Isso representou para o Brasil uma movimentação, em 52 setores da economia brasileira, na ordem de US$ 38 bilhões de dólares por ano (Turismo em Foco, 2006).

Esse crescimento econômico também é proporcionado pela proteção do patrimônio cultural e natural da humanidade, que se transforma numa das razões da própria atividade turística.

Por outro lado, o turismo promove a proteção do patrimônio cultural e natural da humanidade, pois sem ele não há atividade turística cultural. Inclusive, no caso de cidades e centros históricos o turismo promove a revitalização desses locais, pois entre outras funções a revitalização permite uma interação entre ser humano e patrimônio cultural.

Sob o aspecto cultural, o turismo promove o conhecimento do patrimônio cultural e natural construído pelas mais diversas civilizações. Por meio do contato social o turismo promove o enriquecimento cultural das pessoas que passam a ter uma postura mais tolerante em relação às outras culturas e o respeito à diversidade cultural.

Entre os aspectos negativos deve-se ressaltar que o fluxo de pessoas e a densidade demográfica, que aumentam em relação aos grandes centros turísticos, provocam a deterioração do patrimônio cultural e natural. Portanto, as políticas de proteção do patrimônio cultural e natural da humanidade devem possuir instrumentos de proteção específicos em relação à atividade turística. Inclusive agregar estratégias de combate a males sociais identificados com a atividade turística, atualmente, como a prostituição, a violência e o tráfico de drogas.

REFERÊNCIAS

FUNARI, P.P.; PINSKY, J. (Org.). **Turismo e Patrimônio Cultural**. 4. ed. São Paulo: Contexto, 2005.

[ICOMOS] CONSELHO INTERNACIONAL DE MONUMENTOS E LUGARES DE INTERESSE ARTÍSTICO E HISTÓRICO. **Carta de Turismo Cultural, 1976**. Disponível em: http://www.revistamuseu.com.br/legislação/turismo/turismocultural.htm. Acessado em: 31 mar. 2009.

LICKORISH, L.J.; JENKINS, C.L. **Introdução ao Turismo.** Rio de Janeiro: Elsevier, 2000.

[OMT] ORGANIZAÇÃO MUNDIAL DO TURISMO. Disponível em: http://unwto.org. Acessado em: 31 mar. 2009.

PAIVA, M.G.M.V. **Sociologia do Turismo.** 9. ed. Campinas: Papirus , 2005. (Coleção Turismo).

PELLEGRINI FILHO, A. **Ecologia, Cultura e Turismo.** Campinas: Papirus, 1993.

SILVA, F.F. **As Cidades Brasileiras e o Patrimônio Cultural da Humanidade.** São Paulo: Edusp/Peirópolis, 2003.

TURISMO EM FOCO. CEF tem R$ 1 bilhão para o turismo. Disponível em: http://www.turismoemfoco. com.br. Acessado em: 20 mar. 2006.

YÁZIGI, E.; CARLOS, A.F.A.; DA CRUZ, R.C.A. (Org.). **Turismo: espaço, paisagem e cultura.** São Paulo: Hucitec, 1996.

Hospitalidade & Sustentabilidade | 6

Ernesto Hsieh
Empresário, Pousada Coração da Mata

INTRODUÇÃO

Algumas expressões utilizadas pelo meio hoteleiro demonstram a intenção em conquistar o hóspede a qualquer custo: "Precisamos encantar nosso hóspede...", "Nosso hotel possui menu de travesseiros...", "Os lençóis do nosso hotel são de algodão egípcio...".

Como muitas dessas idéias são relativamente fáceis de copiar ou, como se diz estrategicamente, possuem uma pequena barreira de entrada, elas rapidamente deixam de significar itens diferenciais e perdem seu valor competitivo. Assim, novamente os executivos precisam usar sua criatividade para superar a expectativa de seus clientes e novamente conquistar a tão almejada fidelização.

Esse esmero, entretanto, conduz o empreendimento a um gasto excessivo de recurso financeiro, a um alto consumo de energia e água (conseqüentemente, gerando uma alta produção de esgoto) e a uma alta produção de lixo. Por causa do tratamento que recebe e pelo valor da diária paga, o hóspede se sente como um rei: toma um banho mais prolongado do que em sua casa e usa duas toalhas para se enxugar, enquanto uma só seria mais do que suficiente.

Essa é apenas uma faceta da relação viciosa entre o hotel e o seu cliente que leva a operação hoteleira a ter um resultado de baixa lucratividade e alto impacto ambiental. A reversão desse quadro está na compreensão mais ampla e profunda da hospitalidade como o elo essencial entre o hotel e o seu hóspede. Dessa forma, o hóspede deve ser visto como uma pessoa com necessidades e anseios, e não "um cliente-rei" que deseja ser agradado a qualquer custo, em conjunto com a aplicação do conceito de sustentabilidade de um negócio, que é a harmonização entre a obtenção do lucro, a responsabilidade social e o respeito ao meio ambiente.

HOSPITALIDADE NOS MEIOS HOTELEIROS

Os termos hospitalidade e hotelaria foram tradicionalmente confundidos, tanto que a língua anglo-saxônica usa a expressão *hospitality* para as atividades de hospedagem e alimentação (Grinover, 2002, p.26). A exemplo disso, Guerrier (2000, p.53) afirma que: "a indústria da hospitalidade é [...] qualquer organização que sirva alimentos e/ou bebidas e/ou ofereça hospedagem para pessoas que estão longe de casa", enquanto a Organização Mundial do Turismo (OMT) define hotel como um estabelecimento comercial, destinado a fornecer a viajantes a hospedagem, a alimentação e outros serviços acessórios.

Essa falta de diferenciação pode causar dificuldades à hotelaria no desenvolvimento de suas atividades, uma vez que muitos dos administradores de hotéis dirigem seus negócios apenas sob a visão do marketing de serviços. Sobre isso, Kotler (1999, p.14) afirma o seguinte: "*Customer value is the difference between the benefits that the customer gains from owing and/or using a product and the cost of obtaining the product*". Ou seja, todo esforço deve ter como objetivo agregar valor para o cliente, a fim de conquistá-lo. No Fórum Panrotas de 2003, Chieko Aoki (proprietária da cadeia de hotéis Blue Tree), uma das participantes de uma mesa-redonda, mencionou: "Nós não sabemos mais o que fazer para exceder às expectativas do nosso cliente!", o que confirma a dificuldade anteriormente exposta.

Jesus Gallego (1996, p.3) tem muito clara essa questão quando afirma: "*Cuántos problemas se solucionarían o cuántos clientes volverían si se ejerciera realmente la hospitalidad!*". Para ele, a missão da hotelaria é a hospitalidade, que é o verdadeiro elo entre o hotel e o seu hóspede, mas qual é o verdadeiro significado de hospitalidade?

Surgem então muitas pesquisas para encontrar uma nova abordagem desse tema. Nesses estudos, busca-se analisar a hospitalidade com um olhar mais amplo (não apenas restrito ao meio hoteleiro), sem perder o enfoque do negócio em si, procurando dar maior atenção aos principais atores da relação hospitaleira e a todos os aspectos envolvidos nessa relação.

Do ponto de vista histórico, ao se resgatarem as raízes da hospitalidade, verifica-se na literatura que a hospitalidade era uma obrigação e uma honra para os antigos gregos. Entendia-se, na época, que o viajante era protegido por Zeus, e, por isso, o anfitrião gozava de um grande prestígio perante sua comunidade por ter sido escolhido como hospedeiro. No caso dos romanos, a hospitalidade também era uma obrigação, mas não era imposta por Zeus e sim pela legislação em vigor. Portanto, no caso de omissão, o anfitrião estaria sujeito a um processo penal.

Na Antiguidade, a Igreja desempenhou um papel importante na atividade hospitaleira, pois os mosteiros e os conventos serviam como abrigo para os viajantes. Os forasteiros recebiam comida, bebida, leito e segurança como um ato de fé. Os religiosos agiam com caridade por um preceito de sua religião e também porque acreditavam que estavam recebendo o Cristo na figura do estranho que pedia abrigo.

Desde aquela época até os dias de hoje, no que concerne à hospitalidade, existem dois elementos básicos presentes: o anfitrião e o hóspede. Isso implica que um deles está fora de seu hábitat e o outro, por motivos diversos, acolhe o primeiro. A grande diferença entre a hospitalidade daquela época e a de hoje é o fator motivacional. Enquanto naquela época o anfitrião acolhia o estranho motivado pela obediência, pela busca de *status* ou por caridade, hoje a motivação é a busca por um maior poder econômico.

Existe um outro tipo de hospitalidade que é a de âmbito privado, isto é, pessoas que recebem em sua casa amigos ou parentes que moram em outra cidade. Os anfitriões oferecem o que possuem de melhor, enquanto as visitas procuram não incomodar aqueles que as acolhem. Nesse caso, a motivação é exclusivamente afetiva. As pessoas, na maior parte dos casos, já possuíam uma relação afetiva anterior e o reencontro transcorre num clima sentimental.

Nessas duas situações de hospitalidade, os viajantes apresentam pontos em comum:

- Todos se deslocaram para alcançar um objetivo, o qual pode ter um caráter comercial, cultural ou servir para rever amigos ou parentes. Em suma, toda viagem tem um fim;

- Os viajantes, quando se deslocam, enfrentam novas circunstâncias. Mesmo quando vão a uma cidade já familiarizada ou ao encontro de pessoas já conhecidas, são sempre situações novas que geram um certo estresse. Portanto, eles estão sob um desgaste emocional acima do usual;
- Ao saírem de seus lares, deixam para trás pessoas e entes queridos, e esse distanciamento pode, dependendo do período, causar maior ou menor saudade. Essa carência afetiva também é provocada pelo afastamento de seus objetos pessoais, já que esses possuem uma simbologia e provocam sensações de afetividade;
- Além disso, todos que se deslocam precisam ter suas necessidades básicas atendidas, como alimentação, higiene, segurança e descanso.

Esses elementos podem ser divididos em tangíveis e intangíveis. Aqueles relacionados ao estado emocional do indivíduo (ansiedade, insegurança, carência afetiva) são os intangíveis. Os elementos concretos, como telhado, cama, comida etc., são os tangíveis. Dentre essas necessidades, algumas poderão ser satisfeitas pelo anfitrião ou pelo meio hospitaleiro, mas outras estarão fora de seu alcance. Caso o objetivo da viagem seja comercial, o anfitrião estará totalmente impotente para satisfazer essa necessidade. A Figura 6.1 sintetiza a relação entre anfitrião e hóspede.

Figura 6.1 – Relação entre anfitrião e hóspede.

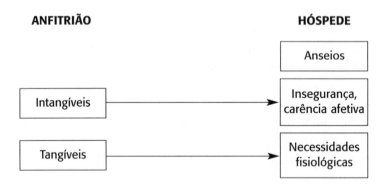

A carência afetiva é um elemento importante que compõe os aspectos intangíveis. Numa hospitalidade privada, essa falta pode ser amenizada por outro sentimento, que é gerado pelo prazer de estar revendo as pessoas queridas. Esse novo sentimento suplanta temporariamente o sentimento de falta provocado pela saudade das pessoas ou de seus objetos pessoais, ou ainda de seus animais de estimação.

No caso de uma hospitalidade comercial, essa necessidade afetiva não pode ser atendida como na hospitalidade privada. Não existe uma relação íntima de amizade entre os funcionários do hotel (na figura do anfitrião) e os seus hóspedes. Porém, essa carência certamente pode ser abrandada pela maneira como o hóspede é tratado dentro do hotel por seus funcionários.

Quando o hóspede recebe um tratamento personalizado, ele não se sente como um objeto gerador de receita e lucro. Ao receber um atendimento pessoal, em que os funcionários demonstram que o conhecem de alguma forma, ele começa a deixar de se sentir um estranho. Quanto mais essa relação for personalizada, sem que ele se sinta invadido intimamente, mais ele se sentirá como se estivesse em sua casa.

Atualmente, os meios de hospedagem estão muito preocupados em prestar um serviço de qualidade. Atendimentos rápidos, funcionários prestativos e solicitações atendidas corretamente e no tempo necessário são os objetivos buscados pelos hotéis. Isso, no entanto, não é suficiente para se ter uma hospitalidade. É possível ter um meio de hospedagem com excelente qualidade de serviço, sem necessariamente ser hospitaleiro.

Esses dois conceitos se tangenciam, pois também é difícil de imaginar um hotel hospitaleiro sem ter uma qualidade de serviço. Certamente, o entendimento do termo hospitaleiro tem as suas variâncias de acordo com as diferentes culturas. Assim, pode ocorrer que, em um determinado país, no qual a atitude serviçal faça parte dos costumes hospitaleiros, esse procedimento provoque estranheza naqueles que não estão acostumados com esse tratamento.

Figura 6.2 – Interações entre as várias atitudes.

Assim, a hospitalidade não pode ser compreendida na sua forma reduzida de apenas atender às necessidades tangíveis do hóspede. É necessário compreender e refletir que, por trás de toda relação hospitaleira, estão dois indivíduos; seres humanos que podem e devem desenvolver relações afetivas numa maior ou menor intensidade.

A exemplo do que foi exposto anteriormente, Célia Dias (2002, p.125) exalta que entre tantas qualidades do hotel Ritz: "Uma característica sempre divulgada é a afeição que existe entre clientes e empregados". Esse sentimento, que não possui valor mercadológico, pode desenvolver a hospitalidade num domínio comercial. Ainda segundo a autora, o lar possui vários significados e simbologias, e, entre eles, está a representação da afeição que o hotel Ritz procura introduzir nas relações de seus funcionários com os hóspedes.

A inobservância dessa relação pode levar o hotel a oferecer sempre valores econômicos adicionais, já que está sempre em busca de uma barganha maior, não se estabelecendo assim o vínculo nem a fidelização. No entender do hóspede, tudo o que o hotel oferece está incluso nos custos da diária, portanto ele não deve nenhum tipo de compromisso (fidelidade) após ter pagado as suas despesas.

Por isso, Gallego (1996, p.3) afirma que as relações entre os funcionários do hotel e o hóspede sobrepujam a qualidade dos serviços, apesar de ambos serem importantes: "*Cualquier técnica o ciencia aplicada a la dirección hotelera no sirve de nada si no conseguimos que todos adquieran el hábito de la hospitalidad*".

Talvez a resposta para a dúvida de Chieko Aoki esteja na mudança do paradigma atual de prestação de serviço para uma nova visão e entendimento sobre a hospitalidade, como a de "receber o visitante em sua própria casa".

HOSPITALIDADE COM SUSTENTABILIDADE

Uma vez discutidos os aspectos mais amplos da hospitalidade, cabe agora verificar a condição de sustentabilidade entre o hotel e a natureza, em concomitância com a relação de hospitalidade. O que está sendo analisado aqui é a relação entre o hotel e os recursos naturais do seu entorno durante o seu funcionamento.

Quando se reflete sobre a relação entre o hotel e o seu entorno, observa-se que o empreendimento é instalado num local no qual já existe uma biodinâmica estabelecida. O meio de hospedagem é um elemento novo, estranho aos componentes do ecossistema[1] local, que, por causa de suas necessidades operacionais, consumirá recursos naturais e descartará produtos indesejáveis, como poluição, lixo e esgoto.

Entende-se por sustentabilidade o limite máximo suportável pelo espaço natural, em que, uma vez ultrapassado, se instaura a inospitalidade do empreendimento hoteleiro sobre o seu entorno natural. Esse limite, na perspectiva ambiental, também é conhecido como "capacidade de carga".

A expressão "desenvolvimento sustentável" foi cunhada pela Comissão Mundial para o Meio Ambiente e Desenvolvimento (1991) para expressar o desenvolvimento que atende às necessidades do presente, sem comprometer a possibilidade das futuras gerações alcançarem também as suas necessidades. Para promover esse paradigma, é fundamental conciliar os interesses ambiental, social e econômico.

Os instrumentos tecnológicos, segundo Martins et al. (2001), são as interfaces que devem construir a sustentabilidade (ambiental), atenuando os impactos causados à natureza em razão da:

- Extração de insumos da natureza (água, ar, energia, matéria-prima) e exploração predatória dos ecossistemas;
- Emissão de efluentes contaminantes (gases e líquidos) e deposição de rejeitos sólidos;
- Transformação do espaço físico direta e indiretamente pela instalação de uma construção ou qualquer outra forma de ocupação.

A implantação de sustentabilidade nos meios de hospedagem deve ser buscada por meio das tecnologias alternativas, que são instrumentos que, pelo seu processo tecnológico, possuem características que mitigam os impactos ambientais. Eles possuem maior eficiência de transformação, minimizando o consumo dos recursos naturais, descartando menores quantidades de elementos nocivos ao ambiente ou, ainda, auxiliando na

---

[1] Ecossistema é um conjunto de componentes orgânicos e inorgânicos, de extensão variável, e de todas as inter-relações que ocorrem entre eles, incluindo níveis de organização (Pellegrini Filho, 2000, p.81).

reintegração dos subprodutos na natureza. Essas tecnologias não podem alterar significativamente as condições de serviço e conforto oferecidos ao hóspede, não comprometendo assim a satisfação deste nem, conseqüentemente, o desempenho financeiro do hotel.

A abrangência do conceito de tecnologias alternativas é muito ampla. Ficam aqui enquadrados:

- Aspectos arquitetônicos que incluem um posicionamento correto do prédio, proporcionando melhor iluminação ou ventilação natural, o que economizaria energia elétrica;

- Aparelhos, como vaso sanitário econômico, redutores de vazão, torneiras automáticas e torneiras com sensores de presença reduzem o consumo de água e já têm um uso bastante divulgado;

- Dispositivos como *timers*, sensores de presença e chave geral em cada apartamento diminuem o consumo de energia elétrica e também já são muito utilizados pelos meios hoteleiros;

- O toalete seco, do tipo que não usa água como meio de condução das fezes, é muito conhecido nos ambientes que utilizam a permacultura, uma cultura "antidesenvolvimentista", cujos processos são os mais naturais possíveis.

As tecnologias alternativas buscam promover o reequilíbrio dos ecossistemas. Elas procuram atender às necessidades de consumo com um custo adequado (nem sempre é necessariamente igual ou menor), causando menor impacto ambiental do que as tecnologias convencionais correspondentes.

Não se pode afirmar que uma determinada tecnologia, mesmo que convencional, seja prejudicial ao meio ambiente por si só. O que determina sua melhor adequação é a harmonização da interação entre ela e o meio, e o resultado econômico obtido. Muitas vezes, essa adequação é obtida pelo uso de uma outra tecnologia que beneficie algum subproduto gerado pela tecnologia anterior, mitigando o seu impacto.

A reciclagem de materiais industrializados é um exemplo dessa combinação de tecnologias. Talvez as mais conhecidas sejam as reutilizações das latas de alumínio e das garrafas de refrigerante descartáveis produzidas com poliéster tereftalado (PET). Outras reciclagens igualmente importantes, mas menos conhecidas, podem ser citadas:

- Blocos de concreto fabricados com areia de fundição: usa-se areia na elaboração dos moldes na fundição de metais, a qual é posteriormente descartada. Com o desenvolvimento da fabricação desses blocos utilizando areia reciclada, elimina-se um problema de descarte do subproduto da fundição e, ao mesmo tempo, reduz-se a extração de um recurso natural (areia) para a fabricação convencional de blocos;
- Cimento de escória de siderurgia: a escória é um subproduto da fabricação de ferro-gusa. Ela sai dos altos fornos sob forma de borra, constituída, principalmente, por silicatos e aluminossilicatos. A utilização da escória, como parte das matérias-primas na fabricação de cimento, minimiza o impacto ambiental provocado pelo seu descarte e diminui a extração do calcário que foi substituído na formulação;
- Placas e telhas produzidas com papelão "Tetrapak®": a embalagem produzida com a tecnologia desenvolvida pela empresa Tetrapak apresenta uma grande vantagem no manuseio e na conservação dos alimentos líquidos e pastosos. O cartão usado na fabricação dessa embalagem é composto por papelão, filme plástico e filme de alumínio. Por causa dessa composição, o cartão não pode ser reciclado por vias convencionais. Entretanto, foram desenvolvidas placas e telhas onduladas que incorporam na sua estrutura resíduos das embalagens "Tetrapak®". A utilização de cartões picotados provenientes dessas embalagens, igualmente aos exemplos anteriores, minimiza o impacto ambiental do seu descarte e diminui o consumo de uma matéria-prima virgem.

A mesma lógica de reaproveitamento é aplicada para os usos de água e energia. Quanto mais água e energia provenientes de outros processos forem utilizadas, menos impactos ambientais serão gerados pela diminuição do descarte e minimização da extração do recurso em seu estado natural.

A utilização dessas tecnologias alternativas alonga o ciclo de vida dos produtos e reproduz os ciclos naturais de transformação que ocorrem em um ecossistema. O ciclo de vida de um produto sustentavelmente correto deve ser composto por todas as fases de uma transformação natural, desde o nascimento (criação) até a sua morte (descarte) (Manzini e Vezzoli, 2002).

O uso sustentável de energia em um meio de hospedagem deveria considerar:

- Geradores alternativos de fontes de energia renováveis. O sol é uma fonte, dita inesgotável, de energia que pode ser aproveitada para aquecimento de água e para geração de energia elétrica. Outro recurso é o gerador eólico que transforma a energia cinética do vento em energia elétrica;
- O tipo de construção e posicionamento do prédio para um melhor aproveitamento da luz natural e da corrente de vento, economizando o uso de energia para iluminação ou aclimatação do ambiente interno;
- A co-geração e um bom isolamento térmico minimizam a geração de entropia, otimizando o consumo da energia térmica produzida.

A água possui inúmeras aplicações em um meio de hospedagem. É utilizada no preparo das refeições e bebidas, na higienização pessoal do hóspede, na lavagem de utensílios, roupas e ambientes, e nas áreas de lazer como a piscina.

O uso sustentável da água num meio de hospedagem poderia considerar:

- Fontes alternativas de água, como o uso da água da chuva;
- Reúso da água, como a utilização da água das pias do banheiro e do chuveiro para irrigação subterrânea dos jardins;
- Reciclagem da água com um sistema de tratamento de esgoto ou pelo uso de equipamentos compactos de tratamentos com resultados de até 96% de remoção de demanda biológica de oxigênio (DBO). É também possível reciclar parcialmente a água da lavanderia aproveitando o descarte da água do último ciclo para ser novamente utilizada no primeiro ciclo da próxima lavagem;
- Eliminação do desperdício pelo uso de equipamentos redutores, como as torneiras automáticas ou com sensores de presença, e pela otimização do uso da água por meio de aeradores instalados em torneiras e pias e do uso de vasos sanitários econômicos.

CONSIDERAÇÕES FINAIS

Assim, a atividade hoteleira pode ser comparada a outros tipos de indústria. Porém, em relação a outros tipos de indústrias, as operações dos meios de hospedagem apresentam individualmente baixo impacto ambiental, pois são pouco poluentes e consomem relativamente poucos recursos não-renováveis. No entanto, o somatório dos impactos individuais de todos esses empreendimentos tem um efeito global significativo (Kirk, 1995).

Há mais de uma década, as grandes redes internacionais de hotéis demonstram sua preocupação ambiental introduzindo planos de contingência para minimizar o impacto de suas operações. O grupo Accor lançou seu guia *Hotels Environment Charter*, em 1988, para mais de 1.500 hotéis do grupo localizados na Europa. No ano seguinte, o guia foi lançado no Brasil, na Austrália, na Indonésia, na Nova Zelândia e no Egito (Green Hotelier, 2002).

Essa cartilha sugere procedimentos para evitar desperdícios e fornece indicadores de consumo de energia e água ideais para cada tipo de categoria de hotel (Accor, s.d.). Igualmente ao grupo Accor, a rede Intercontinental distribuiu aos seus hotéis o relatório *Intercontinental Hotels and Resorts Environmental Review*, no qual apresenta os resultados atingidos pelos programas ambientais, propõe indicadores ideais de consumo de água e energia elétrica e sugere boas práticas para redução de desperdícios.

Independentemente do tamanho e do porte do meio de hospedagem, qualquer um pode ser administrado sob a perspectiva da preservação ambiental e redução de custos. As boas práticas recomendam a otimização do consumo dos recursos naturais e a minimização do descarte de lixo, efluentes líquidos e gasosos, sem, contudo, afetar o atendimento das necessidades do hóspede e de sua satisfação.

Dessa forma, o meio hoteleiro pode desenvolver estratégias que contemplem a hospitalidade com os seus hóspedes com um mínimo de interferência sobre o seu entorno natural, ou seja, com o máximo de sustentabilidade.

REFERÊNCIAS

ACCOR. **Enviroment guide for hotel managers**, s. d.

[CMMAD]. COMISSÃO MUNDIAL PARA O MEIO AMBIENTE E DESENVOLVIMENTO. **Nosso futuro comum**. Rio de Janeiro: FGV, 1991.

DIAS, C.M. de. **Hospitalidade: reflexões e perspectivas**. Barueri: Manole, 2002.

GALLEGO, J.F. **Direccion estrategica en los hoteles del siglo XXI**. Madri: Edigrafos, 1996.

GREEN HOTELIER. **IHEI members: a review of progress.** n. 25-26, p.20, maio 2002.

GRINOVER, L. Hospitalidade: reflexões e perspectivas. In: DIAS, C.M. de. **Hospitalidade: reflexões e perspectivas.** São Paulo: Manole, 2002.

GUERRIER, Y. **Comportamento organizacional em hotéis e restaurantes.** São Paulo: Futura, 2000.

KIRK, D. **Environmental management for hotels: a student's handbook.** Paperback, 1995.

KOTLER, P. **Marketing for hospitality and tourism.** Nova Jersey: Prentice Hall, 1999.

MANZINI, E.; VEZZOLI, C. **O desenvolvimento de produtos sustentáveis.** São Paulo: Edusp, 2002.

MARTINS, S.R.; SOLER, A.C.P.; SOARES, A.M. Instrumentos tecnológicos e jurídicos para a construção da sociedade sustentável. In: VIANA, G.; SILVA, M.; DINIZ, N. (Org.). **O desafio da sustentabilidade: um debate socioambiental no Brasil.** São Paulo: Fundação Perseu Abramo, 2001.

PELLEGRINI FILHO, A. **Dicionário enciclopédico de ecologia & turismo.** São Paulo: Manole, 2000.

A Classificação como Indutora do Processo de Qualificação da Oferta Hoteleira no Brasil

7

Leandro Bertoli Neto
Arquiteto e Urbanista, Santa Catarina Turismo S.A.

INTRODUÇÃO

Utilizado não só como referencial informativo, mas também como indutor do processo de qualificação da oferta turística e da hospitalidade de uma destinação, o sistema oficial de classificação dos meios de hospedagem de turismo (MHT) foi motivado pela competição hoteleira, sendo adotado por grande parte dos países turisticamente desenvolvidos, sobretudo no continente europeu, há praticamente cinco décadas.

O objetivo principal da classificação hoteleira é oferecer aos clientes (hóspedes ou não) um referencial que traduza fielmente os níveis de conforto, serviços e preços esperados, de acordo com as suas diferentes motivações e objetivos, e que possibilite a distinção e a comparação entre os diversos equipamentos de hospedagem disponíveis.

A adoção de um sistema de classificação eficaz, adequado ao contexto mercadológico e às particularidades regionais, favorece a qualificação e a promoção do produto turístico de uma destinação, uma vez que, além do caráter informativo dos padrões de qualidade e da hospitalidade (na verdadeira acepção do termo) que a estrutura receptiva disponibiliza ao público e que constitui, de fato, o principal objetivo do processo, a classificação dos MHT:

- Caracteriza-se como um importante instrumento de orientação para o consumidor e para os operadores turísticos, possibilitando a distinção dos estabelecimentos hoteleiros em relação aos padrões de conforto, serviços e preços oferecidos, de acordo com os diferentes níveis de exigência e interesses do público;

- Estimula a qualificação da oferta hoteleira e a melhoria dos equipamentos postos à disposição dos turistas, ampliando a competitividade das destinações, contribuindo para o fortalecimento e o aperfeiçoamento do produto turístico e da atividade turística nacional;

- Constitui referencial informativo de abrangência internacional, convertendo-se em uma importante ferramenta de marketing para os MHT, favorecendo a comercialização do produto hoteleiro de uma região ou país e reforçando sua imagem no mercado turístico;

- Orienta a aplicação de fundos governamentais e outras fontes de financiamento direcionadas à implantação, reestruturação e ampliação de empreendimentos turístico-hoteleiros;

- Orienta e facilita a elaboração de projetos de reforma de MHT ou implantação de novos empreendimentos, visto que define padrões referenciais para técnicos e investidores;

- Contribui para a redução dos custos de execução dos projetos, favorecendo a viabilidade econômica e financeira dos empreendimentos;

- Possibilita, por meio do controle sistemático, a verificação da manutenção dos padrões de qualidade das instalações e dos serviços disponibilizados pela hotelaria classificada;

- Constitui instrumento da política nacional de incentivo às atividades turísticas, particularmente dos equipamentos de hospedagem turística.

A oferta de um produto hoteleiro compatível qualitativamente com as necessidades e expectativas do turista gera confiabilidade e estimula a competitividade, conferindo aos MHT destacada importância no contexto da infra-estrutura turística, dado que os equipamentos hoteleiros são um dos principais agentes do desenvolvimento da atividade, em razão da sua representatividade no âmbito da oferta turística de um núcleo ou região.

Daí a importância de um sistema de classificação eficiente que contemple a diversidade tipológica dos MHT, com credibilidade para orientar o mercado consumidor e contribuir para a promoção da concorrência e da

PROCESSO EVOLUTIVO DA CLASSIFICAÇÃO HOTELEIRA NO MUNDO

Arrillaga (1976, p.77), ao referir-se ao processo histórico da classificação dos MHT, esclarece que as leis francesas passaram a classificar, a partir de 1919, as estações climáticas e termais, e, mais tarde (1942), incorporaram "a esta legislação as estações de inverno e de alpinismo e as estações balneárias (praias)", embora não formassem ainda "um corpo legal orgânico". A Espanha teve a sua atividade hoteleira oficialmente regulamentada em 1957, tornando-se o primeiro país do mundo a estabelecer um sistema de classificação governamental, por intermédio do seu Ministério de Turismo.

Os sistemas de classificação, compulsórios ou não, adotados pela maioria dos países, realizados por instituições governamentais (em sua maioria) ou por organizações especializadas, por meio de sistemas independentes, apresentam variações relativas não só aos padrões de conforto e serviços oferecidos, como também aos interesses do público, à natureza das edificações e à localização dos empreendimentos hoteleiros. Essa diversidade de MHT é diferenciada por várias designações concernentes aos diversos tipos e categorias (padrões).

Com relação à simbologia utilizada para distinguir os padrões classificatórios, grande parte dos países que utilizam o critério de classificação governamental adota o ícone "estrela" como referencial de categoria. Na França, a simbologia[1] é associada à indicação do nível de conforto (grande luxo e tradição, grande conforto, muito confortável, bom conforto, confortável, simples), por meio de um sistema independente (conduzido pela iniciativa privada, mas chancelado pelo governo federal) para a operacionalização do sistema, completando, neste ano, 105 anos de existência. Alguns países europeus, como Áustria, Grécia e Iugoslávia, empregam a designação alfabética (A até D), assim como outros utilizam a ordem numérica (de I a IV).

---

[1] Símbolos iconográficos em forma de morada e/ou estrelas – para os meios de hospedagem – e talheres – no caso dos estabelecimentos de alimentação.

GESTÃO AMBIENTAL E SUSTENTABILIDADE NO TURISMO

Os Estados Unidos, por sua vez, não adotam um sistema de classificação governamental para a hotelaria, embora a American Automobile Association (AAA) e o Mobile Travel Guide, associações privadas independentes, classifiquem os meios de hospedagem de turismo existentes no país, diferenciando-os por diamantes e estrelas, respectivamente.

A Organização Mundial de Turismo (OMT), como esclarece Lawson (2003, p.13), desde 1962 "tem buscado desenvolver um sistema de classificação de hotéis que seja universalmente aceito", objetivo difícil de ser alcançado em razão da diversidade cultural, refletida na multiplicidade de meios de hospedagem encontrada em diferentes países. Segundo o autor, outras instituições e associações de classe estudam propostas similares, como a Associação Internacional de Hotéis e a Confederação de Associações Nacionais de Hotéis (Hotrec), da União Européia. Embora grande parte dos sistemas tenha se espelhado no modelo da OMT, em 1995 mais de cem sistemas (governamentais ou independentes) se encontravam em operação em todo o mundo, o que reflete a dificuldade de uniformização dos padrões classificatórios.

Os sistemas de classificação apresentam grande similaridade apenas quando se trata dos estabelecimentos classificados nas categorias superiores (cinco estrelas, superluxo, classe "A" ou primeira classe). Para tais estabelecimentos, independentemente de sua localização, os requisitos são definidos de acordo com padrões internacionais, em que a sofisticação e o conforto das instalações, aliados à eficiência dos serviços, são componentes determinantes dessa classe de equipamento hoteleiro.

IMPORTÂNCIA DA DIFERENCIAÇÃO TIPOLÓGICA DOS MHT

Inúmeros fatores influenciam na caracterização da tipologia dos MHT, entre os quais se destacam as necessidades e as motivações que, no entendimento de Buzzelli (1994, p.25), devem ser detalhadamente analisadas para a montagem ou reestruturação de uma estrutura receptiva, de tal forma que esta possa responder funcional e emocionalmente às exigências específicas do hóspede. A situação geográfica do terreno ou da área de implantação e o poder aquisitivo do viajante (cliente/hóspede) destacam-se igualmente pela sua importância no processo de concepção e no arranjo da estrutura do empreendimento.

A CLASSIFICAÇÃO COMO INDUTORA DO PROCESSO DE QUALIFICAÇÃO | **113**

As distintas combinações resultantes da interação das inúmeras variáveis envolvidas convertem-se em uma gama tipológica de estruturas receptivas diferenciadas que tendem inclusive a modificar-se e a evoluir, do mesmo modo que, concomitantemente, alteram-se as situações sociais, os níveis de qualidade de vida, os costumes, as tendências e as aspirações do homem. No entanto, mesmo que o processo de globalização possa reduzir as tradições que cada grupo étnico incorporou ao longo do tempo, ao implantar ou remodelar uma estrutura receptiva (no caso em pauta, um MHT), é imprescindível avaliar as particularidades locais, o estilo arquitetônico, os usos e os costumes, a fim de oferecer ao hóspede uma visualização – mesmo que limitada – desses aspectos, os quais constituem um patrimônio único e essencial que a modernidade e a massificação não devem destruir.

Para acompanhar as exigências impostas pelo mercado turístico e atender a elas, o estudo da evolução da hospitalidade e da decorrente transformação experimentada pelos MHT ao longo do tempo não pode estar desarticulado da análise dos aspectos étnicos, pois estará considerando, desse modo, unicamente os efeitos e não as causas que originaram a materialização do conjunto (ou da estrutura hoteleira). Buzzelli (1994, p.27), ao discorrer sobre a evolução da receptividade, destaca que

> o enfoque etnográfico, aprofundado nos seus aspectos psicossociais e antropológicos, constitui um dos pontos de partida para que se desenvolva uma correta realização do sistema hotel.

As diversas características tipológicas da clientela, como a etnia, o sexo, a idade, a renda e a profissão, aliadas às distintas motivações que normalmente incitam as pessoas a viajarem (prazer, cultura, negócios, esportes, tratamento de saúde, repouso, estudo, relaxamento etc.), permitem definir, de forma abrangente, as necessidades em termos projetivos. Buzzelli (1994, p.14) ensina que "é necessário diferenciar a tipologia dos possíveis clientes para adaptar a oferta às suas específicas e diferenciadas exigências", e complementa:

> As variáveis presentes em cada tipo de cliente [...] aliadas às distintas motivações [...] devem converter-se em características específicas, às quais a estrutura receptiva deve responder em termos espaciais, organizativos e produtivos, de comodidade, ambiente, estilo.

Aprofundando-se no estudo das tipologias hoteleiras, verifica-se que um fator determinante para a diferenciação de uma estrutura de hospedagem turística é a sua localização ou situação geográfica (praia, montanha, lagoa, balneário, campo) e, também, que distância a separa das principais linhas e terminais de transporte coletivo. A localização urbana, em especial, permite a articulação da classificação em subtipologias, uma vez que o ambiente da cidade apresenta uma ou mais de uma característica fundamental: de negócios, de eventos, de arte, industrial, de férias. Qualquer estabelecimento, além disso, sofre a influência de um microclima característico, decorrente da latitude, da altitude e do entorno ambiental que, da mesma forma, influencia a caracterização tipológica do empreendimento.

Tradicionalmente, os MHT foram caracterizados a partir das necessidades básicas do hóspede, distinguindo-se os hotéis de pernoite, de trânsito e de férias. Esse modelo convencional de diferenciação, no entanto, encontra-se superado em razão do processo de segmentação do mercado turístico-hoteleiro, exigindo a adoção de critérios mais analíticos de classificação em que a função (ou a finalidade) principal do meio de hospedagem deve ser priorizada, de acordo com os interesses específicos do hóspede e a motivação da viagem. Os tipos mais freqüentes são: hotéis de negócios, de congressos (ou eventos), hotéis-residência (apart-hotel, *flats* e *all-suite hotels*), hotéis paramédicos (voltados para o tratamento e revitalização física e mental, incluídos os *spas* e os hotéis de repouso e para idosos), hotéis superluxo (categoria superior/internacional), hotéis-cassino, hotéis de lazer e *resorts*.

Alguns meios de hospedagem de turismo, especialmente nas duas últimas décadas, passaram a ser distinguidos de acordo com a sua localização, adquirindo maior importância os estabelecimentos situados junto às estradas e rodovias e os hotéis situados nas proximidades dos aeroportos. Nas áreas urbanas, os hotéis de pernoite ou de trânsito (especialmente os "supereconômicos") localizados próximos às estações rodoviárias e, em alguns países, próximos às estações ferroviárias, passaram a ter grande aceitação do público de menor poder aquisitivo, entre os quais os viajantes de passagem e os representantes comerciais. Entre as tipologias determinadas pela localização, destacam-se os hotéis e motéis de estrada (ou autopistas) e os hotéis de aeroporto, estes últimos voltados para um público com nível de renda mais elevado, geralmente formado por homens de negócio (executivos ou autônomos) que utilizam o transporte aéreo para agilizar seus compromissos profissionais.

Não podem ser desconsideradas, no contexto da oferta de hospedagem, as estruturas receptivas não convencionais ou alternativas, que têm sido amplamente difundidas na atualidade. Algumas dessas estruturas possuem longa tradição de hospitalidade e outras, mais recentes, começam a

A CLASSIFICAÇÃO COMO INDUTORA DO PROCESSO DE QUALIFICAÇÃO | **115**

atingir um grau satisfatório de atendimento e serviços. Entre esses estabelecimentos, encontram-se os refúgios de montanha (hotéis de serra), os *lodges* (eco-*resorts*, hotéis de selva), a hotelaria *resort* de fazendas (hotéis-fazenda, pousos rurais e similares), as hospedarias, as pousadas, os hotéis históricos (instalados em edificações com valor arquitetônico ou significado histórico regional), os albergues, as pensões, as casas de excursão, as unidades do tipo *self catering*, as unidades hoteleiras participantes de sistemas de *timeshare* (ou tempo compartilhado), os *campings* e *caravanning campings* (acampamentos turísticos).

Entre as tipologias contemporâneas, destacam-se os hotéis-butique, os hotéis-*design* e os empreendimentos voltados para nichos específicos de mercado, como os hotéis GLS (direcionados a gays, lésbicas e simpatizantes), os hotéis para naturistas, os *resorts* hedonistas, os hotéis temáticos ou conceituais, os *surf camps* (ou *surf lodges*) e os hotéis para obesos, um dos mais recentes produtos hoteleiros lançados no mercado.

Inúmeros sistemas oficiais de classificação dos empreendimentos hoteleiros – como os adotados pela Espanha e por Portugal, por exemplo, que distinguem vinte tipos de MHT – consideram essa diversidade tipológica e estabelecem, para cada tipo de MHT, uma matriz de classificação com requisitos específicos. Isso possibilita a classificação e a integração de toda a rede de hospedagem existente, inclusive da oferta alternativa ou não convencional, contempla as especificidades de cada estrutura receptiva e fortalece a atividade turística no âmbito regional e internacional.

Os demais sistemas já consolidados e respeitados pelo *trade* turístico internacional apresentam, igualmente, uma gama tipológica que contempla as particularidades das diferentes estruturas de hospedagem existentes no território sob o seu domínio, ampliando as possibilidades de classificação para todos os meios de hospedagem regularmente estabelecidos, de acordo com localização, público-alvo, diversidade de instalações e serviços, porte e categoria.

SISTEMA BRASILEIRO DE CLASSIFICAÇÃO HOTELEIRA

No Brasil, a instituição da regulamentação hoteleira deu-se em 13 de dezembro de 1977 por intermédio da Empresa Brasileira de Turismo (Embratur) – atual Instituto Brasileiro de Turismo –, pela promulgação da

Lei n. 6.505 que dispôs "sobre as atividades e serviços turísticos" e estabeleceu "condições para o seu funcionamento e fiscalização", determinando o registro prévio obrigatório para todas as empresas exploradoras de serviços turísticos.

Anteriormente à promulgação da referida lei, o já extinto Conselho Nacional de Turismo (CNTur) e a Embratur já haviam definido na Consolidação de Resoluções do CNTur, de 4 de outubro de 1972, alguns requisitos mínimos a serem observados pelos denominados hotéis de turismo para efeito da utilização dos incentivos fiscais, embora não houvessem regulamentado o sistema de classificação federal. A fundação Instituto Brasileiro de Geografia e Estatística (IBGE), igualmente, publicava o *Guia de Hotéis do Brasil*, distinguindo os meios de hospedagem em quatro categorias (luxo, 1ª, 2ª e 3ª categorias), diferenciadas por alguns requisitos básicos predeterminados que não formavam, ainda, um sistema completo, ordenado segundo critérios técnico-científicos com estruturação metodológica.

Depois de realizada a preparação dos padrões classificatórios, por intermédio da Embratur (com o apoio da Secretaria Executiva do Conselho Nacional de Metrologia, Normalização e Qualidade Industrial – Conmetro, atual Inmetro), o CNTur, no uso das suas atribuições, aprovou, em 1978, por meio da Resolução n. 1.118, o Regulamento Geral para a Classificação dos Meios de Hospedagem Brasileiros, dando início, efetivamente, à avaliação e classificação da oferta hoteleira existente no país.

Quanto à tipologia, a legislação dividiu os MHT em oito espécies (tipos), assim designadas: hotel (H), hotel-residência (HR), hotel de lazer (HL), pousada (P), motel (M), parador (Pa), hospedaria (HO) e albergue de turismo (AT). Posteriormente, em 1983 e 1996, por meio de reformulações da legislação, essas tipologias foram reduzidas para um total de cinco e quatro grupos, respectivamente.[2]

O Instituto Embratur, na condição de órgão oficial de turismo em âmbito nacional, cumpriu, durante um bom tempo, o seu papel institucional, atendendo aos dispositivos federais que incluíam a organização, promoção

---

[2] Hotel (H), hotel de lazer (HL), pousada (P), hotel-residência (HR) e hospedaria de turismo (HT) (Conselho Nacional do Turismo, 1984. Resolução Normativa n. 9); hotel (H), hotel de lazer (HL), pousada (P) e hotel histórico (HH) (Embratur, 1996. Deliberação Normativa n. 367). Em 1998, com a edição da Deliberação Normativa n. 387, o Instituto Embratur ratificou estas quatro tipologias.

e divulgação das "atividades ligadas ao turismo" e o registro e a fiscalização "das empresas dedicadas à indústria do turismo" (Decreto n. 60.224/67, art. 20). Da mesma forma, impôs, por intermédio da Lei n. 6.505/77, a classificação dos empreendimentos turísticos em categorias de "conforto, serviços e preços", estabelecendo a verificação permanente dos padrões de classificação destes, tarefa que passou a ser exercida – no ano seguinte ao da implementação do sistema de classificação, em 1978 – pelos organismos estaduais de turismo, por meio dos Centros de Atividades Descentralizadas da Embratur (Cade – atualmente designados Gerências Regionais do Ministério do Turismo).

Atualmente, indo de encontro às tendências da hotelaria mundial (especialmente em relação à crescente segmentação do mercado), o Sistema Brasileiro de Classificação dos Meios de Hospedagem estabelece uma matriz de classificação única para todos os estabelecimentos, sem distinção, classificando-os simplesmente, como meios de hospedagem de turismo de uma a cinco estrelas SL (superluxo); uma das principais provas da ineficiência desse sistema e uma das causas da desmobilização do processo de classificação.

Essas ações estratégicas e pioneiras, tomadas com o objetivo de estimular a qualidade dos serviços oferecidos pelas empresas prestadoras de serviços turísticos, tornando-as mais competitivas ante o mercado e garantindo a defesa do consumidor, foram, indubitavelmente, fundamentais para o ordenamento e o desenvolvimento da atividade turística no país.

Como resgatar a credibilidade do sistema brasileiro de classificação dos meios de hospedagem de turismo?

Decorridos praticamente 25 anos da sua implantação, o sistema oficial de classificação dos meios de hospedagem foi mais uma vez reformulado, em abril 2002, pela Deliberação Normativa Embratur n. 429, em razão das suas deficiências e da perda de credibilidade verificada junto ao *trade* turístico e à opinião pública ao longo dos últimos anos.

Apesar das mudanças e de algumas inovações implementadas pela nova metodologia (especialmente as relacionadas com os aspectos de gestão) e dos novos critérios instituídos pela nova regulamentação, verifica-se que foram desconsiderados os específicos e diferenciados interesses da clientela turística, da mesma forma que não foram contempladas as especificidades tipológicas das estruturas receptivas (suas particularidades arquitetônicas, suas características etnográficas, sua escala de atendimento e os níveis de especialização), fazendo com que a grande maioria dos estabelecimentos hoteleiros existentes no Brasil permanecesse à margem do processo de classificação e deixasse de aderir às novas regras impostas pela legislação.

Para confirmar essa assertiva, de acordo com dados obtidos pela Embratur, no final de 1996 (época em que foi realizada a questionada terceirização do processo de classificação), o Brasil contava com cerca de 16 mil MHT. Desse total, 2.415 estabelecimentos hoteleiros estavam oficialmente classificados. Atualmente, com uma oferta hoteleira significativamente maior (estimada em 30 mil MHT), menos de trinta MHT encontram-se oficialmente classificados, número que, sob o ponto da sua representatividade, é considerado inexpressivo ou insignificante.

A última reformulação do sistema oficial de classificação, já referenciada, foi originada de proposição encaminhada pela Associação Brasileira da Indústria de Hotéis (Abih) – entidade de classe que congrega parte da hotelaria nacional –, proposta esta que não apresentou alterações significativas que pudessem contemplar a diversidade de tipologias existentes no país e motivar a adesão da maioria das empresas hoteleiras, uma vez que manteve toda a base conceitual e praticamente todos os critérios preexistentes, muitos dos quais limitantes para a condução de um processo eficaz e abrangente. A matriz de classificação, a bem da verdade, manteve-se praticamente inalterada, permanecendo as mesmas restrições que impossibilitam a participação de um número expressivo de estabelecimentos com tipologias diferenciadas, uma vez que os padrões classificatórios exigidos são comuns para todo e qualquer tipo de MHT, independentemente das características tipológicas que possam distingui-los.

O quadro atual da classificação dos MHT no Brasil reflete a ausência de uma atuação cooperada e integrada entre os organismos responsáveis e os diversos segmentos do *trade* turístico envolvidos com a questão, o que prejudica o turismo receptivo e dificulta a orientação e a atração de novos públicos, na medida em que inexistem diretrizes capazes de ordenar e qualificar a oferta hoteleira nacional.

Grande parte dos meios de hospedagem de turismo existentes no país apresenta particularidades importantes, especialmente no que se refere aos aspectos arquitetônicos e à ambiência destes, advindos das diferenças culturais e da formação étnica da sua população, bem como em relação às condicionantes geográficas, as quais conferem às edificações e ao seu entorno imediato características físicas específicas, se consideradas as diferentes regiões deste país-continente. No entendimento de Castelli (1994, p.27), "a imagem do hotel não está constituída somente pelo edifício, pelos espaços, pelos serviços, pela decoração etc., mas também pelo espaço exterior que o rodeia e que condiciona a escolha dos hóspedes".

Do mesmo modo, em relação aos aspectos inerentes à estrutura organizacional e aos serviços hoteleiros disponibilizados, constata-se, no Brasil, principalmente entre os MHT não-convencionais ou alternativos, a predominância de pequenas e médias empresas com estrutura administrativa familiar. Não obstante o clima de informalidade encontrado, resultante da reduzida estrutura física e humana empregada, muitos desses estabelecimentos podem oferecer atendimento eficaz e cortês, suprindo as necessidades e expectativas de sua clientela.

Diante da conjuntura atual, desenvolver referências e instrumentos que promovam a qualificação da estrutura turística e hoteleira torna-se imperativo, na medida em que a atividade turística constitui uma das principais fontes de captação de recursos e geração de emprego da atualidade. É imprescindível que o Brasil disponha de um sistema de classificação que traduza com fidelidade os níveis de conforto e serviços disponibilizados por sua hotelaria, compatibilizando os padrões classificatórios oficiais com as especificidades tipológicas das estruturas que a compõem, por meio de uma regulamentação que contemple, indistintamente, todos os equipamentos de hospedagem. Para tanto, devem ser consideradas as particularidades relacionadas a aspectos físico-construtivos, serviços disponibilizados e, também, diferentes sistemas de gestão adotados por esses padrões.

Um estabelecimento de hospedagem do tipo "econômico", de pequeno porte, localizado em um município da Região do Vale do Itajaí (SC), por exemplo, proporcionará plena satisfação ao seu hóspede se lhe disponibilizar uma unidade habitacional despojada de sofisticação, com roupas de cama limpas, água abundante no chuveiro, serviço de despertador eficiente, café-da-manhã simples e farto, disponibilidade de lanches noturnos, uma pequena sala de TV, localizada preferencialmente junto à recepção/portaria, e, obviamente, bom preço.

Isso porque grande parte da clientela desse pequeno hotel constitui-se de executivos de pequenas e médias empresas (representantes comerciais, técnicos etc.) que viajam geralmente sozinhos e trabalham a partir da primeira hora do dia, têm poder aquisitivo limitado, raramente utilizam dependências de lazer ou outras áreas sociais do estabelecimento, e seu tempo médio de permanência não excede dois dias. Apesar de não dispor de instalações sofisticadas, não disponibilizar serviços adicionais e apresentar uma estrutura organizacional mais simplificada, o estabelecimento poderá garantir conforto e qualidade de serviço ao hóspede se atender às suas requisições e necessidades.

Para um *resort* de categoria superior, certamente, os níveis de excelência irão requerer não só outros procedimentos e serviços como também outra configuração espacial do ambiente. Sua clientela apresenta um perfil significativamente distinto em relação àquela anteriormente referenciada, o que provavelmente exigirá uma composição estrutural (física, humana e econômica) mais complexa do empreendimento, de maneira que possa atender satisfatoriamente às requisições e exigências dessa demanda específica.

Assim, para cada tipologia de hóspedes aplica-se uma tipologia hoteleira, pois, conforme já explicitado, os requisitos necessários à obtenção da qualidade do produto hoteleiro devem ser estabelecidos a partir das expectativas da clientela que, por sua vez, são extremamente diferenciadas. De acordo com Castelli (1994), o que é considerado supérfluo para alguns pode ser essencialmente indispensável para outros, e vice-versa. Castelli (1994, p.128) ressalta que "na conjugação de bens e serviços [que compõem o produto hoteleiro] há momentos em que os bens pesam mais que os serviços e em outros momentos acontece o contrário".

Ao constatar que, mesmo servindo à indústria turística, a maioria absoluta dos estabelecimentos de hospedagem em funcionamento no Brasil não dispõe de nenhuma referência oficial, uma vez que se encontra à margem do sistema governamental vigente, é de fundamental importância que, a exemplo dos principais destinos internacionais, seja estudado um modelo de classificação abrangente e compatível com a realidade da oferta de hospedagem disponibilizada, tendo em vista a sua importância para a consolidação do turismo e para o fortalecimento da economia nacional. Nessa direção, Andrade (1995, p. 205) ressalta que "o grau de organização e de envolvimento dos organismos oficiais de caráter nacional, regional ou local é o fator determinante da orientação ou atração da demanda".

CONSIDERAÇÕES FINAIS

Os sistemas oficiais de classificação dos MHT, adotados há décadas pelos países economicamente desenvolvidos, constituem, inquestionavelmente, um importante referencial para o mercado consumidor, favorecendo a comercialização do produto turístico nacional.

A introdução do Sistema Oficial de Classificação no Brasil, em 1978, fomentou a concorrência entre os estabelecimentos de hospedagem, induzindo a melhoria das instalações e o aperfeiçoamento dos serviços, o que concorreu para o fortalecimento e a consolidação da atividade turística no país. Coordenado pela Embratur e operacionalizado pelos órgãos estaduais, o Sistema foi abalado com a extinção do registro obrigatório dos novos meios de hospedagem, em 1986, mantendo-se, contudo, operante até o ano de 1991, época em que a sede do órgão nacional de turismo foi transferida do Rio de Janeiro para a Capital Federal (Brasília, DF). Sem a articulação dos organismos envolvidos com a matéria, o Sistema não acompanhou a evolução do mercado turístico-hoteleiro, deixando de promover a atualização da regulamentação e desconsiderando as diferentes modalidades de hospedagem que foram surgindo em todo o território brasileiro ao longo dos últimos anos, algumas delas reflexo das tendências globalizadas do mercado de viagens e turismo, absorvidas pelo setor hoteleiro.

Com a suspensão parcial do controle de qualidade da oferta classificada, o Sistema perdeu sua credibilidade, e verificou-se o surgimento de sistemas paralelos de classificação que, desprovidos de embasamento técnico-científico e com critérios de avaliação repletos de parcialidade, não retratam fielmente a qualidade do produto hoteleiro, confundindo ainda mais a classe consumidora.

Por sua vez, o novo Sistema Brasileiro de Classificação, recém-implantado pelo Instituto Embratur em parceria com a Abih (e atualmente coordenado pelo Ministério do Turismo), não contempla as diferenças tipológicas mais elementares dos MHT, restringindo a possibilidade de classificação de boa parte dos estabelecimentos existentes, uma vez que, decorridos três anos da sua criação, estabeleceu tão-somente uma única matriz com requisitos comuns a todas as tipologias, o que evidencia a falta de sintonia entre os critérios estabelecidos e a realidade do parque hoteleiro nacional. O quadro atual do processo de classificação é desestimulante, visto que somente 26 MHT aderiram às novas regras impostas pelo Sistema e foram oficialmente classificados. Uma parcela insignificante (0,04%), se considerada a totalidade de empreendimentos hoteleiros existentes no país que, segundo dados da própria Abih, supera o número de 25 mil estabelecimentos.

A segmentação dos fluxos turísticos, aliada às diferentes condicionantes naturais e culturais verificadas no país, promoveu o surgimento de diferentes estruturas identificadas, muitas vezes, com o caráter e a cultura local, apresentando características físicas e humanas que devem ser consideradas para efeito de classificação, visto que, independentemente do seu porte e da sua especialização, parte considerável dessa oferta incorpora padrões satisfatórios de conforto e qualidade de serviços, atendendo às requisições e expectativas da sua clientela.

Daí a importância da adoção de um sistema de classificação eficaz, que contemple a diversidade tipológica dos MHT em atividade, incluídos os aspectos referentes à localização, destinação (público-alvo) e capacidade de acomodação, com credibilidade suficiente para orientar o mercado consumidor e promover a concorrência e a qualificação do parque hoteleiro nacional. Diante da conjuntura atual, desenvolver referências e instrumentos que promovam a qualificação da nossa estrutura turística e, de modo particular, da hotelaria nacional – conforme proposto neste estudo – torna-se imperativo, na medida em que a atividade turística representa uma das principais fontes de captação de recursos e geração de emprego da atualidade.

Ao constatar que a quase totalidade dos estabelecimentos de hospedagem encontra-se à margem do sistema de classificação federal dirigido pelo Ministério do Turismo, não dispondo, portanto, de nenhuma referência oficial dos níveis de conforto e serviços oferecidos, considera-se de fundamental importância que o atual sistema seja reformulado, pela adoção de um modelo de classificação abrangente e compatível com as especificidades dos equipamentos hoteleiros existentes, tendo em vista a sua importância para a consolidação do turismo e o fortalecimento da economia nacional.

Obviamente, a reformulação e a adequação do sistema irão requerer a ação integrada de empresas, instituições de ensino e pesquisa, classe consumidora, administração pública, organizações e entidades de classe, visto que estarão envolvidas questões de natureza sistêmica e estrutural.

A partir do diagnóstico da oferta de hospedagem disponível, e consideradas as tendências evolutivas do mercado, poderia ser definido um sistema classificatório mais abrangente, que contemplasse as diferentes tipologias existentes no território nacional, utilizando-se de preceitos já consagrados pelos sistemas oficiais de classificação e adaptando-se os critérios e padrões classificatórios (aspectos legais, físico-construtivos e de gestão, equipamentos, instalações e serviços) por tipo e categoria, de acordo com a natureza dos empreendimentos e as exigências da demanda efetiva e potencial, o que resultaria em diferentes matrizes de classificação, cada qual ajustada às especificidades dos inúmeros tipos de MHT existentes.

A implantação de uma regulamentação hoteleira adaptada à realidade brasileira e sintonizada com as tendências mundiais verificadas no setor fortaleceria a imagem do país junto aos principais mercados turísticos emissores, favoreceria a integração dos organismos públicos – estaduais e municipais – com o Ministério do Turismo, consolidaria as políticas turísticas no âmbito regional por meio do planejamento e do ordenamento da utilização das áreas com vocação turística, atrairia e direcionaria novos investimentos, além de garantir a qualidade ambiental das destinações turísticas e otimizar os benefícios culturais, sociais e econômicos para as populações locais.

REFERÊNCIAS

ANDRADE, J.V. **Turismo: fundamentos e dimensões**. 2. ed. São Paulo: Ática, 1995.

ARRILLAGA, J.I. de. **Introdução ao estudo do turismo**. Rio de Janeiro: Faculdades Integradas Estácio de Sá, 1976.

BERTOLI NETO, L. **A importância de uma tipologia para a classificação dos meios de hospedagem de turismo de Santa Catarina**. Balneário Camboriú, 1997 (Especialização em Turismo e Hotelaria). Universidade do Vale do Itajaí.

BODSTEIN, L.C. A função controle. In: EMBRATUR, DIRETORIA DE ECONOMIA E FOMENTO (Org.). **Os serviços turísticos e a sua regulamentação e controle pelo Estado**. Brasília: Embratur, 1996.

BRASIL. Decreto-Lei n. 55, de 18.11.66. Define a política nacional de turismo, cria o Conselho Nacional de Turismo e a Empresa Brasileira de Turismo e dá outras providências. Diário Oficial da União, Brasília, 21/11/66, p.13.416-7. Seção I, Parte I.

_____. Decreto n. 60.224, de 16.2.67. Regulamenta o Decreto-Lei n. 55, de 18.11.66. Diário Oficial da União, Brasília, p.2.037, 20/2/67. Seção I, Parte I, p. 2.037.

_____. Lei n. 5.469, de 8.7.68. Dispõe sobre o Conselho Nacional de Turismo. Diário Oficial da União, Brasília, 13/7/68.

_____. Lei n. 6.505, de 13.12.1977. Dispõe sobre as atividades e serviços turísticos; estabelece condições para o seu funcionamento e fiscalização; altera a redação do artigo 18 do Decreto-Lei n. 1.439, de 30.12.75; e dá outras providências. Diário Oficial da União, Brasília, 16/12/77, p.17.298-9. Seção I, Parte I.

Buzzelli, G.E. **Manual de la industria hotelera: proyecto, estructura y tecnología.** Barcelona: Ceac, 1994.

Camargo, L.O. de L. Turismo, hotelaria e hospitalidade. In: DIAS, C.M.M. et al. (Org.). **Hospitalidade: reflexões e perspectivas.** São Paulo: Manole, 2002.

Castelli, G. **Excelência em hotelaria: uma abordagem prática.** Rio de Janeiro: Qualitymark, 1994.

[CNTur] Conselho Nacional de Turismo. Resolução n. 1.118, de 11.10.78. Diário Oficial da União, Brasília, 9/11/78, p.18.089-101. Seção I, Parte I.

_____. Resolução Normativa n. 9, de 15.12.1983. Diário Oficial da União, Brasília, 13/2/84, p.2.171-7. Seção I.

[Embratur] Instituto Brasileiro de Turismo. Deliberação Normativa n. 367, de 26.11.96. Diário Oficial da União, Brasília, 28/11/96, p.25.189. Seção I.

_____. **Os serviços turísticos e a sua regulamentação e controle pelo Estado.** Brasília: Embratur, abr. 1996.

_____. Deliberação Normativa n. 360, de 16.4.96. Diário Oficial da União, Brasília, 23/4/96.

_____. Deliberação Normativa n. 387, de 28.1.98. Diário Oficial da União, Brasília, 9/2/98.

_____. Deliberação Normativa n. 429, de 23.4.2002. Diário Oficial da União, Brasília, 22/6/2002.

[Embratur] Instituto Brasileiro de Turismo; HGB Engenheiros e Consultores. **Curso de formação de avaliadores de meios de hospedagem.** 2.ed. Teresópolis: Embratur, HGB Engenheiros e Consultores, 1996.

Fernández, M.C.L.; Bedia, A.M.S. Is the hotel classification system a good indicator of hotel quality? An application in Spain. In: _____. **Tourism management.** Amsterdam: Elsevier, 2004.

Ferreira, L.J. do N. **Leis do turismo: novos diplomas comentados e anotados.** Lisboa: Quid Juris?, 1998.

Horovitz, J. **Qualidade de serviço: a batalha pela conquista do cliente.** São Paulo: Nobel, 1993.

KOTLER, P; BOWEN, J; MAKENS, J. **Marketing for hospitality & tourism.** Nova Jersey: Prentice Hall, 1998.

LARCHER, J.M. **Análise e especificação técnica de projetos de hotelaria.** Brasília: Ipea, 1992.

LAWSON, F. **Hotéis e** *resorts:* **planejamento, projeto e reforma.** Porto Alegre: Bookman, 2003.

LE GUIDE ROUGE 2004. França: Michelin et Cie, Propriétaires-Éditeurs, 2004.

PORTUGAL. Decreto-Lei n. 167, de 4.7.97. Aprova o regime jurídico da instalação e do funcionamento dos empreendimentos turísticos. Lisboa, 6/7/97.

WALKER, J.R. **Introdução à hospitalidade.** Barueri: Manole, 2002.

Planejamento e Gestão Sustentável do Turismo: | 8
Contexto Social, Métodos e Enfoques

Francisco Antonio dos Anjos
Geógrafo, Univali
Sara Joana Gadotti dos Anjos
Administradora, Univali
Gregório Jean Varvakis Rados
Engenheiro Mecânico, UFSC

INTRODUÇÃO

O turismo apresenta-se neste início de século como uma importante atividade social e econômica, não apenas no Brasil mas em diversos países do mundo, colocando-se entre os fenômenos socioeconômicos mais representativos destes novos tempos (Pearce, 2002). A importância e a abrangência de tal fenômeno estão ligadas diretamente às condições impetradas pela nova ordem emergente, que passou a ser conhecida como revolução pós-industrial, resultante de uma nova conjuntura internacional, de mudanças culturais e de crescimento econômico de setores ligados à informática, serviços e meio ambiente (Trigo, 1999).

O segmento vem ganhando importância mundial devido ao grande impacto que exerce na vida das pessoas e nos seus locais de vivência. A busca pela sustentabilidade e a participação da comunidade local se apresentam como novos desafios para o desenvolvimento de propostas para o planejamento do turismo. Tal desafio está ligado ao princípio de que o desenvolvimento turístico deve se basear no equilíbrio entre a conservação ambiental e cultural, a viabilidade econômica e a justiça social.

A discussão sobre turismo responsável ligado a um desenvolvimento socioambiental sustentável vem emergindo tanto junto às comunidades receptoras como no meio acadêmico, gerando a necessidade de pensar esta temática sob o olhar interdisciplinar, em virtude de sua complexidade.

O planejamento turístico integra-se a outros processos de planejamento amplos, visando promover melhorias econômica, social e ambiental para o local, região ou país envolvido por meio do desenvolvimento adequado da atividade turística. Tal processo está baseado na pesquisa e avaliação, que busca otimizar o potencial de contribuição ao bem-estar do ser humano e ao meio ambiente, minimizando os impactos ambientais e sociais (Hall, 2001; OMT, 2003). Neste sentido, no planejamento e gestão do turismo é preciso se ater a todas essas relações para que se tenha o efeito desejado.

O turismo vem incrementando a economia dos mais diversos destinos e ao mesmo tempo promovendo conseqüências socioespaciais marcantes para tais localidades receptoras, particularmente em áreas de maior fragilidade ambiental (litoral, encostas, complexos vegetais especiais – mangues, pantanal, e outros) ou cultural (comunidades isoladas, grupos remanescentes, entre outros), sendo que alguns locais apresentam dupla fragilidade (ambiental e cultural).

A Organização Mundial do Turismo (OMT, 2003) considera como sustentável e seguro o turismo que possui entorno humano e institucional envolvendo aspectos físicos e ambientais capazes de influenciar diretamente as condições de saúde, a qualidade de vida e a segurança das pessoas e comunidades. Isto significa observar, de uma forma ímpar, a relação entre os seres humanos, suas atividades e o uso que fazem do espaço que os envolve.

A complexidade inerente às discussões sobre sustentabilidade desenvolveu várias tentativas de marcar as suas dimensões. Uma abordagem que tem por mérito sintetizar as várias dimensões da sustentabilidade foi apresentada por Sachs (2000). Uma síntese de tais dimensões é apresentada no Quadro 8.1, que busca inclusive integrar os conceitos para a área do turismo.

A ampliação da discussão sobre sustentabilidade se aproxima da complexidade inerente ao discurso do turismo sustentável, pois seus princípios devem ir além das questões ecológicas, visto que compreende também a melhoria das condições econômicas e sociais das populações locais, além da satisfação dos visitantes.

Quadro 8.1 – Dimensões da sustentabilidade e seus reflexos no turismo.

Dimensão	Conceito geral	Conceito no turismo
Ecológica	Proteção e mitigação dos danos aos elementos naturais	Capacidade de carga do ecossistema para uso turístico
Social	Eqüidade social Acesso a bens e direitos	Eqüidade na distribuição dos benefícios trazidos pelo turismo
Cultural	Identidade local Valorização cultural	Respeito às diferenças Valorização das minorias Integração cultural
Política	Democratização e participação	Participação da comunidade local e dos visitantes nas decisões
Econômica	Equilíbrio no crescimento econômico	Desenvolvimento econômico dos destinos turísticos
Espacial	Distribuição equilibrada do uso do território	Uso adequado dos territórios turísticos

Fonte: Adaptado de Sachs 2000.

Quando a sociedade como um todo e particularmente os governos e a iniciativa privada percebem os impactos que o turismo exerce nas comunidades receptoras (positivos e negativos, de ordem social, econômica e ambiental), gera-se uma preocupação efetiva da forma como esta atividade vem sendo desenvolvida. Diversas ações são elaboradas em direção ao planejamento do turismo como alternativa para reduzir tais impactos e, ao mesmo tempo, potencializar os lucros obtidos com a atividade turística.

MÉTODOS E ENFOQUES DO PLANEJAMENTO E GESTÃO DO TURISMO

A partir dos vários métodos de planejamento e gestão, que foram desenvolvidos e aplicados em diversas partes do mundo, Gómez (1990, p.87) considera que tais modelos podem ser classificados por meio de três critérios:

• Espacial: neste critério, o planejamento turístico pode ser dividido em local, regional, nacional ou internacional. O local é um planejamento em microescala, em uma parte limitada do território nacional; o planejamento regional tem como âmbito uma ou mais regiões de uma nação; o planejamento nacional utiliza o âmbito espacial total de um país, com toda a sua complexidade; e no planejamento internacional usa-se como referência as zonas de fronteiras pertencentes a países vizinhos e a comunidades internacionais;

• Temporal: no critério do tempo, o planejamento pode ser dividido em curto (1 a 2 anos), médio (3 a 6 anos) e longo prazo (6 a 15 anos), sendo o planejamento a médio prazo o mais freqüente;

• Setorial: sob a perspectiva dos setores de atuação, existem quatro tipos fundamentais de planejamento turístico: o de litoral, o de áreas de montanhas, o de espaço rural (interior) e o planejamento turístico de outros setores. Ainda pode-se identificar outros tipos de planejamento turístico setorial, como o planejamento temático ou outros subsetores turísticos (alojamento, formação profissional etc.).

Tal classificação representa aproximação e focalização nas propostas de planejamento, visando dar melhor operacionalidade ao processo.

Uma das classificações mais completas dos diversos métodos do planejamento do turismo foi apresentada por Hall (2001). A autora identificou quatro abordagens: fomento, econômica, físico-espacial e comunitária.

• Fomento: tradicionalmente, não envolve os residentes de destinos turísticos na tomada de decisões e nos processos de planejamento. Baseia-se na previsão de demanda turística e parte do simples princípio de que o desenvolvimento turístico é inerentemente bom e promove vantagens para o anfitrião. Não se atém aos impactos econômicos, sociais e ambientais potencialmente negativos do turismo e considera recursos naturais e culturais como objetos a serem explorados;

- Econômica: vê o turismo como uma indústria, que pode ser usada como ferramenta pelos governos para atingir determinadas metas de reestruturação e crescimento econômico, de geração de empregos e de desenvolvimento regional, por meio de provisão de incentivos financeiros, de pesquisa, de marketing e de auxílio na divulgação. Normalmente, dá atenção limitada aos impactos negativos exercidos pelo turismo;

- Físico-espacial: refere-se particularmente ao uso do solo e enfatiza questões relacionadas à capacidade de saturação física e social, aos pontos de saturação ambiental e aos limites ou índices aceitáveis de mudança. Por possuir múltiplos objetivos e dimensões, o planejamento espacial do turismo, muitas vezes parte de padrões que minimizam impactos negativos do turismo em ambiente físico. Devido à tendência de os destinos evoluírem e declinarem em relação ao mercado, econômica e fisicamente, a abordagem espacial enfatiza a produção de planos de desenvolvimento de turismo com base nos recursos naturais de uma região e na capacidade ou limitações de sítios para suportar infra-estrutura turística;

- Comunitária: é uma forma de planejamento que busca desenvolver a infra-estrutura, assim como oferecer instalações recreativas para residentes e visitantes por meio dos benefícios econômicos gerados pelo turismo, envolvendo a comunidade no processo de tomada de decisão. Nesta direção, criam-se programas de desenvolvimento coerentes com as filosofias culturais, sociais e econômicas do governo e das pessoas que vivem na região visitada, otimizando a satisfação dos visitantes. Entretanto, os maiores problemas para a implementação desta abordagem estão ligados à política do processo de planejamento e das divergências que podem surgir na estrutura governamental.

Além dos procedimentos apresentados por Hall (2001), pode-se identificar uma quinta abordagem metodológica que está sendo aplicada atualmente: a abordagem sistêmica. Entende-se que, embora o planejamento comunitário proporcione a base para o desenvolvimento, ele precisa ser ampliado para incorporar aspectos coordenativos, interativos, integrativos e estratégicos. Uma das formas de desenvolver a sustentabilidade da atividade turística é convencer o governo e a indústria do turismo da importância de incorporar princípios de desenvolvimento sustentável aos planejamentos e às operações. Para medir o êxito do desenvolvimento do turismo em uma localidade, deve-se utilizar um conjunto de indicadores de sustentabilidade eficazes que ajudem a determinar em que ponto o desenvolvimento turístico se encontra, para onde vai e quanto falta para atingir as metas definidas. Para escolher os indicadores, é necessário compreender primeiramente as metas políticas e de planejamento. Existem várias tipologias de indicadores, dentre eles: os econômicos, os ambientais e os sociais, que medem mudanças na economia, no ambiente e na sociedade.

PROPOSTAS DE PLANEJAMENTO NUMA ABORDAGEM SISTÊMICA

Algumas propostas de planejamento e gestão do turismo apresentam uma visão integrada, sistêmica e complexa em relação ao atual cenário de mudanças. Tais propostas têm como características comuns o enfoque sistêmico, pois todas têm uma relação intensa com a visão sistêmica e processual, e são pertinentes aos referenciais trabalhados nesta pesquisa, os quais se pretende aprofundar. Destas, foram apresentadas as propostas de: Planejamento Estratégico de Turismo (Acerenza, 1987), Processo Integrado de Planejamento do Turismo (Hall, 2001) e Planejamento e Gestão do Desenvolvimento do Turismo Sustentável (Rebollo et al., 2001). Cada uma, em sua especificidade, contribui para o avanço epistemológico e operacional do planejamento e gestão sistêmicos do turismo.

Planejamento estratégico do turismo

A proposta de Acerenza (1987) representou um marco inovador dos modelos de planejamento do turismo, apresentando na obra *Administración del turismo,* em meados da década de 1980, novas concepções que buscavam agregar a visão sistêmica aos avanços da época na área de estratégia.

Acerenza (1987) afirma que os enfoques anteriores a sua proposta contribuíram sensivelmente para o conhecimento da atividade turística, mas analisavam o turismo sob aspecto parcial, focavam somente os interesses das disciplinas. Nas décadas de 1960 e 1970, momento em que a atividade turística torna-se expressiva no cenário econômico mundial, o planejamento tinha como finalidade dar respostas e soluções aos problemas relacionados ao ordenamento do território para fins turísticos e para as dificuldades econômicas dos países. Devido às limitações dos planos turísticos, o desenvolvimento da atividade começou a mostrar efeitos negativos, por não ter levado em conta fatores sociais, culturais e ecológicos, pois dava-se maior ênfase ao desenvolvimento físico. Os problemas iniciais do planejamento em alcançar os objetivos propostos estavam nos enfoques simplificadores para resolver os problemas complexos, o que levava o planejamento a atingir parcialmente suas metas.

As deficiências dos enfoques tradicionais de planejamento turístico exigiram o surgimento de novos enfoques, que buscavam abordar o processo de planejamento turístico de forma integral, por meio de um desenvolvimento mais harmônico da atividade turística.

Para Acerenza (1987), o enfoque sistêmico possibilita a compreensão da estrutura e do funcionamento do fenômeno turístico, pois exige a integração dos conhecimentos interdisciplinares, que facilitam a identificação, as relações e a interação dos elementos componentes e interatuantes no sistema com o seu meio, e a influência que cada elemento tem sobre o outro. Seus estudos foram fortemente influenciados pela Teoria Geral dos Sistemas, desenvolvidas por Bertallanffy (1975).

A partir desses pressupostos, o autor sugere um modelo denominado Planejamento Estratégico do Turismo. Concebe o Planejamento Estratégico como aquele que se ocupa das decisões sobre desenvolvimento do turismo, a partir das altas esferas do poder público.

Esta proposta de planejamento opta pela ação em longo prazo, ditando as principais diretrizes a serem tomadas para o desenvolvimento do turismo.

Acerenza (1992) entende o sistema turístico como um conjunto integrado de elementos interatuantes, destinados a realizar cooperativamente uma determinada função. O turismo pode ser analisado como um sistema aberto, composto de cinco elementos.

Desses elementos, um é dinâmico, o turista; três são geográficos: a região geradora, a rota de trânsito e a região de destino; e um elemento é econômico, a indústria turística. Esses elementos são ordenados em conexão funcional e espacial, e interagem com os fatores físicos, econômicos, sociais, culturais, políticos e tecnológicos do ambiente onde se desenvolve a atividade.

É possível observar que os órgãos oficiais de turismo não fazem parte do sistema turístico, porém desempenham o papel de administradores do desenvolvimento da atividade turística, oferecendo os fundamentos básicos nos quais se sustenta o funcionamento do sistema.

De acordo com Acerenza (1987), o sistema turístico é colocado em movimento pelo turista e seu deslocamento entre a região de origem (região emissora) e a região de destino (receptora). Para o funcionamento do sistema, primeiramente há a decisão do turista em viajar. A escolha do destino depende de diversos fatores, tais como as motivações que levaram o turista a viajar, a imagem que o turista tem do lugar e as vantagens comparativas existentes entre as diferentes alternativas. A partir da decisão, o turista requer um conjunto de serviços (transporte, alojamento, alimentação, entre outras atividades públicas ou privadas), que são oferecidos em espaços geográficos bem definidos, necessários para a efetivação da viagem.

No sistema turístico, o fator deslocamento é um requisito básico para que o turista chegue até a região de destino, na qual estão as atrações turísticas que motivaram a viagem. Desta forma, o transporte se torna uma das ferramentas essenciais para o funcionamento do sistema. Outros elementos constituintes são os serviços de alojamento e alimentação que estão altamente condicionados ao mercado potencial, e também a tudo que diz respeito ao desenvolvimento da atividade turística.

Todavia, o papel dos organizadores e agentes de viagens no funcionamento do sistema é também indispensável, devido ao caráter intermediário que eles exercem entre os prestadores de serviços e o turista, pois estimula a atividade do sistema em seu conjunto.

Os equipamentos de animação turística (facilidades e instalações destinadas às atividades recreativas, de lazer e diversão) localizados na região de destino, embora não integrados aos serviços turísticos, estão estreitamente ligados ao sistema turístico.

Como o início do funcionamento do sistema turístico depende exclusivamente do turista, Acerenza (1992) entende que há a necessidade de realizar ações que estimulem o turista a viajar. A principal ferramenta que o sistema turístico dispõe para estimular seu funcionamento é o marketing. O êxito ou o fracasso dos planos turísticos de desenvolvimento depende de sua eficácia e, dessa forma, é essencial que o destino utilize adequadamente tal ferramenta, que tem como principal função estimular o funcionamento do sistema turístico e, por conseguinte, aumentar o fluxo das correntes turísticas para regiões receptoras. Dialeticamente, a eficácia de tais ações de marketing depende diretamente do êxito ou do fracasso de outras ações de gerenciamento dos planos turísticos, como o próprio planejamento.

Acerenza (1992) identifica o marketing turístico como todas as ações destinadas à promoção e a venda da oferta turística, com propósito de estimular e influenciar os visitantes a um determinado destino. É uma série de atividades que integram, em seu conjunto, um processo que torna possível a transferência de produtos ou serviços do prestador ao consumidor final (o turista).

Sob o ponto de vista administrativo, Acerenza (1987) descreve o planejamento turístico como um processo dividido em: planejamento estratégico, relacionado a tomadas de decisões, e o planejamento operacional, ligado à execução do processo de planejamento por meio de fases distintas. Para Acerenza (1987, p.73),

> *la planificación estratégica establece los grandes ejes del desarrollo turístico y se puede definir el proceso destinado a determinar los objetivos generales del desarrollo, las políticas y las estrategias que guiarán los aspectos relativos a las inversiones, el uso y el ordenamiento de los recursos utilizables con este fin.*

O planejamento turístico, em nível nacional e regional, é administrado pelo poder público, e deve incluir em seu processo, além de uma política geral de desenvolvimento, a ação conjunta do turismo nacional e internacional, visando ao desenvolvimento da atividade em conjunto. Quanto maior o benefício que as instâncias de poder instituídas obtenham com o desenvolvimento do turismo, maior será seu comprometimento. O planejamento em nível estratégico consiste em adaptar, para o momento atual, medidas e decisões que resultarão em efeitos futuros.

Diante de tais pressupostos, o autor desenhou um esquema metodológico destinado a demonstrar sua proposta de Planejamento Estratégico do Turismo. Cada uma das fases se constitui em um processo, dividido em subprocessos bastante detalhados (Figura 8.1). O esquema metodológico de Acerenza (1987) é composto por uma seqüência de etapas integradas, que são:

Figura 8.1 – Esquema do processo de Planejamento Estratégico em Turismo.

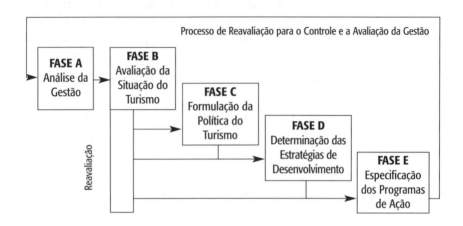

Fonte: Adaptada de Acerenza 1987.

- Análise da gestão: é a análise dos planos e programas turísticos executados pelo Estado (órgão nacional de turismo). Essa análise irá subsidiar o controle e a avaliação da gestão;

- Avaliação da situação do turismo: o objetivo dessa fase é a avaliação do turismo partindo das prioridades nacionais de desenvolvimento econômico e social, do impacto da atividade turística sobre a comunidade e da expectativa do sistema turístico quanto ao desenvolvimento do turismo. Verifica-se a situação do ponto de vista do apoio econômico e social que o setor turístico tem recebido por parte do Governo para impulsionar os planos de desenvolvimento. Finalmente, identificam-se e avaliam-se os problemas e as oportunidades existentes para o desenvolvimento do turismo;

- Formulação da política do turismo: esta fase é destinada a determinar os objetivos gerais do desenvolvimento turístico e criar uma política para orientar as ações a serem executadas no decorrer do plano de desenvolvimento;

- Determinação das estratégias de desenvolvimento: o primeiro passo é identificar o produto/mercado para cada tipo de turismo que se pretende desenvolver, depois, deve-se analisar o potencial do mercado a longo prazo e estudar a concorrência, e finalizar com a avaliação da capacidade competitiva dos produtos. Após esses passos, analisam-se os recursos econômicos, humanos e tecnológicos exigidos para o desenvolvimento e a possibilidade de exploração de cada oportunidade do produto, em busca de estratégias alternativas, procurando determinar as mais adequadas para o desenvolvimento dos objetivos específicos nos quais se encontram os distintos programas de ações;

- Especificação dos programas de ação: esta etapa é o ponto de partida para a planificação operacional e se constitui em linhas de ações baseadas em cinco campos básicos de desenvolvimento turístico:
  a) Organização institucional;
  b) Fomento e desenvolvimento;
  c) Marketing e promoção turística;
  d) Formação de recursos humanos;
  e) Programação financeira.

Enquanto o planejamento estratégico é realizado em longo prazo ou no período dentro do qual se pretende obter os resultados desejados, o planejamento operacional está ligado aos aspectos operacionais do desenvolvimento e, conseqüentemente, aos níveis de execução de distintos programas destinados ao fomento e ao desenvolvimento do turismo, que se encontra ligado aos aspectos do setor público.

O controle e a gestão da atividade turística são necessários para que a mesma consiga atingir seus objetivos, por meio de programas de ações orientados para o cumprimento das metas e objetivos propostos. Por este motivo é necessário criar um sistema de informação e controle de gestão que permita avaliar a gestão nos mais distintos níveis de direção, antes de uma tomada de decisão. Acerenza (1987, p. 147) descreve o sistema de informação e controle como:

> *una continua e interactuante estructura de personas, equipos y procedimientos diseñados para reunir, clasificar, analizar, evaluar y distribuir información exacta y a tiempo, con el fin de que la utilicen quienes toman decisiones en los campos de la planificación, la ejecución y el control.*

Devido à complexidade das informações do setor turístico, o sistema é dividido em três subsistemas: as informações internas, a investigação do mercado e a inteligência de mercado.

O subsistema de informações internas é o conjunto de procedimentos destinados a proporcionar dados em forma periódica e resultados atualizados sobre as ações que estão sendo executadas. O subsistema de investigação de mercados, dentro do enfoque de sistema, é definido como análise e divulgação de dados relativos a uma situação específica de comercialização, composta de informações relativas ao mercado. Já o subsistema de inteligência de mercados tem como finalidade alertar a administração sobre acontecimentos relacionados a ações dos mercados concorrentes no campo da comercialização, para que a administração possa reagir de forma oportuna e adequada.

O segundo elemento do sistema de informação e controle está ligado ao controle e avaliação da gestão em desenvolvimento. O terceiro elemento está relacionado à tomada de decisão final. Portanto, à medida que se observa o processo de desenvolvimento, é necessário realimentar o sistema.

A proposta de Acerenza (1987) contribui significativamente para as formas de se entender o planejamento num cenário mais complexo das relações sociais e econômicas locais e globais. Apresenta, para isso, uma proposta com maior grau de complexidade, numa perspectiva integrada e com uma visão estratégica. Além de ver o planejamento sob um enfoque administrativo, a sua divisão das ênfases do planejamento na estratégia e operação, cria a possibilidade de melhor controle e avaliação do processo de planejamento.

O autor desenha um sistema de informações que busca garantir a sustentação informacional e a dinamicidade de todo o processo. No entanto, talvez a riqueza de detalhes e a sua complexidade dificultem a aplicabilidade de tal proposta, porém é considerada extremamente válida, não apenas pelas reflexões metodológicas e teóricas para a área do turismo, mas é, particularmente, um divisor de águas entre as propostas simplificadoras e positivas e as propostas integradas e complexas.

Processo integrado de planejamento do turismo

Hall (2001) desenvolve uma proposta de planejamento baseada no paradigma, com forte interferência das questões políticas e ecológicas consideradas essenciais para o ato de planejar. Entende que o planejamento exige que se dê ênfase a metas, informações contínuas, simulação e projeção de futuros alternativos, avaliação, seleção e monitoramento contínuo.

O planejamento do desenvolvimento precisa conceber o turismo como um processo complexo, entendido apenas na sua totalidade a partir de uma visão integradora, multidisciplinar e sistêmica. Tradicionalmente, preocupava-se com a descrição detalhada da situação em função dos padrões dos usos a serem desenvolvidos. Nos cenários atuais, essas ações concentram-se nos objetivos dos planos e nas estratégias que contribuem para atingir tais metas. Com isso, Hall (2001) reitera a concepção de que a gestão do desenvolvimento do turismo continua se apresentando como uma ação importante pelos seus efeitos potencialmente duradouros e marcadamente significativos para os espaços turísticos.

Hall (2001) entende que o turismo, quando analisado como processo sistêmico, pode tornar a realidade mais compreensível. A estrutura de um sistema é formada por elementos, que são sua unidade básica, e os relacionamentos entre eles. Para Hall (2001, p.71),

> sistema é um objeto de estudo que abrange: um conjunto de elementos; um conjunto de relacionamentos entre os elementos; e um conjunto de relacionamentos entre esses elementos e o meio ambiente.

Um dos maiores entraves na compreensão dos elementos pertencentes a um sistema é a escala de atuação. Outra questão fundamental é a definição clara dos limites desse sistema. A clareza nas escalas e limites são fundamentais pois, geralmente, os problemas de planejamento surgem quando diferentes limites, em variadas escalas de diferentes sistemas, se sobrepõem.

Nesse sentido, cabe ao planejamento fornecer recursos para uma tomada de decisão democrática e com base no conhecimento efetivo do sistema, assim como a compreensão do processo, do fluxo e da mudança é fundamental para uma visão do mundo voltada para sistemas.

Na atividade turística, um sistema pode ser entendido como uma reunião ou combinação de fatos ou partes que formam uma operação complexa ou unitária. Existem pelo menos duas formas de analisar o sistema turístico. Em termos geográficos, pode-se identificar o sistema turístico a partir de três elementos básicos que o compõe. Essa visão também é apresentada no modelo de Acerenza (1992) e seus três componentes são: a região geradora, a rota ou região de trânsito e a região de destino. A globalização, com suas grandes mudanças no sistema econômico e cultural e os grandes avanços na área de tecnologia da informação e da comunicação, trouxeram imensas implicações para o setor de planejamento turístico, manifestadas numa nova forma de relacionamento dos lugares, e destes com os sistemas do qual fazem parte.

Além da visão geográfica, o sistema turístico pode ser visto através do prisma comercial, segundo a orientação apresentada por Mil e Morrison (apud Hall, 2001). Nesta visão, o sistema turístico consiste em quatro partes:

- O mercado, que se refere à decisão do indivíduo de viajar e se tornar turista;
- A viagem, que descreve e analisa quando e como o sujeito se comporta como turista individual;
- O destino, que consiste em um estudo do mix de destino, das atrações e dos serviços usados pelo turista;
- O marketing, que ressalta a importância de encontrar pessoas para viajar.

Para compreender o sistema do turismo e seu planejamento, é necessário considerarmos outros aspectos além da visão geográfica e comercial, como a questão da escala de análise turística e o ponto de vista do espectador, ou participante, no processo de planejamento. Ainda, é preciso levar em conta a complexidade existente entre os múltiplos grupos de relacionamentos horizontais e verticais, e o ambiente da política e do planejamento turístico.

No planejamento turístico, as escalas podem ser em níveis nacionais, estaduais, regionais e locais. Portanto, o processo de planejamento deve acomodar as diferentes escalas e as ligações e relacionamentos que ocorrem entre elas.

Os planejadores agem sobre processos sociais, físicos, econômicos e políticos, procurando conduzir a sociedade aos objetivos desejados. Todavia, para o desenvolvimento de um planejamento sustentável na área turística, é essencial que se desenvolva um planejamento estratégico. Este, por sua vez, é o resultado de um plano de orientação para futuros rumos, atividades e ações que devem ser avaliadas num período que varia de curto a longo prazos.

Hall (2001) entende que o planejamento estratégico deve ser holístico, integrado e abrangente, pois o turismo é um sistema de variáveis sociais, econômicas, físicas e políticas inter-relacionadas que considera o fluxo de informações, as influências e os desejos a partir de uma esfera local para uma global. Tal planejamento requer a participação de vários níveis da organização ou unidades de governo, e entre a organização responsável e as partes interessadas no processo de planejamento, de forma interativa ou colaborativa. Esse processo promove o bem coletivo entre as partes interessadas no desenvolvimento turístico em busca de resultados comuns. Essa ação pode ser realizada com auditorias, que auxiliam o planejador na identificação de interesses e valores de grupos e indivíduos do processo. As auditorias e os monitoramentos constantes são tarefas essenciais na avaliação, de um planejamento estratégico. Para melhor avaliação, é necessária a utilização de indicadores que ajudem no cumprimento das metas e dos objetivos.

É essencial que os planejadores se envolvam com os lugares que pretendem planejar, combinando teorias formais e informais. A maior dificuldade para um planejador é em relação à diversidade de valores e interesses existentes, que podem fornecer fontes de flexibilidade, resistência e inovação em tempos de mudança. Dessa forma, o planejamento turístico se coloca como um processo em constante mudança, necessário à compreensão dos rumos dessas mudanças para tentar influenciá-las e adaptá-las adequadamente à atividade turística em desenvolvimento. Para Hall (2001) o planejamento turístico deve ter natureza colaborativa e estratégica, e tem suas bases colocadas no desenvolvimento sustentável, sob uma visão sistêmica da realidade.

Esta perspectiva promove o entendimento de que o planejamento não é uma atividade racional, mas principalmente política. Portanto, segundo tal análise, deve ser compreendido como um estilo de governo. Para melhor entendimento do fenômeno turístico, em especial na área política, é necessária a utilização da análise dialética para compreensão de processos, relações e fluxos sobre os elementos e estruturas do sistema turístico.

A ação do Estado no planejamento do turismo tem grande significado, pois desempenha o papel de coordenador e planejador no desenvolvimento público da atividade turística dentro de diferentes esferas e entre as muitas organizações turísticas governamentais e, ainda, com o setor privado. Todavia, o governo também pode exercer o papel de empresário no turismo, pois além de fornecer infra-estrutura básica, acesso e saneamento, pode ser proprietário e dirigir empreendimentos turísticos como hotéis e empresas de viagens. Muitas vezes, também, incentiva o desenvolvimento turístico como patrocinador, ou como incentivador, do marketing e divulgação. Desempenha, inclusive, o papel de defensor público, buscando equilibrar vários interesses e valores, mediando as relações entre os interesses públicos ou privados locais, regionais e nacionais. O

142 | GESTÃO AMBIENTAL E SUSTENTABILIDADE NO TURISMO

principal obstáculo do planejamento turístico no âmbito político é a coordenação das diferentes organizações e órgãos públicos e privados envolvidos no processo de planejamento, pois é necessário um trabalho que busque objetivos políticos comuns para o desenvolvimento de estratégias eficientes.

Portanto, o planejamento turístico baseado numa ação relacional, entre os diferentes níveis e os diferentes elementos do sistema, de natureza mais colaborativa, e de análise sistêmica, oferece ao planejador os recursos relacionais necessários para realizar adaptações e mudanças adequadas num ambiente global. A partir dessas considerações, Hall (2001) sugere que o processo de Planejamento Estratégico do Turismo precisa seguir algumas fases (Figura 8.2). Esse processo é apresentado em três fases:

Figura 8.2 – Planejamento estratégico (processos).

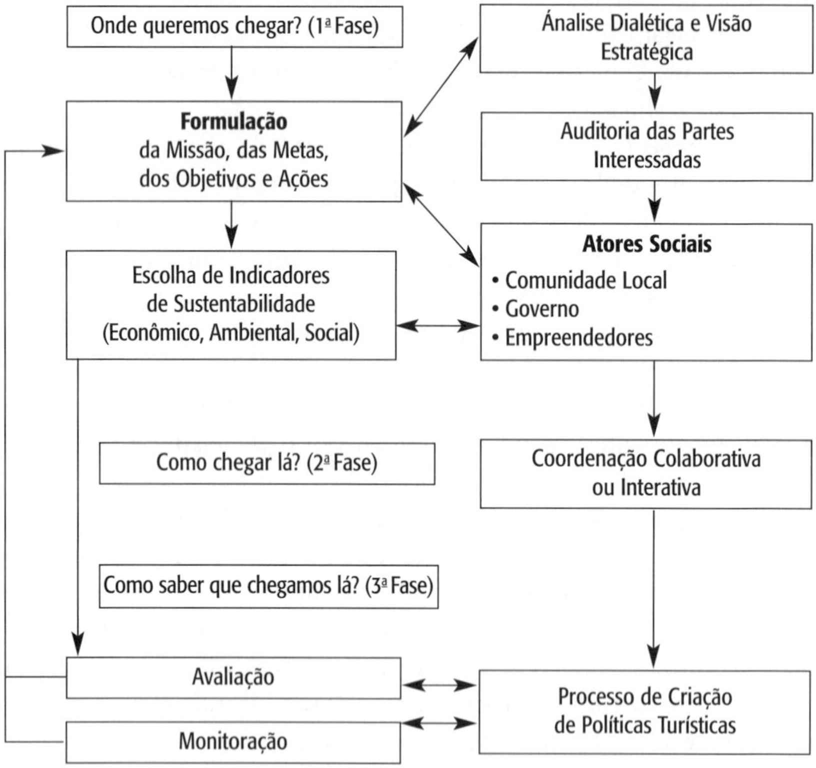

Fonte: Adaptada de Hall 2001.

1ª Fase - Onde queremos chegar? Primeiramente, nos processos de planejamento, é preciso identificar as metas que se pretende alcançar, ordenar por importância e buscar a adequação entre tais metas. Hall (2001) indica que a seleção destas metas deve ser acompanhada de uma visão estratégica, e estar de acordo com a missão e filosofia do turismo pretendido. Esta fase, em especial, terá um caráter interativo ou colaborativo, envolvendo todas as partes interessadas no processo.

2ª Fase – Como chegar lá? Nesta fase, Hall identifica problemas de sintonia entre os órgãos públicos e os setores privados. A própria estrutura governamental dificulta a coordenação dos elementos do processo. Tais situações-problema podem ser reduzidas ou minimizadas com uma coordenação colaborativa e interativa. Essa ação pode, ao mesmo tempo, criar maior colaboração e cooperação entre os diversos grupos integrantes, como garantir o desenvolvimento de melhores condições para suportar o ambiente de mudança que envolve o processo de planejamento. Hall (2001) dá ênfase ao uso da auditoria como ferramenta administrativa, assim como da partilha de poder, como bases sólidas para a sustentabilidade.

3ª Fase – Como saber se chegamos lá? Essa fase passa pela avaliação e monitoramento do desempenho, visando determinar se as metas e os objetivos foram cumpridos. A avaliação se constitui num processo contínuo, assim como um elemento chave do pensamento estratégico. Retorna-se, nessa fase, à idéia de auditoria como ferramenta de monitoramento. Para isso, os indicadores representam papel crucial na avaliação de desempenho. Indicadores eficazes, enquanto unidades ou conjuntos, garantem a mensuração da eficácia do processo de planejamento.

A proposta de Hall (2001) apresenta de forma simples a ação do processo de planejamento. Suas maiores contribuições estão ligadas à emergência da questão política no planejamento, buscando registrar as principais limitações fora do cenário racionalista-tecnicista. Dessa forma, vê que as grandes problemáticas enfrentadas pelo planejamento são mais de ordem social (econômica, política e cultural) do que técnica, como comumente era alegado no fracasso de inúmeras propostas. Também convém salientar as visões estratégicas e sistêmicas que tal proposta integra, corporificando-a e colocando-a no cenário de outras mais abrangentes e integradoras, pertinentes às discussões e realidades do mundo atual.

Planejamento e gestão do desenvolvimento turístico sustentável

A proposta de planejamento e gestão do desenvolvimento turístico sustentável, conhecido como Projeto Metasig, foi desenvolvida por um grupo de pesquisadores de universidades espanholas, coordenado pelo Instituto Universitário de Geografia da Universidade de Alicante (Espanha). Sua proposta está estruturada em um sistema de indicadores de sustentabilidade nos processos de desenvolvimento turístico com o emprego de um Sistema de Informações Geográficas (SIG). Sua análise e planejamento requerem a investigação de distintos componentes e fatores territoriais, econômicos, sociais e ambientais. O principal aspecto desse processo metodológico é a utilização de uma visão global e inter-relacionada destes componentes e fatores relativos ao planejamento sustentável do turismo.

O modelo de relações entre turismo e desenvolvimento sustentável foi adaptado pelo Projeto Metasig do modelo DPSIR (*driving forces – pressure – state – impact – response*) criado pela Agência Européia de Meio Ambiente.

De forma geral, oferece um esquema de interpretação das relações entre o turismo e o desenvolvimento. A estrutura do modelo DPSIR incorpora as causas de pressão, de impactos e as conseqüências das modificações das condições ambientais, do meio ambiente e da saúde humana.

O esquema DPSIR aplicado à atividade turística possibilita a interpretação geral das relações entre o turismo e o desenvolvimento sustentável, e em virtude da complexidade do paradigma da sustentabilidade e dos próprios processos e modelos de planejamento turístico, exige a criação de sistemas de indicadores adaptados a diferentes realidades locais.

A proposta está baseada nos princípios da sustentabilidade, e requer a realização de análises e atualizações em diversas escalas, que compreendam problemas globais, regionais e locais, buscando uma forma de tratar o fenômeno turístico numa dimensão global. Como a própria dinâmica da atividade turística requer a visão espacial do turismo em diversas escalas, gera-se a possibilidade de conhecer os impactos econômicos, ambientais e socioculturais do turismo, bem como os interesses e as aspirações da sociedade local, possibilitando também a melhor avaliação do comportamento da demanda turística e do seu nível de satisfação.

Desta forma, é indispensável que os sistemas locais de indicadores de desenvolvimento turístico sustentável contemplem outras escalas que permitam uma melhor aproximação aos efeitos globais e regionais do turismo numa perspectiva territorial.

A sustentabilidade do desenvolvimento turístico exige a elaboração de metodologias integradas, abrangendo questões ecológicas, econômicas e socioculturais, e a formulação de estratégias de longo prazo, que insiram o turismo dentro de uma perspectiva de desenvolvimento com objetivos de continuidade.

A aplicação dos princípios e conceitos de sustentabilidade no campo do turismo é o ponto de partida para o desenvolvimento operacional. A noção entre o equilíbrio dos objetivos sociais, econômicos e ambientais do desenvolvimento sustentável, conforme se refere Hall (2001), é o argumento central do modelo de turismo sustentável. Deste modo, identifica-se o desenvolvimento turístico sustentável como um processo de mudanças qualitativas, produto da vontade política juntamente com a participação da população local.

A participação da população no planejamento e gestão do desenvolvimento turístico é o ponto de equilíbrio entre a preservação do patrimônio natural e cultural, a viabilidade econômica do turismo e a igualdade social do processo de desenvolvimento.

O planejamento que visa o desenvolvimento sustentável exige a criação de indicadores adaptáveis, de forma integrada e multidimensional, aos processos de desenvolvimento. Os indicadores usados no Metasig são, basicamente, de ordem econômica, sociocultural e ambiental, e têm como objetivo manter a prosperidade da população local e sua identidade cultural, assim como a preservação dos atrativos turísticos e o mínimo impacto ao meio ambiente. Com o uso desses indicadores, é possível compreender a situação atual do desenvolvimento turístico, prever, prevenir, e até mesmo antecipar e solucionar problemas sobre determinados aspectos do desenvolvimento sustentável.

A proposta cria um sistema de indicadores para o processo de planejamento que possibilitará adequados diagnósticos territorial e turístico do ponto de vista da sustentabilidade, fundamentados em propostas de atuação, permitindo avaliar periodicamente a eficiência das medidas adotadas.

A criação do sistema de indicadores implica numa construção técnico-científica amparada numa valorização social, com parâmetros de valores representativos sobre os processos relacionados ao desenvolvimento sustentável. A chave para criação de um sistema de indicadores está na capacidade de obtenção das informações significativas sobre os distintos componentes da sustentabilidade, de acordo com os objetivos a serem alcançados. Estes indicadores são selecionados de acordo com uma série de requisitos e critérios, gerados no próprio processo de planejamento.

Para a criação de um bom sistema de indicadores, é necessário que o conjunto de informações disponíveis seja de qualidade, objetivo e constantemente atualizado, de acordo com as características de cada variável em estudo. Os indicadores demográficos, sociais, culturais, econômicos, institucionais e setoriais, necessitam da integração de informações de diversas naturezas, devido ao seu caráter territorial e multissetorial.

Os sistemas básicos de indicadores apresentados pela Agência Européia de Meio Ambiente têm um caráter territorial. Tais indicadores permitem distinguir, entre os variados tipos de espaços turísticos, o grau de desenvolvimento e outras características que influenciam na evolução da atividade turística. A aplicação de critérios de classificação de indicadores favorece a criação de sistemas de indicadores adaptados aos diversos modelos turísticos e ajudam na comparação e intercâmbio de experiências. O modelo DPSIR possibilitou a criação de sistemas de indicadores que permitem reconhecer a variabilidade dos sistemas de planejamento territoriais e turísticos e a influência direta das pressões da atividade turística e os impactos que provocam às políticas de resposta.

Os sistemas de indicadores se organizam em quatro conjuntos que se inter-relacionam: modelo territorial-turístico, pressão, estado/qualidade e resposta política e social (Figura 8.3).

Figura 8.3 – Organização do sistema de indicadores para o planejamento e gestão do turismo.

Fonte: Adaptada de Rebollo et al. 2001.

Este esquema representa a síntese de uma proposta de indicadores para o desenvolvimento turístico sustentável, que tem como objetivo tornar-se um marco de referência aos processos de planejamento e gestão dos espaços turísticos.

Os conjuntos de indicadores que compõem cada uma destas áreas contêm níveis de concretização variáveis, sendo que isto possibilita a adaptação destes sistemas, em processos de planejamento turístico nas mais diversificadas regiões.

A proposta de sistema de indicadores, modelo apresentado no projeto Metasig, compreende não só a utilização de tal sistema aplicado à atividade turística, mas o planejamento e a gestão do turismo, agregando a visão sistêmica e tendo como base o paradigma da sustentabilidade (Rebollo et al., 2001).

CONSIDERAÇÕES FINAIS

As propostas sistêmicas apresentadas possuem, além da perspectiva sistêmica, pontos em comum e certa divergência em termos de operacionalização do planejamento e gestão do turismo.

Acerenza (1987, 1992) desenvolve uma proposta que percebe o sistema turístico como um fato dinâmico, notadamente ligado pelo elemento turista. Como os elementos se inter-relacionam no sistema, todo ele se caracteriza pela dinamicidade. Além disso, vê o processo de planejamento e gestão do turismo em dois níveis gerenciais: o estratégico e o operacional. Cada nível tem objetivos e momentos diferentes, salientando as ações políticas e técnicas que envolvem o planejamento. Também se destaca que tal proposta salienta a necessidade de controle do processo, exigindo a criação de um sistema de informação e controle do planejamento e da gestão.

Hall (2001) destaca a estratégia e a colaboração no processo de planejamento como ações que podem contribuir decisivamente para dar um caráter sustentável. Concebe o planejamento e a gestão como ações relacionadas, que buscam minimizar os conflitos por meio da colaboração e interação. Também salienta a necessidade de controle do processo, elegendo a auditoria como ferramenta de monitoramento. O controle é feito por um conjunto de indicadores que buscam garantir a eficiência e a eficácia do planejamento e da gestão.

O projeto Metasig foca as bases do processo de planejamento e gestão em um sistema de indicadores integrados. A caracterização desse sistema está na sua valoração cultural, garantindo a eficiência com requisitos e critérios de avaliação baseados em um sistema de informações atualizado, de qualidade e objetivo, representando ao máximo a complexidade social, econômica e ecológica. Devido ao caráter territorial desse tipo de planejamento e gestão, o sistema deve ser multiescalar e multissetorial.

Enfim, mesmo com enfoques diferentes na economia, na política, na estratégia e na sustentabilidade, as propostas têm muitas convergências que salientam:

- Planejamento e gestão estratégicos;
- Necessidade de desenvolvimento de um sistema de informações pertinentes aos objetivos;
- Sistema de indicadores amplo e integrado;

- Processo colaborativo com viés altamente político;
- Caráter sistêmico e processual.

Com base nessas convergências, é necessário delinear uma proposta que incorpore as contribuições dos diversos modelos num modelo sistêmico, abrangendo as novas evoluções das áreas gerenciais, os aprofundamentos das abordagens, metodologias e os avanços da tecnologia.

REFERÊNCIAS

ACERENZA, M.A. **Administración del turismo: planificación y dirección**. 2. ed. México: Trillas, 1987.

_____. **Administración del turismo: concepción y organización**. 4. ed. México: Trillas, 1992.

BENI, M.C. **Análise estrutural do turismo**. 3. ed. rev. e ampl. São Paulo: Senac, 2000.

BERTALANFFY, L. **Teoria geral dos sistemas**. Petrópolis: Vozes, 1975.

BISSOLI, M.A. **Planejamento turístico municipal com suporte em sistemas de informação**. São Paulo: Futura, 1999.

BRANCO, S.M. **Ecossistêmica: uma abordagem integrada dos problemas do meio ambiente**. São Paulo: Edgard Blucher, 1989.

CAPRA, F. **As conexões ocultas: ciência para uma vida sustentável**. São Paulo: Cultrix, 2002.

CATELLS, M. **A sociedade em rede**. 2. ed. São Paulo: Paz e Terra, 1999.

[CMMAD] CONSELHO MUNDIAL SOBRE MEIO AMBIENTE E DESENVOLVIMENTO. **Nosso futuro comum**. 2. ed. Rio de Janeiro: Fundação Getúlio Vargas, 1991.

COOPER, C. et al. **Turismo: princípios e práticas**. 2. ed. Porto Alegre: Bookman, 2001.

FARIA, D.S.; CARNEIRO, K.S. **Sustentabilidade ecológica no turismo**. Brasília: UnB, 2001.

GÓMEZ, V. B. **Planificación económica del turismo: de una estrategia masiva a una artesanal**. México: Trillas, 1990.

HALL, C.M. **Planejamento turístico: política, processos e relacionamentos**. São Paulo: Contexto, 2001.

LICKORISH, L.J.; JENKINS, C.L. **Introdução ao turismo**. Rio de Janeiro: Campus, 2000.

McIntosh, R.W.; Goeldner, C.R.; Ritchie, J.R.B. **Turismo: planeación, administración y perspectivas.** México: Limusa, 1999.

Molina E.S.; Rodríguez A.S. **Planejamento integral do turismo.** Bauru: Edusc, 2001.

[OMT] Organização Mundial do Turismo. **Guia de desenvolvimento do turismo sustentável.** Porto Alegre: Bookman, 2003.

Pearce, D. Introdução: temas e abordagens. In: Pearce, D.; Butler, R.W. (Orgs.). **Desenvolvimento em turismo: temas contemporâneos.** São Paulo: Contexto, 2002, p.11-23.

Petrocchi, M. **Gestão de pólos turísticos.** São Paulo: Futura, 2001.

Rebollo, J.F.V. et al. **Planificación y gestión del desarrollo turístico sostenible.** Alicante, Instituto Universitario de Geografía, 2001.

Ruschmann, D. **Turismo e desenvolvimento sustentável: a proteção do meio ambiente.** Campinas: Papirus, 1997.

Sachs, I. **Caminho para o desenvolvimento sustentável.** Rio de Janeiro: Garamond, 2000.

Sancho, A. (Org.). **Introdução ao turismo.** São Paulo: Roca, 2001.

Theobald, W. F. Significado, âmbito e dimensão do turismo. In: _____. (Org.). **Turismo global.** São Paulo: Senac, 2001.

Trigo, L.G.G. **Turismo e qualidade: tendências contemporâneas.** 5. ed. rev. Campinas: Papirus, 1999.

Planejamento e Gestão de Turismo Comunitário Sustentável: 9
Metodologias PEC & SiGOS

Carlos Alberto Cioce Sampaio
Administrador, Furb
Valdir Fernandes
Cientista Social, Faculdade de Saúde Pública, Cepema-USP
Arlindo Philippi Jr.
Engenheiro Civil e Sanitarista, Faculdade de Saúde Pública da USP

INTRODUÇÃO

Parece oportuno iniciar este texto parafraseando Max-Neef (2005, p.8), inspirador economista chileno e ganhador do Prêmio Nobel Alternativo, quando se referiu à repentina valorização do não-urbano como uma opção turística, questionando: "realmente nos interessa o não-urbano ou somente descobrimos uma nova possibilidade de fazer negócios?".

Seguindo esse pensamento, não se trata de negar a possibilidade de fazer negócios, tampouco de ser contra o incremento do turismo, principalmente pelos novos elementos surgidos do paradigma da sustentabilidade.

Vivemos em um planeta que corre o risco de não ter a capacidade de absorver os impactos de um estilo de desenvolvimento essencialmente baseado na lógica do crescimento econômico e da socialização de prejuízos socioambientais. Conforme afirmam Graedel e Allenby (1996), não foram respeitados os dois princípios básicos da sustentabilidade ambiental, que são: não retirar dos ecossistemas mais do que sua capacidade de regeneração e não lançar a eles mais do que a sua capacidade de absorção.

Diante de tal contexto, cresce a busca por alternativas sustentáveis em todas as atividades impactantes. Como parte dessa busca, o turismo sustentável é uma alternativa ao turismo de massa e depredatório. Nesse sentido, uma de suas formas é o turismo de base comunitária, também conhecido como turismo de base sustentável. Esta atividade parte do fato de que ainda restam alguns modos de vida não-urbanos que podem sinalizar aprendizados sobre a sustentabilidade do desenvolvimento humano, mesmo que essas comunidades possuam desvantagens históricas e sejam consideradas, na lógica desenvolvimentista, modos de vida obsoletos. Mais recentemente, entretanto, as comunidades não-urbanas e seus modos de vida vêm sendo destino de atividades turísticas. São comunidades extrativistas,[1] pesqueiras artesanais,[2] de jangadeiros,[3] de ribeirinhos,[4] de pequenos agricultores familiares,[5] faxinalenses,[6] bem como as de indígenas, quilombolas,[7] caiçaras[8] e tantas outras.

A atividade turística de base sustentável, se bem planejada, pode ser uma oportunidade de valorizar essas comunidades e seus modos de vida; além disso, ela pode garantir a sua sobrevivência por meio da renda gerada pelo turismo.

No entanto, nesse contexto o desafio consiste em desenvolver o turismo sem descaracterizar essas comunidades, seu ambiente e seus modos de vida, ou seja, como promover o turismo em bases sustentáveis.

---

[1] Os extrativistas se utilizam do manejo da biodiversidade vegetal – cipós, fibras e ervas medicinais da floresta – e da caça e pesca animal (Diegues, 2000).

[2] Os pescadores artesanais estão inclusos na categoria extrativismo animal, contudo se diferenciam por habitarem zonas costeiras e ribeirinhas.

[3] Os jangadeiros estão inclusos na categoria extrativismo animal, porém se diferenciam por habitarem zonas costeiras do Nordeste.

[4] Os ribeirinhos estão inclusos na categoria extrativismo animal e vegetal, mas se diferenciam por habitarem as margens (ribeiras) dos rios, sobretudo no Norte do Brasil.

[5] Os pequenos agricultores familiares se caracterizam sobretudo pela agricultura de subsistência e vivem nas zonas rurais.

[6] Os faxinalenses são comunidades de pequenos agricultores familiares que possuem áreas comunais de criação pecuária e de proteção ambiental no Paraná.

[7] Os quilombolas são grupos de afro-descendentes cuja origem remete ao passado histórico, quando seus antecessores refugiaram-se nas florestas para escapar do antigo regime escravocrata ou de seus resquícios; esta comunidade tornou-se camponesa e possuidora de terra (Guanaes et al., in Diegues, 2004).

[8] Os caiçaras são frutos da miscigenação entre índios, portugueses e negros (em menor quantidade) que durante um longo período ficaram relativamente isolados na Mata Atlântica e no litoral de São Paulo. Eles vivem por meio da caça de subsistência, da agricultura itinerante, do extrativismo vegetal – palmito e cacheta – e da pesca artesanal (Diegues, 2000, p.140).

Reportando-se a Sachs (2003), os primeiros passos para a sustentabilidade nas suas várias dimensões são o planejamento e a gestão. O planejamento deve ser considerado um conjunto de ações intencionais, integradas e coordenadas que visam a tornar realidade os objetivos almejados. A gestão é considerada um "processo político administrativo de responsabilidade do poder constituído que, apoiado por uma participação social, é destinado a formular, implementar e avaliar políticas ambientais a partir da cultura, realidade e potencialidades de cada região em conformidade com os princípios de desenvolvimento sustentável" (Philippi Jr. e Maglio, 2004, p.221).

Contudo, o planejamento e a gestão devem ser sempre orientados por uma metodologia e de forma democrática, e o objetivo deste capítulo é sugerir uma metodologia de planejamento e gestão que tenha como finalidade contribuir para desenvolver o turismo em bases sustentáveis.

Nesse sentido, a partir de um conjunto de adaptações toma-se como ponto de partida as experiências de aplicação de metodologias de planejamento estratégico participativo (PEP), atualmente denominada planeação estratégica e comunicativa (PEC),[9] e gestão organizacional estratégica para o desenvolvimento sustentável (SiGOS). PEC é uma metodologia de planejamento estratégico elaborada de forma participativa, na qual são desenvolvidas técnicas de trabalho em equipe que estimulam a dinâmica de grupo e ao mesmo tempo constroem a sua singularidade organizacional e espacial de modo que possam emergir estratégias (Souto-Maior, 1994). As estratégias, por sua vez, consistem no tempo de resposta organizacional ao seu ambiente; trata-se da capacidade de antecipar o futuro, ou ainda, da capacidade de criar compatibilidade e integração com o meio ambiente organizacional (Porter, 1999; Mintzberg, 1987, 2001; Wall e Wall, 1996; Wilson, 1990). A segunda metodologia consiste na gestão organizacional estratégica para o desenvolvimento sustentável (SiGOS). É uma metodologia de gerenciamento de estratégias que sistematiza todo o processo de implantação e monitoramento de ações necessárias (Sampaio, 2000). As duas metodologias têm características que facilitam a produção, por meio de oficinas,

---

[9] Atualmente, utiliza-se a denominação Planeação Estratégica e Comunicativa (PEC) em vez de Planejamento Estratégico Participativo (PEP). Infelizmente, alguns autores passaram a aplicar a sigla PEP para qualquer processo de planejamento estratégico, desconsiderando o seu caráter construtivo e enaltecendo aspectos instrumentais que a metodologia sempre combateu.

do conhecimento organizacional e local e dos possíveis impactos que poderiam causar a sua volta. De maneira geral, pode-se apontar que o PEC centra-se na elaboração de estratégias, enquanto o SiGOS focaliza-se na implantação e na avaliação de estratégias.

Entende-se que tais metodologias, sobretudo quando usadas de maneira complementar, contribuem para suportar a complexidade dos processos de tomada de decisão, quando se pensa em políticas públicas de promoção do desenvolvimento sustentável, o que não difere da proposta de turismo de base sustentável, nas quais envolve uma diversidade de atores sociais com múltiplos interesses, sejam socioeconômicos ou sociopolíticos.

No caso do planejamento e da gestão organizacional do turismo, subentende-se que o organizacional refira-se ao território. Isto mostra que o planejamento e a gestão territorial são pensados como uma teia de organizações interconectadas. O fenômeno turismo, por sua vez, também possui natureza interorganizacional, além de sua natureza microespacial, composta por organizações localmente concentradas.

Assim, propõe-se um conjunto de adaptações do modelo híbrido PEC/SiGOS de modo a incorporar a ênfase interorganizacional e microespacial, tal como um arranjo socioprodutivo de base comunitária, quando se pensa em promover o turismo em bases sustentáveis. Em termos metodológicos, as adaptações do modelo híbrido PEC/SiGOS basearam-se nos estudos do Laboratório de Gestão de Organizações que promovem o Ecodesenvolvimento (LaGOE), da Universidade Regional de Blumenau (Furb). São estudos exploratórios de identificação de arranjos socioprodutivos de base comunitária que vêm sendo realizados desde 2004. Basearam-se também na pesquisa-ação participativa que implementa um piloto de arranjo socioprodutivo de base comunitária, conduzido pelo Instituto LaGOE-Curitiba. Esta pesquisa de Educação para o Ecodesenvolvimento realiza-se em uma zona laboratório, composta por quatro comunidades localizadas na microbacia do rio Sagrado, no município de Morretes (PR), Área de Preservação Ambiental de Guaratuba e a Reserva da Biosfera de Floresta Atlântica desde 2006.

ARRANJO SOCIOPRODUTIVO DE BASE COMUNITÁRIA

O termo arranjo socioprodutivo de base comunitária é oriundo da combinação entre as teorias Arranjo Produtivo Local (APL) e Arranjo Institucional (AI). Ambas as denominações, APL e AI, são tratadas na literatura como conceitos distintos. Contudo, como ressaltam Sampaio et al. (2007a), no contexto das pesquisas e das metodologias apresentadas neste capítulo entende-se que essas teorias são complementares, justificando que não há como dissociar a economia da política, mesmo na gestão comunitária.

O termo arranjo institucional designa um conjunto de inter-relações de entidades e normas legislativas que tem a finalidade de organizar as atividades societárias de modo a alcançar objetivos sociais (Fox, 1976). Diante do fortalecimento da sociedade civil ou ao menos da sua organização nos espaços sociopolíticos – como, por exemplo, as associações civis e movimentos sociais – e socioprodutivos – como as cooperativas e empresas comunitárias–, surgem arranjos institucionais coerentes com um novo estilo de desenvolvimento territorial sustentável. Para Sachs (2003, 2004), uma fórmula de fortalecimento do desenvolvimento sobretudo territorial se traduz na definição por meio de processos participativos de estratégias de Desenvolvimento Local Integrado e Sustentável (DLIS) que vêm ocorrendo em mais de 600 municípios carentes do Brasil com o apoio de órgãos governamentais como o Sebrae, por exemplo. O grande diferencial desse processo é o envolvimento das comunidades no âmbito de instâncias coletivas de participação, tais como conselhos e fóruns de desenvolvimento (municipais, regionais e estaduais).

O Arranjo Produtivo Local (APL), tradução brasileira para o termo *cluster* que é empregado na literatura internacional, pode ser considerado como gestão interorganizacional de um espaço territorial que desencadeia uma dinâmica dialética entre cooperação e competição com foco em um conjunto específico de atividades econômicas (Sachs, 2003; Lastres e Cassiolato, 2003a; 2003b). No entanto, estudos sobre o APL no Brasil concentram-se em micro e pequenas empresas; já os estudos sobre *clusters* vislumbram agrupamentos de empresas em uma região com sucesso extraordinário em determinado setor de atividade econômica na qual há predominância de grandes empresas (Porter, 1998; Albaglie e Brito, 2003).

Tornando mais complexa a problemática que trata de AI e APL, os arranjos socioprodutivos de base comunitária se qualificam como gestão interorganizacional socioeconômica e sociopolítica participativa e associativa, nas quais predominam o reconhecimento do entorno territorial onde há a possibilidade de uma maior valorização do modo de vida não-urbano e não necessariamente baseado no consumo, também caracterizado pela capacidade de gerar demandas e propostas que não se distanciam nem se desvinculam das nuanças e peculiaridades do cotidiano a partir do olhar das próprias pessoas (Fernandes e Sampaio, 2006). Assim, quando se trata de arranjo socioprodutivo de base comunitária privilegiam-se grupos organizados ou quase organizados e articulados, nos quais se consideram a complexidade da economia real e do fato político, ou seja: o complexo conjunto composto de empresas formais orientadas para o lucro, de empresas cujas características sejam predominantemente urbanas – empresas informais (pequena produção pré e protocapitalista) e cooperativas ou empresas da economia de comunhão e solidárias (voltadas para o mercado, mas não para o lucro individual) –, de empresas de características predominantemente rurais – produção familiar de autoconsumo – e de instâncias governamentais e demais instâncias da sociedade civil (Sampaio, 1996; Sachs, 2003).

TURISMO DE BASE SUSTENTÁVEL

A questão que se apresenta consiste em como equacionar melhor as vantagens das atividades do turismo em uma comunidade sem causar os problemas geralmente provocados pelo chamado turismo de massa: ociosidade de mão-de-obra local durante a maior parte do ano, elevação anormal de preços, especulação imobiliária, segregação entre nativos e visitantes, trânsito, violência, consumo de drogas, prostituição e vulgarização da autenticidade (Mercer, 2002).

O turismo de base sustentável é uma estratégia de comunicação social para que comunidades tradicionais com desvantagens históricas viabilizem modos de vida não necessariamente urbanos e baseados no consumo (Sampaio, 2007). De acordo com critérios geográficos, culturais e funções socioeconômicas, as comunidades se definem como um território isolado que compartilha costumes, usos, tradições e feixes de hábitos, e variam por modos de produção e distribuição (Barreto, 2004; Geertz, 1989).

Embora ainda possuam grau de descaracterização frente à hegemonia das sociedades urbanas industriais, tais comunidades são identificadas como tradicionais; o que possibilita encontrar no seu âmbito o principal atrativo do turismo de base sustentável, a convivencialidade, de inspiração solidária. Essa característica se tornou exótica no modo de vida urbano.

O termo convivencialidade é entendido por Illich como o inverso da produtividade industrial. Ele afirma que "a passagem da produtividade para a convivencialidade é a passagem da repetição da carência para a espontaneidade" (Illich, 1976). Aplicada ao turismo sustentável, a convivencialidade é entendida como uma relação social que se interessa pelo outro, pelo diferente, pela alteridade, pela autenticidade, respeitando a simplicidade das comunidades tradicionais, suas rotinas, seu jeito de falar, cantar, dançar, comer, entre outros aspectos. Na sua essência supera a mera relação de negócio, possibilitando resgatar e reconstruir a interconexão entre modos de vida distintos (congregando tipos de conhecimento – formal com tradicional – e culturas – ocidentalizadas com tradicionais) e entre sistemas sociais e ecológicos (Irving e Azevedo, 2002; Coriolano e Lima, 2003; Sampaio et al., 2006).

Nessa ambigüidade entre comunidades e seus modos de vida se encontra o conceito de território que pode ser definido como um espaço concreto da natureza no qual uma determinada sociedade reivindica e garante aos membros a possibilidade de direitos estáveis de acesso e uso sobre a totalidade ou parte da biodiversidade existente que nela deseja ou é capaz de utilizar (Godelier apud Diegues, 2000). Diegues complementa que o território fornece os meios de subsistência e de produção, e ao mesmo tempo cria uma dinâmica social que o diferencia tanto pelos seus modos de vida próprios quanto pelos seus aspectos físicos limitantes. O território é também o locus dos sistemas de representações, identidades, símbolos e mitos que as populações tradicionais constroem, pois é com base neles que agem sobre o seu meio ambiente. O imaginário popular, no caso das populações tradicionais, encontra mecanismos próprios de conservação da biodiversidade e podem determinar lugares da floresta e espécies específicas de fauna e flora como sagrados, restringindo assim áreas de visitação ao turismo (Diegues, 2000).

O turismo de base sustentável possibilita que visitantes tenham contato e possam compreender a importância da preservação da natureza (sistemas ecológicos) e da conservação de modos de vida tradicionais (sistemas sociais). Quando se referem às comunidades, especialmente as tradicionais, sabe-se que essas populações na sua grande maioria estão descaracterizadas em termos culturais em diferentes graus. Entretanto, o que importa é resgatar a identidade cultural das comunidades tradicionais ou o pouco que delas se deseja conservar. É necessário ressaltar que o contato com os visitantes estrangeiros fortalece ainda mais os laços com a população visitada, fato que contribui para que os encontros interpessoais minimizem ou desfaçam preconceitos entre as partes em contato (Pearce, 2002).

Além da convivencialidade, outro atrativo é o de vivenciar a dimensão espaço-tempo regulada pelo sol, pela lua e pelas chuvas, enfim, pelas estações do ano. Que o relógio de pulso do visitante seja substituído pelo ciclo natural de um modo de vida mais conectado com a natureza. Tais experiências têm sido organizadas e viabilizadas por organizações não-governamentais (ONGs) como o Instituto LaGOE e Agreco a um baixo custo, gerando trabalho e renda local; além disso, esses locais são monitorados como zona laboratório, constituindo redes de ajuda que articulam esforços para atender as demandas comunitárias e que, ao mesmo tempo, estreitam laços entre os próprios visitantes (McGehee, 2002; Sampaio et al., 2007b; 2007c).

O turismo pode ser também potencializador do resgate de aspectos étnicos sem necessariamente espetacularizar a autenticidade dessas culturas (Pagdin, 1995; Grünewald, 2002; Barretto, 2004). Conseqüentemente, a autenticidade não é um conceito fechado em si mesmo, ele é negociável em seu significado, isto é, todas as culturas que se tornaram viáveis ao longo do tempo refizeram a si próprias. Da mesma maneira, as culturas tradicionais não são estáticas, estão em constante mudança seja por fatores endógenos ou exógenos (Greenwood, 1982; Cohen, 1988; Nash, 1996; Diegues, 2000). Imaginar que exista atualmente a predominância de uma cultura ocidental homogênea seria um equívoco sobre tais argumentos.

DO PLANEJAMENTO À GESTÃO ORGANIZACIONAL ESTRATÉGICA PARA O DESENVOLVIMENTO SUSTENTÁVEL

Ao longo dos anos de estudo sobre planejamento e gestão organizacional, planejamento do desenvolvimento local e microrregional e planejamento para o desenvolvimento sustentável verificou-se na prática que o planejamento e a gestão possuem algumas propriedades e passos importantes a serem considerados e seguidos.

Um processo de planejamento e gestão é por si só um processo de tomada de decisão que leva em consideração o conhecimento organizacional e territorial, e conseqüentemente é um espaço de reflexão democrática e conscientização dos próprios problemas e das possíveis soluções para estes problemas. É por fim um espaço de escolha a partir do conhecimento e da reflexão produzida e dos critérios estabelecidos.

As etapas do planejamento podem ser divididas em três: elaboração, implantação e avaliação. A etapa de elaboração é aquela que propõe os problemas mais importantes que são questões estratégicas; a de implantação é a que soluciona os problemas; e a de avaliação é a que tenta garantir que as soluções dos problemas sejam de fato implantadas e os problemas resolvidos.

A gestão organizacional origina-se da etapa de implantação do planejamento. Ela consiste em assegurar que o que foi elaborado na etapa de planejamento seja de fato implantado. No processo de planejamento e gestão, os arranjos institucionais e o espaço local ainda são elementos importantes; são conceitos adjacentes construídos no presente texto a partir da teoria do planejamento do desenvolvimento sustentável que subsidiam a construção das dimensões de sustentabilidade e da própria proposição de um modelo de gestão organizacional estratégica, resumidamente denominado SiGOS.

O modelo SiGOS começou a ser construído a partir da teoria da administração que fornece uma diversidade de metodologias de gestão organizacional. O estudo, porém, limitou-se apenas às metodologias de gestão organizacional, enfocando a relação entre organização e meio ambiente conhecida como gestão organizacional estratégica. Entre essas metodologias tratou-se do planejamento estratégico, da administração estratégica e do pensamento estratégico. De maneira resumida, esses enfoques se distinguem pelo tratamento dado ao pensamento e à ação: o planejamento estratégico prima pelo pensamento sobre a ação; a administração estratégica prima pela ação a partir do pensamento; e o pensamento estratégico integra o pensamento e a ação (Sampaio, 2000).

Segundo esse enfoque, a gestão organizacional estratégica divide-se em duas ações técnicas: ação intra-organizacional e ação extra-organizacional. A ação intra-organizacional trata dos critérios internos da organização (eficiência de processos e eficácia de resultados), e a ação extra-organizacional lida com os critérios externos da organização (efetividade para os beneficiados).

Sampaio (2000) aponta que, dada a complexidade da gestão organizacional estratégica, são utilizadas ferramentas de gestão administrativa que simplificam o seu equacionamento e sua operacionalização denominadas gestão operacional. As ferramentas de gestão operacional, diferentemente das metodologias organizacionais, trazem embutidas em seus conceitos equações simples e de fácil aplicação.

Entre as metodologias de gestão operacional utiliza-se a gerência por projetos, a gerência institucional e os indicadores de efetividade. A gerência por projetos, segundo Midler (1995), organiza as ações estratégicas para que elas se tornem ainda mais passíveis de serem implementadas. A gerência institucional, adaptando-se as idéias de Souto-Maior (1994) e Bertrand (1995), tem a função de retroalimentar, de acordo com a visão sistêmica, todos os projetos estratégicos para que eles sejam realmente implementáveis. E os indicadores de efetividade, conforme Kaplan e Norton (1997), ajudam a organização a melhor dimensionar os seus resultados intra-organizacionais, relacionando-os com os extra-organizacionais.

Para complementar e suplementar a teoria da gestão organizacional estratégica recorre-se ao enfoque do planejamento para o desenvolvimento sustentável, partindo-se das pesquisas de Ignacy Sachs e de sua equipe do Centre International de Recherche d'Environnement e Developement (Cired).

Sachs (2003) defende que as políticas estatais sejam capazes de organizar a governança no seu significado democrático, com espaço de discussão para todas as pessoas envolvidas no processo de desenvolvimento. Ou seja, são fundamentais as parcerias entre instituições públicas e privadas capazes de gerar arranjos institucionais e produtivos que são formas de organização e de redes horizontais de cooperação geradoras de políticas públicas flexíveis para que seja possível a adequação às especificidades.

Nessa mesma perspectiva, Philippi Jr. e Malheiros (2007) propõem que a gestão ambiental local deva ser entendida como um processo político administrativo cujos atores centrais são o governo e todo o aparato estatal, a sociedade civil e as organizações empresariais. O objetivo desse processo deve ser a inserção da dimensão ambiental no processo de tomada de decisão local, considerando a realidade e as potencialidades de cada região e os princípios do desenvolvimento sustentável, que, segundo Sachs (1986a, 1986b), pressupõe três premissas gerais: a consideração do local e o seu desenvolvimento (o nível local é onde a vida acontece); a participação da sociedade civil no planejamento (agentes do processo de desenvolvimento); e dimensões de sustentabilidade (qualidade do desenvolvimento que se quer). Essas três premissas são também o ponto de partida e o ponto de chegada do modelo PEC/SiGOS.

MODELOS PEC & SiGOS

O pressuposto central e comum das metodologias PEC e SiGOS é o de que as pessoas detêm o conhecimento organizacional e local, e a potencialização desse conhecimento é elemento estratégico no processo de planejamento e gestão. A partir desse pressuposto a aplicação das duas metodologias consiste na extração, sistematização e potencialização do conhecimento organizacional e/ou local, dos seus arranjos institucionais e dos seus *stakeholders*. Trata-se da utilização do conhecimento surgido de experiências empíricas a partir do viver subjetivo das pessoas e que é utilizado de forma objetiva em seus cotidianos (Fernandes e Sampaio, 2006).

As metodologias PEC e SiGOS já foram aplicadas em organizações privadas, públicas e do terceiro setor, entre elas destacam-se: a) municípios: Pomerode, Doutor Pedrinho, Palhoça, Rancho Queimado, Santo Amaro da Imperatriz, São José do Cerrito e Gaspar; b) organizações: Tribunal de Contas do Estado (TCE), Fundação do Meio Ambiente (Fatma), Partido Verde, Hospital Universitário da Universidade Federal de Santa Catarina (HU-UFSC), Centro de Ciências Humanas e da Comunicação (CCHC) e Programa de Pós-Graduação em Administração (PPGAD), ambos da Universidade Regional de Blumenau (Furb); c) associações de municípios: do Oeste Catarinense (Amosc), Alto Vale do Rio do Peixe (Amarp) e Extremo Sul Catarinense (Amesc), Federação Catarinense de Municípios (Fecam), Centro de Estudos e Promoção da Agricultura de Grupo (Cepagro), Fundação Água Viva e Movimento Pró-Qualidade de Vida no distrito do Pântano do Sul em Florianópolis; d) Sub-bacia hidrográfica do Ribeirão Belchior (experiência intitulada Programa de Gestão Integrada e Interdisciplinar de Projetos Ambientais na Sub-bacia do Ribeirão Belchior no município de Gaspar (SC) que foi premiada em 2001 entre as doze melhores práticas urbanas brasileiras pelo Centro das Nações Unidas para Assentamentos Urbanos (ONU/Habitat/LAC); e) Empresa Comercial Fios Bona Ltda., com sede em Curitiba, e Distribuidora Alternativa de Publicações, com sede em Florianópolis; e f) Companhia Integrada de Desenvolvimento Agrícola de Santa Catarina (Cidasc), parte do Programa de Reestruturação Organizacional desta empresa, o Pró-Cidasc.

Um dos pressupostos da gestão organizacional orientada pelas duas metodologias apresentadas neste capítulo consiste na participação dos agentes organizacionais no processo de planejamento e de gestão da sua organização, relevando o conhecimento e as capacidades individuais. A participação pode e deve ser orientada para transformar boas idéias em ações efetivas, portanto, não faz sentido fomentar a participação dos membros de uma organização se esta não visualizar uma ação efetiva em sua gestão e suas decisões. Nesse sentido, o planejamento participativo deve ser uma forma de intervir na realidade que passa por três momentos cruciais: pela autocrítica, pelo diálogo aberto e pela ação dos interessados (Demo, 1993).

Assim, tanto o planejamento como a gestão em geral conduzem a resultados que extrapolam o âmbito local ou o da organização. Por exemplo, participantes de oficinas de planejamento e gestão local, ou de uma organização, ao relevarem os impactos sofridos referem-se a locais vizinhos ou a outras organizações que com eles se relacionam.

As duas metodologias referenciadas neste texto vêm sendo aplicadas sobretudo em organizações públicas de abrangência municipal, microrregional e estadual (organizações públicas e chamadas do terceiro setor). A metodologia PEC/SiGOS (Figura 9.1) inicia-se a partir da delimitação do espaço territorial e microrregional que compõem o arranjo institucional constituído e na identificação das organizações e respectivas relações que compõem tal arranjo (etapa 1). A seguir são esclarecidos o ideário e a vocação organizacional ou local com ênfase na relação com o seu entorno (etapa 2). O terceiro passo é a análise do ambiente externo: oportunidades e ameaças caracterizadas por fatores que influenciam a organização e o local; e do ambiente interno: pontos fortes e fracos que são controlados pela organização e/ou pelo local (etapa 3).

Por fim, identificam-se os problemas organizacionais e/ou locais mais importantes que são as questões estratégicas (etapa 4).

Em seguida, aplica-se a etapa ação *estratégica* que tem como finalidade desenvolver soluções referenciais para os problemas essenciais da organização. Essa etapa decompõe-se em propostas sonhadoras, que são aquelas que solucionam as questões estratégicas; em obstáculos, que são aqueles que impedem que as propostas sonhadoras se concretizem; e em ações concretas, que são aquelas que removem os obstáculos às propostas sonhadoras (etapa 5).

Em seguida, as ações estratégicas são agrupadas em projetos estratégicos, que serão submetidos ao processo de gerência por projetos. A gerência por projetos é uma ferramenta organizacional e interorganizacional que se utiliza de uma estrutura matricial para implantar e monitorar sistematicamente um conjunto (projeto) de ações facilitadoras e seus respectivos responsáveis. Pela complexidade dessa estrutura, os projetos devem ser muito bem detalhados, prevendo todos os passos: nome do projeto, objetivo, justificativas, coordenador do projeto, critérios avaliativos, metas, prazos de início e término, orçamento por fonte de recurso e ações facilitadoras que compõem o projeto (etapa 6: projetos estratégicos).

Figura 9.1 – Metodologia PEC/SiGOS.

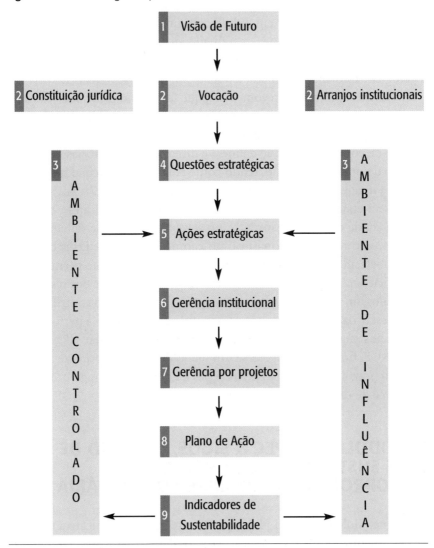

Fonte: Adaptada de Sampaio e Fernandes 2007.

O passo seguinte é aplicar a etapa gerência institucional, que é uma metodologia organizacional de ênfase interorganizacional, valendo-se também de uma estrutura matricial para implantar e monitorar sistematicamente um conjunto de projetos e seus respectivos coordenadores. Esse conjunto de projetos compõe o plano como um todo. A gerência institucional divide-se em quatro subetapas: a avaliação de performance, que tem como objetivo avaliar os projetos e todas as suas ações facilitadoras utilizando-se de critérios avaliadores que sugerem um indicador de desempenho que pode ser entendido com uma meta; o sistema de informações gerenciais (SIG), que tem a finalidade de organizar de modo computadorizado ou até mesmo manual todos os dados de um determinado sistema em informações operacionais e, por sua vez, transformá-los em gerenciáveis; a política de recompensa, que tem como prioridade estimular e motivar os coordenadores responsáveis e a equipe de trabalho dos projetos de modo que as metas possam ser atingidas de maneira viável; e o plano de comunicação, que delineia e direciona as estratégias de comunicação de uma organização, tendo como finalidade principal institucionalizar a imagem da organização/interorganização (etapa 7). Em seguida, aplica-se a etapa indicadores de sustentabilidade, identificando critérios de efetividade de uma organização no seu objetivo, que se reflete no seu entorno (extra-organizacional) ou no campo de atuação. Esses critérios são estabelecidos pela própria organização de maneira que permita avaliar a eficiência dos seus processos, bem como a efetividade dos resultados alcançados, ou seja, se a organização ou a interorganização contribui para o bem-estar da população. Para demonstrar graficamente a performance de projetos sugere-se a representação em polígono regular (Figura 9.2) (etapa 8). E, finalmente, sugere-se um plano de ação que priorize as ações de curto prazo, parametrizadas nas ações de médio e de longo prazo cujo objetivo é de oxigenar todo o plano (etapa 9).

METODOLOGIAS PEC & SiGOS, TURISMO DE BASE SUSTENTÁVEL E ARRANJOS SOCIOPRODUTIVOS DE BASE COMUNITÁRIA

A metodologia híbrida planeação estratégica e comunicativa (PEC) e gestão organizacional estratégica para o desenvolvimento sustentável (SiGOS), pensada especificamente para o turismo de base sustentável,

Figura 9.2 - Representação em polígonos dos indicadores de efetividade.

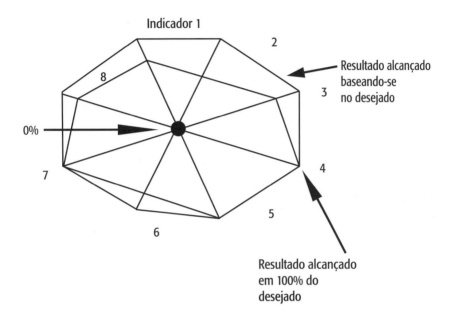

Fonte: Sampaio 1999.

induz um conjunto de adaptações a partir do modelo original normalmente aplicado. Esse conjunto de adaptações evidencia a ênfase interorganizacional e microespacial considerando a realidade socioeconômica e a abordagem do arranjo socioprodutivo de base comunitária, a partir das quais emerge a proposta de um arranjo socioprodutivo de base comunitária, aproveitando o modelo híbrido PEC/SiGOS e suas etapas.

As etapas 1, arranjo institucional, e 2, visão e missão, da metodologia original PEC e SiGOS estão suficientemente preparadas para lidar com a ênfase interorganizacional e microespacial socioeconômica. Nesse sentido, considerando-se o turismo de base sustentável, os atores não podem se limitar apenas a secretaria municipal de turismo, associações de artesãos e de agricultores, mas também recorrer a atores socioeconômicos, tais como operadoras de turismo favoráveis a tradições autóctones. Portanto, os atores sociais convidados devem representar o *trade* que engloba o arranjo socioprodutivo de base comunitária, de maneira que não só atores sociopolíticos sejam representados.

Para identificar os atores sociopolíticos e socioeconômicos é necessário considerar que o arranjo socioprodutivo de base comunitária é composto por uma microrrede interorganizacional principal que desencadeia outras microrredes. A microrrede principal não é a mais importante do arranjo, mas é aquela que tem como função replicar as demais. Na constituição dessa rede maternal há encadeamentos produtivos verticais à montante (para trás) e à jusante (para a frente). Assim, a relação vertical predominante entre fornecedor-produtor caracteriza-se como à montante, e a relação produtor-distribuidor caracteriza-se como à jusante. A microrrede possui também encadeamentos produtivos horizontais. A relação horizontal predominante é entre produtores (serviços e bens) terceirizados, respeitando os principios do desenvolvimento sustentável (Sampaio et al., 2004; Dias, 2004). Essa dinâmica pode ser mais bem compreendida a partir da Figura 9.3.

Figura 9.3 – Microestrutura para um arranjo socioprodutivo de base comunitária.

	Encadeamento produtivo vertical (a montante)	
Encadeamento produtivo horizontal (organização de apoio)	Microrrede principal	Encadeamento produtivo horizontal
	Encadeamento produtivo vertical	

Fonte: Baseado em Sampaio et al. 2004, inspirado em Sachs 2003.

Para se constituir uma microrrede interorganizacional são utilizados encadeamentos produtivos da economia comunitária. Os encadeamentos produtivos são as relações interorganizacionais pelas quais passam e vão sendo transformados e transferidos insumos, produtos intermediários e acabados, processos de produção, distribuição e pós-venda. Cada membro ou conjunto de membros do encadeamento se especializa em etapas distintas do ciclo econômico (Albagli e Brito, 2003).

A etapa 3, ambiente externo e interno, além das oficinas presenciais, deve considerar também uma lista das oportunidades, ameaças, pontos fortes e fracos sugerida pelos demandantes socioeconômicos, baseando-se nas microrredes do arranjo socioprodutivo de base comunitária. Isso porque as organizações e interorganizações que atuam na atividade turística nem sempre se localizam próximas do território (microespacialidade) que se planeja. No entanto, é possível influenciar ou até mesmo interferir política e economicamente como as redes nacionais e internacionais de certificação de turismo sustentável ou comunitário.

Conseqüentemente, as etapas 4, questões estratégicas, e 5, ações estratégicas, reproduzem os problemas mais importantes e suas respectivas soluções para viabilizar de maneira efetiva o arranjo socioprodutivo de base comunitária em torno do turismo de base sustentável.

As etapas 6, gerência por projetos, 7, gerência institucional, e 8, indicadores de sustentabilidade, são ferramentas que se utilizam de estruturas matriciais, típicas da gestão interorganizacional, para implantar e monitorar projetos que atendam a estrutura formada pelo conjunto de microrredes do arranjo socioprodutivo de base comunitária visando o turismo de base sustentável. Essas etapas completam o processo político e proporcionam a gestão dos problemas locais agrupados e organizados nos projetos; garantem a participação democrática e organizada; e possibilitam medir a qualidade e efetividade do processo e dos seus resultados.

CONSIDERAÇÕES FINAIS

O conjunto de adaptações ao modelo híbrido PEC/SiGOS proposto neste capítulo tem por objetivo contribuir para que as premissas da sustentabilidade sejam contempladas na promoção do turismo de base sustentável. Essas adaptações foram propostas considerando que a Metodologia PEC/SiGOS tem mostrado a partir de várias aplicações ser capaz de planejar, implantar e monitorar estratégias que surgem de maneira participativa e construtiva no âmbito do espaço territorial e interorganizacional, que é o contexto de um arranjo socioprodutivo de base comunitária.

O planejamento e a gestão buscam aprofundar o conhecimento sobre o espaço territorial e o organizacional sobre o qual se quer agir, ou seja, aonde se quer chegar e qual é o ideário a ser atingido. Nesse sentido, para atingir tais objetivos, o planejamento do turismo em bases sustentáveis pressupõe: 1) considerar fundamentalmente as três premissas propostas por Sachs (1986a, 1986b); 2) considerar que o planejamento e a gestão contemplam um conjunto de etapas e estas etapas envolvem pressupostos que emergem durante o próprio processo, a saber: a) trata-se de um processo que ocorre em uma determinada base territorial, isto é, materializa-se no nível concreto; b) envolve a mediação de interesses econômicos e políticos que muitas vezes precedem as ações concretas e, portanto, contemplam um processo político e de tomada de decisão potencialmente conflitantes, no qual são definidas prioridades que nem sempre são unânimes; c) deve ser sistêmico contemplando as dimensões ambiental, social, econômica, institucional e todos os demais envolvidos; d) deve envolver profissionais de diferentes áreas de conhecimento, visando um enfoque interdisciplinar, necessário para compreender a complexidade trabalhada que melhor qualifica a realidade envolvida. Os arranjos socioprodutivos, se bem planejados, potencializam modos de produção de comunidades tradicionais e consistem em matéria-prima necessária para o turismo de base sustentável.

REFERÊNCIAS

ALBAGLI, S.; BRITO, J. **Glossário de arranjos e sistemas produtivos e inovativos locais: uma nova estratégia de ação para o SEBRAE.** Disponível em http://www.ie.ufrj.br/redesist/Glossario/Glossario%20Sebrae.pdf. Acessado em: 1 mar. 2003.

BARRETO, M. Relações entre visitantes e visitados: um retrospecto dos estudos socioantropológicos. **Turismo em Análise**, São Paulo, v. 15, n. 2, p. 133-149, 2004.

BERTRAND, A. (Coord.). **Vers la gestion locale communautaire des ressources renouvelables: propositions d'une politique de décentralisation de la gestion des ressources renouvelables.** Paris: Ministére Français de la Coopération, 1995.

COHEN, E. Authenticity and commoditization in tourism. **Annals of Tourism Research**, v. 15, n.3, p. 371-386, 1988.

[CMMAD] COMISSÃO MUNDIAL SOBRE O MEIO AMBIENTE E DESENVOLVIMENTO. **Nosso Futuro Comum.** Rio de Janeiro: FGV, 1991.

CORIOLANO, L.N.; LIMA, L.C. (Orgs.). **Turismo comunitário e responsabilidade socioambiental.** Fortaleza: Eduece, 2003.

DEMO, P. **Participação é conquista.** São Paulo: Cortez, 1993.

DIAS, A. Fomento de um arranjo produtivo turístico local ecodesenvolvimentista (APTLE): fórum da Agenda 21 local da Lagoa de Ibiraquera. **Trabalho de Conclusão de Curso (Curso de Graduação em Turismo e Lazer).** Fundação Universidade Regional de Blumenau, 2004.

DIEGUES, A.C.S. **O mito moderno da natureza intocada.** São Paulo: Hucitec, Núcleo de Apoio à Pesquisa sobre Populações Humanas e Áreas Úmidas Brasileira. USP, 2000.

FERNANDES, V.; SAMPAIO, C.A.C. Formulação de estratégias de desenvolvimento com base no conhecimento local. **RAE eletrônica,** v. 5, 2006.

FOX, I.K. Institutions for water management in a changing world. **Natural Resources Journal,** New Mexico, v. 16, p. 743-758, out. 1976.

GEERTZ, C. **A interpretação das culturas.** Rio de Janeiro: LTC, 1989.

GODARD, O.; CERON, J.P.; VINAKER, K. et al. Desarrollo endógeno y diferenciación de espacios de desarrollo: un esquema de análisis para el desarrollo local. **Estudios Territoriales,** n. 24, p. 135-147, 1987.

GRAEDEL, T.E.; ALLENBY, B.R. **Design for Environment.** AT&T, 1996.

GREENWOOD, D. Cultural authenticity. **Cultural Survival Quarterly,** v. 6, n. 3, p. 27-28, 1982.

GRÜNEWALD, R.A. Tourism and cultural revival. **Annals of Tourism Research,** v. 29, n. 4, p. 1004-1021, 2002.

GUANAES, S.; LIMA, S.A.; PORTILHO, W.G. Quilombos e usos sustentáveis. In: DIEGUES, A.C.; VIANA, V. M. **Comunidades tradicionais e manejo de recursos naturais da mata Atlântica.** São Paulo: Hucitec/Nupau/CEC, 2004.

ILLICH, I. **A convivencialidade.** Lisboa: Europa-América, 1976.

IRVING, M.; AZEVEDO, J. **Turismo: o desafio da sustentabilidade.** São Paulo: Futura, 2002.

KAPLAN, R.S.; NORTON, D.P. **A estratégia em ação: balanced scorecard.** Rio de Janeiro: Campus, 1997.

LASTRES, H.M.M.; CASSIOLATO, J.E. Novas políticas na era do conhecimento: o foco em arranjos produtivos e inovativos locais. **Parcerias Estratégicas.** Brasília: CGEE, n. 17, p. 5-29, set. 2003a.

LASTRES, H.M.M.; CASSIOLATO, J.E. **Políticas para promoção de arranjos produtivos e inovativos locais de micro e pequenas empresas: conceito, vantagens e restrições dos equívocos usuais.** Disponível em: http://www.ie.ufrj.br/redesist/Artigos/LasCas%20seminario%20pol%EDtica%20Sebrae.pdf. Acessado em: 25 nov. 2003b.

MAX-NEEF, M. Prefácio. In: SAMPAIO C.A.C. **Turismo como fenômeno humano: princípios para se pensar a socioeconomia sob a denominação turismo comunitário.** Santa Cruz do Sul: Edunisc, 2005.

MCGEHEE, N.G. Alternative tourism and social movements. **Annals of Tourism Research**, v. 29, n. 1, p. 124-143, 2002.

MERCER, D. A difícil relação entre o turismo e a população nativa: a experiência da Austrália. In: THEOBALD, W.F. (Org.). **Turismo global.** São Paulo: Senac, 2002.

MIDLER, C. Une affaire d'apprentissage collectif. **L'Expansion Management Review**, n. 76, mar. 1995.

MINTZBERG, H. The strategy concept II: another look at why organizations need strategies. **California Management Review**, outono, 1987.

_____. **Os 5 pontos da estratégia.** In: MINTZBERG, H.; QUINN, J.B. O processo da estratégia. Porto Alegre: Bookman, 2001.

NASH, D. **Antropology of tourism.** Nova York: Pergamon, 1996.

OSTROM, E. **Governing the commons: the evolution of instituions for collective action.** Cambrigde: Universty Press, 1990.

PAGDIN, C. Assessing tourism impacts in the third world. **Progress in Planning**, v. 44, 1995.

PEARCE, P. A relação entre residentes e turistas: literatura sobre pesquisas e diretrizes de gestão. In: THEOBALD, W.F. (Org.). **Turismo global.** São Paulo: Senac, 2002.

PHILIPPI JR., A.; MAGLIO, I.C. Política e gestão ambiental: conceitos e instrumentos. In: PHILIPPI JR., A.; PELICIONI, M.C.F. **Educação ambiental e sustentabilidade.** Barueri: Manole, 2004 (Coleção Ambiental).

PHILIPPI JR., A.; MALHEIROS, T.F. Gestão ambiental local: estratégia para integrar qualidade ambiental urbana e desenvolvimento humano. In: SANTANA, A.P. (Ed). **Planejamento Urbano e Avaliação do Impacte na Saúde.** Coimbra: Universidade de Coimbra; 2007

PORTER, M.E. Clusters and the neweconomics of competition. **Harvard Business Review.** *Boston.* Harvard University, v. 76, n. 6, p. 77-90, nov./dec. 1998.

_____. **Competição: estratégias competitivas essenciais.** Rio de Janeiro: Campus, 1999.

SACHS, I. **Ecodesenvolvimento: crescer sem destruir.** São Paulo: Vértice, 1986a.

_____. Espaços, tempos e estratégias do desenvolvimento. São Paulo: Vértice, 1986b.

_____. **Inclusão social pelo trabalho: desenvolvimento humano, trabalho decente e o futuro dos empreendedores de pequeno porte.** Rio de Janeiro: Garamond, 2003.

SACHS, I. **Desenvolvimento: includente, sustentável, sustentado.** Rio de Janeiro: Garamond, 2004.

SAMPAIO, C.A.C. Arranjos institucionais para o desenvolvimento sustentável local. **Revista de Administração Municipal.** Rio de Janeiro, v. 43, n. 219, p. 71, 1996.

_____. **Gestão organizacional estratégica para o desenvolvimento sustentável.** Itajaí: Univali, 2000.

_____. El turismo como fenómeno histórico. **Estudios y Perspectivas del Turismo**, v. 13, p. 290-300, 2004.

_____. Turismo como fenômeno humano: princípios para pensar a ecossocioeconomia do turismo e sua prática sob a denominação turismo comunitário. **Turismo em Análise (USP)**, v. 18, p. 148-165, 2007.

SAMPAIO, C.A.C.; CEBERIO, I.L.; DALLABRIDA, I.S. et al. Arreglo sociopolítico y socioproductivo de base comunitaria: la enseñanza a partir de la experiencia de las cooperativas de Mondragón. In: 8º CONGRESO NACIONAL DE ESTUDIOS DEL TRABAJO/ASOCIACIÓN ARGENTINA DE ESPECIALISTAS EN ESTUDIOS DEL TRABAJO (ASET), 2007, Buenos Aires. **Anales ...**, Buenos Aires, 2007a.

SAMPAIO, C.A.C.; CARVALHO, M.B.; ALMEIDA, F.H.R. Turismo comunitário: projeto piloto montanha beija-flor dourado (Micro-bacia Rio Sagrado, Morretes, Paraná). **Turismo: Visão e Ação**, v. 9, p. 249-266, 2007b.

SAMPAIO, C.A.C.; MANTOVANELI JR., O.; PELLIN, V. et al. Acuerdo productivo local de base comunitaria como estrategia que promueve el ecodesarrollo: análisis de las experiencias brasileñas de Bonito (MS), Laguna de Ibiraquera (Garopaba e Imbituba, SC) y Santa Rosa de Lima (SC). **Estudios y Perspectivas en Turismo**, v. 16, p. 216-233, 2007c.

SAMPAIO, C.A.C.; BERBERI, A.; DREHER, M. Arranjo socioprodutivo local de base comunitária. In: III ENCONTRO DA ASSOCIAÇÃO NACIONAL DE PÓS-GRADUAÇÃO E PESQUISA EM AMBIENTE E SOCIEDADE (ANPPAS), 2006, Brasília (DF). **Anais...**, Brasília, 2006.

SAMPAIO, C.A.C.; MUNDIM, R.S.A.; DIAS, A. Arranjo produtivo local voltado para a promoção do turismo ecológico comunitário na área da Lagoa de Ibiraquera (Garopaba e Imbituba, SC). In: VIII ENCONTRO NACIONAL DE TURISMO COM BASE LOCAL (ENTBL), 2004, Curitiba. **Anais...**, Curitiba, 2004.

SOUTO-MAIOR, J. Planejamento estratégico participativo: uma abordagem para o setor público. In: XVIII ENANPAD, CURITIBA, 26 A 28 DE SETEMBRO DE 1994. **Anais...**, Curitiba: Anpad, v. 3, p. 57-74, 1994.

WALL, S.J.; WALL, S.R. **Os novos estrategistas: criando líderes em todos os níveis da organização.** São Paulo: Futura, 1996.

WILSON, Ian. The state of strategic planning: what went wrong? What goes rights? **Technological Forecasting and Social Change**, n. 37, p. 103-110, 1990.

Avaliação Ambiental Estratégica no Turismo | **10**

Emílio Lèbre La Rovere
Engenheiro Elétrico e Economista, UFRJ
Diego do Nascimento Bastos
Economista, UFRJ
Heliana Vilela de Oliveira Silva
Engenheira Civil, UFMT
Izabella Mônica Vieira Teixeira
Bióloga, Secretaria de Estado do Meio Ambiente-RJ

INTRODUÇÃO

Vários instrumentos e procedimentos de Avaliação Ambiental (AA) têm sido desenvolvidos na perspectiva de atender, de forma efetiva, aos requisitos da gestão do meio ambiente.[1] O processo de evolução da AA permite identificar uma concepção inicial, que busca complementar os projetos de desenvolvimento, concebidos sem a percepção dos potenciais danos ambientais, associados à sua implantação. Retrata, também, a formulação de um instrumento voltado a apoiar a tomada de decisão ambiental e que considera suas implicações sociais, econômicas e ambientais.

A Avaliação de Impacto Ambiental (AIA) surgiu em 1969, quando da publicação pelos Estados Unidos de sua Política Nacional de Meio

---

[1] A gestão ambiental deve possibilitar que seja estabelecido um balanço entre o desenvolvimento de atividades, o nível e o tipo de efeito que essas atividades determinam, a base de recursos naturais e a capacidade de renovação desses recursos. Envolve a integração de recursos, do desenvolvimento e da proteção do meio ambiente, por intermédio do estabelecimento de elos ou conexões entre planejamento, avaliação, implementação e gerenciamento das atividades que afetam o meio ambiente (Jones et al., 2005).

Ambiente.[2] Após quase 40 anos de prática, é possível observar a consolidação de um dos seus propósitos: ampla aceitação da avaliação das implicações ambientais de propostas de desenvolvimento e a sua integração ao processo de tomada de decisão, em particular no que diz respeito à viabilidade ambiental de projetos. A AIA é adotada atualmente em diversos países, regiões e governos locais, assim como por organizações internacionais e entidades privadas. Ela é reconhecida em tratados internacionais como um mecanismo potencialmente eficaz de prevenção do dano ambiental e de promoção do desenvolvimento sustentável (Sánchez, 2006).

No Brasil, a avaliação ambiental foi adotada em 1981, a partir da aprovação da Política Nacional de Meio Ambiente (PNMA). Definida como instrumento de política ambiental, a AIA tornou-se obrigatória em 1986, com a adoção da Resolução Conama 001/86, que estabelece as bases para o Estudo de Impacto Ambiental (EIA), vinculado ao licenciamento ambiental de projetos.

No contexto internacional, uma das tendências da AIA é a sua aplicação a políticas, planos e programas (PPP).[3] Nessa perspectiva, a prática de AIA no âmbito de PPP é conhecida como Avaliação Ambiental Estratégica (AAE). Na União Européia (UE), a AAE ganhou contornos mais amplos ao ser utilizada para a consecução de objetivos de desenvolvimento sustentável.

O objetivo deste texto é discutir a contribuição que a AAE pode trazer para o processo de interlocução entre os setores de turismo e meio ambiente, em especial, quando se trata do uso de ativos ambientais. Inicialmente, foi feita uma breve conceituação do uso e aplicação da AAE, em que foram apresentadas três iniciativas de aplicação deste instrumento, envolvendo o setor de turismo nas Ilhas Fiji, em Honduras e na república da Bielo-Rússia. Em seguida, foi descrita a experiência brasileira na Costa Norte, envolvendo os estados do Ceará, Piauí e Maranhão. Ao final, analisou-se comparativamente a estrutura metodológica de cada uma das AAE,

---

[2] National Environmental Policy Act (Nepa).

[3] **Política:** linha de conduta geral ou direção que o governo adota ou adotará, apoiada por juízos de valor que orientem seus processos de tomada de decisões. Equivale a uma combinação dialética entre objetivo e diretriz; **Plano:** estratégia composta de alternativas e medidas, incluindo a definição de prioridades, elaborada para viabilizar a implementação de uma política; **Programa:** agenda organizada de compromissos, propostas, instrumentos e atividades necessários para implementar uma política, podendo ou não estar integrada a um plano, incluindo estabelecimento de metas e atribuições de responsabilidades.

a partir de critérios de desempenho preestabelecidos pela International Association for Impact Assessment (IAIA) e do processo de AAE proposto por Levett-Therivel (Office of the Deputy Prime Minister, 2004). Por último, foram apresentadas as conclusões pertinentes.

AVALIAÇÃO AMBIENTAL ESTRATÉGICA: MARCO CONCEITUAL

A Avaliação Ambiental Estratégica é um instrumento de gestão ambiental, que integra o conjunto dos instrumentos de AIA, e que tem a sua aplicação especialmente voltada a políticas, planos e programas, situando-se, portanto, em um contexto de análise anterior à fase de definição de projetos.

Em termos mais precisos, pode-se admitir como representativas das demais as duas seguintes definições de AAE:

- "A AAE é um procedimento sistemático e contínuo de avaliação da qualidade e das conseqüências ambientais de visões e de intenções alternativas de desenvolvimento, incorporadas em iniciativas de políticas, planos e programas, assegurando a integração efetiva de considerações biofísicas, econômicas, sociais e políticas, o mais cedo possível em processos públicos de tomada de decisões" (Partidário, 2003).

- "A AAE consiste em um processo formal, sistemático e abrangente de avaliação dos efeitos ambientais de uma política, plano ou programa e suas alternativas, incluindo a preparação de um relatório escrito com os resultados da avaliação, bem como o uso destes resultados em um processo público de tomada de decisão" (Thérivel, 1992).

Como se percebe, esse instrumento pode contribuir para uma decisão ambientalmente amigável e facilitar a abordagem da sustentabilidade, uma vez que não limita seu enfoque aos aspectos ecológicos, ampliando-o para uma abordagem social e econômica. Possibilita, também, a identificação e a avaliação de impactos cumulativos e, com isso, melhora a eficiência da avaliação ambiental, reduzindo a complexidade do processo de AIA de projetos ao ser adotado em etapas anteriores, ainda na fase de concepção de políticas, planos e programas.

A AAE tem o potencial de identificar projetos que sejam prejudiciais ao meio ambiente, ou redirecionar projetos antes que decisões irreversíveis sejam tomadas, como a aquisição de terras, seleção de propostas de desenvolvimento e compromissos financeiros. Por este motivo o crescente uso da AAE não representa uma substituição da AIA, mas sim um complemento prévio, que pode garantir benefícios ambientais em longo prazo, disponibilidade de recursos para as próximas gerações e, finalmente, levar ao desenvolvimento sustentável (Alshuwaikhat, 2004).

A AAE é utilizada como uma abordagem fundamental no processo de aprimoramento da performance da Avaliação de Impacto Ambiental e como um valioso instrumento na integração dos aspectos ambientais no processo de tomada de decisão e na busca de objetivos sustentáveis (Partidário, 1996).

A adoção da AAE é capaz de fornecer subsídios importantes aos tomadores de decisão a respeito de estratégias alternativas, além de informações atuais e projetadas sobre os efeitos, em larga escala, do uso de recursos ambientais, qualquer que seja a instância de planejamento: setorial ou regional, público ou privado. Nesse sentido, permite a mobilização dos atores sociais relevantes (*stakeholders*), a identificação de problemas e a proposição de alternativas à solução de conflitos de interesses. Permite, também, o estabelecimento de vínculos entre as políticas setoriais e ambientais e a integração entre os diversos órgãos da Administração Pública. Para isso, é necessário sistematizar dados e informações (ambientais, sociais, econômicas, geográficas, dentre outras) a fim de que sirvam de base confiável aos estudos a desenvolver.

Por seu valor intrínseco, a AAE ganhou espaço na agenda dos países desenvolvidos a partir dos anos de 1990, estendendo-se a alguns países em desenvolvimento e firmando-se como um instrumento relevante de avaliação ambiental que pode auxiliar gestores, planejadores e formuladores de políticas públicas.

Fatores que dizem respeito aos sistemas e às metodologias adotadas podem limitar o desenvolvimento da AAE. Quando ocorrem, as limitações revelam que a efetividade da AAE está vinculada a traços culturais dos tomadores de decisão em face das questões ambientais e de uma visão de futuro mais compatível com o desenvolvimento sustentável. Todavia, o próprio processo de implementação deve possibilitar que parte dessas limitações seja revista ou eliminada. O Quadro 10.1 sintetiza as principais limitações relacionadas aos sistemas e metodologias de AAE.

Quadro 10.1 - Limitações dos sistemas e metodologias de Avaliação Ambiental Estratégica.

Limitações associadas aos sistemas	Limitações associadas às metodologias
• Dependem de vontade política para a sua efetividade; • Alguns processos de planejamento não são claros, são não-lineares e complexos, o que causa a redução da efetividade da abordagem racional e técnica da AAE; • Instituições públicas raramente exercem as suas funções de forma integrada, o que faz com que a avaliação e a abordagem da questão ambiental, que, usualmente, não se limita às competências de uma única instituição, seja complexa e problemática; • A necessidade de manutenção da confidencialidade de planos de governo restringe a efetividade da AAE.	• Escalas geográficas e horizontes de tempo muito amplos e uma gama de alternativas inerentes aos processos de avaliação de PPP podem complicar a aplicação da AAE; • Conflitos ou confusão entre as fases de planejamento e de AAE são comuns e, se não bem conduzidos, podem levar a atrasos no processo; • Procedimentos sólidos ou robustos para possibilitar a integração da AAE ao processo de elaboração de PPP são raros, o que limita a sua influência na tomada de decisão; • Métodos que permitem o encadeamento de processos de avaliação entre os diferentes níveis de decisão (PPP) são limitados; • Técnicas de avaliação qualitativa são pouco desenvolvidas; • A AAE ainda é pouco instrumentalizada para lidar com a incerteza que caracteriza muitos dos sistemas ambientais; • Os níveis de consulta e de participação da sociedade nos sistemas de AAE variam e há ausência de consenso de como assegurar as representações resultantes; • Monitoramento não é sempre adotado, reduzindo a chance da AAE se desenvolver interativamente.

Fonte: Jones et al. 2005.

Relacionados à necessidade de atenuar essas limitações, a International Association for Impact Assessment (IAIA) definiu uma série de critérios de desempenho para orientar a construção de processos de AAE e avaliar a efetividade dos processos existentes. Assim, de acordo com a IAIA (2002), para garantir a qualidade é necessário que o processo de AAE seja:

- **Integrado:** garantir a avaliação ambiental apropriada de todas as decisões estratégicas para se alcançar o desenvolvimento sustentável; considerar as inter-relações entre os aspectos biofísicos, sociais e econômicos; associar-se às políticas de outros setores e regiões relevantes e, quando apropriado, à AIA de projetos e à tomada de decisão;

- **Direcionado para a sustentabilidade:** facilitar a identificação das opções de desenvolvimento e alternativas mais sustentáveis;

- **Focado:** fornecer informações suficientes, confiáveis e úteis para o planejamento e tomada de decisão; concentrar-se nos aspectos-chave do desenvolvimento sustentável; adequar-se às características do processo de tomada de decisão; ser eficiente, em termos de custo e tempo;

- **Responsável:** responsabilizar o interessado pela tomada de decisão estratégica; realizar-se com profissionalismo, rigor, justiça, imparcialidade e equilíbrio; sujeitar-se à revisão e verificações independentes; documentar e justificar como os aspectos da sustentabilidade foram levados em consideração na tomada de decisão;

- **Participativo:** informar e envolver, no processo de tomada de decisão, instituições sociais e de governo, interessadas e afetadas; incorporar explicitamente suas sugestões e preocupações nos documentos e na tomada de decisão; possuir requisitos de informação claros e facilmente compreensíveis e garantir o acesso suficiente a todas as informações relevantes;

- **Interativo:** garantir a disponibilidade dos resultados da avaliação suficientemente cedo para influenciar o processo de tomada de decisão e inspirar o planejamento futuro; fornecer informação suficiente sobre os impactos atuais da implementação de uma decisão estratégica, permitindo julgar se a decisão deveria ser tomada e estabelecer a base para futuras decisões.

Quanto às diferenças encontradas entre os vários tipos de AAE, as mesmas relacionam-se à amplidão de suas aplicações, que abrangem desde tratados internacionais, processos de privatização, programas operacionais de ajustamento e de estruturação, orçamentos nacionais, planos plurianuais de investimento, propostas de legislação e regulamentação, políticas globais e setoriais, planejamento físico de uso do solo, planejamento dos recursos hídricos, até planejamentos setoriais.

Os diversos contextos e objetivos de aplicação da AAE, somados ao complexo processo de tomada de decisão, fazem com que várias metodologias alternativas sejam sugeridas para sua realização. Dependendo da abordagem adotada e da disponibilidade de informação, são observados diversos procedimentos técnicos. Um aspecto importante é que a metodologia deve estar baseada em diálogos qualificados e estruturados, ao invés de métodos sofisticados de predição e avaliação. O processo deve ser transparente, de forma que todos os envolvidos possam compreender o como e o porquê dos resultados a serem alcançados.

O propósito da AAE, diferentemente da AIA, não é ser um procedimento administrativo formal, rigidamente regulado, que esteja voltado para a elaboração de um relatório como produto final. Deve, sim, estar focado na melhoria do processo de tomada de decisão, na qualidade das decisões finais das políticas, planos e programas (Partidário, 2000).

A decisão de realizar ou não a AAE depende da amplitude da decisão estratégica, do nível de comprometimento do meio-ambiente e do balanço entre os impactos ambientais adversos e os ganhos econômicos e sociais almejados (Brasil, 2002). Pode-se dizer que a literatura internacional sugere as seguintes etapas para a realização da AAE:

- Seleção de propostas de decisão estratégica;
- Estabelecimento de prazos;
- Definição do conteúdo da avaliação;
- Avaliação dos impactos estratégicos;
- Documentação e participação;
- Revisão;
- Decisão;
- Acompanhamento da implementação da decisão estratégica.

No Brasil, a incorporação da dimensão ambiental no planejamento setorial constitui um passo imprescindível rumo à sustentabilidade dos modelos e estratégias de desenvolvimento. Nesse contexto, a AAE surge como um instrumento de gestão capaz de subsidiar a tomada de decisão a respeito de políticas, planos e programas de governo, promovendo o diálogo entre os diferentes setores, na busca de alternativas de desenvolvimento ambientalmente equilibradas, economicamente viáveis e socialmente justas.

A constituição da Comissão de Monitoramento Ambiental e Avaliação do Plano Plurianual criou um espaço privilegiado para a discussão das diretrizes sobre o planejamento e oportunidade para o Ministério do Meio Ambiente propor a reflexão sistemática acerca da necessidade de inserção da AAE no contexto de elaboração do Plano Plurianual (PPA), de forma a assegurar a efetiva conciliação do desenvolvimento socioeconômico com a conservação do meio ambiente (Brasil, 2005).

A atual situação político-institucional do Brasil pode ser considerada favorável para a introdução dessa inovação metodológica nos processos de proposição e decisão de políticas públicas e nas suas estratégias de implementação. Contudo, há que se tornar mais compartilhada a rede de interlocução entre os agentes governamentais, bem como os correspondentes processos de planejamento.

ESTADO DA ARTE DA AVALIAÇÃO AMBIENTAL ESTRATÉGICA NO SETOR DE TURISMO

Constata-se que tem sido cada vez mais freqüente a utilização da AAE como instrumento de gestão ambiental e, mais especificamente, como auxílio ao planejamento e à tomada de decisão em diferentes setores. Como se sabe, a atividade turística vem apresentando um crescimento significativo nas últimas décadas, assumindo um papel importante no cenário econômico mundial e representando uma parcela cada vez maior na balança comercial de diversos países. Nesse sentido, a AAE é um instrumento que pode subsidiar o planejamento do setor turístico e possibilitar a identificação e a resolução de conflitos ligados às questões de uso racional dos recursos ambientais.

Os produtos com base em atrativos naturais caracterizam-se como um dos grandes motivadores das viagens de turismo. Nesse sentido, o meio ambiente e seus recursos são fundamentais para o desenvolvimento da atividade turística, de modo que o seu uso racional e sustentável pode ser imprescindível para a prosperidade de um destino.

O setor de turismo apresenta-se como uma promissora alternativa para o desenvolvimento sustentável, desde que adequadamente planejado e objeto de efetiva execução e avaliação, no sentido de potencializar seus impactos positivos e prevenir ou minimizar os negativos. A atividade turística mal planejada influencia, direta e negativamente, a qualidade de vida da população e a satisfação dos turistas. Pode provocar danos aos ecossistemas e à cultura das comunidades receptoras, o que acaba por tornar insustentável o próprio turismo e comprometer a qualidade do meio ambiente para as futuras gerações.

De acordo com Cater (IAIA, 2002; Jones et al., 2005), para ser sustentável, qualquer forma de turismo deve atender às necessidades da população receptora em termos de padrões de qualidade de vida, no curto e no longo prazo, satisfazer às demandas de um número crescente de turistas e continuar a atraí-los e proteger o meio ambiente de forma a garantir essa dinâmica.

Existem algumas experiências importantes no setor de turismo, promovidas por instituições que se destacam internacionalmente, no que diz respeito à aplicação da AAE, especialmente:

- AAE do Plano de Desenvolvimento Turístico de Fiji (WWF, 2003), realizada pela WWF, em parceria com o Banco Asiático de Desenvolvimento (ADB);
- AAE da Estratégia de Turismo para a Costa Norte de Honduras, Ilhas Bay e Vale de Copán (World Bank, 2004), realizada pelo Banco Mundial;
- AAE do Programa de Desenvolvimento Turístico da República da Bielo-Rússia, 2006–2010 (UNDP, 2005), realizada pelo Programa de Desenvolvimento das Nações Unidas (UNDP), em parceria com o Centro Ambiental Regional para a Europa Central e do Leste (REC).

No Brasil, após o estudo de diversos casos no cenário internacional e discussões nacionais promovidas pelo Ministério do Meio Ambiente, foram definidas algumas diretrizes de aplicação da AAE, bem como seus objetivos e benefícios, tendo sido considerado, entre outros, o setor de turismo como prioritário.

O país abriga recursos naturais e culturais que constituem atrativos importantes, cuja preservação é imprescindível para a sustentabilidade dos destinos e das atividades turísticas em longo prazo. No planejamento do setor, a preocupação do Ministério do Turismo com o desenvolvimento sustentável está cada vez mais presente, e é neste contexto que se propõe a utilização da AAE. Assim, uma experiência pioneira de aplicação da AAE foi realizada na segunda fase do Programa de Desenvolvimento Turístico do Nordeste (Prodetur/NE II), em um segmento da faixa costeira, denominado Costa Norte, entre os municípios de Jijoca de Jericoacoara, no

GESTÃO AMBIENTAL E SUSTENTABILIDADE NO TURISMO

Ceará, e Barreirinhas, nos Lençóis Maranhenses, incluindo todos os municípios costeiros do Piauí e a região turística do Delta do Parnaíba.

Os quatro casos de AAE aplicada ao setor de turismo selecionados (Fiji, Honduras, Bielo-Rússia e Brasil) são brevemente descritos nos próximos tópicos, seguindo-se sua análise comparativa com base nos critérios de desempenho propostos pela IAIA e no processo de AAE de Levett-Therivel, que serviu de base para o estudo realizado em Fiji.

AAE DO PLANO DE DESENVOLVIMENTO TURÍSTICO DE FIJI

O Banco Asiático de Desenvolvimento (ADB), em cooperação com o governo da Nova Zelândia, deu início à formulação da Estratégia Ambiental Regional do Pacífico. Para tal, foram realizados estudos voltados para o desenvolvimento e teste de ferramentas e abordagens, como a Avaliação Ambiental Estratégica (AAE), para a integração de políticas públicas. A partir daí, seriam identificadas estratégias apropriadas para incorporar a dimensão ambiental nas intervenções de desenvolvimento econômico e social da região.

Nesse contexto, a *WWF – South Pacific Programme* (SPP) e o ADB formaram uma parceria para realização da "Avaliação Ambiental Estratégica do Plano de Desenvolvimento Turístico de Fiji". Esse estudo de caso foi escolhido pelo ADB e o Governo da Nova Zelândia porque o turismo é a indústria que cresce mais rapidamente em Fiji, com impactos potencialmente significativos no ambiente natural e social (WWF, 2003). Por outro lado, estava também prevista a revisão e a atualização do mencionado Plano, face à expectativa de crescimento do turismo e às ameaças que poderiam oferecer ao ambiente natural e à cultura local.

Segundo a estratégia definida, Fiji deveria sair de um ritmo modesto de aumento do número de acomodações/leitos, para um crescimento em grande escala de sua indústria turística, elevando o turismo a um outro patamar. Esse crescimento era visto como fundamental para compensar as perdas da decadente indústria do açúcar na região. O Plano estabeleceria, então, uma série de ações para auxiliar nesse processo de mudança.

A AAE, enquanto ferramenta de integração de considerações ambientais ao processo de tomada de decisão, pôde, no caso, garantir que os efeitos ambientais significativos do Plano fossem levados em consideração. Assim, identificaram-se os prováveis impactos da sua execução, a partir de uma linha de base envolvendo os aspectos ambientais, sociais e econômicos e as tendências de desenvolvimento previstas, que foi comparada aos objetivos de sustentabilidade estabelecidos, com a finalidade de:

- Subsidiar a revisão do Plano e permitir que o Ministério do Turismo e seus parceiros propusessem ações sustentáveis;
- Testar a utilidade da AAE como uma ferramenta para aprimorar a sustentabilidade ambiental na região da Ásia-Pacífico com a perspectiva de utilizá-la cada vez mais noutras regiões.

Como elementos críticos da AAE, merecem destaque: os efeitos cumulativos, indiretos e sinérgicos; a integração das metas ambientais, sociais e econômicas; os resultados previstos, as opções e as alternativas ao Plano; e o processo de consulta pública.

A estrutura metodológica, com base no processo de AAE, proposto por Levett-Therrivel (Office of the Deputy Primer Minister; *in* WWF, 2003), envolveu:

- Introdução, descrição dos antecedentes e da racionalidade do estudo de caso;
- Objetivos e escopo, equipe, consulta e participação;
- Identificação dos elementos críticos e descrição do processo da AAE;
- Identificação de planos e programas relevantes e influências no Plano;
- Definição de objetivos de sustentabilidade, indicadores e metas;
- Construção da linha de base: aspectos ambientais, sociais e econômicos, estado do meio ambiente, pressões, tendências e incertezas associadas ao crescimento do setor;
- Avaliação de impactos das alternativas de desenvolvimento e comparação com os objetivos de sustentabilidade;
- Discussão de alternativas sustentáveis, identificação dos fatores críticos e das restrições existentes;
- Conclusões e recomendações;
- Lições aprendidas.

Segundo as conclusões da AAE em consideração, existem áreas em Fiji onde o desenvolvimento turístico, por suas condições precárias, vem causando sérias degradações ambientais. Algumas pressões ambientais, como no caso dos corais, geram impactos que tendem a se tornar irreversíveis, afetando o equilíbrio da região e resultando em danos ambientais de longo prazo. Embora o turismo proporcione benefícios econômicos considerá-veis para Fiji, estes são bem menores quando comparados ao gasto bruto dos turistas. De acordo com o estudo, há estimativas de que mais de 60% desses recursos não permanecem na região. A queda na produção de outros setores, especialmente o agroindustrial (açúcar), deixa a economia de Fiji muito dependente apenas do setor de turismo.

Conquanto muitos empresários e operadores de turismo de Fiji sigam as boas práticas recomendadas para o setor, existem falhas estruturais que dificultam a garantia de posturas similares em toda a cadeia produtiva. Muitas políticas, leis e regulamentos ainda não entraram em vigor ou ainda não foram implementadas ou aplicadas adequadamente. Nessas condições, o crescimento mais acelerado do turismo, proposto no Plano, iria afetar o equilíbrio de Fiji como um todo. Esse tipo de desenvolvimen-to exerce uma pressão muito forte sobre o meio ambiente, em termos de uso dos recursos naturais e em função da poluição gerada. Nesse caso, bus-car um crescimento mais acelerado do desenvolvimento do turismo ten-derá a causar problemas para boa parte dos objetivos de sustentabilidade. Em particular, é provável que venham a aumentar as tensões entre os empresários do turismo, os donos de terras e as comunidades locais.

Parece ser necessária uma abordagem mais cautelosa com o desenvol-vimento futuro do turismo na região, concedendo-se prioridade à maxi-mização dos benefícios e à salvaguarda das vantagens que Fiji possui, con-siderando-se os recursos e restrições existentes e evitando-se qualquer ação que possa causar danos ambientais sérios ou criar novas tensões sociais.

A completa implementação da estrutura institucional e de regula-mentação para a avaliação e gestão ambiental, incluindo capacitação pro-fissional continuada e fortalecimento dos órgãos responsáveis, é um requi-sito para que a expansão do turismo seja sustentável. As avaliações de impacto, sobretudo, suas conclusões, devem, por isso, constituir-se em ins-trumento concreto de ação dos gestores, de todos os níveis, caso se preten-da que sirvam de guia ao desenvolvimento do turismo, sendo necessário, ainda, que exista um sistema de apoio administrativo eficiente, capaz de imprimir operacionalidade às decisões tomadas.

AAE DA ESTRATÉGIA DE TURISMO PARA A COSTA NORTE DE HONDURAS, BAY ISLANDS E COPÁN VALLEY

O turismo é a terceira atividade mais importante na economia de Honduras, em termos de participação no Produto Interno Bruto (PIB); o governo pretende transformar o país no principal destino turístico da América Central até o ano 2021 (World Bank, 2004). Para auxiliar o processo de planejamento desse crescimento, o Instituto de Turismo de Honduras (IHT) preparou uma Estratégia Regional para a Costa Norte (Honduras) que, mais tarde, serviria de base para uma estratégia nacional. Além da Costa Norte de Honduras, as Ilhas Bay (Bay Islands) e o Copán Valley, foram consideradas regiões com potencial para o desenvolvimento do turismo.

A AAE foi realizada com apoio do Banco Mundial para garantir uma abordagem estratégica e subsidiar o processo de planejamento do setor de turismo de Honduras. Não se tratou de uma avaliação abrangente e exaustiva, uma vez que a proposta era definir um quadro de referência, com foco em cenários de desenvolvimento, identificação dos impactos e avaliação das principais inter-relações entre diferentes setores.

No caso, o objetivo do quadro de referência é o de estimular um debate bem estruturado sobre o desenvolvimento e a execução da estratégia de turismo, apresentando uma visão geral das implicações ambientais e sociais do desenvolvimento do turismo nas três regiões contempladas.

Em função do escopo limitado, não foi possível, na prática, desenvolver as análises com detalhes, mas a intenção era mesmo a de estimular futuros trabalhos e sugerir caminhos a serem seguidos.

A estrutura metodológica da AAE está, no caso, baseada em um modelo de planejamento que prevê a utilização de técnicas de mapeamento cognitivo, permitindo, assim, mais clareza no exame das suposições a respeito do desenvolvimento e das mudanças sociais e organizacionais, considerando-se as questões de complexidade, interconexão e risco. Utilizou-se também modelagem de cenários para "olhar para o futuro" do desenvolvimento do setor de turismo de Honduras, com o método proposto por Dalal-Clayton e Sadler (apud World Bank, 2004), objetivando caracterizar os impactos, de acordo com vários critérios, entre positivos ou negativos, cumulativos, de longo ou curto prazo. Assim, a AAE foi estruturada como se segue:

- Introdução, apresentação da metodologia e antecedentes;

- Construção da linha de base: análise dos elementos prováveis da estratégia do governo para o desenvolvimento do turismo, levantamento das principais informações sobre o setor de turismo e identificação e análise dos projetos relevantes;

- Montagem do quadro de referência: identificação dos impactos e externalidades da natureza dinâmica e complexa do turismo, análise das principais interligações entre o turismo e outros setores, dando-se ênfase a temas como pobreza, educação, empregos e benefícios locais, transporte, energia, telecomunicações, saúde, saneamento, comunidades locais e áreas protegidas;

- Avaliação dos principais impactos sociais e ambientais do desenvolvimento do turismo e das externalidades, de acordo com a estratégia regional do governo;

- Construção de cenários sobre o desenvolvimento do turismo na Costa Norte de Honduras e no Copán Valley, com base nas principais prioridades do governo e em fatores externos;

- Conclusões e recomendações.

As conclusões reforçam a existência, em Honduras, de atrativos naturais – praias, recifes de coral e florestas – e culturais, capazes de torná-lo um destino atraente para os turistas. A deterioração desses atrativos irá levar, inevitavelmente, ao declínio do número de visitantes. Se bem planejado e administrado, entretanto, o turismo pode se tornar, como já observado, um importante vetor do desenvolvimento econômico do país.

Mas a estratégia do governo de Honduras parece apresentar duas falhas em potencial: a primeira está relacionada à impossibilidade de distribuição equilibrada dos benefícios do crescimento do turismo para a população, a menos que sejam tomadas medidas para desenvolver pequenas empresas e melhorar o capital humano no setor de turismo; e a segunda, à expectativa de crescimento presente na estratégia, que não garante que medidas para proteger o ambiente natural sejam tomadas a tempo. Já há indícios de degradação e exploração acima da capacidade de suporte dos recursos naturais em algumas localidades.

O desenvolvimento do turismo em Honduras implica em uma série de riscos ambientais. Os principais problemas estão associados ao lançamento de esgoto, à disposição de resíduos sólidos, ao desmatamento, à erosão das praias e à degradação dos recifes de coral e de outros habitats naturais. Há, em particular, um potencial de degradação dos ecossistemas e da biodiversidade em função da estratégia do governo de acelerar o turismo envolvendo áreas frágeis, sem o prévio controle.

Um fator complicador na previsão de impactos são as inter-relações setoriais existentes: o turismo afeta diversos setores, indiretamente, e o efeito total do desenvolvimento do turismo é a soma de todos os impactos diretos e indiretos. Algumas das principais inter-relações são aquelas que ocorrem entre o turismo, de um lado, e a pobreza, a necessidade de infra-estrutura, a educação e a saúde, de outro.

O turismo pode ser uma grande oportunidade para o país, mas, também, pode constituir-se numa grande ameaça. É preciso que o processo seja realizado da maneira apropriada ou não será capaz de produzir os resultados esperados, melhoria das condições de vida de todos os cidadãos de Honduras. Se o desenvolvimento do turismo pode contribuir para a redução da pobreza, é fundamental envolver os segmentos mais pobres da sociedade no respectivo processo, o que pode ser feito com a organização de programas de treinamento, workshops, além de auxílio à organização e financiamento de pequenas empresas, sendo certo que a grande informalidade dessas empresas foi identificada como um dos problemas atuais.

É importante que a estratégia de turismo seja desenvolvida de acordo com a capacidade dos municípios de suportar o aumento do fluxo turístico, o que não será possível sem capacitação, programas e diretrizes específicas. É fundamental que sejam garantidos os recursos financeiros e treinamento para os órgãos municipais de meio ambiente, cuja capacitação não é um benefício decorrente do crescimento do turismo, mas, sim, um pré-requisito para este crescimento.

AAE DO PROGRAMA DE DESENVOLVIMENTO TURÍSTICO DA REPÚBLICA DA BIELO-RÚSSIA

Entre janeiro e outubro de 2005, o Programa de Desenvolvimento das Nações Unidas (UNDP), em parceria com o Centro Ambiental Regional para a Europa Central e do Leste (REC), realizou, na república da Bielo-Rússia, um projeto piloto de Avaliação Ambiental Estratégica do Progra-

188 | GESTÃO AMBIENTAL E SUSTENTABILIDADE NO TURISMO

ma de Desenvolvimento Turístico para o quadriênio 2006–2010 (UNDP, 2005). Os principais objetivos eram:

- Testar e demonstrar as possíveis aplicações práticas do Protocolo de AAE,[4] da Comissão Econômica das Nações Unidas para a Europa (Unece), visando satisfazer as exigências em relação à participação e consulta pública;
- Propor recomendações para aprimorar e complementar o Programa Nacional de Desenvolvimento Turístico.

A AAE foi conduzida para identificar os possíveis impactos ambientais do Programa, os quais foram separados em alguns componentes, como água, solo, biodiversidade, ar e o gerenciamento de resíduos. Além dos impactos ambientais, os potenciais impactos do Programa, sobre a saúde e o bem-estar da população, também foram analisados. O relatório da AAE foi submetido à apreciação dos atores sociais relevantes e discutido com a população. A AAE foi organizada de acordo com a seguinte estrutura:

- Introdução;
- Construção da linha de base: principais fatores ambientais e de saúde e bem-estar que afetam ou são afetados pelo Programa;
- Identificação de políticas, planos e programas relevantes, análise das relações do Programa com as políticas e atos legislativos nas áreas de meio ambiente, saúde e desenvolvimento sustentável e sua compatibilidade com as metas, objetivos e áreas estratégicas;
- Comparação dos objetivos do Programa com os objetivos de desenvolvimento sustentável: saúde pública, uso sustentável da água, recursos do solo e da atmosfera, gerenciamento de resíduos e conservação da biodiversidade;

---

[4] O Protocolo de Avaliação Ambiental Estratégica – que determina que os países participantes avaliem as conseqüências ambientais dos seus planos e programas oficiais e garantam a participação pública no processo de tomada de decisão dos governos, em determinados setores – foi assinado em Kiev (Ucrânia), em maio de 2003.

- Avaliação de impactos: matriz com as atividades propostas para implementar o Programa, agrupadas por área ou tema, em relação aos fatores ambientais — ar, solo, águas superficiais e subterrâneas, fauna e flora, monumentos naturais, história, cultura, saúde e bem-estar da população e dos turistas. De acordo com o impacto que podem causar aos fatores ambientais selecionados, as atividades foram avaliadas: positivas, negativas ou neutras;
- Avaliação dos mecanismos de implementação do Programa e do monitoramento, envolvendo aspectos econômicos e financeiros, organização, investimento, infra-estrutura, informação etc. e proposição de indicadores quantitativos;
- Conclusões e recomendações divididas em três grupos: propostas para minimizar ou evitar possíveis impactos do Programa, face aos objetivos de sustentabilidade, proposta para tornar o Programa mais equilibrado e propostas de novos caminhos para o desenvolvimento do setor de turismo.

As conclusões enfatizaram que a execução do Programa terá impactos positivos e negativos sobre o meio ambiente e a saúde e bem-estar da população. Apesar de algumas deficiências terem sido identificadas, o Programa está de acordo com as políticas e com a maioria dos atos legislativos e o seu objetivo é compatível com as perspectivas de longo prazo para o desenvolvimento do setor de turismo. Outro aspecto positivo é que ele inclui ações voltadas para resolver alguns problemas sociais e ecológicos, como o incentivo às pequenas empresas, limpeza e restauração de áreas de lazer, construções que utilizam tecnologias energeticamente mais eficientes e sistemas de tratamento de ar e água.

Os objetivos e as prioridades, entretanto, limitam-se ao desenvolvimento econômico do setor de turismo, sem se preocupar com aspectos importantes, como o uso sustentável dos recursos naturais e suas respectivas capacidades de suporte, em relação à recreação e uso turístico, ou seja, às pressões antropogênicas, não atendendo plenamente às exigências da legislação ambiental do país.[5]

---

[5] Environmental Protection Act.

GESTÃO AMBIENTAL E SUSTENTABILIDADE NO TURISMO

O Programa também não leva em consideração as exigências do Código de Águas local, que prevê o monitoramento das áreas naturais pelos responsáveis por fontes de impactos ambientais severos. Tampouco reflete as diretrizes relativas ao turismo ecológico em áreas protegidas, bem como a questão da disposição do lixo nessas áreas.

O desenvolvimento do setor de turismo utiliza os recursos naturais e as heranças culturais e históricas do país. Para impedir que o seu crescimento seja comprometido, devem ser feitos esforços para melhorar o estado do meio ambiente e da saúde e bem-estar da população.

AAE DO PROGRAMA DE DESENVOLVIMENTO DO TURISMO NA COSTA NORTE DO BRASIL

O Ministério do Turismo, no âmbito do Programa de Desenvolvimento Turístico do Nordeste II (Prodetur/NE II), realizou uma AAE com o objetivo de subsidiar a formulação da estratégia de desenvolvimento turístico na Costa Norte, identificando suas oportunidades e ameaças. Essa estratégia se consolidará com o Plano de Desenvolvimento Integrado do Turismo Sustentável da Costa Norte (PDITS-CN).

A aplicação da AAE, no âmbito do Prodetur–NE II, está definida como uma ação de caráter estratégico, no contexto do processo de planejamento do desenvolvimento do turismo, em suas áreas de atuação, frente aos possíveis impactos ambientais negativos associados às intervenções propostas pelo Programa. O Ministério introduziu, no Prodetur/NE II, uma nova abordagem de gestão do turismo, a partir da integração de pólos turísticos estaduais. A primeira iniciativa ocorreu na região costeira interestadual, denominada Costa Norte (CN), que abrange doze municípios litorâneos dos estados do Ceará, Piauí e Maranhão.

A estratégia de planejamento compreendeu dois processos distintos e integrados, visando fornecer diretrizes para a elaboração do PDITS-CN: a proposição de uma "Estratégia de Desenvolvimento Turístico da Costa Norte" (Brasil, 2006) e a adoção da "Avaliação Ambiental Estratégica" (Lima/MTur, 2007).

A elaboração da AAE para a Costa Norte utilizou metodologia proposta pelo Laboratório Interdisciplinar de Meio Ambiente[6], com base em

---

[6] A metodologia utilizada no estudo "Avaliação Ambiental Estratégica da Costa Norte" foi elaborada pela equipe de pesquisadores do Laboratório Interdisciplinar de

estudos similares, realizados para outros setores produtivos e na experiência internacional, no setor de turismo. Do ponto de vista da abordagem metodológica, deve-se ressaltar que sua concepção, além de propiciar a identificação das possíveis implicações socioambientais concernentes ao Programa, possibilitou a mobilização da sociedade, por intermédio de atores sociais relevantes, em torno do debate sobre as perspectivas do desenvolvimento do turismo na Costa Norte.

A expectativa é a de que os resultados obtidos possam oferecer subsídios à formulação de um procedimento metodológico passível de ser adotado nas demais regiões beneficiadas pelo Prodetur, em conformidade com os compromissos definidos nos termos contratuais entre o governo brasileiro e o Banco Interamericano de Desenvolvimento (BID) e gerar insumos à elaboração do PDITS-CN. A AAE foi estruturada da seguinte forma:

- Introdução, antecedentes e o propósito da adoção da AAE no planejamento do turismo no Brasil;

- Objetivos e escopo da AAE;

- Processo de consulta e participação da sociedade;

- Identificação dos planos e programas relevantes e avaliação das implicações para o desenvolvimento do turismo na Costa Norte;

- Construção da linha de base: caracterização e análise dos aspectos ambientais, sociais, econômicos, de uso do solo, institucionais, do turismo e identificação dos principais fatores de tensões e potenciais conflitos/sinergias com outras propostas de uso de ativos ambientais;

- Fornecimento de subsídios para definição dos objetivos de sustentabilidade e da visão de futuro dos decisores locais, envolvendo o turismo sustentável;

- Construção de cenários: "cenário de referência", seguindo a tendência atual do turismo na região e "cenários de desenvolvimento", considerando as possíveis intervenções;

Meio Ambiente, do Instituto de Pesquisa e Pós-Graduação de Engenharia (Coppe) da Universidade Federal do Rio de Janeiro (UFRJ).

GESTÃO AMBIENTAL E SUSTENTABILIDADE NO TURISMO

- Avaliação qualitativa dos impactos associados aos cenários alternativos;
- Avaliação dos cenários frente aos objetivos de sustentabilidade;
- Conclusões e recomendações;
- Lições aprendidas.

O uso da AAE no planejamento do turismo na CN possibilitou uma visão crítica das oportunidades e dos riscos associados ao desenvolvimento dessa atividade, que é fortemente baseada em ecossistemas naturais vulneráveis. Permitiu, também, que fossem avaliadas as principais implicações socioambientais do atual processo de desenvolvimento do turismo, suas tendências e contradições em torno de uma perspectiva de sustentabilidade.

A região da CN tem no turismo sua principal vocação, o que define uma perspectiva de desenvolvimento, embora não a única. A região é homogênea quanto aos atrativos turísticos e quanto à mobilização do poder público estadual ao promover o desenvolvimento dessa atividade como fator estruturante para o desenvolvimento regional e local, em que é senso comum que ele depende do turismo. Não há uma percepção crítica sobre outros potenciais para o desenvolvimento da região, tampouco sobre as limitações do turismo para exercer o papel principal nesse processo.

O turismo ali praticado é fortemente condicionado por variáveis que expressam alguns aspectos necessários à mudança desejada de patamar dessa atividade econômica: a imperfeita compreensão do que vem a ser a natureza do "negócio turismo", as lacunas em infra-estrutura, a pouca visão em torno da oportunidade de gestão das cidades, a dualidade entre o ativo turístico e o ambiental, o deficiente sistema de governança pública e a fragilidade da mobilização e da participação social.

Tal quadro sugere a necessidade de rever e ajustar as atuais práticas do turismo, caso o objetivo seja o de encará-lo como uma das atividades econômicas estruturantes do desenvolvimento regional e local. Entretanto, o objetivo de desenvolvimento regional não é factível se a formulação da perspectiva de integração estiver orientada para o objetivo da captação de recursos financeiros, como parece ser o caso, e não para perseguir o desafio do desenvolvimento de um projeto integrado, como desejável.

Um projeto de integração deve possibilitar a construção de uma estratégia comum de desenvolvimento do turismo entre os três estados, com divisão de papéis bem definida e riscos e oportunidades previamente estabelecidos. No caso, parece realista admitir-se que o turismo contribua para a melhoria da renda da população e para o aumento de oferta de empregos. No entanto, sem um entendimento comum de como buscar esses ganhos e sobre quais as condições necessárias para a consecução desses objetivos, os resultados poderão ser pontuais, desiguais e muito aquém do necessário para uma contribuição sólida e permanente do setor para o desenvolvimento regional.

O desenvolvimento regional, tendo o turismo como uma política estruturante, requer a construção de políticas públicas voltadas para a criação das condições necessárias à consecução desse propósito e adequadamente dirigidas para evitar-se a descontinuidade das ações executadas. Sem isso, pode-se ter um conjunto de ações de mérito, mas pontuais, sem a perspectiva de se caminhar, de forma articulada, na mesma direção e rumo à sustentabilidade.

Outro aspecto a ser destacado diz respeito à característica do turismo da região ser fortemente baseado em ecossistemas naturais, com graus diferenciados de proteção, por parte da legislação brasileira. Nesse contexto, ganha especial relevância a integração e a convergência de objetivos entre as políticas de turismo e de meio ambiente.

A CN revela uma situação única, desafiante e talvez limitante para a estruturação do turismo como negócio e lazer. Há uma dualidade entre as atuais visões de uso dos ativos ambientais, que também são atrativos turísticos, que ganham contextos de uso muito limitados e pouco diversos, em função da abordagem definida pela política de conservação adotada no Brasil. No caso das unidades de conservação (UCs), é importante observar que a legislação ambiental já determina se e como a atividade turística pode ser desenvolvida, o que certamente limita a visão do negócio e o seu papel para o desenvolvimento regional.

A partir do processo de interação e consulta de diversas organizações governamentais, não-governamentais, empresariais, universidades e lideranças do território da Costa Norte, emergiu a percepção de que a experiência deve ser continuada e aprofundada. O processo de AAE, articulado com o planejamento setorial, deve ser estruturado como contínuo, voltando-se, principalmente, para a avaliação das oportunidades e dos riscos, associados às variáveis socioambientais que afetam e são afetadas pelo desenvolvimento do turismo.

COMPARAÇÃO DAS ESTRUTURAS METODOLÓGICAS DAS AAE

A definição de uma metodologia para a realização da AAE no setor de turismo não é uma tarefa fácil. A AAE tem sido utilizada para subsidiar a formulação de políticas setoriais, programas e processos de planejamento diversos, de forma que as metodologias aplicadas vêm sendo submetidas a uma constante evolução. A flexibilidade é uma das características desse instrumento, pois permite que seja aplicado a diversos setores, adaptado a diferentes contextos e que sofra as alterações requeridas durante a sua própria aplicação.

Ao analisar as estruturas dos estudos em cada um dos casos, nota-se que possuem similaridades, principalmente no que diz respeito aos contornos da situação do setor na apresentação dos antecedentes; à definição dos objetivos e escopo da AAE; à caracterização dos diferentes aspectos envolvidos, com base na coleta de informações disponíveis (linha de Base); e à identificação das inter-relações do setor de turismo com outros setores que possam vir a influenciar, direta ou indiretamente, o desenvolvimento do turismo e, evidentemente, a avaliação dos impactos estratégicos.

O Quadro 10.2 apresenta algumas características do processo de AAE realizado em cada um dos países. Apresenta, também, o processo de AAE proposto por Levett-Therivel, utilizado como base para o estudo realizado em Fiji e escolhido como um dos parâmetros para comparação entre os diferentes estudos de caso. Assim, o quadro apresenta as etapas desse processo e permite avaliar se cada um dos estudos de caso **atende, atende parcialmente**, ou **não atende** à sua proposta, e se traz alguma inovação para o processo de AAE.

Apesar de semelhanças no processo de AAE de cada um dos estudos de caso, eles apresentam características diferenciadas com relação ao tempo de duração do estudo, à escala de aplicação e às próprias etapas do processo. As adaptações metodológicas estão associadas aos diferentes contextos de desenvolvimento do turismo e às instituições envolvidas.

Quando comparados ao processo proposto por Levett-Therivel, nota-se que todos os estudos apresentam similaridades com relação à maioria das etapas propostas, que inclui a linha de base, a definição do escopo da AAE e de alternativas e a avaliação dos efeitos e impactos do desenvolvimento do turismo. Em contrapartida, nem todos dão ênfase ao processo de consulta e participação social e apenas um deles apresenta um plano de monitoramento. Ambas constituem etapas fundamentais do processo de AAE, mas que muitas vezes encontram dificuldades associadas a fatores como tempo, recursos humanos e financeiros e disponibilidade de informações confiáveis.

A utilização de cenários para construção de visões de futuro é uma das opções metodológicas para se trabalhar com diferentes alternativas de desenvolvimento. As AAE realizadas em Honduras e no Brasil utilizam essa ferramenta, que facilita a identificação dos diferentes desdobramentos do desenvolvimento do turismo, em função da alteração de algumas variáveis, e sua avaliação, em função dos objetivos de sustentabilidade propostos para a região de estudo.

Por sua vez, a AAE de Fiji define alternativas ao Plano proposto, enquanto a AAE da Bielo-Rússia propõe novos caminhos para o desenvolvimento do turismo. A discussão em torno de alternativas e suas conseqüências fazem parte da metodologia de AAE, pois facilita o processo de planejamento e a tomada de decisões de caráter estratégico.

Apesar de algumas diferenças de enfoque, que variam conforme o contexto político e socioeconômico, e da ênfase diferenciada em certas etapas da metodologia, pode-se notar uma convergência entre as estruturas utilizadas. As diferenças observadas não se justificam somente pela dinâmica do processo de aplicação do instrumento, mas, principalmente, pelos recentes esforços do setor de turismo em considerar a variável ambiental como condicionante do seu desenvolvimento. Trata-se de um setor em expansão e que assume uma importância cada vez maior na economia de diversos países, desenvolvidos e em desenvolvimento.

Os esforços para a construção de um processo de AAE adequado e de qualidade são, muitas vezes, limitados pelo contexto em que estão inseridos. São freqüentes os problemas relacionados a interesses políticos, restrições de tempo e recursos e escassez de informações.

À luz dos critérios de desempenho definidos pela IAIA, as AAE apresentadas podem ser consideradas direcionadas para a sustentabilidade, pois buscam subsidiar o planejamento do setor de turismo incorporando aspectos ambientais e sociais do desenvolvimento da atividade ao processo de tomada de decisão a respeito de futuras intervenções. Permitem, assim, a identificação de opções menos nocivas ao meio ambiente e à sociedade.

Quadro 10.2 – As Avaliações Ambientais Estratégicas no setor de turismo e sua relação com a proposta de AAE de Levett-Therivel.

| Estudos de caso | Características gerais | | | Etapas do processo de AAE | | | | |
	Instituições envolvidas	Escala	Tempo de duração	Contexto e linha de base	Escopo e alternativas	Avaliação dos efeitos	Consulta e participação	Monitoramento
Proposta AAE de Levett - Therivel				• Planos e programas • Problemas ambientais • Indicadores • Objetivos de sustentabilidade	• Alternativas • Consulta aos órgãos ambientais e outros	• Prever e avaliar os efeitos e impactos • Propor medidas para prevenir, reduzir ou evitar os efeitos ambientais adversos	• Apresentar resultados • Incorporar opiniões • Avaliar os resultados do processo de consulta • Mostrar como os resultados foram incorporados	• Monitoramento dos efeitos do plano sobre o meio ambiente
AAE do PDT de Fiji	• WWF-SPP • ADB	Nacional	2 meses	ATENDE Inovação: • Identifica pressões, tendências e incertezas	ATENDE	ATENDE	ATENDE Inovação: • Identifica os fatores críticos e restrições	NÃO ATENDE
AAE Honduras	• Banco Mundial • IHT	Regional	Não disponível	ATENDE Inovação: • Ênfase na relação do turismo com outros setores	ATENDE PARCIALMENTE • Não propõe alternativas	ATENDE Inovação: • Cenários	NÃO ATENDE	NÃO ATENDE

(continua)

Quadro 10.2 – As Avaliações Ambientais Estratégicas no setor de turismo e sua relação com a proposta de AAE de Levett-Therivel. *(continuação)*

| Estudos de caso | Características gerais | | | Etapas do processo de AAE | | | | |
	Instituições envolvidas	Escala	Tempo de duração	Contexto e linha de base	Escopo e alternativas	Avaliação dos efeitos	Consulta e participação	Monitoramento
AAE do PDT da República da Bielo-Rússia	• UNDP • REC	Nacional	10 meses	ATENDE	ATENDE	ATENDE	ATENDE	ATENDE
AAE CN do Brasil	• Ministério do Turismo • UFRJ/ Coppe/ Lima	Regional	12 meses	ATENDE Inovação: • Identifica tensões e potenciais conflitos/ benefícios com outras propostas de uso dos ativos ambientais	ATENDE	ATENDE Inovação: • Cenários	ATENDE	NÃO ATENDE

No caso da AAE da Estratégia de Turismo de Honduras, não é dada muita ênfase ao processo de participação e consulta da sociedade. Entretanto, a importância da identificação e do envolvimento dos atores sociais relevantes no processo de avaliação é bastante destacada nos demais. Trata-se de um elemento facilitador do comprometimento com os resultados alcançados com a realização da AAE. Na Bielo-Rússia, por exemplo, o envolvimento dos atores sociais relevantes fazia parte dos objetivos principais do estudo: satisfazer as exigências em relação à participação e consulta pública.

O critério interatividade é atendido satisfatoriamente por todos os processos de AAE apresentados, pois foram capazes de disponibilizar os resultados, em tempo hábil, para inspirar o planejamento, estabelecendo bases para decisões futuras.

Com relação à integração, o estudo realizado em Honduras, com auxílio da técnica de mapeamento cognitivo, merece destaque, pois dá bastante ênfase às inter-relações existentes entre o turismo e diversos outros temas, como pobreza, educação, empregos e benefícios locais, transporte, energia, telecomunicações, saúde, saneamento, comunidades locais e áreas protegidas.

A AAE de Fiji, por sua vez, incorpora todas as características exigíveis para o bom desempenho do processo em sua estrutura metodológica, observando, assim, os critérios estabelecidos pela IAIA. Da mesma forma, o estudo realizado para a Costa Norte, no Brasil, foi bem abrangente e contemplou todos os critérios necessários para garantir a qualidade do processo de AAE.

De uma maneira geral, cada um dos estudos gerou resultados que foram aproveitados de formas diferentes, sendo incorporados ao programa em questão, ao processo de planejamento, ou utilizados como diretrizes para novos projetos de desenvolvimento.

Em Honduras, a AAE deu origem a uma série de diretrizes ambientais para o setor de turismo, de forma que este conseguisse exercer liderança em termos de sustentabilidade social e ambiental frente aos agentes de desenvolvimento e os operadores de turismo, além de fornecer uma base para a futura regulamentação e legislação do setor.

No caso da Bielo-Rússia, os resultados da AAE do Programa Nacional de Desenvolvimento do Turismo – 2006-2010 deverão ser incorporados ao próprio programa, por meio da inclusão da descrição do estado do meio ambiente e do bem-estar da população. O programa aproveitará, ainda, a redefinição de prioridades, proposta pela AAE, para a execução das ações previstas e da seleção de áreas prioritárias para o desenvolvimento do turismo. Por fim, a AAE irá definir um sistema de monitoramento e controle de impactos ambientais e sociais do desenvolvimento do turismo.

A intenção do Ministério do Turismo de Fiji é incorporar os resultados da AAE no Plano de Desenvolvimento do Turismo. A expectativa é que os resultados também sejam utilizados pelo Banco Asiático de Desenvolvimento (ADB) na coordenação de futuros projetos e na definição das condições de financiamento para projetos de desenvolvimento relacionados com o setor. Espera-se, também, que investidores interessados em desenvolver projetos turísticos em Fiji utilizem os resultados do estudo para garantir a sua sustentabilidade. Acredita-se que os resultados possam ser úteis para a WWF e outras ONGs para que encorajem os turistas a tomar decisões mais sustentáveis, além de subsidiar políticas de turismo em outras regiões. Acima de tudo, a expectativa é que a AAE seja útil para que todas as organizações envolvidas com o turismo em Fiji possam desenvolver seus negócios e atividades de forma sustentável.

No Brasil, a expectativa é de que os resultados da AAE sejam utilizados pelo Ministério do Turismo para a formulação do Plano de Desenvolvimento Integrado da Costa Norte (PDITS-CN), a fim de garantir que o desenvolvimento do turismo na região se dê de maneira sustentável. Em um segundo momento, a experiência poderá servir de base para a realização de outras AAE para o setor de turismo em diferentes regiões do país.

CONSIDERAÇÕES FINAIS

A prática internacional tem revelado que a AAE é um instrumento que possibilita a antecipação e a resolução de potenciais conflitos, ligados à questão de uso racional de recursos ambientais. A novidade relevante é a sua capacidade de induzir a consideração de possíveis implicações ambientais associadas a iniciativas de desenvolvimento, durante o processo de tomada de decisão.

Para efeito deste trabalho, o propósito que se julga atendido foi o de esclarecer que a AAE destina-se a fornecer, aos tomadores de decisão e aos grupos de interesse, informações no formato e no tempo adequado sobre as implicações ambientais potenciais associadas ao uso de ativos ambientais nas atividades turísticas. Assim, o instrumento há de ser usado para facilitar a abordagem da variável ambiental em etapas preliminares do processo de planejamento, de maneira a permitir uma tomada de decisão em bases ambientalmente mais adequadas.

É importante que os resultados da AAE sejam incorporados ao processo de planejamento e tomada de decisão, para que possam contribuir para um desenvolvimento mais adequado aos padrões de sustentabilidade de cada localidade. Por mais que sejam utilizados de forma diferente e de acordo com as expectativas de cada governo, ou contexto de cada país, o propósito da AAE é que seus resultados possam subsidiar futuras estratégias de desenvolvimento e a formulação de políticas, planos e programas.

As atividades relacionadas ao turismo influenciam diretamente a qualidade de vida dos residentes e dos turistas, além de provocar alterações nos componentes do sistema ambiental. Muitas vezes, a pressão sobre os ambientes naturais visitados supera a sua capacidade de suporte, o que pode caracterizar o turismo como não-sustentável e resultar em comprometimento da qualidade do ambiente para as futuras gerações. É certo que o setor de turismo apresenta-se como uma alternativa para o desenvolvimento, mas desde que adequadamente planejado, no sentido de maximizar seus impactos positivos e minimizar os negativos.

Como visto, em todas as iniciativas apresentadas, os ativos naturais se apresentam como o principal atrativo turístico de todas as regiões, que podem ser consideradas economicamente pouco desenvolvidas. Entre os resultados alcançados nas diversas AAE, destacou-se a preocupação com a preservação dos recursos naturais e com a distribuição equilibrada dos benefícios do turismo pela população envolvida. A atividade turística apresenta-se sempre como uma oportunidade de melhoria, principalmente no que se refere ao desenvolvimento econômico e social.

A aplicação da AAE ao setor de turismo pode ser considerada uma prática recente e, por isso, sua metodologia está sujeita a alterações e aprimoramentos, conforme a difusão do instrumento como mais uma alternativa para o planejamento do setor. A AAE é capaz de fornecer uma estrutura robusta e lógica para avaliar os impactos ambientais e sociais do desenvolvimento turístico. Nesse sentido, ao se realizar um novo estudo, é muito importante a consideração e a análise das conclusões de experiências anteriores que, não raramente, podem ser estendidas para diferentes casos, principalmente quando se trata de regiões que apresentam características ambientais e socioeconômicas similares.

Ante ao exposto, constata-se a importância, no processo de AAE, da estratégia de consulta e envolvimento dos atores sociais relevantes, que representam um conjunto de interesses diversos. Quando possível, é importante torná-los aliados do processo, de forma que possam contribuir efetivamente, inclusive na observação e no monitoramento das recomendações da AAE. Cabe destacar a importância das ONGs no processo de participação, pois elas podem ser capazes de atuar como um árbitro legítimo entre grupos que possuem pontos de vista divergentes.

Em alguns casos, todavia, o tempo acaba sendo uma restrição que leva, inevitavelmente, a uma abordagem de cima para baixo, onde os consultores produzem as recomendações e tentam transmiti-las para os agentes locais, limitando uma possível oportunidade de capacitação dos mesmos, que poderiam se tornar aliados no processo. O ideal é que seja feito um trabalho contínuo de capacitação, com início antes da realização da AAE e prosseguimento durante e depois, com vistas a um monitoramento adequado, inclusive mediante uso de indicadores.

Considerando os critérios de desempenho definidos pela IAIA, tão ou mais importante que apontar os pontos negativos é ressaltar alguns aspectos positivos para que possam servir de exemplo para futuras aplicações da AAE no setor de turismo.

Espera-se, com esta discussão acerca do uso e aplicação do instrumento da AAE no setor de turismo, contribuir para estimular um processo permanente de aprimoramento do planejamento setorial, em bases ambientalmente sustentáveis e socialmente compatíveis com a melhoria da qualidade de vida da população nas regiões turísticas.

REFERÊNCIAS

ALSHUWAIKHAT, H.M. Strategic Environmental Assessment can help solve environmental impact assessment failures in developing countries. **Environmental Impact Assessment Review**, Elsevier, set. 2004. 11p.

BRASIL. Ministério do Meio Ambiente – Secretaria de Qualidade Ambiental. **Avaliação Ambiental Estratégica**. Brasília, 2002. 92p.

_____. **Diálogo Técnico sobre AAE e Planejamento no Brasil**. Brasília, MMA, 2005. Disponível em: http://www.mma.gov.br/port/sqa/aae. Acessado em: set. 2007.

_____. Ministério do Turismo. **Estratégia de desenvolvimento turístico da Costa Norte**. Brasília, 2006.

CARTER, Erlet. **Sustainable tourism in the Third World: problems and prospects.** Discussion Paper n. 3, Department of Geography, University of Reading, dez. 1991.

_____. Ecotourism in the Third World: problems for sustainable tourism development. **Tourism Management.** Elsevier, abr. 1993.

[IAIA] INTERNATIONAL ASSOCIATION FOR IMPACT ASSEMENT. **Strategic Environmental Assessment: performance criteria.** Fargo, jan. 2002.

JONES, Carys et al. (Eds.). **Strategic Environmental Assessment and Land Use Planning.** Londres: Earthscan, 2005. 240p.

LIMA/MTUR. **Laboratório Interdisciplinar de Meio Ambiente. Avaliação Ambiental Estratégica da Costa Norte.** Ministério do Turismo/Lima: Brasília/Rio de Janeiro, 2007.

OFFICE OF THE DEPUTY PRIME MINISTER. **A Draft Practical Guide to the Environmental Strategic Assessment Directive.** Londres, 2004.

PARTIDÁRIO, Maria do Rosário. Strategic Environmental Assessment: key issues emerging from recent practice. **Environmental Impact Assessment Review,** Elsevier, v. 16, p. 31-55, 1996.

_____. Elements of an SEA framework: improving the added-value of SEA. **Environment Impact Assessment Review,** Elsevier, v. 20, p. 647-663, 2000.

_____. Avaliação Ambiental Estratégica. In: **Workshop sobre Avaliação Ambiental Estratégica.** Fortaleza, 2003.

SÁNCHEZ, Luis Enrique. **Avaliação de Impacto Ambiental: conceitos e métodos.** São Paulo: Oficina de Textos, 2006. 495p.

THÉRIVEL, Riki et al. **Strategic Environmental Assessment.** Londres: Earthscan, 1992.

[UNDP] UNITED NATIONS DEVELOPMENT PROGRAMME. **Strategic Environmental Assessment of the 2006-2010 National Tourism Development Programme of the Republic of Belarus.** Minsk, 2005.

WORLD BANK. **A Framework for Sustainable Tourism Development in Honduras: Strategic Environmental Assessment of the Tourism Strategy for the North Coast, Bay Islands, and Copán Valley.** Oslo, 2004.

WWF. **A Strategic Environmental Assessment of Fiji's Tourism Development Plan.** Fiji, 2003.

Aplicação da Análise Multicritério para Avaliação da Sustentabilidade em Empreendimentos Turísticos

11

Sebastião Roberto Soares
Engenheiro Sanitário, UFSC
Sabrina Rodrigues Sousa
Tecnóloga em Gestão e Saneamento Ambiental,
Escola de Engenharia de São Carlos da USP

INTRODUÇÃO

As atividades associadas ao turismo têm se mostrado, simultaneamente e em diferentes graus, como um contribuinte economicamente significativo e essencial para mudanças na vitalidade dos ecossistemas, das atitudes culturais e dos modelos de ocupação do espaço físico.

Os aspectos ambiental, econômico e sociocultural do desenvolvimento sustentável e as práticas de gestão são perfeitamente aplicáveis a todas as formas de estruturas turísticas, inclusive para o turismo de massa, em ambientes construídos e naturais. O equilíbrio entre esses três aspectos é essencial para garantir a sustentabilidade a longo prazo. Para tanto, o turismo sustentável deve:

- Explorar os recursos naturais sem esgotá-los. Por representar um elemento-chave de valorização ambiental, o equilíbrio natural deve ser preservado, por meio da conservação dos recursos e da biodiversidade;

- Respeitar a tradição sociocultural das comunidades "anfitriãs". Devem ser conservadas suas características construídas e naturais e devem contribuir à expectativa e à tolerância interculturais;
- Assegurar uma atividade econômica viável a longo prazo. Ela deve oferecer vantagens socioeconômicas equilibradas a todas as partes interessadas, em especial empregos estáveis, possibilidades de benefícios e serviços sociais para as comunidades, e, por conseqüência, a redução da pobreza.

A sustentabilidade do turismo depende também da participação, com conhecimento de causa, de todos os elementos envolvidos, assim como de uma forte condução política para assegurar esta atuação e a busca de consenso.

Os processos de tomada de decisão para o planejamento e o desenvolvimento de atividades do turismo são complexos, uma vez que eles, comumente, envolvem administradores, acionistas e vários outros atores com diferentes opiniões e interesses. Esses conflitos se dão, sobretudo, com relação à autoridade e à percepção das questões-chave.

Nesses processos, critérios relacionados à economia e à sociedade têm sido preponderantes nas discussões. Todavia, nas últimas décadas, as considerações ambientais vêm adquirindo importância na tomada de decisão. É o caso, por exemplo, dos indicadores fundamentais do turismo sustentável da Organização Mundial de Turismo (OMT) (Quadro 11.1).

Como conseqüência, a redefinição da estrutura do processo decisório se faz necessária, integrando os fatores ambientais e assegurando três quesitos principais (Laniado et al., 2004):

- Transparência: informações compartilhadas sobre análises técnicas e decisões políticas são indispensáveis para dar ciência aos atores interessados no processo decisório;
- Reprodutibilidade: o processo deve permitir que qualquer elemento seja passível de reprodução e de modificação (substituição por um dado mais recente, por exemplo), garantindo, desta forma, que a lógica de resolução seja mantida;
- Participação: é necessário identificar e envolver todos os atores interessados (tomadores de decisão, investidores etc.), dando suporte de comunicação com análises e ferramentas de fácil acesso, entendimento e uso.

Um sistema de apoio à decisão deve ser utilizado para auxiliar nas diferentes fases de um empreendimento voltado ao turismo, incluindo a definição, a análise socioeconômica e ambiental, as alternativas de avaliação e comparação e a gestão do conflito resultante. O uso de sistemas de apoio à decisão pode ser especialmente útil para:

- Estruturar as atividades, agregando um papel ativo a todos os atores envolvidos, e definindo claramente as etapas do processo;
- Gerenciar a comunicação entre tomadores de decisão, planejadores e investidores;
- Organizar e estimular a participação.

Das ferramentas adotadas no apoio à tomada de decisão, destaca-se a análise multicritério.

SUSTENTABILIDADE DE EMPREENDIMENTOS TURÍSTICOS

Avaliar a sustentabilidade de um empreendimento necessita fundamentalmente da definição de critérios que caracterizem este conceito, da análise do seu desempenho sob tais critérios e, se for o caso, dos respectivos valores referenciais.

A agregação dos critérios materializa os chamados indicadores de sustentabilidade.

Uma sugestão de indicadores é apresentada no Quadro 11.1. Cada um deles é gerado segundo medidas específicas. Por sua vez, a agregação do conjunto de valores obtidos pode fornecer um indicador global de sustentabilidade para o empreendimento. Essa operação é descrita mais detalhadamente nas páginas a seguir.

Quadro 11.1 - Indicadores fundamentais do turismo sustentável da OMT.*

Indicadores	Ferramentas de medidas específicas
Proteção do local	Categoria de proteção do site segundo índice da IUCN**

(continua)

GESTÃO AMBIENTAL E SUSTENTABILIDADE NO TURISMO

Quadro 11.1 - Indicadores fundamentais do turismo sustentável da OMT.* *(continuação)*

Indicadores	Ferramentas de medidas específicas
Pressão	Número de turistas que visitam o local (por ano/mês da afluência máxima)
Intensidade de utilização	Intensidade de utilização em período de ponta (pessoas/hectare)
Impacto social	Relação turistas/residentes (em período de ponta e ao longo do tempo)
Domínio do desenvolvimento	Existência de um procedimento de estudo ambiental ou de verdadeiros controles de organização do local e da densidade de utilização
Gestão de resíduos	Percentual de tratamento de águas residuárias (indicadores complementares podem auxiliar na compreensão dos limites estruturais de outras capacidades de infra-estrutura do local, como abastecimento de água, por exemplo)
Procedimento de planejamento	Existência de um plano metódico para a região de destino turístico (com um componente turismo)
Ecossistemas frágeis	Número de espécies raras ou em via de extinção
Satisfação dos consumidores	Grau de satisfação dos visitantes (segundo um questionário)
Satisfação da população local	Grau de satisfação da população local (segundo um questionário)
Contribuição do turismo à economia local	Proporção do conjunto da atividade econômica relacionada somente ao turismo
Índices compostos	
Capacidade de carga	Ferramenta de medida composta de alerta preventivo, relativa aos fatores-chave, influenciando a capacidade do local de suportar diferentes níveis de turismo
Perturbação do local	Ferramenta de medida composta dos níveis de impacto sobre o local (suas particularidades naturais e culturais sob efeito de adversidades acumuladas provocadas pelo turismo e outros setores)

(continua)

APLICAÇÃO DA ANÁLISE MULTICRITÉRIO PARA AVALIAÇÃO DA SUSTENTABILIDADE

Quadro 11.1 - Indicadores fundamentais do turismo sustentável da OMT.* *(continuação)*

Índices compostos	
Interesse	Ferramenta de medida qualitativa das particularidades do local que o tornam atraente para o turismo e que podem ser alteradas com o tempo.

* Organização Mundial do Turismo.

**A União Internacional para a Conservação da Natureza (IUCN), criada em novembro de 1948, é uma organização internacional que congrega instituições governamentais e não-governamentais em volta da problemática da integridade e diversidade da natureza. A IUCN guia-se pelo princípio de eqüidade e do uso ecologicamente sustentável dos recursos naturais. A União tem um secretariado com mais de 930 profissionais baseados em mais de 40 países.

Fonte: Adaptado de OMT 2007.

PROCEDIMENTO DE APOIO MULTICRITÉRIO À DECISÃO

Observe um ser humano que escolhe um novo carro para comprar, um apartamento para alugar ou, ainda, o destino de suas próximas férias. Se seu interesse estivesse focado apenas no custo da operação – nesse caso em um único ponto de vista de decisão – ele se limitaria a dirigir carros básicos de motor 1.0, morar em um pequeno apartamento e certamente não viajaria nas férias.

No entanto, a realidade é bem divergente e não se restringe ao critério "custo", uma vez que modelos da marca BMW não são raridades nas ruas, apartamentos de alto padrão e área construída são bem comercializados e as agências de viagens fazem bons negócios. Isto pode ser explicado pela consideração, no raciocínio do indivíduo, de outros critérios além do pecuniário: o conforto sob todos os aspectos, a satisfação pessoal, o *status*, a segurança e assim por diante.

O problema das metodologias monocritério é que não avaliam todos os aspectos considerados relevantes pelos atores envolvidos em processos decisórios, quando estão lidando com situações complexas. Nesses casos, uma das maneiras de considerá-los é utilizando uma metodologia multicritério (Ensslin et al., 2001). Tais métodos, de forma geral, visam auxiliar o processo de escolha, ordenação ou classificação de alternativas e incorporar múltiplos aspectos neste processo.

O apoio multicritério à decisão constitui, como indica seu nome, uma ferramenta que permite ao responsável pela tomada de decisão progredir na resolução de questões decisórias nas quais vários pontos de vista, normalmente contraditórios, devem ser considerados – como é o caso da grande maioria das situações reais vividas pelo ser humano. A constatação que deve ser feita quando se aborda tal tipo de problema é que não existe, em geral, uma decisão (solução, ação etc.) que seja concomitantemente a melhor sob todos os pontos de vista. E a decisão será tanto mais "segura" quanto mais abrangentes forem os pontos de vista (os critérios) adotados para descrição do caso no qual uma decisão é necessária.

Raramente as decisões são tomadas por indivíduos únicos, mesmo que exista ao final, somente um responsável por seus resultados. Pelo contrário, em geral, elas são produtos de diversas interações entre as preferências de indivíduos e grupos de influência (chamados atores). Os atores têm interesses diversos na decisão e irão intervir diretamente para afetá-la, por meio dos sistemas de valores que possuem. Além disso, aqueles indivíduos e grupos de influência que não participam ativamente da decisão, mas que são afetados por suas conseqüências, também precisam ser considerados.

Análise de decisão

No que se refere à metodologia de análise de uma decisão (Figura 11.1), como dito anteriormente, ela pode ser resumida pela concepção de certo número de modelos que visam fornecer ao tomador de decisão subsídios para apoio à solução de um problema:

* Modelo de estrutura do problema;
* Modelo de sistema;
* Modelo de valores e de preferência.

Figura 11.1 - O ciclo da análise de decisão.

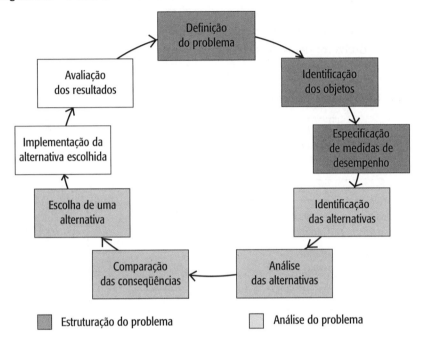

Modelo de estrutura do problema

Os tomadores de decisão podem ter diferentes objetivos a atingir em um contexto particular de decisão. Para facilitar a tomada de decisão, esses objetivos podem ser estruturados seguindo uma hierarquia (Figura 11.2), sendo avaliados sobre as alternativas disponíveis e de acordo com um conjunto de critérios. Por sua vez, cada critério pode ser representado por atributos mensuráveis que representam o desempenho de diferentes opções com relação a um critério particular.

De um modo bastante simplista, a estruturação do problema corresponde em saber sobre o que se quer decidir. Por exemplo, qual o melhor local para implantação de um empreendimento turístico, segundo critérios ambientais?

Em um segundo nível de decisão, pode-se estabelecer os grandes critérios a considerar: meios biótico, físico e socioeconômico. Cada um desses critérios será ainda subdividido. O meio físico: climatologia, geologia etc. Para efeito de maior precisão pode-se, ainda, detalhar essas subdivisões a partir de atributos. Assim, climatologia subdivide-se nos atributos: regime de chuvas, direção dos ventos etc.

De posse deste modelo, devem ser estabelecidos os procedimentos de avaliação ou os modelos do sistema.

Figura 11.2 - Hierarquia de objetivos.

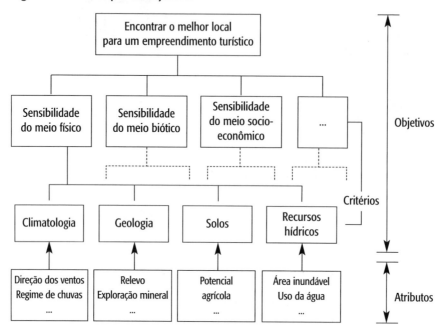

Modelo de sistema

O modelo de sistema ambiental, por exemplo (Figura 11.3), determina como serão avaliados os diferentes níveis dos objetivos estabelecidos no modelo anterior. Assim, deve ser definido um modelo de avaliação da sensibilidade do relevo em uma determinada área, do mesmo modo como a exploração mineral etc. Na seqüência, um outro modelo deve ser proposto, demonstrando como esses atributos podem ser agregados de modo a estabelecer uma avaliação da sensibilidade do critério geologia a esta mesma área. Um terceiro modelo deve definir como os diversos critérios (climatologia, geologia, solos etc.) podem ser agrupados a fim de estimar a sensibilidade do meio físico a um traçado em análise. Finalmente, o último modelo de sistema ambiental deve revelar como os meios físico, biótico e socioeconômico são considerados, avaliando a sensibilidade ambiental da área para instalação de um empreendimento turístico.

Figura 11.3 - Modelo de sistema.

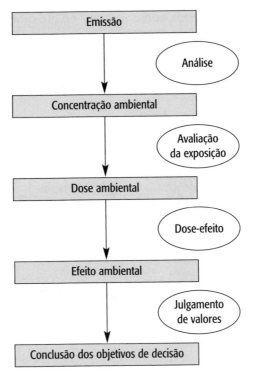

Modelos de valores e de preferência

Quando mais de uma alternativa de mesma função são analisadas, áreas *a* e *b* para o ponto turístico, por exemplo, a comparação entre elas ou com uma situação de referência deve permitir que se estabeleçam as seguintes condições de preferências:

Situação de preferência estrita	a P b	*a* é fortemente preferível à *b*
Situação de indiferença	a I b	*a* é indiferente à *b*
Situação de fraca preferência	a Q b	*a* é fracamente preferível à *b*
Situação de incomparabilidade	a R b	*a* e *b* são incomparáveis*

*É o caso, por exemplo, da falta de informações ou de emprego de pontos de vista extremamente contraditórios. Situações deste tipo são importantes por ressaltar a necessidade de aprofundar determinados aspectos do problema.

Uma alternativa *a* seria preferível à *b* para condições pré-definidas. Isto consistirá normalmente em preferência relativa, visto que a avaliação é baseada em referências específicas e particulares.

Com relação aos modelos de valor e de preferências, será apresentado o apoio multicritério à decisão (Figura 11.4) e, em particular, certas técnicas de agregação de critérios, como veremos no próximo item.

Apoio multicritério à decisão

Figura 11.4 - Apoio multicritério à decisão.

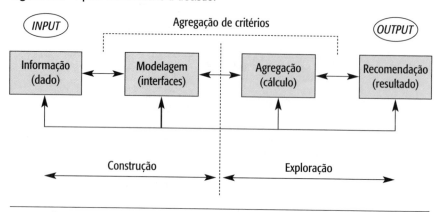

Fonte: Adaptado de Guitouni e Martel 1998.

Para a resolução de um problema multicritério de decisão, é imprescindível o cumprimento das seguintes etapas:

- Formulação do problema;
- Determinação de um conjunto de ações potenciais;
- Definição de uma família coerente de critérios;
- Estabelecimento de pesos para os critérios e de limites de discriminação;
- Elaboração de um quadro de desempenho;
- Procedimento de normalização;
- Modelo de agregação de critérios;
- Procedimento de análise de sensibilidade e de incerteza.

Formulação do problema

De um modo elementar, esta etapa consiste em saber sobre o que se quer decidir e sob quais condições.

É o caso, por exemplo, de definir:

- Qual o melhor local para implantação de um empreendimento turístico, segundo critérios ambientais?
- Quais locais são aceitáveis, segundo critérios ambientais?
- Qual a classificação de várias opções de locais?

Determinação de um conjunto de ações potenciais

Uma vez formulado o problema, os atores envolvidos na tomada de decisão devem constituir um conjunto de ações (alternativas) que atendam ao problema colocado. Estas ações, de acordo com o conceito, são as opções de escolha na tomada de decisão, ou ainda, os objetos sobre os quais serão procedidas as avaliações e comparações. Por exemplo, áreas para implantação de um aterro sanitário, materiais para produção de uma embalagem, processos para eliminação de resíduos, locais para instalação de empreendimentos turísticos etc.

A análise de todas as possibilidades de ação em um processo de decisão muitas vezes não é possível, tendo em vista o tempo e os recursos financeiros envolvidos. Nesse sentido, o termo ação potencial é utilizado para aquelas ações previamente julgadas possíveis, ou presumidas como tal, pelo responsável do estudo.

A ação mais adequada, ou uma boa ação, está associada a um conjunto de ações adotadas ou disponíveis. Também, parte-se do pressuposto de que as alternativas consideradas atendam a requisitos técnicos mínimos especificados no caderno de encargos.

Para o exemplo anterior: se o objetivo do empreendimento turístico é proporcionar uma bela vista para o mar, poderão ser analisadas toda e qualquer alternativa que se localizem em frente ao mar ou em um ponto estratégico próximo dele, como o alto de um morro ou encosta.

Do mesmo modo, se para este empreendimento for desejado uma distância máxima x do local até o mar, as alternativas consideradas devem ser apenas aquelas que atendam tal especificação.

Definição de uma família coerente de critérios

Essa etapa consiste em definir um conjunto de critérios que permita avaliar os efeitos causados pela ação ao meio ambiente. O sistema deve ser delimitado e os elementos intervenientes do mesmo, quantificados, em geral, baseados em uma função específica.

A avaliação de um critério considera a ordem de grandeza em que a alternativa (opção) repercute sobre tal aspecto. Por exemplo, o local para instalação de um empreendimento turístico será analisado sob a ótica ambiental. Esses critérios e atributos determinam o modelo de estrutura do problema (apresentado anteriormente).

Na avaliação propriamente dita deve ser considerado o quanto cada um desses critérios e atributos irá variar em função do objetivo estabelecido, segundo uma escala própria a cada critério.

Se o objetivo é avaliar a sensibilidade do meio a uma intervenção humana, todos os critérios devem ser avaliados segundo essa ótica. O relevo do local é sensível à instalação de um empreendimento turístico (e não o contrário)? Não esquecer que o objetivo é verificar a melhor localização ambiental ou a menor influência negativa de um empreendimento sobre o meio. A influência do relevo sobre a instalação, a princípio, não constitui uma preocupação no objetivo do exemplo. Ela poderá ser considerada em uma eventual análise técnica ou econômica.

Os valores dos critérios podem ser expressos, basicamente, em escalas ordinais e cardinais. A escala ordinal é caracterizada por permitir apenas a aplicação das relações maior que (>), menor que (<) ou igual a (=) sobre seus valores. As classificações, escores, *rankings*, conceitos escolares são exemplos de escalas ordinais, mesmo que sejam expressas por números.

A escala cardinal é caracterizada por permitir a aplicação das quatro operações aritméticas básicas (adição, subtração, multiplicação e divisão) sobre seus valores. Os critérios expressos em $R\$.m^{-2}$, $R\$.km.ano^{-1}$, número de habitantes atingidos são exemplos da utilização de escalas cardinais em critérios.

Normalmente, para a construção de critérios recorre-se à utilização de elementos estruturais denominados parâmetros e indicadores. Hierarquicamente, os parâmetros, que podem ser considerados os dados mais diretos e simples (em geral, dados cardinais), estariam na base da estrutura de construção. Em nível intermediário, encontram-se os indicadores, que representam conjuntos de dados de natureza diferente agregados em uma característica mais sintética (geralmente informações ordinais), seguidos em um nível superior pelos critérios.

A experiência tem demonstrado (Maystre e Bollinger, 1999) que a construção de uma família coerente de critérios caracteriza-se por ser uma tarefa longa, com sucessivas aproximações entre os objetivos desejados e a possibilidade de atendimento com os recursos financeiros, tempo e conhecimentos disponíveis. Neste sentido, a construção de uma família coerente de critérios exige que sejam respeitados três princípios:

- Exaustividade: todos os pontos de vista devem ser levados em consideração;
- Não redundância: o mesmo ponto de vista não deve ser considerado duas ou mais vezes;
- Coerência: entre a preferência local (por apenas um critério) e a preferência global (por todos os critérios). Se a avaliação de uma ação A é igual à avaliação de B sobre todos os critérios, com exceção de apenas um critério (cuja avaliação de A é melhor que B), então pode-se afirmar que a ação A é preferida em relação a ação B.

Na seqüência, os critérios devem ser mensurados.

Um aspecto importante a ser considerado nesta etapa da análise multicritério refere-se ao desempenho de uma determinada ação com relação aos critérios de avaliação.

De acordo com Maystre et al. (1994), o desempenho indica o sentido positivo com o qual uma avaliação eleva-se de acordo com o pesquisado:

1. Critérios *max* ou sentido de preferência positivo (+): quanto maior é o valor, melhor é o desempenho do critério;
2. Critérios *min* ou sentido de preferência negativo (-): quanto maior é o valor, menos preferível é a avaliação do critério.

A aceitação social e política de uma ação, os rendimentos de uma atividade, a produção de energia proveniente de um processo, a eficiência de um tratamento de resíduos são exemplos de critérios positivos cujos desempenhos aumentam no mesmo sentido que o valor das ações (quanto maior melhor). Ao contrário, os resíduos produzidos por uma instalação ou os custos de investimento e exploração representam critérios negativos, cuja performance diminui conforme aumenta o valor das ações avaliadas (quanto maior pior). Então, como será explicado mais adiante, é necessário que na matriz de avaliação todos os critérios adotados sejam apresentados em um mesmo sentido de desempenho. Portanto, eventualmente, alguns critérios precisam ter seu sentido de desempenho transformado. O Quadro 11.1 (p.207-9) apresenta, como exemplo, um conjunto de critérios que podem ser empregados na avaliação de sustentabilidade entre empreendimentos turísticos.

Estabelecimento de pesos para os critérios e de limites de discriminação

Os pesos exprimem, pelos números, a importância relativa de cada critério (Soares et al., 2006). A ponderação de critérios pode ser realizada por meio de diversas técnicas (hierarquização de critérios, notação, distribuição de pesos, taxa de substituição, regressão múltipla, jogos de cartas etc.).

No método AHP (*Analytic Hierarchy Process*), descrito no item "*Modelo de agregação de critérios*" deste capítulo, é apresentado um procedimento que orienta a ponderação de critérios.

Elaboração de um quadro de desempenho

Normalmente esta etapa é formalizada por meio de uma matriz de avaliações ou tabela de desempenho, na qual as linhas correspondem às ações a serem avaliadas e as colunas representam os respectivos critérios de avaliação previamente estabelecidos (Tabela 11.1).

Tabela 11.1 - Matriz de avaliação multicritério.

	C_1	C_2	C_m
	P_1	P_2	P_m
A_1	E_1^1	E_1^2	E_1^m
A_2	E_2^1	E_1^2	E_2^m
A_n	E_n^1	E_n^2	E_n^m

C_i: Critério;
A_j: Opção ou Ação;
p_j: Coeficiente de ponderação;
E_j^i: Avaliação (valor) do critério i para a ação j.

Atenção: os pesos p_j permitem contextualizar os critérios entre si segundo a importância relativa que lhes é dada pelas partes envolvidas.

Procedimento de normalização

A normalização consiste em transformar os resultados dos indicadores sob uma forma adimensional, dividindo-os por um valor de referência. A normalização não é obrigatória para certos métodos de agregação, ao passo que para outros ela é essencial.

Há diferentes maneiras de normalizar a avaliação de critérios:

Simples:

$$r_{ij} = \frac{x_{ij}}{x^*_j} \qquad (1)$$

Em que: x_{ij} é a avaliação do critério i antes na normalização;

x^*_j é o valor de referência do critério i (o valor máximo, no caso de critérios max ou ($+$)) – quanto maior é a avaliação, melhor é o desempenho;

r_{ij} é o valor normalizado do critério i ($0 \le r_{ij} \le 1$).

A soma das avaliações do conjunto de ações para um mesmo critério é freqüentemente utilizada como referência de normalização.

Para os critérios min ($-$),

$$r_{ij} = \frac{x^-_j}{x_{ij}}$$

Em que: x^-_j é o valor de referência do critério i (o valor mínimo ou o melhor desempenho).

Linear:

Este modelo de normalização linear considera as avaliações máximas e mínimas ao mesmo tempo:

$$r_{ij} = \frac{x_{ij} - x^-_j}{x^*_j - x_j} \qquad \text{para os critérios max } (+)$$

$$r_{ij} = \frac{x^*_j - x_{ij}}{x^*_j - x_j} \qquad \text{para os critérios min } (-)$$

Neste caso, as escalas variam precisamente entre 0 e 1 para cada critério: 0 (zero) para a pior avaliação e 1 (um) para a melhor.

Vetorial:

$$r_{ij} = \frac{x_{ij}}{\sqrt{\sum_{j=1}^{n} x_{ij}^2}}$$

Cada coluna (critério) da matriz de avaliação multicritério deve ser transformada por sua própria norma (extraída da raiz quadrada da soma do quadrado das avaliações).

Neste caso, os valores mínimos e máximos variam para cada critério.

Modelo de agregação de critérios

Consiste em associar, após o preenchimento da matriz de avaliação e segundo um modelo matemático definido, as avaliações dos diferentes critérios para cada ação (Figura 11.5). As ações serão, em seguida, comparadas entre si por um julgamento relativo do valor de cada ação.

Esta etapa permite a criação de um indicador global ambiental.

Com relação à maneira de proceder à agregação dos critérios, dois princípios podem ser utilizados: a agregação total e a agregação parcial. Na agregação total, as ações são comparadas em conjunto, por meio de uma operação única. Os procedimentos considerados elementares e de critério único de síntese recorrem normalmente a este princípio (Figura 11.6). A agregação parcial permite a comparação par a par das ações, estabelecendo relações de superação entre as mesmas. Os métodos de superação adotam tal comparação.

Em que:

I = Dado ou atributo, resultado de um inventário;

C = Critério (modelo que considera os dados);

G = Critério (modelo que considera os critérios C);

IG = Indicador final (modelo que considera os critérios G);

e = Nível de participação do dado no critério C;

w = Importância relativa (peso).

Existe uma grande quantidade de procedimentos de agregação de critérios (Figura 11.6). Entretanto, para exemplificar a lógica da agregação são apresentados apenas dois métodos, considerados simples, porém amplamente difundidos em casos de análise multicritério.

Figura 11.5 - Agregação de critérios.

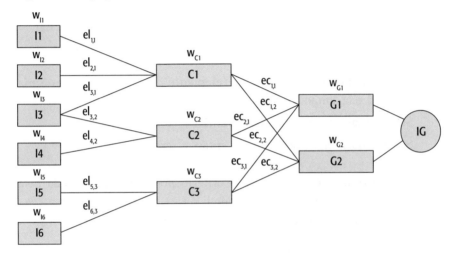

Figura 11.6 - Procedimentos de agregação de critérios.

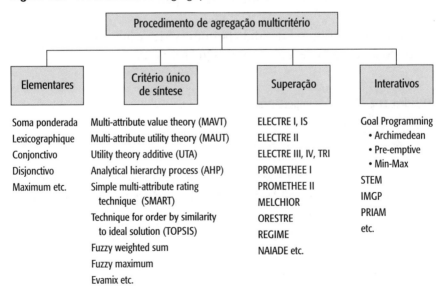

*Método AHP (*Analytic Hierarchy Process*)*

Método desenvolvido por Thomas Saaty, em 1980, (Saaty, 1980) que permite fazer a conversão de avaliações qualitativas de importância relativa em um julgamento quantitativo seguido por uma classificação das ações.

Entre as referências de utilização do método AHP no campo de avaliação ambiental, pode-se citar Cziner et al. (2005), Pineda-Henson et al. (2002) e Ong et al. (2001).

Para um conjunto de critérios: C1, C2, ..., Cn, considerar (Cj, Ci) $\rightarrow$ um par de critérios:

- Se Cj (elemento da linha) e Ci (elemento de coluna) têm a mesma importância, então a_{ji} é igual a 1;
- Se Cj é mais importante que Ci, então a_{ji} será > 1;
- Se Ci é mais importante que Cj, então a_{ji} será < 1.

A importância relativa de cada critério pode ser representada pela matriz de julgamento E(n x n), em que E = (a_{ij}) (i, j = 1, 2,..., n).

As entradas a_{ij} são definidas por duas regras:

- Se a_{ji} = w, então a_{ij} = 1/w;
- Julgando que Cj tenha a mesma importância que Ci, então:
  a_{ji} = 1 $\wedge$ a_{ij} = 1. Particularmente, a_{ji} = 1 para i = j

O peso do atributo é decidido por uma série de julgamentos par a par segundo uma escala de nove pontos (Quadro 11.2).

Quadro 11.2 - Escala de importância.

Valores numéricos	Escala verbal
1	Os dois critérios são igualmente importantes.
3	O critério da esquerda é ligeiramente mais importante que aquele do alto.
5	O critério da esquerda é moderadamente mais importante que aquele do alto.
7	O critério da esquerda é muito mais importante que aquele do alto.
9	O critério da esquerda é extremamente mais importante ou absolutamente preferível àquele do alto.
2, 4, 6, 8	Valores intermediários.

1) Matriz de julgamento:

$$D = \begin{array}{|c|c|c|c|c|}
\hline
 & C1 & Cl & & Cm \\
\hline
A1 & X_{1,1} & X_{i,1} & & X_{m,1} \\
\hline
Aj & X_{1,j} & X_{i,j} & & X_{m,j} \\
\hline
 & & & & \\
\hline
An & X_{1,n} & X_{i,n} & & X_{m,n} \\
\hline
\end{array}$$

2) Matriz quadrada de critérios:

$$E = \begin{array}{|c|c|c|c|c|}
\hline
 & C1 & C2 & & Cl \\
\hline
C1 & a_{1,1} & a_{1,2} & & a_{1,n} \\
\hline
C2 & a_{2,1} & a_{2,2} & & a_{2,n} \\
\hline
 & & & & \\
\hline
Cj & a_{j,1} & a_{j,2} & & a_{j,n} \\
\hline
\end{array}$$

$$E = \begin{array}{|c|c|c|c|c|}
\hline
 & C1 & C2 & & Cl \\
\hline
C1 & 1 & a_{1,2} & & a_{1,n} \\
\hline
C2 & 1/a_{1,2} & 1 & & a_{2,n} \\
\hline
 & & 1/ & 1 & \\
\hline
Cj & 1/a_{1,n} & 1/a_{2,n} & & 1 \\
\hline
\end{array}$$

Em que: a_{ji} = importância Cj (linha) com relação à Ci (coluna).

As entradas a_{ji} da matriz E são baseadas em uma escala de importância, apresentada pelo Quadro 11.2.

3) Síntese da matriz E:

$$\begin{array}{|c|c|c|c|c|}
\hline
 & C1 & C2 & & Cn \\
\hline
C1 & a_{1,1} & a_{1,2} & & a_{1,n} \\
\hline
C2 & a_{2,1} & a_{2,2} & & a_{2,n} \\
\hline
 & & & & \\
\hline
Cn & a_{n,1} & a_{n,2} & & a_{n,n} \\
\hline
 & & & & \\
\hline
 & \Sigma a_{j1} & \Sigma a_{j2} & & \Sigma a_{jn} \\
\hline
\end{array}$$

Esta operação é feita pela soma das avaliações a_j de cada coluna i da matriz precedente.

4) Normalização:

	C1	C2		Cn
C1	$a_{1,1}/\Sigma a_{j1}$	$a_{1,2}/\Sigma a_{j2}$		$a_{1,n}/\Sigma a_{jn}$
C2	$a_{2,1}/\Sigma a_{j1}$	$a_{2,2}/\Sigma a_{j2}$		$a_{2,n}/\Sigma a_{jn}$
Cn	$a_{n,1}/\Sigma a_{j1}$	$a_{n,2}/\Sigma a_{j2}$		$a_{n,n}/\Sigma a_{jn}$

A normalização proposta pelo método AHP considera a divisão de cada avaliação a_j pela soma da coluna i em questão.

5) Cálculo do vetor peso:

		Vetor peso
C1	$(a_{1,1}/\Sigma aj1 + a_{1,2}/\Sigma a_{j2} + \ldots + a_{1,n}/\Sigma a_{jn})/n$	W1
C2	$(a_{2,1}/\Sigma aj1 + a_{2,2}/\Sigma a_{j2} + \ldots + a_{2,n}/\Sigma a_{jn})/n$	W2
Cn	$(a_{n,1}/\Sigma aj1 + a_{n,2}/\Sigma a_{j2} + \ldots + a_{n,n}/\Sigma a_{jn})/n$	Wi
	ΣWi	1

O peso w do critério i é calculado pela média aritmética de cada linha da matriz normalizada E.

Se as regras de avaliação da importância dos critérios são consideradas, os valores $a_{jn}/\Sigma a_{jn}$ da coluna i e linha j serão os mesmos. Portanto, por exemplo, a média $(a_{1,1}/\Sigma ai1 + a_{1,2}/\Sigma a_{j2} + \ldots + a_{1,n}/\Sigma a_{jn})/n$ deverá ser igual a $a_{1,1}/\Sigma a_{j1}$

6) Cálculo do grau de consistência:

$a_{1,1}$	$a_{1,2}$		$a_{1,n}$		W_1		Sp_1
$a_{2,1}$	$a_{2,2}$		$a_{2,n}$	x	W_2	=	Sp_2
$a_{j,1}$	$a_{j,2}$		$a_{j,i}$		W_n		Sp_n

Multiplicar a matriz E (n x n) pelo vetor peso (n x 1) = vetor soma ponderada.

Sp$_1$		W$_1$		VC1
Sp$_2$	÷	W$_2$	=	VC2
Sp$_n$		W$_n$		VCn

Determinar o vetor consistência pela divisão do vetor soma ponderada pelo vetor peso.

VC1				
VC2	÷	n	=	1
VCn				

Calcular 1, o valor médio do vetor de consistência.

- Cálculo do índice de consistência (CI). 1 é sempre igual ou maior que o número de critérios (n). Assim, se 1 = n, a matriz de comparação par a par é consistente. O grau de inconsistência pode ser considerado como a diferença 1- n;
- CR deve ser inferior a 0,1;
- CR = Relação de consistência;
- RI = Índice aleatório.

$$CI = \frac{\lambda - n}{n - 1}$$

$$CR = \frac{CI}{RI}$$

n	IR	n	IR	n	IR
1	0,00	6	1,24	11	1,51
2	0,00	7	1,32	12	1,48
3	0,58	8	1,41	13	1,56
4	0,90	9	1,45	14	1,57
5	1,12	10	1,49	15	1,59

GESTÃO AMBIENTAL E SUSTENTABILIDADE NO TURISMO

Exemplo de aplicação do método AHP.

	A1	A2	A1 normalizado (-)	A2 normalizado (-)
C1- Custo (-)				
$(C_{1.1})$Investimento	1	1,5	0,40	0,60
$(C_{1.2})$Água	2	1	0,67	0,33
$(C_{1.3})$Combustível	3	4	0,43	0,57
C2 - Segurança (-)				
$(C_{2.1})$Temperatura	1	7	0,13	0,87
$(C_{2.2})$Pressão	7	1	0,87	0,13
$(C_{2.3})$Equipamento de segurança	3	5	0,38	0,62
C3 - Emissão (-)				
$(C_{3.1})CO_2$	0,75	0,70	0,52	0,48
$(C_{3.2})SO_2$	0,50	0,20	0,71	0,29
$(C_{3.3})SO_3$	0,70	0,20	0,78	0,22

Fonte: adaptado de Cziner et al. 2005.

Ponderação dos Critérios

	C_1	C_2	C_3	wi
C_1	x = 1	5	7	x/(x+y+z) = 74,4%
C_2	y = 1/5	1	7/5	y/(x+y+z) = 14,9%
C_3	z = 1/7	5/7	1	z/(x+y+z) = 10,6%

Ponderação do sub-critério: custo

	$C_{1.1}$	$C_{1.2}$	$C_{1.3}$	w1.i'
$C_{1.1}$	x = 1	9	2	x/(x+y+z) = 62,1%
$C_{1.2}$	y = 1/9	1	2/9	y/(x+y+z) = 6,9%
$C_{1.3}$	z = 1/2	4.5	1	z/(x+y+z) = 31,1%

Ponderação do sub-critério: segurança

	$C_{2.1}$	$C_{2.2}$	$C_{2.3}$	w2.i'
$C_{2.1}$	x = 1	2	7	x/(x+y+z) = 54,5%
$C_{2.2}$	y = 1/2	1	3,5	y/(x+y+z) = 27,3%
$C_{2.3}$	z = 1/7	2/7	1	z/(x+y+z) = 18,2%

Ponderação do sub-critério: emissões

	$C_{3.1}$	$C_{3.2}$	$C_{3.3}$	w3.i'
$C_{3.1}$	x = 1	2	9	x/(x+y+z) = 62,1%
$C_{3.2}$	y = 1/2	1	4,5	y/(x+y+z) = 31,1%
$C_{3.3}$	z = 1/9	2/9	1	z/(x+y+z) = 6,9%

	$w_{i.i'}$	w_i	$w_{i''} = w_{i.i'} \times w_i$
$C_{1.1}$	62,1		46,2
$C_{1.2}$	6,9	74,4%	5,1
$C_{1.3}$	31,1		23,1
$C_{2.1}$	54,5		8,1
$C_{2.2}$	27,3	14,9%	4,1
$C_{2.1}$	18,2		2,7
$C_{3.1}$	62,1		6,6
$C_{3.2}$	31,1	10,6%	3,3
$C_{3.3}$	6,9		0,7

Resultados

	$w_{i''}$	x_{1i}	x_{2i}	R_1		R_2	
		S					
$C_{1.1}$	46,2	0,40	0,60	18,48	Σ	27,72	Σ
$C_{1.2}$	5,1	0,67	0,33	3,42		1,68	
$C_{1.3}$	23,1	0,43	0,57	9,93	31,83	13,17	42,57
$C_{2.1}$	8,1	0,13	0,87	1,05	Σ	7,05	Σ
$C_{2.2}$	4,1	0,87	0,13	3,57		0,53	
$C_{2.3}$	2,7	0,38	0,62	1,03	5,65	1,67	9,25

(continua)

(continuação)

$C_{3.1}$	6,6	0,52	0,48	3,43	Σ	3,17	Σ
$C_{3.2}$	3,3	0,71	0,29	2,34		0,96	
$C_{3.3}$	0,7	0,78	0,22	0,55	6,32	0,15	4,28
				Σ	43,80	56,10	

Assim:

$R_{11} = 46,2 \times 0,40 + 5,1 \times 0,67 + 23,1 \ 3 \ 0,43 = 31,83$
$R_{12} = 5,65$
$R_{13} = 6,32$

$\rightarrow$ R1 = 43,80 e R2 = 56,10

Classificação final:

Visto que quanto maior é a avaliação final menos conveniente é a alternativa, então:

1º: A1   2º: A2

Método TOPSIS (Technique for order preference by similarity to an ideal solution)

Os fundamentos teóricos deste método foram desenvolvidos por Hwang e Yoon (1981) e apresentados por Montanari (2004) e Tzeng et al. (2005) no contexto de avaliações de alternativas ambientais.

Em resumo, ele consiste em ordenar as ações, em que a situação mais adequada será aquela que apresentar o perfil mais próximo (distância) de uma solução ideal e mais distante de uma solução anti-ideal.

O desenvolvimento do método segue as seguintes etapas:

1) Estabelecer a matriz de avaliação (como apresentado no método AHP);
2) Calcular a matriz normalizada: a normalização original proposta para este método é a vetorial – ver item "Procedimentos de normalização" deste capítulo. Entretanto, Opricovic e Tzeng (2004) e Tzeng (2005) propõem a utilização da normalização linear;
3) Calcular as avaliações normalizadas e ponderadas: $v_{ij} = w_i . r_{ij}$;
4) Determinar as soluções ideal (A*) e anti-ideal (A⁻):

A* = alternativa feita pelas melhores avaliações de cada critério.

$A^* = \{v_1, v_2, \ldots v_3\} = \{(maxv_{i1}), (maxv_{i2}), \ldots (maxv_{in})\}"i = 1, \ldots m$

A⁻ = alternativa feita pelas piores avaliações de cada critério.

$A^- = \{v_1, v_2, \ldots v_3\} = \{(minv_{i1}), (minv_{i2}), \ldots (minv_{in})\}"i = 1, \ldots m$

5) Calcular as medidas de separação:

$$D^*_j = \sqrt{\sum_{i=1}^{m}(vij - v^*i)^2}$$

$$D^-_j = \sqrt{\sum_{i=1}^{m}(vij - v\overline{i})^2}$$

Em que: D^*_j = distância Euclidiana n-dimensional da ação j à solução ideal.

D^-_j = distância Euclidiana n-dimensional da ação j à solução anti-ideal.

6) Calcular a aproximação relativa à solução ideal:

$$PI_j = \frac{D^-_j}{D^*_j + D^-_j}$$

Em que: PI = índice de prioridade da ação j.

7) Ordenar as alternativas: o índice PI permite estabelecer um ordenamento das alternativas. Quando PI aproxima-se de 1, a alternativa é dita "ideal". Ao contrário, em se aproximando de zero, esta se torna mais "anti-ideal".

Exemplo de aplicação do método TOPSIS: Ordenar 5 ações (alternativas) segundo as avaliações de 5 critérios.

1) Matriz de avaliação

Critério → ação ↓	C1 (+)	C2 (+)	C3 (+)	C4 (+)	C5 (+)
A1	1,25	4,50	6,5	3,0	20,0
A2	1,00	4,8	3,0	4,5	30,0
A3	1,47	3,05	5,5	5,0	18,0
A4	2,5	2,17	7,5	7,5	22,0
A5	5,00	1,00	10,0	6,3	16,0
Peso	0,25	0,45	0,10	0,12	0,08

(+) sentido de preferência positivo: quanto maior é o valor, melhor é ação.

2) Normalização:

A avaliação da ação A_1 pelo critério C_1, por exemplo, é:

$$r_{11} = \frac{1,25}{\sqrt{35,97}} = 0,208$$

Matriz normalizada

Critério → ação ↓	C1 (+)	C2 (+)	C3 (+)	C4 (+)	C5 (+)
A1	0,208	0,589	0,422	0,245	0,411
A2	0,167	0,629	0,195	0,367	0,617
A3	0,245	0,399	0,357	0,408	0,370
A4	0,417	0,284	0,486	0,612	0,452
A5	0,834	0,131	0,649	0,514	0,329
Peso	0,25	0,45	0,10	0,12	0,08

3) Avaliações normalizadas e ponderadas (v_{ij}).

Critério → ação ↓	C1 (+)	C2 (+)	C3 (+)	C4 (+)	C5 (+)
A1	0,052	0,265	0,042	0,029	0,033
A2	0,042	0,283	0,019	0,044	0,049

(continua)

APLICAÇÃO DA ANÁLISE MULTICRITÉRIO PARA AVALIAÇÃO DA SUSTENTABILIDADE | 229

3) Avaliações normalizadas e ponderadas (v_{ij}). *(continuação)*

Critério → ação ↓	C1 (+)	C2 (+)	C3 (+)	C4 (+)	C5 (+)
A3	0,061	0,180	0,036	0,049	0,030
A4	0,104	0,128	0,049	0,073	0,036
A5	0,208	0,059	0,065	0,062	0,026

4) Determinação das soluções ideal (A^*) e anti-ideal (A^-):

A solução ideal (A^*) e ideal-negativa (A^-)

A^* = alternativa feita pelas melhores avaliações para cada critério.
$A^* = \{(maxv_{i1}), (maxv_{i2}),\dots(maxv_{in})\}$
$A^* = \{(0,208), (0,283), (0,065), (0,073), (0,049)\}$

A^- = Alternativa feita pelas piores avaliações para cada critério.
$A^- = \{(minv_{i1}), (minv_{i2}),\dots(minv_{in})\}$
$A^- = \{(0,042), (0,059), (0,019), (0,029), (0,026)\}$

5) Cálculo das medidas de separação:

Para a ação A_1:

D_1^*	0,166		D_1^-	0,208
D_2^*	0,175		D_2^-	0,226
D_3^*	0,185		D_3^-	0,125
D_4^*	0,188		D_4^-	0,107
D_5^*	0,225		D_5^-	0,176

$D_1^* = ((0,052 - 0,208)^2 + (0,265 - 0,283)^2 + (0,042 - 0,065)^2 + (0,029 - 0,073)^2 + (0,033 - 0,049)^2)^{1/2}$
$D_1^* = 0,166$

6) Cálculo da aproximação relativa da solução ideal:

Para a ação A_1:
$PI_1 = 0,208/(0,166 + 0,208) = 0,556$
Os outros resultados:

PI_1	0,556
PI_2	0,563
PI_3	0,404
PI_4	0,364
PI_5	0,438

7) Ordenamento final: A2; A1; A5; A3; A4.

Procedimento de análise de sensibilidade e de incerteza

De um modo geral, a análise de sensibilidade consiste em fazer variar um elemento do sistema (dado, limites, ponderação etc.) para observar como varia o resultado final.

CONSIDERAÇÕES FINAIS

A definição de local para instalação de um empreendimento turístico depende da avaliação de um conjunto de critérios ambientais, econômicos, socioculturais, entre outros, caracterizando claramente esta situação como uma questão cuja resposta pode ser orientada por um procedimento multicritério de apoio à decisão.

A formalização do problema faz com que cada um destes grandes critérios seja objeto de uma avaliação particular, em que para cada um desses atributos uma decisão será tomada e talvez um local seja definido. A proposição final deve passar, portanto, por uma nova rodada de apoio multicritério à decisão, envolvendo os resultados das avaliações parciais.

A robustez e a confiabilidade deste procedimento repousam sobre a precisão dos elementos modelados. A diversidade do meio, o grande número de atores implicados na gestão sustentável do empreendimento e as variações matemáticas tornam o processo complexo e o resultado obtido deve ser interpretado como específico às considerações empregadas.

A análise muticritério apresenta a vantagem de tornar transparente o processo de apoio à decisão, pois todas as considerações são previamente explicitadas: critérios, pesos, métodos de agregação, função dos atores envolvidos etc. No caso de contestação, seja do resultado, seja do procedimento, é possível localizar e, eventualmente, adaptar as razões intervenientes. Por outro lado, os mesmos elementos que lhe são favoráveis podem se tornar seus pontos fracos. Uma definição equivocada ou incompleta de um sistema, a sustentação de uma hipótese pouco abrangente, a imposição de variáveis, dentre outras, podem ser usadas para respaldar um resultado.

Assim sendo, a análise multicritério deve ser usada como uma ferramenta, cujo intuito é o de apoiar uma tomada de decisão e não como processo justificativo para dirigi-la.

REFERÊNCIAS

CZINER, K.; TUOMAALA, M.; HURME, M. Multicriteria decision making in process integration. **Journal of Cleaner Production**, v. 5, n. 13, p. 475-483, 2005.

ENSSLIN, L.; MONTIBELLER, G.; NORONHA, S. **Apoio à decisão**. Florianópolis: Insular, 2001.

GUITOUNI, A.; MARTEL, J-M. Tentative guidelines to help choosing an appropriate MCDA method. **European Journal of Operational Research**, v. 109, p. 501-521, 1998.

HWANG, C-L.; YOON, K. **Multiple Attribute Decision Making**. Berlin: Springer-Verlag, 1981.

LANIADO, E.; CAPPIELLO, A. et al. **A decision support system for sustainable tourism: the SFIDA project**. Conferência ENVIROSOFT 2004, Ancona (Itália), 2004.

MAYSTRE, L.Y.; BOLLINGER, D. **Aide à la négociation multicritère**. Lausanne: Presses Polytechniques et Universitaires Romandes, 1999.

MAYSTRE, L.Y. et al. **Méthodes multicritères Electre**. Lausanne: Presses Polytechniques et Universitaires Romandes, 1994.

MONTANARI, R. Environmental efficiency analysis for thermo-power plants. **Journal of Cleaner production**, v. 4, n. 12, p. 403-41, 2004.

[OMT] ORGANIZAÇÃO MUNDIAL DE TURISMO. Disponível em: http://www. unwto.org. Acessado em: 2007.

ONG, S.K.; KOH, T.H.; NEE, A.Y.C. Assessing the environmental impact of materials processing techniques using an analytical hierarchy process method. **Journal of Material Processing Technology**, v. 113, p. 424-431, 2001.

OPRICOVIC, S.; TZENG, G.H. Compromise solution by MCDM methods: a comparative analysis of VIKOR and TOPSIS. **European Journal of Operational Research**, v. 156, p. 445-455, 2004.

PINEDA-HENSON, R.; CULABA, A.; MENDONZA, G. Evaluating Environmental performance of Pulp and Paper Manufacturing using the analytic Hierarchy process and Life-Cycle Assessment. **Journal of Industrial Ecology**, v. 1, n. 6, p. 15-28, 2002.

SAATY, T. **The analytic hierarchy process**. MacGraw Hill: New York, 1980.

SOARES, S. R, TOFFOLETTO, L., DESCHÊNES, L. Development of weighting factors in the context of LCIA. **Journal of Cleaner Production**, v. 6-7, n. 14, p. 649-660, 2006.

TZENG, G H et al. **Multi-criteria analysis of alternative-fuel buses for public transportation**. Energy Policy, v. 11, n. 33, p. 1373-1383, 2005.

Turismo e Riscos à Saude | 12

Edlaine Faria de Moura Villela
Bióloga, Faculdade de Saúde Pública da USP
Delsio Natal
Biólogo, Faculdade de Saúde Pública da USP

INTRODUÇÃO

O turismo teve aceleração marcante a partir da segunda metade do século XX, em decorrência da modernização do transporte, mediante o melhoramento e a ampliação das rodovias, ferrovias, aviação e deslocamentos marítimos. De outro lado, a infra-estrutura voltada para esse tipo de lazer teve paralelamente grandes investimentos pela melhora do conforto das instalações de hospedarias, alimentação, opções de diversão, além de inúmeros serviços especiais. O turismo assumiu feição de indústria estruturada e voltada para o faturamento econômico, transformando-se em mercadoria (Brito e Araújo, 2006).

No passado mais próximo, muitos países passaram por uma transição demográfica. Se antes a população se distribuía pelos campos, nas atividades agrícolas e de pecuária, hoje se centraliza nas cidades, muitas delas industrializadas. Mais recentemente a agricultura em muitos países foi mecanizada e o homem substituído por maquinários. Houve intensa migração para as cidades, o que resultou no aumento destas, geração de conflitos sociais e, até mesmo, a emergência da violência. Os ambientes naturais ricos em biodiversidade foram simplificados em sistemas produtores de elevada rentabilidade. O novo meio antrópico, do campo ou da cidade, afastou o homem rapidamente da natureza. O habitante da metrópole, sobretudo, sente falta do verde da mata, do canto dos pássaros, do pôr-do-sol nas montanhas. Vive pressionado pelo artificialismo nas urbes verticais. O retorno à natureza é uma necessidade intrínseca, talvez ainda genética, em virtude da rapidez das mudanças impostas pela sociedade. Sempre que possível, nos períodos de férias, nos finais de semana e nos feriados as pessoas saem em busca de um ambiente "exótico", como se uma força interna as impelissem para o contato com a terra ou a areia da praia, fato que talvez as fizessem retornar a seu passado evolutivo. Além disso, é possível considerar esse fenômeno como um modismo presente na sociedade atual, comprovado pelo intenso fluxo de veículos que transitam nas rodovias que ligam os grandes centros às praias e ao campo; são verdadeiras hordas de veículos que freqüentemente provocam congestionamentos quilométricos.

Em outro ângulo, o mundo mudou e passou por um desenvolvimento rápido. Multidões vieram a ter acesso ao turismo, motivadas pelas agências que se formaram e passaram por um processo de organização para atender a demanda crescente. Se os cidadãos do mundo desenvolvido há tempos tiveram o privilégio de viajar a passeio, agora os povos fora desse contexto gozam desse benefício com maior facilidade.

O final da Guerra Fria, a globalização, a queda do muro de Berlim, a dissolução da União Soviética, e a emergência dos Tigres Asiáticos tornaram os continentes "mais próximos", abriram horizontes e popularizaram o turismo. Em contrapartida, o acirramento da assim taxada "ação terrorista" de abrangência internacional e as guerras justificadas para neutralizar tal movimento certamente tiveram impactos negativos sobre a empresa mundial do turismo; entretanto, de maneira geral, hoje se viaja muito mais que outrora.

Nesse mundo globalizado, com facilidades de deslocamentos nunca antes vividas, as pessoas saem de seus territórios com um rol de agravos conhecidos e em poucas horas estão inseridas em outras realidades; certamente passam a se expor a novos riscos e possibilidades de aquisição de doenças que para elas são desconhecidas. É nesse contexto que este capítulo foi concebido e preparado, a fim de discutir situações em que o prazer de viajar pode provocar dores ao indivíduo e até mesmo levá-lo a óbito. Entretanto, não se tem aqui a intenção de intimidar essa atividade que, além de consistir em um direito intrínseco do cidadão, engrandece a troca cultural e dignifica a qualidade de vida. Objetiva-se neste capítulo, a partir do referencial conceitual, compreender situações e tomar conhecimento de agravos e riscos ligados à atividade de turismo. Construída essa base, estimula-se a aplicação da precaução ou da prevenção, a fim de que essa atividade transcorra em níveis aceitáveis de segurança.

RISCOS À SAÚDE

No campo da Epidemiologia, disciplina que estuda a determinação das doenças na dimensão multicausal, o conceito de risco é de natureza estatística e reporta-se à probabilidade de ocorrência de um evento, seja este uma doença ou agravo, ou mesmo a morte. O fator que desencadeia o processo é denominado "fator de risco" (Gordis, 2004).

Todo ser humano ao longo de sua existência, da fase intra-uterina ao envelhecimento, sofre a ação de fatores endógenos ou exógenos, os quais podem desestabilizar suas funções e induzir à doença. Em contrapartida, existem fatores que atuam em "sentido contrário", produzindo saúde. É no equilíbrio dessas relações e nas respostas do organismo que um cidadão é ou não saudável.

A exposição de uma pessoa a um determinado fator de risco, não implica que irá fatalmente ser acometida por uma doença, mas sim que vive uma situação de risco e que há probabilidade de ser atingida. É o caso do fumante, que pode passar toda a sua existência sem contrair, por exemplo, o câncer pulmonar, que constitui um dos agravos associados ao hábito de fumar. Nesse âmbito domina o "princípio da incerteza", pois nunca se pode garantir que o fumante morrerá de câncer. Ouviremos sempre a história narrada pelo "fumante inveterado" que um parente ou amigo de seu pai fumava cachimbo o dia todo, viveu 96 anos e morreu por causa não relacionada ao tabaco.

Seguindo-se o mesmo raciocínio, o que é válido para um indivíduo pode ser extrapolado para a população. Assim, os grupos humanos que vivem em determinado território estão sob a ação de fatores de risco, que são geradores de doenças e também de fatores protetores que beneficiam sua saúde. Diante do exposto, não há como fugir da doença, pois ela ocorre em qualquer território. Os fatores determinantes, ou fatores de risco, estão por toda parte. Deve-se esclarecer que o que muda de um lugar para outro são as exposições e, conseqüentemente, a listagem dos agravos, suas prevalências ou suas incidências.

A estimativa ou medida da doença de uma cidade, município, estado ou país é usualmente divulgada pela Saúde Pública por meio de indicadores que levam em consideração o tamanho da populações de base. Esses valores obtidos para cada agravo podem ser interpretados como o reflexo do risco expresso estatisticamente por meio de coeficientes ou proporções de ocorrência. Nota-se que o que se apresentava como uma incerteza para o indivíduo, ao se analisar a morbimortalidade de uma população, o resultado das análises passam a ser indicadores visíveis e reais.

Voltando ao exemplo do tabagismo e em termos comparativos, em uma população fumante, certamente, o indicador expresso pela incidência de câncer pulmonar será mais elevado que o de uma população sem esse hábito. Ao analisar um grupo populacional, deduz-se que o risco produz a certeza da expressão da doença. Assim, a atuação de um fator de risco leva à manifestação concreta do agravo, doença ou óbito a ele associado.

O raciocínio desenvolvido anteriormente é útil ao se reportar aos empreendimentos de turismo. Dado que essa atividade desloca pessoas da área de moradia ao espaço de lazer, a boa gestão sanitária torna-se fundamental para garantir a saúde dos usuários e seu máximo potencial de lazer.

Ao gestor de turismo convém ter noção dos determinantes epidemiológicos mais comuns que interagem nos espaços utilizados na atividade. Deve se informar sobre os agravos mais intensos do território, bem como sobre suas estatísticas. Recomenda-se levar os riscos em consideração, bem como as estratégias de monitoramento. Será bem-vinda a adoção de ações profiláticas ou preventivas para preservar a saúde de seu público. Evitar fatores de risco e estimular fatores protetores deve ser parte da filosofia do empreendedor (Phillip e Hodgkinson, 1994).

Risco no mar

A Terra, quando observada do espaço, é um globo azulado e possui esse aspecto em virtude da extensa proporção ocupada por seus oceanos. Por essa razão é denominada "Planeta Água". Naturalmente, o mar oferece grande potencial ao turismo, que nas últimas décadas vem se incrementando e se equipando de infra-estrutura a fim de oferecer cada vez mais, a milhares de pessoas, a oportunidade para usufruir de suas maravilhas. Nesse sentido, podem ser reconhecidas, numa dicotomia arbitrária, duas modalidades de turismo: o de "alto-mar" e o "costeiro"; comentadas a seguir.

Turismo de alto-mar: empreendido em arquipélagos, ilhas distantes, vulcânicas ou de base coralínea, além de inúmeras opções do gênero. Nessa modalidade são incluídos também os passeios em barcos, navios e transatlânticos. Estes últimos, conhecidos como cruzeiros, são dotados de conforto, serviços, esporte e lazer, equiparando-se aos melhores hotéis. Quanto à saúde de grupos nesse tipo de empreendimento, a condição mais desafiadora é o isolamento.

A maior parte da população burguesa, exclusivamente aquela que tem acesso aos recursos de saúde, vive em cidades com sistemas de saúde relativamente estabelecidos e com resolutividade condizente. Qualquer cidadão que necessite de atendimento de urgência recorre a um serviço de emergência, como o pronto socorro. Em caso de maior gravidade pode ser conduzido a uma clínica ou hospital, em geral equipado com recursos tecnológicos para qualquer intervenção. Dependendo do agravo, o doente pode ser encaminhado para áreas específicas do sistema ou para especialistas.

Adoecer em alto mar é diferente, pois os recursos disponíveis para o atendimento à saúde são unicamente os que estão a bordo ou no território visitado. Dessa maneira, tanto para o turismo individual como para os grupos organizados deve-se levar em conta essa questão. Isso pode ser feito durante o planejamento da excursão, mediante coleta de dados e informações dos recursos médicos disponíveis nas embarcações ou no local de destino. É também importante ter noção da situação de saúde dos elementos arrolados, principalmente dos que já têm suas condições abaladas. Assim, é aconselhável que consultem seus médicos quanto aos medicamentos específicos que devem carregar nas bagagens para caso de tratamento de doenças crônicas, bem como para se orientarem sobre as formas de se evitar crises agudas.

Aos saudáveis, principalmente os jovens que são mais arrojados, é recomendável que haja uma orientação para se evitar abusos, como a ingestão indiscriminada de bebidas alcoólicas, a natação em correntezas, o mergulho em condições precárias, além de outras atividades. Todas essas práticas podem ser lícitas se forem realizadas com moderação e orientadas tecnicamente. Como filosofia preventiva é conveniente adotar frases de impacto como: "Evite extremos, estamos isolados" ou "Curta a vida de modo seguro".

Mesmo com todos os cuidados, a doença pode surgir de modo abrupto, em especial aquelas cujos agentes são veiculados por via respiratória ou digestiva, como gripes e diarréias. Indivíduos ou grupos podem ser atingidos por doenças como essas e, assim, necessitarem de cuidados especiais e de iniciativas para bloquear o processo de propagação. Deve-se averiguar se o serviço médico (ou a farmácia de bordo) detém medicamentos para essas emergências.

Infecções alimentares por toxinas de bactérias produzem surtos repentinos e, em poucas horas, podem causar grande transtorno e sofrimento. A melhor profilaxia é a higiene da cozinha e a qualidade dos alimentos. Produtos com validade ultrapassada em hipótese alguma devem ser consumidos durante empreendimentos em alto mar.

Turismo costeiro: Os litorais estão entre as áreas mais disputadas pelo turismo. O fácil acesso às paisagens cênicas, praias, dunas e a visão do infinito das águas estariam entre os principais atrativos. São áreas geralmente muito habitadas, ocupadas em grandes extensões pela expansão urbana. De modo geral, as regiões costeiras possuem boa estrutura para atendimento ao turismo, atividade que em muitas situações consiste em importante fonte econômica.

As cidades costeiras sofrem oscilações bruscas, com enorme desproporção entre a população residente e a população flutuante, representada por milhares de turistas. Esse problema agrava-se durante as férias prolongadas de verão, os assim chamados períodos de temporadas. A disputa pela água, alimento, pousadas, hotéis, alojamentos, casas de aluguel e mesmo pelos lugares públicos e restaurantes fica acirrada. As vias públicas tornam-se abarrotadas de veículos, os resíduos sólidos se multiplicam, bem como os efluentes de esgoto doméstico. Não havendo infra-estrutura para absorver a chegada dos turistas, a tranqüilidade natural desses ambientes é trocada pela agitação e pela disputa.

O sistema de saúde, dimensionado para atender a população residente, nos períodos de afluxo de turistas torna-se sobrecarregado e sem condições para suportar a demanda. Faltam profissionais, leitos para internações, equipamentos e mesmo materiais para um serviço apropriado. Ao mesmo tempo em que os serviços de atendimento ficam congestionados, o ambiente deve absorver todos os impactos relativos à maior poluição do ar, produção de lixo e de esgoto. Sem preparo, o ambiente se compromete e a qualidade de vida se deteriora. Além dessas questões, o súbito aumento populacional estimula a violência e a criminalidade.

O simples caminhar pela cidade, apinhada de turistas, passa a ser comportamento de risco, pois assaltantes oportunistas podem se aproveitar da distração do visitante e partir para a ação, com possibilidade de agressão. É interessante que o empreendedor do turismo resguarde a segurança pessoal de seus clientes, procurando informar-se sobre territórios de maior incidência desses atos, a fim de que possa orientar seu público para evitar essas áreas.

O banho de mar por si próprio representa risco tanto físico, em locais com correnteza, como pela possível contaminação das águas por esgotos. Assim, antes de dirigir seu público a uma praia, deve-se informar sobre a balneabilidade, a existência de sítios perigosos e a cobertura por serviços de salva-vidas. As praias poluídas não devem ser freqüentadas. Dados sobre tais condições são geralmente fornecidos pelo órgão ambiental do município. Muitas praias têm sinalizações de alerta tanto para a qualidade da água como para os pontos de correntes fortes. Individual ou em grupo, os turistas devem ser alertados para seguirem as orientações. É fato notório que muitos banhistas perdem a vida por afogamento por pura falta de orientação ou displicência. A fauna marítima pode oferecer riscos de acidente, como o ataque de tubarões, queimaduras por águas vivas, ferimentos por arraias e outros incidentes.

É surpreendente que, além do risco de queimaduras graves por exposição excessiva aos raios ultravioletas, o relaxante banho de sol na areia da praia seja fator de risco estritamente associado ao câncer de pele. Destaca-se que as irradiações do sol, de alta energia, perturbam o genoma celular e induzem a evolução de melanoma. O turista deve ser orientado quanto aos melhores horários para essa prática e também sobre o uso de cremes protetores.

O contato com a areia, embora prazeroso, pode acarretar conseqüências como as micoses e a infestação pela larva migrans (*Ancylostoma caninum*), conhecida como o "bicho geográfico", muito comum em praias freqüentadas por animais domésticos.

Os gestores do turismo, tanto locais, que oferecem seus produtos, como os externos, representados pelos profissionais que promovem iniciativas para arrebanhar turistas e programam as excursões, devem estar preparados para minimizar os riscos de exposição de seus clientes a situações adversas desencadeadas pela própria atividade (Ruiz-de-Chávez et al. 1994).

Risco no continente

O interior dos continentes e mesmo o das ilhas têm geomorfologia que reflete os impactos de asteróides, das forças geológicas, climáticas e biológicas que agiram durante milhões de anos. Não raro apresentam formações como cânions, rios, represas, lagos, serras, pântanos, matas, desertos e outros acidentes geográficos que atraem empreendimentos e geram afluxo de turistas. Além desses, o próprio homem molda a paisagem e edifica obras que atraem o turismo, como os açudes e as barragens de hidrelétrica.

Os ambientes aquáticos interioranos, naturais ou artificiais, são locais propícios para o turismo de pesca e passeios. Geralmente estruturam-se de forma simples, sem luxo; são locais onde os participantes ficam em pleno contato com o meio, pois essa relação faz parte das pretensões desse tipo de público. O contato com a natureza, seja nas margens do corpo aquático ou por meio do uso de embarcação, pode oferecer riscos como o deslize ou mesmo a queda na água. Assim, a gestão dessa atividade deve vistoriar os ambientes a serem utilizados por seus clientes e demarcar as áreas perigosas a serem evitadas. Os barcos devem ter protetores laterais que garantam a segurança, mesmo diante do desequilíbrio causado pelo balanço das ondas. Nesse caso em particular, os equipamentos de flutuação individuais são obrigatórios, pois nunca se pode descartar o risco de o barco naufragar. Correntezas e águas agitadas devem ser evitadas.

As regiões serranas ou montanhosas oferecem rara beleza ao turista, pois ampliam a visão do horizonte e trazem a sensação do "infinito". Caso o acesso seja por veículo, há a necessidade de prestar atenção tanto na qualidade da pista como nas condições mecânicas do automóvel, de modo a garantir total segurança. A habilidade do motorista é outro item importante para essa situação, pois em geral o acesso às regiões de altitudes ocorre por meio de caminhos curvos e estreitos e, portanto, perigosos. Em hipótese alguma se tolera a combinação entre direção e o consumo de bebida alcoólica. Caso o passeio seja por meio de caminhada em trilha, há outras preocupações inerentes como o acesso à água potável e alimento para consumo do grupo, pois principalmente na subida há intensa transpiração e gasto de energia. No retorno, deve-se ter todo o cuidado para evitar escorregões, quedas e fraturas. Pessoas com saúde comprometida ou limitações devem seguir orientações de seus médicos para essa empreitada.

Caminhadas em campos e matas são relaxantes quando o turista pode observar de perto os caprichos da natureza como: uma árvore florida, um raro caraguatá, as lianas nas copas, um pássaro pousado no galho ou um tronco revestido de liquens. A incursão fora da trilha, por exemplo, em terrenos de vegetação densa, pode ser atrativa, porém perigosa. Se for uma opção, deve ser vigiada por um guia experiente. Além disso, o próprio "mato" pode representar riscos de ferimentos, pois são muitas as árvores, ervas e cipós que são espinhosos ou que possuem folhas cortantes. Deve-se sempre lembrar que as serpentes venenosas como as corais, cascavéis, jararacas e surucucus são detentoras de certo mimetismo. Ocultas no ambiente podem surpreender com a picada. Entre os artrópodes, as aranhas, vespas e lagartas podem provocar picadas e queimaduras. Assim, para essas situações, um lembrete de alerta antes do passeio que contenha instruções sobre os animais perigosos é pertinente e bem-vindo.

As regiões pantanosas dotadas de charcos contornados pelos terrenos elevados e adornadas com o verde exuberante em contraste com o azul do céu são apreciadas entre as paisagens mais atrativas. Esses sítios são detentores de rica biodiversidade e atraem os turistas amantes da vida silvestre. Aqui, como em outros ecossistemas, o belo acompanha o perigo ou o risco. Ainda que os turistas estejam em barcos ou nas margens dos corpos aquáticos, há sempre a possibilidade de ocorrer queda para a água ou de pisar em terrenos instáveis. É necessário lembrar que esses litorais podem ser hábitat de aranhas e serpentes peçonhentas. A visita a esses ambientes, embora seja muito agradável, pode se tornar desconfortável caso estejam presentes insetos hematófagos como o mosquito-pólvora, o pernilongo e a mutuca. A picada de inseto, além de trazer o risco de uma infecção, é desconfortante e pode causar um processo alérgico. O gestor de turismo deve estar atento para proteger seus clientes, e isso é executável se tiver conhecimento dos aspectos bioecológicos da fauna local e saber como empreender a prevenção. Orientações para evitar acidentes e picadas devem ser consideradas tão ou mais importantes que as narrativas pertinentes para essas ocasiões.

Em virtude da tranqüilidade que oferece, o turismo em cidades ou vilas interioranas é muito procurado por idosos, geralmente provenientes das capitais. Além disso, é considerada uma atividade de baixo risco. O que se procura nesse lazer é o descanso, a distração, a busca de relações de amizade. O restaurante, o clube, a praça, o parque estão entre as opções mais freqüentadas. A exploração dessa fatia do turismo, mesmo que aparentemente segura, não é dispensada pelo público prevalente. Em geral, os idosos necessitam de cuidados especiais de saúde. Nos momentos de regozijo, implícito no "pacote" da excursão, eles podem relaxar seus regimes, esquecer os medicamentos e, enfim, ter seus ritmos biológicos alterados. No entanto, essas condições podem provocar algum distúrbio fisiológico que exigirá cuidados médicos. Orientações para evitar excessos devem ser passadas aos participantes, e a gestão do empreendimento deve ter a relação dos prontos socorros e hospitais mais próximos para qualquer emergência. Os jovens também costumam dirigir-se para vilarejos, porém com outros objetivos, como a busca por diversão em casas noturnas ou por esportes radicais, cujos riscos serão focados em outro tópico. O turismo em direção à metrópole também é procurado pelos jovens, que se deslocam de suas cidades ou vilas interioranas com o intuito de se divertirem. Restaurantes, bares e boates estão entre as atrações mais disputadas. Para esse público, o turismo da metrópole recebe um retorno considerável, pois traz satisfação; entretanto, os riscos à saúde são variados: abuso de álcool e drogas, violência, acidentes automobilísticos, entre outros. É importante a orientação não apenas familiar, mas também a dos empreendedores, para que os jovens possam usufruir plenamente dessa modalidade de turismo, sem riscos à vida ou saúde.

É comum adultos e idosos se dirigirem às metrópoles em busca da gastronomia, da hospedagem refinada e da cultura artística. Nas metrópoles, encontram variados gêneros de peça teatral, que agradam os mais distintos públicos. Os amantes do teatro e da variedade de gêneros literários "fogem" para as metrópoles a fim de aproveitar esse potencial do seu modo. Esse público é muito vulnerável ao assalto e conseqüentes agressões. Assim, no planejamento de roteiros deve constar a preocupação com a segurança.

Atualmente, o turismo para os grandes centros comerciais ligado à oportunidade das compras, como ocorre na capital paulista nos bairros do Bom Retiro e Brás, é bastante difundido. Essa atividade movimenta hotéis e restaurantes da região. A área de concentração de lojas com vendas no atacado e no varejo atrai multidões. Repete-se, neste contexto, a preocupação com a segurança dos clientes.

Situações descritas nesse tópico, bem como outras não incluídas, podem irromper em variadas possibilidades de exploração continental do turismo, e as adaptações a cada modalidade devem ser elaboradas pela gestão inteligente. A precaução e a prevenção devem respaldar qualquer iniciativa (Ruiz-de-Chávez et al., 1994). Qualquer atividade, para ser operacionalizada de forma eficaz, necessita de toda atenção e estudo das situações que representem perigo ou risco. Mesmo que se tenha empreendido todos os esforços para proporcionar segurança aos usuários, em qualquer excursão deve-se portar uma caixa de primeiros socorros, lembrando-se de que, por mais que se empregue medidas preventivas, há sempre a iminência do imprevisto. Com possibilidades de baixo custo muito se pode fazer, pois inúmeros riscos podem ser minimizados com *folders* explicativos ou com instruções verbais.

Risco no ar

O planeta Terra é envolvido pela atmosfera composta por camadas com características próprias: troposfera, estratosfera, termosfera e ionosfera. Praticamente toda a vida humana se restringe à troposfera, camada inferior que se eleva a cerca de 11 km. Para se ter noção, os aviões a jato comerciais viajam no limite entre a troposfera e a estratosfera. Na realidade, o homem se adapta bem nas montanhas até altitudes próximas dos 3.000 m. A partir dessa elevação o oxigênio se torna rarefeito e exige aclimatação. Altitudes maiores são passíveis de serem visitadas temporariamente e com equipamentos especiais para respiração e para proteção ao frio, como na atividade esportiva dos alpinistas.

Desde que foi inventado o avião, logo se tornou evidente seu potencial para o transporte humano, de cargas e, infelizmente, para ser utilizado nas guerras. A tecnologia aérea sofreu rápido desenvolvimento no último século e continua a se expandir.

O avião tornou-se peça fundamental para o turismo, facilitando o transporte e levando clientes ou grupos a lugares remotos em curtos períodos de tempo. As aeronaves modernas facilitaram os deslocamentos no interior dos países e também entre os continentes. O transporte aéreo contemporâneo tende a ser cada vez mais "globalizado" e "democratizado".

Se não fossem as cabines pressurizadas, com regulação térmica e circulação de ar, seria impossível o homem trafegar por altitudes cuja temperatura e pressão fossem extremamente baixas. Assim, o interior de uma aeronave moderna mantém "microclima" habitável, que consiste em um produto da tecnologia recente.

No ambiente artificial de uma aeronave em vôo, qualquer variação das condições internas na cabine por falha de equipamentos pode provocar transtornos graves e até fatais. Mesmo em condições normais as pessoas sentem algumas agressões, como: o estresse da viagem, a compressão na poltrona, o desconforto, o "medo de avião", perturbações auditivas decorrentes de variações de pressão, tensão das turbulências e outras possibilidades. Nessas condições, aqueles mais sensíveis passam mal e sofrem transtornos comuns, como enjôo, tonturas e até desmaios. De maneira geral, o serviço de bordo oferece instruções sobre o tema e tem serviço de socorro interno quando alguém é acometido por algum distúrbio. Mesmo contando com o apoio da tripulação, que é profissionalmente preparada, o empreendedor do turismo deve orientar seus clientes sobre essas situações adversas e sobre como se comportar para amenizar esses desconfortos a fim de que a viagem seja prazerosa.

Para os trechos mais longos, no sentido norte-sul ou vice-e-versa, deve-se ter noção do clima de destino, principalmente no que se refere à temperatura ambiente. A diferença climática entre o hemisfério norte e o sul em decorrência da inversão das estações deve sempre ser considerada. Pessoas que saem de um país cuja temperatura esteja cerca de -10ºC e poucas horas depois aterrissem no trópico que registre 40ºC (ou no sentido oposto) devem receber orientações sobre como administrar esse "choque térmico" de maneira a minimizar os riscos à sua saúde. Nesse caso, aconselhamentos sobre vestimentas são fundamentais.

Nos deslocamentos leste-oeste ou vice-versa é crucial considerar a questão do fuso horário. As variações maiores e que exigem acertos no relógio para mais de quatro horas podem incorrer até a acomodação em perturbações do ritmo biológico, provocando sono nas horas claras e hiper-atividade nas horas escuras. A pessoa fica estressada, preguiçosa e sem disposição para o divertimento. Os roteiros longos que implicam em alterações do fuso horário devem ser planejados considerando-se esse fenômeno para, assim, amenizar a potencialização de tais distúrbios nas programações.

Mais complexos são os deslocamentos norte-sul e leste-oeste ou vice-versa que resultam simultaneamente em choques térmicos e de fuso horário. A habilidade para lidar com tais situações determinará o maior ou menor conforto do cliente, seu aproveitamento máximo do lazer implícito ou, mesmo que temporariamente, a desconfortável indisposição causada pelas mudanças climáticas e temporais.

Para o futuro, e já em início de implantação, serão incluídos no turismo comercial em intensidade crescente os vôos suborbitais ou mesmo orbitais. Países que detêm a tecnologia já incluíram em seus vôos regulares turistas milionários que desembolsam vultosas quantias de dinheiro para ter a emoção (de poucas horas) de ver a Terra de longe e de sentir a ausência da gravidade. E por que não admitir que daqui a alguns anos não tenhamos bases na Lua ou em Marte, com roteiros turísticos planejados? Para esses vôos, atualmente uma ficção, toda a orientação de segurança e saúde deverá ser dada pelos empreendedores. A ciência e a tecnologia não param de se desenvolver e logo esse desafio se tornará realidade, abrindo mais uma janela para a exploração do turismo planetário.

PRINCIPAIS AGRAVOS

O termo *agravo* utilizado no campo da epidemiologia é amplo. Neste capítulo, é aplicado a qualquer fenômeno que afete a condição da saúde humana por exemplo: acidentes, estresse, intoxicações, doença aguda ou crônica, infecciosa ou não-infecciosa, entre outras possibilidades. Em muitas circunstâncias, tal termo é utilizado como verdadeiro sinônimo de doença. O agravo pode ser representado por simples incômodo, como a perturbação por ruído ou, por outro lado, pode até mesmo conduzir ao óbito, como em um atropelamento.

Um agravo qualquer ao acometer uma pessoa é conseqüência da ação de fatores determinantes, ou seja, é visto como efeito. Nesse sentido, depreende-se que o agravo ou doença emerge como resultante da interação de múltiplos fatores, sendo referido como de natureza multicausal. Isto significa que o homem, ao ser acometido, submeteu-se à exposição de vários fatores de risco, os quais interagem entre si em forma de rede – a chamada rede multicausal. Em síntese, no raciocínio epidemiológico abstrai-se o conceito de que a doença nunca é efeito decorrente de uma causa única, mas sim da interação entre várias. Ampliando-se ainda para uma discussão populacional, um fator de risco específico, ao agir em um grupo de pessoas, aumenta a freqüência do agravo a ele associado, porém nunca poderá ser responsabilizado pela totalidade dos casos. Outros fatores estarão envolvidos no processo da produção da morbidade, fato que demanda uma maior complexidade no desencadeamento das doenças (Rocha e Cesar, 2008). A seguir, serão feitas breves considerações sobre algumas doenças ou agravos, às quais o gestor de turismo deve prestar atenção.

Acidentes ocorrem de maneira súbita e podem provocar prejuízos graves à saúde do acometido, como limitações motoras e até mesmo a morte. Portanto, deve-se empreender o máximo de esforço no sentido de evitá-los. Isso é feito avaliando-se previamente os trajetos e os pontos a serem utilizados pelos clientes para o diagnóstico dos possíveis fatores de risco. Uma vez identificados, são empreendidas estratégias para minimizar a atuação desses fatores ou para evitar a exposição. O diálogo ou a fala dirigida a grupos na transmissão de orientações ou alertas sobre os perigos são ações que não acrescentam custos e que são altamente eficientes.

Na dependência do roteiro de visitas, é importante considerar as distâncias a serem percorridas, as esperas para a condução, as condições do veículo, a possibilidade de congestionamentos e outras eventualidades. Esses fatores, se não transcorrerem com certa normalidade, tornam-se verdadeiros estressores. Viagens longas com programações pesadas logo desestimulam o grupo em função do cansaço. O responsável pelo grupo deve trazer alternativas para aliviar as tensões.

As intoxicações podem ser voluntárias no caso de vícios, como o uso de drogas e a ingestão de bebidas alcoólicas. Esses eventos de relevante importância estão sendo focalizados em um item específico. Neste será tratada a intoxicação acidental, como aquela decorrente de contaminantes químicos ou por meio do consumo de alimentos adulterados.

No turismo em áreas tropicais, principalmente quando se visita ambientes naturais a despeito da maravilha paisagística, há o inconveniente da presença de hematófagos, como os pernilongos. Qualquer pessoa que vivencie uma situação como esta imagina ter em mãos os tradicionais repelentes de insetos. Em especial os de uso tópico devem ser bem selecionados para se evitar irritações, alergias e mesmo a penetração de seus princípios ativos, que pode acarretar conseqüências imprevisíveis. Nada melhor que o planejamento anterior à excursão, colocando-se a eventualidade e solicitando que a pessoa traga seu repelente na bagagem de objetos pessoais, de preferência com recomendação dermatológica. Nos interiores das habitações, principalmente onde os turistas passarão a noite, o uso de artefatos que afugentam os insetos por meio da liberação de voláteis, como os piretróides, pode ser eficaz; porém para algumas pessoas essas substâncias podem causar irritação e agravo de problemas preexistentes, como acontece aos que sofrem de afecções crônicas do aparelho respiratório. O conhecimento prévio e a adoção de medidas adequadas garantem o aproveitamento máximo dos participantes, sem que haja desconforto ou risco de complicações à saúde e à preservação do bem-estar.

As refeições, além de importantes para a reposição de carboidratos, proteínas, vitaminas e demais nutrientes, representam momentos relaxantes, de contatos, de música e, em certos espaços, de danças. Entretanto, não são incomuns as intercorrências provocadas por intoxicação alimentar durante viagens. Bactérias e suas toxinas, protozoários e ovos de nematódeos (vermes) podem acidentalmente fazer parte do cardápio, ocasionando as DTAs, doenças transmitidas por alimentos (Shinohara, 2008). Mesmo na ausência desses agentes, o alimento, quando estranho ao organismo, pode provocar reações alérgicas, irritar o tubo digestivo e manifestar-se de forma clínica similar a uma diarréia. Esses agravos podem atingir um elemento do grupo, porém também é possível ocorrer uma manifestação coletiva configurada em um surto que se inicia pouco tempo depois da refeição. É necessário alertar ainda que não apenas os alimentos sólidos como a carne, o peixe e a verdura representam perigo. Em regiões com saneamento precário, o consumo de água, suco de frutas e sorvetes também pode ser uma prática arriscada. O uso de água e demais bebidas industrializadas pode representar uma opção mais segura. Essas orientações são relevantes em qualquer projeto de turismo.

Não apenas os lugares remotos do interior apresentam risco de doenças, pois com o processo da urbanização muitos problemas de saúde passaram a emergir nas cidades. Recomenda-se adquirir dados sobre as doenças, especialmente as infecciosas e de alto potencial de transmissão como aquelas de notificação compulsória. Para tais casos de fluxo de informação obrigatório, as secretarias de saúde das cidades podem orientar sobre sua ocorrência, os lugares de maior risco e os focos ativos. Quando inevitável, o deslocamento de turistas para áreas onde estiver ocorrendo um processo epidêmico deve ser conduzido somente com orientações de autoridades sanitárias. No Brasil, pode-se tomar o exemplo da dengue, agravo comum mesmo nos grandes centros urbanos. Essa doença não é ativa durante todo o ano, porém manifesta-se em surtos ou epidemias que duram dias ou meses. Assim, o deslocamento entre centros urbanos exige precaução.

A construção de infra-estrutura ligada ao turismo, principalmente a de caráter permanente como as de resorts, hotéis, pousadas, parques aquáticos, parques de diversão e outros necessita de avaliação ambiental com vistas ao prognóstico de riscos à saúde ao ser projetada. Muitos problemas podem ser evitados com algumas adaptações no próprio projeto. Como visto em alguns exemplos, existem inúmeras situações de riscos diretamente relacionadas às doenças ou agravos que são importantes para o turismo. No planejamento da gestão, na implantação de projetos e também na operacionalização de atividades, tais riscos devem ser avaliados e ponderados para que sejam minimizados. Investir na prevenção é garantir a segurança do cliente.

RISCO DOS VÍCIOS

A bebida alcoólica e o uso de drogas ilícitas induzem à dependência físico-psicológica. As pessoas envolvidas com tais produtos, geralmente jovens, ficam cativas e precisam receber de tempos em tempos novas doses para que sintam o prazer, ainda que seja temporário. De modo geral, há certa repulsa da sociedade ao taxar o dependente químico como "um viciado". Trata-se de um hábito que expõe e estigmatiza a pessoa, além de trazer preocupação constante aos familiares e ao círculo de amizade.

O enfoque deste tópico não será no vício crônico, mas sim no comportamento esporádico e às vezes até inesperado que pode acontecer durante uma viagem turística.

Ao sair da rotina o ser humano tende a alterar seu comportamento. Quando realiza uma viagem, esse fenômeno se intensifica, pois o indivíduo está distante de "seu mundo", em busca de diversão ou mesmo para "fugir" da realidade. Ao adotar um comportamento "sem limite", dependendo da droga e da dose, o usuário não habitual pode ser vítima de um desfecho drástico, como lesões irreversíveis e até mesmo o óbito.

O consumo de substâncias psicoativas amplia a vulnerabilidade às doenças sexualmente transmissíveis, como as infecções venéreas e a Aids, pois viabiliza o assédio, as relações sexuais desprotegidas e o abuso sexual. Durante o passeio turístico, a prática de relações sexuais de forma segura geralmente é postergada. Nessa situação excepcional, é comum o uso compartilhado de drogas injetáveis, outro fator de risco para a transmissão de patógenos (Santos e Paiva, 2007).

Mesmo apropriando-se do conhecimento de que o uso de drogas é ilícito e que existem normas e regulamentos específicos para o turismo, imprudências prejudiciais ao indivíduo e ao coletivo não são incomuns e episódios desastrosos continuam a ser registrados (Castelões, 2002). Caracteriza-se, assim, um desafio ainda não vencido.

Portanto, há a necessidade de formulação de programas que abordem de maneira abrangente a educação, a prevenção e a relevância da saúde. Para atingir a população-alvo sugere-se inovar, ou seja, introduzir tecnologias de informação, reduzindo a vulnerabilidade e obtendo avanços na segurança do turismo. Não basta apenas que o poder público trabalhe, é necessário que as organizações envolvidas com o setor, como agências de turismo, hotéis, restaurantes e boates, também promovam ações e estratégias que visem não apenas a proteção do turista, mas a proteção de toda a comunidade (Santos e Paiva, 2007).

SITUAÇÕES DE ELEVADO RISCO

Trata-se da popularmente conhecida "tragédia anunciada". Uma situação de elevado risco desponta ao se permitir, mesmo estando ciente, a atuação de mais que um fator de risco cujos efeitos sejam esperados. Deve-se ressaltar nesse contexto o fenômeno do sinergismo, ou seja, o resultado da interação de dois ou mais fatores de risco na produção de um agravo pode ser maior que o esperado. Isso faz crer que um fator de risco potencializa outro ao atuar simultaneamente, aumentando as chances do agravo acontecer. Alguns exemplos de sinergismo podem ser extraídos das três situações descritas a seguir, identificadas como casos:

Caso A – Conduzir um grupo de arianos em uma caminhada em horário de pico solar, num terreno descampado e de certa altitude em uma região equatorial, sem trajarem uma vestimenta apropriada e sem utilizarem um protetor tópico. Resultado – queimaduras graves na pele.

Caso B – Conduzir um grupo de jovens em dia de calor a uma cachoeira. Há uma lanchonete no local com venda livre de bebidas alcoólicas. Diante da elevada temperatura, estimular os participantes para saborear uma cerveja. O local da queda d'água forma uma piscina circundada por grandes rochas. Um dos participantes sugere um banho refrescante. Os demais acatam e toda a turma é liberada para o lazer merecido. Resultado – um dos participantes escorregou, bateu a cabeça na pedra e teve morte por traumatismo craniano.

Caso C – Conduzir um grupo para atividade de pesca em uma comunidade ribeirinha amazônica. Durante a permanência no local, criou-se o hábito diário de freqüentar um quiosque na beira do rio para observar o pôr-do-sol ao mesmo tempo em que se conversava e se apreciava um drinque. O calor tropical exigia roupas leves deixando partes do corpo expostas. Praticava-se a pesca noturna em igarapé nas proximidades da vila. Dormia-se com as janelas da pousada abertas para o conforto natural e a observação do céu repleto de estrelas. Resultado: vinte dias depois da viagem, já em suas casas, duas pessoas do grupo manifestaram os sintomas da malária e tiveram de ser medicadas.

Prestando-se atenção aos exemplos, ressaltam-se que muitos fatores de risco são comportamentos humanos atrativos e até mesmo ligados ao lazer. Não há nada incorreto em praticá-los, desde que possam ser contornados para amenizar ou diminuir a intensidade do fator de risco e evitar o desfecho do agravo.

No **Caso A**, a mudança do horário do passeio para as primeiras horas da manhã pode minimizar em grande parte o risco de queimaduras de pele. No **Caso B**, possivelmente o problema que levou o rapaz ao óbito pode ter sido desencadeado no momento da ingestão da bebida alcoólica. A liberação para o banho refrescante sem dúvida foi a causa imediata que acarretou a tragédia. No **Caso C**, muito possivelmente a infecção pelo plasmódio deve ter ocorrido durante a apreciação do drinque, pois é conhecido que os mosquitos vetores geralmente têm pico de atividade hematofágica aumentado durante o período crepuscular. Durante a pesca noturna, os participantes poderiam ter usado um repelente tópico e ter se protegido melhor com vestimentas. Assim, diminuir a probabilidade de ocorrência de desfechos desagradáveis durante a atividade de turismo nada mais é do que eleger alguns fatores preponderantes, atuar sobre eles e também gerenciar aqueles de efeito menos provável. A precaução e a prevenção devem sempre respaldar a filosofia do gestor.

PRECAUÇÃO E PREVENÇÃO

A precaução é considerada um princípio aceitável e pertinente para a gestão de risco. Significa agir para evitar um problema, um acidente, uma catástrofe, adiantando-se medidas supostamente eficazes mesmo diante de incertezas científicas. Quando o risco é iminente ou desconhecido, tomam-se iniciativas que, a princípio, evitarão o desfecho.

Para a gestão do turismo, a escolha de uma medida de precaução para ser aplicada em um contexto específico, por não exigir a comprovação científica da relação causal, poderia especular que seria uma intervenção no mínimo leiga. Entretanto, considera-se que o envolvimento com o problema traz ao gestor a percepção de relações intuitivas, as quais, se investigadas pelo método científico, provavelmente seriam comprovadas. Então, como não há tempo disponível para estudo, para se evitar um desfecho que está por ocorrer, é aceitável agir diante de certa obscuridade. Para melhor esclarecimento são feitas a seguir algumas suposições:

Caso A – Um grupo de turistas será direcionado a caminhar em uma trilha para exploração de ambiente natural. No planejamento, ao se investigar sobre a fauna de serpentes peçonhentas do local, não foram encontradas informações nem na literatura, nem provenientes do conhecimento popular da região. **Precaução:** como não há tempo para maior investigação, recomenda-se o uso de botas de cano longo para a caminhada.

Caso B – Um grupo de turista será deslocado para uma vila interiorana. Nos preparativos para a viagem constatou-se que o percentual das moradias abastecidas com água tratada era precário e desconhecido. Outros dados levantados mostraram que não existe aterro sanitário e estação de tratamento de esgoto. **Precaução:** recomendou-se aos integrantes da excursão carregar consigo desinfetantes à base de cloro para ser diluído na água de beber. Orientou-se também para o consumo de líquidos industrializados.

Caso C – Alguns excursionistas serão deslocados do hotel para uma montanha próxima, de modo que possam apreciar uma paisagem panorâmica. O microônibus do hotel teve um problema. Para não adiar o evento, foi alugado outro veículo. Ao se inspecionar suas condições, verificou-se que os pneus estavam gastos e o freio de mão solto. **Precaução:** como não havia outro veículo disponível, a excursão foi suspensa a contragosto dos interessados e com prejuízo para a empresa de turismo.

Diferentemente da precaução, a prevenção é baseada em relações de associação fator *versus* efeito conhecidas cientificamente. Na abordagem que se desenrola neste capítulo, o fator é traduzido como "fator de risco" e o efeito como "agravo". A ciência que estuda tal relação é a Epidemiologia (Gordis, 2004). Assim, para se evitar esses eventos considerados desagradáveis, a gestão de turismo deve recorrer ao conhecimento acumulado pelos estudos epidemiológicos e publicados pelas revistas científicas ou mesmo divulgados pelos órgãos oficiais, entre outras fontes. A própria mídia, quando confiável, geralmente comunica as associações causais descobertas pela ciência.

Qualquer empreendimento turístico deve avaliar os riscos aos quais seu público será exposto. O conhecimento sobre os indicadores de saúde de uma região indica com certa aproximação os riscos aos quais a população se submeterá. Essa tradução técnica é mais bem compreendida pelos profissionais de saúde da vigilância epidemiológica que possuem conhecimentos sobre estatísticas de saúde. Na vertente mais acadêmica, os estudos dos fatores de risco e suas associações com os agravos são conduzidos nas universidades e institutos de pesquisa no contexto da Epidemiologia Analítica. Os resultados são divulgados como artigos publicados em revistas científicas. Entretanto, em muitas situações os riscos são óbvios e dispensam estudos mais aprofundados. Algumas suposições práticas com indicações de atuação sobre fatores de risco para minimizar seus efeitos são explicitadas a seguir:

Caso A – Um grupo de turistas fará um traslado do aeroporto ao hotel. O recepcionista notou que o condutor do microônibus estava alcoolizado. Em razão do atraso provocado por esse incidente, telefonou ao hotel e solicitou sua substituição. **Prevenção:** é fato provado cientificamente que a combinação entre bebida e direção aumenta o risco de acidente. A substituição do motorista manteve a segurança no transporte.

Caso B – Um grupo de adolescentes em férias na praia está sob a responsabilidade de um guia turístico. Um dos meninos nada em direção a uma área de correnteza, desrespeitando a sinalização que comunica o perigo. **Prevenção:** o garoto é repreendido e a seguir o grupo é transferido para uma área mais segura. O alerta de perigo faz parte das estratégias educativas da prefeitura local com objetivo de diminuir o índice de afogamento no banho de mar.

Caso C – Planeja-se deslocar um grupo de "amantes da natureza" para uma excursão durante uma semana pelo cerrado do Goiás. Em consulta ao site do Ministério da Saúde obteve-se a informação que no ano anterior teria ocorrido morte de macacos no interior da reserva. O diagnóstico veterinário foi "infecção por vírus da febre amarela". **Prevenção:** quinze dias antes do deslocamento para a área o grupo foi vacinado com o antígeno específico.

A combinação de ações de precaução e de prevenção voltadas para a minimização de risco deve constar na pauta dos empreendedores do turismo (Ruiz-de-Chávez, 1994). Esse procedimento evita acidentes, traumas, doenças e mortes. Em virtude da multicausalidade dos agravos e da sinergia que se estabelecem entre os determinantes, muitas vezes as ações conjuntas produzem impactos positivos além do esperado. Muitas das medidas são de baixo custo ou mesmo custo zero. O importante é que as equipes responsáveis por projetos de engenharia, arquitetura e excursões ligadas ao turismo assimilem a cultura do dito popular que apregoa: "é melhor prevenir do que remediar".

VACINAS

A vacina, quando eficaz, é uma das formas mais seguras para se proteger contra doenças. O desenvolvimento científico e tecnológico permitiu avanço notável na quantidade e na qualidade das vacinas; há disponível atualmente um número razoável de imunógenos para uso em massa. Apesar de existir potencial amplo de aplicação, de maneira geral as vacinas disponíveis são para as doenças cujos agentes são vírus ou microorganismos provocadores de diversas enfermidades.

Entre as doenças de interesse ao turismo que podem ser prevenidas com o uso da vacinação, pode-se considerar: a caxumba, a catapora, o sarampo, a difteria, a poliomielite, a rubéola, a gripe, a febre amarela, o tétano e outras (Volkmer, 1989). Essas doenças de notificação compulsória são explosivas na população ou de elevada letalidade, e são propensas a provocar casos, surtos ou epidemias. São de elevada taxa de proteção, ou seja, impedem a manifestação clínica da doença na maioria dos vacinados, sendo raro uma pessoa vacinada ser acometida. Ao poder público cabe a imunização em massa – por meio das campanhas vacinais – com elevada cobertura para se combater o risco de irromper a transmissão (Heudorf et al., 2006). Para os deslocamentos de turistas no país ou para fora, recomenda-se a verificação dos cartões de vacina. Deve-se exigir que esses estejam atualizados. Dependendo do país de destino, as exigências vacinais podem diferir, devendo-se informar sobre quais imunógenos são obrigatórios para o desembarque a fim de se evitar contratempos nos aeroportos.

Alerta-se que qualquer vacina pode oferecer risco às pessoas sensíveis ou alérgicas aos agentes imunogênicos ou aos adjuvantes. Complicações pós-vacinais são, entretanto, raras e não justificam o não uso desse potencial meio de proteção. A vantagem da vacina é sua praticidade, pois o vacinado fica protegido e, nessa condição, pode permanecer exposto aos fatores de risco associados ao agravo. Infelizmente são poucas as doenças que possuem vacinas seguras e que estão disponíveis, porém a opção pela utilização deve ser sempre lembrada quando pertinente. Muitas vacinas ainda estão em fase de pesquisa básica, outras se encontram em testes em modelos animais ou em ensaios clínicos em humanos para validação. No futuro próximo, a lista desses produtos deverá ser ampliada para uso geral.

MUDANÇAS CLIMÁTICAS E RISCOS AO TURISMO

A atmosfera terrestre vem recentemente sofrendo alterações na proporção de seus gases e mesmo em sua composição. Esse fenômeno é de origem antropogênica e teve início principalmente a partir da revolução industrial, cujo marco histórico reporta-se a 1750. Vários gases com moléculas de três ou mais átomos provenientes da queima de combustíveis fósseis, de queimadas para expansão da agropecuária e do apodrecimento de resíduos orgânicos têm se acumulado na atmosfera, fato quantificado com mais precisão a partir da metade do último século (Flannery, 2007). O gás carbono (CO_2) é o mais debatido, cuja concentração vem subindo paulatinamente. O problema é que esses voláteis acumulam-se na atmosfera e impedem a perda da radiação infravermelha ou calor para o espaço gerando o "efeito estufa". A conseqüência recai sobre a temperatura média do planeta que está se tornando mais elevada, fenômeno conhecido como "aquecimento global". Entre os principais gases provocadores desses efeitos, além do CO_2 citam-se outros óxidos e o metano. Este gás é proveniente das alterações sobre o ambiente que acirram a putrefação anaeróbica.

Além dos gases de efeito estufa, substâncias produzidas pela tecnologia e liberadas no ar produziram alterações na atmosfera, como os clorofluorcarbono, responsáveis pela redução da camada protetora de ozônio no limite superior da termosfera. Essa perda aumenta a incidência na Terra dos raios ultravioletas com ação mutagênica, que causa prejuízos a todos os organismos vivos expostos.

As cidades e as áreas industriais do planeta com matriz energética de base no carvão e no petróleo são grandes emissoras de gases estufas, além de inúmeros outros poluentes que são regularmente lançados no compartimento do ar. Muitos centros humanos sobrecarregados de automóveis contribuem para a formação do ozônio de superfície, que produz irritações nos olhos e na mucosa.

A alteração climática pode interferir sobre a biodiversidade, colocando espécies sob a ameaça de extinção. Ao ter impacto sobre a ecologia, pode modificar os padrões epidemiológicos e propiciar a emergência de doenças, principalmente àquelas que sofrem influência direta das condições ambientais, como as associadas aos vetores e as veiculadas pela água. O aquecimento do ambiente aumenta o risco de incêndios florestais e pode potencializar a geração de fenômenos extremos, como a falta d'água e a escassez de recursos ambientais diversos. Não se pode ignorar que mudanças climáticas e mazelas sociais são fenômenos interligados e devem ser abordados com enfoque holístico e transdisciplinar.

Os riscos ambientais e econômicos da mudança climática prevista para o século XXI são consideráveis e ganham espaço em debates internacionais sobre a política de vários países. A mudança climática deverá afetar cada vez mais a saúde das pessoas, o estilo de vida, o bem-estar social, a economia e também o turismo. Nesse contexto complexo, permeado de incertezas, em especial para o turismo, tais alterações passam a ser cada vez mais decisivas e no futuro certamente repercutirão em efeitos sobre o desenvolvimento, o planejamento e a gestão do turismo.

A alteração da atmosfera e suas conseqüências devem ser atualmente consideradas no contexto da gestão do turismo. Inúmeros fenômenos têm sido associados a essas mudanças e são interpretados como efeitos do aquecimento global, como: furacões, tufões, tornados, inundações, secas, entre outros. O turismo, principalmente o internacional, deve assim certificar-se das rotas suscetíveis de tais eventos de maneira a conservar a segurança de seu público. Por outro lado, quando essa atividade está voltada para as metrópoles, deve-se igualmente ter preocupação com a qualidade do ar nos trajetos e nos locais de destinos dos turistas.

Destinos turísticos que podem ser afetados por eventos climáticos perigosos tendem a se multiplicar no mundo moderno. Nas áreas de risco concretiza-se a necessidade de se estabelecer um sistema de alerta voltado para a preparação em âmbito regional por meio de uma capacitação consistente e formulação de estratégias de gestão de catástrofes, descentralizando as ações verticais e estimulando as comunidades locais para a participação conjunta nas tarefas preventivas.

Nos dias atuais, os países vivem processos de transformações, pois o modelo estritamente economicista não tem se mostrado sustentável e, assim, tem-se dado espaço para o ecodesenvolvimento, que engloba o turismo sustentável. Cada vez mais torna-se essencial ter suporte em outras bases, além da econômica, para viabilizar a execução de novas estratégias que contribuam de maneira positiva para a sociedade e a natureza (Souza e Sampaio, 2006).

Em outra vertente, não se pode ignorar que o setor turístico, com sua estrutura de dimensão global, participe da transformação do clima, pois os países que recebem grande contingente de turistas contribuem com parcela das emissões de gases estufa originada do transporte aéreo, terrestre e marítimo, e também a partir da infra-estrutura destinada às acomodações e atividades de entretenimento (Figura 12.1). Na rota da prevenção, o turismo mundial tem o desafio de formular políticas públicas e elaborar estratégias que consigam inovar e desvincular seu enorme crescimento do aumento de consumo de energia e das emissões de gases maléficos a fim de que a expansão e a democratização do turismo auxiliem na redução da pobreza e na minimização dos riscos à saúde, porém sem deixar de ser elemento decisivo para o desenvolvimento de cada país (OMT, 2007).

Figura 12.1 – Emissões previstas de CO_2 caso tudo siga como até agora (excluídos os visitantes do dia).

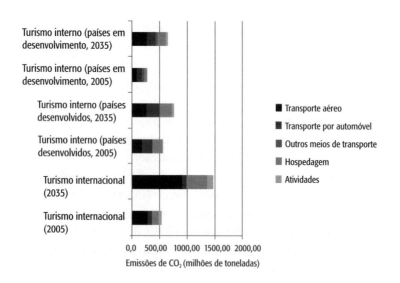

Fonte: OMT 2007 (gráfico traduzido por Villela, E. F. M.).

CONSIDERAÇÕES FINAIS

É escassa a literatura especializada que trata da interface entre a atividade de turismo e a saúde desse público voltada para a abordagem da gestão. Neste capítulo, houve a preocupação em se trazer à tona a importância desse tema para a gestão do turismo. Assim, este texto foi elaborado com base no conhecimento dos autores ao explorarem alguns informes ou publicações de livros e artigos especializados, bem como por meio da visita a alguns sites na tentativa de agregar o conhecimento e de colocar esse importante assunto na pauta da gestão. Muito do que foi abordado surgiu da "imaginação baseada na experiência" e, portanto, não se teve como substanciar as situações à luz do conhecimento de outros autores.

Ao compilar o material reunido no presente texto e raciocinar sobre o tema, foi possível compreender que investir no turismo seguro e saudável é no mínimo vantajoso ao empreendedor. Basta imaginar um desfecho de menor importância como a picada de uma vespa, uma indisposição ou episódios que geram desconforto e que anulam o prazer de uma viagem e, se quiser radicalizar, refletir sobre o que representa o valor da vida humana ou o custo de uma tragédia. Espera-se que o texto apresentado ajude a estimular o investimento, sendo a maior parte em iniciativas mínimas, mas que podem verter no impedimento de um desfecho desagradável. Assim, preservar e garantir a saúde da população turística de um programa local, nacional ou internacional torna-se uma questão de ética. Não se pode permitir que uma atividade que visa ao bem-estar, ao prazer ou lazer se transforme em choro e desgraça.

Os serviços de turismo devem contar com profissionais com visão crítica de saúde pública, habilitados para "captar" situações de risco e que sejam criativos na elaboração de estratégias de precaução ou de prevenção. Para os empreendimentos modestos, que não podem arcar com o ônus de ter profissionais com tal formação, convém informar que há no município uma rede de saúde pública que conta com técnicos habilitados. O intercâmbio ou a troca de idéias com esse serviço será sempre proveitoso.

A formação de recursos humanos para o turismo com visão sanitária é premente. Os cursos de graduação em turismo devem ter em seus programas disciplinas que envolvam essa abordagem. Faculdades de turismo ou escolas de saúde coletiva devem oferecer cursos de especialização de gestão do turismo e contar com um módulo específico para abordar a interface turismo-saúde. Os órgãos oficiais do governo em seus níveis municipal, estadual e federal que estruturam a rede de turismo do país devem trabalhar juntos ao sistema de saúde para a busca de suporte e orientação. A comunidade representada pelo cidadão comum que abriga atividades de turismo deve receber igual estímulo para participar de todo o processo por meio da troca de conhecimentos e de experiências promovidas pelo corpo técnico, diretamente ligado à operacionalização da gestão.

A gestão integrada do turismo é recente e, portanto, estimuladora. É nessa circunstância que um novo conhecimento está sendo construído. Incorporar nesse exercício a interface turismo-saúde é uma experiência que está apenas começando. Agregar na gestão a preocupação com o bem-estar, a saúde e a segurança é o retoque que faltava na tela do pintor. É a arte que dá prazer, pois trata de investimento que protege a vida humana. O desafio está lançado, abrace-o.

REFERÊNCIAS

BRITO, M.M.; ARAÚJO, M.A.D. Aparato institucional para a gestão do turismo: o caso do estado de Sergipe. **Revista de Administração Pública**, Rio de Janeiro, v. 40, n. 2, p. 253-271, 2006.

CASTELÕES, L. Brasileiros são mais dependentes em álcool, tabaco e maconha. **Revista Eletrônica de Jornalismo Científico Com Ciência**. 2002. Disponível em: http://www.comciencia.br/especial/drogas/drogas01.htm. Acessado em: 9 out. 2008.

FLANNERY, T. **Os senhores do clima**. Trad. Jorge Calife. Rio de Janeiro, Record, 2007. 388 p.

GORDIS, L. **Epidemiologia**. 2. ed. Rio de Janeiro, Revinter, 2004. 302 p.

HEUDORF, U.; TIARKS-JUNGK, P.; STARK, S. Travel medicine and vaccination as a task of infection prevention. Data of the special consultation hours of the public health department Frankfurt on the Main, Germany, 2002-2004. **Gesundheitswesen**, Stuttgart, v. 68, n. 5, p. 316-322, 2006.

[OMT] ORGANIZAÇÃO MUNDIAL DO TURISMO. **Cambio climático y turismo: responder a los retos mundiales**. Resumen. Outubro, 2007. Disponível em: http://climate.unwto.org/index_s.php. Acessado em: 27 set. 2008.

PHILLIP, R.; HODGKINSON, G. The management of health and safety hazards in tourist resorts. **International Journal of Occupational Medicine & Environmental Health**, Filadélfia, v. 7, n. 3, p. 207-219, 1994.

Rocha, A.A.; Cesar, C.I.G. (Eds.) **Saúde Pública: bases conceituais.** São Paulo: Atheneu, 2008; 352 p.

Ruiz-de-Chávez, M. et al. **Health and tourism.** Salud Publica Mex, v. 36, n. 1, p. 61-69, 1994.

Santos, A.O.; Paiva, V. Vulnerabilidade ao HIV: turismo e uso de álcool e outras drogas. **Revista de Saúde Pública,** São Paulo, v. 41, supl. 2, p. 80-86, 2007.

Shinohara, N.K.S. et al. *Salmonella* spp., importante agente patogênico veiculado em alimentos. **Ciência & Saúde Coletiva,** Rio de Janeiro, v. 13, n. 5, p. 1675-1683, 2008. Disponível em: http://www.scielo.br/scielo.php?script=sci_arttext&pid=S1413-81232008000500031&lng=pt&nrm=iso. Acessado em: 31 out 2008.

Souza, V.S.F.; Sampaio, C.A.C. Em busca de uma racionalidade convergente ao ecodesenvolvimento: um estudo exploratório de projetos de turismo sustentável e de responsabilidade social empresarial. **Revista de Administração Pública,** Rio de Janeiro, v. 40, n. 3, p. 411-425, 2006.

Volkmer, K. **Preventive health care in travel, especially vaccinations.** Offentliche Gesundheitswesen, Stuttgart, v. 51, n. 8/9, p. 442-444, 1989.

PARTE II

Ecoturismo e Sustentabilidade

Capítulo 13
Unidades de conservação: aspectos históricos
e conceituais
Ana Maria da Silva Hosaka

Capítulo 14
Educação para o turismo: turistas e comunidade
Maria Cecília Focesi Pelicioni, Renata Ferraz de Toledo

Capítulo 15
Potencial turístico e saneamento ambiental
em unidades de conservação
*Silvana Audrá Cutolo,Tadeu Fabrício Malheiros,
Arlindo Philippi Jr.*

Capítulo 16
Ecoturismo: a importância da capacitação
profissional do condutor ambiental local
Luiz Fernando Ferreira, Maria do Carmo Barêa Coutinho

Capítulo 17
Visitação sustentável em unidades de conservação
Anna Júlia Passold, Sônia Maria Sfair Kinker

Capítulo 18
Roteiros turísticos em unidades
de conservação
Adriano Lucchesi Pires Bastos

Capítulo 19
Turismo de aventura em unidades de conservação
Alcyane Marinho

Capítulo 20
Infra-estrutura viária e turismo em unidades
de conservação
*Josildete Pereira de Oliveira, Oswaldo Dias dos
Santos Junior*

Capítulo 21
Marketing de relacionamento: força competitiva
para agências de viagens
Carlos Alberto Tomelin, Athos Henrique Teixeira

Capítulo 22
Turismo, proteção ambiental e sustentabilidade
Gilda Collet Bruna

Unidades de Conservação: Aspectos Históricos e Conceituais

13

Ana Maria da Silva Hosaka
Bacharel em Turismo, Editora Manole

INTRODUÇÃO

A preocupação com o meio ambiente é relativamente recente, e foi no final do século XX que termos como "ecologia", "preservação" e "conservação" passaram a fazer parte do cotidiano das pessoas. Houve também, nos últimos tempos, uma mudança de pensamento, no sentido de valorizar a presença humana nas áreas preservadas, e não apenas o meio físico natural (Dourojeanni, 1997).

Conservar significa administrar adequadamente os recursos naturais de determinada área, utilizando-os de forma racional, sem prejuízos ao meio e garantindo sua utilização para gerações futuras (Pellegrini Filho, 2000). Assim, o conceito de conservação está aliado ao desenvolvimento sustentável. Tanto a conservação quanto a preservação[1] estão diretamente relacionadas às áreas protegidas, que consistem em lugares especiais (terrestres ou marinhos) que necessitam ser administrados com objetivos conservacionistas relacionados à biodiversidade, aos processos ecológicos fundamentais (Oficina..., 1999) e à conservação de seus recursos culturais (Miller, 1997).

---

[1] A preservação distingue-se da conservação, pois tem o sentido de manutenção integral, ou seja, sem possibilidade de utilização direta dos recursos (Câmara, 1986).

Neste capítulo, será apresentada a evolução histórica das áreas protegidas, desde as primeiras unidades conhecidas até a criação e implantação do Sistema Nacional de Unidades de Conservação (Snuc) do Brasil, passando pelo reconhecimento de tais espaços como fundamentais ao desenvolvimento do turismo sustentável.

EVOLUÇÃO HISTÓRICA DA PRESERVAÇÃO AMBIENTAL

Embora a questão ambiental seja um assunto bastante recente e a preocupação com a manutenção, conservação e preservação da biota[2] tenha ganhado maior impulso a partir da década de 1970, nota-se que o meio ambiente sempre teve grande importância para as civilizações de todas as épocas. As manifestações para preservação ocorreram dos mais diferentes modos, de acordo com as características de cada período.

Proteção do meio ambiente natural: antecedentes

Pode-se dizer que, durante toda a história da humanidade, os povos reconheceram os valores especiais ligados ao meio ambiente e adotaram medidas para protegê-los. Como exemplo, podem-se citar os sítios privilegiados que, no início dos tempos, geralmente estavam associados a mitos, animais sagrados, fatos históricos, água pura, plantas medicinais etc. Tanto o acesso como o usufruto dessas áreas não eram permitidos para o público geral, pois havia, segundo Miller (1997), alguns mecanismos de controle como tabus, éditos reais, determinações da comunidade etc.

Esse autor cita também que uma das mais antigas referências existentes sobre a preservação ambiental data do ano de 684 a.C., quando o rei de Srivijya criou, na Ilha de Sumatra, a primeira área de proteção da Indonésia. Outro exemplo vem da Índia, em 252 a.C., quando o imperador Ashoka ordenou a proteção de certos animais, peixes e áreas de florestas.

---

[2] Biota: "conjunto de seres vivos que se inter-relacionam em uma região específica, de maneira crítica ou permanente" (Pellegrini Filho, 2000, p.35).

Assim, alguns locais eram delimitados para fins específicos, geralmente para atender às necessidades de famílias das classes mais nobres (Ceballos-Lascuráin, 1996): sítios eram demarcados especialmente para a caça, como as zonas pantanosas de Punjab, na Índia, estabelecidas para a caça de rinocerontes pelo imperador Babar e o Real Parque Nacional de Chitwan, no Nepal, criado inicialmente como reserva de caça para a família Rana. Os parques nacionais Ujung Kulon, em Java, e Ranthambore, na Índia, foram criados com essa mesma finalidade.

Existiam, também, regiões consideradas sagradas e que muitas vezes estavam ligadas aos mitos da população. Um exemplo foi Gana (África), onde o local mais sagrado dos Asante era uma floresta, na qual existia um buraco de onde se acreditava que emergiam os antepassados daquele povo. Em Soutpansburg (África do Sul), os Venda veneravam o Lago Fundudzi, pois acreditavam que o lago fora habitado por curandeiros e pela deusa serpente da fecundidade. Não é permitido nadar no lago, e as visitas – que devem ser feitas apenas de carro – são realizadas somente mediante autorização (Miller, 1997).

A relação com o sagrado na proteção do ambiente estendeu-se por milhares de anos. No final do século XIV, na Nova Zelândia, os Maori solicitaram ao governo a criação do Parque Nacional de Tongarito, o primeiro do país, para ajudá-los a proteger suas terras "santas" contra a extração de madeira e o pastoreio de ovelhas.[3]

Com a expansão européia no hemisfério ocidental, África, Austrália e região do Pacífico no século XVI, deu-se início à extração e comercialização de recursos naturais daquelas áreas para os países metropolitanos e o comércio internacional. A madeira era enviada do Brasil para Portugal, e peles de animais provenientes dos Estados Unidos e do Canadá eram vendidas nos mercados europeus. Em diversas partes do mundo, a procura e a exploração de minerais, animais, plantas alimentícias e medicinais e especiarias impulsionaram o processo de desbravamento de florestas, aradura de solos virgens e aproveitamento de plantas e animais selvagens (Miller, 1997).

---

[3] Mais recentemente, a comunidade aborígine da Austrália buscou apoio da Commonwealth para a criação do Parque Nacional de Kakadu, a fim de proteger os seus lugares sagrados, as pinturas rupestres e as grandes paisagens contra a mineração e outras formas de exploração (Miller, 1997).

Criação e conceituação de parques nacionais – de 1872 a 1940

O Parque Nacional de Yellowstone, criado em 1872, nos Estados Unidos, é citado por diversos estudiosos (Brito, 2000; Miller, 1997) como o melhor símbolo de esforços para implementar mecanismos de manejo em unidades de conservação (UCs). As comunidades indígenas vizinhas o consideram um lugar sagrado. A região foi poupada da devastação que ocorreu após a "marcha para o oeste", pela decisão dos exploradores da expedição Washburn-Langford-Doane que tinham conhecimento da devastação que vinha ocorrendo em seu redor, inclusive a extração de madeira para construção de novas cidades, muitas vezes deixando a paisagem sujeita a incêndios incontroláveis. Também sabiam da dizimação dos rebanhos de bisontes, motivada pela construção de estradas de ferro pelo país, e da extração de minérios com a utilização de técnicas que poluíam o solo e cursos d'água (Miller, 1997).[4]

A movimentação de cidadãos conscientes da destruição dos recursos em virtude das práticas destrutivas de extração deu origem a outros parques nacionais no continente americano: Parque Nacional de Banff, no Canadá; Naheul Huapi, na Argentina; Vicente Pérez, no Chile; Henri Pitier, na Venezuela e El Chico National Park, no México (Miller, 1997; Ceballos-Lascuráin, 1996). Alguns governos criaram parques para impor controle à exploração excessiva da fauna silvestre: Parque de Kruger (África do Sul), Serengeti (Tanganica, Ásia), entre outros. Na Índia, após a independência, houve a conversão, pela ação do governo, das antigas reservas de caça principescas em unidades de conservação e em parques nacionais.

Os governos de alguns países (como Estados Unidos, Canadá e Argentina) não tardaram a reconhecer que a criação de parques poderia servir como estratégia viável para o estabelecimento de fronteiras nacionais definidas. Essas estratégias buscaram impedir a colonização humana das re-

---

[4] É importante ressaltar que alguns estudiosos, como Arruda (1997), criticam o modelo de criação de unidades de conservação adotado pelos Estados Unidos, sob a alegação de que ele causa conflitos entre o ser humano e a natureza, pois somente enfoca a proteção da vida selvagem, evitando qualquer intervenção do homem. Assim, as pessoas que vivem dentro ou no entorno das unidades de conservação não participam dos processos de decisão a respeito das mesmas. Esse modelo foi adotado também por outros países, como Canadá, Brasil etc.

giões fronteiriças "delicadas". Por sua vez, esses locais despertaram nas pessoas o interesse de visitação. Em razão desse interesse, em alguns lugares foram construídas estradas de ferro que atravessavam os países para levar turistas a novas acomodações construídas por empresas privadas, que muitas vezes eram subsidiadas pelo governo (Miller, 1997).

Na Europa, o objetivo da gestão florestal era assegurar fluxos de madeira para construção e lenha, água, fauna silvestre e outros recursos naturais renováveis. Alguns países do hemisfério ocidental (como Estados Unidos, Peru, Venezuela, entre outros) acompanharam o modelo europeu, criando florestas nacionais e tipos semelhantes de áreas, nas quais os recursos seriam utilizados a taxas controladas, sob a orientação e autoridade profissional de administradores de recursos empregados pelo Estado. A questão da "paisagem protegida" atingiu um alto nível de desenvolvimento naquele continente. Mediante acordos cooperativos entre donos de terras e organizações voluntárias, terras privadas passaram a ser cortadas por trilhas de acesso público para pedestres (Miller, 1997).

Em 1933, foi realizada em Londres a Convenção para Preservação da Fauna e da Flora em seu Estado Natural. Nesse evento, definiram-se alguns parâmetros para o conceito de parque nacional, pois, até aquela época, embora já existissem diversos parques, nunca se havia pensado na formalização de um conceito internacional para esse tipo de área natural protegida. Assim, considerou-se parque nacional:

> área controlada pelo poder público, cujos limites não poderiam ser alterados, com exceção de decisões de autoridades competentes; área voltada para a propagação, proteção e preservação da fauna silvestre e da vegetação nativa, para a preservação de objetos de interesse estético, geológico, pré-histórico, arqueológico e outros de interesse científico, para o benefício e o desfrute do público em geral; área em que são proibidas a caça, abate ou captura da fauna, destruição da flora; área com instalações para auxiliar o público em geral a observar a fauna e a flora. (Brito, 2000, p.23)

Outro marco importante dessa convenção foi a participação de vários países africanos, com a intenção de proteger a vida selvagem por meio da criação de parques e reservas (Brito, 2000). Alguns estudiosos, como McCornik (1992) e Clay (1985), criticam a convenção pelo fato de não terem sido levadas em consideração as necessidades das comunidades locais. Alegam que não se pensou numa forma prática de preservação, nem foram considerados os direitos tradicionais de caça.

Proteção do patrimônio natural e cultural – de 1940 a 1970

Em 1940, foi realizada em Washington a Conferência para a Proteção da Flora, da Fauna e das Belezas Cênicas Naturais dos Países da América, conhecida também por "Convenção Panamericana", que foi assinada por quase todos os países sul-americanos. Naquela ocasião, discutiram-se as experiências dos países participantes e os resultados da Conferência de Londres, realizada em 1933. Houve uma unificação dos conceitos e objetivos, bem como o comprometimento dos países participantes de instalarem áreas protegidas em seus territórios (Brito, 2000).

Em 1948, foi criada a União Internacional para a Proteção da Natureza (UIPN) que contava com a participação de órgãos governamentais e não-governamentais e que tinha como objetivo:

> promover ações em bases científicas no intuito de garantir a perpetuidade dos recursos naturais, dos quais todos os seres vivos dependem. Essas ações devem estar voltadas não somente aos valores culturais e científicos intrínsecos, como também para o bem-estar econômico e social da humanidade. (Quintão, 1983, p.15)

Após a Primeira Guerra Mundial, surgiu a idéia de se criar um movimento internacional para a proteção de sítios, por iniciativa da Organização das Nações Unidas para a Educação, Ciência e Cultura (Unesco). Em 1959, a instituição decidiu lançar uma campanha internacional contra áreas que seriam inundadas no Egito – o governo havia decidido construir a represa de Assuan, cuja obra inundaria o vale onde se encontram os templos de Abu Simbel, um tesouro da antiga civilização egípcia. Houve a convocação dos governos do Egito e Sudão para acelerar a investigação arqueológica nas áreas ameaçadas. Os templos foram desmontados e remontados em outro local. A campanha custou cerca de US$ 80 milhões, e a metade desse valor foi doada por aproximadamente cinqüenta países. Ficou demonstrada, assim, a importância da colaboração mútua entre as nações para a conservação de sítios culturais considerados excepcionais. O êxito desse projeto conduziu a outras campanhas de preservação, tais como a de Veneza, na Itália, a de Moenjodaro, no Paquistão, e a de Borobodur, na Indonésia, entre outras. Posteriormente, a Unesco iniciou a elaboração de um projeto de convenção sobre a proteção do patrimônio cultural, em conjunto com o Conselho Internacional de Monumentos e Sítios (Icomos). A partir daí, foram dados alguns passos que culminaram na "Convenção Relativa à Proteção do Patrimônio Mundial Cultural e Natural", realizada anos mais tarde, em 1972. Essa convenção nasceu de dois movimentos distintos: um que enfatizava a ameaça existente nos sítios culturais, e outro que se voltava para a conservação da natureza. Em ambos, a intenção era que a preservação ocorresse por meio da cooperação internacional.[5]

Na década de 1950, com base no aumento do número de espécies vegetais em extinção, teve início a idéia de manutenção dos *habitats* e não de espécies específicas. Dentro da UIPN foram criadas diversas instâncias. Uma delas foi a Comissão de Parques Nacionais e Áreas Protegidas (CPNAP), de 1960, cujo objetivo era promover e monitorar os parques nacionais e outras áreas voltadas à proteção do meio natural, além de auxiliar no manejo e na manutenção desses locais (Brito, 2000).

A I Conferência Mundial sobre Parques Nacionais ocorreu no ano de 1962, em Seattle, Estados Unidos. Pela primeira vez, foi apontada a necessidade de conservação dos ambientes marinhos e chamou-se a atenção para programas educativos, proibição de determinadas obras e pesquisas científicas interdisciplinares. Um dos principais resultados dessa conferência foi a constatação das necessidades e dos direitos do homem dentro dessas áreas, como "o direito de habitação, direito de agricultura e pecuária, direito de prospecção, direito de caça" (Amend, 1991, p.459).

Tais atividades, no entanto, não poderiam ser permitidas em todas as áreas dos parques e deveriam ser reduzidas (ou até mesmo finalizadas) gradualmente. Assim, teve início o pensamento de que não era possível definir uma área inteira com uma só descrição. Surgiu daí a necessidade de zoneamento das áreas que "criava a possibilidade de proteger grandes ecossistemas sob a forma de parques nacionais, mesmo que algumas de suas partes fossem aproveitadas pelos homens" (Brito, 2000, p.26).

Em 1965, a UIPN passou a ser denominada IUCN. A mudança ocorreu em razão da necessidade de conservação, e não apenas da proteção. Essa entidade elaborou propostas semelhantes às da Unesco, apresentadas na Conferência das Nações Unidas sobre o Meio Ambiente, em Estocolmo, em 1972.

---

[5] Com base no site http://www.unesco.org.br.

Em 1968, foi realizada a Conferência da Biosfera, em Paris, que teve como um de seus principais objetivos a conscientização dos países menos desenvolvidos sobre a necessidade da conservação. De acordo com Brito (2000, p.28),

> as conclusões mais importantes da Conferência da Biosfera foram as de que era preciso dar ênfase ao entendimento do caráter inter-relacionado do meio ambiente, e que o uso e a conservação racional do meio ambiente humano e das áreas naturais protegidas dependiam não só das questões científicas, mas sobretudo das dimensões política, social e econômica, que estavam fora de sua esfera de ação.

Áreas protegidas e eventos internacionais – a década de 1970

Os anos de 1970 tiveram especial destaque no estabelecimento de áreas protegidas. Segundo Brito (2000), esse crescimento estava sendo verificado desde 1950, e nesse período houve a criação de 1.300 novos parques no mundo. A autora justifica esse aumento pela preocupação internacional com a rápida degradação ambiental e perda da biodiversidade. Foi nesse mesmo período que se constatou que tais áreas poderiam ser geradoras de divisas por meio de atividades de lazer e turismo.

Essa década também foi marcada pelos crescentes conflitos que envolviam as comunidades locais e as áreas protegidas, como nos casos de desapropriação.

Em 1972, a Conferência Geral da Unesco aprovou a "Convenção sobre a Proteção do Patrimônio Mundial Cultural e Natural", fundamental para a percepção da interação homem-natureza e da necessidade de preservação do equilíbrio entre ambos, o que alguns anos mais tarde receberia o nome de "sustentabilidade".

Naquele mesmo ano, realizou-se a Conferência das Nações Unidas sobre o Meio Ambiente, em Estocolmo, também conhecida como "Eco 72", que foi um marco fundamental no desenvolvimento do ambientalismo. Como se fosse um desdobramento da conferência de 1968, ali se discutiram os problemas socioeconômicos e políticos mundiais, e constatou-se que os problemas ambientais transcendiam fronteiras. Um de seus principais resultados foi a criação do Programa das Nações Unidas para o Meio Ambiente (Pnuma), além da aprovação do Plano de Ação de Estocolmo e da Declaração de Estocolmo. Dos temas abordados na conferência, podem-se citar os seguintes:

- Diferentes prioridades para a questão ambiental, de acordo com o grau de desenvolvimento de cada nação;
- Envolvimento das organizações não-governamentais (ONGs);
- Progresso do pensamento ambientalista, entre outros (Pellegrini Filho, 1999).

Ainda em 1972, houve a Assembléia de Nova Delhi e o Congresso Mundial de Parques Nacionais, realizado em Yellowstone. Desses encontros, surgiu a proposta de zoneamento para os parques nacionais, que foi incorporada oficialmente durante a 11ª Assembléia Geral da IUCN, no Canadá. O destaque principal da proposta foi a criação das zonas antropológicas protegidas, que marcou o reconhecimento de que as comunidades humanas fazem parte das áreas protegidas. Na ocasião, definiram-se os seguintes tipos de zonas:

- Zonas naturais protegidas: zonas de proteção integral, de manejo de recursos, primitiva ou silvestre;
- Zonas antropológicas protegidas: zona de ambiente natural com culturas humanas autóctones, zona com antigas formas de cultivo e de interesse especial;
- Zonas protegidas de interesse arqueológico ou histórico: zona de interesse arqueológico e de interesse histórico (Brito, 2000, p.30).

Essa consideração foi reforçada na 12ª Assembléia Geral da IUCN, realizada em 1975, no Zaire, na qual se determinou que os indígenas deveriam ter garantidos seus direitos de moradia e de manutenção de seu estilo de vida tradicionais. Assim, o estabelecimento de áreas naturais protegidas não poderia desalojá-los, desde que tais grupos não afetassem a integridade ecológica da área (Eidsvik apud Amend e Amend, 1992).

Ainda na década de 1970, a Unesco criou o programa *Man and Biosfere (MaB)*, que instalou as "reservas da biosfera",[6] nas quais estava previs-

---

[6] A reserva da biosfera é um "instrumento de conservação que favorece a descoberta de soluções para problemas como o desmatamento das florestas tropicais, a desertificação,

ta a ocupação humana dentro das áreas protegidas. As primeiras reservas da biosfera foram designadas a partir de 1976 (Unesco, 2000).

Somente no final dos anos de 1970 iniciou-se a expansão dos sistemas nacionais de áreas protegidas na América Latina e no Caribe. Para que se possa ter uma idéia dessa evolução, Dourojeanni (1997) aponta alguns dados: em 1970, existiam na América Latina e no Caribe 71 áreas protegidas, cobrindo 0,24% do território; em 1980, o porcentual de áreas cobertas aumentou para 1,63%; e no ano de 1997, para 6,3%. Segundo o autor, a maior parte da expansão dos sistemas nacionais de áreas protegidas ocorreu nas categorias que permitem o uso direto dos recursos naturais pela população e costumam ser propriedades privadas ou comuns, o que pode assegurar um grau menor de preservação.

Participação da comunidade, interesses e problemas a partir de 1980

Em face da preocupação com a degradação ambiental, em 1980 a IUCN, o Pnuma e a WWF apresentaram a "Estratégia Mundial para Conservação", cujos objetivos estavam voltados para a manutenção dos processos ecológicos essenciais e dos sistemas vitais para a preservação da diversidade genética e para a garantia do aproveitamento sustentado das espécies e dos ecossistemas (Brito, 2000).

A idéia de que os direitos da comunidade deveriam ser respeitados dentro das áreas protegidas passou a ser uma constante. Em 1982, durante o III Congresso Mundial de Parques, em Bali, foi proposta a participação dos habitantes nos planos de manejo dessas áreas (Diegues, 2001). Essa questão foi novamente discutida em dois momentos importantes, no ano de 1992:

*   No IV Congresso Mundial de Parques, em Caracas (Venezuela), no qual a participação das comunidades dentro das áreas protegidas foi um dos principais temas discutidos (Barros II, 1997);
*   Na Conferência Mundial das Nações Unidas sobre Meio Ambiente e Desenvolvimento, realizada no Rio de Janeiro (Brasil), a qual produziu dois importantes documentos: a Agenda 21 e a Convenção da Biodiversidade (Brito, 2000).

---

a poluição atmosférica, o efeito estufa etc. Privilegia o uso sustentável dos recursos naturais nas áreas assim protegidas" (Pellegrini Filho, 2000, p.236).

Percebeu-se que naqueles anos não houve progresso com relação à qualidade no manejo e na defesa das áreas protegidas na América do Sul. Para exemplificar, cita-se o orçamento brasileiro para tais áreas: em 1989, era de US$ 21 milhões; em 1992 já caíra para US$ 4 milhões, orçamento ínfimo para o território, uma vez que a Fundação para a Conservação da Natureza (Funatura) estimou, em 1991, que o custo do manejo anual das áreas protegidas somente da Amazônia era de quase US$ 30 milhões (Dourojeanni, 1997).

Em 1994, a IUCN apresentou uma nova classificação internacional para unidades de conservação, a partir de seis categorias de manejo (Ceballos-Lascuráin, 1996):

- Reserva natural estrita ou área primitiva;
- Parque nacional;
- Monumento natural;
- Área de manejo de *habitats* ou espécies;
- Paisagem terrestre ou marinha protegida;
- Área protegida com recursos manejados.

Na década de 1990, surgem controvérsias sobre o estabelecimento e gerenciamento dos parques nacionais. Alguns parques e reservas refletem as tentativas feitas para proteger as paisagens naturais e a vida selvagem, com o propósito de conservação e pesquisa. Exemplos dessa situação podem ser representados por países como Indonésia, Papua-Nova Guiné, Filipinas, Malásia e Vietnã (Thi Son et al. apud Pearce e Butler, 2002). Um documento da IUCN mostra dados sobre o ecoturismo em áreas protegidas – em 1999, essa atividade gerou 159 mil empregos no Canadá e movimentou cerca de US$ 6,5 bilhões/ano; na Austrália, movimentou aproximadamente US$ 2 bilhões e na Costa Rica, US$ 330 milhões (Bononi, 2004).

Em muitas regiões, no entanto, a vida selvagem ainda é vista como obstáculo ao progresso. Nos países menos desenvolvidos da África, por exemplo, o domínio estrangeiro é tolerado e, muitas vezes, encorajado em razão de seu papel de promover empregos locais e atrair moeda estrangeira. Assim, não é rara a criação dessas áreas considerando apenas os grandes retornos que o turismo proporciona (Thi Son et al. apud Pearce e Butler, 2002).

No final do século XX e no início do XXI, a globalização também teve relevância na análise das áreas protegidas. Hoje, há muito mais informações e conhecimento sobre o que ocorre nas áreas protegidas de todos os países do mundo, assim como mais opções de comparar ou copiar experiências. A aplicação "transfronteirista" de normas ambientais está permitindo uma redução lenta, porém significativa, dos níveis de contaminação ambiental, com impacto positivo nos ambientes naturais (Dourojeanni, 1997).

O crescente interesse mundial tem gerado a aprovação de um grande número de instrumentos internacionais que tratam diretamente da conservação de ecossistemas naturais, incluindo as áreas protegidas. Tais instrumentos são de extrema importância na conscientização da opinião pública.

Entretanto, surgem também novos problemas. Alguns investimentos – principalmente aqueles de grande porte – causam grandes impactos ambientais, pois exploram de forma irracional os recursos naturais para fins energéticos, minerais, agrícolas, florestais, pesqueiros e turísticos.

Outro efeito negativo desse período é a rápida difusão de paradigmas e modas, inventados pela especulação internacional sem uma base firme na realidade. Assim, é comum a elaboração de acordos e tratados que acabam não saindo do papel.

No início do século XXI, dois eventos relacionados à proteção ambiental podem ser destacados. A Cúpula Mundial sobre Desenvolvimento Sustentável, também conhecida como Rio +10, realizada em 2002, em Johanesburgo, África do Sul, e o início da vigência do Protocolo de Kyoto, em fevereiro de 2005. Por este acordo, os países comprometeram-se a reduzir a emissão de gases causadores do efeito estufa. Tal documento foi firmado em 1997, indicando que os países industrializados têm a obrigação de reduzir gases em 5,2% até o ano de 2012, em relação aos níveis de 1990. Porém, tal acordo não contou com a participação de diversos países, principalmente os Estados Unidos, responsáveis por 25% das emissões mundiais de carbono (Folha de S.Paulo, 2006). Com o Protocolo de Kyoto, passou-se a estudar a possibilidade de parte da redução das emissões de carbono poder ser trocada pelo pagamento de conservação de florestas em países em desenvolvimento.

De acordo com dados da World Database on Protected Areas, no ano de 2003 existiam cerca de 100 mil áreas protegidas, cobrindo aproximadamente 18 milhões de km². A soma total dessas áreas representa 3,4% da superfície do planeta, refletindo o crescimento significativo de áreas protegidas nas últimas décadas (Bensusan, 2006).

ÁREAS PROTEGIDAS NO BRASIL

Antecedentes e primeiros parques – de 1808 a 1950

No Brasil, a primeira iniciativa referente às áreas protegidas data de 1808, com a chegada da Família Real no país. Naquela ocasião, houve a criação do "Real Horto" no Rio de Janeiro, por meio de decreto do príncipe D. João VI, com a finalidade de preparar a aclimatação de plantas produtoras e especiarias da Índia. Atualmente, o Real Horto é conhecido como o Jardim Botânico do Rio de Janeiro, considerado o mais importante museu vivo do Brasil (Trigo, 2000).

Décadas depois, em 1876, o político e engenheiro André Rebouças propôs a criação do Parque Nacional da Ilha do Bananal e um parque nacional em Sete Quedas. Porém, essas áreas acabaram não saindo do papel (Brito, 2000).

Pádua (1997) cita que alguns anos mais tarde, em São Paulo, houve a criação do primeiro parque brasileiro – o Parque Estadual da Cidade, em 1886. Ainda, dentre as primeiras iniciativas de áreas de proteção no Brasil, a autora menciona a instituição de uma reserva florestal de aproximadamente 2,8 milhões de hectares, no Acre, em 1891, que, assim como as idéias de Rebouças, nunca foi implantada.

Por muitos anos não existiram no país iniciativas ligadas à proteção ambiental. Somente a partir de 1930 constatam-se novos movimentos. Nesse sentido, o primeiro passo no século XX foi a criação do Parque Spitzkopf, uma reserva ecológica particular, no município de Blumenau (SC), em 1932 (Trigo, 2000).

Em 1934, surgiu o Código Florestal Brasileiro, que trazia as definições para parques nacionais, florestas nacionais, florestas protetoras e áreas de preservação em propriedades privadas. Embora tenha sido um instrumento de importância fundamental para a proteção ambiental no país, sua criação foi também motivo de questões polêmicas, por meio das quais se percebeu que a preservação não encontrava amparo total no documento. Um dos exemplos é citado por Brito (2000, p.55), que afirma que o Código Florestal acabou causando prejuízos ambientais ao Brasil, pois, em um de seus artigos, permitia que os proprietários das florestas primitivas destruíssem-nas, transformando-as em homogêneas por motivos econômicos: "os reflorestamentos eram feitos com espécies exóticas de grande rendimento econômico, como o *pinus* e o *eucaliptus*". Nessa ocasião foi instituído o "Fundo Florestal" com o objetivo de gerar recursos a serem aplicados na criação de novas áreas protegidas, reflorestamentos, desapropriações etc. No entanto, tal fundo só foi concretizado em 1961.

O primeiro parque nacional brasileiro foi criado em 1937, no Rio de Janeiro – o Parque Nacional de Itatiaia –, com base no Código Florestal. Em seguida, em 1939, houve a criação do Parque Nacional de Iguaçu, no estado do Paraná, e do Parque Nacional Serra dos Órgãos, também no Rio de Janeiro. A partir desse período, novos parques e outros tipos de áreas protegidas foram criados, como:

- Floresta Nacional de Araripe-Apodi (CE), em 1946;
- Parque Nacional de Paulo Afonso (BA), em 1948, que posteriormente foi extinto para a construção da usina hidrelétrica;
- Reserva Biológica da Serra Negra (PE), Parque Nacional de Aparados da Serra (RS), Parque Nacional Araguaia (GO) e Parque Nacional Ubajara (CE), em 1950 (Pádua, 1997).

Em 1948, foi aprovada a Convenção para a Proteção da Flora, da Fauna e das Belezas Cênicas Naturais dos Países da América que introduziu no sistema brasileiro outras unidades de conservação – reserva nacional, monumento natural e reserva de região virgem (Brito, 2000).

Para demonstrar a continuidade da criação das unidades de conservação naquele período, pode-se citar o Parque Turístico do Alto Ribeira (Petar), criado em 1958 nos municípios de Apiaí e Iporanga, no estado de São Paulo, e que abriga o maior conjunto espeleológico do Brasil, com aproximadamente 240 cavernas (Trigo, 2000).

Novos critérios e novas unidades – décadas de 1960 e 1970

A Lei n. 4.771 (Novo Código Florestal), decretada no Brasil em 1965, adotou novos critérios para o estabelecimento de áreas protegidas, determinando as categorias que poderiam ser exploradas: as não-restritivas ou de uso direto – floresta nacional, floreta protetora, floresta remanescente, reserva florestal, parque de caça florestal – e as que não poderiam ser exploradas: restritivas ou de uso indireto – parque nacional e reserva biológica (Brito, 2000). Esse ponto era inovador na história, mas também trazia um lado negativo: não houve nenhum estudo a respeito das comunidades tradicionais que habitavam aquelas áreas que já não poderiam ser utilizadas. Como nos outros países, essa preocupação só passou a existir tempos depois no Brasil.

Dois anos mais tarde, em 1967, a administração das unidades de conservação passou a ser de responsabilidade do Instituto Brasileiro de Desenvolvimento Florestal (IBDF), órgão ligado ao Ministério da Agricultura, criado naquele ano (Diegues, 2001).

A década de 1970 foi marcada por diversos movimentos internacionais de conscientização ambiental que defendiam a proteção de áreas especiais, os quais influenciaram o cenário brasileiro. Houve a criação de onze novas unidades de conservação no país, incluindo a primeira reserva ecológica brasileira, o Poço das Antas, no Rio de Janeiro, em 1974 (Trigo, 2000).

Um dos fatores que possibilitaram essa evolução foi a criação da Secretaria Especial do Meio Ambiente (Sema) em 1973. A Sema instituiu outras duas unidades de conservação ao sistema nacional: estações ecológicas e áreas de proteção ambiental (Brito, 2000).

Embora seja possível constatar os benefícios gerados com a criação da Sema, existem críticas com relação à atuação dessa Secretaria. Monosovski (apud Vianna et al., 1994) afirma que o Ministério do Interior (órgão responsável pela Sema) era um dos responsáveis pela estratégia de desenvolvimento econômico sem preocupações voltadas aos problemas ambientais. Diegues (2001, p.117) cita que a Sema estava envolvida "com o desmatamento de grandes áreas florestais para implantação de projetos de reflorestamento para fins industriais". Há críticas também sobre a atuação conjunta da Sema com o IBDF, que, mesmo trabalhando para fins semelhantes, criaram sistemas paralelos e distintos, sem coordenação entre si (Brito, 2000). Percebe-se, assim, que os resultados positivos poderiam ter ocorrido em escala maior.

No final dessa década (1979), o IBDF propôs a primeira etapa do Plano do Sistema de Unidades de Conservação para o Brasil, cuja elaboração foi baseada nas categorias de manejo propostas pela IUCN, em 1978. Na ocasião, a região amazônica era prioritária para a preservação (Brito, 2000). Uma das propostas era ampliar o leque de categorias de manejo previstas pela legislação em vigor. Naquela época, estavam previstas em lei as seguintes categorias: parques nacionais, reservas biológicas, estações ecológicas, florestas nacionais, parques de caça, reservas extrativistas e áreas de proteção ambiental. De acordo com Pádua (1997), a intenção era incluir outras categorias, como monumentos naturais, santuários ou refúgios de vida silvestre, rios cênicos, estradas-parque, reservas de recursos, parques naturais, reservas de fauna, reservas da biosfera e reservas do patrimônio mundial.

GESTÃO AMBIENTAL E SUSTENTABILIDADE NO TURISMO

A mesma autora cita que, na primeira etapa do plano, houve a delimitação de diversas áreas, abrangendo mais de 6 milhões de hectares através de 24 parques nacionais e dez reservas biológicas (1,2% da extensão territorial do país), com resultados bastante positivos: conseguiu-se quintuplicar a área do sistema, criando diversas unidades na Amazônia brasileira, uma na caatinga (Parque Nacional da Serra da Capivara), uma no Pantanal, e a primeira unidade de conservação marinha do país (Reserva Biológica de Atol das Rocas).

A Tabela 13.1 apresenta as unidades de conservação criadas nessa etapa. Pelos dados expostos, percebe-se que o maior número de unidades criadas encontra-se na Região Norte do Brasil, confirmando citação anterior de que a região amazônica era prioritária para preservação. Das onze unidades de conservação citadas, somente três estão localizadas em outras regiões: uma no Estado da Bahia, outra no Rio Grande do Norte e a última no Mato Grosso. Constata-se também a criação do maior parque nacional brasileiro: o Parque Nacional do Jaú, no estado do Amazonas.

Tabela 13.1 – Unidades de conservação decretadas na primeira etapa do plano do Sistema Nacional de Unidades de Conservação do Brasil.

Unidade de conservação	Criada em	Extensão (em ha)
Parque Nacional do Pico da Neblina, AM	5/6/1979	2.200.000
Reserva Biológica do Rio Trombetas, PA	21/9/1979	não especificada
Parque Nacional dos Lençóis Maranhenses, MA	2/6/1981	155.000
Parque Nacional da Serra da Capivara, PI	5/6/1979	100.000
Reserva Biológica de Una, BA	10/12/1980	11.400
Parque Nacional do Jaú, AM	24/9/1980	2.272.000
Parque Nacional do Cabo Orange, AP	15/7/1980	619.000
Reserva Biológica do Lago Piratuba, AP	16/7/1980	395.000
Reserva Biológica de Atol das Rocas, RN	5/6/1979	36.349
Parque Nacional de Pacaás Novos, RO	21/9/1979	764.801
Parque Nacional do Pantanal Mato-grossense, MT	24/9/1981	135.000
Total		6.688.550

Fonte: Pádua 1997, p.219-20.

Regulamentos e políticas – final da década de 1970 e década de 1980

Ainda em 1979, foi promulgado o Regulamento dos Parques Nacionais Brasileiros, por meio do qual foi instituída a necessidade de elaboração de planos de manejo para todos os parques nacionais. Assim, pela primeira vez no Brasil, foi proposto o zoneamento das áreas, por meio das seguintes zonas: intangível, primitiva, de uso extensivo, de uso especial, histórico-cultural, de uso intensivo e de recuperação (Brito, 2000), conforme o Quadro 13.1.

Quadro 13.1 – Zoneamento de áreas.

Tipos de zona	Características
Zonas intangíveis	Áreas naturais com poucas alterações provocadas pelo homem que contêm ecossistemas únicos e frágeis, espécies de fauna e flora e fenômenos naturais que merecem proteção completa com objetivos científicos ou para o controle do meio ambiente. Nelas, proíbem-se o traçado de caminhos e o uso de veículos motorizados
Zonas primitivas	Áreas com mínima intervenção humana, que apresentam ecossistemas únicos com espécies de fauna e flora e fenômenos naturais de valor científico, relativamente resistentes, e que podem suportar uma utilização pública moderada. Os caminhos e os veículos motorizados também são proibidos
Zonas de uso extensivo	Áreas naturais que apresentam alguma alteração provocada pelo homem. Área de transição entre áreas que permitem uma maior densidade ou concentração de pessoas e aquelas que proíbem o acesso de veículos
Zonas de uso especial	Aquelas de extensão limitada dentro das áreas naturais e destinadas para administração, obras públicas ou outras atividades
Zonas histórico-culturais	Áreas onde se encontram marcos históricos, arqueológicos e outras manifestações culturais que devem ser preservadas e/ou restauradas

(continua)

Quadro 13.1 – Zoneamento de áreas. *(continuação)*

Tipos de zona	Características
Zonas de uso intensivo	Área naturais que apresentam um relativo grau de intervenção humana e, por isso, prestam-se a atividades recreativas relativamente densas. Sua topografia permite o trânsito de veículos e a instalação de equipamentos de apoio
Zonas de recuperação	Áreas onde a vegetação natural e os solos foram intensamente danificados ou onde a flora exótica necessita ser recomposta por medidas especialmente planejadas, a fim de deter a degradação e obter a restauração ao estado mais natural possível

Fonte: Baseado em Roa apud Ruschmann 1997.

Em 1981 foi decretada a Lei n. 6.931, que institui a Política Nacional de Meio Ambiente – o primeiro regulamento legal sobre o meio ambiente no país. No ano seguinte, foi proposta a segunda etapa do plano do Sistema de Unidades de Conservação para o Brasil, que apresenta a seguinte definição para os sistemas de unidades de conservação:

> conjunto de unidades de conservação devidamente selecionadas, que atendam da forma mais ampla possível aos Objetivos Nacionais de Conservação da Natureza [...] destacando-se particularmente a proteção de parcela significativa de todos os ecossistemas naturais existentes no País, com propósito de preservar populações geneticamente viáveis, representativas do maior número possível de espécies e sub-espécies vegetais e animais [...] protegendo a diversidade biológica do país. (Brasil, 1989a)

Percebe-se, assim, que no fim da década de 1970 e no início dos anos de 1980 numerosas áreas foram estabelecidas em decorrência das duas etapas dos planos do Sistema de Unidades de Conservação do Brasil, atingindo 8.820.000 ha de parques nacionais e 2.360.000 ha de reservas biológicas (Pádua, 1997).

Na segunda etapa do plano do Sistema Nacional de Unidades de Conservação (Snuc), verificaram-se diversas alterações voltadas mais para o uso direto dos recursos naturais do que para garantir a preservação de áreas de uso indireto. Segundo Pádua (1997), a preocupação com a preservação do patrimônio natural se sobrepõe aos problemas sociais, pois estes deveriam ser resolvidos por meio de outros mecanismos e oportunidades. Por sua vez, Diegues (2001) defende a necessidade de se levar em consideração a população residente, alegando que nesse período as áreas protegidas foram criadas de forma autoritária, sem nenhuma consulta às regiões envolvidas e às populações que tiveram seus modos de vida afetados pelas restrições impostas na utilização dos recursos naturais.

Em 1983, outra área com grande importância de diversidade biológica foi criada, representando o primeiro parque nacional marinho: Abrolhos, no litoral sul da Bahia (Trigo, 2000). No ano seguinte, surgem dois novos tipos de áreas protegidas: reserva ecológica e área de relevante interesse ecológico.

Na década de 1980, a Unesco começou a demonstrar interesse pelos recursos ambientais existentes no Brasil: em 1986, o Parque Nacional de Foz do Iguaçu recebeu o título de Patrimônio da Humanidade (Trigo, 2000). Foi também nessa época que teve início o processo de tombamento das áreas com remanescentes da Mata Atlântica pelo estado de São Paulo, fator fundamental para a posterior aprovação da Reserva da Biosfera da Mata Atlântica, outra iniciativa da Unesco, em 1992 (Brito, 2000).

Já no final dos anos de 1980, a Lei n. 7.804/89 determinou a regulamentação das áreas de proteção ambiental (APAs) e das florestas nacionais. Nesse mesmo ano, surge o Instituto Brasileiro de Meio Ambiente e dos Recursos Naturais Renováveis (Ibama). Em parceria com a Funatura, o Ibama elaborou proposta sobre o Snuc, com a divisão de três categorias para as unidades:

*   Unidades de proteção integral: reserva ecológica, parque nacional, monumento nacional e refúgio de vida silvestre;
*   Unidades de manejo provisório: reserva de recursos naturais;
*   Unidades de manejo sustentável: reserva de fauna, área de proteção ambiental, floresta nacional e reserva extrativista.

Nessa época, o Brasil contava com 28 novas áreas protegidas (Trigo, 2000) e, segundo Diegues (2001), esse foi o período que apresentou o maior número de criação de unidades de conservação.

Anos de 1990 e início do século XXI

Logo no início da década de 1990, houve a criação da primeira reserva extrativista do Brasil, em Alto Juruá (AC) (Trigo, 2000). Dois anos depois, foi levado ao Congresso Nacional o Projeto de Lei n. 2.892, que cria o Snuc, dispõe sobre os objetivos nacionais de conservação, estabelece medidas de preservação da diversidade biológica etc. Nesse projeto, são mantidas as divisões citadas anteriormente, na proposta elaborada pelo Ibama e Funatura em 1989, somente com exceção para a inclusão das reservas biológicas na classificação das unidades de proteção integral (Brito, 2000). Esse projeto de lei ficou em tramitação no Congresso Nacional por anos e só foi efetivamente aprovado em 2000.

Outro acontecimento importante para o meio ambiente foi realizado no Brasil em 1992: a Eco 92, que contou com a participação de representantes de todas as nações. Documentos importantes como a *Agenda 21* e a *Convenção para a Biodiversidade* fizeram parte dos resultados do evento.

De acordo com Pádua (1997), em 1997 existiam no Brasil 35 parques nacionais (abrangendo 9.869.961 ha), 23 reservas biológicas (3.044.438 ha) e 21 estações ecológicas (2.178.438 ha), que totalizavam uma área de 15.092.837 ha, ou seja, menos de 2% da extensão territorial nacional. Dentro das categorias de uso direto, havia 20 áreas de proteção ambiental (2.122.178 ha), 39 florestas nacionais (12.589.487 ha) e 9 reservas extrativistas (2.200.755 ha), num total de 16.912.420 ha. Somando todas as áreas, tem-se o montante de 32.005.257 ha, que representa 3,8% da extensão territorial brasileira.

Nos anos de 1990, foram decretadas cinco novas unidades de conservação (Trigo, 2000). Porém, o crescimento do número de áreas protegidas não significa que houve uma melhora qualitativa com relação ao planejamento e manejo desses locais. Estudos realizados por Dourojeanni (1997) mostram que em 1997 existiam no Brasil 44 áreas protegidas de uso indireto que não possuíam nenhum instrumento orientador de manejo. O autor não cita outros dados estatísticos, mas informa que a situação era ainda pior para áreas protegidas de uso direto.

Essa preocupação continua com um estudo da WWF, realizado em 1999, que demonstrou que as unidades de conservação de uso indireto existentes no Brasil naquela época correspondiam a apenas 1,85% do ter-

UNIDADES DE CONSERVAÇÃO: ASPECTOS HISTÓRICOS E CONCEITUAIS | 283

ritório nacional.[7] Essa proporção coloca o Brasil muito abaixo de outros países latino-americanos, como a Venezuela, que em 1994 já possuía 34% de seu território incorporado às unidades de conservação. A WWF recomenda a implantação de uma rede de áreas protegidas que englobe no mínimo 10% de cada tipo de floresta (Irving, 2000).

Somente em junho de 2000 foi aprovada a Lei n. 9.985 que cria o Snuc, estipulando a divisão das unidades de conservação em dois grupos, com características específicas: unidades de proteção integral e unidades de uso sustentável.[8]

No fim de 2000, novas controvérsias surgiram devido às alterações do Código Florestal, sob alegações de que algumas mudanças iriam prejudicar os recursos naturais brasileiros. Existiam duas fortes correntes, cujos interesses conflitavam-se: a dos ruralistas, que exigiam que a lei possibilitasse maior desmatamento de áreas verdes e a diminuição da reserva legal na Amazônia; e a dos ambientalistas, que pleiteavam o aumento das áreas conservadas e a manutenção das conquistas ambientais alcançadas na legislação. Após debates e discussões, não houve aprovação da lei, mas o Código Florestal passou a vigorar, desde 2001, com modificações de medida provisória que impediam o corte de 50% de propriedades rurais na Amazônia (Bononi, 2004).

No início do século XXI, no grupo das unidades de proteção de uso sustentável, as reservas particulares do patrimônio natural (RPPN) foram o tipo que apresentou maior crescimento. Segundo Grecco (2002), em 2002 o Brasil já contava com quase 600 propriedades regulamentadas como RPPN. Esse dado representa um crescimento de aproximadamente 600% em cinco anos, pois em 1997 existiam apenas 98 (Campos, 1997). Grecco (2002) ainda afirma que o crescimento do mercado do ecoturismo é um dos fatores que contribuíram com o aumento desse tipo de unidade de conservação.

Nesse período também surgem novas questões relacionadas ao Snuc. Toledo e Pelicioni (2005) apontam a criação de unidades de conservação de proteção integral em regiões onde residiam inúmeras famílias, o que gera, constantemente, conflitos. Machado (2002 apud Toledo e Pelicioni, 2005) reitera a idéia de que a legislação deveria garantir meios alternativos de subsistência ou indenizações justas para as populações tradicionais de-

---

[7] Na ocasião, foram consideradas 86 unidades.
[8] O Snuc será detalhado adiante, neste capítulo.

pendentes da utilização dos recursos naturais das áreas protegidas. Também aponta para o problema de afastamento dessas populações, que permanecem isoladas de todo o processo, sem poder participar das políticas públicas e sem obter benefícios das políticas conservacionistas. Dessa forma, acabam se dirigindo para as periferias, agravando suas condições de vida e, muitas vezes, provocando maior degradação ambiental.

De acordo com Rylands e Brandon (2005), quando se compara a criação de unidades de conservação estaduais e federais, constata-se que, embora exista um número maior de unidades estaduais criadas, a área abrangida por todas elas é menor do que as federais. Como exemplo, podem-se citar as áreas de proteção integral que, no âmbito estadual, chegaram a 367, ao passo que no âmbito federal houve apenas 111. Porém, na totalidade das áreas protegidas, as estaduais somam 8.773.977 ha, enquanto as federais atingem 23.907 ha, conforme a Tabela 13.2.

O estado de São Paulo destaca-se por ser um dos que mais investiram na criação de unidades de conservação no Brasil. A maior parte de tais unidades encontra-se principalmente em áreas da Serra do Mar e do vale do Rio Ribeira de Iguape (Brito, 2000). Os parques estaduais são o tipo de unidade de conservação mais visitado. A visitação apresentou aumento nas décadas de 1980 e 1990, porém, atualmente, apresenta taxa de crescimento reduzida, em decorrência, principalmente, da falta de estrutura adequada e da dificuldade de acesso (Toledo e Pelicioni, 2005).

Com relação às reservas da biosfera, de acordo com a Unesco, no início do século XXI, o Brasil possui sete delas: Amazônia Central, Caatinga, Cerrado, Mata Atlântica e o Cinturão Verde da cidade de São Paulo, Pantanal e Serra do Espinhaço.

No ano de 2005, cerca de US$ 17 milhões foram disponibilizados para criação de unidades de conservação e para a elaboração e implementação dos planos de manejo de parques e reservas da Mata Atlântica (Silva, 2005).

No ano de 2006, o Ibama elencou 727 unidades de conservação em território nacional. Do total, 601 unidades (82,67%) pertencem à categoria unidade de conservação de uso sustentável e 126 (17,33%) são unidades de proteção integral (Figura 13.1). A maior parte delas está inserida na categoria reserva particular do patrimônio natural (429, o que corresponde a 59% do total), em seguida vêm as categorias floresta nacional (73 unidades, correspondente a 10% do total) e parque nacional (62 unidades, o que corresponde a 8,5%), conforme é demonstrado na Figura 13.2.

Tabela 13.2 – Unidades de conservação federais e estaduais.*

	Unidades de conservação federais	N.	Área (hectares)	Unidades de conservação estaduais	N.	Área (hectares)
Proteção integral	Parque nacional	54	17.493.010	Parque estadual	180	7.697.662
	Reserva biológica	26	3.453.528	Reserva biológica	46	217.453
	Estação ecológica	30	7.170.601	Estação ecológica	136	724.127
	Refúgio de vida silvestre	1	128.521	Refúgio de vida silvestre	3	102.543
	Monumento natural	0	0	Monumento natural	2	32.192
	Subtotal	111	28.245.729	Subtotal	367	8.773.977
Uso sustentável	Floresta nacional	58	14.471.924	Floresta estadual	58	2.515.950
	Reserva de desenvolvimento sustentável	0	0	Reserva de desenvolvimento sustentável	9	8.277.032
	Reserva extrativista	36	8.012.977	Reserva extrativista	28	2.880.921
	Área de proteção ambiental	29	7.666.689	Área de proteção ambiental	181	30.711.192
	Área de relevante interesse ecológico	18	43.394	Área de relevante interesse ecológico	19	12.612
	Subtotal	141	30.194.984	Subtotal	295	53.171.684
	Total	252	58.440.704	Total	662	53.171.684

Fonte: Rylands e Brandon 2005.
* Dados de fevereiro de 2005.

Figura 13.1 – Número de unidades de conservação por tipo.

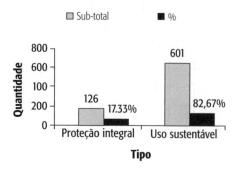

Fonte: Adaptada de Ibama 2006.

Figura 13.2 – Número de unidades de conservação por categoria.

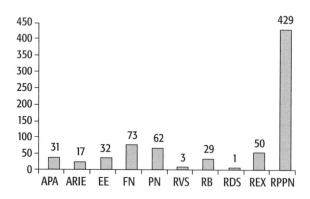

APA – Área de Proteção Ambiental; ARIE – Área de Relevante Interesse Ecológico; EE – Estação Ecológica; FN – Floresta Nacional; PN – Parque Nacional; RVS – Refúgio de Vida Silvestre; RB – Reserva Biológica; RDS – Reserva de Desenvolvimento Sustentável; REX – Reserva Extrativista; RPPN – Reserva Particular do Patrimônio Nacional.

Fonte: Adaptada de Ibama 2006.

Nesse mesmo ano, foram criadas pelo Ministério do Meio Ambiente (2006) as *Diretrizes para visitação em unidades de conservação*, com o objetivo de apresentar "princípios, recomendações e diretrizes práticas com vistas a ordenar a visitação em unidades de conservação, desenvolvendo e adotando regras e medidas que assegurem a sustentabilidade do turismo".

O interesse pela visitação a áreas naturais fez com que o turismo de natureza apresentasse um crescimento entre 10 e 30% ao ano na última década. Assim, torna-se necessária a existência de regras para o controle desse público. É importante ressaltar que a visitação é uma forma de incrementar o apoio econômico para a conservação desses locais; é imprescindível que ela ocorra da maneira mais sustentável possível, a fim de gerar o mínimo de impactos.

SISTEMA NACIONAL DE UNIDADES DE CONSERVAÇÃO DO BRASIL

Conceituação

De acordo com a IUCN (IUCN et al., 1994, p.185), a expressão unidade de conservação refere-se "a uma superfície de terra ou mar consagrada à proteção e manutenção da diversidade biológica, assim como dos recursos naturais e dos recursos culturais associados, e manejada por meio de meios jurídicos e outros eficazes."

Sob o ponto de vista legal, no Brasil corresponde ao:

espaço territorial e seus recursos ambientais, incluindo as águas juridicionais, com características naturais relevantes, legalmente instituído pelo Poder Público com objetivos de conservação e limites definidos, sob regime especial de administração ao qual se aplicam garantias adequadas de proteção. (Brasil, 2000)

A criação de áreas protegidas visando à conservação e preservação dos recursos naturais remete ao estabelecimento de um Sistema Nacional de Áreas Protegidas, que, segundo Moore e Omarzábal (apud Brito, 2000, p.19), consiste em:

Um conjunto de espaços naturais protegidos, de importância ecológica e social, pertencentes à nação, que, ordenadamente relacionados entre si e através de sua proteção e manejo, contribuem para o alcance de determinados objetivos de conservação e, por sua vez, ao desenvolvimento sustentado da nação.

No Brasil, esse sistema é denominado Sistema Nacional de Unidades de Conservação (Snuc) e foi implantado pela Lei n. 9.985/2000, que, além de instituí-lo, estabelece também os critérios e as normas para a criação, implantação e gestão das unidades de conservação no país.

Entre os seus objetivos, destacam-se alguns ligados não somente à questão ambiental propriamente dita, mas também à preocupação econômica e social das áreas protegidas e das comunidades residentes e às atividades turísticas e recreacionais:

- [...] valorizar econômica e socialmente a diversidade biológica;
- [...] proteger os recursos naturais necessários à subsistência de populações tradicionais, respeitando e valorizando seu conhecimento e sua cultura e promovendo-as social e economicamente;
- [...] favorecer as condições e promover a educação e interpretação ambiental, a recreação em contato com a natureza e o turismo ecológico.

Das normas que devem ser respeitadas pela comunidade residente, pode-se citar as seguintes:

- É proibido o uso de espécies locais ameaçadas de extinção;
- São proibidas práticas que danifiquem seus *habitats*;
- São proibidas práticas ou atividades que impossibilitem a regeneração natural dos ecossistemas.

Com exceção das áreas de proteção ambiental e das reservas particulares do patrimônio natural, as demais unidades de conservação previstas no sistema devem possuir zona de amortecimento [9] e, quando conveniente, corredores ecológicos.[10] As reservas da biosfera são consideradas prioritárias para proteção. O plano de manejo deve existir para todas as unidades.

Maretti (apud Rodrigues, 2005) correlaciona as categorias de unidades de conservação brasileiras existentes no Snuc com a classificação internacional da IUCN, de 1994 (Quadro 13.2).

---

[9] Zona de amortecimento: "o entorno de uma unidade de conservação, onde as atividades humanas estão sujeitas a normas e restrições específicas, com o propósito de minimizar os impactos negativos sobre a unidade" (Brasil, 2000).

[10] Corredores ecológicos: "porções de ecossistemas naturais ou seminaturais, ligando unidades de conservação, que possibilitam entre elas o fluxo de genes e o movimento da

Quadro 13.2 – Correlação entre a classificação das unidades de conservação estabelecida pela IUCN e aquela definida pelo Snuc.

Classificação da IUCN	Correspondente no Snuc
Proteção estrita	Estações ecológicas e reservas biológicas
Conservação de ecossistemas e turismo	Parques nacionais, refúgios de vida silvestre e reservas particulares do patrimônio natural
Conservação de características naturais específicas	Monumentos naturais e áreas de relevante interesse ecológico
Conservação com gestão ativa	Reserva de fauna
Conservação de paisagens territoriais, geográficas de terra e mar	Área de proteção ambiental
Uso sustentável dos ecossistemas	Florestas nacionais, reservas extrativistas e reservas de desenvolvimento sustentável

Fonte: Adaptado de Maretti 2001 apud Rodrigues 2005.

Categorias das unidades de conservação brasileiras[11]

De acordo com o Snuc, as unidades de conservação do Brasil são classificadas, a princípio, em dois grupos: unidade de proteção integral e de uso sustentável.

Unidades de proteção integral

Tendo como objetivo básico a preservação da natureza, nessa categoria é permitido somente o uso indireto de seus recursos naturais, ou seja,

---

biota, facilitando a dispersão de espécies e a recolonização de áreas degradadas, bem como a manutenção de populações que demandam para sua sobrevivência áreas com extensão maior do que aquela das unidades individuais" (Brasil, 2000).

[11] Esse item, na sua íntegra, baseia-se na Lei n. 9.985/2000 (Brasil, 2000).

a utilização que não envolve consumo, coleta, dano ou destruição destes. Fazem parte desse grupo as estações ecológicas, as reservas biológicas, os parques nacionais, monumentos naturais e refúgios de vida silvestre.

Estações ecológicas (EE)

São áreas representativas de ecossistemas brasileiros, destinadas à realização de pesquisas, à proteção do ambiente natural e ao desenvolvimento da educação conservacionista. Cerca de 90% (ou mais) de sua área total deve ser destinada à preservação integral. Na área restante, poderão ser autorizadas pesquisas ecológicas que venham a acarretar modificações no ambiente natural, desde que haja um plano de zoneamento aprovado.

A preservação da natureza e a realização de pesquisas científicas são os objetivos da estação ecológica (EE). Não é permitida a visitação pública, exceto aquela com finalidade educacional, dentro das determinações do plano de manejo[12] da unidade ou outro regulamento específico.

A pesquisa científica requer autorização prévia do órgão responsável pela administração da área e está sujeita às condições e restrições estabelecidas pelo administrador e por aquelas previstas em regulamento.

Em determinados casos, são permitidas alterações no ecossistema:

- Na implantação de medidas para restauração de ecossistemas modificados;
- No manejo de espécies com finalidade de preservação da biodiversidade ecológica;
- Na coleta de componentes dos ecossistemas para fins científicos;
- Em pesquisas científicas cujo impacto sobre o ambiente seja maior do que aquele causado pela simples observação ou pela coleta controlada de componentes dos ecossistemas. Nesses casos, somente é permitido que tais pesquisas ocorram em área correspondente a 3% do total da unidade, no máximo, até o limite de 1.500 ha.

---

[12] Plano de manejo: "documento técnico mediante o qual, com fundamento nos objetivos gerais de uma unidade de conservação, se estabelece o seu zoneamento e as normas que devem presidir o uso da área e o manejo dos recursos naturais, inclusive a implantação das estruturas fiscais necessárias à gestão da unidade" (Brasil, 2000).

Reservas biológicas (RB)

As reservas biológicas são áreas que possuem ecossistemas importantes ou característicos, ou espécies de flora e fauna de importância científica. Em geral, não permitem acesso público, não possuem belezas cênicas significativas, tampouco podem ser utilizadas para fins recreacionais.

Seu objetivo é a preservação integral da biota e dos demais atributos naturais existentes em seus limites. São proibidas interferências humanas e modificações ambientais, com exceção das medidas tomadas para recuperação de ecossistemas alterados ou para as ações de manejo necessárias para a recuperação e preservação do equilíbrio natural, da diversidade biológica e dos processos ecológicos naturais.

Na reserva biológica, deve-se garantir que o processo natural se desenvolva sem interferência direta do homem.

A visitação pública é proibida, exceto aquela com finalidade educacional, de acordo com o disposto no plano de manejo ou regulamento específico. A pesquisa científica também depende da autorização prévia do administrador da unidade e está sujeita às condições e restrições estabelecidas por ele.

Parques nacionais (PN)

Os parques nacionais englobam áreas relativamente extensas de terra ou água (parques terrestres ou marinhos) que contenham formações ou paisagens de significado nacional. Suas espécies, plantas ou animais, sítios geomorfológicos e *habitats* devem ser de grande interesse científico, educacional e recreacional. Em geral, esses parques contêm um ou mais ecossistemas que não sofreram alterações materiais por exploração e ocupação humana.

Há de se observar, ainda, o respeito à evolução natural, em que o recurso é manejado de maneira a poder comportar educação e recreação em uma base controlada. A área deve ser sempre manejada, objetivando manter seu estado natural, ou o mais próximo possível dele.

Seu objetivo básico é a preservação de ecossistemas naturais de grande relevância ecológica e beleza cênica. São permitidos a realização de pesquisas científicas e o desenvolvimento de atividades de educação e interpretação ambiental, por meio da recreação e do turismo ecológico, já que o plano de manejo da unidade ou outro regulamento determina as normas e restrições para a visitação pública.

Como em outras unidades de conservação, a pesquisa científica depende da autorização prévia do órgão responsável pela área e deve respeitar as condições por ele estabelecidas. As terras devem sempre pertencer ao poder público e, quando criadas pelo Estado ou município serão denominadas, respectivamente, parque estadual ou parque municipal.

Monumento natural (MN)

De acordo com a Convenção para a Proteção da Flora, da Fauna e das Belezas Cênicas Naturais dos Países da América (Decreto n. 58.054, de 23/3/66), são considerados monumentos naturais:

> as regiões, os objetos ou as espécies vivas de animais ou plantas, de interesse estético ou valor histórico ou científico, aos quais é dada proteção absoluta, com o fim de conservar um objeto específico ou uma espécie determinada da flora ou fauna, declarando uma região, um objeto ou uma espécie isolada monumento natural inviolável, exceto para a realização de investigações científicas devidamente autorizadas, ou inspeções oficiais. (MRE, 2006)

Os monumentos naturais são destinados à preservação de áreas que, por sua singularidade, raridade, beleza e vulnerabilidade, exigem proteção e não justificam a criação de outra categoria de unidade de conservação, dada a extensão limitada da área ou a ausência de diversidade de ecossistemas. Neles é permitida a visitação pública, condicionada a restrições específicas.

Refúgio de vida silvestre (RVS)

Tem como objetivo proteger ambientes naturais onde se asseguram condições para a existência ou reprodução de espécies ou comunidades da flora local e da fauna residente ou migratória.

Pode ser constituído de áreas particulares, desde que seja possível compatibilizar os objetivos da unidade com a utilização da terra e dos recursos naturais do local pelos proprietários.

É permitida a visitação pública, desde que respeitadas as normas estabelecidas no plano de manejo da unidade e em outros regulamentos. Tais normas também devem ser respeitadas na realização de pesquisas científicas, quando autorizadas pelos órgãos competentes.

Unidades de uso sustentável

A unidade de uso sustentável tem por finalidade compatibilizar a conservação da natureza com o uso sustentável de parcela de seus recursos naturais:

> explorar o ambiente de maneira a garantir a perenidade dos recursos ambientais renováveis e dos processos ecológicos, mantendo a biodiversidade e os demais atributos ecológicos, de forma socialmente justa e economicamente viável. (Brasil, 2000)

As áreas de proteção ambiental, áreas de relevante interesse ecológico, florestas nacionais, reservas extrativistas, reservas de fauna, reservas de desenvolvimento sustentável e reservas particulares do patrimônio natural fazem parte desse grupo de unidades de conservação.

Área de proteção ambiental (APA)

Trata-se de áreas do território nacional de interesse para a proteção e preservação ambiental, a fim de assegurar o bem-estar das populações humanas (pela melhoria da qualidade de vida destas) e conservar ou melhorar as condições ecológicas locais. Geralmente, são áreas extensas, com algum grau de ocupação humana, que possuem atributos importantes para a qualidade de vida das populações humanas. A APA tem como objetivo proteger a diversidade biológica, disciplinar o processo de ocupação e assegurar a sustentabilidade da utilização dos recursos naturais.

Essas áreas devem ser criadas por decreto e podem ser constituídas por terras públicas ou privadas.

Nelas são permitidas habitação humana e atividades produtivas, porém controladas pela instituição responsável. As atividades devem ser compatíveis com o plano de manejo, executadas de forma sustentável e precedidas de estudo de impacto ambiental.

A realização de pesquisas científicas e a visitação pública devem respeitar as exigências e restrições legais. Quando se tratar de área privada, o proprietário será responsável pelo estabelecimento das regras para pesquisas e visitação, sempre observando as normas previstas em lei. De acordo com Dourojeanni (1997, p.74), no Brasil, as APAs são as unidades que representam a maior parte protegida do país.

Área de relevante interesse ecológico (Arie)

De acordo com a Lei 9.985/2000, a Arie, em geral, apresenta pequena extensão, com baixa (ou nenhuma) ocupação humana. É uma área com "características naturais extraordinárias ou que abriga exemplares raros da biota regional, e tem como objetivo manter os ecossistemas naturais de importância regional ou local e regular o uso admissível dessas áreas, de modo a compatibilizá-lo com os objetivos de conservação da natureza."

De pequena extensão, essas áreas são preferencialmente declaradas quando possuem tamanho inferior a 5.000 ha e apenas uma pequena ou nenhuma ocupação humana. Têm por finalidade manter os ecossistemas naturais de importância regional ou local e regular o uso dessas áreas, compatibilizando a utilização com os objetivos de conservação da natureza. Podem ser constituídas por terras privadas ou públicas, cuja utilização é permitida, desde que respeitados os objetivos da conservação ambiental, e controladas pelos órgãos supervisores e fiscalizadores. São proibidas atividades que coloquem em risco os ecossistemas, a proteção da biota e a harmonia da paisagem (Brasil, 1989b).

Floresta nacional (FN)

Consiste em uma área com cobertura florestal de espécies predominantemente nativas, cujo objetivo é o uso sustentável dos recursos florestais e a pesquisa científica, sendo priorizados os estudos de métodos para a exploração sustentável de florestas nativas. É permitida a permanência de populações tradicionais, desde que já estejam ocupando a área na ocasião de sua criação e que sejam respeitados o regulamento e o plano de manejo da unidade.

A visitação pública é permitida, mas está condicionada às normas estabelecidas para o manejo e pelo administrador da área.

Há incentivos para as pesquisas científicas, sujeitas à autorização prévia do órgão responsável, bem como às condições e restrições por ele estabelecidas, além daquelas previstas em regulamento.

As florestas nacionais são de posse e domínio públicos, e recebem diferentes denominações quando criadas pelo estado ou município: floresta estadual e floresta municipal, respectivamente.

Reserva extrativista (REX)

São áreas naturais ocupadas por populações tradicionais, cuja subsistência está baseada no extrativismo, na agricultura de subsistência e na criação de animais de pequeno porte. São de domínio público, mas as populações extrativistas tradicionais têm concessão de uso das terras. As áreas particulares incluídas em seus limites devem ser desapropriadas.

As reservas extrativistas têm por finalidade proteger os meios de vida e a cultura de tais populações, assegurando o uso sustentável dos recursos naturais da área. Há permissão de visitação pública, desde que seja compatível com os interesses locais e que respeite as condições impostas no plano de manejo.

As pesquisas científicas são incentivadas, mas estão sujeitas à autorização prévia e às condições e restrições estabelecidas pelos responsáveis pela unidade, além das normas previstas em regulamento. No entanto, a exploração de recursos minerais e a caça são proibidas.

Reserva de fauna (RF)

A reserva de fauna consiste em "área natural com populações animais de espécies nativas, terrestres ou aquáticas, residentes ou migratórias, adequadas para estudos técnico-científicos sobre o manejo econômico sustentável de recursos faunísticos" (Brasil, 2000).

É de posse e de domínio públicos. As áreas particulares que se encontram dentro dos limites das reservas de fauna devem ser desapropriadas. A visitação pública é permitida, desde que seja compatível com o manejo da unidade. A caça é proibida (amadora e profissional). As leis e os regulamentos sobre fauna determinarão a possibilidade de comercialização dos produtos e subprodutos resultantes das pesquisas realizadas nessas unidades.

Reserva de desenvolvimento sustentável (RDS)

A reserva de desenvolvimento sustentável é representada por uma

> área natural que abriga populações tradicionais cuja existência baseia-se em sistemas sustentáveis de exploração dos recursos naturais, desenvolvidos ao longo de gerações e adaptados às condições ecológicas locais e que desempenham um papel fundamental na proteção da natureza e na manutenção da diversidade biológica. (Brasil, 2000)

Tem por finalidade garantir a preservação da natureza e, ao mesmo tempo, assegurar as condições e os meios necessários para a melhoria dos modos e da qualidade de vida e da exploração dos recursos naturais pelas populações tradicionais. Além disso, procura valorizar, conservar e aperfeiçoar o conhecimento e as técnicas de manejo do ambiente desenvolvidos por essas comunidades.

É de domínio público, e as áreas particulares incluídas em seus limites serão desapropriadas. A visitação pública é permitida e incentivada, desde que seja compatível com os interesses locais e esteja de acordo com as normas dispostas no plano de manejo.

A pesquisa científica também é permitida e incentivada, mas deve estar voltada à conservação da natureza, à criação de uma relação melhor entre as populações residentes e o meio ambiente, e à educação ambiental. Também está sujeita à prévia autorização do órgão responsável pela administração da unidade, às condições e restrições por ele estabelecidas e às normas previstas em regulamento.

Nessas áreas, o regime de manejo sustentável possibilita a exploração de componentes dos ecossistemas naturais e a substituição da cobertura vegetal por espécie cultiváveis. Contudo, esses procedimentos devem obedecer ao zoneamento, às limitações legais e ao plano de manejo.

Reserva particular do patrimônio natural (RPPN)

Trata-se de "área privada, gravada com perpetuidade, com o objetivo de conservar a diversidade biológica" (Brasil, 2000). Para ser reconhecida como unidade de conservação, deve ser significativa para a diversidade biológica e reunir paisagens de grande beleza ou condições que justifiquem ações de recuperação ambiental, capazes de promover a conservação de ecossistemas frágeis ou ameaçados.

Nessas áreas somente serão permitidas a pesquisa científica e a visitação com objetivos turísticos, recreativos e educacionais, conforme as disposições do regulamento.

O Ibama oferece algumas vantagens para os proprietários das RPPN:

* Isenção do pagamento do imposto territorial na área da reserva;
* Facilidade ao crédito agrícola nos bancos oficiais;
* Prioridade na análise e concessão de recursos do Fundo Nacional do Meio Ambiente;

- Proteção contra queimadas, desmatamentos, caça, pesca e outras ações que degradem o meio ambiente;
- Orientação sobre o manejo e gerenciamento da reserva;
- Ganhos financeiros extras com atividades ecológicas de lazer e recreação (Pellegrini Filho, 2000, p.239).

Nesse sentido, a criação de uma RPPN pode ser uma boa forma de marketing ambiental para as empresas.

CONSIDERAÇÕES FINAIS

No contexto atual percebe-se que, embora o Brasil tenha evoluído significativamente nos últimos anos, com a criação de um grande número de áreas protegidas, ainda permanecem grandes desafios não só para administração e manejo, mas também na proteção das áreas naturais (Rylands e Brandon, 2005).

A criação do Snuc e, posteriormente, a definição das "Diretrizes para Visitação das Unidades de Conservação" foram elementos relevantes na proteção das áreas naturais brasileiras. No entanto, ainda há muito por fazer, quer no planejamento das unidades de conservação, quer no tratamento dos problemas econômico-sociais que envolvem as comunidades, quer na definição de políticas claras e na fiscalização adequada dos recursos. São desafios que o país terá de enfrentar nos próximos anos. Além dos problemas internos, a pressão internacional pela preservação tende a aumentar diante da realidade de um mundo globalizado com enormes problemas ambientais.

REFERÊNCIAS

AMEND, S. **Parque Nacional El Ávila.** Caracas: GTZ, Instituto Nacional de Parques, 1991.

AMEND, S.; AMEND, T. Habitantes en los Parques Nacionales: ¿una contradicción insolubre? In: **¿Espacios sin habitantes? Parques Nacionales de América del Sur.** Caracas: Nueva Sociedad/IUCN, 1992.

ARRUDA, R.S.V. Populações tradicionais e a proteção dos rescursos naturais em unidades de conservação. In: Congresso Brasileiro de Unidades de Conservação, 1997, Curitiba. **Anais...** Curitiba: Universidade Livre do Meio Ambiente / Rede Nacional Pró-Unidades de conservação, 1997, p.351-65.

Barros II, S.M. Turismo e unidades de conservação no Brasil. In: Congresso Brasileiro de Unidades de Conservação, 1997, Curitiba. **Anais...** Curitiba: Universidade Livre do Meio Ambiente/Rede Nacional Pró-Unidades de Conservação, 1997. p.298-303.

Bensusan, N. **Conservação da biodiversidade em áreas protegidas.** Rio de Janeiro: FGV, 2006.

Bononi, V.L.R. Controle ambiental em áreas verdes. In: Philippi Jr., A.; Roméro, M. de A.; Bruna, G.C. **Curso de gestão ambiental.** São Paulo: Manole, 2004.

Brasil. **Sistema Nacional de Unidades de Conservação.** Brasília: Ministério do Meio Ambiente e da Amazônia Legal, Instituto Brasileiro do Meio Ambiente e dos Recursos Naturais Renováveis (Ibama), Fundação para a Conservação da Natureza (Funatura), 1989a.

_____. **Conselho Nacional do Meio Ambiente.** Resolução Conama 12, 1989b.

_____. **Sistema Nacional de Unidades de Conservação** *(Lei n. 9.985).* Brasília: Ministério do Meio Ambiente e da Amazônia Legal, 2000.

Brito, M.C.W. **Unidades de conservação: intenções e resultados.** São Paulo: Fapesp/Annablume, 2000.

Câmara, I.G. Conservação da natureza e legislação. In: Almeida Júnior, J.M.G. de. **Carajás: desafio político, ecologia e desenvolvimento.** São Paulo: Brasiliense/CNPq, 1986, p.561-2.

Campos, C. Oásis verdes. **Veja,** São Paulo, 12 mar. 1997.

Ceballos-Lascuráin, H. **Tourism, ecotourism and protected areas.** Gland, Suíça e Cambridge: IUCN, 1996.

Clay, J.W. Parks and people. **Cultural Survival Quaterly,** Cambridge, v.9, n.1, p.1, 1985.

Diegues, A.C. **O mito moderno da natureza intocada.** 3. ed. São Paulo: Hucitec, 2001.

Dourojeanni, M. Áreas protegidas: problemas antiguos y nuevos, nuevos rumbos. In: Congresso Brasileiro de Unidades de Conservação, 1997, Curitiba. **Anais...** Curitiba: Universidade Livre do Meio Ambiente/Rede Nacional Pró-Unidades de Conservação, 1997, p.69-109.

Folha de São Paulo. Caderno Ciências. São Paulo, 16 fev. 2006.

Grecco, C. **Reserva particular do patrimônio natural.** Disponível em: htp://www.ecoviagem.com.br/ecoreporter/def_ecoreporter.asp?codigo=2183. Acessado em: 15 jul. 2002.

IRVING, M. de A. Ecoturismo em áreas protegidas: um desafio no contexto brasileiro. **Boletim de Turismo e Administração Hoteleira**, São Paulo, Unibero, v.9, n.2, p.11-37, 2000.

IUCN; CPNAP; CMMC. **Diretrizes para las categorias de manejo de areas Protegidas.** Gland, 1994.

McCornik, J. **Rumo ao paraíso: a história do movimento ambientalista.** Rio de Janeiro: Relume-Dumará, 1992.

MILLER, K.R. Evolução do conceito de áreas de proteção: oportunidades para o século XXI. In: CONGRESSO BRASILEIRO DE UNIDADES DE CONSERVAÇÃO, 1997, Curitiba. **Anais...** Curitiba: Universidade Livre do Meio Ambiente/Rede Nacional Pró-Unidades de Conservação, 1997. p.3-21.

MINISTÉRIO DO MEIO AMBIENTE. Secretaria de Biodiversidade e Florestas. Diretoria de Áreas Protegidas. **Diretrizes para visitação em unidades de conservação.** Brasília: Ministério do Meio Ambiente, 2006

OFICINA SOBRE GESTÃO PARTICIPATIVA EM UNIDADES DE CONSERVAÇÃO. **Anais...** Belo Horizonte: Fundação Biodiversitas, 1999.

PÁDUA, M.T.J. Sistema Brasileiro de Unidades de Conservação: de onde viemos e para onde vamos? In: CONGRESSO BRASILEIRO DE UNIDADES DE CONSERVAÇÃO, 1997, Curitiba. **Anais...** Curitiba: Universidade Livre do Meio Ambiente, Rede Nacional Pró-Unidades de Conservação, 1997, p.214-36.

PEARCE, D.G.; BUTLER, R.W. **Desenvolvimento em turismo: temas contemporâneos.** São Paulo: Contexto, 2002.

PELLEGRINI FILHO, A. **Ecologia, cultura e turismo.** 3. ed. Campinas: Papirus, 1999.

_____. **Dicionário enciclopédico de ecologia e turismo.** São Paulo: Manole, 2000.

QUINTÃO, Â.R.B. Evolução do conceito de parques nacionais e sua relação com o processo de desenvolvimento. **Brasil Florestal**, n.54, p.13-28, 1983.

RODRIGUES, J.E.R. **Sistema Nacional de Unidades de Conservação.** São Paulo: Revista dos Tribunais, 2005.

RUSCHMANN, D.V. de M. **Turismo e planejamento sustentável: a proteção do meio ambiente.** Campinas: Papirus, 1997.

RYLANDS, A.B.; BRANDON, K. Unidades de conservação brasileiras. **Megadiversidade**, v.1, n.1, jul. 2005.

SILVA, A.M. **Ecoturismo em áreas protegidas: estudo da visitação turístico-recreativa na Trilha d'Água (Bertioga, SP).** São Paulo, 2001. Dissertação (Mestrado). Escola de Comunicações e Artes, Universidade de São Paulo.

SILVA, M. O programa brasileiro de unidades de conservação. **Megadiversidade**, v.1, n.1, jul. 2005.

TOLEDO, R.F.; PELICIONI, M.C.F. Educação ambiental em unidades de conservação. In: PHILIPPI JR., A.; PELICIONI, M.C.F. **Educação ambiental e sustentabilidade.** São Paulo: Manole, 2005.

TRIGO, L.G.G. **Viagem na memória: guia histórico das viagens e do turismo no Brasil.** São Paulo: Senac, 2000.

VIANNA, L.P.; ADAMS, C.; DIEGUES, A.C.S. **Conflitos entre populações humanas em unidades de conservação em Mata Atlântica.** São Paulo: Nupab-USP, 1994. (Relatório de pesquisa).

Sites consultados

IBAMA. Disponível em: http://www.ibama.gov.br. Acessado em: 2006.

[MRE]. MINISTÉRIO DAS RELAÇÕES INTERNACIONAIS. Disponível em: http://www2.mre.gov.br/dai/m_58054_1966.htm. Acessado em: 2006.

UNESCO. Disponível em http://www.unesco.org.br. Acessado em: 2000.

Educação para o Turismo: **14**
Turistas e Comunidade

Maria Cecília Focesi Pelicioni
Assistente Social e Educadora Ambiental, Faculdade de Saúde Pública da USP
Renata Ferraz de Toledo
Bióloga e Educadora Ambiental, Instituto Nacional de Pesquisas da Amazônia

O turismo constitui uma das maiores atividades econômicas mundiais e nos países em desenvolvimento tem apresentado superávit comercial. Essa atividade pode ser geradora de renda para os diferentes grupos envolvidos, não apenas para as empresas organizadoras mas também para as comunidades anfitriãs. Analistas do setor do turismo estimam um crescimento mundial da ordem de 4 a 5% ao ano, com um índice de 10% de ocupação da população economicamente ativa.

De acordo com o Decreto n. 448/1992, sobre a Política Nacional de Turismo, que regulamenta a Lei n. 8.181/1991, o turismo tem por finalidade "seu equacionamento como fonte de renda nacional" (Brasil, 1992, art. 1º), e entre as diretrizes de planejamento está "reduzir as disparidades sociais e econômicas de ordem regional, através do crescimento da oferta de emprego e melhor distribuição de renda" (Brasil, 1992, art. 3º, Inc. II). No entanto, moradores das regiões turísticas não têm sido beneficiados nem com o crescimento da oferta de emprego nem com melhor distribuição de renda e, na maior parte das vezes, estão despreparados para exercer funções que exijam alguma especialização, forçando agências e hotéis a contratarem profissionais de outras regiões.

Embora essa rentabilidade financeira seja importante e evidente, quase sempre vem acompanhada de impactos ambientais, sociais e culturais, ao contrário do que estabelece a mesma lei, isto é, "a prática do turismo como forma de promover a valorização e preservação do patrimônio natural e cultural do País" (Brasil, 1992, art. 3º, Inc. I). Esses impactos, extremamente preocupantes, podem e devem ser evitados. Quando ocorrem, têm sido maiores do que os benefícios conferidos às populações locais e às áreas nas quais o turismo ou mesmo o ecoturismo foi implantado, independentemente de qualquer legislação existente. Pode-se dizer que o ecoturismo é uma modalidade de turismo que se tem mostrado interessada em reduzir esses impactos.

Conforme definido nas Diretrizes para uma Política Nacional de Ecoturismo, esse é um segmento de atividade turística que tem sido responsável por um crescimento em torno de 20% ao ano, dado o interesse crescente do público pelas questões ambientais e que

> utiliza de forma sustentável o patrimônio natural e cultural, incentiva sua conservação e busca a formação de uma consciência ambientalista através da interpretação da natureza, promovendo o bem-estar das populações envolvidas (Ministério da Indústria, Comércio e Turismo..., 1995).

A formação de uma consciência ambientalista se dá não apenas por meio da interpretação da natureza ou da promoção do bem-estar das populações envolvidas, como indicado nas Diretrizes para uma Política Nacional de Ecoturismo mas, principalmente, pela educação ambiental. Há um equívoco muito grande ao se confundir educação ambiental com ecoturismo, ainda que alguns autores, como Guimarães (2003), considerem a educação ambiental uma das dimensões do processo educacional e que existem diferentes projetos educacionais que refletem visões sociais de mundo variadas, umas mais conservadoras outras mais críticas.

Segundo Guimarães (2003, p.18), aqueles que assumem um caráter conservador procuram manter o atual modelo de sociedade, enquanto aqueles que assumem um caráter crítico mostram

> a dominação do homem e da natureza, revelando as relações de poder na sociedade, em um processo de politização das ações humanas, voltadas para as transformações da sociedade em direção ao equilíbrio socioambiental [...] estas diferentes concepções de Educação presentes em nossa sociedade travam um embate pela hegemonia. Uma, atrelada aos interesses populares de emancipação, de igualdade social e melhor qualidade de vida, que se reflete em melhor qualidade ambiental; outra, que assume prioritariamente os interesses do capital, da lógica do mercado, defendida por grupos dominantes. Esta última, hegemônica na constituição da sociedade contemporânea. (Guimarães, 2003, p.18)

No desenvolvimento de atividades ecoturísticas, três premissas precisariam ser consideradas: o uso adequado dos recursos naturais, que garanta a sua conservação; o envolvimento das populações locais, respeitando-se sua cultura; e a formação de uma consciência ambientalista que, embora dependa da motivação de cada turista, poderá ser estimulada se fizer parte de um processo educativo.

De acordo com as Diretrizes para a Política Estadual de Ecoturismo (São Paulo, 1997):

> o ecoturismo vem sendo considerado como uma atividade de baixo impacto ambiental, uma possibilidade de sustentação econômica para Unidades de Conservação e uma alternativa às economias das regiões onde atividades tradicionais (como a pequena agricultura familiar, o extrativismo, a pesca artesanal, entre outras) têm revelado seu esgotamento e se demonstrado insuficiente para a manutenção das populações delas dependentes, especialmente naquelas regiões submetidas a novos expedientes legais cujas restrições têm colocado tais atividades como incompatíveis com a conservação ambiental agravando suas condições de sobrevivência.

Torna-se de fundamental importância reconhecer o papel de cada "personagem" envolvido na prática do ecoturismo para o seu adequado desenvolvimento, e incluem-se aí os empresários do turismo, os turistas, os moradores dos locais visitados, as populações tradicionais e os órgãos responsáveis por sua gestão e regulamentação. Porém, mesmo com a legislação em vigor, a boa vontade e intenção das pessoas, a realidade tem sido bem diferente.

É importante incentivar a integração das comunidades no planejamento, na implementação, execução e avaliação das atividades turísticas, tornando-as economicamente viáveis, sustentáveis, mas, sobretudo, ambientalmente corretas.

A comunidade deve estar preparada para tomar decisões e estabelecer prioridades em relação às questões que envolvem seu meio ambiente e suas atividades turísticas. Por meio da educação ambiental, ela deve estar vigilante em relação aos impactos negativos que essas atividades poderão causar e ser a maior guardiã de seus próprios recursos naturais. Deve receber, para isso, todo apoio técnico de que necessitar e desejar de governos e do Ministério Público. A propósito, este último, de maneira geral, tem cumprido bem seu papel.

Entre as atividades turísticas mais freqüentemente realizadas, destacam-se o percurso de trilhas interpretativas ou de estudo do meio, também conhecidas como trilhas ecológicas, por propiciar o contato direto com a natureza e contribuir para a construção de conhecimentos sobre a fauna, a flora, os recursos hídricos e as relações entre os seres vivos em geral.

Atividades como essas, com finalidades turísticas ou educativas, estão crescendo e se diversificando a cada dia, e muitos programas de educação ambiental desenvolvidos em áreas naturais têm adotado essa estratégia, priorizando muitas vezes a transmissão de conteúdos de ecologia, ciências e biologia, enfatizando apenas o "conservacionismo". Além disso, por não exigirem grandes investimentos econômicos, essas atividades acabam sendo realizadas corriqueiramente também em espaços urbanos de lazer, em finais de semana ou feriados, e, na maioria das vezes, por pessoas sem nenhum preparo na área ambiental.

Assim, nas trilhas interpretativas, de modo geral, poucos guias locais estão adequadamente preparados para conduzir pessoas e grupos. Os turistas que se aventuram a participar de forma incauta acabam, muitas vezes, usando roupas e sapatos inadequados, não se hidratam suficientemente e não utilizam protetores solares.

Barcelos e Noal (1998) lembram que as atividades de educação ambiental feitas fora da sala de aula, nos parques, nos zoológicos e nas chamadas "trilhas ecológicas" podem ser muito ricas do ponto de vista pedagógico, porém essa não é a única maneira de trabalhar essa questão, pois, dependendo da maneira como elas forem conduzidas pelo professor, podem contribuir para reafirmar conceitos equivocados e preconceituosos em relação à situação do ser humano diante dos demais seres vivos.

Dessa maneira, as atividades de estudo do meio e interpretação da natureza, como instrumentos para o desenvolvimento da educação ambiental, devem realizar-se não como ações pontuais preocupadas apenas com aspectos ecológicos, mas como fortalecimento de um processo de reflexão que enfatize também aspectos econômicos, sociais, políticos, culturais e éticos, deixando claras as relações e as diferenças entre ecologia e educação ambiental.

Ressalta-se que muitas das áreas naturais onde se desenvolvem atividades turísticas e programas de educação ambiental caracterizam-se como unidades de conservação.

De acordo com a Lei Federal n. 9.985/2000, que dispõe sobre o Sistema Nacional de Unidades de Conservação (Snuc), um dos objetivos dessas áreas naturais protegidas deve ser "favorecer condições e promover a educação e interpretação ambiental, a recreação em contato com a natureza e o turismo ecológico" (Brasil, 2000, art. 4º, Inc. XII).

Muitas unidades de conservação de proteção integral, como parques nacionais, estaduais e municipais, foram, no entanto, criadas em áreas onde já residiam ou residem inúmeras famílias, o que gera sérios problemas e constantes conflitos.

Essa lei deveria garantir meios alternativos de subsistência ou a justa indenização a essas populações tradicionais que dependem da utilização de recursos naturais existentes dentro das unidades de conservação, no entanto ela não definiu o que são populações tradicionais (Machado, 2002).

Para as populações com títulos de propriedade registrados, o maior problema está no custo das desapropriações. A situação mais grave acaba atingindo as populações tradicionais que podem ser definidas como aquelas que ocupam o espaço e utilizam os recursos naturais para subsistência, com mão-de-obra familiar e tecnologias de baixo impacto, derivadas de conhecimentos patrimoniais e de base sustentável (caiçaras, ribeirinhos, seringueiros, quilombolas). Essas populações vêm sendo afastadas dessas áreas naturais, muitas vezes sem poder contribuir na elaboração das políticas públicas regionais e sem se beneficiar das políticas de conservação, o que acaba obrigando-as a irem para as periferias das cidades, agravando suas condições de vida ou ainda provocando maior degradação ambiental, já que se vêem obrigadas a ocupar áreas ainda intactas, gerando inúmeros conflitos e o descumprimento da legislação (Arruda, 1997).

Embora tenha ocorrido alguns avanços na maneira como essa questão vem sendo tratada pelo Snuc, ainda permanecem algumas contradições. Para Rabinovici (2001 apud Russo, 2001, p.54):

> essas comunidades ora são acusadas de responsáveis pela destruição dos ecossistemas em que residem, ora são tomadas como guardiãs deles. A criação de Unidades de Conservação por meio de lei representa uma contradição ao pretenso caráter participativo que se quer dar ao processo, pois há abertura para um embate entre a sociedade e o poder público durante o processo de discussão e planejamento de uma unidade de conservação, porém sua criação culmina com a utilização única das leis governamentais.

Muitos temas precisam, ainda, ser discutidos com a participação de toda a sociedade e principalmente com as comunidades tradicionais diretamente interessadas e envolvidas em cada espaço.

Diegues (2000) lembra ainda que a criação de unidades de conservação de proteção integral, mantendo o que o autor chama de "neomito" (áreas naturais protegidas sem população, na busca pelo paraíso perdido), se faz pela necessidade da criação de espaços públicos, porém estes acabam beneficiando apenas as populações urbano-industriais, seja para o turismo, lazer ou atividades ditas educativas. Entre as unidades de conservação de maior visitação pública, principalmente para a prática do turismo, estão os parques estaduais (Bucci, 2000).

No estado de São Paulo, o Instituto Florestal da Secretaria Estadual de Meio Ambiente estabeleceu que o Programa de Uso Público dos Parques Estaduais deve compreender os subprogramas de educação ambiental, interpretação da natureza, lazer, relações públicas e formação de pessoal para seu desenvolvimento (Cervantes et al., 1992). Para Andrade (1993), além destes, o turismo também deve ser considerado um subprograma do Programa de Uso Público.

No entanto, os subprogramas de educação ambiental, interpretação da natureza, turismo e lazer desenvolvidos nos parques estaduais paulistas, embora considerados distintos no programa de uso público, muitas vezes têm suas atividades sobrepostas. Assim, nos programas de educação ambiental, de modo geral, desenvolvem-se também atividades de interpretação da natureza, de lazer e até mesmo de turismo, as quais são importantes, mas, para serem consideradas atividades de educação ambiental, não devem ser realizadas de forma fragmentada, mas sim fazer parte de um processo educativo (Toledo, 2002).

Para formar consciência ambientalista, como proposto na Política Nacional de Ecoturismo, de 1992, é preciso muito mais do que simplesmente fazer interpretação da natureza. Ainda assim, apenas a formação da consciência não garante uma atuação adequada no cotidiano. Para que isso ocorra, é necessário que a educação se efetive, modificando interiormente cada pessoa. O processo educativo é complexo, e tanto a sensibilização como a conscientização constituem etapas desse processo.

Sabe-se que, para que as pessoas, turistas em potencial, tenham comportamentos adequados e desejáveis, é preciso que o investimento seja feito no processo educativo por inteiro, não em parte dele, com ênfase na formação de atitudes.

A formação de atitudes começa pela educação dada pela família, na família, e continua durante todo o período em que cada criança passa na escola, sendo reforçada nos grupos sociais que ela vai freqüentando com diferentes pessoas e grupos, nos quais recebe diferentes influências.

Desse modo, a educação ambiental ocorre em situações formais e informais, e a maneira de se comportar vai aos poucos sendo estruturada sob influência da cultura e da sociedade à qual cada grupo pertence e vive.

[A educação ambiental] Implica um processo de formação política, isto é, prepara para o exercício da cidadania ativa, dá condições para o ser humano conhecer, refletir e analisar criticamente as informações, exigir seus direitos e cumprir seus deveres, de forma que esteja apto a participar da construção de políticas públicas e de mecanismos legais que não só atendam às suas necessidades básicas, mas melhorem suas condições de vida, dando possibilidades para que todos conquistem autonomia, liberdade, justiça social e, portanto, possam assumir o controle sobre suas próprias vidas (*empowerment*) e a vida da coletividade, tornando-a cada vez melhor e mais saudável. (Pelicioni, 2004, p.469)

Serrano (2000) reforça o caráter intrinsecamente educativo da atividade ecoturística e de seu compromisso com a modificação de comportamentos e a criação de uma consciência ambientalista. Considera que é possível identificar uma relação estreita entre o ecoturismo e a educação ambiental no plano histórico, o que é justificado pela busca de um maior contato da população com a natureza. Para Serrano (2000, p.11), "os estudos do meio são formas evidentes de articulação do ecoturismo à educação ambiental". Serrano (2000, p.18), no entanto, afirma ainda que

a mediação do mercado para o ecoturismo e a educação ambiental pode ser vista como algo que invalida os esforços na constituição de uma conduta ambientalmente correta por parte de seus praticantes [...] é impossível negar que não há um modo de se estar no mundo hoje que dispense algum grau de consumo mais ou menos impactante, pois o consumo faz parte da sociedade contemporânea.

Um aspecto importante a ser considerado diz respeito aos impactos negativos em trilhas de unidades de conservação, os quais, muitas vezes, são desconhecidos pelas agências de turismo em busca desse novo "filão" (São Paulo, 1997):

- Pisoteamento, compactação, erosão e abertura de atalhos em trilhas;
- Depredação de infra-estrutura, de atrativos e elementos naturais;
- Estresse e desaparecimento da fauna pela presença humana (barulho, cheiro e cores estranhas ao meio ambiente);

308 | GESTÃO AMBIENTAL E SUSTENTABILIDADE NO TURISMO

- Aumento e/ou deposição inadequada de resíduos;
- Necessidades de sacrifício de áreas para instalação de infra-estrutura;
- Aumento do risco de incêndio.

Em contraposição aos impactos negativos, é preciso investir em melhorias na infra-estrutura local, principalmente no saneamento básico, que poderá trazer benefícios a toda população moradora e visitante.

Um exemplo disso encontra-se nos Lençóis Maranhenses, na cidade de Barreirinhas (MA), estado mais pobre do Brasil. Apesar de toda beleza natural que possui, em relação aos serviços oferecidos a brasileiros e estrangeiros, a pequena cidade deixa muito a desejar. Ao visitar a região, não se encontra um ambiente muito saudável: o calor é intenso; há proliferação de moscas e mosquitos; ausência de água e esgoto tratados e de serviços de saúde e turísticos adequados e suficientes, enfim, os serviços oferecidos, em geral, são incompatíveis com os preços cobrados.

É necessário ainda melhorar outros equipamentos urbanos e de infra-estrutura viária, sanitária, de abastecimento, melhorar a rede de comunicações, os banheiros públicos, construir rodoviárias, mercados e postos telefônicos, entre outros. Não apenas o bem-estar e a alegria dos moradores se refletem nos visitantes, mas também os sentimentos de infelicidade, desilusão e desesperança que atingem as pessoas do lugar.

A fixação da população local é importante e poderá ocorrer se ela tiver um papel a assumir e um emprego constante, não apenas nas temporadas. Se isso não for considerado, dificilmente essa população terá condições de sobreviver. Nesse sentido, a comercialização de produtos de qualidade feitos por eles próprios (artesanatos, culinária típica, entre outros) e o fomento de outras atividades econômicas potencialmente sustentáveis, como o manejo de plantas medicinais, ornamentais ou de ervas terapêuticas, tornar-se-ão muito atrativos e certamente contribuirão para a melhoria do seu nível socioeconômico.

Percebem-se, atualmente, esforços por parte de algumas operadoras, prefeituras e hotéis na direção da sustentabilidade ambiental em relação a um ou outro aspecto que venha trazer visibilidade, sirva para o marketing e traga compensação financeira como produto final. Assim, as comunidades tradicionais locais continuam sendo colocadas de lado, a proteção das culturas e as necessidades socioambientais não têm sido levadas em consideração pelos governos e pela indústria turística e sequer estão presentes na Agenda 21 do turismo, escrita em 1996 pela Organização Mundial de Turismo (OMT) e pelo Conselho Mundial de Viagens e Turismo (World Travel and Tourism Concil – WTTC).

Os turistas têm sido identificados injustamente como os principais causadores dos impactos ambientais, mas, da mesma forma que se podem consumir arte, paisagem, folclore e tradição sem nenhum respeito, podem-se construir pontes de cultura, laços de solidariedade e relações positivas entre pessoas e povos bem-educados, tudo vai depender de sua formação anterior à condição de turista. Para isso, é imprescindível que os governantes priorizem a educação, o que certamente refletirá no comportamento dos futuros turistas.

Igualmente ou muito mais prejudiciais podem ser os idealizadores e executores de projetos turísticos impactantes, tais como as construtoras ou incorporadoras de obras, condomínios, *resorts* ou de hotéis em lugares inexplorados, de loteamentos em áreas da Mata Atlântica, da Floresta Amazônica ou outros "paraísos naturais", como vem ocorrendo não só no Brasil, mas no Caribe, na África, no mundo todo.

Se um dia essas obras e suas infra-estruturas vierem a interferir negativamente no meio ambiente, causar impactos e prejudicar os seres vivos e seu ecossistema e, conseqüentemente, o ser humano que dele faz parte, a questão da sustentabilidade se esvaziará e perderá seu significado por total despreparo das pessoas.

A educação ambiental não pode se restringir a um pacote que se vende "em suaves prestações mensais", pois isso reduz o seu papel a um passeio em trilhas no meio do mato ou da lama e, dependendo do públicoalvo a ser atingido e dos objetivos propostos no pacote de venda, ela acaba assumindo uma ou outra característica.

Algumas situações podem exemplificar essa idéia: se o turista for europeu e estiver na Patagônia, poderá ser levado para conhecer as geleiras de Perito Moreno, passando por arbustos de calafate, cheios de espinhos, na tentativa de obter seu turismo de aventura. Se, por acaso, o turista for sul-americano, poderá fazer o mesmo passeio caminhando pelas pedras, por alamedas abertas e entre árvores belíssimas, sem nenhum risco, ou, se preferir, poderá ir de microônibus até os mirantes.

Outro exemplo semelhante ocorre nos hotéis de selva, da Amazônia, nos quais turistas estrangeiros são convidados a conhecer os animais nativos. Para isso, estes últimos são condicionados a receber alimentos perto dos aposentos dos turistas, como se essa situação representasse a realidade da floresta.

Não apenas durante os passeios, mas também antes, os turistas devem ser orientados a respeito das situações climáticas que vão enfrentar, para que possam realmente avaliar suas possibilidades em acompanhar ou não o grupo nos passeios, os quais podem ser realizados na neve, nos rios, na floresta, sob chuva e sol. Por sua vez, os guias devem propor alternativas variadas segundo as condições de saúde e o grau de condicionamento físico dos componentes do grupo, sua faixa etária, entre outros. Se for o caso, solicitar avaliação médica cardiovascular recente, individual, anterior à viagem, e termo de responsabilidade assinado de próprio punho pelo interessado.

O viajante tem sempre a tentação de levar para a sua casa uma lembrança do lugar em que esteve e de que gostou. Essa lembrança pode ser uma pedra, uma concha, uma cestaria ou qualquer tipo de artesanato. Se for bem orientado em relação aos prejuízos que poderá acarretar à natureza a retirada de parte de seus recursos e a alteração que isso poderá ocasionar ao ambiente, certamente os resultados serão melhores do que os atuais.

Apenas a educação ambiental possibilitará, com base em uma formação processual, constante e integral, que cada ser humano aprenda a viver em sociedade e a se comportar respeitosamente, observando regras e normas que visem à ética dos usos e costumes que emanam de cada localidade turística.

Dada a complexidade dos problemas socioambientais, a educação ambiental, hoje entendida como educação política, constitui um grande desafio, o que implica utilizar novas estratégias de ação, novos padrões de conduta baseados em uma nova relação ética, com enfoque ambiental. Esses padrões consolidados transformarão as relações entre os seres humanos, os grupos sociais e a comunidade a que pertencem, em busca de sociedades sustentáveis, mais justas, mais felizes e com melhor qualidade de vida. Somente assim as comunidades tradicionais poderão estabelecer com o turismo um relacionamento verdadeiramente sustentável.

REFERÊNCIAS

ANDRADE, W.J. **Programa de uso público.** Curso de Manejo de Áreas Silvestres, 1. São Paulo, IF, 1993.

ARRUDA, R.S.V. Populações tradicionais e a proteção dos recursos naturais em unidades de conservação. In: 1º Congresso Brasileiro de Unidades de Conservação, 1997, Curitiba. **Anais...** Curitiba, 1997. v.1, p.351-68.

BARCELOS, V.H.L.; NOAL, F.O. A temática ambiental e a educação: uma aproximação necessária. In: NOAL, F.O.; REIGOTA, M.; BARCELOS, V.H.L. (Orgs.) **Tendências da educação ambiental brasileira.** Santa Cruz do Sul: Edunisc, 1998. p.97-112.

BRASIL. Decreto Federal n. 448, de 14/2/92. Regulamentação da Lei Federal 8.181 – Política Nacional de Turismo. Brasília, Senado Federal, 1992.

_____. Decreto-Lei Federal n. 9.985, de 19/7/2000. Sistema Nacional de Unidades de Conservação. Brasília, Senado Federal, 2000.

BUCCI, L.A. **Unidades de conservação e florestas.** In: 1º Ciclo de Conferências Sobre Direito e Política Ambiental, 2000, São Paulo. São Paulo, Faculdade de Saúde Pública da Universidade de São Paulo, 2000.

CERVANTES, A.L.A. et al. Diretrizes para o programa de uso público do Instituto Florestal do Estado de São Paulo – SMA. In: 2º Congresso Nacional Sobre Essências Nativas, 1992, São Paulo. **Anais...** São Paulo, 1992. v.4, p.1076-80.

DIEGUES, A.C.S. **O mito moderno da natureza intocada.** 3.ed. São Paulo, Hucitec, Núcleo de Apoio à Pesquisa sobre Populações Humanas e Áreas Úmidas Brasileiras, USP, 2000.

GUIMARÃES, M. **Educação ambiental.** Duque de Caxias: Unigranrio, 2003. (Coleção Temas em meio ambiente)

MACHADO, P.A.L. Os tipos de unidades de conservação e a presença humana. In: PHILIPPI JR., A. et al. **Meio ambiente, direito e cidadania.** São Paulo, Universidade de São Paulo, Faculdade de Saúde Pública, Faculdade de Direito, Faculdade de Arquitetura e Urbanismo, Nisam, Signus, 2002, p.225-7.

MINISTÉRIO DA INDÚSTRIA, COMÉRCIO E TURISMO; MINISTÉRIO DO MEIO AMBIENTE, DOS RECURSOS HÍDRICOS E DA AMAZÔNIA LEGAL. **Diretrizes para uma Política Nacional de Ecoturismo.** Brasília, 1995.

PELICIONI, M.C.F. Fundamentos da educação ambiental. In: PHILIPPI JR., A.; ROMÉRO, M.A.; BRUNA, G.C. (Eds.) **Curso de gestão ambiental.** São Paulo: Manole, 2004. p.459-83.

RUSSO, C. R. Meio ambiente e as unidades de conservação: o material de trabalho para o ecoturismo. **Cadernos: Centro Universitário São Camilo,** v.7, n.2, p.47-55, 2001.

SÃO PAULO. Diretrizes para a Política Estadual de Ecoturismo, 1997. Disponível em: http://www.ambiente.sp.gov.br/ecotur/diretriz.pdf. Acessado em: 20 mar. 2006.

SERRANO, C. A educação pelas pedras: uma introdução. In: SERRANO, C. (Org.) **A educação pelas pedras: ecoturismo e educação ambiental.** São Paulo: Chronos, 2000. p.7-24.

TOLEDO, R.F. **Educação ambiental em unidades de conservação do estado de São Paulo.** São Paulo, 2002. Dissertação (Mestrado). Faculdade de Saúde Pública, Universidade de São Paulo.

Potencial Turístico e Saneamento Ambiental em Unidades de Conservação

15

Silvana Audrá Cutolo
Bióloga Sanitarista, Faculdade de Saúde Pública da USP
Tadeu Fabrício Malheiros
Engenheiro Civil, Escola de Engenharia de São Carlos da USP
Arlindo Philippi Jr.
Engenheiro Civil e Sanitarista, Faculdade de Saúde Pública da USP

BRASIL

O Brasil é o quinto maior país do mundo, possui 1,7% do território do globo terrestre e ocupa 47% da América do Sul. Está localizado na porção centro-oriental do continente, com o litoral para o Oceano Atlântico. Possui uma área total de 8.511.965 km^2 que inclui 8.456.510 km^2 de terra e 55.455 km^2 de água. O ponto culminante do Brasil está localizado no Pico da Neblina, com 3.014 m, e o ponto mais baixo está no nível do mar.

O país é formado por seis grandes biomas, definidos como conjuntos de ecossistemas terrestres, caracterizados por tipos fisionômicos semelhantes de vegetação com diferentes climas. O bioma continental brasileiro de maior extensão, a Amazônia, e o de menor extensão, o Pantanal, ocupam juntos mais da metade do Brasil: o Bioma Amazônia, com 49,29%, e o Bioma Pantanal, com 1,76% do território brasileiro. Os seis biomas continentais brasileiros são: Amazônia, Cerrado, Caatinga, Mata Atlântica, Pantanal e Pampa (Figura 15.1).

A Amazônia, considerada a maior reserva de diversidade biológica do mundo, é também o maior bioma brasileiro em extensão e ocupa quase metade do território nacional. A bacia amazônica ocupa dois quintos da

América do Sul e 5% da superfície terrestre. Sua área, de aproximadamente 6,5 milhões de km^2, abriga a maior rede hidrográfica do planeta, que escoa cerca de um quinto do volume de água doce do mundo. Sessenta por cento da bacia amazônica se encontra em território brasileiro, onde o Bioma Amazônia ocupa a totalidade de cinco unidades da Federação (Acre, Amapá, Amazonas, Pará e Roraima), grande parte de Rondônia (98,8%), mais da metade de Mato Grosso (54%), além de parte do Maranhão (34%) e Tocantins (9%). O bioma Mata Atlântica ocupa inteiramente três estados – Espírito Santo, Rio de Janeiro e Santa Catarina – e 98% do Paraná, além de porções de outras onze unidades da Federação.

Figura 15.1 – Localização dos biomas do Brasil.

Fonte: IBGE 2004.

O bioma Cerrado ocupa a totalidade do Distrito Federal, mais da metade dos estados de Goiás (97%), Maranhão (65%), Mato Grosso do Sul (61%), Minas Gerais (57%) e Tocantins (91%), além de porções de outros seis estados. O bioma Caatinga se estende pela totalidade do estado do Ceará (100%) e mais de metade da Bahia (54%), da Paraíba (92%), de Pernambuco (83%), do Piauí (63%) e do Rio Grande do Norte (95%), quase metade de Alagoas (48%) e Sergipe (49%), além de pequenas porções de Minas Gerais (2%) e do Maranhão (1%). O Pantanal está presente em dois estados: ocupa 25% do Mato Grosso do Sul e 7% do Mato Grosso. O Pampa se restringe ao Rio Grande do Sul e ocupa 63% do território do estado.

Os biomas no Brasil são interligados por corredores ecológicos, áreas que unem os remanescentes florestais, possibilitando o livre trânsito de animais e a dispersão de sementes das espécies vegetais. Isso permite o fluxo gênico entre as espécies da fauna e flora e a conservação da biodiversidade. Eles também garantem a conservação dos recursos hídricos e do solo, e contribuem para o equilíbrio do clima e da paisagem. Os corredores podem agregar diversas áreas das unidades de conservação.

O conceito de corredor ecológico é novo e sua aplicação é de extrema importância para a recuperação e preservação de áreas remanescentes espalhadas por milhares de pequenos e médios fragmentos florestais. Esses fragmentos são ilhas de biodiversidade que guardam as informações biológicas necessárias para a restauração dos diversos ecossistemas que integram o bioma.

Nesse sentido, quando não há ligação entre um fragmento florestal e outro, é importante que seja estabelecido um corredor entre eles e que a área seja recuperada com o plantio de espécies nativas ou pela regeneração natural. Os corredores ecológicos podem ser criados para estabelecer ou para manter a ligação de grandes áreas florestais, como entre as unidades de conservação, e também para ligar pequenos fragmentos dentro de uma mesma propriedade ou microbacia. Um meio fácil de criar corredores é pela manutenção ou recuperação das matas ciliares, consideradas áreas de preservação permanente que ultrapassam as fronteiras das propriedades e dos municípios. Por meio das matas ciliares, é possível estabelecer conexão com as reservas legais e outras áreas florestais dentro das propriedades.

Na gestão ambiental municipal tem-se como exemplo uma iniciativa pioneira no Brasil denominada Projeto Corredores Ecológicos, iniciado pelo governo da Bahia e conduzido pelo Centro de Recursos Ambientais por meio do Programa de Descentralização da Gestão Ambiental. Este projeto foi criado para proteção das florestas tropicais brasileiras, com objetivo principal de manter a biodiversidade por meio da gestão de uma paisagem dinâmica sustentável de larga escala (Philippi Jr. et al.,

2004). O componente Corredor Central da Mata Atlântica do Projeto Corredores Ecológicos é definido como segmento do bioma da Mata Atlântica, composto por fragmentos de florestas e de áreas naturais, que asseguram o desenvolvimento da biodiversidade, além de garantir a proteção das comunidades e espécies, grau da variedade da natureza, e inclui número e freqüência de ecossistemas, espécies ou genes, distribuídos nos diferentes estratos (camadas) de uma floresta (Figura 15.2).

Figura 15.2 – Distribuição em diferentes estratos da biodiversidade para a garantia da manutenção das espécies no bioma da Mata Atlântica.

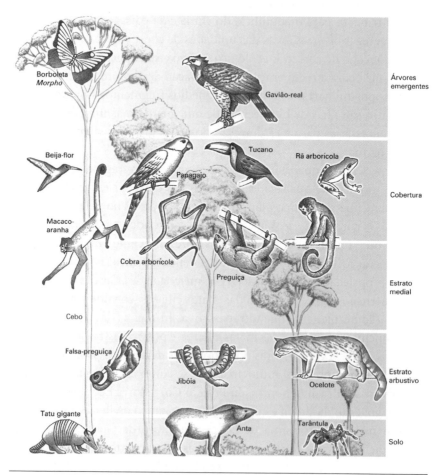

Fonte: National Geographic 2000, adaptado por Ricardo Corrêa.

POTENCIAL TURÍSTICO E SANEAMENTO AMBIENTAL EM UNIDADES DE CONSERVAÇÃO | **317**

No Corredor Central da Mata Atlântica, localizado na Bahia, foram utilizados para análise critérios biológicos específicos, como riqueza de espécies em relação à biodiversidade regional; diversidade comunitária e do ecossistema; grau de conectividade existente ao longo do corredor; integridade e tamanho das áreas de apoio; e espécies endêmicas. Selecionaram-se as áreas inseridas no território delimitado pelo domínio legal da floresta ombrófila densa, desde a bacia do Rio Jequiriçá até o extremo sul, no limite com o estado do Espírito Santo. Essa porção territorial foi dividida em três ecorregiões, por apresentarem características locais distintas, sendo baixo sul, sul e extremo sul na Bahia (Philippi Jr. et al. 2004).

De acordo com a Fundação SOS Mata Atlântica (2002 apud Philippi Jr. et al., 2004), na época do descobrimento do Brasil a floresta da Mata Atlântica recobria aproximadamente 95% da região sul e do extremo sul da Bahia. Porém, em um período de sessenta anos, foi reduzida a menos de 5% dos remanescentes florestais existentes. Apesar do intenso processo de exploração e supressão da mata atlântica na região, os principais fragmentos foram incorporados às unidades de conservação, localizados em grande parte na região litorânea.

Segundo a ONG norte-americana Conservation International, dos dezessete países mais ricos em biodiversidade do mundo, o Brasil está em primeiro lugar, com 23% do total de espécies do planeta. Apenas na Amazônia são encontradas mais de 20 mil espécies endêmicas, 3 mil espécies no México, dezenove na Alemanha e apenas uma planta na Suíça. A pesquisa conduzida pelo Instituto Nacional de Pesquisas Aplicadas (Ipea) e pelo Instituto Brasileiro de Meio Ambiente e dos Recursos Naturais Renováveis (Ibama) tenta calcular o valor aproximado patrimonial da biodiversidade brasileira, com valor estimado em dois trilhões de dólares, quatro vezes o produto interno bruto do país (Arnt, 2001; Casagrande Jr., 2004).

As ações antrópicas, entretanto, têm sido imperativas em relação ao meio natural, o que leva o homem a enfrentar desafios sem precedentes no que se refere à capacidade limitada dos ecossistemas em sustentar o atual nível de consumo material e as atividades econômicas, juntamente com o crescimento populacional, causando conseqüências desastrosas ao meio ambiente. As mudanças induzidas pelo ser humano ocorrem mais rapidamente e são, geralmente, mais difíceis de serem revertidas (Cidin e Silva, 2004).

Em várias partes do mundo vem crescendo o uso do conceito, elaborado por acadêmicos canadenses, "pegada ecológica" (*ecological footprint*), que avalia a capacidade ecológica necessária para sustentar o consumo de produtos e estilos de vida. A pegada ecológica é calculada pela soma dos fluxos de materiais e energia requeridos para sustentar qualquer economia ou segmento da economia. Tais fluxos são, então, convertidos em medidas-padrão da produção que se exige das regiões de terra e água. Pegada é a superfície total da terra necessária para sustentar determinada atividade ou um produto (Casagrande Jr., 2004).

A tabela de cálculo da WWF (2002 apud Casagrande Jr., 2004) determina o total de terra e águas marítimas produtivas em cerca de 11,3 bilhões de hectares; dividindo isso por 6 bilhões (a atual população mundial) tem-se o valor de 1,9 ha por pessoa. O índice médio de uso para 1999 resultou em 2,3 ha por pessoa – 20% acima da capacidade biológica básica da Terra (1,9 ha por pessoa). Em 2050, quando a população for de aproximadamente 9 bilhões de pessoas, o uso médio deve subir para aproximadamente 3,9 ha por pessoa. Isso significa um déficit ecológico equivalente ao planeta Terra inteiro (Casagrande Jr., 2004).

UNIDADES DE CONSERVAÇÃO

As unidades de conservação são abordadas sucintamente, apenas para elucidar a relação com o saneamento, uma vez que esse tema é discutido mais apropriadamente no capítulo "Unidades de conservação: aspectos históricos e conceituais" (Capítulo 13).

Inicialmente, cabe lembrar que o modelo de unidades de conservação adotado no Brasil, no que se refere à sua concepção de áreas protegidas, é considerado um dos principais elementos de estratégia para a conservação da natureza. Esse modelo foi construído no século passado, nos Estados Unidos, com o objetivo de proteger a vida selvagem ameaçada pelo avanço da civilização urbano-industrial. Logo em seguida, expandiu-se para o Canadá e países europeus, consolidando-se como um padrão mundial, principalmente a partir da década de 1960 quando o número e a extensão das áreas protegidas ampliaram-se enormemente em todo o mundo (Arruda, 1999). A idéia que fundamenta esse modelo é a de que a alteração e a domesticação de toda a biosfera pelo ser humano são inevitáveis, sendo necessário e possível conservar pedaços do mundo natural em seu estado originário, antes da intervenção humana (Arruda, 1999).

Essas áreas são sujeitas a um regime de proteção externo, com território definido pelo Estado, cujas autoridades decidem as áreas a serem colocadas sob proteção e sob que modalidade da divisão em unidade de proteção integral ou de uso sustentável e, independentemente, formulam e executam os respectivos planos de manejo. As populações tradicionais que vivem no interior ou no entorno das áreas não participam dessas decisões. Mais que isso, as decisões costumam ser mantidas em sigilo até sua transformação em lei, justamente para evitar movimentações sociais que possam criar embaraços para os planejadores oficiais (Arruda, 1999), embora um dos objetivos do Sistema Nacional de Unidades de Conservação da Natureza (Snuc) – Lei n. 9.985, de 18/7/2000 – seja proteger os recursos naturais necessários à subsistência de populações tradicionais, respeitando e valorizando seu conhecimento e sua cultura e promovendo-as social e economicamente.

As unidades de conservação (UCs) são definidas como espaços territoriais e seus recursos ambientais, incluindo as águas jurisdicionais, com características naturais relevantes. As UCs foram legalmente instituídas pelo poder público, com objetivos de conservação e limites definidos, sob regime (Brasil, 2000).

No Brasil, áreas são protegidas em razão de suas características ambientais, estéticas, históricas ou culturais e pela importância para a manutenção dos ciclos naturais. Essas unidades demandam regimes especiais de preservação ou de exploração racional dos recursos naturais e estão divididas, no que se refere ao grau e à necessidade de preservação do ambiente natural, nas categorias relacionadas no Quadro 15.1.

Quadro 15.1 – Divisão dos grupos de unidades de conservação, de acordo com as categorias de manejo pertencentes ao Snuc.

Unidades de proteção integral	Unidades de uso sustentável
Estação ecológica	Área de proteção ambiental
Reserva biológica	Área de proteção ambiental estadual
Parque nacional	Área de relevante interesse ecológico
Parque estadual	Floresta nacional
Monumento natural	Floresta estadual
Refúgio de vida silvestre	Reserva extrativista
	Reserva de fauna
	Reserva de desenvolvimento sustentável
	Reserva particular do patrimônio natural

O conceito de manejo da Lei n. 9.985 pode ser considerado como todo e qualquer procedimento que vise assegurar a conservação da diversidade biológica e dos ecossistemas. A definição de como se dará o uso dos recursos naturais em uma unidade de conservação se estabelece por dois instrumentos: o plano de manejo e o zoneamento. Esses instrumentos são resultado de estudos técnicos que levam em consideração suas características ambientais e socioambientais.

Segundo Snuc (Brasil, 2000), o plano de manejo é um

> documento técnico mediante o qual, com fundamento nos objetivos gerais de uma unidade de conservação, se estabelece o seu zoneamento e as normas que devem presidir o uso da área e o manejo dos recursos naturais, inclusive a implantação das estruturas físicas necessárias à gestão da unidade.

O zoneamento refere-se a setores ou zonas em uma unidade de conservação com objetivos de manejo e normas específicos, a fim de proporcionar os meios e as condições para que todos os objetivos da unidade possam ser alcançados de forma harmônica e eficaz.

Apesar de a criação das unidades de conservação no Brasil ser de fundamental importância para a preservação da biodiversidade, a falta de recursos humanos e de infra-estrutura nas áreas acaba provocando invasões, moradias irregulares, atividades econômicas ilegais e a degradação ambiental no seu interior. Com o resultado dessa soma de ilegalidades, aliada à falta de fiscalização, quase todos os parques enfrentam problemas, como queimadas, caça predatória, garimpos clandestinos, extrativismo ilegal e tráfico de animais (Mendonça, 2003).

Os parques nacionais brasileiros foram criados de acordo com o modelo norte-americano, desconsiderando as comunidades que vivem dentro ou no entorno dos parques. Conseqüentemente, o parque é visto não como um patrimônio a ser protegido, mas como uma área que trará problemas para as comunidades locais, já que as pessoas ficam impossibilitadas de conviver de forma sustentável com a área (Mendonça, 2003).

Nos Estados Unidos existem cerca de quatrocentos parques em todo o território. O turismo é um sucesso de público: 421,7 milhões de visitantes em 2002 e uma verba federal de US$ 2,3 bilhões. A infra-estrutura é completa, com hotéis, restaurantes, monitores e até postos de gasolina dentro das áreas de proteção.

Essa é uma situação bem diferente da brasileira, na qual não existem estatísticas oficiais de quantas pessoas visitam, por ano, os parques abertos. De acordo com Mendonça (2003), em 2002 o governo brasileiro destinou uma verba de R$ 130,3 milhões a essas áreas. Em 2003, houve redução de 45% na previsão de gastos para o programa Parques do Brasil, com verba de aproximadamente R$ 71,5 milhões.

SANEAMENTO AMBIENTAL NAS UNIDADES DE CONSERVAÇÃO

Crescimento do turismo em unidades de conservação

O descontentamento humano com a qualidade de vida no ambiente urbano fica muito conspícuo quando se observam, em finais de semana e feriados prolongados, o enorme contingente populacional que fogem dos grandes centros para visitar locais de veraneio. Certamente, uma das razões que acarretam as migrações relâmpagos é a busca por melhores condições ambientais e maior contato com a natureza. Esses elementos fazem progredir uma política de desenvolvimento turístico com intuito de valorizar o bem-estar; fator que acaba por incorporar a conservação dos recursos naturais. Dessa maneira, a busca por contato com a natureza tem sido uma das principais características da demanda turística contemporânea (Giatti, 2004).

Giatti (2004) ressalta que o sucesso ou o fracasso da maioria dos empreendimentos turísticos será determinado, em sentido amplo, de acordo com os recursos naturais a eles relacionados. Para tanto, basta notar que a promoção de muitos centros turísticos está vinculada a eventuais cenários paradisíacos. De fato, seria difícil obter sucesso em algum empreendimento turístico se este situa-se às margens de um corpo d'água poluído. Contudo, observa-se também que diversos centros turísticos estão com potencial ecológico sob ameaça, mas, mesmo assim, pela publicidade ilusória, atraem grande número de visitantes por meio da sublimação de produtos turísticos que não correspondem à categoria em que realmente estão enquadrados, isto como decorrência do grau de impactos ambientais em que se encontram. Segundo Giatti (2004), esse é o caso observado em diversas praias, como Copacabana (Rio de Janeiro, Brasil), Pocitos (Montevidéu, Uruguai), Vinã Del Mar (Chile), Bristol (Mar Del Plata, Argentina), El Callao (Lima, Peru), Salinas (Equador), Puntarenas (Costa Rica) e Acapulco (México).

Entre os diversos segmentos compreendidos pelas atividades turísticas, merece destaque o ecoturismo, modalidade que vem despertando maior interesse da sociedade a uma taxa de crescimento de 20% ao ano. Na "indústria" turística, as maiores taxas de crescimento relacionam-se ao segmento do ecoturismo (Giatti, 2004).

Boo (1995) indica que a idéia de ecoturismo surgiu da convergência de duas tendências independentes, uma delas é a da conservação da natureza e a outra da indústria do turismo. Com referência à tendência da conservação de recursos naturais, destaca-se a importância do turismo como fonte de recursos necessários ao manejo de áreas protegidas, além de gerar empregos e oportunidades que estarão vinculados à conservação. No tocante à tendência da indústria do turismo, ressaltam-se a mudança de demanda de mercado e o crescente interesse por meio ambiente, aventura e desejo de obter conhecimento sobre os ecossistemas, as espécies ameaçadas e as demais características dos locais visitados. Assim, o ecoturismo deve desempenhar um papel importante na conservação de áreas naturais ameaçadas pela adoção anterior de modelo turístico depredador.

O ecoturismo é o segmento da atividade turística mais apropriado para ser desenvolvido em áreas naturais protegidas, porque deve ser guiado pelos princípios da conservação. Todavia, a extrema valorização dos aspectos econômicos e educativos do ecoturismo negligencia o planejamento de longo prazo, propiciando situações de turismo de massa – deslocamento de grande número de pessoas para os mesmos lugares – que podem acarretar efeitos negativos ao meio ambiente natural, à cultura e aos aspectos psicossociais das comunidades receptoras (Giatti, 2004).

As unidades de conservação no Brasil têm sido alvo de um crescente público, que tem procurado o convívio com a natureza. Entretanto, elas foram criadas com o objetivo principal de preservação da biodiversidade e, por falta de um sólido planejamento e de monitoramento, têm seu plano diretor ameaçado em razão do ecoturismo. O método histórico de criar parques nacionais, até certo ponto isolados da sociedade para proteção da biodiversidade, não tem impedido a exploração e a extinção de espécies exóticas pertencentes à fauna e flora tropical.

Na abordagem de conservação de espécies e ecossistemas, o ecoturismo pode ser considerado um método para prever e evitar a exploração e a extinção, conforme descrito em *Nosso futuro comum* (CMMAD, 1991). Além disso, o ecoturismo pode representar uma alternativa potencial de renda, emprego e desenvolvimento das comunidades próximas às unidades de conservação. Entretanto, para estabelecimento do turismo em qualquer unidade de conservação (unidades de proteção integral ou de uso sustentável), as atividades devem atender a critérios como planejamento, organização e responsabilidade na preservação da diversidade biológica e das comunidades locais. Quando mal explorado e sem planejamento, o turismo pode provocar degradação ambiental e problemas sociais, como a exclusão da população local das atividades e das tomadas de decisão na área.

De acordo com a Comissão Mundial sobre o Meio Ambiente e Desenvolvimento (CMMAD, 1991), os governos dos países subdesenvolvidos e em desenvolvimento podem conter a destruição das florestas tropicais e de outras reservas biológicas sem comprometer suas metas econômicas, e conservar espécies e *habitats* valiosos enquanto reduzem ônus econômicos e fiscais. A reforma dos sistemas de receita florestal e dos termos de concessão poderia gerar bilhões de dólares de receita adicional, promover o uso mais eficiente e mais prolongado dos recursos florestais e reduzir o desflorestamento.

O desenvolvimento sustentável, a eficiência econômica, a eqüidade social e a prudência ecológica devem ser as bases para o turismo ecológico. Para que haja sustentabilidade do uso recreacional, equilíbrio entre a natureza e o turista em áreas protegidas, é imprescindível o planejamento ecoturístico (Boo, 1995).

Apesar do avanço tecnológico e das pesquisas que contribuem significativamente para o progresso social no Brasil, os dados indicam que as condições de saneamento são ainda assustadoras. A situação de maior precariedade se encontra nos bolsões de pobreza, nas favelas, nas periferias, na zona rural e sobretudo em áreas difusas. Segundo a Organização Mundial da Saúde (OMS), a falta de saneamento básico no país é a causa direta de 80% das doenças e 65% das internações. No Brasil, as áreas das unidades de conservação e dos entornos são ambientes naturais com nenhuma ou pouca infra-estrutura para turismo, isto é, áreas sem saneamento ambiental.

Apesar do avanço tecnológico, as atuais construções, em qualquer região do Brasil, são consideradas grandes fontes de poluição e contaminação. Pouco se tem feito para minimizar o impacto que geram, como erosão, inundações, acúmulo de resíduos, contaminação das águas e destruição da fauna e flora. A questão não tem sido somente de falta de recursos materiais ou financeiros, mas o inadequado manejo e aplicação dos conceitos de planejamento de projeto, além da falta de organização e consciência das comunidades em assumir atitudes compatíveis com as necessidades com as quais se defrontam (Zepeda, 1994).

As edificações consomem entre 20 e 50% dos recursos físicos de seu entorno, tendo especial responsabilidade na degradação ambiental e na ampliação do setor da construção civil. Na construção de uma habitação em um terreno, ocorre o desmatamento dessa área, transformação do terreno nas características físicas, ambientais locais e no entorno. Ainda, diversos materiais e componentes construtivos, cujo processo de produção envolve elevado consumo de energia, são necessários, gerando poluição na fase de construção e novos e constantes resíduos na fase de ocupação, principalmente na forma de esgoto e resíduos sólidos, além da constante demanda de energia e água (Freitas et al., 2001).

Freitas et al. (2001) salientam que, entre os materiais de maior consumo energético em sua produção, estão o cimento, o vidro, o aço, o alumínio e demais produtos de galvanoplastias, com uso de produtos metálicos, componentes cerâmicos, louças e metais sanitários. Esses autores supõem que é ambientalmente insustentável o modelo de construção que demanda materiais e componentes cujo processo envolve um elevado consumo energético. O uso desses materiais gera impactos ambientais significativos em algum outro lugar, como derrubada de florestas para obtenção de biomassa ou pela inundação de imensas áreas florestais para construção de hidrelétricas, além da utilização de fontes não-renováveis de energia. Ainda, tais materiais são provenientes de matérias-primas obtidas em regiões com grandes jazidas minerais. O transporte desses produtos até o local da obra também implica diversas questões ambientais, como consumo de combustíveis fósseis e emissão de gases do efeito estufa como CO_2 (Freitas et al., 2001; Krzyzanowsky, 2005).

Assim, para construção no entorno das unidades de conservação, a chave para implantar comunidades humanas sustentáveis é observar os ecossistemas naturais, ou melhor, compreender como estes se organizam, a fim de maximizar sua duração e empregar esse conhecimento na construção de assentamentos humanos duradouros. O diagnóstico para intervenções futuras precisa estar alicerçado em princípios ecológicos de organização, co-

POTENCIAL TURÍSTICO E SANEAMENTO AMBIENTAL EM UNIDADES DE CONSERVAÇÃO | 325

muns a todos os ecossistemas, os quais se desenvolveram para sustentar a teia da vida – a compreensão sistêmica da vida (Capra, 2002).

O turismo e os novos investimentos no setor nas unidades de conservação devem integrar-se com o meio ambiente, com o desenvolvimento planejado, levando em consideração a capacidade de acomodação e suporte daquela localidade e do momento, a população local e o meio ambiente (Richards e Bramwell, 1995). Para a adequação do turismo nessas áreas, é imprescindível o uso de tecnologias ecológicas e sustentáveis, as quais devem se basear nos princípios da auto-suficiência, com implantação de construções ecológicas e desenvolvimento cultural e da própria população local para promover o desenvolvimento da região (Swarbrooke, 2000).

Uma comunidade sustentável é organizada de maneira a promover a vida, os negócios, a economia, a infra-estrutura e a tecnologia, sem interferir na função da natureza de sustentar a vida. O primeiro passo desse desafio é entender o princípio da organização dos ecossistemas para sustentar a rede da vida. Quando se estudam os princípios básicos da ecologia, descobre-se que eles são os princípios de organização de todos os sistemas vivos. Todos os organismos vivos dependem de um fluxo contínuo de energia e matéria e todos produzem resíduos, mas o resíduo de uma espécie é o alimento de outra. A energia que move os ciclos ecológicos flui do sol. A rede é o padrão básico de organização da vida. Desde o princípio, há mais de 3 bilhões de anos, a vida surgiu no planeta não pela competição, mas por cooperação, parcerias e formação de redes (Capra, 2002).

O desenvolvimento auto-sustentado é o princípio mais importante e, por isso, deve ser estabelecido e dirigido de modo amplamente democrático. Isso significa que, para ocorrer esse tipo de desenvolvimento, é fundamental que haja transparência, participação das populações nacionais, regionais e locais, e um debate com todos os envolvidos. Além disso, é necessário que desenvolvimento auto-sustentado seja acompanhado, a cada passo, por estudos de impacto ambiental, sem o que dificilmente será atingido o objetivo de não prejudicar as gerações futuras (Nogueira-Neto, 1992).

Uma vez estabelecidos certos princípios, eles não se modificam em razão de culturas, hábitos, estilos ou modismos. No entanto, a forma como serão aplicados dependerá de cada biorregião, com seus aspectos físicos (geologia real, topografia e ecologia), culturais e socioeconômicos. Com base nesses princípios, devem-se avaliar as estratégias de desenho para implantar comunidades sustentáveis. Além disso, é imprescindível entender em que medida a anatomia de uma comunidade construída, juntamente

GESTÃO AMBIENTAL E SUSTENTABILIDADE NO TURISMO

com a identificação de princípios de ecologia – como redes, ciclos, alianças, energia solar, diversidade e equilíbrio dinâmico –, pode contribuir para o estabelecimento de procedimentos e métodos para o desenho de assentamentos humanos em equilíbrio com a natureza e economicamente viáveis, que sejam lugares agradáveis para se viver (Andrade e Roméro, 2004; Capra, 2002).

A implantação do sistema de saneamento em áreas de unidades de conservação deve seguir o modelo de construção civil, com responsabilidade ambiental, e arquitetura ecológica. Assim, quando o objetivo é implementar assentamentos humanos sustentáveis, o projeto e a construção das edificações devem respeitar o ambiente local, priorizando o uso de materiais locais e a participação da comunidade, além de evitar prejuízos ambientais e valorizar o desenvolvimento de processos construtivos e o uso de materiais eficientes e de qualidade que otimizam o consumo de recursos naturais.

Segundo a Agenda 21, os assentamentos humanos sustentáveis devem envolver construções de baixo impacto ambiental, com tecnologias ecológicas e sustentáveis, seguindo princípios e ética para o planejamento permacultural[1] (Holmngren, 2007). Existe a necessidade da reconfiguração completa dos processos de construção e projetos de incorporação, os quais devem levar em consideração a regulação dos fluxos de energia, das matérias-primas e dos produtos, por meio da reutilização racional dos detritos; somente dessa forma essas áreas poderão se transformar em ambientes auto-sustentáveis, como mostra a Figura 15.3 (Krzyzanowsky, 2005; Holmngren, 2007).

TECNOLOGIAS DE SANEAMENTO SUSTENTÁVEIS

A promoção da saúde do homem é o objetivo maior do saneamento em seu amplo sentido, ou seja, "um estado de completo bem-estar, físico, mental e social, e não apenas a ausência de doenças" (Mota, 1999). O sa-

---

[1] Permacultura define-se como um método holístico para planejar, atualizar e manter sistemas de escala humana como jardins, vilas, aldeias e comunidades ambientalmente sustentáveis, social, justa e economicamente viáveis.

Figura 15.3 – Princípios e caminhos da permacultura além da sustentabilidade.

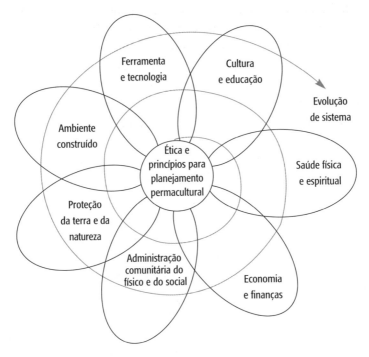

Fonte: Holmngren 2007.

neamento pode ser definido como um conjunto de medidas que visam preservar ou modificar as condições do meio ambiente, com a finalidade de prevenir doenças e promover a saúde. A carência de medidas de saneamento pode, portanto, levar à proliferação de muitas doenças. A falta de disponibilidade de água potável de boa qualidade, a má disposição dos dejetos e uma inadequada destinação de resíduos sólidos são fatores que contribuem para uma maior incidência de moléstias de veiculação hídrica (Mota, 1999).

O autor salienta que alguns dados sobre a saúde dos brasileiros são indicadores das precárias condições de saneamento ainda existentes: 30% dos óbitos de crianças menores de 1 ano ocorrem devido a diarréias, e 60% dos casos de internações em pediatria são decorrentes da falta de saneamento. Existem mais de 5,5 milhões de pessoas com esquistossomose no país. Segundo a WHO/Unicef (2000), aproximadamente metade da população mundial não tem acesso a nenhuma forma de saneamento, e o restante da humanidade depende de sistemas convencionais que se limitam a duas categorias: sistemas baseados em redes de esgoto transportado com ajuda de muita água ou aqueles de fossa séptica. Ambas tecnologias – descarga e acumulação – foram concebidas com base na premissa de que os nutrientes eliminados não têm valor significativo e, por isso, devem ser descartados. Conseqüentemente, o meio ambiente é poluído, os nutrientes são perdidos, e uma ampla gama de problemas de saúde é criada (Esrey, 2000).

As "soluções" oferecidas pelo saneamento convencional consideram que o meio ambiente pode processar infinitamente os resíduos ou, mais simplesmente ainda, transferir os problemas para as comunidades que estão rio abaixo. O saneamento ecológico, ao contrário, minimiza a necessidade de recursos externos e reduz a liberação de resíduos do sistema para o meio ambiente (Esrey, 2000). Assim, alguns dos princípios básicos que regem a dinâmica que se estabelece nos ecossistemas e na vida devem ser observados para orientação, como:

- Fluxo de energia: todas as formas de vida requerem energia para sobreviver. No planeta Terra, a fonte primordial de energia é o sol. Dele, todos os organismos vivos retiram, direta (como as plantas) ou indiretamente (como os animais), sua alimentação;

- Ciclos de aproveitamento: em sistemas naturais, a matéria é constantemente reaproveitada. A quantidade de matéria total no planeta é constante, por isso os organismos vivos dependem da utilização e da reciclagem dos materiais. Assim, quando as folhas caídas no chão são recolhidas e colocadas no lixo, o homem está interferindo negativamente, privando o solo da matéria orgânica necessária à sua alimentação que seria gerada pelas plantas;

- Cadeias alimentares: cada organismo vivo está ligado a outros. As cadeias alimentares representam as relações de alimentação entre os seres vivos, em um determinado *habitat*. Uma cadeia frágil, como uma lavoura de trigo, inclui poucas espécies e, assim, poucas oportunidades de sobrevivência. Uma cadeia forte, como uma floresta, ao contrário, tem multas espécies que se alimentam umas das outras, perpetuando sua existência mesmo com a ocorrência de eventos inesperados;

- Sucessões e dimensões: imagine a floresta após uma queimada. Mesmo que o solo tenha sido desnudado de sua cobertura natural, a natureza trabalha permanentemente para recuperar sua diversidade no local. Novas espécies aparecem e colonizam o espaço em etapas sucessivas, com grupos de plantas diferentes, até que, com o tempo, a floresta amadureça novamente. Essas plantas são conhecidas, para fins de estudo, como espécies pioneiras no primeiro estágio, intermediárias e de clímax;

- Retroalimentação: é o procedimento pelo qual parte do sinal de saída de um ecossistema é transferida para a entrada do mesmo, com o objetivo de diminuir, amplificar ou controlar a saída do sistema. Quando a retroalimentação diminui o nível da saída, tem-se a retroalimentação negativa, e, quando a retroalimentação aumenta esse nível, ocorre a retroalimentação positiva. Ou seja, uma parte da matéria que sai do sistema retorna na entrada.

Na implantação do saneamento ambiental, quanto maior for o emprego de tecnologias sustentáveis e adequadas aos ambientes naturais, melhor será a conservação nas UCs. Assim, os projetos para implantação do turismo nessas unidades devem privilegiar a utilização de métodos ecologicamente saudáveis e economicamente viáveis, que respondam às necessidades básicas sem explorar ou poluir o meio ambiente ou ainda causar impactos de qualquer natureza. Aliás, tais projetos devem sempre ser acompanhados, a cada passo, por estudos de impacto ambiental, sem o qual seria difícil mensurar o desenvolvimento de cada localidade para não prejudicar as gerações futuras.

Assim, nos ambientes naturais das unidades de conservação, devem ser respeitados os princípios básicos para sobrevivência de um ecossistema e de toda sua estrutura de relações e sucessões. Para isso, é fundamental o uso de tecnologias alternativas para captação de água, tratamento de resíduos sólidos e líquidos e produção de energia, para que o sistema auto-sustentável seja de fácil construção, operação e manutenção e possa contar com a participação da comunidade local no processo como um todo.

A seguir, são apresentadas algumas formas alternativas de saneamento de pequeno porte para atender às infra-estruturas locais. Essas alternativas devem sempre ser avaliadas em relação às micro e macrorregiões pertencentes à unidade de conservação.

Tratamento de água

A água é um dos elementos essenciais à vida e está presente em dois terços do corpo humano e em três quartos da superfície do planeta. No mundo, a água disponível está assim distribuída: água salgada (97%) e água doce (3%). Apenas 0,6% está disponível para o abastecimento público, uma vez que 2,4% se apresentam na forma de gelo nos pólos e nas cordilheiras. A água pode ser utilizada de várias maneiras pelo ser humano, entre elas estão abastecimento humano e industrial, irrigação, recreação, uso estético e paisagístico, dessedentação de animais, preservação da flora e fauna, geração de energia elétrica, transporte e, por fim, diluição e afastamento de despejos (Mota, 1999).

A escassez progressiva de água em âmbito mundial tem incentivado pesquisas aplicadas do mais alto nível científico e tecnológico nos países da Comunidade Econômica Européia (Mancuso e Santos, 2003). Além destes, têm sido alvo de preocupação os países em desenvolvimento, como o Brasil, principalmente quanto à disponibilidade de água para abastecimento público (Cutolo e Rocha, 2002). Segundo Kofi Annan, o "acesso à água segura é necessário para a vida humana e um direito básico do ser humano. A contaminação da água compromete a saúde física e social de todos" (Annan, 2003).

Embora no Brasil o ecossistema de água doce seja abundante, distribuído em 8.511.928 km² de bacias hidrográficas e na extensa costa litorânea, a disponibilidade e a distribuição desse bem são bastante irregulares, com rios caudalosos na Região Amazônica em contraposição com a escassez da Região Nordeste (Tabela 15.1). Por sua vez, os rios das regiões Sul e Sudeste são bastante volumosos, mas apresentam graves problemas de poluição de origens doméstica e industrial (Cutolo e Rocha, 2002; Tundisi, 2003).

De acordo com Tundisi (2003), a bacia hidrográfica deve ser compreendida como unidade de planejamento e gerenciamento de recursos hídricos para o desenvolvimento econômico e social. Ela pode ser considerada um processo descentralizado de conservação e proteção ambiental, sendo um estímulo à integração da comunidade e sociedade.

Tabela 15.1 – Bacias hidrográficas brasileiras.

Bacia	km²	Porcentagem (%)
Amazonas, Tocantins e Araguaia	4.787.717	56,13
Nordeste	884.835	10,44
São Francisco	631.133	7,42
Leste	569.310	6,64
Paraguai	345.701	4,16
Paraná	891.309	10,45
Uruguai	178.235	2,09
Sudeste	223.688	2,62
Total	8.511.928	100

Fonte: Tundisi 2003.

Tratamento de água para consumo humano

A captação de água bruta pode ocorrer por meio de ecossistemas aquáticos superficiais, como represas, lagos e rios; subterrâneos, por meio de poços freáticos, rasos, cacimbas ou amazonas; ou por armazenamento da água de chuva, principalmente em regiões que possuem, em determinado período do ano, problemas de estiagem.

O tratamento de água para torná-la potável deve passar por etapas para remoção de sólidos em suspensão, de uma diversidade de organismos, como bactérias, protozoários, fungos, algas e outros agentes, como patógenos; além da remoção de cor, odor e sabor; redução de corrosividade, dureza, cor, turbidez, e outras substâncias orgânicas e inorgânicas. Existem vários processos de tratamento, e a sua escolha é em função da qualidade da água bruta e da eficiência desejada na redução de agentes físicos, químicos e microbiológicos, com a finalidade de adequar a água aos padrões de potabilidade, conforme a Portaria n. 518 (Brasil, 2004). Essa portaria do Ministério da Saúde estabelece, em seus capítulos e artigos, as responsabilidades por parte de quem produz a água – no caso, os sistemas de abastecimento de água e de soluções alternativas –, a quem cabe o exercício de "controle de qualidade da água", e das autoridades sanitárias das diversas instâncias de governo, a quem cabe a missão de "vigilância da qualidade da água para consumo humano". Também ressalta a responsabilidade dos órgãos de controle ambiental no que se refere ao monitoramento e controle das águas brutas, de acordo com os mais diversos usos, incluindo o de fonte de abastecimento de água.

A água para consumo humano deve passar por processos simplificados ou complexos, dependendo da qualidade da água bruta do manancial para torná-la potável, a fim de ser consumida por pessoas e animais sem riscos de adquirirem doenças por contaminação das águas. O grau e o tipo de tratamento podem ir de uma simples desinfecção até um tratamento mais complexo. Entre as etapas principais, estão os processos de:

- Coagulação: primeira das etapas, é quando a água bruta recebe, logo ao entrar na estação de tratamento, uma dosagem de sulfato de alumínio. Esse elemento faz com que as partículas sólidas, sobretudo a argila, iniciem um processo de aglomeração;

- Floculação: nesta etapa, continua o processo de aglutinação das impurezas na água em movimento. As partículas se transformam em flocos mais pesados;

- Decantação: a água entra em outros tanques, onde as impurezas, que se aglutinaram e formaram flocos, vão se separar da água pela ação da gravidade, indo para o fundo dos tanques;

- Filtração: a água passa por filtros com camadas diversas de seixos (pedra de rio) e de areia, com granulações diversas e carvão antracitoso (carvão mineral). Aí ficarão retidas as impurezas mais finas que passaram pelas fases anteriores;

- Desinfecção: neste ponto, a água parece ser potável, apenas sob o aspecto organoléptico, no entanto, para maior proteção contra o risco de contaminações, é feito o processo de desinfecção, a qual pode ser feita por meio de cloro líquido, de cloro gasoso ou de outras formas. A cloração serve para eliminar germes nocivos à saúde e garantir a qualidade da água até a torneira do consumidor;

- Fluoretação: opcionalmente, é adicionado fluorsilicato de sódio ou ácido fluossilícico em dosagens adequadas. Esse processo tem como objetivo reduzir a incidência de cárie dentária, especialmente nos consumidores entre zero e 12 anos de idade, período de formação dos dentes. Por ser arbitrária, essa prática costuma causar certa polêmica nos Estados Unidos, já que, em aproximadamente 20% dos casos, causa algum tipo de fluorose infantil;

- Correção de pH: última ação nesse processo de tratamento da água, trata-se da adição da cal hidratada ou barrilha leve (carbonato de sódio) para neutralização adequada à proteção da tubulação da rede.

A Figura 15.4 apresenta uma sequência básica para tratamento simplificado de água.

Figura 15.4 – Tratamento simplificado de água para abastecimento.

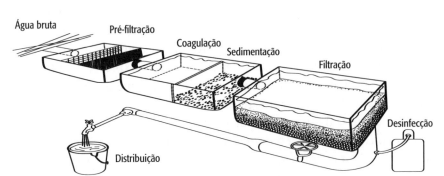

Fonte: Paho/WHO 1998.

Para otimizar o uso da água como recurso, as seguintes diretrizes devem ser observadas (Krzyzanowsky, 2005; Cortez et al., 2001):

- Potencialização do abastecimento local autônomo pela implantação de sistema de captação e armazenamento de água de chuva: captação por calhas nos beirais dos telhados encaminhando a água para pré-filtragem e armazenamento em tanques (cisternas) de ferrocimento, para posterior utilização em descarga sanitária, limpeza, irrigação e outros usos;

- Racionalização do uso da água por meio de equipamentos que permitam a racionalização e redução da quantidade necessária da água para diversos fins;

- Utilização do sistema de caixa acoplada nos vasos sanitários, dando-se preferência a sistemas que permitam a escolha da descarga para líquidos ou sólidos já disponíveis no mercado;
- Utilização de arejadores em todas as torneiras e, se possível, de temporizadores automáticos;
- Introdução de sanitários compostáveis (banheiro seco), que não utilizam água para conduzir os dejetos para uma rede coletora. Trata-se de um equipamento já muito utilizado em países da Europa, tanto para banheiro quanto para cozinha.

Fonte de água alternativa

O aproveitamento de água da chuva em cisternas para consumo não-potável tem sido uma alternativa no combate à escassez de água. Atualmente, o aproveitamento de água da chuva é praticado em países como Estados Unidos, Alemanha, Japão, entre outros. No Brasil, o sistema é utilizado em algumas cidades do Nordeste, como fonte de suprimento de água. A viabilidade do uso de água da chuva é caracterizada pela diminuição na demanda de água fornecida pelas companhias de saneamento, tendo como conseqüência a diminuição dos custos com água potável e a redução do risco de enchentes em caso de chuvas fortes. No processo de coleta de água da chuva, são utilizadas áreas impermeáveis, normalmente o telhado. A primeira água que nele cai, lavando-o, apresenta um grau de contaminação bastante elevado e, por isso, deve ser desprezada. A água de chuva coletada por calhas, condutores verticais e horizontais é armazenada em reservatórios de diferentes materiais. A água armazenada deverá ser utilizada somente para consumo não-potável, como em bacias sanitárias, para rega de jardins e na lavagem de veículos e de roupas (May, 2004) (Figura 15.5).

No meio urbano, um exemplo brasileiro é o projeto do Metrô de Recife, que utiliza água de chuva na limpeza dos trens. Esse sistema é capaz de armazenar 20 mil litros de água, reduzindo os custos e o uso de água potável para essa finalidade.

No caso das unidades de conservação, as instalações de infra-estrutura nas imediações dos parques devem levar em consideração o aproveitamento de água de chuva para diversas finalidades.

Figura 15.5 – Representação da captação de água de chuva em cisternas para diversos usos.

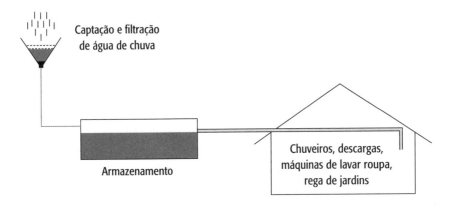

Esgotamento sanitário

Além do consumo direto, a água potável é utilizada para diversas finalidades, como higiene pessoal, limpeza domiciliar e peridomiciliar e transporte de dejetos. Quando usada para este último fim, é denominada esgoto, e, na maioria das vezes, poderia ser reciclada e novamente utilizada na habitação com tecnologias apropriadas para adequação sanitária e para fins não-potáveis (Cortez et al., 2001).

A prática de despejar águas residuárias, independentemente de serem ou não tratadas, em sistemas hídricos superficiais (rios, lagos, represas etc.) é uma solução normalmente adotada por várias comunidades em todo o mundo. Contudo, esses sistemas aquáticos servem de fonte de abastecimento, muitas vezes, a mais de uma comunidade. Há casos em que a mesma cidade que lança seus esgotos nos corpos d'água utiliza-se desse mesmo sistema para abastecimento; vários são os exemplos de cidades, como no vale do Rio Paraíba no estado de São Paulo, que captam água do mesmo rio em que dispõem seus esgotos (Cutolo e Rocha, 2002).

O avanço tecnológico induziu o desenvolvimento e a instalação de estações de tratamento de esgotos para conter e minimizar a poluição dos sistemas aquáticos. Essas estações têm a finalidade de reduzir as concentrações de matéria orgânica presente nos esgotos, mas constituem processos tecnológicos não suficientes para a eliminação de substâncias tóxicas e mesmo de patógenos (Cutolo e Rocha, 2002).

Em ambientes naturais, como unidades de conservação, as instalações sanitárias devem ser implementadas em razão da qualidade que se deseja alcançar em relação ao tratamento de excretos humanos e animais. O projeto deve levar em consideração o sistema de tratamento mais adequado por meio da inclusão de operações e processos unitários adequados àquela particular situação (Rice e Robson, 1982; Cutolo e Rocha, 2002). Além disso, as tecnologias de tratamento de esgotos devem ser desenvolvidas para o lançamento em corpos d'água. A Resolução Conama n. 357, de 17 de março de 2005, que dispõe sobre a classificação dos corpos d'água e diretrizes ambientais para o seu enquadramento e estabelece as condições e os padrões de lançamento de efluentes, define as diretrizes de qualidade de água a serem observadas de acordo com os usos preponderantes dos cursos d'água (Brasil, 2005).

Reúso de água

A demanda cada vez maior por recursos hídricos, decorrente da intensa produção de alimentos causada pela explosão demográfica associada à distribuição desigual desse recurso natural, à poluição de águas e às secas sazonais que afetam determinadas regiões do globo, tem estimulado pesquisas sobre novas formas de recuperação e suprimento de água. O reúso de águas residuárias tem sido considerado uma opção econômica e ambientalmente viável, entre as diferentes alternativas sugeridas para minimizar a escassez e promover a utilização racional e eficiente da água.

De acordo com a classificação da Organização Mundial de Saúde (Mancuso e Santos, 2003), o reúso de água pode ser classificado em: indireto, quando a água de origem doméstica ou industrial já utilizada, uma ou mais vezes, é lançada no corpo d'água e utilizada de forma diluída a jusante; direto, quando o uso é planejado para esgotos tratados para certas finalidades como irrigação, indústria, recarga de aqüíferos subterrâneos e água potável; reciclagem interna, quando o reúso de água ocorre internamente nas instalações industriais, com o objetivo de economizar água e controlar a poluição.

O reúso de água pode ser dividido em duas categorias: potável e não-potável. No caso do reúso potável, este é dividido em duas formas:

POTENCIAL TURÍSTICO E SANEAMENTO AMBIENTAL EM UNIDADES DE CONSERVAÇÃO | **337**

- Reúso potável direto: quando o esgoto recuperado por tratamentos avançados é diretamente reutilizado no sistema de água potável;

- Reúso potável indireto: disposição dos esgotos, após tratamento, nos sistemas aquáticos superficiais ou subterrâneos para a autodepuração por meio de processos de diluição, purificação natural e, subseqüente captação, tratamento e, finalmente, utilizado como água potável.

No caso do reúso não-potável, a água pode ser utilizada para fins industriais, ou domésticos, manutenção de vazões, aqüicultura, recarga de aqüíferos e agricultura (Mancuso e Santos, 2003).

De acordo com Mollison (1990), a água pode ser utilizada para diversos fins, desde que seja devolvida ao ambiente tão ou mais pura do que quando foi coletada de fontes próximas. Cutolo e Rocha (2002) salientam que, para o reúso de esgotos, é necessário o uso de barreiras múltiplas para adequar a qualidade do efluente e eliminar os riscos da presença de patógenos e substâncias tóxicas das águas residuárias. As barreiras múltiplas são formadas por um conjunto de tratamentos, que inclui: coleta e tratamento de todas as águas residuárias; limitação do lançamento de águas residuárias tratadas para impedir a sobrecarga nos ecossistemas aquáticos naturais; manejo integrado das bacias coletoras e uso do solo com o objetivo de proteger da contaminação os cursos d'água superficiais e subterrâneos; tratamento apropriado da águas de abastecimento com processos de desinfecção e filtração para assegurar a proteção dos consumidores; e proteção do sistema de distribuição de água potável (Figura 15.6).

As águas servidas podem ser assim classificadas:

- Águas cinzas (procedentes de chuveiros, máquina de lavar roupa e lavatórios); encaminhadas para pequenos sistemas biológicos de tratamento, filtragem e purificação apropriados para o fim e com uso permitido pela legislação vigente. São reutilizadas para várias finalidades, como limpeza, descarga em sanitários e irrigação;

- Águas cinzas (procedentes da pia da cozinha): encaminhadas para irrigação por serem ricas em resíduos orgânicos, excelentes para a criação de áreas de cultivos de subsistência;

- Águas negras (procedentes dos vasos sanitários): encaminhadas para pequenos sistemas individuais biológicos de tratamento apropriados

Figura 15.6 – Fluxograma de uma estação de tratamento de esgoto convencional para reúso de efluente tratado.

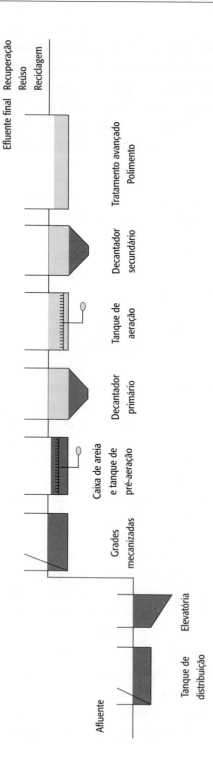

para o fim e com uso permitido pela legislação vigente, como a fossa séptica convencional, porém esta deve ser anexada a um tanque de filtragem, ligado a uma área de cultivo de frutíferas, como a bananeira e os mamoeiros, ou a um pequeno lago para aqüicultura, o que permite a total purificação desse recurso rico em nutrientes e evita que se infiltre "contaminada" e atinja o lençol freático.

Caso não seja separada, a água servida deve ser encaminhada para um pequeno sistema biológico de tratamento, apropriado para o fim e com uso permitido pela legislação vigente, como a fossa séptica convencional, anexada a uma bacia de evapotranspiração, proporcionando a purificação do esgoto (juntamente com a criação de áreas de cultivo de subsistência), o que permite a total purificação desse recurso rico em nutrientes e evita que se infiltre "contaminada" e atinja o lençol freático.

Atualmente, para o tratamento de esgotos em pequenas comunidades, tem-se dado preferência a tecnologias simplificadas mas, ao mesmo tempo, geradoras de energia, como é caso dos biodigestores.

A função dos biogestores é transformar resíduos animais ou humanos em gás combustível que irá alimentar o motor de um gerador de energia elétrica. A construção é bem simples: consiste em um tanque enxuto com capacidade para armazenar excretos na proporção de um para três partes de água, para processo de fermentação por bactérias anaeróbias. Nesse processo, ocorre a produção de gases que poderão ser armazenados e utilizados para produção de energia. Ainda, os resíduos líquidos poderão ser reutilizados como fertilizantes na produção agrícola, desde que sejam devidamente tratados para eliminação de agentes infecciosos e parasitários. Para 100 L de excretos (7% sólido), é possível produzir 2,72 L de gás (Mollison, 1990).

Os processos de tratamento de esgotos nas unidades de conservação devem ser constituídos por sistemas integrados simplificados, visando à redução do consumo de água e ao reaproveitamento máximo dos efluentes.

Resíduos sólidos

De acordo com Bidone e Povinelli (1999), resíduos sólidos são materiais heterogêneos (inertes, minerais e orgânicos) resultantes das atividades humanas e da natureza, os quais podem ser parcialmente utilizados, gerando, entre outros aspectos, proteção à saúde pública e economia de recursos naturais.

A geração de resíduos depende de fatores culturais, nível e hábito de consumo, rendas e padrões de vida das populações, fatores climáticos e das características dos grupos populacionais. A economia de um país interfere diretamente na geração de resíduos: em períodos de recessão econômica, a quantidade de resíduos coletados diminui em decorrência da reutilização e do decréscimo na geração. Segundo Bidone e Povinelli (1999), as soluções preconizadas para a problemática dos resíduos mostram-se insuficientes e passam por um programa de gerenciamento de resíduos com ênfase na redução de geração da fonte, reutilização e reciclagem como alternativa para fontes domiciliares.

Os resíduos sólidos constituem problemas sanitários, ambientais, econômicos e estéticos. Podem ser classificados como:

- Classe I – resíduos perigosos: apresentam riscos à saúde pública e ao meio ambiente e exigem tratamento e disposição especiais em razão de suas características de inflamabilidade, corrosividade, reatividade, toxicidade e patogenicidade;

- Classe II – resíduos não-inertes: não apresentam periculosidade, porém podem apresentar as seguintes propriedades: combustibilidade, biodegradabilidade ou solubilidade em água. Trata-se, basicamente, de resíduos com as características do lixo doméstico;

- Classe III – resíduos inertes: são aqueles que, ao serem submetidos aos testes de solubilização (ABNT, 2004), não têm nenhum de seus constituintes solubilizados em concentrações superiores aos padrões de potabilidade da água. Isso significa que a água permanecerá potável quando em contato com o resíduo. Muitos desses resíduos são recicláveis. Eles não se degradam ou não se decompõem quando dispostos no solo (degradam-se muito lentamente). Estão nessa classificação, por exemplo, os entulhos de demolição, as pedras e as areias retirados de escavações;

- De serviços de saúde – resíduos produzidos em hospitais, clínicas médicas e veterinárias, centros de saúde etc.

O desenvolvimento socioeconômico de qualquer região, principalmente em áreas restritas à visitação, como unidades de conservação, geralmente é acompanhado pelo aumento na produção e pela composição heterogênea de resíduos, o que aumenta a poluição do solo e das águas, altera a qualidade do ambiente, da paisagem e, sobretudo, interfere na saúde e na qualidade de vida da comunidade local.

Os resíduos produzidos por uma sociedade podem revelar aspectos importantes sobre seus hábitos de consumo e poder aquisitivo das famílias. Nas cidades do interior e nas áreas rurais, é comum encontrar uma quantidade maior de resíduo orgânico, como cascas de frutas e legumes e restos de alimentos, na composição do lixo doméstico, se comparada ao encontrado em grandes centros urbanos. Estudos econômicos apontam que a utilização de produtos recicláveis como matéria-prima reduz significativamente os gastos dos processos de produção, além de reduzir em 74% a poluição do ar, em 35% a poluição da água, gerando um ganho de energia de 64% (Mota, 2005).

A coleta seletiva é uma das técnicas para destinação dos resíduos sólidos, sendo considerada aquela que recolhe somente os materiais recicláveis, aqueles que podem ser utilizados como matéria-prima na indústria da reciclagem. Papéis, vidros, plásticos, materiais ferrosos, alumínio e outros tipos de resíduos que seriam enterrados em aterros sanitários ou em áreas inapropriadas viram matéria-prima (Mota, 2005). Segundo o mesmo autor, a participação da comunidade de cada local nos processos de planejamento, elaboração dos projetos, viabilização do financiamento, execução, definição da prestação dos serviços e avaliação é condição fundamental para a implementação e o êxito do projeto local sustentável de saneamento ambiental.

Outra técnica para destinação dos resíduos formados de matéria orgânica é o processo de compostagem para produção de adubo orgânico. Esse processo envolve transformações extremamente complexas de natureza bioquímica, promovidas por milhões de microrganismos do solo que têm na matéria orgânica *in natura* sua fonte de energia, nutrientes minerais e carbono. Uma pilha de composto não é apenas um monte de resíduo orgânico empilhado, mas um modo de fornecer as condições adequadas aos microrganismos, para que esses degradem a matéria orgânica e disponibilizem nutrientes para as plantas.

Controle de vetores

Denominam-se vetores os agentes que podem albergar patógenos e, assim, propiciar a transmissão ao hospedeiro. Os vetores podem estar agrupados em biológicos e mecânicos. Os vetores biológicos são aqueles organismos nos quais o parasito desenvolve parte de seu ciclo, possibilitando-lhe acesso a novo hospedeiro. Quanto ao vetor mecânico, denomina-se o organismo que pode se contaminar com formas infectantes do parasito, transportando-as mecanicamente ao alcance do hospedeiro (Forattini, 2004).

Pode-se classificar a fauna sinantrópica em domiciliada e domesticada. Considera-se fauna domiciliada as espécies que ocupam nichos de ambiente antrópico, como estão apresentadas no Quadro 15.2. Quanto à domesticação, considera-se o processo de adaptação de plantas e animais ao convívio do homem (Forattini, 2004).

Esses organismos são considerados meios de veiculação de agentes infecciosos, incluindo os vetores mecânicos que agem apenas como transportadores e os biológicos que atuam como veiculadores e abrigos biológicos (Forattini, 2004).

A elevada incidência de doenças infecciosas e parasitárias é um problema permanente para a saúde pública pelo fato de apresentarem ampla distribuição geográfica em todo o mundo, e principalmente nos países em desenvolvimento, como o Brasil. Vários são os fatores para a incidência de enfermidades, como as condições climáticas, o nível socioeconômico e a falta de educação, que, unidos à falta de higiene e saneamento ambiental, levam a diversas vias de transmissão.

Quadro 15.2 – Vetores pertencentes à fauna sinantrópica.

Fauna sinantrópica	
Domiciliadas	Domesticadas
• Mosca • Mosquito • Barata • Pulga • Rato • Pombo • Morcego	• Cão • Gato • Papagaio • Tartaruga • Boi • Porco • Galinha

Fonte: Forattini 2004.

Metodologia para implantação de saneamento em unidades de conservação

No Brasil, existem alguns instrumentos da gestão ambiental de formato preventivo que devem, como a avaliação de impacto ambiental, orientar na concepção dos projetos ou programas de desenvolvimento, identificando e avaliando as conseqüências ambientais e socioculturais, em perspectivas de curto, médio e longo prazos. Os estudos de impacto ambientais (EIA) têm como funções: definir os critérios ambientais relevantes, conhecer e identificar os processos socioeconômicos, conhecer os ecossistemas, fornecer subsídios para a tomada de decisão e viabilizar os canais de participação da sociedade. Por meio desse instrumento, podem-se reduzir ou anular benefícios socioeconômicos previstos num determinado projeto. É composto de uma sucessão de etapas que se encadeiam e se inter-relacionam sistematicamente: planejamento e elaboração do projeto, diagnóstico ambiental, identificação, previsão, medição, interpretação e avaliação dos impactos, consulta e participação e, por fim, programa de acompanhamento e monitoramento (Andrade e Roméro, 2004).

Figura 15.7 – Vias de transmissão de microrganismos patógenos.

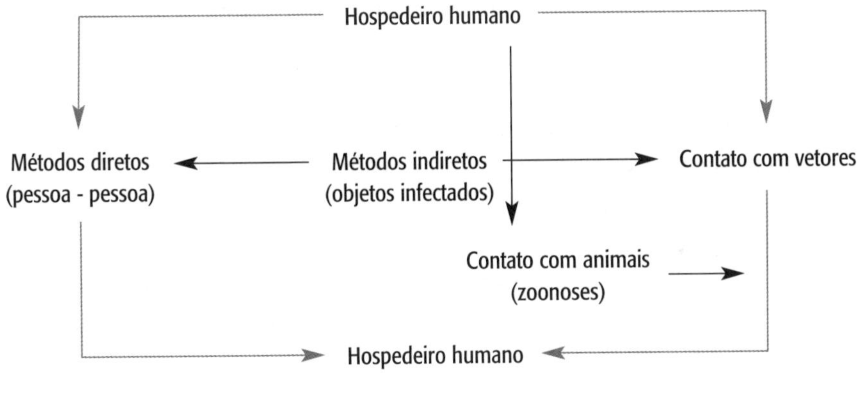

Fonte: Rowe e Abdel-Magid 1995.

A utilização dos elementos ambientais diagnosticados nos EIA e no Relatório de Impacto Ambiental (Rima) sobre o local do futuro assentamento, como o ar (sentido dos ventos), a água (recursos hídricos), o solo, a vegetação e a posição do sol, pode representar uma poderosa ferramenta ou até mesmo uma economia de recursos para o planejamento e desenho do espaço a ser construído no entorno das unidades de conservação (Andrade e Roméro, 2004).

Para qualquer atividade nas áreas ou no entorno das unidades de conservação, além dos EIA, levantamentos de dados e informações devem ser realizados junto à comunidade local, instituições governamentais, ONGs e demais técnicos. Devem-se considerar também as análises em campo dos seguintes:

- Disponibilidade de abastecimento de água potável: fontes e formas de captação de água potável, principalmente da chamada "água branca";
- Disposição final do esgotamento sanitário: formas e locais utilizados para disposição do esgoto domiciliar e necessidades fisiológicas dos moradores;
- Disposição final de resíduos sólidos: formas de acondicionamento e vazadouros de resíduos orgânicos e inorgânicos;
- Salubridade habitacional: condições de higiene e salubridade das moradias, à luz da relação entre o processo construtivo, condições de habitabilidade (ventilação, insolação) e a possibilidade de proliferação de doenças, sobretudo as de origem respiratória. Também foi observada a possibilidade de adaptação de uma instalação sanitária individual à edificação;
- Disponibilidade de fontes alternativas: existência de formas diferenciadas para captação de água ou disposição de esgotos;
- Disponibilidade sociocultural: existência de predisposição sociocultural e organizacional da comunidade para implantação dos sistemas de saneamento a serem propostos, bem como sua utilização e manutenção adequadas. Além dos dados referentes às macro e microrregiões, como:

1) Características regionais (macrorregião):
   a) Localização: altitude, latitude e longitude;
   b) Limites territoriais;
   c) Clima;

d) Temperatura média;

e) Ventos predominantes;

- Pluviosidade média anual: 1,521 mm

f) Geologia;

g) Geomorfologia e relevo;

h) Hidrografia: fontes, nascentes, rios, córregos, caminhos naturais, possibilidade de açudes, relevo para sistema de abastecimento e tratamento, quedas para geração de energia.

2) Características gerais:

a) Outros dados;

b) Fábricas de materiais da região (<150 km).

3) Características regionais (microrregião):

a) Área de abrangência e localização;

b) Aspectos ambientais;

c) Biodiversidade das micro e macrorregiões: inventário;

d) Características demográficas.

O levantamento de diversos aspectos, no entanto, não é garantia de que os empreendimentos na área de turismo serão sustentáveis ou ecologicamente corretos. O monitoramento após a implantação do turismo, por exemplo, em parques como a Serra dos Órgãos (RJ), torna-se um instrumento fundamental para analisar os impactos e propor soluções mitigadoras, além de servir de alerta para o controle de impactos não previstos ou de intensidade maior que a esperada no projeto (Brilhante e Caldas, 1999).

REFERÊNCIAS

[ABNT] Associação Brasileira de Normas Técnicas. **Classificação dos resíduos sólidos.** NBR 10004. Rio de Janeiro: ABNT, 2004.

Andrade, L.M.S.; Roméro, M.A.B. Desenho de assentamentos urbanos sustentáveis: proposta metodológica. In: I Conferência Latino-Americana de Construção Sustentável: X Encontro Nacional de Tecnologia do Ambiente Construído. São Paulo, 18-21 jul. 2004.

ANNAN, K. **Safe Water Millenium Report**. ONU, 2003.

ARNT, R. Tesouro verde. **Exame**, São Paulo, edição 739, ano 35, n. 9, 2 mai. 2001.

ARRUDA, R. Populações tradicionais e a proteção de recursos naturais. **Ambiente & Sociedade**, ano II, n. 5, 2º semestre 1999.

BIDONE F.R.A.; POVINELLI J. **Conceitos básicos de resíduos sólidos**. São Carlos: EESC, USP, 1999.

BOO, E.O. Planejamento turístico para áreas protegidas. In: _____. **Ecoturismo: um guia para planejamento e gestão**. São Paulo: Senac, 1995.

BOTTO, M.P. et al. Estudo da viabilidade técnica e social de tecnologias alternativas de saneamento em comunidades do Estado do Ceará. In: 23º CONGRESSO BRASILEIRO DE ENGENHARIA SANITÁRIA E AMBIENTAL, 2003.

BRASIL. Sistema Nacional de Unidades de Conservação (Snuc). Lei n. 9.985, de 18/7/2000. Brasília: Ministério do Meio Ambiente, 2000.

_____. Ministério da Saúde. Qualidade de água para consumo humano. Portaria n. 518, de 25/3/2004. **Diário Oficial da União**, Brasília, n.I, p.266, 2004.

_____. Resolução n. 357, de 17/3/2005. Dispõe sobre a classificação dos corpos de água e diretrizes ambientais para o seu enquadramento, bem como estabelece as condições e padrões de lançamento de efluentes, e dá outras providências. Brasília: Ministério do Meio Ambiente, Conselho Nacional de Meio Ambiente, 2005.

BRILHANTE, O.M.; CALDAS, L.Q.A. **Gestão e avaliação de risco em saúde ambiental**. Rio de Janeiro: Fiocruz, 1999. 155p.

CAPRA, F. **As conexões ocultas: ciência para uma vida sustentável**. São Paulo: Cultrix, 2002.

CASAGRANDE JR., E.F. Inovação tecnológica e sustentabilidade: possíveis ferramentas para uma necessária interface. **Rev Educação & Tecnologia**, v. 8, n. 7, p. 1-15, 2004.

CIDIN, R.C.P.J; SILVA, R.S. Pegada ecológica: instrumento de avaliação dos impactos antrópicos no meio natural. **Estudos Geográficos**, v. 2, n. 1, p. 43-52, 2004.

[CMMAD] COMISSÃO MUNDIAL SOBRE O MEIO AMBIENTE E DESENVOLVIMENTO. **Nosso futuro comum**. 2.ed. Rio de Janeiro: FGV, 1991.

CORTEZ, J. et al. Agrovila sustentável: Fazenda Canchim. In: I ENCONTRO LATINO AMERICANO E II ENCONTRO NACIONAL SOBRE EDIFICAÇÕES E COMUNIDADES SUSTENTÁVEIS, 2001, Canela-RS. **Anais...** Canela, 2001, v.1. p. 51-8.

COZZOLINO, L.F.F.; IRVING, M. de A. **Unidade de conservação e desenvolvimento local: as APAS do Rio de Janeiro e seus processos de governança local**. EIXO 4- Sociedade e Meio Ambiente. Disponível em: http://www.ebape.fgv.br.

CUTOLO, S.A; ROCHA, A.A. Reflexões sobre o uso de águas residuárias na cidade de São Paulo. **Saúde e Sociedade**, v. 11, n. 2, p. 89-105, 2002.

DE PAULA, L.G.S. **Projeto Aurora Editorial.** 2004. Disponível em: http://www. aurora.org.br. Acessado em: 10 fev. 2004.

ENDRES, A.V. Sustentabilidade e ecoturismo: conflitos e soluções a caminho do desenvolvimento. **Revista Turismo em Análise,** v. 9, n. 1, p. 1-18, mai. 1998.

ESREY, S.A. Rethinking sanitation: Panacea or Pandora's Box. In: CHORUS, I. et al. (Ed.) **Water, sanitation and health.** Londres: International Water Association, 2000.

FORATTINI, O.P. **Ecologia, epidemiologia e sociedade.** São Paulo: Artes Médicas, 2004. 720p.

FREITAS, C.G.L. et al. **Habitação e meio ambiente: abordagem integrada em empreendimentos de interesse social.** São Paulo: IPT, 2001.

GIATTI, L.L. **Ecoturismo e impactos ambientais na região de Iporanga: Vale do Ribeira – São Paulo.** São Paulo, 2004. 225p. Tese (Doutorado). Faculdade de Saúde Pública, da Universidade de São Paulo.

GIATTI, L.L. et al. Condições de saneamento básico em Iporanga, Estado de São Paulo. **Revista de Saúde Pública,** v. 38, n. 4, p. 571-7, 2004.

HOLMNGREN, D. **O desenvolvimento do conceito de permacultura.** Holmngren Design Service, 2007. [Coleções de textos 1978-2006 (*e-book*)]

IBGE. **Mapa de bioma e vegetação do Brasil.** 2004. Disponível em: http://www. ibge.gov.br/home/presidencia/noticias/21052004biomas.html.

KRZYZANOWSKY, R.F. **Novas tecnologias em assentamentos humanos: a permacultura como proposta de planejamento de unidades familiares em Florianópolis.** Florianópolis, 2005. 157p. Dissertação (Mestrado). Universidade Federal de Santa Catarina.

MANCUSO, P.C.S.; SANTOS, H.F. **Reúso de água.** Barueri: Manole, 2003.

MAY, S. **Estudo da viabilidade do aproveitamento de água de chuva para consumo não-potável em edificações.** São Paulo, 2004. Dissertação (Mestrado). Universidade de São Paulo.

MENDONÇA, P. Os problemas dos parques nacionais do Brasil. **Revista Turismo,** maio 2003. Disponível em: http://www.revistaturismo.cidadeinternet.com.br/ Ecoturismo/parquesnacionais.html. Acessado em: 16 mai. 2007.

MOLLISON, B. **Permaculture: a practical guide for a sustainable future.** Island Press, Washington, 1990.

MOTA, A.V. Do lixo à cidadania. **Revista Democracia Viva,** n. 27, p. 1-8, jun.-jul. 2005.

MOTA, S. Saneamento. In: ROUQUAYROL, M.Z. **Epidemiologia e saúde.** 5.ed. Rio de Janeiro: Medsi, 1999. p.405-30.

NOGUEIRA-NETO, P. A erradicação da miséria: um problema ambiental central. **Estudos Avançados** v. 6, n. 15, 1992

ODUM, E.P. **Ecologia.** Rio de Janeiro: Discos CBS, 1985.

[PAHO/WHO] PAN AMERICAN HEALTH ORGANIZATION; WORLD HEALTH ORGANIZATION. **Guias para la calidad del agua potable,** 1998.

PHILLIPI JR., A; SALLES, C.P.; MALHEIROS, T. **Fortalecimento da gestão ambiental municipal no corredor central da Mata Atlântica – Bahia. Subsídios para o planejamento estratégico.** São Paulo: Universidade de São Paulo, Faculdade de Saúde Pública, Núcleo de Informações em Saúde Ambiental, 2004.

RICE, R.G.; ROBSON, C.M. **Biological activated carbon. Enhanced aerobic biological activity in GAC systems.** Ann Arbor, Michigan: Ann Arbor Science, 1982.

RICHARDS, G.; BRAMWELL, B. **Sustainable management: principles and practice.** Holanda: Tiburg University Press, 1995.

ROSTAND, R. **Aonde vamos: energias renováveis.** Disponível em: http://www.aondevamos.eng.br/textos/texto10.htm. Acessado em: 25 jul. 2007.

ROWE, D.; ABDEL-MAGID, I.M. **Handbook of wastewater reclamation and reuse.** CRC Press Inc, 1995.

SWARBROOKE, J. **Turismo sustentável: conceitos e impacto ambiental.** São Paulo: Aleph, 2000.

TUNDISI, J.G. **Água no século XXI: enfrentando a escassez.** São Carlos: Rima, IIE, 2003. 248p.

[WHO/UNICEF] WORLD HEALTH ORGANIZATION; UNITED NATIONS CHILDREN'S FUND. **Global water supply and sanitation assessment 2000 report.** Geneva, 2000.

ZEPEDA, R.F. (Coord.) **Conjuntos habitacionales ecológicamente sostenibles con participación comunitaria (Costa Rica).** 1994. Disponível em: http://habitat.aq.upm.es/dubai/96/bp086.html. Acessado em: 18 jul. 2007.

Ecoturismo: a Importância da Capacitação Profissional do Condutor Ambiental Local

16

Luiz Fernando Ferreira
Biólogo, Ministério do Meio Ambiente
Maria do Carmo Barêa Coutinho
Bióloga, Universidade Católica de Brasília

INTRODUÇÃO

O relatório *Nosso futuro comum*, apresentado à Assembléia Geral da Organização das Nações Unidas (ONU), em 1987, reconhece a necessidade de promover o desenvolvimento sustentável mundial e é um importante marco referencial para as questões ambientais. Esse documento identifica a necessidade de ampliar os diálogos entre os países e a proposição de políticas internacionais, quanto aos aspectos sociais, econômicos, políticos e ambientais, com objetivo de buscar o desenvolvimento compatível com a conservação[1] do meio ambiente.

Essa publicação afirma que a humanidade tem a possibilidade de promover esse modelo de desenvolvimento para "garantir o atendimento das necessidades do presente sem comprometer a possibilidade das futuras gerações em atender suas próprias necessidades" (CMMAD, 1991, p.46).

---

[1] "II – conservação da natureza: o manejo do uso humano na natureza, compreendendo a preservação, a manutenção, a utilização sustentável, a restauração e a recuperação do ambiente natural, para que possa produzir o maior benefício, em bases sustentáveis, às atuais gerações, mantendo seu potencial de satisfazer as necessidades e aspirações das gerações futuras, e garantindo a sobrevivência dos seres vivos em geral" (Sistema Nacional de Unidades de Conservação, 2002, p.9).

Tal definição estabelece uma noção de limite ao processo de desenvolvimento econômico, no qual o mundo das relações econômicas está inserido em um planeta com recursos finitos; ultrapassar esses limites poderá colocar em xeque a própria sustentabilidade da economia. A variável ambiental passa a integrar novas concepções correntes de desenvolvimento econômico. O modelo sustentável é colocado como contraponto ao desenvolvimentista, que gerou, ao longo da história, impactos ambientais e socioculturais negativos, e, assim, o modelo de desenvolvimento sustentável passa a representar um novo paradigma.

A IUCN (União Internacional para a Conservação da Natureza), no documento *Cuidando do planeta terra: uma estratégia para o futuro da vida*, afirma que, no mundo de hoje, nenhuma nação é auto-suficiente. Para que a sustentabilidade do planeta seja alcançada, é necessária a formação de uma sólida aliança entre os países. Os níveis de desenvolvimento e renda são desiguais entre as nações, e os países de mais baixa renda devem receber ajuda para que possam se desenvolver de forma sustentável, protegendo seus recursos ambientais. Especialmente a atmosfera, os oceanos e os ecossistemas só poderão ser conservados por determinação conjunta dos povos. A *ética* do cuidado com a Terra deve ser aplicada em todos os níveis: internacional, nacional e individual. As nações só têm a ganhar com a sustentabilidade mundial, pois estarão ameaçadas caso não sejam encontrados mecanismos para viabilizar a proposta de desenvolvimento sustentável (IUCN, 1992, p.12)

O modelo proposto para o desenvolvimento sustentável foi amplamente discutido no Brasil durante a Conferência das Nações Unidas para o Meio Ambiente e Desenvolvimento, que ocorreu em 1992, na cidade do Rio de Janeiro, e ficou conhecida como Rio-92 ou Eco-92. Foi a maior reunião de líderes mundiais já realizada na história contemporânea, com a presença de representantes de 179 países.

Já não convinha mais desvendar os limites do crescimento, mas sim pensar conjuntamente homens, mulheres e a natureza, porque fazem parte dos mesmos sistemas, existem pelas mesmas razões, porque há uma interdependência inquestionável. Já se sabia, sem dúvida alguma, que há um futuro comum. Foi, portanto, nesse espaço privilegiado que se expandiu a noção de desenvolvimento sustentável (Cascino, 1999, p.42).

Durante a Conferência, a realização do Fórum Internacional de Organizações Não-Governamentais (ONGs) e Movimentos Sociais mobilizou mais de 2 mil ONGs que discutiram alternativas e proposições para um novo modelo de desenvolvimento que respeitasse o meio ambiente e suas limitações.

Desde então, o movimento ambientalista tem encontrado no *ecoturismo* uma das possíveis ferramentas capazes de reforçar a tese do desenvolvimento sustentável. Algumas ONGs vêm desenvolvendo trabalhos relacionados ao ecoturismo: Sociedade de Proteção à Vida Silvestre (SPVS), em Guaraqueçaba-PR; a Reserva de Salto Morato, no mesmo estado, Fundação Boticário na Reserva Particular do Patrimônio Natural (RPPN); SOS Mata Atlântica na Região do Lagamar-SP; Conservação Internacional (CI) do Brasil na RPPN – ecoparque de Una-BA; Fazenda Rio Negro na Região do Pantanal Sul-MS; Fundação Brasileira para a Conservação da Natureza (FBCN) na RPPN de Rio das Pedras-RJ; entre outras.

A definição de um conceito de ecoturismo foi elaborada no Brasil por profissionais integrantes de instituições públicas e privadas de ensino do turismo e meio ambiente, sob significativa influência dos conceitos relacionados ao desenvolvimento sustentável debatidos na Conferência Rio-92.

No Brasil, o ecoturismo foi conceituado como

> segmento da atividade turística que utiliza, de forma sustentável, o patrimônio natural e cultural, *incentiva sua conservação* e busca a *formação de uma consciência ambientalista* através da *interpretação do ambiente*, promovendo o *bem-estar das populações envolvidas*. (Brasil, 1994, p.19; *grifo dos autores*)

A definição brasileira de ecoturismo é enfática sobre a importância de princípios como *conservação* do patrimônio ambiental e cultural e *educação ambiental*. A interpretação ambiental,[2] como ferramenta para formação de uma consciência ambientalista, ao contemplar as populações envolvidas, aponta para a necessidade da inserção das comunidades anfitriãs como beneficiárias do desenvolvimento dessa atividade.

---

[2] Segundo Tilden (apud Serrano, 2000, p.155), interpretação é "[...] uma atividade educacional que aspira revelar os significados e relações por meio do uso de objetos originais, através de experiências de primeira mão e por meios ilustrativos, no lugar de simplesmente comunicar informação literalmente". "A interpretação ambiental é uma técnica didática, flexível e moldável às mais diversas situações, que busca esclarecer os fenômenos da natureza para determinado público-alvo, em linguagem adequada e acessível, utilizando os mais variados meios auxiliares. A interpretação procura promover o sentimento de pertinência à natureza, através da sua transformação íntima em relação aos recursos naturais, da sua compreensão e de seu entendimento, na esperança de gerar seu interesse, sua consideração e seu respeito pela natureza e, conseqüentemente, pela vida" (Pagani et al., 1996).

Observa-se que no Brasil a proposta de desenvolvimento do ecoturismo como ferramenta de conservação é fruto do amadurecimento dos movimentos ambientalistas – que não podiam continuar com uma postura exclusivamente de denúncia, devendo adotar outra, que pudesse oferecer alternativas para o desenvolvimento sustentável.

Esse segmento[3] do turismo praticado em ambientes naturais desperta um grande interesse nas ONGs ambientalistas, que perceberam uma possibilidade de compatibilizar desenvolvimento e conservação. Contudo, essas mesmas organizações apontam que um turismo mal planejado e sem condução oferece muitos prejuízos aos ambientes naturais e às comunidades tradicionais inseridas nas localidades e regiões onde essa atividade ocorre. Assim, as organizações passaram a exercer um papel relevante para que o *trade*[4] turístico incorporasse princípios conservacionistas.[5]

Para o desenvolvimento do ecoturismo de acordo com os conceitos de sustentabilidade, é necessário contemplar o processo de planejamento, com inventários, diagnósticos, análises de oferta e demanda, determinação de capacidade de carga turística e recreativa, elaboração de planos de condução de impactos, identificação de projetos, ações, fontes de financiamento e parceiros que possam contribuir direta ou indiretamente para a mitigação dos potenciais impactos negativos e maximização dos benefícios do ecoturismo.

O processo de planejamento deve ser participativo, permitindo a integração proativa das comunidades tradicionais residentes nas localidades de destino com os demais atores envolvidos no ecoturismo, como: governos federal, estadual e municipal, ONGs, instituições de ensino e *trade* turístico.

Muito antes do conceito de desenvolvimento sustentável ganhar corpo, comunidades tradicionais tinham percepções importantes da relação de interdependência existente entre o homem e o ambiente natural. Isso

---

[3] O termo segmento adotado neste texto é identificado como classificação de um grupo de turistas com comportamentos similares.

[4] *Trade*: rede de comerciantes e prestadores de serviços relacionados a um determinado setor.

[5] O termo conservacionista está baseado no pensamento do norte-americano Gifford Pinchot, que se preocupava em aumentar a eficiência da utilização dos recursos, evitando desperdícios, com a máxima produção sustentável. Já o termo preservacionismo se orientava por uma reverência à natureza, com uma apreciação estética e espiritual da vida selvagem (Diegues, 1994, p.24-5).

ECOTURISMO: A IMPORTÂNCIA DA CAPACITAÇÃO PROFISSIONAL | **353**

pode ser verificado nos trechos extraídos da carta do chefe da comunidade indígena Seattle ao presidente norte-americano Franklin Pierce, em 1854, em resposta à proposta de compra de parte do território indígena:

> somos parte da terra e ela faz parte de nós [...] essa água brilhante que escorre nos riachos não é apenas água, mas o sangue de nossos antepassados [...] se lhes vendermos a terra, vocês devem lembrar que ela é sagrada [...] Ensinem as suas crianças que a terra é nossa mãe. Tudo o que acontecer a terra, acontecerá aos filhos da terra. [...] a terra não pertence ao homem, o homem pertence à terra [...] há uma ligação em tudo. O que ocorrer com a terra recairá sobre os filhos da terra. O homem não tramou o tecido da vida, ele é simplesmente um de seus fios. Tudo o que fizer ao tecido, fará a si mesmo. (Matsushima et al., 1987, p.118-9)

Atualmente, o respeito aos conhecimentos tradicionais e a valorização dessas comunidades são necessários para que as sociedades contemporâneas aprendam mecanismos que permitam estabelecer relações mais harmônicas, como aquelas estabelecidas historicamente entre essas comunidades e o meio ambiente. Para esses povos, o ambiente natural não é intangível, já que eles viveram centenas ou milhares de anos conservando áreas representativas dos diversos biomas[6] do planeta e extraindo destes a sua sobrevivência:

> se as sociedades tradicionais viveram até o presente no interior de uma natureza que nós, ocidentais, julgamos hostil, isso ocorreu em razão do saber e do saber-fazer acumulados durante milênios, dos quais reconhecemos hoje seu valor intrínseco. (Bonnemaison, 1993 apud Lévêque, 1997, p.55-6)

Não se trata de entendê-las de uma maneira idealizada, mas procurar observar as relações estabelecidas entre essas comunidades tradicionais[7] e o seu meio, como algumas comunidades da Amazônia: caboclos ribeiri-

---

[6] Esse ambiente é assim compreendido: "associação relativamente homogênea de animais e vegetais em equilíbrio entre si e com o meio físico. Os biomas são vinculados às faixas de latitude, como, por exemplo, a floresta tropical (latitude baixa) ou a tundra (latitude alta). É o conjunto de ecossistemas terrestres. É caracterizado pelos tipos fisionômicos semelhantes de vegetação" (Ross, 1995, p.536).

[7] "Todos os grupos que constituem as 'populações tradicionais' possuem em comum o fato de que tiveram pelo menos em parte uma história de baixo impacto ambiental e de

nhos, seringueiros,[8] castanheiros[9] e babaçueiros[10] que vivem basicamente do extrativismo, como a pesca artesanal, a coleta do açaí,[11] das sementes de castanha-do-Brasil, do látex, entre muitos recursos naturais, além da agricultura de subsistência.

O conceito de desenvolvimento sustentável focaliza a integração de fatores sociais, ambientais e econômicos nas tomadas de decisão e na necessidade de considerar o bem-estar de todas as pessoas. Baseia-se na idéia de que "nós não herdamos a Terra dos nossos pais, mas a tomamos emprestada dos nossos filhos" (Murphy, 1994 apud Swarbrooke, 2000, p.6).

A síntese do conhecimento tradicional e científico poderá apontar o caminho para esse novo modelo de desenvolvimento. Um modelo que reconheça as comunidades tradicionais como guardiãs das riquezas ambientais e culturais do Brasil e que permita a interação entre o tradicional e o contemporâneo.

A elaboração de planos e implementação de projetos ecoturísticos deve ter como objetivo primordial a melhoria da qualidade de vida dessas comunidades e a conservação do meio ambiente. É necessário que as localidades sejam providas de infra-estrutura básica e turística e que haja ações de capacitação profissional, para que elas possam alcançar autonomia na capacidade de gestão dos recursos ambientais, socioculturais e econômicos das comunidades receptoras, adaptadas às relações sociais estabelecidas na sociedade contemporânea.

De acordo com a Comissão Mundial sobre Meio Ambiente e Desenvolvimento (1991, p.122), o desenvolvimento de recursos humanos é requisito básico não só para adquirir aptidões e conhecimentos técnicos,

---

que têm, no presente, interesse em manter ou recuperar o controle sobre o território que exploram. E acima de tudo, estão dispostos a uma negociação: em troca do controle sobre o território comprometem-se a prestar serviços ambientais" (Cunha e Almeida, 2001, p.184).

[8] Trabalhador que se dedica à extração do látex da seringueira, *Hevea brasilienses*, e com ele prepara a borracha e a comercializa.

[9] Trabalhador que se dedica à coleta, ao preparo e à comercialização da castanha-do-pará ou castanha-da-amazônia, *Bertolletia excelsa*. A semente é extremamente nutritiva.

[10] Trabalhador que se dedica à coleta, ao preparo e à comercialização do coco da palmeira do babaçu, *Orbyginia martiana*. Dessa palmeira tudo se aproveita: do coco se extraem sementes oleaginosas que servem principalmente à alimentação, "azeite de babaçu"; das folhas se faz cobertura para casas, cestarias e outros artesanatos; e a casca do coco é utilizada como combustível. Pode-se ainda comer o palmito, contudo essa prática requer o manejo adequado.

[11] Palmeira, *Euterpes oleracea*. Do fruto se faz suco, muito nutritivo, rico em ferro e de grande importância na alimentação do caboclo ribeirinho amazônico.

mas também para estabelecer novos valores que ajudem os indivíduos e as nações a enfrentarem as realidades sociais, ambientais e de desenvolvimento que se encontram em rápida transformação. Se o mundo dividir o que conhece, haverá maior compreensão mútua e maior empenho em partilhar eqüitativamente os recursos globais.

Alcançar um novo modelo de desenvolvimento econômico, denominado sustentável, passa pela necessidade de capacitação profissional dessas comunidades em atividades econômicas como o ecoturismo, entendido como uma das ferramentas que poderão permitir a transposição da utopia para realidade. Uma das funções capazes de possibilitar a inclusão de membros dessas comunidades como beneficiários diretos do ecoturismo é a atividade de condutor ambiental local.

A atividade do condutor ambiental local deve ser exercida por indivíduos que possuem acúmulo de conhecimentos sobre o ambiente natural e cultural local, muitas vezes transmitidos de geração para geração. Se devidamente capacitados, poderão conduzir grupos de visitantes interpretando e conduzindo os ambientes locais e beneficiando-se diretamente do desenvolvimento do ecoturismo.

REFERÊNCIAS SOBRE CAPACITAÇÃO DE CONDUTORES EM ALGUMAS UNIDADES DE CONSERVAÇÃO

Para apresentar referências em capacitação profissional para condutores ambientais locais, foram selecionados dois parques: Parque Estadual Intervales, no estado de São Paulo, e Parque Nacional da Chapada dos Veadeiros, em Goiás.

É possível reconhecer que nos dois casos houve uma grande preocupação no fortalecimento do associativismo entre os integrantes das comunidades locais.

Parque Estadual Intervales – São Paulo

Em 1987, a Fundação para a Conservação e a Produção Florestal do Estado de São Paulo (Fundação Florestal) assume a administração da

356 | GESTÃO AMBIENTAL E SUSTENTABILIDADE NO TURISMO

Fazenda Intervales, situada no Vale do Ribeira, região noroeste do estado, até então uma fazenda de propriedade do Banco do Estado de São Paulo (Banespa), na qual existia uma fábrica de palmito desativada com mais de trinta alvarás de autorização de estudos minerários.

Os 76 funcionários que trabalhavam até então em atividades de vigilância, administrativas ou em atividades extrativistas predatórias, relacionadas à extração de palmito ou à mineração do calcário, passaram a receber ações de capacitação profissional, a fim de transformar a fazenda de "unidade exploratória" em unidade de conservação (UC).

Em 1995, a fazenda é elevada à categoria de unidade de conservação com a criação do Parque Estadual Intervales (PEI). Desde o início da administração da área pela Fundação, integrantes da comunidade foram capacitados para atuar com ecoturismo em hospedagem, alimentação e condução. Com uma nova filosofia, os vigilantes passaram de guardas a guardiões da Floresta Atlântica, e outros voluntariamente se apresentaram para o Projeto de Capacitação de Condutores de Campo com o objetivo de formar membros da comunidade que já detivessem conhecimentos empíricos sobre aquele ambiente natural e cultural da região. Eles aprenderam técnicas de condução e interpretação e passaram a acompanhar os pesquisadores (São Paulo, 1998, p.10-2).

A riqueza do processo de capacitação dos membros daquela comunidade para a atividade de condução pode ser observada pelo relato de um dos condutores capacitados:

> [...] todo dia nós convivemos e aprendemos com a natureza. Nosso meio ambiente é saudável, o ar, puro, a água potável. Não existem casos graves de saúde e temos vários remédios de plantas medicinais. Nos conscientizamos da importância do contato com turistas, pesquisadores, estudantes etc. que nos trazem conhecimentos e vice-versa. Podemos abrir a janela e ouvir o canto dos pássaros, cruzar com cobras no caminho [...] e [...] ainda recebemos salário! (Pisciotta, 1994, p.43)

Os visitantes do PEI podem constatar que o processo de integração entre condutores e pesquisadores científicos foi extremamente enriquecedor para ambos. Por exemplo, atualmente os condutores identificam inúmeras espécies da fauna e flora pelo nome científico e, por sua vez, os pesquisadores aprenderam muito sobre o comportamento dos animais e suas inter-relações com a flora da Mata Atlântica.

O condutor pode ser o elo entre o meio ambiente natural e cultural da localidade e o visitante, contribuir decisivamente para o ordenamento e a condução da atividade de visitação a atrativos naturais e, assim, minimizar os impactos gerados pela visitação.

Parque Nacional da Chapada dos Veadeiros – Goiás

Esse parque está localizado a nordeste do estado de Goiás, região Centro-Oeste do Brasil, em meio ao bioma cerrado, sobre a gestão do Instituto Chico Mendes de Conservação da Biodiversidade (ICMBio). A extração de cristal, anterior à criação do Parque Nacional da Chapada dos Veadeiros, foi uma das principais atividades realizadas nas áreas que atualmente abrangem o parque pelas comunidades inseridas em seu entorno, como é o caso da Vila de São Jorge, um dos principais núcleos populacionais de acesso ao parque.

A criação desse parque nacional com a denominação Chapada dos Veadeiros foi proposta em 1961 pela Fundação Coimbra Bueno ao então presidente da República Juscelino de Oliveira Kubitschek. No entanto, foi denominado inicialmente Parque Nacional do Tocantins, com uma área de 650.000 ha. Após os limites do parque serem reduzidos nas décadas de 1970 e 1980, em 1990 alcança-se a área de 65.514 ha, com o nome de Chapada dos Veadeiros (Ibama, 2006).

> ao iniciar o século XX, praticamente todo o cristal de rocha consumido no mundo provém dos garimpos brasileiros, naquela época localizados principalmente em Goiás, nas imensas ravinas da Serra dos Cristais. (Freitas, 1973 apud Silveira, 1997, p.9)

Muitos dos garimpeiros estabelecidos na Vila de São Jorge vieram da Bahia atraídos pelas jazidas de cristal, onde realizavam técnicas de exploração dos cristais de forma artesanal:

> eles saíram de Barreiras, Angical, Seabra, Rio Branco, Macaúbas, Santa Maria da Vitória, entre outras cidades do sertão, em busca de garimpos; revivendo neste século a história da ocupação de Goiás do século XVIII. (Silveira, 1997)

358 | GESTÃO AMBIENTAL E SUSTENTABILIDADE NO TURISMO

A fixação de garimpeiros, principalmente em famílias, contribuiu para a formação de pequenas vilas. Com o desenvolvimento da atividade agrícola, com o cultivo do milho, arroz, feijão e mandioca, integrado ao garimpo, considerando a fragilidade comercial do cristal, esses garimpeiros foram também denominados agricultores. Porém, atualmente o garimpo é realizado principalmente por mulheres, crianças ou pessoas idosas e é destinado em maior escala à indústria do quartzo cultivado[12] (Silveira, 1997, p.6-18).

> Em qualquer sociedade em que a oralidade é o meio privilegiado de transmissão de conhecimentos são os mais velhos que trazem na memória a sua história. Na Vila não é diferente, basta procurar um deles, sentar num banquinho ou no chão de terra batida, aceitar um café e ouvir. Todos indicam, no começo, uma data: 1912. (Silveira, 1997, p.9)

Atualmente, a maioria dos filhos dos garimpeiros não desenvolve essa atividade, mas trazem na transmissão oral a tradição da cultura focada no garimpo:

> muito do discurso e das atitudes dos moradores encontram o seu significado no garimpo. Sua história é contada como a odisséia de garimpeiros e o garimpo é de fato a primeira razão da permanência na região. Do garimpo todos já se ocuparam, legitimando declarações do tipo "todo mundo aqui é garimpeiro". [...] Contudo, quase ninguém mais garimpa. (Silveira, 1997, p.19)

A transposição das atividades econômicas do garimpo[13] e da roça[14] para o turismo vem ocorrendo principalmente ao longo dos últimos quinze anos, o que representou novas possibilidades de geração de emprego e renda para os integrantes das comunidades, como é o caso da Vila de São Jorge.

---

[12] "O cristal de quartzo passou a ser cultivado artificialmente, a partir de 1958, pela indústria [...] Atualmente, o cristal artificial atende a 95% das aplicações piezelétricas e da ótica" (Silveira, 1997, p.10).

[13] "O *garimpo* porta todo um passado lembrado como época de liberdade e fartura. Os sonhos de riqueza e o fascínio de lendas – como a do diamante dentro de um cristal enterrado por um garimpeiro – fazem parte desse sentimento mágico que envolve o garimpo. Era a atividade comercial por excelência, ao contrário da roça, meio de sobrevivência. O garimpo é também ilusão e fracasso, sem deixar de ser um símbolo de resistência ao conformismo e a submissão" (Silveira, 1997, p.22; *grifo dos autores*).

[14] "A *roça* representa a intimidade com a natureza, delimitando os horizontes de um universo particular. Crianças e adultos conhecem uma imensa variedade de plantas e animais e sabem dispor desses recursos com instrumentos simples e técnicas naturais. Ao

o turismo é o representante de uma nova época de dinheiro e das iniciativas de aproveitá-la. A ligação com o mundo, novas possibilidades de adquirir conhecimentos e amizades. Mas o turismo também é a desordem, o inevitável sentimento de perda de um tempo tranqüilo e feliz, que tem levado alguns velhos moradores, como em busca do garimpo há quarenta anos atrás, novamente para a estrada. (Silveira, 1997, p.22)

Por causa da divulgação do parque nacional, verificaram-se melhorias de acesso, estabelecimento de equipamentos turísticos nas comunidades de entorno, como pousadas e restaurantes, e criação de associações de condutores ambientais que atuam nas áreas de visitação ao parque e em seu entorno.

o Parque beneficia, em especial, a Vila de São Jorge no município de Alto Paraíso de Goiás dado à proximidade de sua portaria e conseqüente fluxo de turistas. As outras cidades na zona de amortecimento como Cavalcante e Colinas do Sul, sentem de maneira mais amena um aumento do turismo principalmente após o ordenamento da visitação pública no ano de 1990 e, por conseguinte a implantação de serviços indiretos, tais como: campings, restaurantes, hotéis e serviço de guias. (Ibama, 2006)

O processo de ordenamento da visitação pública trouxe medidas que foram adotadas pelo parque nacional, como a obrigatoriedade de o visitante estar acompanhado por um condutor ambiental local para percorrer as trilhas e o limite de até dez visitantes por condutor.[15]

Identificou-se que após o processo de ordenamento, a partir do ano de 1991, foram ofertados aos integrantes das comunidades do entorno do parque cursos para capacitação profissional para condutores locais. Cerca de duzentos integrantes das comunidades do entorno do parque já passaram pelo curso de condutores, porém, atualmente, apenas metade destes faz a condução de visitantes no Parque Nacional da Chapada dos Veadeiros e por meio de seis associações de condutores.[16]

---

lado disso há o respeito gerado pelo trabalho duro para obter os frutos da terra, pela necessidade de vencer distâncias e medos, pelo prazer de suas belezas. Contudo, há também a sensação incômoda de que com a roça não se progride, apesar da certeza de que sem ela seria pior" (Silveira, 1997, p.22; *grifo dos autores*).

[15] Informações concedidas por José Luciano Machado, analista ambiental do Ibama, chefe do Parque Nacional da Chapada dos Veadeiros, em 3 de abril de 2006.

[16] Como a Associação dos Condutores de Visitantes da Chapada dos Veadeiros (2006) e a Associação de Guias de Ecoturismo e Meio Ambiente (Agema) (Ministério do Meio Ambiente, s. d.).

GESTÃO AMBIENTAL E SUSTENTABILIDADE NO TURISMO

Os primeiros cursos para capacitação de condutores tiveram início em 1991, mas só a partir de 2001 houve uma normatização dos cursos para que fosse possível alcançar um padrão de qualidade na prestação de serviço aos visitantes. Ainda assim, entre os condutores atuantes, existe uma grande diferença na carga horária dos cursos que freqüentaram, a qual varia de 30 a 260 horas/aula.

PAPEL DOS CONDUTORES LOCAIS

De acordo com os exemplos, pode-se constatar a importância da inserção das pessoas que detêm conhecimentos específicos sobre o ambiente natural e cultural local e necessitam receber capacitação para que possam atuar profissionalmente, sobretudo nas unidades de conservação e seus em entornos, ou seja, nas áreas estratégicas para a conservação. Os órgãos gestores, de modo geral, não possuem capacidade de, sozinhos, conduzir o uso público dessas áreas. Dessa forma, os condutores poderão ser, e em muitos lugares já são, grandes parceiros para a manutenção da integridade ambiental das unidades de conservação e de seus entornos.

A atuação do condutor ambiental local está relacionada à condução de grupos em áreas naturais, com desenvolvimento de atividades interpretativas junto aos visitantes e condução dos impactos turísticos. A qualidade da interpretação realizada sobre os patrimônios natural, histórico e cultural dos sítios de visitação amplia a ambientação[17] do visitante.

No caso de visitantes das próprias comunidades, as atividades de condução podem contribuir para manutenção, resgate e consolidação de conhecimentos tradicionais sobre uso sustentável dos recursos naturais, históricos e culturais.

A qualidade das atividades interpretativas desenvolvidas pelo condutor ambiental local está relacionada à infra-estrutura disponível nos sítios

---

[17] "Pode-se dizer que sua principal característica prende-se à criação de uma atmosfera específica, proporcionando ao visitante um escape à rotina cotidiana, através de experiências não vivenciáveis no dia-a-dia. [...] sua proposta é possibilitar ao máximo o envolvimento do visitante, através da participação ativa" (Pires e Basso, 1992, p.46-7).

de visitação, como centros de visitantes, equipados com maquetes, mapas, exposições permanentes e itinerantes, fotografias, vídeos e outros recursos didáticos, centros de artesanatos, laboratórios de pesquisas, bibliotecas, trilhas interpretativas e sinalização turística e interpretativa.

O condutor ambiental local devidamente capacitado poderá aplicar dinâmicas de grupos em caminhadas, técnicas de interpretação ambiental em meio às trilhas em áreas naturais conservadas, oferecer ao visitante a possibilidade de vivenciar atividades tradicionais, como extração de látex, pesca e agricultura sustentável, oficinas interativas de artesanatos, preparação de alimentos e bebidas típicas da região, entre outras.

O desenvolvimento de programas, projetos e ações que fortaleçam e resgatem o patrimônio cultural entre os integrantes das comunidades, por meio de atividades de ambientação, amplia a possibilidade de vivência dos visitantes, nas áreas naturais, de forma integrada aos modos de vida tradicionais das comunidades.

O condutor, além das atividades de educação ambiental, por meio de interpretação do patrimônio ambiental e cultural local, dinâmicas e outras atividades lúdicas no ambiente natural, poderá atuar como importante agente de programas de condução ambiental em unidades de conservação, públicas ou privadas, e nos demais sítios de ecoturismo, na avaliação de impactos positivos e negativos da visitação turística, e nas ações destinadas ao manejo, à recuperação e à restituição do patrimônio natural ou cultural.

Entre os principais instrumentos à disposição dos gestores das áreas naturais para minimizar os impactos negativos do ecoturismo, estão as atividades de educação ambiental que preparam o visitante para a experiência da visitação. De todas as ferramentas de manejo, a educação ambiental tem se mostrado significativamente profilática. Um trabalho eficiente poderá ampliar as capacidades de cargas dos atrativos, uma vez que o comportamento do grupo é tão ou mais importante que o número de seus componentes.

Como essa atividade profissional ainda não se encontra devidamente regulamentada, verifica-se que em algumas localidades esses profissionais são denominados "condutores" e, em outras, "monitores". Optou-se por denominá-los "condutores", pois esse termo reflete com mais exatidão a função de "conduzir para o estudo", ou seja, algo além da simples condução, relacionado também à interpretação do ambiente.

Esse papel pode ser percebido na afirmação de Kátia Pisciotta (1994, p.42), uma das técnicas da Fundação Florestal, que integrou a equipe técnica nas ações de implementação do PEI:

> a atividade principal da equipe de monitoria é acompanhar turistas e pesquisadores. O termo acompanhar é bem específico, pois não se trata de simplesmente guiar ou "estar ao lado". A proposta é desenvolver um acompanhamento real em que: o visitante apreenda conceitos e receba informações sobre a Floresta Atlântica, no sentido de despertar a reflexão e de sensibilizá-lo para as questões ambientais e o pesquisador possa viabilizar seu trabalho de campo, através de indicações e referências precisas (entre pesquisador e condutor estabelece-se uma relação mútua de troca de experiências e informações).

A denominação "condutor" também pode estar relacionada ao papel de "condução" dos impactos da visitação turística. Assim, essa denominação parece mais baseada em um papel proativo desse profissional nas atividades desenvolvidas em um sítio de visitação; ao passo que a denominação "condutor" parece reduzir a atividade do profissional à orientação do visitante sobre os caminhos a serem percorridos.

PERFIL DOS CONDUTORES AMBIENTAIS LOCAIS

De modo geral, os condutores são integrantes de comunidades tradicionais e estão distribuídos, principalmente, em três grupos.

O primeiro é formado por representantes das comunidades, a maior parte com mais de 40 anos e baixo nível de escolaridade. Tal fato justifica-se, em geral, por serem residentes de áreas mais remotas, com significativas dificuldades de transporte, o que os impede de freqüentar o ensino formal. Contudo, eles mantiveram forte vínculo com o ambiente natural e cultural de suas localidades; por isso, em algumas regiões brasileiras são denominados mateiros. No Parque Estadual Intervales, os funcionários que foram aproveitados para exercer a função de condutores parecem estar enquadrados nesse grupo, como se pode verificar na afirmação de Pisciotta (1994, p.42):

ECOTURISMO: A IMPORTÂNCIA DA CAPACITAÇÃO PROFISSIONAL | 363

a opção de aproveitar pessoas sem formação acadêmica como condutores de campo deu-se dentro de três parâmetros básicos: aproveitar a mão-de-obra disponível, valorizar a cultura local e oferecer ao visitante a possibilidade de contato real e de qualidade com as pessoas da comunidade local.

Entre o grupo de condutores adultos, é possível encontrar aqueles que viviam das atividades extrativistas que degradavam recursos naturais, mas que, por causa do Projeto de Capacitação de Condutores desenvolvido pelo PEI, tiveram a oportunidade de exercer uma atividade profissional da qual se orgulham profundamente.

comecei como ajudante de caminhão de transporte de palmito por um ano. Depois passei para vigilante florestal da Fazenda Intervales por mais uns tempos. Depois passei a ser condutor de campo, o que estou exercendo até o momento e pretendo me aposentar nesta profissão que eu adoro e faço com muito carinho – conheci bastante gente importante, conheci mais profundamente a natureza e sei orientar os meus filhos como preservar o verde. (Pisciotta, 1994, p.42)

O segundo grupo é formado por jovens, muitos deles filhos ou netos das comunidades tradicionais, que buscam alternativas profissionais para permanecer em suas localidades de origem, sem precisar migrar para grandes centros urbanos. Dessa forma, esse grupo de condutores identifica na atividade de ecoturismo uma oportunidade de emprego e renda familiar. Como é o caso de diversos condutores formados na região do Parque Estadual e Turístico do Alto Ribeira (Petar), na região do Vale do Ribeira (SP), em que os condutores aprenderam técnicas de interpretação e condução de grupos em ambientes naturais, especializados em cavernas, descidas em rios com corredeiras e cachoeiras, além do uso de equipamentos especializados e de primeiros socorros e resgate, primordiais para salvaguardar a segurança dos visitantes.

O terceiro grupo é formado por jovens que vieram de outras localidades, mas integraram-se às comunidades locais. Esses jovens constituem uma corrente de profissionais provenientes de grandes centros urbanos, geralmente possuem formação acadêmica e optaram por migrar para destinos de ecoturismo. Ao se integrarem nas comunidades locais, a troca de conhecimentos com os dois grupos anteriores gera enriquecimento recíproco, pois trazem conhecimentos acadêmicos e recebem conhecimentos empíricos que não poderiam ser adquiridos em nenhum banco escolar.

Quando os responsáveis pelas agências de viagem reconhecem a importância da atuação do condutor, e quando na localidade os condutores estão organizados em associações ou cooperativas, pode-se constatar a possibilidade efetiva de um trabalho mais harmônico e complementar entre a atividade de guias de turismo e condutores, como é o caso do que acontece no Parque Nacional da Chapada dos Veadeiros ou no Parque Estadual Intervales.

INTEGRAÇÃO ENTRE OS GUIAS DE TURISMO E OS CONDUTORES LOCAIS

As atividades de interpretação ambiental com os visitantes são desenvolvidas pelos guias de turismo e condutores locais. Porém, quando ocorrem atividades que integram esses profissionais em roteiros turísticos, ampliam-se as formas de interpretação do meio ambiente, ao mesmo tempo que há a promoção de troca de experiências e conhecimentos, técnicos e empíricos, que podem ser compartilhados entre eles.

Essa integração, ao utilizar conhecimentos e experiências distintos, promove uma ambientação diferenciada no contato de visitantes com o patrimônio natural, urbano, arqueológico, histórico ou cultural e pode revelar formas singulares de compreender o ambiente natural e a cultura local e regional.

Um dos aspectos positivos da atuação compartilhada entre guias e condutores que enriquece a experiência do visitante pode ser verificado quando o guia facilita a integração entre visitantes e condutores ambientais locais, que podem apresentar dificuldades por causa da timidez característica de pessoas que vivem em comunidades mais isoladas e que se retraem nos primeiros contatos com os visitantes, em geral provenientes de grandes centros urbanos, como pode ser verificado no depoimento a seguir:

> "eu, no começo, sentia vergonha, tinha medo de falar errado. Eu falava muito pouco. Com o tempo fui perdendo a vergonha. Tinha vergonha porque não tinha oportunidade de falar com gente de São Paulo. Achava que tinha que ter muita técnica para falar. E daí, com o tempo, fui me desenvolvendo e o pessoal me agradecia e me dava valor e agora eu já aprendi bastante coisa com

eles. Agora tenho maior prazer de explicar as coisas para eles. Agora acho que está mais fácil, que tenho tudo na idéia, o que vou explicar. Esta é a diferença do primeiro grupo do que agora". (Pisciotta, 1994, p.42-3)

A atuação integrada com guias de turismo pode amenizar essas dificuldades quando as experiências vivenciadas entre os profissionais integram-se no processo de condução dos grupos e interpretação dos ambientes naturais e culturais da localidade e região. Enquanto os condutores absorvem técnicas de condução e comunicação que facilitam a sua integração com os visitantes, os guias, por sua vez, adquirem muitos conhecimentos tradicionais dos condutores locais.

Os guias de turismo, ao conduzirem os grupos a destinos turísticos, desenvolvem atividades previstas legalmente no exercício da sua profissão, que está regulamentada na Lei n. 8.623, de 28 de janeiro de 1993, que estabelece e diferencia sua atuação em caráter regional,[18] nacional,[19] internacional[20] e especializado em atrativo turístico.[21] Entretanto, para exercerem as atividades, devem apresentar a conclusão do curso profissional de instituição reconhecida pelo Ministério do Turismo (Brasil, 1993).

As atividades profissionais dos guias de turismo e condutores não se sobrepõem, mas complementam-se, pois os condutores locais ainda não possuem suas atividades profissionais regulamentadas. No entanto, é fundamental desenvolver ações em curto, médio e longo prazos, em um processo de regulamentação legal para a atuação profissional dos condutores ambientais locais no país.

Os processos de regulamentação profissional são fundamentais, mas demandam tempo e esforços técnicos e políticos. Ante as prementes neces-

---

[18] Regional: "atividades para recepcionar, trasladar, acompanhar, prestar informações e assistência aos turistas, em roteiros locais ou intermunicipais para visita a atrativos turísticos no país" (Brasil, 1993).

[19] Nacional: "atividades que compreendem o acompanhamento e a assistência a grupos de turistas, durante todo o percurso da excursão de âmbito nacional ou realizada na América do Sul, adotando, em nome da agência de turismo responsável pelo roteiro, todas as atribuições de natureza técnica e administrativa necessárias à fiel execução do programa" (Brasil, 1993).

[20] Internacional: "mesmas atividades para a classificação de Nacional em outros países" (Brasil, 1993).

[21] Especializado em atrativo turístico: "atividades são realizadas em atrativos turísticos no país para o qual recebeu a formação" (Brasil, 1993).

GESTÃO AMBIENTAL E SUSTENTABILIDADE NO TURISMO

sidades de capacitação profissional para condutores ambientais locais, estes assumem o papel de parceiros na conservação das áreas naturais protegidas e na minimização dos impactos do turismo nessas áreas. Além disso, tais ações de capacitação deverão favorecer e ampliar a inserção social dessas comunidades que, em muitos casos, ficam socialmente excluídas, ao serem impossibilitadas de exercer outras atividades econômicas em razão das próprias restrições impostas pela legislação ambiental.

A regulamentação da atividade do condutor ambiental local passa pelo estabelecimento de diretrizes e de um currículo mínimo para capacitação, que sejam convencionados pelos órgãos gestores e possam desencadear mecanismos de regulamentação e credenciamento para atuação profissional nessas unidades e em seus respectivos entornos.

Os órgãos gestores de unidades de conservação da natureza, ao estabelecerem diretrizes curriculares para a formação do condutor ambiental local, deverão identificar os temas pertinentes a serem abordados: patrimônio ambiental e cultural local, sua conservação e gestão, técnicas para interpretação e condução das unidades de conservação e entorno, primeiros socorros e resgate dos visitantes em situações de risco. Com base nessas diretrizes, deverão desenvolver mecanismos de capacitação para as comunidades, critérios transparentes e democráticos para selecionar e credenciar os profissionais que poderão atuar nas unidades de conservação selecionadas.

CAPACITAÇÃO PROFISSIONAL PARA CONDUTORES AMBIENTAIS LOCAIS

Os programas de capacitação profissional para condutores ambientais locais devem identificar metodologias pedagógicas participativas para a formação de adolescentes e adultos, com dinâmicas que integrem o saber tradicional das comunidades locais com os conhecimentos em meio ambiente e cultura, turismo, técnicas de condução de grupos, interpretação e segurança.

As atividades pedagógicas aplicadas com dinâmicas teóricas e práticas devem possibilitar ao cidadão local utilizar e reelaborar novos conceitos, de maneira a reconhecer os conhecimentos preexistentes dessas comunidades, especialmente sobre o patrimônio ambiental e cultural local, na busca de autonomia no processo de aprendizagem e de maior consciência crítica sobre o contexto socioambiental em que está inserido.

Paulo Freire (1996, p.25-33) afirma que:

> ensinar não é transmitir conhecimento, mas criar as possibilidades para sua produção ou a sua construção [...] ensinar exige respeito aos educandos, aos seus saberes tradicionais, saberes socialmente construídos de geração em geração na prática comunitária.

Essas atividades precisam ser adequadas às realidades locais e regionais em que são desenvolvidas, para que os condutores locais possam questionar-se sobre o efetivo valor do seu patrimônio natural, histórico e cultural, para serem agentes do processo de aprendizagem e da atuação profissional e para que não estejam suscetíveis a descaracterizações ou aniquilamentos de traços culturais, fundamentais para salvaguardar essas comunidades locais no ambiente em que vivem.

As ações de capacitação profissional para formação de condutores ambientais locais geram expectativas nos integrantes das comunidades sobre as possibilidades de inserção direta no mercado de trabalho do ecoturismo. Dessa forma, as instituições que realizarem ações de capacitação deverão avaliar previamente as reais possibilidades de inserção no mercado de trabalho desses profissionais, com base na análise da demanda ecoturística da localidade e região, a fim de evitar excedentes na oferta de recursos humanos e a geração de conflitos e frustrações.

Essas ações devem estimular o associativismo e cooperativismo nas comunidades receptoras, a fim de que os mecanismos desenvolvidos para inserção dos condutores no mercado ecoturístico sejam eficientes. A qualificação profissional do condutor ambiental local está relacionada ainda às experiências adquiridas em programas de estágio profissional; em programas de pesquisa, nas diversas áreas do conhecimento em turismo e meio ambiente; e em processos de planejamento, gestão e manejo em unidades de conservação, públicas e privadas, e em outros sítios ecoturísticos. No depoimento a seguir, de um condutor do Parque Estadual Intervales, observa-se o valor dos conhecimentos empíricos daqueles que vivem em estreita convivência com o ambiente natural:

> reunindo os conhecimentos que já possuíam e o que haviam aprendido no contato com pesquisadores, os condutores manifestaram, nos depoimentos, o adequado padrão desenvolvido: "[...] dá pra perceber que uma onça é nova pela pegada. As onças novas têm as pegadas mais lisinhas e as onças adultas têm

as pegadas mais rústicas. As onças pintadas têm seu território. Elas andam muito, quando a fêmea está no tempo de acasalamento. As onças pardas são as que arranham o chão. A pintada usa arranhar as árvores". (Pisciotta, 1994, p.42)

Essa integração pode ser favorecida por meio de associações ou cooperativas de condutores que poderão estabelecer convênios e parcerias com instituições de ensino e pesquisa e com as próprias unidades de conservação.

EXPERIÊNCIAS EM CAPACITAÇÃO PARA CONDUTORES AMBIENTAIS

Ao longo das últimas duas décadas foram oferecidos inúmeros cursos de capacitação desses profissionais por meio de instituições de ensino, organizações não-governamentais e governamentais, porém até hoje essas ações não foram devidamente padronizadas ou vinculadas a uma regulamentação da atividade do condutor nas unidades de conservação em nível nacional nem desencadearam um processo de regulamentação profissional.

As iniciativas em capacitação de condutores realizadas pelos órgãos governamentais demonstram o reconhecimento desses profissionais, integrantes das comunidades locais, como parceiros na gestão de unidades de conservação. Algumas dessas ações de capacitação, que integraram órgãos governamentais, ONGs e iniciativa privada, foram pioneiras no Brasil, como ocorreu em São Paulo, na década de 1990, no Parque Estadual Nascentes do Rio Tietê e na região do Vale do Ribeira, no contínuo ecológico formado por unidades de conservação estaduais, como Parque Estadual Intervales, Parque Estadual do Alto Ribeira, Parque Estadual de Jacupiranga, Parque Estadual Carlos Botelho; ou em Goiás, no Parque Nacional da Chapada dos Veadeiros.

As reflexões apresentadas a seguir, sobre o currículo mínimo necessário para a capacitação de condutores ambientais locais, estão baseadas principalmente nas experiências vivenciadas pelos autores nas ações de capacitação desenvolvidas no âmbito do Programa de Desenvolvimento do Ecoturismo para a Amazônia (Proecotur), da Secretaria de Desenvolvimento Sustentável (SDS), do Ministério do Meio Ambiente (MMA), além de outras realizadas pelo Parque Nacional da Chapada dos Veadeiros e da

Secretaria do Meio Ambiente do Estado de São Paulo, especialmente aquelas realizadas na Região do Vale do Ribeira, e da empresa Bioma – Educação e Assessoria Ambiental.

Foram executadas ao longo de 2005, pelo Proecotur, quinze ações de capacitação para Condução de Grupos em Ambientes Naturais, realizadas nos respectivos pólos de ecoturismo da Amazônia identificados pelo programa. Realizou-se uma licitação pública para contratação pelo MMA, na qual o vencedor foi um consórcio formado pela Ruschmann Consultores e a MundiServiços, que capacitou 368 pessoas nos quinze cursos realizados nos nove estados da Amazônia. O material didático elaborado apresenta como temas: meio ambiente, ecoturismo, atuação profissional do condutor e indicações para atendimento em caso de primeiros socorros (Brasil, 2005).

Outra experiência pioneira que relaciona parâmetros curriculares mínimos para a capacitação de condutores com o processo de regulamentação da atividade em unidades de conservação do estado de São Paulo foi a Resolução da Secretaria do Meio Ambiente do Estado de São Paulo, SMA-SP n. 32/98, de 31 de março de 1998, para regulamentar o credenciamento de condutores ambientais em ecoturismo e educação ambiental nas unidades de conservação do estado administradas por essa secretaria (São Paulo, 2006).

Essa resolução propõe um curso dividido em cinco módulos, sendo o primeiro sobre temas básicos em meio ambiente e unidades de conservação, o segundo sobre a área de turismo, o terceiro sobre a atuação do condutor e técnicas de condução de grupos, o quarto sobre primeiros socorros e o quinto sobre aspectos regionais da gestão das unidades de conservação e de segurança. A carga horária total do curso foi estabelecida em 100 horas/aulas presenciais e 120 horas de estágio (São Paulo, 2006).

Outra iniciativa que deverá servir de parâmetro futuramente para capacitação em um eventual processo de regulamentação da atividade desses profissionais nas unidades de conservação vem sendo desenvolvida em parceria entre o Programa Nacional de Ecoturismo do Ministério do Meio Ambiente e o ICMBio, prioritariamente em algumas unidades de conservação dos estados do Maranhão, Piauí, Pará, São Paulo e Minas Gerais, que deverá ser referência para o estabelecimento de um currículo mínimo a ser contemplado em outras ações de capacitação, em unidades de conservação nos demais estados do país.

A decisão do MMA/ICMBio em priorizar esses estados baseou-se no fato dessas UCs fazerem parte dos destinos identificados como prioritários no Ministério do Turismo (MTur).

A empresa Bioma Educação e Assessoria Ambiental desenvolveu, de 1990 a 2001, atividades de estudos do meio para escolas da região metropolitana de São Paulo, das redes de ensino público e privado. Para fortalecer as atividades realizadas pelos condutores em educação ambiental, nos estudos do meio, a equipe da empresa estruturou um curso específico. Os condutores tinham, em sua grande maioria, formação técnica ou acadêmica nas áreas que se relacionam com turismo e meio ambiente. Dessa forma, ao longo desse período, foram desenvolvidas seis edições desse curso, e, a partir da segunda versão até a última, estabeleceu-se uma parceria com a Fundação SOS Mata Atlântica.

Os cursos da Bioma apresentavam uma carga horária de 44 horas, distribuídas em 20 horas teóricas e 24 horas em dinâmicas e práticas, com uma atividade em trilha, para que fosse possível vivenciar os diversos ecossistemas litorâneos da Mata Atlântica, geralmente no litoral norte do estado de São Paulo. As questões teóricas foram estruturadas em uma apostila que abordava conceitos básicos em ecologia, técnicas para condução de grupos em áreas naturais, orientações básicas em cartografia, técnicas para interpretação e educação ambiental, primeiros socorros e resgate, estes promovidos por um integrante do Corpo de Bombeiro da cidade de São Paulo.

As experiências vivenciadas pela Bioma na estruturação e execução desses cursos enfocavam um trabalho de educação ambiental cujos agentes eram estudantes universitários ou profissionais com nível universitário de diversas áreas, especialmente as relacionadas ao meio ambiente. Os alunos que mais se destacavam nesses cursos eram convidados a trabalhar como condutores em educação ambiental na Bioma. Assim, estabelecia-se um padrão de qualidade do trabalho do condutor em educação ambiental. Fortaleciam-se as dinâmicas de interpretação ambiental que eram trabalhadas de forma interdisciplinar nos estudos do meio.

Embora o público-alvo possuísse perfil diferente do condutor local, os assuntos abordados eram muito similares, variando muito mais a forma de abordagem do que propriamente o conteúdo. Ao longo desses cursos, percebeu-se a necessidade de capacitação também do condutor ambiental local, ou seja, das pessoas que residiam nas áreas naturais protegidas ou em seus entornos.

A Bioma, em parceria com a SOS Mata Atlântica, realizou no ano de 1997, em Salesópolis, município onde se situa o Parque Estadual Nascentes do Rio Tietê, um curso de capacitação para um grupo de condutores ambientais locais dessa cidade e para aqueles que trabalhavam no parque e nas áreas de entorno.

PROPOSTA CURRICULAR MÍNIMA PARA CAPACITAÇÃO DE CONDUTORES AMBIENTAIS LOCAIS

A proposta curricular mínima para a capacitação dos condutores ambientais locais aqui apresentada contempla as experiências acumuladas por meio dos cursos aplicados pela empresa Bioma, as experiências em docências em disciplinas e os programas de pesquisa para cursos em graduação em turismo, nas atuações em consultoria para planejamento e sensibilização sobre ecoturismo em diversas regiões do país e nas propostas que vêm sendo discutidas no âmbito do MMA, Ibama e, mais recentemente, do ICMBio.

A estrutura curricular, delineada a seguir, ainda está em processo de elaboração e desenvolvimento no âmbito do MMA, Ibama e ICMBio para os cursos de capacitação de condutores locais e deverá ser dividida em quatro módulos temáticos. O primeiro versará sobre meio ambiente e cultura, com 60 horas/aula, o segundo abordará questões relacionadas ao turismo e à sustentabilidade, com 32 horas/aula, o terceiro terá como foco a atuação profissional do condutor no mercado de trabalho, com 60 horas/aula e o quarto, com 40 horas/aula, apresentará questões de segurança e equipamentos que poderão ser utilizados em atividades de ecoturismo em áreas naturais.

Quanto à abrangência e à diversidade dos temas apresentados, acredita-se que esse modelo seja o mais adequado, pois ele permite a flexibilidade necessária para as adequações que se fizerem necessárias diante da diversidade biológica e cultural das regiões brasileiras.

Primeiro módulo: meio ambiente e cultura

O módulo "Meio ambiente e cultura" deverá contemplar temas que apresentem bases conceituais da ecologia, caracterização geral das paisagens dos biomas brasileiros e das ecorregiões em que o condutor está inserido e apresentação das principais singularidades da biodiversidade e dos ecossistemas, flora e fauna dos recursos naturais brasileiros.

Nesse módulo, a legislação ambiental deve correlacionar gestão ambiental às principais leis em vigor para a conservação dos recursos naturais e das unidades de conservação no Brasil e refletir sobre os principais impactos relacionados ao patrimônio natural, como biopirataria e tráfico de animais silvestres.

É recomendável refletir como a unidade de conservação está inserida no contexto regional, sua integração com outras unidades, formação de mosaicos ou corredores ecológicos, sendo possível identificar as principais características. É importante apresentar documentos que abordem questões sobre planejamento, como o plano de manejo e o programa de visitação, quando houver, e regulamentos para o uso público. Deverão ser abordados também os procedimentos administrativos utilizados de forma padronizada em unidades de conservação e as diretrizes e recomendações para planejamento e gestão da visitação, principalmente nas categorias que contemplem o uso público. É importante que os condutores se familiarizem com os documentos que regulamentam o funcionamento das respectivas unidades de conservação nas quais estarão atuando.

As reflexões sobre questões geográficas e geológicas e as abordagens acerca das características culturais devem considerar a integração dos aspectos históricos e culturais das localidades ou regiões com o caráter ambiental e paisagístico.

Quando da exposição dos conhecimentos tradicionais, devem ser priorizados expositores ou representantes das comunidades, principalmente aqueles ou aquelas que contribuem para melhor revelar seus traços culturais. Essas pessoas devem participar das atividades teóricas e práticas no processo de capacitação dos condutores.

Segundo módulo: turismo e sustentabilidade

O segundo módulo abordará questões relacionadas ao turismo e à sustentabilidade, como: turismo e hospitalidade; princípios e critérios do turismo sustentável para conservação do patrimônio natural, histórico, cultural e integração de comunidades; impactos negativos e positivos do turismo; caracterização dos principais segmentos, como ecoturismo, aventura, rural e cultural; principais atividades compatíveis com recursos naturais a serem utilizados; equipamentos necessários para cada atividade, como caminhadas de curta duração ou *trekking*,[22] acampamentos, escaladas, pesca esportiva, *rafting*,[23] *canyoning*,[24] *caving*,[25] *paraglyder*,[26] entre outras atividades que são realizadas nas localidades e região; análise do mercado e perfil dos visitantes; e uma abordagem sobre o panorama geral do ecoturismo no Brasil.

Nesse módulo, é pertinente ainda a abordagem da *legislação turística e regulamentações* – com os aspectos gerais e os direitos do consumidor, baseados nas organizações responsáveis pela Proteção e Defesa dos Consumidores (Procon) – e sobre o processo de normalização e certificação do profissional de guias de turismo nas diversas categorias. Devem-se apresentar as diferenças e complementaridades na atuação de guias de turismo e condutores ambientais locais.

Terceiro módulo: o trabalho do condutor

Para esse módulo é preciso definir a atuação profissional do condutor ambiental local. Os temas sugeridos são: atuação profissional e ética; relações interpessoais; apresentação pessoal e atendimento ao público; cadastramento e credenciamento de condutores; e associativismo e cooperativismo que visam ao fortalecimento da categoria e ao melhor ordenamento da atividade pelos condutores ambientais em unidades de conservação e nas áreas de entorno.

Nesse módulo deverão ser abordados temas como a identificação de atrativos e trilhas; roteiros e itinerários ecoturísticos locais e regionais; questões operacionais do produto ecoturístico, com noções de orientação geo-

---

[22] "Caminhada com pernoite [...] de dois ou mais dias em que os participantes precisam carregar parte dos equipamentos em mochilas, pernoitando em acampamentos ou utilizando meio de hospedagem, como pousadas e casas de família" (Ferreira e Coutinho, 2002, p.33).

[23] "Atividade relacionada à descida em rios com encachoeirados e corredeiras, utilizando botes infláveis movidos a remo com capacidade para seis a oito pessoas, com equipes especializadas e equipamentos para segurança" (Ferreira e Coutinho, 2002, p.33).

[24] "Atividades associadas às descidas em cachoeiras com técnicas verticais, com profissionais e equipamentos especializados" (Ferreira e Coutinho, 2002, p.32).

[25] "Visita às cavernas originárias das expedições realizadas na espeologia, com a realização de atividades recreativas, com equipes especializadas e equipamentos" (Ferreira e Coutinho, 2002, p.34).

[26] "São vôos planados que utilizam equipamentos individuais de sustentação aerodinâmica. O prolongamento do vôo é obtido com a utilização de correntes de ar ascendentes" (Ferreira e Coutinho, 2002, p.32).

gráfica em áreas naturais; e apresentação do Programa Conduta Consciente em Ambientes Naturais, desenvolvido em parceria com o Centro Excursionista Universitário de São Paulo e o Ministério do Meio Ambiente.

Também devem ser apresentadas técnicas de condução de visitantes ao patrimônio natural, histórico e cultural, com atividades e dinâmicas para interpretação ambiental, história e tradições locais e com atividades lúdico-educativas na natureza.

Apresenta ainda metodologias e técnicas para condução e manejo em áreas naturais para a visitação turística e recreativa, técnicas para implantação, recuperação e manutenção de trilhas, como capacidade de carga, Visitor Impact Management (VIM) e Limits Acceptable Change (LAC), ou metodologias que foram implementadas pelas localidades ou unidades de conservação.

Quarto módulo: primeiros socorros e segurança

Nesse módulo devem ser contemplados temas como: primeiros socorros, indicando técnicas e normas de segurança preventiva, de resgate, imobilização e transporte de feridos; travessias e salvamentos aquáticos; equipamentos de segurança; e técnicas para prevenção, combate e segurança de incêndios gerais e florestais.

Em todos os módulos, os temas deverão ser trabalhados utilizando-se dinâmicas pedagógicas e integração de apresentações teóricas com atividades práticas, a fim de tornar o processo de ensino-aprendizagem mais eficiente e agradável.

Com base na aplicação desses princípios curriculares mínimos, devem ser planejados e implementados cursos mais específicos por atividade turística: meio terrestre (*trekking, caving,* ciclismo, montanhismo e escalada), aquático (*rafting, canyoning* e espeleomergulho) e aéreo (vôo livre e *paraglyder*), entre outras modalidades.

É preciso observar a necessidade de aperfeiçoamento profissional dos condutores ambientais locais com base nas características de cada região e no perfil das atividades realizadas em cada localidade, verificando que cada uma delas requer técnicas e equipamentos específicos que precisam ser apreendidos e exercidos pelos condutores.

ASPECTOS METODOLÓGICOS PARA O CURSO DE CONDUTORES AMBIENTAIS LOCAIS

Para a realização do curso, recomenda-se o estabelecimento de parcerias locais ou regionais a fim de que as instituições possam contribuir na cessão de profissionais aptos a ministrarem as disciplinas previstas no curso de condutores ambientais locais, na utilização de infra-estrutura e equipamentos e na realização de atividades teóricas previstas em sala de aula ou práticas vivenciais em campo.

O curso é estruturado em quatro módulos com 21 temas estabelecidos, sendo quinze de caráter teórico e seis de atividades vivenciais. As quinze disciplinas, nas atividades pedagógicas presenciais, poderão utilizar metodologias participativas por meio de técnicas pedagógicas construtivistas que façam exposição dos conceitos contemplados nas ementas, de forma dinâmica e interativa.

A carga horária proposta é de 192 horas, distribuídas em dezenove eixos temáticos, organizados em quatro módulos e com oito visitas técnicas (VTs) distribuídas ao longo do curso, sendo a primeira ao final do primeiro módulo e a segunda ao final do segundo módulo. No terceiro módulo é proposta a realização de quatro VTs e no último módulo mais duas VTs. A concentração de VTs no terceiro módulo ocorre em função de tratar-se do eixo temático que aborda o trabalho do condutor ambiental, exigindo desta forma uma abordagem com maior carga de atividades práticas. Para a realização do estágio, é proposta uma carga horária de 80 horas, que devem ser realizadas nas unidades de conservação ou nos sítios turísticos em que o condutor irá atuar. Deve-se considerar a experiência prévia dos condutores.

Como atividades fora da sala de aula, podem ser realizadas reuniões presenciais mensais ou ainda palestras e outras atividades que contribuam para ampliar os conhecimentos ofertados aos alunos do curso de condutores.

Recomenda-se que as apresentações dos módulos e disciplinas devam ser seqüenciais, com atividades pedagógicas realizadas semanal ou quinzenalmente. O processo de planejamento das atividades deve ser adaptado à realidade de cada localidade ou região, em que podem ser adequados dias ou horários de acordo com a conveniência dos participantes e disponibilidade dos instrutores.

O desenvolvimento do estágio deve contemplar a experimentação dos conceitos teóricos, em atividades práticas programadas nas áreas destinadas à visitação pública em unidades de conservação ou sítios turísticos, com os visitantes e as equipes técnicas, a fim de ampliar o aprendizado para atuação profissional dos condutores ambientais locais na condução de grupos em áreas naturais.

Deverá ser realizada uma orientação geral aos professores/instrutores, para que estes possam organizar seus conteúdos programáticos de acordo com o estabelecido nas ementas, realizar as adequações que geralmente se fazem necessárias no processo pedagógico a ser aplicado, conforme a realidade e as necessidades locais ou regionais.

A seleção para cada turma do curso de condutores ambientais locais deverá ser realizada individualmente seguindo critérios previamente estabelecidos que podem ser adequados em reuniões participativas nas localidades. Por fim, é interessante que seja desenvolvido o cadastramento dos condutores ambientais locais aprovados para que possam atuar nas unidades de conservação.

CONSIDERAÇÕES FINAIS

Os representantes das comunidades tradicionais que vivem em unidades de conservação ou nas áreas de entorno são potencialmente parceiros da conservação dessas áreas, porém, para tanto, é preciso que sejam planejados e desenvolvidos mecanismos que possam beneficiá-los; nesse sentido, o ecoturismo coloca-se como uma das possibilidades.

As atividades de interpretação e condução de grupos em áreas naturais conservadas, quando realizadas por condutores ambientais, colocam-se como forma de valorização da cultura dessas comunidades, principalmente aquelas que refletem o seu modo de vida tradicional.

A integração profissional entre o guia de turismo e o condutor ambiental local contribui para melhor qualificar os profissionais que atuam diretamente na condução de grupos em áreas naturais.

Para que representantes dessas comunidades possam ser inseridos de forma adequada no mercado de trabalho referente ao ecoturismo, acredita-se que a principal ferramenta é a disponibilização de cursos para capacitação profissional para condutores ambientais locais. Entretanto, é fundamental considerar alguns aspectos: planejamento das ações para capacitação, definição dos parceiros diretamente envolvidos e dos instrutores para cada eixo temático, realização de um cronograma de ações e previsão das localidades ou dos sítios que serão objeto de visitação nas atividades práticas ou para a realização de estágio nas diversas regiões brasileiras.

As parcerias locais e regionais são fatores determinantes para realização dos cursos pela importância das articulações profissionais e políticas que devem ser realizadas previamente entre gestores públicos e privados em unidades de conservação e sítios turísticos, minimizando custos e valorizando os profissionais existentes na região.

O processo de formação profissional para condutores ambientais locais aqui proposto trata-se de uma capacitação básica a fim de que se possa oferecer serviços com um padrão mínimo de qualidade. Os cursos deverão apresentar um caráter interdisciplinar que permeie as áreas específicas em meio ambiente, turismo, atuação profissional dos condutores, primeiros socorros e resgate. Entretanto, a integração de temas em um mesmo curso e a aplicação dos conceitos em atividades práticas e nos estágios são fundamentais para a melhor compreensão do caráter teórico presente nessas áreas.

A proposição de atividades práticas, ou seja, de visitas técnicas nas unidades ou sítios turísticos, pretende promover maior aplicabilidade das atividades teóricas conceituais definidas para que os condutores possam identificar de forma mais didática e adequada experiências vivenciais de aspectos teóricos complexos.

Como forma de aperfeiçoamento profissional contínuo em técnicas de atividades que apresentam risco aos condutores e visitantes, deve-se considerar promoção permanente e seqüencial de cursos de aperfeiçoamento dos condutores ambientais locais cadastrados, em razão das especificidades das atividades turísticas realizadas em áreas naturais, como caminhadas em trilhas, descidas em rios, corredeiras ou cachoeiras com equipamentos específicos que requerem técnicas adequadas para promover a segurança desejada aos condutores e visitantes de unidades de conservação ou sítios de visitação turística.

Os cursos específicos, que deverão ser oferecidos complementarmente, referem-se às atividades turísticas de aventura, como caminhadas em trilhas de longa duração, escaladas, ciclismo, entre outros, além de atividades com equipamentos em meio aquático, como *rafting, boiacross, acquaride*, caiaque ou canoas, entre outros. Esses cursos devem ser preferencialmente realizados em parcerias com os gestores públicos e privados nas unidades de conservação ou nos sítios turísticos do entorno. Deve-se considerar que o MTur, por meio de convênio com a Associação Brasileira das Empresas de Turismo de Aventura (Abeta), vem realizando um trabalho cujo objetivo é a normatização de atividades de aventura e de capacitação de condutores para essas atividades.

O desenvolvimento de um processo de capacitação e regulamentação da atividade do condutor ambiental local deverá gerar uma série de fatores positivos para as áreas de visitação turística e para as comunidades locais. Para tanto, é fundamental o estabelecimento de um parâmetro curricular mínimo que seja adotado pelos órgãos gestores e convencionado como ideal para capacitação desse profissional.

Imagina-se que, pelo estabelecimento desse parâmetro, os órgãos gestores de unidades de conservação poderão reconhecer a atividade profissional dos condutores no interior das unidades de conservação e regulamentar a relação destas com esses profissionais, que deverão ser cadastrados para atuar segundo os dos critérios estabelecidos pelos órgãos gestores, na condução de visitantes e no condução do uso público das unidades de conservação.

O acesso aos processos de formação e qualificação profissional para a condução de grupos de visitantes em áreas naturais potencializa a melhor inserção no mercado de trabalho aos integrantes das comunidades, maximiza a qualidade das experiências obtidas na visitação e pode ampliar a compreensão sobre a importância da conservação ambiental pelos visitantes. Além disso, esse acesso otimiza os mecanismos disponíveis para ordenamento e minimização dos impactos em atividades de visitação ecoturística no interior das unidades de conservação e nas áreas do entorno.

A regulamentação dessa atividade no interior das unidades de conservação poderá induzir um processo mais abrangente de regulamentação profissional, passando pelo Cadastro Brasileiro de Ocupações, do Ministério do Trabalho, e até pela elaboração de legislação específica que reconheça o condutor como profissão.

Esse processo deverá oferecer maior reconhecimento da importância do trabalho do condutor com o propósito de valorizar sua atividade profissional, promover inserção social, melhorar o nível de qualidade de serviços ecoturísticos oferecidos, promover o desenvolvimento de atividades de educação ambiental perante os visitantes, aperfeiçoar a condução e o controle dos impactos da visitação em unidades de conservação e melhorar a qualidade de vida das comunidades envolvidas.

REFERÊNCIAS

Associação dos Condutores de Visitantes da Chapada dos Veadeiros. Disponível em: http://www.chapada.com/portugues/acvcv.htm. Acessado em: 11 abr. 2006.

Brasil. Ministério do Comércio, Indústria e Turismo. Embratur (Instituto Brasileiro de Turismo). Decreto n. 946, de 1º.10. 1993. Regulamenta a Lei n. 8.623, de 28 de janeiro de 1993, que dispõe sobre a profissão de Guia de Turismo e dá outras providências. Publicado no D.O.U de 4.10.93. Disponível em: http://institucional.turismo.gov.br/mintur/parser/ministerio/legislacao/item.cfm?id=069FD410-E07D-D342-8272309CB4C9B94C. Acesso em: 25 jan. 2006.

_____. Ministério do Meio Ambiente, dos Recursos Hídricos e da Amazônia Legal, Ministério da Indústria e Comércio e Instituto Brasileiro de Turismo. **Diretrizes para uma política nacional: ecoturismo.** Brasília: MMA, MICT, Embratur, 1994.

_____. Ministério do Meio Ambiente. **Noções básicas para condução de visitantes em áreas naturais.** In: Egydio, L.; Rodrigues, V.L.J.; Mattos Jr., J.B. Brasília: MMA/SDS/Proecotur, 2005.

_____. Ministério do Meio Ambiente. **Banco de Dados: Referências e Contatos sobre instituições e/ou empresas que utilizam recursos naturais do Cerrado.** s. d. Disponível em: http://www.mma.gov.br/port/sdi/ea/vcbc/htms/banco.htm. Acesso em: 11 abr. 2006.

Cascino, F. **Educação ambiental: princípios, história e formação de professores.** São Paulo: Senac, 1999.

[CMMAD] Comissão Mundial Sobre Meio Ambiente e Desenvolvimento. **Nosso futuro comum.** 2.ed. Rio de Janeiro: Fundação Getulio Vargas, 1991. 430p.

Coutinho, M.C.B. **Ecoturismo: reservas extrativistas no Brasil e experiências da Costa Rica.** São Paulo, 2000. 157p. Dissertação (Mestrado). Universidade de São Paulo.

_____. **Manual para capacitação em gestão ambiental para o turismo sustentável.** Brasília: MMA/SEDR, 2006. 207p.

Cunha, M.C. da; Almeida, M.W.B. Populações tradicionais e conservação ambiental. In: Neríssmo, A. et al. (Orgs.) **Biodiversidade da Amazônia brasileira: avaliação e ações prioritárias para a conservação, uso sustentável e repartição de benefícios.** São Paulo: Estação Liberdade, Instituto Socioambiental, 2001.

Diegues, A.C. **O mito moderno da natureza intocada.** São Paulo: Núcleo de Apoio à Pesquisa sobre Populações Humanas e Áreas Úmidas do Brasil (Nupaub), USP, 1994.

GESTÃO AMBIENTAL E SUSTENTABILIDADE NO TURISMO

DINES, M; BARROS, M.I.A. **Mínimo impacto em áreas naturais: uma mudança de atitude.** In: SERRANO, C. (Org.) **A educação pelas pedras.** São Paulo: Chronos, 2000. 190p.

FERREIRA, L.F. **Ecoturismo: estágio no Brasil e Peru 1: experiências brasileiras em capacitação.** São Paulo, 2003. 196p. Dissertação (Mestrado). Universidade de São Paulo.

FERREIRA, L.F.; COUTINHO, M.C.B. **Ecoturismo: visitar para conservar e desenvolver a Amazônia.** Brasília: MMA, SCA, Proecotur, 2002. 52p.

FREIRE, P. **Pedagogia da autonomia: saberes necessários à prática educativa.** São Paulo: Paz e Terra, 1996. (Coleção Leitura).

[IBAMA] INSTITUTO BRASILEIRO DO MEIO AMBIENTE E DOS RECURSOS NATURAIS RENOVÁVEIS. **Unidade: Parque Nacional da Chapada dos Veadeiros.** Disponível em: http://www. ibama.gov.br/siucweb/mostraUc.php?seqUc=12. Acessado em: 3 abr. 2006.

[IUCN] UNIÃO INTERNACIONAL PARA A CONSERVAÇÃO DA NATUREZA. **Cuidando do planeta Terra: uma estratégia para o futuro da vida.** São Paulo: UICN, PNUMA, WWF, 1992.

LÉVÊQUE, C. **La biodiversité.** Paris: PUF, 1997. (Col. Que sais-je).

MATSUSHIMA, K. et al. **Educação ambiental: guia do professor de 1º e 2º graus.** São Paulo: Secretaria de Estado do Meio Ambiente, Companhia de Tecnologia e Saneamento Ambiental, 1987.

PAGANI, M.I. et al. As trilhas interpretativas da natureza e o ecoturismo. In: LEMOS, A.I.G. **Impactos sócio-ambientais.** São Paulo: Hucitec, 1996.

PIRES, M.J.; BASSO, M.C. Ambientação de base histórica: uma expressão de marketing. **Revista Turismo em Análise,** v. 3, n. 2, nov. 1992.

PISCIOTTA, K. Educação ambiental. In: FUNDAÇÃO PARA A CONSERVAÇÃO E A PRODUÇÃO FLORESTAL DO ESTADO DE SÃO PAULO. **Intervales.** São Paulo: A Fundação, 1994. p.37-44.

ROSS, J.L.S. (Org.) **Geografia do Brasil.** São Paulo: USP, 1995. (Didática, 3)

SÃO PAULO. Fundação para a Conservação e Produção Florestal. **Parque Estadual Intervales: plano de gestão ambiental – fase 1.** São Paulo: Fundação para a Conservação e Produção Florestal, Secretaria do Meio Ambiente, 1998.

_____. Secretaria do Meio Ambiente. Resolução SMA/SP-32, de 31.3.1998. Regulamenta a visitação pública e credenciamento de guias, agências, operadoras e monitores ambientais, para o ecoturismo e educação ambiental nas unidades de conservação do Estado. Disponível em: http://www.ambiente.sp.gov.br/ecotur/resolecotur.doc. Acesso em: 30 jan. 2006.

SERRANO, C. (Org.) **A educação pelas pedras.** São Paulo: Chronos, 2000.

SILVEIRA, A.R.M. **Vila São Jorge & Parque Nacional da Chapada dos Veadeiros: o impacto cultural de um projeto ecológico.** Brasília, 1997. (Série Antropologia). Disponível em: http://www.unb.br/ics/dan/Serie214empdf.pdf. Acessado em: 25 jan. 2006.

[SNUC] SISTEMA NACIONAL DE UNIDADES DE CONSERVAÇÃO DA NATUREZA. Lei n. 9.985, de 18 de julho de 2000; Decreto n. 4.340, de 22 de agosto de 2002. 2.ed. Brasília: MMA, SBF, 2002.

SWARBROOKE, J. **Turismo sustentável: conceitos e impacto ambiental.** v. 1. Trad. Margarete Dias Pulido. São Paulo: Aleph, 2000.

Visitação Sustentável em Unidades de Conservação | 17

Anna Júlia Passold
Engenheira Florestal, Instituto Ekos Brasil
Sônia Maria Sfair Kinker
Química, Secretaria do Meio Ambiente-PA

INTRODUÇÃO

A conservação da natureza e a proteção do meio ambiente deveriam acontecer independentemente de considerações econômicas, visto que são essenciais à manutenção da vida humana. Entretanto, levando-se em conta as altas taxas de destruição e de extinção dos recursos naturais, faz-se necessário imprimir um sentido de valor à conservação da biodiversidade, para que a sociedade como um todo, e cada pessoa em particular, sejam persuadidas de que esta redunda em benefício pessoal e geral para a humanidade (Ibama/GTZ, 1997).

Calcula-se que um terço da biodiversidade mundial esteja concentrada nos territórios brasileiros ainda melhor conservados, em ecossistemas únicos como a Floresta Amazônica, a Mata Atlântica, os Cerrados, as áreas úmidas e os ambientes marinhos, entre outros. Uma das estratégias para se alcançar os Objetivos Nacionais de Conservação (ou seja, a conservação da biodiversidade) é o estabelecimento de uma rede de unidades de conservação (UCs). Entende-se que é a forma mais eficiente de combate ao alarmante processo de extinção em massa de espécies vitais para o planeta, esse empobrecimento (irreversível) é resultado, sobretudo, do desordenado processo de ocupação da Terra pelo homem.

As UCs são áreas naturais ou seminaturais sob regime especial de administração, criadas legalmente pelo poder público, com localização e

GESTÃO AMBIENTAL E SUSTENTABILIDADE NO TURISMO

limites definidos. Em geral, possuem características ecológicas ou paisagísticas especialmente importantes, como: elevada riqueza de espécies de flora e fauna; presença de espécies raras, endêmicas ou ameaçadas de extinção; amostras representativas de diferentes ecossistemas; significativa beleza cênica; ou recursos naturais indispensáveis para o bem-estar das comunidades humanas (Brasil, 2000).

A conservação da diversidade biológica e o seu uso sustentável[1] dependem da conservação dos *habitats* naturais. As áreas protegidas na forma de unidades de conservação são instrumentos fundamentais para alcançar esses objetivos. Além disso, fornecem um amplo leque de produtos e serviços ambientais, e protegem o patrimônio natural e cultural do país.

Para que essas áreas sejam efetivamente implementadas e alcancem os objetivos para os quais foram criadas, seus administradores vêm enfrentando uma série de desafios: o primeiro deles é mostrar à sociedade em geral, especialmente àqueles que criam as políticas públicas, que os benefícios da conservação e preservação da biodiversidade[2] são maiores do que os custos da UC (que incluem sua criação e regularização fundiária, o planejamento e sua implementação, o manejo adequado dos recursos, a proteção da unidade etc., além dos custos de oportunidade[3]); outra questão fundamental é garantir a sustentabilidade econômica dessas áreas, de modo que um volume suficiente de recursos financeiros esteja disponível para fazer frente aos custos necessários para implementá-las e manejá-las eficazmente (Dharmaratne et al., 2000; Unep/CBD/COP/7, 2004).

Além disso, a experiência tem mostrado que as UCs só sobreviverão se contribuírem para a redução das desigualdades sociais e o alívio da pobreza, por meio da promoção de oportunidades de trabalho e geração de renda, além da repartição eqüitativa dos benefícios resultantes do uso de recur-

---

[1] O uso sustentável foi definido pela Convenção da Biodiversidade como "a utilização de componentes da diversidade biológica de modo e em ritmo tais que não leve, no longo prazo, à diminuição da diversidade biológica, mantendo assim seu potencial para atender as necessidades e aspirações de gerações presentes e futuras" (Gross et al., 2005).

[2] Manutenção dos serviços ambientais responsáveis pela vida na Terra, pela interação entre os seres vivos e pela oferta dos bens e serviços que sustentam as atividades humanas e suas economias (alimentos, medicamentos, água e ar limpos e outros recursos naturais que sustentam uma ampla variedade de atividades humanas e industriais) (Gross et al., 2005).

[3] Quanto a UC geraria de recursos financeiros se sua área fosse utilizada para uma atividade econômica como a exploração de madeira (no caso de florestas), em vez de ser reservada para a conservação da biodiversidade.

sos genéticos. Entretanto, os mecanismos de financiamento das UCs têm uma forte dependência do setor público que, devido às políticas macroeconômicas do governo federal nos últimos anos, tem resultado na diminuição sistemática dos investimentos na área ambiental, principalmente para a conservação e proteção das UCs. Portanto, a preocupação e o desafio de vários setores da sociedade têm sido apontar novos mecanismos de financiamento, com recursos nacionais e internacionais, que possam resultar na independência econômica e na sustentabilidade dessas áreas protegidas.

Vários mecanismos vêm sendo criados com o objetivo de financiar a conservação: acordos de redução de dívidas em troca de proteção ambiental; redistribuição de impostos seguindo critérios de conservação (ICMS ecológico); compensação ambiental de empreendimentos potencialmente poluidores do meio ambiente; cobrança pelo uso da água; mercado de carbono; concessões florestais em áreas protegidas; concessões de serviços em UCs; doações voluntárias do setor empresarial e da sociedade civil em geral; doações voluntárias de trabalho pela comunidade; e a cobrança de taxas de visitação pública (Young, 2005).

A visitação pública, que pode levar ao desenvolvimento do turismo local, regional e até nacional, com a participação de uma diversidade de atores e forte envolvimento das comunidades locais, é uma das principais atividades geradoras de recursos para as UCs e para fora delas, e deve ser estimulada de maneira a potencializar os benefícios, sem interferir na implementação de outros programas e atividades de manejo e sem ocasionar impacto negativo aos recursos naturais e valores histórico-culturais.

O Brasil possui hoje um número significativo de UCs, divididas em grupos e em categorias, cada qual com características e objetivos de manejo[4] diferentes. Apesar do objetivo principal de criação ser sempre a conservação da natureza, o uso permitido para cada categoria é diferente. Em relação à visitação pública, as possibilidades previstas para cada categoria de UC definida no Sistema Nacional de Unidades de Conservação da Natureza (Snuc) encontram-se relacionadas no Quadro 17.1.

---

[4] Manejo é um conjunto de ações que lidam com operações do dia-a-dia, necessárias para alcançar os objetivos de um plano. É o ato de intervir, direta ou indiretamente, no meio natural com base em conhecimentos científicos e técnicos, com o propósito de promover e garantir a conservação da natureza. Medidas de proteção dos recursos, sem atos de interferência direta nestes, também fazem parte do manejo (Ibama/GTZ, 2001).

386 | GESTÃO AMBIENTAL E SUSTENTABILIDADE NO TURISMO

Quadro 17.1 - Uso público por categoria de Unidade de Conservação, segundo o Sistema Nacional de Unidades de Conservação da Natureza.

Grupo	Categoria	Uso público
Proteção Integral	Estação Ecológica	É proibida a visitação pública, exceto quando tem objetivo educacional, de acordo com o que dispuser o plano de manejo da unidade ou regulamento específico
	Reserva Biológica	É proibida a visitação pública, exceto aquela com objetivo educacional, de acordo com regulamento específico
	Parque Nacional Monumento Natural Refúgio de Vida Silvestre	A visitação pública é permitida e incentivada e está sujeita às normas e restrições estabelecidas no plano de manejo da unidade, às normas estabelecidas pelo órgão responsável por sua administração, e àquelas previstas em regulamento
Uso Sustentável	Área de Proteção Ambiental	As condições para a visitação pública nas áreas sob domínio público são estabelecidas pelo órgão gestor da unidade. Nas áreas sob propriedade privada, cabe ao proprietário estabelecer as condições para a visitação pelo público, observadas as exigências e restrições legais
	Área de Relevante Interesse Ecológico	O uso admissível dessas áreas deve ser regulado de modo a compatibilizá-lo com os objetivos de conservação da natureza
	Floresta Nacional	A visitação pública é permitida, condicionada às normas estabelecidas para o manejo da unidade pelo órgão responsável por sua administração
	Reserva Extrativista Reserva de Desenvolvimento Sustentável	A visitação pública é permitida, desde que compatível com os interesses locais e de acordo com o disposto no plano de manejo da área
	Reserva de Fauna	A visitação pública pode ser permitida, desde que compatível com o manejo da unidade e de acordo com as normas estabelecidas pelo órgão responsável por sua administração
	Reserva Particular do Patrimônio Natural	A visitação com objetivos turísticos, recreativos e educacionais poderá ser permitida na Reserva Particular do Patrimônio Natural, conforme se dispuser em regulamento

Fonte: Brasil/MMA 2000.

O PAPEL DO TURISMO E DA VISITAÇÃO NA SUSTENTABILIDADE DAS UNIDADES DE CONSERVAÇÃO

O turismo de natureza, cujo crescimento mundial estimado é de 10 a 30% ao ano (McKercher, 2002), é considerado um dos segmentos mais notáveis do mercado de turismo. No Brasil, não se sabe ao certo qual a participação desse segmento no mercado turístico, mas as estimativas realizadas pelo Instituto de Ecoturismo do Brasil (IEB) mostraram que, entre 1994 e 1995, o ecoturismo foi responsável pela movimentação de R$ 2,2 bilhões e R$ 3 bilhões, respectivamente, um salto de 36% em apenas um ano, muito acima da média mundial de 20%, sendo superior à expansão de qualquer outro segmento de negócios (Brasil, 2001).

É interessante notar que a falta de dados referentes à performance desse segmento de mercado pode estar relacionada, entre outros fatores, à confusão existente na aplicação de terminologias, em que o ecoturismo, conforme citado por WWF (2001), vem sendo pensado, praticado e classificado sob a influência de diferentes grupos de interesse e contextos socioeconômicos, culturais e ambientais. Para Janér (2003), sem um uso consistente do termo ecoturismo, a coleta de estatísticas eficazes que mostrem as tendências do segmento não é possível. Além disso, o que agrava esta situação é o fato de as estatísticas do mercado doméstico de turismo não serem coletadas de forma regular, com exceção dos dados de chegadas domésticas nos aeroportos.

Com relação aos dados de visitação nas UCs, verifica-se que aqueles atualmente gerados não têm atendido às demandas técnicas para o manejo das áreas protegidas, pois são, em sua maioria, pontuais e trazem informações muito específicas, insuficientes, que por vezes permanecem sem sistematização, sendo arquivados dentro de documentos internos.

Quanto às terminologias adotadas no Brasil referentes à realização de atividades nas UCs, sejam elas educacionais, recreativas, esportivas, contemplativas ou culturais, constata-se a aplicação de termos como: ecoturismo, atividades ecoturísticas, turismo sustentável, turismo em áreas naturais, turismo ecológico, visitação em UC, uso público em UC, e turismo de aventura, presentes em instrumentos legais, tanto em nível federal como estadual e municipal.

No Sistema Nacional de Unidades de Conservação da Natureza (Snuc), o termo adotado é visitação pública, entendendo-se esta como o conjunto das atividades de "interpretação ambiental, educação ambiental, a recreação em contato com a natureza e o turismo ecológico".

Neste texto, o termo ecoturismo será utilizado mesmo quando se trata da atividade de visitação em UC, sempre lembrando que esse segmento do turismo está igualmente condicionado às normas estabelecidas para o manejo da unidade pelo órgão responsável por sua administração.

Apesar da falta de dados comprobatórios, diversos fatores apontam para o crescimento do ecoturismo no Brasil. Observa-se que a quantidade de destinações localizadas em ambientes naturais, protegidos ou não, e uma profusão de tipos de experiências proporcionados pelo turismo ao ar livre cresceram significativamente no Brasil nos últimos dez anos.

Para Brito (2000), o ecoturismo em UC vem crescendo no Brasil em qualidade e quantidade, e, em termos da gestão das unidades, o ecoturismo tem oferecido aos administradores uma dimensão palpável de sua performance administrativa e da imagem que a unidade tem para o público. Essa avaliação informal tem suscitado nesses administradores a busca da melhoria nas condições de atendimento, tanto no que se refere à infra-estrutura de apoio, quanto à necessidade de treinamento dos funcionários.

Ruschel (2005) destaca que, na última década, estados da federação e até municípios propuseram políticas públicas relacionadas ao turismo (Bonito e Brotas são exemplos marcantes); empresas privadas e entidades da sociedade civil criaram programas de formação (técnicos, monitores e guias) e capacitação de ensino superior (graduação e pós-graduação); agências especializadas em ecoturismo surgiram e fecharam, perdendo espaço para agências de turismo convencional que também vendem produtos chamados ecoturísticos; e programas de normatização e certificação foram iniciados, mobilizando os diversos atores envolvidos com a atividade.

Adicionalmente, foram lançados vários eventos nacionais que a cada edição contam com um número maior de participantes, como: a Adventure Sports Fair (na qual paralelamente são realizadas reuniões com os chefes de UCs, além de diversas palestras), o Congresso Brasileiro de Unidades de Conservação, o Simpósio sobre Esportes de Aventura e o Salão de Turismo – Roteiros do Brasil;[5] que refletem o interesse comum não somente

---

[5] Evento coordenado pelo Ministério do Turismo.

voltado ao ecoturismo, mas frente à conservação, manejo e gestão das áreas naturais protegidas.

O reflexo do crescimento do ecoturismo no país pode ser observado também no setor industrial e comercial, na produção e comercialização atualmente mais diversificada de artigos de vestuário, calçados e equipamentos. A produção de programas de televisão, revistas, livros e guias especializados também aumentaram significativamente.

Em conseqüência disso, uma ampla variedade de oportunidades de arrecadação e negócios surgiu nos últimos anos, levantando inúmeras questões sobre sua importância como uma fonte de geração de renda que auxilie na sustentabilidade das UCs brasileiras. Ainda que fique claro a auto-sustentabilidade econômica das UCs ser considerada como um dos mitos atuais (Milano, 2000), e havendo diversos exemplos internacionais que comprovam este argumento, recursos advindos da visitação nas UCs poderão auxiliar na gestão dos outros programas de manejo, ou deveriam ao menos auto-sustentar os próprios programas de visitação.

segundo Milano (2000), as possibilidades de auto-sustentabilidade para as UCs são muito restritas. Um bom exemplo são os dados do National Park Service (NPS), dos Estados Unidos, que mostram que apesar de o Sistema de Unidades de Conservação Federal ter uma receita de US$ 239 milhões com o uso público (entradas, concessões etc.), esta receita só cobre 11% do orçamento anual de US$ 2.1 bilhões, que ainda está aquém das reais necessidades do sistema. O déficit de manutenção do sistema de parques americanos está estimado em US$ 3.5 bilhões. (Milano, 2000 apud Janér, 2003)

Uma tentativa de descentralização do sistema financeiro, criando maior autonomia para as UCs, é apresentada por Ansson Junior (1996). Nos Estados Unidos os recursos arrecadados nos parques são direcionados para o tesouro federal, e estes recursos não revertem para as unidades que os originaram e, em muitas instâncias, as taxas não retornam nem mesmo aos parques, porque os fundos do tesouro geral podem ser designados para qualquer outro propósito governamental. Em 1997, o Congresso norte-americano decretou o início de um programa demonstrativo durante três anos, permitindo que em 100 dos 375 parques, um montante de 80% dos recursos gerados permanecessem nos próprios parques. Este programa piloto foi estendido até 2004, concedendo a participação a mais parques e permitindo que retivessem 100% dos recursos arrecadados na unidade.

Sobre essa questão, há que se fazer cumprir o que trata o art. 35, do Capítulo IV (Da criação, implantação e gestão das unidades de conservação) do Snuc, quando 50% (e não menos que 25% dos recursos obtidos pelas UCs do Grupo de Proteção Integral) da cobrança de taxa de visitação e outras rendas decorrentes de arrecadação, serviços e atividades da própria unidade sejam aplicados na implementação, manutenção e gestão da própria unidade.

Atrelada ao potencial de geração de recursos financeiros, está a possibilidade do aumento da terceirização de serviços relativos à visitação. No tocante a este assunto, o Decreto n. 4.340/2000, que regulamenta a Lei do Snuc, trata da autorização da exploração de bens e serviços.

Existem diversas lacunas que impedem a implantação adequada da visitação nas UCs brasileiras, que englobam aspectos institucionais, governamentais, mercadológicos, entre outros, os quais são abordados neste texto com fins de estimular a reflexão para a otimização dos mecanismos de geração de renda potenciais para as UCs.

MARCO CONCEITUAL PARA A IMPLEMENTAÇÃO DA VISITAÇÃO EM UNIDADES DE CONSERVAÇÃO

O termo ecoturismo surgiu por volta dos anos de 1980, acompanhando o crescimento do interesse mundial pela integridade do meio ambiente natural e a necessidade de conservá-lo, e como uma reação aos impactos negativos causados pelo turismo de massa em ambientes naturais.

No Brasil, com o objetivo de embasar a implementação de uma política nacional, foi elaborado, em 1994, o documento "Diretrizes para uma Política Nacional de Ecoturismo", no qual se estabeleceu o marco conceitual do ecoturismo, definindo-o como

> um segmento da atividade turística que utiliza, de forma sustentável, o patrimônio natural e cultural, incentiva sua conservação e busca a formação de uma consciência ambientalista através da interpretação do ambiente, promovendo o bem-estar das populações envolvidas. (Embratur/Ibama, 1994)

De acordo com o documento, o ecoturismo deve abranger em sua conceituação a experiência educacional interpretativa, a valorização das culturas tradicionais locais e a promoção do desenvolvimento sustentável, utilizando racionalmente os recursos naturais sem comprometer sua capacidade de renovação e sua conservação.

O marco conceitual da visitação em UC foi estabelecido pela Diretoria de Ecossistemas (Direc) do Instituto Brasileiro do Meio Ambiente e dos Recursos Naturais Renováveis (Ibama), em 1997, por meio da publicação *Marco Conceitual das Unidades de Conservação Federais do Brasil*, que apresenta um conjunto de conceitos e princípios que orientam as atividades nas UCs gerenciadas por esse órgão (Ibama/GTZ, 2001). Segundo o documento, em conformidade com seus objetivos específicos, cada categoria de manejo de UC comporta diferentes tipos de atividades que podem ser desenvolvidas pelo público em geral ou por segmentos especializados da sociedade.

Na publicação, o Ibama afirma que é seu objetivo promover a participação das comunidades locais nas atividades ecoturísticas, de modo a contribuir para a melhoria da qualidade de vida mediante a criação de mecanismos que levem à utilização de mão-de-obra local, ao desenvolvimento das potencialidades das comunidades, ao apoio à criação de pequenas empresas de serviços ligados ao ecoturismo e ao incentivo à produção de artesanato.

Nota-se no texto que a postura defensiva inicial, que comparava os visitantes a potenciais degradadores da natureza, deu lugar a propostas próativas que visam o ordenamento e a consolidação da visitação, de modo a assegurar a sustentabilidade ambiental da UC e a geração de benefícios, tornando-a catalisadora do desenvolvimento regional.

No documento, o Ibama reconhece que:

- As atividades que visam à compreensão, por parte das populações do entorno, da importância, objetivos e benefícios diretos e indiretos que uma unidade de conservação pode trazer devem ser consideradas prioritariamente. Consegue-se assim maior apoio para a proteção da área. Para tanto, os programas de educação ambiental são elementos centrais de qualquer estratégia planejada;

- A promoção do desenvolvimento das populações locais apresenta-se como uma estratégia alternativa para que, em médio e longo prazos, a pressão antrópica sobre as unidades de conservação diminua. O papel do Ibama como órgão responsável pelo gerenciamento do meio ambiente deve ser de propulsor, articulador e facilitador de todo esse processo. O objetivo é a melhoria da qualidade de vida destas populações, de forma a colaborarem efetivamente na proteção dos recursos naturais, dentro e fora da unidade;

- Contratações de pessoal local, licitações com empresas locais ou regionais, promoção do ecoturismo (no caso de UC onde esta atividade esteja prevista), apoio aos serviços sociais e a oportunidades de capacitação destas populações são ações que valorizam as comunidades vizinhas e ajudam a integrá-las com a unidade;

- Em todas as unidades de conservação onde já estiverem sendo realizadas atividades de ecoturismo devem ser desenvolvidos programas de treinamento e estabelecidos padrões de monitoramento ambiental, visando à adequação das atividades e à correção e prevenção dos impactos negativos;

- Os planos de manejo das unidades, que admitem atividades ligadas ao ecoturismo, apresentarão as condições adequadas para a realização de tais ações. Identificarão quais zonas comportam a atividade, estabelecendo um sistema de monitoramento dos indicadores de impacto e manejo dos visitantes e determinando as atividades mais apropriadas para serem realizadas em cada uma delas, definindo critérios e normas e indicando a infra-estrutura e o pessoal necessários;

- A recreação nos parques nacionais deve ser integrada à natureza, tendo sempre em mente a importância e a oportunidade da utilização das atividades recreativas como incentivo à interpretação da natureza e à educação ambiental. Independentemente da prática do ecoturismo, vários parques nacionais dispõem de visitação recreativa. Atividades de acampamento, caminhadas, banhos, piqueniques e contemplação das belezas cênicas podem ser feitas por quaisquer visitantes, dentro das normas estabelecidas pelo planejamento da unidade;

- As atividades de interpretação da natureza permitirão sensibilizar os visitantes e despertar o interesse pelo patrimônio natural e cultural da unidade. A interpretação é considerada um processo de comunicação destinado a desenvolver o interesse, o respeito e a compreensão do visitante por uma área e por seus recursos naturais e culturais. Informações específicas, elementos ilustrativos e o contato direto e informado do visitante com os recursos da unidade de conservação são alguns dos meios utilizados para a interpretação. O principal objetivo é promover a compreensão do meio ambiente e de suas inter-relações na unidade de conservação;

- Os centros de visitantes, ou de vivência, serão os centros difusores e dispersores de todas as atividades de visitação nas unidades de conservação, notadamente as atividades de interpretação e educação ambiental. É importante observar que reservas biológicas e estações ecológicas, apesar de não comportarem visitação recreativa, podem e devem desenvolver programas de interpretação e educação ambiental em centros de vivência instalados num local escolhido na periferia da unidade.

MARCO LEGAL PARA A IMPLEMENTAÇÃO DA VISITAÇÃO EM UNIDADES DE CONSERVAÇÃO

Há todo um arcabouço legal, em nível federal, que se aplica à atividade turística, como a regulamentação das agências de viagem, dos guias de turismo, dos transportes turísticos, dos eventos, da relação entre o consumidor e os agentes de turismo (Código de Defesa do Consumidor) etc. Cabe aqui destacar o anteprojeto da Lei Geral do Turismo, que vem sendo trabalhado pelo Governo Federal (está na 7ª versão), e dispõe sobre a política nacional de turismo, define as atribuições do Governo Federal no planejamento, desenvolvimento e estímulo ao setor, e regula as atividades da iniciativa privada responsável pela oferta de serviços e produtos turísticos.

A política nacional de turismo é expressa por um conjunto de leis e normas voltadas ao planejamento e ordenamento do setor, e por diretrizes, metas e programas definidos no Plano Nacional do Turismo (PNT) estabelecido pelo Governo Federal.

Entre os objetivos da política nacional de turismo, relacionados ao ecoturismo, estão (Art. 5º):

- O estímulo à prática do turismo sustentável nas áreas naturais, protegidas ou não, e à promoção da atividade como veículo de educação ambiental, bem como à elaboração, em conjunto com o MMA e órgãos afins, de normas de uso e visitação compatíveis com a conservação do meio ambiente natural;

394 | GESTÃO AMBIENTAL E SUSTENTABILIDADE NO TURISMO

- A contribuição para a preservação da identidade cultural das comunidades tradicionais e populações indígenas eventualmente afetadas pela atividade turística;
- O estímulo ao desenvolvimento e à promoção do ordenamento dos diversos segmentos turísticos, em especial do ecoturismo, turismo rural, turismo de aventura, turismo esportivo, turismo de pesca, além do turismo náutico ou marítimo de passageiros em águas interiores e mar territorial;

No seu Art. 7º, o anteprojeto de lei dispõe sobre o Sistema Nacional de Turismo, que tem por objetivo garantir o desenvolvimento sustentável das atividades turísticas, pela coordenação e integração das iniciativas oficiais com as do setor produtivo, de forma a:

- Compatibilizar o desenvolvimento do turismo com a conservação do meio ambiente, da biodiversidade, da cultura popular, folclore e arte;
- Propor a criação de unidades de conservação da natureza, consideradas relevantes para o turismo.

Em seu Art. 10º, afirma que o Plano Nacional de Turismo (PNT) tem por objetivo ordenar as ações do setor público, orientando o esforço do Estado e a utilização dos recursos públicos para o desenvolvimento do turismo, com o intuito de estabelecer e promover o estímulo ao turismo responsável praticado em áreas naturais protegidas nas unidades de conservação abertas à visitação.

No tocante ao ecoturismo, explicitamente, foram identificadas tentativas do Conselho Nacional do Meio Ambiente (Conama) de regulamentar a atividade, como segue:

- A Resolução Conama n.25, de 12 de dezembro de 1996, criou a Câmara Técnica Temporária de Ecoturismo, tendo como objetivo contribuir para a elaboração da política e a preparação de uma estrutura legal própria para a área de ecoturismo. Como justificativa, citou: o crescimento e a importância do ecoturismo como possível atividade econômica ecologicamente sustentada; a necessidade de dotar o segmento de ecoturismo de estrutura legal própria, harmonizada com as esferas federal, estadual e municipal, e de critérios e parâmetros adequados, como indicado nas Ações Estratégicas do documento "Diretrizes para uma Política Nacional de Ecoturismo", produzido pelo Grupo Interministerial do MICT/MMA, publicado em 1994;

- O Processo Conama n.02000.008878/2001-16 trata do ecoturismo, sua regionalização, competências, prioridades para o benefício e o acompanhamento do seu desempenho. Há uma minuta de resolução que dispõe sobre os procedimentos para o licenciamento específico de atividades ecoturísticas;

- A Resolução Conama n.331 de 2003 instituiu a Câmara Técnica de Unidades de Conservação e demais Áreas Protegidas (CTUC), em 25/04/2003. A CTUC deliberou, em sua quinta reunião, realizada no dia 1º de março de 2005, a criação de um grupo de trabalho (GT) para a Regulamentação do Uso dos Recursos Naturais para fins Turísticos de Recreação e Lazer, a fim de dar continuidade aos trabalhos do GT que tratava da regulamentação do Ecoturismo.

Em nível estadual e municipal, foram identificadas leis específicas que dispunham sobre a implementação de Políticas de Desenvolvimento do Ecoturismo, destacando-se: o Estado de Mato Grosso do Sul (Lei Estadual n.10.892/01); a regulamentação da visitação pública e o credenciamento de guias, agências, operadoras e monitores ambientais (Estado de São Paulo, Resolução SMA/SP n.32, de 31.03.98); e diversas leis municipais (destacando-se os municípios de Brotas/SP e Bonito/MS). Estas dispõem sobre:

- O desenvolvimento do turismo sustentável e o funcionamento das atividades e empreendimentos turísticos;

- O licenciamento ambiental de atividades turísticas;

- A regulamentação de atividades específicas, realizadas nos roteiros de ecoturismo, como atividades aquáticas (bóia-cross, *rafting*, canoagem etc.), atividades terrestres (caminhadas, cavalgadas etc.);

- A criação do Sistema Municipal de Controle da Visitação Turística, que institui o *voucher* único, ou bilhete de ingresso ou aquisição de produtos e serviços turísticos, um instrumento de controle da visitação turística com base no número ideal de usuários, estabelecido pelo plano de monitoramento do impacto da visitação e pelos critérios de segurança.

Em relação aos instrumentos legais que tratam da visitação em UC, o primeiro deles é o Decreto n.84.017, de 21.09.79, que aprova o Regulamento dos Parques Nacionais Brasileiros e define as condições e restrições básicas do uso pelo público. Neste decreto há alguns artigos que se referem especificamente à visitação pública (arts. 20-23, 30-37). O detalhamento da visitação para cada UC em particular é feito no programa de visitação pública, parte integrante do plano de manejo.

Mais recentemente, a Lei Federal n.9.985, de 18.07.2000, que dispõe sobre o Snuc, coloca o ecoturismo como uma das oportunidades que as unidades de conservação podem oferecer à sociedade. Entre os objetivos de criação do Snuc (art. 4º) que podem ser relacionados ao ecoturismo estão:

- A promoção do desenvolvimento sustentável a partir dos recursos naturais (item 4);
- A valorização econômica e social da diversidade biológica (item 11);
- O favorecimento de condições e a promoção da educação e da interpretação ambiental, da recreação em contato com a natureza e do turismo ecológico (item 12);
- A sustentabilidade econômica das UCs, nos casos possíveis (item 6);
- A garantia da alocação adequada dos recursos financeiros necessários para que, uma vez criadas, as unidades de conservação possam ser geridas de forma eficaz e atender aos seus objetivos (item 11).

O art. 35 dispõe sobre os recursos obtidos pelas unidades de conservação do Grupo de Proteção Integral mediante a cobrança de taxa de visitação e outras rendas decorrentes de arrecadação, serviços e atividades da própria unidade e determina que tais recursos sejam aplicados de acordo com os seguintes critérios:

- Até 50%, e não menos que 25%, na implementação, manutenção e gestão da própria unidade;
- Até 50%, e não menos que 25%, na regularização fundiária das unidades de conservação do grupo;
- Até 50%, e não menos que 15%, na implementação, manutenção e gestão de outras unidades de conservação do Grupo de Proteção Integral.

O Decreto n.4.340/2002, que regulamenta a Lei do Snuc, no seu Capítulo VII, dispõe sobre a autorização para a exploração de bens e serviços em UC.

Além dos instrumentos legais, há uma série de diretrizes desenvolvidas para o ecoturismo e para atividades específicas em ambientes naturais, como mergulho, caminhadas, acampamentos, visitas a cavidades naturais (espeleologia), escaladas etc. Elaboradas pelos diversos níveis do poder público (federal, estadual, municipal), têm como objetivo estabelecer linhas orientadoras para serem observadas e adotadas nas ações de planejamento, gestão e implementação das atividades em ambientes naturais. Dessa forma, pretende-se fornecer subsídios para que tais atividades sejam realizadas de maneira adequada, principalmente quando localizadas no interior de UC, de modo a respeitar um dos principais objetivos das áreas protegidas: a conservação da natureza.

A seguir, relacionam-se iniciativas que foram e vêm sendo desenvolvidas para a elaboração de diretrizes para o ecoturismo, para a visitação em UC ou para a prática de atividades específicas no meio ambiente natural:

- Diretrizes para uma Política Nacional de Ecoturismo (Embratur/Ibama, 1994), documento elaborado em 1994 por um grupo interministerial composto pelo Ministério da Indústria, Comércio e Turismo (MICT) e pela Embratur, pelo Ministério do Meio Ambiente (MMA) e diversas instituições convidadas. Esse foi o primeiro documento oficial brasileiro sobre o tema. Seu objetivo era fornecer subsídios para alicerçar o desenvolvimento do ecoturismo em diretrizes coerentes com o mercado, tecnologicamente ajustadas e democraticamente discutidas, de forma a acomodar as peculiaridades de cada ecossistema e de cada traço da cultura popular brasileira, de modo que a atividade constituísse efetivamente uma estrutura sólida, acessível e permanente;

- Diretrizes para uma Política Estadual de Ecoturismo, documento elaborado em 1996 e coordenado pela Secretaria do Meio Ambiente do estado de São Paulo, por meio da Coordenadoria de Educação Ambiental (Ceam), com apoio do Núcleo de Estudos e Pesquisas Ambientais (Nepam) da Unicamp. O documento contém as orientações da política do estado de São Paulo para o desenvolvimento sustentado do ecoturismo, que deverão nortear ações públicas, privadas e da sociedade civil nessa área;[6]

---

[6] Disponível em: http://www.ambiente.sp.gov.br/ecotur/diretriz.pdf. Acessado em: 18 ago. 2005.

- Diretrizes para o Turismo em Áreas Naturais no Estado do Paraná, elaboradas no ano de 2000 pelo governo estadual com a colaboração de diversas instituições. Em 1996, o Paraná, por meio de um grupo que envolvia três secretarias, estabeleceu as Diretrizes para uma Política Estadual de Ecoturismo, tendo sido esta discussão retomada em 1999 com um grupo multissetorial, que ampliou a atuação para turismo em áreas naturais. O documento tem como objetivo estabelecer diretrizes para nortear ações do desenvolvimento do turismo em áreas naturais no estado do Paraná, em acordo com os princípios da sustentabilidade ambiental, cultural, econômica e social, por meio do envolvimento do poder público e da iniciativa privada;

- Diretrizes para a Visitação em UC, documento elaborado pela Diretoria de Áreas Protegidas (DAP) da Secretaria de Biodiversidade e Florestas (SBF) do MMA. A construção desse documento foi participativa e envolveu desde outros ministérios e órgãos públicos até diversas organizações da sociedade civil e foi disponibilizado na internet para consulta pública por um tempo determinado. O texto é dividido em capítulos e o primeiro deles relaciona os princípios para a visitação em UC, seguido das diretrizes gerais para a visitação e das diretrizes específicas para os diversos tipos de atividades;

- Diretrizes para a Prática do Mergulho Recreativo, Turístico e de Lazer em UC: o Projeto Mergulho em Áreas Protegidas surgiu a partir da realização do Workshop Diretrizes para a Prática do Mergulho Recreacional em unidades de conservação marinhas, realizado em novembro de 2001, no Parque Estadual da Ilha Anchieta, quando se identificou a necessidade de desenvolver normas e procedimentos para as UCs marinhas onde o mergulho recreacional era praticado (tal atividade representa uma das principais ferramentas de envolvimento do visitante com o meio marinho). No evento, elaborou-se um documento – a Carta da Ilha Anchieta para o Mergulho Recreacional em Áreas Protegidas, utilizado nas UCs marinhas e costeiras, tais como o Parque Estadual Marinho da Laje de Santos (SP), o Parque Nacional Marinho de Abrolhos (BA), a Reserva Biológica do Arvoredo (SC) e outros. A Carta traz uma avaliação das atividades de mergulho livre (*snorkeling*, apnéia, pesca ou caça submarina e motorizada - mergulho a reboque) e mergulho autônomo e propõe diversas ações e diretrizes para a sustentabilidade da atividade;

VISITAÇÃO SUSTENTÁVEL EM UNIDADES DE CONSERVAÇÃO | **399**

- Diretrizes para o Turismo de Aventura: iniciativa da Gerência de Segmentação da Secretaria de Políticas Públicas do Ministério do Turismo (WWF, 2004), por meio de oficinas realizadas pela Embratur e seus parceiros no período de 2000 a 2003 e dos debates do grupo de trabalho do turismo de aventura da Câmara Temática de Segmentação, instituído em dezembro de 2003. O documento definiu o conceito de Turismo de Aventura e estabeleceu diretrizes para o desenvolvimento da atividade;

- Projeto de Normalização e Certificação em Turismo de Aventura: iniciativa do Ministério do Turismo (MTur) que tem como entidade executora o Instituto de Hospitalidade (IH). Desde dezembro de 2003, o foco do projeto é a identificação de aspectos críticos da operação responsável e segura do turismo de aventura que levem ao desenvolvimento de um sistema de normas para as diversas atividades que compõem o setor.

Há ainda campanhas para a educação dos visitantes, como a Campanha Conduta Consciente em Ambientes Naturais, iniciativa da DAP/SBF/ MMA e a Campanha Pega Leve! Mínimo Impacto em Ambientes Naturais, iniciativa do WWF-Brasil com o apoio do Centro Excursionista Universitário (CEU).

Vale destacar que a comunidade internacional tem se preocupado com o desenvolvimento desordenado do turismo e, com o objetivo de fornecer subsídios para o seu desenvolvimento, elaborou uma série de diretrizes que estão relacionadas a seguir, de modo a minimizar os seus impactos negativos e maximizar os benefícios que podem ser gerados pela atividade:

- Agenda 21 para a Indústria de Viagens e Turismo: elaborada em 1996 pela Organização Mundial do Turismo (OMT), pelo Conselho Mundial de Viagens e Turismo (WTTC) e pelo Conselho da Terra. Inspirada na Agenda 21, o documento foi aprovado durante a Conferência das Nações Unidas sobre Meio Ambiente e Desenvolvimento (CNUMAD), realizada no Rio de Janeiro, em 1992. Constitui uma referência importante para o estabelecimento de planos de ação que pensem o turismo de maneira sustentável. Indica dezesseis áreas prioritárias para o desenvolvimento de programas e os procedimentos para a sua implementação, sendo oito delas dirigidas a governos e representações das organizações da indústria turística e outras oito dirigidas às empresas de viagem e turismo, visando o estabelecimento de procedimentos sustentáveis;

- Código de Ética Global para o Turismo (OMT, 2000): a Agenda 21 Global, em seu capítulo 30 – Fortalecimento do Papel do Comércio e da Indústria –, indica a adoção de códigos de conduta que promovam uma atuação responsável do segmento do turismo, em vista da sua importância no desenvolvimento econômico e social. Com esta perspectiva, foi elaborado pela OMT, entre os anos de 1997 e 1999, o Código Mundial de Ética para o Turismo, que recebeu contribuições do setor privado, das ONGs e de organizações de trabalhadores em turismo de mais de 70 Estados-membros. Fruto de ampla consulta e inspirado em documentos como a Declaração dos Direitos do Homem, a Convenção de Chicago, a Declaração de Manilha, a Declaração do Rio, a Convenção sobre a Diversidade Biológica e a Declaração de Estocolmo, o Código foi aprovado em 1999, na Assembléia Geral da OMT. A intenção desse conjunto de artigos é auxiliar a minimizar os impactos negativos que o turismo pode gerar no meio ambiente natural e na herança cultural de muitas localidades receptoras, e ainda potencializar os benefícios, de modo a salvaguardar o futuro da atividade. Constitui um plano de referência para o desenvolvimento racional e sustentável do turismo, para que seja resguardada a contribuição do setor à prosperidade econômica, à paz e ao entendimento entre nações. Os dez artigos trazem regras úteis aos governos locais, regionais e nacionais, aos operadores de turismo e agentes de viagem, bem como para os trabalhadores do turismo em geral, para a localidade ou destino turístico e também para os turistas;

- Carta de Quebec: como parte do Ano Internacional do Ecoturismo (2002), declarado pelas Nações Unidas, e sob a égide do Programa das Nações Unidas para o Meio Ambiente (Pnuma) e da OMT, mais de mil integrantes dos setores público e privado e de organizações não-governamentais provenientes de mais de 132 países participaram da Cúpula de Especialistas em Ecoturismo em Quebec, no Canadá, de 19 a 22 de maio de 2002. Com base nas informações provenientes de encontros regionais em todos os continentes nos anos de 2001 e 2002, os participantes da Cúpula de Quebec produziram uma série de recomendações para os principais agentes do ecoturismo, a saber: governos; setor privado; organizações não-governamentais, associações de base comunitária, instituições de ensino e pesquisa; agências financiadoras e de auxílio ao desenvolvimento; e comunidades indígenas e locais;

VISITAÇÃO SUSTENTÁVEL EM UNIDADES DE CONSERVAÇÃO | **401**

- Convenção da Diversidade Biológica (CDB) e o Turismo: diretrizes internacionais para as atividades relativas ao desenvolvimento do turismo sustentável em ecossistemas terrestres, marinhos, costeiros e montanhosos, que fornecem orientação técnica aos tomadores de decisão, legisladores e gerentes responsáveis pelo turismo e/ou biodiversidade, quer no governo local ou nacional, no setor privado, comunidades indígenas ou locais, organizações não-governamentais ou outras organizações. Dispõe, entre outras coisas, sobre a partição justa e eqüitativa de benefícios, com a disseminação da informação e formação de competências e com a restauração de danos passados.

CONDIÇÕES NECESSÁRIAS PARA O ESTABELECIMENTO DA VISITAÇÃO EM UNIDADES DE CONSERVAÇÃO

Para o estabelecimento da visitação em UC são necessários dois pré-requisitos básicos: o primeiro é a unidade possuir um instrumento de planejamento, como o plano de manejo, e o segundo é a União ter a posse da terra, neste caso, das áreas onde deverão ser instalados os equipamentos e a infra-estrutura de apoio necessária ao manejo da visitação.

Há outra série de requisitos que concorrem para o manejo eficiente e efetivo da visitação nas UCs brasileiras (TNC, 2003):

- O necessário fortalecimento institucional;
- Estabelecimento de um marco legal;
- A disponibilização de recursos humanos para atender as necessidades operacionais da UC e o fornecimento da estrutura necessária para a fixação dos técnicos nessas áreas, atribuindo a estes a função de coordenar o programa de visitação;
- A capacitação dos técnicos para as funções que desempenham, com atribuições para atender as necessidades de gestão, resolução de conflitos e tomada de decisões;
- A implantação da infra-estrutura necessária, como: estradas de acesso internas, sede administrativa, estacionamento, centro de visitantes (instalado em local de fácil acesso, fácil manutenção e com museografia moderna), sinalização (informativa e indicativa), acessibilidade para portadores de necessidades especiais, sistema de abastecimento de

água, sistema de coleta, separação, acondicionamento e destinação de resíduos sólidos, sistema de saneamento, sistema de comunicação, sistema de geração de energia etc.;

- A implantação dos equipamentos necessários para que os técnicos possam desenvolver suas funções, como: computadores, barcos, veículos, equipamentos de segurança e resgate em áreas remotas, uniformes, sistema de radiocomunicação, telefonia, internet;

- A instalação de equipamentos facilitadores para as atividades de visitação, como passarelas, pontes, *decks*, mirantes, torres de observação, mesas e bancos etc.;

- A articulação com o poder público local e com proprietários das áreas de entorno da UC para a implantação da infra-estrutura turística necessária no entorno da área (meios de hospedagem, alimentação, centro de recepção e informação, venda de artesanato etc.);

- A articulação com o poder público local, estadual e federal para a implantação da necessária infra-estrutura urbana (sistema de saúde, comunicação, saneamento, coleta e destinação dos resíduos sólidos, abastecimento de água, segurança e transporte) e de acesso (terrestre, flúvio-marítimo e aéreo);

- O estabelecimento de diferentes oportunidades de recreação (diversificação de oportunidades);

- A existência de um sistema de monitoramento dos impactos da visitação (impactos biofísicos, impactos na experiência do visitante);

- O estabelecimento de normas e regulamentos específicos para a visitação;

- A existência de um sistema de controle de acesso, sistematização e consolidação dos dados da visitação, e de disponibilização das informações sobre a visitação para subsidiar o manejo;

- A existência de programas de educação e conscientização do visitante sobre a importância das unidades de conservação (conduta consciente em áreas naturais protegidas) e de interpretação da natureza;

- A existência de um sistema de informação e um programa de promoção e marketing da UC;

- O estabelecimento de concessões para a gestão de certos serviços (restaurantes, lanchonetes, lojas de suvenires, áreas de acampamento, guia/monitoria/condução de visitantes, aluguel de equipamentos, como bicicletas, equipamentos de mergulho, caiaques), e atividades de recreação especiais, como esportes de aventura;

- A viabilização da participação pública, por meio do Conselho Consultivo ou Deliberativo da UC e pelo estabelecimento de programas de voluntariado;
- O estabelecimento de mecanismos para a geração de recursos financeiros, como o retorno do dinheiro gerado pela visitação para as UCs, dotação orçamentária, captação de recursos provenientes de outras fontes que não aquelas governamentais, cobrança de ingressos, estabelecimento de concessões de uso e concessões de serviço que revertam em benefícios para a área protegida.

É possível estabelecer o ecoturismo ou a visitação em uma UC com um conjunto bem menor de condições (em relação às listadas acima). Entretanto, corre-se o risco de a atividade não colaborar com a sustentabilidade ambiental e econômica da UC nem ser impulsionadora do desenvolvimento local.

Outro fator relacionado ao melhor manejo das UCs e, conseqüentemente, do uso público, apontado por Dourojeanni (2002), refere-se à utilidade dos planos de manejo como ferramentas práticas. Ele destaca que, muito freqüentemente, os planos de manejo são publicados e logo depois ignorados, que muitos têm pouca ou nenhuma aplicabilidade em condições de campo e, nos piores casos, é despendido mais dinheiro para o plano do que para os cinco primeiros anos do manejo.

FRAGILIDADES IDENTIFICADAS PARA O MANEJO EFICIENTE DA VISITAÇÃO

A seguir, citam-se algumas fragilidades identificadas para o manejo eficiente da visitação:

- Baixa capacidade de acompanhamento e controle da visitação;
- Baixa capacidade de acompanhamento e controle de contratos, concessões etc.;
- Baixa capacidade e falta de mecanismos para o acompanhamento da execução orçamentária;

- As UCs não contam com recursos orçamentários suficientes para o manejo de todos os programas e, além disso, os recursos não são disponibilizados de uma maneira ágil. Há diversos obstáculos administrativos que acarretam a perda de oportunidades valiosas, refletindo assim uma ineficiência generalizada (TNC et al., 2003);
- Muitas vezes a UC é a cara do gestor. Para padronizar procedimentos, é necessário regulamentar a visitação (o regulamento dos parques nacionais é da década de 1970);
- Não há uma avaliação sistemática e periódica da gestão da UC;
- Outro fator que concorre para inviabilizar o planejamento e a gestão eficientes das UCs é a dificuldade de acesso a qualquer informação que subsidie o manejo, principalmente aquelas gerenciais, e mesmo os órgãos gestores das áreas protegidas reconhecem que os dados não estão sistematizados e não se encontram consolidados em lugar nenhum. Por conta disso, atualmente, não é possível inferir quanto custa ao Brasil a implementação e a manutenção das UCs, nem quais seriam os recursos e investimentos necessários para a sua implementação;
- Problemas de comunicação com a UC;
- Não há entre os gestores de UC uma cultura empreendedora e nem um foco no mercado (o visitante atual, o tipo de visitante que se quer atrair, o tamanho do mercado etc.), dando-se, muitas vezes, a ênfase no produto (a UC e seus atrativos). Um dos motivos disso é a falta de estatísticas de visitação e estudos de perfil dos visitantes (Janér, 2003).

AVALIAÇÃO DO QUADRO ATUAL DO ECOTURISMO EM UNIDADES DE CONSERVAÇÃO

A participação do Brasil nas estatísticas do turismo mundial é tímida, considerando-se todo o potencial que possui. A expansão das atividades turísticas está centrada, principalmente, na possibilidade de utilização dos seus recursos naturais, visto que é o maior país tropical do mundo, proprietário e gestor do maior banco de biodiversidade do planeta.

Segundo Carvalho (1999), durante um longo período, o viés político que permeou as análises técnicas sobre a crise do turismo brasileiro ancorou-se na indignação de que era um absurdo o Brasil, com seu deslumbrante cenário natural, receber menos turistas do que outros países com menos recursos naturais. Esse discurso baseava-se na crença de que o país, por ter natureza exuberante e diversidade cultural, estava predestinado a ser um dos principais destinos turísticos do mundo.

No entanto, para a formação de fluxos turísticos, é necessário oferecer produtos elaborados, capazes de serem comercializados tanto no mercado interno como no mercado externo, ancorados em uma infra-estrutura receptiva e em serviços de qualidade.

No caso do ecoturismo, o Brasil perde para países como Costa Rica, Equador e Peru, nos quais muitas áreas protegidas compõem produtos turísticos consolidados no mercado internacional. O principal problema é a deficiência na infra-estrutura de apoio à visitação e a carência de facilidades e serviços para os turistas nas unidades de conservação públicas e no seu entorno.

Ainda que em muitos parques nacionais existam instalações como trilhas, áreas de acampamento, centro de visitantes, estacionamentos e mirantes, esses equipamentos não são suficientes para satisfazer a crescente demanda turística, nem para gerar renda significativa de ingressos.

Até agora, os investimentos em infra-estrutura foram feitos principalmente por instituições governamentais por meio de financiamentos externos. O setor privado não tem tido chance ou interesse em participar, visto que a atividade turística nessas áreas, na maioria dos casos, é considerada ainda incipiente.

Atualmente há um movimento no sentido de tornar mais visíveis as unidades de conservação ao público em geral e aos empreendedores privados em particular. A antiga crença de que o aumento do ecoturismo dificultaria a harmonização dos objetivos primários de conservação com o desenvolvimento da atividade está sendo revista. A necessidade de planejamento, investimento (financeiro e humano), controle e gestão adequados da atividade é o que está em pauta, de modo que seja possível viabilizar uma alternativa de geração de receita para a unidade e para fora dela. O foco é potencializar os benefícios sem interferir na implementação de outros programas e atividades de manejo e sem ocasionar impacto negativo aos recursos naturais e valores histórico-culturais.

Embora seja um dos objetivos das UCs oferecer aos visitantes a oportunidade de vivenciar a natureza conservada, e embora esta seja uma possibilidade de geração de recursos financeiros, a visitação gera impactos e aumenta os custos operacionais da unidade. Por isso, é muito comum ouvir dos gestores de UCs públicas quando estas, não devidamente preparadas, recebem visitação: "Nós oferecemos o bônus e ficamos com o ônus. Os técnicos têm muito mais trabalho sem ter um retorno a curto prazo". Isto, em parte, ocorre porque a maioria dessas áreas não tem autonomia financeira, visto que os recursos gerados são remetidos para uma conta central do governo e as decisões referentes ao orçamento são feitas de forma centralizada e não atendem às reais necessidades de custeio.

A tensão entre a conservação da natureza e os impactos que o desenvolvimento do ecoturismo pode causar não é exclusividade brasileira. No mundo inteiro os gestores de áreas protegidas enfrentam a difícil tarefa de administrar essa relação complexa.

Segundo Janér (2003), a sustentabilidade financeira de uma UC, quando as receitas geradas são suficientes para custear todos os programas de manejo, pode acontecer em parques que conseguem atrair e acomodar um grande número de visitantes (por exemplo, Iguaçu e Tijuca no Brasil; e Yosemite, Grand Canyon e Yellowstone nos Estados Unidos) ou que abrigam uma atração única pela qual um pequeno número de visitantes está disposto a pagar um preço alto (Galápagos, no Equador). No caso do Parque Nacional de Iguaçu, a receita gerada pela UC em 2004 foi de aproximadamente R$10 milhões, o que cobriria não só o manejo como também os custos com recursos humanos e os investimentos necessários para mantê-la.

O impulso à implementação das UCs públicas, à melhoria das condições de recepção do visitante e ao aumento da visitação tem relação direta com a prioridade que o governo atribui a essa questão. No caso federal, segundo técnicos do Ibama, o órgão vem articulando nas esferas de governo para encontrar meios de viabilizar um mecanismo em que os recursos gerados pela visitação sejam por ele administrados em uma conta específica para este fim.

FONTES DE RECURSOS E FORMAS DE ARRECADAÇÃO

A lógica da distribuição de recursos orçamentários no Brasil é perversa e, independentemente de quanto as UCs públicas arrecadem, o valor destinado à sua manutenção diminui a cada ano.

Fazendo uma conta pouco precisa e com base em informações obtidas com técnicos da Diretoria de Ecossistemas (Direc) do Ibama (que administra as UCs, com exceção das categorias Flona, Resex, RDS e RPPN), o orçamento desta Diretoria em 2005 foi de R$20 milhões, entre recursos disponíveis e contingenciados. Até o final do ano será possível executar cerca de R$12 milhões, sendo que este total não é todo utilizado no custeio das 151 UCs de sua responsabilidade. Lembrando que somente o Parque Nacional do Iguaçu, conforme mencionado anteriormente, terminou o ano de 2005 com uma arrecadação de cerca de R$10 milhões.

Na prática, isto quer dizer que se houvesse outro parque que arrecadasse tanto quanto o Iguaçu, o Ibama teria ainda mais problemas, porque um parque que arrecada muito também demanda muitos recursos para a sua manutenção e para o manejo da visitação e, portanto, haveria menos recursos do orçamento para ser investido nas outras UCs.

No ano de 2005 a Direc implementou uma nova metodologia para a distribuição dos parcos recursos orçamentários que recebe. O rateio deixou de ser feito com base nos Planejamentos Operacionais Anuais (POAs) – elaborados por cada chefe de UC, mas que não refletiam a realidade da unidade – e passou a ser calculado com base em Indicadores de Demanda Orçamentária. Esse novo critério leva em conta uma série de fatores, como capacidade de execução orçamentária da UC, área e perímetro da unidade, convênios e parcerias existentes e atuantes, grau de pressão externa, grau de suscetibilidade a incêndios florestais, existência de plano de manejo e número de visitantes.

Atualmente, a maior fonte de recursos para a implementação da visitação nas UCs federais vem da compensação ambiental de empreendimentos de significativo impacto ambiental. O Quadro 17.2 apresenta as unidades de conservação que já foram beneficiadas com recursos dessa fonte para a implementação do programa de visitação.

Como se pode observar, o valor total de recursos da compensação ambiental aplicado no programa de visitação não é grande, encontra-se concentrado em poucas unidades e procura atender a demandas específicas que nem sempre representam melhoria na qualidade da visitação (Ibama/Direc, 2005). Apesar disso, o potencial de investimento para o estabelecimento da visitação é enorme, principalmente se estabelecidas estratégias de aplicação desses recursos dentro de um contexto maior de planejamento e gestão das UCs. No Ibama, o processo de compensação ambiental encontra-se em fase de estruturação e aperfeiçoamento por meio do estabelecimento de procedimentos e critérios de aplicação dos recursos que visem atender as prioridades estabelecidas pela Direc.

Quadro 17.2 - Unidades de Conservação contempladas com recursos de compensação ambiental para a implementação do programa de visitação.

Unidades de Conservação	Recursos para o programa de visitação pública (R$)
Parna Ubajara	532.885,98
Parna Jericoacoara	2.000,00
Parna Chapada dos Veadeiros	519.187,50
Parna Lagoa do Peixe	18.225,00
Parna Serra da Capivara	154.500,00
Parna Serra das Confusões	38.000,00
Parna Sete Cidades	171.650,00
Parna Serra da Canastra	161.113,84
Parna Brasília	1.500.000,00
Parna Grande Sertão Veredas	1.000.000,00
Parna Serra dos Órgãos	385.000,00
Parna Marinho Abrolhos	1.390.456,09
Total	5.873.018,41

Fonte: Núcleo de compensação ambiental da Direc/Ibama. Recursos de compensação ambiental. Documento técnico. Brasília, 2005.

No Quadro 17.3 estão relacionadas outras fontes de recursos para a implementação das UCs e os tipos de taxas que compõem a arrecadação como conseqüência da implementação do programa de visitação.

TERCEIRIZAÇÃO DE SERVIÇOS

Uma forma alternativa para amenizar a carência de equipe nas UCs tem sido o reforço de pessoal por meio de parcerias via convênios com organizações não-governamentais (ONGs) e prefeituras, que desenvolvem trabalhos como apoio à vigilância ou aos programas de interpretação e educação ambiental. Outras opções, cada vez mais utilizadas para resol-

VISITAÇÃO SUSTENTÁVEL EM UNIDADES DE CONSERVAÇÃO | 409

Quadro 17.3 - Principais fontes de recursos e tipos de taxas de arrecadação para as áreas protegidas relacionadas à visitação.

Fontes de recursos
• Recursos orçamentários
• Programas financiados pelo governo e por organismos internacionais
• Programas a fundo perdido
• Investimentos do terceiro setor
• Iniciativas do setor privado
• Compensação ambiental
• Taxas de visitação

Tipos de taxas	Descrição
Taxa de entrada	Permite o acesso a pontos além do portão de entrada
Taxa de atividades recreacionais	Pagamento para participar de atividades recreacionais especiais, como passeios de barco
Taxa de uso	Para uso das instalações nas unidades de conservação, como: estacionamento, área de acampamento, uso de abrigos/alojamentos etc.
Taxas de concessão	Encargos ou prestação de serviços pagos pelo concessionário
Taxas de aluguel	Encargos de aluguel de imóvel da UC ou de equipamentos
Venda de mercadorias	Venda de equipamentos, vestuário e suvenires
Venda de alimentos	Rendimentos em lojas e restaurantes
Licenças e permissões	Para empresas privadas operarem em propriedades localizadas em áreas protegidas
Venda ou aluguel de direitos de imagem	Fotografias ou filmes para uso comercial
Doações voluntárias	Em dinheiro ou equipamentos

Fonte: Eagles et al. 2002.

ver o déficit de pessoal, recursos e infra-estrutura, são os sistemas de concessões administrativas para a exploração de serviços.

Atualmente, alguns parques nacionais trabalham com o sistema de concessões e outros tipos de terceirização para a cobrança de ingressos, portaria, vigilância, limpeza, lanchonetes, restaurantes, passeios recreativos terrestres, marítimos, fluviais, teleféricos e lojas de suvenires (Ibama/GTZ, 2001).

Sem abrir mão da administração, do gerenciamento, da jurisdição e da responsabilidade civil das unidades de conservação, o Governo Federal procura promover, por meio do uso de concessões e outras formas administrativas, facilidades e serviços comerciais necessários ao uso, entretenimento e recreação dos visitantes. A Lei n. 8.666, de 21.06.93, institui normas para licitações e contratos da administração pública e estabelece a necessidade de licitação para todas as concessões e permissões.

PROPOSTAS PARA A IMPLANTAÇÃO E A IMPLEMENTAÇÃO DO ECOTURISMO EM UNIDADES DE CONSERVAÇÃO

A demanda e a conseqüente pressão da visitação nas UCs brasileiras aumentam, e a postura atual deve ser a de transformar a visitação em uma estratégia de gestão para as áreas protegidas (Drumm e Moore, 2003), maximizando os benefícios que possam gerar, minimizando os impactos potenciais por meio do manejo adequado e utilizando o seu potencial transformador, de modo a angariar aliados em prol da manutenção e proteção dessas áreas.

No entanto, sabe-se que para alcançar esses objetivos é fundamental oferecer condições aos gestores das unidades. Com base na literatura e em conversas informais com gestores de UCs, são colocadas a seguir, na forma de itens, algumas propostas para a solução dos problemas detectados.

- **Fortalecimento Institucional**

  - É necessário desenvolver uma política de recursos humanos que atenda as particularidades de cada órgão gestor:
    - Diferenciação da política de recursos humanos, de modo a valorizar o técnico que está na ponta, contribuindo para a fixação desse técnico na UC.
    - Incrementar a capacidade administrativa dos órgãos gestores de UC (contratação direcionada e muita capacitação) e especificamente dos técnicos que estão locados nela.

- Fortalecer os gestores de UC e ampliar suas responsabilidades. Criar mecanismos sistemáticos e periódicos de avaliação da gestão.
- É necessário que haja, nas esferas de governo, consenso e foco para a determinação do que se quer para as UCs.
- Desenvolvimento de políticas públicas que priorizem as unidades de conservação.
- Criar mecanismos de negociação e mitigação por dano continuado (torres, antenas etc.) que revertam em recursos para a UC.
- Regulamentar a visitação em UC.

• **Capacidade de Gestão**

- A capacidade administrativa (inclusive de cultura de planejamento) pode ser ensinada – o chamado choque de gestão, mas é muito difícil motivar pessoas numa situação em que o urgente tem prioridade sobre o importante, e a falta de recursos humanos atrapalha, pois não há para quem delegar os problemas cotidianos (Janér, 2003).
- Identificação do conjunto de competências necessárias para o trabalho/manejo da visitação em UC e capacitação dos gestores e da equipe técnica.
- Elaboração, institucionalização, promoção e operacionalização do programa de voluntariado para o manejo da visitação em UC. Para tanto é fundamental que a UC tenha capacidade de gestão.
- Fortalecimento de parcerias com a iniciativa privada e as associações de classe, deixando claro os direitos e as responsabilidades dos atores envolvidos.
- Identificação de potenciais parcerias com Organizações da Sociedade Civil de Interesse Público (Oscip) para a co-gestão das UCs.

• **Informação**

- Consolidar e operacionalizar um sistema de informação das UCs, tanto para os visitantes como (e principalmente) para fornecer dados para o manejo da visitação e otimização do uso dos recursos gerados. Não é possível planejar a longo prazo se não há informações gerenciais disponíveis, sistematizadas e consolidadas.

– Consolidar o Cadastro Nacional de Unidades de Conservação[7] – art. 50 do Snuc – e o Sistema de Informações de Unidades de Conservação (Siuc).[8]

• **Concessões**

– Viabilizar as concessões de serviços e concessões de uso em UC. Para tanto é fundamental que a UC tenha capacidade de gestão.

• **Recursos Financeiros**

– Utilizar metodologias para o cálculo do custo real de cada UC, incluindo: salários, implantação e manutenção de infra-estrutura, instalação e manutenção de equipamentos e os custos de operação dos programas.

– Utilizar metodologias para o cálculo do custo específico do programa de visitação pública.

– Criação de mecanismos financeiros e administrativos para que os recursos gerados pela visitação sejam revertidos para o seu manejo e para a manutenção das estruturas de apoio e equipamentos facilitadores.

– Vincular a elaboração dos projetos específicos de implementação da visitação à disponibilidade de recursos financeiros para a sua imediata execução.

– Estabelecer mecanismos para a eficaz, efetiva e ágil aplicação dos recursos não-orçamentários, provenientes das compensações ambientais, doações e financiamentos internacionais, recursos captados por ONGs etc.

---

[7] Banco de dados de acesso remoto, via internet, que está em fase de testes. Permite aos gestores de unidades de conservação, dos três níveis de governo, armazenar informações sobre as características físicas, biológicas, turísticas e gerenciais da área.

[8] Banco de dados que armazena e distribui informações sobre as unidades de conservação federais, com o objetivo de facilitar o gerenciamento das unidades e disponibilizar informações sobre elas para o público em geral.

REFERÊNCIAS

Ansson Junior, R.J. Our National Parks – Overcrowded, underfunded and besieged with a myriad of vexing problems: How can we best fund our imperiled National Park System? **Journal of Land Use & Environmental Law**, 1996. 54p.

Brasil. [MMA] Ministério do Meio Ambiente. Lei n.9.985, de 18.7.2000. Regulamenta o Art. 225, § 1º, incisos I, II, III e VII da Constituição Federal; institui o Sistema Nacional de Unidades de Conservação da Natureza e dá outras providências. Diário Oficial da União, Brasília, 19 jul. 2000.

_____. Ministério do Esporte e Turismo. **Pólos de Ecoturismo: Brasil (compact disc)**. Brasília: Ministério do Esporte e Turismo; Embratur; IEB; 2001.

Brito, C. W. de. **Unidades de Conservação: intenções e resultados**. São Paulo: Annablume, 2000. 230p.

Carvalho, C. L. Turismo: a idade da razão. **Brasilturis Jornal**, Ano 18, n. 402, jan. 1999.

[CI] Conservation International. **Tourism and Biodiversity: mapping tourism's global footprint**. Washington: Conservation International, 2003. 52p.

Dharmaratne, G.S.; Sang, F.Y.; Walling, L.J. Tourism potentials for financing protected areas. **Annals of tourism research**, v. 27, n. 3, p. 590-610, 2000.

Dourojeanni, M. J. Vontade política para estabelecer e manejar parques. In: Terborgh, J. (Org.). **Tornando os parques eficientes: estratégias para a conservação da natureza nos trópicos**. Curitiba: UFPR/Fundação O Boticário, 2002. p.347-62.

Drumm, A.; Moore, A. **Desenvolvimento do ecoturismo: um manual para os profissionais de conservação. Volume 1. Introdução ao Planejamento do ecoturismo**. Arlington, Virginia: TNC, 2003.

Eagles, P. F. J. et al. **Sustainable tourism in protected areas: guidelines for planning and management**. Cambridge: IUCN, 2002. 183p.

Embratur/Ibama. **Diretrizes para uma Política Nacional de Ecoturismo**. Grupo de Trabalho Interministerial. MICT/MMA. Brasília-DF, 1994.

Fraga, M. **Turismo e desenvolvimento sustentável: referências e reflexões**. Observatório de Inovação do Turismo. Área Temática: Desenvolvimento Sustentável. Ebape/FGV, 2003.

Frangialli, F. **WTO picks hot tourism trends for 21st century**. Disponível em: http://www.worldtourism.org/pressrel/LISBON.html (1998). Acessado em: 20 out. 2001.

Graefe, A. R. et al. **Visitor impact management: the planning framework**. Washington: National Park and Conservation Association, 1990. 105p.

Gross, T,; Johnston, S.; Barber, C.V. **A Convenção sobre Diversidade Biológica:**

GESTÃO AMBIENTAL E SUSTENTABILIDADE NO TURISMO

entendendo e influenciando o processo. Instituto de Estudos Avançados da Universidade das Nações Unidas, 2005.

HAMMIT, W.; Cole, D. N. **Wildland recreation: ecology and management**. 2.ed. Nova York: John Wiley, 1998. 361p.

IBAMA/DIREC. **Nota técnica sobre o uso dos recursos da compensação ambiental na área de uso público**. Brasília, DF, 2005.

IBAMA/GTZ. **Marco conceitual das unidades de conservação federais do Brasil. Projeto Unidades de Conservação**. Brasília, DF, 1997.

_____. **Guia de chefe: manual de apoio ao gerenciamento das unidades de conservação federais**. Brasília, DF, 2001.

JANÉR. A. **Turismo e parques nacionais**. Estudo de caso. Ecobrasil/FunbioPrograma MPE, 2003. 28p.

JESUS, F. de. Visitação em unidades de conservação e ecoturismo em unidades de conservação: há diferenças? In: CONGRESSO BRASILEIRO DE UNIDADES DE CONSERVAÇÃO, 3, 2000. **Anais Rede Nacional Pró Unidade de Conservação e Fundação O Boticário de Proteção à Natureza**. Campo Grande, 2000. p.53-55.

MCKERCHER, B. **Turismo de natureza: planejamento e sustentabilidade**. São Paulo: Contexto, 2002. 303p.

MAGRO, T.C. O ecoturismo em unidades de conservação. In: FOREST 2004, Brasília, 2004, **Anais Conheça o cerrado, patrimônio natural classificado com reserva da biosfera**. Brasília, 2004. p.56-57.

MILANO, M. S. Mitos no manejo de unidades de conservação no Brasil, ou a verdadeira ameaça. In: CONGRESSO BRASILEIRO DE UNIDADES DE CONSERVAÇÃO, 1, **Anais Campo Grande: Rede Nacional Pró Unidade de Conservação e Fundação O Boticário de Proteção à Natureza**. Campo Grande, 2000. p.11-25.

NATIONAL PARK SERVICE. **The visitor experience and resource protection (VERP) Framework**: a handbook for planners and managers. Denver: US Department of Interior, National Park Service, 1997. 103p.

[OMT] ORGANIZAÇÃO MUNDIAL DO TURISMO. **Código de ética mundial para o turismo**. Fundatec / Câmara de Turismo do Rio Grande do Sul, 2000.

RUSCHEL, R. **Fiecotur 2004: somando experiências para crescer**. Disponível em: http://www.ecolnews.com.br/eventos/eventos02.htm 2005. Acesso em 22 ago. 2005.

SÃO PAULO. Secretaria de Estado do Meio Ambiente. **Projeto de desenvolvimento do ecoturismo na região da mata atlântica**. Estudo ambiental. São Paulo, 2005.

STANKEY, G.H. et al. **The limit of acceptable change (LAC) system for wilderness planning**. Ogden: USDA Forest Service, 1985. 37p. (General Technical Report INT, 176).

[TNC] **Capacidades necesarias para el manejo de áreas protegidas.** América Latina y el Caribe. Carabias, J.; Maza, J.; Cadena, R. (org.). Virginia: TNC, 2003.

UNEP/CBD/COP/7. Relatório da sétima reunião da conferência das partes. In: Convenção Sobre Diversidade Biológica, UNEP/CBD/COP/7/21, 2004, Kuala Lumpur. 30p. Anais Versão preliminar da tradução n° 3.

Young, C.E.F. Financial mechanisms for conservation in Brazil. **Conservation Biology,** v. 19, n. 3, p. 756-761, 2005.

World Tourism Organization. **Third united conference on the least developed countries, international trade, commodities and services.** Disponível em: http://www.worldtourism.org/newsrom/speeches/more_speeches/S0105010.html. Acesso em: 10 nov. 2001.

WTTC; WTO; Earth Council. **Agenda 21 for the Travel & Tourism Industry: towards environmentally sustainable development.** WTO, 1995.

WWF. **Certificação em Turismo:** lições mundiais e recomendações para o Brasil. Brasília, WWF-Brasil, 2001. 80p.

_____. **Turismo Responsável: manual para políticas locais.** Brasília, WWF Brasil/BID, 2004.

Roteiros Turísticos em Unidades de Conservação

18

Adriano Lucchesi Pires Bastos
Administrador, Atlantic Connection Travel

INTRODUÇÃO

Observando a atividade turística do ponto de vista socioeconômico, nota-se a existência de uma correlação intrínseca entre grandes acontecimentos históricos e as tendências de exploração turística. A Revolução Industrial possibilitou o surgimento e a expansão do turismo de massa, ao mesmo tempo em que o planeta começou a presenciar uma descontrolada utilização de seus recursos naturais. O período pós-guerra, em especial a partir da década de 1960, assistiu ao início da fragmentação do chamado turismo de massa em inúmeros segmentos do mercado, e a comunidade internacional começou a adotar medidas para controlar a destruição e utilização equivocada do meio ambiente. Os processos paralelos de segmentação e especialização do mercado turístico e a preocupação com o meio ambiente (o que não significa a solução dos problemas) catalizaram-se com a entrada na era da globalização, no início dos anos de 1990, após a queda da União Soviética e do Muro de Berlim.

Por um lado, a fragmentação e a especialização do mercado turístico criaram segmentos como ecoturismo, turismo de natureza, turismo de aventura e muitos outros, que podem passar uma falsa impressão de respeito ao meio ambiente e inofensividade. Por outro lado, a reação das esferas governamentais, acadêmicas e técnicas à destruição ambiental consagrou conceitos de desenvolvimento sustentável, com diversas aplicações a diferentes ramos de atuação econômica, entre eles o turismo.

Desde a Revolução Industrial, turismo e meio ambiente tornaram-se elementos indissolúveis. Todos os acontecimentos históricos do período mostraram que não existirá um equilíbrio estático entre ambos, mas sim uma acomodação de acordo com cada contexto e situação. Por isso, entendemos que o ferramental acadêmico sobre o tema turismo sustentável é de inquestionável importância na discussão teórica e generalista, mas a particularização de cada caso é imprescindível quando o objetivo é obter resultados práticos, no sentido de coexistência entre exploração turística e preservação do meio ambiente.

A questão da sustentabilidade, na esfera das atividades turísticas, caracteriza-se por apresentar inúmeros modelos teóricos que analisam em primeiro plano os impactos da atividade turística sobre fatores econômicos, ambientais e socioculturais. Nota-se, entretanto, que tais modelos teóricos possuem uma aplicabilidade universal extremamente restrita, em função da especificidade de cada caso e condições particulares das variáveis envolvidas em cada análise prática (Mathieson e Wall, 1982).

Pellegrini Filho (1993) afirma que a imagem do turismo como fator de poluição e destruição deve ser debitada ao turismo em massa. Segundo o autor, os abusos, como problema de escala, começaram com a Revolução Industrial, no século XVIII, e acentuaram-se nos séculos XIX e XX, devendo-se considerar o aumento populacional como fator complicador (Boullón, 1993).

São escassos, no turismo, os termos ou definições teóricas que apresentem uniformidade ou consenso entre muitos autores. Boullón (1993) afirma que turismo não é uma ciência e tampouco uma indústria, e muitos outros autores argumentam por caminhos contrários. No atual estágio teórico do turismo, não existem respostas absolutamente consagradas ou definitivas. A análise de modelos diferentes traz o entendimento que o turismo necessita, e sendo ou não uma ciência, é um campo do conhecimento humano em evolução e determinados assuntos necessitam de muitas abordagens diferentes antes de se transformarem em uma teoria consagrada. A discussão em torno da questão da sustentabilidade, aplicada ao desenvolvimento turístico, assumiu um papel central nas últimas duas décadas e hoje já possui um ferramental teórico consistente no meio acadêmico internacional. Certamente ainda não é o caso das teorias referentes à produção de roteiros turísticos, que na verdade ainda são formadas por recortes e colagens de outras teorias marginais, notadamente conceitos de marketing aplicados a realidades específicas da conjuntura econômica do turismo.

Tavares (2002) enumera as razões principais da inexistência de consenso nas definições relacionadas à conceituação de roteiros turísticos:

- O estudo do turismo e de seus termos técnicos é bastante recente, o que ainda não permitiu grande integração entre teoria e prática;
- O fato de o turismo ser uma atividade social em constante alteração e sofrer mudanças e adaptações no que se refere ao local onde é praticado, operado ou agenciado;
- A pouca ou quase inexpressiva união das empresas que compõem o mercado turístico.

Assim é com o conceito de roteiros turísticos e toda a temática envolvida no assunto, desde a produção até a comercialização e consumo dos tais produtos. As dificuldades começam com a nomenclatura e a utilização dos termos, visto que muitas vezes confunde-se o que é um termo acadêmico com as utilizações cotidianas de mercado. Por isso, tenta-se progredir o assunto com a formalidade acadêmica necessária, mas compreendendo que não há como separar o assunto do mercado, da experiência prática e, conseqüentemente, do mundo real.

DEFINIÇÕES TEÓRICAS: ROTEIROS TURÍSTICOS

Segundo o Dicionário Aurélio da Língua Portuguesa, *roteiro* é a descrição pormenorizada de uma viagem, itinerário; indicação metódica e minuciosa da situação e direção de caminhos duma povoação. Já *itinerário* é definido como o concernente ou relativo a caminhos; descrição de viagem, roteiro; caminho que se vai percorrer, trajeto, percurso.

Pellegrini Filho (1993) define programa turístico como instrumento importante no planejamento turístico de determinada localidade; representa o conjunto de projetos semelhantes ou complementares que, integrados, devem apresentar coerência, interdependência e periodicidade. É parte do plano turístico e deve materializar metas fixadas por este. Já pacote turístico é o roteiro de viagem predeterminado pela operadora de viagens, que inclui os meios de transporte, hospedagem, alimentação, passeios, traslados etc. Os pacotes podem ser coletivos (excursão) ou individuais (*forfaits*). Na excursão, o passageiro está sujeito ao roteiro escolhido para o grupo, e no pacote individual pode escolher sua programação.

Tavares (2002) observa que roteiros turísticos são uma das principais formas de contextualizar os atrativos existentes em uma localidade e, conseqüentemente, de potencializar seu poder de atratividade. Atrativo é tudo o que exerce poder de atração, estímulo e incentivo. A compreensão da forma em que os atrativos existentes em uma localidade impelem a efetuação de viagens permite aos agentes organizadores elaborar produtos turísticos comercializáveis que vão de encontro aos interesses e expectativas dos turistas de determinada região. Atrativos turísticos não existem por si só, mas apenas de forma contextualizada. É necessária a efetiva utilização turística da localidade em que eles estão inseridos, para que estes adquiram caráter de atrativo.

Elaborar um roteiro turístico significa, portanto, organizar as visitações da melhor forma possível de acordo com as possibilidades técnicas, levando em consideração os interesses do turista ou do grupo de turistas. Mas o que significa organizar as visitações da melhor forma possível? Quais são as possibilidades técnicas? Como traduzir os interesses do turista? São esses os desafios da elaboração de roteiros turísticos, e para se chegar às respostas deve-se observar antes outras definições teóricas, em especial as formuladas por Boullón (1993):

O patrimônio turístico de um país é determinado a partir da integração de quatro componentes:

*   Atrativos turísticos;
*   Empreendimento turístico;
*   Infra-estrutura;
*   Superestrutura turística.

O espaço turístico é conseqüência da presença e distribuição territorial dos atrativos turísticos, que são a matéria-prima do turismo.

Zona turística é a maior unidade de análise e estruturação do universo espacial turístico de um país, e deve contar com um mínimo de dez atrativos turísticos suficientemente próximos, sem importar a que tipo e a que categoria pertençam.

Área turística são as partes em que se pode dividir uma zona e, portanto, sua superfície é menor que a do todo que as contém. Devem estar dotadas de atrativos turísticos contíguos e necessitam de uma infra-estrutura de transporte e comunicação que relacione entre si todos os elementos turísticos que a integram.

Centro turístico é todo conglomerado urbano que conta em seu próprio território ou dentro de seu raio de influência com atrativos turísticos de tipo e hierarquia suficientes para motivar uma viagem turística.

De acordo com a função que desempenham como praças receptoras de turistas, os centros turísticos podem ser de quatro tipos:

- Centros turísticos de distribuição;
- Centros turísticos de estada;
- Centros turísticos de escala;
- Centros turísticos de excursão.

Complexo turístico é uma conformação pouco freqüente, que depende da existência de um ou mais atrativos da mais alta hierarquia, e cuja visitação supõe uma permanência igual ou superior a três dias. São agrupamentos maiores que os centros e menores que os de uma zona.

Unidade turística são concentrações menores de equipamento que se produzem para explorar intensivamente um ou vários atrativos situados um junto do outro, ou um dentro do outro.

Núcleo turístico são agrupamentos com menos de dez atrativos turísticos de qualquer hierarquia e categoria, que estão isolados no território e têm um funcionamento turístico rudimentar devido a seu grau de incomunicação.

Conjunto turístico é a evolução do núcleo turístico a partir do momento em que este se conecta a uma rede de estradas, mudando sua situação espacial e transformando-se em um novo elemento.

Corredores turísticos são as vias de conexão entre as zonas, as áreas, os complexos, os centros, os conjuntos, os atrativos turísticos, os portos de entrada do turismo receptivo e as praças emissoras do turismo interno, que funcionam como elemento estruturador do espaço turístico.

Tais definições são valiosas para que se possa inserir a paisagem natural dentro do contexto do espaço turístico.

A PAISAGEM NATURAL NO ESPAÇO TURÍSTICO

Pearce (2003) observa que, tanto em termos domésticos como internacionais, o volume de tráfego costuma decrescer à medida que se afasta do centro gerador, uma vez que aumentam os custos da viagem em tempo, dinheiro e esforço. Viagens domésticas são tipicamente vistas em termos de zonas concêntricas que circundam a cidade, conforme definição baseada em zonas de tempo de lazer disponíveis: uma zona para excursões de um dia, uma zona para finais de semana, e uma zona de feriados prolongados ou férias. Contudo, embora a demanda possa variar inversamente ao aumento da distância em relação à cidade, a oferta potencial de oportunidades recreativas e de férias aumentará geometricamente à medida que cada unidade seguinte dá acesso a áreas de terra cada vez maiores.

Conceitualmente, paisagem natural é o conjunto de caracteres físicos visíveis de um lugar que não foi modificado pelo homem. Como lugares que não foram modificados pelo homem tendem a estar localizados a certa distância das grandes concentrações urbanas, nesses casos a demanda tende a decrescer e, por isso, é imprescindível existir uma rede de transportes que permita ao turista acessar de forma conveniente as unidades de conservação. Caso contrário, muito dificilmente estas se transformarão em atrativos turísticos de escala.

Observa-se o exemplo de três parques de safári sul-africanos. A reserva de Pilanesberg localiza-se a cerca de 200 km da cidade de Johannesburg e ao lado do complexo turístico de Sun City. Caracteriza-se por receber turistas domésticos e internacionais provenientes da província de Gauteng (a maior concentração demográfica do país, onde se localizam as cidades de Johannesburg e Pretoria), em permanências que normalmente não excedem duas noites, e visitantes diários (*day visitors*) que estão hospedados no complexo vizinho de Sun City. Apesar dos vôos regulares a partir de Johannesburg terem sido descontinuados, o acesso rodoviário é fácil e o fato de localizar-se próximo a um grande centro emissor garante altas ocupações em Pilanesberg ao longo de todo o ano, atraindo tanto o turista doméstico quanto o internacional com pouca disponibilidade de tempo.

O famoso Kruger National Park localiza-se a cerca de 500 km da região de Gauteng e a 80 km de Nelspruit, capital da província de Mpumalanga e maior concentração urbana próxima ao parque, contando ainda com um aeroporto internacional. Além da possibilidade de acesso rodoviário a partir de Johannesburg, Pretoria ou Nelspruit por excelentes estradas, há uma extensa malha aérea para os visitantes oriundos de países estrangeiros que desembarcam em Johannesburg com destino ao parque. Convenientes conexões domésticas ligam Johannesburg aos aeroportos de Nelspruit, Hoedspruit, Mala Mala e Phalaborwa, todos servindo ao Kruger. Essa facilidade de acesso explica a popularidade internacional do parque, mesmo localizando-se relativamente afastado de concentrações urbanas, e por isso atrai turistas que possuem como objetivo central da viagem a visita ao parque.

O enorme e árido Kgalagadi Transfrontier Park (mais conhecido como Kalahari) possui o dobro da extensão do Kruger, mas uma importância turística muito menor, e é menos conhecido e visitado. Pode-se creditar essa diferença de popularidade à dificuldade de acesso, pois a qualidade do parque o credencia entre um dos melhores do mundo (Keyser, 2002). O Kgalagadi localiza-se a 900 km de Johannesburg e a cidade mais próxima é Upington, que apesar de contar com um aeroporto para vôos domésticos, localiza-se a 250 km do portão mais próximo de entrada no parque. Também possui algumas rotas de acesso pelo país vizinho de Botsuana, mas que só podem ser acessadas em veículos 4x4 e com grande dificuldade, apenas para viajantes aventureiros.

Apesar da constatação prática da aplicabilidade da teoria da demanda inversamente proporcional à distância dos grandes centros urbanos, a demanda por roteiros turísticos em unidades de conservação é crescente em escala global. O homem moderno ressente-se da falta da interação com a natureza em seu cotidiano e, por isso, tende a buscá-la quando possui tempo livre. Boullón (1993) define as diferentes formas de interação do turista com a paisagem natural:

- Espectador: mantém-se fora da paisagem e limita-se a observá-la dos diversos pontos de vista oferecidos pela estrada na qual transita;
- Agente: incorpora-se à paisagem, mas para praticar algum esporte como esqui ou surf;
- Agente-observador: o visitante entra e permanece na paisagem, como banhistas, participantes de *trekking* ou *camping*; ou ainda participantes de esportes ou atividades sedentárias, como barco à vela, pesca ou safáris fotográficos.

GESTÃO AMBIENTAL E SUSTENTABILIDADE NO TURISMO

Nas diferentes formas de interação com o ambiente natural, Boullón (1993) enumera os componentes sensoriais das imagens da paisagem natural:

- As formas: das plantas, dos lagos, dos rios, dos bosques, dos animais, das nuvens etc;

- O cheiro: das flores, das plantas, das árvores, das lavouras, da terra, do mar, do ar etc;

- A cor: das flores, das árvores, do céu, das nuvens, da terra, das rochas, da neve etc;

- A luz: os brilhos, os reflexos, as transparências, as sombras, as opacidades etc;

- A textura: do solo, da água, dos troncos, das folhas, das flores etc.

- Os sons: da água, do gelo, das folhas, dos pássaros, dos insetos, dos ventos etc;

- A temperatura: do sol, do ar, da água, da areia, da neve, à sombra, sob um bosque etc;

- A atmosfera: da neblina, dos amanheceres, dos pores-do-sol, da umidade etc.

Tanto as formas de interação como os componentes sensoriais assumem relevância central na elaboração de roteiros turísticos em unidades de conservação, pois será exatamente do cruzamento dessas variáveis que cada indivíduo terá ou não as suas necessidades ou expectativas satisfeitas, de acordo com a capacidade receptiva de cada parque. Tetsumaro Senge (1974), ao estudar a capacidade dos parques nacionais do Japão, observa que até agora não se elaborou uma escala apropriada para medir a capacidade receptiva dos ambientes naturais, e por isso propõe que, em cada caso, pode-se determinar os padrões mediante a combinação dos seguintes tipos de capacidade:

- Material: refere-se às condições de qualquer superfície de água ou terra e é determinada em função de suas características geográficas, geológicas, topográficas, de vegetação e das condições de segurança estabelecidas para as visitas de turistas;

- Psicológica: refere-se ao número de visitantes simultâneos que uma área natural pode acolher, permitindo a todos uma experiência satisfatória;

- Ecológica: refere-se à quantidade de dias por ano, ao número de visitantes simultâneos e à rotatividade diária que uma área pode absorver sem alterar seu equilíbrio ecológico.

UNIDADES DE CONSERVAÇÃO E ATIVIDADE TURÍSTICA

O processo global de transformação no ambiente natural, iniciado em larga escala na Revolução Industrial, gera uma drástica diminuição de áreas com características naturais. A partir do século XIX começam a surgir em diversos países, com formas e moldes muitas vezes difusos, iniciativas para a criação de unidades de conservação. Apesar da heterogeneidade dos modelos, a maioria objetiva a obtenção de um equilíbrio entre a conservação do patrimônio natural com o lazer, por meio da atividade turística.

Esse equilíbrio entre conservação e atividade turística é o fundamento básico para o estudo do desenvolvimento turístico sustentável em unidades de conservação, bem como para a viabilização de roteiros turísticos dentro das mesmas.

Em relação à expressão "unidades de conservação", ela pode assumir diversas formas alternativas: áreas de proteção, reservas naturais, parques naturais, parques nacionais. Apesar de existirem diferenças formais entre eles, são termos comumente utilizados para designar a mesma coisa: áreas naturais protegidas por lei, podendo a propriedade ser tanto governamental como privada. Como no Brasil o termo mais difundido é unidade de conservação, inclusive entre acadêmicos, utilizaremos esta terminologia sempre que nos referirmos a áreas naturais protegidas por lei no sentido amplo. Quando tratarmos de um modelo específico, utilizaremos a nomenclatura adotada internacionalmente para o caso.

De acordo com dados da IUCN (The World Conservation Union), as primeiras iniciativas conservacionistas foram observadas há mais de 2.500 anos, pela preservação de florestas chinesas. Por volta do ano 570, Maomé criou as Himas, reservas ambientais que visavam a harmonia entre espírito e natureza.

Formalmente, o primeiro parque nacional – Yellowstone – surgiu em 1872, nos Estados Unidos (Boullón, 1993). Entidades nacionais de preser-

GESTÃO AMBIENTAL E SUSTENTABILIDADE NO TURISMO

vação e conservação de áreas naturais surgiram em diversos países na virada do século XIX, a maioria delas visando a formação de um sistema de parques nacionais. Notadamente, temos os seguintes exemplos:

- Canadá – 1885;
- Nova Zelândia – 1894;
- Austrália – 1898;
- África do Sul – 1898;
- Argentina – 1903.

No Brasil, a primeira iniciativa concreta nesse sentido foi a criação, em 1937, do Parque Nacional de Itatiaia.

Devemos observar que cada país possui critérios próprios de classificação de suas unidades de conservação, de acordo com sua legislação e critérios socioeconômicos e ambientais. Tal classificação não será relevante neste trabalho, exceto quando possuir alguma correlação com os parques analisados.

A atividade turística em unidades de conservação gera uma série de impactos e mensurá-los é de suma importância. Swarbrooke (2000a, 2000b) classifica os efeitos do turismo em uma determinada localidade como econômicos, socioculturais e ambientais, traçando um paralelo direto com os pilares fundamentais do desenvolvimento sustentável.

Mathieson e Wall (1982) observam que os critérios econômicos são mais facilmente avaliados do que os ambientais e socioculturais. Esta afirmação é facilmente explicada uma vez que resultados econômicos podem ser mensurados por meio de índices de acordo com critérios objetivos ou mesmo monetários, enquanto análises socioculturais e ambientais possuem critérios mais subjetivos. E, devido à sua natureza qualitativa, há uma grande disparidade de resultados ao se verificar análises de diferentes autores.

Sobre os efeitos ambientais, Mathieson e Wall (1982) argumentam que mesmo sem a interferência do homem, o meio ambiente encontra-se em constante estado de transformação, e há milhares de anos a presença do ser humano é um fato, bem como sua contribuição na modificação do meio ambiente como um processo natural. Enfatiza-se novamente que a Revolução Industrial foi um ponto de inflexão neste processo, pois até então a influência do homem no meio ambiente pôde ser considerada como parte normal do processo. A partir da industrialização, a situação fugiu ao controle e houve um distanciamento da visão do homem como parte integrante do meio ambiente natural.

Por causa das dificuldades apontadas por Mathieson e Wall (1982), torna-se aconselhável examinar os impactos ambientais primários, diretamente relacionados com a causa, excluindo impactos secundários e terciários, que podem ser definidos como efeitos indiretos da exploração turística. Tulik (1999) afirma que "é necessário compreender de forma mais aprofundada a maneira pela qual o meio ambiente reage frente ao turismo e por suas formas alternativas, e por isso deve merecer a atenção dos especialistas".

Ainda sobre os impactos no ambiente natural, estudiosos como Wearing e Neil (1999), Eagles e McCool (2002), observam o impacto da exploração turística por meio da correlação com atividades específicas, notadamente esportes de aventura ou observação de animais selvagens. São estudos que evidenciam os benefícios do turismo supostamente sustentável, mas de uma forma extremamente focada na atividade em si. Devemos observar a existência dessas atividades e classificar de alguma forma os seus impactos, ainda que isolada e subjetivamente, pois fornecem dados importantes para o gerenciamento de uma unidade de conservação. Entretanto, devemos criticar tais análises, uma vez que cada atividade faz parte de um contexto amplo, no qual existem correlações entre essas atividades, e fracioná-las acarreta a perda do caráter holístico do problema, fundamental quando o âmago da questão são os critérios de sustentabilidade. Não podemos, ainda, deixar de mencionar a questão da subjetividade, uma vez que tais análises são feitas normalmente por acadêmicos e especialistas, que por maior a sua competência e conhecimento, podem eventualmente basear-se em uma escala de valores diametralmente oposta aos valores de um nativo da região, que pode concentrar conhecimentos empíricos nem sempre iguais ao conhecimento científico.

Mathieson e Wall (1982) afirmam que a observação de animais selvagens é uma importante atividade turística, e Reid (1967) completa que a qualidade da experiência de se observar animais na natureza é superior aos zoológicos e aumenta a percepção e satisfação do turista.

Outros pesquisadores, como Ruschmann (1997) e Keyser (2002), analisam a capacidade de carga de pólos turísticos em áreas de preservação. A capacidade de carga fornece dados precisos e de grande valia, permitindo restringir certas atividades ou mesmo o número de visitantes. Entretanto, verifica-se na maioria dos casos a impossibilidade de inferir resultados para outras localidades que não sejam a do objeto de estudo, devido à especificidade das condições particulares de cada pólo. Além disso, o passar do tempo pode causar sensíveis mudanças nessas condições, o que nos permite afirmar que estudos sobre a capacidade de carga são eficientes desde que respeitados limites espaciais e temporais definidos.

Boullón (1993) observa que a capacidade de carga é composta por três variáveis:

- Capacidade de carga ecológica (número de visitantes simultâneos que uma área natural pode absorver, sem alterar o equilíbrio do seu ecossistema);

- Capacidade de carga material (capacidade de superfícies, terrestres ou aquáticas, de receber turistas, de acordo com suas características geográficas, geomorfológicas e hídricas);

- Capacidade de carga psicológica (número de visitantes simultâneos que pode absorver uma área natural, para que todos tenham uma experiência satisfatória).

Diversos autores como Mathieson e Wall (1982), Lage e Milone (2000a e 2000b), Pérez de Las Heras (1999) e Swarbrooke (2000a, 2000b e 2000c), enumeram uma série de efeitos positivos e negativos da atividade turística sobre pólos receptivos:

Efeitos Econômicos Positivos
- Geração de empregos;
- Aumento no nível de renda da população;
- Diversificação da atividade econômica regional;
- Fixação da população no local de origem;
- Desenvolvimento de infra-estrutura local;
- Equilíbrio na balança de pagamentos.

Efeitos Econômicos Negativos
- Dependência e vulnerabilidade econômica;
- Sazonalidade;
- Migração de ocupações tradicionais;
- Inflação;

- Especulação imobiliária;
- Propensão à importação;
- Aumento de custos.

Efeitos Socioculturais Positivos
- Fortalecimento de vínculos familiares e comunitários;
- Valorização do patrimônio natural e cultural;
- Conscientização dos valores culturais e históricos;
- Aumento da percepção inter-cultural;
- Diminuição de preconceitos.

Efeitos Socioculturais Negativos
- Desaparecimento e mutação da cultura tradicional;
- Dominação cultural;
- Problemas sociais diversos: droga, alcoolismo, prostituição, jogo;
- Excesso de turistas;
- Efeito imitação/descaracterização da vida social local;
- Segregação dos residentes locais;
- Espetacularização das tradições e folclore local;
- Degradação do patrimônio histórico e cultural.

Efeitos Ambientais Positivos
- Conservação facilitada;
- Diminuição no ritmo de degradação;
- Conservação da biodiversidade;
- Aumento da consciência da população local e dos turistas;
- Aumento na fiscalização pelos moradores, turistas e órgãos afins;
- Aumento na extensão das áreas de conservação.

Efeitos Ambientais Negativos
- Desmatamento;
- Diminuição do valor estético;
- Eliminação do habitat natural;

GESTÃO AMBIENTAL E SUSTENTABILIDADE NO TURISMO

- Surgimento de problemas ambientais diversos como incêndios, coleta de lixo, esgotos etc.;

- Erosão do solo;

- Alteração na qualidade da água;

- Poluição sonora e visual;

- Introdução de espécies alienígenas;

- Contato homem/animais;

- Vandalismo.

Deve-se sempre enfatizar que muitos desses efeitos acontecem simultaneamente e, na maioria dos casos, o desafio não é eliminar os impactos negativos, e sim minimizá-los.

Mathieson e Wall (1982) também enumeram uma série de impactos diretos e indiretos sobre a vida selvagem em unidades de conservação:

- Interferência direta nos processos de alimentação e procriação dos animais;

- Matança acidental de animais;

- Interferência nas relações predador/presa e na cadeia alimentar;

- Introdução de espécies intrusivas;

- Interrupção de movimentos migratórios naturais;

- Superpopulação e extinção de espécies na região analisada.

Com o crescente aumento na importância do meio ambiente na venda do produto turístico, aumenta a propaganda direcionada às formas alternativas de turismo, gerando os "desdobramentos criativos" (Tulik, 1999).

Os "desdobramentos criativos" criaram uma incrível segmentação na atividade turística, que podemos até considerar segmentos de segmentos. Poon (1989) define como novo turismo aquele caracterizado pela flexibilidade das atividades, pela segmentação dos mercados e por experiências turísticas mais autênticas. O estudo dessa segmentação é relevante em análises mercadológicas e estudos econômicos da atividade do turismo, indispensáveis para a elaboração de roteiros, mas pouco relevante quando consideramos diretrizes para o turismo sustentável. Apesar de muitos estudiosos entenderem que o turismo sustentável deve, por definição, estar dentro de um contexto de turismo alternativo, aqui combate-se veementemente essa filosofia. Muitos autores conceituam turismo alternativo como aquele oposto ao turismo tradicional, podendo ser o turismo de massa. Mas sempre existirão as duas formas, tanto o turismo alternativo como o tradicional, e portanto a sustentabilidade deve estar presente e ser aplicada nas duas formas. Não resta dúvida de que aplicar sustentabilidade no turismo de massa é uma tarefa complexa e que requer um esforço conjunto de diversos setores da sociedade. Mas, acreditar que turismo sustentável deve estar restrito aos segmentos tradicionalmente vistos como brandos, como o ecoturismo, turismo de natureza, turismo de aventura, é ter uma visão restrita da abrangência do problema.

Pérez de Las Heras define turismo na natureza como aquele que se realiza no ambiente natural. Devido ao crescente interesse – inclusive das massas – pelo ambiente natural, é sensato acreditar que não serão apenas os ecologistas e afins a visitar o ambiente natural. Daí a necessidade intrínseca de acoplar educação sustentável a todos os tipos de turismo, criando um efeito multiplicador em relação ao processo.

Ceballos-Lascuráin (1996) entende que ecoturismo é uma modalidade de turismo ambientalmente responsável que consiste em visitar áreas naturais, com objetivo de desfrutar, apreciar e estudar os atrativos naturais e manifestações culturais do presente e do passado, por meio de um processo que promova a conservação, tenha baixo impacto ambiental e cultural, e propicie participação ativa, social e economicamente benéfica das populações locais. É uma atividade desenvolvida em área natural protegida com biomas de interesse turístico e sistema administrativo que condicione as visitas e instrua os turistas sobre as características do que é visto; é uma forma de exploração dos ecossistemas, sem colocar em risco as bases de seu funcionamento (Boullón, 1993).

Tais definições são perfeitas na essência, mas não ensinam como pôr em prática tais medidas para não colocar as bases em risco. Essas medidas são analisadas por meio de políticas de gerenciamento de unidades de conservação, que devem se basear em conceitos gerais, mas também respeitar a especificidade de cada núcleo receptor. Devemos observar que o ambiente natural pode tanto assumir a motivação principal da visitação (objeto) quanto funcionar como um cenário para outras atividades (instrumento). Essa diferenciação possui uma relação direta nas formas de gerenciamento de unidades de conservação.

Swinnerton (1995) observa os paradoxos que envolvem atividades turísticas em unidades de conservação. O paradoxo fundamental é o de que, apesar da ênfase das políticas e leis regentes dos parques nacionais nos Estados Unidos estarem direcionadas para a proteção de sua integridade ecológica, a tendência de privatização (que leva a um aumento da autonomia financeira dos parques) pode ir contra o objetivo fundamental de proteção dos recursos. O segundo paradoxo mostra a crescente busca por cooperação e parceria entre diversos grupos de interesse e agentes, sem os quais não se obtêm resultados, mas ao mesmo tempo surgem inúmeros conflitos de interesse entre comunidades, ambientalistas, governo e empresários do turismo. O terceiro paradoxo evidencia a necessidade e ausência de uma abordagem científica mais rigorosa no planejamento, controle e gerenciamento das unidades de conservação. E o quarto, e mais palpável, o duplo objetivo de conservar a natureza e receber visitantes que, de alguma forma, deixarão seu impacto no ambiente natural.

Para se combater os paradoxos de Swinnerton, estudiosos e ambientalistas criam uma série de técnicas e mecanismos de limitação de uso, controle de intensidade, distribuição de recursos, cobranças de taxas e outras diversas formas de gerenciamento da visitação.

Harry e Spink (1990, apud Ruschmann, 1997) definem planejamento turístico como o desenvolvimento de estratégias que permitam a uma organização comercial visualizar oportunidades de lucro em determinados segmentos de mercado. Ruschmann (1997) acrescenta que a bibliografia a respeito de planejamento no turismo é escassa, assistemática e fragmentada, devido ao fato de que as técnicas e estruturas do planejamento, tanto no setor público como nas organizações privadas, possuem objetivos diferentes.

O fundamento dos objetivos diferentes baseia-se na premissa de que as empresas privadas possuem como objetivo principal o lucro, ao contrário das empresas ou órgãos públicos. Essa visão mais tradicionalista tende a ser incorreta para o longo prazo. As empresas privadas que caminham no sentido da sustentabilidade podem ainda possuir o lucro como premissa básica, mas já possuem diversos outros critérios, notadamente sociais e ambientais, como medida de desempenho, até mesmo para atrair turistas. De modo análogo, empresas públicas devem igualmente buscar indicadores de caráter econômico – entre eles o lucro – para poder legitimar sua existência e concretizar avanços em critérios socioambientais.

UNIDADES DE CONSERVAÇÃO COMO PRODUTO TURÍSTICO: UM ENFOQUE MERCADOLÓGICO

Pearce (2003) tece a seguinte consideração a respeito do trabalho dos agentes de viagem, supostos especialistas na comercialização do produto turístico:

> órfãos de informação técnica, os especialistas em mercado turístico querem vender produtos que não conhecem, e para isso centram sua estratégia na promoção dos hotéis e cias. aéreas, sem acrescentar nada de novo. Agentes de viagem, técnicos ou empíricos, descuidam ou não exploram como deveriam fazer a idéia de que a imagem de um lugar turístico deve integrar três fatores: qualidade e preço dos serviços tradicionais (hospedagem, alimentação e transporte), programa de atividades (diversões, distrações, excursões e visitas) e qualidade do atrativo (seja natural ou urbano). Como a interação entre origens e destinos, implícita em todo o turismo, surge fundamentalmente da necessidade básica de deixar a origem, a primeira e principal motivação para a viagem turística é, portanto, a necessidade, real ou percebida, de sair da rotina e, para muitos, isso só é efetivamente atingido através da mudança física do lugar. Assim, esta mudança física do lugar torna-se não somente um dos atributos definidores do turismo, mas a sua própria essência.

Prossegue no assunto Middleton (2001):

> para o turista, o produto engloba toda a experiência – desde o momento em que ele sai de casa até o momento em que ele volta. O produto turístico deve ser considerado como um amálgama de três componentes principais: atrações, instalações e acessibilidade ao destino. Os assentos de aviões ou camas de hotéis são meramente elementos ou componentes do produto turístico, que é um produto composto.

Com extrema propriedade, Pearce (1991) afirma que os agentes de viagens não conhecem os produtos que vendem e não acrescentam nada de novo. De forma análoga a esta questão, que não convém aprofundar neste trabalho, deve-se observar que o foco principal, quando se discute sobre a elaboração de roteiros turísticos, está invariavelmente centrado nos locais a serem visitados, o que, por sua vez, está diretamente relacionado à qualidade do atrativo. Mas, independentemente da qualidade do atrativo, a mudança física é a verdadeira essência do turismo, e o turismo moderno está cada vez mais à mercê do marketing envolvido na compra de um produto turístico. Os turistas esperam combinar vários produtos em suas compras de viagem: além de escolher as atrações de um destino, escolhem acomodação, transporte e outras facilidades como alimentação, atividades recreativas etc. Dessa forma, os fornecedores de acomodação são parcialmente influenciados pelas decisões de marketing das operadoras e agências, atrações, transportadoras e conselhos de turismo.

Durante a década de 1950, muitos fatores contribuíram para aumentos significativos na demanda por turismo, em especial o crescimento populacional e a elevação dos padrões de vida, que resultaram em mais tempo para o lazer e maiores gastos com viagens. Os setores público e privado têm favorecido ativamente essa demanda e encorajado a expansão da atividade turística em diversas partes do mundo. Surgiram muitas operadoras e agências de viagem no mercado, a indústria do transporte viabilizou as viagens turísticas em escala e os avanços tecnológicos fizeram reduzir o seu custo.

Middleton (2001) observa que 25 anos atrás as operações em larga escala eram associadas aos produtos de produção em massa para mercados de consumo em massa. Atualmente, nas operações manufatureiras e de serviços, as corporações globais possuem cada vez mais tecnologia para não apenas segmentar e responder aos clientes individuais, mas também para personalizar os seus produtos. Tais condições também favorecem as pequenas empresas, que não dispõem da tecnologia das grandes corporações, mas possuem um canal direto com o consumidor e maior flexibilidade de atender nichos e segmentos específicos.

Da mesma forma, o turismo caminha diretamente no sentido da segmentação e especialização, gerando uma crescente inter-relação entre produtos (os roteiros turísticos) e o marketing turístico através de cinco características principais:

* Características da demanda;
* Características da oferta;
* Produtos e preços, que relacionam a oferta à demanda;
* As características da promoção usadas para influenciar a demanda;
* As características da distribuição usadas para facilitar a compra.

Burkart e Medlik (1998) identificam e definem "determinantes e motivações", conceitos diretamente relacionados às variações na demanda por produtos turísticos:

- Determinantes são os fatores econômicos, tecnológicos, sociais, culturais e políticos, em qualquer sociedade, que orientam e estabelecem limites ao volume da demanda por viagens de uma população.
- Motivações são os fatores internos existentes nos indivíduos, expressos na forma de suas necessidades e seus desejos, que influenciam as escolhas do turismo.

Os principais determinantes da demanda em viagens e turismo são comuns a todos os países com economias desenvolvidas, atualmente geradoras da grande parte do turismo mundial, mas não estão sob o controle de nenhuma organização comercial e são apenas parcialmente influenciados pelas decisões governamentais. Entre eles, temos:

- Fatores econômicos e preços comparativos;
- Fatores demográficos e educação;
- Fatores geográficos;
- Atitudes socioculturais perante o turismo;
- Mobilidade;
- Governo e regulamentação;
- Comunicações de mídia;
- Tecnologia da informação e comunicações.

As propensões para participar de viagens e turismo explicam o nível geral da demanda gerada em diferentes países, mas não as escolhas de produtos individuais por tipos diversos de indivíduos. Esses processos psicológicos internos, conhecidos em marketing como comportamento do consumidor, influenciam os indivíduos a escolher dentre diferentes destinos de férias e tipos particulares de produtos, cada vez mais especializados e particularizados, gerando a segmentação de mercado – "uma política deliberada de maximizar a demanda do mercado direcionando os esforços de marketing para subgrupos significativos de clientes ou consumidores" (Chisnall, 1985). Assim ocorre nas unidades de conservação, que independentemente das suas características peculiares como produto turístico, também são parte integrante de uma realidade de segmentação desse produto.

GESTÃO AMBIENTAL E SUSTENTABILIDADE NO TURISMO

O roteiro turístico em uma unidade de conservação pode ser definido como um pacote de componentes tangíveis ou não, com base na atividade em um destino cujas atrações naturais são protegidas por lei. O pacote é percebido pelo turista como uma experiência, disponível a determinado preço. Há cinco componentes principais no produto turístico em uma unidade de conservação:

- Atrações no destino e no meio ambiente;
- Instalações e serviços do destino;
- Acessibilidade ao destino;
- Imagens do destino;
- Preço para o consumidor.

Burkart e Medlik (1998) entendem que a operadora de viagens é o fabricante de um produto turístico verdadeiro, pois ela compra os componentes do pacote, dos fornecedores de serviços individuais do turismo, os reúne, e comercializa como uma entidade única. Os diversos fornecedores do produto turístico (transportes, acomodação, atrações etc.) possuem poder e alcance mercadológico inferiores ao das operadoras, que reúnem todos estes produtos em um só, sendo mais palpável ao consumidor final. Como, em última análise, são as operadoras que selecionam os fornecedores dos produtos que compõem o pacote, são elas que também selecionam as unidades de conservação que farão parte de um roteiro turístico. Os parques e as reservas mais desenvolvidos, em qualquer parte do mundo, normalmente ajustam uma eficiente rede de transportes para o local da unidade de conservação (via serviços públicos ou empresas privadas de transportes) com uma organização centralizada em termos de experiência no ambiente natural, somada à estrutura de acomodação, alimentação etc. Em outras palavras, o gerenciamento próprio da acomodação do turista, pela unidade de conservação, resulta em um aumento da receita pelo parque ou reserva, permitindo um melhor gerenciamento de seus recursos, bem como propicia uma experiência mais positiva e completa ao turista. Algumas unidades restringem-se ao atrativo turístico e, nesses casos, empresas privadas oferecem a acomodação (dentro da unidade, mediante contratos de concessão, ou mesmo fora da unidade), acarretando uma perda da receita turística por parte da unidade de conservação e, muitas vezes, uma queda na percepção da qualidade da experiência por parte do turista.

Segundo dados da OMC, a grande maioria das reservas efetuadas em unidades de conservação é realizada por operadoras, que inserem as unidades como parte integrante de um pacote turístico, ou diretamente pelos passageiros. Nos casos de reserva direta há uma tendência da unidade de conservação ser a única, ou mesmo a principal atração do roteiro. Há uma relação direta entre organização e infra-estrutura da unidade de conservação e quantidade de reservas diretas, normalmente disponibilizadas via internet ou central de reservas. Segundo as diretrizes da Comunidade Européia, estabelecidas pela Comissão de Turismo em 1993, um pacote nada mais é do que a combinação pré-arranjada de não menos que dois dos seguintes itens, quando vendidos ou oferecidos para venda a um preço único com itens inclusos, sendo que o serviço cobre um período maior que 24 horas, ou inclui acomodação com pernoite: transporte, acomodação, outros serviços turísticos não relacionados ao transporte ou acomodação e que fazem parte de uma proporção significativa do pacote.

Ao contrário do pensamento dos puristas, as unidades de conservação devem estar plenamente inseridas dentro do contexto do mercado turístico, significando que as mesmas devem ser ofertadas por operadoras, agências, ou mesmo diretamente ao cliente final. Independentemente de todas as variáveis relacionadas ao conceito de sustentabilidade, que devem ser os parâmetros fundamentais de uma unidade de conservação – sem os quais ela simplesmente deixa de ser um atrativo turístico –, as unidades de conservação devem ser um produto turístico como outro qualquer. Suas qualidades, positivas ou negativas, vão determinar o interesse do público e isso não se restringe aos atrativos turísticos. O interesse do público também é determinado pelo apelo mercadológico e, portanto, as unidades de conservação devem atentar aos mesmos desafios que outros setores do turismo estão submetidos, em especial à segmentação e especialização do mercado.

REFERÊNCIAS

BOULLÓN, Roberto. **Ecoturismo, sistemas naturales y urbanos.** Buenos Aires: Ciet, 1993.

_____. **Planejamento do espaço turístico.** Bauru: Edusc, 2002.

BURKART, A.; MEDLIK, R. **Tourism: past, present and future.** Londres: Pitman, 1998.

CEBALLOS-LASCURÁIN, Hector. **Tourism, ecotourism and protected areas: the state of nature-based tourism around the world and guidelines for its development.** IUCN, Gland, 1996.

EAGLES, P.; McCOOL, S. **Sustainable tourism in protected areas: guidelines for planning and management.** Wallingford: Cabi Publishing, 2002.

KEYSER, Heidi. **Tourism development.** Cape Town: Oxford University Press, 2002.

KRIPPENDORF, Jost. **The holiday makers.** Oxford, Butterworth-Heinemann, 1984.

LAGE, Beatriz H.G.; MILONE, Paulo Cesar. **Economia do turismo.** São Paulo: Atlas, 2000a.

_____. **Turismo: teoria e prática.** São Paulo: Atlas, 2000b.

MATHIESON, Alister; WALL, Geoffrey. **Tourism: economic, physical and social impacts.** Londres: Longman, 1982.

MIDDLETON, Victor T. C. **Marketing de turismo: teoria e prática.** Rio de Janeiro: Campus, 2001.

PEARCE, Douglas. **Desarrollo turístico: su planificación y ubicación geográficas.** México: Trillas, 1991.

_____. **Geografia do turismo: fluxos e regiões no mercado de viagens.** São Paulo: Aleph, 2003.

PELLEGRINI FILHO, Américo. **Ecologia, cultura e turismo.** Campinas: Papirus, 1993.

PÉREZ DE LAS HERAS, Mônica. **La guía del ecoturismo, o cómo conservar la naturaleza a través del turismo.** Espanha: Mundi-Prensa, 1999.

POON, A. Competitive strategies for a new tourism. In: COOPER, C. **Progress in tourism, recreation and hospitality management.** Londres: Belhaven Press, 1989.

RUSCHMANN, Doris. **Turismo e planejamento sustentável.** Campinas: Papirus, 1997.

SENGE, TETSUMARO. **Porvenir de los parques.** Conferencia mundial sobre parques nacionales. Yellowstone, 1974.

SOUTH AFRICAN NATIONAL PARKS. **Visions of change.** Pretoria, 2000.

SWARBROOK, John. **Turismo sustentável: conceitos e impacto ambiental.** São Paulo: Aleph, 2000a.

_____. **Turismo sustentável: meio ambiente e economia.** São Paulo: Aleph, 2000b.

_____. **Turismo sustentável: gestão e marketing.** São Paulo: Aleph, 2000c.

SWINNERTON, GUY S. **Journal of park and recreation administration,** 1995.

TAVARES, Adriana de Menezes. **City tour.** São Paulo: Aleph, 2002.

TULIK, OLGA. A questão ambiental e os novos paradigmas. In: **I Jornada de Turismo, Meio Ambiente e Patrimônio.** São Paulo: Aleph, 1999.

WEARING, Stephen; NEIL, John. **Ecotourism: impacts, potentials and possibilities.** Oxford: Butterworth-Heinemann, 1999.

Turismo de Aventura em Unidades de Conservação | 19

Alcyane Marinho
Profissional de Educação Física, Udesc

INTRODUÇÃO

A associação do termo turismo com práticas realizadas na natureza, culminando em expressões como "turismo de aventura", "turismo esportivo", "turismo ecológico", "ecoturismo" e outras possibilidades existentes, tem gerado diversos questionamentos e problematizado, de modo multidisciplinar, o fenômeno. Por sua vez, a falta de consenso terminológico cresce à medida que aumenta a demanda por atividades de aventura, principalmente aquelas realizadas na natureza. Corroborando com isso, pode-se afirmar que esse segmento é um dos mais emblemáticos e eminentes do esporte, lazer e turismo dos últimos tempos, ainda que estes não sejam os únicos campos competentes e interessados nesse fenômeno.

Não é pretensão deste texto entrar diretamente nessa discussão, pois diversos trabalhos já se incumbiram disso (Wearing e Neil, 2001; Swarbrooke, 2003; Marinho, 2004b; Uvinha, 2005; e outros). Porém, é necessário esclarecer que as reflexões aqui empreendidas partem da idéia de que as atuais e inovadoras atividades de aventura, realizadas no ambiente natural, independentemente do nome que as qualifique, requerem um olhar cuidadoso capaz de valorizar tanto a qualidade da prática quanto a conservação e a educação ambientais e os desenvolvimentos pessoal e social inerentes a elas.

Partindo dessas idéias iniciais, a proposta deste texto é refletir sobre as unidades de conservação como espaços privilegiados para a vivência de atividades de aventura, especialmente no âmbito dos parques nacionais e estaduais. Espaços estes entendidos como categoria de unidades de conservação ainda carentes de uma gestão qualitativa, requerendo a criação de metodologias de planejamento e ordenamento da visitação, respaldadas nas expectativas dos visitantes, capazes de levar em consideração a variedade de oportunidades oferecidas, compatíveis com os impactos exercidos sobre o espaço e sua necessária conservação. Por sua vez, é trazido para esta discussão todo o panorama no qual se manifestam tais atividades de aventura, com o intuito de salientar sua complexidade, pertinência e emergência.

UNIDADES DE CONSERVAÇÃO

As áreas protegidas são extensões de terra e/ou mar destinadas principalmente à proteção e manutenção da diversidade biológica e de seus recursos naturais e culturais, manejadas por intermédio de instrumentos legais ou de outros meios efetivos.

As unidades de conservação, por sua vez, podem ser entendidas como uma forma especial de área protegida, constituindo espaços territoriais com características naturais relevantes, legalmente estabelecidas pelo poder público, com objetivos conservacionistas, sob regime específico de administração, às quais são aplicadas garantias apropriadas de proteção. Contudo, nem sempre essas características foram as prevalecentes.

No final do século XIX, conforme a Europa e a América tornavam-se mais urbanizadas, as visões de natureza começaram a ter importantes transformações. Uma delas foi justamente o conceito predominante de natureza selvagem como ameaça para a fixação humana. Em vez de uma ameaça, o "selvagem" passa a ser visto como um precioso recurso. À medida que ocorria a expansão urbana, aumentava a produção da poluição, do lixo, do ruído, do excesso de população e dos problemas sociais. Dessa forma, os locais naturais intocados tinham um importante significado; ou seja, os problemas urbanos geraram uma nostalgia entre as classes médias pelos prazeres da vida ao ar livre (Hannigan, 1995).

Pode-se destacar um movimento de retorno à natureza florescido nos Estados Unidos no período da virada do século até um pouco depois da Primeira Guerra Mundial, o qual incluía uma variedade de atividades, tais como acampamentos de verão, novelas gravadas em lugares selvagens, fotografias da vida selvagem, parques públicos e o surgimento dos escoteiros. Foi justamente esse significativo sentimento de afetividade com relação aos ambientes naturais que contribuiu para a criação do sistema natural de parques. Conforme Hannigan (1995, p.147), "a natureza selvagem passou de um incômodo para um valor sagrado".

Nessa perspectiva, Diegues (1996) elucida que, mesmo os antecedentes do ambientalismo que constituíram fenômenos tipicamente europeus, os Estados Unidos foram, também, determinantes na propagação dos ideais preservacionistas. A construção de parques americanos (Yellowstone, em 1872, e Yosemite, em 1890), nas grandes extensões públicas de território virgem, possibilitando a preservação de áreas virgens, é um fato que comprova essa primeira fase fundamentalmente estética do ambientalismo, uma vez que a idéia de *wilderness*, popularizada a partir da construção dos parques, constituía uma visão imaginária da realidade.[1]

Diegues (1997) esclarece que as áreas naturais protegidas refletem mais que uma estratégia governamental de conservação, refletem um determinado tipo de relação entre os seres humanos e a natureza.

Na concepção dos preservacionistas, os parques nacionais representavam a única maneira de salvar porções da natureza dos efeitos indesejáveis da expansão urbano-industrial. A manutenção de uma natureza intacta representava a reação às conseqüências da expansão do capitalismo norte-americano sobre o mundo natural.

Apenas a partir de meados do século XX a conservação da biodiversidade se tornou um objetivo explícito das unidades de conservação. No Brasil, uma das primeiras iniciativas para a criação de uma área protegida ocorreu em 1876, como sugestão do engenheiro André Rebouças (inspirado na criação do Parque de Yellowstone) de criarem dois parques nacionais: um em Sete Quedas (Paraná) e outro na Ilha do Bananal (entre Tocantins e Mato Grosso). No entanto, data de 1937 a criação do primeiro parque nacional brasileiro, o Parque Nacional de Itatiaia, localizado na Região Sudeste do Brasil, em áreas dos estados do Rio de Janeiro, São Paulo e Minas Gerais.

---

[1] Em seus escritos, Diegues (1996) se aprofunda na discussão sobre o surgimento dos parques nacionais, bem como nos conceitos atrelados à criação das unidades de conservação, constituindo uma pertinente referência para essa temática. Serrano (1997) também traz contribuições para esse tema.

GESTÃO AMBIENTAL E SUSTENTABILIDADE NO TURISMO

Atualmente, o Brasil dispõe de um quadro de unidades de conservação bastante amplo. As unidades de conservação federais administradas pelo Ibama somam aproximadamente 45 milhões de hectares, sendo 256 unidades de conservação de uso direto e indireto (Brasil, 1997).

O Sistema Nacional de Unidades de Conservação (Snuc) divide as unidades de conservação em duas categorias:

- Unidades de proteção integral: compostas por estações ecológicas, reservas biológicas, parques nacionais, monumentos naturais, refúgios de vida silvestre e parques estaduais.

- Unidades de uso sustentável: compostas por áreas de proteção ambiental (APA), áreas de relevante interesse ecológico (Arie), florestas nacionais (Flona), reservas extrativistas (Resex), reservas de fauna, reservas de desenvolvimento sustentável e reservas particulares do patrimônio natural (RPPN).

Dessas unidades, os parques nacionais e estaduais são o principal foco deste trabalho. A seguir, a Tabela 19.1 apresenta o número de parques nacionais e estaduais existentes, elencados por regiões (Brasil, s.d.).

Tabela 19.1 – Parques nacionais e estaduais divididos nas regiões brasileiras.

	Região Norte	Região Sul	Região Nordeste	Região Centro-Oeste	Região Sudeste
Parques nacionais	12	5	13	6	13
Parques estaduais	15	48	13	29	67

São inúmeras as atividades de aventura realizadas nesses espaços. Apenas como ilustração, a seguir, estão relacionadas algumas delas:

- Caminhadas de um dia: caminhadas curtas, realizadas sem o transporte de muito peso, com retorno ao ponto de partida antes do anoitecer. Mesmo sendo de curta duração, podem apresentar variados graus de dificuldade, conforme a distância e a topografia do percurso;

- Caminhadas longas (travessias): caminhadas de dois dias ou mais, havendo a necessidade de ser transportado o equipamento em mochilas, embora animais de carga também sejam utilizados;
- Escalada: refere-se aos diferentes tipos de progressão em rochas e paredes. Existem várias classificações, a mais conhecida divide a escalada em:

  a) modalidades em rocha e em muro artificial: muro artificial, *bouldering*, escalada esportiva, escalada livre tradicional ou clássica e *big wall*;
  b) modalidades mistas e em gelo: escalada alpina, alta montanha, cachoeiras congeladas e escalada mista (realizadas fora do Brasil).

- *Caving*: visitas a cavernas sem intenção de estudos, sem fins de exploração ou reconhecimento aprofundado das cavernas, diferenciando-se da espeleologia, que é justamente o estudo das cavernas no que se refere à geografia, topografia, geologia, flora e fauna;
- Mergulho livre: realizado sem uso de reserva de ar (cilindros);
- Mergulho autônomo: realizado com uso de reserva de ar (cilindros). É preciso ter credencial para realizar esse tipo de mergulho;
- Rapel: técnica de descida por corda, com utilização de cadeirinha (conjunto de fitas de náilon de alta resistência costuradas entre si para envolver as pernas e a cintura do praticante, formando um assento. É nela que o mosquetão e o freio são conectados). Originariamente utilizada por espeleólogos e escaladores;
- *Cascading*: rapel realizado em cachoeiras;
- *Canyoning*: várias seqüências de *cascading* e descidas de rios;
- *Rafting*: descida de corredeiras em botes de borracha. Normalmente, é realizado com seis remadores. Os níveis de dificuldade vão de 1 (corredeiras fáceis) até 6 (corredeiras perigosas);
- Bóia-cross: descida de corredeiras sentado em bóia individual;
- *Acquaride*: descida de corredeiras deitado de peito sobre a bóia, remando com os braços;
- Arvorismo: prática realizada entre as copas das árvores; é uma espécie de percurso aéreo, em que são praticadas atividades como andar em cordas bambas, tirolesa, redes etc;

GESTÃO AMBIENTAL E SUSTENTABILIDADE NO TURISMO

- Cavalgada: passeios a cavalo, podendo ter a duração de um ou vários dias;

- *Mountain biking*: passeios por trilhas em bicicletas especiais;

- Vôo livre: vôo com a utilização de equipamentos individuais de sustentação aerodinâmica, em que o prolongamento do vôo é obtido com a utilização de correntes de ar ascendentes. As duas modalidades mais praticadas são a asa-delta e o parapente.

Com o objetivo de ajudar no planejamento e na gestão das visitas em unidades de conservação, o Ministério do Meio Ambiente, de acordo com o diagnóstico realizado em 2003, elaborou o documento *Diretrizes para visitação em unidades de conservação* (Brasil, 2006), com base em regras definidas pelo Snuc. Esse documento está sendo apontado como um marco para a estruturação das visitas às unidades de conservação e uma medida importante para a aproximação entre essas unidades e a sociedade brasileira. Nesse sentido, alguns dados merecem ser apresentados.

Dos 52 parques nacionais (exceto o recém-criado Parque Nacional da Serra do Itajaí), 37 (71%) responderam aos questionários enviados e, dos 155 parques estaduais, 55 (35,48%) responderam aos questionários, e 7 estados não participaram da pesquisa.

A identificação das atividades de visitação mais procuradas nas unidades de conservação, bem como as normas e os mecanismos utilizados no desenvolvimento de tais atividades, o levantamento de opiniões e sugestões sobre o estabelecimento de diretrizes para a visitação e a identificação dos impactos gerados pela visitação nas unidades de conservação foram algumas das análises mais relevantes obtidas por meio dos dados coletados.

Para este momento, interessa apenas apresentar o perfil das atividades desenvolvidas nos parques. A Tabela 19.2 mostra, em porcentual, a ocorrência das atividades desenvolvidas nos parques nacionais.

De acordo com a pesquisa, em todas as regiões destacaram-se as caminhadas de um dia, porém, na Região Norte, as atividades aquáticas foram as mais procuradas, ratificando o potencial hidrográfico local.

Pôde-se observar uma variedade de opções citadas pelos parques nacionais da Região Nordeste, ainda que exista uma baixa representatividade de certas atividades.

A caminhada de um dia e o banho foram as atividades mais citadas na Região Centro-Oeste, apesar das poucas opções apresentadas.

Por sua vez, a Região Sudeste apresentou uma grande variedade de atividades, isso significa que esse fato pode estar atrelado, de acordo com considerações internas à pesquisa, ao maior número de turistas, ao nível de informação sobre os destinos turísticos, à existência de associações esportivas com maior tradição, à concentração de agências especializadas em atividades de aventura, ao nível de organização dos profissionais da área, entre outros.

A Região Sul, igualmente, apresentou uma grande diversidade de opções, com ênfase para as atividades aéreas, como balonismo, asa-delta e pára-quedismo.

Tabela 19.2 – Atividades desenvolvidas nos parques nacionais.

Atividade	%
Caminhada de um dia	22,41
Cavalgada	2,59
Ciclismo	7,76
Caminhada com pernoite	7,76
Motocross	0,86
Escalada	5,17
Mergulho	3,45
Rafting	2,59
Banho	18,97
Bóia-cross	2,59
Canoagem	3,45
Descida de cachoeira (*cascading*)	4,31
Visita a cavernas	3,45
Travessia em cavernas	0,86
Pesquisa em cavernas	0,86
Asa-delta	3,45
Pára-quedismo	0,87
Ultraleve	1,72
Parapente	2,59

Fonte: Brasil s.d.

Na Tabela 19.3 estão contidas, em porcentual, as atividades realizadas nos parques estaduais, conforme a pesquisa em questão.

Tabela 19.3 – Atividades realizadas nos parques estaduais.

Atividade	%
Caminhada de um dia	23,33
Cavalgada	5,33
Ciclismo	9,33
Caminhada com pernoite	6
Motocross	1,33
Escalada	6
Canyoning	2,67
Mergulho	3,33
Rafting	2,67
Banho	14
Canoagem	4
Surfe	2
Bóia-cross	2,67
Descida de cachoeira (*cascading*)	4,67
Visita a cavernas	3,33
Travessia em cavernas	3,33
Asa-delta	2,67
Pára-quedismo	0,67
Ultraleve	0,67
Parapente	2

Fonte: Brasil s.d.

O conhecimento da realidade dos parques nacionais e estaduais é de suma importância para a diretoria do Programa Nacional de Áreas Protegidas, a qual tem como papel fundamental a coordenação do Snuc. Nesse sentido, o diagnóstico realizado demonstra um passo à frente nessa atribuição, uma vez que traçou um quadro geral da visitação aos parques nacionais e estaduais. Tal iniciativa contribuirá para subsidiar o estabelecimento de diretrizes e políticas de visitação, em sintonia com a atual demanda da sociedade.

Inúmeros fatores indicam o crescimento expressivo da visitação em áreas naturais no Brasil e no mundo, e, de acordo com a pesquisa realizada pelo Ministério do Meio Ambiente, as atividades na natureza enquadram-se entre os segmentos mais promissores do mercado de turismo, com um crescimento mundial estimado entre 10 e 30% ao ano. Contudo, salienta-se que "as visitas devem ser planejadas e atender a recomendações especiais, para que funcionem como uma ferramenta de sensibilização da sociedade sobre a importância da conservação da biodiversidade" (Brasil, s.d.). Tendo como base um bom planejamento, o objetivo é que as visitas sirvam como vetores de desenvolvimentos local e regional .

Vale lembrar que a maioria dos estados brasileiros não possui informações sistematizadas, nem mesmo conhece a situação efetiva das unidades sob sua administração. Por isso, a procura por mais conhecimento sobre as áreas protegidas é fundamental, e os estados possuem papel imprescindível nesse processo, uma vez que estão mais próximos dos problemas e, conseqüentemente, das supostas soluções para cada unidade.

Para que seja possível elaborar sistemas de monitoramento e identificação de estratégias adequadas de manejo e proteção da diversidade biológica, por exemplo, é indispensável que se conheça, minimamente, a constituição da fauna e da flora das unidades de conservação. Da mesma forma, deve ocorrer com as demais possibilidades esportivas, recreativas e turísticas que podem ser oferecidas por tais espaços.

Uma questão polêmica acerca das unidades de conservação refere-se ao dilema: criação de novas áreas protegidas *versus* implementação das unidades já existentes. Equilibrar as duas iniciativas parece ser o mais sensato, porém, ainda não existe uma política clara sobre isso. Igualmente polêmico é o assunto sobre a exploração econômica de unidades de conservação de uso indireto, a qual deve ser minimamente examinada.

Alguns parques nacionais têm se mostrado importantes no contexto regional, principalmente nos quais o turismo é uma das principais atividades econômicas, permitindo uma importante inclusão na economia local ao gerar empregos diretos (funcionários) e indiretos (pousadas, *campings*, monitores e guias ambientais, alimentação, artesanato e outros), com repasse de recursos da arrecadação para o município. Dos pontos de vista econômico, político e sociocultural, parece ser desastroso o término dessas atividades como desculpa para a manutenção da biodiversidade local. Contudo, a atividade econômica não tem evidenciado os resultados positivos percebidos constantemente no discurso daqueles que amparam o uso intensivo das unidades de conservação.

Os problemas com o desenvolvimento da visitação em unidades de conservação estão relacionados a inúmeros fatores: falta de recursos humanos em geral, ausência de infra-estrutura adequada, pouca capacitação profissional, falta de informações e orientações adequadas aos visitantes, indefinição da situação fundiária de várias unidades, invasões e presença de populações humanas em unidades de uso indireto.[2]

Percebe-se, portanto, que os obstáculos não se resumem à falta de recursos financeiros. A fragilidade do sistema de unidades de conservação extrapola aspectos dessa origem, estando também atrelada à falta de capacidade dos órgãos governamentais em proporcionar instrumentos adequados ao seu manejo e à sua proteção. É preciso lembrar, igualmente, que uma grande parte de áreas protegidas encara ameaças ocorridas pela expansão urbana e de projetos de infra-estrutura (estradas, rodovias, barragens), sem apontar a existência da caça e das queimadas predatórias (Rylands e Pinto, 1998).

Da mesma forma, os recursos obtidos com a venda de ingressos e com outras atividades e produtos demoram a retornar à fonte original, quando voltam. Graziano et al. (1998) discutem justamente como as rendas geradas pelo ecoturismo, em geral pouco, estão beneficiando as populações onde este ocorre. A renda permanece concentrada nos agentes intermediários oriundos dos centros urbanos, bem como em empreendimentos externos.

Nesse sentido, mesmo que seja possível o desenvolvimento de projetos de geração de renda, em algumas unidades de conservação, particularmente naquelas favoráveis ao ecoturismo, planejamento e investimentos prévios se fazem necessários, ou então as conseqüências serão a degradação da área e a baixa taxa de retorno dos recursos gerados para a sua manutenção.

---

[2] De acordo com Brasil (1997), em 36% das unidades federais há conflitos decorrentes da presença de ocupação humana.

Por todas essas questões, pode-se acreditar que, por um lado, o sistema de unidades de conservação brasileiro representa um avanço bastante significativo para o país; contudo, por outro, ele também representa uma base, ainda, muito delicada, carente de reflexões e intervenções.

ATIVIDADES DE AVENTURA
NA NATUREZA

A busca pelas atividades de aventura na natureza desponta impulsionada pelo desejo de experimentar algo novo, emoções prazerosas, utilizando-se da tecnologia infiltrada na esfera da recreação e do lazer. Acessos mais fáceis e uma gama maior de oportunidades, atrelados a boas doses de divulgação, constituem os principais fatores e condições que elevaram a procura pelas atividades de aventura.[3]

Há um consenso, por parte de estudiosos do tema (Pociello, 1995; Betrán, 1995; e outros) no que se refere ao período de 1970 como marco das atividades de aventura, principalmente nos países economicamente avançados, cuja principal atividade difundida foi o surfe (na natureza) e, posteriormente, o *skate* (no ambiente urbano).[4]

Tais atividades foram se desenvolvendo ao longo de 1980 e até hoje, conforme níveis de organização e controle acerca dos perigos inerentes à prática, tendo como respaldo o avanço tecnológico de equipamentos esportivos, os diversos recursos empregados e os meios de comunicação (Marinho, 1999).

A maior parte dos esportes de aventura praticados atualmente surgiu em países como Estados Unidos, Nova Zelândia e Austrália. Por isso, pode-se verificar que muitos deles preservam o nome original em inglês, muitas vezes não há o equivalente em português (como o caso do *rafting*).

É importante destacar que turismo e esporte se interligam historicamente desde o surgimento dos esportes de inverno nos Alpes, no início do

---

[3] Sobre as características das atividades de aventura e para melhor análise da temática, ver Marinho (1999, 2001, 2003, 2004a e b) e Marinho e Bruhns (2006).

[4] Vale lembrar que as atividades de aventura realizadas em ambientes artificiais, igualmente, têm conquistado uma significativa visibilidade na sociedade contemporânea. Em Marinho (2005), há detalhes desse movimento e suas repercussões.

século XX. Já o turismo esportivo, como entidade em si mesma, emerge a partir de 1950. Por sua vez, a relação e a articulação do esporte de aventura com o ecoturismo adquirem evidência somente a partir de 1990, quando esse segmento da atividade turística assume a particularidade de utilizar os esportes de aventura como seu canal de realização. As diversas terminologias utilizadas e seus desdobramentos ("turismo de aventura", "esporte de aventura", "turismo esportivo", "esportes na natureza" etc.) têm gerado diversos questionamentos e problematizado, de modo multidisciplinar, o fenômeno. A falta de consenso terminológico aumenta à medida que aumenta a demanda por tais atividades. Contudo, essa questão terminológica fica ofuscada quando se nota a imensa dificuldade na abordagem do fenômeno por diferentes áreas de conhecimento.

A atenção, portanto, não deve se restringir aos conceitos, mas sim às políticas públicas e setoriais para o segmento. Esse debate acaba por apontar, inclusive, antagonismos significativos, característicos de uma sociedade democrática, o que requer um tratamento refinado em busca da eqüidade e representatividade igualitária.

O esporte de aventura e/ou turismo de aventura possuem características bastante peculiares, o que exige olhares especializados para sua compreensão.

Algumas iniciativas têm se mostrado determinantes para o rumo que esse fenômeno pode seguir (tanto em unidades de conservação quanto fora delas). Merecem destaque:

- Diretrizes para uma política nacional de ecoturismo (Brasil, 1994): esse documento até os dias de hoje mostra-se como fundamental para políticas diversas;
- Diretrizes para visitação em unidades de conservação (Brasil, 2006): essas diretrizes já foram abordadas anteriormente neste texto;
- Projeto de normalização e certificação em turismo de aventura: em andamento desde 2003, trata-se de uma iniciativa do Ministério do Turismo, sob a coordenação da Secretaria de Programas de Desenvolvimento do Turismo, tendo como entidade executora o Instituto de Hospitalidade (IH) e apoio da Associação Brasileira de Empresas de Turismo de Aventura (Abeta). De acordo com Abreu e Timo (2005), esse projeto visa identificar os aspectos críticos da operação responsável e segura do turismo de aventura e subsidiar o desenvolvimento de um conjunto de normas técnicas para as diversas atividades que com-

põem o setor, no âmbito da Associação Brasileira de Normas Técnicas (ABNT) e do Instituto Nacional de Metrologia, Normalização e Qualidade Industrial (Inmetro);

De acordo com Abreu e Timo (2005, p.61), os objetivos do projeto são: a identificação dos aspectos críticos de operação responsável e segura do turismo de aventura, e o desenvolvimento de um sistema de normas para esses aspectos críticos identificados, de normas para ocupações conforme demandas específicas, de um processo de divulgação e sensibilização com as empresas e seus grupos de clientes acerca da importância das normas desenvolvidas e de um manual de resgate para as atividades de turismo de aventura no país;

- Comissão especial de esporte de aventura: essa comissão foi criada em 2006, no âmbito do Ministério do Esporte, e é considerada um instrumento efetivo e permanente, com o objetivo de construir uma política nacional para o fenômeno. Essa iniciativa mostra-se inovadora e bastante promissora para o segmento;

- Abertura de disciplinas optativas e obrigatórias, cursos de extensão, graduação e pós-graduação das áreas de Educação Física, Turismo, entre outros, relacionados à temática em diversas faculdades e universidades do Brasil: sobre essa iniciativa, algumas considerações se fazem pertinentes. O vínculo de atividades com a natureza, recreativas, esportivas ou turísticas, não constitui um fenômeno novo; o que é novo nesse quadro todo é a tentativa de planejamento, organização e gestão qualitativos dessas atividades. De fato, elas sempre foram praticadas de maneira mais informal, tendo como guias e condutores, na maioria das vezes, moradores locais, em razão de seus conhecimentos específicos da região e da residência próxima aos locais dos atrativos. Até então, a experiência desses atores, advinda da própria prática, é que lhes atribuía competência e credibilidade, pois eles, em sua maioria, não possuíam (ou não possuem) curso superior e, quando se engajam em alguma agência de ecoturismo, recebem cursos rápidos, incapazes de dar a base de conhecimento atualmente almejada. Em razão dos contínuos questionamentos com relação à segurança e à capacitação profissional, esses mesmos condutores e guias envolvidos no setor se vêem na necessidade de se especializar e de se organizar de alguma forma. Contudo, no Brasil, ainda não existem cursos de formação capazes de suprir essa carência no contexto de sua complexidade.

Os conhecimentos advindos de uma única área, baseados em dinâmicas e estruturas universitárias tradicionais de ensino-aprendizagem, não parecem ser suficientes para instrumentalizar e potencializar o futuro profissional engajado nas atividades de aventura. Um bom começo parece ser a efetivação de intercâmbios (formais e informais) de conhecimentos entre os profissionais de diferentes áreas do conhecimento, com o intuito de descobrirem, em diferentes disciplinas, os conteúdos teóricos e práticos capazes de fornecer caminhos que conduzam às melhores, mais seguras e responsáveis e menos degradativas formas de manutenção dos seres humanos junto à natureza (da qual todos são parte). Áreas de conhecimento como Educação Física, Turismo, Biologia, Psicologia, Geografia e Educação são emblemáticas nessa perspectiva e têm muito a contribuir.[5]

Segundo Costa (2005), a Educação Física, por exemplo, área de conhecimento que, *a priori*, é responsável por orientar e capacitar o profissional para a atividade esportiva em geral, não possui formas didático-pedagógicas para esse novo segmento. No Brasil, na verdade, existem poucas confederações esportivas capazes de responder por um número tão vasto de atividades de aventura, e as que existem não têm relações com instituições universitárias. Muitas das associações e federações existentes fazem parcerias com outras internacionais já reconhecidas há bastante tempo.

Costa (2005, p.6-7) acredita que a formação biológica, de treinamento esportivo e de didática do curso de graduação em Educação Física constitui o alicerce do conhecimento requerido pelo segmento, porém as técnicas da pluralidade de ofertas desses esportes são precárias, no que se refere ao atendimento psicológico e à valorização do meio ambiente. A autora acredita ser necessário "repensar conjuntamente a formação com aqueles que possuem o conhecimento técnico e ético da atuação". Nessa perspectiva, o tema deve ser tratado com a complexidade que o acompanha, debatendo amplamente e decidindo uma formação, até mesmo, "compartilhada".

Não há, portanto, ainda, relações institucionais definidas e intensas com estruturas acadêmicas e, talvez, esse seja um dos motivos pelos quais as universidades, de certo modo, ainda não acolham a força desse

---

[5] Para detalhes, ver Marinho (2001, 2004a).

movimento, já consolidado de uma certa forma. A Educação Física, no caso, priorizou a atividade física em ambientes urbanos, tais como ginásios, academias, escolas e clubes, subestimando, de certo modo, a ascensão das atividades de aventura realizadas no ambiente natural.

Os mais diferentes espaços e instituições (tais como acampamentos, colônias de férias, hotéis fazenda e de convenção, ruas de lazer, academias, shoppings, escolas, empresas e vários outros) abrem-se como possibilidades para atuação do profissional capaz de lidar com as atividades de aventura.[6]

Essa crescente demanda, que vislumbra esses diferentes espaços de atuação, exige, portanto, uma nova postura profissional, capaz de corresponder, de forma qualitativa, ao interesse dos envolvidos, dando vigor à potencialidade das atividades de aventura na natureza.

Ainda que de forma lenta, porém significativa, alguns cursos de graduação, principalmente, em Educação Física e em Turismo, espalhados pelo Brasil, têm começado a implantar, em seus cursos, conteúdos referentes às atividades de aventura na natureza. Pela falta de incentivo para implantação desses conteúdos na grade curricular, entre outros motivos, uma alternativa que tem sido adotada por muitas faculdades é a abertura de cursos de extensão à comunidade, com o intuito de permitir, pelo menos, a experimentação de tais práticas. Algumas universidades públicas e também algumas faculdades privadas de vários estados brasileiros começaram a suprir a crescente demanda pelas atividades de aventura, ora com cursos de extensão, ora com disciplinas optativas na grade curricular da graduação e, inclusive, mais recentemente, com cursos de pós-graduação. São ilustrativos os casos da Unesp de Rio Claro; da UFSCar, em São Carlos; da Anhembi-Morumbi, em São Paulo; da Fefisa, em Santo André; da UFRGS, em Porto Alegre; da UFSM, em Santa Maria; da Esfa, no Espírito Santo; da UFRN, em Natal; entre outros.

- Crescente produção científica e maior visibilidade e reconhecimento em eventos científicos em várias áreas, nos âmbitos regional, nacional e internacional: pode-se afirmar que a produção de conhecimento se encontra em um patamar substancial e expressivo, legitimada por ór-

---

[6] Isso ocorre não só na natureza, mas também em estruturas artificiais implantadas, nos últimos anos, nos centros urbanos (Marinho, 2005).

gãos de fomento e pela chancela de entidades representativas da categoria. Essa produção é veiculada por meio de congressos e simpósios, com difusão para além dos limites nacionais. Outros exemplos significativos de produções desse fenômeno podem ser encontrados mediante consulta às bases de dados da Plataforma Lattes, do CNPq e também nos inúmeros laboratórios e grupos de estudos existentes em todo o Brasil que focam o segmento do esporte/turismo de aventura;

- Desenvolvimento de inúmeros trabalhos com diferentes populações: idosos (Dias e Schwartz, 2004; Barbosa e Marcellino, 2005), crianças (Moreira, 2005; Inácio et al., 2005), portadores de necessidades especiais (Munster, 2004) e dependentes de droga (Gimeno et al., 2000);

- Realização do I e do II Congresso Brasileiro de Atividades de Aventura em Balneário Camboriú (SC), em 2006, e em Governador Valadares (MG), em 2007, constituindo um evento científico que tem representado uma oportunidade pioneira de discussões acerca do universo das atividades de aventura (esporte/turismo de aventura), congregando múltiplos olhares sobre a temática. O evento constou de palestras, minicursos, mesa-redonda e apresentação de trabalhos científicos, atingindo um público-alvo formado por diferentes profissionais e estudantes de diversas áreas de todo o Brasil.

Com base nesses exemplos, pode-se perceber, portanto, uma demanda crescente de diferentes grupos sociais interessados em esporte/turismo/lazer/meio ambiente. Nos grupos envolvidos, verifica-se a presença de praticantes a atletas de alto rendimento, da sociedade civil organizada (ONGs e empresários do ramo do turismo e do esporte de aventura) e de instituições acadêmicas de cunhos público e privado, além de outras instituições representativas de setores profissionais ou amadores. Os interesses igualmente são múltiplos: lazer, prática organizada, pesquisa, venda de produtos e serviços etc.

Considerando a abrangência desse fenômeno, reafirma-se a necessidade de reordenação e organização profissional – assunto que está sendo amplamente debatido no país por entes públicos, como os ministérios do Esporte, do Turismo, do Meio Ambiente e outros; entidades regulamentadoras, como a Associação Brasileira de Normas Técnicas (ABNT); associações de classe, como o Instituto de Hospitalidade (IH) e a Associação Brasileira das Empresas de Turismo de Aventura (Abeta); entidades privadas e educacionais; e a sociedade civil organizada.

É importante destacar, inclusive, que esse assunto foi capa dos números 18 e 19 da *Revista de Educação Física* do Conselho Federal de Educação Física (Confef), no final de 2005 e começo de 2006. Essas publicações abordaram a problemática que envolve as questões de regulamentação, definição de competências, legislação, normas, questões de segurança, ampliação do acesso ao segmento e divulgação.

Trabalhar com esse segmento exige mais que familiaridade com questões técnicas e específicas, exige mais que conhecimento sobre questões socioambientais e conceitos sobre esporte, lazer e turismo; exige um envolvimento dinâmico, multidisciplinar, inovador, crítico e responsável, capaz de impulsionar o estabelecimento de políticas em níveis local e global (Marinho, 2001).

As atividades na natureza, por seu caráter lúdico de "brincar com o risco", transitam entre diferentes níveis de riscos, o que, de antemão, requer profissionais, metodologias e equipamentos especializados.

Esse panorama apresentado reflete a necessidade de discussões e tomadas de decisão capazes de implementar, qualitativamente, as práticas junto à natureza, conjugando o desenvolvimento das atividades com a conservação ambiental.

Tais discussões e tomadas de decisão devem ser efetivadas pelos diferentes grupos e atores sociais que se estendem desde os praticantes até os condutores, empresários, políticos, ONGs etc. Nesse processo, contudo, não pode ser esquecido o contexto complexo, contraditório e contestador em que as atividades de aventura surgiram e fortaleceram-se.

CONSIDERAÇÕES FINAIS

É fundamental que se tenha conhecimento das principais potencialidades e também das deficiências das unidades de conservação, uma vez que as atividades de aventura quase sempre são praticadas no interior dessas unidades, sejam elas de uso direto ou indireto. Alguns dos principais problemas nesses espaços podem ser destacados: carência de funcionários, de capacitação técnica, falta de investimento em infra-estruturas (como trilhas, centros de recepção, equipamentos de segurança e orientação), além do planejamento e gestão questionáveis do ponto de vista administrativo.

As atividades de aventura realizadas nas unidades de conservação, e também em seu entorno, têm conduzido a diversos impactos ambientais, socioeconômicos e culturais, e foi possível perceber, por meio das discussões empreendidas aqui, que para o planejamento dessas atividades são necessários diagnósticos constantes e multidisciplinares, uma vez que as unidades de conservação são diversas e bastante heterogêneas, e requerem olhares diferenciados, porém, específicos.

A educação ambiental[7] e outros programas de sensibilização e capacitação (voltados a todos os atores envolvidos no processo: técnicos, moradores, empresários, políticos, agências etc.) mostram-se promissores nessa empreitada em busca do desenvolvimento qualitativo das práticas atrelado à conservação ambiental.

O olhar cuidadoso mencionado nestas páginas não pode desprezar os aspectos relativos a comportamentos, atitudes, expectativas e valores da população nesse processo de enriquecimento da experiência turística, esportiva ou recreativa, bem como nos benefícios (econômicos, políticos etc.) advindos dela.

As atividades de aventura na natureza necessitam de discussões mais profundas e multidisciplinares, uma vez que se presencia, principalmente, uma legitimação dessas atividades, revestidas pelo adjetivo "ecológico", o qual por si só torna-se suficiente para a execução de qualquer proposta dessa espécie, mesmo que esta não esteja comprometida com nenhum vínculo educativo, valorizando e difundindo as diversidades cultural e biológica.

Nesse sentido, foram aqui apresentadas algumas iniciativas que têm se mostrado determinantes para o rumo que tais atividades (desenvolvidas nas unidades de conservação e também fora delas) podem tomar. O caminho a ser trilhado ainda é longo e desafiador, porém muito promissor.

REFERÊNCIAS

ABREU, J.A.P.; TIMO, G.F. Normalização e certificação em turismo de aventura. In: UVINHA, R.R. (Org.). **Turismo de aventura: reflexões e tendências.** São Paulo: Aleph, 2005. p. 43-70.

---

[7] Dos diversos estudos sobre educação ambiental, os trabalhos de Loureiro et al. (2002) e Pádua e Tabanez (1997) são bastante pertinentes.

AMBIENTE BRASIL. http://www.ambientebrasil.com.br.

[ABETA] ASSOCIAÇÃO BRASILEIRA DE EMPRESAS DE TURISMO DE AVENTURA. http:// www.abeta.com.br.

ASSOCIAÇÃO FÉRIAS VIVAS. http://www.feriasvivas.org.br.

BARBOSA, F.S.; MARCELLINO, N.C. Esportes de aventura, na natureza, para a terceira idade: uma nova opção de lazer. In: XVII ENCONTRO NACIONAL DE RECREAÇÃO E LAZER – ÉTICA E LAZER NA SOCIEDADE CONTEMPORÂNEA, 2005, Campo Grande. Anais... Campo Grande: UCDB, v. 1, p. 127-38, 2005.

BETRÁN, JAVIER O. Las actividades físicas de aventura en la naturaleza: análisis sociocultural. **Apunts: Educación Física y Deportes**. Barcelona, n. 41, p. 5-8, 1995.

BRASIL. Ministério da Indústria e do Comércio. Instituto Brasileiro de Turismo e Ministério do Meio Ambiente, dos Recursos Hídricos e da Amazônia Legal. **Diretrizes para uma política nacional de ecoturismo**. Brasília: Embratur, Ibama, 1994.

_____. Instituto Brasileiro do Meio Ambiente e dos Recursos Naturais Renováveis. 1º CONGRESSO LATINO-AMERICANO DE PARQUES NACIONAIS E OUTRAS ÁREAS PROTEGIDAS. **Relatório nacional do Brasil**. Brasília: Ibama, Direc, Deuc, 1997.

_____. Ministério do Meio Ambiente. Secretaria de Biodiversidade e Florestas. Diretoria de áreas protegidas. **Diretrizes para visitação em unidades de conservação**. Brasília, 2006. 70p.

_____. Ministério do Meio Ambiente. **Diagnóstico da visitação em parques nacionais e estaduais**. [s.d.]. Disponível em: http://www.mma.gov.br/estruturas/sbs_dap/ _arquivos/diagnostico_da_visitacao_em_parques.pdf. Acessado em: 26 jan. 2006.

CAMPANHA "PEGA-LEVE". http://www.pegaleve.org.br.

COSTA, V.L.M. Esporte de aventura é diferente de turismo de aventura. **Revista de Educação Física do Confef**, São Paulo, ano V, n. 18, p. 4-12, nov. 2005.

DIAS, V.K.; SCHWARTZ, G.M. Inclusão de idosos em atividades de aventura. In: 16º ENCONTRO NACIONAL DE RECREAÇÃO E LAZER. **Anais...** Salvador: s. n., 2004.

DIEGUES, A.C.S. **O mito moderno da natureza intocada**. São Paulo: Hicitec, 1996.

_____. Repensando e recriando as formas de apropriação comum dos espaços e recursos naturais. In: VIEIRA, P.F.; WEBER, J. **Gestão dos recursos naturais renováveis e desenvolvimento: novos desafios para a pesquisa ambiental**. São Paulo: Cortez, 1997. p.407-37.

DIRETORIA DO PROGRAMA NACIONAL DE ÁREAS PROTEGIDAS. http://www.mma. gov.br/port/sbf/dap.

FUNDAÇÃO DO MEIO AMBIENTE DE SANTA CATARINA. http://www.fatma.sc.gov.br/ default/default.asp.

FUNDAÇÃO FLORESTAL DE SÃO PAULO. http://fflorestal.sp.gov.br.

GIMENO, J. M. R. et al. La prevención de drogodenpendencias mediante actividades cooperativas de riesgo y aventura. **Apunts: Educación Física y Deportes**, Barcelona, n. 59, p. 46-54, 2000.

GRAZIANO, J.S. et al. Turismo em áreas rurais: suas possibilidades e limitações no Brasil. In: ALMEIDA, J. A. et al. (Org.). **Turismo rural e desenvolvimento sustentável.** Santa Maria: Centro Gráfico, 1998.

HANNIGAN, J. **Sociologia ambiental: a formação de uma perspectiva social.** Lisboa: Instituto Piaget, 1995.

INÁCIO, H.L.D. et al. Travessuras e artes na natureza: movimentos de uma sinfonia. In: SILVA, A.M.; DAMIANI, I.R. (Orgs.). **Práticas corporais: trilhando e compar-(trilhando) as ações em Educação Física.** Florianópolis: Nauemblu Ciência e Arte, v. 2, p. 81-105, 2005.

[IBAMA] INSTITUTO BRASILEIRO DO MEIO AMBIENTE E DOS RECURSOS NATURAIS RENOVÁVEIS. http://www.ibama.gov.br.

INSTITUTO DE HOSPITALIDADE. http://www.hospitalidade.org.br/turismo_aventura/ta_idx_menu.htm.

INSTITUTO ESTADUAL DE FLORESTAS DE MINAS GERAIS. http://www.ief.mg.gov.br/.

LOUREIRO, F. et al. (Orgs.). **Educação ambiental: repensando o espaço da cidadania.** São Paulo: Cortez, 2002.

MACHADO, F.H.; SCHWARTZ, G.M. A inclusão em atividades no âmbito do lazer e a emoção: uma relação de significados. In: 16º ENCONTRO NACIONAL DE RECREAÇÃO E LAZER, 2004, Salvador. **Anais...** Salvador: s. n., 2004.

MARINHO, A. Do bambi ao rambo ou vice-versa? As relações humanas com a (e na) natureza. **Conexões: educação, esporte e lazer,** Campinas, Faculdade de Educação Física da Unicamp, n. 3, p. 33-41, dez. 1999.

_____. Lazer, natureza e aventura: compartilhando emoções e compromissos. **Revista Brasileira de Ciências do Esporte,** Campinas, v. 22, n. 2, p. 143-53, jan. 2001.

_____. Da aceleração ao pânico de não fazer nada: corpos aventureiros como possibilidades de resistência. In: MARINHO, A.; BRUHNS, H.T. (Orgs.). **Turismo, lazer e natureza.** São Paulo: Manole, 2003. p.1-28.

_____. Repensando o lúdico na vida cotidiana: atividades na natureza. In: SCHWARTZ, G. M. (Org.). **Dinâmica lúdica: novos olhares.** São Paulo: Manole, 2004a. p.189-204.

_____. Atividades na natureza, lazer e educação ambiental: refletindo sobre algumas possibilidades. **Motrivivência,** Revista de Educação Física, Esporte e Lazer, Florianópolis, Núcleo de Estudos Pedagógicos em Educação Física, ano XVI, n. 22, p. 47-69, jun. 2004b.

_____. Atividades de aventura em ambientes artificiais. In: UVINHA, R.R. (Org.). **Turismo de aventura: reflexões e tendências.** São Paulo: Aleph, 2005. p.247-68.

MARINHO, A.; BRUHNS, H.T. (Orgs.). **Viagens, lazer e esporte: o espaço da natureza.** São Paulo: Manole, 2006.

MENDONÇA, R.; NEIMAN, Z. (Org.). **Ecoturismo no Brasil.** São Paulo: Manole, 2005.

MINISTÉRIO DO MEIO AMBIENTE. http://www.mma.gov.br.

MOREIRA, C.R. Corrida de aventura também é coisa de criança. In: 9º CONGRESSO PAULISTA DE EDUCAÇÃO FÍSICA. **Anais...** Jundiaí: Fontoura, 2005.

MUNSTER, M.A. Corpo e natureza: trilhando sensações, percepções e movimentos. In: VERARDI, P. H.; PEDRINELLI, V. J. (Orgs.). **Desafiando as diferenças.** 2.ed. São Paulo: Sesc, 2004.

PÁDUA, S.M; TABANEZ, M.F. (Orgs.). **Educação ambiental: caminhos trilhados no Brasil.** Brasília: Ipê, 1997.

POCIELLO, CHRISTIAN. Os desafios da leveza: as práticas corporais em mutação. In: SANT'ANNA, DENISE B. (Org.). **Políticas do corpo.** São Paulo: Estação Liberdade, 1995.

REDE NACIONAL PRÓ UNIDADES DE CONSERVAÇÃO. http://www.redeprouc.org.br.

RUSCHMANN, D.V.M. **Turismo e planejamento sustentável: a proteção do meio ambiente.** 11.ed. Campinas: Papirus, 2005.

RYLANDS, A.B.; PINTO, L.P.S. Conservação da biodiversidade na Amazônia brasileira: uma análise do sistema de unidades de conservação. **Cadernos Fundação Brasileira para o Desenvolvimento Sustentável** – FBDS, Rio de Janeiro, n.1, 1998.

SCHWARTZ, G.M. (Org.). **Aventuras na natureza: consolidando significados.** Jundiaí: Fontoura. (No prelo).

SECRETARIA DE ESTADO E DE RECURSOS HÍDRICOS DO ESPÍRITO SANTO. http://www.seama.es.gov.br.

SERRANO, C.M.T. A vida e os parques: proteção ambiental, turismo e conflitos de legitimidade em unidades de conservação. In: SERRANO, C.M.T.; BRUHNS, H.T. (Orgs.). **Viagens à natureza: turismo, cultura e ambiente.** Campinas: Papirus, 1997. p.103-24.

SWARBROOKE, J. **Turismo de aventura: conceitos e estudos de casos.** Trad. Marise Philbois Toledo. Rio de Janeiro: Elsevier, 2003.

UVINHA, R.R. (Org.). **Turismo de aventura: reflexões e tendências.** São Paulo: Aleph, 2005.

WEARING, S.; NEIL, J. **Ecoturismo: impactos, potencialidades e possibilidades.** Trad. Carlos David Szlak. São Paulo: Manole, 2001.

Infra-Estrutura Viária e Turismo em Unidades de Conservação

20

Josildete Pereira de Oliveira
Arquiteta e Urbanista, Univali
Oswaldo Dias dos Santos Junior
Bacharel em Turismo, Centro Universitário Curitiba

INTRODUÇÃO

Com o aumento do interesse das pessoas por viagens como forma de ocupar seu tempo livre e da busca pelo contato com a natureza, as áreas naturais protegidas e as unidades de conservação passaram a ser alvos cada vez mais freqüentes nos processos de escolha de novos destinos turísticos. Esse fato pode ser comprovado pela comparação dos níveis de crescimento da atividade turística convencional em relação aos segmentos relacionados ao ecoturismo. Segundo a Organização Mundial do Turismo (OMT), o ecoturismo é proporcionalmente o segmento turístico que mais cresce no mundo, em virtude da divulgação maciça de lugares exóticos e da exaustão sofrida pelo turismo convencional. No âmbito global, já na década de 1990, enquanto o turismo convencional crescia 4% ao ano, o ecoturismo aumentava em torno de 30% no mesmo período (Ceballos-Lascuráin, 1995). Em decorrência de seus recursos naturais, estima-se que 500 mil pessoas pratiquem o ecoturismo no Brasil, gerando emprego para 30 mil trabalhadores diretos por meio de 5 mil empresas e instituições privadas (Embratur, 2003). No entanto, com o elevado volume de recursos obtidos pelo setor, não são computados os danos socioambientais e socioculturais do turismo.

Entre os impactos negativos do turismo, os mais evidentes são representados pelas degradações ambiental e paisagística, pelo aumento da demanda por empregos e pela geração de subempregos ou empregos sazonais. O turismo incentiva o crescimento da população e a demanda por serviços e infra-estrutura, acompanhados pelo aumento da produção de lixo e pela poluição de rios e praias.

O governo federal criou o Sistema Nacional de Unidades de Conservação (Snuc) com base na Lei n. 2.892, com o objetivo de contribuir com a manutenção da diversidade biológica e com o desenvolvimento sustentável nas unidades de conservação, por meio de ações de educação ambiental, recreação em contato com o ambiente natural e o turismo ecológico (Seabra, 2001). De acordo com esse projeto de lei, as estações ecológicas são classificadas como unidades de conservação de proteção integral, destinadas exclusivamente à preservação da natureza e à realização de pesquisas científicas. Dessa forma, torna-se proibida a visitação pública, exceto nas áreas destinadas às ações de educação ambiental.

A Estação Ecológica Juréia-Itatins (EEJI) foi criada oficialmente em 28 de abril de 1987, por meio da Lei Estadual n. 5.649. No entanto, é possível encontrar, a partir de 1958, informações e leis destinadas à preservação de áreas na região entre os municípios de Iguape, Cananéia e Peruíbe. Segundo informações do Instituto Florestal, a área total da estação é de 79.230 ha, abrangendo os municípios de Peruíbe, Iguape, Itariri e Miracatu. Porém, a demarcação dessa área ainda não foi realizada, e apenas 20% de sua situação fundiária está totalmente regularizada. De acordo com informações do próprio Instituto Florestal do Estado de São Paulo, dentre os vários problemas que a estação vem sofrendo, as principais ameaças são a extração de produtos florestais, a caça no interior da estação, a invasão de espécies estranhas à região, a pressão da ocupação urbana nas áreas do entorno e o crescimento do turismo desordenado. Nesse contexto, a atividade turística e seus impactos no interior da EEJI serão relacionados às condições de acesso ao entorno e interior da unidade de conservação.

Em pesquisas anteriores no interior da EEJI, foram realizados trabalhos específicos voltados à determinação da capacidade de carga de alguns atrativos, assim como pesquisas direcionadas para a população da EEJI. No entanto, a proposta desta pesquisa é relacionar os níveis de impacto encontrados no meio físico com as condições de acesso disponíveis para os turistas que utilizam o transporte rodoviário como forma de locomoção.

A EEJI encontra-se relativamente próxima à cidade de São Paulo (aproximadamente a 160 km) e ao lado do município de Peruíbe, o que contribui para o grande movimento de turistas em seu interior. Além do fato de as visitas à região acontecerem de forma espontânea desde anos antes da criação da unidade de conservação, a prefeitura de Peruíbe utiliza seus atrativos e recursos naturais para atrair mais turistas para a cidade e aumentar sua arrecadação na temporada. Portanto, apesar das características específicas desse tipo de unidade de conservação e das limitações de acesso para o desenvolvimento de atividades turísticas, as visitas à EEJI acontecem livremente, e muito dificilmente essa situação será totalmente revertida. A crescente necessidade das populações urbanas em retornar ao ambiente natural tem contribuído ainda mais para que o número de visitantes à EEJI aumente nos fins de semana, nos feriados prolongados e nas férias de verão. Esse aumento no fluxo de visitantes prejudica as características naturais da estação, principalmente nos pontos de maior interesse turístico, o que pode, com o passar do tempo, comprometer a qualidade das experiências desses visitantes.

Em suma, esta pesquisa exploratória procurou verificar a situação atual dos acessos aos atrativos turísticos no interior da unidade de conservação, identificar as vias mais utilizadas e determinar quais são os impactos causados a partir do desenvolvimento dessa modalidade de transporte, no que diz respeito à implantação de infra-estrutura. Como referência metodológica, optou-se pelo método de gerenciamento do impacto de visitante (VIM – *visitor impact management*).[1] A utilização desse método possibilitou, por meio de indicadores, a avaliação das relações entre os impactos negativos mais comuns com o uso público (Magro, 1999). Por essa razão, utilizou-se esse sistema de forma adaptada para caracterizar as condições atuais dos recursos naturais, em relação aos acessos rodoviários, e sua participação no processo de visitação irregular no interior da EEJI.

Segundo Graefe et al. (1990), essa metodologia envolve as seguintes etapas:

---

[1] Trata-se de um método de planejamento do uso público em áreas naturais protegidas, desenvolvido pelo Serviço Nacional de Parques e pela Associação de Conservação dos Estados Unidos.

- Pré-avaliação e revisão de informações;
- Revisão dos objetivos de manejo;
- Seleção dos indicadores de impacto;
- Seleção dos padrões para indicadores de impacto;
- Comparação de padrões e condições existentes;
- Identificação das causas prováveis dos impactos;
- Identificação das estratégias de manejo;
- Implementação.

O método VIM permitiu identificar a relação entre os impactos gerados no meio biofísico e a infra-estrutura de transporte, cujos resultados aqui apresentados procuram demonstrar as relações entre as formas de utilização recreativa dos recursos naturais, assim como entre o ecoturismo e a conservação. Conseqüentemente, apontam-se sugestões para orientar a administração dos impactos causados pela visitação.

BREVE DISCUSSÃO SOBRE A TEMÁTICA

Por sua atualidade e seus aspectos multidisciplinares, o turismo não possui uma definição única e de aceitação universal.

Pode-se definir turismo como o somatório de fenômenos e relações resultantes da viagem e permanência de não-residentes, na medida em que não leva à residência permanente nem está relacionado a nenhuma atividade remunerada (Beni, 2001). O conceito mais aceito é o da Organização Mundial do Turismo, estabelecido em 1994, que sustenta que o turismo compreende as atividades que são realizadas pelas pessoas durante suas viagens de lazer, negócios ou outras, por um período consecutivo e inferior a um ano, em lugares diferentes de seu entorno habitual. O turismo tem sido considerado uma das atividades econômicas mais importantes da atualidade, e às vezes única, principalmente por governos e comunidades situados em áreas do entorno das unidades de conservação (Kinker, 2002).

O ecoturismo é o tipo de viagem que contém o componente natural, proporcionando um incentivo econômico para preservação e conservação do meio ambiente (OMT, 1998). Essa concepção não é a mais adequada, pois desconsidera o componente mais importante dessa modalidade de turismo, a comunidade. Portanto, qualquer iniciativa de desenvolvimento turístico, ou do ecoturismo em áreas naturais, mais precisamente em unidades de conservação, como no caso da EEJI, necessita, além de adequar-se às normas estabelecidas para o desenvolvimento da atividade, proporcionar de forma responsável o bem-estar das comunidades locais (Seabra, 2001).

A partir de 1980, a expressão "desenvolvimento sustentável" começou a ser utilizada quando, com base em várias pesquisas, artigos e relatos alertaram para o crescimento da população mundial e para a conseqüente escassez dos recursos naturais não-renováveis (Swarbrooke, 2000). Sua relação com o turismo está atrelada a uma forma de lazer mais harmoniosa, a qual valoriza a cultura das comunidades locais e respeita o meio natural, caracterizando o turismo sustentável como uma forma mais branda e tranqüila da atividade turística, por meio de viagens individuais ou em pequenos grupos relacionadas com a natureza (Ruschmann, 2000).

As unidades de conservação, como a EEJI, em que as questões relacionadas ao desenvolvimento de atividades turísticas convencionais são mais restritivas, sofrem mais com a interferência da demanda turística, por causa do aumento da popularidade do ecoturismo. Apesar de a atividade turística em áreas naturais, mesmo nas unidades de conservação mais restritivas, ser desenvolvida com o rótulo do ecoturismo, é importante salientar que esse tipo de turismo usa os recursos naturais de forma indireta, consciente e responsável, o que contribui para preservação do ambiente, diferentemente do que ocorre na maioria dos casos (Kinker, 2002). O modismo e sobretudo as questões relativas à conservação estão na vanguarda da opinião pública. Espécies em extinção e aquecimento global são assuntos que estimulam o apoio público à conservação, e não é por acaso que o interesse pelo ecoturismo tenha expandido em paralelo com essa preocupação mundial (Wearing e Neil, 2001).

Os impactos causados pela atividade turística no interior de unidades de conservação referem-se a um conjunto de modificações que são provocadas nas comunidades receptoras, geralmente de forma irreversível, quando ocorrem no ambiente natural (Ruschmann, 2000). O ecoturismo, mais do que qualquer outra modalidade ou segmento do turismo, depende diretamente da qualidade do ambiente visitado, e este pode ser considerado o principal motivo pelo qual a atividade em áreas naturais deve ser controlada de forma a minimizar os impactos negativos relacionados ao seu desenvolvimento.

Os impactos negativos potenciais podem ser relacionados a aspectos econômicos, físicos e socioculturais, pois eles causam desde a dependência em relação à atividade, estimulando o abandono de práticas tradicionais, distribuição injusta da renda turística e a percepção de que o turismo pouco contribui para o desenvolvimento local, até aqueles associados à degradação do ambiente natural e à relação entre turistas e comunidade receptora (Kinker, 2002).

Segundo Cooper (2001), para que os impactos criados pela atividade turística possam ser estudados, é necessário estabelecer:

*   Os impactos físicos causados pela atividade turística em comparação com aqueles causados por outras atividades;

*   Quais eram as condições anteriores ao desenvolvimento da atividade turística, de forma a estabelecer uma linha de referência a partir da qual possam ser feitas comparações;

*   Um inventário de fauna e flora, juntamente com um índice claro dos níveis de tolerância para os tipos de impactos causados pelas diferentes práticas turísticas;

*   Quais são os níveis de impactos diretos e induzidos de impactos ambientais causados pela atividade turística.

Nos estudos relacionados à EEJI, deve ser considerado que, apesar da constatação de impactos causados pelo desenvolvimento da visitação desordenada, existem ações programadas de educação ambiental direcionadas a segmentos específicos da sociedade que buscam, de fato, a prática do ecoturismo responsável e o desenvolvimento sustentável para essa unidade de conservação. No entanto, a infra-estrutura de transportes pode ser a co-responsável pelo aumento da demanda de visitantes, e não apenas os atrativos e o modismo.

De acordo com Palhares (2002), como componentes de um sistema de transportes podem-se destacar basicamente quatro elementos:

*   Via: refere-se ao meio pelo qual o transporte se desenvolve, podendo ser totalmente natural, como o ar ou mar, ou mesmo artificial, como rodovias e ferrovias. O tipo de via escolhido para um determinado sis-

tema de transportes irá caracterizar o veículo empregado, bem como o tipo de motor;

- Veículo: os diferentes veículos de transportes são concebidos para operar em determinado tipo de via e influenciam a escolha do modo de locomoção por parte dos visitantes e turistas;

- Força motriz: o desenvolvimento da força motriz está relacionado diretamente com a tecnologia empregada na construção dos veículos e das vias;

- Terminal: é o local onde se torna possível o acesso ao meio de transporte e a utilização de todo o sistema.

Dessa forma, podem-se classificar como componentes integrantes da infra-estrutura de transportes os terminais e as vias. Particularmente, será abordado neste artigo somente as questões relativas às vias rodoviárias.

CARACTERIZAÇÃO DA ÁREA DO ESTUDO

A Estação Ecológica Juréia-Itatins pertence ao grupo de unidades de conservação de proteção integral e destina-se à preservação integral dos recursos naturais existentes e à realização de pesquisas científicas, que devem ser autorizadas, estando sujeita às normas estabelecidas pelo Instituto Florestal do Estado de São Paulo. A visitação pública só é admitida com objetivos educacionais, sendo necessária a autorização prévia do Instituto Florestal, órgão da Secretaria do Meio Ambiente do Estado de São Paulo que administra a EEJI.

A Juréia faz parte do Lagamar, região que se estende por uma faixa de 200 km em linha reta, entre os municípios de Iguape e Cananéia, no litoral sul de São Paulo, e Antonina e Paranaguá, no norte do Paraná. Considerado um dos três principais conjuntos de ecossistemas do mundo no que se refere à produtividade primária e uma das últimas regiões não-poluídas do Atlântico Sul, o Lagamar é formado por centenas de cursos d'água que descem a Serra do Mar e por rios de maré, lagunas, mangues e um mar interior protegido por ilhas, como a do Cardoso, a Comprida e a das Peças (Yázigi, 2002).

Com uma área de 800 km², no litoral sul de São Paulo, a Juréia guarda uma riqueza biológica que poucos locais da Terra podem igualar. O pesquisador Edward Wilson, da Universidade de Harvard, um dos maiores especialistas em biodiversidade, afirma que a Mata Atlântica é um dos dezessete ambientes do mundo cuja preservação é imprescindível. E a EEJI, no litoral sul paulista, é uma parte essencial do que resta da Mata Atlântica, hoje reduzida a 9% da área que tinha em 1500. Com uma área de 800 km², a Juréia é, de acordo com o geógrafo Aziz Ab'Sáber, da Universidade de São Paulo, "o mais completo mostruário de todos os ecossistemas tropicais do Brasil" (apud Mongue, 2003). Ela guarda uma riqueza biológica que não existe mais, a não ser lá. Isso ocorre por causa das condições excepcionais de sobrevivência, criadas pela união de seis ecossistemas bem diversos: a areia das dunas, o lodo do manguezal, o solo encharcado de água salobra, característico da restinga, as árvores altas das florestas de planície, as matas de encosta e os vegetais rasteiros das rochas, no topo da serra. Juntos, esses ecossistemas explodem: as espécies animais e vegetais multiplicam-se de modo extraordinário, e muitas delas não se encontram em nenhuma outra parte do planeta (Mongue, 2003).

Durante os anos de 1980, grande parte da área da Juréia foi escolhida pela Nuclebrás para implantar duas usinas nucleares: Iguape 4 e 5. Para manter as usinas nucleares sob proteção, criou-se a Estação Ecológica da Juréia (1980), com 23.600 hectares, ficando proibido o acesso de qualquer cidadão que não fosse pesquisador ou cientista (Yázigi, 2002). O governo federal desistiu do programa nuclear por causa das muitas pressões sofridas, como o custo elevado e, principalmente, o movimento popular liderado por Ernesto Zwarg e Arnaldo Paschoalino. Em 1985, a Nuclebrás retirou-se do local, e a área voltou a correr riscos de degradação, dessa vez pelo retorno das pressões imobiliárias. A empreiteira Gomes de Almeida Fernandez tentava construir na área do Rio Verde uma "Cidade Ecológica" para 70 mil habitantes.

A imensa preocupação quanto ao destino da Juréia levou ambientalistas, políticos e organizações não-governamentais a reivindicarem providências contra agressões de mais um paraíso natural, resultando na criação da Estação Ecológica Juréia-Itatins em terras dos municípios de Iguape, Peruíbe, Miracatu e Itariri, com a finalidade de assegurar a integridade dos ecossistemas existentes e de proteger sua flora e fauna, bem como sua utilização com objetivos educacionais e científicos, por meio do Decreto Estadual n. 24.646, de 20.2.86, que foi regulamentado pela Lei n. 5.649, de 28.4.87, englobando a Serra dos Itatins e aumentando sua extensão para os atuais 79.245 hectares. Com o aumento da área protegida, alguns núcleos de moradores passaram a fazer parte da Estação, numa contradição que gera tensões até os dias atuais. Passados 20 anos de sua criação, permanecem as brigas jurídicas que impedem o processo de indenização e reassentamento dos moradores tradicionais, conforme manda o Decreto n. 4.340 de 22.8.02, em seu capítulo IX. Alguns moradores movem processos que exigem indenizações bilionárias (Mongue, 2003).

A área para a realização desta pesquisa se concentra no Ribeirão Itinguinha, na altura da formação da Cachoeira do Paraíso, onde podem ser encontrados quiosques instalados na área do estacionamento, que servem alimentos e bebidas, áreas para piquenique e barracas situadas na estrada de acesso.

INFRA-ESTRUTURA VIÁRIA

A seguir, são apresentados os resultados da avaliação realizada nas vias de acesso a partir da cidade de São Paulo e, de forma comparativa entre as opções disponíveis, são relacionados os indicadores para posterior análise (Quadro 20.1).

Basicamente, os acessos, para facilitar a compreensão, foram classificados em dois grupos, independentemente do número de vias que os compõe, de forma a facilitar o processo de análise do sistema de transportes e sua relação com a unidade de conservação em questão. No entanto, o resultado da avaliação atual de cada uma das vias será utilizado em posterior análise.

O acesso norte é composto pelo Sistema Anchieta-Imigrantes e pela Rodovia Padre Manuel da Nóbrega SP-055. Essas vias são administradas pela concessionária Ecovias e dispõem de toda infra-estrutura de segurança para o usuário. Por esse acesso, a distância aproximada até o município de Peruíbe, principal acesso ao Núcleo Itinguçu, é de 160 km. Por sua vez, o acesso sul compreende a Rodovia Régis Bittencourt BR-116 – administrada pelo Estado –, a parte sul da Rodovia Padre Manoel da Nóbrega SP-055 e a SP-344.

O Sistema Anchieta-Imigrantes foi uma das primeiras vias estaduais a passar sua operação para a iniciativa privada. São rodovias pedagiadas, com sistema de câmeras, atendimento médico e assistência mecânica para os usuários.

A Rodovia Anchieta, que atravessa áreas urbanas do município de São Bernardo do Campo, é um sistema de vias duplicadas, com duas faixas de rolamento e acostamento por toda sua extensão no planalto paulista. Nos trechos de descida e subida da Serra do Mar, as pistas não são paralelas; com traçado antigo e bastante sinuoso, as vias se sobrepõem em alguns trechos por meio de um conjunto de viadutos e túneis. No trecho da Serra do Mar, não existem acostamentos, somente áreas de descanso em pontos estratégicos. A rodovia é bem sinalizada, no entanto, é considerada uma estrada perigosa e com altos índices de acidentes. Está integrada à Rodovia dos Imigrantes no planalto por meio de uma via duplicada com duas faixas de rolamento em cada sentido, com extensão de 8 km, como também pelo sistema viário existente na Região Metropolitana da Baixada Santista.

A Rodovia dos Imigrantes também possui vias duplicadas com até quatro faixas de rolamento no planalto paulista e três nos trechos que atravessam a Serra do Mar. O sistema de atendimento ao usuário é o mesmo da Rodovia Anchieta, pois é administrada pela mesma concessionária. Recentemente, o trecho de serra foi duplicado, o que possibilitou o aumento do volume de veículos no sistema. A Anchieta pode ser considerada um rodovia segura, embora haja maior incidência de neblina e os limites de velocidade sejam superiores.

As pistas de rolamento do Sistema Anchieta-Imigrantes alternam trechos de asfalto com trechos de pista em concreto. No caso do concreto, o desgaste é menor e a segurança para o usuário maior.

A Rodovia Padre Manoel da Nóbrega SP-055 está dividida em duas partes: o trecho norte, administrado pela Ecovias, e o trecho sul, de administração pública. No trecho de concessão da Ecovias, as vias são duplicadas e apresentam duas faixas de rolamento. Nesse trecho, a rodovia é pedagiada e possui o mesmo sistema de atendimento que a concessionária oferece no Sistema Anchieta-Imigrantes. Basicamente, esse trecho da rodovia é plano, cruzando extensas áreas urbanas na Região Metropolitana da Baixada Santista.

O trecho sob concessão da Ecovias se estende até Itanhaém, quando a via passa para administração do DER-Dersa. A partir desse ponto, a rodovia torna-se uma via de pista simples e não duplicada até a entrada de Peruíbe, e prossegue via acesso sul até a Rodovia Régis Bittencourt BR-116, de administração federal. No trecho sul, existem segmentos sinuosos e de serra, margeando a EEJI nas proximidades da Serra dos Itatins e possibilitando o acesso aos municípios do Vale do Ribeira.

O estado de conservação da SP-055 no trecho sul é precário, com pontos de estreitamento de pista, em decorrência de deslizamentos ocasionados pelo excesso de chuvas característico da região. As pistas de rolamento são asfaltadas, enquanto nos trechos administrados pela Ecovias as vias duplicadas são de concreto. Não existe pedágio no trecho sul dessa rodovia e em toda a sua extensão o acostamento é em desnível, muitas vezes coberto pelo mato.

A Rodovia Estadual SP-344 possui somente 11 km de extensão e possibilita o acesso sul via SP-055 até Peruíbe. Trata-se de uma rodovia de administração estadual, tem boa sinalização e é composta apenas de pista simples.

A Rodovia Federal Régis Bittencourt BR-116, de administração pública, alterna trechos em boas condições com trechos mais desgastados e sem manutenção. Boa parte da rodovia é duplicada com vias de duas faixas de rolamento, também alternando com trechos de pista simples na Serra de Juquitiba, na saída da Região Metropolitana de São Paulo, e em alguns pontos por falta de pontes e pela incidência de deslizamentos. A rodovia não é pedagiada e a sinalização, em alguns trechos, é precária.

Além de todo o sistema de vias que atende a região de Peruíbe, para ter acesso à EEJI é necessário atravessar toda a área urbana do município. O acesso à estrada que liga o centro de Peruíbe ao entorno do parque atravessa a Serra dos Itatins em um único ponto. Na temporada, com o aumento do volume de veículos na cidade, isso se torna um tanto demorado, sem mencionar que a sinalização dentro da cidade é confusa.

A estrada de acesso possui extensão de 8 km e é bastante sinuosa, com asfalto em condições precárias, sem sinalização em alguns trechos e com excesso de buracos e pedras no seu traçado. A pista é simples e muito estreita, mas, apesar disso, existe uma intensa circulação de veículos principalmente na temporada, em virtude da maior atratividade das praias nos arredores da estação ecológica. No final dessa estrada, encontra-se a Vila de Guaraú, com ocupação urbana intensa mas com apenas poucos metros de vias pavimentadas.

Pelo excesso de chuvas no verão e pelo tráfego intenso de veículos nessa área, as condições das vias naturais são bastante ruins, dificultando o acesso à unidade de conservação.

SELEÇÃO DOS INDICADORES DE ANÁLISE

Quadro 20.1 – Indicadores de acesso.

Indicadores	Acesso norte		Acesso sul	
Distância	Sistema Anchieta-Imigrantes	Rodovia Padre Manoel da Nóbrega – SP-055 – 160 km	Rodovia Régis Bittencourt BR-116	SP-055/SP-344 163 km
Custo	Rodovia com cobrança de pedágio	Rodovia com cobrança de pedágio	Sem custo de pedágio	Sem custo de pedágio
Sinalização	Boa	Boa sinalização no trecho sob responsabilidade da concessionária	Regular, existem trechos em que a sinalização está danificada ou coberta pela vegetação	Precária, o sistema de indicação de distâncias na SP-055 nesse trecho é confuso. A sinalização em alguns pontos também está danificada e encoberta pela vegetação
Condição da via	No trecho de serra, pista de concreto em boas condições, no planalto encontram-se buracos e falhas na pista	Boas no trecho da concessionária, pistas de concreto. No trecho de administração pública, condições razoáveis, pista asfaltada	Regular, mas em manutenção na maior parte das vias. O processo de duplicação continua em andamento	Precária, com buracos, estreitamento de pista e acostamento em desnível por toda a extensão, até a entrada da SP-344

(continua)

Quadro 20.1 – Indicadores de acesso. (*continuação*)

Indicadores	Acesso norte		Acesso sul	
Tráfego	Tráfego intenso na alta estação e feriados. Nesses períodos, o trânsito é limitado aos veículos de passeio. Ocorrem congestionamentos e lentidão	Também com tráfego intenso. O trânsito de caminhões é limitado na alta estação. Ocorrem congestionamentos	Tráfego intenso de caminhões ocasionando lentidão, principalmente nos trechos de pista simples	Pouco tráfego, exceto em feriados
Infra-estrutura de apoio	Possui socorro mecânico e atendimento para emergências médicas em caso de acidentes	Possui socorro mecânico e atendimento para emergências médicas em caso de acidentes	Atendimento médico da PRF e, no estado de São Paulo, do Serviço de Atendimento Médico de Urgência (Samu)	Possui posto de atendimento do DER, mas encontra-se fechado
Segurança das vias	Em vários pontos além dos postos da PMESP	Em vários pontos além dos postos da PMESP	Somente nos postos da PRF	Apenas um posto da PMESP
Controle de acesso	Não	Não	Não	Não
Trânsito por unidade de conservação	Sim	Não	Não	Sim

A escolha dos indicadores foi feita com base nos parâmetros elaborados por Cooper (2001), uma vez que estes podem definir qual o meio de transporte a ser utilizado pelo turista. De acordo com o autor, esse processo de escolha sempre considerará aspectos relacionados a distância, segurança, *status*, tempo, custo, apreciação da paisagem etc.

É importante deixar claro que, no caso de uma pesquisa direta realizada com usuários do sistema ou mesmo com os turistas e visitantes em geral, seria viável comparar esses indicadores também com a possibilidade de utilização do veículo particular ou mesmo de opções de transporte coletivo.

Fica evidente que o indicador da distância entre os pontos observados, em um primeiro momento, não seria determinante nessa escolha, mas questões relativas aos indicadores, como custo em pedágios, segurança, infra-estrutura e excesso de tráfego de caminhões ou congestionamentos, podem ser mais relevantes.

Independentemente das vias de acesso até a área urbana do município de Peruíbe, o caminho entre o centro da cidade e a EEJI, no entanto, é único, principalmente quando se trata da porção interior, onde não existe possibilidade de acesso fluvial, como é o caso do Núcleo Itinguçu.

Do ponto de vista da conservação ambiental, pode-se afirmar que existe uma relação direta entre a implantação de infra-estrutura de transportes e as alterações provocadas na paisagem, uma vez que o turismo é totalmente dependente do sistema de transportes. Isso ocorre principalmente no Brasil, onde mais da metade da população opta pelo transporte rodoviário (Palhares, 2002).

A transformação típica ocorrida no litoral com o processo de ocupação urbana teve, em grande parte, a implantação da infra-estrutura rodoviária como principal facilitador. Desse modo, em comparação com outras porções do litoral, a região da EEJI e todo o complexo estuarino do Lagamar, situado entre os estados de São Paulo e Paraná, encontram-se mais bem conservados, justamente pela ausência dessa infra-estrutura ou mesmo pelas condições extremamente precárias da vias existentes.

Da Vila do Guaraú até o Núcleo Itinguçu a distância é de apenas 9 km de vias naturais em estado precário, bastando dois dias seguidos de chuva para tornar o acesso impossível para veículos de passeio. Ainda assim, visitam a região nos finais de semana de verão, conforme informações do Instituto Florestal do Estado de São Paulo, órgão responsável por essa unidade de conservação, aproximadamente 5 mil visitantes. E mesmo com as condições atuais da estrada, a maior parte entra com veículos de passeio.

Como essa categoria de unidade de conservação não permite o acesso de turistas e visitantes, pode-se considerar que a manutenção das precárias condições das estradas, apesar do número de visitantes, é um fator de grande importância na contenção desse tipo irregular de turismo e, por conseqüência, de seus impactos no meio físico. Isso continuará acontecendo até que o governo do estado permita que o Instituto Florestal e a Polícia Florestal exerçam, de fato, o seu papel de fiscalização da área, impedindo o acesso ao seu interior.

A melhoria das condições de infra-estrutura viária, mesmo que no entorno da Estação Ecológica, torna-se um fator de risco ao processo de preservação e conservação pretendido nessa categoria de unidade.

CONSIDERAÇÕES FINAIS

Em se tratando de um estudo exploratório, mais especificamente, sobre o estado de conservação dos acessos rodoviários à EEJI, esta análise procurou relacionar as condições atuais dessa infra-estrutura com o processo de preservação daquela Unidade de Conservação. No entanto, apesar de se ter alcançado os objetivos propostos por esta pesquisa exploratória, a análise efetuada carece de um maior aprofundamento, notadamente, no que se refere ao sistema de transportes e aos impactos ambientais e suas implicações sobre essa unidade de conservação.

Espera-se que este trabalho contribua para o aprofundamento da análise sobre a infra-estrutura básica do entorno do Núcleo Itinguçu da Estação Ecológica Juréia-Itatins e sobre os impactos ambientais decorrentes do fluxo de visitantes nessa unidade de conservação.

REFERÊNCIAS

BENI, M. **Análise estrutural do turismo.** 6.ed. São Paulo: Senac, 2001.

CEBALLOS-LASCURÁIN, H. **O ecoturismo como um fenômeno mundial: um guia para planejamento e gestão.** São Paulo: Senac, 1995.

COOPER, C. **Turismo, princípios e práticas.** 2.ed. Porto Alegre: Bookman, 2001.

GESTÃO AMBIENTAL E SUSTENTABILIDADE NO TURISMO

[EMBRATUR] Instituto Brasileiro de Turismo. 2003. Disponível em: http://www.embratur. gov.br.

Graefe, A.; Kuss, F.; Vaske, J. **Visitor impact management: the planning framework.** v. 2. Washington: National Parks and Conservation Association, 1990, 105p.

Instituto Florestal. **Estação Ecológica Juréia-Itatins.** 2003. Disponível em: http://www.iflorestsp.br.

Kinker, S. **Ecoturismo e conservação da natureza em parques nacionais.** Campinas: Papirus, 2002.

Magro, T. **Impactos do uso público em uma trilha no planalto do Parque Nacional do Itatiaia.** São Carlos, 1999. 133p. Tese (Doutorado). Escola de Engenharia de São Carlos, Universidade de São Paulo.

Mongue. **Proteção ao sistema costeiro. Estação Ecológica da Juréia-Itatins (EEJI), 2003.** Disponível em: http://www.mongue.org.br.

[OMT] Organização Mundial do Turismo. **Introdução ao turismo.** São Paulo: Roca, 1998.

Palhares, G. **Transportes turísticos.** São Paulo: Aleph, 2002.

Ruschmann, D. **Plano de gerenciamento das atividades turístico-recreativas da estação ecológica Juréia-Itatins.** São Paulo: Ecnusp, 1993.

_____. **Turismo e planejamento sustentável: a proteção do meio ambiente.** Campinas: Papirus, 2000.

Seabra, G. **Ecos do turismo: o turismo ecológico em áreas protegidas.** Campinas: Papirus, 2001.

Swarbrooke, J. **Turismo sustentável.** São Paulo: Aleph, 2000. 4v.

Wearing, S.; Neil, J. **Ecoturismo: impactos, potencialidades e possibilidades.** São Paulo: Manole, 2001.

Yázigi, E. **Turismo: espaço, paisagem e cultura.** 3.ed. São Paulo: Hucitec, 2002.

Marketing de Relacionamento: 21

Força Competitiva para Agências de Viagens

Carlos Alberto Tomelin
Bacharel em Turismo, Univali
Athos Henrique Teixeira
Bacharel em Turismo e Hotelaria, Univali

INTRODUÇÃO

O presente estudo aborda, de uma maneira sistemática, as agências de viagens operadoras de ecoturismo que promovem pacotes de aventura e a importância do uso do marketing de relacionamento nessas organizações. É notório que o processo de globalização ocasiona uma concorrência mundial, o que demanda organizações mais competitivas, cuja oferta de produtos e serviços baseiam-se no binômio qualidade e preço acessível.

Por sua vez, os hábitos e costumes dos consumidores mudam constantemente, o que requer que as empresas tenham flexibilidade para adaptar seus produtos e serviços às exigências e necessidades do seu principal patrimônio, o consumidor.

É nesse cenário que as agências de viagens operadoras de ecoturismo procuram estabelecer diferenciais competitivos para sua sobrevivência num mundo globalizado e competitivo, onde o conhecimento profundo do mercado pode fazer a diferença. O "cliente" é realmente reconhecido como indispensável no planejamento das ações estratégicas das organizações. Investir no seu conhecimento é investir no futuro da empresa.

Assim, este trabalho busca uma análise a partir da seguinte questão-problema: as agências de viagens operadoras de ecoturismo do estado de Santa Catarina conhecem e utilizam as ferramentas do marketing de relacionamento para aumentar sua vantagem competitiva e reter clientes?

O objetivo geral é analisar o marketing de relacionamento aplicado ao processo de gestão das agências de viagens operadoras de ecoturismo, criando-se diferenciais competitivos, caracterizados pela fidelização dos clientes.

Os objetivos específicos do presente estudo podem ser apresentados como:

- Descrever a importância do marketing de relacionamento, para as agências de viagens operadoras de ecoturismo, na manutenção de clientes e fornecedores;
- Analisar a utilização do marketing de relacionamento nas agências de viagens operadoras de ecoturismo como ferramenta de diferenciação competitiva;
- Desenvolver uma abordagem técnico-conceitual para as agências de viagens operadoras de ecoturismo e utilização do marketing de relacionamento como vantagem competitiva.

AGÊNCIAS DE VIAGENS OPERADORAS DE ECOTURISMO E MARKETING DE RELACIONAMENTO

O mundo passa por diversas transformações. Especialmente em países em desenvolvimento, como o Brasil, o processo de globalização estimula um mercado competitivo, no qual as organizações devem apresentar um comportamento dinâmico, com vistas nas oportunidades que o próprio mercado, tanto interno quanto externo, acena.

A competição entre as empresas se intensificou de tal forma que se exige um aperfeiçoamento constante em todas as suas áreas, sejam elas produtivas, técnicas, tecnológicas e humanas.

Mesmo no ramo das agências de viagens operadoras de ecoturismo, essa competição se torna cada dia mais acirrada, não só pelo desenvolvimento e pela expansão de algumas redes, como Thomas Cook e Flytour (mesmo que franquias), há também aquelas que partem para um processo de fusão, a exemplo de outras atividades econômicas, como FIT Turismo e Giro Turismo. Para tornarem-se competitivas, essas empresas dividem os custos de infra-estrutura e equipamentos, bem como de promoção e vendas (Tomelin, 2001).

Nesse contexto, a competitividade organizacional é primordial para a sobrevivência no mercado atual. Segundo a afirmação de Boljwin e Kumpe (1990 apud Azevedo e Costa, 2001, p.1):

> a competitividade está fundamentada no trinômio produtividade, qualidade, e flexibilidade. A flexibilidade está associada à capacidade da organização de atender às flutuações da demanda do mercado. Assim, a competitividade da organização também está fundamentada na sua capacidade de perceber as mudanças e se preparar para enfrentá-las, adotando uma postura proativa.

Para que esse posicionamento competitivo ocorra, é fundamental que o planejamento organizacional seja realizado dentro de um processo contínuo de preparação para o futuro:

> Torna-se imprescindível avaliar, no planejamento estratégico, o comportamento das organizações frente às forças competitivas do mercado, ou seja, diagnosticar o grau de competitividade da organização, identificando sua posição competitiva no setor em que atua (Boljwin e Kumpe,1990 apud Azevedo e Costa, 2001, p.2).

A avaliação da postura estratégica das organizações é um processo discutido por muitos autores. Porém, dada a abrangência do tema, serão utilizados os modelos das cinco forças desenvolvidos por Michael Porter (1999) e o modelo Delta desenvolvido por Hax e Wilde (2000) para compor a sustentação teórica, relacionando a teoria à pratica comercial das agências de viagens operadoras de ecoturismo.

Para melhor compreender como se dá o processo competitivo entre as empresas na conquista de mercados, Porter (1999, p.28) afirma que o estado da competição em um determinado setor depende de cinco forças básicas, conforme demonstra a Figura 21.1.

Figura 21.1 – Forças que governam a competição num setor.

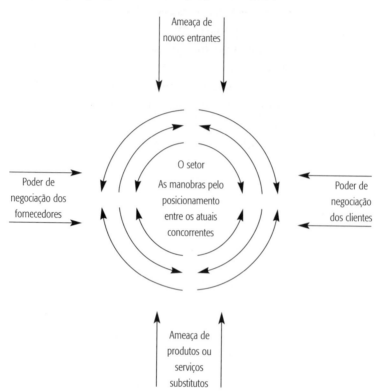

Fonte: Porter 1999, p.29.

A Figura 21.1 demonstra como o mercado e as empresas reagem à medida que são submetidos a forças que determinam o maior/menor desempenho de uma organização. As organizações devem saber direcionar suas ações, de modo a estabelecerem vantagens em relação a suas concorrentes, utilizando-se dos fatores que lhe dão maior competitividade.

Porter (1999, p.29) ainda estabelece que:

> Quanto mais fracas as forças em termos coletivos, maiores as oportunidades para o desenvolvimento superior. O objetivo do estrategista empresarial é encontrar uma posição na qual a empresa seja capaz de melhor se defender contra as forças ou de influenciá-las a seu favor. E essa visão da competição se aplica aos setores que atuam com serviços ou àqueles que vendem manufaturados, sendo que os mesmos princípios gerais são válidos para todos os tipos de empresas.

No mercado de agências de viagens operadoras de ecoturismo, a força competitiva entre as empresas é ainda maior, já que elas trabalham praticamente com a revenda dos mesmos produtos e serviços, e sua principal fonte de receita ainda é a intermediação de produtos e serviços de terceiros. A condição de intermediadora de produtos e serviços diminui as chances de as agências de viagens operadoras de ecoturismo criarem novos produtos e necessidades aos consumidores, a fim de minimizarem sua dependência a terceiros – fornecedores.

Um planejamento estratégico bem formatado, com foco em públicos pouco explorados e, se possível, identificados por pesquisas preliminares, pode trazer novas perspectivas de negócios às empresas turísticas. As estratégias voltadas a segmentos específicos de mercado acabam otimizando recursos financeiros que antes, geralmente, eram despendidos em campanhas promocionais muito generalistas, com baixo índice de consumidores persuadidos e, conseqüentemente, pequeno retorno financeiro do investimento realizado.

O posicionamento advém de três fontes distintas: posicionamento baseado na variedade, em que o foco é a escolha de produtos ou serviços, e não em segmentos de clientes; posicionamento baseado nas necessidades, nesse caso o posicionamento é atender a maioria das necessidades de um determinado grupo de clientes, que está mais próximo à orientação para um determinado segmento de clientes como alvo; e por último, a escolha do posicionamento baseado no acesso, que pode ser em razão da geografia ou do conjunto de atividades para melhor alcançá-lo (Porter, 1999, p.68).

Dessa maneira, fica evidente que o posicionamento estratégico de uma agência de viagens depende necessariamente da escolha do foco que se quer trabalhar. A escolha pode ser feita privilegiando o produto ofertado (a empresa escolhe a especialização de um determinado destino turístico, região, país ou produto intermediado), o tipo de cliente (a empresa orienta suas atividades em função da escolha de nichos mercadológicos) e o acesso (atendimentos a corporações e inserção de postos de serviços); a escolha pode, ainda, ser determinada pela combinação de alguns desses itens ou de todos eles.

O comprometimento com o público-alvo faz com que as agências de viagens operadoras de ecoturismo desenvolvam estratégias de penetração de mercado a fim de obter informações importantes e valiosas de seus clientes, as quais traduzem suas vontades, anseios, sonhos, necessidades e satisfações.

Em posse dessas informações, as agências devem se preocupar em organizá-las e utilizá-las com inteligência na manutenção do seu público cativo. Nessa fase, dá-se início ao desenvolvimento do marketing de relacionamento entre a agência e seus clientes.

Dessa forma, apresenta-se a importância do relacionamento com o cliente, cujo objetivo é mantê-lo fidelizado à marca ou à empresa, por meio da leitura individual das pessoas envolvidas em um processo comercial.

Segundo Kotler (1998, p.27), "Marketing é um processo social e gerencial pelo qual indivíduos e grupos obtêm o que necessitam e desejam através da criação, oferta e troca de produtos de valor com outros".

Complementando, Manzo (1996) afirma que a empresa moderna elabora seus produtos com base nas necessidades e nos desejos expressos de seus consumidores ou potenciais consumidores, o que significa que é preciso primeiro conhecer tais necessidades e desejos, estudar a fabricação do produto, a fim de atender a esses anseios, fabricá-lo adequadamente, distribuí-lo e vendê-lo. Peter Drucker (1973 apud Duarte, 1998) faz uma análise mais profunda quando ressalta que o objetivo do marketing consiste em tornar a venda supérflua, fazendo que o produto e/ou serviço se ajuste perfeitamente à necessidade do consumidor, sendo vendido por si só.

Antigamente, as empresas concentravam suas potencialidades de vendas na intenção de modificar a mentalidade do consumidor, convencendo-o a comprar seus produtos. Ofereciam produtos prontos, não ouviam os consumidores antes, durante, nem depois dos processos de produção, simplesmente a empresa produzia aquilo que ela achava que o cliente iria comprar, e não aquilo que iria satisfazê-lo.

Segundo McKenna (1993), no antigo modelo de marketing fazia sentido as empresas apostarem no desenvolvimento de produtos em massa, para um mercado de massa, por meio dos meios de comunicação em massa. O momento atual exige que as empresas busquem uma posição superior que construa relações sólidas com seus clientes, as quais devem estar baseadas na confiança, receptividade, qualidade e personalização. O conceito promocional padrão precisa ser substituído por uma abordagem baseada nas relações com o cliente e com a infra-estrutura do setor.

Para Gordon (1998, p.111):

> O contínuo processo de criação e compartilhamento de valores com os clientes que as empresas escolhem para atender é denominado: Marketing de

Relacionamento. Dessa forma, é reconhecida a importância de aprender com o cliente a criar o valor que cada um deseja, afinal os relacionamentos são os bens essenciais de uma empresa.

Assim o marketing de relacionamento busca os conhecimentos profundos dos clientes, concorrentes e fornecedores para a formação das estratégias, a fim de manter uma relação duradoura e rentável.

Nos estudos do marketing de relacionamento, o importante é reconhecer que suas definições sempre adotam como filosofia o foco no cliente. O que acontece é uma constante evolução dos conceitos e das suas aplicações, para que as organizações mantenham seus padrões de competitividade.

Para Vavra (1993, p.31), "Existe alguma evidência de que a comunidade de Marketing está começando a reconhecer a importância do marketing de relacionamento". Esse autor concluiu o processo sobre as mudanças ocorridas no ambiente mercadológico, com referência na sétima edição do livro *Marketing management*, de Kotler (1991), o qual discute a importância dos relacionamentos duradouros com os clientes.

Os conceitos do marketing de relacionamento e suas respectivas estratégias, no entanto, estão sendo discutidos por alguns autores há algum tempo, e a principal argumentação é que o marketing precisa de uma revisão conceitual para melhor ajustar-se às suas crescentes mudanças do mercado. Para outros, a argumentação consiste no fato de que os conceitos não mudam, mas devem receber uma nova abordagem com base nas contingências de um sistema específico (Costa, 2000).

Esse sistema específico é o elenco de atividades que mantém a lealdade do cliente em relação à empresa. O tratamento individual, a demonstração ativa de sentimento de reconhecimento e o conhecimento de suas necessidades e expectativas levam a uma das fases mais importantes do ciclo mercadológico: o marketing pós-vendas.

Kotler (1998) afirma que a interação continuada pós-venda é uma parte muito importante do pós-marketing e tão necessária quanto a venda se a organização espera, no futuro, oportunidades de negócios com o mesmo cliente.

Para assegurar que sua organização possa contar com seus "velhos e bons" clientes, é indispensável praticar essas gentis ações, principalmente quando se vive em um mercado cada vez mais competitivo, no qual a disputa pelos clientes é cada vez mais agressiva e o crescimento de mercado cada vez mais lento. Em contrapartida, os clientes tendem a ser cada vez mais exigentes, e a prática comum de descontos e promoções tem atingido em cheio a lealdade da marca e do produto.

METODOLOGIA DE PESQUISA

O estudo proposto faz uso da análise dos dados quantitativos e qualitativos, uma vez que as relações entre as variáveis – o marketing de relacionamento adotado pelas agências de viagens operadoras de ecoturismo e sua influência no comportamento dos clientes – serão analisadas e quantificadas para traçar comentários e discutir tal situação entre os envolvidos.

Entende-se que o trabalho proposto assume características quantitativas e qualitativas, já que se utilizou como instrumento para a coleta de dados um questionário com perguntas fechadas – que caracteriza uma análise quantitativa – com o intuito de descrever fatos sociais que geralmente são analisados por pesquisas qualitativas.

A escolha do levantamento se deu em razão da necessidade de reunir dados atuais sobre as agências, a utilização do marketing de relacionamento e o conhecimento das agências acerca do tema. Após o levantamento dos dados, analisou-se a empregabilidade do marketing de relacionamento nas agências de viagens operadoras de ecoturismo, a fim de manter diferenciais competitivos.

População e amostra

A população-alvo da presente pesquisa é composta por todas as agências filiadas à Associação Brasileira de Agências de Viagens operadoras de ecoturismo (Abav), seccional de Santa Catarina. Para o alcance dos objetivos e para a validação das hipóteses levantadas, realizou-se uma pesquisa do tipo levantamento e, como instrumento de coleta de dados, utilizou-se um questionário composto por dezesseis perguntas.

O questionário foi encaminhado, por meio de correio eletrônico (e-mail), a todas as agências que compunham a população, ou seja, noventa empresas filiadas e ativas. Tal metodologia de coleta de dados foi escolhida pela facilidade de obtenção do cadastro das empresas em questão. Além disso, admite-se que as agências escolhidas (filiadas à Abav) sejam mais representativas e participantes nas decisões relativas à atividade e ao mercado.

ANÁLISE DA PESQUISA

Para a tabulação dos dados foram utilizados os programas estatísticos Sphinx e Excel. Optou-se aqui pela representação dos dados coletados por meio de gráficos e tabelas para facilitar a visualização dos resultados mais significativos da pesquisa.

O levantamento indica que aproximadamente 53% das agências entrevistadas são de pequeno porte (entre um e cinco funcionários). As agências de médio e grande portes dividem o saldo restante em aproximadamente 21 e 26%, respectivamente.

Ressalta-se que a divisão das classes (pequena, média e grande) é baseada no número de funcionários contratados e não na produção/produtividade das mesmas. Essa informação serve apenas para caracterizar o mercado das agências de viagens operadoras de ecoturismo do estado.

O nível de escolaridade dos dirigentes das agências é bastante alto: aproximadamente 35% dos entrevistados têm formação superior completa. Destaca-se que 12,28% dos entrevistados são graduados em turismo, e 14,04% têm especialização nessa área. O somatório dessas classes representa 64,92% dos entrevistados.

Essa questão é relevante, pois, dessa forma, pode-se concluir que os dirigentes das agências pesquisadas são pessoas com bom nível cultural e de conhecimento, capazes de interpretar a pesquisa aplicada e responder a ela.

Como se pretendia levantar as ferramentas mais utilizadas para verificação da qualidade dos serviços oferecidos, é importante salientar aqui que o questionário permitia mais de uma resposta. A grande maioria dos entrevistados, 71,93%, afirmou conversar informalmente com seus clientes após a prestação dos serviços a fim de verificar a qualidade destes.

Notou-se que os meios técnicos, sugeridos pelos fundamentos do marketing, são muito pouco utilizados para verificar a qualidade dos serviços. Isso se deve ao fato de que a conversa, mesmo que informal, permite ao agente de viagens avaliar com certa precisão alguns aspectos, como atendimento, infra-estrutura, serviços, equipamentos, pontualidade, segurança etc., sejam eles da própria agência sejam de seus fornecedores.

Considerando que 41 das 43 agências que responderam a pesquisa averiguam os seus serviços e os serviços dos seus fornecedores com seus clientes, pode-se dizer que esse tipo de trabalho é muito importante na visão do marketing, visto que essa iniciativa valoriza o relacionamento entre agência e clientes. Os clientes sentem-se valorizados e parte essencial de todo o processo.

A pesquisa indica que, do ponto de vista dos gestores das agências, os seus clientes estão satisfeitos (58,14%) ou muito satisfeitos (41,86%) em relação à qualidade do atendimento e dos serviços oferecidos (Figura 21.2).

Figura 21.2 – Satisfação dos clientes das agências de viagens operadoras de ecoturismo, segundo seus diretores.

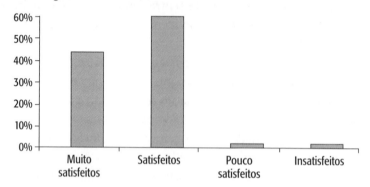

Ao se efetuar um cruzamento entre as empresas que utilizam métodos formais para avaliar os serviços da agência, verificou-se que esses métodos ocorrem com maior freqüência em agências de viagens operadoras de ecoturismo que possuem dirigentes com instrução escolar em nível superior completo e nível superior completo em turismo.

Quando se estabelece uma relação entre as agências que utilizam ferramentas para aferição dos serviços e a satisfação dos clientes em relação aos serviços prestados, percebe-se que a origem dessa informação provém basicamente das conversas informais entre agência e clientes após a prestação de um serviço. Como apenas cerca de 8% das agências fazem uma análise com os clientes perdidos, ou seja, o levantamento dos motivos que levam um cliente a trocar de agência, e poucas agências aplicam questionários (8%) e oferecem serviços de atendimento ao consumidor (SAC) (7%), presume-se que os dirigentes não conhecem a fundo a maioria dos seus clientes ou ex-clientes.

Admite-se, nesse caso, que essas respostas poderiam ser diferentes se o informante fosse o próprio consumidor. Porém, pela dificuldade em obter a abertura necessária ao cadastro dos clientes das agências e a própria logística necessária à aplicação de um instrumento de pesquisa aos clientes das agências pesquisadas, não foi possível fazer esse levantamento, o que não prejudicou o desenvolvimento do presente estudo.

Como o questionário possibilitou mais de uma resposta, considera-se que as principais medidas administrativas são o atendimento personalizado (33,05%), o treinamento dos funcionários (25,42%) e os serviços agregados ou diferenciais, como *transfer*, entrega de documentos em domicílio etc. (19,49%). De alguma forma, os empresários procuram melhorar a qualidade de seus serviços, seja investindo na qualificação de seus funcionários, o que gera maior confiabilidade e segurança no momento da comercialização de um produto turístico, seja no oferecimento de diferenciais ou serviços extras que agregam valor aos produtos comercializados ou à agência (Tabela 21.1).

Tabela 21.1 – Medidas administrativas utilizadas pelas agências de viagens operadoras de ecoturismo para melhorar a satisfação dos seus clientes.

Medidas administrativas para melhora da satisfação dos clientes	Freqüência	
	Número	%
Treinamento com funcionários	30	25,42
Aplicação de técnicas e processos de qualidade	1	0,85
Atendimento personalizado	39	33,05
Flexibilidade de negociação	18	15,25
Serviços agregados: *transfer*, entrega de documentos etc.	23	19,49
Programa de fidelidade	6	5,08
Administração de contas corporativas com taxas	1	0,85
Total	118	100

Verificou-se a ocorrência da gestão de contas corporativas (atendimento a empresas) em uma agência de viagem de grande porte. A pesquisa comprovou que, para prestar esse tipo de serviço, a agência deve ter infra-estrutura condizente com as necessidades apontadas pelas empresas correntistas, pois em uma agência de viagem de grande porte essas condições são facilitadas.

Ao contrário do pré-teste realizado, em que havia uma uniformidade entre as variáveis, constatou-se que 67% dos entrevistados afirmam que a implantação de programas de relacionamento seria uma das mais importantes ações da empresa. Pode-se afirmar que, apesar de ser uma ação importante, ela não é considerada prioritária. Logo, outras ações não levantadas pelo instrumento de coleta de dados também são consideradas importantes (Tabela 21.2).

GESTÃO AMBIENTAL E SUSTENTABILIDADE NO TURISMO

Tabela 21.2 – Importância dada pelas agências de viagens operadoras de ecoturismo à implantação de programas de relacionamento.

Importância na implantação de programas de relacionamento	Freqüência	
	Número	%
Mais importante ação da empresa	35	11,63
Uma das mais importantes ações da empresa	29	67,44
Média importância	8	18,60
Pouco importante	1	2,33
Nada importante	0	0
Total	43	100

Tabela 21.3 – Melhora do desempenho financeiro por meio da fidelização dos clientes.

Melhora do desempenho financeiro por meio da fidelização dos clientes	Freqüência	
	Número	%
Não, pois a agência não valoriza este tipo de iniciativa	0	0
Não, a empresa já presta um bom serviço e não precisa desse tipo de iniciativa para melhorar o desempenho financeiro	0	0
Sim, pois é preciso manter o contato com os clientes da agência garantindo a rentabilidade da mesma	10	23,26
Sim, pois é preciso conhecer melhor o cliente para disponibilizar produtos e serviços personalizados que propiciam maior satisfação e conseqüente fidelização	33	76,74
Total	43	100

A pesquisa constatou ainda que existe unanimidade entre os dirigentes das agências em reconhecer a importância do relacionamento com clientes para a melhoria do desempenho financeiro (Tabela 21.3). Vale ressaltar que aproximadamente 76% dos entrevistados entendem que necessitam conhecer melhor o cliente para oferecer produtos e serviços mais personalizados. Isso é importante, pois, como já visto no referencial teórico, as agências necessitam antecipar-se aos desejos dos clientes, superando as suas expectativas, ou seja, elas precisam ser mais pró-ativas.

No cruzamento entre a possibilidade de melhorar o resultado financeiro e a prioridade da implantação de um programa de relacionamentos com clientes, 88,37% das agências pesquisadas entendem que a implantação de programas de relacionamento é a mais importante ação da agência ou uma das mais importantes.

Os demais dirigentes das agências pesquisadas entendem que somente manutenção do contato com o cliente já é suficiente para criar um vínculo entre empresa e cliente capaz de manter a sua rentabilidade.

Conforme o levantamento realizado, as informações pessoais (dados pessoais e profissionais – cadastro) sobre os clientes são mais comuns no banco de dados, em seguida vêm as informações sobre documentos pessoais (passaportes, cartões de crédito, contas bancárias *smarts cards* etc.). Depois disso, são cadastradas as preferências dos clientes em relação às companhias aéreas (empresa, refeições, assentos).

Como o questionário dava abertura para assinalar, se fosse o caso, todas as alternativas, presume-se que algumas agências desenvolvem com maior propriedade um banco de dados do que outras. Percebe-se ainda que existem empresas em que a manutenção dessas informações já faz parte do seu dia-a-dia, visto que quatro das agências pesquisadas completam seu banco de dados com todas as variáveis apresentadas.

Salienta-se que o número de agências que utilizam o banco de dados para arquivo de informações que possam oportunizar novos negócios ainda é reduzido. Apenas cerca de 3,1% das agências entrevistadas dizem arquivar os novos desejos de viagens dos seus clientes, informação esta que pode ser muito importante para uma campanha de vendas ou até mesmo para cruzar as promoções de viagens com os desejos dos clientes.

Tabela 21.4 – Tratamento dado às informações dos clientes, pelas agências de viagens operadoras de ecoturismo.

Tratamento dado às informações	Freqüência	
	Número	%
As informações mais relevantes são passadas aos demais funcionários, porém não são armazenadas de modo a formar um banco de dados completo acerca de clientes e fornecedores	13	34,21
As informações mais relevantes são passadas aos demais funcionários e armazenadas de modo a formar um banco de dados completo acerca dos clientes e fornecedores	25	65,79
Total	38	100

O questionário foi de suma importância ao trabalho, sobretudo quando se pretendia verificar qual o tratamento dado às informações sobre os clientes. Das agências entrevistadas, 65,79% afirmaram que as informações mais relevantes são passadas aos demais funcionários e cadastradas em um banco de dados, e as outras 34,21% afirmaram que as informações são repassadas aos demais funcionários, porém não são cadastradas em um banco de dados.

Ao comparar as agências que distribuem e armazenam as informações dos clientes entre os funcionários e o tamanho da agência, não foi possível estabelecer uma relação, pois a distribuição foi uniforme.

Tabela 21.5 – Interpretação das informações que sugerem melhoras ou críticas aos serviços e produtos.

Receptividade das críticas e sugestões recebidas dos clientes	Freqüência	
	Número	%
É dada pouca importância a essas informações, pois o cliente sempre tem algo a reclamar	0	0
Importantes para melhorar os serviços prestados pela agência	8	21,05
Importantes para melhorar os serviços prestados pelos fornecedores, pois são eles os responsáveis; assim, são relatados os problemas acontecidos	2	5,26
Importantes para melhorar os serviços prestados pelas agências e fornecedores, pois ambos são responsáveis pelos serviços contratados	28	73,68
Total	38	100

Em relação às informações que sugerem correções ou críticas à agência ou a fornecedores, a grande maioria dos entrevistados (73,68%) entende que são importantes para melhorar os serviços prestados pelas agências e pelos fornecedores, pois ambos são responsáveis pelos serviços contratados.

Ressalta-se que nenhuma agência dá pouca importância a esse tipo de acontecimento, eximindo-se dos problemas ocorridos. Isso demonstra profissionalismo do *trade* que realmente se preocupa com a qualidade e o compromisso assumido no momento da venda.

Quando indagados sobre o fato de as informações do banco de dados serem utilizadas para criação de malas diretas direcionadas a clientes específicos, a pesquisa constatou uma certa homogeneidade nas respostas,

MARKETING DE RELACIONAMENTO: FORÇA COMPETITIVA PARA AGÊNCIAS DE VIAGENS | **491**

cujas variáveis apontam o desenvolvimento de malas diretas. Ressalta-se que todas as agências pesquisadas utilizam esse recurso, e aproximadamente 36,84% delas afirmam realizar quase sempre malas diretas com as informações obtidas no banco de dados.

Tabela 21.6 – Relação entre implantação de estratégias de marketing de relacionamento e desempenho financeiro das agências de viagens operadoras de ecoturismo.

Implantação de estratégias de marketing de relacionamento	Freqüência	
	Número	%
Sim, pois a empresa se tornaria mais competitiva e preparada para as novas tendências do mercado de viagens e turismo, podendo inclusive desenvolver novos programas que atendam às necessidades específicas de cada cliente	39	90,70
Não, mas tem vontade de desenvolver um programa de relacionamento com seu cliente mais eficiente, começando assim a ter conhecimento suficiente para desenvolver novas estratégias para o seu negócio	4	9,30
Simplesmente não tem interesse em desenvolver estratégias de relacionamento com seus clientes	0	0
Total	43	100

A pesquisa demonstrou que a grande maioria dos entrevistados (90,7%) acredita que a implantação de estratégias de marketing de relacionamento poderia melhorar o desempenho financeiro das suas organizações, já que essas estratégias tornariam a agência mais competitiva e preparada para as novas tendências do mercado de viagens e turismo, podendo, inclusive, desenvolver novos programas que atendam às necessidades específicas de cada cliente.

Apenas 9,3% dos entrevistados consideraram que a aplicação do marketing de relacionamento não traria benefícios financeiros, porém gostariam de desenvolver um programa de relacionamento com seu cliente mais eficiente, começando assim a ter conhecimento o bastante para desenvolver novas estratégias para o seu negócio.

Ressalta-se que todas as agências pesquisadas demonstraram interesse em desenvolver estratégias de relacionamento com seus clientes. Isso é importante, pois percebe-se que os empresários do setor reconhecem a importância do relacionamento com seus clientes e os benefícios que isso pode oferecer no momento de desenvolver o planejamento estratégico do seu negócio.

Em razão da proximidade de apontamentos, considera-se que os dois veículos mais utilizados pelas agências são mala direta e internet (*home page*), com 20 e 19,09% dos apontamentos, respectivamente.

Em uma distribuição bastante variada, a pesquisa mostrou que outros veículos de comunicação são também utilizados, como jornais de veiculação municipal/microrregional, jornais de veiculação regional/estadual, rádio e TV. Ao tentar se extrair um grupo significativo de agências que utilizam os veículos mais citados, não foi possível, pois havia uma dispersão bastante alta. Ou seja, não daria para afirmar que um número "x" de agências utiliza-se dos mesmos canais de comunicação.

Como a questão permitia complementar as opções em forma de "outros" e "quais", ressalta-se que algumas agências indicaram a comunicação "boca a boca" como a mais importante, entre outras, como executivos de contas e visitas diretas.

Apenas cinco das 43 agências que responderam ao questionário afirmaram não utilizar nenhum tipo de promoção em mídia.

CONSIDERAÇÕES FINAIS

O consumidor tem se tornado o centro das atenções nos últimos tempos. As empresas descobriram que o sucesso do seu negócio depende da satisfação, no amplo sentido da palavra, dos consumidores em relação aos produtos e serviços adquiridos e/ou oferecidos. Em tempos em que a qualidade não é mais diferencial competitivo, é na prestação dos serviços que se perde ou se conquista um cliente.

Com o avanço da tecnologia, principalmente com o advento da internet, os consumidores passaram a ter acesso fácil às informações e, assim, maior conhecimento em praticamente todas atividades que os cercam. Essa situação não é diferente nas agências de viagens operadoras de ecoturismo, nas quais, atualmente, assiste-se ao rápido processo de mudanças que colocam o cliente final frente aos fornecedores, causando um encurtamento na cadeia distributiva, pondo em xeque sua função de intermediária de produtos e serviços turísticos.

É, no entanto, com estratégias concretas que se deslumbram novas possibilidades de retomada do crescimento. A adoção de estratégias de marketing de relacionamento pode auxiliar as agências de viagens operadoras de ecoturismo no processo de fidelização e reconhecimento dos seus serviços por parte dos consumidores. O estabelecimento de programas que visem à construção de um relacionamento duradouro e rentável entre organização e clientes é uma condição necessária às empresas que querem se manter competitivas em tempos de globalização.

Os consumidores já têm consciência da sua importância perante as organizações e estas já sabem que, para conquistar a sua fidelidade, elas têm que satisfazer suas necessidades na sua plenitude. Hábitos, preferências, necessidades e disponibilidades do consumidor já são objetos de estudo para desenvolvimento de produtos e serviços em muitas dessas organizações, cuja orientação administrativa é baseada em informações coletadas junto aos seus clientes. No caso das agências de viagens operadoras de ecoturismo, essas informações podem ser cruciais para um bom desempenho de vendas. Em períodos de recessão econômica, ou desaquecimento nas vendas, é importante que se conheçam as necessidades dos clientes, de modo que se possa trabalhar de forma proativa com essas informações. Nesse caso, as agências de viagem operadoras de ecoturismo poderiam oferecer soluções de viagem antes mesmo da solicitação de um cliente.

Se isso, no entanto, parece tão simples, por que as agências não o fazem? Por total desconhecimento? Não é o que parece. O presente estudo indica que as agências de viagem operadoras de ecoturismo reconhecem que poderiam ser mais proativas e estabelecer estratégias mais eficazes, de modo que pudessem antever as necessidades de viagens dos seus clientes e assim recompensá-los com sugestões que realmente os satisfaçam.

Outro ponto abordado na pesquisa sugere que, informalmente, os agentes de viagem conhecem bem os seus clientes, pois é comum que o relacionamento entre agente de viagem e cliente se torne mais informal e íntimo, pois, em alguns casos, as pessoas procuram nas viagens a compensação de alguns dissabores ocorridos na vida afetiva ou profissional. O que realmente falta às organizações é a aplicação de uma política administrativa séria, que conscientize e valorize os funcionários e as equipes de trabalho, a fim de que, com uma estratégia corporativa, elas possam estabelecer o cumprimento de ações voltadas ao enriquecimento das relações empresa e cliente, desenvolvendo assim o marketing de relacionamento.

Quanto aos questionamentos propostos no início deste trabalho, verifica-se que os diretores e gerentes das agências de viagens operadoras de ecoturismo pesquisadas têm conhecimento da abordagem do marketing de relacionamento e das técnicas para sua aplicação. Entretanto, na maioria das organizações, esse processo é realizado de forma empírica, sem o tratamento científico ou planejado como estratégia de mercado.

Para finalizar, fazem-se as seguintes considerações em relação ao tema e aos objetivos traçados no início deste estudo:

- É perceptível a grande importância que o marketing de relacionamento vem conquistando nas empresas pós-modernas, especialmente nas agências de viagem operadoras de ecoturismo, em virtude da grande interação/interatividade e pessoalidade entre agente e cliente no momento do atendimento;

- O marketing de relacionamento se torna uma estratégia essencial para as agências de viagem operadoras de ecoturismo que procuram consolidar-se como intermediárias entre consumidor e provedores – processo de reintermediação;

- As agências de viagens operadoras de ecoturismo que estão preparadas tecnologicamente e com recursos humanos capacitados têm maiores possibilidades de identificar as necessidades dos seus clientes e, com isso, podem desenvolver estratégias pró-ativas que busquem um maior vínculo com seus clientes. Certamente, as organizações que utilizam o marketing de relacionamento agregam enorme vantagem competitiva em relação às suas concorrentes.

REFERÊNCIAS

AZEVEDO, M.C.; COSTA, H.G. Métodos para avaliação da postura estratégica. **Caderno de Pesquisas em Administração**, São Paulo, v. 8, n. 2, abr/jun 2001.

BARBETTA, P.A. **Estatística aplicada às ciências sociais**. 2.ed. Florianópolis: UFSC, 1998.

BARRETO, M. **Manual de iniciação ao estudo do turismo**. 4.ed. Campinas: Papirus, 1995.

BENI, M.C. **Análise estrutural do turismo**. 3.ed. rev. e ampl. São Paulo: Senac, 2000.

BOECHAT, Y.A. Fidelidade se conquista: sedução vai além da milhagem. **Gazeta Mercantil**, São Paulo, 30 maio 2001. p.C-6.

BUENOS SENÁLES PARA LA REACTIVACIÓN DEL SECTOR. **La agencia de viajes latinoamérica**, México, ano I, p. 3, 1º mar. 2002.

CARVALHO, J.A. "Fidelização" vem do bolso: volúvel por natureza, o consumidor, em geral, só é sensível ao preço. **Gazeta Mercantil**, São Paulo, 11 abr. 2001. Análise e Perspectiva, p. A-3.

CHIAVENATO, I. **Como transformar RH (de um centro de despesa) em um centro de lucro.** São Paulo: Makron Books, 1996.

CHIZZOTTI, A. **Pesquisa em ciências humanas e sociais.** São Paulo: Cortez, 1991.

COBRA, M. **Marketing competitivo.** São Paulo: Atlas, 1993.

COLOCERO, W.C. Internet x agências. **Jornal Panrotas**, São Paulo, ano VII, p. 24, 3-9 ago. 1999.

CONSULTOR PREVÊ O FIM DAS COMISSÕES. **Jornal Panrotas**, São Paulo, ano VIII, n. 403, p. 24, 18 a 24 jul. 2000.

COSTA, J.I.P. **Atendimento como pressuposto do marketing de relacionamento.** Florianópolis, 2000. Tese (Doutorado em Engenharia de Produção). Universidade Federal de Santa Catarina.

COOPER, C. et al. **Turismo: princípios e prática.** 2.ed. Porto Alegre: Bookman, 2001.

DAVENPORT, T.; HARRIS, J.; KOHLI, A. Como elas conhecem tão bem os clientes. **HSM Management**, São Paulo, n. 27, ano V, p. 106-12, jul/ago 2001.

DUARTE, D.C. **O uso da internet como estratégia mercadológica: um estudo comparativo entre algumas agências de viagens operadoras de ecoturismo e operadoras de turismo de São Paulo e Florianópolis.** Florianópolis, 1998. Dissertação (Mestrado em Engenharia de Produção). Universidade Federal de Santa Catarina.

EMBRATUR. **Anuário estatístico.** Brasília: Embratur, 1999. v.26.

FERNANDES I.P.; COELHO, M.F. **Economia do turismo: teoria e prática.** Rio de Janeiro: Campus, 2002.

FERRAZ, J.A. Fundamentos multidisciplinares do turismo: direito e legislação turística. In: TRIGO, L.G.G. (Org.). **Turismo: como aprender, como ensinar.** 2.ed. São Paulo: Senac, 2001.

FIALHO, F. Estrategista de negócios: o novo protagonista da internet. **C-news**, São Paulo, 21 de maio 2001. Disponível em: htpp://www.cevents.com/servlets/plsql/ho...e_central?P_ID_IDIOMA=1&p_ID_NOTICIA=1858. Acessado em: 11 jun. 2001.

FURLONG, C.B. **Marketing para reter clientes: crescimento organizacional através da retenção de clientes.** Rio de Janeiro: Campus, 1994.

GORDON, I. **Marketing de relacionamento: estratégias, técnicas e tecnologias para conquistar clientes e mantê-los para sempre.** 3.ed. São Paulo: Futura, 1998.

HAX, A.C.; WILDE, D.L. Modelo Delta. **HSM Management**, Barueri, v. 19, ano 4, mar./abr. 2000, p. 45-54.

KOTLER, P. **Marketing management: analysis, planning, implementation and control.** 7.ed. Englewood Cliffs: Prentice-Hall, 1991.

_____. **Administração de marketing: análise, planejamento, implementação e controle.** Trad. Ailton Bomfim Brandão. 5.ed. São Paulo: Atlas, 1998.

KOTLER, P.; ARMSTRONG, G. **Princípios de marketing.** 7.ed. Rio de Janeiro: Prentice-Hall do Brasil, 1998.

LAGE, B.; MILONE, P. Impactos socioeconômicos globais do turismo. In:_____. **Turismo: teoria e prática.** São Paulo: Atlas, 2000.

LANZANA, A.E.T. Impactos do Plano Real sobre as agências de turismo. In: LAGE, B.; MILLONE, P. **Turismo: teoria e prática.** São Paulo: Atlas, 2000. p.132-41.

LAVILLE, C.; DIONNE, J. **A construção do saber.** Porto Alegre: Artes Médicas, 1999.

LEVITT, T. **A imaginação de marketing.** São Paulo: Atlas, 1985.

MANZO, J.M.C. **Marketing: uma ferramenta para o desenvolvimento.** Rio de Janeiro: Livros Técnicos e Científicos Editora, 1996.

MATTAR. F.N. Pesquisa de marketing: execução e análise. 2.ed. São Paulo: Atlas, 1998. v.2.

MCKENNA, R. **Marketing de relacionamento: estratégias bem-sucedidas para a era do cliente.** Rio de Janeiro: Campus, 1993.

MIELENHAUSEN, U. Gestão do *mix* promocional para as agências de viagens operadoras de ecoturismo e turismo. In: LAGE, B., MILONE, P. **Turismo: teoria e prática.** São Paulo: Atlas, 2000. p.50-62.

ORGANIZAÇÃO MUNDIAL DO TURISMO. **Introdução ao turismo.** Dir. e redação Amparo Sansho. Trad. Dolores Martin Rodriguez Corner. São Paulo: Roca, 2001.

OPPERMANN, M. Databased marketing by travel agencies. **Journal of Travel Research**, v. 37, p. 231-7, fev. 1999.

PALHARES, G. **Transportes turísticos.** São Paulo: Aleph, 2002.

PORTER, M.E. **Competição: on competition. Estratégias competitivas essenciais.** 5.ed. Rio de Janeiro: Campus, 1999.

REIGADA, M.I. Setor já emprega 4,4 milhões de trabalhadores. **Jornal Panrotas**, São Paulo, ano VIX, p. 6, 3 a 9 abr. 2001.

RUSCHMANN, D.M. **Marketing turístico: um enfoque promocional.** 2.ed. Campinas: Papirus, 1995.

SHAW, R.; STONE, M. **Marketing com banco de dados.** São Paulo: Atlas, 1993.

SILVIA, F.L. Indústria turística cresce, mas agências têm queda na receita. **Jornal Feira e Cia,** São Paulo, ano II, n. 11, p. 12, maio 2001.

TIBONI, C.G.R. **Estatística básica para o curso de turismo.** São Paulo: Atlas, 2002.

TOMELIN, C.A. **Mercado de agências de viagens e turismo: como competir diante das novas tecnologias.** São Paulo: Aleph, 2001.

TORRE, F. **Agencias de viajes y transportacion.** México: Trilhas, 1990.

TRIGO, L.G.G. (Org.). **Turismo: como aprender, como ensinar.** 2.ed. São Paulo: Senac, 2001. v.1.

TRINÔS, A.N.S. **Introdução à pesquisa em ciências sociais: a pesquisa qualitativa em educação.** São Paulo: Atlas, 1987.

VAVRA, T.G. **Marketing de relacionamento. Aftermarketing: como manter a fidelidade do cliente através do marketing de relacionamento.** São Paulo: Atlas, 1993.

Turismo, Proteção Ambiental e Sustentabilidade | 22

Gilda Collet Bruna

Arquiteta e Urbanista, Universidade Presbiteriana Mackenzie

INTRODUÇÃO

Quando o turismo passa de simples ócio a uma atividade de geração de trabalho e renda e pode, assim, gerar impacto positivo nas comunidades urbanas?

A resposta mais comum de se encontrar a esta pergunta é o fato de que, freqüentemente, o turismo surge como uma atividade complementar. Mas como atividade complementar ou principal, o impacto ambiental está presente e merece um enfoque prioritário, para que seus efeitos negativos não acabem comprometendo o próprio potencial turístico do lugar.

Os casos de recursos naturais paisagísticos como praias, lagos e montanhas são, em geral, aqueles com poder inicial de atração, até mais sazonal; no entanto, com o tempo, acabam se tornando uma atividade turística regular, que se intensifica em determinados períodos, como no verão, quando as praias são a força turística local, e no inverno, quando, devido às geadas e à neve, em alguns países, as montanhas tornam-se a principal atração.

Em alguns lugares, como Campos do Jordão, o turismo da cidade foi impulsionado pelos tratamentos de saúde em sítios geograficamente de alta altitude, em que os doentes podiam aproveitar o clima para repousar e fazer exercícios moderados e assim melhorarem da tuberculose. A doença levou à cidade não só doentes, mas também seus familiares que iam acompanhá-los, propiciando a formação de uma área de sanatórios e outra de grandes fazendas que, inicialmente, hospedavam essas famílias e, depois, tornaram-se hotéis, que cada vez mais se destacaram na acolhida aos turistas. E é principalmente na época de frio que o turismo ganha força, pois o governo do estado de São Paulo estimulou a organização de festivais de inverno que passaram a ser a grande atração do mês de julho (Barbosa, 2006).

Em outras vezes, o próprio patrimônio cultural se destaca como fator de atração turística, associado às características geográficas de relevo montanhoso, por exemplo, como ocorre em Petrópolis, região serrana no estado do Rio de Janeiro, onde foi construído o Palácio de Verão do Imperador D. Pedro II e D. Teresa Cristina, hoje conhecido como Museu Imperial. Além deste, também outros marcos da história do Brasil revelam-se uma atração turística, como a Casa de Santos Dumont, a Casa da Princesa Isabel ou a de Rui Barbosa. A estes se juntam ainda outros, como o Palácio de Cristal, mandado construir na Inglaterra pela Princesa Isabel e o Conde D'Eu, inaugurado em 1884 para abrigar exposições de produtos agrícolas e atualmente tem sido palco de eventos culturais e exposições. Dentre outros pontos históricos destaca-se o Palácio Rio Negro, de 1889, que se tornou residência de verão dos Presidentes da República do Brasil até 1969 e só voltou a esta função em 1997, quando o presidente Fernando Henrique Cardoso retomou a tradição.[1]

Pode-se dizer que houve uma época em que o jogo atraía muitos milionários para Petrópolis, mas mesmo quando essa prática foi proibida no Brasil, os atrativos turísticos locais permaneceram, liderados principalmen-

---

[1] Disponível em http://www.fctp.petrópolis.rj.gov.br, acessado em janeiro de 2008; Fundação de Cultura e Turismo (FCTP). Segundo Antônio Eugênio Taulois da Universidade Católica de Petrópolis e Instituto de História de Petrópolis (texto de fevereiro de 2007; http://www.fctp.petropolis.rj.gov.br), D. Pedro II herdou as terras e retomou os planos de seu pai de construir um palácio de verão no alto da Serra de Estrela. Para tanto, assinou um decreto de criação, com exigências de "projetar e construir o palácio imperial; com a utilização de uma Vila Imperial com quarteirões imperiais; edificar uma igreja em louvor a São Pedro de Alcântara; construir um cemitério; cobrar foros imperiais dos colonos moradores; e expulsar terceiros das terras ocupadas ilegalmente".

te pelos aspectos históricos e paisagísticos e o clima de montanha. O Palácio da Quitandinha era o foco dessa atração, com suas grandes dimensões e decorações hollywoodianas.[2]

Há conseqüências diversas relativas a seu lado de impacto negativo, a título de exemplo pode-se observar o turismo alavancado pelo jogo em algumas localidades, como em Las Vegas, nos Estados Unidos, em que:

> os passados 30 anos testemunharam um intenso controle corporativo da economia e diminuição dos papéis do crime organizado e do trabalho organizado: [...] houve um movimento para transformar a "Cidade do Pecado" na "Cidade Toda Americana", [...] De qualquer modo, seus esforços combinados atraíram um número extraordinário de visitantes, muitos dos quais viajam para Las Vegas anualmente [...] contudo, campanhas para atrair turista numa economia baseada no jogo desviou a atenção das necessidades e do bem-estar de longo prazo dos residentes e diminuiu o sentido de comunidade local. (Parker, 1999, p.107)

A inversão de fundos pelo governo federal transformou a cidade em destino turístico.

Paralelamente às adversidades trazidas por esse tipo de turismo, Las Vegas ficou famosa pelo subemprego, prostituição e muitos problemas sociais associados com o jogo compulsivo. Esse é o outro lado do turismo de cassinos: os custos sociais são altos; espalhou-se o jogo compulsivo feito por menores de idade; houve diminuição de espaço público em favor do privado; intensificação da crise fiscal do governo local que procura tanto subsidiar estabelecimentos de jogo como prover infra-estrutura; e degradação do ambiente natural. Usualmente os salários são baixos, os benefícios são poucos e há tolerância com as imprevisíveis horas de trabalho e ainda com o trabalho em condições estressantes (Parker, 1999, p.117-119).

Um tipo de turismo pouco percebido pelos moradores da cidade é o turismo de negócios, trazido com as reuniões especiais de empresas em prol de expansão, especificação de nichos de atuação e outras necessidades de cooperação e competitividade entre as firmas para se afirmarem no mercado. Coadjuvantes nesse processo são as infra-estruturas necessárias, como hotéis, salas de convenções e outros espaços que permitem a geração de idéias inovadoras, oferecendo momentos de lazer intercalados com

---

[2] Disponível em: http://www.oradical.uol.com.br, acessado em janeiro de 2008.

momentos de trabalho intenso. Também as atividades pré ou pós-negócios que se localizam convenientemente na estrutura urbana permitem visitas a luxuosos shopping centers, teatros, museus, monumentos históricos e uma vida noturna agitada. Esses coadjuvantes, por vezes, são considerados tão importantes que precisam e podem ser adequadamente planejados para atrair o turista em período anterior ou posterior a essas reuniões de negócios, fortalecendo os próprios resultados econômicos do turismo de negócios.

Este capítulo procura mostrar que, por essas qualidades de atração de população é que se acaba reconhecendo que o turismo apropria-se dos lugares em que ocorre, destacando como impacto positivo sua valorização como produto de consumo. Por isso vem sendo considerado um mecanismo econômico, ou seja, uma força motora de algumas economias, pois atraem consumidores tanto de vários pontos do país, como do estrangeiro. Para Harvey (2001; 2005), o que está em jogo é o poder do capital simbólico coletivo que se expressa pelo poder de marcos especiais de distinção de um lugar, como nos exemplos acima, principalmente em relação ao poder de atração relacionado aos fluxos de capital. Cidades como Las Vegas, do ponto de vista de sua construção e de seu uso, podem ser entendidas em si mesmas como mercadorias geradoras de Produto Interno Bruto (PIB). Entretanto, para otimizar essas condições são necessários planejamento urbano ambiental e políticas públicas estratégicas.

Procura mostrar também que, embora exista esse afã de valorizar determinados locais, muitas formas de turismo ressaltam, em oposição, os não-lugares típicos da pós-modernidade, ou seja, áreas efêmeras e enigmáticas, lugares de passagem e impessoais, que muito provavelmente não significam nada para aquelas pessoas que os visitam. Também como mercadorias, essas cidades turísticas vendem seus eventos e espetáculos de massa, podendo se tornar um elemento estratégico no planejamento urbano, uma vez que se identificam com aportes de capital financeiro, muitas vezes associado ao setor de turismo. Contudo, o turismo torna-se uma "indústria" conhecida pela produção e reprodução de imagens, as quais refletem lugares atrativos. Nesse sentido, pode significar uma ruptura com os valores da economia tradicional e seus espaços tipicamente ordenados, vindo a ser considerado como mais um fator impulsionador da fragmentação do território urbano (Yazigi, 2002; Carlos, 1999; Harvey, 2001, 2005).

Não se pode esquecer que a hospedagem necessária ao turismo constitui-se como um negócio de natureza imobiliária. Criam-se espaços diferenciados, transformando, como o rei Midas, tudo o que tocam num mundo artificial e mítico do lazer. Pode-se entender, assim, que os hotéis criam cenários de fantasia, moldando lugares fetiches, que se tornam cada vez mais importantes no PIB total dos lugares e países turísticos (Carlos, 1999).

Finalmente, este capítulo procura mostrar, ainda, que toda essa grande atração turística que ocorre no território precisa criar um ambiente de qualidade, além de manter a qualidade do ambiente natural, cooperando simultaneamente com a saúde pública. No entanto, o que mais freqüentemente se observa é que a presença humana vem acompanhada de impactos ambientais negativos, como lixo espalhado em vários pontos da cidade, flutuando nas águas de mares e lagoas, misturados a dejetos humanos, levando à degradação local e, conseqüentemente, à diminuição do próprio turismo. É por isso que o chamado turismo de massa não é bem-vindo pelos defensores do meio ambiente, pois acaba descaracterizando as paisagens e atuando como um "ecocídio".

Mas, dirão alguns, há possibilidade de regeneração...

Em outro sentido, torna-se vital entender e procurar atuar a fim de manter uma atividade turística que gere receita com seus consumidores, eventos e manifestações culturais. É preciso procurar, portanto, modos peculiares de formar uma "vida turística" aprazível, sem impactos ambientais negativos.

Visa-se enfatizar que, enquanto o turismo se firmou como atividade econômica geradora de parte importante do PIB, ele exige, por outro lado, planejamento e gestão urbana ambiental para não se tornar uma porta aberta à degradação ambiental. Demanda, pois, medidas de controle em prol de maior sustentabilidade.

IMPACTOS DO TURISMO

As rotas comerciais estruturaram-se de modo a formar entrepostos para distribuição de bens e serviços que inicialmente nada mais eram que pontos em que se encontrava repouso em estalagens, pousadas e, posteriormente, hotéis. Essa estrutura que se formava permitia o movimento de pessoas, por certo tempo, para locais externos ao seu lugar de trabalho ou moradia. Ocorria assim a mudança de local, embora, para que essa viagem fosse entendida como turismo, era preciso não ser motivada por atividade lucrativa nem remunerada (Barbosa, 2006). Observa-se também que comércio, serviços e mesmo comunicação e informação são coadjuvantes do turismo e do lazer, envolvendo muitas vezes os usos e costumes peculiares à região (Bruna, 2006a).

Ora, viajar é uma ação tão antiga quanto a humanidade. Entretanto, o turismo de massa, como mostram Fainstein e Judd (1999), só foi possível com os avanços da Revolução Industrial. Esta possibilitou as excursões de trem, que como estrutura fixa valorizava o centro das cidades. Posteriormente, as novas tecnologias de transporte tornaram-no mais barato e flexível, de modo que o visitante, ao andar de carro, podia escolher seu próprio destino e, e ao andar de avião, podia diminuir distâncias; bem como os cruzeiros marítimos, que permitiam recuperar-se de estresse intenso. Ademais, as reservas e compras de passagem por computador deram outra flexibilidade, de modo que com o tempo essas inovações se incorporaram nas possibilidades de seleção de férias!

Com essas delimitações, o turismo é visto como uma novidade na rotina habitual da população que, desse modo, aufere repouso de sua atividade diária, renovação de energia e saúde e pode, ainda, valorizar sua cultura pessoal com conhecimentos distintos daquele típico de seu local de residência ou trabalho. Sob esse ponto de vista, pode-se dizer que o turismo revela-se uma atividade benéfica e até mesmo necessária para a qualidade de vida das pessoas. Sob outro ângulo, a rápida e importante valorização do resultado econômico tornaram o turismo uma indústria, dada a sua definição, organização e serviços oferecidos. O turismo de massa, assim potencializado, envolve um grande número de pessoas, consumo de bens e serviços, como alimentos, aluguel de carro, marketing e experiência, esta incluindo desejo e cultura, tanto quanto serviços e produtos (Fainstein e Judd, 1999). Assim repete-se o desejo de viajar, com base na experiência realizada, em que se destaca a vontade de voltar e a vontade de consumir cultura.

Sob outro ponto de vista, o turismo gerou novas ocupações, como empregos de garçons, gerentes e vendedores, guias turísticos e agentes de viagens. Esses novos postos de trabalho dos pontos turísticos podem ser considerados um impacto social relevante, uma vez que há oferta e continuidade de geração de empregos e renda para a população local, ainda que muitos destes sejam informais. Sob o ponto de vista ambiental, no entanto, a rapidez com que essas novas estruturações de atividades ocorreram no território acabou levando a descuidos com o meio ambiente, ao permitir a emissão de poluição e a degradação dos lugares, com excesso de lixo, falta de esgotos e de cuidados com a qualidade da água doce, nutriente fundamental para a humanidade (Bruna, 2006a). Essas considerações sobre a sustentabilidade do meio ambiente tornam-se cada vez mais graves, ao se considerar que o mundo rapidamente passou a ser mais urbanizado. Áreas como essas carecem do controle da ocupação do solo, sem o que acabam gerando múltiplas fontes poluidoras e consumindo recursos não renováveis.

Impacto no ambiente construído

O ambiente construído, mundialmente, vem se modificando desde a Revolução Industrial e suas conseqüências. As indústrias fordistas (produção organizada em série), que tinham se localizado próximo às áreas centrais das cidades, localização esta valorizada devido aos acessos ferroviários e rodoviários, precisaram se tornar flexíveis (fabricando partes do produto final em outras empresas) para poderem enfrentar a competitividade do mercado; assim, também devido a legislações urbanas restritivas, iniciou-se uma desconcentração industrial dessas áreas centrais congestionadas para outras áreas urbanizadas, em que encontrassem acesso fácil ao mercado, infra-estrutura urbana e de transporte adequadas. No caso de São Paulo, as indústrias que se flexibilizaram mudaram-se, em grande parte, para o interior do estado e basearam-se na produção *just in time* (quando as várias empresas que participam da produção entregam suas partes em dia e hora acordados para uso imediato), possibilitando muitos *spin-offs* (saída de técnicos e pessoal especializado da fábrica-mãe para formar outras pequenas e médias empresas) de modo que pequenas e médias empresas formaram áreas conhecidas como Arranjos Produtivos Locais (APL), mais especificamente na literatura de língua inglesa, *Industrial Clusters*. De um lado, muitas das antigas áreas industriais estão ainda degradadas, demandando novos usos. De outro, os novos APLs estão a gerar uma riqueza de produtividade que oferece trabalho e movimentam a economia. Por essa razão vêm recebendo o apoio de organismos federais e estaduais (Bruna et al., 2006).

As novas tecnologias dos transportes trouxeram maior eficiência e barateamento das viagens, o que possibilitou um aumento da mobilidade urbana e, em decorrência, gerou problemas de trânsito, com poluição do ar que se agrava em períodos de inversões térmicas nas cidades. Por outro lado, as atividades produtivas e de armazenagem, que preferencialmente se localizavam próximas ao centro, abrigavam distintos processos de produção, os quais, por vezes, mostraram-se muito agressivos ao meio natural e à saúde humana. No entanto, somente quando esses processos poluidores mostraram-se mais visíveis às comunidades, por exemplo, ao expelirem fumaças tóxicas com materiais nocivos particulados no ar, foi possível observar uma reação da população, pedindo ao poder público controle e melhoria da qualidade ambiental. Desse modo, os diferentes organismos do governo iniciaram ações em busca desse controle, tanto da poluição do ar, como da água e, com o tempo, as indústrias foram obrigadas a incorporar equipamentos controladores da poluição oriunda de seus processos produtivos, ou modificá-los. Muito provavelmente essas áreas produtivas não tinham especial interesse para o turismo, mas, devido à sua localização central em um setor hoteleiro e comercial, foram consideradas potencialmente geradoras de negócios, desafiando assim os grupos empreendedores que se revelaram indutores do turismo de negócios. Não há como entender o sucesso dessas atividades humanas organizando-se no território senão como fundamentalmente inter-relacionadas: tipos de indústrias, comércios e serviços, administração e comunicação são estruturas básicas que estimulam esse "inter-relacionamento produtivo"; e isso fica mais visível quando se procura incentivar o turismo como uma estratégia complementar da geração de receitas: diferentes usos se afirmam e progridem, uns apoiados nos outros; o comércio que geram é a prova dessa correlação de forças co-alimentadoras decorrentes dessa interatividade aumentada, seja por proximidade, cooperação, produção de inovação, seja pelo poder de maior competitividade, interatividade esta também esperada no turismo.

Impacto no meio rural

Examinando o turismo, especificamente, procura-se um exemplo pelo qual se possam analisar as inter-relações entre atividades e eventuais conflitos que representem os impactos negativos que ocorrem num período de transição da produtividade tradicional para a moderna. Por isso destacou-se o caso do turismo no estado de Montana, Estados Unidos, mais precisamente na região do Vale do Bitterroot, que se situa na porção sudoeste do estado, no condado de Ravali. Esse condado é um dos mais pobres do estado e possivelmente dos Estados Unidos (Diamond, 2005, p.30). Como o turismo é uma atividade mais recente, é importante mencionar que nos anos de 1860 sua atividade econômica consistia em mineração (cobre e ouro), madeireiras, produção de alimentos envolvendo criação de gado e carneiro e produção de grãos, frutas e vegetais. As madeireiras nas redondezas do Vale do Bitterrot foram usadas para prover energia para as minas e também para a construção; as poucas chuvas foram superadas por meio de irrigação, já com a chegada dos primeiros europeus, nessa mesma década, o que permitiu que os pomares de maçã que se iniciaram na década de 1880 tivessem um pico de produção nas primeiras décadas do século XX, embora atualmente haja poucos pomares em operação (Diamond, 2005, p.33-34).

Mas, segundo Jared Diamond (2005), com a diminuição da atividade madeireira, este vale passou a ser um lugar turístico, tornando o condado de Ravali um dos mais prósperos. As pessoas que recentemente vêm construindo suas casas no vale são muito ricas, o que contrasta com a pobreza dos moradores locais, que precisam ter dois ou três empregos para sobreviver. No entanto, a principal razão porque as pessoas querem se mudar para lá está associada à beleza da natureza do condado de Ravali, em Montana (Diamond, 2005, p.30). Com esta atração turística, a caça e a pesca deixaram de ser uma atividade de subsistência para se tornarem recreação para um turismo crescente, principalmente formado por aposentados que foram viver no vale. Em 1996, a fazenda Stock Farm foi vendida para uma rica imobiliária que desenvolveu o loteamento do condomínio Daly que veio a ser comprado por pessoas muito ricas que o procuravam para construir sua segunda, terceira ou quarta casa e que queriam pescar, caçar, andar a cavalo e jogar golf. Além disso, esses novos moradores faziam parte de uma associação cuja taxa de entrada era de US$ 125 mil, ou seja, cerca de sete vezes maior que a renda média dos habitantes do condado (Diamond, 2005, p.34).

Ao lotearem esse condomínio para turismo de montanha, os empreendedores imobiliários estimulavam a pesca e o desfrute da paisagem, porém interferiam nas atividades agrícolas locais, que deixaram de ser auto-sustentáveis, estagnando-as. O turismo gerado pela procura de outra atividade econômica para o local interferiu no comportamento da população do condado, isolando as áreas com cercas que coibiam a passagem, permitindo unicamente a entrada de membros do condomínio e seus convidados (Diamond, 2005). Paralelamente a isso, os problemas ambientais continuaram a se acentuar: lixos tóxicos, contaminação por fertilizantes e resíduos de metal tóxico em seus lagos (Diamond, 2005), e também salinização da água do solo e subsolo, decorrente, em geral, da derrubada da vegetação natural, associada à irrigação e aos sais solúveis presentes no solo como os sulfetos de sódio, cálcio e magnésio, componentes das rochas e dos solos (Diamond, 2005). Assim, quando chove, a água absorvida pela vegetação nativa e por suas raízes volta à atmosfera pela transpiração das folhas, deixando o solo seco. O fazendeiro, no entanto, precisa limpar (cortar) a vegetação nativa para depois plantar, deixando o solo descansar por um ano. Assim, não haverá mais raízes de plantas para receber a água da chuva. A água que se acumula no solo, abaixo da camada das raízes, dissolve os sais que afloram na zona das raízes quando o volume de água aumenta. Além disso, com a impermeabilidade das rochas, a água salgada gerada por esses tipos de solos não é por eles profundamente drenada, mas emerge como uma fonte salobra, que torna as colheitas cada vez mais pobres. Isso vem acontecendo em Montana desde 1940, como conseqüência das mudanças nas práticas agrícolas (Diamond, 2005).

Desse modo, esse novo uso do solo turístico impacta de modo negativo na sociedade local duplamente: em relação à renda pessoal e em relação ao aqüífero da região do vale, cujo volume decresce devido à seca, acentuando a falta de água. Antes, os lotes eram bem maiores e de um só morador (família), que não usaria a água simultaneamente em seus campos, a ponto de esgotá-la e ficar sem água. Porém, esses lotes foram subdivididos em aproximadamente 40 e não há água suficiente quando cada uma das 40 casas procura molhar suas plantações e jardins, esquecendo-se de que há outras 39 casas fazendo a mesma operação (Diamond, 2005). Ora, este é um impacto negativo cuja magnitude aumenta com os processos e direitos de irrigação e com a necessidade de deixar água no rio para os peixes e para turistas praticarem seus *raftings* (Diamond, 2005). Além disso, a explosão populacional no vale do Bitterroot significa mais pessoas para abastecer e mais águas servidas para cuidar. Menciona-se aqui, tanto a quantidade da água, como sua qualidade (Diamond, 2005). Esse é um exemplo em que se destaca a importância de considerar simultaneamente os vários aspectos dos impactos criados por distintos grupos de atividades humanas no território, estudando as conseqüências e procurando soluções.

Ainda que em outra escala, é bom conhecer os conflitos que vêm surgindo no interior do estado de São Paulo entre o turismo e a agricultura da cana-de-açúcar na Chapada Guarani, região de Brotas, situada 245 km a noroeste de São Paulo. Mostra Pichonelli (2007a) que essa é uma área típica de ecoturismo por possuir belezas naturais, trilhas, cachoeiras e promover *raftings* e bóia-cross que vem sendo "cercada" pelos canaviais, cultura esta altamente valorizada pela produção de álcool para combustí-

TURISMO, PROTEÇÃO AMBIENTAL E SUSTENTABILIDADE | **509**

vel. Esse avanço dos canaviais é, portanto, um sinal da efervescência do mercado em torno do álcool, pois passou a ser mais rentável para os fazendeiros cederem terrenos para as usinas que pagam em torno de R$ 2 mil por mês de aluguel (Pichonelli, 2007a). Segundo os ambientalistas, essa expansão dos canaviais ocasiona um desequilíbrio de fauna e flora: os animais, como lobo-guará e veados, estão sendo expulsos do cerrado; os peixes estão desaparecendo das nascentes e dos córregos; e há uma liminar na justiça pedindo a paralisação das queimadas controladas de cana na região (Pichonelli, 2007b).

Impacto em regiões metropolitanas

É possível, entretanto, que algumas antigas áreas industriais dos centros metropolitanos também possam ser usadas para atividades turísticas, sendo transformadas em parque temático, a exemplo do Parque Nacional de Lowell, Massachusetts (Nova Inglaterra), nos Estados Unidos. No século XIX, foi introduzida uma estrutura de produção têxtil que se iniciou em função da produção de energia hidrelétrica e de mão-de-obra feminina que vinha das fazendas da região. Os edifícios industriais foram reabilitados e completados com percursos de *trolleys* e de barcos nos canais que foram construídos para gerar energia e foram instalados vários museus em que se podem observar os tipos de produção industrial e transformações econômicas que então ocorreram. Constitui-se assim uma comunidade planejada ao redor do rio Merrimack e seu sistema de canais que proveram energia para as primeiras fábricas. Atualmente, esse local conta com eventos especiais que incluem o conhecido festival popular no rio, que atrai mais de 200 mil pessoas para a Nova Inglaterra por ano.[3]

Já no caso da área metropolitana de São Paulo há exemplos mais simples, como o do Moinho Santo Antônio, na Mooca, área central, que não teve o mesmo êxito. O Moinho foi construído por um imigrante italiano, Egidio Pinotti Gambá, que chegou no Brasil em 1882 e dedicou-se ao ramo industrial, fundando o Grande Moinho Gambá, de moagem de trigo, fabricação de óleos, sabão, refinaria de sal e açúcar, polimento de arroz e fabricação de tecidos, oferecendo emprego para cerca de 100 operários.

---

[3] Disponível em: http://www.lowellma.gov, acessado em 27 dez. 2007.

Contudo, terminada essa atividade, o moinho foi comprado por empresários do ramo de festas e tornou-se o conhecido Moinho Santo Antônio que, posteriormente, foi vendido para empresários que não eram do ramo e encerraram suas atividades. Embora hoje seja conhecido como Moinho de Eventos, tem futuro incerto, pois luta na justiça para poder manter a identidade cultural da Mooca.[4]

Sabe-se que cada ação corresponde a uma reação, entendendo-se, dessa forma, que outros tipos de turismo também podem trazer impactos positivos ou negativos com distintas gamas de interferência no ambiente, mesmo os tipos mais simples de turismo, como o litorâneo e o de montanha. Esses turismos acabam, muitas vezes, estimulando a estruturação de adensamentos urbanos sem a devida infra-estrutura de saneamento; permitem o trabalho de mão-de-obra não qualificada nas construções, sendo que essa população, que na grande maioria das vezes se instala em áreas públicas na forma de invasões, formando favelas, como em Campos do Jordão. Todavia, há outras condições similares de formação de ocupação irregular, como na Área de Proteção aos Mananciais da Região Metropolitana de São Paulo, que se tornou um foco de insustentabilidade, gerando, sobretudo, poluição da água e do solo, as quais podem ser acentuadas devido à proximidade de lagos, represas, mangues e outros tipos de solos mais frágeis. Não há dúvidas de que o poder público, prevendo o risco que os mananciais corriam com o adensamento urbano, procurou, já em 1975 e 1976, disciplinar o uso do solo para proteção dos mananciais, respectivamente com as Leis n.898/1975 e n.1.172/1976.[5] A primeira disciplina o uso do solo para a proteção dos mananciais, cursos e reservatórios de água e demais recursos hídricos de interesse da região metropolitana da grande São Paulo e dá providências correlatas. A segunda delimita as áreas de proteção relativas aos mananciais, cursos e reservatórios de água, e estabelece normas de restrição do uso do solo nessas áreas. Pode-se pensar que, criadas essas legislações, o controle da poluição das águas estaria resolvido, mas não foi o que ocorreu. O que houve foi um total descontrole por parte dos poderes públicos locais que não conseguiram disciplinar a população em termos de uso e ocupação do solo, a qual acabou invadindo as áreas marginais às represas e instalando uma verdadeira

---

[4]Disponível em: http://www.revistaonline.com.br, acessado em 27 dez. 2007.
[5]Disponível em: http://www.controleambiental.com.br, acessado em janeiro de 2008.

"fábrica de poluição" da água de abastecimento da metrópole. Atualmente, essa questão ainda é um problema de gestão pública, devido à ausência de tratamento dos esgotos na área dos mananciais. Em 1997, essa legislação de proteção aos mananciais foi estendida para todo o estado de São Paulo pela Lei n.9.866 de 1997. Esta reconhece as especificidades de cada região e suas bacias e introduz a gestão descentralizada, por comitês de bacias, incluindo nelas a participação da comunidade na gestão.[6] Sublinha-se, mais uma vez, que a população precisa ser participante dessas decisões de proteção ambiental, conforme a Constituição Federal e, posteriormente, ao Estatuto da Cidade.

Impacto, poluição e controle

Embora seja possível delimitar áreas urbanas de alto padrão de ocupação, atrativas para o turismo, não é possível construir uma barreira à poluição das águas, do solo e do ar que, invisível, pode alcançar toda área ocupada, seja por favelas, seja por edificações de alto padrão. Enfrentam-se, assim, poluições invisíveis, cujas conseqüências podem afetar todas as áreas de ocupação humana, pois são disseminadas por ventos e chuvas. Essas transformações de atividades em áreas urbanas, incluindo o turismo de negócios, são muito sensíveis porque envolvem concentrações humanas e os impactos podem ser sérios, colocando a população em perigo. Observa-se, então, que com as mudanças de atividades produtivas há, de certa forma, uma "exportação" dessa produção para outras localidades, levando à formação de novas áreas produtivas mais competitivas no mercado. Essa desconcentração industrial também levou consigo os costumes e os modos de produzir, sem muitas vezes incorporar processos de controle da poluição que geraram. Desse modo, o descomprometimento com a sustentabilidade cresce, ainda que se procure dinamizar as economias locais, buscando vários tipos de turismo, inclusive o ecoturismo, com suas "riquezas da natureza, além daquelas do turismo clássico de lazer, esporte e educação, envolvendo tanto atividades passivas como ativas" (Bruna, 2006a, p.461). Imbuído das riquezas naturais, o ecoturismo as utiliza como valor econô-

---

[6] Disponível em: http://www.fau.usp.br, acessado em janeiro de 2008, texto de Antonio Cláudio Moreira L. Moreira.

mico, adicionando bens e serviços culturais das populações locais. Nas áreas rurais, o ecoturismo relaciona-se com curiosidades ecológicas, abrangendo desde os recursos naturais como a pesca em açudes, o excursionismo, o agro-comércio e a cultura *country*, destacando a relação entre campo e cidade (Bruna, 2006a, p.466).

Dessa forma, podem-se valorizar os impactos positivos do turismo, principalmente a partir das experiências já vivenciadas que moldaram rotinas diferentes do cotidiano. Para este fim, as estratégias de planejamento tornam-se importantes: para criar marcos e imagens que atraiam o visitante e preparem-no para, conscientemente, tornar-se partícipe na observação da natureza ou na exploração do ambiente construído e sua história. Certamente, estratégias semelhantes acabam gerando no turista a vontade de voltar a apreciar aquilo de significativo que conheceu. É possível, assim, estimular os comportamentos proativos que levem a maior sustentabilidade ambiental.

Porém, não se pode esquecer que é importante saber lidar com os conflitos gerados pelos impactos negativos, seja a poluição, seja o desgaste dos recursos naturais não-renováveis, seja a valorização de determinados grupos sociais. Para tanto, é preciso contar com o diálogo entre o poder público e a população envolvida, os quais não podem ignorar que o bem público mais ameaçado talvez seja a água, que, se poluída pode afetar populações de extensas áreas e, se essa poluição for disseminada, córregos e o próprio lençol freático serão afetados, extinguindo provavelmente essa fonte de turismo. Não é possível deixar que essa ação poluidora silenciosa atue impunemente. É preciso buscar novas formas de enfrentar o problema antes que seja tarde demais. As comunidades locais precisam se conscientizar dos perigos advindos dos vários tipos de poluição e desrespeito ao meio ambiente; precisam acolher e comprometer-se com as regras de convivência (normas e legislações), ajudando o poder público a implementá-las, pois a promoção de respeito às normas e legislações talvez seja a melhor forma de proteção ambiental que se possa almejar.

Nesse sentido, pode-se observar o alerta da mídia para proteger a saúde pública, como uma notícia de 27 de dezembro de 2007, a qual dizia que é preciso adotar medidas que coíbam "o uso indiscriminado dos *brownfields* [...] [ao] permitir que grandes espaços sejam reintegrados à malha urbana, aproveitando a infra-estrutura instalada" (O Estado de São Paulo, 2007). De um modo geral, proibir a reutilização de uma área contaminada é uma medida bem aceita pela comunidade. No entanto, a questão é como saber que a área está contaminada e que atitude tomar nesse caso.

Perguntas como esta destacam que o planejamento urbano é indispensável e deve, certamente, envolver ações de saneamento: consultas aos registros de terrenos contaminados atualizados anualmente pela Companhia de Tecnologia de Saneamento Ambiental (Cetesb); zoneamento ambiental; e muito diálogo com a população. É preciso firmar um pacto com a comunidade a fim de buscar soluções aos problemas urbanísticos e ambientais. Só assim será possível identificar a área e o problema, cuidar deste e permitir a reintegração da área no tecido urbano, aproveitando a infra-estrutura existente. A sociedade precisa se livrar e se proteger de acidentes inesperados, como aquele trazido pela explosão de gás metano ocorrida em 2000, no subsolo do condomínio Visconde do Rio Branco, em Mauá (região metropolitana de São Paulo), construído sobre um antigo lixão industrial (*O Estado de São Paulo*, 2007).

Dos exemplos analisados acima pode-se concluir que algumas decisões precisam ser tomadas para afastar a formação de cenários perigosos, com riscos de acidentes e desastres tóxicos. De um lado, é preciso contar com a ação dos governos locais, de outro, é necessário fazer uma consulta prévia ao cadastro de áreas contaminadas de responsabilidade da Cetesb antes de solicitar alvará de construção, como sugerido no editorial de 27 de dezembro de 2007 (*O Estado de São Paulo*, 2007).

Para os outros estados que não contam com um cadastro de áreas contaminadas, há outras medidas legais que não podem ser esquecidas, como as Resoluções Federais que, a exemplo da Resolução do Conselho Nacional do Meio Ambiente (Conama) n.273 de 2000,[7] procuram controlar o uso indevido de áreas contaminadas. Essa resolução apresenta uma diretriz clara para que determinadas atividades sigam as normas da Associação Brasileira de Normas Técnicas (ABNT), para obter licença prévia, licença de instalação e licença de operação. Em seu art. 1º, a Resolução discrimina certas atividades, como localização, construção, instalação, modificação, ampliação e operação de postos revendedores, postos de abastecimento, instalações de sistemas retalhistas e postos flutuantes de combustíveis, afirmando que dependerão de prévio licenciamento do órgão ambiental competente; e, buscando prevenir o vazamento de com-

---

[7] Disponível em: http://www.ambiente.sp.gov.br. Acessado em janeiro de 2008.

bustível no solo e na água, proíbe a utilização de tanques recuperados em instalações subterrâneas.

Portanto, a sustentabilidade como uma medida de proteção ambiental pode ser definida, e tornar-se meta programada e projetada pelo plano diretor municipal e permitir assim a implementação de diretrizes de planejamento, inclusive também para o turismo. Logo, com essas medidas procura-se evitar a formação de cenários reais com depósitos de resíduos e acidentes tóxicos, entre outros, ao contar com o poder público para afastar os riscos de conflitos e desastres. Neste sentido, o Estatuto da Cidade, ao afirmar que a função social da cidade e da propriedade urbana é estabelecida pelo Plano Diretor de Município, enfatiza mais ainda a necessidade de planejamento. Entende-se assim, salvo melhor juízo, que o planejamento de áreas de turismo é peça importante, senão uma das principais, pela qual se pode reconhecer a função das propriedades envolvidas nessa atividade, essencialmente quando se tratar de áreas ambientalmente frágeis. Essa possibilidade de controle do impacto negativo das atividades turísticas passa a ser muito importante, pois procura novas formas de promover a sustentabilidade de áreas de turismo e, conseqüentemente, proteger a saúde pública e a qualidade de vida das comunidades.

SUSTENTABILIDADE E PROTEÇÃO AMBIENTAL

Com a descentralização propugnada pela Constituição Federal aprovada em 1988, os três níveis de governo (União; Estados e Distrito Federal; e Municípios) trabalham conjunta, complementar e concorrentemente, destacando-se a maior ênfase dada à competência local do município, que é o governo mais próximo da população para atender suas necessidades e reivindicações. Por isso o município precisa cuidar dos padrões de crescimento urbano, com respeito e harmonia com a natureza, o que envolve também os valores culturais das comunidades, cada qual preza a suas características locais e regionais, suas lendas, festas religiosas e folclore.

No caso das atividades turísticas, pergunta-se como atuar para que se acentuem os benefícios e a sensação de bem-estar criada por um desenvolvimento sustentável, mostrando oportunidades de melhorias para todos. Caso isso não ocorra, pode-se criar um pesadelo que se configura e vai:

se expandindo, crescendo; lugares maravilhosos estão sendo explorados racional-
mente para lazer, cultura, educação ambiental, [...]. Pode-se, entretanto, perguntar: *expandindo, crescendo* em benefício de quem? As comunidades, as
pessoas nesses lugares ou dos caminhos que conduzem a esses lugares foram
consultadas? Estão tendo a mesma sensação de que estão sendo beneficiadas
por essa expansão? Ou ao contrário, ficarão para elas *as sobras* do turismo?
Lixo, invasão da comunidade, fim do sossego, ameaça de destruição do patrimônio cultural, tradições... Enfim, desenvolvimento sustentável para quem?
Seria talvez para aqueles que estão à procura de um precioso emprego?
(Philippi Jr. e Bruna, 2004, p.667).

Enfim, como o poder público pode cuidar dessas "sobras" do turismo
e atender seus cidadãos, trazendo soluções para esses impactos negativos?
Alguns estudiosos como Mc Donough e Braungart (2002, p.45) dizem
que é importante

tornar os impactos menos devastadores [...], desde os estágios iniciais das
atividades produtivas, para prevenir doença e morte. Mas a voz de comando vem sendo: encontre uma proposta não tão ruim...

A longo prazo isso não é nada bom. Não se trata unicamente de falar do
potencial da humanidade para o bem e, por isso, ver como positivo até o crescimento da população, dizem McDonough e Braungart (2002). Ainda segundo os autores, Malthus, já em 1798, não tinha uma visão tão magnânima,
pois previa escuridão, escassez, pobreza e fome. No entanto, com a difusão da
indústria, começou-se a falar contra a sociedade urbana mecanicista que se
interessava unicamente em ganhar e gastar, enquanto os conservacionistas
queriam preservar a vida selvagem intocada pelo crescimento industrial.

Como converter esse sistema econômico estimulado por um crescimento mais sustentável, diminuindo o consumo per capita? Entendem alguns que é preciso haver uma mudança naquilo que se considera ser riqueza e progresso, outros comentam que o melhor modo de reduzir qualquer
impacto ambiental é "não mais reciclar, mas produzir e dispor menos"
(Mc Donough e Braungart, 2002, p.45-50).

Contudo, a especulação sobre como cuidar dos impactos ambientais
continua. Embora na conferência internacional da Eco 92, no Rio de Janeiro, ao responderem aos sinais problemáticos do declínio ambiental em
suas discussões, os países permitiram que emergisse dos participantes
industriais uma estratégia importante: a eco-eficiência, ou seja, era preci-

so fazer mais com menos e assim, portanto, reduzir o lixo e adotar novos padrões de produção. No entanto, a eficiência está relacionada ao ambiente sustentável, e é preciso observar que, se o controle da poluição não for intensificado, provavelmente a saúde humana e os ecossistemas ficarão seriamente danificados (Mc Donough e Braungart, 2002, p.51). Todavia, não é tão simples assim cuidar do meio ambiente. Por isso não se deve adotar aproximações superficiais que afetem o meio ambiente, sem entender totalmente que tal efeito pode não ser aceito como bom, ou mesmo pode não existir. Ainda segundo McDounough e Braungart (2002), nessas colocações há que se entender também a posição e a atuação do poder público e do empreendedor privado (mercado). Aquele é responsável pela proteção e preservação do bem público, e este cuida do dia-a-dia de troca de valor. Assim, haverá regulações que poderiam ser consideradas boas se o governo conseguir controlar a poluição, por exemplo, e podem ser ruins se atrapalharem o mercado. Algumas soluções não devem ser aceitas, como a proposta de diluição de emissões de poluição, só para alcançar um nível mais aceitável de acordo com os regulamentos. Esta seria uma solução ultrapassada e ineficaz. Precisa-se, nessa alternativa, avaliar tanto o projeto do produto, como o projeto do espaço urbano (incluindo o turismo), como possíveis causas da poluição (Mc Dounough e Braungart, 2002, p.59-61).

Desse modo, projetos como os acima sugeridos precisam:

> soltar pouco lixo tóxico no ar, solo e água, a cada ano; medir a prosperidade pelo menos ativo; aceitar a estipulação de milhares de regulamentações complexas para manter as pessoas e os sistemas naturais sem serem envenenados muito rapidamente; produzir poucos materiais que sejam tão perigosos que não requeiram gerações futuras para manter constante vigilância enquanto vivem no terror; resultar pequenas quantidades de lixo sem uso; colocar pequenas quantidades de materiais de valor em buracos em todo o planeta, de onde não possam nunca mais ser retirados. (Mc Donough e Braungart, 2002, p.62)

É preciso procurar as condições ideais de projeto e buscar, nas atuações do poder público e do poder privado (mercado), as soluções mais aceitáveis, procurando otimizar controle e estímulo, valorização de regras de convivência (normas) e satisfação de mercado, abrangendo proteção ambiental e qualidade de vida.

O que as políticas públicas (legislações) podem oferecer como forma de controle da poluição ambiental originada em áreas de turismo e como se pode aumentar a sustentabilidade? Em que áreas da cidade o turismo é a função social das propriedades lá localizadas?

Como a Constituição Federal contempla esta questão?

Buscando respostas a essas perguntas é que se passa a analisar os arts. 182 e 183 da Constituição Federal e o Estatuto da Cidade, como forma de entender as diretrizes do poder público para a política de desenvolvimento urbano.

A Carta Magna e os artigos 182 e 183

Em primeiro lugar é preciso saber o que rezam os arts. 182 e 183 de nossa Carta Magna. O art. 182 afirma que "a política de desenvolvimento urbano deve ser executada pelo poder público municipal, conforme diretrizes gerais fixadas em lei", enfatizando, assim, o poder local como o mais apto para atuar nas questões urbanas, reservando-lhe o "objetivo de ordenar o pleno desenvolvimento das funções sociais da cidade e garantir o bem-estar de seus habitantes". Para atingir essas condições sociais e de bem-estar precisa-se do art. 183, o qual institui o usucapião urbano, afirmando o direito do cidadão à habitação:

> aquele que possuir como sua área urbana de até duzentos e cinqüenta metros quadrados, por cinco anos, ininterruptamente e sem oposição, utilizando-a para sua moradia ou de sua família, adquirir-lhe-á o domínio, desde que não seja proprietário de outro imóvel urbano ou rural.

Sabe-se assim que cabe à entidade município cuidar da política de desenvolvimento urbano e que, para tanto, precisa ordenar o desenvolvimento das funções sociais da cidade, o que pressupõe ação de planejamento urbano ambiental. Sabe-se ainda que o cidadão tem direito à habitação.

Ainda, completando esse entendimento, observa-se que no caso do art. 182 da Constituição, o § 1º mostra que o Plano Diretor de Município é o instrumento que permite realizar essa política urbana, devendo, portanto, ser "aprovado pela Câmara Municipal"; mostra também que o

Plano Diretor é o "instrumento básico da política de desenvolvimento e de expansão urbana"; mostra ainda, no § 2º, que "a propriedade urbana cumpre sua função social quando atende às exigências fundamentais de ordenação da cidade expressas no plano diretor". O plano diretor, portanto, é o instrumento pelo qual se definem as áreas de uso predominante do solo, (inclusive o turismo). E, finalmente, mostra no § 4º que

> mediante lei específica para área incluída no plano diretor, a exigir, nos termos da lei federal, do proprietário do solo urbano não edificado, subutilizado ou não utilizado, que promova seu adequado aproveitamento, sob pena, sucessivamente, de: parcelamento ou edificação compulsórios; e imposto sobre a propriedade predial e territorial urbana progressivo no tempo; desapropriação com pagamento mediante títulos da dívida pública de emissão previamente aprovada pelo Senado Federal, com prazo de resgate de até dez anos, em parcelas anuais, iguais e sucessivas, assegurados o valor real da indenização e os juros legais.

Destaca-se assim, em primeiro lugar, a importância dada ao Plano Diretor, como um plano de compromisso entre o poder público local e os cidadãos, por meio do qual fica definida a função social da propriedade urbana, como um compromisso aprovado pela câmara municipal e que, por isso, precisa acolher e respeitar as decisões aprovadas, as quais se transformam em lei, estruturando o planejamento da cidade. Em segundo lugar, a conclusão principal dessas colocações é que, caso a propriedade urbana não cumpra sua função social definida no plano diretor, o governo local pode exigir, conforme a lei, o parcelamento, edificação ou utilização compulsórios. Vale perguntar, então, se propriedades em áreas de turismo cumprem sua função social. Ou, em outras palavras, se estão de acordo com o plano diretor, representando um pacto entre o poder público e a população. Concluindo, não é mais possível conceber uma propriedade que não atenda aos requisitos do plano diretor.

Também com o Estatuto da Cidade (2001) foram fixados possíveis caminhos para se cuidar das questões dos impactos das atividades humanas no território, destacando-se, mais uma vez, a importância do desenvolvimento das funções sociais da cidade e da propriedade urbana. Para garantir o bem-estar da população, o plano diretor do município deve apresentar metas.

Estatuto da cidade, plano diretor e meio ambiente

Entendendo o significado e a abrangência do Estatuto da Cidade, destaca-se que este:

> veio definir a função social da propriedade, o que é decidido pelo município em seu plano diretor, que procura estimular um crescimento econômico sustentável, ao estabelecer a necessidade de Avaliação do Impacto de Vizinhança de determinadas atividades. (Bruna, 2006b, p.463)

Ora, se todos os cidadãos têm o direito a cidades sustentáveis, portanto têm direito à terra urbana, à moradia, ao saneamento ambiental, à infra-estrutura, ao transporte e aos serviços públicos, ao trabalho e ao lazer. Como, então, enfrentar a vida nas concentrações urbanas, principalmente quando faltam serviços e infra-estruturas que lhes permitam auferir esse direito e há impacto ambiental danificando rios e represas, tornando-se uma ameaça à saúde pública?

Para atender a esses aspectos, o plano diretor não pode mais ser elaborado unicamente por técnicos em seus gabinetes; precisa contar com a participação da população em sua elaboração, para responder aos anseios da sociedade. As comunidades precisam entender as questões ambientais que devem enfrentar e imbuir-se da necessidade de acolher, manter e efetivar a aplicação das normas edilícias e ambientais. Agora, nos primórdios do século XXI, o plano diretor precisa ser quase um pacto estabelecido com a população, as legislações dele decorrentes poderiam ser implantadas paulatinamente, como parte desse pacto urbano-ambiental em execução.[8] Torna-se importante, então, reconhecer os usos do solo incompatíveis, e por isso inconvenientes, às áreas degradadas, áreas em que a poluição ambiental subtraiu as possibilidades de reocupação e restabelecimento de qualidade, bem como aquelas já instituídas como de proteção aos mananciais, preservação ambiental e do patrimônio histórico, artístico, cultural, paisagístico e arqueológico. Essas especificidades de uso e ocupação do solo são definidas no plano diretor, destacando-se como um bem

---

[8]Disponível em: http://www.cidades.gov.br, plano diretor participativo; acessado em novembro de 2007.

maior da coletividade; portanto, não se pode permitir invasões, vandalismos e outras ações, que de um modo ou de outro acabam minando essa riqueza patrimonial que valoriza a qualidade de vida.

Há assim uma característica humano-comportamental presente no plano diretor e nas legislações pertinentes; e esta é uma forma atual de proteger o bem público, embora o Estado seja, desde a antiguidade, o responsável pela coisa pública, como uma regra de conduta por ele imposta e ministrada. Desse modo, como afirma Milaré (2004), essas regras de conduta devem ser obedecidas pelos cidadãos, como um preceito ou norma de direito, porque regulam relações mútuas entre o ente público e a população. Nesse sentido, diz o autor, os ensinamentos de Aristóteles (384-322 a. C.) já mencionavam o cidadão justo, significando justiça nas decisões e na procura de corrigir as desigualdades sociais (Bruna, 2006b).

Dessas considerações destaca-se que os usos e os costumes relacionam-se com a qualidade de vida nas aglomerações urbanas, representando mesmo intenções morais e deveres de Estado e de consciência, que se tornam cada vez mais complexos com a dinâmica de inter-relacionamento globalizado. As leis, como não poderia deixar de ser, trazem inovações incorporadas pela sociedade com o passar do tempo, as quais acabam influenciando o comportamento humano em relação a seu ambiente construído; por essas características, as leis não podem deixar de serem vistas como esforços do poder público em prol da proteção ambiental, e interesses humanos coletivos.

Entretanto, além dessas legislações municipais relacionadas com o Estatuto da Cidade, o Plano Diretor, o Zoneamento Municipal (parcelamento, uso e ocupação do solo) e o próprio Código de Obras, não se pode esquecer que há usos e atividades cujo impacto extrapola o âmbito municipal, precisando ser tratado seja pelo Estado, seja pela União, conforme abranjam mais municípios ou municípios de diferentes estados, respectivamente. Esses casos, algumas vezes, tornam-se prioritários como preocupação social, porque também vêm sendo focalizados pelas convenções internacionais que despertam e formam uma nova mentalidade de responsabilidade pelo dano ambiental, envolvendo maior conscientização e preocupação com os esforços de recuperação das áreas poluídas e degradadas.

Nesse esforço global, o Brasil, já em sua Lei n. 6.938 de 1981, acolheu a importância do controle e da sustentabilidade ambiental ao instituir a Política Nacional do Meio Ambiente e o Sistema Nacional do Meio

Ambiente, com um Conselho Nacional do Meio Ambiente (Conama), e neste a participação de representantes da sociedade; acolheu-se assim o *princípio do poluidor-pagador*. Também, ao assinar a Declaração das Nações Unidas sobre o Meio Ambiente e a Declaração do Rio de 1992, o país imbuiu-se de maior responsabilidade ambiental e acolheu o *princípio da precaução*, que busca, antecipadamente, estimar:

> danos sérios ou irreversíveis, embora ainda não se tenha "absoluta certeza científica" destes danos e tal incerteza não possa ser utilizada como razão para postergar medidas eficazes e econômicas viáveis na prevenção ao dano e à degradação do meio ambiente. (Bruna, 2006b, p.43)

Nesse sentido, despendeu-se um grande esforço para manter a segurança e a sustentabilidade necessárias à população em sua qualidade de vida. Modificaram-se os princípios anteriores que só tratavam de impactos negativos conhecidos que atingiam as comunidades na forma de doenças e degradações ambientais. Certamente inova, pois em caso de certeza do dano, pelo princípio da prevenção, é preciso estar prevenido e, em caso de dúvida, também se deve prevenir, agora pelo princípio da precaução (Bruna, 2006b, p.43). Observa-se com isso que a sustentabilidade na prática é entendida como uma forma de proteger o meio ambiente, nele incluindo a saúde e a segurança da população.

No âmbito estadual, como parte do Sistema Nacional do Meio Ambiente, foi criado o Conselho Estadual do Meio Ambiente (Consema), que em decorrência da Resolução n.001/1986 do Conama solicita, para determinados tipos e portes de empreendimentos e atividades, o Estudo de Impacto Ambiental (EIA) e o Relatório de Impacto sobre o Meio Ambiente (Rima). Essa é uma outra forma de prevenir impactos ambientais negativos que podem ser relacionados com a utilização de grandes áreas para turismo, como quando se objetiva a instalação de Parques Temáticos, por exemplo.

Também, independentemente dos requisitos estaduais de EIA-Rima (art. 38), é importante lembrar que o Estatuto da Cidade, em seu art. 36 reza:

> lei municipal definirá os empreendimentos e atividades privados ou públicos em área urbana que dependerão de elaboração de estudo prévio de impacto de vizinhança (EIV) para obter as licenças ou autorizações de construção, ampliação ou funcionamento a cargo do Poder Público municipal.

Mais ainda, explicita que devem ser estudados tanto os efeitos positivos como os negativos, de modo a permitir aferir a qualidade de vida dos moradores das proximidades, incluindo, portanto, as seguintes questões: adensamento populacional; equipamentos urbanos e comunitários; uso e ocupação do solo; valorização imobiliária; geração de tráfego e demanda por transporte público; ventilação e iluminação; paisagem urbana e patrimônio natural e cultural. Pode-se dizer então que essa legislação prevê uma atuação concomitante dos poderes públicos envolvidos, de modo a garantir a segurança e qualidade ambiental da população.

Por sua vez, se o meio ambiente tornou-se um "produto" com determinadas vantagens, entre as quais, a econômica – por meio do turismo –, seus interesses certamente precisarão contar com estratégias de planejamento que apontem à comunidade como ingressar conscientemente em projetos turísticos: preservando a natureza e a sustentabilidade; monitorando a necessidade de controlar o turismo de massa; restringindo acessos por número de pessoas por grupo e tempo de visita; e permanência de visitantes na área.

Essas estratégias de planejamento devem ser explicitadas pelo plano diretor, o qual procura controlar o crescimento urbano alocando adequadamente as densidades e as atividades no território, de modo a evitar os efeitos negativos da superpopulação. Isso é tão importante nessa época em que a população urbaniza-se mundialmente, a altas taxas. As cidades brasileiras são obrigadas por lei a ter seu plano diretor, o qual

> é obrigatório para cidades: com mais de 20 mil habitantes; integrantes de regiões metropolitanas e aglomerações urbanas; onde o Poder Público municipal pretenda utilizar os instrumentos previstos no § 4º do art. 182 da Constituição Federal; integrantes de áreas de especial interesse turístico; inseridas na área de influência de empreendimentos ou atividades com significativo impacto ambiental de âmbito regional ou nacional. (art. 41 do Estatuto da Cidade)

Ainda no mesmo artigo (§ 2º do Inc. IV): "no caso de cidades com mais de quinhentos mil habitantes, deverá ser elaborado um plano de transporte urbano integrado, compatível com o plano diretor, ou nele inserido".

Para produzir um plano diretor que obtenha sucesso no desenvolvimento urbano do município, o Estatuto da Cidade relaciona vários instrumentos que permitem moldar o plano, de modo a prever e buscar solucionar os impactos ambientais. Pode-se pensar nesses cuidados também para "áreas de especial interesse turístico". Muitos desses cuidados foram pensados para evitar, entre outros, a urbanização de risco, que muitas vezes ocorre pela ocupação precária em mangues e alagados, encostas, várzeas e outras áreas ambientalmente frágeis; dessa forma, também foram pensados para preservar áreas com ocupação de risco; e no caso de atividades turísticas, foram pensados para se procurar manter a qualidade local, mesmo que permitindo visitas, ainda que seja preciso sujeitá-las a controle especial.

Patrimônio nacional e turismo

Para se manter a riqueza do patrimônio nacional ambiental, conta-se com cuidados especiais previstos na lei n.9.985 de 2000, a qual instituiu o Sistema Nacional de Unidades de Conservação da Natureza (Snuc), que "estabelece critérios e normas para a criação, implantação e gestão das unidades de conservação (art. 1º) e regulamentações, tanto para áreas urbanas como para áreas com características naturais relevantes, nestas incluindo as águas jurisdicionais" (art. 2º, Inc. I).

Nessa legislação, destacam-se duas categorias de Unidades de Conservação (UC), aquelas sujeitas à Proteção Integral, e aquelas chamadas de Uso Sustentável (art. 7º, lei n.9.985/00). As primeiras objetivam preservar a natureza admitindo fundamentalmente só o uso indireto de seus recursos. As segundas, o uso sustentável, admitindo compatibilizar a conservação da natureza com o uso sustentável de seus recursos naturais.

Na primeira categoria incluem-se as seguintes UCs: Estação Ecológica, Reserva Biológica, Parque Nacional, Monumento Natural; e Refúgio de Vida Silvestre (art. 8º). Nas UCs desse grupo a visitação pública é proibida, com algumas exceções, como na UC Parque Nacional, desde que sujeita a normas e restrições estabelecidas no respectivo Plano de Manejo. Ao se objetivar a proteção integral, não se permite nem visitas esporádicas de poucas pessoas, com exceção de grupos de pesquisa, seguindo os cuidados requeridos. Portanto, nessa categoria, as UCs não são tipicamente passíveis de serem usadas para o turismo.

Na segunda categoria incluem-se as seguintes UCs: Área de Proteção Ambiental; Área de Relevante Interesse Ecológico; Floresta Nacional;

Reserva Extrativista; Reserva de Fauna; Reserva de Desenvolvimento Sustentável; e Reserva Particular do Patrimônio Natural (art. 14). Nestas, há alguma possibilidade de visitação pública, de acordo com sua situação peculiar e com a compatibilidade com seus objetivos. Desse modo, há casos em que a visitação pública é possível desde que sujeita ao órgão gestor da UC, como observa-se na Área de Proteção Ambiental e na Reserva Extrativista. Há situações em que se permite a utilização restrita de propriedades privadas no bojo da UC, como na Área de Relevante Interesse Ecológico. Outras UCs contam e permitem a permanência das populações tradicionais que lá habitavam antes da criação da UC, como no caso da Floresta Nacional, em que a visitação pública também é permitida desde que compatível com o Plano de Manejo da UC; igualmente no caso da Reserva de Desenvolvimento Sustentável e da Reserva Particular do Patrimônio Natural, em que também a pesquisa é permitida e mesmo incentivada. Entretanto, na UC Reserva de Fauna, a visitação pública só é permitida se for compatível com o Plano de Manejo da UC.

Destaca-se assim que, na Reserva Particular do Patrimônio Natural, a visitação só será permitida para fins turísticos, recreativos e educacionais e, ainda, conforme estipular seu regulamento; também o turismo pode ser programado nesse tipo de UC, desde que sujeito a controle especial, a fim de que seja possível manter e conservar a área, sem descaracterizá-la.

Como se observa, a legislação procura estimular a visitação pública, a qual pode ser associada a algum tipo de turismo; entretanto, este só é permitido em determinadas UCs, na medida em que o interesse maior é assegurar a manutenção dos ecossistemas, sem as eventuais alterações produzidas pela interferência humana. Sublinha-se que é a capacidade de suporte da UC que está em foco e a lei n.9.985/00 estabelece como limite a este próprio suporte o resultado da compatibilidade com a visitação, recreação, lazer e mesmo com o ecoturismo, como no caso do Parque Nacional dos Abrolhos e de Fernando de Noronha (Bruna, 2006b, p.466).

CONSIDERAÇÕES FINAIS

O plano diretor do município e o zoneamento ambiental são instrumentos que permitem dimensionar as possibilidades de sustentabilidade ambiental e estão relacionados com a gestão pública associada à participação das comunidades locais que tomam ciência dos eventuais impactos que interferem nas decisões sobre seu ambiente. Desse modo, o plano diretor, atualmente, torna-se um instrumento de intervenção imediata; para isso, as normas urbanísticas necessárias poderiam ser adotadas em etapas sucessivas, ajustando-se às situações locais conforme as ações sejam mais ou menos prementes, de acordo com a dinâmica de sua realidade.

No âmbito dessas colocações, é preciso se preocupar com a urbanização das áreas de risco ocupadas por invasões; para tanto, os projetos deveriam procurar compatibilizar a situação local com as oportunidades de trabalho daquela população nas proximidades, em vez de afastá-la de seu ganha-pão. Procurando soluções com esse cuidado, alguns municípios vêm desenvolvendo seus planos diretores e neles vêm especificando planos de bairros, a exemplo do município de Itapecerica da Serra, na Região Metropolitana de São Paulo, que vem implementando o Plano Diretor de Bairro do Jardim Branca Flor, regulamentado pela lei n.1272 de 2001 (Carnicelli, 2007, p.163).

Nesse caso, a Unidade Territorial de Planejamento do Jardim Branca Flor é composta pelo Jardim Branca Flor e pelo Jardim Recreio Campestre, as quais talvez sejam as áreas mais pobres e carentes do município. Na elaboração desse plano diretor de bairro, a população interessada foi ouvida e participou intensamente, passando mesmo por um processo de elaboração de sua Agenda 21, tornando-se este o único bairro com uma Agenda 21. Segundo os moradores era preciso retirar a favela da beira do rio Embu-Mirim para que o bairro pudesse ter um desenvolvimento sustentável. Paralelamente a esse processo de planejamento da Agenda 21, ocorreu a elaboração e a implantação de um Projeto de Recuperação Ambiental e Remanejamento de Ocupações Irregulares, conhecido como Projeto Cerro Largo-Jardim Branca Flor-Habitar BID (Carnicelli, 2007).

Segundo o projeto, implantou-se então a nova área habitacional longe do rio, onde a favela-invasão situava-se, conseguindo assim, melhorar a contaminação da água por esgotos e lixo e recompor a mata ciliar, como parte do projeto. Nesse exemplo, que pode ser considerado um marco no planejamento urbano ambiental, a população pôde participar na procura de solução dos problemas ambientais de sua comunidade, colaborando com o poder público. Nesse processo de participação, algumas pessoas desenvolveram a capacidade de liderança, de modo que, ainda hoje, acompanham junto dos técnicos da prefeitura municipal as fases seguintes de implantação e consolidação do projeto.

GESTÃO AMBIENTAL E SUSTENTABILIDADE NO TURISMO

Destaca-se, no exemplo anterior, a importância de controlar os perigos à saúde pública, decorrentes de uma ocupação territorial indevida em área ambientalmente frágil. Recuperou-se uma área ambientalmente degradada e remanejou-se a população para uma nova área habitacional. Com isso, talvez, esse exemplo possa ser considerado um paradigma para áreas turísticas que em seu desenvolvimento atraíram "invasões" em suas proximidades, com um grande número de operários sem qualificação, mas que eram necessários no trabalho da construção civil e outros serviços que acompanham o *boom* do turismo, como hotéis, comércios e serviços locais e residências particulares.

Outros instrumentos que também permitem dimensionar possibilidades para o turismo são encontrados no Estatuto da Cidade. O Direito de Preempção, por exemplo, foi previsto para que o poder público pudesse "adquirir área urbana" por motivos, entre outros, de criação de espaços públicos de lazer e áreas verdes; também para a criação de unidades de conservação ou proteção de áreas de interesse ambiental; ainda, com a intenção de proteger áreas de interesse histórico, cultural ou paisagístico. O perímetro dessa área de interesse para o direito de preempção precisa ser delimitado no plano diretor e também ser alvo de legislação específica, ou seja, precisa ser discutido e acordado com a população e aprovado pela câmara municipal. Por meio desse instrumento o poder público municipal tem "a preferência para aquisição de imóvel urbano objeto de alienação onerosa entre particulares" (art. 25). O poder público pode, eventualmente, comprar terras sem o ônus de seu encarecimento pelos mecanismos de mercado ao instituir o procedimento específico, de modo a comprar, por exemplo, pelo preço baseado no Imposto Predial e Territorial Urbano (IPTU), ou pelo valor da proposta apresentada, se inferior àquele, conforme o art. 27 (Estatuto da Cidade, 2001).[9]

Nesse sentido, o Direito de Preempção (art. 26) pode ser exercido pelo poder público quando este necessitar de:

> áreas para: regularização fundiária; execução de programas e projetos de habitação de interesse social; constituição de reserva fundiária; ordenamento e

---

[9] Estatuto da Cidade. Lei n.10.257 de 10 de julho de 2001: art. 27 – sobre o Direito de Preempção: resumo do procedimento: o proprietário notifica sua intenção de alienar, juntando a proposta de compra do interessado com as condições de preço, pagamento e validade, e espera 30 dias para que o município se manifeste; o município publica em órgão oficial edital de aviso de notificação recebida; se naquele prazo o município não se manifestar o

TURISMO, PROTEÇÃO AMBIENTAL E SUSTENTABILIDADE | 527

direcionamento da expansão urbana; implantação de equipamentos urbanos e comunitários; criação de espaços públicos de lazer e áreas verdes; criação de unidades de conservação ou proteção de outras áreas de interesse ambiental; proteção de interesse histórico, cultural e paisagístico. (Estatuto da Cidade, 2001, art. 26)

Logo, destaca-se que em compatibilidade com o plano diretor é possível estudar a utilização dessas áreas para interesse ambiental de alguma modalidade de turismo que for importante para o planejamento urbano. Com essa finalidade, instrumento semelhante foi utilizado em alguns casos no estrangeiro, justamente quando o poder público queria impedir maior adensamento urbano, ou mesmo proporcionar um parque turístico à comunidade (Bruna, 2002).

Outro instrumento do Estatuto da Cidade que também permite estudar a possibilidade de sustentabilidade ambiental, por meio de um projeto específico, é a Operação Urbana Consorciada (art. 32), que trata de um

conjunto de intervenções e medidas coordenadas pelo Poder Público municipal, com a participação dos proprietários, moradores, usuários permanentes e investidores privados, com o objetivo de alcançar em uma área transformações urbanísticas estruturais, melhorias sociais e valorização ambiental.

Igualmente, essa operação precisa ser incluída no plano diretor e também contar com legislação específica, trazendo as definições do programa para ocupar a área em questão, com as modificações propostas nos índices e características da lei de parcelamento, uso e ocupação do solo e subsolo e alterações das normas edilícias. Esse projeto deve prever, ainda, a contrapartida a ser exigida dos proprietários, usuários permanentes e investidores privados, conforme programa de atendimento econômico e social para a população afetada, e estudo prévio de impacto de vizinhança (Estatuto da Cidade, 2001, art. 32).

---

proprietário fica autorizado a alienar para terceiros naquelas condições já apresentadas; concretizada a venda a terceiro, o proprietário é obrigado a apresentar ao município em 30 dias, cópia do instrumento público de alienação do imóvel; se a alienação for processada em condições diversas da proposta apresentada, ela é nula de pleno direito; e o município poderá adquirir o imóvel pelo valor da base de cálculo do IPTU ou pelo valor indicado na proposta apresentada, se este for inferior àquele. Há, portanto, um certo controle do valor de venda do imóvel.

GESTÃO AMBIENTAL E SUSTENTABILIDADE NO TURISMO

Como este instrumento (Operação Urbana Consorciada) é implantado por meio de um projeto, pode ser utilizado, por exemplo, para a recuperação de áreas degradadas e remediação de passivos ambientais. Por sua vez, também os instrumentos urbanísticos a serem propostos neste projeto poderiam incentivar, entre outros, a formação de áreas turísticas (turismo de negócios) associadas à concentração de firmas em área urbana; e melhorar os padrões urbanos e ambientais de bairros.

Finalmente, observa-se que para alavancar a qualidade do meio ambiente e promover a "indústria" do turismo, as legislações urbanísticas e ambientais abriram um leque de opções; todas elas, porém, estabeleceram condições de compatibilidade dos empreendimentos com a sustentabilidade, no caso do turismo, de estimular o ócio criativo com resultados significativamente inovadores.

Nesse sentido, os municípios podem participar do planejamento proposto pelos programas da Embratur de estímulo ao turismo, procurando assim maior visibilidade no mercado com aumento do fluxo de visitantes e destacando-se regionalmente. O turismo assistido pelo poder público pode ser um importante fator de desenvolvimento.

REFERÊNCIAS

BARBOSA, A.S. **Espaço urbano e turismo: o caso de Campos do Jordão, SP.** 2006. Dissertação (Mestrado). Faculdade de Arquitetura e Urbanismo, Universidade Presbiteriana Mackenzie.

BRUNA, G.C. Meio ambiente urbano e proteção ambiental. In: PHILIPPI JR., A.; ALVES, A.C.; ROMÉRO, M.A. et al. (Eds.). **Meio ambiente, direito e cidadania.** São Paulo: Universidade de São Paulo. Faculdade de Saúde Pública, Faculdade de Direito, Faculdade de Arquitetura e Urbanismo, Núcleo de Informações em Saúde Ambiental: Signus, 2002; p.25-33.

_____. Água e ecoturismo. In: REBOUÇAS, A.C.; BRAGA, B.; TUNDISI, J.G. (Organização e Coordenação Científica). **Águas doces no Brasil. Capital ecológico, uso e conservação.** 3.ed. revisada e ampliada, São Paulo: Escrituras, 2006a.

_____. Legislação e proteção aambiental. In: GUERRA, A. (Org.). **Iniciativa Solvin 2006: arquitetura sustentável.** São Paulo: Romano-Guerra, 2006b; p.35-47.

BRUNA, G.A. et al. **Estruturação urbana e arranjos produtivos locais: identificação e análise das relações entre processos sociais, efeitos espaciais e políticas urbanas, através de estudo dos casos das cidades de Franca e Limeira no Estado de São**

TURISMO, PROTEÇÃO AMBIENTAL E SUSTENTABILIDADE | **529**

Paulo, 2006. Pesquisa desenvolvida junto à Universidade Presbiteriana Mackenzie de 2005 a 2006, com auxílio financeiro do Mackpesquisa – Fundo Mackenzie de Pesquisa. Pesquisadores professores: Gilda Collet Bruna (líder); Angélica A Tanus Benatti Alvim; Roberto Righi; Luiz Guilherme Rivera de Castro; Volia Regina Kato; mestranda: Wendie Piccinini Requena; pesquisadoras voluntárias: Paula Raquel da Rocha Jorge Vendramini e Juliana Di Cesare Marques; aluna de graduação: Juliana Dalbello.

CARLOS, A.F.A. **Turismo: espaço, paisagem e cultura.** São Paulo: Hucitec, 1999.

CARNICELLI, J.G. **Itapecerica da Serra: a integração da política urbana à gestão da sub-bacia Guarapiranga.** O caso do Jardim Branca Flor. São Paulo, 2007. Dissertação (Mestrado). Universidade Presbiteriana Mackenzie; p.B7.

DIAMOND, J. **Collapse. How Societies Choose To Fail Or Succeed.** Londres: Viking Penguin, 2005.

ESTATUTO DA CIDADE. Lei Federal 10.257 de 10 de julho de 2001.

FAINSTEIN, S.S.; JUDD, D. Global forces, local strategies, and urban turism. In: JUDD, Dennis R.; FAINSTEIN, S.S. (Eds). **The tourist city.** New Haven: Yale University Press, 1999, p.1-17.

HARVEY, D. **A condição pós-moderna: uma pesquisa sobre as origens da mudança cultural.** São Paulo: Loyola, 2001.

_____. **A produção capitalista do espaço.** São Paulo: Annablume, 2005.

MC DONOUGH, W.; BRAUNGART, M. **Cradle to cradle. Remaking the way we make things.** Nova York: North Point Press, 2002, p.45.

MILARÉ, É. **Direito do ambiente. Doutrina – Jurisprudência – Glossário.** São Paulo: Revista dos Tribunais, 2004.

[MMA] MINISTÉRIO DO MEIO AMBIENTE. Disponível em: http://www.mma.gov.br. Acessado em: janeiro de 2008.

O ESTADO DE SÃO PAULO. A Contaminação do Solo, 27/12/2007, p.A3.

PARKER, R.E. **Las Vegas casino gambling and local culture.** In: JUDD, D.R.; FAINSTEIN, S.S. (Eds.) **The tourist city.** New Haven: Yale University Press, 1999; p.107-123.

PHILIPPI JR., A.; BRUNA, G.C. Política e gestão ambiental. In: PHILIPPI JR., A.; ROMÉRO, M. de A.; BRUNA, G.C. (Eds.). **Curso de gestão ambiental.** Barueri: Manole, 2004; p.657-711.

PICHONELLI, M. (Da Agência em Brotas). Pontos turísticos ficam rodeados por plantações de cana-de-açúcar na Chapada Guarani; invasão preocupa setor no interior do estado. São Paulo: **Folha de S. Paulo,** domingo, 30 de dezembro de 2007a, p. B7.

_____. Ambientalistas afirmam que uso desgasta o solo. São Paulo: **Folha de S Paulo**, domingo, 30 de dezembro de 2007b.

YAZIGI, E. **Turismo e paisagem**. São Paulo: Contexto, 2002.

PARTE III

Gestão Ambiental em Organizações Turísticas

Capítulo 23
Gestão ambiental de empreendimentos turísticos
Lindemberg Medeiros de Araujo

Capítulo 24
Canais de distribuição em turismo & hotelaria:
mudanças e perspectivas
Éverton Luís Pellizzaro de Lorenzi Cancelier, Maria Cassiana Borin Sanche

Capítulo 25
Redes de empresas e instituições de suporte
ao turismo: teoria e prática
Valmir Emil Hoffmann, Carolina Braghirolli, Lucila Maria de Souza Campos

Capítulo 26
Atores e práticas de sustentabilidade ambiental em
empreendimentos hoteleiros
Elenara Viera de Viera, Valmir Emil Hoffmann

Capítulo 27
Infra-estrutura básica como fundamento
do turismo sustentável
Lineu Belico dos Reis

Capítulo 28
Redução do consumo de energia em
empreendimentos hoteleiros
Marcelo de Andrade Roméro

Capítulo 29
Conforto ambiental na hospedagem
da terceira idade
*Carlos Alberto Barbosa de Souza, Silvia Regina Morel
Corrêa*

Capítulo 30
Eventos como estratégia para o desenvolvimento
de organizações turísticas
Savanna da Rosa Ramos, Anete Alberton

Capítulo 31
Dimensionamento de eventos turísticos e
sustentabilidade
Flavia Mastrobuono

Capítulo 32
Gestão ambiental e responsabilidade social
em eventos
Carolina Piccin Silberberg, Daniella Mac Dowell

Capítulo 33
Responsabilidade social em organizações turísticas
Maria José Barbosa de Souza, Elaine Ferreira

Gestão Ambiental de Empreendimentos Turísticos | **23**

Lindemberg Medeiros de Araujo
Geógrafo, Ufal

O conhecimento das informações ou dos dados isolados é insuficiente. É preciso situar as informações e os dados em seu contexto para que adquiram sentido.
(Morin, 2000)

INTRODUÇÃO

O turismo se tornou a principal atividade de lazer contemporânea, empregando 160 milhões de pessoas em todo o mundo, gerando receitas anuais de US$ 700 bilhões (Claver-Cortés et al., 2007). Em escala mundial, a despeito de atentados terroristas, desastres naturais, aumento no preço do petróleo, flutuações na taxa de câmbio e incertezas políticas e econômicas, o número de desembarques internacionais excedeu a marca de 800 milhões, constituindo um recorde histórico (WTO, 2007).

No Brasil, apesar de ter havido uma redução relativa no número de desembarques internacionais no ano de 2006, em um período de quatro anos a demanda turística internacional do país cresceu de 3,8 milhões de visitantes estrangeiros, em 2002, para 5,1 milhões em 2006 (Mendes, 2007). As ações atuais do governo brasileiro para o turismo são bastante ambiciosas, com políticas voltadas para a captação de turistas nos mercados emissores externos, ao mesmo tempo em que se desenvolvem internamente programas direcionados a uma melhor estruturação da atividade.

A rapidez com que as atividades turísticas se desenvolvem, principalmente em países subdesenvolvidos emergentes, como é o caso do Brasil, freqüentemente provoca profundas alterações nas destinações em um período tão curto que é quase impossível acompanhar o curso das mudanças. É particularmente com base na capacidade que o turismo tem de gerar impactos diretos e indiretos na economia que os poderes públicos municipal, estadual e federal no Brasil têm investido no turismo. As atividades turísticas são vistas como uma alternativa de desenvolvimento ante as atividades tradicionais, como é o caso da indústria, da mineração e da agricultura, e também como uma estratégia de desenvolvimento. Entretanto, é importante registrar que a adoção do turismo como uma estratégia de desenvolvimento exige políticas específicas de planejamento e de ordenamento da atividade, que variam da escala local à global. Embora, os destinos turísticos estejam localizados em áreas particulares, o mercado potencial de captação de turistas é muito vasto e envolve grande parte dos países do mundo.

Por isso, é importante que a gestão ambiental dos empreendimentos turísticos envolva escalas espaciais que extrapolem a escala pontual ou local. Nesse sentido, é importante que os empreendimentos turísticos se adaptem ao contexto biofísico do lugar e à estrutura econômica e sociocultural que dá vida às comunidades receptoras e que se estendem a diversas escalas. A gestão ambiental não deve se limitar a se preocupar com os condicionantes físicos e ecológicos dos lugares afetados, evitando impactos inaceitáveis, mas deve ser estendida também para todas as dimensões que, de forma direta ou indireta, podem influenciar a qualidade ambiental das destinações.

Nesse ponto, é necessário lembrar que os empreendimentos turísticos incluem uma grande variedade de ações de desenvolvimento que incidem sobre os meios de hospedagem, variando de uma simples pousada a complexos hoteleiros sofisticados, vias de acesso e de circulação, rodovias intermunicipais e interestaduais, centros de recreação e de informação, parques temáticos, marinas, bares e restaurantes, eventos e festivais, compondo uma extensa rede de ações do poder público, da iniciativa privada e das comunidades hospedeiras, para atender às necessidades de uma demanda turística cada vez mais exigente.

Um dos aspectos mais relevantes por trás das viagens turísticas é a alteridade. Além da curiosidade natural do ser humano, que desde tempos imemoriais o impulsiona a sair em busca de novos lugares, a revalorização da natureza, decorrente do surgimento da questão ambiental, deu visibilidade a áreas preservadas do planeta, que passaram a atrair os fluxos turísticos. A busca pelo diferente, associada ao patrimônio natural e cultural, tem encorajado investimentos maciços, com o objetivo de incluir os lugares portadores de fatores de atratividade no mercado turístico. Como conseqüência desse fenômeno, tem havido uma pressão intensa sobre o meio ambiente nas comunidades receptoras.

Por isso, áreas naturais antes marginais ao sistema produtivo dominante passaram gradualmente a ser incluídas, com maior ou menor intensidade, nas rotas dos fluxos turísticos. Comunidades tradicionais detentoras de rico patrimônio cultural, não raro pouco alterado ao longo de décadas, começaram a passar por rápido processo de transformação cultural, decorrente da sua exposição e relação com o fluxo de turistas procedentes de vários países, caracterizando situações de ganhos econômicos, mas também de perdas socioculturais e impactos ambientais, que precisam ser levados em consideração quando se decide investir no desenvolvimento do turismo em qualquer lugar. Afinal, o investimento no turismo como alternativa e estratégia de desenvolvimento só deveria ser proposto se houvesse fortes indicadores de que as comunidades receptoras seriam beneficiadas. Como argumenta Yázigi (1999), o turismo só é bom quando é também o é para a comunidade receptora. É principalmente nesse ponto que a gestão ambiental dos empreendimentos turísticos ganha importância.

Em geral, o modelo predominante de produção dos territórios turísticos tem se caracterizado pela rapidez com que a infra-estrutura e os equipamentos turísticos são implantados, como pode ser atestado com base nos resultados alcançados pelo Programa de Desenvolvimento do Turismo no Nordeste (Prodetur/NE). Esse programa dotou de infra-estrutura básica vários trechos do litoral nordestino, o que gerou um aumento nos investimentos em empreendimentos voltados para o setor turístico, como *resorts*, hotéis, rodovias e a reforma de aeroportos. Em situações como essa, as mudanças ambientais desencadeadas podem gerar alterações profundas nos sistemas ecológicos que dão sustentação aos ambientes naturais, assim como às paisagens e comunidades que compõem as destinações turísticas (Hall e Page, 1999).

GESTÃO AMBIENTAL E SUSTENTABILIDADE NO TURISMO

Este capítulo tem como objetivo discutir o uso das parcerias como um importante instrumento de gestão ambiental dos empreendimentos turísticos. Enfatiza que a gestão ambiental pode ser estendida para o lugar ou até mesmo para a totalidade da destinação na qual um determinado empreendimento turístico é inserido. A abordagem teórico-conceitual utilizada combina o modelo do ciclo de vida das áreas turísticas (Butler, 1980) com a noção de ciclo de vida das parcerias (Long e Arnold, 1995), na perspectiva da gestão ambiental, tendo como referência a Política Nacional de Meio Ambiente (PNMA) do Brasil.

EMPREENDIMENTOS TURÍSTICOS E O MEIO AMBIENTE

O turismo é uma indústria complexa, constituída por uma grande variedade de atividades ligadas aos setores de atrativos, transportes, serviços, promoção e informação (Gunn, 1994; Rejowski, 1996). É complexa no sentido de "que foi tecido junto", como diz Morin (2000, p.38) ao se referir ao sentido etimológico do termo "complexo". Em outras palavras, além de incluir suas atividades intrínsecas, ligadas aos setores mencionados anteriormente, o turismo envolve também ambientes físico, biológico, cultural, econômico, social e político, os quais, em última instância, compõem o contexto das destinações turísticas. Nesse sentido, Yázigi (1999) nos lembra de que não há como discutir o turismo sem levar em consideração o contexto no qual ele se desenvolve, ou seja, o turismo não ocorre no vácuo, mas em um determinado contexto histórico. Assim, mudanças causadas em qualquer componente do sistema turístico podem desencadear impactos em vários pontos do sistema.

Para que possa desempenhar o papel que se espera do turismo – gerar emprego, ocupação, renda e oportunidades para novos investimentos – e ao mesmo tempo não causar impactos ambientais inaceitáveis, os empreendimentos turísticos precisam ser inseridos com cautela no ambiente local. Por sua vez, o contexto local precisa ser gerido de tal forma que o funcionamento dos seus elementos constituintes não entre em conflito com a lógica de funcionamento dos empreendimentos turísticos. Assim, é importante que a gestão ambiental vá além do empreendimento turístico específico, sob pena de negligenciar limites e potenciais do seu entorno que podem ser relevantes para o bom funcionamento do empreendimento, da atividade turística e da destinação como um todo. Além disso, é importante que o planejamento da atividade inclua os *stakeholders*[1] afetados pelo turismo, quer estejam localizados na própria comunidade receptora, quer estejam situados a dezenas de quilômetros do lugar de implantação dos empreendimentos. Se as ações têm implicações para o meio ambiente na escala local, esses *stakeholders* que não são necessariamente residentes da comunidade também precisam ser envolvidos no processo de gestão ambiental dos empreendimentos em questão.

O envolvimento dos vários atores cujas ações são capazes de repercutir potencialmente no meio ambiente e no contexto local, além de contribuir para buscar um estilo de desenvolvimento que cause menos impactos ambientais, pode se beneficiar da inclusão de valores e conhecimento sobre a comunidade que só a participação dos interessados pode mobilizar. Uma das vantagens da participação é a incorporação de benefícios ao produto turístico que não poderiam ser alcançados com abordagens tradicionais. Assim, as parcerias podem desempenhar um papel importante não apenas na gestão ambiental dos empreendimentos, mas também como um catalisador de benefícios para a comunidade, gerando melhoras para o meio ambiente e na auto-estima dos envolvidos, com implicações positivas na criação de vantagens competitivas para o lugar.

A busca por um modelo alternativo de gestão ambiental dos empreendimentos turísticos não decorre unicamente do fato de certos tipos de impactos terem se tornado inaceitáveis. O ambiente contextual dos lugares turísticos tem se tornado cada vez mais portador de conflitos, cuja solução exige que se atue com base nas interdependências entre os *stakeholders* presentes nesses lugares. Os exemplos de situações desse tipo que se beneficiariam do trabalho das parcerias são inúmeros. A seguir, são apresentados dois casos como exemplo.

As soluções que estão emergindo para os problemas socioambientais enfrentados pela Vila de Picinguaba, em Ubatuba, litoral norte de São Paulo,

---

[1] Segundo Gray (1989, p.5), "*stakeholders* são todos os indivíduos, grupos ou organizações que são afetados por ações que outros *stakeholders* adotam para resolver um determinado problema", em relação ao qual eles são interdependentes.

GESTÃO AMBIENTAL E SUSTENTABILIDADE NO TURISMO

são bem ilustrativas do papel que as parcerias podem desempenhar na gestão ambiental. Martins (2007, p.32) caracteriza o problema:

> as casas da orla são rústicas e há poucos quiosques à beira-mar. Um olhar mais atento sobre o entorno revela alguns sinais de modernidade: uma fila de carros estacionados na rua de terra batida e espaçosas residências de veraneio sobre o morro – igualmente rústicas, como convém ao estilo *radical chic* dos proprietários. Eis o cenário de uma conflituosa relação entre caiçaras, turistas e ambientalistas, num refúgio da Mata Atlântica, que hoje ocupa 7,6% do território original.

Trata-se de uma área localizada no interior do Parque Estadual da Serra do Mar, que é um tipo de unidade de conservação que, segundo determinações do Sistema Nacional de Unidades de Conservação (Snuc), é de proteção integral. Nessa condição legal, não é permitida a ocupação humana direta no seu interior. Entretanto, além dos nativos que existiam na área quando o parque foi criado, hoje a Vila de Picinguaba tem aproximadamente 130 edificações pertencentes a veranistas. Se, por um lado, há conflitos entre o que determina a lei e a ocupação humana, por outro, a economia da região depende de forma crescente da renda gerada pelo turismo. Por essa razão, os nativos são contra a expulsão dos veranistas da vila.

Nesse caso específico, as soluções que estão emergindo para o problema encontram-se enraizadas nos próprios conflitos que unem os *stakeholders* em questão. Com base na necessidade reconhecida de proteger a cultura caiçara, os gestores do parque criaram uma zona especial no local para abrigar a população nativa. Além disso, Martins (2007, p.33) arremata: "A vila deve permanecer como uma área de proteção ambiental, mas *a gestão passaria a ser compartilhada entre a prefeitura, os gestores ambientais e a comunidade*" (grifo do autor). Na prática, há uma relação de interdependência entre esses três grupos de *stakeholders*, de tal forma que, agindo de forma isolada, nenhum deles tem a capacidade de resolver o problema sem criar outros para os demais *stakeholders* envolvidos. Em situações como essa, o trabalho compartilhado apresenta grandes possibilidades de alcançar soluções que sejam do interesse de todos os envolvidos.

Outro caso descrito na literatura é o da Ilha de Bonaire, localizada próximo a Aruba, mais ou menos a 80 km da costa da Venezuela. O número crescente de visitantes nessa ilha, procedentes principalmente dos Estados

GESTÃO AMBIENTAL DE EMPREENDIMENTOS TURÍSTICOS | **539**

Unidos e da Europa em busca dos serviços de mergulho ao longo do extenso sistema de recifes de corais que circunda a ilha, criou uma situação de crise ambiental na área (Parker, 2000).

À medida que o número de visitantes crescia, juntamente com a infra-estrutura e os empreendimentos turísticos, mais os problemas ambientais que causavam impactos aos recifes de corais aumentavam. Os principais fatores de poluição eram o lançamento de esgoto sem tratamento no mar, a expansão dos empreendimentos turísticos, o excesso de mergulhadores, a presença de mergulhadores sem treinamento, a poluição causada por barcos e a pesca sem controle.

Por causa dessas condições, instalaram-se sérios conflitos interorganizacionais. Por um lado, havia pressão crescente por parte das empresas aéreas, dos donos de hotéis e de alguns setores do governo local, para autorizar a expansão do turismo na ilha. Por outro, organizações não-governamentais locais, juntamente com outras de âmbito internacional e setores do governo responsáveis pela gestão ambiental, pressionavam pela redução das atividades turísticas, criando uma situação tensa entre os *stakeholders* envolvidos com o problema.

Curiosamente, quando os grupos interessados perceberam que atuando de forma isolada não resolveriam seus problemas particulares, esses *stakeholders* decidiram formar uma parceria para enfrentar o problema de forma coletiva. Paradoxalmente, a solução surgiu por meio de uma aliança estratégica: os conservacionistas envolvidos concordaram com a expansão das atividades turísticas na ilha desde que fosse criado um fundo com base nas diárias pagas aos hotéis para implantar estações de tratamento de esgoto, de tal forma que o efluente, que respondia por 55% da causa dos impactos nos recifes de corais, fosse descartado no mar, de acordo com os padrões ambientais aceitos.

Casos como o da Vila de Picinguaba e o da Ilha de Bonaire são o resultado, em grande parte, da expansão dos problemas ambientais individuais para uma dimensão de interesse coletivo, no interior da qual emergem interdependências entre determinados grupos de *stakeholders*.

No caso específico do turismo, o modelo do ciclo de vida dos lugares turísticos, desenvolvido por Butler (1980), apresenta um arcabouço analítico que ajuda a explicar os problemas ambientais que aparecem à medida que os lugares turísticos evoluem. De acordo com esse modelo, os lugares turísticos surgem e se desenvolvem por meio de seis fases com características contextuais distintas. Araujo e Moura (2007, p.98-9), com base em

540 | GESTÃO AMBIENTAL E SUSTENTABILIDADE NO TURISMO

Butler (1980), Agarwal (1997), Pearce (2003) e Cooper et al. (1993), apresentam algumas das características relacionadas a cada uma das seis fases da evolução dos lugares turísticos que são relevantes para este trabalho:

*   Exploração: a área começa a ser visitada por poucos turistas aventureiros e apresenta poucas facilidades públicas; os turistas são de um único tipo – alocêntricos (Plog, 1973). O patrimônio natural encontra-se bem preservado e, aliado à cultura local, constitui o principal atrativo turístico do lugar;

*   Envolvimento: os residentes começam a oferecer serviços básicos aos turistas e o local começa a ser vendido como um lugar turístico. Emergem um período de alta temporada e uma correspondente pressão sobre o setor público para a construção de infra-estrutura. Nessa fase, a maior parte dos serviços e negócios turísticos pertence a pessoas da própria comunidade;

*   Desenvolvimento: o número de visitantes ultrapassa a população residente na estação turística. A maior parte dos serviços e negócios pertence a pessoas de outras áreas. Tem início o antagonismo dos residentes aos turistas. Nessa fase, começam a surgir problemas ambientais, incluindo a deterioração dos equipamentos turísticos;

*   Consolidação: o turismo se torna o principal segmento da economia local. Os equipamentos turísticos apresentam avançado grau de deterioração e os problemas ambientais se tornam visíveis;

*   Estagnação: a área perde seu *glamour* inicial e sai de moda. A área começa a perder turistas para outras destinações, principalmente por apresentar sérios problemas ambientais, econômicos e sociais, que reduzem drasticamente seus atributos iniciais de atratividade;

*   Pós-estagnação [2]: a destinação entra em declínio gradual ou rápido. Pode surgir um processo de rejuvenescimento da área decorrente de

---

[2] Agarwal (1997) propõe que, em vez de se falar em *declínio* ou *rejuvenescimento* após a fase de estagnação, seria mais adequado usar o termo *pós-estagnação*. Segundo esse autor, pelo fato de o mundo contemporâneo ser tão dinâmico e suscetível ao surgimento de novos fenômenos, o ideal seria não fazer prognósticos sobre o que pode acontecer a uma destinação no período que se segue ao momento em que ela atinge uma situação de estagnação.

investimentos na criação de novos atrativos, recuperação física da área ou por meio de campanhas de marketing. Nessa etapa, geralmente, a situação ambiental é crítica.

À medida que a destinação ou lugar turístico avança ao longo do seu ciclo de desenvolvimento, os problemas ambientais e os conflitos tendem a surgir e a se ampliar, especialmente quando o turismo ocorre de forma espontânea, ou seja, sem planejamento, gestão ou controle. Assim, o valor inicial dos empreendimentos turísticos, por mais alto que tenha sido, tende a decrescer, levando a uma perda gradual da sua capacidade de competir com outras destinações. O lugar apresenta um passivo ambiental desproporcional aos benefícios gerados pelo turismo na comunidade e na economia local.

O modelo do ciclo de vida das áreas turísticas pode ser empregado como base para a gestão ambiental integrada das áreas que se tornam território da função turística, bem como dos empreendimentos que compõem essas áreas. Afinal, um determinado empreendimento que é proposto para o lugar se encontrará inexoravelmente em uma das referidas fases, portanto enfrentará determinados problemas ambientais efetivos ou em potencial que, até certo ponto, são previstos pelo modelo.

Embora esse modelo tenha sido criticado por parecer um pouco determinista (Pearce, 2003) – como se todos os lugares turísticos estivessem fadados a, mais cedo ou mais tarde, entrar em declínio –, ele pode ajudar a explicar como a dimensão ambiental tende a se comportar à medida que a destinação turística evolui ao longo do tempo. Essa capacidade de previsão pode ser utilizada como instrumento de monitoramento da qualidade ambiental da área, de tal forma que políticas de gestão ambiental possam ser desenhadas e implantadas de forma precisa, incluindo a organização de parcerias voltadas para a gestão ambiental dos empreendimentos turísticos. Assim, qualquer novo empreendimento proposto para um lugar turístico precisa ser muito bem planejado, de maneira a evitar que cause impactos ambientais significativos que venham a concorrer para a abreviação do ciclo de vida do lugar em questão.

Diante da complexidade ambiental que envolve os empreendimentos e lugares turísticos, é preciso que se busquem formas de gestão mais afinadas com os interesses coletivos do que com interesses particulares de grupos específicos (Dowling, 1993). A adoção de parcerias e o envolvimento de *stakeholders* no planejamento e na gestão dos empreendimentos turís-

GESTÃO AMBIENTAL E SUSTENTABILIDADE NO TURISMO

ticos são os fenômenos mais marcantes no contexto turístico mundial, com potencial para ampliar-se também no Brasil (Araujo, 2000; Araujo e Bramwell, 2002).

As parcerias podem desempenhar um papel central para tornar a gestão ambiental mais efetiva. As exigências postas aos gestores públicos por uma realidade ambiental complexa e em permanente processo de mudança criam condições nas quais a ação isolada do governo se torna ineficaz, por não dispor de todos os recursos (financeiros, tecnológicos, conhecimento, informações, poder político etc.) necessários para identificar os problemas e criar as soluções requeridas.

INSTRUMENTOS DE GESTÃO AMBIENTAL

Nos últimos trinta anos, o Brasil passou por um grande avanço em relação à gestão ambiental. Surgiu uma extensa base institucional, a legislação se ampliou e cresceu o número de instrumentos técnico-administrativos utilizados na gestão ambiental no país. Apesar desses avanços, os instrumentos oficiais disponíveis apresentam limitações que reduzem o seu potencial de alcance na gestão ambiental. São identificados, a seguir, três desses instrumentos de grande relevância para os empreendimentos turísticos:

- Licenciamento de atividades efetiva ou potencialmente poluidoras: o licenciamento ambiental representa um imenso avanço, mas a sua execução é dependente do contexto econômico, político e cultural das regiões ou dos estados. Há estados da Federação nos quais a situação de atraso político-administrativo, a limitação técnica dos órgãos de meio ambiente e a falta de mobilização da sociedade civil tornam o sistema de licenciamento ambiental refém de interesses particulares, limitando o alcance ambiental e social desse instrumento;

- Avaliação de impactos ambientais: o processo de preparação do estudo de impacto ambiental (EIA) e do relatório de impacto ambiental (Rima) de um determinado empreendimento turístico – de um *resort*, por exemplo – está sujeito às mesmas influências que afetam o licenciamento ambiental como um todo. Mesmo quando há participação – o que representa um avanço democrático –, ela tende a ocorrer apenas em momentos pontuais do processo de planejamento, geralmente sem a capacidade de exercer influência relevante no desenvolvimento do projeto;

- Zoneamento ambiental: no caso específico do turismo, esse instrumento de gestão ambiental apresenta grande potencial para o estabelecimento da localização e para a implantação de empreendimentos turísticos, de tal forma que haja mais harmonia na relação do empreendimento com o seu entorno. Entretanto, no Brasil, os zoneamentos ambientais raramente são implantados, mesmo quando fazem parte do plano de manejo de uma unidade de conservação. Na realidade, o desrespeito às unidades de conservação é paradigmático das deficiências na execução da legislação brasileira de meio ambiente.

No seu conjunto, as fragilidades associadas a esses três instrumentos de gestão ambiental são semelhantes em se tratando de praticamente qualquer outro instrumento que tenha a finalidade de administrar a relação da sociedade com a natureza no Brasil. Em última análise, o fator político tende a controlar os resultados a serem obtidos quotidianamente no trabalho dos órgãos de meio ambiente. Os grupos econômica e politicamente mais poderosos tendem a ter seus interesses realizados de forma mais amiúde do que a população com menor representação política e, portanto, com menor poder de interferir no trabalho dos órgãos de meio ambiente.

Além disso, a realidade empírica é muito mais complexa e dinâmica que a capacidade de cada instrumento de gestão ambiental, tomado de forma isolada, de assegurar um determinado futuro desejado. De forma geral, essa é uma limitação associada às dificuldades de controle das conseqüências ambientais futuras relacionadas a decisões tomadas no presente (Egler, 1996). Nesse sentido, como afirmou Santos (2004), antes se especula sobre a natureza das mudanças, daí a limitação dos instrumentos oficiais de gestão ambiental que freqüentemente se concentram em ações pontuais no espaço e no tempo. As parcerias, que são um fenômeno emergente com outra lógica de funcionamento, aparecem como uma estratégia com grande potencial inovador no que concerne à gestão ambiental dos empreendimentos turísticos. Essas parcerias propiciam discussões e negociações que normalmente expõem a complexidade dos problemas de desenvolvimento na sua relação com o meio ambiente, criam possibilidades de ação que podem articular várias dimensões da realidade ao mesmo tempo e resultam em soluções mais criativas e inovadoras.

GESTÃO AMBIENTAL E SUSTENTABILIDADE NO TURISMO

Diante das limitações dos instrumentos oficiais normativos de comando e controle ambiental, vêm emergindo abordagens alternativas voltadas ao enfrentamento dos problemas comuns do desenvolvimento e à construção coletiva de metas e estratégias em vários setores de políticas públicas, inclusive no turismo. É nesse contexto que as parcerias vêm ganhando força e têm ocupado espaço no planejamento e gestão do turismo, no Brasil e ao redor do mundo (Araujo, 2000; Bramwell e Lane, 2000).

Embora o termo *parceria* tenha se tornado quase um lugar-comum na literatura, nas políticas públicas e no discurso de técnicos e administradores públicos, freqüentemente associado à noção de desenvolvimento sustentável, o seu sentido ainda é ambíguo. Assim, é necessário estabelecer o sentido dado ao termo para este texto. Adotou-se aqui a definição proposta por Long e Arnold (1995, p.6):

> parcerias são colaborações voluntárias entre duas ou mais organizações com uma agenda de trabalho comum voltada para uma meta clara, possível de ser atingida e potencialmente mensurável.

O Quadro 23.1 apresenta atributos definidores das parcerias, segundo os referidos autores.

Assim, Long e Arnold (1995, p.7-8) argumentam que "diálogos entre organizações voltados unicamente para o intercâmbio de informações", assim como as atividades das associações e o *lobby*, além de "contribuições financeiras tais como auxílios e doações de caridade", não se encaixam como pertencentes à noção de parceria. Dessa forma, fica claro que as parcerias são um processo complexo que envolve múltiplos *stakeholders* em um trabalho coletivo em torno de um problema que os une, na tentativa de construir uma solução que beneficie a todos os envolvidos ao mesmo tempo e reduzir as turbulências potenciais do campo de interesse que os une.

As parcerias podem contribuir de várias formas para a construção de um estilo de desenvolvimento que guarde relação com a noção de desenvolvimento sustentável. Nesse sentido, Bramwell e Lane (1993, p.2) identificam aspectos associados à noção de sustentabilidade, em torno dos quais há consenso na literatura, relevantes para a discussão do papel das parcerias na gestão ambiental no setor turístico:

> em geral, quatro princípios básicos parecem ser cruciais para o conceito de sustentabilidade: 1) a idéia de planejamento holístico e a formulação de estratégias; 2) a importância de manter processos ecológicos essenciais; 3) a neces-

GESTÃO AMBIENTAL DE EMPREENDIMENTOS TURÍSTICOS | **545**

sidade de proteger a herança cultural e a biodiversidade; 4) o requerimento-chave: desenvolver de tal forma que a produtividade seja duradoura em longo prazo para as futuras gerações.

Quadro 23.1 – Atributos usados para a definição das parcerias.

Atributos	Comentário	Relação com o turismo
Seriedade de propósitos de todos os participantes	Os participantes precisam estar preparados para mudar seu comportamento se as metas da parceria assim exigirem	Nos casos da Vila de Picinguaba e da Ilha de Bonaire, os participantes precisaram sair de uma atitude de confronto para uma estratégia de trabalho compartilhado
Existência de relação direta entre os objetivos da parceria e os objetivos de cada participante	É necessário que haja razões óbvias para o envolvimento dos participantes. Nesse caso, a percepção de uma relação direta entre o que a parceria pretende fazer e os interesses de um determinado *stakeholder* pode levá-lo a se envolver com a parceria	O envolvimento de múltiplos *stakeholders* em parcerias é motivado, em grande parte, pela percepção de interdependência entre eles, ou seja, o reconhecimento da existência de interesses comuns em jogo
Participação conjunta e plena de cada interessado nas atividades da parceria	Levando-se em consideração que os participantes em parcerias trocam muito mais do que recursos financeiros, alguns parceiros poderão ser chamados a realizar um investimento financeiro maior do que outros	A participação conjunta ocorre com base nos recursos compartilhados entre os parceiros, o que implica a existência de variados tipos de recursos
É importante que haja um nível continuado de esforço mútuo	Diante da complexidade dos problemas contemporâneos ligados ao desenvolvimento, as parcerias podem ter uma duração de meses ou até mesmo anos	Muitas vezes, a definição precisa do problema que une um grupo de *stakeholders*, assim como a construção das soluções, pode demandar muito tempo

Fonte: Adaptado de Long e Arnold 1995, p.6-7.

GESTÃO AMBIENTAL E SUSTENTABILIDADE NO TURISMO

Com base na citação de Bramwell e Lane (1993), é possível constatar que esses quatro princípios ligados à noção de sustentabilidade são fundamentais para o fortalecimento da gestão ambiental dos empreendimentos turísticos:

- A gestão ambiental dos empreendimentos turísticos, ao incluir estratégias de curto, médio e longo prazos e levar em consideração as várias dimensões contextuais que lhe conferem identidade, pode funcionar como uma marca diferencial associada ao produto ou serviço ofertado, ante outros empreendimentos ou destinações;

- Os empreendimentos turísticos precisam ser concebidos, ter seus projetos conceituais desenvolvidos, ser construídos e implantados de tal forma que os processos ecológicos que dão sustentação à estrutura biofísica do lugar no qual o empreendimento é construído sejam mantidos. Esse é um aspecto da mais alta relevância, porque, ao gerar impactos ecológicos significativos, o sistema natural do lugar pode sofrer mudanças profundas que têm o potencial de descaracterizar a base de recursos naturais que motivaram o investimento no turismo;

- Embora a cultura seja dinâmica, ao experimentar mudanças ao longo do tempo para se ajustar e refletir o processo histórico de desenvolvimento dos povos, das nações e dos lugares, é importante que se criem políticas de gestão para assegurar que o processo de mudança não altere a cultura local tão profundamente a ponto de destruir a identidade cultural dos lugares. Além disso, a manutenção da biodiversidade, pelo menos em algumas áreas do planeta, tem sido um fator do uso dos recursos naturais pelos grupos humanos ao longo de um processo de coevolução (Diegues, 2001);

- A gestão ambiental dos empreendimentos turísticos pode contribuir para a criação de mecanismos de controle ambiental compartilhados entre todos os interessados, a fim de manter uma qualidade ambiental compatível com as expectativas dos turistas e com as aspirações de desenvolvimento das próprias comunidades receptoras. Dados empíricos mostram que "quanto maior for a correspondência entre a imagem de uma destinação e a forma como o turista em potencial se percebe, maior será a possibilidade desse turista visitar aquele lugar" (Beerli et al., 2007, p.571). Portanto, o marketing a ser promovido sobre um lugar que preza a gestão ambiental dos empreendimentos turísticos poderá associar o lugar à imagem de cuidados com o meio ambiente, uma imagem que, de forma crescente, influencia as pessoas a pensarem sobre a necessidade de proteger o mesmo e, portanto, de escolher destinações turísticas que tenham essa preocupação.

Historicamente, os problemas ambientais têm estado na base do declínio de lugares turísticos que no início de sua evolução tinham nas condições de preservação do sítio físico do lugar seu principal fator de atratividade. É o caso, por exemplo, de Canoa Quebrada (CE), Pipa (RN) e Praia do Francês (AL), lugares turísticos que hoje precisam de investimentos vultosos para solucionar os danos ambientais decorrentes do turismo sem planejamento e sem gestão ambiental. Como conseqüência, muitos investimentos na construção de empreendimentos turísticos nesses lugares se inviabilizaram ou não corresponderam às expectativas iniciais daqueles que acreditaram que o turismo pode trazer desenvolvimento. Em lugares como esses, após superado o período de antagonismo entre setores que normalmente têm estado em pólos opostos, as parcerias têm surgido como uma alternativa para a revitalização dessas áreas, incluindo objetivos de gestão ambiental.

AS PARCERIAS COMO ESTRATÉGIA DE GESTÃO AMBIENTAL DE EMPREENDIMENTOS TURÍSTICOS

As parcerias têm muitos benefícios potenciais para o planejamento do turismo que podem contribuir para uma melhor gestão ambiental dessa atividade. Os benefícios incluem a redução dos impactos negativos e melhorias na eficiência operacional dos empreendimentos e na eqüidade do desenvolvimento. De forma geral, tanto as organizações quanto as destinações podem desenvolver vantagens com base nos benefícios proporcionados pelas parcerias, conforme defendem Gray (1996) e Huxham (1996). Além disso, Bramwell e Lane (2000, p.7) identificam vários outros benefícios das parcerias que podem contribuir para a gestão ambiental dos lugares, das destinações e dos empreendimentos turísticos, a saber:

1. O envolvimento de vários *stakeholders* pode aumentar a aceitação social das decisões, o que significa que implementação e execução poderão ser mais facilmente realizadas;

GESTÃO AMBIENTAL E SUSTENTABILIDADE NO TURISMO

2. O trabalho coletivo pode gerar sinergia criativa, o que talvez possa levar à criação de mais inovação e efetividade;

3. As parcerias podem promover aprendizagem sobre o trabalho, as habilidades e os potenciais dos outros parceiros, e também desenvolver habilidades de negociação e interação de grupo que ajudam as parcerias a alcançarem seus objetivos;

4. Há maior possibilidade de considerar as diversas questões econômicas, ambientais e sociais que afetam o desenvolvimento sustentável dos recursos;

5. Quando múltiplos *stakeholders* participam da tomada de decisões, as políticas que surgem podem ser mais flexíveis e também mais pertinentes às circunstâncias locais e ao processo de mudança;

6. Atividades não-turísticas podem ser encorajadas e propiciar a ampliação da base de empregos e da economia e o fortalecimento das características societárias de uma dada região ou comunidade.

Uma das vantagens mais interessantes das parcerias é a possibilidade de, a partir do momento em que as pessoas e organizações começam a trabalhar juntas, ocorrer o rompimento do paradigma da competição preexistente, de tal forma que, além da competição, os parceiros começam a trabalhar juntos para alcançar benefícios que eles não alcançariam trabalhando de forma isolada (Gray, 1989). Dessa maneira, a gestão ambiental dos empreendimentos turísticos não ocorre de forma pontual, com base apenas no sistema oficial de comando e controle das atividades potencialmente impactantes do meio ambiente e da base de recursos que constitui a sustentação do próprio turismo. Surge a possibilidade de incluir ações de gestão ambiental ao longo de todo o ciclo de desenvolvimento dos lugares ou das destinações turísticas.

Em geral, o ambiente no qual operam os empreendimentos turísticos na atualidade apresenta três características contextuais que representam barreiras consideráveis para os *stakeholders* que tentam atuar de forma individual. A primeira característica é a *complexidade*. Há uma grande quantidade de atores operando em um ambiente que contém variáveis econômicas, sociais e políticas, o que dificulta a identificação de toda a complexa rede de relações existente. A segunda característica é a *incerteza*. Em ambientes interorganizacionais complexos, cada ator, ao agir de forma isolada, tem dificuldade de captar a tendência dos processos de mudança, criando um ambiente incerto em relação ao futuro das organizações turísticas. A terceira característica é a *turbulência* que atinge o ambiente operacional dos empreendimentos turísticos. Em ambientes turbulentos, torna-se difícil saber quais serão as repercussões que determinadas decisões ou políticas terão em relação a cada *stakeholder* de uma comunidade, destinação ou região turística.

As parcerias são uma forma de enfrentar as dificuldades que surgem em ambientes com essas características. Quando um grupo de atores que opera em uma determinada região ou comunidade se une para melhorar a gestão ambiental do turismo, os vários tipos de recursos *lato sensu* que os participantes detêm podem contribuir para a redução da turbulência que potencialmente os afetaria. Além de criarem a possibilidade de maior controle sobre a destinação ou comunidade, as parcerias podem ser um fator de pressão sobre empreendimentos avessos à incorporação de medidas de gestão ambiental em suas rotinas, já que estes terão também que se preocupar com as conseqüências ambientais ligadas às suas atividades, sob pena de serem marginalizados ou preteridos. Por exemplo, Silva (2005) constatou empiricamente que, em um ambiente sem concorrência, empreendimentos da cadeia produtiva do turismo podem ser, às vezes, refratários à adoção de medidas de gestão ambiental em suas operações, ao passo que outros empreendimentos hoteleiros vêem a cooperação como uma forma de aumentar a eficiência da gestão ambiental no setor.

Além dos benefícios que as parcerias podem trazer para a gestão ambiental propriamente dita, a efetiva implantação de ações que reduzam os impactos ambientais dos empreendimentos e promovam um estilo inovador de desenvolvimento pode contribuir para a agregação de valor ao produto turístico. Por meio de estratégias de marketing, os envolvidos podem usar a adoção de gestão ambiental dos seus empreendimentos turísticos como um valor diferencial da destinação, a qual, se bem trabalhada, pode funcionar como uma vantagem competitiva.

Os benefícios potenciais das parcerias podem se estender para muito além das atividades turísticas propriamente ditas, trazendo melhoras para toda a comunidade, que passa a ter maior qualidade ambiental, inegavelmente um fator que contribui para a melhoria nas condições de vida da população e para o desenvolvimento sustentável. Além disso, esse tipo de melhoria pode contribuir para aumentar a auto-estima da comunidade. Nesse sentido, com base em um estudo desenvolvido na Ilha de Malta, Bramwell (2003) constatou que, quando um lugar é valorizado por uma determinada característica no contexto do turismo – por exemplo, pela revalorização cultural do lugar –, pode haver uma melhora na auto-estima da comunidade que, por sua vez, pode repercutir na melhora da hospitalidade por parte dos residentes em relação aos visitantes, atuando como um valor agregado de competitividade para a destinação.

Long e Arnold (1995) sustentam que, para obter o máximo proveito do uso das parcerias para os fins de gestão ambiental, é necessário que se entenda como as parcerias funcionam empiricamente. E mais, esse entendimento não deve se limitar à explicação de como elementos isolados afetam ou podem afetar o sucesso de uma determinada parceria. É importante que se entenda todo o ciclo de vida das parcerias, para que se identifiquem elementos norteadores da condução estratégica do trabalho de parceria, a fim de que o seu uso seja otimizado.

Para que uma parceria possa de fato existir, normalmente os *stakeholders* interessados em envolver outros atores relacionados ao problema que se quer solucionar desenvolvem atividades de sensibilização para atrair outros *stakeholders* para a parceria. Caso essa empreitada tenha sucesso e torne-se operacional, a parceria se desenvolve ao longo de três fases (Long e Arnold, 1995, p.11-4),[3] descritas a seguir.

Início

Essa fase envolve os seguintes procedimentos: *definição de oportunidades, identificação de quem deve participar, criação das regras para o trabalho coletivo* e *estabelecimento da agenda de trabalho.* Quando se aplicam esses procedimentos à gestão ambiental dos empreendimentos turísticos, é importante que sejam esclarecidas, desde o início da parceria, as formas potenciais de como os participantes podem obter benefícios coletivos que não poderiam obter trabalhando de forma individual ou isolada. É importante também que se identifiquem apenas os *stakeholders* diretamente interessados na gestão ambiental de um determinado empreendimento ou lugar turístico. Pesquisas têm demonstrado que parcerias com mais de aproxi-

---

[3] Com base em uma ampla revisão de literatura sobre o tema, Araujo (2000) constatou que as parcerias envolvem de três a cinco fases.

madamente 25 participantes tendem a enfrentar impasses em excesso e tornar-se inoperantes (Araujo, 2000).

É preciso ainda entender e eliminar os fatores negativos (culturais, econômicos, políticos etc.), como forma de criar regras de comportamento a que todos os participantes devem obedecer no âmbito da parceria. O estabelecimento da agenda de trabalho deve ser feito de tal forma que apenas os elementos mais fundamentais e factíveis de serem trabalhados sejam incluídos entre as providências a serem tomadas pelos participantes. A razão para essa precaução é que o cenário ambiental atual é muito amplo e complexo; dessa forma, há o risco de incluir itens demais na agenda de trabalho, fazendo que a parceria não tenha condições de enfrentá-los de forma realista. O objetivo é proporcionar o sentimento entre os participantes de que eles realmente podem dar conta do trabalho que têm pela frente, funcionando como um fator motivacional para permanecerem envolvidos com a parceria.

Execução

Essa fase envolve os seguintes procedimentos: *monitoramento das regras de funcionamento da parceria, resolução de disputas, financiamento efetivo da parceria, gestão do cronograma de atividades, suporte aos interesses individuais e fortalecimento de relacionamentos.* O monitoramento do comportamento dos participantes, particularmente na interação com os demais parceiros, é crucial para que se identifiquem eventuais desvios de conduta que possam ameaçar a continuidade dos trabalhos, ajudando na correção de rotas. Não raro, as parcerias que envolvem *stakeholders* com um passado de antagonismos mútuos enfrentam situações de conflito e de disputas, as quais precisam ser superadas para garantir a boa continuação dos trabalhos. Em geral, as parcerias exigem a realização de tarefas e atividades que podem demandar grande aporte financeiro, como realização de viagens, preparação de oficinas de trabalho, compra de equipamentos e material de consumo, pagamento de consultorias, entre outras demandas. Por isso, é importante que se discuta como os recursos financeiros serão alocados e disponibilizados, bem como quem contribuirá com mais ou com menos recursos.

GESTÃO AMBIENTAL E SUSTENTABILIDADE NO TURISMO

Também de grande importância é um acompanhamento efetivo do cronograma de atividades para que se aproveite melhor o tempo e para que se tomem decisões no momento certo em relação a acontecimentos externos à parceria que possam ter repercussões positivas ou negativas nos interesses dos participantes. Ou seja, muitas vezes é necessário que se antecipe estrategicamente aos fatos que podem afetar os interesses da parceria. Outro aspecto relevante é a possibilidade de desistência por parte do *stakeholder* caso este conclua que seus interesses individuais estão sendo preteridos no andamento da parceria. Portanto, os participantes precisam estar atentos a situações desse tipo, a fim de que possíveis desvios sejam sanados. Além disso, é igualmente importante atentar ao fortalecimento das relações entre os parceiros, buscando desenvolver uma atmosfera de confiança mútua e de reciprocidade virtuosa, com o objetivo de fortalecer o trabalho da parceria.

Conclusão/rejuvenescimento

Essa fase envolve os seguintes procedimentos: *preparação de registro escrito dos acordos, implantação das ações e decisões e encerramento ou continuação das atividades da parceria*. Uma vez que a parceria tenha se desenvolvido a ponto de ter produzido acordos que demandam esforços dos envolvidos para a implantação das ações correspondentes, é importante que esses acordos, bem como as responsabilidades de cada *stakeholder*, sejam registrados de forma escrita. Uma vez definido quem será responsável pela implantação da decisão ou ação, é chegado o momento da execução do plano de ação. Dependendo do alcance dos resultados obtidos pela parceria, os participantes podem encerrar o trabalho compartilhado e se dedicar à implantação dos resultados e a interesses que extrapolem a condição de parceria. Eventualmente, podem decidir dar continuidade à parceria.

Algo que as parcerias podem fazer pela gestão ambiental dos empreendimentos turísticos é proporcionar uma concentração dos esforços de múltiplos *stakeholders* que vise à solução construída coletivamente para um problema do interesse dos envolvidos. O fato de cada interessado ter sua visão particular sobre o problema, baseada nos seus interesses individuais, faz com que, ao expressarem essas visões para os demais participantes, tenha-se a oportunidade de examinar o problema sob múltiplos ângulos, o que pode contribuir para que eles "elaborem" o problema que compartilham de forma mais precisa. É uma oportunidade de identificar a ligação das particularidades na visão do todo. Como diz Morin (2000, p.36), "é preciso situar as informações e os dados em seu contexto para que adquiram sentido". Assim, as parcerias criam um *locus* operacional que permite a criação de soluções que têm mais pertinência à natureza sistêmica dos problemas ambientais relacionados aos empreendimentos turísticos.

Há, na atualidade, uma quantidade expressiva de parcerias ambientais – muitas delas ligadas ao turismo – sendo criadas e implantadas no Brasil, muito maior do que a prevalência de uma atitude crítica permite supor. Ao mesmo tempo, há um volume insignificante de pesquisas voltadas à explicação desse fenômeno, particularmente no campo de estudos do turismo. Assim, são sugeridas a seguir algumas questões que merecem o escrutínio sistemático por parte da academia, como forma de gerar conhecimento que seja útil ao avanço no uso das parcerias para a gestão dos empreendimentos turísticos:

1. Quais tipos de empreendimentos ou ações de desenvolvimento turístico têm sido alvo de gestão ambiental por meio de parcerias?

2. Quais procedimentos metodológicos e administrativos são empregados com mais freqüência nas parcerias voltadas a solucionar problemas ambientais causados pelo turismo?

3. Quais os principais fatores que contribuem e quais fatores funcionam como barreira ao avanço das parcerias na gestão ambiental dos empreendimentos turísticos?

4. Qual é o número ideal de participantes em uma parceria, para que ela seja mais eficiente?

5. Em qual estágio da evolução do empreendimento, do lugar ou da destinação turística as parcerias ambientais têm mais potencial de contribuir para aperfeiçoar a gestão ambiental?

O exame sistemático dessas questões poderia levar à criação de um corpo de conhecimento particularmente relevante para a realidade brasileira, com potencial para o desenvolvimento de metodologias de gestão ambiental por meio de parcerias capazes de dar respostas mais efetivas aos problemas ambientais ante a crescente complexidade contextual que envolve as relações entre os empreendimentos turísticos, as comunidades receptoras e o meio ambiente.

CONSIDERAÇÕES FINAIS

O mundo contemporâneo está se tornando cada vez mais complexo, permeado de incertezas e propenso à turbulência econômica, política e social. Por sua vez, o sistema turístico é constituído por um amálgama de atividades ligadas a diversos setores de políticas públicas e dimensões da realidade. Como resultado desse contexto altamente complexo, os problemas ambientais do setor turístico demandam soluções que estão acima da capacidade dos instrumentos tradicionais de gestão ambiental. Normalmente, os instrumentos tradicionais têm ação apenas em relação a problemas pontuais, apresentando dificuldades de articular os diferentes níveis de governo, as escalas temporais e espaciais diversas e os inúmeros setores que fazem parte das políticas públicas.

Assim, é necessário que sejam formuladas estratégias de gestão ambiental dos empreendimentos turísticos extensivas às comunidades ou regiões receptoras que tenham o potencial de articular os vários atores intervenientes nos problemas ambientais de tal forma que as soluções propostas tenham a capacidade de repercutir de forma sistêmica no interior do contexto econômico, social, político, cultural e ambiental dos empreendimentos turísticos e das comunidades.

Em geral, as parcerias surgem como resultado da existência de capital social e/ou da percepção de interdependência entre os *stakeholders* que se encontram, de alguma forma, conectados por serem afetados por um problema comum. Quando existe capital social e/ou a percepção de interdependência ao ponto de os *stakeholders* iniciarem uma parceria, o sucesso dessa parceria tem o potencial de levar ao desenvolvimento de mais capital social na comunidade ou no domínio interorganizacional no qual os *stakeholders* atuam. Decorre desse entendimento que as parcerias podem ser usadas intencionalmente para construir mais capital social e, dessa forma, ampliar a capacidade das instituições para gerir a dimensão ambiental dos empreendimentos turísticos de forma mais efetiva.

Pelas parcerias, é possível ir além da identificação das informações e dos dados isolados, o que, segundo Morin (2000), é insuficiente. Por meio das parcerias, as informações e os dados ganham sentido, e desse sentido podem emergir soluções coletivas com poder de proporcionar uma gestão ambiental mais efetiva dos empreendimentos turísticos do que os instrumentos tradicionais de gestão.

REFERÊNCIAS

AGARWAL, S. The resort cycle and seaside tourism: an assessment of its applicability and validity. **Tourism Management**, v. 18, n. 2, p. 65-73, 1997.

ARAUJO, L.M. de. **Stakeholder participation in regional tourism planning: Brazil's Costa Dourada project.** Sheffield, 2000. Tese (Doutorado). Sheffield Hallam University.

ARAUJO, L.M. de; BRAMWELL, B. Partnership and regional tourism development: Brazil's Costa Dourada project. **Annals of Tourism Research**, v. 29, n. 4, p. 1138-64, 2002.

ARAUJO, L.M. de; MOURA, F. de B.P. A expansão do turismo na zona costeira nordestina: crescimento econômico, degradação ambiental e erosão cultural. In: CORIOLANO, L.N.M. T.; VASCONCELOS, F.P. **O turismo e a relação sociedade-natureza: realidades, conflitos e resistências.** Fortaleza: EdUece, 2007.

BEERLI, A.; MENESES, G.D.; GIL, S.M. Self-congruity and destination choice. **Annals of Tourism Research**, v. 34, n. 3, p. 571-87, 2007.

BRAMWELL, B. Maltese responses to tourism. **Annals of Tourism Research**, v. 30, n. 3, p. 581-605, 2003.

BRAMWELL, B.; LANE, B. Sustainable tourism: an evolving global approach. **Journal of Sustainable Tourism**, v. 1, n. 1, p. 1-5, 1993.

_____. **Tourism collaboration and partnerships: politics, practice & sustainability.** Clevedon: Channel View, 2000.

BUTLER, R.W. The concept of a tourist area cycle of evolution: implications for management of resources. **Canadian Geographer**, v. 24, n. 1, p. 5-12, 1980.

CLAVER-CORTÉS, E.; MOLINA-AZORÍN, J.F.; PEREIRA-MOLINER, J. Competitiveness in mass tourism. **Annals of Tourism Research**, v. 34, n. 3, p. 727-45, 2007.

COOPER, C. et al. **Tourism: principles and practice.** Harlow: Longman, 1993.

DIEGUES, A.C.S. **O mito moderno da natureza intocada.** 3.ed. São Paulo: Hucitec, 2001.

DOWLING, R. An environmentally-based planning model for regional tourism development. **Journal of Sustainable Tourism**, v. 1, n. 1, p. 17-37, 1993.

EGLER, C.A.G. Risco ambiental como critério de gestão do território: uma aplicação à zona costeira brasileira. **Território**, v. 1, n. 1, p. 31-41, 1996.

GRAY, B. **Collaborating: finding common ground for multiparty problems.** San Francisco: Jossey-Bass, 1989.

GESTÃO AMBIENTAL E SUSTENTABILIDADE NO TURISMO

_____. Cross-sectoral partners: collaborative alliances among business, government and communities. In: HUXHAM, C. (Ed.). **Creating collaborative advantage.** Londres: Sage, 1996.

GUNN, C.A. **Tourism planning: basics, concepts, cases.** Washington: Taylor & Francis, 1994.

HALL, C.M.; PAGE, S.J. **The geography of tourism and recreation: environment, place and space.** Londres: Routledge, 1999.

HUXHAM, C. The search for collaborative advantage. In: _____. (Ed.) **Creating collaborative advantage.** Londres: Sage, 1996.

LONG, F.J.; ARNOLD, M.B. **The power of environmental partnerships.** Fort Worth, TX: Dryden, 1995.

MARTINS, R. Desordem no refúgio. **Carta Capital,** São Paulo, n. 458, p. 32-3, ago. 2007.

MENDES, R. A difícil escalada brasileira. **Anuário Exame 2007-2008,** p. 24-9, abr. 2007.

MORIN, E. **Os sete saberes necessários à educação do futuro.** 8.ed. São Paulo: Cortez, 2000.

PARKER, S. Collaboration on tourism policy making: Environmental and commercial sustainability on Bonaire, NA. In: BRAMWELL, B.; LANE, B. **Tourism collaboration and partnerships. Politics, practice and sustainability.** Clevedon: Channel View, 2000.

PEARCE, D.G. **Geografia do turismo: fluxos e regiões no mercado de viagens.** São Paulo: Aleph, 2003.

PLOG, S.C. Why destination areas rise and fall in popularity. **Cornell Hotel and Restaurant Administration Quarterly,** 1973, p.13-6.

REJOWSKI, M. **Turismo e pesquisa científica: pensamento internacional x situação brasileira.** Campinas: Papirus, 1996.

SANTOS, M. **Pensando o espaço do homem.** 5.ed. São Paulo: Edusp, 2004.

SILVA, H. da F.M. da. **Gestão ambiental na hotelaria: desafios para o desenvolvimento do parque hoteleiro da cidade de Maceió.** Maceió, 2005. Dissertação (Mestrado em Desenvolvimento e Meio Ambiente). Universidade Federal de Alagoas.

[WTO] WORLD TOURISM ORGANIZATION. **Tourism highlights: 2006 Edition.** Disponível em: http://www.unwto.org/facts/menu.html. Acessado em: 21 ago. 2007.

YÁZIGI, E. **Turismo: uma esperança condicional.** São Paulo: Global Universitária, 1999.

Canais de Distribuição em Turismo & Hotelaria: Mudanças e Perspectivas

24

Éverton Luís Pellizzaro de Lorenzi Cancelier
Advogado e Administrador, Univali
Maria Cassiana Borin Sanche
Bacharel em Turismo, Instituto Educacional Bom Jesus/Ielusc

INTRODUÇÃO

Os canais de distribuição sempre exerceram importante papel para a indústria do turismo. Desde os primeiros pacotes organizados por Thomas Cook, ainda no século XIX, até os tempos atuais, as empresas produtoras lançam mão de intermediários para fazer seus produtos e serviços chegarem até os consumidores.

Não obstante essa importância, e mesmo o fato de os canais de distribuição terem evoluído ao longo dos anos, as fortes transformações dos tempos modernos têm imposto um ritmo de mudança que exige adaptação constante tanto de fornecedores de serviços como das próprias organizações distribuidoras. A distribuição tem emergido como um dos mais dinâmicos elementos da indústria do turismo (Buhalis, 2000) e a tecnologia de informação tem possibilitado novas formas de distribuição que podem oferecer tanto oportunidades como desafios aos participantes desse dinâmico setor.

Este capítulo tem por objetivo apresentar a evolução e as principais mudanças pelas quais estão passando os canais de distribuição na área de viagens e turismo, entre os quais se destacam o impacto da internet, a desintermediação e a reintermediação eletrônica, finalizando com algumas ações possíveis que podem ser empreendidas por estabelecimentos hoteleiros para administrar a distribuição de seus produtos.

CONCEITOS E EVOLUÇÃO
DOS CANAIS DE DISTRIBUIÇÃO

Uma definição clássica para canal de distribuição ou de marketing pode ser encontrada em Coughlan et al. (2002), que o entendem como "um conjunto de organizações interdependentes envolvidas no processo de disponibilizar um produto ou serviço para uso ou consumo". Esse conceito está presente desde a primeira edição de *Marketing Channels*, em 1976. Desde então, vários outros autores no exterior e no Brasil têm se baseado nesse conceito para trabalhar o tema canais de distribuição, mesmo em obras mais recentes, a exemplo de Kotler et al. (1996), Kotler e Armstrong (2003), Rosenblom (2002) e Novaes (2004).

Subentendido no conceito está a idéia de organizações produtoras, afinal, para que algo possa ser utilizado ou consumido, é preciso que antes tenha sido produzido. Numa situação em que os produtos pudessem ser produzidos no exato momento e local em que fossem consumidos, os canais de distribuição seriam desnecessários e os preços aos consumidores seriam compostos apenas dos custos de produção e margens de lucro.

As exigências do consumidor e de produção, no entanto, são guiadas por forças diferentes e muitas vezes opostas. Manter unidades produtivas espalhadas pelos grandes centros urbanos próximas dos consumidores é inviável, e transportar milhares de consumidores ao ponto de produção no qual os bens estão armazenados é extremamente oneroso. Para reduzir custos, os produtores concentram a produção em determinados locais, e fatores como a proximidade de fontes de matérias-primas, a maximização do uso de máquinas e os ritmos de produção estáveis, entre outros, são fundamentais para o barateamento da produção e o aumento da produtividade.

Assim, o canal de distribuição funciona como ponte ou elemento de conexão entre os dois extremos do processo comercial. Entre os estoques formados nos grandes centros produtores e os consumidores espalhados em amplas áreas geográficas, hoje, em todo o mundo, prolifera um infindável número de pequenas, médias e grandes organizações intermediárias que procuram tornar os produtos e serviços disponíveis para compra e uso pelo consumidor final. Pode-se afirmar que, sem a existência das organizações que compõem os canais de distribuição e de marketing, não haveria a sociedade de consumo nos moldes atualmente conhecidos, e muito daquilo que é produzido pelas empresas não ficaria disponível ao consumidor, exceto a um elevado custo.

A função precípua dos canais está na distribuição de bens e serviços ao consumidor, permitindo que as relações comerciais de compra, venda e aluguel se realizem. Em uma estrutura de canal tradicional, grandes organizações intermediárias localizam-se em pontos estratégicos, em um dado espaço geográfico. Elas recebem os produtos que são transportados, armazenados e distribuídos para um número maior de outros intermediários, que também recebem, armazenam e, por sua vez, distribuem os produtos a outras organizações ainda menores, mas em maior número, formando uma estrutura em cascata que pulveriza lotes maiores em menores até que o consumidor tenha a conveniência e a facilidade de dispor de bens e serviços muito próximos de si, até mesmo na porta de sua residência.

Além de disponibilizar mercadorias e serviços aos compradores, os membros de um canal podem ser muito úteis para realizar outras funções importantes. Muitos produtores, mesmo os de grande porte, encontram dificuldades para aproximar-se dos consumidores com o propósito de descobrir suas necessidades e desejos, limitação esta que pode ser contornada com o apoio e a colaboração de organizações pertencentes aos canais de distribuição. Nesse sentido, o avanço tecnológico tem contribuído para que informações e dados circulem com facilidade entre empresas distantes, expandindo as possibilidades de desempenho de funções dos membros dos canais de distribuição. Entre essas novas funções, Kotler et al. (1996) destacam as seguintes:

- Informação: os membros do canal estão em posição privilegiada para obter informações de mercado e transmiti-las de forma rápida e precisa aos produtores ou mesmo a outros participantes do canal;
- Promoção: os membros do canal podem criar e divulgar mensagens sobre produtos e ofertas com maior flexibilidade e rapidez, alcançando o público-alvo de forma a melhor influenciar seu comportamento de compra;
- Contato: os membros do canal são mais capazes de descobrir e sobretudo contatar novos compradores e segmentos do que seriam os produtores individualmente;
- Ajuste: os participantes do canal adaptam a oferta às necessidades do comprador ao administrarem estoques e preços que contornam as variações da demanda;

- Negociação: os participantes dos canais criam e adaptam contratos, acordos de preços e demais condições, para que o produto possa ser transferido ao consumidor;

- Financiamento: os participantes do canal podem obter e usar fundos para cobrir os custos do seu trabalho e mesmo para financiar a compra por parte dos consumidores;

- Assunção de riscos: os canais assumem os riscos da intermediação, como não vender todos os produtos e serviços com que se comprometeram.

Embora os conceitos centrais e as funções dos canais de distribuição possam ser aplicados a todos os ramos de atividade, não se devem ignorar as características básicas que diferenciam o produto turístico dos produtos físicos. Como serviço que é, dotado de intangibilidade, inseparabilidade e perecibilidade, o produto turístico exige que se leve em conta uma série de questões importantes que impactam no funcionamento dos canais que promovem a sua distribuição. O produto turístico não pode ser inspecionado antes da compra, sendo dependente de representações para imaginá-lo. Também exige o deslocamento do consumidor para que possa ser usufruído no local onde é prestado o serviço, bem como não pode ser estocado caso a oferta, mesmo por um curto período, supere a demanda.

Por um tempo de hospedagem, o turista pode receber uma série de informações escritas e orais, prospectos, fotografias e vídeos acerca dos serviços de um determinado hotel, que ajudam a formar uma imagem do produto turístico em aquisição, porém não poderá testá-lo e inspecioná-lo antecipadamente como lhe é possível na compra de uma peça de vestuário. Realizada a escolha, o turista deverá se deslocar até o local da prestação do serviço do hotel, o que pode implicar a superação de longas distâncias. Se a hospedagem não for vendida por um período, o hotel não poderá armazenar o serviço para consumo posterior quando do aumento da demanda, o que torna os serviços de turismo e hotelaria fortemente afetados pela sazonalidade.

Se a função precípua dos canais é a própria distribuição física quando se trata de produtos de manufatura, o mesmo não se pode dizer quando o foco da distribuição é algo intangível. Por não se caracterizar em bem físico, o produto turístico é insuscetível de apropriação, transporte, armazenamento e estocagem. Não obstante, os canais de distribuição continuam a

CANAIS DE DISTRIBUIÇÃO EM TURISMO & HOTELARIA | **561**

exercer um importante papel para as empresas do setor de viagens e turismo. Para um turista realizar a escolha de um hotel para suas férias, é necessário que suas necessidades e preferências sejam compatíveis com a disponibilidade do meio de hospedagem. Assim, informações sobre datas, número de pessoas, serviços desejados e valores precisam ser distribuídas de forma precisa para que o turista possa efetuar sua escolha. A imprecisão em qualquer um desses dados pode inviabilizar uma reserva ou redundar em profunda insatisfação do hóspede.

Na área de turismo, o elemento fundamental a ser distribuído é a informação. Se a informação corresponde ao sangue da indústria do turismo, os canais de distribuição funcionam como o sistema de artérias e veias imprescindível para que ela possa circular. No entanto, é preciso distinguir a informação de caráter promocional daquela de caráter logístico, e muitas vezes elas compartilham os mesmos meios, o que pode tornar difícil essa distinção.

Na promoção, a informação é trabalhada de forma a obter uma resposta desejada de um determinado público-alvo. Essa resposta, por exemplo, pode ser a lembrança da marca de um hotel, a repetição da compra do meio de hospedagem ou a conscientização sobre a sustentabilidade ambiental de um determinado produto turístico. Um hotel pode realizar sua promoção por meio de propaganda, promoção de vendas, relações públicas e venda pessoal, utilizando vários meios de divulgação: televisão, rádio, mídia impressa, *folder*, internet, entre outros. Para tanto, poderá veicular informação e imagens que elevem a qualidade do serviço prestado, destacando seus diferenciais perante outros competidores, divulgando tarifas especiais e estimulando a compra por parte dos turistas.

Nos canais de distribuição, a informação é utilizada para permitir que o turista possa dispor do serviço desejado, e isso normalmente representa a possibilidade de efetuar uma reserva com ou sem pagamento do serviço a ser utilizado no futuro. Nesse caso, um hotel irá lançar mão de canais que distribuirão a informação necessária para permitir que dados sobre a disponibilidade de quartos, tarifas e modos de pagamento cheguem ao consumidor e que, por sua vez, a informação desse consumidor chegue ao hotel, na forma de reserva ou bloqueio de um quarto para um determinado período.

Como exemplo de informação de caráter promocional, podem ser citadas as propagandas de hotéis nas revistas dedicadas a viagens e turismo, por meio das quais é possível conhecer a localização, as facilidades e os ser-

GESTÃO AMBIENTAL E SUSTENTABILIDADE NO TURISMO

viços oferecidos, sem, no entanto, saber se há disponibilidade para o período desejado. Já quando se vai a uma agência de viagens, pode-se obter a informação sobre a disponibilidade de apartamentos e as tarifas, o que permite efetuar reservas para períodos específicos. Assim, a agência de viagens funciona como um elemento do canal de distribuição ao tornar disponível para compra ou uso o serviço do hotel, lidando com informações de caráter logístico.

Um meio que pode conter tanto informação de caráter promocional quanto informação de caráter logístico é a internet. Um hotel pode criar e manter uma *homepage* em que são divulgados os serviços oferecidos, a localização, as tarifas e os benefícios que os hóspedes podem esperar do estabelecimento. Pode ser incluído também um *tour* virtual, com texto e imagens que ressaltam os diferenciais do meio de hospedagem. Ao visitar o site, um turista interessado na hospedagem pode obter o número de telefone da central de reservas do hotel e solicitar um apartamento para o seu período de férias. Nessa situação, há uma homepage de conteúdo exclusivamente promocional que não funciona como canal de distribuição, uma vez que é voltada apenas para estimular a demanda a realizar a compra, já que para efetuar a reserva é necessário ligar para a central do estabelecimento, e esta sim funcionaria como um canal de distribuição.

Pode, no entanto, ser incluída nessa homepage um *link* em que o turista indique os dias de sua estada e o tipo de apartamento que deseja, e imediatamente ele obtém um retorno sobre a disponibilidade, as tarifas e as formas de pagamento, o que permitiria ao interessado fazer a reserva e até mesmo efetuar o pagamento da hospedagem solicitada. Nessa nova situação, a homepage funcionaria como meio de promoção e de distribuição para o hotel, uma vez que seria capaz de colocar o serviço à disposição para uso ou aquisição.

ANTECEDENTES HISTÓRICOS

Antes da popularização das agências de viagens, os hotéis dispunham de seus porteiros para fazer as reservas dos hóspedes. Esses funcionários eram enviados para estações ferroviárias e portos para fazer a reserva e retirar as passagens e recebiam uma comissão do fornecedor do transporte e uma taxa de entrega dos hóspedes, atuando como distribuidores para as companhias ferroviárias e marítimas (Gee e Fayos-Solá, 2003).

A origem do sistema atual de distribuição no turismo e na hotelaria remonta ao século XIX, em um período em que o turismo não se configurava como um fenômeno econômico importante. Thomas Cook, considerado o precursor dessa área, iniciou suas atividades em julho de 1841, fretando um trem para transportar 570 participantes de um congresso antialcoólico entre as cidades de Loughorough e Leicester, distantes 35 quilômetros uma da outra, ao custo de um *shilling* a passagem. Para tanto, convenceu a Companhia Ferroviária que seria melhor negócio sair um trem completamente cheio de passageiros a preços reduzidos do que operá-lo com a tarifa normal porém com baixos índices de ocupação. A viagem foi toda organizada por Cook sem visar nenhum benefício pessoal, mas ele logo percebeu o enorme potencial econômico que representava a organização de viagens e fundou no mesmo ano a Thomas Cook and Son, primeira agência de viagens registrada no mundo. O surgimento dessa agência configurou-se como a primeira organização a atuar como canal de distribuição de produtos turísticos. Posteriormente, Thomas Cook criou diversos tipos de roteiros que vieram a se configurar como os primeiros pacotes turísticos, como viagens de lazer à América do Norte e de volta ao mundo, reservando assentos de navios e quartos de hotéis em maior volume.

Com a disseminação das agências de turismo, tiveram início as vendas intermediadas, caracterizadas como distribuição indireta, visto que antes do advento das mesmas o único canal existente era a venda direta entre fornecedor e cliente.

ESTRUTURA E MUDANÇAS NOS CANAIS DE DISTRIBUIÇÃO EM VIAGENS E TURISMO

Os canais de distribuição podem ser analisados pelo número de níveis em um dado setor econômico que realiza algum trabalho de aproximação entre fabricantes e compradores na cadeia de distribuição. Um hotel que distribua seus serviços aos consumidores por meio de agências de viagens apresentará uma estrutura de canal em um nível, e o que faça uso de operadoras e agências apresentará uma estrutura em dois níveis. Porém, se o hotel se responsabilizar diretamente por distribuir seus serviços aos hóspedes, ele apresentará uma estrutura de canal sem intermediários.

GESTÃO AMBIENTAL E SUSTENTABILIDADE NO TURISMO

Quando não houver intermediários no canal de distribuição, diz-se que ele apresenta um sistema direto; caso contrário, configura-se como um sistema indireto de distribuição. A Figura 24.1 exemplifica essa estrutura básica que os canais podem assumir.

Figura 24.1 – Níveis básicos de distribuição do produto turístico.

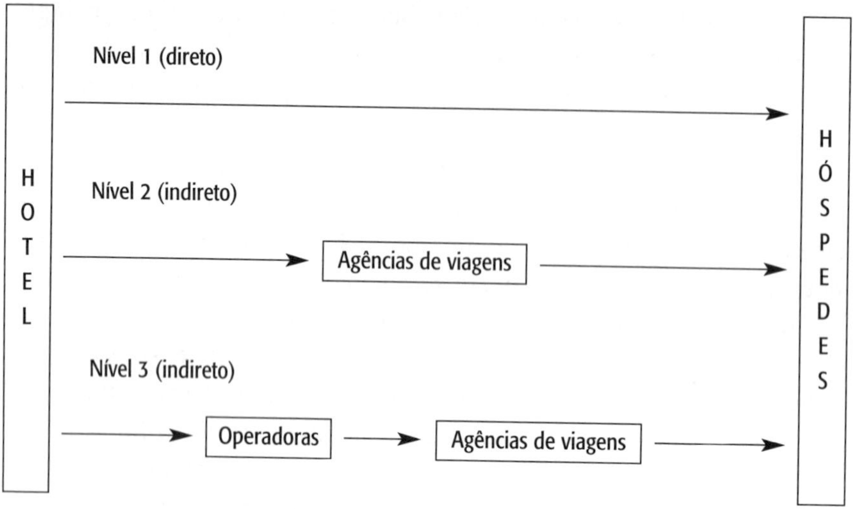

Fonte: adaptada de Kotler e Armstrong 2003.

Os níveis apresentados pela Figura 24.1 podem ser descritos da seguinte maneira:

- Nível 1: caracteriza-se pela distribuição direta do produto, envolvendo somente o fornecedor de produtos turísticos e o consumidor final, no caso o turista;

- Nível 2: configura-se a existência de um intermediário entre o fornecedor e o consumidor final, realizando a distribuição indireta dos produtos representada pela figura das agências de turismo;

- Nível 3: acrescenta-se um atacadista representado pelas operadoras que trabalham como um elo entre o fornecedor e as empresas varejistas, no caso as agências de turismo, que distribuem o produto ao consumidor final.

Nesse sistema básico, um hotel poderia lançar mão de até três modos diferentes de distribuição, sendo um direto (hotel-cliente) e dois indiretos (hotel-agência-cliente, hotel-operadora-agência-cliente).

Essa estrutura básica de distribuição perdurou por longos anos, mas teve que ser aperfeiçoada à medida que, ao longo do século XX, os serviços turísticos foram se expandindo e diversificando, tornando cada vez mais complexo gerir um sistema de distribuição em que os consumidores passaram a estar cada vez mais dispersos geograficamente. Para lidar com essa complexidade, uma série de ferramentas apoiadas em tecnologias da informação foi desenvolvida para dar suporte à distribuição do produto turístico.

Um dos grandes marcos na distribuição eletrônica nos últimos quarenta anos foi a criação dos Sistemas Globais de Distribuição (Global Distribution Systems – GDS) que passaram a concentrar a oferta de inúmeros e variados serviços turísticos, com o propósito de atender os fornecedores e às organizações de diversos níveis dos canais de distribuição.

A origem dos GDS está nos Sistemas de Reserva por Computador (Computer Reservations Systems – CRS) criados pelas companhias aéreas na década de 1960. Esses sistemas começaram com a finalidade de acompanhar a venda de bilhetes aéreos e disponibilizar preços para as agências de viagens e outros intermediários, oferecendo informações cada vez mais atualizadas e rápidas. De sistemas internos a cada companhia aérea, os CRS foram se transformando em GDS por gradualmente expandirem sua abrangência geográfica e realizarem integração horizontal e vertical. Horizontal por incorporar os sistemas de outras companhias aéreas; embora rivais, as empresas aéreas passaram a trabalhar em parceria, nos sistemas de reserva que exigiam recursos elevados na medida em que se desenvolviam. Vertical por incorporar uma gama enorme de outros serviços turísticos, tais como hospedagens, aluguel de veículos, passagens de trem, entradas para atrações, entre outros (Buhalis, 1998).

Hoje em dia, os GDS funcionam como uma base de dados de abrangência mundial que, além das reservas de vôos, também são utilizados para hotéis, locação de veículos, emissão de bilhetes, cálculo de tarifas, câmbio e outros, proporcionando informações mais rápidas e precisas, integrando as empresas fornecedoras do produto turístico a um grande número de intermediários e facilitando assim sua distribuição. Por exemplo, o GDS Amadeus está presente em mais de 90 mil agências de viagem, enquanto o Galileo está em mais de 50 mil agências espalhadas pelo mundo, o que configura um alto potencial de aproximação dos serviços turísticos de um fornecedor com os turistas.

As últimas ondas de inovação que permitiram a criação e o desenvolvimento da rede mundial de computadores afetaram profundamente a estrutura dos canais de distribuição na área de turismo e hotelaria. Com a enorme redução de custos proporcionados pela internet nas trocas eletrônicas de informação, inúmeras novas empresas, especialmente as pequenas e médias, passaram a ter a possibilidade de distribuir eletronicamente seus serviços sem depender dos GDS.

O setor do turismo, assim como quase todos os demais ramos de atividades, passou por um *boom* de criação de websites para aproximar o contato com clientes e intermediários. Se até o início da década de 1990 as trocas eletrônicas pareciam restritas às grandes empresas, a popularização da internet permitiu que mesmo pequenos negócios pudessem dispor e utilizar-se desse tipo de transação. Hotéis de todos os portes e finalidades passaram a criar websites próprios, o que permitiu que tanto a informação logística quanto a promocional pudessem ser veiculadas, potencializando a realização de negócios.

Dessa forma, a internet acabou fortalecendo a possibilidade de distribuição direta por parte dos fornecedores de serviços turísticos, criando o fenômeno da desintermediação, uma vez que um número crescente de fornecedores sentiu-se atraído a desenvolver e aprimorar seus sistemas diretos de distribuição, procurando aliar as vantagens da distribuição direta com a possibilidade de obter incontáveis pontos-de-venda por meio do mundo virtual. Entre as vantagens e desvantagens da desintermediação, Buhalis (1998) cita as seguintes como sendo as mais proeminentes:

1) Argumentos a favor da desintermediação:

- As agências de viagens adicionam pouco valor ao produto turístico, por atuarem meramente como escritórios de reservas que favorecem os fornecedores que pagam melhores comissões e não os melhores serviços aos seus clientes;

- As agências funcionam em horários restritos e exigem tempo para visitá-las;

- Turistas experientes possuem mais conhecimento do que intermediários, especialmente em mercados especializados;

- A tecnologia permite aos consumidores realizar funções que antes eram restritas aos agentes.

2) Argumentos a favor da intermediação:

- As agências adicionam valor por oferecerem conselhos profissionais gratuitos;
- As agências oferecem uma interface e um toque humano às relações;
- As agências reduzem a insegurança ao assumirem a responsabilidade pelos arranjos dos serviços ofertados;
- Grande parte do mercado é iletrada em computadores, e a tecnologia é de difícil utilização;
- Transações pela internet não são seguras e confiáveis o bastante para grande número de consumidores.

Além da possibilidade de distribuição direta, a internet também permite que novos participantes atuem nos âmbitos dos canais de distribuição. Agências e operadoras on-line e sites especializados apenas em distribuir serviços turísticos proliferam e acabam concorrendo com as empresas tradicionais participantes dos canais. O fato de os negócios eletrônicos possuírem peculiaridades próprias que os distinguem dos negócios físicos faz que muitas empresas tradicionais tenham dificuldade de entrar no ambiente virtual, o que torna maior o número de empresas atuantes na intermediação de produtos. Atualmente, inúmeros websites estão se especializando em distribuir serviços de hospedagem para pequenas e médias empresas a um custo acessível para esse porte de negócios, o que aumenta a concorrência e a pressão por competitividade dos intermediários tradicionais.

Pode-se perceber não só um aumento no número de empresas atuantes na distribuição do produto turístico, mas também um maior número de possibilidades de distribuição. A Figura 24.2 mostra as mudanças ocorridas nas duas últimas décadas e a ampla variedade de modalidades de distribuição que um hotel pode adotar.

Uma análise da Figura 24.2 permite verificar cinco modalidades de distribuição direta e ao menos outras dez de distribuição indireta, o que perfaz quinze possibilidades diferentes de distribuição, um número significativamente superior aos três modos do sistema básico de distribuição apresentado na Figura 24.1. Esses números indicam a complexidade crescente pela qual passam os canais de distribuição na área de viagens e turismo.

Figura 24.2 – Modalidades de distribuição do produto turístico.

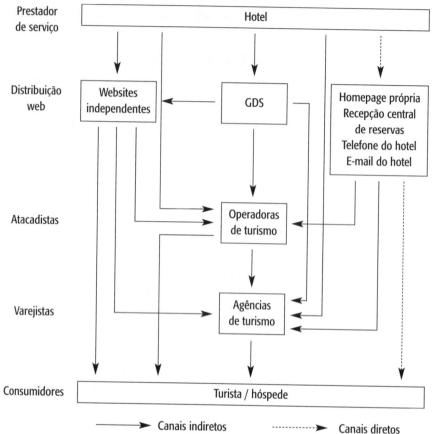

OS CANAIS DE DISTRIBUIÇÃO E A SUSTENTABILIDADE ECONÔMICA DOS EMPREENDIMENTOS TURÍSTICOS

As recentes transformações dos canais de distribuição do turismo, em decorrência da virtualização dos negócios, têm provocado fortes impactos na sustentabilidade econômica dos empreendimentos envolvidos com a atividade turística. Os meios de hospedagem, atualmente, sofrem competição tanto de outras empresas similares na disputa pela ocupação de suas unidades quanto dos próprios canais de distribuição na disputa sobre como cada unidade será vendida (O'Connor e Piccoli, 2003). Considerando as novas modalidades de distribuição direta e indireta, conforme mostrado na Figura 24.2, tanto os fornecedores de serviços como os intermediários disputam a primazia de tornar mais fácil e econômica a tarefa do turista de realizar uma reserva.

Esse novo contexto da distribuição no turismo, que envolve tanto competição como cooperação entre as partes, tem exercido influência cada vez maior na sustentabilidade e viabilidade econômica dos empreendimentos. Se antes os papéis estavam bem definidos e distribuídos entre fornecedores de serviços, GDS, operadoras e agências, hoje os elementos da cadeia de valor do turismo podem exercer as funções uns dos outros. O número de componentes na cadeia de um determinado empreendimento dependerá da estrutura que ele irá desenvolver para distribuir seus serviços e das possibilidades e vantagens que perceber em cada um dos níveis e dos participantes dos canais. O empreendimento deve avaliar as inúmeras possibilidades de distribuição e administrá-las de modo a melhorar o resultado de suas vendas e o relacionamento com clientes. Para os hotéis em especial, uma escolha equivocada em relação à distribuição pode excluir canais que impeçam o empreendimento de alcançar importantes segmentos de clientes, bem como incluir canais que rivalizem com a distribuição direta do empreendimento, canibalizando a oferta. Nesse sentido, Carrol e Siguaw (2003) argumentam que as opções de canais constituem uma complexa rede de escolhas por meio da qual fornecedores e compradores de serviços de hospitalidade devem cuidadosamente navegar para assegurar resultados financeiros favoráveis.

As diversas modalidades de distribuição direta e a construção de relações com agências, operadoras e intermediários devem ser contempladas pelos empreendimentos como uma realidade viável que pode e deve ser construída e administrada. Ressalta-se que essa preocupação abrange tanto os mecanismos tradicionais, calcados em operadoras ou agências com bases físicas, quanto os mecanismos on-line, lastrados majoritariamente na internet.

Em uma pesquisa sobre o futuro da distribuição eletrônica no setor hoteleiro, O'Connor e Frew (2002) estimaram que as modalidades que apontam maior crescimento envolvem a concentração em sistemas centrais de reserva dos hotéis (CRS), passam por uma variedade de rotas e terceiros (como exemplo os GDS e *switches*) e finalizam utilizando a web como meio de comunicação com o consumidor. Nenhum canal em específico pareceu emergir como dominante, sendo mais provável que os empreendimentos tenham que fazer uso de várias modalidades, simultaneamente, para alcançar o consumidor.

O estudo reforçou a tese de que os canais passam por uma crescente complexidade e não por uma mera substituição dos meios tradicionais, como as agências de viagens, por meios eletrônicos, como as agências virtuais. Os elementos dos canais estão se tornando cada vez mais interconectados no esforço de se tornarem o fornecedor da escolha do consumidor. Embora essa complexidade aumente, a probabilidade de colocar o produto ao alcance de seu adequado consumidor traz à tona a questão de como administrar ativamente os sistemas de distribuição. Manter informações precisas acerca de datas, tarifas e serviços em múltiplas bases de dados é desafiador, e falhar nessa tarefa resulta na insatisfação dos consumidores.

Embora o estudo de O'Connor e Frew (2002) tenha destacado o crescimento dos sistemas eletrônicos de distribuição, um dos resultados obtidos apontou para a contínua importância dos canais tradicionais que envolvem GDS e agências de viagem. Esses canais têm sido usados por longo tempo, estão bem testados e continuam importantes no processo de distribuição dos meios de hospedagem, argumentam os autores.

Essa perspectiva de administrar as relações com elementos tradicionais dos canais pode ser observada nos resultados do estudo de caso de Carvalho et al. (2005), em um *resort* de praia localizado no sul do Brasil. Ao estudarem os benefícios que diversos tipos de relacionamento com intermediários podem proporcionar, assim como os aspectos negativos envolvidos na relação, esses autores analisaram a cooperação de uma empresa hoteleira na relação de parceria com as suas quatro principais operadoras de viagem e turismo e verificaram como os empreendimentos podem exercer escolhas conscientes em relação a seus intermediários.

No que se refere aos benefícios, o caso estudado por Carvalho et al. (2005) mostrou que a parceria do hotel com a Operadora I incrementou as vendas de unidades habitacionais nos mercados emissores e houve uma parceria de publicidade e divulgação da marca nos principais veículos de comunicação. O fato de o risco da venda dos *room nights* por período ser assumido pela operadora constituiu outro benefício, que reduz os riscos de inadimplência e aumenta o número de clientes potenciais e reais. Por fim, a operadora, por meio de feiras, eventos e outras agências, faz a divulgação da marca do hotel.

Em relação à Operadora II, também houve incremento das vendas e uma parceria de publicidade nos principais meios de comunicação na área de atuação da operadora que não seriam alcançados de outra maneira pelo *resort*. Também houve redução dos custos, já que os riscos de venda foram assumidos pela operadora, reduzindo a inadimplência e aumentando o número de clientes.

Em relação à Operadora III, os benefícios pouco diferiram das anteriores, constatando-se aumento das vendas, acordos de publicidade nos veículos de comunicação da localidade da operadora, redução do custo de venda e da inadimplência e aumento do número de clientes. O diferencial da operadora está na facilidade que ela tem de inserir o hotel em novos mercados, em razão de seu alto poder de barganha e pelo compromisso, pela fidelidade e dedicação na venda do hotel em diferentes pólos emissores.

A Operadora IV foi percebida pelo hotel como parceira na divulgação da marca em veículos de comunicação de massa, na redução do custo de venda e do risco de inadimplência. Ela também facilitou a entrada da marca do hotel em novos mercados, aumentando o número de clientes potenciais e divulgando o hotel em diferentes eventos, além de demonstrar um grande compromisso e confiança na venda do hotel.

Quando se analisa globalmente os aspectos positivos das relações com as operadoras, percebe-se que uma parceria hotel/operadora pode gerar muitas oportunidades de negócios, visto que potencializa o incremento da venda e geração de novos negócios, como observado praticamente em todas as operadoras, especialmente em relação a mercados nos quais o hotel por si não conseguiria alcançar. Parcerias de publicidade importantes para a lembrança da marca e redução dos altos custos de divulgação cobrados pelos principais veículos de comunicação também se mostraram benéficos. Outros aspectos vantajosos referem-se à redução do risco de venda das unidades habitacionais, pois, estabelecida a tarifa acordo, a operadora tem a obrigação de vender as unidades bloqueadas.

O estudo de Carvalho et al. (2005) também apontou os aspectos negativos presentes nas relações do *resort* com as operadoras, os quais foram considerados pelo empreendimento na gestão de seus canais de distribuição.

Com relação à Operadora I, verificou-se o seguinte: não havia treinamento do seu *staff* para venda do produto do hotel, não existia comprometimento com as normas operacionais estabelecidas pelo hotel nem confiança na venda deste. Vendia-se para aqueles que já eram clientes do hotel, e nisso reside um possível privilégio de venda aos outros hotéis mais rentáveis à operadora e os altos custos operacionais com *famtours* (viagens de familiarização) e publicidade.

Em relação à Operadora II, também se observaram os seguintes aspectos: não havia treinamento e capacitação do seu pessoal de linha de frente para vender o hotel, faltava conhecimento *in loco* do produto desse pessoal e existia a desconfiança, por parte do *resort*, de que a operadora pudesse estar privilegiando a venda de produtos de outros hotéis e de que os custos elevados da parceria em publicidade e *famtours* pudessem estar inflados.

A Operadora III apresentou o maior número de aspectos negativos no relacionamento com o hotel: não havia treinamento para venda do produto hoteleiro, não se cumpriam as normas estabelecidas pelo hotel e não existia um contrato formal que estabelecesse os limites de cada empresa. Além disso, verificaram-se outros pontos negativos, como o alto custo operacional de manutenção da parceria e, principalmente, o elevado poder de barganha da operadora no mercado.

Por último, a Operadora IV foi a que menos aspectos negativos apresentou: não havia treinamento para a venda das unidades habitacionais, não se conhecia o produto *in loco*, não existia comprometimento com as normas estabelecidas pelo hotel, além do alto custo da manutenção de uma boa parceria em longo prazo.

Os pontos negativos comuns às quatro operadoras foram:

* Falta de treinamento do *staff* para a venda do hotel, em razão, principalmente, da grande quantidade de oferta hoteleira à sua disposição, pois elas possuem parcerias com inúmeros hotéis;
* Desconhecimento *in loco* do produto, justificado pela falta de treinamento e realização de um maior número de *famtours*.

Embora exista a parceria, o hotel considera relativamente alto o custo de manutenção de bons acordos de cooperação com as operadoras e apresenta uma certa desconfiança de que elas beneficiem a venda de outros hotéis que ofereçam as melhores vantagens momentâneas de mercado.

Esse estudo de caso mostra que um hotel deve considerar vários aspectos nas suas relações com intermediários: potencialidades podem ser exploradas e aspectos negativos devem ser levados em consideração na escolha de organizações intermediárias que venham a atuar como distribuidores.

CONSIDERAÇÕES FINAIS

Os canais de distribuição no setor de turismo e viagens têm passado por profundas modificações, e essas mudanças lançam novos desafios não apenas para as organizações intermediárias, como as operadoras e agências, mas também para as próprias empresas fornecedoras de serviços, como os hotéis e as companhias aéreas. A tecnologia da informação e a internet proporcionam novos desafios competitivos para os intermediários tradicionais e, para os fornecedores de serviços ligados ao turismo, promovem novas possibilidades de distribuição que podem embutir tanto oportunidades como riscos a serem administrados.

O momento atual indica que dezenas de combinações são possíveis para a distribuição de serviços turísticos, como os modelos tradicionais de distribuição por meio de agências e operadoras, os sistemas totalmente eletrônicos diretos ou indiretos e inúmeros outros que podem combinar sistemas eletrônicos baseados na internet com participantes tradicionais.

Um dos principais desafios para os hotéis e mesmo para outros fornecedores de serviços estão no conhecimento e na análise das potencialidades, vantagens e desvantagens que cada possibilidade de distribuição pode oferecer ao empreendimento, tendo em vista sua realidade específica e o perfil de seus clientes atuais e futuros. Os argumentos favoráveis e contrários à desintermediação e o caso discutido ilustram que soluções mágicas são ilusórias e que, assim como a relação com operadoras pode ser frutífera e ao mesmo tempo limitante, outras modalidades de distribuição devem também apresentar suas vantagens e desvantagens.

Considerar a distribuição de serviços turísticos uma atividade que requer um certo nível de cooperação e colaboração entre as partes envolvidas leva a pensar que a escolha de modalidades de distribuição não depende apenas das vantagens e desvantagens genéricas que uma estrutura específica oferece, mas também das vantagens e desvantagens que podem ser obtidas nas relações com cada um dos atores envolvidos. O desenvolvimento das relações com operadoras pode se mostrar mais benéfico para um empreendimento do que para outro, não obstante as semelhanças que os aproximam. As diferentes vantagens percebidas nas relações com operadoras, no caso analisado, mostram que as decisões de canais não se referem apenas à escolha de uma modalidade ou estrutura de canal aparentemente mais vantajosa, mas incluem a conquista de atores específicos que potencializem o negócio no presente e no futuro.

REFERÊNCIAS

BUHALIS, D. Strategic use of information technologies in the tourism industry. **Tourism Management**, v. 19, n. 5, 1998.

_____. Distribution channels in the changing travel industry. **The International Journal of Tourism Research**, v. 2, n. 5, 2000.

CARROL, B; SIGUAW, J. The evolution of electronic distribution: effects on hotels and intermediaries. **Cornell Hotel and Restaurant Administration Quarterly**, v. 44, n. 4, 2003.

CARVALHO A.N.; MORATELLI, R.F.; CANCELLIER, E.L.P.L. As relações existentes entre agências de turismo e empreendimentos turísticos hoteleiros – um estudo de caso em *resort* de praia. In: III SEMINÁRIO DE TURISMO DO MERCOSUL, 2005. **Anais**. Caxias do Sul, 2005.

COUGHLAN, A.N. et al. **Canais de marketing e distribuição**. 6.ed. Porto Alegre: Bookman, 2002.

GEE, C.Y.; FAYOS-SOLÁ, E. **Turismo internacional: uma perspectiva global**. 2.ed. Porto Alegre: Bookman, 2003.

KOTLER, K.; BOWEN, J.; MAKENS, J. **Marketing for hospitality & tourism**. Upper Saddle River: Prentice-Hall, 1996.

KOTLER, P.; ARMSTRONG, G. **Princípios de marketing**. 9.ed. São Paulo: Prentice-Hall, 2003.

NOVAES, A.G. **Logística e gerenciamento da cadeia de distribuição: estratégia, operação e avaliação**. 2.ed. Rio de Janeiro: Elsevier, 2004.

O'CONNOR, P.; FREW, A.J. The future of hotel electronic distribution: expert and industry perspectives. **Cornell Hotel and Restaurant Administration Quarterly**, v. 43, n. 3, 2002.

O'CONNOR, P.; PICCOLI, G. Marketing hotels using Global Distribution Systems revisited. **Cornell Hotel and Restaurant Administration Quarterly**, v. 44, n. 5-6, 2003.

ROSENBLOM, B. **Canais de marketing**. São Paulo: Atlas, 2002.

Redes de Empresas e Instituições de Suporte ao Turismo: Teoria e Prática

25

Valmir Emil Hoffmann
Economista, Univali
Carolina Braghirolli
Bacharel em Turismo, Faculdade Estácio de Sá-SC
Lucila Maria de Souza Campos
Engenheira de Produção, Univali

INTRODUÇÃO

O turismo utiliza-se de diversas áreas de conhecimento para sua compreensão, como a Administração, a Sociologia e a Psicologia, justificando o caráter interdisciplinar da atividade. Essas áreas, em sua maioria pertencentes ou relacionadas às Ciências Sociais, têm dado destaque às aglomerações de empresas, bem como ao papel que as instituições adquirem e desempenham nessas aglomerações. Esse papel se refere à transferência de conhecimento, à tecnologia, à facilitação de negociação etc. O papel das instituições tem sido estudado com temáticas ligadas ao desenvolvimento de estratégias, com distintos enfoques, que vão da aprendizagem organizacional até o capital social. Porém, apesar da ênfase ao assunto nas diversas áreas, no turismo é pouco explorado, o que permite novas reflexões.

Outro assunto de destaque nas Ciências Sociais é a preocupação das empresas por um desempenho superior. Esse desempenho é o que garante a sobrevivência das empresas e tem sido tratado como competitividade, tanto em avaliações de unidades empresariais turísticas (Gohr et al., 2002) como de destinações turísticas (Dwyer e Kim, 2003). Isso significa que a competição pode se dar em diferentes âmbitos, o que torna sua análise complexa no turismo.

Neste trabalho considera-se o âmbito supra-empresarial, tomando a destinação como unidade de análise. Em particular, o interesse aqui se volta às aglomerações territoriais, algo bastante comum em se tratando de turismo. As aglomerações tornam-se corriqueiras, visto que o atrativo muitas vezes está concentrado geograficamente, por exemplo, uma praia ou um *canyon*. Isso também enseja a necessidade de sustentabilidade da destinação, considerando o impacto que a atividade humana pode ter sobre os atrativos naturais.

Assim, a competição acontece entre os aglomerados de empresas turísticas (Beni, 2001), pois as empresas aproveitam o fato de estarem próximas geograficamente e desenvolvem estratégias coletivas, com o intuito de criar e sustentar as vantagens competitivas. Em outras palavras, elas podem manter relações repetidas, que as caracterizaram como redes de empresas.

As redes, contudo, não diminuem a competição. Porter (1998, p.100) afirma que as empresas aglomeradas e em rede estarão expostas a dois tipos de competição: dentro da aglomeração e entre as aglomerações, ou, aplicando-se ao turismo, dentro da destinação e entre as destinações. Para a sustentação da vantagem competitiva e o conseqüente desempenho superior nessa competição, as instituições auxiliam no desempenho das empresas aglomeradas, pois, de acordo com Amato Neto (2000, p.91), a instituição passa a promover a confiança e a estimular condições favoráveis ao desenvolvimento da competitividade por meio de informações, treinamento, tecnologia, conhecimento, aprendizado, relações sociais e, no caso particular do turismo, pode fomentar também a sustentabilidade ambiental.

Neste capítulo apresenta-se uma discussão sobre as redes de empresas, com enfoque especial para as instituições de suporte à atividade turística. O trabalho está dividido em três partes: nesta primeira, indicam-se os pressupostos da discussão; na segunda parte, elenca-se a fundamentação teórica; na parte final, a discussão é ilustrada com os resultados de uma pesquisa realizada na cidade de Florianópolis (SC). O trabalho se encerra com algumas ponderações a título de conclusão.

A fundamentação teórica está desenvolvida em duas partes. Na primeira, estão expostos os princípios fundamentais para o entendimento da competição, redes de empresas e a relação entre estas. Na segunda, destaca-se o papel das instituições de suporte nas redes de aglomeração, com destaque para a sustentabilidade ambiental.

COMPETINDO EM REDES

Como a competição consiste na busca de um desempenho superior entre empresas no mercado (conjunto de consumidores reais e potenciais) (Castells, 2000, p.53), parece relevante a compreensão da interação entre consumidores e empresas e destas com seus produtos.

Se cada produtor trabalhar de forma individual para maximizar seu lucro, a intensidade da competição entre as empresas vai depender, segundo Baum e Mezias (1992, p.581), do grau de similaridade entre os recursos organizacionais necessários a elas. Ou seja, quanto mais similares essas empresas forem, mais intensa será a competição, pois nenhum dos produtos ou serviços oferecerá algo atraente em comparação com os demais. A competição passa a ser uma questão da configuração interna de cada empresa.

No turismo, da mesma forma, a configuração interna das empresas é relevante. A busca por diferenciar serviços que causem impacto na percepção do turista acerca da empresa e, por corolário, da destinação, tem sido uma tarefa recomendada e almejada por meios de hospedagem, transportes, intermediários e outros atores empresariais do turismo. Isso pode ser entendido pelo desenvolvimento de sua vantagem competitiva sustentável, que significa a sobrevivência do negócio. A vantagem competitiva sustentável é descrita por Barney (1991) como a implementação de uma estratégia de criação de valor não simultaneamente implementada por algum concorrente, ou possível concorrente, e quando esses competidores estão impossibilitados de copiar as vantagens baseadas nas estratégias, numa alusão clara à Abordagem em Recursos (*Resource Based-View*).

A empresa turística e a competição por meio das redes

Parece que a competição no turismo é encarada de distintas formas. Uma delas considera que o destino tem menor importância nessa competição, visto que o turista acaba sendo motivado pelos produtos ou pelas empresas de um destino ou região. Sendo assim, as empresas, os destinos e as localidades estão sempre em busca das melhores formas de oferecer o que o mercado deseja. O consumidor, por sua vez, optará pelo produto turístico que exercer maior poder de atração. Em geral, o produto com maior número de peculiaridades será mais atrativo. As peculiaridades podem se refletir tanto em termos de qualidade de serviços quanto de paisagem, incluindo-se aqui sua preservação, e no preço.

A empresa turística é um dos elementos da oferta na atividade, considerada complexa, pois é constituída também por um conjunto de elementos que isoladamente possuem pouco valor, afirma Ignarra (2003, p.50). Segundo Balanzá e Nadal (2003, p.74), as empresas turísticas são aquelas necessárias para o desenvolvimento da atividade (meios de hospedagem, agências de viagem, operadoras turísticas etc.). Para permitir o atendimento das necessidades básicas e do desfrute dos atrativos do destino, a infra-estrutura de suporte (estradas, saúde, portos, aeroportos etc.) deve estar aliada aos elementos complementares que apóiam o turista no destino (restaurantes, bares, teatros, instalações esportivas etc.).

Considerando que é difícil para uma empresa ter todas as condições e elaborar internamente todos os serviços, o relacionamento entre empresas pode maximizar resultados e vantagens por meio de estratégias conjuntas. Ou seja, a vantagem competitiva pode ser conquistada por meio de estratégias coletivas que se traduzem na atuação agregada de várias empresas, com uma finalidade comum (Ring e Van de Ven, 1992).

Segundo Bresser (1988), quando a ação dos competidores for relacionada a movimentos nos preços dos produtos (ou serviços), a reação da empresa poderá ser imediata, acompanhando os movimentos. No entanto, quando essa mesma ação estiver referida à inovação no produto e/ou serviço, então a empresa necessitará de mais tempo para neutralizar a ação dos competidores. Dessa forma, nos ambientes em que estiver presente a inovação, prevalecerá igualmente a turbulência tecnológica, e esse contexto é o que encoraja as empresas a utilizarem formas mais coletivas de estratégias (Bresser, 1988).

Nesse caso, pode-se dizer que a estratégia coletiva é o resultado do esforço de mais de uma empresa com um objetivo determinado, como pode ser a inovação de que se tratou anteriormente. Embora elas possam advir de distintos tipos de acordos, é comum que elas derivem das redes de empresas. Para Miles e Snow (1978, p.547), "uma rede de empresa é a combinação única de estratégia, estrutura e processo". Outra interpretação, de Amato Neto (1995, p.37), destaca como rede "o ato de 'associação' de duas ou mais empresas ou organizações na busca de obtenção de um objetivo/meta comum a elas". O autor acrescenta que essa união entre empresas se dá por intermédio de uma rede de valor, não necessariamente terceirizada, na qual o objetivo é obter maior eficácia na produção e, conseqüentemente, maior vantagem competitiva.

Na colaboração, o que fica evidenciado é a troca de experiência, informação, recursos ou qualquer vantagem que engrandeça todos os que estão comprometidos com resultados conjuntos, segundo Watkins e Bell (2002, p.20). A cooperação é o trabalho conjunto no qual se compartilham informações e atividades com o intuito de gerar mais negócios, levando em conta o comprometimento entre as empresas (Watkins e Bell, 2002).

Além da colaboração e da cooperação, a especialização e a complementaridade entre as empresas diminuem a rivalidade entre elas, reforçando os parceiros no interior da rede, a coerência e a estabilidade. Dessa forma, a eficiência coletiva sobrepõe-se à eficiência individual, de acordo com Guerra e Teixeira (2002, p.97). Por meio da rede, as empresas procuram sustentar a vantagem competitiva perante as empresas que estão fora da rede (Jarillo,1988). Nesse sentido, cada empresa da rede se responsabiliza por aquilo que faz de melhor, maximizando, assim, os resultados perante o mercado.

Isso implica abrir mão de parte do poder de decisão sobre o negócio. Conforme Enright (1998, p.316), na rede de empresas, "as escolhas estratégicas das empresas podem ser influenciadas pela interdependência estratégica, fluxos de informações rápidos e uma mistura de cooperação e competição". Em contrapartida, as empresas pertencentes à aglomeração têm vantagens competitivas em relação às que estão de fora, pois a cooperação fortalece sua estrutura.

As redes podem se estabelecer de distintas formas. Considerando a tipologia apresentada por Hoffmann et al. (2007), os indicadores considerados para descrever uma rede são a direcionalidade, a localização, a formalização e o poder nas redes (Quadro 25.1). Neste capítulo, discute-se um tipo particular de rede que se caracteriza por ser, em termos de direcionalidade, horizontal, de localização aglomerada, de formalização com base não contratual e com o poder não orbital.

A direcionalidade horizontal ocorre entre empresas concorrentes no que se refere a produtos e/ou mercados. As redes aglomeradas territorialmente mantêm relações que se estendem além daquelas puramente comer-

Quadro 25.1 – Tipologia de redes.

Indicadores	Tipologia
a) Direcionalidade	Vertical Horizontal
b) Localização	Dispersa Aglomerada
c) Formalização	Base contratual formal Base não contratual
d) Poder	Orbital Não orbital

Fonte: Hoffmann et al. 2007, p.110.

ciais, incluindo instituições de suporte empresarial. As redes de base não contratual são estabelecidas com base na confiança, sem necessidade de um dispositivo legal. Por fim, o indicador não orbital implica entender que cada parte possui o mesmo poder na hora de tomar decisões por toda a rede (Hoffmann et al., 2007).

Normalmente as aglomerações surgem, segundo Watkins e Bell (2002, p.15), quando várias empresas reconhecem a interdependência com outras e, no intuito de obter vantagem competitiva, procuram cooperar e colaborar. Os autores destacam ainda que essas empresas são compelidas por forças competitivas e responsabilidades legais a manter sua interdependência e, ao mesmo tempo, autonomia.

Na estrutura das aglomerações, destacam-se aspectos tangíveis (empresas e infra-estrutura), intangíveis (conhecimento) e institucionais (estrutura legal) de acordo com Porter e Sölvell (1998, p.443). Em relação aos aspectos tangíveis, Zaccarelli (1995, p.20) afirma que nas aglomerações eles podem ser observados na localização e concentração geográfica das empresas, no aproveitamento de subprodutos, na reciclagem de materiais e na defasagem tecnológica uniforme.

A localização geográfica é considerada fator de destaque por Porter e Sölvell (1998, p.441), os quais ressaltam que o crescimento do desempenho das empresas se dá por intermédio da redução de custos, por causa da diminuição das distâncias entre as empresas, seus fornecedores e empresas

REDES DE EMPRESAS E INSTITUIÇÕES DE SUPORTE AO TURISMO | **581**

parceiras. Essa abordagem é conhecida há muito tempo, pois Marshall (1925), no início do século XX, já destacava as vantagens de uma empresa estar perto de outra.

Em relação aos aspectos intangíveis nas aglomerações, Guerra e Teixeira (2002, p.97) apontam estudos feitos por Senge, Garvin e Leonard-Barton, todos na década de 1990, em que se analisaram as empresas japonesas. Nesses estudos, observou-se que as inovações organizacionais e a renovação tecnológica não foram suficientes para um desempenho superior. Assim, entendeu-se que as organizações precisam trocar experiências para criação de conhecimento.

Outro aspecto de intangibilidade diz respeito às relações sociais. As empresas se reforçam por meio de relações sociais, normas, valores, informação e fluxos de transferência de conhecimento tácito, afirma Amato Neto (2000, p.9). Em razão da proximidade entre as empresas, as pessoas envolvidas trocam informações, desenvolvem valores e padrões e transferem conhecimento tácito, ou seja, o "como fazer" de forma eficaz e eficiente.

Além dos aspectos tangíveis e intangíveis, os aspectos institucionais são destacados dentro das aglomerações. Nesse processo, além dos empregados das empresas envolvidas, há segundo Porter e Sölvell (1998, p.443), a interação entre os agentes econômicos, socioculturais, institucionais e políticos, fazendo com que haja aprendizado e mudanças competitivas e de comportamento nas aglomerações.

Como o turismo tem uma dose elevada de serviços, as aglomerações turísticas necessitam qualificar os colaboradores para oferecer produtos da maneira mais eficiente possível. Assim, as instituições desempenham papel fundamental na complementaridade da estrutura das aglomerações, transferindo informação e tecnologia, gerando conhecimento, entre outras ações.

Papel das instituições de suporte e a sustentabilidade ambiental em turismo

Com o aumento da competição, as instituições podem desempenhar papel relevante na manutenção e prosperidade das aglomerações, pois existe nelas a necessidade de órgãos coletivos que assumam funções de suporte à atividade-fim das empresas. Essas instituições locais, que podem ser públicas ou privadas, são consideradas por Hoffmann e Molina-Morales

GESTÃO AMBIENTAL E SUSTENTABILIDADE NO TURISMO

(2002, p.7) "organizações localmente orientadas que fornecem um conjunto de serviços coletivos de apoio para as empresas da região".

Quando se fala em redes de empresas, o entendimento de sua dinâmica passa pela discussão de suas fontes de vantagem competitiva, que podem ser determinadas pela idéia de acesso a recursos competitivos, no contexto descrito por Barney (1991). As redes fornecem às empresas um conjunto de recursos próprios. Esses recursos são próprios, no sentido de pertencerem à rede, e são coletivos para todas as empresas que fazem parte dela. No entanto, são privados em relação às empresas que estão fora da rede. Esse é o caso, por exemplo, da balneabilidade de uma praia. Se ela estiver apropriada para banho, os meios de hospedagem locais podem se beneficiar. Contudo, as empresas que não estejam localizadas naquela praia não obterão esse mesmo benefício.

O papel das instituições verifica-se no acesso a recursos internos e externos. Com relação aos recursos de caráter interno, Porter (1998, p.104) destaca que, pelo contato com as instituições, as redes acumulam uma grande quantidade de informações dos mais diversos tipos, com acesso preferencial garantido a seus membros. Também Knorringa e Meyer-Stamer (1998, p.2) afirmam que as associações empresariais são um fórum para discussões técnicas entre as empresas.

Ainda como recurso de caráter interno existe a confiança. Com o relacionamento pessoal constante que acontece nas reuniões entre empresários, as pessoas vão se conhecendo. Quando esse conhecimento mútuo se exacerba, diminui a necessidade de estabelecer ressalvas nas trocas entre as partes. Ou seja, surge a confiança como mecanismo que gerencia as trocas entre as partes. Por exemplo, ao observar os relacionamentos ocorridos, Amato Neto (2000, p.91) reforça que:

> uma instituição passa a promover sistemas de relações de confiança entre empresas com o objetivo de estimular as condições locais favoráveis ao desenvolvimento da competitividade.

Igualmente, é papel das instituições o fornecimento de novas informações acerca de tecnologia e oportunidades disponíveis para toda a rede, segundo Molina-Morales et al. (2001, p.22). Isso pode diminuir os custos de aquisição de informação, que para as pequenas empresas pode ser relativamente pesado. Dessa forma, as instituições funcionam como repositórios, sendo o conhecimento armazenado e repassado para toda a rede.

Porter (1998, p.109) destaca que o conceito de aglomerações demonstra claramente que os recursos e as instituições locais beneficiam as empresas, principalmente as de pequeno e médio portes, pois essas, normalmente, não têm acesso a empresas fora da rede, o que pode aliená-las do processo de inovação. Então, como recursos externos, as instituições podem atuar como agentes, a fim de conectar-se com as redes externas (dispersas, com vínculo fraco), estabelecer o intercâmbio de informações e alimentar as redes de empresas das quais façam parte com novas idéias e conceitos que são refinados pela própria rede (Hoffmann e Molina-Morales, 2002, p.7).

Em relação à sustentabilidade, pode-se dizer que é um conceito sistêmico, relacionado com a continuidade dos aspectos econômicos, sociais, culturais e ambientais da sociedade humana. Propõe-se ser um meio de configurar a civilização e as atividades humanas, de tal forma que a sociedade, os seus membros e as suas economias possam preencher as suas necessidades e expressar o seu maior potencial no presente e ao mesmo tempo preservar a biodiversidade, bem como os ecossistemas naturais, para o futuro. De forma bastante simplificada, a sustentabilidade busca o melhor para as pessoas e para o ambiente, tanto agora como para um futuro indefinido.

A sustentabilidade abrange vários âmbitos de organização, desde a vizinhança local até o planeta inteiro. Apesar de parecer novo, pois foi fortemente difundido a partir das décadas de 1980 e 1990, o termo sustentabilidade possui suas raízes na economia. Nos escritos de David Ricardo observa-se a idéia da sustentabilidade, ainda que não com este nome, com a discussão de que o crescimento econômico poderia prolongar-se temporalmente. Também nos trabalhos de Marx e Shumpeter, assim como dos seguidores de Keynes, faz-se referência à sustentabilidade do desenvolvimento, entendida enquanto sustentação do sistema capitalista de produção (Pedrão, 2002).

Já no século XX, Ignacy Sachs foi um dos maiores defensores do termo. Para Sachs (1992), todo o planejamento de desenvolvimento que almeje ser sustentável precisa levar em conta as cinco dimensões de sustentabilidade: social, econômica, ecológica, espacial e cultural.

A sustentabilidade social inclui o atendimento às necessidades essenciais da sociedade e a garantia dos direitos fundamentais do ser humano. É entendida como a criação de um processo de desenvolvimento sustentado por uma civilização com maior eqüidade na distribuição de renda e de bens, de modo a reduzir o abismo entre os padrões de vida dos ricos e dos pobres.

A sustentabilidade econômica deve ser alcançada por meio de gerenciamento e alocação mais eficientes dos recursos e de um fluxo constante de investimentos públicos e privados. A sustentabilidade ecológica pode ser alcançada pelo aumento da capacidade de utilização dos recursos, limitação do consumo de combustíveis fósseis e de outros recursos e produtos facilmente esgotáveis, redução da geração de resíduos e de poluição, por meio da conservação de energia, de recursos e da reciclagem. A sustentabilidade espacial deve ser dirigida para a obtenção de uma configuração rural-urbana mais equilibrada e uma melhor distribuição territorial dos assentamentos humanos e das atividades econômicas. A sustentabilidade cultural inclui a procura por raízes endógenas de processos de modernização e de sistemas agrícolas integrados que facilitem a geração de soluções específicas para o local, o ecossistema, a cultura e a área.

Segundo os trabalhos de Lage e Barbieri (2001) e Barbieri e Lage (2001), a essas dimensões podem-se acrescentar ainda as dimensões política e tecnológica. A sustentabilidade política inclui a criação de condições para a participação efetiva da sociedade civil por meio de sistemas políticos e processos democráticos que garantam a participação dos cidadãos na tomada de decisões nos âmbitos nacional e internacional, o que pode facilitar a eqüidade social. A sustentabilidade tecnológica inclui a promoção do desenvolvimento científico e tecnológico local, o fomento de parcerias entre órgãos governamentais e não-governamentais, universidades, mercado e sociedade civil, promovendo o intercâmbio e a cooperação técnica e investindo no desenvolvimento de recursos humanos locais.

Com relação ao turismo, especificamente, pode-se dizer que a sustentabilidade é importante. O turismo pode ser um instrumento transformador de economias e sociedades, gerando empregos, promovendo a inclusão social, novos investimentos, receitas, entre outros benefícios. Porém, se mal planejado e gerenciado, pode gerar impactos ambientais, sociais e econômicos irreversíveis, não somente no âmbito local, mas em todo o planeta. Cabe ressaltar que o termo "sustentabilidade" já gera uma série de discussões, pois trata-se de um conceito difícil de ser alcançado na prática. Da mesma forma pode-se considerar a busca da sustentabilidade no turismo. Considerando que o turismo, apesar de muitos benefícios, na maioria das vezes causa mudanças no ambiente, devido a construções, especulação imobiliária, mudança na cultura local, como buscar um turismo sustentável? Para se alcançar um turismo sustentável faz-se necessária a definição de políticas públicas que fomentem a idéia de sustentabilidade, considerando toda cadeia turística, bem como a educação e a conscientização do turista e do turismólogo sobre os impactos que suas ações têm sobre o ambiente. Só assim o turismo poderá ter um desenvolvimento sustentável de longo prazo.

Há várias instituições brasileiras e mundiais que atualmente demonstram preocupação em disseminar a idéia do turismo sustentável. A Organização Mundial do Turismo (OMT), por exemplo, possui publicações que discutem o tema, organiza fóruns, encontros, e apresenta em seu sítio eletrônico definições e discussões sobre a sustentabilidade no turismo.

Outro exemplo de organização internacional é a The International Ecotourism Society (Ties). Trata-se da mais antiga associação internacional de ecoturismo. A Ties promove viagens a áreas naturais de forma responsável, conservando o ambiente natural e melhorando o bem-estar das comunidades locais. Também pretende criar uma rede internacional de indivíduos, instituições e uma indústria do turismo; educar turistas e profissionais do turismo e influenciar o setor, as instituições públicas e os doadores para integrar os princípios do ecoturismo nas suas operações e políticas.

No Brasil, há o Instituto de Hospitalidade (IH), uma fundação nacional privada sem fins lucrativos, qualificada como Organização da Sociedade Civil de Interesse Público (Oscip), que gera e dissemina referências baseadas nas melhores práticas do turismo sustentável, promovendo a interlocução e a convergência das partes interessadas. Por meio da criação e implementação de projetos em todo o território nacional, o IH desenvolve soluções que visam a qualificação de pessoas, empreendimentos e destinos turísticos. Dentre suas principais ações estão: a criação das normas técnicas brasileiras para avaliação e certificação de pessoas e empresas no setor de turismo, a implantação da Trilha Jovem Turismo e Inclusão Social e a idealização do Fórum Mundial de Turismo para Paz e Desenvolvimento Sustentável.

Há também, no âmbito nacional, o Movimento Brasil de Turismo e Cultura, primeira experiência concreta inspirada nos conceitos e temas do Fórum Mundial de Turismo para Paz e Desenvolvimento Sustentável. É um projeto brasileiro, de ação contínua e âmbito nacional, que prevê a atuação em diversos destinos turísticos no país. Conta com o apoio de importantes organizações nacionais e internacionais, como os Ministérios do Turismo, da Cultura, do Meio Ambiente e do Trabalho e Emprego, além de agências da Organização das Nações Unidas (ONU). Sua missão é estimular o desenvolvimento local sustentável por meio do turismo e da valorização da cultura: identificando características singulares do "jeito brasileiro de ser"; resgatando e fortalecendo a diversidade das manifestações culturais brasileiras; criando um ambiente favorável à inclusão social; incentivando a preservação da biodiversidade; e potencializando os micros e pequenos negócios no setor do turismo.

Este Movimento, identificado com os conceitos de "Cara Brasileira" e "Arranjos Produtivos Locais", ou APL, do Sebrae, firmou parcerias com essa e outras organizações no sentido de contribuir para a construção de uma imagem do turismo no Brasil que realmente reflita suas virtudes. Além disso, trabalha para promover a geração de postos de trabalho e renda, incrementar o fluxo de turistas, diminuir da sazonalidade no turismo, qualificar o turismo cultural e aumentar a competitividade baseada na sustentabilidade e na identidade local.

Mesmo que nem todas essas instituições estejam presentes localmente, seu raio de ação pode ser global, em função de suas ações. Contudo, as instituições presentes em aglomerações territoriais ou destinações turísticas podem assumir também o papel de fomentadoras da sustentabilidade ambiental. Esse é o caso do Projeto Tamar, presente em várias praias brasileiras. Nota-se que muitas dessas instituições têm em seu escopo a promoção da sustentabilidade ambiental, relacionada ao turismo. Um dos pontos desta investigação é saber qual é o escopo de instituições presentes na destinação de Florianópolis e se ele contém a menção e ação voltada à sustentabilidade ambiental.

AGLOMERAÇÃO TURÍSTICA NO MUNICÍPIO DE FLORIANÓPOLIS: PAPEL DAS INSTITUIÇÕES

Florianópolis é a capital do estado de Santa Catarina. Por estar localizada numa ilha, apresenta um cenário único, que contempla 52 praias com as mais diversas características: lagoas, montanhas, restingas, mangues, costões, dunas etc., o que faz que a atratividade seja maior. Como se trata de um produto turístico baseado em recursos naturais, outros municípios não podem imitá-lo, condição defendida por Barney (1991) para a sustentação da vantagem competitiva.

O principal concorrente do município dentro de Santa Catarina é Balneário Camboriú, que se manteve em primeiro lugar em termos de fluxo de turistas até 2006. Em 2007, a demanda estimada pela Santa Catarina Turismo (Santur, 2007) indicou que Florianópolis apresentou números maiores. Porém, a taxa de ocupação da hotelaria, a quantidade de dias e o valor de gastos diários permanecem superiores em Balneário Camboriú (Santur, 2007). Por outro lado, Florianópolis apresenta uma posição melhor no que se refere a fluxo de turistas com motivação para fazer negócios, mesmo que a motivação por turismo seja a que atrai a maior parte dos turistas. Esse aumento nas viagens motivadas por negócios se deu, principalmente, a partir de 1998, com a construção do Centrosul.

Por se tratar de um município com grande atratividade turística, Florianópolis possui inúmeras empresas e instituições relacionadas direta ou indiretamente com o turismo, objetivando atender os turistas nas suas necessidades. Essas empresas e instituições foram pesquisadas com o intuito de se analisar o papel das instituições na aglomeração de empresas turísticas no município de Florianópolis, em Santa Catarina.

Após o levantamento das instituições, houve uma pesquisa para destacar as empresas que com elas se relacionam. Foram aplicados questionários abertos com as instituições e questionários fechados com as empresas da aglomeração turística no município, com a finalidade de adquirir informações que visam descrever quais são as responsabilidades formais das instituições e as responsabilidades pertinentes à aglomeração de empresas turísticas e, ainda, investigar as ações das instituições em relação a essa aglomeração. O tema da sustentabilidade foi acrescentado posteriormente, e mais umas vez as instituições foram investigadas, dessa vez por meio telefônico. Para a análise dos dados, utilizaram-se as seguintes medidas: média, moda, freqüência, desvio-padrão e método de correlação de Pearson.

Dessa forma, foi possível analisar quais as instituições atuantes no município, os serviços oferecidos por elas, suas responsabilidades formais e a média de importância que elas atribuem a seus serviços, assim como o motivo pelo qual as empresas se relacionam com as instituições e o grau de importância a elas atribuídos (Quadros 25.2 e 25.3 e Tabela 25.1, respectivamente).

A partir da pesquisa realizada com instituições relacionadas à atividade turística em Florianópolis e com as empresas que se vinculam a elas, obtiveram-se alguns dados que descrevem a rede existente na aglomeração turística no município, com o intuito de aumentar a competitividade do município.

Na cidade, estão localizadas dezessete entidades ligadas direta ou indiretamente à atividade turística, listadas no Quadro 25.2, com os respectivos serviços oferecidos por cada uma delas. Dentre as instituições pesquisadas, notou-se que 47,36% estão diretamente ligadas ao turismo no município, o restante serve outras áreas, mas afirmam favorecer a atividade turística de alguma forma – como o Senai, que tem como foco as indústrias, mas oferece treinamentos para profissionais que trabalham com turismo.

Observou-se que as instituições listadas têm escopos variados, oferecendo desde serviços sociais até assessoria jurídica e representação política, além de outros serviços prestados às empresas e à comunidade. Cita-se como exemplo o CIEE, que oferece estágios aos estudantes do município e, conseqüentemente, estagiários para as empresas do local. Apenas uma instituição afirmou desenvolver atividades ligadas à sustentabilidade ambiental.

Mais da metade das instituições (58,8%) afirma ter como finalidade oferecer informação. Assim, infere-se que o entendimento das instituições para esse serviço esteja pouco ajustado, pois, de alguma forma, elas acabam oferecendo alguma informação para quem as procura.

Apenas uma instituição admite o oferecimento desse convênio, a Abav, mas de maneira empírica. Mesmo sem admitir o oferecimento desse serviço, é possível reconhecer a importância do CIEE como empresa de convênio entre empresas e escolas ou faculdades com o intuito de prover estágios para treinamento de alunos do ensino médio ou de cursos superiores. Com esses dois exemplos, destaca-se que, muitas vezes, as instituições não possuem um foco claro de seus serviços.

Dessa forma, é possível observar a inter-relação entre as instituições e empresas no município com os mais diferentes objetivos, sendo que todos estão relacionados com a contribuição para o desenvolvimento das empresas e instituições.

As instituições foram questionadas também sobre a importância que atribuem aos serviços prestados. O Quadro 25.3 demonstra a percepção das instituições. A partir das responsabilidades formais das instituições descritas no Quadro 25.3, pode-se afirmar que as mais evidenciadas foram: oferecer atividades sociais e assessoria técnica, ambas com 35,29% de freqüência; contribuir para o aperfeiçoamento das empresas, oferecer

Quadro 25.2 – Instituições pesquisadas e serviços oferecidos.

SERVIÇOS / INSTITUIÇÕES	Atividades sociais	Assessoria técnica	Aperfeiçoamento	Treinamento	Representação política	Assessoria de imprensa	Estímulo às atividades comerciais	Serviços de informação	Assessoria jurídica	Assessoria tecnológica	Infra-estrutura de treinamento	Convênios	Infra-estrutura de eventos	Investimentos	Aprendizado	Práticas de sustentabilidade
Associação Brasileira de Agentes de Viagens (Abav)	■		■					■				■				
Associação Brasileira de Empresas de Eventos																N.R.
Associação Comercial e Industrial de Florianópolis (Acif)	■			■				■								■
Associação das Micro e Pequenas Empresas (Ampe)	■	■	■	■				■								
Centro de Eventos Centrosul													■			
Centro de Integração Empresa/Escola (CIEE)	■		■													
Cooperação Mista dos Transportes de Turismo e Similares (Comitra)	■		■	■				■								
Faculdades Associadas de Santa Catarina (Fassesc)		■						■					■			
Federação da Associação de Micro e Pequenas Empresas de Santa Catarina (Fampesc)					■											
Convention & Visitors Bureau						■		■								
Instituto Brasileiro de Turismo (Embratur) e Santa Catarina Turismo (Santur)*					■		■									

(continua)

Quadro 25.2 – Instituições pesquisadas e serviços oferecidos. *(continuação)*

INSTITUIÇÕES / SERVIÇOS	Atividades sociais	Assessoria técnica	Aperfeiçoamento	Treinamento	Representação política	Assessoria de imprensa	Estímulo às atividades comerciais	Serviços de informação	Assessoria jurídica	Assessoria tecnológica	Infra-estrutura de treinamento	Convênios	Infra-estrutura de eventos	Investimentos	Aprendizado	Práticas de sustentabilidade
Serviço Brasileiro de Apoio a Micro e Pequena Empresa (Sebrae)		■	■					■		■						
Secretaria da Organização do Lazer (SOL)	■						■									
Secretaria do Turismo (Setur)		■													■	
Serviço Nacional de Aprendizagem Industrial (Senai)				■	■											
Sindicato de Hotéis, Bares, Restaurantes e Similares (SHBRS)				■												N.R.
Sistema Nacional de Emprego (Sine)	■															

* Embratur e Santur são consideradas uma única instituição, porque funcionam em conjunto no município de Florianópolis (SC); N.R. = Não respondido.

treinamento e atuar como representante político, todos com 29,41%. Observou-se que, em média, 23,52% têm como responsabilidade formal assessoria de imprensa, estimular atividades comerciais ou oferecer serviços de informação. Ainda, pode-se afirmar que aproximadamente 17,64% das instituições têm relação com assessoria jurídica, assessoria tecnológica ou infra-estrutura de treinamentos; 11,76% têm como responsabilidade estimular e oferecer convênios para as empresas do setor; e apenas 5,88% oferecem infra-estrutura de eventos ou investimentos no setor turístico.

Quadro 25.3 – Principais serviços das instituições e a importância do serviço prestado.

Responsabilidades formais das instituições	Freqüência (%)	Média de importância (escala de 1 a 5 – considerando 1 menos importante e 5 mais importante)	Desvio-padrão
Oferecer atividades sociais	35,29	3,5	1,41
Oferecer assessoria técnica	35,29	3,8	1,32
Contribuir para o aperfeiçoamento	29,41	3,9	1,33
Oferecer treinamento	29,41	4,0	1,45
Representar politicamente	29,41	4,0	1,38
Oferecer assessoria de imprensa	23,52	3,4	1,45
Estimular atividades comerciais	23,52	3,0	1,82
Oferecer serviços de informação	23,52	4,0	1,04
Assessorar juridicamente	17,64	3,4	1,64
Oferecer assessoria tecnológica	17,64	3,2	1,22
Oferecer infra-estrutura de treinamentos	17,64	3,6	1,45
Estimular e oferecer convênios	11,76	3,9	1,52
Oferecer infra-estrutura de eventos	5,88	4,1	0,91
Investir no setor	5,88	2,8	1,46

Pode-se destacar, também, que algumas instituições consideram o serviço de oferecer infra-estrutura de eventos o mais importante, com uma média de importância de 4,1. Outros serviços considerados importantes pelas instituições são: treinamento, representação política e serviço de informação, com uma média de importância de 4. Entre as responsabilidades formais das instituições pesquisadas, o investimento no setor foi o item considerado menos importante pela maior parte das instituições, cerca de 2,8 dentro da escala.

Salienta-se que as responsabilidades formais consideradas mais importantes por grande parte das instituições pesquisadas foram: oferecer treinamento, representar politicamente e oferecer serviço de informação, todas essas responsabilidades consideradas de importância 4 para mais de 20%

das instituições. A responsabilidade formal de infra-estrutura de eventos obteve a maior média de importância na escala (4,1), mas considerada apenas por 5,88% das instituições. A responsabilidade de investimento, além de ser considerada pouco importante (2,8 na escala), também é responsabilidade da menor parte das instituições, apenas 5,88%. Dessa forma, percebe-se que a maioria dos serviços prestados pelas instituições tem caráter social, técnico e político, e poucas instituições oferecem infra-estrutura de eventos ou investem no setor. A Tabela 25.1 demonstra o motivo pelo qual as empresas buscam relacionar-se com as instituições e o grau de importância que as empresas atribuem a elas.

Para a análise, consideraram-se apenas as duas correlações de maior significância entre os serviços oferecidos. As empresas pesquisadas foram questionadas quanto ao motivo pelo qual buscam relacionar-se com as instituições e o grau de importância destas para cada empresa. Com base na correlação entre as variáveis, obtiveram-se alguns resultados.

O serviço de aprendizado apresenta correlação positiva (41%) para a Associação Brasileira da Insdústria de Hotéis (Abih) e também correlação positiva (29%) para o Convention & Visitors Bureau. Percebe-se uma correlação positiva (48%) entre a variável que indica que o serviço buscado é a assessoria de imprensa, para com a variável que representa a Abih e apresenta correlação positiva (38%) para com a variável que indica o Sindicato de Hotéis Restaurantes, Bares e Similares (SHRBS).

O serviço de assessoria jurídica apresenta correlação positiva (46%) para a Abih e correlação também positiva (41%) para a variável que indica o SHRBS. A variável que indica assessoria técnica apresenta correlação positiva (28%) para a variável que indica a Santur e também apresenta correlação positiva (25%) para com a variável que indica a Acif.

Apresenta-se correlação positiva (36%) entre a variável que indica o serviço de assessoria tecnológica para a variável que indica a Abih e correlação positiva (30%) para o SHRBS. A variável que indica atividades comerciais apresenta correlação positiva (41%) para o SHRBS e também para a Acif (40%).

Observa-se correlação positiva (43%) entre a variável que indica atividades sociais e a variável que indica a Abih. A variável 5,7 apresenta correlação positiva (36%) para o SHRBS. A variável que indica convênios apresenta correlação positiva (41%) para a variável que indica o CIEE e apresenta também correlação positiva (34%) para o SHRBS.

Tabela 25.1 – Motivação para o relacionamento entre empresas e instituições.

SERVIÇOS / INSTITUIÇÕES	Aprendizado	Assessoria de imprensa	Assessoria jurídica	Assessoria técnica	Assessoria tecnológica	Atividades comerciais	Atividades sociais	Convênios	Infra-estrutura para eventos	Infra-estrutura de treinamentos	Investimentos	Representação política	Informação	Treinamento
Abih	0,41**	0,48**	0,46**		0,36*		0,43**		0,38*	0,41**	0,41**			0,39**
Abav														
ABBTUR														
Associação Brasileira de Empresas de Eventos									0,38*					
Acif				0,25**	0,40**								0,37**	
Ampe/GF														
CIEE								0,41**						
Convention & Visitors Bureau	0,29**								0,54*					
Cooped/ Coopetur														
Embratur														
Fassesc														
Santur				0,28**								0,26**	0,39**	
Sebrae														
SOL														
Setur														
Senai														
SHRBS		0,38**	0,41**		0,30*	0,41**	0,36**	0,34**		0,36**	0,37**	0,29**		0,46**

* $p < 0,01$; ** $p < 0,05$.

Referente à variável que indica infra-estrutura de eventos, observa-se correlação positiva (54%) para o Convention & Visitors Bureau e ainda apresenta correlação positiva (38%) para a Abih e para a Associação Brasileira de Empresas de Eventos. A infra-estrutura para treinamento apresenta correlação positiva (41%) para a Abih e correlação positiva (36%) para o SHRBS.

A variável que indica investimento apresenta correlação positiva (41%) para a Abih e correlação positiva (37%) para o SHRBS. A representação política apresenta correlação positiva (29%) para o SHRBS e correlação positiva (26%) para a Santur.

A variável que indica os serviços de informação apresenta correlação positiva (39%) para a variável que indica a Santur e correlação positiva (37%) para a Acif. Os serviços de treinamento apresentam correlação positiva (46%) para o SHRBS e correlação positiva (39%) para a Abih.

Percebe-se, pela análise, que 71% das variáveis que indicam os serviços apresentam correlação positiva para o SAHRBS, e 64% das variáveis que indicam os serviços apresentam correlação positiva para a Abih. Essas instituições foram aquelas que apresentaram o maior número de correlações, o que talvez seja uma pista sobre o papel que exercem na destinação.

Dentre os serviços considerados mais procurados pelas empresas, nas instituições, observa-se que a variável que indica o serviço de informação, como já dito, apresenta correlação positiva para as variáveis que indicam a Santur e a Acif, sendo que a primeira reconhece como sua responsabilidade a representação política e as atividades comerciais, já a Acif considera sua responsabilidade os serviços de informação, entre outros. A variável que indica assessoria técnica apresenta correlação positiva para as variáveis que indicam a Acif e a Santur, já que nenhuma dessas instituições oferece esse serviço.

A infra-estrutura de eventos, item considerado pelas instituições o serviço mais importante (Quadro 25.3) e, por cerca de um terço das empresas pesquisadas, um dos serviços mais procurados por elas por meio das instituições, apresentou correlação positiva para Abih, Associação Brasileira de Empresas de Eventos e Convention & Visitors Bureau, como demonstrado anteriormente. Ressalta-se que nenhuma dessas instituições reconhece como sua responsabilidade oferecer esse serviço.

Com base na análise desses dados, percebe-se que as empresas recorrem à Abih com o intuito de obter praticamente todos os serviços, mas, entre os que servem de motivo, segundo as empresas, para se relacionarem com as instituições, só apresenta correlação significativa para o serviço de infra-estrutura para eventos. O SHRBS também é procurado pelas empresas para quase todos os serviços, mas nenhum dos destacados motiva as empresas a buscarem algum tipo de relacionamento com as instituições. Observa-se também que, quando as empresas procuram infra-estrutura de eventos, relacionam-se com a Associação Brasileira de Empresas de Eventos, mas esta não considera esse serviço sua responsabilidade formal. Quando procuram pela Acif, as empresas o fazem com o intuito de auxílio em assessoria tecnológica, atividades comerciais e informações, mas esta instituição também não considera esses serviços sua responsabilidade. Com o CIEE as empresas buscam se relacionar por convênios, responsabilidade formal também não reconhecida pela instituição. O Convention & Visitors Bureau é procurado por oferecer aprendizado e infra-estrutura de eventos, outro desencontro entre o que é requisitado pelas empresas e o que é de responsabilidade formal da instituição. Por sua vez, a Santur é procurada pelas empresas que buscam por assessoria tecnológica, representação política e serviço de informação, sendo que somente o serviço de representação política é assumido pela instituição como sua responsabilidade formal.

Como apenas uma instituição afirmou promover ações de sustentabilidade ambiental, o item foi excluído da pesquisa, considerando que essa ação se refere à reciclagem de óleo vegetal, o que, apesar de relacionado, não deriva da atividade-fim do turismo.

Assim, nota-se que as empresas buscam suprir suas necessidades por meio de instituições que julgam oferecer o que precisam, mas, na maioria dos casos, as instituições procuradas não têm como responsabilidade formal o serviço demandado pela empresa. Infere-se que essa procura deve-se à facilidade de contato oferecida por essas instituições e, conseqüentemente, pelo fato de suprirem, de alguma forma, as necessidades empresariais, mesmo que não seja responsabilidade dessa instituição o serviço procurado e oferecido. As instituições, na maioria das vezes, não consideram responsabilidade formal os serviços que acabam por oferecer às empresas. Dessa forma, as instituições têm sua importância percebida e reconhecida pelas empresas, mas por meio de serviços que não coincidem com o que consideram suas responsabilidades. Assim, muitos serviços deixam de ser oferecidos pelas instituições, o que prejudica o desempenho das empresas e do desenvolvimento turístico no local, com destaque para a questão da sustentabilidade ambiental, quase que totalmente relevada pelas instituições.

CONSIDERAÇÕES FINAIS

Observou-se que as empresas pesquisadas, com o intuito de criar vantagem competitiva perante o concorrente, buscam estratégias coletivas, procurando pelas instituições que as complementem de alguma forma.

A partir da pesquisa realizada no município de Florianópolis, percebeu-se que há aglomeração de empresas e instituições relacionadas à atividade turística e rede não formal entre elas. Essa constatação é justificada pela afirmação de Porter (1998, p.102), que destaca que aglomerações são concentrações de empresas de um setor, e pela idéia de Amato Neto (1995, p.37), segundo a qual a rede consiste na parceria de empresas ou organizações em torno de um objetivo.

Nas aglomerações, é fundamental o papel das instituições na transferência de informações, conhecimento, tecnologia etc. Petrocchi (2001, p.62) ressalta que para consolidar uma aglomeração em turismo é fundamental a institucionalização dos conceitos, dos relacionamentos e das ligações existentes entre os participantes, criando assim um padrão de comportamento em rede. Nesse estudo, o padrão de comportamento pode ser descrito por meio do que é fundamental para o fortalecimento da aglomeração e da rede e, conseqüentemente, para a busca pelas empresas e instituições em se complementar no planejamento e na execução da atividade turística. Confirma-se esse pensamento com a assertiva de Beni (2001, p.119) segundo a qual, pelas características do turismo, são fundamentais a gestão compartilhada e a participação mútua entre empresas e instituições para o desenvolvimento das aglomerações turísticas e, conseqüentemente, para o oferecimento de produto de qualidade, sem prejuízos ecológicos, culturais, sociais e econômicos.

No Brasil, observa-se a evolução de atividades compartilhadas, principalmente a partir de 1990, com a implementação da Política Nacional de Turismo que, de acordo com Beni (2003, p.114), passou a orientar o turismo por meio de programas e planos estatais para fortalecer as aglomerações. Essa atuação do governo é fundamental para as empresas turísticas, pois oferece tanto apoio físico quanto informacional, incrementando a atividade no país.

A relação entre as empresas e instituições públicas e privadas no turismo é relevante. As instituições e empresas podem fortalecer a atividade por meio de ações na busca de se complementar e desenvolver o turismo de maneira sustentável.

Com base na pesquisa, percebe-se que as instituições apresentam as mais diversas responsabilidades formais e, portanto, têm as mais diversas finalidades para com as empresas.

Quanto às ações das instituições, elas consideram mais importantes: oferecer treinamento, representar politicamente e oferecer serviço de informação; todas essas responsabilidades são consideradas de importância 4 para mais de 20% das instituições. A responsabilidade formal de infra-estrutura de eventos obteve a maior média de importância na escala (4,1), mas considerada apenas por 5,88% das instituições. Por sua vez, o investimento no setor foi considerado o serviço de menor importância pela maior parte das instituições. Já a responsabilidade de investimento, além de ser considerada pouco importante pelas instituições, também é responsabilidade da menor parte das instituições e as ações de sustentabilidade ambiental foram informadas apenas por uma instituição, ou seja, praticamente apenas no âmbito da sustentabilidade ecológica, segundo o modelo de Sachs (1992). Dessa forma, nota-se que há discrepância entre o que é de responsabilidade formal das instituições e os serviços que elas consideram importantes.

Da investigação sobre quais as ações das instituições relativas às aglomerações de empresas turísticas, foi possível observar que as empresas percebem que as instituições contribuem com serviços, para a melhoria do seu desempenho. No entanto, observou-se que há divergências entre o que é responsabilidade formal de uma instituição e o que ela acaba oferecendo para as empresas, e entre o que as empresas buscam nas instituições e o que estas consideram importante oferecer. A maior parte das instituições acredita contribuir com as empresas oferecendo aprendizado, principalmente por meio de assessoria jurídica e pela promoção de cursos de formação, o que não se confirma quando se observa o que as empresas percebem das instituições. Os serviços que as instituições acreditam ser importante oferecer não são reconhecidos como tal pelas empresas e vice-versa. Na busca por instituições que as complementem, observa-se também que as empresas procuram instituições que, na maioria das vezes, não têm como responsabilidade formal os serviços procurados pelas empresas, provavelmente porque estabelecem relacionamentos com instituições com as quais já mantêm vínculos regulares, por outros motivos ou porque procuram pessoas que trabalham em instituições com as quais já sustentam ou sustentaram algum tipo de relação profissional anteriormente.

Apesar de instituições e empresas reconhecerem a importância de umas para as outras, os resultados poderiam ser maximizados em prol de um desempenho superior se a relação entre elas fosse complementar e se ambas soubessem quais as reais necessidades e o que as satisfaz. A distância entre o que é oferecido pelas instituições e a necessidade das empresas faz que muitas das ações em busca do turismo sustentável sejam isoladas. Mesmo que as instituições ofereçam, em pequena escala, os serviços que as empresas do município consideram os mais importantes, elas oferecem apoio por meio de aspectos tangíveis (infra-estrutura, tecnologia etc.) e aspectos intangíveis (conhecimento, relações sociais, informações etc.) que complementam e fortalecem as empresas na aglomeração.

Assim, pode-se afirmar que o desempenho do papel das instituições na aglomeração de empresas turísticas no município de Florianópolis não está sendo cumprido de forma eficiente, pelo fato de as instituições não estarem exercendo o que é de sua responsabilidade formal, acabando por oferecer outros serviços que não são de sua responsabilidade, e por não estarem, muitas vezes, aptas a prover.

Este estudo não esgota o tema. Ao contrário, suscita outros questionamentos. Como uma relação informal entre empresas e instituições aglomeradas pode contribuir para criar vantagem competitiva para um destino? Como fortalecer a relação entre empresas e instituições se não houver o reconhecimento por parte delas na necessidade de complementaridade das ações? Como desenvolver ações em rede se as próprias instituições não desempenham o que lhes é de responsabilidade?

Além disso, é pertinente investigar o desenvolvimento do relacionamento entre instituições e empresas, as potencialidades e dificuldades do processo para a obtenção de uma relação de complementaridade e eficiência no desempenho das atividades e conseqüentemente, criando vantagens competitivas e alcançando resultados positivos para a destinação turística.

REFERÊNCIAS

Amato Neto, J. Os principais fatores que têm induzido os processos de desintegração vertical e de terceirização das grandes empresas, com base no contexto de reestruturação da indústria mundial. **Revista de Administração de Empresas**, São Paulo, v. 35, n. 2, p. 33-42, mar.-abr. 1995.

REDES DE EMPRESAS E INSTITUIÇÕES DE SUPORTE AO TURISMO | **599**

_____. Redes de cooperação produtiva e *clusters* regionais: oportunidades para as pequenas e médias empresas. São Paulo: Atlas, 2000.

BALANZÁ, I.M.; NADAL, M.C. **Marketing e comercialização de produtos turísticos.** São Paulo: Pioneira Thomson Learning, 2003.

BARBIERI, J.C.; LAGE, A.C. Conceitos, problemas e pontos de partida para políticas de desenvolvimento sustentável. In: ENCONTRO NACIONAL DA ASSOCIAÇÃO NACIONAL DOS PROGRAMAS DE PÓS-GRADUAÇÃO EM ADMINISTRAÇÃO (ENAMPAD), 25, 2001, Campinas. **Anais...** Campinas: Anpad, 2001. 14p. 1 CD-ROM.

BARNEY, J. Firm resources and sustained competitive advantage. **Journal of Management,** v. 17, n. 1, p. 99-120, 1991.

BAUM, J.A.C; MEZIAS, S.J. Localized competition and organizational failure in the Manhattan Hotel Industry, 1889-1990. **Administrative Science Quartely,** v. 37, p. 580-604, 1992.

BENI, M.C. **Análise estrutural do turismo.** 5.ed. São Paulo: Senac, 2001.

_____. **Globalização do turismo: megatendências do setor e a realidade brasileira.** São Paulo: Aleph, 2003.

BRESSER, R.K.F. Matching collective and competitive strategies. **Strategic Management Journal,** v. 9, p. 375-85, 1988.

CASTELLS, M. **A sociedade em rede.** v.1. 4.ed. São Paulo: Paz e Terra, 2000. v.1.

DWYER, L.; KIM, C. Destination competitiveness: determinants and indicators. **Current Issues in Tourism,** v. 6, n. 5, 2003.

ENRIGHT, M.J. Regional clusters and firm strategy. In: CHANDER JUNIOR, A; HAGSTRÖM, P.; SÖLVELL, Ö. (Eds.) **The dynamic firm: the role of technology, strategy, organization and regions.** Londres: Oxford University Press, 1998.

GOHR, C.F., MORETTO NETO, L.; SANTANA, E.A. Estratégias competitivas: um estudo no setor (...). **Turismo: visão e ação,** n. 10, p. 63-90, out. 2001/mar. 2002.

GUERRA, O.; TEIXEIRA, F. Redes de aprendizado em sistemas complexos de produção. **Revista de Administração de Empresas,** FGV, São Paulo, v. 42, n. 4, p. 93-105, out./nov./dez. 2002.

HOFFMANN, V.E.; MOLINA-MORALES, F.X. Aprendizagem através de redes sociais: o efeito da proximidade geográfica. **Revista Inteligência Empresarial,** n. 12, p. 4-11, jul. 2002.

HOFFMANN, V.E.; MOLINA-MORALES, F.X.; MARTINEZ-FERNANDEZ, M.T. Redes de empresas: proposta de uma tipologia para classificação aplicada na indústria de cerâmica de revestimento. **R.A.C. Revista de Administração Contemporânea,** v. 11, p.103-127, 2007.

IGNARRA, L.R. **Fundamentos do turismo**. 2.ed. São Paulo: Pioneira Thomson Learning, 2003.

JARILLO, J.C. On strategic networks. **Strategic Management Journal**, v. 9, p. 31-41, 1988.

KNORRINGA, P.; MEYER-STAMER, J. New dimensions in local enterprise co-operation and development: from clusters to industrial districts. **Atas Bulletin XI: New approaches to science and technology and co-operation and capacity building**. Hague and Duisburg, nov.1998.

LAGE, A.C.; BARBIERI, J.C. Avaliação de projetos para o desenvolvimento sustentável: uma análise aeólica do Estado do Ceará com base nas dimensões de sustentabilidade. In: ENCONTRO NACIONAL DA ASSOCIAÇÃO NACIONAL DOS PROGRAMAS DE PÓS-GRADUAÇÃO EM ADMINISTRAÇÃO (ENAMPAD), 25, 2001, Campinas. **Anais...** Campinas: Anpad, 2001. 15p. 1 CD-ROM.

MARSHALL, A. **Principles os economics**. 8.ed. Londres: Macmillan, 1925.

MILES, R.; SNOW, C. Organizacional strategy, structure and process. **The Academy of Management Review**, jul. 1978.

MOLINA-MORALES, X.; LOPEZ-NAVARRO, M.A.; GUIA-JULVE, J. Social capital in territorial agglomerations of firms: opportunities and restraints. In: 17º CONFERENCE OF THE EUROPEAN GROUP FOR ORGANIZATION STUDIES, **Annals...** jul. 2001.

PEDRÃO, F. A sustentabilidade social e ambiental. **Revista de desenvolvimento econômico**. Salvador, IV, jul. 2002.

PETROCCHI, M. **Gestão de pólos turísticos**. 2.ed. São Paulo: Futura, 2001.

PORTER, M.E. Clusters and the new economics of competition. **Harvard Business Review**, nov./dez. 1998.

PORTER, M.E.; SÖVELL, Ö. The role of geography in the process of innovation and the sustainable competitive advantage of firms. In: CHANDLER JUNIOR, A; HAGSTRÖM, P.; SÖVELL, Ö. (Ed.) **The dynamic firm: the role of technology, strategy, organization and regions**. Londres: Oxford University Press, 1998.

RING, P.S.; VAN DE VEN, A.H. Structuring cooperative relationships between organizations. **Strategic Management Journal**, v. 13, p. 483-498, 1992.

SACHS, I. Transition strategies for the 21st century. **Nature and resources**, v. 28, n. 1, 1992.

[SANTUR] SANTA CATARINA TURISMO. **Estatística demanda turística de Santa Catarina**. Florianópolis, 2007. Disponível em: http://www.santur.sc.gov.br. Acessado em: 28 nov. 2007.

WATKINS, M.; BELL, B. The experience of forming business relationships in tourism. **International Journal of Tourism Research**, Austrália, n. 4, p. 15-28, 2002.

ZACCARELLI, S.B. Novas idéias sobre competição enfatizam a vantagem competitiva, seu uso, valor, ocorrência e impacto nas decisões dos executivos. **Revista de Administração de Empresas**, São Paulo, v. 35, n. 1, p. 14-21, jan./fev. 1995.

Sites consultados

INSTITUTO DA HOSPITALIDADE (IH). http://hospitalidade.org.br.

MOVIMENTO BRASIL DE TURISMO E CULTURA. http://movimentobrasil.org.br

THE INTERNATIONAL ECOTOURISM SOCIETY (TIES). http://www.ecotourism.org.

WORLD TOURISM ORGANIZATION (WTO). http://unwto.org.

Atores e Práticas de Sustentabilidade Ambiental em Empreendimentos Hoteleiros

26

Elenara Viera de Viera
Bacharel em Hotelaria, Univali
Valmir Emil Hoffmann
Economista, Univali

INTRODUÇÃO

As questões relativas ao cuidado e à preservação do meio ambiente são uma preocupação em muitas indústrias, inclusive naquelas voltadas à hospitalidade (Kattara e Zeid, 2002), nas quais as visões para um futuro sustentável estão ligadas à idéia da prosperidade das organizações com a satisfação da população local e a redução dos impactos sobre o meio ambiente (Gladwin et al., 1995; Shrivastava, 1995a).

Mesmo assim, a maioria das pesquisas sobre impacto ambiental tem seu foco nas indústrias de manufatura, negligenciando as indústrias de serviços, pois "as empresas dessa área normalmente não têm uma *chaminé* para chamar a atenção" (Foster et al., 2000, p.187, grifo dos autores).

Nessa área, na qual o setor hoteleiro se enquadra, ressalta-se a necessidade de um estudo em virtude do crescimento desse setor no Brasil nos últimos 10 anos, a uma média anual de 7%, mantendo uma média ocupacional, no período de 1998 a 2000, de 60,6% (Beni, 2003). Além disso, ressalta-se a importância da hotelaria, já que, segundo Dias (1990), de 60 a

75% do consumo local dos turistas estão vinculados a despesas de alimentação e hospedagem. A escolha por Balneário Camboriú deve-se ao fato de o município ter no turismo sua principal atividade econômica, destacando-se no cenário nacional como o 7º destino turístico do país por seus atrativos, infra-estrutura e serviços, chegando a comportar uma população flutuante de um milhão de habitantes durante o verão (Santur, 2005).

As idéias sobre o impacto ambiental no turismo são divergentes. Kirk (1995), por exemplo, acredita que a indústria da hospitalidade não causa tanto impacto ao meio ambiente devido ao não-consumo em excesso de recursos renováveis e, por isso, não deve ser foco central de preocupações ambientais. Todavia, agregada à questão econômica, é imperativo ratificar que os empreendimentos hoteleiros são responsáveis por gerar uma quantia considerável de lixo e de apresentar um consumo significativo de água, energia, comida, material de limpeza e outros recursos necessários para a execução e o atendimento das rotinas diárias de operacionalização. Dessa forma, deve-se considerar seu papel nas questões ambientais, já que utiliza muitos recursos que poderão estar escassos no futuro (Wei e Ruys, 1997 apud Kattara e Zeid, 2002). Mesmo assim, a idéia de iniciar ações com a finalidade de minimizar resíduos ou emissões, de evitar o desperdício de água e energia, entre outras iniciativas, geralmente está vinculada com o conceito de mudança de processos, atividades e materiais. Isso porque é um dos segmentos que possuem uma grande propensão ao desperdício, pois seu controle foge das mãos da administração do empreendimento a partir do momento em que são gerenciados pelos próprios hóspedes e/ou empregados. Além disso, nem sempre se reflete na possibilidade de redução do impacto ambiental, porque um dos fatores mais importantes está ligado à mudança de atitudes das pessoas (Viera, 2004).

Alguns autores têm sinalizado a importância da influência e da pressão exercida pelos grupos de interesse internos e externos à empresa (ou *stakeholders*) no desenvolvimento de estratégias proativas em relação ao meio ambiente (Jennings e Zandbergen, 1995; Fineman e Clarke, 1996; Fineman, 1997; Berry e Rondinelli, 1998; Henriques e Sadorsky, 1999), mesmo que a teoria dos *stakeholders* ainda não tenha proporcionado um modelo de integração consensual, suportado por fundamentos básicos, que explique as questões referentes ao meio ambiente.

De acordo com Miyashita (2004), mesmo com o crescimento da importância das questões ambientais e sociais, os gestores das empresas ainda sentem dificuldade na tomada de decisões para adoção de políticas, em razão do desconhecimento exato de quais serão os impactos positivos e negativos para a própria empresa e seus *stakeholders*.

Nesse sentido, este estudo se propõe a descrever, por meio de um estudo de caso comparativo, os *stakeholders* e sua influência no desenvolvimento de práticas de sustentabilidade ambiental para empreendimentos turísticos hoteleiros, tomando como base a teoria dos *stakeholders*. A idéia central é operacionalizar o modelo conceitual de identificação de atributos dos *stakeholders* proposto por Mitchell et al. (1997), a fim de estabelecer parâmetros de avaliação e o grau de importância relativo de cada *stakeholder* para a organização, e elucidar quais *stakeholders* possuem suas características e têm influência sobre aquela. Isso visa contribuir com argumentos que possam auxiliar na melhoria e/ou na construção de modelos de gestão organizacionais direcionados à prática de sustentabilidade ambiental.

Este trabalho está estruturado em cinco partes. A primeira traz uma explicação sobre as questões de sustentabilidade ambiental que abordam especificamente os hotéis, com o objetivo de demonstrar quais desses aspectos são relevantes para os grupos de interesse e quais são, inicialmente, as barreiras encontradas para a adoção de práticas de sustentabilidade ambiental. A segunda parte apresenta uma visão geral sobre a teoria dos *stakeholders*, bem como a descrição do modelo proposto por Mitchell et al. (1997) e suas principais variáveis. A terceira apresenta a metodologia utilizada. A quarta etapa discorre sobre a análise dos resultados da pesquisa realizada. A última cita as limitações do estudo e os direcionamentos para futuros trabalhos sobre o tema.

PRÁTICAS DE SUSTENTABILIDADE AMBIENTAL

De acordo com Ruschmann (2001, p.20-1), os anos de 1970 foram marcados pelo surgimento da qualidade do meio ambiente, como elemento de destaque do produto turístico.

Para a área hoteleira, somente no início dos anos de 1990, contudo, é que houve uma modificação, marcada pela maneira como os novos hotéis começaram a ser construídos, bem como sua forma de operar as atividades. O mundo clamava pela necessidade de poupar energia e água e reciclar determinados produtos (Rushmore, 2003), além da obrigatoriedade em praticar a ética ambiental como meio de manter o sucesso de seus negócios, em razão da dependência dos recursos ambientais para seu funcionamento (Ferreira, 1999). Com a emergência desse novo movimento, muitos hoteleiros aproveitaram a oportunidade para competir, diferenciando-se dos demais por meio da publicidade e complacência, ajudando o meio ambiente por meio de ações e práticas que culminariam na criação do eco-hotel (Rushmore, 2003).

Ainda no final do século passado, algumas normas emergiram visando à gestão do meio ambiente nas organizações empresariais, como a britânica BS7750 (Specification for Environmental Management Systems) que serviu de pilar para a preparação da norma ambiental mundial ISO 14000 (Gonçalves, 2004, p.33). Essa norma britânica, paralelamente ligada à ISO 9000 em alguns aspectos da qualidade, sugere uma série de estágios que a organização deve cumprir para atingir um grau de sustentabilidade, que vai desde a formulação de políticas ambientais até a revisão contínua do desempenho dos sistemas e das ações praticadas (Kirk, 1995, p.4). Porém, uma questão fundamental em todo esse processo, que deve ser considerada o primeiro passo no desenvolvimento de uma política ambiental organizacional, é o compromisso em todos os âmbitos da organização. Esse tópico é reforçado por Kirk (1995), que ainda ratifica a necessidade de a intenção emanar da alta administração antes dos demais níveis. Ademais, tais políticas ambientais devem estar ligadas com as outras estratégias da organização, bem como sua cultura e responsabilidade, além do envolvimento de agentes externos, como clientes, fornecedores e comunidade local.

Conforme ressalta Ferreira (1999), até 2002 não existia uma legislação nacional que obrigasse os empreendimentos hoteleiros a adotarem um sistema de gestão ambiental. Com o surgimento da nova classificação da Embratur, em parceria com a Associação Brasileira da Indústria de Hotéis (Abih), a questão do cuidado e da responsabilidade pela gestão ambiental passou a ser um item relevante para obtenção da avaliação de excelência. Um dos sistemas em implantação mais conhecidos e utilizados na hotelaria brasileira é o Sistema Ambiental Abih "Hóspedes da Natureza", baseado no programa internacional desenvolvido pela entidade International Hotel Environment Initiative, cujos princípios essenciais são: adaptação e aplicação do modelo internacional à realidade brasileira; difusão dos conceitos práticos de responsabilidade ambiental, envolvendo diferentes *stakeholders*; e aplicação das técnicas de qualidade ao desenvolvimento técnico, progressivo e coordenado do programa, proporcionando uma integração entre o meio ambiente e o empreendimento hoteleiro (Gonçalves, 2004). Não obstante, ainda de acordo com esse mesmo autor, existem mais três tipos de sistemas de gestão ambiental em implantação na hotelaria brasileira: o sistema ambiental baseado na metodologia de produção mais limpa (P+L), aplicado na Bahia; o sistema ambiental autônomo que se refere àqueles considerados específicos e que foram projetados para determinados hotéis; e o sistema ambiental baseado na norma série ISO 14000, cuja aplicação está presente no Grande Hotel-Escola Senac Águas de São Pedro (Gonçalves, 2004).

Sendo assim, e como exposto em linhas anteriores na introdução deste capítulo, alguns autores reconhecem a importância de uma resposta adequada da organização ante as pressões exercidas pelos grupos de interesse, ou *stakeholders*, na questão ambiental (Jennings e Zandbergen, 1995; Shrivastava, 1995b; Fineman e Clarke, 1996; Fineman, 1997; Berry e Rondinelli, 1998; Henriques e Sadorsky, 1999). Contudo, existem barreiras, mais precisamente conhecidas como dificuldades internas e externas, que impedem ou limitam a adoção de estratégias ecológicas e responsáveis para o atendimento das exigências desses diferentes *stakeholders* (Post e Altman, 1994; Hillary, 2004; Zilahy, 2004; Moors et al., 2005).

De acordo com Post e Altman (1994), por meio de estudos feitos em diferentes empresas, tanto industriais como de serviços, as barreiras para adoção de estratégias responsáveis para com o meio ambiente estariam ligadas a dois fatores. O primeiro diz respeito à questão do segmento industrial com que a organização está relacionada e o tipo de atividade que desempenha, tais como capital, pressão concorrencial, regulamentação da indústria, entre outros. Esses autores apontam como principal fator o custo elevado para tornar a organização pró-ambiente, como a compra de equipamentos não-poluentes e a certificação de sistemas de gestão ambiental, principalmente para as pequenas e médias empresas. Dessa forma, a dificuldade na obtenção de recursos financeiros atrapalha o desenvolvimento dos processos e de acúmulo de competências, pois esses recursos financeiros são direcionados a outras prioridades estratégicas, normalmente geradas pela pressão competitiva (Post e Altman, 1994; Hillary, 2004; Zilahy, 2004), e principalmente nos segmentos que trabalham com liderança total em custo e não conseguem oferecer um produto diferenciado (Moors et al., 2005).

O segundo fator, de caráter organizacional, teria ligação com suas práticas habituais específicas,[1] independentemente da atividade ou do tipo de indústria em que está inserida, ou seja, barreiras internas, tais como rotinas e práticas diárias, atitudes dos empregados, falta de comunicação e liderança da alta administração, entre outras. Post e Altman (1994), Hillary (2004), Zilahy (2004) e Moors et al. (2005) acreditam que a falta de responsabilidade com as práticas ambientais está alicerçada na ausência de formação ou qualificação dos administradores e empregados da organização, apresentando um significado bem maior do que a falta de recursos financeiros (Hillary, 2004; Zilahy, 2004), o que corrobora a idéia de Kirk (1995) sobre o dispensável gasto de grandes quantias financeiras em projetos para a diminuição dos impactos ambientais.

Nessa mesma linha de pensamento, Brío e Junquera (2003) afirmam que a gestão ambiental está intimamente ligada aos recursos humanos, havendo a necessidade de posse de certas habilidades e conhecimento por parte da alta administração, principalmente, e empregados, o que só é possível mediante uma motivação conveniente. Por exemplo, alguns programas de economia interna e reaproveitamento de alimentos são práticas que ajudam a reduzir esses impactos mediante a colaboração e o engajamento de toda a organização (Viera, 2004). Dessa forma, a necessidade de um aprendizado contínuo dentro da organização, em todos os âmbitos (Moors et al., 2005) faz-se premente, pois quanto mais multifuncionais forem os integrantes de uma organização, maior propensão esta terá para a eficácia no desenvolvimento de ações pró-ambientais (Hillary, 2004). Contudo, e segundo Zilahy (2004), ainda assim existem barreiras dentro da organização que impedem o desenvolvimento de ações em favor do meio ambiente, por estas não estarem em consonância com os objetivos pessoais da alta administração, o que acaba por comprometer seu apoio com os demais empregados.

O que se pode inferir sobre os aspectos relevantes das questões ambientais dentro da organização é que estes não têm ligação só com o recurso financeiro, ou seja, a falta deste recurso para investimento em sistemas de gestão e compra de equipamentos, mas também pela falta de informação e conscientização dos administradores, quer por motivos pessoais,

---

[1] Essas práticas habituais não se referem somente aos cuidados com o meio ambiente, mas também àquelas que afetam a capacidade da organização na hora da mudança.

quer por não conseguir atender os diferentes *stakeholders*. Segundo Kirk (1995), com base em diversas pesquisas realizadas nos Estados Unidos, os consumidores e clientes dos hotéis são os responsáveis pela mudança, pois procuram ficar em estabelecimentos que promovam cuidados ambientais de qualquer natureza (água, energia, reciclagem do lixo, entre outros), mas sem pagar um valor a mais na diária. Entre as ações mais praticadas nos hotéis pesquisados por Kirk (1995), destacam-se: a economia de água, com a divulgação da política da não-troca diária de toalhas para os hóspedes; a reciclagem de latas e garrafas; a compra de produtos biodegradáveis; e a instalação de sistemas de redução do consumo de energia.

TEORIA DOS *STAKEHOLDERS* E SUA INFLUÊNCIA NAS ORGANIZAÇÕES

No que se refere à palavra *stakeholder*, não é possível encontrar uma tradução literal para a língua portuguesa. Ademais, existem múltiplas definições para *stakeholders* que vão de uma extremidade a outra, quer por conceitos mais amplos, como o de qualquer ator que apresente uma relação ou interesse na organização (Donaldson e Preston, 1995), quer por conceitos mais restritos, como o de que *stakeholders* são atores que possuem interesses e expectativas sobre a organização, sem os quais esta não seria possível (Savage et al., 1991).

Vários autores estrangeiros conceituam o termo como grupos ou atores sociais que têm influência mútua direta ou indiretamente sobre as organizações (Freeman e Reed, 1983; Freeman, 1984; Campbell, 1997; Frooman, 1999). Nesse sentido, pode-se dizer que esses grupos ou atores sociais diversos possuem um interesse "em jogo" (*at stake*) nas decisões tomadas pela organização (Miyashita, 2004) e, por isso, passaram inicialmente de uma posição passiva a uma ativa na tomada de decisões, a ponto de serem considerados integrantes do processo de criação de valor das organizações (Hinna, 2002 apud Miyashita, 2004).

A teoria dos *stakeholders* teve sua origem no trabalho seminal de Freeman (1984) em substituição ao modelo de gerenciamento empresarial que até então existia. Para esse autor, o modelo empresarial antigo, durante muitos anos, apenas considerava a sua própria organização (empregados, acionistas) para obtenção de seus objetivos. Tais objetivos eram alcançados pela tentativa de entendimentos desses grupos internos e na mudança de suas necessidades e expectativas, caso fosse necessário para atingir uma determinada meta. Porém, mudanças não deixavam de ocorrer no ambiente externo da organização, o que proporcionava uma dificuldade cada vez maior no alcance dos objetivos por parte desta. Assim sendo, os gerentes e administradores dessas organizações precisavam desenvolver maneiras de entender essas turbulências e as relações desses grupos. Então, propôs-se um modelo conceitual novo de empresa que essencialmente incorpora o ambiente externo e afirma que os gestores prósperos são aqueles que conseguem entender, nesse ambiente, as necessidades e aspirações desses grupos e responder a elas. Esse novo conceito define os *stakeholders* como qualquer grupo que pode afetar ou ser afetado pela realização dos objetivos da empresa (Freeman, 1984).

O autor pretendia mais do que apenas mostrar aos gestores dessas organizações o que fazer, ele apresentou um novo conceito à natureza das organizações, para encorajar e legitimar formas novas de ação administrativa, pois até aquele momento os gerentes e gestores só tinham uma visão endógena, voltada para o ambiente e seus grupos internos. Era necessário desenvolver essa mesma compreensão para os grupos externos à empresa. Tais grupos eram chamados "influentes", "pretendentes", "componentes" ou "grupos de interesse" (Freeman e Reed, 1983; Starick et al., 1994, p.129).

No ambiente organizacional, existem relações de interdependência entre os diferentes componentes ambientais e a organização em questão normalmente marcadas por influências recíprocas que resultam em maior ou menor poder da organização perante esses atores. A teoria dos *stakeholders* recomenda que o comportamento estratégico dessas organizações deve procurar atender e satisfazer esses grupos da melhor maneira possível, já que sofrem sua influência e podem restringir as ações da organização, sob pena do insucesso na implementação de seus objetivos e políticas.

Os estudos sobre a temática dos *stakeholders*, todavia, também tiveram outro enfoque, diferenciado basicamente em seu grau de importância para as organizações. Enquanto autores como Freeman (1984), Donaldson e Preston (1995), Campbell (1997), Frooman (1999), entre outros, consideram que as organizações devem atender aos interesses dos *stakeholders*, outros autores pensam diferente. Atkinson e Waterhouse

(1997), Argenti (1997) e Shankman (1999) defendem que as organizações devem atender de forma particular os acionistas, ou *stockholders*,[2] pois estes contribuem para o desenvolvimento da organização, e os demais só terão importância se contribuírem para a geração de lucros na organização.

Como o foco do estudo está relacionado com as questões ambientais, considera-se prioritário examinar o primeiro enfoque, visto que a teoria dos *stakeholders* também foi utilizada para elucidar aspectos da responsabilidade social (Donaldson e Preston, 1995), já que esta considera a gestão ambiental parte das ações a serem desenvolvidas pela organização (Stanwick e Stanwick, 1998).

Vários autores se utilizam de diferentes tipologias e linhas de pensamento para demonstrar a influência exercida pelos *stakeholders*. Nesse sentido, algumas delas são relevantes para a análise dos *stakeholders* e para a questão da proteção ambiental, pois usam diferentes formas de pressão (Savage et al., 1991) para conseguir benefícios, objetivando demonstrar ações e práticas para os *stakeholders* (Donaldson e Preston, 1995, p.67).

Para Frooman (1999), existem três dimensões dentro da investigação sobre os *stakeholders*. A primeira está em desvendar quem são esses grupos de interesse (*stakeholders*) e quais seus atributos. A segunda trata de investigar o que desejam e quais as prioridades correspondentes a cada um deles. A terceira está voltada para a identificação das estratégias de influência utilizadas por esses *stakeholders*. A primeira dimensão orientou diversos autores a publicar trabalhos (Shrivastava, 1994; Fineman e Clarke, 1996; Mitchell et al., 1997; Henriques e Sadorsky, 1999; Agle et al., 1999).

O modelo de Mitchell et al. (1997)

Apesar dos diferentes conceitos sobre *stakeholders*, uns mais amplos e outros mais restritos, algumas questões em comum emergem dessas definições:

- Quais interesses norteiam o gerenciamento das organizações?
- A quem interessam as organizações?
- Quais desses interesses devem prevalecer para as organizações?

---

[2] *Stockholders* são os donos de uma empresa ou de parte dela (acionistas), também conhecidos por *shareholders*.

O trabalho de Mitchell et al. (1997) dirigiu o foco na tentativa de categorizar os diferentes grupos de interesse para uma organização, por meio de um modelo baseado na ênfase ou saliência dos *stakeholders*, que sugere a presença simultânea de três características (atributos): poder (de pressão), legitimidade e urgência (da demanda). Para esses autores, os *stakeholders* são atores, internos ou externos, que afetam ou são afetados pela organização de diferentes maneiras (uns mais, outros menos), à medida que adquirem entre uma e três dessas características básicas, cuja importância é proporcional ao número de atributos em que se enquadra.

Nessa tipologia, e com base nas diferentes combinações desses atributos, os autores constatam que os atores que não possuem pelo menos uma dessas características não afetam nem são afetados pela organização, portanto não são *stakeholders*, pois não recebem atenção por parte da organização.

A tipologia proposta por Mitchell et al. (1997), como indica a Figura 26.1, leva em conta o papel da organização e o conflito de interesses que ocorre dentro dela. Ele é dinâmico e permite sua operacionalização, já que consegue identificar o grau de cada um desses atributos nos diferentes *stakeholders*, em determinado período e espaço.

O primeiro atributo, o poder, apesar da dificuldade de uma definição mais precisa, refere-se à capacidade de um *stakeholder* para obter o que deseja por meio de poder coercivo (uso da força física, violência, restrição), de poder utilitário (recursos materiais e financeiros) e de poder normativo (recursos simbólicos, como o prestígio e o carisma) para impor sua vontade sobre os demais. Mitchell et al. (1997) adaptaram essa definição de Ezioni, porém é importante ressaltar que cada um desses tipos de poder deve ser considerado sob a ótica de cada tipo de organização, seu grau de sensibilidade e vulnerabilidade em relação aos diferentes recursos, visto que estes não são uma constante, o que torna o poder algo transitório, que pode ser conquistado em dado momento, mas perdido em outro. De certa forma, pode-se dizer que organizações que dão um valor à sua imagem pública, mas que precisam de recursos financeiros para sua sobrevivência, como é o caso da hotelaria, estão mais direcionadas a atores que possuem prestígio social, que a tornem um exemplo em determinadas características e que proporcionem lucratividade, como os clientes e empregados.

Para elucidar o atributo legitimidade, Mitchell et al. (1997) empregaram a definição de Suchman (1995 apud Mitchell et al., 1997, p.866), segundo a qual a legitimidade é "uma percepção generalizada ou suposição de que as ações de uma entidade são desejáveis, adequadas ou apro-

Figura 26.1 – Classes qualitativas e tipologia dos *stakeholders* (atributos presentes).

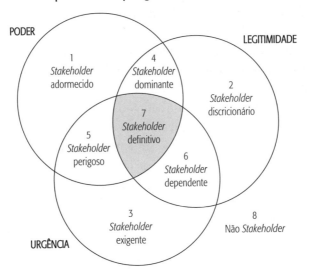

- Zero atributo = não são *stakeholders* (8);
- Apenas um atributo = são *stakeholders latentes*: adormecidos (1), discricionários (2) e exigentes (3);
- Com dois atributos = são *stakeholders expectantes*: dominantes (4), perigosos (5) e dependentes (6);
- Com os três atributos = são *stakeholders definitivos* (7).

Fonte: Mitchell et al. 1997.

priadas dentro de um sistema socialmente construído de normas, valores, crenças e definições". Esse atributo pode ser medido de acordo com o grau de desejo das ações do ator, tanto para a organização como para a sociedade como um todo, pois implica o reconhecimento e a clareza deste no que é desejável em determinadas situações. Como ilustração, ainda na linha dos hotéis, pode-se dizer que um turista que não colabora com boas ações com o meio ambiente pode ser desejável para o estabelecimento, mas não para a comunidade local.

Conforme Wood (1991, p.696), existem três níveis de procedência que garantem a legitimidade no relacionamento com a organização: o institucional, que define as relações entre negócios e sociedade, com foco nas obrigações e sanções para realizar ações esperadas por todos; o organizacional, que define as condições circunstanciais da empresa e seu relacionamento com o meio e possui foco no parâmetro comportamental da organização no que tange às suas atividades e interesses; e o individual, com base na obrigação moral dos administradores da organização no exercício da prática da responsabilidade social, focando determinadas escolhas, oportunidades e responsabilidades com seu pessoal. Mesmo assim é necessário evidenciar que, pelas diferenças culturais existentes nos diversos países, e em qualquer um desses níveis citados, a legitimidade é imposta de forma distinta para cada *stakeholder*.

O último atributo, a urgência, é definido como o grau em que um *stakeholder* clama por uma atenção imediata. Esse atributo ocorre em razão de dois pontos: o grau de sensibilidade ao tempo, no que se refere ao atraso do atendimento da demanda; e o grau de importância da relação com a organização, o qual considera o quão significativa ela é para esse *stakeholder*, qual é a possibilidade de correr riscos e quais seus sentimentos pessoais e planos para o futuro.

Os autores concluem que os três atributos estão intimamente ligados: o poder obtém autoridade por meio da legitimidade e torna-se executável por meio da urgência (Mitchell et al., 1997, p.869). No entanto, esses autores também observam que nem todo *stakeholder* detém concomitantemente esses atributos, mas que as organizações devem buscar legitimar suas estratégia e ações junto àqueles *stakeholders* que são considerados mais relevantes para sua sobrevivência.

Assim, com base na tipologia proposta por esses autores, faz-se necessário descrever a combinação dos três atributos citados em diferentes composições, gerando sete tipos de *stakeholders*, agrupados em três categorias:

- Os *stakeholders* latentes são assim classificados:
    a) Adormecidos: possuem poder, mas não têm nenhuma legitimidade ou urgência, o que torna esse atributo nulo;
    b) Discricionários: possuem a legitimidade, porém sem nenhuma urgência ou poder, já que seu reconhecimento por parte da organização se dará de forma discricional e sobre bases filantrópicas;
    c) Exigentes: possuem a urgência, mas não apresentam nenhum tipo de poder ou legitimidade, sendo considerados aqueles que mais "incomodam" a organização.
- Os *stakeholders* expectantes são assim classificados:
    a) Dominantes: possuem poder e legitimidade, mas não têm nenhuma urgência, pois fazem parte da coalizão dominante na organização;

b) Perigosos: possuem urgência e poder, porém sem nenhuma legitimidade, o que faz que essa categoria utilize práticas coercivas e de sabotagem, por exemplo, para obter reconhecimento;

c) Dependentes: possuem urgência e legitimidade, mas não apresentam nenhum tipo de poder dentro ou fora da organização, a ponto de fazer que seus intesses sejam atendidos;

- *Stakeholders definitivos*: possuem os três atributos, ou seja, são os *stakeholders* expectantes que, ao conseguirem o ganho de mais um atributo, tornam-se mais importantes que os demais.

A influência dos *stakeholders*

Atentar para os *stakeholders* pode ser uma maneira muito vantajosa de colocar a estratégia da organização numa perspectiva adequada. Para a organização com fins lucrativos, como é o caso da maioria dos empreendimentos, o lucro é, evidentemente, um objetivo importante. Todavia, ele pode se transformar em algo muito perigoso se os administradores dessas organizações o virem como algo rentável em curto prazo ou o vetor propulsor mais importante dela. O resultado deve ser visto como uma recompensa merecida e verdadeira decorrente do trabalho, das atitudes conjuntas e da responsabilidade para com os grupos envolvidos.

A rápida revisão da literatura apresentada anteriormente permitiu demonstrar que muitos esforços têm sido feitos na tentativa de delimitar quem são os grupos de interesse de uma determinada organização e qual é o tipo de influência que exercem. Segundo Henriques e Sadorsky (1999), os *stakeholders* mais importantes para as questões do meio ambiente são os acionistas, os empregados, os clientes, os fornecedores, o governo, as associações comerciais e ambientais, a comunidade local e os meios de comunicação. Contudo, Fineman e Clarke (1996) ressalvam que esses grupos de interesse podem variar conforme o tipo de indústria ou setor em que a organização está inserida.

Mesmo que possam ocorrer variações nesse sentido, é necessário considerar que as organizações não respondem de uma forma individual a cada *stakeholder*, mas sim por meio da interação das várias influências provenientes do conjunto de *stakeholders* (Rowley, 1997).

Para Campbell (1997), Argenti (1997) e Frooman (1999), o número de *stakeholders* varia de acordo com cada negócio. Já Freeman (1984) caracterizou os *stakeholders* em primários e secundários. Os *stakeholders* primários são aqueles que exercem influência direta sobre o negócio da organização, tais como: acionistas, empregados, fornecedores, clientes e a população residente em seu mercado de atuação. Os *stakeholders* secundários seriam aqueles que exercem uma influência indireta, mas não estão envolvidos nos processos de transação da organização; dessa maneira, não são considerados fundamentais para sua sobrevivência.

Influência dos acionistas

De acordo com Gitman (1997), os acionistas são os *stakeholders* internos das organizações e representam a própria razão de ser de cada negócio, já que a crença e a aplicação da capacidade produtiva da organização movem o processo e a prestação de serviços na busca de resultados financeiros satisfatórios para eles.

As organizações devem maximizar os resultados como condição para que os acionistas fiquem no negócio, fica à cargo da capacidade produtiva a obrigação de atingir resultados acima do custo de oportunidades como forma de diminuir ao máximo os riscos (Argenti, 1997). Tudo o que a empresa conseguir fazer em matéria de redução de seus custos, investimentos em tecnologia de ponta, criação e desenvolvimento de produtos diferenciados ou aumento das receitas deve estar intimamente compartilhado com a satisfação dos acionistas, considerando sempre que essas políticas devem produzir ganho adicional (Argenti, 1997).

Já Campbell (1997), crítico dessa posição, considera a capacidade interativa dos *stakeholders* que atuam na empresa fonte de geração de valores para todos, ou seja, uma relação de interdependência mútua, contrária à defendida por Argenti (1997), em que a geração de valor deve ser principalmente para os acionistas.

Parece claro o conflito existente na maioria das organizações, nas quais os gestores se preocupam com o crescimento da organização, mas não com o aumento de ganho dos acionistas.

Influência dos empregados

Segundo Argenti (1997), o objetivo de qualquer organização é maximizar a riqueza dos seus acionistas em um enfoque sobretudo econômico, já que ela foi criada para isso. Portanto, a organização deve voltar-se para atingir essa finalidade. Desse modo, Argenti (1997) defende a teoria dos *shareholders* (*stockholders*), pois conjectura que a organização deve criar e maximizar valor para seus acionistas, já que ela foi constituída com esse propósito, o que significa conduzir e manter suas ações nesse sentido.

Os empregados que constituem os *stakeholders* do ambiente interno das empresas hoteleiras, por sua vez, exercem influência direta no custo do produto ou do serviço oferecido pelos hotéis a seus hóspedes.

Se for utilizada essa teoria, a maximização dos resultados poderá ser alcançada com o aumento das receitas, com a redução dos custos e as despesas e, conseqüentemente, os gastos inclusos, gerando um ganho maior para hoteleiros.

Assim sendo, pode-se dizer que os empregados sairão perdendo, pois lutam permanentemente para maximizar seus salários e ganhos, benefícios sociais, melhorias em relação ao seu ambiente de trabalho, promovendo ações coercivas sobre a organização hoteleira para atingir seus objetivos.

Para Campbell (1997), os empregados vão querer trabalhar em uma empresa que procure desenvolver seu pessoal e propicie-lhes benefícios, sendo essas expectativas direcionadas do relacionamento. A não satisfação dessas expectativas resulta em frustração e os empregados, desmotivados, a qualquer tempo buscarão outras empresas.

Os objetivos organizacionais e os objetivos dos empregados não devem conter paradigmas de antagonismo. Em se tratando de hotelaria, é necessária a ação dos empregados, capacitados e motivados, para o prosseguimento do negócio com evidências para o atendimento qualificado, por um lado. Por outro, o empregado necessita do hotel para poder dali retirar seu sustento e sua subsistência e, assim, atingir seus objetivos pessoais.

Influência dos fornecedores

Da mesma forma que os clientes, os fornecedores são considerados *stakeholders* externos, e também têm influência ou são influenciados pela organização.

Nos dias atuais, a concepção de fornecedor não é simplesmente a de abastecer a organização; ele tem um papel mais expressivo, sendo mais um parceiro comercial desta, também conhecido por *partnership* (Martins, 1998). Portanto, as relações entre a organização e o fornecedor devem estar baseadas na confiança e no respeito mútuos, sem atritos, pois, caso contrário, as perdas serão recíprocas (Paladini, 1997).

Parece que essa relação de parceria se antepõe à idéia de relação de queda-de-braço. Durante muito tempo, encarou-se essa relação como de concorrência, visto que o fornecedor faria todo o possível para extrair o máximo de resultado de seus consumidores (Porter, 1986). Foi a partir da visão das trocas de longo prazo baseadas na redundância dos contatos que se começou a pensar no fornecedor como um contribuinte da empresa para a construção de vantagem competitiva (Powell, 1990; Dyer, 1996).

Influência dos clientes

Para Campbell (1997), os *stakeholders* externos podem ser representados pelos clientes, e estes estão diretamente ligados aos processos decisórios das organizações ou são partidários destes, já que é neles que as estratégias são baseadas para o crescimento de qualquer tipo de negócio.

Desse modo, pode-se dizer que uma organização deve reconhecer que os clientes são fundamentais e, se não estiverem sendo atendidos de uma forma adequada, podem abandonar a organização, o que significa perder mercado e, conseqüentemente, rentabilidade.

Segundo Paladini (1997), a organização não deve medir esforços no atendimento ao cliente, desde sua fase de conquista até sua satisfação, sem esquecer-se do pós-venda, e o produto oferecido a ele deve contemplar uma qualidade diferenciada em todas as suas etapas.

Para que isso aconteça, é preciso que a organização procure atender seu cliente cada vez melhor, o que acarreta normalmente uma elevação dos custos e, portanto, um repasse desse valor ao produto. Ou seja, cria-se um paradoxo: a empresa deve se esforçar na melhoria da satisfação de seu cliente, que é algo que esse cliente deseja. No entanto, isso pode gerar custos, algo que ele não deseja.

Para que todos os *stakeholders* possam ser atendidos, algumas relações devem ser estabelecidas de maneira justa para o alcance do benefício mútuo, conforme proposto por autores que defendem a teoria dos *stakeholders*, como Freeman e Reed (1983). Caso contrário, determinadas ações e associações, injustas ou abusivas, não poderão sustentar melhorias financeiras no longo prazo. A interação entre os *stakeholders*, principalmente gestores, fornecedores e clientes, nesse momento em especial, em que o foco é o cliente, é essencial para a organização.

Influência dos stakeholders secundários

As pressões e influências oferecidas por esses diferentes grupos de interesse, posicionados como *stakeholders* secundários, os quais não exercem uma influência direta (Freeman e Reed, 1983), são desenvolvidas, segundo Clement (2005), sob duas linhas amplas. A primeira estaria na capacidade crescente de determinados grupos, como organizações não-governamentais e outras instituições, em movimentar seus recursos para impor a responsabilidade social corporativa, já que a globalização permite que a comunicação possa ser dissipada rapidamente e, dessa forma, divulgar informações negativas sobre a organização e/ou fomentar práticas que a prejudiquem. A segunda linha é o aumento da conscientização, tanto do poder público (mesmo com a capacidade da regulamentação) quanto das comunidades locais (apesar de figurar como *stakeholder* primário em alguns segmentos), em relação ao prejuízo potencial proporcionado pelo comportamento das organizações para com o meio em que estão inseridas, o que pode resultar na abstenção, às vezes, de seus compromissos econômicos, sociais e morais a longo prazo.

MÉTODO DE ANÁLISE

Para realizar esta pesquisa empírica, optou-se por uma abordagem qualitativa, posto que ela permite uma melhor contextualização e aproximação do fenômeno, e do conhecimento dado a este pelos atores sociais envolvidos. No âmbito dessa abordagem, elegeu-se o método de estudo de caso, conforme direcionamentos de Yin (2005), já que esse procedimento permite investigar fenômenos contemporâneos em um contexto da vida real. O trabalho envolveu casos num exercício comparativo de três empresas do mesmo segmento, considerando a perspectiva da empresa e de seus empregados.

Para a condução do estudo, selecionaram-se como unidade de análise as empresas do setor hoteleiro localizadas no centro de Balneário Camboriú (SC), conforme justificativa exposta na introdução. Além disso, por tratar-se de uma pesquisa qualitativa que tem por objetivo principal operacionalizar o modelo conceitual de identificação de atributos dos *stakeholders* proposto por Mitchell et al. (1997), delimitam-se como referência para este estudo o tempo de funcionamento, o porte, o número de empregados e a localização.

Os casos foram elencados por suas similaridades, pois o propósito era investigar como os níveis hierárquicos superiores avaliam a percepção dos atributos dos diferentes *stakeholders*. Além disso, são empreendimentos familiares, não sociedades anônimas com diversos acionistas e, portanto, mais propensos em centralizar as decisões estratégicas no alto comando, utilizando-se do modo empreendedor, mais comumente encontrado em empresas de pequeno e médio portes (Mintzberg, 1973), o que é comprovado em alguns estudos, como o de Hoffmann (2002), por exemplo.

A técnica de pesquisa utilizada para a coleta de dados foi a entrevista, de acordo com as orientações de Richardson (1999), de forma semi-estruturada, e os respondentes foram:

* Gerente geral e/ou proprietário que representa a visão da empresa;
* Gerências setoriais e/ou chefias que representam a visão dos empregados.

A primeira parte da entrevista permitiu identificar quais são as práticas de sustentabilidade mais utilizadas por esses empreendimentos, bem como as limitações encontradas para o desenvolvimento ou aumento dessas práticas no decorrer do ano. A segunda estava direcionada ao foco principal deste estudo, ou seja, a tipologia proposta por Mitchell et al. (1997). O modelo de entrevista baseou-se nos critérios propostos pelo próprio autor, e os dados foram coletados durante um mês, antes da alta temporada.

A interpretação dos dados obtidos por meio das fontes primárias foi submetida à análise de conteúdo, com base no referencial teórico escolhido. Consideraram-se o último ano de atuação das empresas e as observações propostas por Agle et al. (1999) no teste dessa tipologia. A análise de conteúdo segue os direcionamentos de categorização propostos por Richardson (1999). As empresas terão suas identidades preservadas e sua nominata será feita por meio de letras.

RESULTADOS

As empresas A, B e C têm mais de 10 anos de funcionamento e são administradas por uma gerência geral, da qual emanam todas as decisões, com pouca influência dos acionistas e/ou proprietários nas questões operacionais, visto que atuam de forma esporádica, como na decisão de um investimento que comprometa grandes recursos financeiros. As empresas A e B possuem acima de cem UH,[3] e a C mais de oitenta UH. O número de empregados está entre 20 e 99, os quais estão localizadas em um raio de 400 m de distância, sendo em torno de 200 m a distância existente entre um estabelecimento e outro. Todas proporcionam alguma atividade de lazer, tal como piscina, sala de jogos, sauna, entre outras.

A idade dos entrevistados na empresa A está entre 24 e 55 anos, com grau superior, e mais de 10 anos de experiência no ramo e dois anos de trabalho na empresa; na empresa B, a idade está entre 29 e 39 anos, também com grau superior, e média de 9 anos de experiência na área e 3 anos de serviço para empresa; e na empresa C, a idade está entre 26 e 36 anos, grau superior de escolaridade, média de 8 anos de experiência nesse segmento e 5 anos de atuação na empresa.

Quanto à importância dada às questões ambientais, a empresa A apresentou os clientes como o grupo de atores que mais se preocupa com o meio ambiente dentro da organização, e o poder público, os empregados e a comunidade como os que menos têm interesse nessas questões. A empresa B ressaltou os acionistas e/ou proprietários, bem como os empregados, como os que mais valorizam a questão do meio ambiente, e os fornecedores em geral e concorrentes são os que menos indicam reação para cuidados ambientais. A empresa C demonstrou que os empregados e a comunidade são os que mais consideram o meio ambiente dentro da organização, deixando os fornecedores em geral, os hotéis concorrentes e os clientes como grupos que apresentam menor grau de importância às questões.

Apesar de nenhuma das empresas entrevistadas possuir uma certificação ambiental, elas desenvolvem algumas práticas em relação ao meio ambiente. O Quadro 26.1 apresenta as práticas mais freqüentes.

Fica evidente a similaridade entre as empresas A e C nas práticas de sustentabilidade ambiental, porém distantes da empresa B que parece ser a mais proativa em relação ao meio ambiente, para usar o termo empregado por autores como Jennings e Zandbergen (1995), Shrivastava (1995b), Fineman e Clarke (1996), Fineman (1997), Berry e Rondinelli (1998) e

---

[3] Sigla para Unidade Habitacional, a qual corresponde ao número de apartamentos existentes no hotel.

622 | GESTÃO AMBIENTAL E SUSTENTABILIDADE NO TURISMO

Henriques e Sadorsky (1999). Também é possível verificar que as principais práticas listadas vão ao encontro das idéias de Kirk (1995), havendo concordância em alguns itens, como a redução de água e energia, as práticas de reciclagem e a separação do lixo.

Quadro 26.1 – Principais práticas ambientais desenvolvidas pelos hotéis.

Práticas de sustentabilidade ambiental	Empresa A	Empresa B	Empresa C
Educação dos empregados e administradores nas questões ambientais	Não	Sim	Não
Práticas de separação do lixo	Sim	Sim	Sim
Colaboração dos clientes nas campanhas de proteção ambiental (por exemplo, a não-troca diária de toalhas de banho)	Não	Sim	Não
Compra periódica de produtos ecológicos	Não	Sim	Não
Redução de produtos perigosos e tóxicos	Sim	Não	Sim
Redução do consumo de água e energia	Sim	Sim	Sim
Práticas de reciclagem (por exemplo, reaproveitamento de materiais, como o papel)	Sim	Sim	Sim
Aplicação de medidas de proteção ambiental que não dão retorno econômico no curto prazo	Não	Não	Não

Quando questionados sobre o maior fator impeditivo na organização para o desenvolvimento de práticas de sustentabilidade ambiental, todos os entrevistados afirmaram que a falta de cultura organizacional sobre esses aspectos e o desinteresse educacional por parte dos proprietários e administradores são as principais barreiras. Em terceiro lugar, ficou a falta de recursos financeiros para compra de materiais e/ou financiamento de projetos. Assim sendo, fica clara a justificativa descrita por autores como Post e Altman (1994), Brío e Junquera (2003), Hillary (2004), Zilahy

(2004) e Moors et al. (2005) em relação ao comportamento das empresas, em que a questão dos recursos humanos e sua cultura organizacional ficam sobrepostas aos recursos financeiros.

No que diz respeito à capacidade de influenciar de uma forma geral a organização, o principal grupo influenciador no último ano foram os acionistas e proprietários, confirmando o que é apresentado por Henriques e Sadorsky (1999). Porém, diferenciando-se dos demais, a empresa B também apresentou os empregados no mesmo grau de influência que os acionistas e proprietários, justificando um perfil mais voltado às questões ambientais. Isso requer motivação e engajamento de toda a organização, conforme destacam Brío e Junquera (2003), para que se desenvolvam programas de economia interna, mediante a colaboração de todos, como justifica Viera (2004). Além disso, os empregados procuram trabalhar em empresas que proporcionem benefício mútuo (Freeman e Reed, 1983) e seu desenvolvimento (Campbell, 1997). Todavia, ao aplicar a tipologia de Mitchell et al. (1997), foco deste estudo, os empregados não aparecem como *stakeholders* definitivos na empresa B, pois ainda lhes falta um atributo: o poder.

Nas Figuras 26.2, 26.3 e 26.4, é possível observar os *stakeholders* de cada uma das empresas, segundo a tipologia de Mitchell et al. (1997).

Figura 26.2 – Atributos dos *stakeholders* da empresa A.

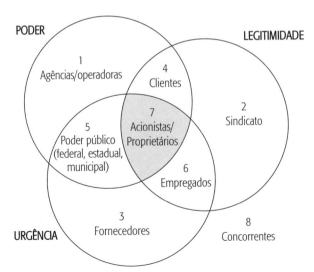

Figura 26.3 - Atributos dos *stakeholders* da empresa B.

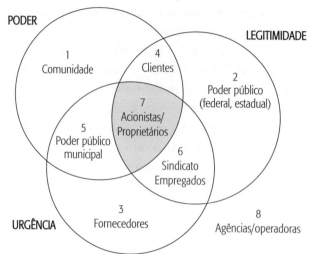

Figura 26.4 - Atributos dos stakeholders da empresa C.

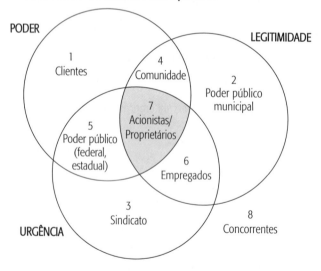

- Zero atributo = não são *stakeholders* (8);
- Apenas um atributo = são *stakeholders* latentes: adormecidos (1), discricionários (2) e exigentes (3);
- Com dois atributos = são *stakeholders* expectantes: dominantes (4), perigosos (5) e dependentes (6);
- Com três atributos = são *stakeholders* definitivos (7).

Fonte: Elaboração dos autores com base nos resultados da pesquisa, a partir de Mitchell et al. 1997.

Também é possível observar que, apesar de possuírem características semelhantes (porte, localização, tipo de negócio, infra-estrutura, entre outras), possuem os mesmos *stakeholders*, porém em grau diferente de importância. Dessa forma, fortalece-se o argumento de Argenti (1997), que afirma que o objetivo de qualquer organização está relacionado com a maximização do lucro e da satisfação dos acionistas, neste caso, proprietários, já que eles se projetam como *stakeholders* definitivos em todas as empresas. Porém, quando examinada somente a questão dos *stakeholders* expectantes, as empresas entrevistadas apresentaram um resultado idêntico nos *stakeholders* perigosos e dependentes. Dessa forma, o que se pode inferir é que os *stakeholders* perigosos, ou o poder público, representados por uma ou mais categorias, não apresentam o atributo legitimidade para a empresa. Parece ser que isso ocorre em virtude da não obrigatoriedade no cumprimento de práticas de sustentabilidade ambiental, conforme comenta Ferreira (1999). Basta dizer que a nova classificação dos hotéis que contempla algumas iniciativas relacionadas a essas práticas não é imprescindível setorialmente. Já os *stakeholders* dependentes, ou empregados, nos casos estudados não apresentam o atributo poder, já que eles obtêm seu sustento da empresa. Também se ressalta que os salários pagos no setor estão em torno de 1,5 salário mínimo para trabalhadores na área de governança e recepção; 1,8 salário mínimo para a área de alimentos e bebidas. Esses valores parecem demonstrar dificuldade de negociação entre órgãos representativos de trabalhadores e proprietários. Isso reforça o que os autores já haviam apontado acerca do atributo poder, pois os empregados não possuem recursos financeiros e/ou materiais suficientes para impor sua vontade (Mitchell et al., 1997).

CONSIDERAÇÕES FINAIS

Este trabalho teve por objetivo descrever, por meio de um estudo de caso comparativo, os *stakeholders* e sua influência no desenvolvimento de práticas de sustentabilidade ambiental para empreendimentos turísticos hoteleiros, utilizando-se da teoria dos *stakeholders* e operacionalizando o modelo de atributos proposto por Mitchell et al. (1997). Também demonstrou quais são os aspectos relevantes e as barreiras encontradas pelos hotéis para a adoção de práticas de sustentabilidade ambiental.

A tipologia criada por Mitchell et al. (1997) permite uma combinação de três atributos decisivos: poder, legitimidade e urgência, e esta, por sua vez, possibilita uma classificação dos *stakeholders*. Dessa forma, a pesquisa identificou que os *stakeholders* mais influentes (ou *definitivos*) nas questões ambientais são os proprietários, e que os *stakeholders* expectantes variam nas três empresas. Isso é explicado por Rowley (1997) pela interação das várias influências oriundas do conjunto de *stakeholders*, sem responder de uma forma individual a cada um deles. Também se ressalta que os *stakeholders* identificados como influenciadores nas questões ambientais e possuidores de determinados atributos foram eleitos apenas em função do período estabelecido, ou seja, entre 2004 e 2005.

Também, a identificação e a relevância dos *stakeholders* devem ser consideradas como aspectos dinâmicos, levando-se em conta que possam existir outras implicações e variáveis adicionais possíveis de influenciar as relações existentes entre cada *stakeholder* e a organização. Essa questão é argüida por Gonzáles-Benito e Gonzáles-Benito (2004) que salientam que a atenção dada à demanda de um *stakeholder* não depende exclusivamente de seus atributos (poder, legitimidade e urgência), mas também do comportamento administrativo e das convicções da própria empresa. Esse tipo de comportamento estaria vinculado também à intensidade da pressão e ao esforço da percepção, pois algumas variáveis sobressaem para influenciar tanto o comportamento do *stakeholder* como o da empresa: porte, localização, internacionalização, posicionamento na cadeia de abastecimento e setor a que pertence (Gonzáles-Benito e Gonzáles-Benito, 2004).

Tais implicações e/ou variáveis, no entanto, não comprometem o resultado deste trabalho, visto que Mitchell et al. (1997, p.868) ratificam que tanto a empresa como os seus *stakeholders* podem ou não ter ciência de que possuem um ou mais atributos e que, mesmo tendo consciência, não necessariamente terão um comportamento ativo e de interação.

O trabalho de Mitchell et al. (1997), entretanto, sofre algumas críticas por não explorar essas questões, como o fato de alguns *stakeholders* com mais de três atributos serem percebidos mais do que outros, ou a questão sobre a percepção da empresa em relação a um *stakeholder* ser passível de mudança.

No que tange às questões ambientais, Driscoll e Starik (2004) argumentam que, na visão de Mitchell et al. (1997), o meio ambiente é um *stakeholder* que depende de outro *stakeholder* dominante para obter poder necessário para ser levado em consideração. Ou seja, as reivindicações do meio ambiente são percebidas geralmente com legitimidade e poder, porém a natureza não é saliente à empresa, a menos que outro *stakeholder* dominante faça valer sua força e a torne poderosa. Para isso, sugerem a adição de mais um atributo: a proximidade, cuja finalidade está relacionada à distância (tempo e espaço), tão relevante para a interação dos *stakeholders* (Driscoll e Starik, 2004, p.57-63).

Salienta-se que este trabalho procurou dar uma contribuição para o entendimento de como a empresa hoteleira percebe e identifica seus *stakeholders* relevantes nas questões ambientais, de acordo com a percepção da empresa, bem como de seus atributos. Cabe evidenciar que, por tratar-se de um estudo de caso, os resultados desta pesquisa não podem ser generalizados a todas as empresas do setor hoteleiro de Balneário Camboriú, bem como de outras regiões do país. Isso em si enseja uma possível continuação deste estudo.

Finalmente, e de acordo com os resultados explicitados, a conduta e o *status* em transformação, bem como o nível de percepção, constituem a base para futuras análises do caráter dinâmico das relações entre empresas e *stakeholders*, visto que as discussões, em termos gerais, sobre *stakeholders* fundamentam-se em aspectos conceituais. Por isso, sugerem-se ainda novas aplicações práticas nesse sentido para que se possam ampliar trabalhos em diferentes segmentos, bem como elucidar um pouco mais a relação empresa/*stakeholder*.

REFERÊNCIAS

AGLE, B.R.; MITCHELL, R.K.; SONNENFELD, J.A. Who matters to CEOs? An investigation of stakeholder attributes and salience, corporate performance and CEO values. **Academy of Management Journal**, v. 42, n. 5, p. 507-25, 1999.

ARGENTI, J. Stakeholders the case against briefcase. **Long Range Planning**, v. 30, n. 3, p. 442-5, 1997.

ATKINSON, A.A.; WATERHOUSE, J.H. A stakeholder approach to strategic performance measurement. **Sloan Management Review**, v. 38, n. 3, p. 25-37, 1997.

BENI, M. **Globalização do turismo**. 2.ed. São Paulo: Aleph, 2003.

BERRY, M.A.; RONDINELLI, D.A. Proactive corporate environmental management: a new industrial revolution. **Academy of Management Executive**, v. 12, n. 2, p. 38-50, 1998.

BRÍO, J.A.; JUNQUERA, B.A review of the literature on environmental innovation management in SMEs: implications for public policies. **Technovation**, v. 23, n. 12, p. 939-48, 2003.

CAMPBELL, A. Stakeholders: the case in favour. **Long Range Planning**, v. 30, n. 3, p. 446-9, 1997.

CLEMENT, R.W. The lessons from stakeholder theory for U.S. business leaders. **Business Horizons**, v. 48, p. 255-64, 2005.

DIAS, C.M. de M. **Home away from home. Evolução, caracterização e perspectivas da hotelaria: um estudo compreensivo.** São Paulo, 1990. Dissertação (Mestrado em Ciência da Comunicação). Universidade de São Paulo.

DONALDSON, T.; PRESTON, L.E. The stakeholders theory of the corporation: concepts, evidence and implications. **Academy of Management Review**, v. 20, p. 65-91, 1995.

DRISCOLL, C.; STARIK, M. The primordial stakeholder: advancing the conceptual consideration of stakeholder status for the natural environment. **Journal of Business Ethics**, v. 49, p. 55-73, 2004.

DYER, J.H. Specialized supplier networks as a source of competitive advantage: evidence from the auto industry. **Strategic Management Journal**, v. 17, p. 271-91, 1996.

FERREIRA, J.L. **A variável ambiental como componente na classificação da qualidade dos serviços hoteleiros.** Florianópolis, 1999. Dissertação (Mestrado em Engenharia de Produção). Universidade Federal de Santa Catarina.

FINEMAN, S. Constructing the green manager. **British Journal of Management**, v. 8, p. 31-8, 1997.

FINEMAN, S.; CLARKE, K. Green stakeholders: industry interpretations and response. **Journal of Management Studies**, v. 33, n. 6, p. 715-30, 1996.

FOSTER, S.T.; SAMPSON, S.E.; DUNN, S.C. The impact of customer contact on environmental initiatives for services firms. **International Journal of Operations & Production Management**, v. 20, n. 2, p. 187-203, 2000.

FREEMAN, R.E. **Strategic management: a stakeholder approach.** Nova York: Basic Books, 1984.

FREEMAN, R.E.; REED, D.L. Stockholders and stakeholders: a new perspective on corporate governance. **California Management Review**, v. 25, n. 3, p. 88-106, 1983.

FROOMAN, J. Stakeholder influence strategies. **Academy of Management Review**, v. 24, n. 2, p. 191-205, 1999.

GITMAN, L.J. **Princípios de administração financeira.** 7.ed. São Paulo: Harbra, 1997.

GLADWIN, T.N.; KENNELLY, J.J.; KRAUSE, T. Shifting paradigms for sustainable development: Implications for management theory and research. **Academy of Management Review**, v. 20, n. 4, p. 874-907, 1995.

GONÇALVES, L.C. **Gestão ambiental em meios de hospedagem**. São Paulo: Aleph, 2004.

GONZÁLES-BENITO, J.; GONZÁLES-BENITO, O. Determinant factors of the stakeholder environmental pressure perceived by operations managers. In: XIV CONGRESO DE LA ASOCIACIÓN CIENTÍFICA DE ECONOMÍA Y DIRECCIÓN DE LA EMPRESA: ECONOMÍA Y DIRECCIÓN DE EMPRESAS. CONOCIMIENTO Y COMPETITIVIDAD, 2004, Murcia. **Anais**... Murcia: Acede, 2004.

HENRIQUES, I.; SADORSKY, P. The relationship between environmental commitment and managerial perceptions of stakeholder importance. **Academy of Management Journal**, v. 42, n. 1, p. 87-99, 1999.

HILLARY, R. Environmental management systems and the smaller enterprise. **Journal of Cleaner Production**, v. 12, n. 6, p. 561-9, 2004.

HOFFMANN, V.E. Comportamento estratégico em pequenas e médias empresas de primeira e segunda geração – um estudo de multicasos no Vale do Itajaí – Santa Catarina. **Alcance**, Itajaí, ano IX, n. 6, p. 79-86, nov. 2002.

JENNINGS, P.D.; ZANDBERGEN, P.A. Ecologically sustainable organizations: an institutional approach. **Academy of Management Review**, v .20, n. 4, p. 1015-52, 1995.

KATTARA, H.S.; ZEID, A.W. Current environmental issues: a study of Sinai and Red Sea hotels. **Food Service Technology**, v. 2, p. 155-61, 2002.

KIRK, D. Environmental management in hotels. **International Journal of Contemporary Hospitality Management**, v. 7, n. 6, p. 3-8, 1995.

MARTINS, P. **Administração da produção**. São Paulo: Saraiva, 1998.

MINTZBERG, H. Strategy-making in three modes. **California Management Review**, v. 16, p. 44-53, 1973.

MITCHELL, R.K.; AGLE, B.R.; WOOD, D.J. Toward a theory of stakeholder identification and salience: defining the principle of who and what really counts. **Academy of Management Review**, v. 22, n. 4, p. 853-86, 1997.

MIYASHITA, R. Elementos para um modelo de avaliação da gestão sócio-ambiental nas empresas. In: 1º CONGRESSO ACADÊMICO SOBRE MEIO AMBIENTE E DESENVOLVIMENTO DO RIO DE JANEIRO – ADMINISTRAÇÃO PARA UM DESENVOLVIMENTO SUSTENTÁVEL, 2004, Rio de Janeiro. **Anais**... Rio de Janeiro: Cadma, 2004.

MOORS, E.H.M.; MULDER, K.F.; VERGRAGT, P.J. Towards cleaner production: barriers and strategies in the base metals producing industry. **Journal of Cleaner Production**, v. 13, n. 7, p. 657-68, 2005.

PALADINI, E.P. **Qualidade total na prática: implantação e avaliação de sistemas de qualidade total**. 2.ed. São Paulo: Atlas, 1997.

POST, J.E.; ALTMAN, B.W. Managing the environmental change process: barriers and opportunities. **Journal of Organizational Change Management**, v. 7, n. 4, p. 64-81, 1994.

PORTER, M. **Estratégia competitiva: técnicas para análise da indústria e da concorrência**. Rio de Janeiro: Campus, 1986.

POWELL, W.W. Neither market nor hierarchy: networks forms of organization. **Research in Organizational Behavior**, v. 12, p. 295-336, 1990.

RICHARDSON, R.J. **Pesquisa social: métodos e técnicas**. 3.ed. São Paulo: Atlas, 1999.

ROWLEY, T.J. Moving beyond dyadic ties: a network theory of stakeholder influences. **Academy of Management Review**, v. 22, n. 4, p. 887-910, 1997.

RUSCHMANN, D. **Turismo e planejamento sustentável: a proteção do meio ambiente**. 8.ed. Campinas: Papirus, 2001.

RUSHMORE, S. Whatever happened to eco-hotels? **Hotels**, p.26, march 2003.

SAVAGE, G.T. et al. Strategies for assessing and managing organizational stakeholders. **Academy of Management Executive**, v. 5, n. 2, p. 61-75, 1991.

SCHOLL, H.J. Applying stakeholder theory to e-government: benefits and limits. In: 1ˢᵗ IFIP CONFERENCE ON E-COMMERCE AND E-GOVERNMENT, 2001, Zurich. **Proceedings**... Switzerland, Zurich, 2001.

SHANKMAN, N.A. Reframing the debate between agency and stakeholders theories of the firm. **Journal of Business Ethics**, v. 21, n. 14, 1999.

SHRIVASTAVA, P. Castrated environment: greening organizational studies. **Organization Studies**, v. 15, n. 5, p. 705-26, 1994.

_____. The role of corporations in achieving ecological sustainability. **Academy of Management Review**, v. 20, n. 4, p. 936-60, 1995a.

_____. Environmental technologies and competitive advantage. **Strategic Management Journal**, v. 16, p. 183-200, 1995b.

STANWICK, P.; STANWICK, S. The relationship between corporate social performance, and organizational size, financial performance, and environmental performance: an empirical examination. **Journal of Business Ethics**, v. 17, p. 195-204, 1998.

STARICK, M. et al. The Toronto conference: reflections on stakeholder theory. **Business and Society**, v. 33, n. 1, p. 82-131, 1994.

VIERA, E.V. **Desperdício em hotelaria: soluções para evitar**. Caxias do Sul: Educs, 2004.

WOOD, D. Corporate social performance revisited. **Academy of Management Review**, v. 16, n. 4, p. 691-718, 1991.

ZILAHY, G. Organizational factors determining the implementation of cleaner production measures in the corporate sector. **Journal of Cleaner Production**, v. 12, n. 4, p. 311-9, 2004.

YIN, R.K. **Estudo de caso: planejamento e métodos**. 3.ed. Porto Alegre: Bookman, 2005.

Sites consultados

[SANTUR] SANTA CATARINA TURISMO. Disponível em: http://www.santur.sc.gov.br. Acessado em: 31 maio 2005.

Infra-estrutura Básica como Fundamento do Turismo Sustentável | 27

Lineu Belico dos Reis
Engenheiro Eletricista, Escola Politécnica da USP

INTRODUÇÃO

A busca por uma infra-estrutura que permita um desenvolvimento sustentável é hoje uma das questões prioritárias na agenda global.

A energia, componente da infra-estrutura para o desenvolvimento e obtida de transformações efetuadas sobre recursos naturais, está presente em todas as atividades humanas e é componente fundamental da questão ambiental e da construção de um modelo sustentável de desenvolvimento.

Como conseqüência, no âmbito global dos procedimentos e das discussões em torno do desenvolvimento sustentável, é possível distinguir diversas técnicas voltadas a um tratamento integrado de recursos, as quais permitem orientar o planejamento energético e da infra-estrutura para a sustentabilidade.

Nesse amplo cenário, as atividades turísticas ocupam um espaço importante em razão do peso econômico desta indústria no mundo globalizado em função de aspectos específicos de cada local enfocado, como o impacto das atividades turísticas no cenário global, o tipo de turismo, a carga turística e a área física de influência das atividades turísticas. Esses aspectos que apresentam diversos graus de interdependência impõem requisitos fundamentais ao planejamento e dimensionamento dos serviços e bens da infra-estrutura, principalmente quando direcionados para a sustentabilidade.

Assim, para que a infra-estrutura básica possa servir como fundamento para o turismo sustentável, é importante entender como os aspectos principais das atividades turísticas podem ser incluídos no planejamento energético e da própria infra-estrutura.

Esse assunto certamente apresenta um grau de complexidade e características multidisciplinares que impõem inúmeros desafios ao seu tratamento. Esses desafios estão relacionados a um tratamento integrado das diversas questões econômicas, tecnológicas, socioambientais e políticas envolvidas e deverão requerer diversas ações estruturadas ao longo do tempo.

É com essa consciência que se enfoca a seguir a questão energética no âmbito da infra-estrutura para um turismo sustentável, com o principal objetivo de colaborar e apresentar um suporte para reflexões e posteriores aprimoramentos, com base num enfoque integrado, multidisciplinar e participativo.

ENERGIA, INFRA-ESTRUTURA E DESENVOLVIMENTO SUSTENTÁVEL

Entre os diversos componentes da infra-estrutura que podem ser considerados para o desenvolvimento de determinada região, salientam-se a energia, as telecomunicações, o transporte, a água e o saneamento básico, incluindo o tratamento de resíduos (lixo). Tais componentes são responsáveis por mais de 90% dos investimentos em infra-estrutura efetuados pelos países em desenvolvimento.

Esses componentes da infra-estrutura apresentam certas sinergias que não podem deixar de ser consideradas quando se visualiza o estabelecimento das condições de sustentabilidade para uma determinada região e sua população.

A energia, por exemplo, tanto na forma de eletricidade como na de outros tipos, apresenta fortes interações com os demais componentes da infra-estrutura, nos diversos setores em que ocorrem seus usos finais, tais como industrial, comercial, residencial, público, rural e de transportes.

As sinergias da energia com a água e o saneamento básico são diversas. Uma forte sinergia ocorre na geração de energia elétrica por meio das usinas hidrelétricas, que constituem a maior parte do parque gerador do Brasil. Essa sinergia tem levado a uma preocupação cada vez maior com os usos múltiplos da água, sem nenhuma priorização da geração de energia elétrica. Outra sinergia aparece na utilização da energia elétrica para bombeamento de água para os sistemas de saneamento e irrigação. Nessa utilização, o cenário atual apresenta um grande desafio relacionado com as perdas em cascata: os vazamentos (estimados na ordem de 40 a 50%) e a má utilização da água são responsáveis por significativas perdas de energia elétrica. Por sua vez, os resíduos sólidos (lixo urbano) e líquidos (estações de tratamento de esgoto) podem ser utilizados para produção de energia elétrica e térmica.

No setor de transportes, por exemplo, a energia é insumo necessário e básico para os diversos tipos de transporte: rodoviário, ferroviário, fluvial, marítimo e aéreo. Os veículos com motores que utilizam combustíveis derivados do petróleo são os principais responsáveis por efluentes aéreos tóxicos nas grandes cidades e por 95% da contaminação aérea por chumbo. Sua contribuição para o efeito estufa e para a ocorrência de graves problemas respiratórios é bastante significativa. Por isso, a evolução dos combustíveis e das tecnologias de motores está entre os tópicos principais da agenda da construção da denominada mobilidade sustentável. Alguns outros tópicos importantes do setor de transportes também resvalam direta ou indiretamente na questão energética, tais como as políticas racionais de controle de congestionamentos e o transporte coletivo de massa, além de planos de incentivo ao uso de veículos mais eficientes e com menores emissões, bem como ao uso de combustíveis limpos.

A energia elétrica é fundamental no setor das telecomunicações não só para alimentar os diversos equipamentos e componentes de uso final, como também para garantir o funcionamento dos diversos conjuntos de equipamentos necessários à transmissão e retransmissão dos sinais, os quais permitem a cobertura de extensas áreas geográficas.

Ainda com relação à energia, devem-se citar os desperdícios na construção civil, que também resultam em perdas energéticas, relacionadas não somente com as transformações dos recursos naturais em componentes da construção, como também com a inadequação dos projetos ao melhor uso dos recursos naturais locais.

No contexto do *desenvolvimento sustentável*, deve-se lembrar que a questão da infra-estrutura e, em seu bojo, da energia envolve também o problema da eqüidade, englobando o combate à pobreza e o atendimento às necessidades básicas de alimentação, saúde e moradia. Esses aspectos apresentam grande importância para os países em desenvolvimento, principalmente no que se refere às pequenas comunidades em regiões isoladas, para as quais o turismo pode ser um importante vetor na construção do desenvolvimento sustentável, como se detalhará mais adiante.

Segundo informações de alguns anos atrás, os países em desenvolvimento chegaram a investir cerca de duzentos bilhões de dólares por ano em projetos de infra-estrutura e o mundo apresentava aproximadamente um bilhão de pessoas sem acesso à água limpa e dois bilhões sem acesso à eletricidade. Muito do que foi feito e ainda se faz no setor de infra-estrutura tem como base estruturas ineficientes ou inadequadas, representando grande soma de capital desperdiçado. Apenas nos setores de água, energia e ferrovias, a perda anual decorrente da ineficiência era da ordem de US$ 55 bilhões, somente nos países em desenvolvimento. Esse cenário não tem mudado muito desde então e pode ser usado para ilustrar a grandeza dos desafios associados à busca da sustentabilidade (Reis et al., 2005).

Isso serve para indicar também que o investimento em infra-estrutura não implica necessariamente desenvolvimento, o qual depende de diversos outros fatores para acontecer, mas garante as condições básicas para sua ocorrência, desde que responda efetiva e eficientemente à demanda pelos serviços associados aos subsetores da infra-estrutura.

Essas considerações, aliadas ao já comentado melhor aproveitamento das sinergias entre os componentes da infra-estrutura, evidenciam a *importância de uma avaliação integrada* no planejamento da infra-estrutura.

Quanto aos investimentos em infra-estrutura, nos países em desenvolvimento, a participação dos governos raramente tem sido menor que 30%, na maior parte das vezes chega a aproximadamente 70% (Reis et al., 2005). Em razão de investimentos anteriores mal alocados ou da necessidade de ajustes orçamentários indispensáveis, a capacidade de investimento em infra-estrutura desses países tem sido bastante reduzida.

Tal situação aponta para um cenário não-sustentável de crescimento, com demanda crescente e investimentos decrescentes em infra-estrutura, no qual a busca por parceria com o setor privado e a diminuição da presença do Estado como investidor podem, se bem administradas, ser orientadas para garantir os investimentos em infra-estrutura sem prejuízo ao crescimento. Isso, no caso do Brasil, levou à criação das parcerias público-privadas (PPP) que ainda estão em fase incipiente, mas poderiam ser bastante positivas se adequadamente geridas.

INFRA-ESTRUTURA BÁSICA COMO FUNDAMENTO DO TURISMO SUSTENTÁVEL | **637**

De qualquer forma, os governos ainda têm um papel importante no desenvolvimento da infra-estrutura, principalmente em áreas de maior carência social, que muitas vezes não apresentam atrativos aos investidores privados.

Esse cenário institucional evidencia a *importância da participação de instituições públicas e privadas* no setor da infra-estrutura, o que pode privilegiar a *decisão participativa* como uma forma de encaminhar a aceitabilidade dos projetos.

ESTRATÉGIAS ENERGÉTICAS PARA O DESENVOLVIMENTO SUSTENTÁVEL

As soluções energéticas voltadas ao *desenvolvimento sustentável* obedecem às seguintes linhas de referência básica:

- Deve-se buscar a diminuição do uso de combustíveis fósseis (carvão, óleo, gás) e o aumento do uso de tecnologias e combustíveis renováveis. O objetivo é alcançar uma matriz renovável em longo prazo;

- É necessário aumentar a eficiência do setor energético desde a produção até o consumo. O potencial aumento da demanda energética pode ser controlado por meio dessa medida, principalmente em países desenvolvidos nos quais a demanda deve crescer de forma mais moderada. Nos países em desenvolvimento, tais medidas irão se refletir na diminuição das necessidades energéticas associadas à melhor distribuição do desenvolvimento;

- É necessário que se efetuem mudanças no setor produtivo como um todo, voltadas ao aumento de eficiência no uso de materiais, transporte e combustíveis;

- É essencial que se incentive o desenvolvimento tecnológico do setor energético com o propósito de buscar alternativas ambientalmente benéficas. Isso inclui também melhorias nas atividades de produção de equipamentos e materiais para o setor e de exploração de combustíveis.

- Devem ser estabelecidas políticas energéticas para favorecer a formação de mercados para tecnologias ambientalmente benéficas e penalizar as alternativas não sustentáveis;

- Deve ser incentivado o uso de combustíveis menos poluentes. Num período transitório, por exemplo, o gás natural tem vantagens sobre o petróleo ou o carvão mineral por produzir menos emissões.

Um fator de grande influência nos cenários energéticos é o efetivo funcionamento dos controles e das ações previstos na Convenção do Clima. Em negociações acordadas no Protocolo de Kyoto, em 1997, foram estabelecidas metas de controle de emissões dos gases estufa até 2020, tendo como base o cenário de 1990. De acordo com esse Protocolo, a responsabilidade mais direta por essas ações é dos países desenvolvidos, maiores emissores da época. Depois de idas e vindas, o Protocolo só entrou em funcionamento no início de 2006, e algumas discussões já estão sendo conduzidas para orientar os futuros passos, uma vez que o cenário já não é mais o mesmo e os maiores emissores, como os Estados Unidos, não estão colaborando. De qualquer forma, começaram a ser desenvolvidos projetos no âmbito dos mecanismos de desenvolvimento limpo (*clean development mechanisms*), nos quais o "mercado dos créditos de carbono" acena como grande oportunidade para projetos ambientalmente saudáveis nos países em desenvolvimento.

Outro aspecto importante a ser considerado se relaciona com as metodologias para medir o grau de desenvolvimento de uma sociedade e da sustentabilidade de seus sistemas produtivos. Entre outros aspectos, procura-se captar a dinâmica do processo evolutivo verificando o custo do progresso alcançado tanto no presente quanto para as gerações futuras, o que é feito por meio de indicadores.

Nesse contexto, é possível identificar alguns indicadores de desenvolvimento, especificamente ligados à questão energética, que podem mostrar, de forma simplificada, o estado de determinado local, região ou país em relação à sustentabilidade energética e, dessa forma, orientar políticas de investimentos na área.

Em geral, os indicadores energéticos relacionam o consumo de energia com variáveis importantes dos processos, sistemas ou setores sob análise, de forma a permitir um monitoramento dos resultados das políticas energéticas.

Esses indicadores podem se referir a aspectos mais gerais ou retratar situações mais específicas, com maior nível de detalhe. É possível reconhecer, como apresentado na Figura 27.1, uma pirâmide de hierarquia de indicadores energéticos.

Figura 27.1 – Pirâmide de indicadores energéticos.

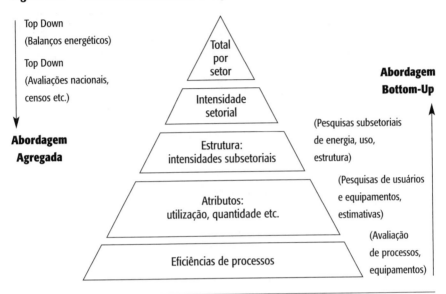

Fonte: OECD/IEA 1997.

No caso do turismo, por exemplo, os indicadores no topo da pirâmide podem ser utilizados para medir características energéticas do contexto global considerado e os indicadores da base da pirâmide para medir a eficiência de processos específicos de um subsetor, como eficiência energética da iluminação do subsetor hoteleiro.

A escolha dos melhores indicadores vai depender de cada caso. Na literatura mundial, existem diversas listas de indicadores, como a da Commission on Sustainable Development (CSD) que inclui aspectos sociais, econômicos, ambientais e institucionais. Esses indicadores são muito úteis para avaliação de todos os aspectos da sociedade e economia, mas muito numerosos para avaliar um setor específico como o energético (Reis et al., 2005).

Com base nas estratégias energéticas para o desenvolvimento sustentável, podem ser estabelecidos alguns indicadores específicos para retratar a sustentabilidade do setor energético como um todo, como os indicadores pertencentes ao conjunto de oito indicadores, dois para cada uma das quatro dimensões – meio ambiente, sociedade, economia e tecnologia –, sugeridos por um grupo internacional de especialistas na área energética, denominado Helio International, uma rede não-governamental com sede em Paris e fundada em 1997 (Tabela 27.1).

GESTÃO AMBIENTAL E SUSTENTABILIDADE NO TURISMO

Tabela 27.1 – Indicadores de sustentabilidade energética e valores vetores.

Dimensão	Indicador	Alvo de sustentabilidade (vetor = 0)	Referência para insustentabilidade (vetor = 1)
Ambiental	1. Impactos globais: emissões per capita de carbono no setor energético	70% de redução em relação a 1990: 339 kgC/per capita	Média global em 1990: 1.130 kgC/per capita
	2. Impactos locais: nível dos poluentes locais mais significativos relacionados à energia	10% do valor de 1990	Nível de poluentes em 1990
Social	3. Domicílios com acesso à eletricidade: porcentual de domicílios com acesso à eletricidade	100%	0%
	4. Investimento em energia limpa, como um incentivo à criação de empregos: investimento em energia renovável e eficiência energética em usos finais como um porcentual do total de investimentos no setor energético	95%	Nível de 1990
Econômico	5. Exposição a impactos externos: exportação de energia não-renovável como um porcentual do valor total de exportação de energia. Importação de energia não-renovável como um porcentual da oferta total primária de energia	Exportações: 0% Importações: 0%	Exportações: 100% Importações: 100%
	6. Carga de investimentos em energia no setor público: investimento público em energia não-renovável como porcentual do PIB	0%	10%
Tecnológico	7. Intensidade energética: consumo de energia primária por unidade de PIB	10% do valor de 1990: 1,06 MJ/US$1990	Média global de 1990: 10,64 MJ/US$1990
	8. Participação de fontes renováveis na oferta primária de energia: oferta de energia renovável como um porcentual da oferta total primária de energia	95%	Média global de 1990: 8,64%

Fonte: Helio International 2000.

Para cada um dos indicadores, é apresentado um vetor para o qual o valor 1 indica uma medida do *status quo*, seja como uma média global, seja como dados históricos nacionais; o valor 0 indica o alvo de sustentabilidade. Isso permite que se possa verificar o encaminhamento na direção do desenvolvimento sustentável, assim como efetuar comparações entre locais, regiões ou países.

Esse conjunto dos oito indicadores pode também ser representado por meio de um diagrama de radar, tal como mostrado na Figura 27.2, na qual os indicadores representam os pontos do radar. Uma vez que o valor 0 está no centro do radar, quanto menor for a sua área, mais sustentável será o sistema energético em questão.

Figura 27.2 – Diagrama de indicadores.

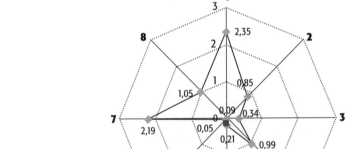

Indicadores: 1. impactos globais; 2. impactos locais; 3. taxa de eletrificação; 4. investimentos em energia limpa; 5. exposição a impactos externos; 6. carga de investimentos em energia no setor público; 7. intensidade energética; 8. participação de fontes renováveis na oferta primária.

PLANEJAMENTO ENERGÉTICO E DA INFRA-ESTRUTURA VOLTADO AO DESENVOLVIMENTO SUSTENTÁVEL

Como visto, projetos de infra-estrutura são necessários para a sustentabilidade.

GESTÃO AMBIENTAL E SUSTENTABILIDADE NO TURISMO

Nesse contexto muitas vezes há conflitos entre as necessidades e os desejos que precisam ser adequadamente tratados para que se possa garantir o que se denomina aceitabilidade das soluções, sem a qual não se pode dizer que ela será sustentável ao longo do tempo. Foi visto também que as melhores soluções de projetos de infra-estrutura orientados para a sustentabilidade devem se basear numa análise integrada da questão, ter participação de instituições governamentais e privadas e se basear num processo de decisão participativa.

A *análise integrada da questão* permite um enfoque multidisciplinar e o melhor aproveitamento das sinergias existentes; *a participação das instituições* governamentais deve ser orientada para priorizar os resultados socialmente desejáveis em consonância com alguns participantes privados representantes da sociedade e em contraponto à visão econômica dos participantes privados investidores; *a decisão participativa*, da qual fazem parte todos os interessados e envolvidos, por meio de audiências públicas, por exemplo, permitirá que se garanta a aceitabilidade das soluções.

Em consonância com essas forças atuantes no sentido da construção de um modelo sustentável de desenvolvimento, o planejamento energético conceitualmente tem evoluído para o desenvolvimento de modelos voltados a incorporar mais adequadamente a ênfase nos usos finais e na eficiência energética, a questão ambiental e a decisão participativa, envolvendo os atores afetados pelos projetos em análise.

Diversos modelos e estratégias têm sido apresentados com esses objetivos, como o Planejamento Integrado de Recursos (PIR), cuja aplicação ao setor de energia elétrica (do qual, aliás, surgiu) é sumariada a seguir (Reis et al., 2005).

A Figura 27.3 apresenta um diagrama esquemático do processo do PIR que permite um fácil entendimento desse planejamento.

O processo de Planejamento Integrado de Recursos deve seguir essencialmente algumas etapas ou componentes básicos, mas podem ocorrer particularidades em razão do escopo, da região e do tipo de entidade que assume o PIR. Os pontos principais a serem considerados a cada momento, nos curto e longo prazos do plano preferencial, são apresentados a seguir, com alguma explicação para aqueles que serão referidos mais diretamente ao longo deste texto, no tratamento das atividades turísticas. Para os demais, faz-se referência à bibliografia específica para maior aprofundamento:

Figura 27.3 – Diagrama ilustrativo do processo do Planejamento Integrado de Recursos.

- Identificação das metas do plano: oferecer serviço confiável e adequado; eficiência econômica, com manutenção da situação econômico-financeira dos investidores; mesmas considerações de peso para o suprimento e a demanda como recursos; minimização dos riscos; considerar os impactos ambientais; as questões sociais (níveis de aceitação) etc.;
- Estabelecimento da previsão da demanda: distinguir os fatores (tecnológicos, econômicos e sociais) que influenciam ou não a demanda; elaborar diversas previsões por causa da incerteza acerca do futuro; manter compatibilização dos programas voltados aos usos com aqueles da previsão da demanda;
- Identificação dos recursos de suprimento e demanda: deve-se levantar separadamente cada um dos recursos factíveis, tanto aqueles já estabe-

lecidos no plano de obras quanto os potenciais, que poderão influenciar a potência e/ou energia tanto no lado da oferta quanto no da demanda;

- Valoração dos recursos de suprimento e demanda: cada recurso deve ter atributos (quantitativos e/ou qualitativos) coerentes com os objetivos já estabelecidos. A avaliação e a medição dos recursos devem ser multicriteriais (para que não sejam referidos somente em termos dos custos). Devem, também, utilizar-se de figuras de mérito, tais como gráficos, para mostrar custos unitários em razão de magnitudes do recurso etc.;

- Desenvolvimento de carteiras de recursos integrados;

- Avaliação e seleção das carteiras de recursos;

- Plano de ação;

- Interação público-privada;

- Introdução e implantação das políticas governamentais;

- Revisão e adequação da regulamentação.

É importante ressaltar que as estratégias energéticas para o desenvolvimento sustentável deverão nortear todo o desenvolvimento do PIR, o qual, então, deverá dar ênfase especial às questões ambientais, aos projetos de eficiência energética e combate ao desperdício e à utilização de recursos renováveis, assim como escolher indicadores energéticos adequados para monitorar e avaliar o encaminhamento na direção da sustentabilidade.

Nesse contexto do PIR, as atividades turísticas causam impacto direto e específico nas etapas relacionadas com a identificação dos objetivos do plano, estabelecimento da previsão da demanda, identificação dos recursos de suprimento e demanda e valoração dos recursos de suprimento e demanda, como se apresenta a seguir.

Na identificação dos objetivos do plano, é importante incluir os objetivos relacionados com a sustentabilidade das atividades turísticas, assim como procurar estabelecer indicadores para relacionar energia com as atividades turísticas que permitam a monitoração do encaminhamento para o desenvolvimento sustentável.

Nas demais três etapas, o impacto das atividades turísticas aparece principalmente nos atributos relacionados com o suprimento e a demanda, cujas características espaciais e temporais podem ser profundamente afetadas pelo turismo.

Quanto às demais etapas do PIR, a influência será apenas indireta, conseqüência dos impactos nas etapas anteriormente citadas.

É importante ressaltar aqui que a execução do PIR, como a de qualquer processo de planejamento, requer um acompanhamento para ajustes e reorientações, quando necessário. No caso de um PIR para 25 anos, por exemplo, esse acompanhamento é efetuado por meio de revisões anuais. No caso do turismo, portanto, o levantamento do consumo e da oferta de energia, feito anualmente, servirá também para retratar as diversas fases pelas quais passam as atividades turísticas num local, desde seu início até o declínio ou a reativação, passando pelo apogeu.

Além do Planejamento Integrado de Recursos, pode ser citado também outro modelo, que enfoca a energia no contexto da infra-estrutura. É o modelo que se refere à Gestão Integrada de Recursos (GIR), a qual visa procurar em alianças e parcerias (entre instituições governamentais e privadas) vantagens na implantação e operação de componentes da infra-estrutura. Buscam-se, na associação da infra-estrutura e/ou dos serviços, vantagens (construtivas ou operativas) que garantam a competitividade econômica e a viabilização do investimento. Por meio dessa abordagem, partes da infra-estrutura sabidamente viáveis podem ser associadas a outras que, sozinhas, seriam economicamente inviáveis, mas são socialmente necessárias.

A GIR deverá ser operacionalizada a partir da harmonização de duas concepções: a) a visão empresarial que pretende a realização do lucro, considerando o papel e as atribuições dos investidores; b) a visão institucional, com ênfase na defesa dos interesses coletivos e na atuação dos agentes reguladores dos serviços de infra-estrutura. Essa proposta da GIR pode ser mais bem visualizada na Figura 27.4.

Desse diagrama, para o objetivo deste texto, devem ser ressaltadas as etapas de identificação das sinergias e de verificação da aceitabilidade, fazendo-se referência à bibliografia específica para maiores aprofundamentos, se desejado.

Figura 27.4 – Diagrama básico da Gestão Integrada de Recursos.

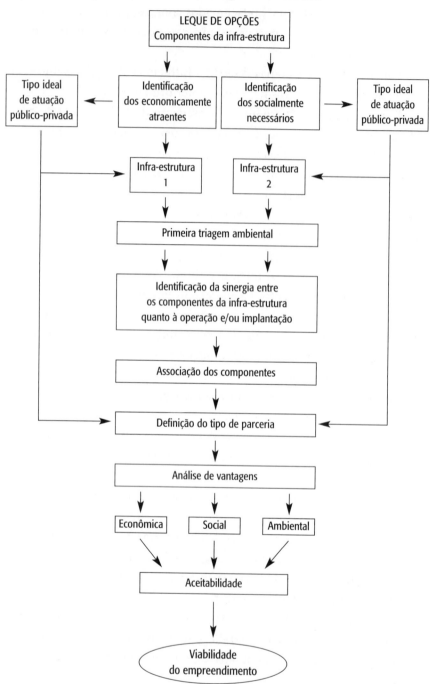

ENERGIA, TURISMO E SUSTENTABILIDADE

Conforme já apresentado, o turismo ocupa um espaço importante na questão do desenvolvimento sustentável, principalmente pelo peso econômico de sua indústria no mundo globalizado.

Além disso, verificou-se que, no âmbito do planejamento energético e da infra-estrutura, o maior impacto das atividades turísticas se concentra na demanda e, em parte, na oferta de energia.

É importante ressaltar ainda que as estratégias energéticas voltadas ao desenvolvimento sustentável devem servir sempre de base para o planejamento, independentemente da existência de atividades turísticas ou não.

É fundamental, portanto, que essas estratégias sejam enfocadas inicialmente, para permitir uma visão das possibilidades e limitações relacionadas a elas numa análise do turismo sustentável.

CENÁRIO DAS ESTRATÉGIAS ENERGÉTICAS SUSTENTÁVEIS

Estratégias energéticas gerais

Algumas das estratégias energéticas para a sustentabilidade, no geral, podem estar além do poder de decisão dos envolvidos nos projetos de turismo sustentável. Nesse caso, os envolvidos devem utilizar todos os meios institucionais possíveis para solicitar e pressionar os órgãos responsáveis pelas referidas estratégias. Esse é o caso, entre outros, das estratégias relacionadas com mudanças no setor produtivo como um todo, voltadas ao aumento de eficiência no uso de materiais, transporte e combustíveis. No Brasil, essas estratégias são, em geral, de responsabilidade dos governos federal ou estadual, transcendendo o poder de decisão municipal que usualmente acompanha mais de perto as questões relacionadas com o turismo local.

Há outras estratégias cuja responsabilidade é do governo local, as quais podem ser mais facilmente implantadas, como controle do trânsito, políticas turísticas locais, incentivos fiscais à eficiência energética e combate ao desperdício e estabelecimento de códigos de obras orientado à sustentabilidade.

Estratégias de combate ao desperdício e eficiência energética

Há ainda outras estratégias para as quais já existem programas de incentivo e financiamento, em geral federais ou estaduais, que podem ser utilizados localmente.

É o caso, por exemplo, dos programas energéticos: Programa Nacional da Racionalização do Uso dos Derivados de Petróleo e do Gás Natural (Conpet) e Programa Nacional de Conservação de Energia Elétrica (Procel).

O Conpet, programa federal que conta com apoio técnico e administrativo da Petrobras, tem como objetivo incentivar o uso eficiente dos derivados de petróleo e do gás natural nos setores de transporte, residencial, comercial, industrial e de agropecuária. Embora boa parte de seus programas apresente interesse que transcende o poder municipal, aquele relacionado com o setor comercial pode ser importante do ponto de vista do turismo, assim como os programas de etiquetagem de equipamentos eficientes e o Conpet na Escola, na área de educação.

O Procel, que teve grande divulgação no recente racionamento de energia elétrica pelo qual o país passou, é também um programa federal, cuja secretaria executiva fica sediada na Eletrobrás, que vem desenvolvendo a conservação e o uso racional da eletricidade, assentados no combate ao desperdício de energia, considerando duas linhas básicas, uma associada à mudança de hábitos e outra ao aumento de eficiência na cadeia da eletricidade, em geral.

Nesse sentido, o Procel tem desenvolvido diversos programas que podem ser utilizados tanto pelas prefeituras como pelas unidades comerciais e industriais relacionadas com o turismo para aumentar a eficiência energética, na linha do desenvolvimento sustentável.

As principais áreas de atuação e ações do Procel são:

- Área educacional: por meio de capacitação e pelo programa Procel nas escolas;

- Serviços públicos: na iluminação pública, em prédios públicos, no saneamento e em gestão energética municipal;

- Etiquetagem de equipamentos eficientes, por meio do Selo Procel;

- Prêmio Procel para projetos e ações de combate ao desperdício e uso racional da eletricidade;

- Setor Residencial;
- Setores comercial e de serviços;
- Setor industrial.

Nesse contexto, a melhoria da eficiência energética nos logradouros turísticos pode ser implantada, por exemplo, por políticas que envolvem as prefeituras, as concessionárias e os sindicatos e aplicada aos locais já existentes, assim como servir de base para futuros aperfeiçoamentos do código de obras da prefeitura, por exemplo.

Com relação à eficiência no setor elétrico, é importante também citar os projetos de pesquisa e desenvolvimento obrigatórios desenvolvidos pelas concessionárias de energia elétrica sob coordenação da Agência Nacional de Energia Elétrica (Aneel), órgão regulador do setor de energia elétrica.

Estratégias energéticas para incentivo às energias renováveis

Incentivos e financiamentos existem também para formas de geração elétrica renovável, como os programas federais, no âmbito do Ministério de Minas e Energia (MME), "Luz para todos", voltado à universalização do atendimento em energia elétrica, e o Programa de Incentivo às Fontes Alternativas (Proinfa).

Embora esses programas de incentivo à eficiência, combate ao desperdício e incentivos às fontes renováveis sofram limitações quanto à sua divulgação e apresentem, ao longo do tempo, um histórico de descontinuidades e alterações decorrentes principalmente das mudanças de governos, considera-se muito importante divulgá-los e sugere-se que a população esteja atenta a eles, o que pode ser feito por meio dos sites da Petrobras, da Eletrobrás, da Aneel e do MME.

Estratégias energéticas, arquitetura e urbanismo

Estratégias energéticas específicas podem ser adotadas com relação aos edifícios (turísticos ou não) e a outros logradouros e espaços do município, tanto na área urbana quanto na rural.

GESTÃO AMBIENTAL E SUSTENTABILIDADE NO TURISMO

Essas estratégias podem ser diferenciadas para as construções já existentes (hotéis, pousadas, parques, locais históricos e de lazer, museus e espaços arqueológicos) e para as futuras. Elas deverão ser incorporadas ao plano estratégico do município, a fim de que sejam incorporadas às ações de urbanismo e, ao longo do tempo, inseridas no Código de Obras Municipal.

Estratégias energéticas e transporte

Grande parte das estratégias energéticas aplicáveis ao setor de transportes é da responsabilidade de instituições não diretamente ligadas ao dia-a-dia municipal, tais como os governos estadual e federal. Um ponto importante de conexão entre essas instâncias se dá dentro da legislação ambiental, na qual o município pode ter uma participação importante.

Uma vez que os aspectos energéticos e de poluição no setor de transportes estão fortemente ligados, existem boas oportunidades de serem estabelecidas estratégias energéticas direta ou indiretamente associadas ao desempenho ambiental no setor de transportes. Nesse caso, com relação às responsabilidades dos governos estadual e federal, pode ser utilizada a mesma estratégia de solicitações e pressões citadas anteriormente.

No geral, considerando as diferentes responsabilidades, pode-se adotar as recomendações da Agenda 21 (Reis et al., 2005):

- Desenvolver e promover sistemas de transportes eficazes (custo/benefício), mais eficientes, menos poluentes e mais seguros, especialmente sistemas de transporte coletivo integrados rural e urbano, bem como redes viárias ambientalmente saudáveis, levando em conta as necessidades de estabelecer prioridades sociais, econômicas e de desenvolvimento sustentável;

- Facilitar o acesso a tecnologias de transporte seguras, eficientes (inclusive quanto ao uso de recursos), menos poluentes, bem como a transferência dessas tecnologias entre as regiões, com programas de treinamento adequados;

- Fortalecer os esforços para coletar, analisar e estabelecer intercâmbio de informações pertinentes sobre a relação meio ambiente e transporte, com ênfase para a observação sistemática das emissões e para o desenvolvimento de banco de dados sobre transportes;

- Em conformidade com as prioridades nacionais em matéria de desenvolvimento socioeconômico e meio ambiente, avaliar e promover políticas ou programas eficazes no que diz respeito a custo/benefício, que incluam medidas administrativas, sociais e econômicas, com o objetivo de diminuir o impacto ambiental sobre a atmosfera;
- Desenvolver ou aperfeiçoar mecanismos que integrem as estratégias de planejamento da área dos transportes e as estratégias de planejamento dos assentamentos urbanos e regionais, a fim de reduzir os efeitos dos transportes sobre o meio ambiente;
- Estudar a viabilidade de convocar conferências regionais sobre transportes e meio ambiente.

PLANEJAMENTO ENERGÉTICO E ATIVIDADES TURÍSTICAS

Como visto, as atividades turísticas impõem requisitos fundamentais ao planejamento e dimensionamento dos serviços e bens da infra-estrutura, em razão dos aspectos específicos de cada local enfocado, como o impacto das atividades turísticas no cenário global, o tipo de turismo, a carga turística e a área física de influência das atividades turísticas. Esses aspectos, que apresentam diversos graus de interdependência, devem ser adequadamente tratados nas avaliações energéticas voltadas ao desenvolvimento sustentável.

Impacto das atividades turísticas no cenário global sob análise

Certamente, o impacto das atividades turísticas no contexto global da região enfocada é uma variável importante a ser considerada.

Há uma significativa diferença do impacto na demanda dos bens e serviços energéticos do turismo entre uma cidade na qual o turismo é uma, entre outras, das formas de atividades econômicas e uma comunidade na qual o turismo pode ser uma das mais importantes fontes de renda e empregos.

No primeiro caso, o impacto na demanda energética pode não ser tão significativo a ponto de exigir grandes modificações no planejamento da infra-estrutura como um todo. No segundo caso, o turismo pode ser uma das variáveis fundamentais para a busca da sustentabilidade.

No primeiro caso, podem ser citadas cidades como Paris, Nova York, Rio de Janeiro, Roma, São Francisco, entre outras grandes cidades ou megalópoles, nas quais o turismo se insere como um componente adicional.

Nesse caso, a inclusão das atividades turísticas num eventual planejamento voltado à sustentabilidade da própria cidade pode se dar de uma forma bastante simples, quase que natural, uma vez que a solução dos demais problemas só será afetada marginalmente pelas necessidades do turismo sustentável.

É o que se pode observar, por exemplo, na cidade de São Francisco, com base no documento *The sustainability plan for the city of San Francisco*, de 1996, elaborado por diversos grupos da comunidade local, como a Comissão de Meio Ambiente (Commission on San Franscisco Environment), o Departamento de Planejamento da Cidade (The City Planning Department), uma instituição denominada Cidade Sustentável (Sustainable City), entre outros. Seu objetivo era fornecer subsídios para consideração das comissões da cidade (*city commissions*) e da diretoria de supervisores (*board of supervisors*). Esse documento considerou como base um relatório de diagnóstico ambiental da cidade (*Environmental State of the City Report*) e as conclusões de quatro audiências públicas (*public hearings*).

Nesse documento, que apresenta de forma objetiva, direta e concisa uma estratégia para a sustentabilidade, envolvendo as metas, os objetivos (de longo prazo e dos próximos cinco anos) e as ações associadas a estes, a energia foi tratada de forma específica, e em apenas alguns pontos faz-se referência aos turistas, direta ou indiretamente, por meio das parcelas dos setores de comércio e indústria mais dependentes do turismo. Os tópicos ambientais específicos considerados foram: qualidade do ar; biodiversidade; energia, mudança do clima e depleção de ozônio; alimentos e agricultura; materiais perigosos; saúde humana; parques, espaços abertos e vias; resíduos sólidos; transporte; água; e resíduos líquidos. Outros tópicos gerais considerados foram: economia e desenvolvimento econômico; justiça ambiental; despesas municipais; educação e informação ao público; e gestão de riscos (para atividades de alto risco ambiental). O documento também sugere indicadores para avaliação do progresso no rumo da sustentabilidade. O documento não faz referência direta aos visitantes, que aparecem de forma dispersa e indireta nas diversas citações à educação, na maioria dos tópicos e, em especial, no tópico educação e informação ao público. Muitas referências ao comércio e à indústria incluem negociantes e fornecedores não-locais, e o tópico voltado ao transporte enfoca os veículos em trânsito e as conexões regionais. Uma referência específica aos turistas aparece no tópico energia, mudança do clima e depleção de ozônio, que apresenta como um objetivo para os cinco anos iniciais a "promoção de práticas de energia sustentável aos turistas", no âmbito da meta de reduzir o consumo global de energia por meio de aumento da eficiência energética.

No segundo caso, pode-se considerar uma comunidade distante dos centros urbanos, na qual um plano de desenvolvimento sustentável inclui a visitação e a venda de produtos locais aos turistas como uma variável primordial. Pode-se visualizar nesse caso, por exemplo, um tipo de ecoturismo na região amazônica.

Nesse caso, em geral, o impacto das atividades turísticas na demanda é bastante significativo, se não prioritário. A construção da própria infra-estrutura e o suprimento energético devem ser tratados de forma diferenciada, procurando envolver soluções que utilizem, no maior nível possível, recursos naturais e humanos locais não só na montagem, como também na operação e manutenção, com o propósito de criar empregos e fontes de renda. A integração ao suporte do desenvolvimento assim criado, de atividades turísticas e produção local, deverá complementar a geração de empregos e de fontes de renda e criar as condições para o acesso dos membros da comunidade à cidadania e a um modelo sustentável de desenvolvimento.

Tipo de turismo

O impacto das atividades turísticas no planejamento energético também é influenciado pelo tipo de turismo que está sendo considerado, o que pode afetar não somente a demanda, como também a oferta (produção ou geração) de energia.

No chamado *turismo tradicional*, do qual cidades como Paris, São Francisco e Roma poderiam servir de exemplo, assim como outras capitais e cidades menores do Brasil, a demanda energética associada ao turismo pode ser razoavelmente conhecida, uma vez que dados históricos de consumo de eletricidade e do setor de transporte podem estar disponíveis. Com relação à energia elétrica, os dados históricos e as contas de consumo dos logradouros específicos para o turismo podem permitir a identificação do impacto direto dos visitantes no consumo, principalmente do setor comercial e de serviços; já o impacto do turismo no setor industrial deverá requerer uma análise mais aprofundada para separar o consumo voltado à produção de artigos para o turismo, no período denominado intervalo entre os momentos de movimentação turística (ou temporada), quando existente. Já com relação ao setor de transportes, maior certeza pode se ter quanto aos transportes coletivos, para os quais a informação fica mais organizada; para os transportes individuais, o levantamento do consumo energético vai depender muito da existência de um sistema confiável de registro de dados de tráfego, o que nem sempre está disponível (de qualquer modo, é sempre possível fazer algumas estimativas baseadas nos registros dos hotéis e das pousadas, nas vendas dos postos de combustíveis, no movimento de pedágios específicos – se existentes – , no número de visitantes e no número daqueles que chegaram por meio de transportes coletivos).

Procedimentos similares podem ser utilizados para o levantamento da demanda para turismo ecológico, de negócios e associado a festas e eventos de massa (carnaval, festas religiosas e atividades folclóricas, peão de boiadeiro), na maioria dos casos facilitados pela delimitação mais precisa dos logradouros turísticos.

Um tipo de turismo que merece enfoque especial é o associado aos eventos de grande porte e megaeventos que atraem não somente turistas, mas também a própria população local. A infra-estrutura para esses tipos de eventos é, em geral, bastante precária, o que resulta numa série de problemas de ordem ambiental e social. Com relação à energia elétrica, tais eventos são usualmente alimentados por centrais móveis a diesel, o que configura utilização de energia não-renovável de baixo rendimento, colaborando para a poluição atmosférica e o aquecimento global. Para que esse suprimento de energia fosse orientado para o desenvolvimento sustentável, deveria haver incentivos para o uso de combustível renovável (biocombustível, por exemplo) ou maior rigor na fiscalização da emissão de poluentes, com conseqüente multa. Ações similares à adotada recentemente num evento do Banco Interamericano de Desenvolvimento (BID), em Belo Horizonte, apresentada a seguir, também poderiam ser estabelecidas como formas transitórias de incentivar o uso de energias renováveis enquanto isso não se torna prática corrente.

No caso do evento ocorrido em Belo Horizonte, o BID se dispôs a comprar créditos de carbono correspondentes a 11 mil toneladas (produção estimada durante o evento) da ONG Instituto Ecológica, que utilizará o dinheiro para substituir por biodiesel os combustíveis fósseis usados na Ilha do Bananal para irrigação local, tratores e geradores de energia elétrica utilizados por pequenos produtores, num projeto com duração de quatro anos.

Finalmente, é importante citar um tipo de turismo educativo que começa a ser muito promissor e pode crescer bastante: um turismo baseado na educação ambiental, incluindo museus, centros de referência e até mesmo visitas a projetos de energia. Este último tipo de turismo, que hoje fica, em geral, mais restrito a escolas e universidades, poderia ser aberto e se tornar uma importante forma de divulgação das estratégias energéticas para o desenvolvimento sustentável, além de fonte de renda. Como exemplos dessas possibilidades, podem ser citados o conjunto de pequenas centrais hidrelétricas da cidade de Poços de Caldas (MG) e o sistema do Alto Tietê, em São Paulo, gerenciado pela Empresa Metropolitana de Águas e Energia (Emae), que abrange problemas relacionados a energia termelétrica e hidrelétrica, reversão do rio Pinheiros, poluição do rio Pinheiros e da Represa Billings, técnicas de despoluição do rio, ocupação de mananciais e projetos de geração local de energia, em áreas remotas distantes dos grandes centros e da rede de energia elétrica (já existentes ou não – isso poderia ser uma fonte de renda adicional para a população local). Nesses locais, não só o consumo poderia ser levantado, como também a oferta de energia e a participação de fontes renováveis.

Carga turística

O impacto da carga turística na demanda energética apresenta as mesmas características tratadas anteriormente. Na verdade, esses aspectos das atividades turísticas apresentam algum grau de interdependência, o que faz que apresentem características semelhantes em determinados pontos.

De qualquer forma, nesse contexto, os indicadores relacionados com a carga turística podem ser associados a indicadores energéticos e até mesmo utilizados para confirmação e/ou complementação das informações necessárias para o levantamento da demanda energética.

Diversos indicadores podem ser criados relacionando a energia com o turismo, os quais fornecerão informações sobre a sustentabilidade turística. A escolha final dos melhores indicadores dependerá de cada caso, com base na análise de seus objetivos e de suas características específicas. Apenas como sugestão, citam-se, a seguir, alguns indicadores interessantes na linha da intensidade energética:

- Energia elétrica consumida por unidade de carga turística: medida em kWh (ou MWh) por turista, por quilômetro quadrado;
- Energia elétrica consumida por turista ou por unidade da área turística: variantes do indicador anterior;
- Energia elétrica consumida no setor de hospedagem por unidade de carga turística, por turista ou por unidade de área: trata-se de indicadores específicos para um subsetor que poderiam ser aplicados a outros subsetores, como restaurantes, logradouros turísticos específicos e comércio e indústria voltados às atividades turísticas;
- Energia consumida (elétrica, no setor de transportes ou total) por unidade de gastos efetuados pelos turistas;
- Indicadores de eficiência energética: consideram-se separadamente os usos finais (iluminação, força motriz, condicionamento climático, equipamentos de lazer, entre outros) nos diversos subsetores;
- Energia consumida no setor de transportes por unidade de carga turística, por turista ou por unidade de área turística;
- Participação de fontes energéticas locais na oferta de energia;
- Participação de fontes energéticas locais renováveis na oferta de energia; e tantos outros.

Área física de influência das atividades turísticas

Considera-se aqui que a área física de influência das atividades turísticas pode ser dividida em, pelo menos, três espaços:

- Espaço urbano: engloba, para fins de análise, os espaços de comunidades de localidades remotas;
- Espaço municipal não-urbano: no qual, muitas vezes, há um grande número de logradouros de visitação turística;
- Espaço muito mais amplo: engloba os diversos locais de onde vêm os visitantes (por exemplo, de todas as partes do mundo, no caso de cidades como Paris, Rio, Nova York, Salvador). Esse tipo de espaço é denominado "área de influência".

O levantamento do consumo e das fontes energéticas locais no espaço urbano e no espaço municipal não-urbano pode ser efetuado com base nas referências anteriormente citadas.

Já o espaço da área de influência está muito além das possibilidades de uma análise da sustentabilidade turística local ou regional, mas tem sua grande importância principalmente quanto ao transporte de turistas e à sua logística. Os setores que também são consumidores de energia deveriam ser orientados ao desenvolvimento sustentável por outras instituições, fora dos limites da área turística.

O planejamento energético geral voltado à sustentabilidade deveria, então, buscar uma interação harmoniosa entre o local e o global, o que é possível de ser feito utilizando-se indicadores de sustentabilidade adequados nas fronteiras entre o local e o global. Esse tipo de tratamento, efetuado por meio do PIR, para inserção de sistemas elétricos regionais ou nacionais em sistemas nacionais ou transnacionais, respectivamente, foi desenvolvido no artigo "Towards a sustainable integration of large energy projects to local small energy systems" (Reis, 2004), apresentado no último Congresso Mundial de Energia, da World Energy Commission (WEC), realizado em 2004, em Sydney, na Austrália. Conceitualmente, esse tratamento pode ser aplicado para qualquer tipo de energia e setor de consumo, desde que se utilizem os indicadores e critérios de avaliação adequados a cada caso.

REFERÊNCIAS

ANEEL. Disponível em: http://www.aneel.gov.br.

CITY AND COUNTY OF SAN FRANCISCO. **The sustainability plan for the city of San Francisco**. San Francisco, EUA, 1996. (Final Draft).

ELETROBRAS. Disponível em: http://www.eletrobras.gov.br.

HELIO INTERNATIONAL. **Guidelines for observer. Reporters (online) 2000.** Disponível em: http://www.helio-international.org. 2001.

[MME] MINISTÉRIO DE MINAS E ENERGIA. Diponível em: http://www.mme.gov.br.

[OECD/IEA] **The link between energy and human activities** – OECD Publications, 1997.

PETROBRAS. Diponível em: http://www.petrobras.com.br.

REIS, L.B. **Towards a sustainable integration of large energy projects to local small energy systems.** In: 19TH WORLD ENERGY CONGRESS, 2004, Sydney, Australia.

REIS, L.B.; SILVEIRA, S. **Energia elétrica para o desenvolvimento sustentável.** São Paulo: Edusp, 2000-2002.

REIS, L.B.; FADIGAS, E.A.A.; CARVALHO, C.E. **Energia, recursos naturais e a prática do desenvolvimento sustentável.** Barueri: Manole; 2005.

Redução do Consumo de Energia em Empreendimentos Hoteleiros

28

Marcelo de Andrade Roméro

Arquiteto e Urbanista, Faculdade de Arquitetura e Urbanismo da USP

CONFORTO AMBIENTAL E EFICIÊNCIA ENERGÉTICA EM EMPREENDIMENTOS HOTELEIROS

Os edifícios do ramo da hotelaria possuem uma característica diferenciada em relação a edifícios do setor de comércio, de serviços ou residencial, embora sejam ao mesmo tempo empreendimentos comerciais e de uso residencial. A diferença está na expectativa do usuário ao utilizar um ambiente como esse, tendo em vista a existência do pagamento de uma diária e o serviço que será recebido em troca. Esse fato inclui duas preocupações adicionais para os projetistas desses empreendimentos, que são:

- A busca pela satisfação de clientes de diferentes culturas, ambientados em diferentes países e condições climáticas diversas;
- O atendimento a esse cliente deve ser o mais uniforme possível durante as 24 horas do dia e durante todo o ano.

Nessas condições, não é suficiente que o projeto de arquitetura atenda apenas a um perfil de usuário, tampouco apenas na primavera ou no outono, que são estações do ano mais amenas e intermediárias entre o verão quente ou o inverno frio.

Conseqüentemente, trata-se de um desafio: o projeto deve ser realizado com o menor dispêndio energético possível e, ao mesmo tempo, satisfazer a pessoas distintas em qualquer período do ano. Como os empreendimentos hoteleiros no Brasil têm se posicionado em relação a essa questão e qual tem sido o posicionamento mais adotado? A resposta está na utilização maciça de tecnologias ativas que criam ambientes artificiais, tanto do ponto de vista da climatização como da iluminação, e desprezam um antigo aliado da arquitetura que é o clima. O resultado são edifícios muito parecidos entre si, repetidos e espalhados por todas as regiões do país. Pelo fato de não considerarem as condições climáticas exteriores a seu favor, consomem mais energia do que poderiam consumir. Qual é a solução?

Desde o início da década de 1970, mais especificamente entre 1973 e 1974, os governos dos países desenvolvidos e em especial os membros da Organização de Cooperação e Desenvolvimento Econômico (OCDE), da qual o Brasil ainda não faz parte, definiram políticas públicas para o uso da energia nos edifícios. Tais políticas basearam-se na adoção de um pressuposto básico: os edifícios, na busca pelo conforto ambiental e pela eficiência energética, devem exaurir inicialmente todas as possibilidades de utilização de tecnologias solares passivas, para então complementar as necessidades dos usuários com a utilização de tecnologias ativas. Esse pressuposto serviu de embasamento e diretriz para a formulação dos principais regulamentos energéticos dos países membros da União Européia, dos Estados Unidos, do Canadá, da Austrália, do Japão, entre outros.

Tecnologias solares passivas são aquelas que usam as condições climáticas do local para atingir os níveis desejados de conforto ambiental e eficiência energética. As tecnologias passivas utilizam largamente as envolventes verticais e horizontais, opacas e transparentes, e não demandam a utilização de nenhum tipo de energia para o seu funcionamento, a não ser a energia solar eletromagnética. Antes de pensar no monitoramento de um único circuito ou conectar na tomada um simples aparelho circulador de ar, é preciso esgotar todas as possibilidades que as tecnologias passivas oferecem (Roméro, 1996, p.6):

• A correta escolha dos materiais de construção opacos e translúcidos por causa da forma;

• As condições climáticas locais;

• O fator de forma;

REDUÇÃO DO CONSUMO DE ENERGIA EM EMPREENDIMENTOS HOTELEIROS **661**

- Os edifícios vizinhos e sua influência no projeto;
- Os quadrantes de maior radiação;
- Os protetores solares exteriores;
- A possibilidade de captação da luz natural sem elevar excessivamente a carga térmica;
- A contribuição das cargas internas;
- A amplitude térmica local;
- A umidade relativa média do ar;
- A direção e a velocidade dos ventos predominantes.

Após essas condicionantes estarem perfeitamente equacionadas com o terreno existente e o programa de projeto, pode-se então partir para a etapa das tecnologias ativas. Entende-se por tecnologias ativas aquelas que complementam as passivas e geram consumos energéticos. Uma vez esgotadas as possibilidades passivas, analisa-se a viabilidade de implantação de tecnologias ativas, observando as seguintes recomendações:

- Escolha adequada de lâmpadas para os ambientes internos;
- Escolha adequada de lâmpadas para os ambientes externos, como aquelas de vapor de sódio;
- Divisão espacial dos circuitos elétricos;
- Colocação de sensores de presença em circulações e ambientes de permanência transitória;
- Adoção de luminárias refletoras;
- Escolha dos ambientes com controle individual das condições de conforto;
- Utilização de iluminação de segurança para o período noturno;
- Viabilidade de implantação de iluminação de tarefa ou iluminação setorizada;
- Localização correta dos sensores do condicionamento ambiental;
- Controladores de demanda de pico;
- Gerenciamento dos elevadores e de outras máquinas;
- Implantação de automação dos apartamentos para o desligamento automático dos circuitos;
- Escolha de equipamentos de refrigeração com baixa potência.

Somente após a resolução dessas variáveis (Roméro, 1997) é possível pensar em automação predial, que neste momento terá como função principal seu gerenciamento. Assim, a automação predial é um *meio* para que um grande número de variáveis e funções estejam satisfeitas, e não um *fim* em si mesma, ou um bom ardil de marketing, como vem sendo utilizada. A arquitetura, por sua vez, deve reassumir o papel que sempre teve que é o de minimizar os efeitos climáticos e não intensificá-los e agravá-los.

Outro grupo de tecnologias que tem aumentado a sua participação no mercado da construção civil no mundo todo são as tecnologias proativas, que não podem ser consideradas passivas nem ativas, pois não geram dispêndios energéticos, e sim ofertas de energia, a saber:

- Coletores solares para geração de calor para o aquecimento de água;
- Painéis fotovoltaicos para a geração de energia elétrica;
- Turbinas eólicas de pequeno porte para a geração de energia elétrica.

Hartkopf et al. (1993, p.1) enumeram três características que devem estar presentes em um edifício energeticamente eficiente:

- Deve abrigar o máximo da tecnologia disponível, como instalações elétricas e telefônicas, computadores de alta velocidade ligados em rede, gerenciamento de sistemas ambientais, possibilidade de controle e gerenciamento manual, diagnósticos automatizados de manutenção e centrais de comando;
- Deve prover instalações físicas apropriadas para esses equipamentos, o que envolve o projeto correto da estrutura, de arquitetura (paredes, esquadrias e cobertura); a correta geometria do edifício, na qual se incluem forma, orientação, dutos verticais e horizontais e, sobretudo, organização espacial dessas variáveis; otimização de sistemas de *heat, ventilation and air-conditioning* (HVAC), de sistema de som, energia, iluminação e instalações de combate a incêndio; e elementos internos como forros, divisórias, pisos e sistemas integrados de mobiliário;
- Deve prover condições de instalações de futuras tecnologias no que se refere a equipamentos eletrônicos e mecânicos.

O homem contemporâneo vive um momento interessante. Se, de um lado, ele experimenta o avanço espetacular da ciência em praticamente todas as áreas e com ênfase na medicina que progride velozmente, de outro, assiste à separação de um casamento praticamente perfeito e que vem dando resultado há cerca de aproximadamente 10 mil anos, que é o da arquitetura com o clima. No caso brasileiro, essa separação, após a metade do século XX, é patente. O país está recheado de exemplos de uma arquitetura alheia ao clima local, do norte ao sul do país. Vale ressaltar que a perda para o usuário final e para o país como gerador de energia para suprir esses edifícios é, de certa forma, irrecuperável, porque o potencial de conservação de energia em edificações existentes é muito inferior ao potencial de energia que pode ser conservada em edifícios que ainda se encontram nas etapas preliminares de projeto.

A correta utilização dos recursos passivos, como o efeito da insolação, do sombreamento, da evaporação da água, da variação de temperatura entre o dia e a noite e da ventilação natural, é a verdadeira credencial da arquitetura, que, além de conferir-lhe valor, deixa-a mais bela. Por todo o mundo, e no Brasil inclusive, existem exemplos belíssimos dessa integração. As casas leves e ventiladas da região norte do país, os edifícios com elevada inércia térmica para os climas com elevada amplitude térmica, os pátios e as fontes internas dos castelos mouros espalhados por toda a Península Ibérica, as termicamente isoladas habitações de madeira do Hemisfério Norte e mais uma centena de exemplos poderiam atestar esses conceitos.

Utilizar tecnologias solares passivas significa extrair os maiores benefícios possíveis do clima, dos materiais de construção, dos princípios clássicos de transferências de calor e das propriedades térmicas das envolventes exteriores. Tais benefícios, apesar de não suprirem completamente as necessidades dos edifícios do setor terciário durante todo o período anual, podem reduzir significativamente a influência das cargas externas sobre as cargas internas. Nesse aspecto, os protetores solares exteriores que têm um papel fundamental na arquitetura tropical foram praticamente esquecidos nos edifícios do setor comercial no Brasil, nos últimos vinte anos. Alguns arquitetos optam por trabalhar com os extremos. O arquiteto contemporâneo possui uma vantagem a mais em relação a seus colegas do passado. Hoje, estão disponíveis no mercado programas que simulam o desempenho energético de edifícios, com margens de erro bastante reduzidas e efetuando cálculos de iluminação e térmica passiva e ativa com grande rapidez e confiabilidade. Em nenhum outro momento, o arquiteto teve a oportunidade de projetar e conceber edifícios com tanta qualidade do ponto de vista térmico, mas, ironicamente, é como se nada disso existisse: os edifícios do setor terciário apresentam mais problemas do que o clima – esse é o atual desafio do Brasil.

CONSUMO DE ENERGIA ELÉTRICA EM HOTÉIS

Os hotéis, em sua maioria, possuem equipamentos de condicionamento ambiental. Uma grande parte tem equipamentos individuais conhecidos como "equipamentos de janela", pois situam-se na parede exterior do ambiente que está sendo condicionado e possuem baixa eficiência energética. Como a arquitetura, com raras exceções, não considera as variáveis climáticas para reduzir a carga térmica interna, os consumos elétricos são, conseqüentemente, elevados. Os usuários, por sua vez, exigem ambientes que estejam dentro da zona de conforto, e o resultado, via de regra, é a instalação de tecnologias ativas – equipamentos de ar condicionado – para a retirada da carga térmica incidente. Esse fato é particularmente verdade em todas as categorias de hotéis e principalmente naqueles de categoria econômica, que tiveram crescimento de 713% nos últimos dez anos no Brasil e atendem principalmente hóspedes executivos que exigem conforto após um dia de trabalho (Figura 28.1). A pesquisa de Buoro et al. (2004) realizada em um hotel típico desta categoria, situado na cidade de São Paulo, indica uma desagregação do consumo de energia elétrica.

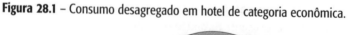

Figura 28.1 – Consumo desagregado em hotel de categoria econômica.

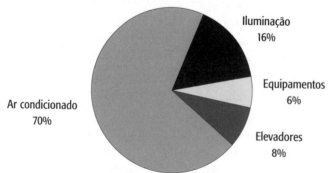

Em edifícios concebidos a partir de premissas climáticas, o elevado porcentual de 70% destinado ao condicionamento ambiental pode ser reduzido para aproximadamente 35% e proporcionar reduções na fatura de energia elétrica de até 20%.

Buoro et al. (2004) pesquisaram 76 usuários com o objetivo de determinar quais são os itens prioritários em um hotel, e a Figura 28.2 indica o resultado obtido.

Figura 28.2 – Pesquisa de opinião realizada com os hóspedes.

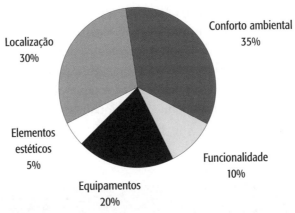

O resultado da pesquisa demonstrou a relevância que os aspectos relativos ao conforto ambiental têm para os usuários. Na lista de cinco opções apresentada na Figura 28.2, constava ainda uma sexta opção intitulada *tamanho dos espaços* e que não obteve nenhum grau de prioridade por parte dos usuários, quando comparada com as demais opções. Entretanto, o aspecto mais importante dessa pesquisa é a importância que os usuários dão, de forma geral, para os níveis de conforto ambiental, incluindo aqui os aspectos relativos às temperaturas ambientais e a ventilação.

CONCEPÇÃO ARQUITETÔNICA COM PRESSUPOSTOS DE EFICIÊNCIA ENERGÉTICA

Projeto desenvolvido por alunos de pós-graduação *lato sensu* do Curso de Especialização em Conforto Ambiental e Conservação de Energia (Di Biasi et al., 2006), com base nos dados obtidos por meio da aplicação da metodologia da avaliação pós-ocupação (APO) e pela análise dos dados climáticos para a cidade de São Paulo, tem como objetivo conceber um edifício de apartamentos do tipo *flat* com características bem definidas de eficiência energética, respeitando inicialmente a utilização das tecnologias solares passivas, das tecnologias ativas e, se for necessário, das tecnologias proativas. A avaliação pós-ocupação é metodologia que considera o ponto de vista dos usuários quando avalia os aspectos construtivos, funcionais e de conforto ambiental de um dado estudo de caso. Uma das formas mais utilizadas para a obtenção desses dados são os questionários, aplicados em uma amostra representativa do universo populacional, respeitando técnicas de estatística. O edifício em questão foi projetado com base no seguinte programa básico: 120 unidades de apartamentos dúplex para duas pessoas e estúdio para duas pessoas, um auditório com cem lugares, duas salas de conferência com vinte e cinqüenta lugares, solário, piscina, sala de ginástica, cozinha industrial, restaurante, estacionamento com manobrista e lavanderia para hóspedes.

Figura 28.3 – Fachadas principais.

Figura 28.4 – Apartamento dúplex e apartamento tipo estúdio, respectivamente.

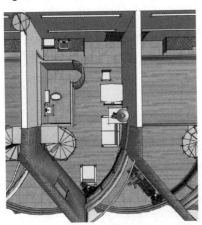 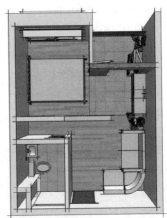

Um dos resultados da aplicação da APO demostrou que deveria ser incorporado no projeto de arquitetura um novo ambiente ao programa original do apartamento, que já possuía: sala, dormitório de casal, banheiro e copa. Esse ambiente solicitado pelos usuários é a sacada ou varanda. Observou-se a constante presença do vidro nas fachadas dos *flats* na cidade de São Paulo e optou-se então por utilizar esse material na nova proposta.

Figura 28.5 – Fachada dos apartamentos do tipo dúplex.

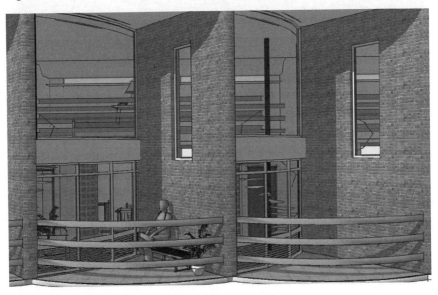

Com base nessas premissas, chegou-se a um partido que utilizou grandes envidraçados para garantir iluminação natural nos apartamentos, entretanto protegidos externamente por marquises que, além de criarem um ambiente de lazer externo, foram desenhadas para proteger os apartamentos da radiação solar direta.

Figura 28.6 – Proteção solar dos envidraçados por meio das marquises.

Outra premissa de projeto bastante relevante que auxilia a redução das cargas térmicas internas é a construção de átrios centrais internos com aberturas na parte superior, favorecendo o efeito chaminé, que é a condução da ventilação pelo edifício, passando pelo térreo e dirigindo-se até a cobertura. Utilizou-se esse artifício passivo no projeto, e um grande átrio central foi projetado, interligando o pavimento térreo ao 16º pavimento.

O efeito chaminé proporcionado pelo átrio auxilia também a ventilação dos apartamentos dos tipos dúplex e estúdio, como demonstra a Figura 28.6. Se a temperatura está agradável e não é necessário o uso de condicionamento ambiental, a ventilação natural impulsionada pelo efeito chaminé garante níveis ainda maiores de conforto ambiental nesses apartamentos.

Figura 28.7 – Efeito chaminé do átrio central.

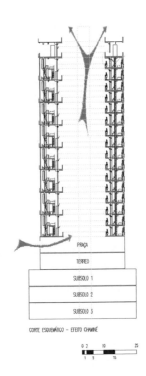

Os resultados obtidos com essa proposta garantem aos apartamentos níveis médios de iluminação natural da ordem de 150 lux, durante todo o dia, incluindo a contribuição da luz natural nas fachadas. As temperaturas resultantes, após o efeito chaminé, situam-se dentro da zona de conforto em todas as estações do ano, sem o uso obrigatório dos equipamentos de condicionamento ambiental. Vale ressaltar que, na maioria dos hotéis que não estão situados nesse modelo, o uso do ar-condicionado é imprescindível durante todos os dias do ano.

No que se refere à iluminação artificial, por meio do uso de sensores de presença com temporizadores, o consumo estimado nas áreas comuns é de aproximadamente 1.750 kWh, contra cerca de 40.000 kWh para edifícios similares que não utilizam essa tecnologia.

CONSIDERAÇÕES FINAIS

A melhor forma de conceber edifícios com baixo consumo elétrico em equipamentos de climatização é realizar projetos arquitetônicos que considerem as variáveis climáticas exteriores e adequá-las à arquitetura. As empresas de hotelaria que assumem arquiteturas do tipo padrão e repetem-nas em diversas localizações geográficas tendem a produzir edifícios com maior consumo de energia elétrica.

A melhor maneira de resolver essa questão é exaurir o uso de tecnologias solares passivas, apropriadas a cada clima, para utilizar as tecnologias ativas, que são as que geram consumo apenas para complementar as necessidades de resfriamento e aquecimento.

As tecnologias proativas devem ser incentivadas porque, além de não gerarem nenhum tipo de consumo, criam oferta de energia, como os aquecedores solares para aquecimento de piscinas ou para o preaquecimento de água para banhos, independentemente da fonte energética em questão, gás ou eletricidade.

A iluminação artificial pode ser minimizada por meio do uso da iluminação natural indireta que, além de oferecer melhor qualidade de luz, não gera consumo de energia.

Em relação à iluminação artificial, os sistemas de iluminação – lâmpadas, luminárias, reatores, sistemas de controle como interruptores, dimerizadores, sensores de presença e sensores de medição de iluminâncias internas e externas – estão cada vez mais eficientes e podem contribuir para a redução do consumo de energia elétrica.

Os usuários, conforme pesquisa relatada neste capítulo, estão preocupados com essa questão e priorizam os aspectos referentes ao conforto ambiental.

Em um cenário de curto e médio prazos, o Brasil vai se inserir na realidade internacional que é a de valorizar e certificar edifícios energeticamente eficientes, e aqueles que já possuírem essas características estarão na vanguarda e sofrerão pouca ou nenhuma adaptação em suas instalações.

REFERÊNCIAS

Buoro, A.R. et al. Conforto, consumo de energia e uso do ar condicionado em hotel de categoria econômica: estudo de caso em hotel de São Paulo. In: Congresso de Ar Condicionado, Refrigeração, Aquecimento e Ventilação do Mercosul – Mercofrio, 2004, Curitiba. **Anais...** Curitiba, 2004.

Di Biasi C.; Fick, E., Franceschi, P. de. **Edifício residencial** *flat* **São Paulo: um conceito energeticamente eficiente.** São Paulo. 2006. (Trabalho realizado como requisito para a obtenção do título de especialista no curso de especialização em Conforto Ambiental e Conservação de Energia – Cecace, Faculdade de Arquitetura e Urbanismo da Universidade de São Paulo).

HARTKOPF, V. et al. **Designing the office of the future.** Nova York: John Wiley & Sons, 1993.

ROMÉRO, M. de A. Conservação de energia e arquitetura: dois conceitos inseparáveis. In: I SIMPÓSIO NACIONAL ECOLUZ PARA A EFICIÊNCIA ENERGÉTICA. Salvador, 1996.

_____. **Arquitetura, comportamento e energia.** São Paulo, 1997. Tese (Livre-docência). Faculdade de Arquitetura e Urbanismo, Universidade de São Paulo.

Conforto Ambiental na Hospedagem da Terceira Idade

29

Carlos Alberto Barbosa de Souza
Engenheiro Mecânico, Arquiteto e Urbanista, Univali
Silvia Regina Morel Corrêa
Arquiteta e Urbanista, Faculdade de Arquitetura da UFRGS

INTRODUÇÃO

O envelhecimento populacional constitui uma tendência demográfica observada praticamente no mundo todo, e tal disposição vislumbra a consolidação de uma sociedade – e de um mercado consumidor – mais empenhada em contemplar os gostos e atender às necessidades da terceira idade.

A expressão terceira idade surgiu na França, nos anos de 1970, quando da implantação das *Universités du Troisième Âge*. Tal convenção acabou sendo mundialmente aceita e adotada em substituição ao termo velhice, conceito bastante desgastado e carregado de idéias depreciativas. Em 2000, a Organização das Nações Unidas (ONU) adotou a idade de 60 anos como critério geral para designar a pessoa idosa, objetivando padronizar porcentuais estatísticos.

Terceira idade ou melhor idade pode ser ainda um vislumbre das novas possibilidades de um período da vida freqüentemente desqualificado e visto como desprovido de vantagens. Uma fase durante a qual o indivíduo pode se permitir o direito de fazer concessões a si mesmo, sem culpas, livre das imposições sociais e das obrigações cotidianas que acabam tolhendo as ações dos homens em sua idade adulta e ativa.

Atualmente, os indivíduos chegam aos 60 anos de idade em condições bastante distintas daquelas de algumas décadas atrás no que se refere à qualidade de vida. Os avanços da medicina, as inovações tecnológicas, a melhoria e ampliação dos sistemas de infra-estrutura básica e o aperfeiçoamento das condições de trabalho ao longo da "vida ativa", dentre outros fatores, permitem que hoje os indivíduos cheguem à aposentadoria em uma situação pessoal e material bem aceitável.

Desde a década de 1950, a população brasileira vem envelhecendo rapidamente em razão de dois fatores fundamentais: a diminuição dos índices de natalidade e o aumento da esperança de vida ao nascer. Segundo estudos da Divisão de Indicadores Sociais do Instituto Brasileiro de Geografia e Estatística (IBGE), a redução do número de nascimentos ainda é o fator que comanda o envelhecimento da população, induzindo o aumento do total relativo de idosos no plano geral. Quanto ao prolongamento da expectativa de vida humana, seu fator determinante é a melhoria das condições gerais de existência, materiais e psíquicas.

No Brasil, em menos de uma década (1991-2000), os indivíduos conquistaram 2,84 anos a mais na média de expectativa de vida de quase 69 anos de idade em 2000, contra 66 anos em 1991 (IBGE, 2000). Segundo dados do último recenseamento realizado pelo IBGE, em 2000, o Brasil contava com quase 170 milhões de habitantes, dos quais 8,6% correspondiam a indivíduos com 60 anos ou mais de idade (14,6 milhões). Tal resultado, se comparado a dados obtidos em censos anteriores (1970, 1980 e 1991), revela um contínuo e significativo crescimento da parcela de idosos dos últimos trinta anos, passando de 5,1% da população total para 8,6%, o que corresponde, em números absolutos, a um crescimento de quase dez milhões de pessoas.

Envelhecer é um processo fisiológico e natural pelo qual todos os seres vivos passam e representa, sem dúvida, a maior fase do desenvolvimento humano. Nessa fase, várias alterações fisiológicas ocorrerão de modo mais ou menos acentuado e com velocidades variáveis entre as diferentes pessoas, geralmente relacionadas a fatores pessoais.

Lança-se o desafio para trazer o idoso a uma maior interação social, desfrutar de oportunidades de lazer tanto no âmbito do seu dia-a-dia como em situações de deslocamento físico, no caso de viagens em que será um usuário da rede hoteleira. Para tanto, é preciso conhecer o idoso e caracterizar as suas peculiaridades e a sua problemática, a fim de criar meios de hospedagem dedicados a esse público. Apresenta-se, assim, um nicho de mercado cujo potencial já existe e pode ser mais bem explorado.

Considerando essa realidade, surgem as seguintes indagações: como deve ser o meio de hospedagem, levando em conta o usuário de terceira idade? Quais ambiências são adequadas e desejadas para esse público? Que tipo de design espacial será adequado e viável a esse cliente?

Este estudo tem como objetivo apresentar parâmetros para uma melhor adequação ambiental, de modo a obter espaços mais confortáveis, agradáveis, produtivos e estimulantes para as pessoas de terceira idade.

CARACTERIZAÇÃO FÍSICA DA PESSOA DE TERCEIRA IDADE

A velhice é um processo pessoal, natural e inevitável para qualquer ser humano na evolução da vida. As características principais da velhice são a redução da capacidade de adaptação ambiental, diminuição da velocidade de desempenho e aumento da suscetibilidade a doenças. Nessa fase, ocorrem mudanças biológicas, fisiológicas, psicossociais, econômicas e políticas que alteram o cotidiano das pessoas. Detalham-se, a seguir, algumas características que surgem com essas mudanças e que devem ser consideradas na elaboração de qualquer projeto arquitetônico para o usuário de terceira idade.

- Mudanças físicas graduais e progressivas: aparecimento de rugas e perda da elasticidade e viço da pele; diminuição da força muscular, da agilidade e da mobilidade das articulações; aparição de cabelos brancos e perda dos cabelos entre os indivíduos do sexo masculino; redução da acuidade sensorial, da capacidade auditiva e visual; distúrbios dos sistemas respiratório e circulatório; alteração da memória; e outras. Além disso, há a redução da altura corporal, as extremidades ficam mais finas e o tronco mais grosso, diminuição do peso entre 55 e 75 anos em decorrência principalmente da perda de massa muscular, água e massa óssea. Não há indícios de que a função cardíaca decline com a idade, e o desempenho físico pode aumentar como resultado da prática diária de exercícios. Várias das deficiências nor-

GESTÃO AMBIENTAL E SUSTENTABILIDADE NO TURISMO

malmente atribuídas à velhice podem ser causadas pelos efeitos de doenças, muito mais do que pelo envelhecimento;

- Mudanças psicossociais: incluem as modificações afetivas e cognitivas, os efeitos fisiológicos do envelhecimento, consciência da aproximação do fim da vida, suspensão da atividade profissional por aposentadoria, sensação de inutilidade; solidão, afastamento de pessoas de outras faixas etárias, segregação familiar;

- Mudanças funcionais: necessidade cotidiana de ajuda para desempenhar as atividades básicas;

- Mudanças socioeconômicas: ocorrem quando a pessoa se aposenta e podem incluir dificuldades econômicas, declínio no prestígio social, experiências e valores, entre outras.

Uma geração só vai se preocupar com o envelhecer quando sentir que essa nova fase da vida está se aproximando, produzindo sensações de desconforto, ansiedade, temores e medos fantasiosos. Freqüentemente, essa ansiedade gera a falta de motivação, o que leva o indivíduo a um estado de depressão, que repercute organicamente e acelera o envelhecimento ou provoca distúrbios e dificuldades de adaptação a um novo contexto social.

Estudos recentes comprovam que o avanço da idade não determina a deterioração da inteligência, pois ela está associada à educação, ao padrão de vida, à vitalidade física, mental e emocional (Spina França, 2004). Também é preciso perder o preconceito sobre a idade cronológica das pessoas. Pode-se afirmar que há jovens com 20, 40 ou 90 anos de idade; tudo dependerá da postura e do interesse de cada um.

Atividades mais freqüentes das pessoas de terceira idade

Com o declínio gradual das aptidões físicas, o impacto do envelhecimento e das doenças, o idoso tende a substituir seus hábitos de vida e rotinas diárias por atividades e formas de ocupação pouco ativas. É importante que o idoso aprenda a lidar com as transformações em seu corpo e tire proveito de sua condição, prevenindo-se e mantendo em bom nível sua plena autonomia.

As atividades físicas devem ser atraentes, diversificadas, com intensidade moderada, de baixo impacto e devem ser realizadas de forma gradual, com o propósito de promover a aproximação social. É fundamental que essas atividades sejam desenvolvidas coletivamente, para que se respeitem as individualidades de cada um, sem estimular atividades competitivas, pois tanto a ansiedade como o esforço aumentam os fatores de risco (Deps, 1993).

A rotina diária precisa incluir atividades leves individuais ou coletivas, como caminhadas de baixa intensidade, utilização de escadas em vez de elevadores, jardinagem, atividades aquáticas, viagens turísticas e lazer em geral, que proporcionam uma melhoria na condição física e psicológica, auxiliando na realização de movimentos do dia-a-dia, o que torna esses indivíduos prestativos em seu meio social e conscientes como cidadãos (Lacoste, 1994).

A caracterização das atividades mais freqüentes das pessoas de terceira idade pode ser feita em três níveis: atividades físicas diárias, atividades físicas e esportivas e atividades sociais.

- As atividades físicas diárias são essenciais para a autonomia do indivíduo, sobretudo as relativas ao autocuidado e à higiene, como caminhar e movimentar-se pela casa, alimentar-se, banhar-se e usar o toalete, por exemplo;

- As atividades físicas e esportivas incluem as diversas modalidades de ginástica, caminhadas, musculação, natação, hidroginástica e outras;

- As atividades sociais incluem a interação social ou podem ser realizadas individualmente: estar com amigos, ler, assistir à TV, ouvir música, conversar, contemplar, praticar jogos de mesa e dançar.

Como metodologia deste trabalho, objetivou-se definir as necessidades físicas para algumas dessas atividades e, a partir daí, estabelecer as características ambientais apropriadas para o adequado desempenho delas. A classificação é pertinente, pois assim é possível determinar o tipo de necessidade de cada atividade e, então, concluir quais parâmetros serão mais importantes.

Necessidades físicas, visuais e psicossociais

Sabe-se que a relação do homem com o meio ambiente se dá pelo processo de percepção, diferente da simples sensação, que é apenas parte de todo o processo. Entende-se que o processo perceptivo é básico para o projeto arquitetônico. Esse processo ocorre em nível físico, fisiológico e psicológico, que constitui a interpretação dos estímulos recebidos nos dois primeiros níveis. Esse processo é diferente de pessoa para pessoa e até para uma mesma pessoa em distintos momentos. Assim, é natural que um grupo de usuários tenha diferentes tipos de necessidades, as quais podem ser específicas.

Necessidades físicas

Para atenuar os efeitos das mudanças físicas, psicossociais, funcionais e socioeconômicas, descritas anteriormente, as necessidades físicas dos idosos passam a ser as seguintes: exercícios físicos para desenvolvimento da resistência e força muscular, treinamento para melhora de mobilidade articular, alongamento de músculos, aumento de flexibilidade, diminuição de lesões musculares, melhoria de coordenação, melhoria de digestão e excreção e melhoria do metabolismo. Essas necessidades requerem alguns cuidados específicos.

* Segurança física: para deslocamento seguro no ambiente, devem-se prever elementos de apoio e suporte relacionados com as atividades desenvolvidas. As normas de acessibilidade para pessoas com necessidades especiais devem ser consultadas.

Necessidades visuais

As necessidades visuais de quantidade de luz aos 60 anos podem ser duas vezes maiores do que aos 20 para realizar uma tarefa visual com a mesma precisão e o mesmo tempo. Os usuários da terceira idade também são mais sensíveis aos níveis de ofuscamento que os mais jovens (Steffy, 2002). Essas necessidades exigem adaptação visual e acomodação visual:

- Adaptação visual: os olhos dos idosos têm períodos de adaptação visual mais longos do que os olhos dos jovens. Assim, uma trajetória de um exterior muito brilhante a um interior muito sombreado ou vice-versa pode levar a desorientação ou tropeços. Essa adaptação pode ser minimizada por meio de uma série de espaços de transição, com a redução de iluminação progressiva;

- Acomodação visual: é a capacidade que o olho humano tem de ajustar-se às diferentes distâncias entre os objetos, de forma a obter uma imagem nítida. Essa capacidade diminui com a idade, pelo endurecimento do cristalino. As distâncias focais para itens ou tarefas visuais mais importantes devem ser as mesmas. Por exemplo, o projetista deve desenvolver uma sala de estar para os usuários de terceira idade com sofás e cadeiras em distâncias constantes entre eles.

Necessidades psicossociais

Segundo Cavan (1965), o equilíbrio psicossocial do idoso e seu ajustamento ambiental dependem principalmente dos seguintes fatores: contato social suficiente, ocupação social plena de significado, uma certa segurança social e um estado de saúde satisfatório.

PARÂMETROS AMBIENTAIS

Para satisfazer as necessidades descritas anteriormente, são relacionados os parâmetros ambientais, os quais serão divididos em três grupos: térmicos, de iluminação e acústicos.

Parâmetros térmicos

O roteiro de definição dos parâmetros de conforto inicia-se pela avaliação bioclimática do local, por meio das cartas bioclimáticas (Lambert et al., 1997), e assim se indicam as estratégias ambientais para o projeto. Os parâmetros de conforto térmico, dependendo da região, devem ser avaliados nas situações de verão e de inverno. Embora as estratégias bioclimáticas sejam específicas, existem orientações projetuais básicas que incluem a orientação solar adequada para as aberturas e a ventilação natural.

Orientação solar adequada para as aberturas

A orientação solar mais adequada é aquela que produz o aporte solar agradável e compatível com as atividades que serão realizadas naquele ambiente. Orientações leste e nordeste são as preferidas, com o sol da manhã e as temperaturas mais frescas no verão, e adequadas para atividades sociais diurnas. Devem-se evitar as aberturas orientadas a oeste, que produzem calor excessivo no verão para ambientes destinados a atividades físicas.

A orientação solar também influi na qualidade da iluminação interior. Nesse caso, indica-se a iluminação das fachadas norte ou sul, por terem um nível de iluminação mais constante. Entretanto, a orientação sul deve ser evitada para ambientes de permanência diurna prolongada, pois gera espaços monótonos do ponto de vista visual, sem a vibração e o dinamismo da luz solar. As aberturas orientadas a leste ou oeste apresentam muita variação, pois o sol move-se muito rapidamente, principalmente em latitudes médias e altas, e de modo geral ele está num ângulo de altitude mais baixo, gerando situações de insolamento direto, que podem ser desagradáveis.

Ventilação natural

A ventilação natural pode ser obtida por ventilação cruzada, que é uma estratégia simples e que torna o ambiente mais dinâmico e higiênico pelo movimento do ar. Para tanto, devem-se orientar as aberturas para captar os ventos dominantes ou trabalhar com as diferenças de temperatura do ar, o que normalmente ocorre quando se trabalha com as aberturas em fachadas opostas. A ventilação natural é requisito para os três tipos de atividades descritos anteriormente. A ventilação excessiva, gerada pela velocidade dos ventos, também pode ser desagradável, portanto, as aberturas devem apresentar regulagens de controle.

Parâmetros de iluminação

O conforto visual contribui para suprir as necessidades visuais e também as informativas. Esse conforto depende da atividade visual que está sendo realizada. As necessidades visuais dos usuários de terceira idade podem ser supridas por meio de iluminação natural, mas esta depende da disponibilidade de luz natural, que pode ser bastante variável durante o dia.

As orientações projetuais básicas podem ser estabelecidas a partir das seguintes variáveis: luz solar, trajetória lumínica, níveis de iluminação, tamanho e posição das aberturas, distribuição das aberturas e uso de elementos de controle de iluminação.

Luz solar

A luz solar é fator positivo, pois produz dinamismo e alegria no ambiente. Elevados índices de iluminação pela manhã favorecem o ritmo circadiano e o processo de metabolismo (Steffy, 2002). Devem-se considerar o tipo de atividade e o horário de utilização do ambiente. Ambientes de permanência diurna prolongada devem prover a incidência de luz solar direta, com adequado elemento de controle.

Trajetória lumínica

É importante prever níveis de iluminação elevados em ambientes que se conectam com o exterior, como *halls*, salas de estar e varandas, de modo a minimizar as mudanças desde o exterior, criando espaços sucessivos de transição de iluminação (Kalff, 1971). Também é preciso evitar obstáculos em potencial, como degraus ou diferenças abruptas de níveis.

Níveis de iluminação

A partir das necessidades visuais, pode-se estabelecer que os ambientes para a terceira idade devem dispor de níveis de iluminação mais elevados que os recomendados pela Norma Brasileira (NBR). A fachada norte produz níveis de iluminação mais elevados e mais constantes, que podem ser mais facilmente controlados. Também é a fachada que dispõe de mais horas de sol durante o dia (Corrêa, 1998). As atividades diárias básicas de higiene pessoal que utilizam o espelho têm requisitos de iluminação mais restritos, como níveis de iluminação mais elevados e iluminação mais difusa no plano da face, sem sombras. As atividades sociais, como leitura e jogos de mesa, como o carteado, também requerem níveis mais elevados, pois são críticas em relação ao foco visual.

Tamanho e posição das aberturas

O tamanho e a posição das aberturas podem ter tanta ou maior influência no espaço interno quanto a orientação solar. As aberturas únicas e muito grandes podem causar elevados contrastes no ambiente. Elas devem ser posicionadas de modo a permitir a visualização do exterior, mesmo quando a pessoa está sentada (Bins Ely e Ribas, 2001). Também é necessário conduzir a luz natural para o plano visual das atividades, ou seja, a cadeira de leitura, por exemplo, ou a mesa de carteado ou de refeições, no caso das atividades já mencionadas. Os ambientes com pé direito mais alto e janelas com vergas mais elevadas produzem iluminação direcionada às áreas mais internas da sala (Corrêa, 1998).

Distribuição das aberturas

A disposição das aberturas no espaço interno pode otimizar a distribuição da luz no ambiente. Assim, a existência de mais de uma janela pode melhorar a distribuição da iluminação, eliminando zonas sombreadas e diminuindo contrastes. Várias janelas menores podem melhorar a distribuição e reduzir o ofuscamento causado por uma grande abertura. Como apontado anteriormente, os idosos são mais sensíveis ao ofuscamento. As atividades físicas e esportivas têm elevados requisitos de homogeneidade e contrastes, pois os focos visuais estão freqüentemente em movimento.

Uso de elementos de controle de iluminação

Os elementos de controle, como brises, marquises, pérgolas ou mesmo a vegetação bem estudada, podem melhorar o desempenho da abertura, redirecionando e controlando a luz natural incidente. Do ponto de vista de conforto térmico, o elemento de controle deve ser externo para evitar o aporte de calor no ambiente interno.

Parâmetros acústicos

Os parâmetros acústicos podem ser relativos à proteção acústica, à correção acústica dos locais e à geração de sons. Os dois primeiros aspectos se referem a sons indesejáveis e o terceiro à criação de efeitos sonoros (Serra e Coch, 1995). Como os níveis de percepção declinam com a idade, o ruído também é mais molesto ao idoso. As orientações projetuais estão relacionadas à proteção sonora e à criação de efeitos sonoros.

Proteção sonora

A disposição de elementos de absorção sonora e de isolamento de ruídos do exterior deve ser uma preocupação em todas as áreas, mas adquire um caráter mais restrito em áreas de descanso, como dormitórios. Existem situações em que o foco de ruído pode ser interno, como é o caso das áreas de atividades de lazer ou lúdicas na própria edificação, como áreas de serviço ou áreas técnicas, exigindo uso de elementos tanto de absorção como de isolamento sonoro.

Efeitos sonoros

A criação de efeitos sonoros também melhora a ambiência do local, de modo a tornar os ambientes mais estimulantes aos usuários. Os jardins podem ser elementos tanto de barreiras sonoras como criadores de efeitos sonoros por meio de sons de água, sons produzidos pela ação do vento na vegetação, canto dos pássaros atraídos pela presença de árvores frutíferas ou flores.

Critérios de projeto

O Quadro 29.1 exemplifica a relação entre as necessidades dos usuários de terceira idade e os parâmetros ambientais, considerando critérios ou recomendações de projetos mais específicos às exigências desse público. Naturalmente, as atividades podem ter requerimentos dos três tipos, a relação entre os parâmetros ambientais pode até mesmo apresentar conflitos entre controle de iluminação, ruído e ventilação, mas é importante que o projetista atente para essas questões, a fim de otimizar a qualidade ambiental, colocando o foco no usuário.

Quadro 29.1 – Relação entre necessidades, parâmetros ambientais e critérios de projeto.

Necessidades	Ações requeridas	Atividades	Parâmetros ambientais	Critérios projetuais
Físicas	Exercícios físicos Mobilidade	Movimentos físicos	Ventilação natural	Distribuição de aberturas (aberturas opostas)
	Metabolismo	Atividades matutinas	Luz solar	Níveis de iluminação elevados pela manhã
Visuais	Adaptação visual	Espaços de transição	Evitar contrastes excessivos	Trajetória lumínica
	Acomodação visual	Estabelecer tarefas visuais	Determinar distâncias focais	Focos visuais em distâncias constantes
Psicossociais	Contato social	Atividades sociais Contemplação Conversação	Espaços vibrantes Evitar ofuscamento Proteção sonora	Qualidade de iluminação Orientação solar adequada Aberturas com elementos de controle
	Ocupação social	Jogos de mesa	Tarefa visual sobre a mesa Proteção sonora	Elevados níveis de iluminação (2x)

CONSIDERAÇÕES FINAIS

Estudos de pós-ocupação de ambientes projetados para idosos podem ser bastante úteis no desenvolvimento deste tema. Entretanto, considera-se que embora existam muitos estudos relativos a projetos para idosos, os parâmetros ambientais têm sido estudados de modo bastante genérico. Este trabalho aborda aspectos iniciais que deverão ser aprofundados para que arquitetos e técnicos possam ter mais indicadores de projeto. Assim, poderão surgir mais facilmente meios de hospedagem com ambientes mais agradáveis, produtivos e adequados às necessidades do usuário da terceira idade.

REFERÊNCIAS

BINS ELY, V.H.; RIBAS, V. **Parâmetros de projeto para moradia tutelada da terceira idade.** Florianópolis, 2001. Dissertação (Mestrado). Universidade Federal de Santa Catarina (UFSC).

CAVAN, R. **Family tensions between the old and middle aged.** Springfield: Thomas Publishing, 1965.

CORRÊA, S.R.M. **Luz natural y luz artificial: integración de sistemas y su aplicación en proyectos de escuelas.** Barcelona, 1998. Tese (Doutorado). Dep. Construcцións y Arquitectura. ETSAB – Universidad Politecnica de Cataluña.

DEPS, V.L. Atividade e bem-estar psicológico na maturidade. In: NERI, A.L. (Org.). **Qualidade de vida e idade madura.** Campinas: Papirus, 1993.

[IBGE] INSTITUTO BRASILEIRO DE GEOGRAFIA E ESTATÍSTICA. Departamento de População e Indicadores Sociais. **Tábuas de mortalidade para o Brasil (1991-2000).** Rio de Janeiro: IBGE, 2000.

KALFF, L.C. **Creative light.** Londres: The Macmillan press, 1971.

LACOSTE, M.F. **In physical activity and health in the elderly.** Oeiras: Universidade do Porto, 1994. p. 486-91.

LAMBERT, T.S.; DUTRA, L.; PEREIRA, F.O.R. **Eficiência energética na arquitetura.** São Paulo: PW, 1997.

SERRA, R.; COCH, H. **Arquitectura y energía natural.** Barcelona: UPC, 1995.

SPINA FRANÇA, L. Programa de preparação para aposentadoria. **Boletim do CRE,** ano V, n. 7, 2004.

STEFFY, G. **Architectural lighting design.** Nova York: John Wiley & Sons, 2002.

Eventos como Estratégia para o Desenvolvimento de Organizações Turísticas

30

Savanna da Rosa Ramos
Bacharel em Turismo, Cesumar
Anete Alberton
Administradora e Engenheira Civil, Univali

INTRODUÇÃO

O turismo de eventos vem sendo enfatizado no meio acadêmico por muitos autores (Buendía, 1991; Mules, 2001; entre outros), principalmente pelos benefícios econômicos que os eventos podem proporcionar às localidades. Por representar uma fonte de receitas e captação de divisas, apresenta-se como uma forma de minimizar os efeitos provocados pela sazonalidade turística de algumas localidades que adquiriram essa característica. Desse modo, muitos setores econômicos de diversas localidades vêm investindo no segmento de eventos como uma alternativa para a manutenção de seus empreendimentos.

Na medida em que o segmento de eventos favorece os negócios e beneficia diretamente uma diversidade de empresas e atividades, o planejamento e a organização integrados tornam-se imprescindíveis. O objetivo deste estudo é destacar as relações do sistema de mercado que regem esse segmento, principalmente nas organizações turísticas, visando, com isso, ao incremento financeiro destas. Para compor esta análise, foram apresentadas ações de marketing que são utilizadas com maior ênfase para a promoção, em que a prospecção e a captação de eventos se destacam no segmento. Este capítulo exibe abordagem teórica, contempla discussões referentes à gestão de eventos e a seus contextos econômico, financeiro e político, e apresenta também o sistema de mercado do segmento de eventos.

GESTÃO DE EVENTOS

Na atividade turística, os eventos tornaram-se uma possibilidade para o desenvolvimento dos centros receptivos ao fomentar o incremento da infra-estrutura urbana e da estrutura turística, e de muitas organizações turísticas, as quais geralmente são oferecidas quando ocorre a prospecção e a captação de eventos. Ao mesmo tempo, o segmento de eventos, ao apresentar melhores perspectivas, na medida em que favorece os negócios, beneficia diretamente uma diversidade muito grande de empresas e atividades, necessitando, para isso, de uma gestão organizada e planejada dos eventos.

Para Goidanich (1998) e Barreto Filho (1999), na realização de eventos o efeito multiplicador deve ser lembrado, já que, antes, durante e após a sua realização, várias pessoas e organizações, turísticas ou não, são beneficiadas pelo seu reflexo. Sendo característica da atividade turística, como incentivador para a expansão de outras atividades, fica evidenciado justamente porque esse segmento normalmente trabalha com serviços terceirizados especializados, empregando equipamentos e pessoal e com reflexo econômico-financeiro para a localidade.

Nesse sentido, algumas organizações que trabalham com o turismo devem ser lembradas, tais como: agências de viagens e operadoras de turismo; agências de publicidade e gráficas; fornecedores de matéria-prima; casas noturnas, cinemas, teatros ou parques; comércio em geral na localidade; empresas organizadoras de eventos; hotéis e restaurantes; transportes urbano, intermunicipal, interestadual e internacional.

Como evidenciado, o segmento de eventos, para o seu desenvolvimento, abrange um amplo e diversificado conjunto de atividades econômicas com importância destacada no setor de serviços, na indústria e no comércio em geral, necessitando, principalmente, de meios de hospedagem e transportes, que são a base de sustentação da atividade turística, como também, de espaços que possibilitem a realização de eventos.

Segundo Zeppel (1992), os eventos impulsionam economicamente o trade relacionado ao turismo, que por sua vez acaba por agregar transformações ao próprio evento. Quando refletido em celebrações culturais, a comunidade receptora passa a ter um interesse especial no turismo de eventos. Estes têm sido largamente determinados pelo crescimento da reputação da localidade (como eventos culturais) e por tornarem-se, por vezes, um atrativo turístico internacional.

O impulso que alguns eventos podem dar ao turismo e aos negócios pode ser percebido pela comunidade quando estes são estimulados. Isso

EVENTOS COMO ESTRATÉGIA PARA O DESENVOLVIMENTO | **689**

pode ser comprovado quando se observa a ação do efeito multiplicador em casos de megaeventos como Olimpíadas (Scott, 2004; Waitt, 2003; Kang e Perdue, 1994), Copa do Mundo (Kim e Petrick, 2005; Barker et al., 2002) ou em eventos regionais como a Oktoberfest, em Blumenau (SC), ou a Festa da Uva, em Caxias do Sul (RS), bem como em eventos técnico-científicos de distintas áreas do conhecimento. A habilidade de realizar esses eventos atrai turistas e coloca em evidência diversos setores da economia da localidade anfitriã, incentivando também os governos estaduais a estabelecerem organizações especiais e mobilizando grupos e empresas das áreas relacionadas ao tema e ao tipo do evento (Mules, 2001).

O segmento de eventos, principalmente aqueles de grande porte, assumiu um papel relevante no desenvolvimento turístico e nas estratégias de promoção urbanas e regionais, tendo como sua função primordial oferecer à comunidade receptora uma oportunidade de alta proeminência no mercado turístico (Hall, 2001). Ainda, devido às crises econômicas, muitos países resolveram apostar no turismo de eventos levando em conta a renovação urbana das cidades. A estratégia orientada para eventos, em que há promoção da cidade como um centro de convenções e feiras, é destacada por Swarbrooke (2000). Como conseqüência, fica o desafio para manter o equilíbrio entre as necessidades da população local e as dos turistas. Os eventos, independente dos lugares onde ocorrem, sempre refletiram aspectos da sociedade na qual acontecem. No contexto social, os eventos têm se tornado mais comerciais e promocionais, tentando atender a expectativas e exigências da sociedade. Para Canton (2002b), atualmente os eventos podem ser um instrumento de poder, que movimenta uma sociedade, manipula pessoas e, por fim, acaba criando alterações no campo social, econômico e político dessa sociedade.

O valor econômico agregado ao evento reflete-se na economia da localidade por meio dos seguintes aspectos: aumento das taxas de ocupação hoteleira, utilização dos equipamentos turísticos, contratação de mão-de-obra, renovação dos produtos e manutenção dos imóveis, formando uma rede interorganizacional.[1] Os eventos também podem causar maior retorno financeiro quando são realizados em hotéis, sobretudo no que se refere ao aumento no número de diárias e refeições e à locação de espaços. Além

---

[1] A rede interorganizacional se edifica sobre fortes bases relacionais entre as organizações que a compõem e é usada como alternativa estratégica na captação de eventos, tanto regional como internacional. Algumas características estão presentes na estrutura da rede de eventos, como comprometimento, confiança, partilha e solidariedade entre os membros (Amorim, 2003).

disso, nesse segmento, existem apoio e movimentação de capital privado para os patrocínios[2] em projetos de desenvolvimento e revitalização de bairros e regiões, o que propicia os benefícios anteriormente citados (Melo Neto, 2001; Mules, 2001; Montes e Coriolano, 2003).

Como o evento é considerado um acontecimento que ultrapassa gerações e que necessita de um planejamento (pré-evento) para sua realização, pode ser um elemento potencial de atração à medida que, por meio dele, como agente catalisador da economia, as cidades assumem um papel dinâmico (Richero, 1993; Canton, 2002a; Moraes, 2001; Matias, 2003). Por parte de quem organiza eventos, a administração e a operacionalização constituem um processo de intenso esforço. De acordo com Buendía (1991) e Richero (1993), esse processo pode ser dividido em três etapas: pré-evento, transevento e pós-evento.

O pré-evento é constituído de três fases. A primeira é uma etapa de estudos e determinações realizados, principalmente, por meio de um instrumento operacional denominado *briefing*.[3] Com base em estudos e determinações preliminares, pode-se diagnosticar o evento para, então, se formularem as proposições e os prognósticos. Entra-se, então, na segunda fase do pré-evento, que é a sistematização do que deve ser planejado. Nessa etapa, relacionada à construção do projeto, devem constar o tema, o objetivo, o público, o local, a data e o calendário/programa. Na terceira fase, o evento é organizado e realiza-se a distribuição de funções, responsabilidades, tarefas e ações. Os instrumentos comumente utilizados para a organização do evento são organogramas, fluxogramas, cronogramas, listas de tarefas, pautas, atas e calendários de reuniões e planilhas de controle de custos, principalmente. As funções e responsabilidades que são delegadas dizem respeito à direção, à supervisão, ao controle e à comunicação.

O "transevento" é a etapa referente ao desenrolar do evento – a execução –, em que todos os serviços planejados e contratados na fase anterior serão prestados e testados. Abrange desde a eficiência em transportar o

---

[2] Watt (2004) afirma que, para atrair patrocínio, um evento deve ser bem-feito, e nesse processo se incluem as qualificações e o conhecimento técnico do organizador que devem ser utilizados para que o evento aconteça de forma correta no que se refere a planejamento e realização, justificando o apoio do patrocinador. Desse modo, esse esforço de marketing pode garantir que o projeto terá mais chances de atrair o interesse de patrocinadores potenciais.

[3] "É a análise e descrição atual de determinada situação em que o conhecimento se baseia no exame do conjunto de fatos, nos dados estatísticos, nos relatórios, nos depoimentos etc." (Souza e Corrêa, 2000, p.55).

participante do terminal de transportes ao hotel onde se hospedará, passando pelas normas de cerimonial, que são de responsabilidade das autoridades que estarão presentes, até a aplicação dos sistemas de avaliação. O pós-evento – a avaliação – é uma etapa muito importante em todos os eventos, pois nela serão analisados todos os aspectos pertinentes a ele, aos participantes, aos serviços e aos resultados (Buendía, 1991; Richero, 1993).

No processo de organização e gerenciamento dos eventos, as novas tecnologias proporcionaram algumas mudanças relativas às informações dos eventos por meio da utilização de *softwares*. Allen et al. (2003) descrevem alguns pacotes de *softwares* para eventos que foram escolhidos por sua popularidade mundial: Events Perfect, Events Business Management System, Summit Event Management, MS Project, Events Pro e EventWorks.

Assim, o evento é o resultado de uma rede coordenada de relações, de negócio para negócio, resultante da soma de uma gama de empresas do setor de serviços, onde há a construção de uma rede de relacionamentos entre as empresas e os indivíduos participantes, para produzir um produto sinérgico que nenhuma organização produziria sozinha. Aos eventos podem ser aplicados todos os princípios de gestão de produtos, como: o da oferta e da demanda, do comportamento do consumidor, da propensão de consumo, dos relacionamentos, das estratégias de comunicação e marketing, da produção, da distribuição, os quais deverão ser cuidadosamente considerados, em especial pelo fato de um evento não poder ser testado antecipadamente, antes de seu uso definitivo (Andrade, 2002).

Prospecção e captação de eventos

O evento vem sendo visualizado como uma alternativa de remodelagem do foco de muitas organizações, principalmente quando sua atividade atual estiver em declínio, mudando o seu público-alvo e buscando novas formas para otimização de locais (Ramos, 2005).

No segmento de eventos, a demanda é diversificada e, do mesmo modo, a oferta é constituída por uma ampla classe de serviços. As relações projetadas na Figura 30.1 procuram descrever o sistema de mercado no segmento de eventos. As entidades que demandam a realização de eventos são aqui denominadas Entidades Promotoras de Eventos (EPE). O elemento "Empresa Organizadora de Eventos" (EOE) realiza a intermediação ordenadora das várias Empresas Prestadoras de Serviços (EPS).

O *subsistema da demanda*, composto pelas Entidades Promotoras de Eventos (EPE), representa as entidades que promovem o evento, ou seja,

692 | GESTÃO AMBIENTAL E SUSTENTABILIDADE NO TURISMO

Figura 30.1 – Sistema de mercado no segmento de eventos.

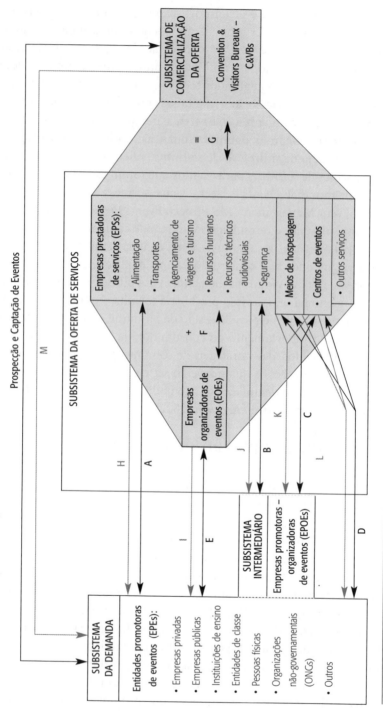

Fonte: Ramos 2002, p.59.

as "donas do evento". Essa demanda é constituída, basicamente, por pessoas físicas e entidades jurídicas. As EPE, conforme suas especificidades, podem realizar licitação pública ou processo de concorrência para a seleção da empresa organizadora que desenvolverá o seu evento (linha E). Também poderão estabelecer uma relação direta com algum meio de hospedagem que tenha espaços destinados a eventos ou com os centros de eventos (linha D) (Ramos, 2002).

O *subsistema intermediário* é formado pelas Empresas Promotoras-Organizadoras de Eventos (EPOE), que promovem e organizam eventos. A relação com as EPS se faz de uma maneira direta (linhas B e C) (Ramos, 2002).

O *subsistema da oferta de serviços* é constituído por dois conjuntos. O conjunto das EOE e o conjunto EPS. A relação das EPE – demanda, com o subsistema da oferta – e EPS pode ocorrer de duas formas. Na primeira, a EPE "encomenda" o evento ao seu departamento interno, geralmente coordenado por um profissional de relações públicas. Dessa forma, a relação com o conjunto de EPS se faz de maneira direta (linha A). Nesse caso, o evento a ser realizado é organizado pelo "pessoal da casa", pelo promotor, e o elemento EOE tem sua função aglutinada, pois as transações com as EPS são realizadas de maneira direta, sem intermediação (Ramos, 2002).

A aglutinação da função de promoção e organização exige das EPE uma gama maior de conhecimento sobre as EPS, pois o subsistema da oferta é constituído por uma variada tipologia de EPS, necessárias à realização do evento, cuja abrangência pode variar de acordo com as especificidades do evento: tema, objetivo, porte, local, abrangência, público, entre outros (Ramos, 2002).

Entre as EPS, verificam-se: meios de hospedagem (compostos por todos os tipos de alojamento, sendo que alguns destes podem ter um local para a realização de eventos, estabelecendo uma relação direta entre EPE e EPOE – linhas C e D) e centros de eventos (são todos os espaços especialmente construídos para realização de eventos, que também podem estar localizados em casas de cultura, centros empresariais, associações, *shopping centers*, sociedades, clubes, parques de exposição etc.). Pode existir também uma relação direta com as EPE e EPOE (linhas C e D), como serviços de transportes, agenciamento de viagens e turismo e segurança; recursos humanos e técnicos, entre outros (Ramos, 2002).

Outra forma possível de relação estabelecida é a que se efetua de forma indireta entre o subsistema da demanda – EPE e EPS. Nesse caso, as EPE terceirizam a função de organização do evento, "encomendando-o" a uma assessoria externa (EOE), que vai planejá-lo e executá-lo, mantendo com as EPS as transações necessárias para a realização do evento (linhas E e F). As EOE, como organizadoras, recorrem às EPS, nas quais cada empresa é responsável por um determinado tipo de serviço e com quem as EPE trabalham em parceria, servindo de intermediárias para entregar um pacote completo de serviços para seus clientes (Ramos, 2002).

No processo de "venda" do evento ao público, originam-se partes dos seus recursos financeiros, como apoios, patrocínios, vendas de inscrições, ingressos, produtos promocionais, espaços publicitários, locação de estandes e *merchandising*.[4] Canton (2002a) afirma que para as EPS existem requisitos como competência, reputação da empresa, qualidade do trabalho desenvolvido, experiência na área e prestação de serviços de forma mais ampla, os quais devem ser seguidos.

Além da função "promoção", atribuída ao subsistema da demanda, e das funções dos subsistemas intermediário e da oferta – planejamento e organização (pré-evento), e realização (transevento) que compreende a execução dos vários serviços que, de forma interdependente e complementar, vão "fazer" o evento acontecer –, a Figura 30.1 estabelece ainda algumas relações atreladas às funções de marketing. Essas relações podem ser identificadas no subsistema de comercialização da oferta e representam o esforço que alguns elementos da oferta empreendem para "buscar" a demanda. O esforço para a "busca" da demanda – denominado prospecção e captação – pode ser realizado de forma direta pelos elementos do subsistema da oferta (ver linhas H, I, J, K, L, na figura) ou de forma indireta, por meio da atuação dos Convention & Visitors Bureaux (C&VB)[5] (linha M), que são entidades formadas a partir do associativismo entre alguns dos elementos do subsistema da oferta (EOE + EPS = C&VB; ver parte em cinza),

---

[4] *Merchandising* pode ser entendido como "a exposição e a comercialização de produtos e serviços em espaços comunicacionais. Comporta um conhecimento profundo das diversas áreas do marketing, que vão desde o estudo do *layout* de uma agência de viagens, por exemplo, até os mais complexos elementos da comunicação visual. É a operação do planejamento necessário para a inserção no mercado do produto/serviço certo, em quantidades adequadas e a preço competitivo. Sob a ótica do mercado global, constitui-se em espaços editoriais de comunicação; programas transmitidos por emissoras; eventos propriamente ditos; transmissão de eventos produzidos por terceiros; cobertura jornalística dos eventos; criação e produção de material promocional" (Britto e Fontes, 2002, p.25).

[5] Os C&VB são organizações cooperativas que reúnem empresas e associações do *trade* turístico, entidades dos setores produtivos da indústria e do comércio, grupos lojistas, órgãos governamentais e outros segmentos como fornecedores, prestadores de serviços, entre outros. Embora seja integrado por órgãos governamentais, o C&VB é uma instituição privada, independente e sem fins lucrativos.

estabelecendo uma relação direta (linha G), com o intuito de, a partir da parceria, obter vantagem competitiva no mercado, "ampliação do mercado", por meio da divisão e conseqüente minimização dos custos com as ações comerciais (Ramos, 2002).

Quando se trabalha com a EPE, o serviço não é cobrado, porque o C&VB é mantido pelas empresas mantenedoras/associadas (EOE + EPS), e o C&VB, em contrapartida, oferece negócios, ou seja, quando o C&VB está captando e/ou apoiando um evento, coloca os serviços dessas empresas à disposição da EPE (Ramos, 2002).

A partir da apresentação do funcionamento das relações no segmento de eventos, visto como um sistema, é possível apontar a complexidade que esta envolve, em termos de relacionamentos entre os vários componentes de cada subsistema. Esses relacionamentos podem ser evidenciados por meio de ações de marketing, como a prospecção e a captação de eventos.

Nesse sentido, explica-se o significado do termo marketing, que, na verdade, é algo mais complexo que simplesmente vender ou anunciar, já que nele existem trabalhos como: análise de mercado, análise de demanda, pesquisa de satisfação de clientes, qualidade do produto, preço, entre outros. Para Drucker (1998), o objetivo do marketing é tornar a venda desnecessária. É conhecer e compreender o cliente, de modo que o produto ou serviço se adapte e venda por si próprio. Já para Kotler (1993), marketing é um processo social e gerencial pelo qual indivíduos e grupos obtêm aquilo de que necessitam e desejam por meio da criação e troca de produtos e valores.

Assim, à medida que a economia mundial avança em direção à economia de serviços, os profissionais que trabalham com eventos e marketing necessitam conhecer profundamente as novas tendências que chegam ao mercado e, principalmente, ao segmento de eventos. Neste segmento participante do setor terciário, as atividades ou os benefícios são oferecidos de uma parte à outra e, por serem essencialmente intangíveis, não resultam em posse de bens. Um empreendedor deve traçar metas para tornar tais serviços tangíveis, como aumentar a produtividade de seus fornecedores, padronizar sua qualidade, melhorar a capacidade de ofertas e criar diferenciações competitivas com o auxílio de estratégias de marketing (Cobra e Zwarg, 1996; Fitzsimmons e Fitzsimmons, 2000).

As empresas/entidades atuantes no segmento de eventos devem atender às necessidades do consumidor, aqui participantes de eventos, utilizando-se dos Ps integrantes do composto de marketing. Desse modo, têm-se os principais listados: pessoas, pesquisa/prospecção, produtos, preços, desempenho, pontos de distribuição/praça e promoção. Na verdade, o agrupamento dos "Ps" é parte do "*mix* de marketing", um conjunto de instrumentos que tem como objetivo facilitar o entendimento e a compreensão das ações mercadológicas praticadas no mercado de eventos ou em outro mercado e, ainda, utilizados de maneira integrada para afetá-lo. Assim, esse *mix* possui grande valor no mundo globalizado a partir de estratégias e de informações que ele proporciona, resultando em uma maior segmentação de mercado.

A promoção é indispensável à estratégia de marketing e pode ser entendida como a atividade do processo de marketing cuja função principal é a comunicação persuasiva. Acerenza (1991) explica que na prática a promoção é uma atividade destinada à informação, persuasão e influência sobre o cliente, na qual se incluem as atividades de publicidade, promoção de vendas, vendas pessoais e relações públicas.

A prospecção é o primeiro passo na realização de uma venda em evento. Assim, as atividades de vendas propriamente ditas são partes integrantes do processo de promoção contido no composto de marketing, que tem inserido em seu contexto não só as trocas de produtos e valores, mas também a identificação e a consideração do consumidor ou público-alvo, o qual não é mais tratado de forma impessoal, mas corretamente detectado e identificado. Em muitos casos de prospecção, não é possível estabelecer a técnica mercadológica utilizada, pois existem pessoas com uma habilidade notável, capazes de "sentir" aquilo que os clientes querem ou que irão querer desde que encontrem disponibilidade; seria como "sentir o cheiro de negócio". A isso chama-se *feeling*, termo originário dos norte-americanos (Cobra e Zwarg, 1996) e que as empresas buscam nos profissionais designados a prospectar e captar eventos. Conforme Teixeira (2004), muitas vezes a gestão do marketing em empresas pode ser considerada pouco técnica e baseada no *feeling* dos seus proprietários, fato comum em empresas de pequeno porte.

Assim, as estratégias de marketing, quando aplicadas especialmente no segmento de eventos, estão subordinadas à associação do subsistema da demanda com o subsistema da oferta de serviços (Figura 30.1). Com isso, pode-se afirmar que o ato de prospectar é ponto de partida na relação estabelecida entre cliente e empresa organizadora ou fornecedora de serviços (Ramos, 2002). Para prospectar, diversos métodos podem ser utilizados, destacando-se a opinião de especialistas, a opinião da força de vendas, a sondagem de mercado, as análises de séries históricas e as pesquisas nos meios de comunicação.

EVENTOS COMO ESTRATÉGIA PARA O DESENVOLVIMENTO | **697**

A prospecção de eventos pode ser entendida como um exame detalhado realizado com um propósito específico, ou seja, a realização de uma pesquisa antecipada utilizando-se vários meios de comunicação, como revistas, jornais, banco de dados, internet e calendário de eventos, com o propósito de encontrar a demanda a ser atingida (Ramos, 2002). Essas informações também podem ser coletadas em fontes como a International Congress and Convention Association (ICCA), a International Association of Convention & Visitors Bureau (IACVB), associações de classe e calendários do *trade*[6] turístico (companhias aéreas, centros de convenções, hotéis), entre outras.

A prospecção "localiza" o evento que vai acontecer, antecipando as necessidades requeridas para a sua realização (Ramos, 2002). Tendo condições de atender ao evento, com uma oferta de equipamentos e serviços, bem como uma excelente condição de infra-estrutura, a equipe responsável pela prospecção repassa a oportunidade da venda para a equipe de captação (Matias, 2007).

A captação é o segundo passo na realização de uma venda em evento (Ramos, 2002). De acordo com a Embratur (apud Canton, 2002a), a captação de eventos é o conjunto de ações em parceria que visa conquistar para a cidade eventos que se realizam, em sistema de rodízio, periodicamente no Brasil e no mundo. Brito (2000) reforça que, para a captação de eventos, é fundamental que as políticas de incentivo sejam defendidas quando relacionadas ao crescimento do turismo de eventos e negócios, pois a parceria do poder público com a iniciativa privada, aliada à melhoria da infra-estrutura e ao aprimoramento da mão-de-obra, vem sendo responsável direta por tal crescimento.

A importância estratégica do mercado de captação de eventos evidencia-se estimulando a percepção dos diferenciais do produto, diante da qualidade dos serviços hoteleiros, dos entretenimentos e lazer, da infra-estrutura turística, dos espaços para eventos, da tecnologia disponível, dos atrativos turísticos e da qualidade dos serviços, percebidos pelo cliente. No processo de captação, a diferenciação é um dos instrumentos mais importantes que

---

[6] *Trade* é um conjunto de agentes, operadores, hoteleiros, transportadores e prestadores de serviços turísticos; utilizado também como sinônimo de mercado ou de setor empresarial. O *trade* turístico refere-se a organizações privadas e governamentais atuantes no setor de turismo de eventos, como hotéis, agências de viagens especializadas em congressos, transportadoras aéreas, marítimas e terrestres, além de promotores de feiras, montadoras e serviços auxiliares – tradução simultânea, decoração, equipamentos de audiovisuais etc. (*Turismo: Visão e Ação*, 2000, p.25).

a empresa ou a cidade candidata a sediar um evento tem para se posicionar, definindo o composto mercadológico capaz de direcionar sua posição ante o público-alvo (Matias, 2007; Ramos, 2002).

Na captação de eventos, os diferenciais a serem evidenciados são: recursos humanos, imagem, atrativos turísticos e equipamentos e tecnologia. Os diferenciais de recursos humanos dizem respeito a características de pessoal, de contatos diretos ou indiretamente ligados ao evento, tais como: competência, credibilidade, confiabilidade, responsabilidade e cortesia. Os diferenciais de imagem estão ligados à estratégia de comunicação, a qual deverá ser direcionada para o público-alvo a ser atingido, de forma a enfatizar os aspectos facilitadores para a realização do evento e atender às necessidades, aos desejos e às expectativas dos participantes, dos delegados que decidem o destino do evento. Os atrativos turísticos devem ser explorados na estratégia de marketing, objetivando despertar no público o desejo de conhecer, participar e interagir. Os diferenciais de equipamentos e tecnologia disponíveis devem visar aos aspectos da estratégia de comunicação, os quais poderão definir a decisão favorável e conseqüentemente o sucesso da captação (Ramos, 2002).

Outro ponto positivo relacionado à diferenciação na captação de eventos é a localização das cidades que sediam os mesmos. Tomando como exemplo o Brasil, no eixo Rio-São Paulo ou em capitais estaduais, existem elementos que facilitam a vinda dos participantes a esses lugares, em razão da localização e infra-estrutura de transportes e dos serviços oferecidos. Destaca-se também a posição geográfica de locais e/ou centros de eventos, próximos ao centro da cidade e às vias de entrada e saída da localidade, bem como sua realização em universidades e hotéis.

Todos esses diferenciais interagem sinergicamente e são decisivos quando aliados a ações de captação, pois constituem uma estratégia, ou seja, a oferta global de serviços que serão prestados para os participantes/acompanhantes de um evento.

A captação de eventos é um importante instrumento na geração de fluxo turístico e no equilíbrio da sazonalidade do mercado e tem como principais articuladores os C&VB, as EOE e os empreendimentos hoteleiros.

Os hotéis, as EOE e os C&VB podem realizar ações de captação de eventos e fazer parte de programas mensais ou não, de apresentação para os promotores de eventos, em conjunto com o Estado, e este em parceria com instituições privadas do *trade* turístico, na realização de *famtours* ou visitas de inspeção/conhecimento. Assim, podem trazer autoridades de associações e entidades de classe para conhecerem a localidade e, com isso, os representantes vêem do que poderão dispor e como poderão aliar trabalho e lazer. Deve-se admitir também que o papel do setor de captação de eventos terá a função do *lobby*,[7] uma ação que não segue regras mercadológicas, mas é utilizada politicamente, com grupos/pessoas de pressão que estarão presentes nos lugares certos representando a figura do captador responsável por explanar os diferenciais.

Outras ações podem ser listadas, entre elas, a montagem do processo de captação/proposta de apoio, junto à entidade nacional ao apresentar sua candidatura e a busca da união do *trade* por meio de cartas; visitas aos promotores de eventos (contato direto com as entidades locais); entrevistas para jornais estrangeiros (divulgação da cidade sede); providência de suporte institucional (pelo envio de material gráfico – *folders*, audiovisual e dossiês técnicos da cidade, o chamado catálogo técnico, *book*, *showcase* ou portfólio); fornecimento de informações gerais sobre a cidade (no que se refere a infra-estrutura, acesso, calendário de eventos); relacionamento constante com a imprensa (a fim de atualizar e apoiar as iniciativas governamentais); utilização de telefone, *e-mail*, fac-símile; trabalho de fidelização com novos e antigos clientes (Ramos, 2002).

Para Cândido (2001), a área de atuação do setor de eventos de um hotel, por exemplo, poderá ser ampla e representar um porcentual significativo no seu faturamento total. Mas não só nos grandes hotéis a área de eventos vem se destacando. Muitos pequenos e médios hotéis constroem salas, salões e pequenos espaços destinados a eventos e, com isso, conseguem um adicional importante em seu faturamento.

Contextos econômico, financeiro e político do segmento de eventos

O segmento de eventos pode ser tratado sob diversos contextos, a partir das relações estabelecidas com o mercado de trabalho, como: econômico,

---

[7] De acordo com o Dicionário Michaelis: "grupos de pressão sobre os setores governamentais. Pessoas ou reunião de pessoas que, originalmente nas salas de espera do Congresso, procuram, junto a legisladores, influenciá-los para obter medidas favoráveis para si ou para os grupos que representam".

político, financeiro, espacial, social e cultural (Ramos, 2005). Aqui serão tratados os contextos econômico, financeiro e político, em especial.

O evento apresenta uma vantagem que lhe é intrínseca, o fator diferencial, pois cada evento distingue-se por suas características particulares e finalidades diferenciadas, dado o que ele representa para a localidade e a sua variada tipologia quanto às suas modalidades, seja no campo cultural, no social ou no econômico. Tanto no contexto financeiro quanto no econômico e político, os eventos são uma grande fonte de receitas, podendo representar captação de divisas e, ainda, exercer forte influência no desenvolvimento turístico, sendo parte integral e significativa da atividade turística, pois têm sido reconhecidos em nível nacional e internacional (Buendía, 1991).

No Brasil, a importância econômica dos eventos reflete-se na movimentação de capital, no aquecimento da economia, no crescimento da tecnologia e na maior arrecadação de impostos. Por sua vez, o potencial de geração de tributos do segmento de eventos comprova-se sobretudo nas economias locais (Fórum Brasileiro..., 2002; Beni, 2003). Esse aspecto demonstra que, em razão dos impactos positivos que alcança nas balanças comerciais de muitos países, o setor de eventos vem deixando de ser uma atividade complementar e tornando-se uma atividade principal como fonte de renda (Lemos, 2001).

> Convém observar que o setor de eventos é o segmento que mais cresce no mercado mundial de turismo, movimentando por ano aproximadamente US$ 35 bilhões, segundo dados da OMT. Esses indicadores revelam ainda que os turistas que viajam para participar de eventos, sejam eles de lazer, atualização profissional, ou de negócios, gastam três vezes mais do que o turista tradicional estimando-se a relação de US$ 240 para US$ 90. (Beni, 2003, p.38)

De acordo com Mules (2001), a decisão política dos governos sobre como administrar a área de atração e gestão de eventos precisa ser calcada e incentivada em pesquisas, para estabelecer a relativa eficiência para conseguir benefícios econômicos da gestão e organização de eventos. Desse modo, a importância do poder público na gestão planejada e qualificada do turismo de eventos é dada por meio de projetos políticos (Watt, 2004) que buscam, geralmente, o desenvolvimento econômico e social da população local. Muitas vezes, esses projetos se utilizam de impactos econômicos, como o gasto dos participantes (Chalip e Green, 2003), para legitimar um subsídio público em eventos. Por sua vez, essa ação acaba sendo uma estratégia para o crescimento do turismo de eventos e para a melhoria da imagem da localidade.

No contexto financeiro, por meio de estudos de viabilidade, incluídos nos projetos, busca-se o equilíbrio entre receitas e despesas geradas pela atividade turística de eventos. Conforme Canton (2002a), a partir do efeito multiplicador de investimentos, estes podem ser diretos, indiretos e induzidos. O investimento direto se dá na construção e/ou no aproveitamento de espaços físicos para a realização da atividade de eventos. O investimento indireto ocorre no setor turístico, pela maior utilização de estrutura turística, como alojamentos, restaurantes, agências de viagem, empresas de transportes, entretenimento, comércio turístico, indústrias de suvenires, melhoria nas informações, capacitação da mão-de-obra e sinalização. Já o investimento induzido é provocado pela expansão de outros setores necessários ao atendimento dessa nova demanda, mas destinados originalmente aos habitantes locais, correspondendo à infra-estrutura básica urbana que apóia o turismo, como serviços bancários, médicos, comércio e postos de combustíveis.

Kotler et al. (1994) afirmam que, à medida que as localidades procuram acesso a mercados maiores, o custo dos investimentos públicos e privados também aumenta com rapidez. Por isso, é necessário que os investimentos privados, como em hotéis, áreas de compras, teatros e restaurantes, sejam cuidadosamente coordenados e planejados com os investimentos públicos para que um não vá adiante sem o outro.

Para que esses investimentos sejam bem efetuados, também é necessária a realização de um estudo de viabilidade financeira do evento a ser realizado na localidade. Isso exige um eficiente gerenciamento econômico e financeiro de todas as partes envolvidas no processo, para buscar o ponto de equilíbrio entre as receitas e despesas, não esquecendo que este é o fator determinante do lucro ou prejuízo do evento. Watt (2004) afirma que muitos eventos estão sendo realizados a partir de uma base puramente comercial, fazendo que se tenha uma análise "desapaixonada", ou seja, não havendo a probabilidade de lucro, o evento não deve acontecer. No entanto, nas áreas de esportes e artes, e no caso de eventos realizados por autoridades locais, outros fatores como a publicidade, o incremento ao turismo e a melhoria da imagem são considerados importantes o suficiente para justificar o prosseguimento, apesar das possíveis perdas financeiras.

No contexto político, de acordo com o 1º Dimensionamento Econômico do Setor de Eventos no Brasil (Fórum Brasileiro..., 2002), deveria existir uma política nacional para o setor de eventos, a qual trataria das principais questões pertinentes ao segmento, como taxas praticadas; informações sobre o segmento (entre elas, o aproveitamento da ficha dos hotéis); fornecedores; treinamentos; o papel da hotelaria, das operadoras e das companhias aéreas, em razão da importância que o setor vem representando no país.

A decisão política sobre como administrar a área de atração e gestão de eventos necessita ser alicerçada em pesquisas, a fim de estabelecer a relativa eficiência para conseguir benefícios econômicos da organização de eventos. Muitas vezes, por exemplo, o valor econômico de eventos pode estar mais atrelado ao efeito do estímulo para o aumento do tempo de estada do fluxo de visitantes já existente do que à atração de um grande fluxo de novos visitantes (Mules, 2001).

A Exposição Mundial de 1988 – Expo'88 (Brisbane, Queensland, Austrália) –, citada por Mules (2001), por exemplo, foi um evento que, a partir de um envolvimento governamental em grande escala, conseguiu impactos econômicos significativos, incluindo atração turística, promoção da região receptora para o turismo futuro e alteração da utilização urbana e das percepções da comunidade. Ainda, esse evento foi responsável pela retomada do desenvolvimento de toda a área que agora é conhecida como *South Bank*.

Assim, como identificado pelo exemplo da experiência australiana, o turismo de eventos tornou-se uma indústria ou uma atividade econômica importante da política de seus estados e, como tal, não visa mais apenas a objetivos esportivos ou culturais e seus impactos. Como em qualquer outra indústria, os participantes se encontram em concorrência comercial pelo gasto turístico, sendo os rivais outros estados e cidades que propõem eventos similares (Ramos, 2005). Logo, eles passam a fazer parte da política de vários países, estados e cidades.

Fatores importantes para o desenvolvimento socioeconômico da localidade, como o aumento do número de empregos, da renda agregada local, da arrecadação de impostos, da criação de infra-estrutura (que beneficia não só os visitantes/turistas como a própria população), podem ser gerados pela realização de eventos. Ainda, os investimentos em eventos acarretam benefícios sociais, inerentes ao desenvolvimento local, que aparecem como novas alternativas de lazer para a sociedade e como uma saudável relação custo-benefício dos produtos oferecidos a partir de uma postura mais competitiva e empresarial (Ishiy, 1998).

Getz (1990) salienta que o segmento de eventos tem sido alvo de discussões sobre os impactos ambientais, sociais e culturais, no entanto a relação custo-benefício se mostra claramente favorável aos benefícios e ao progresso regional. Nas vantagens do custo-benefício da área de eventos, somadas a outras, Ruschmann (1999) aponta que estão incluídas a construção da imagem da cidade e região e também a sua contribuição para o desenvolvimento sustentável, a partir de ações promocionais e publicitárias empreendidas coletivamente, o que contribui para a diminuição dos gastos e para a possibilidade da utilização de profissionais especializados.

Em determinadas localidades turísticas, o compromisso com a realização de eventos pelos governos, muitas vezes, ganha importância e prestígio. No entanto, quando relacionado com práticas de planejamento (Hall, 2001), elas passam a ser "rápidas e rasteiras", pois, freqüentemente, ignoram a opinião da comunidade para hospedar eventos. Na maioria das vezes, a participação da opinião pública dá-se por meio de consultas a personalidades e líderes de grupos de interesse, incluindo associações, agências-chave do setor público, entre outros, conforme Mules (2001). Os megaeventos como Olimpíadas (Kang e Perdue, 1994; Waitt, 2003; Scott, 2004) e Copa do Mundo (Ishiy, 1998; Barker et al., 2002; Kim e Petrick, 2005) têm sido objeto de investigação de pesquisadores acadêmicos que chamam a atenção para o impacto econômico que esses eventos têm na cidade que os hospeda, por intermédio dos gastos de visitantes que vêm para o evento.

Chalip e Green (2003) afirmam que o gasto dos visitantes traz dinheiro para a economia local e também ajuda a estabelecer a visitação em outras épocas do ano, além da cobertura das notícias e propaganda do evento que podem privilegiar a imagem da destinação. Esses efeitos dos eventos são importantes para a elite política local e para os organizadores do evento, pois o seu claro valor econômico é comumente usado para legitimar um subsídio público dos eventos por meio de contribuições de pagamentos e/ou serviços públicos.

Nesse sentido, há que se acrescentar que muitos eventos não podem ser produzidos sem subsídios públicos, porque eles não geram receitas suficientes para sustentá-los. Desse modo, conforme Ramos (2005), os organizadores de eventos dependem de reivindicações sobre os impactos econômicos dos eventos, a fim de comandar o suporte público necessário para licitação e então sediar o evento, enquanto oficiais governamentais dependem de impactos econômicos positivos estimados para justificar o suporte público aos eventos.

Essa convergência de interesses não tem sido noticiada pelos críticos dos subsídios públicos, principalmente para os eventos esportivos. Black e Pape (apud Chalip e Green, 2003) observaram que as análises econômicas usadas para legitimar subsídios públicos para eventos podem ser deficientes para considerar a oportunidade associada a custos com os subsídios. A viabilidade política e econômica dos eventos esportivos, freqüentemente, depende do valor que esses eventos podem fornecer para suas comunidades receptoras (Ishiy, 1998).

Para Mules (2001), alguns eventos são financiados, organizados e realizados por organizações governamentais, outros são realizados por organizações esportivas e culturais e alguns por promotores privados que visam ao lucro. Isso acontece porque a estrutura comercial de muitos desses grandes eventos é tamanha que eles não podem jamais ter lucros de sua operação. Assim, as fontes de renda de eventos para o governo geralmente vêm da venda de ingressos, dos patrocínios e da venda de publicidade corporativa. As despesas incluem salários e materiais envolvidos nas operações, pagamentos de *royalties* para os detentores da marca do evento e despesas gerais, tais como depreciação do equipamento.

Muitas vezes, é a própria comunidade quem percebe o estímulo do turismo e dos negócios, em razão da ênfase no impulso dos eventos. Com isso, os governos estaduais, como característica de sua política econômica e com base na habilidade que os eventos têm de atrair turistas e de colocar em evidência a economia da localidade anfitriã, constataram que o evento seria uma solução para os problemas das áreas urbanas da cidade. Assim, alguns governos estaduais foram incentivados a criar organizações especiais, cuja missão era buscar eventos por todo o mundo e atraí-los para o país, com uma estratégia calcada na atração dessa demanda. Casos como os da Austrália com a Fórmula 1 (em Adelaide, 1985), a Copa América de Iatismo (em Perth, 1986-1987), a Expo'88 (em Brisbane, 1988) e o Bicentenário (em Sydney, 1988), foram mencionados por Mules (2001).

Gilsa (2003) ressalta que o planejamento de megaeventos, como Olimpíadas ou Copa do Mundo, envolve uma estrutura e um gerenciamento muito mais complexos, pois exige um trabalho de captação que pode durar mais de dez anos e o comprometimento de países inteiros com sua estrutura receptiva. A autora lembra que esses megaventos são transmitidos

EVENTOS COMO ESTRATÉGIA PARA O DESENVOLVIMENTO | **705**

para praticamente o mundo todo, diferindo de eventos de grande porte, como congressos e feiras internacionais.

Uma vez que todos os cidadãos contribuintes se beneficiarão do aumento do fluxo turístico, pode-se argumentar que o evento deveria ser financiado por uma taxa sobre aqueles que recebem o benefício – a saber, os fornecedores de turismo. Contudo, os benefícios econômicos podem ser mais generalizados. Por exemplo, se o evento atrai muitos visitantes todos os anos, seus gastos aumentam a atividade econômica em geral, beneficiando muitos setores da economia (Mules, 2001).

O evento não pode ser visto como um fenômeno isolado, já que o relacionamento é o elemento essencial nessa circunstância. O processo turístico deve estar integrado ao planejamento turístico das cidades a partir de uma política de eventos, à qual compete mobilizar os valores sociais autênticos da localidade, a fim de que estes sejam permanentes.

CONSIDERAÇÕES FINAIS

Atualmente, o turismo de eventos vem se apresentando como uma atividade que auxilia, dentro de um contexto espacial, no desenvolvimento de muitas localidades, em áreas como renovação urbana e infra-estrutura turística. Ele também provoca uma nova dinâmica social e cultural que contribui para os relacionamentos no mercado de trabalho. Nacionalmente, os eventos são importantes para o turismo por causa dos benefícios, pois criam oportunidade de viagens, permitem a estabilidade dos níveis de emprego do setor turístico, ampliam o consumo e, em conseqüência, o lucro no local do evento e, por fim, promovem indiretamente a localidade onde o evento é realizado. A expansão e a participação cada vez maior de uma variada tipologia de empresas que compõem o sistema do segmento de eventos, entre elas de hospedagem, de alimentação e de transporte, fazem que esse segmento seja capaz de gerar benefícios econômicos, sociais, culturais e políticos para as cidades, para a população local e para os participantes de eventos.

Com isso, esse segmento econômico é apontado por Beni (2003) como o de maior potencial de crescimento para os próximos anos. Esse potencial pode levar a níveis de crescimento ainda maiores, se forem realizadas parcerias entre os setores público e privado ou até mesmo entre as empresas componentes do setor privado para objetivos diversos, entre eles, a pros-

GESTÃO AMBIENTAL E SUSTENTABILIDADE NO TURISMO

pecção e a captação de eventos, tornando-se produtivo para quem quer investir ou pretende trabalhar no segmento de turismo de eventos.

Com base na apresentação das relações no sistema de mercado do segmento de eventos, é possível apontar a complexidade que esta envolve no que se refere aos relacionamentos entre os vários componentes de cada subsistema. Esses relacionamentos podem ser evidenciados por meio de ações de *marketing*, como a prospecção e a captação de eventos. Em relação à importância da prospecção e da captação de eventos para as organizações que atuam no segmento de eventos, esta poderá ser melhorada se cada uma levar em conta a sua abrangência de atuação, procurando formar uma rede interorganizacional.

Espera-se que este capítulo sirva para incentivar a discussão sobre o sistema de mercado do segmento de eventos e, ainda, com possibilidades de aplicação em outros segmentos da atividade turística. Estudos interessantes visando ao fortalecimento do segmento de eventos merecem ser direcionados para: o funcionamento da gestão em empresas prestadoras de serviços que atuam no segmento de eventos, como agências de viagens que realizam o turismo receptivo aos participantes de eventos; o estudo das entidades que promovem eventos, podendo estabelecer o perfil e a procedência dessas e das empresas organizadoras de eventos e seus benefícios para o desenvolvimento turístico local.

NOTA

A seguir, são apresentados os principais periódicos que abordam o tema turismo e eventos.

Entre as publicações internacionais,[8] os principais periódicos são: *Annals of Tourism Research*; *Event Management*; *The International Journal of Tourism Research* e *Tourism Management*.

Ainda há publicações em outras áreas do conhecimento que tratam da temática, como:

---

[8] Pesquisa realizada em base de dados, como Proquest, ABI/Inform Global, Ingenta Connect e portal de periódicos da Capes.

- Economia: *American Business Review, Society and Economy* e *Tourism Economics*;
- Geografia: *Australian Geographical Studies* e *Geoforum*;
- Hospitalidade: *Australian Journal of Hospitality Management, International Journal of Hospitality Management* e *Tourism and Hospitality: Planning & Development*;
- Hotelaria: *Cornell Hotel and Restaurant Administration Quarterly* e *Hotel and Motel Management*;
- Cultura: *International Journal of Arts Management, International Journal of Cultural Policy, Journal of Popular Music Studies* e *Tourism Culture & Communication*;
- Política: *International Journal of Public Sector Management, Planning Perspectives, Impact Assessment and Project Appraisal* e *Urban Policy and Research*;
- Mercadologia: *Journal of International Consumer Marketing, Journal of Vacation Marketing* e *Journal of Professional Services Marketing*;
- Esportes: *Journal of Sport Tourism*;
- Lazer: *Journal of Leisure Research, Journal of Travel Research, Managing Leisure* e *Pacific Tourism Review*.

Entre as publicações nacionais, podem-se citar os periódicos acadêmicos: *Turismo em Análise* e *Turismo: Visão e Ação*, como os pioneiros e que vêm ao longo dos anos publicando artigos relacionados à gestão de eventos. Face à importância e ao desenvolvimento da área de turismo, em especial na criação de cursos de pós-graduação, novos periódicos vêm surgindo gradativamente, para citar alguns: o *Caderno Virtual de Turismo*, a *ReUna: Revista de Economia, Administração e Turismo*, a *Revista de Hospitalidade* e a *Revista Turismo e Desenvolvimento*.

Outros periódicos, sobretudo aqueles que abordam a área de administração, também têm servido de veículo de divulgação de pesquisas na área de turismo e eventos.

A evolução do turismo de eventos provocou a organização do segmento de eventos, no qual surgiram entidades e associações para planejar e administrar a sustentabilidade da atividade no mundo e no Brasil, como: International Congress & Convention Association (ICCA), International Association of Convention & Visitors Bureau (IACVB), International Association of Congress Centres ou Association Internacionale des Palais de Congres (AIPC), Incentive Travel & Meetings Association (ITMA), Union of International Associations (UIA), Confederación de Entidades Organizadoras de Congresos y Afines de América Latina (Cocal), International Association of Professional Congress Organizers (Iapco), Professional Convention Management Association (PCMA), Professional Congress Organizers (PCO), Associação Brasileira dos Organizadores de Eventos (Abeoc), Associação Brasileira dos Centros de Convenções (Abraccef), União Brasileira dos Promotores de Feiras (Ubrafe), Associação Brasileira de Agências de Viagens (Abav), Associação Brasileira da Indústria de Hotéis (Abih), entre outras.

REFERÊNCIAS

ACERENZA, M.A. **Promoção turística: um enfoque metodológico.** São Paulo: Pioneira, 1991.

_____. Adminstración des turismo: coneptualización y organización. 4.ed. Mexico: rillas, 1999.

ALLEN, J. et al. **Organização e gestão de eventos.** Trad. Marise Philbois Toledo. Rio de Janeiro: Campus, 2003.

AMORIM, C.G. Redes interorganizacionais e captação de eventos. In: BAHL, M. (Org.) **Eventos: a importância para o turismo do terceiro milênio.** São Paulo: Roca, 2003. p.31-42.

ANDRADE, R.B. **Manual de eventos.** 2.ed. ampl. Caxias do Sul: Educs, 2002.

BARKER, M.; PAGE, S.J.; MEYER, D. Modeling tourism crime: The 2000 America's Cup. **Annals of Tourism Research,** v. 29, n. 3, p. 762-82, jul. 2002.

BARRETO FILHO, A. **Marketing turístico.** Porto Alegre: Sebrae, 1999.

BENI, M.C. **Globalização do turismo: megatendências do setor e a realidade brasileira.** São Paulo: Aleph, 2003.

BRITO, F. Prioridade ao turismo de eventos daria fim à baixa estação turística. **Revista dos Eventos,** São Paulo, ano 2, n. 8, p. 23, fev.-mar. 2000.

BRITTO, J.; FONTES, N. **Estratégias para eventos: uma ótica do marketing e do turismo.** São Paulo: Aleph, 2002.

BUENDÍA, J.M. **Organización de reuniones: convenciones, congresos, seminarios.** México: Trilhas, 1991. (reimp. 1996)

CÂNDIDO, I. **Controles em hotelaria.** 4.ed. Caxias do Sul: Educs, 2001.

CANTON, M. Eventos: Visão acadêmica. In: ANSARAH, M.G. dos R.; TRIGO, L.G.G. (Orgs.). **Turismo: como aprender, como ensinar.** 2. ed., v. 2. São Paulo: Senac, 2002a. p.305-29.

_____. Os eventos no contexto da hospitalidade: um produto e um serviço diferencial. In: DIAS, C.M. de M. (Org.). **Hospitalidade: reflexões e perspectivas.** Barueri: Manole, 2002b, p.83-96.

CHALIP, L.; GREEN, B.C. Effects of sport events media on destination image. **Journal of Sport Management,** Champaign, Illinois, n. 17, p. 214-34, 2003.

COBRA, M.; ZWARG, F.A. **Marketing de serviços: conceitos e estratégias.** 3.ed. São Paulo: Atlas, 1996.

DRUCKER, P.F. **Introdução à administração.** São Paulo, Pioneira, 1998.

FITZSIMMONS, J.A.; FITZSIMMONS, M.J. **Administração de serviços: operações, estratégia e tecnologia da informação.** Porto Alegre: Bookman, 2000.

FÓRUM BRASILEIRO CONVENTION & VISITORS BUREAUX; SEBRAE NACIONAL. I Dimensionamento econômico da indústria de eventos no Brasil 2001/2002 – Principais conclusões. **Revista dos Eventos,** São Paulo, ano 4, n. 18, p. 35-65, 2002.

GETZ, D. **Festival, specials events and tourism.** Nova York: Nostrand Reinhold, 1990.

GILSA, K. **Gestão da cadeia de suprimentos e serviços no segmento mercadológico de eventos da cidade de Florianópolis.** Balneário Camboriú, 2003. Dissertação (Mestrado em Turismo e Hotelaria). Universidade do Vale do Itajaí.

GOIDANICH, K.L. **Turismo de eventos.** Porto Alegre: Sebrae/RS, 1998.

HALL, C.M. A tomada de decisão política e o planejamento centralizado: Darling Harbour, Sydney. In: DUNCAN TYLER, Y.G.; ROBERTSON, M. (Orgs.). **Gestão do turismo municipal.** Trad. Gleice Regina Guerra. São Paulo: Futura, 2001.

ISHIY, M. Turismo e megaeventos esportivos. **Turismo em análise,** v. 9, n. 2, p. 47-68, 1998.

KANG, Y.-S.; PERDUE, R. Long-term impact of a mega-event on international tourism to the host country: a conceptual model and the case of the 1988 Seoul Olympics. **Journal of International Consumer Marketing,** Nova York, v. 6, n. 34, p. 205-27, 1994.

KIM, S.S.; PETRICK, J.F. Residents perceptions on impacts of the Fifa 2002 World Cup: the case of Seoul as a host city. **Tourism Management,** v. 26, n. 1, p. 25-38, 2005.

KOTLER, P. **Princípios de marketing.** Rio de Janeiro: Prentice-Hall, 1993.

KOTLER, P.; HAIDER, D. H.; REIN, I. **Marketing público: como atrair investimentos, empresas e turismo para as cidades, regiões e países.** São Paulo: Makron Books, 1994.

LEMOS, L. O valor turístico: (re)definindo a economia do turismo. In: REJOWSKI, M.; BARRETO, M. **Turismo: interfaces, desafios e incertezas.** Caxias do Sul: Educs, 2001.

MATIAS, M. Turismo de eventos: relação entre sociedade e espaços de eventos. In: BAHL, M. (Org.). **Turismo: enfoques teóricos e práticos.** São Paulo: Roca, 2003. p.249-72.

_____. **Organização de eventos: procedimentos e técnicas.** 4.ed. São Paulo: Manole, 2007.

MELO NETO, Francisco Paulo de. **Marketing de eventos.** 3.ed. Rio de Janeiro: Sprint, 2001, 236p.

MONTES, V.A.; CORIOLANO, L.N.M. T. Turismo de eventos: promoções e parcerias no Brasil. **Turismo em análise,** São Paulo, v. 14, n. 1, p. 40-64, 2003.

MORAES, A.G. de. **Florianópolis: destino competitivo em eventos técnico-científicos.** Balneário Camboriú, 2001. Dissertação (Mestrado em Turismo e Hotelaria). Universidade do Vale do Itajaí.

MULES, T. Turismo de eventos e desenvolvimento econômico na Austrália. In: DUNCAN TYLER, Y. G.; ROBERTSON, M. (Orgs.) **Gestão do turismo municipal.** Trad. Gleice Regina Guerra. São Paulo: Futura, 2001. p.265-89.

RAMOS, S. da R. **A prospecção e captação de eventos.** Rio Grande do Sul, 2002. Monografia de Graduação (Bacharelado em Turismo). Universidade de Santa Cruz do Sul.

_____. **Turismo de eventos: análise dos empreendimentos hoteleiros na cidade de Balneário de Camboriú – SC.** Balneário Camboriú, 2005. Dissertação (Mestrado em Turismo e Hotelaria). Universidade do Vale do Itajaí.

RICHERO, A. **Eventos: guía practico para su planeación y ejecución.** México: Trilhas, 1993.

RUSCHMANN, D.V. **Marketing turístico: um enfoque promocional.** 3.ed. Campinas, São Paulo: Papirus, 1999.

SCOTT, C. The Olympics in Australia: Museums Meet Mega and Hallmark Events. **International Journal of Arts Management,** Montreal, v. 7, n. 1, p. 34-45, 2004.

SOUZA, A.M.; CORRÊA, M.V.M. **Turismo: conceitos, definições e siglas.** 2. ed. rev. Manaus: Valer, 2000.

SWARBROOKE, J. **Turismo sustentável: setor público e cenários geográficos.** Trad. Esther Eva Horovitz. v.3. São Paulo: Aleph, 2000.

TEIXEIRA, R.M. Gestão de marketing em pequenos empreendimentos hoteleiros. **Turismo em Análise,** v. 15, n. 1, p. 22-41, maio 2004.

TURISMO: VISÃO E AÇÃO. Glossário. **Revista Científica do Mestrado em Turismo e Hotelaria da Universidade do Vale do Itajaí**, ano 2, n. 4, fev. 2000.

WAITT, G. Social impacts of the Sydney Olympics. **Annals of Tourism Research**, v. 30, n. 1, p. 194-215, jan. 2003.

WATT, D.C. **Gestão de eventos em lazer e turismo**. Trad. Roberto Cataldo Costa. Porto Alegre: Bookman, 2004.

ZEPPEL, H. Case study: the festival of Pacific arts: an emerging special interest tourism event. In: HALL, C.M.; WEILER, B. **Special interest tourism**. Londres: Belhaven Press, 1992; p.69-82.

Dimensionamento de Eventos Turísticos e Sustentabilidade

31

Flavia Mastrobuono

Bacharel em Turismo, Universidade Anhembi Morumbi

INTRODUÇÃO

A evolução dos meios de transportes em geral, principalmente dos aéreos, viabilizou a busca de novos mercados consumidores para o escoamento das produções industrializadas, bem como a possibilidade de atualização das empresas e de seus profissionais, propiciada pelo aprendizado de novas técnicas de administração, produção etc., disseminadas em reuniões e encontros em outros destinos. Segundo Fuster:

> no nosso tempo, a necessidade de expor e projetar a novos núcleos aquisitivos os produtos, assim como o conhecimento recíproco de técnicas de produção, orientação e lucro de especialidades, tem uma máxima expressão. (Fuster, 1974, p.543)

O crescimento do número de deslocamentos realizados a partir de finalidades profissionais, mercadológicas e comerciais fomentou uma modalidade conhecida hoje como turismo de negócios. Os homens de negócios se deslocam a trabalho pelos mais variados objetivos. Esse tipo de turismo, também denominado turismo técnico ou profissional, pode ser assim definido:

> o conjunto de viagem, de hospedagem, de alimentação e de lazer praticado por quem viaja a negócios referentes aos diversos setores da atividade comercial ou industrial ou para conhecer mercados, estabelecer contatos, firmar convênios, treinar novas tecnologias, vender ou comprar bens ou serviços. (Andrade, 1999, p.75)

Ascher (apud Santini, 1993, p.67), em seus estudos realizados com homens de negócios, constata que para eles "as viagens adquirem um significado de recompensa, seja por parte da empresa ou consideradas em si mesmas".

Em 1929, Schwink (apud Fuster, 1974, p.24) defendeu as necessidades profissionais como geradoras de deslocamentos para outros destinos, ao considerar o turismo: "o movimento de pessoas que abandonam temporariamente o lugar de residência permanente por qualquer motivo relacionado com o espírito, o corpo ou a profissão".

Para alguns autores, no entanto, o turismo, em sua concepção pura, é associado aos deslocamentos realizados espontaneamente, por motivos de lazer e fruição, o que exclui os deslocamentos motivados por necessidades profissionais, para exercício de atividades remuneradas ou lucrativas nos destinos atingidos pelos viajantes. De acordo com De La Torre (1984, p.19):

> o turismo é um fenômeno social que consiste no deslocamento voluntário e temporal de indivíduos ou grupos de pessoas que, fundamentalmente por motivos de recreação, descanso, cultura ou saúde, deixam seu lugar de residência habitual para outro, no qual não exerçam nenhuma atividade lucrativa ou remunerada.

No Brasil, Barreto (2000, p.21) afirma que:

> uma viagem de negócios não pode ser considerada turística a partir do momento em que há finalidade lucrativa e a pessoa está realmente a trabalho e não por vontade própria.

Dessa forma, a autora descartou do cenário da atividade turística as práticas profissionais remuneradas exercidas no destino para o qual o visitante tenha se dirigido de forma involuntária. No entanto, reconheceu que "a maioria dos autores que escrevem sobre Turismo coloca os negócios como um dos objetivos desta atividade, criando assim a categoria Turismo de Negócios".

Pela análise das viagens, sob a ótica do consumo dos itens da oferta turística,[1] essa polêmica reduz-se a uma problemática de nomenclatura e perde o sentido, pois o turista de negócios, tanto ou mais do que o de lazer, gera benefícios ao local que o recebe pelo consumo dos fatores da oferta, cuja existência é obrigatória para que a prática da atividade seja permitida.

Andrade (1995, p.19) defende que:

> todos os que viajam, por lazer ou por necessidade, precisam receber o conforto proporcional ao custo de seu contrato e à qualidade dos bens e serviços que desejam e têm o direito de receber, antes, durante e depois da viagem.

Por sua vez, Acerenza (1984, p.25) afirma que:

> os que viajam por motivos de negócios, ou por qualquer motivo diferente dos exclusivamente turísticos, têm um comportamento de consumo bastante similar, isto é, fazem uso dos mesmos meios de alojamento e alimentação e, inclusive, compartilham as mesmas amenidades no ponto de destino.

Além de compartilharem dos mesmos itens da oferta de infra-estrutura turística, os vários tipos de turistas, motivados por qualquer necessidade, podem usufruir de momentos de lazer, aproveitados conforme seus gostos pessoais e disponibilidade de tempo e dinheiro. De acordo com Andrade:

> o objetivo primordial de uma ação não exclui as possibilidades de execução de outras finalidades concomitantes, imediatamente anteriores ou posteriores ao seu cumprimento. A programação principal e a secundária, embora diversas na intencionalidade, podem integrar-se na atuação, pois é comum aos indivíduos unir o útil ao agradável. (Andrade, 1995, p.33)

Em razão disso, adotou-se a expressão "turismo de negócios": os deslocamentos de pessoas para destinos diferentes de seus locais de residência, por

---

[1] Oferta turística é "a soma de todos os produtos e serviços adquiridos ou consumidos pelo turista durante a sua estada em uma destinação [...] oferecidos por uma gama de produtores e fornecedores diferentes e individuais, mas que são entendidos pelo turista como um todo que integra a experiência vivencial da viagem [...] são todos os serviços oferecidos e equipamentos instalados para o atendimento dos desejos e necessidades dos turistas" (Ruschmann, 2000, p.138).

716 GESTÃO AMBIENTAL E SUSTENTABILIDADE NO TURISMO

tempo determinado e por motivos profissionais, nos quais executam atividades pertinentes ou não aos seus propósitos iniciais e fazem uso dos serviços e produtos que compõem a oferta turística para suprir suas necessidades de conforto e bem-estar enquanto estiverem distantes de suas residências.

Nesse contexto, eventos de negócios são aqueles que têm objetivos específicos de concentrar oportunidades de prospecção e fomento dos negócios de qualquer setor da economia. Por exemplo, podem-se freqüentar exposições ou feiras de negócios[2] para ampliar mercados, estabelecer novos contatos, vender ou comprar bens e serviços; ou promover convenções[3] para treinar equipes sobre novas tecnologias, motivando-as.

Segundo Getz (1990, p.81): "Feiras, exposições e convenções são predominantemente eventos comerciais nos quais vendedores encontram compradores ou profissionais reunidos para discutir seus problemas".

A importância e o crescimento do segmento de eventos e a consolidação de alguns tipos de reuniões como importantes agentes propulsores de viagens justificaram e garantiram seu reconhecimento como um tipo de turismo independente, conhecido como turismo de eventos.

Esse tipo de turismo pode ser desencadeado para participação em eventos de negócios com finalidades profissionais. Porém, pode também ser motivado pela necessidade de participação em eventos para a satisfação de objetivos de encontro com emoções artísticas, científicas, de formação e atualização nos diversos ramos existentes, ou de lazer, aproximando esta prática à concepção pura de turismo, ou seja, conferir um festival de música, de gastronomia, um campeonato desportivo ou uma exposição de arte.

Para Acerenza (1984, p.185):

> os atrativos de eventos são aqueles nos quais um acontecimento constitui o principal fator para que o turista visite um destino, como feiras e exposições, congressos e convenções, e acontecimentos especiais, além de eventos des-

---

[2] Trata-se de eventos direcionados a segmentos específicos de mercado, têm duração média de uma semana e são organizados e comercializados por empresas especializadas no ramo. Feiras e exposições são eventos que atraem um grande número de consumidores a um único local, com o intuito de apresentar produtos e serviços de maneira bastante atraente e motivadora, induzindo-os à compra imediata (Giacaglia, 2003, p.42).

[3] Reuniões promovidas por empresas, setores industriais (vendedores) e partidos políticos para motivar, treinar, capacitar ou simplesmente integrar as pessoas pertencentes a uma equipe, submetendo-as a certos estímulos coletivos para que possam agir em defesa dos interesses da referida empresa ou do partido.

portivos, festival ou um concurso de beleza [...] em algumas ocasiões, esses tipos de atrativos se combinam entre si e aumentam a atração do lugar como destino turístico.

Sob a perspectiva do turismo, Andrade (1999, p.31) identifica esse segmento como "um fenômeno multiplicador de negócios, pelo seu potencial gerador de fluxos de visitantes", ou seja, reconhece-o como atrativo capaz de agregar um diferencial ao destino, valorizando-o:

> os eventos constituem parte significativa na composição do produto turístico, atendendo intrinsecamente às exigências de mercado em matéria de entretenimento, lazer, conhecimento, descanso e tantas outras motivações. Podem representar, quando adequadamente identificados com o espaço onde se realiza a valorização das particularidades locais, tornando-as partes destacadas da atração.

EFEITOS BENÉFICOS DO TURISMO DE EVENTOS

Para Canton (2002, p.88), o turismo de eventos apresenta potencial de desenvolvimento e crescimento bastante expressivos para as localidades que neles investem:

> percebemos que hoje muitas cidades brasileiras estão despertando para este novo nicho de mercado, que se destaca em decorrência da grande receita que deixa em localidades receptoras e sedes dos eventos [...] tanto por seu potencial de ampliar a demanda na alta estação quanto por ser a alternativa mais viável para superar o vazio da baixa estação.

Pode-se considerar que um evento é um atrativo turístico a partir do momento em que é o principal fator motivador de uma viagem, seja para os fins de prática das atividades lucrativas dos negócios, seja por lazer.

Como atrativos de fluxo turístico, os eventos podem ser concebidos e moldados para atender às necessidades de demandas específicas e dimensionados de acordo com os espaços disponíveis nas localidades que os sediam.

As possibilidades de criação de eventos são ilimitadas, pois estes podem ser idealizados para atrair públicos específicos e servir como atrativos

718 | GESTÃO AMBIENTAL E SUSTENTABILIDADE NO TURISMO

adicionais numa localidade turística, incrementando ou fomentando seus fluxos e enfatizando vocações naturais da região. Canton (2001, p.307) retratou a ampla capacidade de criação desse segmento:

> os eventos são tão variados quanto a criatividade de quem os provoca. A atividade moderna, em sua múltipla diversidade, faz com que surjam eventos de todos os tipos e qualidades.

Na qualidade de geradores de fluxo turístico, pode-se diferenciar os eventos pela sua mobilidade, ou seja, pela capacidade de serem reproduzidos em outros destinos. Os eventos que permitem essa mobilidade são principalmente os associativos, técnico-científicos ou de treinamento, denominados "eventos itinerantes", ou seja, realizados em locais distintos a cada edição, com o propósito de prestigiar novas comunidades, divulgar conteúdos mais atualizados e levar oportunidades de ganhos econômicos, sociais, culturais, científicos e políticos aos lugares em que ocorrem: "Existe uma grande disputa por este mercado de eventos que se realizam periodicamente em sistema de rodízio" (Canton, 2001, p.310).

Vale ressaltar que alguns eventos não podem se aproveitar dessa característica de mobilidade e simplesmente se reproduzirem em locais distintos dos locais onde se manifestaram espontaneamente para satisfazer as necessidades de turistas. O risco dessa banalização do valor de uma manifestação popular ou cultura é sua mercantilização e descaracterização.

Manifestações religiosas, folclóricas ou histórico-culturais – tais como o Círio de Nazaré, em Belém (PA); a cerimônia de lavagem das escadarias da Igreja de Nosso Senhor do Bonfim, em Salvador (BA); ou a Festa de Parintins, Manaus (AM); que traduzem crenças e acontecimentos pertinentes às comunidades locais e exclusivas a elas – quando realizadas em outro cenário, tornam-se meras repetições, desprovidas de valor cultural.

Esse fenômeno denominado "mercadização da cultura" foi descrito por Greenwood (apud Ruschmann, 2000, p.54):

> tratar cultura como bem material sobre os quais os turistas têm direitos adquiridos não é apenas perverso, como também uma violação dos direitos culturais das pessoas [...] integrá-la a um "pacote turístico", transforma-a numa apresentação remunerada que, conseqüentemente, não mais será vista e sentida em sua forma original.

Outra característica desse segmento é o fato de os eventos poderem se realizar em qualquer época do ano e, por esse motivo, serem encarados como uma alternativa para driblar a sazonalidade de alguns destinos, uma vez que geram visitação e fluxo turístico ao longo de todos os meses do ano, de forma mais homogênea. Fuster (1974, p.551) afirma que:

> a febre atual de reuniões [...] constitui uma esplêndida força de caráter turístico. Com muita freqüência, essas reuniões vêm salvar em parte os problemas de sazonalidade.

A minimização dos efeitos da sazonalidade gera a criação de empregos fixos, em substituição aos empregos temporários. Para Andrade (1999, p.67):

> enquanto os investimentos nos setores econômicos tradicionais geram poucos empregos, em conseqüência da tecnologia e da automação, surge o setor de serviços, em especial turismo, entretenimento e lazer, absorvendo a mão-de-obra excedente.

CONCORRÊNCIA PELOS EVENTOS NACIONAIS E INTERNACIONAIS

Os efeitos econômicos, sociais, políticos, culturais ou científicos gerados a partir da captação de eventos são bastante atraentes para as localidades que os sediam e, somados à característica migratória e itinerante de alguns deles, provocam uma concorrência entre destinos turísticos, interessados em sediá-los, cada vez mais acirrada.

No Brasil, alguns dos mais reconhecidos destinos dos turistas de lazer, nacionais e estrangeiros, elegeram o segmento de eventos como foco principal dos seus investimentos em prol do fomento da atividade turística, fundamentados nos benefícios por ele desencadeados, como a diminuição da sazonalidade e seu efeito multiplicador na economia.

> O processo de expansão de renda através dos eventos pode ser sentido nas grandes capitais do país, principalmente naquelas já consagradas como destinos turísticos, a exemplo de Fortaleza, Recife, Salvador, Rio de Janeiro e Curitiba, entre outras. As cidades vêm se especializando em determinados

segmentos de eventos, investindo na realização de mega congressos e feiras, destinados a estes nichos de mercado. (Britto e Fontes, 2002, p.226)

Como reflexo da estruturação dessas cidades brasileiras, dotadas de belezas naturais e remanescentes culturais, para abrigar com qualidade os eventos dos mais variados tipos e tamanhos, a cidade de São Paulo, antes acostumada a sediar sem concorrentes os mais importantes eventos nacionais e internacionais, experimentou uma concorrência interna até então inexistente.

Os eventos antigamente sediados na cidade de São Paulo, munida de estrutura adequada, passaram a ser captados por destinos que, paralelamente à moderna infra-estrutura, oferecem atrativos naturais e oportunidade de realização de atividades de lazer, agregando valor e motivando os deslocamentos dos participantes.

Sobre a importância de um destino oferecer atrativos turísticos no processo de captação de eventos, pode-se afirmar que:

> nessa corrida pela captação de eventos, nota-se que as cidades com atrativos turísticos bem trabalhados e divulgados têm uma larga vantagem sobre concorrentes pouco agressivos [...] ou seja, dependendo da expressão do atrativo quanto à qualidade e à boa estrutura de acesso e hotelaria, há cidades tidas como "destinos de eventos". (Wunsch et al., 2003, p.91)

No contexto de congressos internacionais, a cidade que mais se destaca nacionalmente é o Rio de Janeiro, que praticamente se especializou nesse segmento e dispõe da estrutura física exigida por esses megaeventos que reúnem populações superiores a cinco mil pessoas: o complexo do Riocentro.[4] É exatamente de espaços como este que a cidade de São Paulo, e outras do Brasil, são deficientes.

A International Congress and Convention Association (ICCA) anualmente classifica numa espécie de ranking os países realizadores de eventos internacionais. Desde 2004 o Brasil apresenta melhoria constante e significativa em sua posição entre estes países.

Em 2004, o Brasil foi o 14º país no ranking, subindo três posições em 2005 e se estabelecendo como o 11º país que mais sediou eventos interna-

---

[4] O Riocentro é o maior centro de convenções da América Latina, com cinco grandes pavilhões que somam 100.209 m² de área disponível para feiras e exposições. Dispõe de 22.500 m ao ar livre, aliados a extensos gramados e lago. Possui restaurantes, serviços médicos e de telecomunicações e estacionamento para 5 mil automóveis e sessenta ônibus.

cionais, com 106 destes acontecimentos (responsáveis pela entrada de US$ 45 milhões e 87 mil participantes, brasileiros e estrangeiros). Em 2006, o desempenho foi ainda melhor: 206 eventos, os quais posicionaram o país em 7º lugar, à frente de países como a Áustria, Austrália e Holanda.

No ano de 2006 algumas cidades brasileiras inauguraram suas participações no ranking de cidades, como é o caso de Fortaleza (CE) e Brasília (DF), com 11 eventos cada, atrás dos já tradicionais destinos de eventos do país, São Paulo (18º no ranking mundial) com 54 encontros e Rio de Janeiro (26º colocado), com 48 eventos.

EVENTOS COMO BALIZADORES DA ATIVIDADE TURÍSTICA SUSTENTÁVEL

A fim de experimentar os benefícios do turismo de eventos e minimizar os impactos socioculturais e ambientais decorrentes dele nos núcleos receptores, os municípios devem concentrar seus esforços e investimentos na adoção de uma política de eventos que contemple estratégias para seu desenvolvimento sustentável, ou seja, valorizando o equilíbrio do meio ambiente.

Canton (2002, p.95) reforça essa posição e destaca como fundamental o papel desempenhado pelos eventos no cenário turístico:

> o evento não pode ser visto como um fenômeno isolado dentro do processo turístico. É necessária uma política de eventos inserida no planejamento turístico das cidades, envolvendo órgãos governamentais, empresas de bens e serviços que trabalhem juntos e integrados em um planejamento estratégico.

Uma das estratégias a serem planejadas para que o município vivencie os benefícios da atividade é a elaboração de um calendário anual de eventos, distribuídos o mais homogeneamente possível entre todos os meses do ano, a fim de permitir a entrada constante de divisas, a utilização ininterrupta dos equipamentos e da infra-estrutura de apoio turístico implantados e a criação de empregos fixos.

Um calendário de eventos é uma "lista de eventos (turísticos ou não) organizados em ordem cronológica e programados para serem realizados no núcleo receptor durante determinado período, normalmente de um ano" (Campos, 2000, p.33).

Para Melo Neto (2001, p.95), "uma estratégia de captação de eventos bem-sucedida se traduz na elaboração de um calendário de eventos de sucesso, capaz de promover o crescimento da cidade-sede".

Nesse sentido, o crescimento local será conseqüência da associação entre a iniciativa privada e o poder público, focados em identificar a vocação turística da localidade,[5] para implantar a oferta de equipamentos de infra-estrutura de apoio necessários para propiciar a prática do turismo e da mobilização da ação de fornecedores de todos os produtos e serviços necessários para a realização de eventos.

Alguns municípios vivenciam o oposto desse cenário ao realizarem um único evento de grande porte ao ano. Esses eventos, isolados e esporádicos, são, em sua maioria, verdadeiros sucessos de público e renda, porém concentram a maciça entrada de divisas e a visita de grandes públicos em curtos períodos, gerando sazonalidade e arrecadação de impostos concentrada em alguns dias ou semanas do ano.

Por esse mesmo motivo, a infra-estrutura de apoio para turismo e eventos disponível sofre com a ociosidade durante os demais meses do ano e não atrai investimentos para novos equipamentos.

Um exemplo dessa realidade se dá em Barretos (SP), conhecida nacionalmente pela realização da muito bem-sucedida Festa do Peão de Boiadeiro,[6] maior festa do gênero do Brasil e segunda maior do mundo, a qual comemorou em 2005 seu cinqüentenário.

Durante a realização desse evento, que dura aproximadamente dezessete dias, o Parque do Peão registra a presença de mais de 1 milhão de participantes, o que equivale a mais de dez vezes sua população, estimada em 108.273 habitantes.[7] Essa multidão lota os estabelecimentos hoteleiros, postos de gasolina, restaurantes e demais serviços de apoio turístico "em um raio de 200 quilômetros" (Henrique et al., 2001).

A oferta de equipamentos turísticos na cidade é insuficiente para abrigar a demanda desse evento, e os investimentos em novos estabelecimentos e serviços são tímidos, pois a procura não se repete no resto do ano.

---

[5] A vocação turística de uma região pode ser, por exemplo, de negócios, cultural, esportiva, ecológica, gastronômica, religiosa e esotérica (Melo Neto, 2001, p.96).

[6] Promovida pelo Clube Os Independentes desde 1955.

[7] Disponível em: http://www.barretos.com.br e http://www.independentes.com.br.

Com o objetivo de minimizar essa evidente situação de sazonalidade e aproveitar-se da inequívoca vocação para sediar eventos no segmento de rodeios, outros eventos foram criados recentemente na cidade. Promovidos pelo Clube Os Independentes, por outros integrantes da iniciativa privada ou por iniciativa da prefeitura, os eventos têm o objetivo principal de criar fluxo turístico durante outros meses do ano, como é o caso da Barretos PecShow, em abril, voltada para criadores de animais; a Copa Barretos de Team Penning, em março; a Romaria Jovem, em julho; e o Festival Viola de Todos os Cantos, também em julho.[8]

Campina Grande (PB) vive situação semelhante devido à projeção nacional garantida pela promoção da maior Festa de São João do Brasil, criada em 1983 pelo prefeito Ronaldo Cunha Lima e recentemente incluída no calendário da Embratur como uma das três maiores do Brasil. O evento é realizado numa arena com 42.500 m^2 de área, chamada Parque do Povo, dura os trinta dias do mês de junho e recebe cerca de 1 milhão de pessoas de todos os lugares do Brasil e até de outros países; é indiscutivelmente bem-sucedido,[9] todavia gera na cidade e nos arredores o característico vazio da sazonalidade nos meses que o sucedem. Durante o restante do ano, a cidade sedia outros quatro eventos[10] cujas demandas geradas não justificam investimentos significativos em infra-estrutura de apoio, mantendo a oferta de seis meios de hospedagem aos visitantes.

Esses exemplos apontam para os que parecem ser os principais objetivos dos promotores dos eventos turísticos: o crescimento dos eventos quantificados pelo aumento do número de participantes e da receita gerada, em detrimento da avaliação da sustentabilidade ambiental ou da capacidade de carga de seu entorno, visto que a demanda gerada por esses eventos em muito superam a oferta disponível.

Com isso, inaugura-se a necessidade de adoção de uma estratégia que está além da elaboração de um calendário de eventos, mas que aponta para o adequado dimensionamento de cada evento turístico planejado.

---

[8] O calendário pode ser conferido em: http://www.independentes.com.br.

[9] Disponível em: http://www.pbtur.pb.gov.br/imagens/eventos/eventos_cg.htm.

[10] Os eventos são: Encontro para a Nova Consciência, durante o Carnaval; o Micarande (carnaval fora de época), em abril; o Festival de Inverno, em agosto; e as Vaquejadas do Parque Ivandro Cunha Lima e Parque Maria da Luz, em outubro.

GESTÃO DO DIMENSIONAMENTO DE EVENTOS

Conforme já apresentado, os eventos realizados num destino devem estar contidos num calendário anual, a fim de que possam pulverizar os benefícios do desenvolvimento do turismo de eventos ao longo do ano.

Mais do que isso, defende-se que cada um desses eventos listados deve ser dimensionado com base nos princípios do desenvolvimento turístico sustentável, ou seja, fomentando o turismo de forma a valorizar os atrativos e o meio ambiente que os cercam e incentivam, além de zelar por eles.

Defende-se a necessidade de que os eventos estejam adequados à capacidade de carga da infra-estrutura turística e de eventos, bem como do patrimônio natural e histórico-cultural existente nos arredores, atentando para sua preservação e garantindo a satisfação das necessidades de segurança e conforto dos visitantes em longo prazo, vindo a, vagarosamente, consolidar-se como destino para eventos.

A adoção de uma política de promoção, captação e realização de eventos planejados e adequados à capacidade de carga do destino funcionará como balizador da sustentabilidade ambiental do mesmo.

As políticas de eventos inseridas no planejamento turístico das cidades devem contemplar a associação entre poder público e empresas de bens e serviços, para a execução de ações integradas, programadas para surtirem resultados positivos a longo prazo. Apenas as estratégias de investimentos contínuos, combinados com a obtenção de retornos financeiros em prazos médios e longos, poderão garantir benefícios duradouros para a cidade, tais como: a melhoria de sua imagem como destino-sede de eventos, o reconhecimento da qualidade de sua oferta e a preservação dos atrativos turísticos que inicialmente despertaram interesses no destino.

Ambos, promotores de eventos e poder público, devem programar o crescimento dos eventos para que sejam feitos de forma ordenada, cautelosa, evitando arriscar a conservação do meio ambiente em que estão inseridos, dos atrativos, da qualidade de vida da população residente e do relacionamento desta com o turista.

Durante o processo de planejamento de um evento, seus promotores (em parceria com o poder público e a iniciativa privada) devem estimar e controlar o limite de participantes, a fim de evitar que estes extrapolem a

DIMENSIONAMENTO DE EVENTOS TURÍSTICOS E SUSTENTABILIDADE | **725**

capacidade física do local e ameacem o resultado final do evento, os atrativos existentes no entorno e a imagem da cidade-sede. Nesse caso, a própria capacidade dos locais (auditórios, pavilhões, centros de convenções, hotéis, parques e outros) deveria indicar a quantidade desejada de público de um evento e, com base nesse controle, o plano de marketing do evento, que contempla as estratégias adotadas para sua divulgação, será dimensionado de modo a atingir a quantidade adequada de público.

Pode, no entanto, ocorrer investimento no crescimento vertiginoso dos eventos, de modo a adotar resultados financeiros e de público satisfatórios como únicas unidades de medição do seu sucesso.

Uma política de eventos deve objetivar o sucesso do município, ou seja, a realização de vários eventos bem-sucedidos, medidos pela capacidade de coordenarem seus públicos previstos (seus planos de viabilidade) de acordo com a capacidade da oferta e do patrimônio, sem causar a sobrecarga de nenhum e pulverizando os efeitos benéficos citados.

A Festa Literária Internacional de Paraty (Flip), no estado do Rio de Janeiro, é um exemplo de evento que limitou seu número de participantes, apesar do seu evidente potencial de crescimento.

Ao término da segunda edição do evento, em julho de 2004 – que recebeu 12 mil visitantes, rendeu quase R$ 1 milhão e ocupou os cerca de 8 mil leitos disponíveis nas duas centenas de pousadas da cidade, e das vizinhas Graúna, Trindade e Picinguaba (Gonçalves Filho e Brasil, 2004) – a organização anunciou que "o evento programado para o próximo ano não deverá crescer" (Gonçalves Filho e Brasil, 2004).

A justificativa para essa afirmação apoiou-se no fato de considerarem antiprodutivo a realização de palestras para grandes contingentes, "palestras para mais de 500 participantes não funcionam" (Calder apud Gonçalves Filho e Brasil, 2004).

Na revisão do *clipping*[11] impresso desse evento e das declarações acerca do seu crescimento e sucesso não se verificaram preocupações com o fato de o seu sucesso provocar a superação dos limites de carga da oferta de infra-estrutura, conseqüência do volume da visitação, podendo comprometer o patrimônio histórico disponível a céu aberto, na cidade de Paraty.

---

[11] Reunião, num mesmo documento, de todas as notícias publicadas nos meios de comunicação impressos e/ou eletrônicos sobre o mesmo assunto, tema ou evento.

726 GESTÃO AMBIENTAL E SUSTENTABILIDADE NO TURISMO

Todavia, defende-se que estes devam ser motivos suficientemente significativos para impor limite ao crescimento de um evento com tamanho apelo e potencial turísticos.

Acompanharam-se os resultados da terceira edição do evento, em 2005, para conferir seu resultado de público, que se manteve inalterado: 12 mil visitantes. Ao término deste, a organização do evento anunciou que estudaria, para a edição de 2006, sua extensão para o período de dois finais de semana seguidos, por aparentar ser "a única maneira de atender a um público maior sem aumentar o tamanho do evento", conforme citação do diretor de arquitetura da Flip (Barcellos e Rangel, 2005), numa tentativa de também manter os bons níveis de qualidade dos serviços prestados na cidade, devido ao excesso de demanda.

Nos Encontros Literários realizados em 2006 e 2007 houve um aumento de público participante para cerca de 15 mil pessoas. Preocupados em bem receber estes visitantes e até em ampliar esta demanda, "a cidade fluminense planeja a construção de um centro de convenções de 6.300 m², numa parceria entre a Prefeitura de Paraty (que doou um terreno de 10 mil m²) e do Paraty Convention & Visitors Bureau" (Silva, 2007).

Deve-se enfatizar que os promotores devem contribuir, por meio da realização de seus eventos, para o sucesso e a sobrevivência dos destinos turísticos que servem de sede para eles. Devem impor limites e recusar a demanda excedente de participantes, em vez de atenderem todos. Dessa forma, evitarão que os objetivos imediatistas de lucros causem o detrimento do próprio resultado do evento e gerem o prejuízo do município e da região que os recebem.

Melo Neto (2001, p.33) defende que se deve oferecer ao turista um conjunto de ingredientes capaz de construir uma imagem positiva do evento e do destino, combinando atividades sociais e de lazer, na intenção de otimizar os esforços empregados para proporcionar a satisfação total do visitante-cliente e de provocar o seu retorno:

> ser criativo em eventos significa transformá-los em grandes espetáculos para o público. Todo esforço criativo na concepção e na condução de um evento de qualquer natureza deve ter como ponto de partida as respostas para uma única pergunta: o que proporciona prazer paralelo e complementar ao público presente no evento?

Melo Neto (2001, p.60) propõe, ainda, que:

juntamente com os eventos de negócios deve-se ampliar a oferta de eventos de entretenimento e de centros de lazer. Para cada evento de negócios, um ou mais eventos de entretenimento devem ser programados.

PLANEJAMENTO SUSTENTÁVEL DE CALENDÁRIOS DE EVENTOS

Os calendários de eventos devem oferecer um panorama geral dos acontecimentos programados que serão realizados em período preestabelecidos e incluir os eventos promovidos e realizados no município (como festas religiosas, folclóricas e eventos culturais) e eventos captados.

Esses calendários são compostos por eventos gerados espontaneamente nos municípios e repetidos anualmente, tais como as festas religiosas, folclóricas, cívicas e as manifestações culturais e de caráter histórico. Esses eventos são freqüentemente planejados e organizados pelas próprias comunidades locais, que voluntariamente se mobilizam em prol de suas realizações.

Algumas dessas festas populares são bastante complexas e mobilizam milhares de pessoas, entre visitantes e equipes de organização. Por exemplo, podem-se citar as manifestações programadas para o período do Carnaval, cuja data varia conforme o calendário católico e acontece quarenta dias antes da Páscoa. O Carnaval é comemorado em todo o país, com ênfase em Recife e Olinda (PE); em Salvador (BA), onde o povo lota as ruas para seguir os trios elétricos; e no Rio de Janeiro (RJ), cujo desfile das escolas de samba, o apogeu do Carnaval carioca, é considerado um dos maiores shows da terra.

Outros exemplos são as manifestações religiosas: o Círio de Nazaré, em Belém do Pará (PA); a Festa de Iemanjá, na Bahia; a Festa de São João de Campina Grande (PB); o Festival Folclórico de Parintins (AM) e a Festa do Divino de São Luís do Paraitinga (SP).

Outros eventos incluídos nos calendários oficiais das localidades são aqueles concebidos, planejados e organizados com o objetivo de homenagear algum aspecto cultural ou da produção econômica local, como a Festa do Morango de Brasília e a Festa da Uva de Vinhedo, em São Paulo. Com o passar dos anos, esses eventos adquiriram importância turística inequívoca por atrair não apenas os produtores das regiões próximas, como também turistas e visitantes apreciadores e curiosos.

GESTÃO AMBIENTAL E SUSTENTABILIDADE NO TURISMO

Uma outra forma de incrementar o calendário de eventos de um município é captar eventos já existentes, promovidos por entidades associativas ou privadas de todos os setores, que não têm locais ou sedes fixas para a sua realização, migrando anualmente para diferentes destinos turísticos.

Dessa forma, os municípios identificam quais desses eventos itinerantes lhes interessam e planejam suas estratégias de captação para sediá-los no período programado para realização de suas futuras edições, preferencialmente nos meses mais vazios do calendário turístico.

A realização de um evento em determinado município resulta no conceito de "destino único e obrigatório", pois o visitante, independentemente de seu objetivo, é conduzido a um local não escolhido por ele.

> a decisão do destino de uma viagem de lazer é tomada individualmente ou, no máximo, no âmbito familiar, o que exige enormes esforços de marketing para atingir cada um dos potenciais turistas [...] No Turismo de Eventos, ao contrário, uma pessoa, ou no máximo um comitê, tem o poder de deliberar o destino de centenas, milhares de congressistas, expositores, convencionais. (Arantes, 2001, p.39)

Os deslocamentos gerados a partir do interesse em participar de um evento serão sempre para um "destino único e obrigatório", o que não permite a escolha do destino pelo livre-arbítrio dos viajantes.

Um turista que objetive selecionar um programa para sua viagem de lazer terá disponível no Brasil mais de 6 mil diferentes opções de destinos e mais de 32 mil pelo mundo. No entanto, se vincular sua viagem à participação num determinado evento, seu destino torna-se único (Sevieri, 1998, p.7).

Sem investir diretamente na pessoa física mas num grupo predeterminado cujo perfil tenha sido identificado como demanda potencial para o evento, a cidade e os promotores do mesmo conseguirão atrair público que, dependendo do seu grau de satisfação ao término, poderá voltar no futuro, acompanhado de suas famílias, para uma visita de lazer.

Andrade (1999, p.84) enfatiza a importância de se criar uma marca, e não apenas uma imagem, que estimule o participante a associar a cidade-sede do evento com a vivência de uma experiência positiva:

> todos os elementos envolvidos nos negócios de eventos, bem como os segmentos sociais beneficiados pelos resultados, devem conscientizar-se das vantagens adicionais representadas pela criação de imagem favorável e fixação

de marca. Um segundo evento é mais fácil realizar, depois de um primeiro bem-sucedido que registrou a hospitalidade do povo, a cortesia dos atendentes e a eficiência das operações.

CONVENTION & VISITORS BUREAUX

Os Convention & Visitors Bureaux (C&VB) são organizações apolíticas, de direitos privados, sem fins lucrativos e mantidos pela iniciativa privada representantes do *trade* turístico, tais como: hotéis, restaurantes, atrativos, operadores, organizadores de eventos, companhias aéreas etc. Podem também ter associações de classe entre seus parceiros, tais como associação de taxistas, de organizadores de eventos, da indústria hoteleira, de locadoras de automóveis, de operadoras e agências de viagens etc.

O primeiro *bureau* de que se tem notícia foi criado em Detroit, nos Estados Unidos, em 1896. No Brasil, os primeiros C&VB datam de 1983, em São Paulo, e 1984, no Rio de Janeiro.

O C&VB deve ter um perfil articulador:

como o de figura-chave na condução do planejamento do marketing de destino, utilizado para promover a imagem da cidade (ou o destino turístico) nos mercados potenciais. Pelo trabalho que desenvolve, a sigla C&VB virou sinônimo internacional de qualidade e metodologia eficiente na promoção de um destino turístico. (Martin, 2003, p. 149)

o Convention Bureau é um centro difusor de informações, ajudando a melhorar o discernimento das empresas interessadas em realizar eventos na cidade, além de trabalhar políticas de melhoria do atendimento qualitativo na prestação de serviços. (Dória, 2000)

É certo que as ações de captação de eventos são primeiramente associadas quando se remetem às funções e aos objetivos de um C&VB, porém vale destacar sua importância e atuação em todos os setores que compreendem a atividade turística de lazer e/ou de eventos. Dessa forma, entre serviços e atividades desenvolvidos pelos C&VB, destacam-se:

- Estabelecer as ações de fomento do destino como sede de eventos, articulando estratégias para reduzir as discrepâncias entre altas e baixas temporadas;

- Atuar de forma a compor um calendário de eventos anual por meio de promoção (geração), de captação de eventos ou ainda de apoio aos eventos gerados espontaneamente no município, a fim de garantir que os efeitos positivos da atividade turística possam ser vivenciados pela cidade durante todos os meses do ano de forma mais homogênea possível;
- Atuar como amálgama da atividade turística, com o propósito de divulgar, por meio de publicações impressas ou eletrônicas, pesquisa de mercado, estatísticas e artigos sobre a indústria de turismo, calendários de eventos, bancos e arquivo de imagens e vídeos promocionais da cidade, fortalecendo-se como ator principal da atividade no destino;
- Fomentar os negócios e os serviços de seus associados, identificando oportunidades de relacionamento para eles;
- Elaborar planos e estratégias para candidatura do município a eventos, com a articulação de mecanismos que resultem na obtenção de importantes apoios institucionais privados e governamentais dos órgãos correlatos e na articulação das parcerias empresariais necessárias;
- Elaborar e executar campanhas de marketing específicas para a promoção do destino e das empresas mantenedoras, nos mercados potenciais. Entre as atividades, destaca-se a participação em feiras e outros eventos no país e no exterior;
- Colaborar para o aperfeiçoamento dos recursos humanos do segmento de turismo e eventos, organizando e apoiando atividades de formação profissional, inclusive mediante convênios com estabelecimentos de ensino e entidades congêneres.

CONSIDERAÇÕES FINAIS

O cenário atual do turismo de eventos no Brasil apresenta consagrados destinos turísticos de lazer, diversificando suas vocações naturais e lançando-se como destinos de eventos. O objetivo principal desses destinos é o mesmo: driblar os vazios e os prejuízos das baixas temporadas.

Os eventos se apresentam nas novas realidades desses destinos como atrativos coadjuvantes aos naturais, arquitetônicos, histórico-culturais disponíveis e reconhecidos, ou seja, são ações planejadas com o intuito de evitar a interrupção da entrada de divisas e da utilização da oferta de serviços e equipamentos de turismo.

Para que os municípios turísticos possam saborear os tantos benefícios oriundos do turismo de eventos, devem planejar seus próprios calendários de eventos, de modo a distribuí-los ao longo do ano, a fim de evitar que se concentrem em determinadas épocas, gerando ociosidade da oferta nos períodos restantes; ou que aconteçam de forma isolada, gerando a sazonalidade que principalmente se deseja liquidar.

Além disso, várias precauções devem ser adotadas para preservar a sustentabilidade do meio ambiente em que estão inseridos os municípios. Essas precauções consistem em planejamento de metas em longo prazo e dimensionamento consciente de cada evento, para que não haja sobrecarga da estrutura disponível para receber os turistas nem comprometimento do patrimônio que consolidou essas cidades como destinos de lazer e eventos.

REFERÊNCIAS

ACERENZA, M.A. **Administración del turismo: conceptualización y organización.** Cidade do México: Trillas, 1984.

ANDRADE, J.V. **Turismo: fundamentos e dimensões.** São Paulo: Ática, 1995.

ANDRADE, R.B. **Manual de eventos.** Caxias do Sul: Educs, 1999.

ARANTES, P.J. EIBTM, os principais destinos mundiais numa gigantesca vitrine. **Revista dos Eventos,** São Paulo, n.14, 2001.

BARCELLOS, P.; RANGEL, V. Jornal do Brasil, Rio de Janeiro, RJ. 11 jul. 2005, Cidades, A15.

BARRETO, M. **Manual de iniciação ao estudo do turismo.** 9.ed. Campinas: Papirus, 2000.

BENI, M.C. **Análise estrutural do turismo.** 7.ed. São Paulo: Senac, 2002.

BRITTO, J.; FONTES, N. **Estratégias para eventos: uma ótica do marketing e do turismo.** São Paulo: Aleph, 2002.

CAMPOS, L.C. **Eventos: oportunidades de novos negócios.** Rio de Janeiro: Senac, 2000.

CANTON, A.M. Eventos. In: ANSARAH, M.G. dos R. (Org.) **Turismo: como aprender, como ensinar.** 2.ed. São Paulo: Senac, 2001.

_____. Os eventos no contexto da hospitalidade: um produto e um serviço diferencial. In: DIAS, C.M. (Org.) **Hospitalidade: reflexões e perspectivas.** São Paulo: Manole, 2002.

COMITÊ PERMANENTE DE CAPTAÇÃO E PROMOÇÃO DE EVENTOS, Câmara Setorial de Turismo; Ministério da Indústria, do Comércio e do Turismo; Secretaria Nacional de Turismo e Serviços; Embratur. **Manual de orientação para captação e promoção de eventos.** 1995.

COOPER, C. et al. **Turismo: princípios e práticas.** Trad. Roberto Cataldo Costa. 2.ed. Porto Alegre: Bookman, 2001.

DE LA TORRE, O. **El turismo: fenômeno social.** 3.ed. Cidade do México: Fondo de Cultura Econômica, 1984.

DÓRIA, J. Depoimento. **Revista dos Eventos,** São Paulo, ano 1, n. 2, p. 22, 2000.

FERNANDES, A. **Volte sempre: qualidade de serviço no turismo.** Cabográfica, 1999.

FUSTER, L.F. **Teoría y técnica del turismo.** 4.ed. Madri: Nacional, 1974. v.1.

GETZ, D. **Festivals, special events, and tourism.** Nova York: Van Nostrand Reinhold, 1990.

GIACAGLIA, M.C. **Organização de eventos: teoria e prática.** São Paulo: Pioneira Thomson Learning, 2003.

GONÇALVES FILHO, A.; BRASIL, U. Flip atinge tamanho ideal e sucesso. **O Estado de S. Paulo,** São Paulo, 12 jul. 2004.

HENRIQUE, B.; FERREIRA, G.; MELO, B. Segura, peão. **O Estado de S. Paulo,** São Paulo, 12 ago. 2001.

[ICCA] INTERNATIONAL CONGRESS AND CONVENTION ASSOCIATION. Disponível em: http://www.icca.web.org.

LAGE, B.H.G.; MILONE, P.C. **Economia do turismo.** 7.ed. rev. e ampl. São Paulo: Atlas, 2001.

LEMOS, L. **Turismo: que negócio é esse?** 4.ed. Campinas: Papirus, 2003.

MARTIN, V. **Manual prático de eventos.** São Paulo: Atlas, 2003.

MATIAS, M. **Os centros de convenções do estado de São Paulo: como fator de desenvolvimento do turismo de eventos no Estado.** São Paulo, 2000. Dissertação (Mestrado). Escola de Comunicações e Artes, Universidade de São Paulo.

MCINTOSH, R.; GUPTA, S. **Turismo: planeación, administración y perspectivas.** Cidade do México: Noriega, 1987.

MELO NETO, F.P. de. **Criatividade em eventos.** 2.ed. São Paulo: Contexto, 2001.

MONTEJANO, J.M. **Psicossociología del turismo.** Madri: Sintesis, s.d.

NAKANE, A. Plano de marketing do turismo de eventos do mercado internacional. **Revista dos Eventos,** São Paulo, n.14, 2001.

DIMENSIONAMENTO DE EVENTOS TURÍSTICOS E SUSTENTABILIDADE | **733**

RUSCHMMANN, D. **Turismo e planejamento sustentável: a proteção do meio ambiente.** 6.ed. São Paulo: Papirus, 2000.

SANTINI, R. de C.G. Reflexão sobre os espaços arquitetônicos dos hotéis sob a perspectiva do turismo de negócios. **Turismo em Análise,** São Paulo, v. 4, n. 2, nov. 1993.

SANTOS, C.A. Impactos sociais da Oktobefest: a comunidade de Blumenau entre 1993 e 1998. In: BAHL, M. (Org.). **Eventos: a importância para o turismo do terceiro milênio.** São Paulo: Roca, 2003.

SEVIERI, J.R. Eventos como ferramenta de desenvolvimento social. **Revista dos Eventos,** São Paulo, ano 1, n.1, 1998.

SILVA, S. Paraty: edição de 2008 terá capacidade para 2 mil inscritos. Disponível em: http://www.flip.org.br/imprensa.php3. Acessado em: 4 ago. 2007.

VOMERO, M.F. Todo dia é dia de feira. **Revista Exame,** São Paulo, n. 738, abr. 2001.

WUNSCH, A.; STEIN, A.C.; FERREIRA, P.R. Influência dos atrativos turísticos na organização de eventos. In: BAHL, M. (Org.) **Eventos: a importância para o turismo do terceiro milênio.** São Paulo: Roca, 2003.

Gestão Ambiental e Responsabilidade Social em Eventos | 32

Carolina Piccin Silberberg
Advogada, Sistema Assessoria Ambiental
Daniella Mac Dowell
Advogada, Sistema Assessoria Ambiental

INTRODUÇÃO

A crescente preocupação com os impactos ambientais vem ocasionando uma evolução no gerenciamento das atividades e seus aspectos ambientais. Na década de 1970, constatou-se um controle reativo que reduzia os impactos ambientais, o chamado "controle de fim de linha" ou "fim de tubo" (*end of pipe*), realizado pelas indústrias cujos processos produtivos causavam maiores impactos, e havia leis obrigatórias de "controle de emissões" sobre determinadas atividades. Na década de 1980, esse controle passou a ser adaptativo, inserindo, ainda no planejamento industrial, o gerenciamento de impactos ambientais com o propósito de reutilizar os recursos naturais ou reciclar os resíduos. Na década de 1990, observam-se ações proativas em relação a tal gerenciamento, com a implantação de um sistema de gestão ambiental nos processos industriais, iniciando a cultura de prevenir possíveis poluições e controlar ou reduzir impactos. Nesse sentido, observa-se um número crescente de indústrias que buscam certificações como a ISO 14001 (a partir de 1996), que atesta a implementação de sistemas de gestão ambiental na empresa e, principalmente, auxilia com diretrizes para um sistema de gestão.

Tal evolução no gerenciamento de aspectos e impactos ambientais culminou, nos últimos anos, na percepção de que todas as atividades humanas geram impactos que podem, muitas vezes, ser minimizados por atitudes simples ou pela mudança dos processos e produtos utilizados convencionalmente. A gestão ambiental deixa de ser exclusividade de processos industriais poluidores e passa a ser preocupação de todas as empresas, seja de indústrias com processos de menor impacto, seja de empresas prestadoras de serviço ou escritórios que buscam processos e ações mais eficientes, com menor consumo de recursos (água, energia, materiais) e menos desperdícios.

Com a exposição dos problemas ambientais globais na mídia e a recorrente abordagem desse tema em inúmeros setores da sociedade, observa-se uma crescente inserção do tema também no setor de eventos. Essa abordagem engloba desde o desenvolvimento de ambientação e a cenografia feitos de materiais recicláveis ou de menor impacto ambiental, coleta seletiva de lixo e investimento em ações de melhoria social, até a compensação das emissões de carbono gerado pelo evento.

Destaca-se aqui a importância desse setor na economia do Brasil. Conforme o *ranking* da International Congress and Convention Association (ICCA), entre 2002 e 2006 o Brasil passou do 21º para o 7º lugar de acordo com o número de eventos internacionais realizados no país. São realizados, anualmente, cerca de 330 mil eventos como congressos, *workshops*, seminários e feiras no território nacional. Estima-se que o setor movimente quase R$ 40 bilhões, gerando cerca de 3 milhões de empregos. Entre as cidades que mais realizam eventos no Brasil, São Paulo destaca-se na primeira colocação, sendo a 18ª cidade no mundo a receber eventos internacionais. Segundo o *São Paulo Convention & Visitors Bureau*, aproximadamente 75% das feiras do Brasil são realizadas na cidade de São Paulo. Só na capital paulista ocorre, em média, uma feira de negócios a cada quatro dias, sem considerar os congressos, as convenções e inúmeros outros tipos de evento. A cidade de São Paulo é palco de um evento a cada nove minutos.

Assim, muita atenção deve ser despendida para a efetiva gestão ambiental de um evento, para resultar em ações implementadas com responsabilidade socioambiental, para minimização de impactos negativos e melhoria da qualidade de vida local, especialmente num tempo em que o marketing ambiental aparenta ser vazio pelas ações superficiais em busca de muita exposição na mídia em troca de pouca atitude. Além disso, observa-se a crescente criação de selos e atestados, cujos critérios e metodologias devem ser sempre analisados, pesquisados e compreendidos, para que a escolha traduza transparência e credibilidade por parte dos organizadores e idealizadores do evento.

Para um evento ser considerado responsável, deve haver um comprometimento dos idealizadores logo no início de sua concepção, para que o planejamento tenha como objetivo a viabilidade econômica das ações e seja também socialmente justo e ambientalmente correto.

De forma semelhante ao sistema de gestão ambiental que em geral é aplicado em empresas, um evento deve ter seu próprio sistema desenvolvido de acordo com sua proposta. Deve haver um fluxograma de todo o processo, de todas as etapas e suas formas de controle.

É fundamental ressaltar a importância da sensibilização de toda equipe de organização, pois todos os funcionários devem estar envolvidos com o sistema de gestão, e, principalmente, o papel de um gestor ambiental que coordene e controle todos os passos. A figura do gestor ambiental é imprescindível para que todos os processos estejam alinhados com as expectativas dos idealizadores do evento.

Estes, por sua vez, devem expor claramente a abrangência do escopo da gestão ambiental do evento, já que esta se inicia nas primeiras reuniões de concepção do projeto, encerrando-se na etapa de desmontagem e até posterior divulgação de resultados. A gestão deve incluir distribuição de convites, material impresso em gráfica, transporte da equipe e participantes, uso de energia, consumo de água, uso de materiais, limpeza (métodos e produtos de limpeza utilizados), distribuição de brindes, entre vários outros aspectos abordados mais adiante.

SusTENTAbilidade

O conceito de sustentabilidade pressupõe um processo de evolução e melhoria contínua, constituindo uma busca do equilíbrio entre as necessidades econômicas, sociais e ambientais, visando a uma forma de desenvolvimento que proporcione qualidade de vida para as gerações presentes e futuras.

Não é fácil ser sustentável, daí o destaque para o verbo TENTAR, que surge no meio da palavra susTENTAbilidade. Ao buscar esse novo paradigma, vislumbram-se muitas vezes inviabilidades técnicas e econômicas e a necessidade de pensar nos impactos de nossas ações na sociedade como um todo. Os idealizadores de eventos socioambientalmente responsáveis enfrentam, portanto, um desafio em rumo à susTENTAbilidade.

A responsabilidade se dá pelo levantamento, controle e monitoramento dos aspectos e impactos socioambientais que envolvem o evento (Figura 32.1). A escolha dos limites e a aceitação dos resultados determinarão seu grau de responsabilidade socioambiental. Não é possível pensar em sustentabilidade quando, por exemplo, contratam-se empresas não comprometidas com o atendimento à legislação, com o pagamento de impostos, emissão de notas, registro de funcionários etc. Um evento com alto grau de responsabilidade socioambiental deve refletir sobre todos os seus impactos na cadeia produtiva, incluindo os impactos de seus fornecedores. Devem-se observar, além de seus impactos ambientais diretos, questões como a acessibilidade de deficientes físicos aos locais e seu impacto na comunidade do entorno.

Figura 32.1 – Aspectos sociais e ambientais relacionados ao evento.

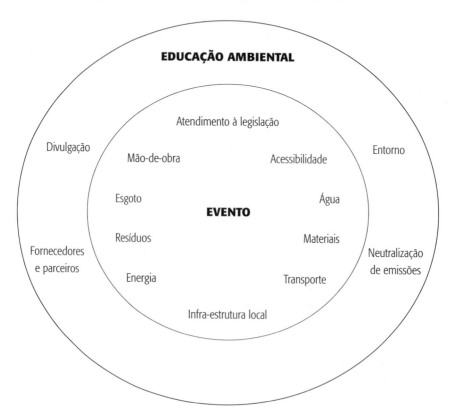

Alguns aspectos como *design* ecológico, eficiência energética, reúso de água, cenografia de baixo impacto, montagem com redução de desperdício, uso de tecidos éticos, uso de produtos de menor impacto, entre outros, podem proporcionar, em princípio, um pequeno acréscimo ao orçamento geral do projeto. Por outro lado, vale ressaltar que alguns aspectos podem trazer retornos financeiros, suprindo algumas despesas iniciais. Tudo depende da boa gestão do evento como um todo e da inserção das variáveis socioambientais desde o início do planejamento.

Destacam-se aqui alguns princípios e diretrizes que devem ser observados durante todas as escolhas de produtos, materiais e serviços:

- Princípio dos 4 R (repensar, reduzir, reutilizar, reciclar): deve ser aplicado durante todas as escolhas feitas em busca de uma gestão socioambiental, com o propósito de repensar processos, produtos e tecnologias, reduzir o uso de materiais e recursos naturais, reutilizar tudo o que for possível e, por fim, reciclar os materiais não-reutilizados;

- Análise do ciclo de vida: todo o produto ou material é produzido, distribuído e descartado de alguma forma. Ao escolher materiais e produtos, deve-se, sempre que possível, avaliar também se o seu ciclo de vida é menos impactante ao meio ambiente ou à sociedade. Quando se opta por um determinado tipo de material reciclado, por exemplo, deve-se analisar de onde ele vem, se sua produção consumiu água e energia em excesso, ou se a distância entre o local de sua produção e o evento não causaria um grande impacto no que se refere a transporte. Analisa-se também a destinação de tal material pós-evento. Os produtos devem, preferencialmente, apresentar um ciclo de vida mais longo e menos impactante;

- Incentivos locais: optar por serviços e produtos locais ou regionais evita impactos de grandes transportes e incentiva a economia do local do evento. Sempre que possível, deve-se avaliar a possibilidade de contratação de mão-de-obra, produtos e serviços locais;

- Atendimento à legislação: optar pela contratação de empresas e serviços que atendam às normas legais, fiscais, trabalhistas e ambientais é imprescindível.

Por fim, ressalta-se que em um evento responsável ações de educação e sensibilização ambiental devem permear todo o processo, sensibilizando

GESTÃO AMBIENTAL E SUSTENTABILIDADE NO TURISMO

e informando aos públicos interno e externo, equipe, fornecedores, parceiros e participantes, sempre com o intuito de divulgar a importância da preocupação com as questões socioambientais.

LOCALIZAÇÃO

A escolha do local do evento deve considerar a minimização de impactos e incômodos locais, com infra-estruturas de atendimento ao consumo de água e energia, bem como a destinação de resíduos e coleta de esgoto. É fundamental considerar também o impacto do evento na malha viária, verificando se aquela área e as formas de transporte disponíveis podem absorver o movimento de montagem e desmontagem, bem como o deslocamento dos participantes do evento.

Deve ser verificada a legislação local, principalmente no que tange a licenças e autorizações municipais, leis de zoneamento e transporte, além de licenças específicas, como no caso de eventos realizados em áreas ambientalmente protegidas ou em locais tombados e de significativa relevância cultural.

Dependendo do local escolhido e do tipo de evento realizado, deve ser considerada, sempre que possível, a contratação de mão-de-obra local, de forma a contribuir para o desenvolvimento da economia da região.

Além disso, devem ser identificadas as necessidades e lideranças locais, para que sejam desenvolvidos projetos de responsabilidade social que atendam às necessidades da comunidade do entorno. É importante destacar esse aspecto, pois observa-se, em muitos casos, que a falta de planejamento e a inserção de tais questões desde a escolha do local implicam ações sociais pontuais que, embora sejam relevantes, não contribuem para a melhoria do entorno do evento, que é diretamente atingido.

HOMOLOGAÇÃO DE PARCEIROS

Conforme mencionado, alguns fatores contribuem para a boa gestão de um evento, como a escolha e o comprometimento de seus parceiros e prestadores de serviços.

A partir da definição sobre o grau de responsabilidade socioambiental de um evento, deve-se elaborar um documento com requisitos mínimos a serem cumpridos pelos parceiros e fornecedores de serviços.

Aspectos como produção, extração de recursos naturais para matéria-prima, inovação tecnológica, potencial poluidor da fabricação, responsabilidade social e atendimento à legislação pela empresa devem ser levantados, objetivando a contratação de parceiros e fornecedores de acordo com os princípios predeterminados que devem ser seguidos.

Observa-se o método produtivo desde a escolha da matéria-prima até os padrões socioambientais das fábricas de produção, passando por todos os passos para se chegar ao produto, analisando-se por fim o transporte. Isso porque produtos de menor impacto podem se tornar até mais impactante que outros se for analisado o impacto de seu transporte em longas distâncias.

O objetivo desse levantamento é criar um círculo virtuoso, numa relação "ganha-ganha", em que todos os envolvidos são reconhecidos por suas boas ações, e simples parcerias podem proporcionar menores despesas para todos. É importante ressaltar, como abordado anteriormente, que a busca pela susTENTAbilidade visa a uma tentativa contínua de melhoria. Assim, é fundamental orientar fornecedores e parceiros que ainda não possuem boas práticas implantadas, a fim de que eles possam trilhar o caminho em busca da sustentabilidade e não sejam excluídos do processo. Essas adaptações devem ser feitas de forma gradativa, de modo que todos os parceiros e fornecedores sejam informados desde o início das intenções dos idealizadores do evento e tenham a oportunidade de se adequar gradualmente aos requisitos estipulados.

Por fim, destaca-se como boa prática o incentivo às empresas que valorizam a cultura brasileira, bem como empresas que se preocupam com a questão do aquecimento global e que fomentam atitudes ante as questões socioambientais mundiais.

AMBIENTAÇÃO E CENOGRAFIA

A concepção do evento passa necessariamente por sua ambientação e cenografia. Nessas etapas, as técnicas arquitetônicas usadas devem buscar o aproveitamento da iluminação externa para que se consuma o mínimo de energia. Se possível, prever a utilização de lâmpadas de menor consumo e mais eficientes. Deve-se aproveitar, sempre que for viável, a ventilação natural, para reduzir o consumo proveniente de aparelhos de ar condicionado e ventiladores. A redução no consumo de energia está sempre relacionada ao planejamento do espaço e à busca por tecnologias e ambientes que otimizem seu consumo. Sempre que possível, devem ser previstas fontes renováveis de energia, por exemplo, os geradores movidos a biodiesel.

Em relação aos materiais utilizados na cenografia e ambientação, tais como madeira, aço, alumínio, papelão, entre outros, devem-se prever, em primeiro lugar, formas de redução de consumo. Devem ser utilizados, sempre que possível, materiais reaproveitados ou reaproveitáveis, além de produtos e materiais reciclados ou recicláveis. A madeira pode ser oriunda de demolição, certificada pelo selo que garante o manejo sustentável ou sua origem legal.

Soluções criativas, como *stands* de tubetes feitos de papelão e garrafas PET, piso de rebarbas de cortes da madeira ou pisos de embalagens Tetra Pak® recicladas ou rebarbas da fabricação de tubos de pasta de dente vêm ganhando cada vez mais adeptos. Ressalta-se, entretanto, que o conceito de sustentabilidade deve analisar o ciclo de vida dos produtos, sendo que, em muitos casos, um determinado produto pode não ser a melhor opção apenas por ter em sua composição algum material reciclado.

Materiais de menor impacto socioambiental vêm sendo oferecidos por uma gama cada vez maior de fornecedores. Já existem tecidos de materiais reciclados ou reutilizados, como os tecidos de fibra de garrafa PET reciclada ou lona reutilizada, além de outros materiais descartados por indústrias, bem como tecidos de algodão orgânico, cujo plantio se dá por processos de baixo impacto e são provenientes de plantação sem fertilizantes, sem agrotóxicos, não nocivos à saúde. Outra opção são os tecidos orgânicos coloridos com pigmento natural, que além de não utilizarem agrotóxicos, dispensam o uso de produtos químicos agressivos ao meio ambiente. Destacam-se, ainda, tecidos feitos com fibra de bambu ou fibra de bananeira. Outras ações já difundidas são decorações que ressaltam a flora local ou regional, utilizando espécies de flores ou vegetação típica do local do evento.

Em relação à fabricação de peças de decoração, móveis, divisórias e prateleiras, observa-se um número crescente de opções, como móveis de madeiras certificadas ou reutilizadas, de papelão, móveis feitos com encaixes sem a utilização de colas, com embalagem de Tetra Pak® ou com tubos de pasta de dente reciclados. Deve-se verificar, entretanto, o conforto e a resistência antes de optar por tais produtos, bem como analisar seu local de fabricação e sua destinação após o evento.

Quanto ao consumo de água, é importante observar a possibilidade de implantação de tecnologias redutoras de vazão e de menor consumo, além de sistema de captação e reutilização da água da chuva, que pode ser armazenada e utilizada nos sistemas de descarga ou para lavagens de pisos e rega de plantas, sendo observadas aqui formas de controle para que não haja usos indevidos.

Os custos de implantação de todos esses conceitos podem ficar cerca de 30 a 50% mais altos do que os de um cenário convencional. Porém, como apontado anteriormente, isso é uma visão de curto prazo, pois há uma redução expressiva no custo de serviços prestados, com redução no consumo de luz, ar condicionado e água. O pensamento estratégico é semelhante à construção de edifícios que primam pela sustentabilidade. Além disso, a utilização de material reaproveitado economiza os recursos e elementos da natureza, e isso traz efeitos econômicos e ambientais positivos para toda a sociedade.

TECNOLOGIAS MAIS LIMPAS PARA GERADORES

A gestão de um evento passa inúmeras vezes pelo processo de contratação de tecnologias de apoio. Um exemplo é a utilização de geradores de energia. Como opção de tecnologia mais limpa, já se destacam, por exemplo, geradores que utilizam o biodiesel como combustível. Nesses casos, o aditivo é um óleo extraído de culturas vegetais. A conversão não requer serviços especializados, já que se utiliza um aparelho gerador semelhante ao convencional, e a qualidade energética não é comprometida. O biodiesel produz energia equivalente à do diesel originado do petróleo, porém com redução de emissão de gases nocivos ao meio ambiente (como o CO_2 e o enxofre). Cada vez mais usinas vêm produzindo vários tipos de óleo vegetal oriundos de soja, mamona, dendê, amendoim, girassol, pinhão manso, entre outras culturas. Já existem também empresas investindo em tecnologias de produção de combustível de gordura de sebo animal. Atualmente, de acordo com o Programa Nacional de Produção e Uso do Biodiesel, lançado em 2005, existe a previsão de utilização de apenas 2% de biodiesel na composição do diesel, sendo que a meta nacional é de 5% para 2010.

ALIMENTAÇÃO

A responsabilidade socioambiental de um evento pode ser traduzida também por meio dos alimentos e bebidas servidos. Conceitos como redução de consumo, principalmente o de embalagens, podem ser aplicados, além da utilização de materiais de menor impacto na ambientação dos espaços de alimentação e nos cardápios.

A preocupação com opções de alimentos mais saudáveis, naturais ou orgânicos, também reflete a busca pela qualidade de vida e pelo equilíbrio.

O alimento orgânico, produzido sem agrotóxicos, sem conservantes ou fragrâncias artificiais é resultado de um sistema de produção agrícola em que o alimento está em sintonia com o equilíbrio do solo, da água, das plantas, dos animais e dos insetos. Deve-se observar novamente toda a cadeia produtiva do alimento, desde a forma da colheita ou abate até seu local de produção e transporte, preferindo-se, sempre que possível, alimentos produzidos localmente. Alguns obstáculos surgem para a escolha de tais alimentos, como o valor (principalmente no caso dos orgânicos) acima dos produtos convencionais. Esse pode ser resultado de um processo produtivo mais complexo e da pouca demanda por esse tipo de alimento, além de ofertas e prazos de entrega nem sempre satisfatórios. Além disso, os alimentos orgânicos e naturais, que não utilizam conservantes, deterioram-se mais rápido.

Outro conceito abordado é a redução do desperdício, optando por alimentos feitos de partes de outros alimentos geralmente desprezados, como cascas e talos.

Ressalta-se que as opções de fornecedores que trabalham com esses tipos de alimentos ainda são muito restritas. Entretanto, o aumento da demanda provavelmente ensejará um aumento de ofertas, de opções e de fornecedores, criando-se assim um mercado específico de alimentos orgânicos e naturais, voltado ao atendimento das necessidades e especificidades de um evento.

GERENCIAMENTO DE RESÍDUOS

A destinação adequada de resíduos representa sempre, para a organização do evento, um custo que pode ser significativamente minimizado pela implantação de um programa de gerenciamento de resíduos. A etapa inicial é a fase de montagem. Desde essa etapa devem-se buscar a separação de materiais reaproveitáveis e o encaminhamento destes para reutilização ou reciclagem. Dependendo do porte do evento e da ambientação prevista, observa-se madeira, papelão e plástico descartados em caçambas que vão diretamente para aterros sanitários. Todos esses materiais são de fácil reaproveitamento ou reciclagem, possuindo valor de mercado se não estiverem sujos de tinta ou com pregos ou mesmo misturados com outros resíduos (ressalta-se, mais uma vez, a importância da educação ambiental no planejamento do evento e com toda a equipe).

Uma opção muito utilizada é a parceria com cooperativas de catadores locais de materiais recicláveis. As cooperativas são formadas em grande parte por pessoas de camadas sociais mais baixas, que encontraram no reaproveitamento de resíduos uma alternativa econômica para melhoria de sua qualidade de vida. Muitas cooperativas contam com alguma infra-estrutura, embora muitas vezes precária, e possuem, por exemplo, veículos próprios para a retirada dos resíduos. Dependendo da localização do evento e sua distância até a cooperativa, esta poderá retirar o material reciclado sem custo adicional à organização. A cooperativa ganhará com a venda do material, e a organização economizará com taxas para a prefeitura ou com contratação de empresa de retirada de lixo. É importante ressaltar que muitas vezes as cooperativas, pela infra-estrutura precária ou por um sentimento de não envolvimento ou não comprometimento com o projeto, podem deixar de atender à organização em alguns momentos. Recomenda-se, portanto, que a gestão do projeto esteja garantida por profissional comprometido, que responda caso ocorra algum problema de retirada pela cooperativa.

Durante a realização do evento, o gerenciamento dos resíduos deve se dar preferencialmente por um programa de coleta seletiva de lixo. Esse programa inicia-se com um diagnóstico dos resíduos gerados durante o evento que deve levantar as fontes de geração de resíduos, os tipos de resíduos gerados, os volumes estimados de cada resíduo, a logística de limpeza e a localização de caçambas. Se observado ainda na fase de planejamento, o diagnóstico deve sugerir formas de minimização de resíduos.

O programa deve envolver tanto o público interno (parceiros, equipe operacional, fornecedores) quanto os participantes do evento. Sugerem-se encontros com a equipe operacional para sensibilização, a fim de informá-la sobre a importância do papel de cada um no bom desempenho do programa. Os conceitos pré-idealizados devem ser apresentados também aos fornecedores e parceiros que compartilhem o local durante o evento.

Em relação aos participantes do evento, estes devem ser sensibilizados e envolvidos no programa, pois sua participação também é fundamental. As ações pontuais de educação ambiental devem ser, sempre que possível, integradas à programação do evento e realizadas pela distribuição de material (tal material deve ser reciclável ou reutilizável e a distribuição deve atentar para o não desperdício ou consumo exagerado), divulgação do programa em cartazes ou *banners*, e utilização de meios de divulgação eletrônica, como comunicação por meio de telas, monitores ou até celulares.

Tais ações podem ser relacionadas também com o perfil dos idealizadores e patrocinadores. Já foram feitas, por exemplo, ações pontuais de coleta de pilhas e baterias que contêm, em sua maioria, metais pesados como chumbo, cádmio, mercúrio e outros compostos nocivos à saúde. Por isso (e por determinação da Resolução n. 257 de 1999, do Conselho Nacional do Meio Ambiente), devem ser dispostas de forma adequada, para que o solo e as águas não sejam contaminados. Esse tipo de ação tem por objetivo informar aos participantes que os estabelecimentos que comercializam pilhas e baterias são obrigados por lei a aceitar dos usuários a devolução das unidades usadas e a ter formas corretas de acondicionamento, encaminhando esse material de volta aos fabricantes. Os fabricantes, por sua vez, são obrigados a destinar corretamente tais pilhas e baterias, reutilizando-as, reciclando-as ou tratando-as. Além de incentivar o uso de baterias e pilhas recarregáveis ou alcalinas (que não contém metais pesados), essa ação orienta os participantes a utilizarem lixeiras específicas para o armazenamento correto desse resíduo.

Outra questão muito importante é o envolvimento da equipe de limpeza do evento com todo o gerenciamento de resíduo e programa de coleta seletiva. Como geralmente a organização do evento exige limpeza rápida e constante das áreas, devem ser adotadas metodologias mais práticas de seleção de materiais. Uma opção é a separação apenas em resíduos recicláveis e não-recicláveis. Recicláveis seriam compostos pelos resíduos de papel, metal, plástico e vidro. Não-recicláveis seriam os resíduos orgânicos e contaminados com orgânicos (papéis que envolvem alimentos, papéis higiênicos usados, copos plásticos com bebidas). Recomenda-se, preferencialmente, a utilização de sacos de lixo de cores diferenciadas para os resíduos recicláveis e não-recicláveis, para a fácil identificação.

Ressalta-se, ainda em relação à limpeza do evento, que já estão surgindo empresas preocupadas com o impacto de seus produtos de limpeza, as quais utilizam produtos biodegradáveis, atóxicos ou que demandam menor consumo de água na utilização.

Por fim, é de extrema importância o controle do programa de gerenciamento de resíduo, sendo levantados e registrados os volumes e tipos de materiais destinados, além de seu local de destinação e benefícios obtidos pelo programa. Cabe ao gestor ambiental acompanhar esse processo e elaborar um relatório que contenha as seguintes informações: volume e tipo de material gerado, destinação e benefícios socioambientais causados, por exemplo, o valor da venda desses materiais que, revertido para a cooperativa de catadores, financiou um programa de alfabetização.

RESPONSABILIDADE SOCIAL

Ações de responsabilidade social devem abranger desde a equipe operacional e o público participante até a população do entorno do local do evento.

A equipe operacional deve ser formalmente contratada, com condições de trabalho estabelecidas por normas e leis trabalhistas aplicáveis. Deve-se avaliar se as empresas contratadas cumprem tais exigências, pois, além de estarem diretamente relacionadas ao conceito de responsabilidade social, podem ser passíveis de fiscalização e futuros problemas aos organizadores.

Em relação aos participantes do evento, estes devem contar com infraestrutura adequada. O espaço do evento deve proporcionar conforto térmico e acústico, de acordo com as normas de segurança e atendimento a acidentes e emergências. Para atender o público esperado, é fundamental que haja banheiros em número suficiente, com boas condições de uso, e seus dejetos devem ser encaminhados a um tratamento adequado. Devem ser previstos acessos especiais para deficientes físicos, de acordo com os padrões normativos.

Considerando a relação do evento com seu entorno, este deve prever uma estrutura que não cause incômodos às populações vizinhas, nem impactos ambientais significativos. Devem-se analisar as vias de acesso ao local escolhido e transportes públicos disponíveis, contrapondo-os com o perfil e volume de público esperado. Espera-se que um evento socialmente responsável não cause transtornos desnecessários ao trânsito local, considerando o impacto do evento na malha viária. É importante verificar se a área e as formas de transporte disponíveis podem absorver o movimento de montagem e desmontagem, bem como o deslocamento dos participantes do evento. Devem ser analisadas também as infra-estruturas de atendimento ao consumo de água e energia, bem como coleta de esgoto locais, propondo alternativas de solução para possíveis faltas dessas infra-estruturas que não impactem o local.

É interessante verificar as leis de zoneamento e uso e ocupação do solo local. Os organizadores de eventos realizados em áreas ambientalmente protegidas, tombadas ou de relevante valor cultural devem obter informações sobre os órgãos competentes para solicitar licenças especiais para sua realização.

Um evento socialmente responsável deve estar de acordo com as legislações locais, tendo sido solicitadas e obtidas todas as autorizações e licenças exigidas, por todos os órgãos públicos competentes (prefeitura, corpo de bombeiros, vigilância sanitária etc.).

NEUTRALIZAÇÃO DE EMISSÕES DE CARBONO

Uma prática que vem se tornando cada vez mais comum em eventos é a neutralização das emissões de carbono. Tal compensação inicia-se pela identificação de quais são os impactos ambientais das atividades realizadas, a partir do quanto se usufrui dos recursos naturais.

A primeira etapa para a compensação de emissões é a realização de diagnóstico, com o levantamento dos aspectos ambientais a serem neutralizados, identificando-se quais são os pontos críticos de geração de gases de efeito estufa. Esse levantamento abrange, principalmente, utilização de combustíveis, transporte e deslocamento de equipe e participantes, materiais utilizados no evento, impressões gráficas, além do consumo de energia e água. Ao se realizar o diagnóstico, tem-se uma boa percepção de quais novas tecnologias devem ser buscadas para a minimização desses impactos. Gera-se, assim, uma motivação para o desenvolvimento e a aplicação de alternativas tecnológicas de menor impacto.

Observa-se, muitas vezes, a realização de compensação de emissões de carbono não vinculadas a nenhum compromisso de redução de impactos ambientais. Tais ações, embora importantes, se verificadas ainda na fase de planejamento do evento, poderiam ser gerenciadas de forma a minimizar impactos para compensar os que não puderam ser minimizados, reduzindo assim a própria necessidade de compensação. Destaca-se aqui a importância da compensação de emissões integrada a um sistema de gestão ambiental, como um excelente indutor de boas práticas e mudanças.

Após a realização do diagnóstico, as emissões de gases de efeito estufa são calculadas e transformadas em toneladas de CO_2 equivalente. Calculam-se, então, quantas árvores devem ser plantadas de forma a neutralizar o volume de carbono emitido, absorvendo essa quantidade de carbono durante seu crescimento.

Recomenda-se a compensação de tais impactos por meio de um projeto de reflorestamento de matas ciliares, em áreas de preservação permanente degradadas. As matas ciliares são assim chamadas porque servem como cílios protetores das águas e dos recursos hídricos, protegendo rios, lagos, córregos e nascentes. A compensação tem como objetivo, além de ajudar no combate ao aquecimento global, reduzir a perda da biodiversidade brasileira e incentivar a criação de corredores florestais que possibilitem uma maior existência também de fauna. Os projetos estão diretamente relacionados com a questão das mudanças climáticas e devastação das florestas do mundo todo.

É de extrema importância conhecer a metodologia de cálculo de emissão e de compensação utilizada, bem como a forma de plantio realizada. Deve-se identificar, por exemplo, onde será realizado o plantio, verificando se a área é degradada ou é mata ciliar, se houve pesquisa das espécies aceitáveis para o local e como se dá o controle das mudas até que atinjam um estágio que possam crescer sem auxílio ou controle de pragas.

Compensar o impacto ambiental não muda comportamentos, mas é uma boa prática, principalmente nos dias de hoje, em que as florestas estão sendo desmatadas e é preciso uma ação conjunta para recompor os bens naturais.

COMUNICAÇÃO

A comunicação está presente de diversas formas dentro do evento, seja esta a comunicação com o público interno (comunicação entre idealizadores e gestor ambiental, ou entre o gestor e a equipe de organização), seja com o público externo (comunicação com visitantes, com participantes, divulgação na mídia etc.).

GESTÃO AMBIENTAL E SUSTENTABILIDADE NO TURISMO

No momento em que os idealizadores definem o escopo das ações de responsabilidade socioambiental, deve-se iniciar um diálogo constante entre idealizadores e gestor ambiental do evento, bem como entre o gestor e a equipe responsável pela organização operacional, alinhando princípios, diretrizes e expectativas.

A comunicação entre idealizadores e gestor ambiental deve abordar, inicialmente, os objetivos do evento proposto, o público-alvo e o interesse na abrangência das ações de responsabilidade socioambiental. Cabe ao gestor coordenar todos os processos, realizar diagnóstico com base nos aspectos e impactos do evento, definir tecnologias, processos e materiais para minimização dos impactos levantados, criar critérios de avaliação e homologação de fornecedores, bem como identificar lideranças e necessidades da comunidade do entorno para desenvolver programas de responsabilidade social. Assim, é fundamental a comunicação constante e transparente entre idealizadores e gestor, posto que estas ações têm impacto direto na operacionalização, no orçamento e no sucesso do evento que se pretende sustentável ou responsável.

O gestor ambiental deve, a partir do diálogo inicial com os idealizadores, promover a comunicação com a equipe de organização, que deve ser feita desde o início do projeto, estimando, sempre que possível, investimentos já dentro do orçamento previsto. Buscam-se, se possível, equipes organizadoras já com experiência no desenvolvimento de eventos socioambientalmente responsáveis, mas, se isso não for possível, recomendam-se ações de sensibilização da própria equipe de organização, para alinhamento de princípios e de discurso. O gestor acompanha, então, todas as etapas de concepção do evento junto com a equipe de organização, verificando e minimizando os impactos socioambientais da escolha do local (infra-estrutura, obtenção de licenças, autorizações), dos materiais de ambientação e cenografia, da montagem e desmontagem, materiais distribuídos ou utilizados durante o evento, geração de resíduos pré, durante e pós-evento, transporte de equipe e participantes e formas de divulgação.

Muitos eventos, embora englobem ações pontuais de redução de impactos socioambientais, deixam de envolver todos os interessados no processo. Observa-se, muitas vezes, a falta de comunicação entre a organização do evento e, por exemplo, expositores de *stands*, que desconhecem as ações socioambientais implantadas. Outro exemplo importante é a comunicação entre a organização e os funcionários de limpeza ou grandes geradores de resíduos em eventos (por exemplo, bares e restaurantes), sensibilizando-os sobre o gerenciamento dos resíduos, já que, dependendo do evento, observa-se a dificuldade de gerenciar resíduos pela necessidade de rápida limpeza.

É importante atentar também para a forma e o conteúdo da divulgação de eventos socioambientalmente responsáveis. Se um evento realmente adere aos conceitos de sustentabilidade, ele deve comunicar ao público as ações realizadas e o porquê dessas ações. A sensibilização do público-alvo é sugerida como forma de envolvimento deste com as questões socioambientais. Sugere-se também a utilização de formas de comunicação de menor impacto, quer pela utilização de materiais reciclados ou reutilizados, quer pelo uso de meios de comunicação eletrônicos.

Uma forma de comunicação que vem sendo utilizada é a distribuição de brindes feitos de materiais ecologicamente corretos ou que sejam resultado de ações sociais (especialmente de madeira certificada ou reutilizada, embalagens longa-vida recicladas, produtos feitos por populações carentes, carcerárias, ribeirinhas), ou a distribuição de mudas e sementes.

O conteúdo e a forma de comunicações de assuntos ligados à sustentabilidade devem ser bem planejados e desenvolvidos, evitando críticas que relacionem as marcas envolvidas no evento e marketing ambiental considerado vazio. Como já abordado anteriormente, a grande exposição de ações e preocupações socioambientais na mídia vem causando mais interesse e envolvimento de empresas. A opinião pública está mais sensível e também cada vez mais crítica em relação a essas ações. Estudos indicam números crescentes de consumidores que reconhecem quais as empresas efetivamente envolvidas com tais questões e quais aquelas que investem superficialmente só para ter maior exposição na mídia.

EXPOSIÇÃO

Outra forma de comunicação com o público sobre conceitos e práticas sustentáveis é a realização de exposição de ações sustentáveis ou produtos e serviços socioambientalmente responsáveis. Nesse espaço, estariam expostos materiais e produtos provenientes de produção e planejamento realizados de maneira responsável, objetivando a propagação de idéias inovadoras e soluções inteligentes, e a viabilidade de ações e programas sustentáveis.

Ao tratar da análise do ciclo de vida dos produtos, deve ser observado todo o processo de extração, fabricação, utilização e descarte dos produtos e materiais expostos, para seguir a mesma linha do evento. Para tanto, deve-se utilizar, nessa etapa, a mesma metodologia de homologação de fornecedores e parceiros mencionada anteriormente.

A idéia de um espaço de exposição é conscientizar sobre a responsabilidade socioambiental não apenas em aspectos relacionados a eventos, mas informar e incentivar atitudes contra a degradação do meio ambiente e exclusão social, e, principalmente, mudança de paradigmas que fomentem a inovação.

Quando se idealizam eventos socioambientalmente responsáveis, percebe-se alguma dificuldade em encontrar serviços e fornecedores que se enquadrem nos requisitos pretendidos. Nem todas as empresas estão de acordo com a questão ambiental e social. A maioria dos produtos e serviços ainda não possui qualidades socioambientais suficientes que possam ser consideradas responsáveis. Isso significa que o evento pode ficar prejudicado pela falta de parceiros que refletem a sustentabilidade.

Mesmo assim, é importante comunicar ao mercado as barreiras que se encontram na área socioambiental. Recomenda-se a realização de um espaço (físico ou virtual) para que os profissionais e interessados no tema possam debater sobre os sucessos e as oportunidades de melhorias em eventos que buscam a sustentabilidade.

CONSTRUÇÃO CONJUNTA: SUPERAÇÃO DE DIFICULDADES

Assim como a susTENTAbilidade é uma busca incessante por uma melhoria contínua, as ações que visam à responsabilidade socioambiental de um evento se deparam, a todo momento, com inviabilidades técnicas, econômicas, problemas com fornecedores de produtos, entre inúmeros outros percalços. A busca por um equilíbrio passa, necessariamente, pelo debate das dificuldades encontradas a fim de que sejam solucionadas.

Uma forma de debater dificuldades e sucessos é por meio de *workshops* e ciclos de debates dentro do evento, nos quais sejam discutidas tanto as ações implantadas quanto os motivos contrários. A idéia da susTENTAbilidade e da responsabilidade socioambiental passa também por democratização da informação, gestão participativa e transparência de processos, com apresentação de *cases* e demonstrações de soluções.

Atualmente, verifica-se uma maior credibilidade e aceitabilidade de marcas e empresas transparentes, que apresentam suas forças e suas fragilidades, demonstrando como transformam seus problemas em oportunidades.

Vale ressaltar outras maneiras de divulgação "mais limpa", como o meio digital (sites e blogs). Muito utilizados atualmente, esses espaços virtuais constituem fóruns de debates que criam uma teia de idéias e relacionamentos. A internet 2.0, ou internet participativa, é uma tendência, por ser uma ferramenta desenvolvida com baixo custo em comparação à extensão de seu alcance. Além de um amplo local de debates, essa ferramenta possibilita: cadastrar usuários criando um *mailing*, avaliar o número de acessos, o número de comentários e sugestões, os assuntos mais ou menos abordados, o perfil e os interesses do público, entre outros aspectos. Assim, incentivam-se a gestão participativa, a reflexão e a transparência dos processos, além de servir para a demonstração do tamanho do impacto do evento e futura captação de patrocínio ou colaboradores.

Um evento é um espaço que visa agregar pessoas e, por isso, tem um grande poder de influência e divulgação de conceitos e informações. É imprescindível que os idealizadores e organizadores compreendam o tamanho de seus impactos, positivos e negativos, e a extensão de sua responsabilidade.

Por fim, destaca-se a importância de um coordenador de todos esses processos e o responsável pela geração, ao final do evento, de dados e indicadores de sustentabilidade. A coordenação é aqui chamada de gestão ambiental, por administrar os conceitos socioambientais estabelecidos. O gestor ambiental deve apresentar aos idealizadores e à organização do evento um relatório que aponte os resultados alcançados, indicando de que forma as ações contribuíram para a redução de consumo de água, energia e materiais, quais os diferenciais da gestão, quais os benefícios diretos e indiretos gerados, quais ações não puderam ser implantadas ou não corresponderam às expectativas, além de descrever os processos realizados visando à sustentabilidade.

REFERÊNCIAS

[ABNT] Associação Brasileira de Normas Técnicas. **NBR ISO 14001. Sistemas de gestão ambiental: diretrizes para uso e especificações.** Rio de Janeiro: ABNT, 1996.

ANDRADE, R.O.B.; TACHIZAWA, T.; CARVALHO, A.B. de. **Gestão ambiental: enfoque estratégico aplicado ao desenvolvimento sustentável.** São Paulo: Makron Books, 2000.

COMPROMISSO EMPRESARIAL PARA RECICLAGEM. Disponível em: http://www. compre.org.br.

COSTA, SILVIA DE SOUZA. **Lixo mínimo: uma proposta ecológica para hotelaria.** Rio de Janeiro: Senac, 2004.

[ICCA] INTERNATIONAL CONGRESS & CONVENTION ASSOCIATION. Disponível em: http://www. iccaworld.com/npps/story.cfm?id=1305. Acessado em: 6 fev. 2008.

PHILIPPI JR., A.; PELICIONI, M.C.F. **Educação ambiental: desenvolvimento de cursos e projetos.** 2.ed. São Paulo: Signus, 2002.

PHILLIPI JR., A.; ROMÉRO, M.A. de; BRUNA, G.C. **Curso de gestão ambiental.** Barueri: Manole, 2004.

SÃO PAULO CONVENTION & VISITORS BUREAU. Disponível em: http://www. spcvb.com.br/cidade/dados_saopaulo.htm. Acessado em: 6 fev. 2008.

Responsabilidade Social em Organizações Turísticas

33

Maria José Barbosa de Souza
Administradora, Univali
Elaine Ferreira
Engenheira Química, Univali

RESPONSABILIDADE SOCIAL E REPUTAÇÃO CORPORATIVA

O desenvolvimento do turismo no Brasil apresenta-se como uma alternativa viável para a criação de empregos e geração de renda. Para o alcance do desenvolvimento local, além de um planejamento adequado com a participação dos vários atores envolvidos, a atuação das organizações do setor turístico é de fundamental importância. Por sua representatividade econômica, seu potencial na mobilização de recursos e para o desenvolvimento tecnológico, as organizações privadas são agentes importantes para as transformações sociais. Portanto, qualquer discussão com referência à transformação da sociedade precisa analisar o papel dessas organizações, as quais possuem, atualmente, considerável liberdade de ação, recursos, poder e alcance.

As empresas ligadas ao setor turístico são responsáveis pelas transformações sociais do ambiente onde atuam, necessitando contribuir com a valorização da cultura local, respeito ao meio ambiente, melhoria do Índice de Desenvolvimento Humano (IDH), geração de emprego e renda, dentre outros fatores.

Conforme a teoria dos *stakeholders*, a organização não pode ser compreendida apenas como uma instituição socioeconômica que prospera em função de seus proprietários e acionistas, os quais arriscam seu capital visando à obtenção de lucros legítimos. Outras variáveis devem ser consideradas de forma ampliada e dinâmica, representadas por um conjunto de pessoas ou instituições que também têm interesse na continuidade da empresa.

Tradicionalmente, a principal função de uma organização era maximizar o retorno dos investimentos aos proprietários do negócio. Atualmente, discute-se que as empresas têm obrigações tanto para com ela mesma quanto para com os acionistas e os demais *stakeholders*, caracterizados como "todo grupo ou indivíduo que pode afetar ou ser afetado pela empresa, ao realizar os seus objetivos" (Freeman, 1984). Com o surgimento da teoria dos *stakeholders*, passou-se a dar atenção aos interesses de outros grupos de pessoas que não fossem apenas os acionistas ou proprietários da empresa (Gibson, 2000). Essa preocupação contribui para melhorar a imagem da organização.

Uma crescente tendência em pesquisas vem demonstrando que a boa reputação ou imagem corporativa tem valor estratégico para a organização que a possui, em vista de seu potencial para criação de valor e também pela dificuldade de replicação dessa vantagem pelos concorrentes, por causa de seu caráter intangível (Roberts e Dowling, 2002).

A imagem corporativa – entendida como a forma pela qual os indivíduos enxergam a empresa como um todo, incluindo o relacionamento que ela estabelece com a sociedade, sua interação com o meio ambiente, seu envolvimento com questões sociais e os benefícios oferecidos por ela à comunidade, aos seus funcionários e aos demais públicos envolvidos com a organização – é um fator estratégico importante de diferenciação e preferência dos consumidores.

Entre os critérios pelos quais uma organização pode obter diferenciação no mercado estão os valores corporativos, capazes de atrair os consumidores que se identificam com a filosofia da empresa (Nickels e Wood, 1999). Esses critérios de diferenciação, baseados em valores, podem ser sustentados principalmente por meio da imagem construída pela companhia no mercado, por sua filosofia de atuação que inclui outras variáveis, além das ações comerciais, e por seu envolvimento em questões que afetam a sociedade de uma forma direta.

Quando o mercado se identifica com uma empresa ou com uma marca, isso significa que os consumidores compartilham valores comuns percebidos por meio dessa imagem, criando uma atitude favorável que

RESPONSABILIDADE SOCIAL EM ORGANIZAÇÕES TURÍSTICAS | **757**

pode influenciar suas decisões de compra em favor de determinada organização. Uma das formas de desenvolver uma adequada imagem corporativa é pela implantação de estratégias de responsabilidade social com todos os públicos da organização.

Não existe consenso a respeito da responsabilidade social das empresas com finalidade lucrativa. Alguns autores defendem esse conceito argumentando que as ações socialmente responsáveis podem melhorar a imagem institucional e evitar regulamentações desnecessárias e caras, se as empresas forem percebidas como socialmente corretas (O'Toole, 1991). Outros argumentam que em uma sociedade capitalista o desempenho econômico é a responsabilidade social primordial. Se a organização não obtém lucro, não pode gerar empregos nem fazer investimentos, e sem investimento não há crescimento econômico (Friedman, 1962; 1970). Um terceiro grupo afirma que a empresa é a principal geradora de riqueza para a sociedade e que seus objetivos podem estender-se além da maximização do lucro e da geração de empregos (Blair, 1998), para incorporar valores intangíveis como a valorização do meio ambiente, o desenvolvimento sustentável, a dignidade do trabalhador e a defesa do consumidor (Alves, 2001).

Em países em desenvolvimento, como é o caso do Brasil, onde os recursos ainda são escassos para solucionar os problemas da população e onde não se dispõe de um eficiente sistema de controle para inibir as práticas empresariais irresponsáveis, o tema responsabilidade social torna-se de fundamental importância. Práticas coorporativas irresponsáveis, como cobrança de preços abusivos, condições inseguras de trabalho, poluição ambiental, pagamento de baixos salários, corrupção e sonegação de impostos, trazem como conseqüência o agravamento dos problemas sociais das populações mais pobres, na medida em que reduzem os recursos públicos disponíveis ou fazem com que recursos públicos importantes sejam destinados a minimizar os efeitos indesejáveis dessas práticas na sociedade.

O país vem empreendendo esforços para melhorar seus indicadores econômicos e sociais e já conseguiu alguns resultados, mas ainda apresenta consideráveis problemas de distribuição de renda, baixa escolaridade, poluição ambiental e níveis insatisfatórios de qualidade de vida. Por isso, é crescente o número de empresas privadas que investem em projetos cuja finalidade é reduzir as desigualdades sociais da população.

Em virtude de suas características, o setor turístico pode causar diversos tipos de impactos tanto aos aspectos econômicos quanto aos sociais, culturais e ambientais. Entre os impactos positivos, destacam-se cresci-

758 GESTÃO AMBIENTAL E SUSTENTABILIDADE NO TURISMO

mento econômico, incremento na implantação de empresas privadas com ou sem fins lucrativos, geração de emprego e renda e melhoria do Índice de Desenvolvimento Humano, entre outros. Os aspectos negativos, por sua vez, estão relacionados à degradação do ambiente natural e do patrimônio histórico, ao crescimento desordenado do fluxo turístico receptivo e ao desrespeito à cultura local e à capacidade de carga do destino turístico. Por essa razão, as empresas que atuam nesse setor precisam ter consciência desses impactos e das formas adequadas para minimizá-los. Isso implica a utilização dos conceitos de responsabilidade social corporativa, desenvolvimento sustentável e gestão da qualidade.

É inegável a importância das organizações privadas com fins lucrativos como agentes de transformação social. Logo, qualquer discussão a respeito da transformação da sociedade precisa analisar o papel dessas organizações que possuem atualmente considerável liberdade de ação, recursos e poder (Logan et al., 1997).

Com este estudo, pretende-se contribuir com as discussões sobre a relação entre a teoria dos *stakeholders* e o modelo de responsabilidade social de Archie Carroll (1979; 1991) e verificar a relação das práticas empresariais do setor turístico com os critérios propostos pelo referido modelo. Para atingir esse objetivo, foi realizada uma pesquisa exploratória com base em dados secundários, a fim de levantar as principais ações das empresas turísticas (agências de viagem, empresas de transporte, hotéis e restaurantes), relacionadas com a responsabilidade social.

Utilizou-se de pesquisa bibliográfica em livros e periódicos científicos, nacionais e estrangeiros para levantar os trabalhos publicados pela comunidade acadêmica sobre a gestão de empresas turísticas. Como o registro escrito da vida social realiza-se por meio de jornais e revistas (Richardson, 1999), utilizou-se também a análise de notícias publicadas em jornais de grande circulação sobre ações socialmente inadequadas das organizações turísticas. Segundo o autor anteriormente mencionado, mediante esta análise é possível levantar assuntos que estão preocupando a sociedade em dado momento.

Convém ressaltar que a análise da responsabilidade social de uma atividade econômica inclui as organizações privadas, públicas e do terceiro setor. No entanto, este trabalho focaliza somente as empresas privadas, em virtude do impacto de suas atividades na sociedade.

A seguir, apresentam-se a visão do marketing sobre responsabilidade social e os fundamentos da teoria dos *stakeholders*. Na seqüência, descrevem-se os principais conceitos de responsabilidade social com base no modelo proposto por Archie Carrol e discute-se a aplicação desse modelo ao setor turístico. Apresentam-se ainda a prática de responsabilidade social nas organizações turísticas e uma conclusão, com algumas considerações finais sobre o tema.

RESPONSABILIDADE SOCIAL SOB A ÓTICA DO MARKETING

Nas últimas décadas, as empresas têm sido submetidas a um rigoroso controle, principalmente nos países mais desenvolvidos. Vários grupos sociais vêm levantando questões importantes e exigindo a regulamentação das atividades empresariais, o que tem levado as organizações a reconhecerem que precisam satisfazer não somente aos seus clientes mas à sociedade como um todo (Kotler e Armstrong, 1998). Por exemplo, os consumidores criticam empresas que cobram preços e taxas de serviços abusivos, que cancelam serviços já contratados sem aviso prévio, fazem propaganda enganosa sobre a qualidade dos serviços oferecidos, causam danos ao meio ambiente ou forçam os empregados a trabalharem em condições inadequadas. Atualmente, tem-se conhecimento de que algumas empresas suspenderam contratos de fornecimento com organizações que violaram seus códigos de ética, inclusive empresas de serviços terceirizados.

Não é recente a preocupação dos profissionais de marketing com a responsabilidade social das empresas. Há décadas, Kotler e Zalthman (1971), Anderson Jr. e Cunningham (1972) e Webster Júnior (1978) já tratavam desse assunto. Essa preocupação é decorrente das mudanças que aconteceram no macroambiente dos negócios, como elevação dos níveis de renda e de instrução dos consumidores, avanço da tecnologia e deterioração do meio ambiente, dando origem a movimentos de defesa de consumidores e leis de proteção ao comprador.

Responsabilidade social em marketing significa que a organização deve se preocupar tanto com o aspecto qualitativo, relacionado ao cliente e ao benefício social, quanto com o aspecto quantitativo de vendas, receitas e lucros. Segundo esse conceito, todas as organizações deveriam desenvolver atividades com vistas a melhorias para a comunidade, proteção ao meio ambiente e aos direitos do consumidor (Nickels e Wood, 1999). Para Kotler (2000), a responsabilidade social das empresas com relação aos con-

GESTÃO AMBIENTAL E SUSTENTABILIDADE NO TURISMO

sumidores e a sociedade é descrita na orientação de marketing societal, a qual determina que as organizações incluam considerações sociais e éticas em suas práticas de marketing, equilibrando objetivos freqüentemente conflitantes como o lucro dos acionistas, a satisfação dos consumidores e o interesse público.

Nos estudos realizados por Brown e Dacin (1997), verificou-se a existência de evidências as quais sugeriam que uma organização considerada socialmente responsável será avaliada mais favoravelmente pelos consumidores. Resultados de um experimento realizado por Handelman e Arnold (1999) mostraram que há um nível mínimo aceitável de ações de marketing socialmente responsáveis que uma empresa deve desenvolver, abaixo do qual suas ações orientadas para resultados econômicos são significativamente comprometidas.

TEORIA DOS *STAKEHOLDERS*

A partir dos anos de 1980, as relações entre as organizações e a sociedade começaram a se modificar, sobretudo pelas novas demandas que são impostas às empresas por consumidores, empregados e comunidade em geral. Essas demandas têm se materializado na participação das organizações em programas sociais e em novas posturas ante as necessidades de consumidores, empregados e outros grupos de interesse.

Desde os anos de 1990, as relações entre as organizações e seus consumidores, fornecedores, empregados, acionistas e a comunidade têm sido objeto de um grande número de contribuições dos estudos organizacionais. As discussões são feitas com base em duas abordagens. A primeira propõe uma "teoria de *stakeholders*", a qual defende que esses agentes justificam a existência das organizações e possuem legítimos interesses nelas. Essa legitimidade explica-se sobre bases éticas, e como tal esses interesses devem ser considerados um fim em si mesmos. A segunda abordagem sugere que os *stakeholders* são importantes para as empresas, na medida em que contribuem para o melhor desempenho organizacional. Segundo esse enfoque, o objetivo das companhias é maximizar os lucros dos acionistas, e os *stakeholders* são um meio para alcançar esse fim.

Com base nessas duas proposições sobre a importância dos *stakeholders*, abre-se o debate sobre quais seriam seus objetivos organizacionais e seu papel. Uma importante contribuição foi dada por Donaldson e Preston

(1995) quando propuseram uma teoria de *stakeholder* alicerçada em bases éticas. Uma das principais idéias defendidas por esses autores para a construção dessa teoria é a de que ela é gerencial. Essa proposição teórica permeada pela justiça distributiva também serve de fundamentação para pensar em uma organização voltada aos interesses dos acionistas. Nessa vertente do debate, as organizações não têm o objetivo primário de atender os *stakeholders* no seu conjunto, mas o de atender a um em particular, os acionistas, e considerar os demais um meio e não um fim em si mesmos.

Friedman (1971) apresenta como defesa dessa tese o fato de que o objetivo das organizações é maximizar o capital investido pelos acionistas, que, uma vez atingido, gera ganhos para toda a sociedade por meio de novos investimentos, abertura de novos negócios e geração de empregos. O autor afirma que o administrador, um profissional contratado pelos proprietários, deve ser responsável pelos empregados e pela condução geral dos negócios. Como executivo da organização, não cabe ao administrador ter responsabilidade social, pois esta é uma dimensão privada. Qualquer política adotada pelo gerente, que possa contemplar indivíduos em detrimento da boa performance da organização, gera duas conseqüências: a) um custo adicional que implica perda de competitividade, ocasionando prejuízos para consumidores, fornecedores e empregados; e b) arbítrio do administrador ao estabelecer prioridades em relação aos beneficiários. Tal prerrogativa não pode ser dos gerentes de empresas, e sim, inerentemente, dos governos, únicos agentes que têm legitimidade para estabelecer os beneficiários de qualquer ação social.

Conforme a teoria dos *stakeholders*, os principais grupos de interesse de uma organização são acionistas e investidores, funcionários, clientes, fornecedores, comunidade, governo e sociedade em geral. Essa visão amplia o escopo das funções da empresa e exige análises mais aprofundadas em termos do planejamento da organização, de uso dos recursos, do conceito e comunicação dos produtos e serviços, entre outras atividades da área.

RESPONSABILIDADE SOCIAL APLICADA AO TURISMO

A responsabilidade social corporativa é entendida como a preocupação dos dirigentes da empresa em tomar decisões e implementar ações que contribuam para o bem-estar e os interesses da sociedade e para o alcance dos objetivos da organização (Daft, 1999). Preston e Post (1975) complementam essa definição acrescentando que responsabilidade social está relacionada à extensão do papel empresarial além de seus objetivos econômicos. Essa responsabilidade relaciona-se à teoria dos *stakeholders* (Clarkson, 1995; Donaldson e Preston, 1995), pois ela determina que uma empresa só sobrevive se conseguir atender aos objetivos de múltiplos públicos interessados (*stakeholders*) em suas atividades.

A responsabilidade social do mundo corporativo abrange as relações da empresa com todos esses públicos, de forma integrada e equilibrada, pois de nada adianta financiar ações sociais isoladas junto à comunidade e, ao mesmo tempo, negligenciar a segurança dos funcionários ou poluir o meio ambiente, causando danos irreversíveis à saúde da população.

Os interesses dos *stakeholders* diferem entre si. Os investidores, acionistas e fornecedores esperam eficiência dos administradores na utilização dos recursos, geração de lucro e retorno dos investimentos. Os empregados objetivam remuneração justa, oportunidades iguais, satisfação no trabalho e supervisão adequada. Os clientes preocupam-se com qualidade, segurança, preços justos, disponibilidade de bens e serviços e comunicações honestas. O governo determina e fiscaliza o cumprimento das leis e das exigências de proteção ambiental e outras regulamentações. A comunidade preocupa-se com o respeito ao ambiente físico e natural e à qualidade de vida proporcionada pelas organizações aos habitantes da localidade. Outros grupos com interesses especiais, como comitês de ação política, grupos de defesa dos consumidores e associações de classe, também são partes interessadas. As organizações socialmente responsáveis levam em consideração os efeitos de suas ações sobre todos esses grupos e monitoram sua satisfação.

Vários modelos já foram criados para avaliar o nível de responsabilidade social das organizações, entre os quais se destacam os desenvolvidos por Hopkins (1997), Navran (in Arruda e Navran, 2000) e Carroll (1979, 1991). O primeiro utiliza nove indicadores que estão classificados em três níveis: princípios de responsabilidade social, processos de capacidade de resposta da empresa e resultados das ações de responsabilidade social para todos os *stakeholders*.

O modelo de Navran (in Arruda e Navran, 2000) baseia-se em onze indicadores que incluem: sistemas formais de direcionamento ético; mensuração do índice das ações éticas; liderança ética e comprometida; capacidade de negociação para solução de conflitos; expectativas da empresa congruentes com as dos funcionários; consistência entre o discurso e as ações da organização; "chaves para o sucesso", baseadas em reconhecimento, respeito e iniciativa; serviços de qualidade adequados ao cliente; comunicação de regras éticas; influência dos pares para uma conduta ética; e consciência ética.

Ao propor um modelo de análise do desempenho social das organizações, Carroll (1979, 1991) sugere que a responsabilidade social da empresa pode ser subdividida em quatro critérios de análise: econômico, legal, ético e discricionário, os quais guardam estreita relação entre si. Nesse modelo, em forma de pirâmide, as responsabilidades são, em razão de sua magnitude, ordenadas da base para o topo e representam os vários níveis de obrigações das empresas com todos os seus *stakeholders*.

O primeiro critério de análise da responsabilidade social de uma organização é a responsabilidade econômica, que constitui a base da pirâmide; isso significa que a organização deve gerar lucros. Consiste em produzir bens e serviços que a sociedade deseja da forma economicamente mais eficiente e maximizar o lucro para seus proprietários e acionistas. Esse critério relaciona-se com os demais, pois, para manter a empresa economicamente viável, é preciso remunerar fornecedores e empregados de maneira justa e tratá-los de forma correta, manter relações honestas com consumidores, utilizar os recursos naturais racionalmente, lidar com o meio ambiente de forma sustentável e respeitar a qualidade de vida da comunidade onde a organização encontra-se inserida.

Qualquer deslize na relação com esses públicos rompe a relação de confiança, dando lugar à quebra de contratos, a reclamações trabalhistas, processos na justiça, reações dos órgãos públicos e às conseqüentes despesas com multas, processos e indenizações, reduzindo os resultados econômicos para os acionistas e ensejando a criação de leis mais rígidas para o controle das organizações. Quando uma empresa do setor turístico aumenta seus preços de forma abusiva, afastando os turistas da localidade, não está cumprindo com sua responsabilidade econômica. Os preços elevados reduzem a taxa de ocupação dos hotéis, causam prejuízo aos proprietários e acionistas da empresa, geram desemprego e reduzem a atividade econômica da região, contribuindo para o agravamento da pobreza no país.

O segundo critério é a responsabilidade legal, a qual determina que as empresas atinjam suas metas econômicas respeitando as leis, a fim de evitar os custos decorrentes de multas, processos e outros tipos de punição. Nesse critério, incluem-se o respeito à legislação ambiental, ao direito do consumidor, às relações trabalhistas, à proteção ao menor, e outros aspectos. Quando uma empresa turística permite a ligação clandestina de esgotos, polui praias e mananciais e desrespeita as leis de proteção ambiental, ela está sendo socialmente irresponsável. Além de ficar sujeita a prejuízos financeiros decorrentes de multas e outras sanções legais, essa organização contribui para o afastamento do turista, que não se submete à utilização de locais poluídos.

O terceiro critério de avaliação é a responsabilidade ética, que significa fazer o que é certo e evitar quaisquer tipos de danos voluntários. Essa responsabilidade ética está relacionada a comportamentos que não são necessariamente codificados em leis e não pode servir aos interesses econômicos diretos da empresa, mas livra a organização de danos à sua imagem institucional. Exemplos desse critério são a existência de código de ética na empresa, as políticas para contratação de minorias e o uso racional de recursos naturais, visando à preservação do meio ambiente. Ao discriminar clientes por questões raciais, permitir o assédio moral ou sexual no ambiente de trabalho e pagar salários inferiores a grupos minoritários, a organização turística está sendo eticamente irresponsável.

O quarto critério é a responsabilidade discricionária ou filantrópica, que consiste em contribuir para a comunidade e para a melhoria da qualidade de vida. Relaciona-se aos programas desenvolvidos ou apoiados pela empresa para reduzir as desigualdades sociais. Nesse sentido, as empresas turísticas devem financiar projetos que contribuam para o desenvolvimento sustentável da comunidade local, levando em conta sua cultura, no aproveitamento das habilidades e dos conhecimentos da população, para estímulo ao empreendedorismo e geração de renda, por exemplo. Quando a empresa financia projetos paternalistas, visando simplesmente à melhoria de sua imagem perante o consumidor, não está atendendo adequadamente a esse critério.

Segundo o modelo de Carroll (1979, 1991), não pode ser considerada socialmente responsável a empresa que, mesmo engajada em programas sociais, deixa de ser lucrativa, não podendo pagar salários, impostos e compromissos com fornecedores porque sua administração, por má-fé ou incompetência, não usou adequadamente os recursos dos proprietários ou acionistas. Também não é socialmente responsável a organização que, apesar de desenvolver ações na comunidade, polui os mananciais, submete os

RESPONSABILIDADE SOCIAL EM ORGANIZAÇÕES TURÍSTICAS | **765**

funcionários a situações inseguras de trabalho e utiliza outras práticas de discriminação contra minorias, em flagrante desrespeito às leis de proteção ambiental, de segurança no trabalho e à Constituição Federal.

No Quadro 33.1, exemplificam-se ações que devem ser estimuladas e evitadas pelas organizações turísticas, a fim de atender aos critérios de responsabilidade social de Carroll.

Quadro 33.1 – Responsabilidade social das organizações turísticas.

Critérios de responsabilidade	Ações a serem estimuladas	Ações a serem evitadas
Econômica	• Remuneração justa a fornecedores e empregados, sócios e acionistas • Relacionamento honesto com consumidores • Utilização racional dos recursos naturais • Qualidade adequada dos serviços prestados	• Aumento de preços de forma abusiva • Baixa remuneração dos empregados • Relações desonestas com consumidores • Desperdício dos recursos naturais • Relação inadequada com fornecedores
Legal	• Respeito à legislação ambiental, trabalhista, de direito do consumidor e de proteção ao menor	• Desrespeito às leis de proteção ambiental, trabalhistas e aos códigos de proteção do consumidor, do menor e do idoso • Manipulação inadequada de alimentos • Despreocupação com as normas de segurança do turista • Prática de turismo sexual
Ética	• Existência de código de ética na empresa • Políticas para contratação de minorias	• Discriminação de clientes, funcionários e grupos minoritários por questões raciais • Pagamento de salários inferiores às minorias • Tolerância a assédio moral ou sexual no ambiente de trabalho

(continua)

GESTÃO AMBIENTAL E SUSTENTABILIDADE NO TURISMO

Quadro 33.1 – Responsabilidade social das organizações turísticas. *(continuação)*

Critérios de responsabilidade	Ações a serem estimuladas	Ações a serem evitadas
Discricionária	• Financiamento de projetos que contribuam para o desenvolvimento sustentável da comunidade local, levando em conta sua cultura e aproveitando as habilidades e os conhecimentos da população, para estímulo ao empreendedorismo e geração de renda	• Financiamento de projetos paternalistas que não contribuem para a solução dos problemas sociais

Fonte: Adaptado de Carroll 1979, 1991.

PRÁTICA DA RESPONSABILIDADE SOCIAL NAS ORGANIZAÇÕES TURÍSTICAS

Algumas empresas do setor turístico aplicam vários dos critérios de responsabilidade social propostos por Carroll (1979, 1991). Entretanto, a análise de conteúdo das principais notícias e artigos publicados em jornais de circulação nacional e na mídia especializada mostra a existência de ações desprovidas de qualquer responsabilidade social, praticadas por empresas do setor.

No que se refere à responsabilidade econômica, o superdimensionamento na construção de meios de hospedagem causa capacidade ociosa de várias unidades, o que provoca a elevação do custo das diárias e a conseqüente redução do número de hóspedes. Esse fato é agravado pelo nível de renda da população brasileira que não pode arcar com esse custo, já que 70% dos brasileiros enquadram-se no segmento de baixa renda, composto pelas classes econômicas C, D e E (IBGE, 2000). Além desses fatos, a falta de manutenção de edifícios e instalações causa depreciação do patrimônio dos proprietários, e a demora no retorno do capital investido, decorrente do baixo índice de ocupação, faz que o reinvestimento em novos empreendimentos turísticos seja adiado, provocando queda na atividade econômica, desemprego e redução na geração de renda.

Com relação à responsabilidade legal, são comuns as desobediências às normas de proteção ambiental, como construções em encostas ou em áreas de preservação, prédios com gabarito acima do permitido e outras irregularidades. Notícias sobre desrespeito ao código de defesa do consumidor costumam ser freqüentes, assim como as propagandas enganosas em pacotes turísticos, em desacordo com as leis de proteção ao consumidor.

Quando se avalia a responsabilidade ética, as notícias dão conta de sonegação de impostos e construção de empreendimentos turísticos em locais de preservação ambiental, o que desequilibra os ecossistemas, reduz as possibilidades de uso do local pela comunidade e dificulta a sobrevivência desta população.

Qualquer tipo de ação irresponsável desenvolvida por essas organizações, nos três critérios de responsabilidade mencionados, agrava os problemas sociais da população, que passa a necessitar mais ainda dos recursos públicos, que já são escassos e que poderiam ser investidos em programas sociais para melhorar a qualidade de vida dos brasileiros.

Ao se analisar a responsabilidade discricionária ou filantrópica, nota-se que algumas empresas do setor investem em programas sociais nas comunidades onde estão inseridas. Embora esses programas sejam válidos, na maioria das vezes têm como único objetivo melhorar a imagem da companhia junto às comunidades onde os empreendimentos estão sendo erguidos, com vistas a possibilitar a sua aceitação na localidade.

No Brasil, a ética e a responsabilidade social nos negócios ainda são temas em desenvolvimento e, portanto, há poucas pesquisas acadêmicas comprovando que o consumidor brasileiro recompense o comportamento ético empresarial preferindo comprar de uma organização socialmente responsável (Urdan, 2001). No entanto, não é apenas a preferência do consumidor o principal retorno de uma política de responsabilidade social. Deve-se levar em consideração também a redução de gastos com multas, processos e litígios, bem como a preservação da imagem institucional da empresa. As organizações costumam quantificar os investimentos feitos na melhoria dos produtos e serviços em dispositivos de segurança e antipoluidores. Mas é necessário avaliar também os gastos decorrentes das ações socialmente irresponsáveis, pois estas guardam estreita relação com os resultados da empresa.

Segundo pesquisa realizada em 1998 pelo Instituto de Pesquisa Econômica Aplicada (Ipea), são várias as razões pelas quais as empresas declaram se preocupar com a responsabilidade social. Um total de 90% das organizações pesquisadas começou a investir em ações sociais por acreditar que isso melhora sua imagem institucional, e 74% consideram a ampliação das relações da empresa com a comunidade um motivo importante para ações de responsabilidade social. Apenas 34% acham que ser socialmente responsável pode aumentar a motivação interna e a produtividade, e 19% acreditam que isso incrementa a lucratividade (Ipea, 1999, 2000).

Várias empresas perceberam que o sucesso pode ser medido de muitas formas, e nem todas estão representadas nos demonstrativos financeiros. Administradores, acadêmicos e outros interessados estão ampliando suas análises em torno da ética da empresa, da responsabilidade social e do desempenho econômico-financeiro (Cochran e Wood, 1984).

Quando se analisa a relação existente entre a teoria dos *stakeholders* e a responsabilidade social, observa-se que há uma estreita ligação entre o modelo de responsabilidade social de Carroll e esta teoria, pois a organização só poderá atender aos critérios propostos pelo referido autor se desenvolver, concomitantemente, ações responsáveis com todos os seus públicos. Verifica-se que a prática social de algumas empresas turísticas resume-se a programas de filantropia. Porém, a efetiva responsabilidade social só é alcançada quando a organização desenvolve cotidianamente ações econômicas, legais, éticas e filantrópicas que beneficiem todos os *stakeholders* com ela envolvidos. Atividades paternalistas e isoladas que beneficiam a imagem da empresa não garantem a sua classificação como socialmente responsável.

Ao se analisar as relações com os clientes, observam-se, por exemplo, venda de passeios turísticos que não correspondem à realidade; propagandas de hotéis que supervalorizam a qualidade dos serviços, os quais não são entregues no nível correspondente ao que foi anunciado; cobrança de taxas de ligações telefônicas abusivas, completamente em desacordo com o preço de mercado; preço exorbitante de produtos servidos em hotéis e restaurantes que leva o consumidor a evitar o seu consumo, como vinho e sobremesa; falta de higiene na manipulação de alimentos, gerando problemas de saúde aos turistas; e falhas graves no projeto arquitetônico dos meios de hospedagem, como iluminação deficiente ou falta de equipamentos de segurança em banheiros, o que dificulta o acesso e a utilização segura por portadores de necessidades especiais e pessoas da terceira idade.

No que se refere aos funcionários, verifica-se que algumas empresas não estão se preocupando com a capacitação de seus empregados para desempenhar suas funções específicas, desenvolver relações adequadas com os clientes e enfrentar situações emergenciais e não-rotineiras; não oferecem remuneração adequada com a formação e o desempenho do profissional; não previnem a ocorrência de acidentes de trabalho, exigem jornadas de trabalho excessivas dos empregados e toleram supervisores despreparados, que não demonstram respeito pelos funcionários.

Ao se avaliar a responsabilidade social em relação aos acionistas e proprietários, constata-se que todas as ações irresponsáveis para com os demais *stakeholders* podem reduzir o número de clientes que procuram os serviços da empresa, ocasionando queda no faturamento e a conseqüente redução de lucros e do retorno dos investimentos para os respectivos investidores. Quando se trata de fornecedores, a seleção de parceiros que não atendem aos princípios éticos, a quebra de contratos de fornecimento e a falha nos prazos de pagamento, bem como a compra de produtos e serviços a preços abaixo do valor de mercado, são ações que deixam a empresa vulnerável a pagamento de multas e juros e às penalidades legais. Esses fatos podem colaborar ainda para a perda de imagem.

Nas relações com o governo, a sonegação de impostos leva a uma redução dos recursos disponíveis para programas sociais; o lançamento de esgotos clandestinos em mananciais causa problemas de saúde pública, agravando os problemas sociais e aumentando os gastos do governo para solucioná-los.

No que se refere à comunidade, as organizações do setor podem produzir poluição ambiental, sonora e visual no desenvolvimento de suas atividades, levando ao desinteresse pelo destino turístico; a falta de aproveitamento da mão-de-obra local pode contribuir para o desemprego, a redução na renda familiar e o êxodo dessas comunidades para outros centros urbanos, agravando os problemas sociais.

No Quadro 33.2 apresenta-se um resumo de ações irresponsáveis praticadas por algumas organizações turísticas com relação aos diferentes *stakeholders*, as quais devem ser evitadas.

CONSIDERAÇÕES FINAIS

A ética e a responsabilidade social são assuntos ainda recentes na literatura turística brasileira, com poucas pesquisas acadêmicas realizadas, embora exista um número significativo de trabalhos publicados no

GESTÃO AMBIENTAL E SUSTENTABILIDADE NO TURISMO

Quadro 33.2 – Ações empresariais socialmente irresponsáveis para com os *stakeholders*.

Stakeholders	Ações empresariais irresponsáveis
Clientes/consumidores	• Serviços prestados de forma insatisfatória • Informações desonestas • Cobrança de preços abusivos • Problemas de segurança nos serviços oferecidos • Instalações antigas ou fora dos padrões
Funcionários	• Falta de treinamento para a prestação do serviço • Remuneração inadequada • Supervisão despreparada • Sobrecarga de trabalho • Ocorrência de acidentes de trabalho
Acionistas/sócios/investidores	• Inexistência de lucro • Demora no retorno do investimento • Depreciação de prédios e instalações
Fornecedores	• Falha nos prazos de pagamento • Seleção de fornecedores que não atendem aos princípios éticos • Quebra de contratos • Pagamento de produtos e serviços a preços abaixo do valor de mercado
Governo	• Sonegação de impostos • Lançamento de esgotos clandestinos • Transferência ao governo dos custos para solucionar os problemas causados por ações irresponsáveis da empresa
Comunidade	• Poluição ambiental, sonora e visual • Desrespeito à cultura local • Redução das oportunidades de obtenção de renda da mão-de-obra local

Fonte: Adaptado de Clarkson 1995.

exterior. A maioria dos artigos, publicada em jornais e veículos especializados em negócios no país, dá ênfase aos investimentos das empresas brasileiras em ações e programas sociais voltados à filantropia empresarial, a qual se enquadra em apenas um dos critérios da total responsabilidade corporativa, que é a responsabilidade social discricionária.

Como são limitados os estudos sobre o desempenho social das empresas no Brasil, deduz-se que há necessidade de maior discussão, divulgação e utilização de critérios de avaliação social, tanto no meio acadêmico como no meio empresarial, a fim de que a responsabilidade social possa ser realmente utilizada em todos os seus níveis.

A literatura acadêmica mostra que decisões responsáveis que a empresa toma para os diferentes *stakeholders* não são conflitantes com os objetivos dos acionistas. Somente por meio de pesquisas que demonstrem o relacionamento entre o desempenho social das empresas e o seu desempenho econômico-financeiro é que os investimentos em responsabilidade social poderão ser estimulados ou questionados. Conclui-se que deve ser estimulada a aproximação entre a universidade e o segmento turístico para a realização de estudos sobre o assunto que sirvam de base para a formação de gerentes e empreendedores, capacitados a desenvolver políticas de responsabilidade social e a avaliar os seus resultados.

REFERÊNCIAS

ALVES, L.E.S. Governança e cidadania empresarial. **RAE-Revista de Administração de Empresas,** São Paulo, v. 41, n. 4, p. 78-86, out./dez. 2001.

ANDERSON JR., W.T; CUNNINGHAM, W.H. The socially conscious consumer. **Journal of Marketing,** v. 36, p. 23-31, jul. 1972.

ARRUDA, M.C.C.; NAVRAN, F. Indicadores de clima ético nas empresas. **Revista de administração de Empresas,** São Paulo, v. 40, n. 3, p. 26-35, jul./set. 2000.

BLAIR, M.M. Whose interests should corporations serve? In: BLAIR, M.M. **The corporation and its stakeholders: classic and contemporary readings.** Toronto: University of Toronto Press, 1998; p.47.

BROWN, T.J.; DACIN, P.A. The company and the product: corporate associations and consumer product responses. **Journal of Marketing,** p. 68-84, mar. 1997.

CARROLL, A.B.A three dimensional conceptual model of corporate performance. **Academy of Management Review,** v. 4, p. 499, 1979.

_____. The pyramid of corporate social responsibility: toward the moral management of corporate stakeholders. **Business Horizons,** v. 34, p. 42, jul./ago. 1991.

CLARKSON, M.A.A stakeholder framework for analyzing and evaluating corporate social performance. **Academy of Management Review**, v. 20, n. 1, p. 92-117, 1995.

COCHRAN, P.L.; WOOD, R.A. Corporate social responsibility and financial performance. **Academy of Management Journal**, v. 27, p. 42-56, 1984.

DAFT, R.L. **Administração**. 4.ed. Rio de Janeiro: LTC, 1999.

DONALDSON, T.; PRESTON, L.E. The stakeholder theory of the corporation: concepts, evidence and implications. **Academy of Management Review**, v. 20, n. 1, p. 65-91, 1995.

FREEMAN, R.E. **Strategic management**: a stakeholder approach. Boston: Pitman, Ballinger, 1984.

FRIEDMAN, M. **Capitalism and freedom.** Chicago: University of Chicago Press, p.9-16, 1962.

_____. The social responsibility of business is to increase its profits. **New York Times Magazine**, n.13, p.122-6, Sept. 1970.

_____. **Does business have a social responsability?** Bank Admistration, 1971; p. 13-14.

GIBSON, K. The moral basis of stakeholder theory. **Journal of Business Ethics**, Dordrecht, v. 26, p. 245-57, ago. 2000.

HANDELMAN, J.M.; ARNOLD, S.J. The role of marketing actions with a social dimension: appeals to the institutional environment. **Journal of Marketing**, v. 63, n. 3, p. 33-48, jul. 1999.

HOPKINS, M. Defining indicators to assess socially responsible enterprises. **Futures**, v. 29, n. 7, p. 581, 1997.

[IBGE] INSTITUTO BRASILEIRO DE GEOGRAFIA E ESTATÍSTICA. **Censo demográfico 2000.** Rio de Janeiro: IBGE, 2000.

[IPEA] INSTITUTO DE PESQUISAS ECONÔMICAS APLICADAS. **Acão social das empresas do sudeste: quem são e onde estão.** Brasília/DF, 1999. Disponível em: http://www.ipea.gov.br/biblioteca. Acessado em: dez. 2000.

_____. **A iniciativa privada e o espírito público: um retrato social da ação social das empreas no sudeste brasileiro.** Brasília/DF, mar. 2000. Dispnível em: http://www.ipea.gov.br/biblioteca. Acessado em: nov. 2000.

KOTLER, P. **Administração de marketing.** 10.ed. São Paulo: Prentice Hall, 2000.

KOTLER, P.; ARMSTRONG, G. **Princípios de marketing.** Rio de Janeiro: Prentice-Hall, 1998.

KOTLER, P.; ZALTHMAN, G. Social marketing an approach to planned social change. **Journal of Marketing**, v. 35, p. 3-12, jul. 1971.

LOGAN, D.; ROY, D.; REGELBRUGGE, L. **Global corporate citizenship-rationale and strategies.** Washington: The Hitachi Foundation, 1997.

NICKELS, W.G.; WOOD, M.B. **Marketing: relacionamento, qualidade, valor.** Rio de Janeiro: LTC, 1999.

O'TOOLE, J. Doing well by doing good: the business enterprises trust awards. **California Managment Review**, p. 9-24, Spring 1991.

PRESTON, L.; POST, J. (Orgs.). **Private management and public policy.** Englewood Cliffs, Nova Jersey: Prentice-Hall, 1975.

RICHARDSON, R.J. **Pesquisa social: métodos e técnicas.** 3.ed. São Paulo: Atlas, 1999.

ROBERTS, P.W.; DOWLING, G.R. Corporate reputation and sustained superior financial performance. **Strategic Management Journal**, v. 23, p. 1077-93, set. 2002.

URDAN, A.T. Os consumidores recompensam o comportamento ético? **Revista de Administração**, São Paulo, v. 36, n. 2, p. 6-15, abr./jun. 2001.

WEBSTER JÚNIOR, F.E. **Aspectos sociais do marketing.** São Paulo: Atlas, 1978.

PARTE IV

Estudos de Caso

Capítulo 34
Políticas públicas para desenvolvimento do lazer:
um modelo referencial
*Doris van de Meene Ruschmann, Caroline Valença
Bordini, Luciana Carla Sagi, Vinicius Lino Rodrigues de
Jesus*

Capítulo 35
Projeto Gentis Orientadores: preservação,
conservação e turismo na Ilha de Porto Belo, SC
*Carlos Alberto Tomelin, Sílvia Regina Cabral,
Ana Tereza Tessari Vicente*

Capítulo 36
Sustentabilidade como estratégia de
desenvolvimento: Ilha de Porto Belo, SC
*Doris van de Meene Ruschmann, Rafaela Gonçalves
Rosa, Priscilla Jacqueline Zimmermann Weidgenant*

Capítulo 37
Turismo em Paranapiacaba: revitalizando a economia
e reabilitando a Vila
Ana Luisa Howard de Castilho

Capítulo 38
Sustentabilidade e competitividade: Águas de São Pedro
Marta Poggi e Borges

Capítulo 39
Turismo religioso e sustentabilidade
João Edson Fagundes

Capítulo 40

Autogestão e controle de visitantes: *voucher* unificado em Bonito, MS

Dores Cristina Grechi, Heros Augusto Santos Lobo, Patrícia Cristina Statella Martins, José Roberto da Silva Lunas

Capítulo 41

Adaptação de hotel de selva para o ecoturismo na Amazônia

Carlos Ricardo Rossetto, Tristão Sócrates Baptista Cavalcante

Capítulo 42

Produção turística em cidades saudáveis: Fernando de Noronha

Marcia Faria Westphal, Hildemar Silva Brasil

Políticas Públicas para Desenvolvimento do Lazer: um Modelo Referencial

34

Doris van de Meene Ruschmann
Bacharel em Turismo, Escola de Comunicações e Artes da USP e Univali
Caroline Valença Bordini
Bacharel em Turismo e Hotelaria, Ruschmann Consultores
Luciana Carla Sagi
Bacharel em Turismo, Ruschmann Consultores
Vinicius Lino Rodrigues de Jesus
Bacharel em Turismo e Hotelaria, Upis

INTRODUÇÃO

Segundo a ordem social da atualidade, o tempo destinado para as atividades discricionais, depois de cumpridas todas as obrigações laborais, sociais e familiares, constitui um direito adquirido dos trabalhadores, uma necessidade biológica cientificamente comprovada e uma parcela de tempo dos cidadãos, na qual o Estado deve atuar de forma a oferecer opções de lazer diversificadas e de qualidade, como instrumento de mobilização e participação cultural.

Sabe-se que a necessidade de lazer vem aumentando. Hoje as pessoas buscam a recuperação psicofísica em atividades de descanso, divertimento e entretenimento, devido à deterioração da qualidade de vida cotidiana, à massificação das atividades profissionais, às pressões excessivas sobre o rendimento do trabalho e aos efeitos negativos da superpopulação dos grandes centros urbanos.

Para fins deste estudo, o lazer pode ser conceituado como "a cultura – compreendida no seu sentido mais amplo – vivenciada (praticada ou fruída), no tempo disponível" (Marcellino, 1996, p.3).

A partir da constatação de que o Estado deve prover opções de lazer à população, observam-se mudanças estruturais no setor público. A organização, o fomento e a gestão do lazer necessitam de ações integradas de diferentes setores, como obras, educação, meio ambiente, entre outros, mas apresentam maior êxito quando contam com a concentração do planejamento em uma mesma célula da administração pública.

Dessa forma, toma-se a organização do lazer no estado de Santa Catarina e a elaboração do Plano de Desenvolvimento Integrado do Lazer (PDIL) como modelo referencial teórico a ser analisado.

Santa Catarina é o menor estado da Região Sul do Brasil, com 95.442,9 km² e população de 5.356.360 habitantes, ou seja, 3,12% da população do país. O Índice de Desenvolvimento Humano (IDH) local é de 0,863, considerado elevado, posicionando o estado no quarto lugar do *ranking* brasileiro. A população apresenta a maior expectativa de vida do país: 72 anos. Apresenta excelentes taxas de alfabetização, baixo custo de vida e baixa taxa de mortalidade infantil.

Santa Catarina preocupa-se com o desenvolvimento social e econômico, e usa o lazer como um dos principais meios para atingir tal objetivo. Assim, o estado possui uma Secretaria da Organização do Lazer (SOL) que considera a identificação, proteção e valorização dos recursos naturais e culturais, e a implementação de programas de investimentos na infra-estrutura e equipamentos para o desenvolvimento das atividades culturais, esportivas e das viagens para uma melhor qualidade nas relações sociais de sua comunidade.

Para o direcionamento e a eficiência das ações da Secretaria, foi proposto o Plano de Desenvolvimento Integrado do Lazer que começou a ser elaborado em outubro de 2003 e compreende seis produtos distintos, trabalhando os setores da cultura, do esporte e do turismo, com o objetivo de tornar eficazes as diretrizes do plano de governo por meio de produtos, atividades, eventos e entretenimento, que utilizem de forma sustentável os recursos do Estado e que valorizem seu patrimônio histórico, sua cultura, seus ecossistemas, seu desenvolvimento nos esportes e suas atividades concorrentes, gerando significativos benefícios para a população.

A reunião desses três elementos (cultura, esporte e turismo) apresenta duas abordagens distintas:
- A oferta de lazer e o aumento da qualidade de vida aos cidadãos catarinenses;
- A atração de turistas para usufruírem a oferta de lazer do estado e, dessa forma, gerar renda e emprego à população de Santa Catarina.

Sem dúvida, estruturar o lazer englobando três elementos outrora autônomos e, muitas vezes, dissociados não é tarefa simples, especialmente pela transversalidade exigida pelo assunto. Verifica-se, porém, que mesmo com a complexidade exposta a concentração do planejamento e da estratégia de atuação é extremamente benéfica para o desenvolvimento do lazer e para a concretização do modelo de atuação proposto, conforme apresentado a seguir.

GESTÃO DA POLÍTICA DE DESENVOLVIMENTO DO LAZER

A gestão da política de desenvolvimento do lazer consiste no primeiro produto do PDIL e objetiva orientar os decisores públicos no que se refere ao marco legal e institucional para a elaboração do plano estratégico do lazer em Santa Catarina, após o diagnóstico da atual gestão das políticas de desenvolvimento e valorização da cultura, dos esportes e do turismo, com avaliação das instituições envolvidas, propondo um modelo adequado de gestão.

Considerando a importância do lazer integrado nas atividades de cultura, esportes e turismo, devem ser avaliados os programas das instituições estaduais diretamente envolvidas com a Secretaria da Organização do Lazer e suas ligações com outras, propondo um modelo adequado de gestão, parcerias, programas institucionais, fomento e desenvolvimento organizacional.

Cenário da organização do lazer

A estrutura da organização do lazer de Santa Catarina é composta pela Secretaria da Organização do Lazer (SOL) e por três instituições vinculadas: a Fundação Catarinense de Cultura (FCC), a Fundação Catarinense do Desporto (Fesporte) e a Santa Catarina Turismo (Santur). Conforme a filosofia de descentralização do governo, os 293 municípios estão divididos em 29 secretarias de Desenvolvimento Regional, que possuem em suas estruturas gerências representantes das secretarias estaduais. Dessa forma, o cenário a ser analisado pelo produto I conta também com os gerentes da organização do lazer (Gerol).

Papel do Estado

Conforme mencionado anteriormente, a necessidade de lazer vem aumentando. Fatores como deterioração da qualidade da vida, massificação das atividades profissionais, pressões excessivas no trabalho e efeitos negativos da superpopulação nos grandes centros urbanos fazem com que as pessoas busquem recuperação psicofísica em atividades de descanso, divertimento e entretenimento.

Figura 34.1 – O papel do Estado no desenvolvimento do turismo.

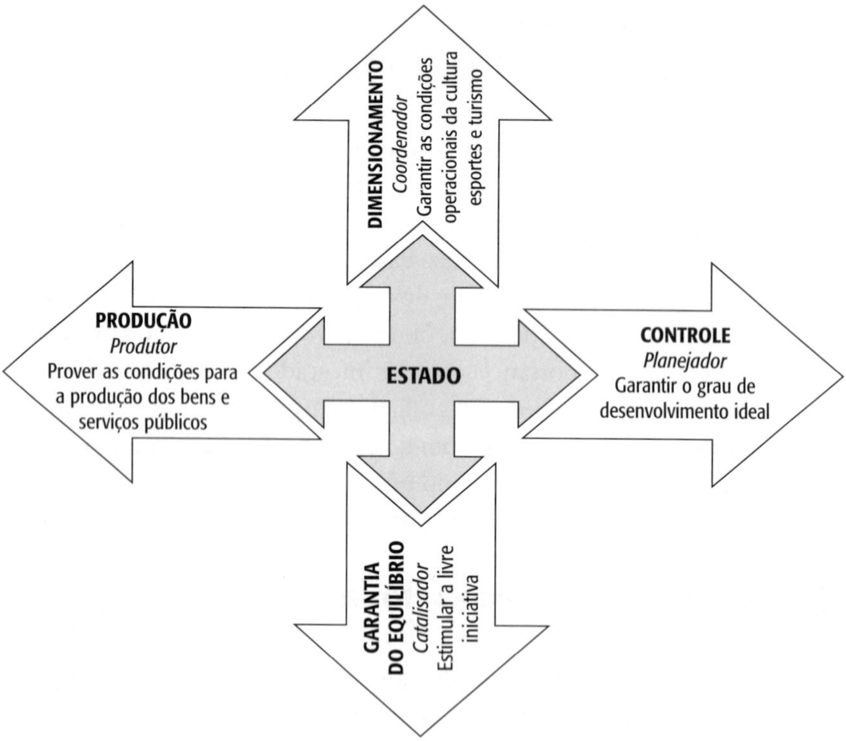

Fonte: Ruschmann Consultores de Turismo 2004, adaptado de Keller 1999, p. 27.

Trata-se de um fenômeno econômico e social que envolve o poder público e as empresas do setor. O papel do poder público na evolução da atividade se faz presente: no direito do trabalhador às férias remuneradas, no direito de ir e vir das pessoas, na redução das barreiras (no caso do turismo internacional) e na regulamentação das empresas envolvidas.

O lazer integrado (cultura, esportes e turismo) constitui um fato estratégico para o desenvolvimento regional e contribui para a construção de uma economia e sociedade modernas.

O papel dos governos e das instituições correlatas reside na gestão das atividades, por meio de uma política coerente a ponto de favorecer todos os agentes envolvidos.

Metodologia

Além da ampla pesquisa documental, a análise da gestão prevê, como instrumento de coleta de dados, entrevistas semi-estruturadas aplicadas aos representantes da SOL, das instituições vinculadas (FCC, Fesporte e Santur) e das 29 secretarias de Desenvolvimento Regional.

No que se refere aos critérios/indicadores da capacidade institucional da SOL e das instituições vinculadas, a análise toma como base a configuração atual de elementos constituintes de sua organização (estratégia, estrutura, sistemas, pessoal, habilidades institucionais, valores compartilhados e estilo dos líderes). Vale ressaltar que qualquer processo de mudança organizacional passa pela avaliação de cada um desses sete elementos, e sempre que ocorre uma mudança em qualquer deles, os demais devem ser reconsiderados.

PLANO DO LAZER INTEGRADO

Diagnóstico do lazer

O diagnóstico do lazer objetiva identificar, por meio de dados secundários, os principais atrativos culturais e turísticos, o patrimônio cultural, sua conversão em produtos, sua infra-estrutura, os eventos culturais e os programas e as práticas de esportes.

GESTÃO AMBIENTAL E SUSTENTABILIDADE NO TURISMO

Os critérios adotados para o diagnóstico do lazer obedecem às seguintes etapas: inicialmente, são agrupadas as variáveis dos recursos naturais e culturais e as oportunidades esportivas, determina-se o seu grau de importância no quadro geral de uma região e estabelecem-se as prioridades, com o objetivo de facilitar a tomada de decisões para os governantes e empreendedores do estado. Metodologicamente são utilizados os seguintes critérios:

- Critérios de hierarquização: fornecem subsídios para a diferenciação objetiva das características e os graus de importância entre os atrativos. Esses critérios estão descritos no Quadro 34.1, elaborado com base em dados da Organização Mundial de Turismo (OMT) e do Centro Interamericano de Capacitação Turística (Cicatur), o qual pontua a intensidade da atratividade e estabelece uma ordem para priorizar o desenvolvimento para o lazer integrado;

- Critérios de priorização: permitem entender os diferentes fatores que podem determinar a urgência ou não da sua implantação como atrativo do lazer integrado, de acordo com seu estado de conservação, fragilidade dos ecossistemas em que se encontra e o seu grau de representatividade na região.

Quadro 34.1 – Critérios de hierarquização e priorização do lazer.

	Valores	1	2	3
Critérios / De hierarquização	Impacto local e regional	Impacto baixo	Impacto médio	Impacto significativo
	Apoio local e comunitário	Para a comunidade é indiferente	O apoio da comunidade é razoável	A comunidade apóia muito
	Acessibilidade	Pouco acessível à utilização/prática	Razoavelmente acessível à utilização/prática	Muito acessível à utilização/prática
De priorização	Estado de conservação/ consolidação	Deteriorado/ não consolidado	Razoavelmente conservado/ consolidado	Bem conservado/ consolidado
	Uso atual	Pouco usado ou praticado	Razoavelmente usado ou praticado	Muito usado ou praticado
	Representatividade regional	Pouco representativo na região	Representativo na região (médio)	Muito representativo na região

Fonte: adaptado de OMT/Cicatur por Ruschmann Consultores 2004.

Ao final das análises, são elaborados quadros comparativos que indicam o grau de atratividade e de hierarquização no processo produtivo do lazer integrado.

Impactos econômicos, culturais e ambientais

Como impactos, entende-se a gama de modificações ou a seqüência de eventos provocados pelo processo de desenvolvimento das atividades de turismo, cultura e esportes nas localidades envolvidas. São analisadas as seguintes variáveis: impactos econômicos positivos e negativos, impactos socioculturais positivos e negativos, e impactos positivos e negativos no meio natural.

Cadeia produtiva do lazer

Além da análise das informações específicas de cultura, esporte e turismo, o plano propõe-se a identificar a cadeia produtiva do lazer. Assim, define-se um modelo de cadeia produtiva regional, agregando os seguintes aspectos: caracterização geral da regional, índices de desenvolvimento social, instituições governamentais, instituições mistas e não-governamentais, infra-estrutura de hospedagem e alimentação, agenciamento e apoio aos visitantes, infra-estrutura de lazer, análise e avaliação, vocações setoriais e eventos.

Estudo de mercado

Esse estudo objetiva realizar uma avaliação de mercado, com base em dados e informações que possam ser disponibilizados, com propósito de identificar a demanda atual e o potencial do lazer, além de permitir projeções de cenário a médio e longo prazos.

As principais fontes de informação para o estudo são as análises sociais do estado, que permitem caracterizar toda sua população, principal foco do lazer. De forma complementar, com base nas pesquisas anuais da Santur, levadas a efeito em todo o estado durante vários períodos do ano, identifica-se a demanda turística atual e passada para, com isso, estimar a demanda futura. A caracterização da demanda baseia-se em dois indicadores básicos: volume e composição.

Quadro 34.2 – Indicadores básicos de caracterização da demanda.

Volume	Composição
Número de pernoites	Idade e sexo
Gasto turístico	Lugar de residência habitual
• Anteriores à viagem	Nível socioeconômico
• No deslocamento	
• Para o destino	Tipo e tamanho do grupo
• Nos deslocamentos internos	Motivações
	Local de alojamento
• Ingressos	Duração da estada
• Suvenires	Meio de transporte utilizado
	Tipo de alojamento

Fonte: Ruschmann Consultores de Turismo 2004.

Diretrizes de proteção ambiental

Essas diretrizes objetivam a realização de uma análise de oportunidade do uso público de unidades de conservação (UCs) implantadas em Santa Catarina e a identificação, se possível, de outras áreas potenciais para criação e implantação delas. No que se refere especificamente às UCs do estado com seus aspectos legais favorecidos para o uso público, a matriz de avaliação de potencialidades que considerar diversos aspectos é aplicada.

Quadro 34.3 – Matriz de avaliação das unidades de conservação.

Critérios de avaliação	A	B	C	D	E
1. Representatividade de região ecológica natural					
2. Representatividade de região fisiográfica					
3. *Habitat* de espécie rara ou ameaçada de extinção					

(continua)

Quadro 34.3 – Matriz de avaliação das unidades de conservação. *(continuação)*

Critérios de avaliação	A	B	C	D	E
4. Diversidade ecológica					
5. Raridade (aspectos mais notáveis)					
6. Qualidade estética					
7. Estado natural (ausência de alterações antropogênicas)					
8. Valor histórico					
9. Potencial educativo					
10. Potencial científico e monitoramento					
11. Potencial recreativo					
12. Efetividade como unidade de conservação (área suficiente de usos conflitantes)					
13. Valor para turismo local					

A = excelente; B = bom; C = regular; D = inadequado; E = não considerado.

Fonte: Ruschmann Consultores de Turismo 2004; adaptado de Miller 2002.

Modelo de desenvolvimento sustentável

Para realizar este estudo, partiu-se do princípio de que a sustentabilidade é entendida como as ações e práticas desenvolvidas nas destinações e executadas pelas empresas envolvidas nesse processo, para atender os turistas atuais, sem comprometer a possibilidade do usufruto dos recursos pelas gerações futuras. Os critérios da sustentabilidade têm as seguintes funções:

*   Definir os termos sob os quais os empreendedores devem operar;
*   Definir as atividades e posturas empresariais aceitáveis;
*   Prover um direcionamento comum a todos os empresários envolvidos;
*   Facilitar o consenso em torno dos objetivos e das estratégias para as destinações.

786 | GESTÃO AMBIENTAL E SUSTENTABILIDADE NO TURISMO

Quadro 34.4 – Elementos para o êxito da competitividade pela sustentabilidade.

Sistema de informações na destinação	
Competitividade (Desafios para os empresários)	Sustentabilidade (Política local)
Planejamento estratégico	Gestão da herança cultural
Marketing	Monitoramento da visitação
Gestão dos recursos humanos	Gestão comunitária/residentes
Gestão da informação	Gestão da qualidade da água
Gestão financeira	Gestão da fauna e flora
Gestão das operações	Gestão da qualidade do ar
Gestão organizacional	Planejamento integrado

Fonte: Ruschmann Consultores de Turismo 2004.

Análise Swot

Esse tipo de análise busca promover avaliações da situação interna e externa, ou seja, dos pontos fortes, fracos, das oportunidades e dos riscos dos aspectos relevantes do lazer, a partir da matriz Swot, para definição das estratégias estruturadas com base em três componentes:

- Fortalecimento da capacidade da SOL de gestão para o lazer integrado;
- Planejamento estratégico, treinamento e infra-estrutura para o crescimento;
- Promoção de investimentos do setor privado.

Essa metodologia possibilita o cruzamento das quatro categorias de informação. São cruzados os aspectos internos e externos, obtendo-se, como resultado, as estratégias a serem seguidas, a fim de alcançar o sucesso do elemento analisado. Em cada cruzamento feito, uma estratégia diferente é determinada.

Figura 34.2 – Análise Swot, adaptada por Ruschmann Consultores de Turismo 2004.

Interna	*Strenghts* (Pontos fortes, potencialidades)	*Weaknesses* (Pontos fracos, fraquezas)
	SWOT	
Externa	*Opportunities* (Oportunidades)	*Threats* (Riscos, ameaças)

Quadro 34.5 – Estratégias do cruzamento Swot.

ELEMENTO		Aspectos internos	
		Potencialidades	Fraquezas
Aspectos externos	Oportunidades	Estratégias de desenvolvimento	Estratégias de correção
	Riscos	Estratégias de diferenciação	Estratégias de reestruturação

Fonte: Ruschmann Consultores de Turismo 2004; adaptado de Kotler e Armstrong 2003.

Plano estratégico

Esse plano objetiva formular, propor e priorizar as estratégias de desenvolvimento integrado do lazer com base nos estudos e análises anteriores, a partir do estágio atual e com cenários em médio e longo prazos. O poder público centraliza suas ações sobre o espaço para atender aos interesses gerais, e sua evolução articula-se em duas etapas sucessivas:

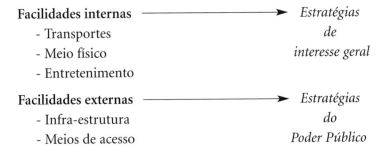

Programas de ação integrada e resultados desejados

Os programas de ação constituem os marcos específicos de referência na elaboração dos projetos que, vinculados entre si pelas suas características, devem ser coerentes, interdependentes e apresentar periodicidade.

De acordo com as estratégias definidas, será preciso (ou não) desagregá-los de acordo com as suas características e os resultados previstos.

Na programação das etapas, esses programas deverão ser divididos em fases tecnicamente determinadas e inter-relacionadas, a fim de proporcionar um processo de execução perfeitamente integrado.

Já as ações propostas correspondem ao conjunto de informações, sistemática e racionalmente ordenadas, que permite estimar os custos e os benefícios de cada uma das estratégias propostas.

As ações constituem uma unidade de produção de bens e serviços que definem, analisam ou avaliam a construção de uma obra futura. A implementação das ações somente ocorrerá após a sua avaliação, realizada pelos órgãos competentes do setor público ou pelas empresas privadas responsáveis pela sua execução, que analisarão as repercussões socioeconômicas, políticas e ambientais, e o desenvolvimento do lazer integrado. Para isso, deverão apresentar os seguintes requisitos apresentados no Quadro 34.6.

Quadro 34.6 – Requisitos para a definição de ações.

Operatividade	Ordenação de forma lógica e integrada das etapas da sua execução
Definição de responsabilidades	Esclarecimento das funções e do grau de envolvimento dos setores abrangidos
Complementaridade	Impedimento de superposição de ações e indicação de onde e como os setores envolvidos devem participar, de forma isolada ou integrada com os demais

Fonte: Ruschmann Consultores de Turismo 2004.

PLANO DE MARKETING INTEGRADO

O produto do lazer integrado difere totalmente dos produtos industrializados e de comércio. Compõe-se de elementos e percepções inatingíveis, e é sentido pelo consumidor ou participante como uma experiência. Dessa forma, há diversos componentes diferenciais a serem observados para a sua inserção, como produto, no mercado e para a definição da sua competitividade.

O modelo de avaliação proposto consiste na análise de seis abordagens: a avaliação da oferta como um todo, as possibilidades de se agregarem valores ao produto, a identificação dos diversos públicos, a definição do produto no que tange a benefícios ao cliente, a avaliação da capacidade receptiva dos equipamentos e a identificação das ações necessárias. Como se pode perceber, a avaliação parte do conhecimento da oferta de lazer, e, nesse sentido, o plano deve atuar para a consolidação de um banco de dados, oferecendo modelos de coleta e sistematização dos dados, além de monitoramento e controle, a fim de fortalecer a infra-estrutura mercadológica do estado.

Em relação ao tratamento do mercado do lazer, o PDIL trata de analisar as pesquisas de demanda disponíveis em Santa Catarina e as informações dos responsáveis pela oferta técnica, com o objetivo de segmentar a demanda para o lazer integrado. Entende-se a segmentação como o processo que consiste em configurar grupos homogêneos de consumidores, de modo a facilitar a realização de ações sistemáticas de marketing, dirigidas a cada um deles, a fim de proporcionar a otimização dos recursos investidos.

Cabe ao plano de marketing identificar e avaliar a situação competitiva do produto de lazer de Santa Catarina nos distintos mercados-alvo, seja no próprio estado, seja em outros destinos.

Para cada produto e programa do Plano de Lazer Integrado, deve ser formulada uma estratégia de marketing que permita que a SOL supere os desafios de integração das áreas de cultura, esportes e turismo; da intensificação de lazer no estado; de integração com as secretarias regionais; e de desenvolver o lazer de uma forma equilibrada.

A identidade visual constitui elemento fundamental para a memorização de um produto pelo seu público consumidor. Sendo assim, o modelo referencial do PDIL prevê a análise do programa de identidade visual e, se necessário, a proposição de adequações.

GESTÃO AMBIENTAL E SUSTENTABILIDADE NO TURISMO

Outro campo de atuação do plano de marketing consiste na promoção dos produtos de lazer, propondo atividades que auxiliem no posicionamento de Santa Catarina, em razão de sua oferta cultural, esportiva e turística. Da mesma forma, a comercialização deve contar com um plano que visa incentivar a utilização dos espaços e equipamentos destinados ao lazer integrado, durante todo o ano, e valorizar a identidade catarinense.

Por fim, o plano de marketing deve ser apresentado por meio de um *workshop,* para validação pública e discussão das propostas de marketing, uma vez que o envolvimento e a participação ativa da população, das instituições públicas envolvidas, das ONGs e de outros setores representam um valioso instrumento para visualizar as ações propostas e incentivar a integração efetiva destes.

PLANO DE APERFEIÇOAMENTO E CAPACITAÇÃO

O quarto produto do PDIL insere-se na constatação de que a capacitação dos recursos humanos é uma atividade, *sine qua non,* para o desenvolvimento de um produto de qualidade e competitivo.

A identificação do tempo ideal de duração dos eventuais cursos ou outros encontros, a metodologia utilizada, a ligação da teoria com os objetivos dos participantes, o cronograma de realização e, acima de tudo, a coerência entre todas as ações propostas são fundamentais para que ações possam ser entendidas como um conjunto de práticas que visam ao desenvolvimento da cultura, dos esportes e do turismo no estado.

Assim, o PDIL considera, basicamente, cinco categorias de público com características distintas, que deverão ser alvo das ações de forma interligada, com conteúdos específicos e linguagem própria. São eles:

* População tradicional: categoria composta pelos moradores dos municípios;
* Técnico: categoria composta pelos integrantes dos setores técnicos do poder público municipal e estadual, consultores, representantes de organizações não-governamentais, empresários e empreendedores interessados, entre outros;

- Operacional: essa categoria integra pessoas interessadas em trabalhar na área prática do turismo, exercendo funções operacionais;
- Empreendedor: categoria composta por pessoas interessadas em iniciar ou que já possuem seu próprio negócio;
- Gestores: categoria composta por líderes comunitários, investidores, entre outros.

Ressalta-se que três desses grupos (população tradicional, técnico e operacional) podem ser considerados representantes diretos da comunidade regional.

PROGRAMAS DE AÇÕES

Para atingir os melhores resultados com o plano de desenvolvimento integrado do lazer, é necessário que se institua uma política do lazer consistente que envolva todos os setores da comunidade e do setor público, integrando Estado e municípios, de forma a maximizar seus esforços e recursos em ações coordenadas junto com o setor privado e a população local. Também se faz necessária a criação de normas que regulem o papel de cada agente no processo de implantação e desenvolvimento do plano. O modelo do PDIL prevê cinco áreas para a formulação de uma política para o lazer integrado:

- Política de comunicação;
- Política de produto;
- Política ambiental;
- Competitividade: qualidade e eficiência;
- Estratégia: posicionamento e foco.

Em relação à área financeira, o modelo contempla um orçamento operacional para que possam ser definidos parâmetros de maneira a fomentar o desenvolvimento do lazer integrado no Estado. No que se refere aos investimentos privados, devem ser analisados os equipamentos culturais, esportivos e turísticos tecnicamente recomendáveis para o plano e, quanto aos investimentos públicos, analisam-se seus custos e seus benefícios sociais resultantes, tais como preservação do meio ambiente, sustentabilidade, geração de empregos e renda etc.

Na elaboração do orçamento operacional, justifica-se essa abrangência, pois, para que os projetos dessa natureza satisfaçam premissas socialmente aceitáveis, seus benefícios – públicos e privados – devem ser superiores aos correspondentes custos, de modo a assegurar o pretendido desenvolvimento. Além disso, o PDIL propõe-se à análise das principais linhas de financiamento, quanto à sua viabilidade de aplicação em equipamentos e na infra-estrutura.

BENEFÍCIOS E RESULTADOS

Como último produto, o PDIL contempla uma síntese prospectiva dos benefícios e resultados, os quais poderão ser alcançados com a implementação do plano em curto, médio e longo prazos. Para tanto, é necessária a consideração de um cenário futuro positivo no mercado e na política brasileira, de crescimento econômico, inclusão social e geração de renda e empregos.

Para atingir os resultados, é necessário o engajamento de todos os envolvidos na implementação do plano, do setor público à comunidade local, e na execução dos projetos propostos em cada etapa.

Tão importante quanto a síntese prospectiva são os procedimentos que permitem avaliar e monitorar o processo de gestão do Plano Integrado de Lazer. A mensuração dos resultados e sua comparação com aquilo que foi planejado são parte da função de controle, além da deliberação da necessidade ou não de ações corretivas.

CONSIDERAÇÕES FINAIS

Com base no modelo exposto, entende-se que:

*   A reunião dos elementos da cultura, do esporte e do turismo constitui a essência do lazer integrado;
*   São necessárias duas abordagens distintas para tratar o assunto, avaliando-se a qualidade de vida da comunidade local e a atração de turistas com conseqüente geração de emprego e renda;

- A oferta de lazer absorve cada vez mais importância ao representar um setor fundamental de atuação pública e oferecer repercussão política;
- A centralização institucional dos três elementos apresenta benefícios, em razão da transversalidade do assunto que, por englobar diversas áreas de atuação, gera grande possibilidade de perda de controle, verificação de ações isoladas ou duplicidade de ações;
- A estrutura do plano mostrou-se adequada para a obtenção dos objetivos propostos, definindo a política do lazer e gerando o desenvolvimento da cultura, do esporte e do turismo;
- Há necessidade de uma equipe multidisciplinar para atender às distintas demandas da elaboração do plano, como produção cultural, história, esportes participativos, de rendimento, educacionais e radicais, tipos de turismo a serem desenvolvidos, roteiros turísticos, projetos do lazer integrado, financiamentos, lazer, identidade visual, avaliação institucional, infra-estrutura, avaliação ambiental, marketing, economia, direito, sociologia, entre outros;
- O tratamento dos assuntos, segundo a estrutura exposta, evolui de forma harmoniosa, dando conta do desenvolvimento do lazer: conhecimento da situação – plano de marketing, plano de capacitação, programas de ações, análise institucional, benefícios e resultados;
- A análise institucional deve ser realizada após o estabelecimento dos programas de ações, uma vez que, no espaço de tempo entre as duas etapas podem ocorrer alterações que exigirão a revisão da primeira para se estabelecerem as funções de cada um dos pares envolvidos na execução das ações propostas;
- Os trabalhos de campo, por meio de reuniões com a comunidade, são indispensáveis para a validação do plano e efetivação do princípio da participação;
- Durante as reuniões, a aplicação de metodologias inovadoras, diferentes das tradicionalmente observadas, mostra-se fator de aceitação do plano por parte da população e incentivo à participação comunitária.

REFERÊNCIAS

[CICATUR] CENTRO INTERAMERICANO DE CAPACITAÇÃO TURÍSTICA. **Atractivos turísticos.** Cicatur: México, 2001.

KELLER, P. Politique du tourisme axée sur l'avenir: questions stratégiques. IN: Congrés de l'AIEST, Reports 49º Congress 1999, vol. 41, p. 27.

KOTLER, P.; ARMSTRONG, G. **Princípios de marketing.** São Paulo: Prentice Hall, 2003.

MARCELLINO, N.C. **Políticas públicas setoriais de lazer: o papel das prefeituras.** Campinas: Autores Associados, 1996.

MILLER, G. Planificación de parques nacionales para el ecodesarrollo en latinoamérica. In: **Plano de Sistema de Unidades de Conservação no Brasil, Etapa II.** IBDF/FBCN, 2002.

[OMT] ORGANIZAÇÃO MUNDIAL DE TURISMO. **Tourism highligts.** s/n, 2001.

RUSCHMANN, D.V. DE M. **Turismo e planejamento sustentável.** 11.ed. Campinas: Papirus, 2004.

RUSCHMANN CONSULTORES DE TURISMO. **Plano de Desenvolvimento Integrado do Lazer no Estado de Santa Catarina.** São Paulo, 2004. (Relatório)

Projeto Gentis Orientadores: 35

preservação, conservação e turismo na Ilha de Porto Belo, SC

Carlos Alberto Tomelin
Bacharel em Turismo, Univali
Sílvia Regina Cabral
Bacharel em Turismo, Univali
Ana Tereza Tessari Vicente
Bacharel em Turismo e Hotelaria, Univali

INTRODUÇÃO

Assumir a indissociabilidade entre ensino, pesquisa e extensão no turismo representa algo mais que propor ações que visem a articulação entre esses níveis de atuação. O desafio está no repensar e reconstruir no interior dos processos de ensino-aprendizagem. A relação do ensino que se desloca do foco centrado no professor e no repasse de conhecimentos para um ensino formativo e participativo, no qual professores e alunos compartilham responsabilidade no processo de investigação, sistematização e socialização do conhecimento.

Em uma sociedade em que os saberes se superam e se reconstroem continuamente, o desafio que se impõe é o de mudar o eixo de ações didático-pedagógicas para processos que levem ao aprender, oferecendo um perfil profissional aos acadêmicos a fim de desenvolverem competências para pensarem e atuarem frente às situações inéditas e incertas, analisando com criticidade e consistência teórica e prática a realidade.

Com o propósito de fornecer aos estudantes referencial teórico-metodológico adequado para interagir ativamente com o conhecimento prático, a fim de construir tais competências, que é próprio de suas habilidades, o Projeto de Extensão Universitária – Gentis Orientadores (GOs), torna-se um fio condutor do ensino, como possibilidade de inserir uma prática pedagógica reflexiva que articule teoria e prática sobre a importância da preservação ambiental.

Nesse contexto, projetos dessa dinamicidade são elaborados para que oportunidades se criem ao acadêmico, cujo perfil compreende as habilidades e competências necessárias para esse fim. A adequada utilização visa a solução dos problemas e, como decorrência, a elaboração de novos conhecimentos fundamentados nos princípios do desenvolvimento responsável.

Com base nas experiências existentes no país, o Curso de Turismo e Hotelaria da Universidade do Vale do Itajaí (Univali) implantou, em 1996, o projeto Gentis Orientadores, que consiste numa ação pedagógica que desenvolve capacidades e habilidades nos alunos do ensino superior a partir do "aprender fazendo", no qual o aprendizado é o próprio ambiente de preservação, a Ilha João da Cunha – Porto Belo, em Santa Catarina. Essa prática educacional é caracterizada por ações integradoras entre mercado e universidade baseada no conceito de ecodesenvolvimento, em que, por um lado, encontra-se a empresa que busca uma estratégia para a preservação ambiental, e por outro, a universidade que busca, por meio da educação ambiental, novos instrumentos para reforçar o processo de ensino-aprendizagem (Sorrentino, 1997).

O mundo vem se transformando gradativamente no tocante às preocupações com o meio ambiente, principalmente a partir da década de 1970, com o advento do moderno ambientalismo, resultado de manifestações sociais, culturais e políticas advindas da década de 1960, que buscaram uma revitalização das instituições familiares, político-partidárias e socioculturais.

Houve o (re)surgimento de preocupações ambientais com propostas diferentes às tradicionais, análises sobre a vida na Terra como: o consumo, a exploração dos recursos naturais, a qualidade de vida, a manutenção de padrões de produção, a aquisição de bens etc.

Esse movimento extrapolou o domínio das manifestações sociais por grupos e começou a popularizar-se, ganhando as ruas e oferecendo ao mundo "novas linguagens sobre velhos problemas – novas abordagens e novas soluções a problemas fundamentais" (Cascino, 1998, p.23).

Partindo desse novo olhar ambientalista, o movimento passou a abarcar acontecimentos naturais, sociais, culturais, políticos e econômicos responsabilizando o ser humano como agente responsável pela sua sobrevivência e na qualidade de vida de seus habitantes. Começou-se então a pensar em políticas capazes de reivindicar e agir sobre estes temas de interesse, tendo como marco inicial a 1ª Conferência das Nações Unidas sobre Meio Ambiente, em Estocolmo, no ano de 1972, quando ocorreu a consolidação do termo "Desenvolvimento Sustentado" (Donaire, 2000). O maior envolvimento do indivíduo nas questões ambientais refletiu, entre outros setores, o de turismo, quando se iniciou uma maior procura por lugares onde houvesse uma nova ordem na relação homem/natureza.

Por meio dessa busca do homem pela natureza como sua fonte de inspiração, a partir da conscientização para a defesa do meio ambiente, a proteção dos ecossistemas naturais, surgiu uma forma de turismo alternativo ao de massa, o qual denominou-se turismo de natureza.

Entende-se portanto, que esta atividade turística envolve tanto o compromisso com a natureza como a responsabilidade social, fundamentado no desejo do turista em ver ecossistemas em seu estado natural, sua vida selvagem, assim como sua população nativa (Western, 1995, p.17; Swarbrooke, 2000, p.55). Devido ao foco do ecoturismo encontrar-se no ambiente natural, no turismo inóspito, de baixo impacto e sustentável, a conservação do ambiente natural de aspectos biológicos e físicos contribui para o desenvolvimento das atividades, já que os ambientes devastados não são adequados para esse tipo de turismo (Lindberg e Hawkins, 1995).

A partir dessa visão ecológica, o uso turístico recreativo de áreas naturais pode causar destruição em áreas naturais, redução na diversidade de espécies, alterações físicas e biológicas no solo, poluição nos recursos de água. Embora pouco se saiba sobre as conseqüências da não preservação ambiental em áreas ecológicas a longo prazo, os danos podem ser semelhantes, o peso das evidências sugere que fatores que dão equilíbrio às organizações do ecossistema são altamente sensíveis aos mínimos impactos e níveis de pressão. Atividades como *trampling*[1] e o uso de veículos sobre a vegetação impactam negativamente o solo e o habitat dessa localidade (Sorrentino, 1995).

---

[1] *Trampling*: caminhar pesadamente sobre determinada região.

O gerenciamento e o controle das ações turísticas recreativas requerem um entendimento dos impactos naturais e dessas relações, as quais são objeto de atenção para o projeto Gentis Orientadores, comuns a estudos ecológicos e sociais dos impactos a partir do turismo de lazer e de recreação, tais como:

- O uso turístico recreativo das áreas naturais deve resultar em minimizar direta e indiretamente as formas de impacto na vegetação e solo. Evitar que haja mudança no meio ambiente resultante dos impactos diretos e indiretos sobre as espécies existentes naquele ecossistema;

- A troca dos impactos demonstrados nas visitações turísticas a fim de evitar a degradação do meio visitado;

- As ações de lazer e recreação em áreas de preservação influenciam mudanças e a razão das mudanças influencia nas conseqüências dos impactos recreativos;

- Os impactos das atividades turístico recreativas sobre o meio variam por tipo de uso ou ação.

Essas informações deveriam atender o gerenciamento e o controle das ações turísticas como base para o desenvolvimento do controle de estratégias designadas para preservar e evitar problemas sobre o uso turístico recreativo por meio de uma perspectiva de preservação ambiental. Devido a uma interdependência da educação com as práticas de preservação, o projeto Gentis Orientadores busca minimizar e reduzir impactos tratando causa e efeito como relações independentes. Esse alto complexo de interação do uso das ações turístico recreativas de áreas naturais podem causar desequilíbrio ecológico se não acompanhados e monitorados por ações de preservação. Esses impactos coletivos causam prejuízos vitais nas relações ambientais e na utilização desordenada do ecossistema (Hartley, 1978).

Em suma, o grande desafio para o turismo é utilizar, de forma consciente, os recursos naturais sem causar danos ao meio ambiente, ou minimizar os efeitos negativos por ele causados.

LOCAL DE ESTUDO
E SUA PERSPECTIVA HISTÓRICA

A Ilha João da Cunha está localizada no sul do Brasil, no litoral norte de Santa Catarina, município de Porto Belo, a aproximadamente 70 km da capital catarinense, Florianópolis.

Com a preocupação de garantir a posse das terras meridionais do continente sul-americano, a Coroa Portuguesa tratou de reforçar sua presença na região. Criou, na segunda metade dos anos de 1700, a Capitania de Santa Catarina, desmembrando a Capitania de Santo Amaro e Sant'Ana. Havia, na época, muitos vicentistas nas paragens do sul, principalmente na figura dos bandeirantes. Portugal, cada vez mais ameaçado pelos europeus, criou políticas de colonização. Para o sul do Brasil enviou população do Arquipélago dos Açores e da Madeira no período compreendido entre 1748-1756 (Sécca, 2005).

A história da Ilha João da Cunha, portanto, remonta à época da colonização açoriana no litoral de Santa Catarina e traz consigo a cultura da pesca e armação clandestinas de baleias no século XVIII, forte fonte econômica da região. Com a proibição da pesca da baleia no século XIX, a ilha passou a ser um local apenas para visitas esporádicas pela população autóctone. A ocupação desordenada da ilha por visitantes, que nela costumavam acampar durante o verão, comprometeu seus atrativos naturais.

A Ilha João da Cunha, possui características naturais propícias para a instalação de equipamentos e estruturas para o desenvolvimento do lazer. Essa ilha localiza-se perto do continente, a aproximadamente 800 m, e está inserida no roteiro turístico da Santur – órgão oficial de turismo do estado. O roteiro denominado "Rota do Sol" é composto pelos municípios de Ilhota, Luiz Alves, Piçarras, Penha, Navegantes, Itajaí, Balneário Camboriú, Camboriú, Itapema, Porto Belo e Bombinhas.

Os proprietários da ilha, Srs. Alexandre Stodieck e Ricardo Stodieck, em 1997, decididos em promover o desenvolvimento sustentável da Ilha, que sofria com visitação e extração predativas do ambiente, buscaram parceria com a família de navegadores Schürmann para a implantação do museu da Família Schürmann – *Adventure House*, um centro de cultura náutica, com palestras, cursos e outras atividades relacionadas ao conhecimento do mar. Na mesma época, realizou-se convênio com a Universidade do Vale do Itajaí (Univali) a fim de buscar orientação e o desenvolvimento de projetos de pesquisa que garantissem a sustentabilidade turística da ilha.

Para o empreendimento Ilha São João da Cunha Ltda., deu-se o nome fantasia de "Ilha de Porto Belo", que, na fase inicial de operação, em 1997, consistiu no Museu Adventure House, trilha ecológica, um atracadouro e um restaurante de frutos do mar.

GESTÃO AMBIENTAL E SUSTENTABILIDADE NO TURISMO

Nesse mesmo ano, a Ilha foi monitorada pelo projeto de pesquisa que estabeleceu a capacidade de carga com o título: Capacidade de Carga Turístico Recreativa da Ilha João da Cunha – Porto Belo (Ruschmann, 1997). Trata-se de um estudo que analisa a utilização e a satisfação dos visitantes durante o período definido como alta temporada, cujo principal foco é a verificação da utilização do empreendimento, visando o seu desenvolvimento a partir dos aspectos ambientais, identificando as condições que auxiliam na tomada de decisões adequadas ao incremento favorável no empreendimento. Os métodos utilizados são entrevistas e observação direta.

Esse estudo foi o marco do Projeto Gentis Orientadores, desenvolvido por meio de uma proposta interdisciplinar. O aluno inicia sua interação com o ambiente, tornando-se um agente crítico e reflexivo sobre sua atuação como futuro profissional, comprometido com a gestão de um empreendimento sustentável e o processo ensino-aprendizagem inicia-se de forma natural. Destaca-se ainda, a iniciação científica na formação acadêmica a partir da aplicabilidade dos instrumentos de pesquisa e do processo de observação e formatação do objeto de estudo: a relação turista e o patrimônio natural Ilha de Porto Belo.

Atualmente a oferta de serviços turístico recreativos consiste em trilhas ecológicas; sanitários; Eco Museu Univali; lojas de suvenires; *playground,* restaurantes, aluguéis de cadeiras e guarda-sóis; guarda-volumes; passeios de *banana-boat; wake board*; trilha subaquática; aluguel de caiaques; passeios de lancha e serviços de primeiros socorros.

O projeto resultou em uma ação de integração entre os monitores, a comunidade local e os visitantes, favorecendo o desenvolvimento sustentável do município, ao demonstrar que quando há envolvimento da comunidade é possível resguardar o patrimônio natural e trazer benefícios aos munícipes.

PROPOSTAS EDUCACIONAIS DO PROJETO GENTIS ORIENTADORES

A relação entre educação e meio ambiente é interdisciplinar, uma vez que não há "uma" educação para o ambiente, mas múltiplas propostas, proporcionais em número e variedade às tantas concepções e necessidades das comunidades.

Para Sorrentino (1997), as principais correntes de classificação de educação ambiental são definidas como:

- Conservacionista;
- Educação ao ar livre;
- Gestão ambiental;
- Economia ecológica.

A classificação conservacionista, bastante presente nos países do norte, mas também no Brasil, organiza-se em torno da preocupação de preservar os recursos naturais intocados, protegendo a flora e a fauna do contato humano e da degradação.

A segunda classificação, da educação ao ar livre, que reúne naturalistas, espeleólogos, escoteiros e praticantes de modalidades de esporte e lazer na natureza, assumiu uma nova dimensão de educação ambiental, com a participação de grupos ligados ao ecoturismo e às trilhas ecológicas. Inspiram-se em propostas científicas de conhecimento da natureza.

A terceira classificação, da gestão ambiental, é conhecida historicamente por movimentos de resistência aos regimes autoritários, criticando o sistema capitalista e sua lógica predatória em defesa dos recursos naturais e da participação democrática da sociedade civil na resolução dos problemas socioambientais que vivencia.

A categoria da economia ecológica inspira-se no conceito de ecodesenvolvimento, e nas idéias formuladas por Sachs e Schumacher nos anos de 1970. Ganha destaque a partir de meados da década de 1980 à medida que essas idéias são apropriadas e reelaboradas por organismos e bancos internacionais como a Organização das Nações Unidas (ONU), com o formato do desenvolvimento sustentável. Segundo Sorrentino, essa corrente se desdobra em duas tendências, de diferentes significados, que polarizam o debate ambientalista no final do século. São elas:

- Corrente que defende a proposta do desenvolvimento sustentável e que reúne empresários, agentes governamentais e membros de algumas ONGs;
- Corrente que prega a idéia de "sociedade sustentável", que se opõe ao atual modelo de desenvolvimento, anteriormente citado, por considerá-lo adepto do *status quo*, embora com aparência reciclada. Defendem uma sociedade mais justa, igualitária e ecologicamente preservada. Essa estratégia de sustentabilidade elege a sociedade civil como

sujeito privilegiado da ação e gestão do processo de desenvolvimento. Nesse item, caracteriza-se o tipo de prática educacional dos Gentis Orientadores, uma vez que a preocupação está no desenvolvimento integrado com a comunidade local.

Ainda segundo os mesmos autores, as quatro tendências educacionais citadas permitem identificar quatro conjuntos de objetivos com os quais se identificam distintos projetos de educação ambiental. Pode-se resumi-los como:

- Biológicos: referem-se a proteger, conservar e preservar espécies, ecossistemas e o planeta como um todo, incluindo a espécie humana como parte da natureza;
- Espirituais/culturais: dedicam-se a promover o autoconhecimento e o conhecimento do universo, segundo uma nova ética;
- Políticos: buscam desenvolver a democracia, a cidadania, a participação popular, o diálogo e a autogestão;
- Econômicos: defendem a geração de empregos em atividades ambientais não-alienantes e não-exploradoras e também a autogestão e a participação de grupos e indivíduos nas decisões políticas.

Brugger (1994), por sua vez, reconhece a diversidade de abordagens da questão ambiental na educação. Contudo, devido à forma de organização do conhecimento na sociedade, distingue duas tendências gerais:

- As propostas educacionais, oferecidas pelas ciências humanas, nas quais os fatores históricos e sociais são ressaltados em detrimento dos aspectos técnicos e naturais da questão ambiental. Tal tendência estaria mais ligada ao ensino formal e, especialmente, aos níveis de graduação e pós-graduação;
- A outra tendência geral concentra sua abordagem, quase que exclusivamente, sob os aspectos técnicos e naturais dos problemas ambientais. Essa tendência, na qual se destacam os temas ecológicos, segundo a autora, tem prevalecido sobre a tendência anterior.

Carvalho (1995) discute as tendências das propostas educacionais para o ambiente existente no Brasil, ressaltando suas concepções pedagógicas, filosóficas e políticas. Entende que tanto o discurso quanto a prática dominante de educação ambiental no Brasil são marcados por características conservacionistas, individualistas e comportamentalistas. Segundo ela, concepções dessa natureza reduzem a questão ambiental a um problema exclusivo de sustentabilidade físico-biológica: de gestão dos recursos naturais, que esquecem a sustentabilidade política, o que, em seu entender, é o ponto central do problema. Para a autora, a sustentabilidade política, pode ser descrita pelas relações de força que resultam numa gestão democrática que não exclua grupos sociais do acesso aos bens ambientais, compreendidos como os bens materiais e simbólicos sobre os quais suas vidas estão construídas.

Com base nessa compreensão reducionista, essas propostas pretendem reverter os processos de degradação apenas por meio da mudança de comportamentos individuais que reforcem a conservação do ambiente.

Nesse sentido, Carvalho (1995) defende uma educação ambiental articulada com os movimentos sociais, comprometida com a democracia, a participação social e a cidadania.

A partir dessas concepções, o projeto Gentis Orientadores baseia-se numa proposta inovadora e arrojada, na qual a universidade rompe paradigmas e sai do seu ambiente tradicional na busca de ampliar seu processo de ensino-aprendizagem e oferecer maior integração com o mercado, cumprindo, ainda, sua missão em desenvolver o ensino, a pesquisa e a extensão de forma sustentável, articulada aos princípios e conceitos da sustentabilidade turística.

A teoria que fundamentou a implantação desse projeto baseia-se na conceituação do desenvolvimento sustentável, que prevê:

> o processo de transformação no qual a exportação dos recursos, a direção dos investimentos, a orientação da evolução tecnológica e a mudança institucional se harmonizam e reforçam o potencial presente e futuro, a fim de atender às necessidades e aspirações humanas. (Comissão Mundial sobre Meio Ambiente de Desenvolvimento, 1991, p.49)

Os conceitos de desenvolvimento e de turismo sustentável estão intimamente ligados à sustentabilidade do meio ambiente. Encontrar o equilíbrio entre os interesses econômicos que o turismo estimula e o desenvolvimento da atividade de forma a proteger o meio ambiente não é tarefa fácil, principalmente porque o seu controle depende de critérios e valores subjetivos e de uma política ambiental e turística adequada (Ruschmann, 1997).

Por tratar-se de uma ação gestora e educativa sobre o meio ambiente no qual se pretende implantar equipamentos turístico-recreativos, entende-se que esse conceito não considera o "não-desenvolvimento" de recursos, mas sim um desenvolvimento controlado e em harmonia com os aspectos naturais e socioculturais. Esses equipamentos devem ser desenvolvidos de maneira ordenada e planejada, para que possam "ser vistos e apreciados" de forma adequada, garantindo sua originalidade e conseqüente atratividade para as gerações futuras.

O Projeto Gentis Orientadores é uma ação educacional com vistas à preservação ambiental, caracterizado por estágios temporários, que funcionam como monitorias, durante a temporada de verão, e que proporcionam ao aluno condições de exercitar os conteúdos das disciplinas de fundamentos de turismo e de turismo e meio ambiente, desenvolvendo uma visão prática dos conceitos de sustentabilidade turística por meio da preservação do patrimônio natural.

Define-se como Gentis Orientadores universitários, normalmente jovens, que atuam de forma diferenciada no contato direto com o público visitante e turista, a fim de recepcioná-lo, suprindo suas necessidades, no que diz respeito às atividades de lazer e entretenimento no período em que permanecem no empreendimento turístico, utilizando-se deste contato para promover a sensibilização, a conscientização e a preservação ambiental dos visitantes locais e turistas.

Nesse sentido, uma das principais características desse profissional é a simpatia e dinamicidade para desenvolver atividades turístico recreativas e ambientais, destacando-se a habilidade em estimular o turista a participar das ações de educação ambiental, aliadas às práticas de lazer e esportes náuticos.

O Projeto Gentis Orientadores da Ilha de Porto Belo teve sua base conceitual na teoria da sustentabilidade e da hospitalidade que, segundo Gotman (2001), é o processo de sociabilização que propicia as interações que se realizam dentro do grupo social e nas empresas. Para obter uma cultura organizacional voltada à hospitalidade, é preciso ir além da criação de princípios e regras de conduta. A hospitalidade é um processo de agregação do outro à comunidade, e a inospitalidade é o processo inverso.

O Projeto Gentis Orientadores, portanto, tornou-se uma proposta que além de oferecer um diferencial na prestação dos serviços ao turista agrega nas suas ações a preocupação com a preservação do meio ambiente, buscando na relação do cotidiano do ensino a integração entre teoria e prática, de forma a:

- Integrar o acadêmico no mercado de trabalho;
- Manter parceria com o *trade* turístico;
- Dar condições práticas para o desenvolvimento de habilidades profissionais;
- Desenvolver a prática da pesquisa;
- Identificar o processo interdisciplinar da atividade turística;
- Promover a sensibilização e a conscientização turística e ambiental;
- Desenvolver ações para educação e preservação ambiental.

Para um maior envolvimento com o projeto, durante o período de estágio o acadêmico deverá residir em Porto Belo, na Casa do Estudante, mantida pelo empreendimento, a qual é supervisionada por professores do curso de Turismo e Hotelaria da Univali, responsáveis pelo projeto. Dessa forma, o convívio em grupo e a interação com a comunidade passam a ser fundamentais para o seu amadurecimento pessoal e profissional e, por sua vez, a comunidade passa a obter ou agir de forma integrada desenvolvendo os seus conceitos de preservação ambiental e da importância da conservação do patrimônio natural.

O empreendimento se beneficia das ações desenvolvidas pelos alunos na qualificação da mão-de-obra, na melhoria nos fluxos e processos operacionais e de infra-estrutura, na motivação constante da equipe e na conscientização sobre a importância da preservação do patrimônio natural, e na supervisão técnica pela Universidade, que sugere alterações de ações e fluxos a fim de manter o equilíbrio entre a visita e a preservação ambiental.

O projeto, que teve seu início na temporada de verão de 1996-1997, completa seu 11º ano de atividade ininterrupta.

O projeto Gentis Orientadores, portanto, nasce de uma necessidade de integrar o acadêmico ao mercado de trabalho, atendendo ainda à missão da Univali, o desenvolvimento do ensino, da pesquisa e extensão, apresentando-se como projeto pioneiro que busca o desenvolvimento econômico, cultural e social, contemplando os dois momentos descritos a seguir.

No primeiro momento, a atividade prática foi definida e acordada por meio de convênio estabelecido entre a Univali e o empreendimento, com recursos mantidos por este. Nessa fase, o estágio do acadêmico é remunerado, com bolsa de trabalho, alimentação e hospedagem.

No segundo momento, a produção científica é apresentada em forma de projeto de ação, com base nas atividades práticas, quando o acadêmico propõe à empresa melhorias e/ou ampliações do equipamento, tendo como reconhecimento uma premiação acordada entre as partes. Além disso, os estagiários desenvolvem uma pesquisa mercadológica que engloba o perfil dos visitantes e os índices de satisfação em relação ao empreendimento.

A durabilidade do projeto depende da temporada de verão, com duração média de 60 dias e carga horária diária de 6 horas.

O desenvolvimento do projeto é de responsabilidade da coordenação do Curso de Turismo e Hotelaria da Univali, que designa um professor orientador, subsidiado pela instituição, na função de supervisor e coordenador da equipe de acadêmicos, em consonância com o empreendimento.

Os acadêmicos participantes apresentam um relatório mensal no qual destacam as atividades desenvolvidas e pontuam os itens que merecem atenção e aqueles que despontam. Além disso, oferecem sugestões referentes à convivência com o grupo na Casa do Estudante.

Esses relatórios fornecem informações e dados para que o professor supervisor do projeto apresente ao empreendimento um documento no qual conste as situações e propostas para a próxima temporada. Em reunião entre as partes são avaliados todo o processo, buscando-se melhorias para o projeto.

Os Gentis Orientadores auxiliam no desenvolvimento das atividades por área de estágio, tais como recreação e informações turísticas, contagem e controle dos visitantes, visitas guiadas às trilhas e pesquisas de demanda e satisfação dos visitantes, além do desenvolvimento de ações para a conscientização e preservação do patrimônio natural e cultural.

O projeto Gentis Orientadores preocupa-se com a educação ambiental acompanhando o processo de ensino, no qual a prática torna-se um instrumento imprescindível na construção da interdisciplinaridade, na formação de profissionais envolvidos e preocupados com o desenvolvimento sustentável do turismo.

CONSIDERAÇÕES FINAIS

Este capítulo pretendeu suscitar o debate sobre a relação educação, ambiente e turismo, e não esgotar o assunto ou produzir conclusões acabadas sobre o tema, por natureza vasto e polêmico, a partir da apresentação do Projeto Gentis Orientadores, como um *case* experimental na Ilha de Porto Belo.

Deseja-se ressaltar a multiplicidade de pontos de vista sobre o assunto e apresentar um conjunto de ações sobre a relação educação, ambiente e turismo que povoam o debate sobre a educação ambiental.

Partiu-se da premissa básica de que a educação e a problemática ambiental são, antes de tudo, questões políticas que envolvem valores, interesses e concepções de mundo divergentes, e que podem assumir direções mais conservadoras ou emancipatórias. Daí a importância de implantar projetos diferenciados que fundamentem as propostas educativas praticadas em nossa vida sociocultural.

Sem negar a existência da dimensão técnica da educação e da questão ambiental, defendeu-se, entretanto, que a técnica deve ser subordinada a critérios éticos na elaboração e implementação de respostas aos problemas socioambientais. Entende-se que uma educação ambiental voltada ao turismo é uma ação complexa, na qual os conteúdos e conflitos políticos inerentes à questão ambiental favorecem uma compreensão alienada e limitada do problema por parte dos educandos. Portanto, a construção de um processo educativo identificado com a autonomia individual e a emancipação social não pode prescindir de uma atitude crítica, participativa e comprometida com a ampliação da cidadania.

A fim de localizar maior autenticidade nos fatos ocorridos e melhor desenvolvimento desse registro, recorreu-se a pesquisa documental, entrevistas e depoimentos informais do proprietário, dos parceiros e envolvidos no processo evolutivo do projeto.

Deve-se ressaltar que o processo apresenta como característica, no seu desenvolvimento de gestão, a continuidade, já que, num período de onze anos, ele se desenvolveu ininterruptamente, havendo uma evolução quantitativa e qualitativa nas experiências tanto do lado da academia quanto do empreendimento. Nesse processo é imprescindível destacar a valorização e a credibilidade depositada pelos empresários, tendo em vista as mudanças e as aplicabilidades das propostas apresentadas. Deve-se enfatizar ainda a contratação de bacharéis em turismo e estudantes para atuação profissional no empreendimento, além da atuação do quadro funcional efetivo existente, composto por pessoas da comunidade de Porto Belo, que buscam no contato com os gentis orientadores o aperfeiçoamento da prática dos serviços prestados e no aprendizado teórico.

Ressalta-se, ainda, o intercâmbio cultural e social que os Gentis Orientadores desenvolvem com os pescadores e a comunidade, no qual a troca de experiências é recíproca, resultando em crescimento pessoal e profissional tanto aos acadêmicos quanto à comunidade, inclusive pelo convívio do grupo durante o período de estada no continente, favorecendo ainda a melhoria na qualidade da prestação dos serviços por parte dos pescadores, estimulados por esse relacionamento com os acadêmicos.

Com base no conceito da hospitalidade, que tradicionalmente tem por hábito receber pessoas com gentileza, oferecendo-lhes alimentos, bebidas e, acima de tudo, segurança, os Gentis Orientadores praticam tais habilidades ao entrarem em contato, durante o período do projeto, com os mais variados tipos de demanda que visitam a "Ilha de Porto Belo". Nesse contexto, aprendem a desenvolver atitudes do bem receber e a enfrentar situações adversas que ocorrem durante a experiência, exigindo-se atitudes de raciocínio lógico e rápido quando se colocam frente às necessidades de tomadas de decisões, tendo como conseqüência o desenvolvimento de habilidades para sua formação de futuros gestores.

Constata-se ainda a evolução do acadêmico ao retornar ao ambiente universitário, já que ele se destaca perante os demais por sua experiência e seu amadurecimento diante dos assuntos abordados nas disciplinas. Com o domínio do conhecimento prático, torna-se capaz de discutir com maior propriedade as celeumas profissionais abordadas em sala de aula.

Vale salientar que a busca pela evolução na produção científica torna-se mais efetiva ao perceber que, após a apresentação de projetos ao empreendimento, estes são colocados em prática, passando de uma elaboração teórica para a realidade mercadológica.

Diante dos fatos apresentados, constata-se que a continuidade na participação em projetos de pesquisa e extensão torna-se um hábito pelo acadêmico, o que reafirma a proposta do projeto pedagógico do curso:

> a valorização da prática não significa que se reproduzam acriticamente os esquemas e rotinas que regem as práticas empíricas. O pensamento prático é uma complexa competência que impõe uma capacidade de intervir de forma competente em situações diversas como uma atitude reflexiva. (Curso de Turismo e Hotelaria, 2004)

Evidencia-se, na análise do Projeto Gentis Orientadores, a metodologia que se torna exeqüível e eficaz. Entretanto, esse resultado só foi possível pelo compromisso e profissionalismo do empreendedor em acreditar na importância de uma equipe qualificada e na relevância da implantação de um empreendimento focado nos princípios da sustentabilidade cultural, social e ambiental.

Vale destacar que, como conseqüência dos resultados obtidos nessa parceria, novos convênios dessa envergadura com outros empreendimentos foram firmados, buscando na universidade experiências de igual teor.

Por meio desse projeto, foi possível melhorar o diálogo da equipe e interpretar o fluxo de experiências com mais verdade e clareza e continuar buscando, nas vivências experimentais da educação ambiental, o estímulo para manter-se sua evolução. Dessa forma, os participantes do projeto poderão traçar suas conquistas e posicionar-se à frente, no seu processo educacional.

REFERÊNCIAS

BRUGGER, P. **Educação ou adestramento ambiental?** Letras Contemporâneas, 1994.

CARVALHO, I.C.M. Movimentos sociais e políticas de meio ambiente: a educação ambiental aonde fica? In: SORRENTINO, M.; TRAJBER, R.; BRAGA, T. (Orgs.). **Cadernos do III Fórum de educação ambiental.** São Paulo: Gaia, 1995; p. 58-62.

CASCINO, Fábio. Pensando a relação entre educação ambiental e ecoturismo. In: VASCONCELOS, Fábio Perdigão (Org.). **Turismo e meio ambiente.** Fortaleza: UECE, 1998; p. 265-279.

[CMMAD] COMISSÃO MUNDIAL SOBRE MEIO AMBIENTE E DESENVOLVIMENTO. **Nosso futuro comum.** 2. ed. Rio de Janeiro: FGV, 1991.

CURSO DE TURISMO E HOTELARIA. **Projeto Pedagógico turismo e hotelaria 2003.** Balneário Camboriú: Univali, 2004.

DONAIRE, Denis. Considerações sobre a variável ecológica, as organizações e o turismo. In: LAGE, Beatriz Gelas; MILONE, Paulo César (Orgs.). **Turismo: teoria e prática.** São Paulo: Atlas, 2000.

GOTMAN, Anne. **Le sens de l'hospitalité: essai sur les fondements sociaux de l'accueil de l'autre.** Paris: Presses Universitaires de France, 2001. 507p.

GRÜN, M. **Ética e educação ambiental: a conexão necessária.** Campinas: Papirus, 1996.

HARTLEY, J. **Manual de primeiros socorros.** São Paulo: Ibrasa, 1978.

LINDBERG, K.; HAWKINS, D.E. **Ecoturismo: um guia para planejamento e gestão.** São Paulo: Senac, 1995. 291p.

PENTEADO, H.D. **Meio ambiente e formação de professores.** São Paulo: Cortez, 1994.

REIGOTA, M. **Fundamentos teóricos para a realização da educação popular.** Brasília: ano X, n. 49, jan./mar. 1991.

_____. **O que é educação ambiental.** São Paulo: Brasiliense, 1994.

RUSCHMANN, D. V. de M. **Turismo e planejamento sustentável: a proteção do meio ambiente.** 6. ed. Campinas: Papirus, 1997.

SÉCCA, F.D. **Porto Belo (SC) e suas peculiaridades sócio-espaciais frente ao desenvolvimento turístico regional.** Balneário Camboriú, 2005. Dissertação. Univali.

SORRENTINO, M. **Educação Ambiental, participação e organização de cidadãos.** (Em aberto). Brasília, INEP/MEC, v. 49, p. 47-56, 1991.

_____. **Universidade, formação ambiental e educação popular. Temas em educação.** João Pessoa: UFPB, 1995, p. 85-89.

_____. **Vinte anos de Tbilisi, cinco da Rio 92: a Educação Ambiental no Brasil. Debates Socioambientais.** São Paulo, Cedec, v. 2, n. 7, p. 3-5, 1997.

SORRENTINO, M.; TRAJBER, R.; BRAGA, T. (Orgs.). **Cadernos do III Fórum de Educação Ambiental.** São Paulo: Gaia/Ecoar, 1995.

SWARBROOKE, John. **Turismo Sustentável: turismo cultural, ecoturismo e ética.** São Paulo: Adelph, 2000.

WESTERN, David. Prefácio: definindo ecoturismo. In: LINDBERG, K.; HAWKINS, D.E. **Ecoturismo: um guia para planejamento e gestão.** São Paulo: Senac, 1995; p.13-22.

Sustentabilidade como Estratégia de Desenvolvimento: **36**
Ilha de Porto Belo, SC

Doris van de Meene Ruschmann
Bacharel em Turismo, Escola de Comunicações e Artes da USP e Univali
Rafaela Gonçalves Rosa
Bacharel em Turismo e Hotelaria, Empreendimento Ilha de Porto Belo
Priscilla Jacqueline Zimmermann Weidgenant
Bacharel em Turismo e Hotelaria, Univali

INTRODUÇÃO

Turismo é um fenômeno social, cultural e econômico que se constitui no deslocamento temporário de indivíduos ou grupos de pessoas, que, por motivos fundamentais de recreação, descanso, cultura, religião, saúde ou negócios, saem do seu local de residência habitual para outro, a fim de desenvolver atividades diferentes das rotineiras, gerando múltiplas inter-relações de importância social, econômica e cultural.

O turismo contemporâneo é um grande "consumidor" da natureza e sua evolução, nas últimas décadas, ocorreu como conseqüência da "busca do verde" e da "fuga" dos tumultos dos grandes conglomerados urbanos por pessoas que tentam recuperar o equilíbrio psicofísico em contato com ambientes naturais, durante o seu tempo de lazer. Por isso, constitui um produto consolidado no mercado que encontra no ecoturismo um dos seus nichos mais significativos.

A atividade turística está diretamente ligada ao produto turístico, que se compõe de elementos tangíveis e intangíveis, tais como as atrações naturais, artificiais e os serviços de uma localidade. Em pleno desenvolvimento, a cada ano é possível notar as mudanças que ocorrem nos destinos turísticos, desde infra-estrutura básica, que melhora a vida dos moradores locais, até infra-estrutura turística, que atende às necessidades dos visitantes.

De acordo com Barreto (1995, p.71), "O turismo é uma atividade que tem uma relação dialética com a sociedade. Do ponto de vista financeiro e dependendo da estrutura social do país em questão, o turismo pode ser uma atividade econômica geradora de riqueza".

A prática da responsabilidade social vem trazendo benefícios para destinos e empresas, visto que a inserção da comunidade nativa na atividade turística diminui os possíveis impactos negativos para a sociedade, agregando valor principalmente à imagem da localidade. Essa consciência responsável, unida à prática do desenvolvimento sustentável, reduz problemas sociais e ambientais, eleva o número de turistas, o que resulta em maior lucratividade, melhora a imagem do local e contribui para consolidação do seu ciclo de vida.

O desenvolvimento sustentável vem sendo discutido em inúmeros eventos em todo mundo, e a consciência ambiental tem sido difundida de maneira a tornar-se um dos assuntos deste século. Cuidar, preservar e usufruir com cautela do meio ambiente para que as novas gerações tenham o prazer de conhecê-lo e preservá-lo. Ele deve ser visto como um meio de sobrevivência de um empreendimento turístico, visto que os benefícios trazidos à sociedade não se restringem à população local.

Os conceitos do desenvolvimento sustentável e do turismo sustentável estão intimamente ligados à proteção do meio ambiente. Entretanto, encontrar o equilíbrio entre os interesses econômicos que o turismo estimula e um desenvolvimento da atividade que proteja o meio ambiente não é tarefa fácil, principalmente porque o seu controle depende de critérios e valores subjetivos e de uma política ambiental e turística adequada que, lamentavelmente, ainda não se encontrou plenamente no Brasil e em outros países (Ruschmann, 2006, p. 44).

A sustentabilidade de um meio turístico, contudo, depende necessariamente do tipo de turismo que ocorre na área, o qual poderá ser um instrumento de sustentação do modelo de desenvolvimento ecológico, exigido pelas grandes transformações no modo de vida em todo globo terrestre.

O planejamento das ações de desenvolvimento de um empreendimento turístico a serem realizadas nesse meio é essencial para o sucesso. Assim, devem ser elaboradas estratégias de acordo com os objetivos a serem alcançados.

O desenvolvimento sustentável pode ser visto como um ponto de equilíbrio entre a massificação do turismo e as restrições para poupar a comunidade local. Para tanto, o empreendimento precisa compartilhar decisões e chegar a um denominador comum, que pode ser trabalhado com o planejamento participativo, ou seja, em reuniões com a população, discutindo o que será feito, as suas causas e efeitos, ouvindo sugestões. Essa é uma forma de interagir com a comunidade e satisfazer seus anseios, a fim de evitar futuros problemas e colaborar com o desenvolvimento local.

Ainda nas ações de desenvolvimento, devem-se considerar as restrições para sua utilização, já que o meio ambiente é a base econômica da atividade turística e apresenta oportunidades e limitações. As limitações relacionam-se com a chamada capacidade de carga (*carrying capacity*) que, no caso de um recurso turístico, representa "o número máximo de visitantes (dia/mês/ano) que uma área pode suportar, antes que ocorram alterações no meio físico e sociocultural" (Boo, 1990, p.225).

Essa capacidade, portanto, representa o nível máximo de visitantes e de equipamentos correlatos que uma área pode suportar. Se for excedida, a deterioração dos recursos da área diminui a satisfação dos visitantes, e os impactos negativos no meio físico se refletem na sociedade, na economia e na cultura do local.

Como nem o conceito de turismo nem o de meio ambiente estão claramente definidos, a determinação da capacidade de carga turística torna-se uma tarefa difícil, uma vez que não há padrões fixos para sua determinação. A capacidade de carga varia de acordo com o local, a estação do ano e do tempo, o comportamento dos usuários da área, os equipamentos instalados, os padrões e níveis de gestão e o caráter dinâmico do meio como um todo (Ceballos-Lascuráin, 1996, p.131).

Tendo em vista os princípios do turismo sustentável, desenvolveu-se em 1996 o projeto para a implantação do empreendimento Ilha de Porto Belo, realizado pela equipe multidisciplinar da Universidade do Vale do Itajaí, por meio da concepção da exploração turística sustentável, com preservação da natureza, construção de equipamentos turísticos em harmonização e controle do fluxo turístico (capacidade de carga), que vem sendo monitorado freqüentemente por meio de pesquisas de demanda e de análises da sustentabilidade turística.

A pesquisa em turismo deve servir como um instrumento para orientar as ações do empreendimento, monitorando-as, além de buscar pela excelência e qualidade dos serviços/produtos oferecidos. A pesquisa é ainda uma importante ferramenta de marketing, pois sua utilização possibilita o incremento do produto turístico.

As informações obtidas por meio das pesquisas oferecem vantagem competitiva ao empreendimento, contribuindo para que ele possa adaptar-se aos ambientes interno e externo. Quanto maior for o número de informações que as organizações de turismo possuírem, maior será sua chance de alcançar seus objetivos.

Assim, com este estudo pretende-se evidenciar a importância do desenvolvimento sustentável para os empreendimentos turísticos, tendo em vista o exemplo da Ilha de Porto Belo que se utiliza dessa estratégia para seu posicionamento no mercado.

TURISMO E ESTRATÉGIA DE DESENVOLVIMENTO

Elaborar uma estratégia administrativa é estruturar a forma como conduzir uma atividade dentro de um empreendimento, a fim de alcançar satisfatoriamente os objetivos fixados e de se aproximar da situação desejada. Segundo Robbins (2000, p.123), nenhum empreendimento terá um nível de desempenho acima da média se não administrar uma estratégia que confira à sua organização uma vantagem competitiva, ou seja, uma capacidade ou circunstância que possibilite à empresa uma vantagem relativa aos seus rivais. Para tanto, fazem-se necessários o estudo e a implementação de uma estratégia de diferenciação, de caráter único em seu setor, que possua sentidos amplamente valorizados pelo seu público consumidor.

A sustentabilidade como estratégia de desenvolvimento no setor turístico é uma forma de estratégia de diferenciação da oferta capaz de imobilizar uma determinada fatia do mercado que preza pelos valores ambientais, haja vista que o desenvolvimento sustentável "atende às necessidades dos turistas atuais, sem comprometer a possibilidade do usufruto dos recursos pelas gerações futuras" (World Comission of Enviroment and Development, 1987 apud Ruschmann, 2006).

A sustentabilidade, quando relacionada ao termo desenvolvimento, significa a racionalização do uso, a conservação e a proteção adequada dos recursos do patrimônio natural, ambiental e cultural, em harmonia com a sobrevivência humana e o bem-estar social, não apenas na atualidade, mas

SUSTENTABILIDADE COMO ESTRATÉGIA DE DESENVOLVIMENTO | **815**

principalmente visando às gerações futuras. Assim, o turismo sustentável é administrado preliminarmente para garantir e assegurar os componentes dos diferenciais turísticos e o processo racional de exploração dos recursos ambientais naturais, histórico-culturais e temático-artificiais (Universidade do Vale do Itajaí, 2000).

> os conceitos de desenvolvimento sustentável e de turismo sustentável estão intimamente ligados à sustentabilidade do meio ambiente, principalmente nos países desenvolvidos. Isso porque o desenvolvimento e o desenvolvimento do turismo em particular dependem da preservação da viabilidade de seus recursos de base. (Ruschmann, 2006, p.109)

Em 1992, o WWF e o *Tourism Concern* elaboraram um documento sobre os princípios do turismo sustentável, o qual contempla os seguintes aspectos: uso sustentável dos recursos, redução do consumo abusivo e desperdícios, manutenção da diversidade (natural, social e cultural), integração do turismo no planejamento, apoio à economia social, compromisso com as comunidades locais, consulta a profissionais e ao público, capacitação de pessoas, marketing turístico responsável e pesquisa (Kanni, 2004, p.102).

Segundo a mesma fonte, o World Travel and Tourism Concil (WTTC), a Organização Mundial do Turismo (OMT) e o Earth Concil (EC) estabeleceram dez prioridades para o desenvolvimento sustentável que compreendem as seguintes questões: minimização do desperdício, conservação e gestão de energia, gestão de recursos hídricos, gestão de águas residuais, gestão de substâncias perigosas, gestão de transportes, planejamento e gestão do uso do solo, envolvimento dos públicos internos em questões ambientais, design para a sustentabilidade e desenvolvimento da sociedade para o desenvolvimento sustentável (Kanni, 2004, p.104).

O desenvolvimento turístico é benéfico para os profissionais da área, para quem pratica a atividade e para a comunidade que recebe os turistas, pois coloca todos em contato com diferentes culturas.

A responsabilidade social exercida em harmonia com a ética causa um impacto positivo para a divulgação da empresa. Giacomini (2000, p.64) conceitua responsabilidade social como "conjunto de atribuições que a sociedade estipula para as instituições. A sociedade espera que a organização, por exemplo, cumpra as leis, respeite o meio ambiente, preserve os direitos de minorias, atenda princípios éticos".

816 | GESTÃO AMBIENTAL E SUSTENTABILIDADE NO TURISMO

Assim, o Código Mundial de Ética do Turismo "visa promover uma ordem turística mundial, eqüitativa, responsável e sustentável, em benefício mútuo de todos os setores da sociedade, num contexto de uma economia internacional aberta e liberalizada" (OMT, 1999).

De acordo com Ruschmann (2006, p.9), a finalidade do planejamento turístico consiste em ordenar as ações do homem sobre o território e ocupa-se em direcionar a construção de equipamentos e facilidades de forma adequada, a fim de evitar os efeitos negativos que destroem os recursos ou reduzem sua atratividade.

O uso turístico de áreas naturais, em meios insulares ou não, e a implantação de equipamentos específicos devem considerar os impactos que a visitação pode ocasionar tanto ao meio natural quanto às características socioculturais da área e do setor econômico da região em que ocorrem.

Assim, a sustentabilidade turística de um meio depende de:

* Respeito ao meio ambiente natural: o turismo não pode colocar em risco ou agredir irreversivelmente as regiões nas quais se desenvolve;

* Harmonia entre a cultura e os espaços sociais da comunidade receptora, sem agredi-la ou transformá-la;

* Distribuição eqüitativa dos benefícios da atividade entre a comunidade receptora, os visitantes e os empresários do setor;

* Um turista ou visitante mais responsável e atencioso, receptivo às questões da conservação ambiental, sensível às interações com o meio natural visitado e com as comunidades receptoras, educado para ser menos consumista e adotar uma postura orientada para o entendimento e a compreensão dos povos e locais visitados.

Somente assim considera-se possível desenvolver a atividade turística ou turístico recreativa de forma sustentável, isto é, favorecendo a utilização e a apreciação dos recursos pelos visitantes atuais, protegendo a sua originalidade e atratividade para as gerações futuras.

Para o desenvolvimento sustentável de atrativos turísticos, recomenda-se que este ocorra em etapas. Assim, em razão da sua diversidade, em áreas distintas, de extensão territorial menor, permite-se a implantação de forma gradual, favorecendo o acompanhamento e o controle da sua evolução.

A sustentabilidade como estratégia de desenvolvimento envolve a busca pela qualidade total. O termo vem sendo meta mundial e abrange a atividade turística pela busca da satisfação do turista, pela necessidade de sobrevivência no mercado e pelo anseio de preservação.

> a qualidade do turismo tende a ser conquistada na manutenção de cada cliente e na satisfação gerada ao turista-cidadão. Esse é o grande desafio para as organizações do setor ao navegar num ambiente cada vez mais competitivo e guiado pela sociedade da informação. (Giacomini, 2000, p.67)

A capacitação profissional está ligada à sustentabilidade, bem como à qualidade nos serviços oferecidos. Os colaboradores de um empreendimento turístico têm a responsabilidade de atender aos anseios dos turistas e também de zelar pelo patrimônio.

> a qualidade nos serviços é fator fundamental para o sucesso de qualquer localidade turística. A ausência de mão-de-obra qualificada pode resultar no fracasso total dos empreendimentos turísticos. Será preciso investir seriamente nesse campo. Este item pode ser considerado como o mais importante de todos os esforços empreendidos. São postos de trabalho, que, por mais simples que sejam considerados, afetam todo o conjunto. As pessoas treinadas aprendem novos hábitos, novas formas de relacionamento, técnicas e cultura. O resultado é positivo e somente com pessoal qualificado a atividade turística desenvolve-se. (Oliveira, 2002, p.189)

Preocupar-se com a qualidade do empreendimento em sua totalidade é essencial para obtenção de sucesso na atividade turística, visto que as emoções dos visitantes estão diretamente ligadas à satisfação e superação de suas expectativas. Oferecer serviços com qualidade, valorizando o elemento humano tanto quanto o produto turístico, é essencial para elevar o nível das destinações e mantê-las atualizadas aos processos de mudanças ocorridas nas exigências e no desenvolvimento humano.

O desenvolvimento sustentável faz que os recursos naturais sejam preservados, os impactos sejam mínimos e, ainda, os recursos humanos tenham treinamento para que essas normas sejam seguidas, ampliadas e rigorosamente aplicadas.

A natureza constitui o único fator do produto turístico que não pode ser ampliado, apesar de, geralmente, ser a base da sua existência, da sua atratividade e de seu destaque no mercado (Ruschmann, 2006, p.115). Portanto, para garantir a sua sustentabilidade, o que deve ser restringido ou controlado é o número de visitantes.

Para tanto, fazem-se necessários estudos e avaliações que, aliados às singularidades do local, à sua fragilidade ambiental, ao tipo de visitação, às características dos equipamentos instalados etc., direcionarão a determinação do número máximo de pessoas que o local pode suportar, antes que ocorram danos irreversíveis ao meio.

Como meio ambiente, considerado de forma ampla, entende-se a biosfera, isto é, as rochas, a água e o ar que envolve a Terra. No sentido mais restrito, consideram-se os diferentes ecossistemas – compostos por elementos bióticos e abióticos que se caracterizam por suas inter-relações simples ou mais complexas. Nesse contexto, incluem-se, além dos aspectos físicos, as características socioeconômicas e culturais das áreas que, de acordo com a sua originalidade e autenticidade, deverão ter controlada a visitação turística.

Atualmente, já não se concebe mais a implantação de equipamentos de lazer e de turismo de forma empírica e, por isso, desordenada. A crescente consciência ambiental das pessoas e a necessidade de usufruir do tempo livre em locais que permitam o contato direto com a natureza fazem que a proteção ambiental constitua o elemento-chave do desenvolvimento sustentável de áreas para o uso turístico e/ou recreativo. Quanto mais autêntica e ambientalmente protegida for a área, maior será seu posicionamento no mercado – fazendo que esses aspectos representem um diferencial mercadológico para os empreendimentos ou áreas.

No caso da Ilha de Porto Belo, os empreendedores, dos equipamentos e atividades – implantados e a serem implantados –, optaram por um modelo ambientalmente correto, tanto no que se refere aos materiais de construção utilizados (matéria-prima natural) como na forma gradual da construção e abertura dos equipamentos para o uso turístico-recreativo.

A ILHA DE PORTO BELO

Histórico

A Ilha de Porto Belo, nome fantasia atribuído à Ilha João da Cunha, pertence ao município de Porto Belo, que está a 55 km da capital de Santa Catarina. Sua distância do continente é de aproximadamente 900 m.

Possui 40 ha, tendo 1.400 m de largura máxima, com vegetação fechada, caracterizada pela Mata Subtropical Atlântica.

Segundo Stodieck e Kohl (2001), seu primeiro nome foi "Ilha Bela" e, por volta de 1837, era propriedade de um lavrador do município. Quando o Brasil se tornou Império, João da Cunha Bittencourt, um importante homem público do município, adquiriu a ilha e atribuiu a ela seu nome; em 21 de abril de 1856, registrou-a em cartório. Quando faleceu, Cândido da Cunha Bittencourt, seu filho, herdou-a. Este, por sua vez, vendeu-a para João Eufrásio de Souza Clímaco, professor, comerciante e primeiro intendente do segundo município de Porto Belo. Assim, quando este faleceu, seus herdeiros venderam-na para Ernesto Stodieck Júnior, empresário blumenauense, por escritura pública, em 1953.

Nesse período, a ilha tornou-se palco da pesca clandestina de baleia. Sua praia possuía um tanque de metal onde era preparado o óleo extraído da baleia.

Enquanto isso, Ernesto Stodieck Júnior comprou uma casa em frente à ilha que planejava utilizar.

Desse modo, presenteou seus cinco netos com a ilha, na condição de que eles a transformassem em um parque ecocultural.

Em 1994, seus netos criaram um *holding* para administrá-la e investiram para transformá-la em um recanto de lazer, dando início a um plano de exploração turística sustentada. O projeto foi desenvolvido por meio da concepção da exploração turística sustentável, com preservação da natureza, construção de equipamentos turísticos em harmonia com o meio ambiente e controle do fluxo turístico (capacidade de carga). O projeto da ilha foi aprovado pelo Ibama e pelos demais órgãos públicos de proteção ambiental.

Em 1994, a Câmara Municipal aprovou uma lei que proibia acampamentos na ilha, já que os moradores do município de Porto Belo estavam alugando suas casas durante a temporada de verão e residindo provisoriamente em barracas na ilha.

Na temporada de 1996-1997, o empreendimento Ilha de Porto Belo deu início às suas atividades voltadas para o uso turístico recreativo, obedecendo à sua capacidade de carga, avaliada em 1.879 visitantes, prevista pelos docentes do curso de Turismo e Hotelaria da Universidade do Vale do Itajaí (Univali).

Infra-estrutura

O empreendimento conta com uma infra-estrutura de lazer desenvolvida de acordo com os aspectos da sustentabilidade turística. Seu design está em harmonia com o ambiente natural no qual foi construído (Figura 36.1).

Figura 36.1 – Croqui da Ilha João da Cunha.

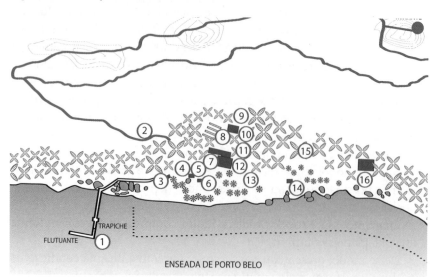

Sua infra-estrutura é composta por:

1. Trapiche/portal de acesso;
2. Quiosque náutico – oferece atividades de *snorkeling* em pontos específicos ao redor da ilha e *banana-boat*;
3. Trilha ecológica;
4. Gerador/casa de máquinas;
5. Quiosque de informações – proporciona informações sobre a ilha e serviços de aluguéis de cadeiras, espreguiçadeiras e guarda-sóis, além de guarda-volumes;
6. Quiosque de sucos – preparam sucos e coquetéis;
7. Sanitários;
8. Loja de suvenires;
9. Quiosque de petiscos – oferece petisco por meio do serviço *à la carte*;
10. Ecomuseu Univali – dispõe de espécies marinhas mantidas no formol, além de coleção de insetos e uma sala de vídeo;
11. Reservatórios de água;
12. Estação de tratamento de esgoto;

13. Refeitório dos funcionários;
14. Escritório administrativo;
15. Playground;
16. Loja de presentes.

Projetos

Desde o planejamento da Ilha João da Cunha para seu uso turístico recreativo, a Universidade do Vale do Itajaí vem colaborando, por meio de projetos, para que a ilha se posicione no mercado turístico.

Assim, destacam-se quatro projetos: um desenvolvido no momento de planejamento, outro executado aleatoriamente e outros dois realizados anualmente durante as temporadas de verão.

A seguir, descrevem-se esses projetos relatados.

Projeto de implantação

O empreendimento Ilha de Porto Belo, em parceria com a Universidade do Vale do Itajaí, desenvolveu um plano de exploração turística sustentada que vem sendo monitorada anualmente. O projeto especificou ações relacionadas à capacidade de carga e ao meio ambiente.

A equipe de trabalho deste estudo, constituída por especialistas na área do planejamento turístico, da geografia e da engenharia florestal da Universidade do Vale do Itajaí, baseou-se na importância da sustentabilidade dos recursos ambientais da Ilha João da Cunha e, orientando-se em bibliografia internacional sobre o tema, na experiência da coordenação técnico-científica no planejamento de destinações e de recursos turísticos, e em um estudo anterior sobre o uso sustentável de atrativo turístico em uma unidade de conservação no estado de São Paulo. Essa equipe concentrou seus esforços durante quatro anos (período de verão) na ilha, a fim de demonstrar a importância crescente do direcionamento dos esforços de empreendedores privados e de órgãos públicos em estudos específicos e para garantir a sustentabilidade de áreas utilizadas para fins turístico recreativos e culturais.

Neste estudo, consideraram-se as seguintes variáveis para determinar o número ideal de visitantes à Ilha de Porto Belo, situada a 900 m do continente e coberta por densa vegetação nativa e significativos exemplares da fauna e flora tropicais: intensidade quantitativa da visitação; duração da estada dos visitantes; dispersão ou distribuição dos visitantes dentro da área; características do local visitado; características dos turistas e época e dias do ano em que ocorre a visita.

Além disso, com base nos coeficientes apresentados por Lozatto-Giotard (1992, p.141-4), observaram-se: a intensidade do uso da(s) praia(s) e das áreas correlatas e complementares; as atividades desenvolvidas pelos visitantes, tanto em terra como no mar; e a utilização dos equipamentos por parte dos visitantes etc.

Apesar das dificuldades, motivadas pela singularidade do espaço estudado e da sua utilização recreativa, a determinação da capacidade de carga definida não pôde ser utilizada como a base para a sua aplicação (sem adequações) ao uso ou à visitação em outras áreas naturais. Trata-se, porém, de um instrumento indispensável para identificar situações críticas que necessitam de cuidados e de medidas especiais para saná-las, de prevenir problemas a partir da aplicação de controles prévios e para promover o uso sustentável da área.

Além disso, a visão moderna do turismo e da recreação em áreas naturais não separa a natureza do homem, mas tenta estimular sua integração harmoniosa a fim de prover a experiência vivencial aos cidadãos e proteger os recursos naturais (Ruschmann, 1992, p.152-3).

Com essas premissas em mente, desenvolveram-se os estudos em duas frentes: o produto e a demanda.

Os equipamentos instalados na Ilha de Porto Belo foram analisados sob o ponto de vista físico, paisagístico e do planejamento do seu uso sustentável, com base em metodologia específica, a fim de chegar a resultados que forneceram dados e informações que nortearam os investimentos atuais e futuros e que poderão fundamentar outros estudos sobre o tema.

Análise e avaliação da sustentabilidade turístico-recreativa da Ilha de Porto Belo

Esse projeto consiste em um estudo comparativo, desenvolvido aleatoriamente, pelo Núcleo de Coordenação de Pesquisas e Projetos em Turismo e Hotelaria da Univali, no qual se avalia o desenvolvimento turístico a partir da utilização dos equipamentos e serviços oferecidos na ilha. O presente estudo é principalmente baseado nesse projeto.

Diagnóstico do uso turístico-recreativo da Ilha João da Cunha de Porto Belo em Santa Catarina com base na visitação – pesquisa de demanda

A pesquisa de demanda vem sendo realizada desde a abertura do empreendimento até os dias atuais. Ela é realizada durante as temporadas de verão (Natal-Carnaval) e ocorre por 28 dias, distribuídos em quatro semanas alternadas.

Durante o dia, devem ser realizadas 32 entrevistas, subdivididas em quatro por hora, e a cada hora devem ser entrevistados um idoso, um adolescente, um homem adulto e uma mulher adulta.

O questionário vem sendo reestruturado periodicamente de acordo com as necessidades apontadas pelos envolvidos no processo.

O método Araponga também faz parte do projeto de pesquisa de demanda. Esse método consiste em um estagiário, à paisana, acompanhar e relatar o dia de um visitante escolhido por meio da contagem de entrada. As observações devem ser descritas dentro dos aspectos comportamentais relacionados à postura ambiental e social, além das atividades desenvolvidas e de seu consumo. Ao final da visita do "arapongado", aplica-se a pesquisa de demanda e comparam-se os dados da observação com as suas respostas apontadas no questionário, a fim de identificar o compromisso com a veracidade dos fatos descritos por ele, comparados à observação do "Araponga".

Assim, a demanda tem sido estudada em seus aspectos biossocioeconômicos, além dos motivacionais e comportamentais.

Gentis Orientadores

O projeto nomeado "Gentis Orientadores" é o responsável por parte da operacionalização do empreendimento.

Para cada temporada, são selecionados em média quinze estagiários do curso de graduação em Turismo e Hotelaria, que permanecem no período do Natal ao Carnaval, com a finalidade de desenvolver o marketing motivacional, atendendo os visitantes desde a chegada até o momento de sua partida.

Os Gentis Orientadores, como são denominados os estagiários, participam dos seguintes setores:

GESTÃO AMBIENTAL E SUSTENTABILIDADE NO TURISMO

- Trapiche/flutuante: recepcionam os visitantes e despedem-se deles em barcos, escunas, lanchas, catamarãs e tênderes;
- Contagem: computam a quantidade de visitantes durante a entrada e saída do empreendimento;
- Marketing: explanam sobre os equipamentos e serviços que a ilha oferece;
- Quiosque de informações: fornecem informações sobre a ilha e o município de Porto Belo, além de vender *tickets* para a trilha ecológica e alugar cadeiras de praia e guarda-sóis;
- Triagem: solicitam aos condutores dos barcos e das lanchas utilizados pelos visitantes que promovam o retorno destes ao continente.

Ao final de cada temporada de verão, para efetuar o processo de estágio, os Gentis Orientadores devem desenvolver um projeto de reestruturação de um setor ou a implantação de equipamento/serviço, posteriormente escolhido e premiado pelo próprio empreendimento.

METODOLOGIA DA PESQUISA

O presente estudo de caso é referente ao relatório de implantação da ilha ("Análise e avaliação da sustentabilidade turístico-recreativa da Ilha de Porto Belo"), com base na temporada de 2002-2003 e na observação direta no período pré-temporada 2005-2006, na Ilha de Porto Belo.

Problema e objetivo da pesquisa

O estudo em discussão buscou resposta para o seguinte problema: a sustentabilidade turística do empreendimento Ilha de Porto Belo é uma estratégia de desenvolvimento que satisfaz os interesses empreendedores, bem como as necessidades do seu público-alvo?

Assim, objetivou-se analisar e avaliar a sustentabilidade turístico-recreativa dos equipamentos instalados na Ilha de Porto Belo, visando ao seu desenvolvimento a partir dos aspectos ambientais e de sua visitação como estratégia de desenvolvimento.

Técnica de pesquisa utilizada

A avaliação da administração sustentável ocorre por meio de estudos contínuos que inter-relacionam as diversas temporadas de verão, bem como podem se associar com outros projetos. Para o desenvolvimento dessa pesquisa, utilizou-se o relatório de sustentabilidade, que consiste em análises realizadas *in loco* de determinados aspectos descritos e fotografados.

Amostra da pesquisa e coleta dos dados

Este estudo é uma pesquisa qualitativa que apresenta uma amostra não-probabilística e não-representativa, com uma abordagem aprofundada. Utilizaram-se fontes de dados secundárias, em que se analisaram e compararam as condições de sustentabilidade turística da Ilha de Porto Belo, identificadas por meio do relatório de implantação da ilha, do já mencionado relatório de "Análise e avaliação da sustentabilidade turístico recreativa da Ilha de Porto Belo".

Algumas considerações

O projeto de implantação realizado em 1996, bem como o relatório de "Análise e avaliação da sustentabilidade turístico-recreativa da Ilha de Porto Belo", com base na temporada de 2002-2003, e as observações contempladas no período pré-temporada 2005-2006 na ilha, desenvolvido pela equipe multidisciplinar da Univali e respectivamente comparado, apresentou os seguintes aspectos: no que se refere à postura e às atitudes ambientais dos visitantes durante sua permanência na ilha, constatou-se que as pessoas apreciaram as melhorias feitas, que a grande maioria demonstrou comportamento ambiental correto, utilizando-se das lixeiras do local, dos banheiros instalados no restaurante, além de demonstrar intensa integração social com o grupo de visitantes etc., destacando que o estímulo a um posicionamento ambientalmente correto dos visitantes partiu das condições oferecidas pelo empreendimento, com equipamentos adequados e uma vigilância discreta (Quadro 36.1).

Quadro 36.1 – Análise das condições de sustentabilidade – 1996/2006.

Aspectos considerados	1996 Implantação e funcionamento da ilha	2001/2002 Relatório de sustentabilidade	2002/2003 Relatório de sustentabilidade	2005/2006 Observações na temporada
Infra-estrutura, equipamentos e serviços	A primeira temporada contou com um restaurante, *playground*, quiosque de petiscos, quadra de vôlei e quadra de futebol improvisada. A trilha ecológica e o museu não estavam abertos para visita durante a pesquisa	A temporada contou com quiosque de informações, quiosque tropical, quiosque natural, quiosque de sucos, quiosque de sorvetes, restaurante, museu *Adventure House* (base da família Schürmann), duas lojas de suvenires e presentes, *playground*, trilha ecológica, *acqua jump* e quiosque náutico, com serviços relacionados a trilhas subaquáticas, *banana-boat*, aluguel de canoa canadense e *jet ski*	A temporada contou com quiosque de informações, quiosque tropical, quiosque natural, quiosque de sucos, quiosque de sorvetes, restaurante, museu *Adventure House*, duas lojas de suvenires e presentes, *playground*, trilha ecológica, quiosque náutico (com serviços relacionados a trilhas subaquáticas), *jet ski* e *banana-boat*	A temporada contou ainda com quiosque de informações, quiosque tropical, quiosque natural, quiosque de sucos, quiosque de bebidas, restaurante Ilha de Pirão, Ecomuseu Univali, duas lojas de suvenires e presentes, *playground*, trilha ecológica, refeitório de funcionários, escritório administrativo e quiosque náutico (com serviços relacionados a trilhas subaquáticas) e *banana-boat*

(continua)

Quadro 36.1 – Análise das condições de sustentabilidade – 1996/2006. *(continuação)*

Aspectos considerados	1996 Implantação e funcionamento da ilha	2001/2002 Relatório de sustentabilidade	2002/2003 Relatório de sustentabilidade	2005/2006 Observações na temporada
Lixos / lixeiras / reciclagem	A coleta de lixo era seletiva, com lixeiras distintas espalhadas pela ilha para a realização do processo e havia um depósito de lixo orgânico	A coleta de lixo seletiva foi abandonada, pois o município não oferecia esse serviço; o trabalho era realizado em vão. Identificou-se a presença de lixeiras de bambu na praia e de cestinhas distribuídas ao longo da passarela elevada. Implantou-se a técnica da vermicompostagem, um processo brando, de efeito significativo para desenvolver o solo e que não exige grandes investimentos	Foi construída uma lixeira de alvenaria atrás dos sanitários da praia central para o depósito diário do lixo recolhido. Além disso, novas lixeiras de bambu e cestinhas foram acrescentadas. A técnica da vermicompostagem foi abandonada	A situação se manteve

(continua)

Quadro 36.1 – Análise das condições de sustentabilidade – 1996/2006. *(continuação)*

Aspectos considerados	1996 Implantação e funcionamento da ilha	2001/2002 Relatório de sustentabilidade	2002/2003 Relatório de sustentabilidade	2005/2006 Observações na temporada
Identificação de detritos	Observaram-se resíduos de embalagens plásticas nas bordas da vegetação e entre as pedras na orla, além de um vazamento no depósito de lixo orgânico, causando mau cheiro e poluição na água	Observaram-se, no percurso da trilha ecológica, *folders* e garrafas de água. Pela faixa de areia da ilha foram identificados papéis, embalagens de cigarros, garrafas, copos plásticos, além dos *folders* da trilha	Foram encontrados *folders* da trilha ecológica na própria trilha, além de embalagens de bala, biscoitos e salgadinhos, guardanapos, garrafas de água e cigarros na mata e na areia	Identificaram-se detritos em menor quantidade justamente pelo baixo número de visitação no período fora da temporada de verão

(continua)

Quadro 36.1 – Análise das condições de sustentabilidade – 1996/2006. *(continuação)*

Aspectos considerados	1996 Implantação e funcionamento da ilha	2001/2002 Relatório de sustentabilidade	2002/2003 Relatório de sustentabilidade	2005/2006 Observações na temporada
Esgoto		Identificou-se a presença de um sistema de tratamento de esgoto denominado Zona de Raízes. A estação consiste em um tanque de 40 m de comprimento por 3 m de largura, com o fundo impermeabilizado e preenchido em camadas por materiais reciclados: cascas de mariscos trituradas, garrafas de refrigerante (PET) moídas e juncos plantados na superfície. Após passar por um pré-tratamento em duas fossas e um filtro anaeróbio, o esgoto é distribuído uniformemente na parte superior da Zona de Raízes e lentamente passa pelas camadas de cascas de mariscos, PET e pelas raízes do junco em crescimento e é recolhido na porção inferior. Nesse caminho, microorganismos fazem a parte final da degradação do esgoto. Esse sistema de tratamento é mantido desde 2000		

(continua)

Quadro 36.1 – Análise das condições de sustentabilidade – 1996/2006. *(continuação)*

Aspectos considerados	1996 Implantação e funcionamento da ilha	2001/2002 Relatório de sustentabilidade	2002/2003 Relatório de sustentabilidade	2005/2006 Observações na temporada
Água	Foi desenvolvido um poço artesiano que fornecia água doce à ilha. Também foi desenvolvido um sistema de captação de água da chuva, que fornecia água a banheiros, casa dos funcionários, restaurante e quiosque de petiscos	O poço artesiano sofreu infiltração, contaminando a água doce. O sistema de captação de água da chuva foi aumentado por causa da demanda	O poço artesiano passou a captar água salobra na quantidade de 10.000 L, utilizada para as instalações sanitárias. O sistema de captação foi aumentado para 70.000 L	O sistema de captação de água da chuva foi aumentado para 90.000 L. As fontes de água doce foram mais bem aproveitadas, incrementando o abastecimento de água
Instalações sanitárias	Disponibilizaram-se três conjuntos de sanitários femininos e masculinos, e o anexo ao restaurante possuía um fraldário	Os sanitários localizados na Praia Central e na Prainha foram aumentados. Foi acrescido um conjunto de sanitários por causa das necessidades do *Adventure House*	Excluiu-se o serviço de fraldário do sanitário feminino anexo ao restaurante. Com exceção da exclusão do fraldário, as instalações sanitárias apresentaram a mesma situação	

(continua)

SUSTENTABILIDADE COMO ESTRATÉGIA DE DESENVOLVIMENTO | **831**

Quadro 36.1 – Análise das condições de sustentabilidade – 1996/2006. *(continuação)*

Aspectos considerados	1996 Implantação e funcionamento da ilha	2001/2002 Relatório de sustentabilidade	2002/2003 Relatório de sustentabilidade	2005/2006 Observações na temporada
Transporte de turistas	Destacou-se a utilização de barcos fretados por pescadores autônomos e outros próprios, além da empresa Porto dos Piratas com seus passeios de escunas	Identificou-se a reunião de alguns pescadores autônomos que formaram a Associação de Pescadores. Além desses, ainda se destacaram o Porto dos Piratas e os pescadores autônomos	A situação se manteve, destacando a Associação de Pescadores e as escunas do Porto dos Piratas. Além desses, ainda se destacaram embarcações de pescadores autônomos, a empresa Maremoto, *Caribbean* e a escuna Lendário de Bombinhas	A situação se manteve, com destaque para a Associação de Pescadores e as escunas. O catamarã *Caribbean* foi adquirido pelo proprietário da Casa do Turista, tendo seu nome modificado para Farol do Porto
Transporte do lixo	O lixo era transportado de acordo com a disponibilidade dos funcionários, não havia um horário determinado para esse serviço	Ocorria no final da tarde ou no início da manhã		Ocorria invariavelmente nos finais de tarde

(continua)

Quadro 36.1 – Análise das condições de sustentabilidade – 1996/2006. *(continuação)*

Aspectos considerados	1996 Implantação e funcionamento da ilha	2001/2002 Relatório de sustentabilidade	2002/2003 Relatório de sustentabilidade	2005/2006 Observações na temporada
Transporte de combustível para os geradores	O diesel era adquirido na Praia do Araçá e transportado pelo barco do próprio empreendimento, batizado de Caramuru. Essa atividade era realizada a cada oito dias	Era realizado pelos próprios funcionários uma vez por semana. O transporte era realizado no píer da Marina Atlântica a cada oito dias	Era adquirido na Marina Atlântica duas vezes por semana	Era adquirido na Marina Atlântica ou no posto de gasolina próximo ao trapiche duas vezes por semana
Transporte dos funcionários	Os funcionários da ilha eram transportados pelo Caramuru e os funcionários do restaurante e quiosque de petiscos por um barco próprio	Os funcionários e estagiários da ilha e das lojas utilizavam o barco Caramuru, de propriedade da ilha. Os demais funcionários utilizavam os serviços de barco fretado		Os funcionários e estagiários da ilha utilizavam o barco Caramuru, de propriedade da ilha. Os funcionários dos quiosques e das lojas (já que foi adquirida uma lancha pelo proprietário dos quiosques) estavam sendo transportados por um barco próprio, recém-construído. Os funcionários do restaurante Ilha de Pirão estavam sendo transportados por barco fretado

(continua)

Quadro 36.1 – Análise das condições de sustentabilidade – 1996/2006. *(continuação)*

Aspectos considerados	1996 Implantação e funcionamento da ilha	2001/2002 Relatório de sustentabilidade	2002/2003 Relatório de sustentabilidade	2005/2006 Observações na temporada
Poluição sonora	Relacionada principalmente aos geradores e à utilização de *jet skis*, lanchas, escunas e barcos			Relacionada principalmente aos geradores e à utilização de lanchas e escunas
Informações na ilha	As informações fornecidas aos visitantes na ilha eram explanadas pelos estagiários da Univali, contratados por meio de convênio entre o curso de Turismo e Hotelaria e o empreendimento			
Informações no continente	As informações no continente eram fornecidas principalmente pela população local e pelo escritório administrativo da ilha	Fornecidas principalmente pela comunidade local, pelo escritório administrativo e pelo Posto de Informações Turísticas de Porto Belo. Observou-se a implantação de placas informativas no continente	Identificou-se a implantação da Casa do Turista de Porto Belo que funciona com uma agência de turismo, onde a Ilha de Porto Belo é apresentada por meio de painel como a principal atração do município. Os funcionários explicam todas as opções de lazer oferecidas e apresentam todas as empresas que fazem o transporte de turistas para a Ilha	Verificaram-se os mesmos serviços relacionados nos outros anos, porém com destaque para os serviços do Catamarã Farol do Porto, pelo fato de pertencer ao proprietário da casa dos funcionários

(continua)

Quadro 36.1 – Análise das condições de sustentabilidade – 1996/2006. *(continuação)*

Aspectos considerados	1996 Implantação e funcionamento da ilha	2001/2002 Relatório de sustentabilidade	2002/2003 Relatório de sustentabilidade	2005/2006 Observações na temporada
Energia	Era proveniente de um gerador de 65 kVA	Produzida por dois geradores de 65 kVA de potência cada um	A energia elétrica da ilha provinha de quatro geradores, sendo dois grandes de 95 kVA, um pequeno de 5 kVA e outro médio de 12 kVA adquirido durante o ano de 2002. Os dois grandes trabalhavam em revezamento de 10h30 na alta temporada. Para a baixa temporada, utilizam-se o gerador de médio porte para o dia e o pequeno para a noite	Provinha de quatro geradores de 5 kVA, 12 kVA, 70 kVA e 90 kVA, utilizados como nos anos anteriores durante a temporada

(continua)

Quadro 36.1 – Análise das condições de sustentabilidade – 1996/2006. *(continuação)*

Aspectos considerados	1996 Implantação e funcionamento da ilha	2001/2002 Relatório de sustentabilidade	2002/2003 Relatório de sustentabilidade	2005/2006 Observações na temporada
Monitoramento do empreendimento	O empreendimento era monitorado por seus sócios, porém contou com a presença de um gerente, um supervisor administrativo e o auxílio de um estagiário	O setor administrativo contou com seus sócios, um gerente, um supervisor administrativo e um estagiário	A administração contou com seus sócios, um gerente, um supervisor administrativo, um coordenador do atendimento e um coordenador de trapiche	Contou com seus sócios, um gerente-supervisor administrativo e um coordenador do atendimento
Recursos humanos	O quadro funcional da ilha era representado por funcionários responsáveis pela manutenção e limpeza, estagiários responsáveis pelo atendimento, além de funcionários específicos do setor de alimentos e bebidas	Quadro composto por funcionários da manutenção e limpeza, estagiários distintos para o atendimento e pesquisa de demanda, além de funcionários específicos do setor de alimentos e bebidas e do *Adventure House*	Houve uma equipe de funcionários fixos e outra para a temporada: estagiários do atendimento, estagiários pesquisadores e funcionários das lojas, do setor de alimentos e bebidas e do museu *Adventure House*	Havia uma equipe de funcionários fixos e outra para a temporada: estagiários do atendimento, estagiários pesquisadores e funcionários das lojas, dos serviços de alimentos e bebidas e do Ecomuseu Univali
Manutenção dos equipamentos	Desenvolvia-se a manutenção corretiva dos equipamentos recém-instalados	Ocorreu a manutenção preventiva e corretiva		Ocorreu a manutenção preventiva, e posteriormente haveria a corretiva, se necessário

(continua)

Quadro 36.1 – Análise das condições de sustentabilidade – 1996/2006. *(continuação)*

Aspectos considerados	1996 Implantação e funcionamento da ilha	2001/2002 Relatório de sustentabilidade	2002/2003 Relatório de sustentabilidade	2005/2006 Observações na temporada
Qualidade da paisagem	Classificou-se entre as classes de qualidade visual da paisagem média e superior. Utilização de matéria-prima natural (palha santa fé e madeira) nos equipamentos e atividades implantados, adequados ao design sugerido pela sustentabilidade	A situação se manteve como em sua implantação	Foi construído um telhado ecológico sobre o quiosque tropical, mais conhecido como quiosque de petiscos. Originário da Europa, ele é constituído de fibras minerais e vegetais e não possui amianto, elemento cancerígeno. Esse tipo de telhado é mais leve, mais fresco, com melhor isolante térmico e possui dez anos de garantia	Todos os demais telhados, com exceção do quiosque de informações, foram substituídos pelo ecológico
Capacidade de carga	A capacidade de carga foi definida em um número limite de 1.879 pessoas por dia, que tem sido mantida até a temporada de 2006			

(continua)

Quadro 36.1 – Análise das condições de sustentabilidade – 1996/2006. *(continuação)*

Aspectos considerados	1996 Implantação e funcionamento da ilha	2001/2002 Relatório de sustentabilidade	2002/2003 Relatório de sustentabilidade	2005/2006 Observações na temporada
Animais	Os animais mais comumente presentes na ilha são: lagartos do papo-amarelo, tatu, gambá, cotia, lontra, cobras, insetos, aracnídeos e variadas espécies de aves	Observou-se a mesma situação, sendo identificados principalmente pássaros e lagartos		
Limpeza	A limpeza dos equipamentos e das instalações sanitárias era desenvolvida pelos funcionários da limpeza. O lixo era recolhido pelo pessoal da manutenção, assim como o rastelamento da praia	Manteve-se a mesma situação, a limpeza dos equipamentos e o rastelo eram realizados pela manhã e/ou conforme a necessidade no decorrer do dia		

(continua)

Quadro 36.1 – Análise das condições de sustentabilidade – 1996/2006. *(continuação)*

Aspectos considerados	1996 Implantação e funcionamento da ilha	2001/2002 Relatório de sustentabilidade	2002/2003 Relatório de sustentabilidade	2005/2006 Observações na temporada
Segurança / prevenção de acidentes	O empreendimento contou com visitas esporádicas da Polícia Militar, com extintores de incêndio. No mar, foi determinada uma área específica para banhistas, delimitada por bóias	A situação se manteve	Eram solicitados policiais militares quando havia a presença de cruzeiros marítimos, além da utilização de extintores e bóias para a delimitação da área para banhistas	A situação se manteve
Acesso	O principal acesso da ilha é o trapiche/flutuante, mas possui ainda passarelas elevadas e escadarias. Não foi identificado nenhum acesso adaptado para portadores de necessidades especiais			
Atividade dos barqueiros	Os barqueiros autônomos (pescadores) desenvolviam atividades de pesca fora da temporada de verão. Os funcionários da escuna possuíam contrato de caráter temporário e fora da temporada desenvolviam atividades das mais variadas espécies	Durante a temporada, além de transportar os turistas para a ilha, realizavam passeios pela baía e a pesca noturna do peixe-espada como opções turísticas		

Além disso, considerou-se a influência da visitação à Ilha João da Cunha na geração de empregos e de renda para a comunidade de pescadores da cidade de Porto Belo. As melhorias na ilha e o conseqüente aumento do seu número de visitantes fizeram com que os pescadores que realizam o transporte entre o continente e a ilha tivessem seus rendimentos incrementados com o aumento do número de viagens/dia realizadas, se comparadas com aquelas dos anos anteriores.

Os proprietários do empreendimento optaram por empregar mão-de-obra local nos serviços de transporte ilha-continente e de limpeza da área e de outros serviços gerais, e os responsáveis pela operação do restaurante e dos quiosques também optaram por empregar mão-de-obra local na prestação dos serviços de alimentação e de limpeza das instalações.

Conclui-se, portanto, que os esforços voltados para a sustentabilidade turístico-recreativa do local vêm obtendo êxito, uma vez que o empreendimento zela pela proteção dos aspectos físicos da área e pela rentabilidade econômica dos equipamentos pela comunidade local, obtendo resultados que atendem às necessidades da demanda e também dos empreendedores.

CONSIDERAÇÕES FINAIS

As pesquisas realizadas todos os anos ajudaram a reduzir os impactos, monitorando a interferência humana no meio físico da Ilha. Assim, identificaram-se problemas ou possíveis danos futuros que, depois de diagnosticados, foram resolvidos.

Como os serviços são intangíveis, o sentimento de qualidade deve ser despertado no visitante, para que ele tenha a percepção de tangibilidade. Agregar valor ao serviço, à infra-estrutura, ao atendimento, à higiene e ao produto é a melhor maneira de dar ao cliente a certeza de freqüentar um lugar onde existe a preocupação com suas necessidades e com a qualidade.

A importância de investir na atividade turística, bem como em sua qualidade, é evidente quando se vê o crescimento do país diretamente ligado a esse segmento da economia. Por essa razão, as pessoas que trabalham na Ilha de Porto Belo são capacitadas e recebem treinamentos especiais, enfatizando a consciência ambiental.

O crescimento da demanda resulta em aumento da rentabilidade e, por conseqüência, pode ser motivo de degradação do meio ambiente. Nesse ponto, a manutenção da qualidade do produto turístico é essencial, considerando que é a qualidade do produto que satisfaz o cliente. Assim, o empreendimento deve dar importância ao desenvolvimento sustentável, reduzindo impactos negativos e ampliando o ciclo de vida da localidade. Por ter uma capacidade de carga definida, a Ilha de Porto Belo tem seus impactos controlados. Porém, mesmo assim, a sazonalidade da região, aumentando e diminuindo o número de visitantes periodicamente, poderia ser um empecilho para o seu desenvolvimento.

De forma geral, pode-se afirmar que a qualidade é essencial e indispensável para os empreendimentos, em todos os seus setores, e deve ser vista e sentida por todos os clientes e colaboradores, levada a sério e alcançada por meio de treinamentos e normas seguidas no dia-a-dia.

Economicamente, o turismo é visto como uma indústria lucrativa. No entanto, essa visão não deve ser restrita. Lucro sim, mas com consciência de preservação. A Ilha de Porto Belo possui uma capacidade de carga definida a partir de estudos realizados sobre impactos ambientais, o que resultou na redução do número de visitantes diários. Mesmo assim, trata-se de uma história de sucesso, com sua vida útil ampliada e economicamente bem-sucedida. O macro e o microambiente analisados, com base em variáveis externas e ambiente interno, trouxeram ao empreendimento confiança para crescer sem comprometer a biodiversidade.

Assim, é importante destacar que o meio natural da Ilha de Porto Belo não sofreu significativo impacto desde a sua criação, podendo ser exemplo de um desenvolvimento com responsabilidade social. Os cuidados com os recursos naturais e humanos garantem o aproveitamento futuro e reduzem os efeitos negativos que o turismo pode causar.

A sustentabilidade de um empreendimento é a base fundamental para seu desenvolvimento, visto que, sem os cuidados necessários, não há uma vida útil prolongada, causando a redução da lucratividade, além da degradação do meio natural, necessário também para o desenvolvimento da comunidade local.

Desenvolvimento sustentável, responsabilidade social, ética, qualidade e respeito agregam valor e contribuem para a consolidação de uma atividade turística voltada às preocupações com o futuro da humanidade e do seu meio natural.

A Ilha de Porto Belo é um exemplo a ser seguido não só por empreendimentos em ilhas, mas por qualquer empresa que queira crescer e tornar-se exemplo por suas atitudes para com o meio ambiente ao longo dos anos, de forma ininterrupta, desde a sua implantação.

REFERÊNCIAS

BARRETO, M. **Manual de iniciação ao estudo do turismo.** Campinas: Papirus, 1995.

BOO, E. **Ecoturismo: potenciales y escollos.** Washington: World Wildlife Fund & The Conservation Foundation, 1990.

CEBALLOS-LASCURÁIN, H. **Tourism, ecotourism, and protected areas.** Gland, Cambridge: IUCN, Commission of the European Communities, 1996.

GIACOMINI, G. Atendimento e responsabilidade social como atributos da qualidade do turismo. In: LAGE, B.H.G.; MILONE, P.C. (Org.). **Turismo: teoria e prática.** São Paulo: Atlas, 2000; p. 63-7.

KANNI, F. Sustentabilidade e responsabilidade socioambiental nas empresas turísticas: a certificação ambiental no segmento de hospedagem. In: RUSCHMANN, D.; SOLHA, K. **Turismo: uma visão empresarial.** São Paulo: Manole, 2004.

LOZATTO-GIOTARD, J.P. Geographical rating in tourism development. **Tourism Manegement**, London, v. 13, n. 1, mar. 1992.

OLIVEIRA, A.P. **Turismo e desenvolvimento: planejamento e organização.** 4.ed. São Paulo: Atlas, 2002.

[OMT] ORGANIZAÇÃO MUNDIAL DO TURISMO. **Assembléia geral da OMT.** Santiago (Chile): OMT, 1999.

ROBBINS, S. **Administração: mudanças e perspectivas.** São Paulo: Saraiva, 2000.

RUSCHMANN, D. O desenvolvimento sustentável do turismo. **Turismo em Análise**, São Paulo, n. especial, Eco-92 no Rio de Janeiro, p. 42-50, maio 1992.

_____. **Turismo e planejamento sustentável: a proteção do meio ambiente.** 13.ed. Campinas: Papirus, 2006.

STODIECK, A.; KOHL, D.H.B. **Porto Belo: sua história, sua gente.** Blumenau: Odorizzi, 2001.

[UNIVALI] UNIVERSIDADE DO VALE DO ITAJAÍ. Glossário. **Turismo: visão e ação.** Itajaí: Univali, 2000.

Turismo em Paranapiacaba: 37
Revitalizando a Economia e Reabilitando a Vila

Ana Luisa Howard de Castilho
Arquiteta e Urbanista, Editora Neotropica

INTRODUÇÃO

Este capítulo apresenta o processo de estruturação do turismo como atividade de revitalização econômica e reabilitação física da Vila de Paranapiacaba. Como a Vila faz parte do município de Santo André, o texto procura demonstrar esse processo vinculado à preservação do patrimônio e às suas relações contemporâneas.

O princípio do debate sobre o turismo cultural, ambiental e urbano está inserido na caracterização do movimento ocorrido nas cidades durante o século XX. As transformações mundiais nesse século foram marcantes, o que certamente criou condições necessárias para a consolidação da atividade turística urbana.

O impacto espacial causado pela Revolução Industrial gerou a noção de urbanismo como ciência da concepção da cidade por meio do seu domínio. Parte fundamental das propostas e das experiências urbanísticas contemporâneas nasceu devido à necessidade de mudanças no processo de consolidação da cidade industrial. Dominar e controlar é a marca do início do século XX, momento em que as cidades passaram a ser vinculadas a racionalidade, funcionalidade, salubridade, eficiência e ordenação das funções. A resposta aos ideais daquele período foi baseada no conjunto dessas características.

GESTÃO AMBIENTAL E SUSTENTABILIDADE NO TURISMO

A exemplo do que ocorreu com a indústria tradicional, a dinâmica das cidades também foi se alterando. No campo de conhecimento do urbanismo, este fenômeno foi especialmente percebido nas cidades originadas ou implantadas durante o longo período em que se estabeleceu a industrialização. Uma das explicações para esse fenômeno é atribuída ao aperfeiçoamento da tecnologia industrial e à sua conseqüente redução da ocupação espacial, bem como aos empregos necessários para o funcionamento das indústrias tradicionais, o que gerou um estoque construído desocupado por causa da desconcentração e evasão de parte das empresas produtivas.

É nesse contexto, no último quarto do século XX, que se faz necessária a existência da revisão de atividades produtivas ou do setor terciário para recompor as cidades e sua economia. Assiste-se ao crescimento e ao desenvolvimento do setor de serviços conjugados à aceleração da mobilidade do capital internacional. David Harvey (2000) cunhou a expressão "empresariamento urbano" para explicar a ordem estabelecida entre as cidades contemporâneas e a economia mundial. O espaço urbano integra, definitivamente, o circuito de reprodução e valorização capitalista, e a imagem constitui o meio para que esse fim seja atingido.

Os projetos arquitetônicos e/ou urbanísticos impactantes materializam a imagem das cidades por intermédio de equipamentos culturais emblemáticos, edifícios-âncora como os museus ou as sedes empresariais transnacionais. A imagem, somada aos padrões de consumo, constitui elemento diferencial na competição das cidades pela atração dos setores de produção e de serviços (Compans, 1999). Os projetos elaborados por profissionais conhecidos e reconhecidos pelo mercado e o poder de grandes corporações (nacionais ou multinacionais, públicas ou privadas) possuem programas "temáticos", nos quais estão incluídos o resgate da memória do passado, a reciclagem de seus espaços e lugares, exposições e promoções – artísticas ou tecnológicas –, entre outros aspectos, ocupando lugares e situações estratégicas dentro da estrutura urbana. O produto de toda essa reorganização urbana, além de objetivar a atratividade de atividades econômicas tradicionais, vem explicitando o desejo de conquistar a atividade do turismo como geradora de desenvolvimento econômico e de transformação social.

A atividade turística tem sido considerada uma das alternativas contemporâneas de maior impacto nas cidades (Swarbrooke, 1998), principalmente por constituir um dos produtos da sociedade capitalista atual (Rodrigues, 2001).

CIDADE CONTEMPORÂNEA: HISTÓRIA, IMAGEM E PARQUE TEMÁTICO

As propostas de atividades direcionadas à vitalidade econômica das cidades são freqüentemente aceitas pelos cidadãos, porque asseveram a conquista de empregos e de receitas para beneficiá-los. Vicente Del Rio reforça essa idéia à medida que identifica no cidadão atual a sujeição ao formato contemporâneo de cidade. Esse cidadão percebe aos poucos a redução do seu papel como agente da produção do espaço, e parte para a procura de outra forma de ação, agora como consumidor do produto urbano. Por conta da posição conformista do cidadão atual, Del Rio (2000) o compara ao "filho obediente, no colo de uma mãe dedicada". Conclui-se, portanto, que os cidadãos preferem estar inseridos neste formato e aceitam a prática do "empresariamento urbano", por acreditarem que esta é a garantia para que a sua cidade esteja, ou permaneça, nas primeiras posições do "*ranking* dos lugares mais prósperos para se viver". Sendo assim, a cidade acaba por sintetizar o palco e o cenário de um espetáculo mutante e flexível, contando com protagonistas e público que respondem, voluntariamente ou não, aos interesses mundiais de considerável "instabilidade e volatilidade econômica" (Harvey, 2000). Vale retomar que na sociedade considerada pós-industrial o lugar da produção se torna, em geral, o objeto a ser consumido.

Na cidade contemporânea, a bela imagem de seu conjunto é fundamental para atrair o capital. Agregam-se à imagem da cidade: justificativas históricas, divulgação de informações positivas e eventos internacionais, festivais e instalações de equipamentos de proporções desproporcionais.[1] Para melhorar a sua imagem, a cidade contemporânea procura, cada vez com maior intensidade, ampliar as atividades e as ações para o alcance de seus objetivos, que passam a ser reconhecidos em qualquer parte do mundo, entre os quais o distanciamento entre a estrutura física e a histórica da cidade, originalmente interligadas, e a clara opção por simulacros urbanos e a obsessão pela segurança urbana.

Refletir sobre as cidades com base nesses ingredientes conduz diretamente à idéia – já bastante conhecida desde 1955 – de parque temático, cuja origem é atribuída a Walt Disney. O conceito de parque temático pro-

---

[1] Como as imensas árvores de Natal, os variados relógios comemorativos etc.

posto por Disney visa surpreender e entreter todas as faixas etárias da população e a maioria das classes sociais consumidoras. Reforçando essa tendência, verifica-se o surgimento de uma designação para os espaços urbanos inspirados no modelo do parque temático, isto é, "disneyficado" ou, em sua forma original, *disneyfication*.

Autores de diversas formações (Huyssen, 2000; Samuel, 2000; Reichl, 1999) apontam o processo de disneyficação como o responsável pela criação de sonhos e fantasias incorporados às intervenções urbanas e consideram qualquer edificação, como estações ferroviárias, mercados municipais, instalações portuárias e edificações fabris, uma candidata ao cenário para os novos usos urbanos de lazer, entretenimento, cultura e, finalmente, consumo (Vargas e Castilho, 2006, p.41).

Por sua vez, a política cultural constrói a base para o discurso político de uma pauta progressista e auxilia na aceitação social de projetos urbanos, reforçando o caráter mais democrático da intervenção.

O parque temático, cujo tema é a história, oferece uma nova modalidade para solucionar os lugares considerados degradados. Todavia, ressalta-se que essa alternativa, especialmente quando se fundamenta em parte de seu conceito e relaciona-se ao espaço público ou ao patrimônio edificado, pode: ampliar as possibilidades de exclusão social; não corresponder às expectativas de entretenimento de todas as faixas etárias; alterar a imagem do lugar; e agilizar seu desgaste.

As intervenções urbanas que procuram melhorar a imagem das cidades contemporâneas continuam promovendo preocupantes segregações sociais em todo o mundo. As populações que em geral ocupam as áreas passíveis de intervenção são economicamente pobres e, quando removidas, voluntária ou involuntariamente, tendem a ocupar as áreas mais baratas e vizinhas à intervenção, neste caso, com condições mais precárias de uso. Pela observação é possível concluir que há possibilidade dessa situação ampliar o conflito entre os "novos" ocupantes (comerciantes, turistas etc.) e os "antigos". O Pelourinho, em Salvador (BA), é um dos exemplos conhecidos que reforça a exclusão da população fixa no processo de intervenção urbana, a qual auxilia na formação de uma cidade dividida em áreas de alto consumo e de concentração de pobreza. Otília Arantes (2000) atenta para a necessidade de avaliar a reversão do processo de deterioração pelo viés dos promotores da requalificação urbana, muitas vezes o próprio governo local. Para a filósofa, esses promotores usam o sentido de valor – valorização – associando somente ao bom negócio imediato, sem a preocupação de avaliar as conseqüências no médio prazo, a exemplo de outros tipos de intervenção do poder público.

O bom negócio normalmente está associado à implantação da atividade turística que, como afirmam seus promotores, gera trabalho e renda suficientes para contribuir com a economia das cidades, reduzindo a relevância de outras condicionantes para que esses objetivos sejam alcançados e conduzindo esses processos, muitas vezes de modo desordenado e precipitado, como se a atividade do turismo possibilitasse a solução de todos os problemas da economia local e conseqüentemente do funcionamento das localidades.

GRANDE ABC, SANTO ANDRÉ E VILA DE PARANAPIACABA: ADAPTANDO-SE AOS NOVOS FORMATOS MUNDIAIS

A região metropolitana de São Paulo é composta por 39 minicípios, entre eles está o Grande ABC, o qual é formado por sete municípios: Santo André, São Bernardo do Campo, São Caetano do Sul, Diadema, Mauá, Ribeirão Pires e Rio Grande da Serra. A região tem cerca de 2,3 milhões de habitantes distribuídos em uma área de aproximadamente 842 km².

A reestruturação produtiva, ocorrida a partir dos anos de 1980 no âmbito internacional, foi acompanhada pelo ABC, que viu crescer a diversificação de sua economia, reafirmada pelo setor terciário com a construção de empreendimentos como hotéis, universidades e shopping centers, segundo os dados da Agência.[2]

Durante os anos de 1990, ocorreu uma série de debates sobre as perspectivas econômicas para a região que, desde a década de 1920, houvera se caracterizado pela atividade industrial e pelo modal ferroviário. A Agência de Desenvolvimento Econômico do Grande ABC foi criada em 1998 para constituir o fórum específico destinado ao exame e à proposição de questões regionais. A Agência é uma organização não-governamental (ONG) e originalmente foi estruturada para contribuir com a gestão dos seguintes projetos regionais:

---

[2] Disponível em: http://www.agenciagabc.com.br. Acessado em: 22/5/2006.

- Estabelecimento das ações de marketing regional, com a finalidade de atrair novos investimentos;
- Produção de conhecimento sobre os processos econômicos em curso na região;
- Estímulo de pequenas e médias empresas;
- Criação de um pólo tecnológico e de requalificação para o trabalho por meio de instituições de ensino.

Essas ações objetivaram fomentar o que se definiu na época de sua constituição como cadeias produtivas, históricas ou não, do Grande ABC. Essas cadeias produtivas são representadas pelos setores: metal-mecânico, químico, moveleiro e turístico. Este último, fundamentado no patrimônio histórico e natural, considera o Parque Estadual da Serra do Mar, a Estrada Velha de Santos e a Vila de Paranapiacaba.

A reestruturação produtiva, ocorrida a partir dos anos de 1980, foi responsável pela figuração do Município de Santo André entre as cidades da Região Metropolitana de São Paulo que mais sofreram com a desocupação das áreas industriais. No sentido de combater esse esvaziamento, foram encaminhadas propostas de planos e projetos de intervenção indicando as possibilidades para que a cidade atingisse os fluxos pretendidos, considerando a integração entre os eixos viários e ferroviários presentes no município. Santo André apostou na idéia de inserção da cidade no mercado mundial por meio de ações ancoradas no planejamento. Para iniciar, foi proposto um concurso para a área do Eixo Tamanduatehy, que se baseava na reunião de arquitetos e urbanistas de diversos países com objetivo principal de refletir sobre áreas industriais obsoletas em um dos principais eixos de ligação e desenvolvimento da região metropolitana. A relevância desse concurso foi introduzir a discussão no Brasil por meio de um exemplo concreto de Planejamento Estratégico para as cidades, naquela época já bastante difundido na Europa como solução para problemáticas similares. Paralelamente a esse concurso e como consta dos planos de governo da época, a Vila de Paranapiacaba começa a pertencer aos planos da administração do município de Santo André.

Cerca de 33 quilômetros separam a Vila de Paranapiacaba da sede do município de Santo André, ao qual pertence. A distância, agregada à pouca freqüência de transportes coletivos, colaboraram para a dificuldade de trânsito dos moradores da Vila até a área central do município, bem como da sede até a Vila.

Devido a essas condições, até o início dos anos de 1990 alguns moradores não sabiam ao certo a que município a Vila pertencia, pois, para abastecimento e serviços, os moradores de Paranapiacaba deslocavam-se para os municípios mais próximos, Rio Grande da Serra ou Ribeirão Pires.

Na tentativa de reverter essa condição, entre 1989 e 1992 foram definidas duas condutas: a mudança da forma de gestão na Vila pela Prefeitura Municipal de Santo André (PMSA) e a aproximação na relação entre a prefeitura e os cidadãos. O primeiro programa de ação proposto pela prefeitura foi o "Viva Cidade", que optou pela inclusão e pelo reconhecimento da Vila de Paranapiacaba no conjunto de bairros do município. A forma de gestão escolhida no sentido de alcançar o alvo foi criar Centrais de Atendimento baseadas na descentralização administrativa.

As ações da administração pública nas áreas servidas pelas Centrais concentravam-se no atendimento geral do público, incluindo solicitações e orientações técnicas, além da manutenção de vias; da limpeza urbana; dos serviços de drenagem; da fiscalização e do controle de zoonose, entre outros serviços. Porém, o espaço de decisão permanecia no Paço Municipal de Santo André, no centro administrativo do município.

Em 1991, a Central de Atendimento foi estruturada como uma administração regional, passando a ser denominanada: Regional de Paranapiacaba. Apesar de inovadora, a medida não alterou a rotina de atividades, que permaneceu conduzida por uma pequena equipe até 1997. O lado positivo dessa medida administrativa foi o auxílio, prestado pela regional, na construção da identidade andreense para os moradores da Vila. No relatório de realizações da gestão 1997-2000 de Santo André, a Vila de Paranapiacaba não se enquadrava entre as regiões beneficiárias por ações abrangentes. No período compreendido entre março de 1999 até junho de 2000, foi elaborado o "Plano de Desenvolvimento Sustentável da Vila de Paranapiacaba". O objetivo do Plano consistia na apresentação de um conjunto de propostas alternativas para que se implantasse um novo modelo de desenvolvimento sustentável inovador para a Vila.

A hipótese norteadora do Plano considerou o perfil histórico-cultural, a ocupação e a localização geográfica da Vila de Paranapiacaba, qualificando-a como singular frente às esferas regionais e metropolitanas, estabelecendo assim alguns vínculos para reforçar o seu potencial para os investimentos dos diferentes níveis dos setores público ou privado.

Em 2001 foi implantada a subprefeitura, em substituição da Regional de Paranapiacaba. Por meio dessa ação iniciou-se uma outra etapa do processo de descentralização e gestão, com realizações em diferentes focos e com outras condições de intervenção, devido à aquisição pela prefeitura, em 2002, da propriedade Rede Ferroviária Federal S.A., que constituía a Parte Baixa da Vila de Paranapiacaba. Essa nova etapa incorpora à gestão da Vila a atividade turística como fundamental para o desenvolvimento econômico de Santo André e passa a ser executada por meio da Subprefeitura de Paranapiacaba e Parque Andreense (Santo André, 2004b). Desde os anos de 1980, descobrir a vocação principal da Vila de Paranapiacaba tornou-se um desafio, haja vista que o retorno à função de Vila Ferroviária não era necessário. Após diversas propostas de planos e projetos, desenvolvidos durante a década de 1980, nasce a alternativa do turismo comum a todas elas: a implantação do desenvolvimento sustentável da atividade turística.

Conseqüentemente, a implantação da atividade turística compôs o conjunto de estratégias da administração municipal da gestão 2001-2004 da subprefeitura (Lume, 2006). São elas:

(1) A integralidade da região à dinâmica da cidade, isto é, articulando o projeto de uso e ocupação da região de proteção aos mananciais, ao planejamento estratégico da cidade, com a visão de futuro traçada para Santo André e com instrumentos formatados para preparar esse futuro. (2) As possibilidades de uso econômico do solo (já que a Legislação de Proteção aos Mananciais, preconizando regras que indicavam a proteção pelo não uso do território, mostrou-se ineficiente). (3) A compatibilidade com a produção de água potável, conciliando usos com a conservação dos recursos naturais que direta ou indiretamente contribuem com a produção de água (como a proteção de florestas e nascentes e a conservação de matas ciliares). E, por fim (4) **a transformação da Vila de Paranapiacaba em um destino turístico.** (Santo André, 2004b, p.51)

A conclusão do Plano Diretor Estratégico do município de Santo André, em 2004, decompõe-se em ações à medida que define e delimita a Vila em Zona Turística de Paranapiacaba,[3] bem como cria a Zona Especial

---

[3] DA ZONA TURÍSTICA DE PARANAPIACABA

Art. 57. A Zona Turística de Paranapiacaba, que inclui a Vila de Paranapiacaba e se estende até a região de Campo Grande, caracteriza-se por terrenos de declividades médias, pela existência de recursos naturais de interesse ambiental e pela presença de patrimônio histórico-cultural significativo.

de Interesse do Patrimônio[4] da Vila de Paranapiacaba (Zeipp) com objetivo de proteger e recuperar o ambiente construído, bem como valorizar a paisagem por meio do desenvolvimento sustentável (Santo André, 2004a).

CONDICIONANTES PARA A IMPLANTAÇÃO DO TURISMO NA VILA DE PARANAPIACABA

Situação de domínio e fundiária

Até 2002, os proprietários da Vila eram os seguintes: a Parte Baixa pertencia à Rede Ferroviária Federal S.A. (RFFSA), o pátio ferroviário estava sob concessão para os trens de carga da MRS Logística, a Parte Alta definia-se como área devoluta do município e o Rabique, que constitui uma parcela ainda menor, encontra-se entre a malha ferroviária e a Reserva Biológica da Serra do Mar. Para completar o cenário natural ao redor da Vila, existem terras anexas ao Parque Estadual da Serra do Mar e à Reserva Biológica do Alto da Serra de Paranapiacaba, além de terras de propriedade particular, entre os limites do Parque e a área urbana da Vila. (Figura 37.1)

Em 2002, a prefeitura de Santo André comprou parte significativa da propriedade da RFFSA. Além das terras, a prefeitura também adquiriu o patrimônio edificado pertencente à Rede, o qual inclui todos os imóveis que são licenciados aos moradores (Lume, 2006).

Para o turismo, a situação fundiária é o aspecto que mais interfere na elaboração de um plano. Relações entre proprietário, administração municipal e locatário, morador recente ou não da Vila, é desequilibrada, considerando que o propositor dos projetos normalmente é o proprietário, que nesse caso coincide com o poder público. Também deve-se considerar que, culturalmente, a propriedade é de quem dá sustentação ao patrimônio e amplia o desejo de sua valorização. Além do plano, no caso de Paranapiacaba as ações relativas ao turismo também são de iniciativa da

---

[4] DAS ZONAS ESPECIAIS DE INTERESSE DO PATRIMÔNIO

Art. 71. As Zonas Especiais de Interesse do Patrimônio, Zeipp, são áreas formadas por sítios, ruínas e conjuntos de relevante expressão arquitetônica, histórica, cultural e paisagística, cuja manutenção seja necessária à preservação do patrimônio cultural do Município.

Figura 37.1 – Foto da maquete da Vila de Paranapiacaba apresentada na Bienal de Arquitetura de 2007. A Parte Alta – à direita – opõe-se à Parte Baixa, à esquerda da foto. Ao centro, o leito ferroviário, sob concessão da MRS-Logística.

administração municipal, o que reitera a relação tradicionalmente paternalista entre cidadão e Estado, que é de difícil dissolução.

População local: uma parceria a ser conquistada

Desde a década de 1950, o direcionamento tecnológico e de investimentos brasileiros já vinha reduzindo sua participação no desenvolvimento e no crescimento do modal ferroviário. Essa redução foi definitiva para os moradores da Vila à medida que diminuíram os postos de trabalho e a necessidade de trabalhadores residentes em Paranapiacaba. A desnecessidade de trabalhadores na Vila e a ausência de novas alternativas de emprego auxiliaram no decréscimo da população da Vila de 2 mil para mil habitantes em meados da década de 2000.

Além da gradativa perda de população, esta não se percebia incluída nas políticas sociais do município de Santo André.[5] Também as regras para parte da população da Vila – no que se referia à utilização dos imóveis de propriedade da RFFSA – partiam de algumas pessoas de confiança da empresa, distanciando ainda mais a possibilidade de coordenação da área pelo poder público. Esse quadro foi fundamental para ampliar a dificuldade da relação dos moradores com os projetos iniciados nos anos 2000 pela Subprefeitura de Paranapiacaba e Parque Andreense (SPPPA).

Frente à aquisiçao da propriedade da RFFSA pela prefeitura de Santo André, a SPPPA foi induzida a elaborar e a implantar, com agilidade, um plano de ação para apresentar à comunidade local que constituiria, entre outros aspectos, uma peça-chave na definição da implantação da atividade turística em Paranapiacaba. Era sabido que o turismo iria interferir diretamente no cotidiano dos moradores, assim sendo, incorporá-los era imprescindível. Na busca por subsidiar essa incorporação, a Subprefeitura efetuou pesquisa na qual avaliou que a maioria dos moradores não possuía relação cultural e histórica com a Vila Ferroviária.

No entanto, findou por contrariar o princípio estabelecido da participação efetiva da comunidade no processo e decidiu, para efeito do projeto turístico, diretrizes em dois segmentos: 1) o temático ferroviário e 2) o ecoturismo (Santo André, 2004b, p.61). Contudo, duas condicionantes permaneceram na relação dos moradores com a atividade turística: a permanência daqueles e a criação de atividades econômicas direcionadas à visitação da Vila que seriam conduzidas por sua comunidade (Santo André, 2004b).

Tombamentos

O Decreto-Lei n.25/37 conceituou o patrimônio histórico e artístico brasileiro. Esse mesmo decreto marcou a inscrição dos bens patrimoniais nos Livros de Tombo – o que define o tombamento.

---

[5] Estimativa de 2006 fornecida pela Subprefeitura de Paranapiacaba (conforme dados do levantamento socioeconômico da VHR – Pesquisa de Mercado e Assessoria em Marketing).

As três esferas de governo tombaram. Os processos iniciados ainda na década de 1980 culminaram no tombamento da Vila de Paranapiacaba, primeiramente pelo Estado (1987), em seguida pela Federação (2002) e finalmente pelo município (2003).

Os tombamentos foram conseqüência da importância histórica da Vila e da necessidade de conter a dilapidação de seu legado, como a que houve com a antiga estação de 1870, que operou até 1979, ocasião em que uma tímida estação passou a ser utilizada pela RFFSA. Também a ferrovia propriamente dita foi alterada quando:

> a Serra Nova foi desativada em 1981, e as residências deste trecho foram demolidas, dando lugar ao novo pátio de manobras e à subestação de energia elétrica (onde havia sido instalada a primeira estação ferroviária). Esta subestação passou a alimentar a Vila e o sistema cremalheira-aderência. (Castilho, 1998)

Em 1981, um incêndio suspeito acabou com um dos mais importantes patrimônios da Vila. Diante do quadro de degradação crescente do patrimônio histórico capitaneado pelo movimento civil, iniciou-se na década de 1980, a luta pela preservação da Vila, da reserva florestal e pela recuperação do sistema ferroviário.

O turismo, da forma desordenada como foi sendo consolidada, contribuía com a degradação física e passou a ser visto pelos moradores como mais um agente da deterioração moral da Vila. O tipo de atividade turística existente na Vila, devido ao apelo da aventura facilitado pela proximidade da Mata Atlântica, era de difícil controle, porque o acesso era feito por meio do trem de passageiros, que tinha horários freqüentes e tarifa baixa.[6] A ausência da fiscalização e a divulgação das facilidades decorrem na ampliação dessa prática de turismo parcialmente desestruturada e considerada predatória.

No sentido de conter a degradação do patrimônio, em 1982 foi criado o Movimento Pró-Paranapiacaba, composto pela Associação dos Engenheiros e Arquitetos do ABC e por professores e alunos da Faculdade de Arquitetura e Urbanismo da Universidade de São Paulo. Ainda nesse ano,

---

[6] Desde a interrupção do transporte ferroviário de passageiros da Estação da Luz diretamente para Paranapiacaba, em 2002, o principal meio de acesso à Vila se dá pelo transporte rodoviário, por meio da Via Anchieta, Rodovia Índio Tibiriçá e SP-122.

foi protocolado o guichê no Condephaat para o estudo do tombamento da Vila de Paranapiacaba. Em 1983 ocorreu o 1° Simpósio Pró-Paranapiacaba e, em seguida, a criação da Comissão Oficial Pró-Paranapiacaba, iniciativa da prefeitura de Santo André, que unia pela primeira vez secretarias municipais, a RFFSA e o Preserve (órgão responsável pela preservação do patrimônio ligado à história da evolução dos transportes). No ano de 1984, uma minuta de lei regulamentou a "área de proteção ambiental e de interesse de preservação do distrito de Paranapiacaba", bem como com a criação da Comissão Especial Pró-Paranapiacaba (Castilho, 1998).

Diversas iniciativas reforçaram a importância do patrimônio histórico da Vila a partir de 1985. Sob a organização da Comissão Especial Pró-Paranapiacaba e da Emplasa, foi proposto o Seminário Pró-Paranapiacaba. O programa de preservação histórica do Ministério dos Transportes indica, por meio da Portaria n.312, a Vila de Paranapiacaba como de interesse histórico. O guichê protocolado no Condephaat encaminhou o estudo de tombamento do conjunto de Paranapiacaba pelo Condephaat em 1985.

Entretanto, nesse mesmo ano, a RFFSA, fez a primeira tentativa de venda do conjunto da Vila, justificando não haver recursos financeiros para a sua manutenção. O Condephaat posicionou-se contrário à venda e defendeu a posição de que, para preservar o conjunto, a melhor maneira seria manter todos os bens sob a propriedade da RFFSA. Para isso, o Condephaat em parceria com a SNM-Emplasa e a PMSA elaboraram um plano abrangente que considerou o Plano Diretor, bem como as diretrizes específicas e os mecanismos de captação de recursos públicos e privados para que investimentos fossem permitidos na Vila.

O plano da Emplasa foi entregue no final de 1986 e, no ano seguinte, o tombamento de Paranapiacaba foi divulgado pelo Condephaat. O processo de tombamento apoiou-se em levantamentos históricos e arquitetônicos e delimitou a área a ser tombada.

Desse modo, o tombamento propôs a consideração de diferentes formas e critérios de intervenção, contudo, não os definiu. A historiografia ampara o pedido de tombamento especialmente concentrada nos documentos da Parte Baixa, não havendo dedicação semelhante com relação aos documentos da Parte Alta, apesar de sua relevância e contemporaneidade para a história da Vila.

Outro aspecto da abordagem no processo foi observado no que diz respeito à população moradora. Nesse momento, essa população não foi consultada e seu envolvimento oficial com o destino da Vila foi pequeno.

GESTÃO AMBIENTAL E SUSTENTABILIDADE NO TURISMO

A mesma característica de distanciamento da realidade foi imposta ao se verificar os tipos de restrições para a Vila. Essas restrições eram comuns a boa parte dos lugares tombados, independentemente do contexto em que era apresentado.

No Instituto do Patrimônio Histórico e Artístico Nacional (Iphan), o processo de tombamento da Vila foi iniciado em 1985 e finalizado em 2002. Para justificar esse tombamento, a história do conjunto, especialmente a Parte Baixa, foi valorizada. Também foram ressalvos os bens móveis, máquinas, equipamentos, locobreques, locomotivas e vagões, tudo contido em uma poligonal que delimitou a área do tombamento. O processo propõe, ainda, que a história da Vila seja valorizada também em seu nome: Vila Ferroviária de Paranapiacaba.

O tombamento de Paranapiacaba pelo Conselho de Defesa do Patrimônio Cultural da Cidade de Santo André (Comdephaapasa) foi apresentado em 17 de dezembro de 1996 e relançado em 9 de agosto de 2002, com a referência à Ata (109) de reunião de 7 de fevereiro de 2002. Mas a sua homologação ocorreu somente em 7 de julho de 2003 após um longo debate sobre a condição fundiária da Vila.

Para a Comdephaapasa, a área do tombamento foi ampliada, se comparada à area das demais instâncias de tombamento, considerando toda a área urbana da Vila – Parte Alta e Parte Baixa – e o ambiente natural ao redor. Além do núcleo urbano e da área natural, também a linha férrea e seus complementos foram tombados.

Na conclusão do processo, o grupo de estudos composto por conselheiros e corpo técnico escolhidos para estudar o tombamento da Vila de Paranapiacaba, informou sobre a necessidade de regulamentação posterior nas áreas tombadas. Nesse sentido, não havia definição dos critérios de intervenção e do corpo técnico. A imagem de patrimônio presente nesse tombamento é conservacionista (se considerado o patrimônio edificado) e preservacionista (se considerado o patrimônio natural).

Em resumo, os conceitos presentes nas três esferas governamentais que tombaram a Vila estão entre o conceito de patrimônio histórico (Iphan) e o de patrimônio ambiental urbano (Condephaat e Comdephaapasa).

Por meio da delimitação dos tombamentos, conclui-se que há interesse na preservação de determinadas áreas. Entretanto, verifica-se também o quão difícil passa a ser intervir na Vila e em seus arredores, pois as restrições decorrentes dos tombamentos dificultaram, em alguma medida, a permanência de população moradora na Vila, que preferiu abandonar seus imóveis em vez de enfrentar os trâmites inseguros das aprovações das obras de conservação.

Ambiente natural

A Vila de Paranapiacaba e seus arredores constituem um território histórico e ambiental de relevância para o Brasil. Mas foram as características ambientais que contiveram a característica peculiar do conjunto.

Depois dos anos de 1970, diversas normas procuraram conservar o patrimônio ambiental em Paranapiacaba. A idéia central era preservar a paisagem da Vila, com suas edificações e outras áreas compostas pelos rios, as vertentes, as escarpas e a cobertura vegetal.

Entre as normas que incidem diretamente na Vila de Paranapiacaba, o destaque é dado ao Código Florestal de 1965 (Lume, 2006) que definiu as Áreas de Preservação Permanente (APPs), os quais controlam a retirada da cobertura vegetal. As normas desse código foram enfatizadas pela promulgação do Decreto Federal n.750/93, da Política Nacional do Meio Ambiente, e também da Lei Federal n. 6.766/79.

A Legislação de Proteção aos Mananciais, criada na década de 1970 e ainda em processo de reformulação (Lume, 2006), objetivou a proteção dos mananciais para o abastecimento público. Para esse fim, passam a ser regulamentadas as possibilidades de uso e ocupação do solo. De acordo com essa legislação, "Paranapiacaba se enquadra em área de 2ª Categoria, Classe A; e a faixa envoltória ao núcleo urbano, com largura aproximada de 100 m, corresponde à área de 2ª Categoria, Classe B" (Lume, 2006).

A normatização e a legislação interferem diretamente na elaboração de projetos direcionados à atividade turística, especialmente nas propostas de atividades que incluam o Parque Estadual da Serra do Mar, a Reserva Biológica do Alto da Serra de Paranapiacaba e o Parque Natural Municipal: Nascentes de Paranapiacaba.

PLANO DE TURISMO

A proposta de plano turístico para a Vila de Paranapiacaba vincula-se diretamente com a política de desenvolvimento estratégico do município de Santo André no que se refere à divulgação turística do Plano Patrimônio, do Programa de Divulgação Turística e do Fomento das Atividades Turísticas.

O Plano Patrimônio foi elaborado para definir as estratégias para a transformação da Vila em um centro turístico relevante para o turismo nacional. Esse plano teve como fundamento as estratégias para o longo prazo e as ações, de acordo com as prioridades, de curto e médio prazos (Figura 37.2). A estrutura do plano é clássica: diagnóstico, inventário e valorização de recursos, pesquisas de opinião com os turistas, pesquisas relacionadas aos operadores tanto do mercado externo como do mercado local.

Desde a sua concepção, o Plano Patrimônio requereu um plano operacional para contemplar as atuações urgentes e as de longo prazo, de modo a servir de instrumento de gestão para direcionar a captação de investimento públicos e privados na área turística.

Figura 37.2 – Logomarca criada para o Plano Patrimônio.

O Programa de Fomento das Atividades Turísticas foi criado para monitorar o movimento de turistas na Vila, especialmente nos finais de semana. Indiretamente, esse programa deveria responder pelas informações que definem a capacidade máxima da Vila.

Instituiu-se um calendário de eventos culturais e foi criado, além de outros eventos como o Dia do Ferroviário, o Festival de Inverno. A programação estruturada sob a forma do calendário teve duas finalidades: divulgar a Vila e seu patrimônio e gerar oportunidades para a obtenção de renda passível de movimentar a economia local. De acordo com um trabalho conjunto entre a prefeitura de Santo André e a Agência Canadense para o Desenvolvimento Internacional:

> o tipo de desenvolvimento econômico fomentado na Vila, empreendedores sociais, é baseado na orientação da ação empreendedora não apenas para o lucro, mas para uma "economia solidária" (Santo André, 2004b, p.79).

O último programa do plano turístico atentou para a comunidade local, criando canais de informação com o objetivo de ampliar as condições e oportunidades da participação popular nas decisões da administração pública. Denominado Programa de Divulgação Turística, foi responsável também pela divulgação externa da Vila. As mídias de divulgação propostas foram: um jornal mural denominado *Bilhete*, a rádio comunitária "Fog FM", o boletim *Paranapiacaba em Casa* e a folheteria educativa. Para auxiliar na obtenção de informações sobre a Vila, foram elaborados *folders* e guias, além do quadro de horários do transporte coletivo e localização dos atrativos.

Acionaram-se as operadoras turísticas por meio de oito *fantours* até 2004, foi apresentado o plano de desenvolvimento turístico para as agências de turismo da região e implantou-se o receptivo turístico da Vila.

Para completar esses investimentos, a Subprefeitura procurou coordenar o grupo de turismo do Consórcio Intermunicipal.

A SPPPA conta com uma gerência específica de turismo na Vila de Paranapiacaba que tem como objetivo a sustentabilidade da atividade turística por meio do envolvimento da comunidade em seus projetos. Entre outras atividades, a Gerência de Turismo encaminha as seguintes ações: coordena o funcionamento dos atrativos turísticos na Vila, como o Museu Castelo, o Clube Lyra, o antigo mercado, a Casa Fox e os centros de informação turística; controla os receptivos turísticos da Vila; gerencia o programa de qualificação de serviços turísticos e certificação[7] por meio do controle dos empreendimentos; elabora relatórios estatísticos; além de exercer outras funções.

---

[7] Certificação 5º Patamar foi criada para valorizar os bons serviços de ateliês residência, *bed and breakfast*, portas abertas e *fog* & fogão, de acordo com critérios definidos pela Subprefeitura.

FESTIVAL DE INVERNO, UM CAPÍTULO À PARTE

A primeira edição do Festival de Inverno foi realizada em 2001[8] e 12 mil visitantes passaram pela Vila. Em 2005, como resultado da parceria entre o poder público, a comunidade local, as empresas privadas, as organizações do terceiro setor, as instituições de ensino, os produtores culturais e demais prefeituras da região, participaram do evento 69 mil pessoas.[9] A programação do festival é bem variada: música erudita, *jazz*, samba, MPB e música eletrônica. Nesse evento também ocorrem performances gratuitas. Tanto o morador quanto o turista têm à sua disposição atividades de lazer, estandes de artesanato e uma variedade gastronômica (Figura 37.3).

Os comerciantes são otimistas quanto ao resultado do Festival de Inverno, segundo Cavalcanti e Glauber (2005): "Zilda Bergamini, proprietária do Bar da Zilda e presidente da Aehasp (Associação de Empreendedores de Hospedagem, Alimentação e Serviços de Paranapiacaba), conta que seu estabelecimento registrou movimento 30% maior nos dias de festival".

Com base nos dados de visitação turística dos últimos quatro anos, a subprefeitura tem como meta atrair aproximadamente quinhentos visitantes por dia, de terça a sexta-feira, 2 mil visitantes no sábado e 4 mil no domingo. Durante o Festival de Inverno, o objetivo é manter um número de até 15 mil visitantes por dia, provendo a Vila de uma infra-estrutura complementar especialmente criada para o evento.

Para adaptar a Vila aos almejados números de visitação, a administração local vem desenvolvendo projetos no sentido de:

- Diversificar e melhorar a estrutura de leitos, com a oferta de outras modalidades além das pousadas existentes, como infra-estrutura para *campings*, albergues ou hotéis;

---

[8] Este foi o primeiro ano da gestão da Subprefeitura de Paranapiacaba e Parque Andreense.

[9] Dados do Relatório da Gerência de Turismo da SPPPA, de novembro de 2005.

Figura 37.3 – Festival de Inverno de 2007.

- Verificar soluções alternativas para estacionamentos, considerando a possibilidade de criação de um bolsão na Parte Baixa da Vila.
- Ampliar a estrutura de banheiros públicos;
- Criar espaços livres e cobertos para convivência dos turistas, com infra-estrutura para realização de lanches ou piqueniques vinculados a instalações de apoio – como sanitários, bebedouros etc.;
- Estudar a possibilidade de retomar o trem turístico na Vila de Paranapiacaba.

Paranapiacaba é atraente ao turismo, no entanto, é necessária a associação de outras atividades a essa vocação para que sejam assumidas outras dimensões ao seu funcionamento. A reflexão sobre esse assunto conduziu à apresentação de algumas diretrizes de intervenção para a Vila de Paranapiacaba: sociais, estruturas físicas e funcionais, possibilidades econômicas e produtivas, gerenciamento e culturais (Castilho, 1998), descritas a seguir:

Sociais:

- Garantir as condições de habitabilidade na Vila;
- Definir zonas restritas à habitação para preservar a privacidade dos moradores da Vila perante as propostas de novas atividades econômicas, principalmente as de característica de grande fluxo, como a turística;
- Priorizar o envolvimento da população local nos programas de educação ambiental e de manutenção da Vila;
- Incentivar a formação de organizações civis para estruturar os seus projetos e captar recursos próprios.

Estruturas físicas e funcionais:

- O processo de reabilitação de Paranapiacaba deve assegurar a transformação de maneira coerente com a história do lugar e fundamentada no ambiente, como ferramenta operativa de apoio à memória coletiva;
- A preservação do patrimônio cultural da Vila de Paranapiacaba deve considerar intervenções espaciais contemporâneas que respeitem as características morfológicas, suas tendências e orientações;
- É necessário reconstituir a paisagem natural em algumas áreas para a ordenação da paisagem natural e edificada da Vila;
- Deve ser revisto o traçado da estrada que dá acesso à Parte Baixa da Vila;
- Restaurar o maior número de edificações possíveis;
- Manutenção do suporte ferroviário existente, dando-lhe uma nova dimensão mediante a reinterpretação de sua função original com a conservação da passagem do transporte de carga;
- Preservar ao máximo o traçado urbano da Parte Baixa e da Parte Alta.

Possibilidades econômicas e produtivas:

- Capacitação dos visitantes e dos moradores para o desenvolvimento sustentável da atividade turística na Vila;
- Convênios e parcerias para a criação de atividades relacionadas com a preservação do patrimônio cultural da Vila de Paranapiacaba;

TURISMO EM PARANAPIACABA: REVITALIZANDO A ECONOMIA E REABILITANDO A VILA | **863**

- Gerar empregos mediante a implementação de equipamentos de serviço e de lazer na Vila, aumentando o fluxo das pessoas que lá habitam e trabalham em outros lugares e das pessoas que habitam em outras localidades e trabalham na Vila;
- Incentivo para a instalação de instituições de ensino, por meio de seus laboratórios e de atividades de pesquisa;
- Incentivo para a instalação de pesquisa de ponta sobre as tecnologias ferroviária e metroviária, utilizando parte das atuais instalações do pátio ferroviário obsoletas;
- Reabilitação da malha ferroviária para a recuperação do fluxo de passageiros de São Paulo a Santos, com escala na Vila;
- Criação de evento anual e baseado na história da Vila, como um festival de cinema ou uma mostra ferroviária, por exemplo. Esses eventos poderiam complementar os já existentes.

Gerenciamento:
- A Vila de Paranapiacaba deveria ser gerida por uma fundação capaz de coordenar suas atividades e seus recursos financeiros;
- Propor um projeto integral que hierarquize as intervenções de Paranapiacaba;
- Estabelecer um mecanismo de controle de visitantes para garantir a preservação da Vila, por meio do estudo e cálculo de capacidade de carga.

Culturais:
- Promover programas educacionais nas linhas pedagógicas que possam instruir o usuário da Vila no sentido de preservá-la.

Por meio de um convênio com a Agência Canadense para o Desenvolvimento Internacional, foram iniciadas as reflexões que conduziram ao incentivo do Desenvolvimento do Turismo para a Inclusão Social em Patrimônio Histórico. Como conseqüência desse convênio e das várias iniciativas anteriores a este, a Vila de Paranapiacaba passou a receber investimentos para sua transformação em um destino turístico. Foram propostos três eixos estruturantes para o projeto: o primeiro direcionado à conscientização da população sobre as questões ambientais e sobre a transformação do patrimônio histórico no grande atrativo turístico da região, o segundo eixo trata das atividades relacionadas ao desenvolvimento econômico e o terceiro da participação dos moradores nas decisões da administração municipal.

O esquema proposto pela administração local apoiava-se na conscientização, articulação, facilitação e capacitação das ações de desenvolvimento, para que a população local pudesse gerir seus próprios negócios. O meio para tal fim foi o estabelecimento do processo participativo, ainda em construção, já que haviam sido rompidas práticas e modelos bastante consolidados. O ideário desse processo pregava a promoção da mudança cultural a ponto de mobilizar os indivíduos em posição ativa pela construção do hábito de fala e escuta e qualificação do discurso.

A prática da participação, nesse caso, não partiu diretamente das propostas de empreendimentos turísticos, mas sim de potencializar as atividades que permitiriam a aproximação da administração pública com a população. Os serviços públicos mais efetivos nesse processo foram: o Programa de Saúde da Família, de Assistência Social (iniciado pelo Programa de Renda Mínima da Secretaria de Habitação e Inclusão Social), de Cultura, de Lazer e de Educação Ambiental. O resultado desse processo foi a criação do Conselho de Representantes de Paranapiacaba e Parque Andreense.

Para consolidar esse processo e garantir que se perpetuem os conselhos de representantes, como do Orçamento Participativo, da Saúde, da Educação etc., é preciso que se reduzam a iniciativa e o apoio governamental e que se busque o fortalecimento do grupo social, identificando nas organizações populares autônomas e outros atores da sociedade civil. A partir desse entendimento, o poder público local criou canais para o fomento da organização de diversos grupos sociais em cooperativas e associações.

CONSIDERAÇÕES FINAIS

Das várias qualificações que podem ser atribuídas ao patrimônio da Vila de Paranapiacaba, o que a define contemporaneamente é o patrimônio industrial. Como colocado pela professora Regina Prosperi Meyer, foi gerada em função da ferrovia, inovação tecnológica do século XIX. Ainda no século XXI, a ferrovia faz parte da caracterização da Vila, no entanto, uma não depende mais da outra. Elas têm seus caminhos que podem eventualmente ser cruzados, mas não devem estar atrelados se observadas as condições operacionais diferenciadas e as gestões de origem diversa. A ferrovia, privada, e a Vila, pública. Apesar de distar da realidade urbana das cidades, a Vila também recebeu os efeitos das alterações tecnológicas, e, aos moldes do que fizeram as cidades, ela também procura alternativas estratégicas para sua continuidade como espaço urbanizado. Essas alternativas incluem a melhoria de sua imagem não somente para os seus habitantes, mas também para os seus possíveis investidores. A implantação de técnicas do empresariamento urbano corrobora na revisão da Vila que, ao encontrar a sua atual vocação, o turismo, assume-o como estrutural para a sua sobrevivência.

Ressalta-se a sua condição de patrimônio cultural e histórico e avalia-se a implantação de equipamentos que reforçam a predominância do turismo como um passo para a disneyficação da Vila. Resgatando o conceito de Disney para parque temático, surge o primeiro desvio: ser atraente para todas as idades. A história, quando utilizada como base para o parque temático, é um artefato que tem de ser meticulosamente trabalhado. Da forma executada na Vila de Paranapiacaba, uma parcela significativa não parece ter interesse por sua manutenção: as crianças. Elas não encontram ponto de contato com seus interesses, já que as intervenções não são lúdicas e também não as têm conquistado como objeto de transmissão de conhecimento. A preservação e a conservação dos elementos em si não garantem o interesse, e a imagem construída para fins turísticos deve objetivar as funções didáticas e as características cênicas. Para tal, a Subprefeitura de Paranapiacaba e Parque Andreense assumiram compromissos quanto à implantação da atividade turística, e segundo as informações encontradas nos documentos (Santo André, 2004b), fundamentaram-se na permanência dos moradores e na implementação de atividades econômicas que estimulassem a visitação.

Inspirada nas localidades onde o turismo é a atividade que alicerça a economia urbana, a Vila de Paranapiacaba focaliza seu patrimônio –

histórico, cultural, ambiental ou industrial[10] – e o promove como principal atração para a implantação do turismo. Basear o turismo nessas qualificações é uma prática antiga e ainda hoje sustenta as principais cidades, promovendo crescimento por meio da criação de oportunidades de trabalho para a população local, com o surgimento de novos serviços como hotéis, restaurantes, cafés, livrarias, lojas de suvenires etc.

Todos esses serviços contribuem para o desenvolvimento econômico, urbano e ambiental da área ou região onde o sítio se localiza. Enquanto o turismo bem planejado pode ter efeitos positivos, o turismo de massa descontrolado, sabidamente, pode ter um impacto prejudicial ao sítio ou mesmo destruir a ambiência original, responsável pela atração turística.

Para evitar que isso aconteça, o desenvolvimento turístico deve considerar o equilíbrio entre a preservação do sítio e seus valores, bem como as necessidades econômicas da população local. Isso requer um esforço coletivo que envolva os representantes dos mais diferentes grupos: administradores, teóricos, planejadores urbanos, autoridades municipais, agentes do turismo e operadores locais, investidores, a população local e muitas vezes os próprios turistas. Além disso, somente uma colaboração mútua – ou as conhecidas parcerias – entre instituições governamentais, não-governamentais e população local pode auxiliar os executivos a protegerem o sítio. Esse é mais um motivo para que o patrimônio cultural faça parte do planejamento municipal da área. Deve-se sempre lembrar de que a preservação precede o turismo, pois cabe a ela o papel de sustentá-lo.

Na terceira recomendação da Declaração de Hoi An de 2003 sobre a Conservação dos distritos históricos da Ásia (*Integrating Tourism Development and Preservation of Cultural Heritage*):

> a preservação do patrimônio cultural e o desenvolvimento turístico não são fundamentalmente opostos e devem ser vistos como atividades que podem ajudar-se mutuamente. Como já foi descrito na Carta de Turismo Cultural

---

[10] Identificam-se como patrimônio industrial os lugares que sofreram conseqüências advindas das sucessivas alterações econômicas que se localizam na escala mundial. A materialização desse movimento se deu no momento em que foram observados edifícios com grande qualidade arquitetônica e que haviam sido abandonados. A valorização desse tipo de patrimônio responderia desde então a uma ordem dupla: salvaguardar o patrimônio e criar novas atividades para substituir, pelo menos parcialmente, aquelas que desapareceram. Em certos casos, os serviços substituíram as indústrias, como o turismo.

do Icomos em 1999, o turismo deve ser gerenciado adequadamente para evitar deteriorar o patrimônio cultural em suas dimensões materiais e imateriais. Os responsáveis pela implantação do projeto turístico devem trabalhar com os representantes dos órgãos de preservação para atingir o desenvolvimento sustentável do turismo sem exaurir os recursos culturais não-renováveis como o patrimônio.[11]

É essencial, para o turismo relacionado ao patrimônio, reconhecer o significado do lugar e suas relações com a comunidade local, sua história, cultura ou paisagem natural.

A compreensão dos valores dos lugares é a base para o desenvolvimento de produtos turísticos especializados, como o ecoturismo e o turismo cultural. A preservação do patrimônio ambiental urbano deve constituir o princípio para a continuidade da história, e é necessário se acautelar quanto às posturas nostálgicas que almejam o resgate de um tempo que jamais retornará e são assumidas por aqueles que se recusam a aceitar as marcas deixadas pelo tempo. Restaurar os testemunhos humanos com o objetivo de constituir, isoladamente, focos de atração pode não ser suficiente e adequado. A utopia do turismo está na solução da seguinte equação, levando-se em conta o planejamento da atividade:

planejamento adequado para o desenvolvimento desta atividade, tanto no sentido de criar condições favoráveis e melhorar os serviços oferecidos, como com relação à preservação do patrimônio histórico-cultural, do ambiente natural, e das condições de qualidade de vida da população residente. (Vargas, 1998)

No contexto da implantação da atividade turística, a cultura deve estar no centro das práticas dos negócios para que haja o equilíbrio necessário que desencadeie a real sustentabilidade.

As melhores práticas objetivam um nível de operações ou o desempenho dos negócios que coincidam com a competitividade das indústrias. As boas práticas devem ser reproduzidas por todos de maneira efetiva, precisa e moral.

---

[11] Tradução livre da autora a partir do texto "Recommendation 3 of the Hoi An Declaration of 2003 on the Conservation of Historic Districts in Asia: Integrating Tourism Development and Preservation of Cultural Heritage" (The Seoul Declaration..., 2005).

GESTÃO AMBIENTAL E SUSTENTABILIDADE NO TURISMO

A Vila de Paranapiacaba possui diversos ingredientes para ser um dos principais atrativos nacionais, ou até mesmo internacionais. Basta haver interesse nesse investimento e responsabilidade na definição das intervenções – os ferroviários e seus amantes serão eternamente gratos.

REFERÊNCIAS

ARANTES, O.B.F. Uma estratégia fatal. In: ARANTES, O.; VAINER, C.; MARICATO, E. A cidade do pensamento único: desmanchando consensos. Petrópolis: Vozes, 2000.

AUSTRALIAN HERITAGE COMISSION. Sucessful Tourism at Heritage Places: a guide for tourism operators, heritage manangers, and communities. Camberra, 1999.

CASTILHO, A.L.H. de. A Vila de Paranapiacaba e a problemática da intervenção. São Paulo, 1998. Dissertação (Mestrado). Faculdade de Arquitetura e Urbanismo, Universidade de São Paulo.

CAVALCANTI, C.; GLAUBER, W. Festival do chocolate supera o de Paranapiacaba na estréia. Diário do Grande ABC, Caderno Economia, 2005. Disponível em: http://economia.dgabc.com.br/materia.asp?materia=485579/.

COMPANS, R. O paradigma das global cities nas estratégias de desenvolvimento local. R. B. Estudos Urbanos e Regionais, n.1, maio 1999.

DEL RIO, V. Em busca do tempo perdido: o renascimento dos centros urbanos. Texto especial 25 nov. 2000. Disponível em: http://www.vitruvius.com.br/arquitextos/arq000/esp028.asp.

HARVEY, D. From managerialism to entrepreneurialism: the transformation in urban governance in late capitalism. In: MILES, M.; HALL, T.; BORDEN, I. (Eds.). The city cultures reader. Londres/Nova York: Routledge, 2000.

HUYSSEN, A. Seduzidos pela memória: arquitetura, monumentos, mídia. Rio de Janeiro: Aeroplano, 2000; 116p.

[LUME] LABORATÓRIO DE URBANISMO DA METRÓPOLE; SANTO ANDRÉ (Cidade). Plano de Preservação do Patrimônio Histórico e Cultural do Município de Santo André – Relatório 2. São Paulo: Lume, 2005.

_____. Subsídios para elaboração do plano de Preservação do Patrimônio Histórico de Paranapiacaba: Zona Especial de Interesse do Patrimônio de Paranapiacaba (ZEIPP). São Paulo: LUME, 2006.

MARICATO, E. As idéias fora do lugar e o lugar fora das idéias. In: ARANTES, O.; VAINER, C.; MARICATO, E. A cidade do pensamento único: desmanchando consensos. Petrópolis: Vozes, 2000.

REICHL, A.J. **Reconstructing Times Square: politics and culture in urban development.** University Press of Kansas, 1999.

RODRIGUES, M. Preservar e consumir: o patrimônio histórico e o turismo. In: FUNARI, P.; PINSKY, J. **Turismo e patrimônio cultural.** São Paulo: Contexto, 2001.

SAMUEL, R. Theme parks: why not? In: MILES, M.; HALL, T., BORDEN, I. (Eds.). **The city cultures reader.** Londres, Nova York: Routledge, 2000.

SANTO ANDRÉ. **Plano Diretor do Município de Santo André.** Lei n. 8.696, de 17 de dezembro de 2004a.

_____. **Prefeitura Municipal de Santo André; Agência Canadense para o Desenvolvimento Internacional. Desenvolvimento econômico comunitário e turismo para a inclusão social.** São Paulo: Annablume, 2004b.

SWARBROOKE, J. **Heritage, culture and community: four international case studies.** Tilburg: Atlas, 1998.

THE SEOUL DECLARATION ON TOURISM IN ASIA'S HISTORIC TOWNS AND AREAS (Adopted in Seoul, 31 may 2005), p. 1. Disponível em: http://www.international.icomos.org/centre_documentation/tourism-seoul2005.pdf.

VARGAS, H.C. Turismo e valorização do lugar. **Turismo em Análise**, São Paulo, ECA-USP, v. 9, n. 1, 1998.

VARGAS, H.C.; CASTILHO, A.L.H. **Intervenções em centros urbanos: objetivos, estratégias e resultados.** Barueri: Manole, 2006.

VHR Pesquisa de Mercado e Assessoria em Marketing. **Levantamento do perfil dos moradores de Paranapiacaba.** Santo André: VHR, 2005.

Sustentabilidade e Competitividade: 38
Águas de São Pedro

Marta Poggi e Borges
Economista, Unimep

INTRODUÇÃO

O rápido crescimento do turismo nas últimas décadas do século XX provocou uma reflexão para além de seus efeitos econômicos, ou seja, questionaram-se suas conseqüências na sociedade que, de alguma maneira, sente-se frustrada em razão do alarmante processo de ruptura com seu equilíbrio ambiental e sociocultural.

A preocupação com o meio ambiente impulsionou o surgimento do conceito de turismo sustentável, que se pauta pela utilização adequada dos recursos naturais, culturais e sociais do presente, de modo a garantir a sua utilização pelas gerações futuras.

A destinação turística é o local onde os elementos mais significativos do sistema turístico se encontram, fornecendo o ponto central para a atividade. O seu desenvolvimento não depende exclusivamente da vocação natural ou cultural da localidade, na medida em que o destino turístico pode ser construído pelo poder econômico e político.

Para acompanhar o crescimento e, especialmente, as mudanças da demanda turística, as destinações devem utilizar o planejamento estratégico e o gerenciamento adequados, mecanismos que possibilitam garantir a existência dos recursos disponíveis, gerando benefícios econômicos e evitando o comprometimento do meio ambiente. No turismo, o desafio é promover o desenvolvimento sustentável que contemple as três dimensões decisivas: ambiental, social e econômica.

As novas motivações turísticas, a possibilidade cada vez maior de acesso aos destinos distantes e, principalmente, as facilidades de acesso à informação resultam na busca de destinos diferenciados. O turista espera encontrar paisagens diferentes e agradáveis, onde possa compartilhar da cultura e dos costumes locais, ampliando, assim, seus conhecimentos.

O turista de hoje não se satisfaz com a experiência passiva, mas busca autenticidade nas destinações, principalmente no que diz respeito à cultura, à história e ao ambiente locais, além de aspectos relacionados à forma como o povo vive e trabalha (Cooper et al., 2002, p.135).

O turismo especializado, como o turismo rural, gastronômico, de aventura, entre outros, surgiu como resultado direto da diversificação das necessidades dos turistas. Os turistas tomam decisões baseadas nas expectativas de experiência turística que vão vivenciar, esperando o turismo de qualidade, cujo conceito transcende boa avaliação dos serviços, atrativos e equipamentos. Não se trata apenas de ter transportes e hotéis melhores, mas sim de acrescentar um sabor local específico, mantendo-se as formas de vida da população local e projetando imagem positiva dos benefícios que esses serviços podem proporcionar aos turistas (Goeldner et al., 2002, p.192).

A qualidade de uma destinação é avaliada com base na originalidade de suas atrações naturais e culturais, nos benefícios que proporcionam aos visitantes e no estado de conservação de seus recursos turísticos.

Assim, a criação ou exploração de serviços e atrativos turísticos diferenciados tornou-se instrumento decisivo para manter ou aumentar a participação das destinações no mercado turístico, que se encontra cada vez mais competitivo, devido à maior oferta turística.

Parte-se do pressuposto de que a destinação singular, com atrativos diferenciados e, portanto, com expressiva vantagem comparativa, conta com melhores condições competitivas no mercado turístico.

Este capítulo pretende fomentar a discussão sobre competitividade e sustentabilidade de destinações turísticas por meio da exploração de atributos únicos, como forma de atingir posição de destaque no mercado, utilizando como estudo de caso a Estância Hidromineral de Águas de São

Pedro, um município de pequeno porte no interior de São Paulo. Resulta de uma pesquisa realizada no município, cujo objetivo principal foi analisar a competitividade de Águas de São Pedro, com base nos atributos diferenciados que compõem a sua vantagem comparativa, quais sejam: águas com propriedades medicinais, qualidade do ar, tranqüilidade e segurança. Apesar desses diferenciais, a estância tem verificado redução no número de turistas, o que indica a necessidade de intervenção na gestão do turismo.

No passado, as estâncias hidrominerais foram localidades com forte apelo de moda. Visitá-las representava, entre outras coisas, um fator de *status*. Contudo, mudanças de interesses por parte da demanda e a conseqüente diversificação da oferta de turismo para um enorme número de opções modificaram esse quadro. As estâncias hidrominerais, com seus atrativos comuns e divulgação limitada a alguns empreendedores independentes, não acompanharam a nova demanda. Esse foi também o caso de Águas de São Pedro, que, atualmente, necessita de ações estratégicas, principalmente por ter o turismo como principal atividade econômica.

Para tanto, a pesquisa incluiu levantamento de dados com turistas, empresários locais e representantes do setor público. Com relação aos turistas, foram realizadas 181 entrevistas, o que corresponde a 10% da capacidade total de acomodação nos diversos meios de hospedagem do município.

Nos empreendimentos turísticos (hotéis, restaurantes, bares, cafés, atrações de lazer e agências de turismo receptivo), as entrevistas foram feitas com empresários ou respectivos gerentes, e a coleta de dados com o setor privado atingiu 80,4% do *trade* turístico.

Quanto aos representantes do setor público, foram entrevistados o Secretário de Turismo de Águas de São Pedro e o gerente do Balneário Municipal, principal atrativo turístico da estância.

TURISMO E SUSTENTABILIDADE

A preocupação com os recursos naturais tem despertado a atenção de diversos segmentos da sociedade, inclusive das grandes corporações, que desejam vincular sua imagem às ações de responsabilidade social, tendo como objetivo último a obtenção de melhores resultados. A escassez de recursos naturais alerta para a conscientização de que o crescimento econômico a qualquer preço deve ceder espaço para o desenvolvimento sustentável.

O gerenciamento das destinações turísticas constitui um desafio complexo e multidisciplinar, e há dois parâmetros a serem focados: competitividade e sustentabilidade (Goeldner et al., 2002, p.295).

A dimensão econômica é pouco estudada no turismo sustentável. De fato, a busca por benefícios econômicos, independentemente dos custos que a atividade proporciona, tem recebido muitas críticas nas últimas décadas, que, apesar de fundadas, devem considerar que, sem a sustentabilidade econômica, não há atividade produtiva.

A maior dificuldade é passar da geração de estratégias para sua implementação, de modo que as destinações turísticas alcancem seus objetivos econômicos, sem perder de vista as questões sociais e ambientais. O grande desafio reside, portanto, em encontrar um equilíbrio entre os interesses econômicos e o desenvolvimento sustentável da atividade. Porter (1989 apud Murphy, 2001) afirma que é desnecessário o conflito entre a preservação ambiental e a competitividade econômica. Na verdade, a proteção ao meio ambiente funciona como uma vantagem competitiva.

Para Murphy (2001), o desenvolvimento sustentável do turismo fundamenta-se na premissa de que meio ambiente e economia estão intimamente ligados e são mutuamente dependentes.

A gestão adequada de recursos permite satisfazer necessidades econômicas e sociais, preservando a integridade cultural e ambiental das localidades. Nota-se, então, a importância da gestão dos recursos nessa atividade econômica que, como todas as outras, visa ao lucro para a própria sobrevivência. Para tanto, o conceito de viabilidade econômica deve ser previsto e acrescentado às limitações ecológicas e à eqüidade social.

Vale lembrar que o desenvolvimento sustentável do turismo não é contra o crescimento da atividade, mas determina limites para seu gerenciamento (Ruschmann, 2006). Trata-se de um processo de transformação, no qual a exploração dos recursos, a direção dos investimentos e a orientação do desenvolvimento tecnológico e institucional se ajustam às necessidades presentes e futuras.

As organizações turísticas temem que o desenvolvimento sustentável prejudique sua rentabilidade. Porém, alguns gestores já reconhecem que a viabilidade econômica, no longo prazo, está diretamente relacionada aos ambientes físico e social harmônicos.

O desenvolvimento sustentável também pode ser compatível com objetivos corporativos. Com salvaguardas legislativas e estímulos adequados, o setor de turismo pode prosperar, mantendo o equilíbrio com os ambientes naturais e culturais (Murphy, 2001, p.192).

Nessa ótica, o turismo de qualidade pode ser economicamente viável, desde que esteja associado à proteção dos espaços naturais e à excelência dos serviços, dos equipamentos e dos atrativos oferecidos aos turistas.

Murphy (2001) aponta também outra questão relevante para a proposta econômica nesses moldes, que é o foco nas necessidades dos turistas. Isso explica a maior atenção dispensada à demanda turística, principalmente no que diz respeito aos benefícios que os visitantes procuram e às estratégias de mercado que podem ser utilizadas para atender todos os clientes.

Programas de desenvolvimento do turismo sustentável estão na agenda de muitos países, como parte de plano de desenvolvimento econômico integrado, em que os planejadores perceberam que compromisso ambiental tem sentido econômico. Segundo Hassan (2000, p.244), as iniciativas políticas, decisivas para o desenvolvimento integrado do turismo, precisam atingir os seguintes objetivos:

- Promover a consciência e o entendimento entre todos os atores, unindo esforços;
- Promover eqüidade no desenvolvimento de oportunidades entre os criadores de projetos locais e internacionais;
- Maximizar a satisfação turística pela experiência de qualidade;
- Aumentar o apoio dos programas a partir da comunidade, por intermédio das organizações não-governamentais (ONGs);
- Desenvolver e sustentar a qualidade de vida para comunidade local.
- Prover balanço entre necessidades ambientais, econômicas e sociais no planejamento e desenvolvimento de programas;
- Definir limitações do desenvolvimento turístico (capacidade de carga física e social);
- Manter a cultura local e promover a imagem de seus valores, cultura, estilo de vida, comportamento típico etc.;
- Desenvolver recursos humanos por meio de educação e treinamento.

GESTÃO AMBIENTAL E SUSTENTABILIDADE NO TURISMO

Para garantir a sustentabilidade do turismo, deve-se pensar em alternativas para resistir à tendência de padronização dos produtos e serviços, conseqüência da globalização. É importante que a diversidade geográfica e cultural seja utilizada como fator diferenciador, agregando valor ao produto turístico. Os gestores responsáveis pela destinação podem, por exemplo, criar mecanismos para conservar a autenticidade da dança, música, do artesanato e das artes locais, e educar os residentes (para o turismo) e turistas (para os costumes locais), entre outros.

Além disso, o turismo deve fazer o maior uso possível de produtos e serviços de origem local, como alimentos, materiais de construção, decoração e móveis, e serviços de agências e operadoras (OMT, 1993).

Neste novo milênio, espera-se que o turismo sustentável traga muitas contribuições econômicas. Dessa forma, é fundamental conhecer mais sobre competitividade de mercado, por meio de pesquisas e programas focados na demanda.

COMPETITIVIDADE NAS DESTINAÇÕES TURÍSTICAS

O principal produto no turismo é a experiência oferecida na destinação turística. Portanto, a escolha do destino a ser visitado é a primeira decisão de compra do turista. Apesar de haver concorrência entre companhias aéreas, operadoras de viagem, hotéis e outros serviços turísticos, a concorrência entre as empresas depende da escolha do turista em relação às opções de destino.

Alguns países, estados, regiões e municípios atuam de forma séria, e realizam esforços para destacar sua imagem turística. Muitos desses esforços concentram-se na promoção, porém a concorrência entre destinações envolve uma complexa variedade de elementos, que deveriam ser contemplados, como atratividade dos recursos, facilidades disponíveis, qualidade dos serviços etc. (Ritchie e Crouch, 2000).

O amadurecimento do mercado turístico implicou maior competição entre as destinações. O estímulo ao crescimento do turismo e o aumento da participação no mercado tornaram-se objetivos de todas as destinações que vivem no atual ambiente competitivo (Ritchie e Crouch, 2000). Conseqüentemente, alguns pesquisadores têm direcionado seus estudos para a questão da competitividade das destinações e dos produtos turísticos.

Os mais conhecidos modelos de competitividade de destinações turísticas foram: o modelo de Ritchie e Crouch (2000) e o desenvolvido por Gutiérrez e Bordas (1993). Posteriormente, Mihalic (2000) incorporou algumas variáveis ao modelo de Ritchie e Crouch (2000), enquanto Hassan (2000) desenvolveu um referencial teórico sobre competitividade entre destinações, partindo de suas especificidades, que enfoca a vantagem comparativa e uma outra variável cada vez mais valorizada, o comprometimento com o meio ambiente.

O modelo de Ritchie e Crouch (2000), conhecido como modelo de Calgary, baseou-se no referencial criado pelo Fórum Econômico Mundial. Os autores enfatizaram que esse referencial não foi desenvolvido para ser aplicado ao turismo, mesmo assim o elegeram como o mais adequado a tal área, uma vez que a atividade turística permeia diversos setores da economia, diferentemente das atividades produtivas de bens tangíveis, em que a análise do setor é menos complexa.

Com o objetivo de desenvolver uma medida global de competitividade, Ritchie e Crouch (2000) relacionaram as variáveis consideradas importantes numa função. Para eles, a competitividade turística é determinada pelos aspectos relacionados à gestão, tais como: eficiência, marketing, organização, sistema de informação etc.

É interessante, no entanto, observar que a principal preocupação dos autores, ao criarem esse modelo, é o desenvolvimento econômico do país/região.

Gutiérrez e Bordas (1993) apoiaram-se na teoria de Porter (1989) para desenvolver um modelo que parte da definição de *clusters* turísticos, definidos como aglomerados de empresas relacionadas diretamente com turismo, localizadas em determinada zona geográfica. Nessa teoria, a competitividade se produz em âmbitos locais ou *clusters*.

Visando aumentar a competitividade dos *clusters* turísticos, os autores indicaram a criação de um planejamento estratégico de marketing e de uma política turística, com suas estratégias e ações para atingir os objetivos.

Apesar da importância que esses modelos representaram para o estudo da competitividade no turismo, ambos apresentam problemas, pois foram adaptados e não contemplam a gama de especificidades envolvidas no setor.

COMPETITIVIDADE SUSTENTÁVEL NAS DESTINAÇÕES TURÍSTICAS

Conforme Mihalic (2000), a maior conscientização ambiental, a crescente demanda por mais qualidade e a maior concorrência entre as destinações fizeram que a qualidade do meio ambiente se tornasse uma questão importante.

Os modelos tradicionais de competitividade limitam-se a analisar os fatores associados à concorrência entre firmas numa dada indústria. Tal metodologia não é suficiente para determinar a direção do turismo no mercado competitivo. A análise da competitividade no turismo requer o desenvolvimento de um modelo que examine as variáveis específicas para o setor. Entender os determinantes mais importantes da competitividade é fundamental para que o turismo mantenha o ritmo de crescimento e a vitalidade.

Hassan (2000) inova no conceito de competitividade de destinos turísticos, definindo-a como a habilidade da destinação em criar e integrar produtos com valor agregado, que sustentem seus recursos, ao mesmo tempo em que mantém a posição no mercado. Assim, além da análise de concorrência no setor, é necessário priorizar ações direcionadas à proteção dos recursos naturais e culturais, garantindo a continuidade da atividade turística.

Dessa forma, o planejamento das destinações deve basear-se na análise dos atributos únicos da destinação, que constituem sua vantagem comparativa e, portanto, permitem sua diferenciação no mercado turístico. Os atributos relacionados à vantagem comparativa são decisivos ao desenvolvimento do turismo sustentável e incluem clima, localização, recursos naturais, herança cultural, serviços voltados aos turistas, atividades de lazer, conscientização turística dos cidadãos locais, facilidade no uso da terra, capacidade de carga, infra-estrutura, disponibilidade de recursos humanos, entre outros (Hassan, 2000). A utilização desses atributos de forma sustentável permite que a destinação se torne mais competitiva no longo prazo, atendendo às mudanças naturais da demanda e incluindo a preocupação com a degradação ambiental. Com base nessas premissas, Hassan (2000 p.242) desenvolve um referencial baseado nos quatro principais determinantes da competitividade de mercado turístico, que são:

- Vantagem comparativa: inclui fatores associados aos micro e macroambientes críticos para a competitividade;

- Orientação para demanda: a habilidade da destinação para responder às mudanças da demanda que influenciam na competitividade;

- Estrutura da "indústria": a existência ou inexistência de uma "indústria" organizada pode estar associada à habilidade da destinação para competir;
- Comprometimento ambiental: o compromisso com o meio ambiente influenciará o potencial para competitividade sustentável.

Vale destacar a importância do comprometimento ambiental em seu modelo, já que o sucesso no curto prazo pode comprometer o futuro das destinações. Assim, a competitividade sustentável exige equilíbrio entre o crescimento da atividade e a proteção dos recursos, de modo que todos os parceiros envolvidos com o desenvolvimento da destinação tenham o retorno esperado.

Os efeitos negativos do desenvolvimento e crescimento da destinação podem diminuir sua vantagem comparativa no longo prazo e, como resultado, influenciar a demanda turística.

Alcançar os objetivos do desenvolvimento sustentável demanda planejamento sofisticado e desenvolvimento de estratégias com a participação de todos os atores envolvidos, incluindo autoridades do setor público e privado, grupos ambientais e comunidade local. Dessa forma, a sustentabilidade pode gerar vantagem competitiva.

A dificuldade de acordo e de cooperação entre os diferentes agentes econômicos envolvidos na atividade turística, no entanto, implicou a criação de um novo paradigma. Ao contrário dos modelos baseados em políticas públicas, o paradigma proposto por Hassan (2000) baseia-se no relacionamento dos três principais agentes do mercado turístico: o setor privado, o setor público e as organizações não-governamentais, as quais incluem grupos informais de cidadãos. Essa nova abordagem encara como imprescindível a criação de parcerias entre esses agentes na promoção do turismo sustentável.

Ainda, o conceito de turismo sustentável acompanha as expectativas de crescentes segmentos da demanda, que buscam atividades socioculturais e naturais na destinação Para as destinações manterem suas posições competitivas, precisam desenvolver atividades integradas e produtos que vão desde educação cultural/ambiental até produtos de aventura. Atividades e produtos exclusivos irão realçar a vantagem comparativa das destinações, atraindo um emergente segmento global de turismo, orientado pela experiência e pronto para aceitar costumes e cultura locais.

A Figura 38.1 ilustra a teoria de competitividade desenvolvida por Hassan.

GESTÃO AMBIENTAL E SUSTENTABILIDADE NO TURISMO

Figura 38.1 – Determinantes da competitividade de mercado.

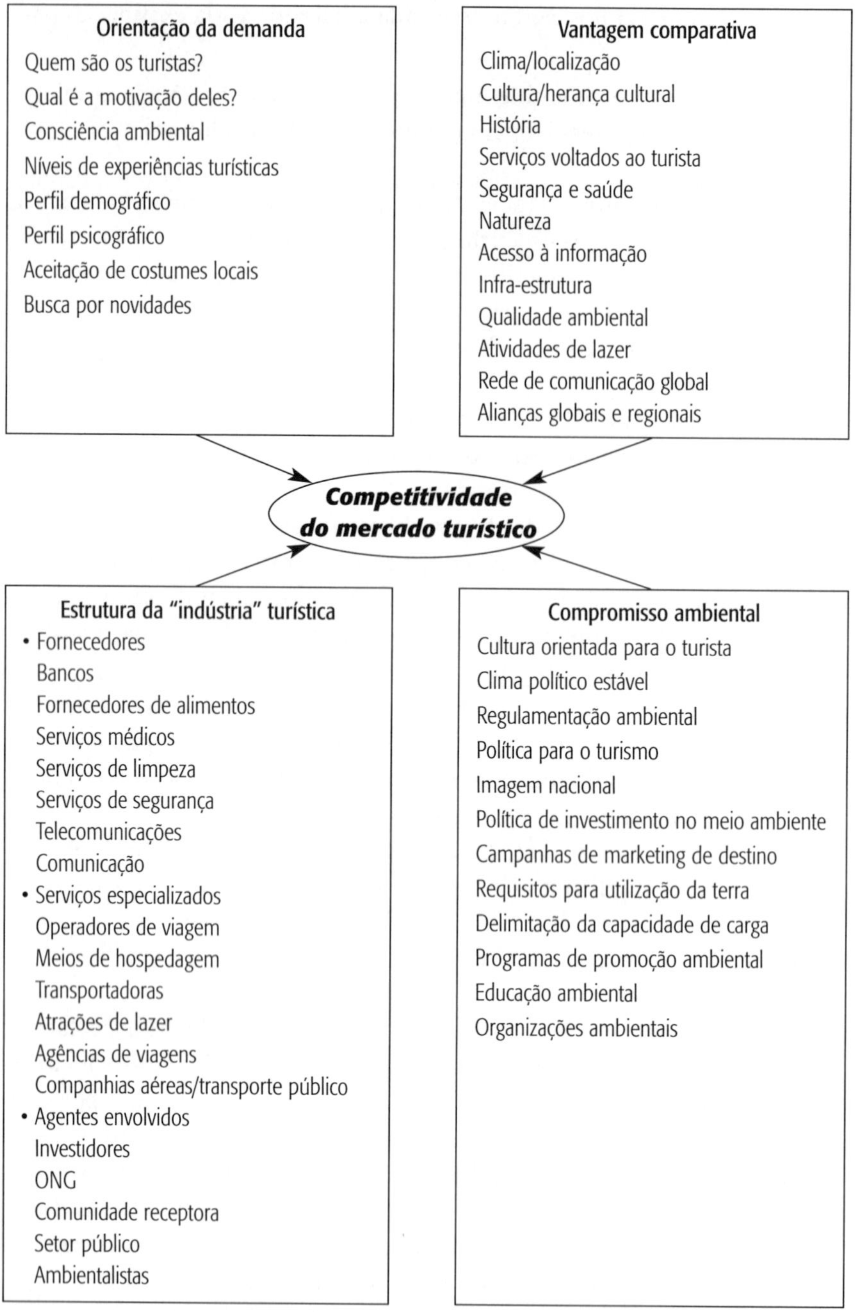

Orientação da demanda

Quem são os turistas?
Qual é a motivação deles?
Consciência ambiental
Níveis de experiências turísticas
Perfil demográfico
Perfil psicográfico
Aceitação de costumes locais
Busca por novidades

Vantagem comparativa

Clima/localização
Cultura/herança cultural
História
Serviços voltados ao turista
Segurança e saúde
Natureza
Acesso à informação
Infra-estrutura
Qualidade ambiental
Atividades de lazer
Rede de comunicação global
Alianças globais e regionais

Competitividade do mercado turístico

Estrutura da "indústria" turística

- Fornecedores
  Bancos
  Fornecedores de alimentos
  Serviços médicos
  Serviços de limpeza
  Serviços de segurança
  Telecomunicações
  Comunicação
- Serviços especializados
  Operadores de viagem
  Meios de hospedagem
  Transportadoras
  Atrações de lazer
  Agências de viagens
  Companhias aéreas/transporte público
- Agentes envolvidos
  Investidores
  ONG
  Comunidade receptora
  Setor público
  Ambientalistas

Compromisso ambiental

Cultura orientada para o turista
Clima político estável
Regulamentação ambiental
Política para o turismo
Imagem nacional
Política de investimento no meio ambiente
Campanhas de marketing de destino
Requisitos para utilização da terra
Delimitação da capacidade de carga
Programas de promoção ambiental
Educação ambiental
Organizações ambientais

Fonte: adaptada de Hassan 2000, p.241.

CARACTERIZAÇÃO DA ESTÂNCIA HIDROMINERAL DE ÁGUAS DE SÃO PEDRO

Histórico

A origem de Águas de São Pedro está ligada à procura por petróleo, ocorrida em várias regiões do estado de São Paulo, a partir da década de 1920. Por meio das prospecções geológicas em terras que, anteriormente, pertenciam ao município vizinho de São Pedro, foi registrada a presença de gás natural e de águas minerais com propriedades medicinais.

O proprietário das terras, Ângelo Franzin, resolveu construir o primeiro balneário a, aproximadamente, cinco quilômetros da área urbana de São Pedro, ao qual se chegava com uma jardineira, que transportava os banhistas.

Em 1934, o empresário Octávio Moura Andrade veio da capital São Paulo para conhecer o tosco balneário, além de três fontes minerais. Em setembro do ano seguinte, o empresário adquiriu, em sociedade com seu irmão, 650 alqueires de terra no local e fundou a empresa "Águas Sulphydricas e Thermaes de São Pedro S/A", com o objetivo de transformar o local em estância turística. Para promover o desenvolvimento e a exploração das águas recém-descobertas, de forma economicamente rentável, os empresários conceberam e projetaram uma cidade para fins hidroterápicos e residenciais: um balneário-cidade, incluindo a construção de um hotel-cassino, de projeto bastante arrojado para a região.

Vale destacar o ineditismo de Octávio Moura Andrade, na década de 1930, quando se enfocavam as atividades agrícolas e industriais. Já naquela época, quando não se falava em movimentos ambientalistas, Moura Andrade valorizava elementos que só seriam enfatizados muitas décadas depois, como a qualidade de vida e do meio ambiente, além da valorização do ser humano.

Como as terras ao redor encontravam-se esgotadas, por causa do abandono da cultura do café, e a paisagem devastada, foram necessárias importantes intervenções no meio ambiente para o êxito de sua empreitada, incluindo medidas de saneamento, canalização de corpos d'água e a construção da represa para fornecimento de água potável. Ademais, foi construído um canal para captar águas pluviais e instalada a rede de distribuição de água não só para o hotel, mas também para toda a estância, além do reflorestamento com cerca de um milhão de mudas de eucaliptos, em que cada muda exigia uma vala de um metro, já que o solo estava muito desgastado. As fontes de águas minerais foram trazidas até o balneário.

Águas de São Pedro foi a primeira cidade brasileira planejada para o turismo, visando atender pessoas que necessitavam de tratamento de saúde e também aquelas que buscassem descanso e lazer.

O planejamento da estância proibiu a instalação de indústrias e estabelecimentos de serviços pesados, devendo voltar-se para o tratamento de saúde, com a implantação da estrutura de suporte, como hotéis, restaurantes, farmácias e pequenas lojas de artesanato.

Em julho de 1940 foi inaugurado o Grande Hotel, marcando também a fundação da Estância de Águas de São Pedro, que pertenceu ao município de São Pedro até 1948, quando foi transformada em um município autônomo. Em 1977, foi denominada Estância Hidromineral, de acordo com a Lei n. 5.091.

Em outubro de 1989, Águas de São Pedro teve a totalidade de sua área incluída como Área de Proteção Ambiental (APA). No ano de 1999, foi considerada pela Fundação Instituto de Pesquisas Econômicas (Fipe/USP) a primeira em qualidade e condição de vida do estado de São Paulo, oferecendo responsabilidade social, segurança e cidadania e colocando-se em posição de destaque entre os municípios paulistas.

As águas minerais de Águas de São Pedro

Existem, no município, três diferentes fontes de águas minerais que foram canalizadas para o Balneário Municipal Dr. Octávio de Moura Andrade:

- Fonte Almeida Salles: com água bicarbonatada sódica, indicada para tratamento de azia e excesso de acidez gástrica;
- Fonte Gioconda: com água sulfatada sódica, indicada para tratamento de males do fígado, vesícula biliar, intestino e diabetes;
- Fonte da Juventude: com água sulfurosa, indicada para o tratamento de reumatismo, diabetes, alergia e moléstias da pele, asma, colite, intoxicação e inflamação.

De acordo com dados fornecidos pela prefeitura, a água da estância foi considerada pelo Instituto de Pesquisas Tecnológicas do Estado de São

Paulo a segunda do mundo e a primeira das Américas em "teor de sais de enxofre". As propriedades de suas águas diferenciam o município de seus concorrentes no mercado turístico. A concentração de sais de enxofre atinge valores ótimos para os banhos medicinais.

A primeira do mundo em teor de sais de enxofre é a fonte Pergoli, em Tabiano, na Itália. No entanto, não é adequada para banhos, por ser uma fonte gasosa. Assim, a Fonte da Juventude, em Águas de São Pedro, é a principal fonte sulfurosa para banhos medicinais no mundo, destacando-se como importante diferencial no mercado de estâncias hidrominerais.

Aspectos físicos, demográficos, socioeconômicos e turísticos

Águas de São Pedro está a uma altitude de 500 metros, situando-se a 195 quilômetros a noroeste de São Paulo e é um dos menores municípios brasileiros em extensão territorial, com aproximadamente 4 km² (IBGE, 2000), fazendo limite somente com o município de São Pedro. Possui cerca de 3.500 lotes, diversos parques e áreas livres, com 50% de sua área territorial coberta por verde, composta por praças, jardins, áreas comuns, bosque e vales (Prefeitura de Águas de São Pedro, 2005).

De acordo com o Censo 2000 (IBGE, 2000), Águas de São Pedro possui 1.883 habitantes, dos quais 54,47% são mulheres. Parte da população trabalha em municípios próximos, como São Pedro, Piracicaba e outros, em razão da escassez de empregos. Outra parcela da população está ligada ao setor de serviços: comércio, hotéis, restaurantes, lanchonetes, bares etc. A prefeitura estima que a população flutuante é de 3,5 mil pessoas por semana e que, em feriados prolongados, passem pela estância cerca de 20 mil pessoas.

Em 1990, Águas de São Pedro entrou no Programa das Nações Unidas para o Desenvolvimento. Após cumprir rigorosa agenda de objetivos, foi reconhecida pela Organização das Nações Unidas (ONU), em 1999, como a melhor cidade do Brasil em qualidade de vida, conforme metodologia do Índice de Desenvolvimento Humano (IDH).

Dados da Prefeitura de Águas de São Pedro (2005) justificam o reconhecimento por meio das seguintes variáveis: a) renda *per capita* de quatro salários mínimos, b) média de ensino de oito anos, c) expectativa de vida de 86 anos para quem nasce na cidade, d) todas as residências com instalações adequadas de esgoto e servidas de água tratada e e) todas as crianças freqüentam a escola.

No que diz respeito às áreas naturais, o município possui dez vezes mais o percentual de área verde que o recomendado pela ONU: enquanto a recomendação é de 12 m^2 de área verde por habitante, Águas de São Pedro tem 160 m^2 de área verde por habitante.

Quanto à gestão ambiental, Águas de São Pedro recebeu do Instituto Ambiental Biosfera reconhecimento como a única cidade do mundo a recuperar, em 60 anos, seu meio ambiente por completo, tornando-o auto-sustentável.

A Organização das Nações Unidas para a Infância (Unicef) reconheceu, em 2000, Águas de São Pedro como a melhor cidade do Brasil em Índice de Desenvolvimento Infantil (IDI), para crianças de 0 a 6 anos, sendo a única do Brasil a alcançar índices de países desenvolvidos (0,931).

A combinação do clima com as águas minerais aliada à infra-estrutura urbana de Águas de São Pedro garantem que seja uma destinação procurada por turistas com objetivos terapêuticos e estéticos. No entanto, outros segmentos da demanda turística são atraídos pela tranqüilidade e segurança do local, qualidade das águas e do ar e pelas atividades de lazer.

ANÁLISE DA COMPETITIVIDADE EM ÁGUAS DE SÃO PEDRO

Em face dos resultados obtidos em questionários e entrevistas com turistas, com representantes do *trade* turístico e do poder público, são feitas considerações sobre a competitividade em Águas de São Pedro.

A crescente saturação dos centros turísticos tradicionais, no que se refere a infra-estrutura, espaços e meios de satisfação das motivações dos turistas, resulta na procura alternativa de novos destinos e novas formas de satisfação das necessidades de férias, como viagens personalizadas e especializadas (ecoturismo, turismo rural, de aventura etc). A tendência é de viagens distribuídas ao longo do ano, com motivações e atividades diferentes, conforme a estação e a duração.

A maior dificuldade competitiva das destinações tradicionais não diferenciadas é a dependência da concorrência por meio dos níveis de preços. Fazer uso da vantagem comparativa, de forma sustentável, pode aumentar a competitividade da destinação no mercado turístico, evitando tal dependência.

Os resultados mostraram que o principal motivo da visitação a Águas de São Pedro é férias em família, enquanto os atributos fortemente conhecidos e mais valorizados pelos turistas são as águas minerais, a qualidade do ar, a tranqüilidade e segurança da estância, que caracterizam os diferenciais da destinação, os quais são pouco explorados.

O fato de os turistas reconhecerem e valorizarem essas características do destino deve-se, possivelmente, ao aumento constante da violência nas grandes e médias cidades brasileiras, o que significa que desfrutar as férias com segurança é mais do que relaxamento, é vivenciar uma realidade diferente da rotina.

Nos últimos anos, nota-se uma grande ênfase aos aspectos que incrementem a qualidade de vida das pessoas. A busca por ar puro e um local tranqüilo como Águas de São Pedro poderia, em alguns casos, superar o poder de atração de alguns destinos, com melhor infra-estrutura turística e maior apelo, como as cidades litorâneas e outras localidades turísticas mais tradicionais do Brasil.

É nítido que os turistas não dão o devido valor ao caráter conservacionista de Águas de São Pedro. Isso pode ocorrer por falta de informação, pois o atributo "cuidados com o meio ambiente" foi pouco percebido pelos visitantes. A prefeitura, por meio da Secretaria de Turismo, poderia prever formas de divulgar os cuidados com a sustentabilidade ambiental e social que caracterizam Águas de São Pedro, associando o marketing a um turismo de qualidade.

A falta de atrações de lazer, presente nos relatos dos turistas e empresários, indica um ponto fraco de Águas de São Pedro, em comparação com destinos concorrentes. Pode-se supor que mais opções de atrativos poderiam atrair maior fluxo turístico, aumentando o tempo de permanência do turista na estância e proporcionando aumento de arrecadação municipal.

Sugestões para melhoria da competitividade da estância poderiam incluir o aumento e a diversificação de atrativos culturais, como festas e eventos, os quais permitiriam atingir públicos variados, durante a baixa temporada.

Esta pesquisa revelou que as atividades preferidas dos visitantes em Águas de São Pedro eram relaxar e fugir da rotina, em busca de tranqüilidade e de momentos de lazer com a família, aproveitando a qualidade do ar e as fontes hidrominerais.

A resposta "relaxar" aparece como principal atividade em todos os grupos incluídos na pesquisa, e, dessa forma, devem-se explorar as características únicas do município, como: altos índices sociais, grande área verde por habitante, segurança, enfim, características tão valorizadas pela sociedade moderna.

O atributo "águas minerais" foi apontado como o mais importante na escolha da destinação, enquanto a atividade "freqüentar o Balneário" surgiu em quarto lugar no rol de atividades apresentadas nos questionários. Tal fato pode ser indicativo de que a idéia de relaxar não esteja vinculada ao uso das águas.

A modernização e a ampliação da oferta de serviços no Balneário podem atrair outros nichos de mercado, interessados em relaxamento e estética, além da saúde, principal apelo no oferecimento das águas minerais para o público. O potencial medicinal das águas poderia, assim, ampliar o valor agregado ao destino. Também, a diversificação da oferta de serviços contribuiria para reduzir os efeitos da sazonalidade, pois as férias em família coincidem com as férias escolares. Portanto, a recuperação do Balneário pode refletir positivamente em toda a cadeia produtiva.

Apesar da maioria dos turistas que visitam Águas de São Pedro reconhecer o diferencial em relação às águas minerais e à qualidade do ar, também mencionam outras estâncias hidrominerais, com vantagens competitivas interessantes.

A grande maioria dos empresários mostrou-se insatisfeita com relação às ações do poder público para fomentar a atividade turística. Porém, a falta de cooperação apontada entre os próprios empresários contribui para a baixa competitividade de Águas de São Pedro.

A instalação de parcerias e associações poderia fortalecer os negócios e aumentar a competitividade do município, por meio da redução dos custos e da maximização dos resultados. Essa estratégia poderia ser utilizada para a aquisição de suprimentos, distribuição dos produtos turísticos da estância, disponibilização de informações turísticas e divulgação dos produtos e do destino. Ainda, parcerias poderiam ser previstas para ampliar a oferta de atrativos turísticos.

A viabilização de algumas ações dependerá de maior interação entre os empresários do setor turístico, criando sinergia para todos os segmentos desse setor. Outras dependerão da iniciativa do setor público em atrair investidores interessados no desenvolvimento do turismo.

Uma proposição interessante seria a formatação de roteiros turísticos integrados com os municípios vizinhos de São Pedro e Brotas, criando sinergia entre as destinações, como banhos e/ou massagens após a realização de esportes de aventura ou ainda opções de bares e restaurantes. Outra alternativa seria a de Águas de São Pedro poder atuar como central de hospitalidade, onde os turistas pudessem visitar outros locais da região, desde que houvesse uma agência especializada no oferecimento de serviços receptivos. Essa estratégia também possibilitaria aumentar o tempo de permanência do turista na estância.

CONSIDERAÇÕES FINAIS

É importante que pesquisadores e gestores identifiquem e entendam as mudanças nos desejos e nas necessidades dos turistas, nos diversos segmentos de mercado. Algumas destinações destacam-se no mercado competitivo por analisar com cuidado essas variáveis, oferecendo soluções mais adequadas.

O turismo em estâncias hidrominerais, termais ou climáticas, ao longo da história, teve seus momentos de auge e declínio. Atualmente, a procura por *spas* e estâncias hidrominerais está relacionada à estética e qualidade de vida. Pessoas com problemas de saúde raramente buscam a cura nos banhos medicinais. Médicos receitam outros tipos de tratamento, desde os mais convencionais com medicamentos, fisioterapias etc., até os considerados alternativos como acupuntura, fitoterapia, entre outros. Nesse sentido, os balneários precisam se adaptar às novas exigências dos freqüentadores, aproveitando a procura dos turistas por tratamentos estéticos e de relaxamento, muitos deles utilizando águas com propriedades minerais.

Notou-se que a demanda turística valoriza os atributos turísticos diferenciados. Mas, para manter a competitividade do destino, é decisivo transformar as vantagens comparativas em posição competitiva de mercado, por meio de sua exploração sustentável.

As destinações que não contam com recursos únicos devem utilizar a estratégia da diferenciação, orientando-se pela demanda na busca por oferecimento de experiências turísticas com alto valor agregado. Já foi comprovado que: "para os destinos serem ou se manterem competitivos, cada vez mais se torna indispensável possuir, divulgar e promover diferenças atrativas que os distingam dos concorrentes, em que os ambientes natural e cultural terão de desempenhar os principais papéis" (Baptista, 1997, p.419).

REFERÊNCIAS

Baptista, M.C. **Turismo: competitividade sustentável**. Lisboa: Verbo, 1997.

Cooper, C. et al. **Turismo: princípio e prática**. São Paulo: Bookman, 2002.

Goeldner, C; Ritchie, J.R.B; Mcintosh, R. **Turismo: princípios, práticas e filosofias**. Porto Alegre: Bookman, 2002.

Gutiérrez, C.; Bordas, E. La competitividad de los destinos turisticos en mercados lejanos. In: **Anais do congresso da AIEST**. Buenos Aires, out. 1993, p. 103-93.

Hassan, S.S. Determinants of market competitiveness in a environmentally sustainable tourism industry. **Journal of Travel Research**, v. 38, n. 3, p. 239-45, 2000.

[IBGE] Instituto Brasileiro de Geografia e Estatística. **Censo demográfico do Brasil**. Brasília: IBGE, 2000.

Mihalic, T. Environmental management of a tourist destination: a factor of tourism competitiveness. **Tourism Management**, v. 21, n. 1, p. 65-78, 2000.

Murphy, P.E. Turismo e desenvolvimento sustentado In: Theobald, W. (Org.). **Turismo global**. São Paulo: Senac, 2001; p.187-203.

[OMT] Organização Mundial do Turismo. **Desarrollo turistico sostenible: guia para planificadores locales**. Madri: OMT, 1993.

Porter, M.E. **Vantagem competitiva: criando e sustentando um desempenho superior**. São Paulo: Campus, 1989.

_____. **Competição: on competition: estratégias competitivas essenciais**. São Paulo: Campus, 1999.

Prefeitura de Águas de São Pedro. Disponível em: http://www.aguasdesaopedro.sp.gov.br. Acessado em: 19 set. 2005.

Ritchie, J.R.B.; Crouch, G. The competitive destination: a sustainability perspective. **Tourism Management**, v. 21, n. 1, p. 1-7, 2000.

Ruschmann, D. **Turismo e planejamento sustentável: a proteção do meio ambiente**. 13.ed. Campinas: Papirus, 2006.

Turismo Religioso e Sustentabilidade | 39

João Edson Fagundes
Filósofo, Fundação Itajaiense de Turismo

INTRODUÇÃO

Diferentemente de outros segmentos, o turismo dito religioso vem crescendo intensamente em todo o mundo e adquirindo características de mercado, sem perder seu lado místico, principalmente quando as diversas peregrinações aos lugares santos da Europa, da Ásia e do Oriente Médio são integradas a um pacote turístico organizado por operadoras. Pode-se afirmar que a visitação a diversos templos, mesquitas e santuários não sofre o problema da sazonalidade, tampouco dos períodos promocionais. A religião torna-se produto turístico e é oferecida a milhares de pessoas em todo o mundo, independentemente de suas motivações estarem ligadas à fé ou ao lazer.

Ainda, a busca pelo sagrado, pelo alento e por milagres, manifestada nas peregrinações e romarias, por meio de muitas celebrações, atos penitenciais e pela devoção, continua bem enraizada em milhares de pessoas, principalmente as de baixa renda, que lotam igrejas e santuários por todo o mundo, independentemente da oferta turística e da infra-estrutura existentes. Pode-se acrescentar a visitação a locais onde a natureza torna-se um verdadeiro "santuário" que inspira reflexão, meditação, levando o indivíduo a estabelecer um contato com o sobrenatural e com a prática de sessões esotéricas, como o movimento *new age*, em que também a experiência é essencialmente religiosa.

Esse crescimento cada vez maior de fiéis e turistas vem chamando a atenção de muitos planejadores e do poder público, pois isso implica uma reavaliação da capacidade de carga dos espaços onde o fenômeno da "massificação da fé" está bem presente e uma melhor estruturação da "multifuncionalidade" do turismo religioso, pois ele está ligado a outros setores e isso exige infra-estrutura e planejamento.

Por sua vez, o desenvolvimento do turismo religioso nos locais considerados sagrados, destacando-se os grandes santuários do catolicismo e do islamismo, provocou grandes transformações e impactos sociais, econômicos, culturais e ambientais que precisam ser analisados para que a atividade turística no local se desenvolva de uma maneira ordenada e sustentável, preservando os recursos naturais e culturais da localidade e também para que as futuras gerações possam visitá-los.

Por meio deste estudo, pretende-se afirmar que, no turismo religioso, a relação entre fé e lazer está muito próxima, em um mesmo território, mas as motivações de viagens de um peregrino fiel e de um turista são bem distintas. Verifica-se a mesma dimensão quando o turista se despe de sua condição de curioso e de apreciador da manifestação cultural, e passa a vivenciar os valores da religiosidade das celebrações, dos ritos e simbolismos dos locais sagrados, e o peregrino devoto assume a condição de também consumir, apropriar-se dos vários artigos religiosos, lembranças oferecidas nesses locais, para satisfazer o seu desejo de fé, bem como tratar o deslocamento de final de semana a um santuário, a uma gruta, a uma mesquita, ou até mesmo a um local de contemplação da natureza como uma forma de lazer e utilização de seu tempo livre.

É fundamental, no entanto, insistir na premissa de que as destinações consideradas sagradas devem manter suas características ligadas aos recursos do simbolismo religioso, com planejamento sustentável, independentemente das motivações de viagens tanto do turista como do fiel devoto ou peregrino, para que os costumes e hábitos profanos, bem como os investimentos em recursos considerados não sagrados, não invadam esses territórios, descaracterizando-os e prejudicando sua verdadeira identidade.

TURISMO RELIGIOSO E DESENVOLVIMENTO SUSTENTÁVEL

O conceito de desenvolvimento sustentável, que inclui a prática de turismo sustentável, foi adotado pelas Nações Unidas, pela Organização

Mundial do Turismo (OMT) e por muitos governos nacionais, regionais e locais. Um dos objetivos do turismo sustentável é preservar os recursos naturais e culturais para o seu uso no futuro, bem como no presente. É fundamental que a prática do turismo não acarrete sérios problemas ambientais ou socioculturais, que a qualidade ambiental da área seja preservada ou melhorada, que um alto nível de satisfação do turista seja mantido de forma a conservar os mercados para o turismo e a expandir suas vantagens amplamente pela sociedade.

Sabe-se que, para o turismo se desenvolver de maneira sustentável, ele terá que passar por vários estudos e ações em que seus planejadores deverão considerar questões ligadas a espaço, tempo, gerenciamento, políticas públicas, participação da comunidade local, análise da oferta e da procura, estudos de impactos ambientais, grau de atratividade de seus recursos etc. No contexto dessas ações, os princípios do desenvolvimento sustentável se encaixam perfeitamente, pois eles oferecem indicadores para atingir um desenvolvimento equilibrado e justo, que contemple todos os interesses dos agentes envolvidos no processo e promova a correta utilização dos recursos e sua preservação para as gerações futuras. Esses princípios reforçam que "não existe evidência real e contundente de que o turismo sustentável seja um objetivo alcançável, nas suas várias relações" (Swarbrooke, 2002).

Para que o turismo se desenvolva e garanta a perpetuação de sua atratividade, é necessário, portanto, adotar um modelo de planejamento baseado nos princípios da sustentabilidade, em nível internacional, nacional, regional, local ou da comunidade.

Entre os setores turísticos que mais crescem no mundo e também no Brasil, destaca-se o *turismo religioso*. Andrade (1991, p.77) conceituou o turismo religioso como:

> conjunto de atividades com utilização parcial ou total de equipamentos e a realização de visitas a lugares ou regiões que despertam sentimentos místicos ou suscitam a fé, a esperança e a caridade nos fiéis de qualquer tipo ou em pessoas vinculadas a religião.

Andrade (1991, p.81) acrescenta:

> o tipo de turismo que mais cresce é o religioso, porque além dos aspectos místicos e dogmáticos, as religiões assumem o papel de agentes culturais pelas manifestações de proteção a valores antigos, de intervenção na sociedade atual e de preservação no que diz respeito ao futuro dos indivíduos e das sociedades.

Segundo a Embratur (1992), o turismo religioso é visto como "aquele motivado pela fé ou necessidade de cultura religiosa, seja através de visitação a igrejas e santuários, seja por peregrinação, romarias ou congressos eucarísticos". Parece ser uma definição muito limitada que não considera no seu espectro questões ligadas ao contato com a natureza e outras manifestações religiosas realizadas por pessoas que vêem nessa relação um ato místico e religioso de busca pelo sobrenatural.

Dias e Silveira (2003) associam a definição de turismo religioso ao deslocamento, ao tempo de permanência das pessoas e ao conjunto de locais e atividades religiosas – santuários, eventos, caminhadas, romarias etc. –, já que eles vêem o atrativo como turístico e o fenômeno como um tipo particular de turismo, o religioso. Essa linha de pensamento é também comungada por Beni (2001) que se refere ao "grande deslocamento de peregrinos, portanto turistas potenciais, que se destinam a centros religiosos, motivados pela fé em distintas crenças".

Perceber se o turismo religioso nos locais sagrados administrados por instituições religiosas é praticado de maneira sustentável torna-se um grande desafio, uma vez que se constatam vários aspectos que caracterizam uma situação-problema:

- Não existe concretamente uma proposta ou até mesmo um plano de ação de um planejamento turístico para esses locais;
- O poder municipal, a administração das ordens religiosas e os principais representantes das comunidades não têm bem claros os princípios do turismo sustentável e não conhecem seus benefícios;
- As ações dos órgãos públicos que tratam do desenvolvimento do turismo religioso nesses locais, bem como das ordens religiosas que os administram e da associação dos moradores da comunidade local, são isoladas, e raramente essas instâncias trocam informações entre si.

O termo "sustentabilidade" e a expressão "desenvolvimento sustentável", tão amplamente divulgados e explorados quando se aborda o planejamento turístico, ainda não são totalmente conhecidos, especialmente pelas comunidades locais dos países do Terceiro Mundo e muito menos por ordens religiosas.[1] Essas ordens, em razão de seu envolvimento com

---

[1] Aqui a expressão "ordens religiosas" refere-se a organizações e instituições que se desenvolvem a partir do seguimento dos princípios de uma religião.

as tarefas do dia-a-dia, quase todas voltadas ao ensinamento da fé e à administração de suas igrejas, santuários, mesquitas, não possuem uma visão muito ampla sobre sustentabilidade e desenvolvimento sustentável e muito menos participaram de algum plano de desenvolvimento turístico nesses locais. Todavia, preocupados com a intensificação do turismo religioso, já despertam interesse em implantar algum planejamento para que possam gerenciar e monitorar melhor as visitações.

Com o aumento da demanda, principalmente atingindo o público das classes mais altas da sociedade, os espaços turístico-religiosos tiveram que se adequar às necessidades desse público que, mesmo motivado por questões religiosas, não se abstém de ter um bom serviço de receptividade e de oferta turística. Na visão de Oliveira (2004), diante de tais exigências de infra-estrutura e modernização, como a Igreja ficaria indiferente à chamada *indústria do turismo*, com suas técnicas, instalações, sistemas?

De posse dessa realidade das visitações, estas intensificaram os investimentos nos centros de peregrinação por meio de ações diretas sobre a realidade local e do uso da mídia e do marketing para incentivar o fluxo de visitantes. No Santuário Nacional de Aparecida, por exemplo, há uma equipe exclusivamente para tratar da recepção das excursões e oferecer atendimento aos guias, motoristas e aos famosos organizadores do grupo, geralmente pessoas ligadas a algum movimento da Igreja Católica. Além do mais, a recém-criada "Pastoral do Turismo", além de fazer a acolhida dos visitantes e prestar-lhes atendimentos específicos como aconselhamentos e confissões, oferece aos romeiros opções de hospedagem, passeios e, inclusive, lazer.[2]

De olho no crescimento do turismo religioso, as agências de turismo utilizam os mesmos instrumentos de um pacote para qualquer destinação turística, para a elaboração de um pacote específico para esse mercado:

> o turismo religioso é fruto da mesma racionalidade administrativa com a qual as agências de viagens operam qualquer demanda de lazer. As viagens com motivação ou destinação religiosa só vieram a se tornar "turismo religioso", quando o volume de pessoas envolvidas alcançou uma escala que tor-

---

[2] O Magic Park foi inaugurado em 1998. Esse empreendimento contou com investimento italiano e foi inspirado no famoso parque de Rimini, "Itália in miniatura" Com seus brinquedos e impressionantes réplicas dos mais importantes monumentos da humanidade, encanta crianças, jovens e adultos.

894 | GESTÃO AMBIENTAL E SUSTENTABILIDADE NO TURISMO

nasse economicamente viável o planejamento e os investimentos na área. Nesse sentido, embora qualquer peregrinação possa ser encarada pelos agentes do turismo como "turismo religioso", não é toda peregrinação que se torna um *trade*. (Abumanssur, 2003, p.56)

Nesse novo cenário e segmento do turismo, muitas instituições religiosas, mesmo sabendo dos números e da "absorção" do mercado em fazer da religiosidade popular um produto turístico, não admitem chamá-lo assim, pois esse entendimento estaria fora dos reais motivos e das atitudes vivenciadas pelos peregrinos num espaço religioso. Ou seja, a visitação, o *tour*, possui muito mais motivos religiosos expressos nas várias manifestações de fé do que um mero passeio, lazer ou entretenimento.

Steil (2003), com base na análise do constante interesse do mercado pelas romarias e peregrinações, afirma que "os agentes religiosos têm a percepção de que, ao qualificar uma peregrinação ou romaria com o adjetivo 'turístico', esta tende a sair do seu domínio institucional e passar para o controle do Estado e do mercado". Essa afirmação é pertinente, pois tudo que estiver relacionado à "turiscidade" de algum local requer planejamento e ordenamento, e essa tarefa pertence muito mais ao Estado do que a qualquer outra instituição.

Para os religiosos, esse modelo de visitas estaria "retirando a centralidade e profundidade do ato religioso, que se perde em meio às ações dispersivas e superficiais do turismo" (Steil, 2003, p.36).

Questiona-se sobre a possibilidade de se colocarem, em um mesmo plano de sacralização, experiências de ordem religiosa, místicas e secularizadas. Parece incompatível comparar a experiência de um fiel carismático com a de uma devota de Maria, e afirmar que um ateu tem uma vivência do sagrado só porque visita uma igreja histórica.

A pós-modernidade, tão largamente estudada por Harvey (2001), exige uma nova relação entre a religião e o turismo. A velocidade da informação, a multiplicação dos modelos de religião e cultos e o valor da individualidade são realidades concretas e abrem uma discussão de como poder relacionar o lazer com a espiritualidade. Essa relação é complexa e precisa ser mais bem analisada não apenas para explicar os motivos que possam unir a fé com diversão ou entretenimento, nem mesmo para diferenciar o lazer da religiosidade, mas para apresentar essa relação num contexto antropológico e sociológico que possa avaliar a "intencionalidade", a motivação e as razões das pessoas que visitam lugares religiosos como santuários, por meio de romarias e peregrinações, e mesmo os locais na natureza considerados místicos, onde realizam meditações e cerimoniais.

Atualmente, com cada vez mais pessoas residindo em cidades, as crises financeiras, as políticas, o desemprego e a redução da renda, conseqüências da pós-modernidade, acabam por comprovar a necessidade de renovar mitos e ritos religiosos. Nesse momento de religiosidade e de busca de ocupação do tempo livre, motivadas geralmente por questões religiosas, as pessoas acabam programando-se e dirigindo-se para lugares como os santuários, o que reforça a prática do turismo religioso.

Num espaço religioso com uma grande demanda de fiéis, além dos locais sagrados, há ainda uma infra-estrutura completa para satisfazer as necessidades básicas de seus visitantes, inclusive com um espaço para a compra de artigos religiosos, artesanato e brindes que exaltam a imagem do lugar e que são adquiridos como lembranças da visitação. Em alguns locais, existem também equipamentos de lazer e entretenimento para as crianças que acompanham a família na visitação ou peregrinação.

Conciliar fé e lazer num mesmo território religioso abre espaço para muitas discussões, sem ter que analisar as etimologias dos dois termos. Geralmente, quando o peregrino, também chamado de devoto e fiel, se desloca para um santuário ou outro lugar qualquer considerado sagrado, é motivado essencialmente por questões ligadas à fé, à piedade e à devoção, mesmo que tal experiência lhe dê alegria, contentamento, e proporcione descanso no uso de seu tempo livre e que são características de lazer, diferentemente de um turista mais motivado por questões culturais.

Para Dias e Silveira (2003, p.25), "a ocupação do tempo de lazer foi escolhida livremente pelo indivíduo, pois, ao escolher a religião, escolheu o uso que faria de seu tempo livre". Na vivência dessa experiência o que mais importa é o que o indivíduo interpreta, considera da sua atitude e o que lhe é mais necessário. Não importa se esta foi realizada no seu tempo livre, se foi no início ou no final de semana.

Na ótica do mercado e de outros segmentos, mesmo que o ser humano esteja em locais onde a experiência religiosa é mais intensa, deve haver espaços para outras atividades:

do ponto de vista psicológico é necessário haver alguma pausa nas atividades religiosas. O homem continua tendo que satisfazer sua curiosidade humana, conhecer novos lugares, monumentos, pessoas. Continua necessitando descansar, divertir-se e reunir-se com os amigos. É buscando atender essas necessidades que o município multiplicará os efeitos econômicos positivos do turismo religioso. (Dias e Silveira, 2003, p.35)

Essa visão do ponto de vista das ordens religiosas não é a mais significativa nem defendida e, dependendo de como for estimulada, poderá, futuramente, interferir nos verdadeiros propósitos das destinações turístico-religiosas. Pouco a pouco, a fé vai se tornando produto e não um dom. Porém, apesar desse risco, não será por falta de fé e penitência e até mesmo por curiosidade cultural que o turismo religioso diminuirá.

Outra questão que deve ser examinada é com relação à incorporação do consumo pelo turismo religioso. Tanto fiéis peregrinos como turistas e turistas religiosos, na sua relação com o sagrado, adquirem artigos religiosos e bens simbólicos. Para Germiniani (2003, p.127), "ao consumirem os 'bens simbólicos' oferecidos, os turistas desejam que 'seu mundo' seja cada vez melhor. Através deles, sua imaginação é constantemente nutrida desse desejo", assim como para os devotos que vêem sua fé materializada em imagens, chaveiros e quadros dos seus santos e santas. O turismo moderno é inspirado por uma fantasia de auto-realização e auto-expressão que repousa numa atitude de descontentamento e desejo (Germiniani, 2003, p.127).

Percebe-se com essa atitude que é impossível desvincular a fé do consumismo, pois tanto o peregrino e devoto como o turista que se desloca para uma localidade religiosa, mesmo sem estar motivado por questões ligadas à fé, sentem necessidade de adquirir algum artigo ou "lembrancinha" para registrar a sua visita: "A fé do peregrino não se sustenta somente com promessas e votos, mas com consumo" (Silveira 2003, p.81). Caso se aprofunde ainda mais essa questão, que não é tão relevante no presente trabalho, pode-se discorrer sobre a ludicidade, o espetáculo visto em muitas igrejas, ligada diretamente ao consumo, o que atrai o interesse do mercado. O mesmo autor afirma que:

> a religião torna-se um espetáculo, oferecido a consumidores e diria consumidores errantes e experimentadores de sensações, que não se vinculam a dogmas nem a sistemas teológicos e nem igrejas. Aí talvez possa se falar em turismo religioso.

Voltando a discussão das questões em torno da sustentabilidade, analisa-se agora a visão do turismo religioso como visitação religiosa, dentro dos princípios do planejamento sustentado.

Com a consolidação do turismo religioso em várias partes do Brasil, torna-se necessário enquadrá-lo dentro de uma gestão ordenada e sistematizada do seu espaço turístico, tanto para manter suas características como também para amenizar os impactos sociais e ambientais e controlar os impactos culturais, a fim de preservar o patrimônio histórico desses locais sagrados, respeitar a cultura local e equilibrar e distribuir o seu desenvolvimento econômico.

Oliveira (2004) faz a seguinte reflexão sobre esse assunto:

> a sustentabilidade do turismo religioso tem sido uma questão chave para posicionar o turismo contemporâneo como vetor de desenvolvimento sociocultural, econômico e ambiental. Há todo um discurso da sustentabilidade global e local para subsidiar a justificativa para as mais estagnadas ou degradadas localidades convocarem o investimento turístico como arma de regeneração inclusiva.

Oliveira (2004, p.86), instigando ainda mais essa temática, faz os seguintes questionamentos:

> será que o turismo religioso, em sua densidade simbólica, serviria a este exato fim? De que maneira? Como turismo seletivo, arregimentando peregrinos de classe alta para um ecoturismo religioso? Ou modificando a capacidade de carga do turismo de massa?

Para poder responder a essas questões, esse autor afirma que é preciso promover o debate sobre o turismo (religioso) sustentável, já que se trata de um desafio ao planejamento.

Na realidade, o turismo religioso é intensivamente mais praticado por uma grande demanda de fiéis, geralmente com pouca instrução, de baixo poder aquisitivo e com pouca conscientização sobre as questões ambientais ou de preservação dos patrimônios históricos e religiosos. Os turistas que possuem um perfil socioeconômico maior geralmente visitam os grandes santuários católicos por todo o mundo muito mais motivados por questões culturais ou até mesmo porque o passeio ou a visitação a determinado santuário está incluso no pacote da operadora. Evidentemente que um turista, ao entrar num local sagrado, possa fazer uma experiência religiosa que o leva a manifestar alguma reação de fé; é possível que essa visita marque sua vida pessoal de uma maneira bastante significativa. Todavia, esse não é o foco da análise que se pretende dar. Pretende-se diferenciar e justificar essa afirmação tomando como exemplo a seguinte situação: se não houvesse nenhuma preocupação com a segurança de monu-

898 | GESTÃO AMBIENTAL E SUSTENTABILIDADE NO TURISMO

mentos religiosos em algumas partes do mundo, estes estariam riscados, pichados com o nome dos fiéis e até com frases de agradecimento, por mais que esses símbolos tenham uma enorme importância para a fé e devoção dos crentes, evidentemente sem nenhuma tentativa de depredar ou quebrar. Isso porque, para o mais simples devoto, o fato de ver seu nome inscrito no monumento ingenuamente o faria pensar que ele obteria a graça que espera alcançar. Basta visitar os grandes santuários que possuem algum monumento ao ar livre e ao alcance da multidão. Fica comprovado que para ele a preservação dos locais sagrados é importante não por ter um valor histórico ou por tratar-se de uma obra de arte que pertence ao patrimônio cultural local, mas porque aquele símbolo mexe intrinsecamente com sua fé, com seus valores religiosos mais profundos, mesmo estando pichado, riscado e com várias intervenções dos visitantes, como acontece, por exemplo, nas famosas "salas de milagres".

Outra reflexão que deve ser feita com relação aos questionamentos apontados anteriormente refere-se à afirmação de que o turismo religioso é essencialmente um turismo de massa, caracterizado por multidões de fiéis que invadem literalmente os lugares santos, motivados pela fé e pelo culto de adoração aos seus santos. Basta ver os exemplos do culto a Nossa Senhora de Guadalupe, no México, Fátima, em Portugal, Pio XII, na Itália, na procissão do Círio de Nazaré, em Belém, Juazeiro do Norte, no Santuário de São Francisco e ao Santuário de Aparecida, no Brasil.

Oliveira (2004), procurando instigar ainda mais essa discussão e buscar as respostas para compreender a sustentabilidade do turismo religioso, faz novos questionamentos: "como se avaliariam as constantes peregrinações e romarias na direção dos mais diversos santuários? Seriam elas realmente sustentáveis?".

É preciso que se compreenda que os fiéis que freqüentam os lugares santos, por meio de peregrinações, romarias ou uma simples visita, não estão preocupados se no local existe planejamento ou infra-estrutura de Primeiro Mundo, se aquele monumento é ou não um patrimônio histórico como foi comentado anteriormente, de modo distinto dos pseudoturistas religiosos, cuja motivação da visita está mais voltada a valores estritamente culturais ou de lazer. O que interessa para esse batalhão de fiéis é o sagrado, é o "chegar perto da santa", é o desejo de ter cumprido a promessa e voltar para casa alegre e agraciado por prestar culto e devoção ao seu santo ou santa padroeiros. Isso é notório nos locais anteriormente citados. Evidentemente que essa visão, por mais que não seja muito considerada pelos planejadores, não irá inibi-los de oferecer uma boa infra-estrutura para melhor acolher os peregrinos e satisfazer suas necessidades básicas, bem como preservar os monumentos religiosos, respeitar a cultura do local e monitorar os possíveis impactos ambientais e sociais que possam ocorrer com a intensificação do turismo religioso. Podem-se considerar dois pontos de vista no espectro desta discussão: a preocupação dos gestores e planejadores com relação à manutenção e preservação do patrimônio histórico das destinações religiosas e à capacidade de carga do local, dentro da visão do planejamento sustentável; a disposição e a motivação pela fé dos peregrinos de estarem visitando essas destinações, independentemente do seu valor histórico e do planejamento e ordenamento que há em torno de sua manutenção. Portanto, não há como os administradores e planejadores, bem como os teóricos, ignorarem o valor religioso e todas as manifestações dele emanadas, quando discutem a sustentabilidade do turismo religioso. Fica o desafio de que o ordenamento e a oferta turística desses locais devem ser melhorados, pois a fé dos fiéis e a procura pelos lugares sacros jamais diminuirão.

Um exemplo claro e evidente sobre essa discussão é o que ocorreu no Santuário de Santa Paulina, na cidade de Nova Trento, em Santa Catarina. Pode-se afirmar categoricamente que esse espaço turístico sofreu impactos tanto ambientais como econômicos e socioculturais que estão comprometendo o seu desenvolvimento, e isso merece uma ampla discussão sobre a necessidade de implantar um planejamento turístico sustentável para o local. Caracterizado por uma rápida intensificação, o seu desenvolvimento está levando a sua administração a se preocupar com questões ambientais e culturais do local e principalmente com a sua capacidade de carga. Mesmo com as constantes obras que estão sendo realizadas e provocando algumas alterações na paisagem natural, está sendo feito um rigoroso controle de preservação dos recursos naturais pelos órgãos competentes. Essas medidas fazem do Santuário de Santa Paulina um dos únicos do país, localizado num espaço rural com grande presença de recursos naturais, a preservar esses recursos e manter os traços e costumes da comunidade local, enraizados nas tradições trazidas pelos imigrantes trentinos, principalmente no dialeto falado e na religiosidade.

Já existem, portanto, mecanismos capazes para se aproximar de alguns indicadores de sustentabilidade ambiental e cultural desse espaço sagrado, sem ter que impedir a multiplicação ilimitada de peregrinos e controlando as alterações no entorno desse local. Lembrando que a sustentabilidade ambiental e cultural é pouco reconhecida e praticada em outros santuários do Brasil, pelo fato de os demais santuários já serem muito modificados e possuírem uma paisagem mais urbana.

Oliveira (2004, p.90) apresenta mais uma característica, dentro das respostas dadas pelos que defendem a sustentabilidade do turismo religioso, agora voltada ao campo socioeconômico, traçando o perfil desse tipo de turismo:

> caracterizado como um turismo de baixa renda – pouco consumo *per capita* e grande participação popular –, o turismo religioso só seria sustentável quando mobilizasse volumes crescentes de visitantes. Daí a estratégia de se renovar progressivamente a força simbólica das graças alcançáveis a todos que se dirigirem àquela localidade santa. Portanto, quanto mais massificada a fé, melhor será a sustentabilidade do turismo religioso.

Quando se trata do desenvolvimento e da administração dos locais santos, como das ordens religiosas católicas e dos religiosos islâmicos, não é a massificação da fé, formada por um grande número de romeiros, peregrinos e turistas, independentemente de suas classes sociais e que certamente provoca impactos de toda ordem em todo o complexo turístico religioso, que os preocupa. A maior preocupação é tornar esses locais em lugares de refúgio, propícios à oração, ao contato com o divino, ambiente de intensa oração e sacrifícios, ou seja, manter e preservar a sustentabilidade religiosa, caracterizada pelas manifestações de fé e pela busca dos milagres (bem diferente do conceito de sustentabilidade do turismo religioso).

Quanto à visão de Oliveira (2004) sobre a sustentabilidade do turismo religioso, de que nada mais é do que uma tentativa de um discurso ideológico que se utiliza do seu simbolismo, dos aspectos culturais de seus santuários e de sua grande demanda para encontrar formas sustentáveis para praticá-lo, respeita-se a reflexão, pois é inegável e inevitável que, com a grande presença de peregrinos, turistas nas destinações turístico-religiosas, os impactos socioeconômicos e ambientais aparecerão e deverão ser bem administrados, para atingirem níveis de sustentabilidade.

Essas reflexões vêm colaborar no sentido de que, independentemente de se usar o discurso da sustentabilidade para caracterizar e praticar o turismo religioso, não se pode ignorar a importância do planejamento turístico para o bom gerenciamento das destinações, respeitando a cultura das comunidades locais e preservando os recursos existentes, sejam eles espaços religiosos, culturais, ambientais etc., para que os seus visitantes possam se sentir bem acolhidos e satisfazer suas necessidades e sair recompensados.

Só para registrar, os impactos acontecem com a intensificação do turismo religioso, como nos casos de Jerusalém, Meca e Medina, onde tem havido registros de conflitos entre os visitantes devotos, a população receptora e os turistas curiosos. Várias conferências e reuniões têm ocorrido nas diversas comunidades com atrativos religiosos, concluindo-se que há necessidade de preparar guias especializados para os locais santos, de criar condições para atender adequadamente os peregrinos e outras atividades para os turistas que visitam o local sem a motivação religiosa. Nesse processo:

> as operadoras de viagem têm um importante papel no gerenciamento dos impactos ambientais e na manutenção da sustentabilidade do turismo, através da promoção de produtos turísticos apropriados, bem como de atividades e outras ações que envolvam o turismo. (OMT, 2003, p.108)

Até mesmo as excursões rodoviárias promovidas por movimentos ligados à Igreja Católica e a outros segmentos devem auxiliar e conscientizar seus fiéis, peregrinos, romeiros a preservarem o espaço turístico do santuário. Ainda com relação à preservação das características culturais da comunidade e também do significado de religiosidade, de tranqüilidade dos santuários e de outros locais sagrados, é necessário criar uma zona específica dentro do Plano Diretor dessas localidades para proibir a implantação de equipamentos de lazer, ou seja, qualquer construção que tenha uma outra proposta sem ser de cunho religioso, para não descaracterizar o eixo central do local que é a fé.

MANUTENÇÃO SUSTENTÁVEL DOS LOCAIS SAGRADOS

Reconhece-se que o termo sustentabilidade, quando é utilizado de maneira formal, encontra maior receptividade nos campos da economia, da sociologia, da ecologia e da cultura. Todavia, não se pode negar que a religião possui o seu objeto, as suas premissas e suas características próprias que, historicamente, foram e serão sempre preservados.

Por isso, falar em "sustentabilidade religiosa" é algo que num primeiro momento causa estranheza, haja vista que a expressão sustentabilidade é geralmente aplicada a questões ligadas à preservação do meio natural.

Busca-se a sustentabilidade econômica nas relações humanas, caracterizada pelo equilíbrio na partilha e distribuição dos bens e onde não haja um enorme distanciamento entre quem possui mais e possui menos bens – nesse caso haveria um equilíbrio nessas relações, a fim de garantir a sobrevivência das gerações futuras.

A sustentabilidade ambiental, propagada por diversos autores (Sachs, 1989; Hall, 2002; Swarbrooke, 2002; Ruschmann, 2001), tem como objetivo encontrar o equilíbrio nas relações entre o homem e o meio ambiente, configurado na preservação e conservação dos recursos naturais, na manutenção e respeito da biodiversidade, e também na preservação ao patrimônio histórico e cultural da humanidade.

No que se refere à "sustentabilidade religiosa" – aqui entendida como manutenção e preservação dos "recursos do simbolismo religioso" –, embora não haja pesquisas e abordagens teórico-científicas sobre seu uso e sua importância – pode-se afirmar que ela se caracteriza por todas as formas de perceber o vínculo religioso entre o ser humano e os recursos apontados em outros tipos de sustentabilidade.

Essa relação está constantemente presente e manifestada na preservação dos ritos religiosos, marcados pela devoção às peregrinações, celebrações, procissões, como também na manutenção dos monumentos santos e, principalmente, na atitude religiosa de milhares de fiéis que buscam o alento, a graça, na tentativa, às vezes desesperadora, de encontrar a paz interior e as curas para seus problemas físicos e psíquicos, por meio da fé. Portanto, o sustentável está no fato de manter e preservar as características da religiosidade ligadas a fatores espirituais, sem a influência dos fatores considerados profanos, ligados ao mundo material e, por que não dizer, cultural, pois a fé não é um produto cultural, não é adquirida e sim vivenciada. A experiência do divino, do religioso é algo extraordinário e inexplicável para o mundo pós-moderno, muito mais racional, tecnicista e, por que não dizer, cibernético.

Não há como conceber a idéia de que, num local considerado uma destinação de turismo religioso, o fiel, o peregrino e até mesmo o turista possam encontrar comportamentos e características muito mais voltados ao entretenimento e ao lazer do que a própria religiosidade. Um exemplo desse cenário encontra-se no Santuário Nacional de Aparecida, em São Paulo, onde no anexo foi construído um grande parque de diversões em razão do imenso número de pessoas que para lá se dirigem. Por mais que todo o ambiente seja propício à oração, a presença desse parque descaracteriza os demais recursos do simbolismo religioso de todo o complexo turístico religioso, atendendo à proposta de lazer da sociedade consumista. A mesma situação ocorre em Nova Trento, Santa Catarina, onde existe um miniparque anexo ao Santuário de Santa Paulina, com passeio de charretes, pedalinhos e teleférico, pertencente a uma propriedade privada não-religiosa. Evidentemente que o lazer e a diversão estão presentes em muitos encontros, congressos feitos pelas mais diversas religiões, por meio de danças, gincanas, jogos, com o único objetivo de promover a alegria, a descontração entre os participantes, porém sem perder o clima de espiritualidade e oração do encontro. Isso é muito comum, por exemplo, nos grandes congressos do movimento da Renovação Carismática e na Jornada Mundial da Juventude,[3] que o próprio papa promove com a juventude do mundo todo. Todavia, é muito diferente das pessoas que vão para uma destinação religiosa com o intuito único de realizar um passeio, brincar no parque e tirar fotos. Essas atitudes são muito comuns e estão tirando o foco da religiosidade, da espiritualidade. E isso não representa nenhum discurso do moralismo cristão. É fato. Por isso, se não houver, em vários santuários espalhados pelo mundo e em outras destinações consideradas sagradas, uma preocupação em manter a religiosidade, centrada nas várias manifestações e expressões de fé, na preservação dos monumentos e edificações sacras e na proibição de construções de equipamentos que não possuem nenhuma identidade ou propósito com a espiritualidade, muitas destas estarão se descaracterizando e abrindo espaços para a instalação de hábitos e costumes totalmente contrários e insustentáveis para os valores e simbolismos religiosos.

Por mais que, no turismo, os planejadores tenham que compreender a espacialização dos empreendimentos e a convivência das motivações de visitação tanto receptiva como emissiva, a religiosidade, mesmo na sua ampla interpretação cultural e maneiras de ser manifestada, é o foco e o principal produto que caracteriza, tanto para as ordens religiosas como para o mercado que o apropria, o fenômeno e a essência do turismo religioso. É

---

[3] A Jornada Mundial da Juventude foi criada em 1984, quando mais de 300 mil jovens do mundo inteiro responderam ao convite do papa para participar do "Jubileu Internacional da Juventude", no Domingo de Ramos, na Praça de São Pedro, em Roma. Desde então, esse evento passou a acontecer anualmente.

em torno dela que se elaboram os planejamentos, os investimentos e o desenvolvimento desse tipo de turismo.

Na visão de um planejamento nesses espaços, os efeitos e impactos religiosos têm, portanto, que ser considerados e analisados na mesma proporção que os efeitos e impactos sociais, econômicos e ambientais, pois a fé, mais do que qualquer outro fator, é objeto de preocupação das entidades religiosas que administram essas destinações. Geralmente, esse aspecto não interessa tanto ao poder público, à iniciativa privada e até à academia. Aí que reside a visibilidade da sustentabilidade religiosa na inter-relação com as demais sustentabilidades.

Seja qual for a destinação turístico-religiosa, ela precisa manter suas características ligadas à fé e à religiosidade, independentemente das motivações dos fiéis, peregrinos e até dos próprios turistas. O mais importante nos locais sagrados é a manutenção da fé, dos ritos, das celebrações e dos monumentos dos simbolismos da religiosidade que compõem todo um patrimônio cultural, norteado pelos princípios da sustentabilidade. Nesse contexto, a análise de Giovanini Júnior (2003, p.143) é muito pertinente, pois ele, de uma maneira clara e direta, apresenta a visão do nativo e do turista diante das celebrações culturais e sobre um produto turístico:

> enquanto o nativo experimenta sua religiosidade de forma absoluta, sagrada, referenciando a tradição e lembrando seus antepassados, o turista tende a pensar estas manifestações do ponto de vista cultural, como eventos culturais ou formas vivas do Patrimônio Nacional. Muitas vezes, também vivencia o religioso, porém de forma diferenciada, mas compatível com outras concepções de sagrado. Os primeiros constroem seu significado localmente e os outros, de fora, interpretam de um ponto de vista de uma cultura mais ampla, inserindo estas práticas não só de dentro de um contexto nacional, mas, diria, global. Os diferentes níveis de interpretação de que falo nem sempre são incompatíveis, ao contrário, também apresentam pontos coincidentes, que mostram o quanto estas práticas locais motivam sentimentos e reflexões das pessoas provindas de outras regiões do país.

Ainda que o turismo religioso se intensifique cada vez mais em todo o mundo, atraindo milhares de pessoas seduzidas por celebrações, rituais, riqueza do patrimônio histórico e, principalmente, pela possibilidade de alcançarem alguma graça ou milagre, existe uma grande preocupação com os deslocamentos em massa, principalmente aqueles sem nenhuma programação e até mesmo motivação, pois isso provoca impactos sociais na comunidade local, compromete a capacidade de carga do território e causa danos ao ambiente tanto natural como religioso:

> A presença "mal programada", de pessoas de fora, em massa, pode afetar drasticamente aquilo que sustenta a manifestação religiosa, o sentido do sagrado e também referências importantes a códigos de comportamento. Ao invés de preservar, pode-se depredar um bem que pode ser considerado Patrimônio Cultural. (Giovanini Júnior, 2003, p.146-7)

No entendimento das ordens religiosas, mesmo que o mercado classifique sua igreja, seu santuário ou local sagrado um atrativo para milhões de visitantes, e as visitações têm aumentado significativamente, é papel principal delas oferecer uma boa acolhida a todas as pessoas que a esses locais se dirigem. Tudo o que foi criado e concebido está de acordo com uma visão religiosa, para que tanto os fiéis como os turistas possam vivenciar o sagrado, buscar a energia espiritual para suas vidas, encontrar o alento e a tranqüilidade e, acima de tudo, pedir ao seu deus ou santo e santa padroeiros as graças necessárias e ter seus pedidos atendidos.

Um exemplo da preocupação com a sustentabilidade religiosa nos locais sagrados, em contraposição com o turismo de lazer e com toda a estrutura de equipamentos que o mercado pretende implantar próximo a esses locais, bem como se colocar contra a visão mercadológica sobre o turismo religioso, é expresso com muita propriedade pela administradora-geral do Santuário de Santa Paulina:[4]

> eu creio que o ponto, a entonação que tem que se dar, o enfoque principal é exatamente distinguir isto aqui do turismo comum, do turismo de lazer. Os hotéis de classe que já construíram não estão conseguindo obter grandes resultados e não têm muita estimativa. Então, o que precisaria aqui seriam pousadas com quartos de duas, três camas, com coisas mais simples, que durante a noite fosse oferecida uma refeição, um sopão, um pão, um café e o café da manhã. Digo isso porque aqui é o turismo de buscas pessoais e do avivamento da fé. O místico e a fé estão em jogo. Isso aqui nos faz refletir como nosso mundo está materializado e mais do que nunca o ser humano necessita de valores transcendentais. O homem aflito tem que se agarrar a uma força sobrenatural e ele já vê que o dinheiro não resolve. O sucesso não

---

[4] Declaração dada pela irmã Ilse Mess, administradora-geral do Santuário de Santa Paulina, Nova Trento, em entrevista realizada em 18 de julho de 2003.

traz felicidade. Então, o anseio profundo do homem é respondido aqui. Por isso não tem preço. Você não pode estabelecer um preço. Isso é dado na gratuidade, na generosidade e só mesmo. Por uma motivação além do material. Portanto, nós que representamos a Igreja, o santuário que distribui esta "mercadoria", este valor, esta resposta a essas buscas, somos nós que temos que caprichar nisto. As dependências e a infra-estrutura externa estão em segundo plano, e ela se faz necessária ao respeito e à dignidade da pessoa que chega. Mas principalmente, se a pessoa não tiver uma acolhida, uma palavra de conforto, ela não irá se sentir bem. O que os peregrinos querem é ouvir uma palavra, querem desabafar um problema, querem chorar.

Em muitos santuários católicos, especialmente na Itália e na Espanha, foi criada a Pastoral do Turismo[5] para oferecer uma boa acolhida aos peregrinos, romeiros e turistas. Conforme Christoffoli (2004, p.385-401), essa pastoral tem o seguinte objetivo:

conscientizar as comunidades para acolherem os turistas e peregrinos com ativa hospitalidade, favorecendo um maior entrosamento do clero e outros agentes de pastoral com os turistas e peregrinos. Deve oferecer condições para que os peregrinos tenham momentos de espiritualidade durante a viagem, criar condições para que o turismo se torne um instrumento de paz e de confraternização entre os povos, na preservação da natureza e respeito à cultura.

No Brasil, recentemente, a Igreja Católica, com o propósito de fornecer todos os cuidados aos peregrinos e interessada na movimentação turística proporcionada por eles, criou a sua Pastoral do Turismo, como um programa que desenvolve atitudes ligadas à recepção e acomodação dos peregrinos:

a formação da Pastoral do Turismo no Brasil insere-se nas diretrizes da Secretaria Nacional para a Pastoral do Tempo Livre, do Turismo e Esporte – sediada no Vaticano – e que tem por objetivo desenvolver e sistematizar ações de alcance mundial para a implantação ou aumento do afluxo de fiéis-turistas aos locais de peregrinações. (Ribeiro, 1998, p.7)

---

[5] Dotada de um ofício de 1967 pelo Congresso para o clero no Vaticano, para garantir a assistência religiosa para todas aquelas pessoas que se encontram no âmbito do fenômeno turístico.

Muitos santuários ainda não possuem uma Pastoral do Turismo estruturada, todavia há sacerdotes que atendem às confissões dos turistas e algumas irmãs são responsáveis pela acolhida dos vários grupos de romeiros, peregrinos e turistas, dando assistência espiritual e humanitária. Além dos religiosos, já há um grupo de leigos que faz um trabalho voluntário nas diversas atividades dos santuários, procurando proporcionar aos visitantes o melhor atendimento possível. Ou seja, a Pastoral do Turismo na sua essência deve ter a participação de toda a comunidade, pois é ela que mais se beneficia com o turismo religioso.

É importante que as equipes de acolhida que fazem parte da Pastoral do Turismo não se esqueçam de convidar os turistas a participarem das celebrações, mesmo aproveitando o seu tempo livre para a visitação.

Para que dê frutos, a Pastoral do Turismo nesses locais sagrados poderia seguir algumas regras básicas:

- Prestar assistência religiosa para os turistas;
- Oferecer cursos de formação sobre aspectos morais, sociais e religiosos do turismo, sobretudo nas escolas e entidades envolvidas com o turismo religioso;
- Organização de equipes apostólicas para o turismo;
- Atuação das entidades (agências, comércio) na relação com os turistas;
- Informação e sinalização do horário das celebrações e atividades: anúncios na porta de igrejas e santuários, hotéis e pousadas e atrativos turísticos;
- Organização de atividades culturais como teatro, bandas e corais com temas religiosos.

Finalmente, o objetivo maior para alcançar a sustentabilidade religiosa nesses locais sagrados administrados por ordens religiosas, seja pela Pastoral do Turismo, seja por outra via, pode estar referendado nas palavras do monsenhor Hamao[6] assim expressas: "fazer que o visitante converta-se em participante e o turista converta-se em peregrino. Não é uma

---

[6] Monsenhor Stephen Fumio Hamao foi presidente do Conselho Pontifício do III Congresso Europeu de Santuários e Peregrinação, no Santuário de Montserrat (Barcelona, Espanha), realizado de 4 a 7 de março de 2002.

meta triunfalista; é a vocação mesma do santuário, lugar de onde Deus acolhe o homem e de onde o homem se converte a Deus".

Certamente, o espírito de religiosidade que cobre os locais sagrados faz com que seus visitantes encontrem a razão que os motivou a buscá-lo, seja pela fé, seja pela curiosidade, seja pelo valor que se dá à arte e à cultura e à própria natureza do lugar. O que mais importa é que todos os visitantes sintam-se bem acolhidos.

CONSIDERAÇÕES FINAIS

O turismo religioso já pode ser considerado um fenômeno nos dias atuais, por sua intensificação e multifuncionalidade nas relações humanas estabelecidas, de caráter sociológico e psicológico, em que as experiências de fé e lazer misturam-se, conduzidas pelas motivações das pessoas e, principalmente, como um produto cultural do qual emanam diversas e ricas manifestações, nos mais diferentes ritos e celebrações espalhados por todo o mundo, demonstrando claramente a busca incessante do ser humano pelo sobrenatural, pelo divino, resultado claro e significativo das conseqüências da sociedade pós-moderna.

No presente trabalho, o que mais interessou e cada vez se torna um desafio é a discussão e a análise da intensificação e do desenvolvimento desse fenômeno dentro dos princípios da sustentabilidade, ou seja, perceber se esses deslocamentos, geralmente em massa, estão provocando impactos no modo de vida da comunidade local, mudando seus hábitos e até tradições, não contribuindo com a preservação do seu patrimônio histórico e cultural e, principalmente, descaracterizando o verdadeiro propósito desses locais (santuários, grutas, mausoléus, mesquitas, inclusive vales naturais, onde são celebrados vários rituais) que é a manutenção da religiosidade, a valorização das celebrações, o ambiente de silêncio e oração, independentemente das motivações de fiéis peregrinos e turistas.

O fato de as ordens religiosas administrarem essas destinações turístico-religiosas com pouco ou sem nenhum conhecimento desses princípios abre um espaço para que tanto o poder público como as universidades se aproximem mais e estabeleçam uma proposta de se implantar um planejamento turístico sustentável para que essas localidades se desenvolvam ordenadamente, mantendo suas características ligadas à fé, valorizando a participação da comunidade local e oferecendo uma melhor infra-estrutura para seus visitantes. Todavia, não se pode deixar de voltar a afirmar que a grande demanda de fiéis e peregrinos que visitam esses lugares considerados sagrados pertence a uma camada social de baixa renda, gente simples e de muita fé que não se preocupa se nesses locais existe ou não planejamento, nem mesmo tem noção do que seja patrimônio cultural. A motivação maior é chegar perto do santo ou santa, profeta ou objeto sagrado. Não é necessário realizar nenhuma pesquisa de campo ou até mesmo registrar alguma fala, por exemplo, de devotos do Padre Cícero, no Rio Grande do Norte, e de Nossa Senhora de Guadalupe, no México ou dos muçulmanos que visitam Meca, para constatar essa realidade.

Quanto à questão da sustentação da fé e do lazer nesses espaços turísticos, sobre a qual muitos autores têm se posicionado, tecendo comentários e análises psicológicas, antropológicas, sociológicas e econômicas, pois o tema é muito amplo e ainda demandará muitas pesquisas e interpretações, é preciso enfatizar que a religiosidade, com todas as suas formas e manifestações, é o ponto, o foco principal do turismo religioso e tem que ser sustentada, preservada e essencialmente considerada em qualquer planejamento a ser feito nesses locais. As discussões em torno das motivações, religiosas ou ligadas ao lazer, são necessárias, todavia não podem constituir o objeto central desta análise. Os fatores ligados a planejamento e ordenamento nesses espaços onde o turismo religioso se desenvolve ganham mais importância, porque as decisões e as ações tomadas pelas ordens religiosas irão determinar a infra-estrutura da oferta turística, a manutenção e a preservação do patrimônio cultural, a participação da comunidade local, o serviço de atendimento e acolhida feito pela Pastoral do Turismo, no caso dos santuários católicos, e, essencialmente, a sustentação dos recursos e símbolos religiosos. É nesse cenário que as motivações das pessoas se revelam, seja pela fé seja pelo lazer, independentemente de suas classes sociais.

Fica claro, portanto, que qualquer análise ou comentário sobre o turismo religioso não poderá deixar de contemplar a religiosidade como foco central, como fator preponderante que caracteriza os espaços sagrados, norteado e absorvido por muitas manifestações de fé, presentes nas celebrações, no simbolismo dos monumentos, no culto às imagens de santos e santas, na significação que determinado local, objeto sagrado, representa para um povo. Esses locais, para que possam ser preservados, necessitam de planejamento sustentável e de maior atenção tanto das ordens religiosas como do poder público. E quanto ao questionamento dado ao título do presente trabalho, o turismo religioso, com base em todas as análises e reflexões que foram dadas, sustenta-se muito mais pela fé do que pelo lazer, justamente porque na fé reside a atitude religiosa de quem se desloca, vai ao encontro, peregrina em busca do divino, do místico, visita os templos e os locais sagrados com o olhar e a percepção de quem venera ou adora e não de quem aprecia, independentemente do seu tempo livre. Já pelo lazer, o turismo religioso procura sustentar-se quando o mercado apropria-se dos recursos religiosos, dos simbolismos místicos e, inclusive, da atitude religiosa das pessoas, para formatar um produto e vendê-lo como mais uma opção do seu tempo livre.

Nesse contexto, o mais importante é criar a consciência de que o turismo é um poderoso instrumento na promoção da justiça e paz e de um verdadeiro encontro entre os povos.[7]

REFERÊNCIAS

ABUMANSSUR, E.S. (Org.). **Turismo religioso: ensaios antropológicos sobre religião e turismo.** Campinas: Papirus, 2003.

ALMEIDA, J. Da ideologia do progresso à idéia de desenvolvimento sustentável. In: **Conferência Internacional: Tecnologia e Desenvolvimento Rural Sustentável.** Manaus, set. 1995, p.17-28.

ANDRADE, J.V. **Turismo: fundamento e dimensões.** São Paulo: Pioneira, 1991.

BENI, M.C. **Análise estrutural do turismo.** 5.ed. São Paulo: Senac, 2001.

CHRISTOFFOLI, A. Estratégias da Igreja Católica na organização do turismo religioso no Brasil frente à globalização. In: BOMBASSARO, L.C.; DAL RI JR., A.; PAVANI, J. (ORGS.). **As interfaces do humanismo latino.** Porto Alegre: Edipucrs, 2004.

DIAS, R.; SILVEIRA, E.J.S. da. (Orgs.). **Turismo religioso: ensaios e reflexões.** Campinas: Alínea, 2003.

[EMBRATUR] INSTITUTO BRASILEIRO DE TURISMO. **Turismo religioso: roteiros da fé católica.** 1992. Disponível em: http//www.embratur.gov.br/temas/turismoreligioso.asp. Acessado em: 15 dez. 2005.

---

[7] Resolução do VI Congresso Mundial sobre a Pastoral do Turismo em Bangcoc, Tailândia, de 5 a 8 julho de 2004: "o Turismo a serviço do encontro dos povos", documento final.

GAZZONI, J.L. Aproveitamento turístico de recursos mítico-religiosos: os passos de Anchieta. In: DIAS, R.; SILVEIRA, E.J.S. da. (Orgs.). **Turismo religioso: ensaios e reflexões**. Campinas: Alínea, 2003.

GERMINIANI, H. Turismo religioso: a relação entre religião e consumo na sociedade contemporânea. In: DIAS, R.; SILVEIRA, E.J.S. da. (Orgs.). **Turismo religioso: ensaio e reflexões**. Campinas: Alínea, 2003.

GIOVANINI JÚNIOR, O. Turismo religião e patrimônio cultural. In: DIAS, R.; SILVEIRA, E.J.S. da. (Orgs.). **Turismo religioso: ensaios e reflexões**. Campinas: Alínea, 2003.

HALL, C.M. **Planejamento turístico: políticas, processos e relacionamentos**. São Paulo: Contexto, 2002.

HARVEY, D. **Condição pós-moderna**. São Paulo: Loyola, 2001.

OLIVEIRA, C.D.M. Turismo, monumentalidade e gestação: escalas e dimensões da visitação religiosa contemporânea. In: ABUMANSSUR, E.S. (Org.). **Turismo religioso: ensaios antropológicos sobre religião e turismo**. Campinas: Papirus, 2003.

_____. **Turismo religioso**. São Paulo: Aleph, 2004. (Coleção ABC do turismo).

[OMT] ORGANIZAÇÃO MUNDIAL DO TURISMO. **Guia de desenvolvimento do turismo sustentável**. Trad. Sandra Netz. Porto Alegre: Bookman, 2003.

RIBEIRO, H. **Andar com fé e o sentido do chegar**. 1998. Disponível em: http://www.ivt-rj.net/caderno/rotas/rotas.htm. Acessado em: 15 dez. 2005.

RUSCHMANN, D.V. de M. **Turismo e planejamento sustentável: a proteção do meio ambiente**. Campinas: Papirus, 2001.

SACHS, I. **Eco desenvolvimento: crescer sem destruir**. São Paulo: Vértice, 1989.

SANTUÁRIO DE SANTA PAULINA. **Informações gerais do novo santuário**. Disponível em: http://www.santuáriodesantapaulina.org.br. Acessado em: 12 dez. 2005.

SILVEIRA, E.J.S. da. Turismo e consumo: a religião como lazer em Aparecida. In: ABUMANSSUR, E.S. (Org.). **Turismo religioso: ensaios antropológicos sobre religião e turismo**. Campinas: Papirus, 2003.

STEIL, C.A. Peregrinação, romaria e turismo religioso: raízes etimológicas e interpretações antropológicas. In: ABUMANSSUR, E.S. (Org.). **Turismo religioso: ensaios antropológicos sobre religião e turismo**. Campinas: Papirus, 2003.

SWARBROOKE, J. **Turismo sustentável: conceitos e impacto ambiental**. São Paulo: Aleph, 2002. v.1.

Autogestão e Controle de Visitantes: *Voucher* Unificado em Bonito, MS

40

Dores Cristina Grechi
Bacharel em Turismo e Hotelaria, UEMS
Heros Augusto Santos Lobo
Bacharel em Turismo, Unesp
Patrícia Cristina Statella Martins
Bacharel em Turismo, UEMS
José Roberto da Silva Lunas
Administrador, UEMS

INTRODUÇÃO

Este texto apresenta o sistema gestor de turismo de Bonito (MS), enfatizando as estratégias de controle de visitação aos atrativos e sua contribuição para sustentabilidade do local, com três pontos principais a serem levantados e discutidos. O primeiro ponto apresenta as características da região e uma breve reconstituição histórica do processo de instalação do sistema de gestão turística no município. No segundo, discutem-se a questão da capacidade de suporte e algumas características do sistema turístico de Bonito, e, no terceiro ponto, a gestão e a comercialização dos produtos turísticos e sua relação com a sustentabilidade.

A necessidade de pesquisar o turismo desenvolvido em Bonito surgiu em face do destaque alcançado pelo município não só com relação às belezas naturais, mas direcionado, sobretudo, às informações a respeito do seu marcante sistema de autogestão do turismo. Tal sistema compreende poder público municipal, *trade* turístico, Conselho Municipal de Turismo (Com-

GESTÃO AMBIENTAL E SUSTENTABILIDADE NO TURISMO

tur) e organizações não-governamentais (ONGs). É por meio desse sistema organizado, marcado pelo peculiar sistema de escoamento dos produtos turísticos locais e pelos limites de visitação nos atrativos, que Bonito tem conseguido, ao longo do tempo, se firmar como um dos mais procurados, comentados e referenciados destinos turísticos de natureza no Brasil.

LOCALIZAÇÃO E CARACTERIZAÇÃO AMBIENTAL DO MUNICÍPIO

O município de Bonito está localizado na microrregião geográfica Bodoquena, sudoeste do estado de Mato Grosso do Sul. Sua área territorial é de 4.934 km², contando com uma população absoluta, em 2004, de 17.861 habitantes. A pecuária e o turismo são as principais atividades econômicas locais (Brasil, 2005). Bonito encontra-se em uma região privilegiada, com paisagens que possuem alto diferencial e potencial turísticos. Essa vocação turística se deve principalmente a fatores de ordem climática, biótica, geológica e geomorfológica.

A região pertence ao domínio da Mata Atlântica, numa área de transição entre o cerrado e o pantanal (Brasil, 2000). A cobertura vegetal é composta por diferentes gradientes de cerrado e florestas estacionais deciduais e semideciduais. A visualização da fauna é também um dos atrativos locais, tanto nas trilhas como dentro dos rios.

Seu maior diferencial, no entanto, é assegurado pelas características geológicas e geomorfológicas. A região de Bonito localiza-se sobre os carbonatos do Grupo Corumbá, rochas formadas no período pré-cambriano com características de um relevo cárstico. O carste pode ser definido morfologicamente, conforme Kohler (2003, p.309), como um tipo de paisagem que foi constituída em rochas solúveis por processos de corrosão (dissolução química) em conjunto com processos físicos, ou seja, quedas de blocos rochosos. No caso específico do carste da Serra da Bodoquena,[1] onde Bonito está localizado, as feições mais marcantes e com notável potencialidade turística são os rios de águas cristalinas (com tufas calcárias, sumidouros, ressurgências e olhos d'água), *canyons* e cavidades naturais (grutas e abismos). Como

---

[1] Apesar de ser popularmente conhecida como Serra, ressalta-se que a área em questão, conforme explicam Boggiani et al. (1994), corresponde a um planalto, inclinado para leste, com escarpas da ordem de 200 m de desnível voltadas para oeste, em direção ao Pantanal.

exemplos, pode-se citar o Rio Formoso, com águas cuja visibilidade supera os 50 m e cachoeiras que mudam de tamanho por causa das tufas, e a Gruta do Lago Azul, com o belo contraste entre a rocha calcária branca e o lago com um tom de azul intenso, uma combinação mágica e inspiradora.

Quanto ao uso de tais recursos naturais para o turismo, além das justificativas de limitação de uso que se aplicam a qualquer ambiente, ressaltam-se algumas particularidades do ambiente cárstico. Se, por um lado, as paisagens carbonáticas apresentam notável beleza cênica, por outro, sua singular fragilidade e complexidade deve ser levada em conta para o planejamento da atividade turística. Isso se dá principalmente por três fatores: o alto grau de solubilidade da rocha (sensível à água e a ácidos leves), a fragilidade notória de suas formações (como as estalactites, estalagmites e tufas) e a extensa rede de drenagem subterrânea[2] (caminho livre para a disseminação de possíveis agentes poluidores originados na superfície). Assim, entende-se que os limites para o uso e a visitação aos recursos naturais de Bonito e região são uma estratégia importante para a manutenção da atividade turística e conservação do ambiente, com o objetivo de melhorar a qualidade de vida da população local. Isso só é possível por meio de um sistema turístico organizado que permita o controle do fluxo de visitantes nos diversos atrativos. Os objetivos desse sistema devem ser permeados por aspectos mercadológicos – de forma a não prejudicar os turistas, e conseqüentemente, o *trade* – e conservacionistas – nenhum atrativo deve exceder seu número máximo de visitas diárias permitidas.

MODELO DE GESTÃO DO TURISMO EM BONITO: EVOLUÇÃO E CARACTERÍSTICAS

O modelo de exploração turística utilizado em Bonito tem obtido resultados interessantes. Entre eles, verificam-se a organização do *trade* turístico em associações e sua participação ativa na gestão municipal do turismo. Novos equipamentos e serviços, tanto de apoio como turísticos, foram instalados na cidade e atendem, inclusive, a comunidade local. O atual sistema turístico (Sistur) de Bonito foi estabelecido não por acaso, mas sim por uma sucessão de encontros e discussões.

---

[2] É importante ressaltar que os limites das bacias hidrográficas subterrâneas em áreas cársticas não correspondem aos limites das bacias hidrográficas superficiais. Assim, a disseminação de possíveis impactos pode se dar por áreas muito extensas, excedendo o âmbito local.

Foi no início dos anos de 1970 que surgiram os primeiros indícios do que seria a Bonito de hoje. A beleza da região, as grutas, o Rio Formoso e a Ilha do Padre foram os primeiros alvos da curiosidade dos forasteiros. Esses pioneiros não cansavam de espalhar para todos as belezas da região. Como em qualquer lugar onde as belezas naturais são exuberantes, em Bonito, o desenvolvimento do turismo não foi diferente. Primeiro são os parentes dos moradores que, entre uma visita e outra, descobrem os atrativos; depois, a notícia se espalha e começam a aparecer os primeiros mochileiros, aquelas pessoas que procuram por lugares exóticos e não se importam com o desconforto: estes são também chamados, na linguagem técnica, de turistas alocêntricos. Nesse sentido, o caso de Bonito aplica-se no conceito de ciclo de vida das destinações turísticas, de R. W. Butler, criado em 1980. O conceito foi desenvolvido com base no marketing de produtos, e, conforme explica Ruschmann (1997, p.103), o autor "aplicou-o para estudar o crescimento e o declínio dos equipamentos turísticos e das regiões nas quais estes se localizavam". O estudo do ciclo de vida das destinações turísticas é um instrumento utilizado no planejamento turístico para direcionar suas ações de acordo com a fase em que se encontra tal produto.

Observando o caso de Bonito, percebe-se, segundo o modelo de Butler (apud Ruschmann, 1997, p.103), que o produto turístico "Bonito" já passou pelas fases de exploração, investimento e desenvolvimento, e inicia uma nova etapa, denominada consolidação, caracterizada pela presença de grandes empresas interessadas em investir no município. A partir daí, o sistema desenvolvido em Bonito poderá ou não mostrar a sua real eficiência, completando o ciclo de vida ou mantendo a curva numa constante, de forma a impedir seu declínio com o passar do tempo, quando começará a se esgotar.

O PAPEL DA MÍDIA NA HISTÓRIA DO TURISMO EM BONITO

Para entrar definitivamente na história do processo, é necessário conhecer a interferência da mídia no destino turístico Bonito. Antes das primeiras "tomadas" sobre Bonito na mídia televisiva, a cidade não poderia ser considerada destino turístico, pois o fluxo de turistas e excursionistas não demandava grandes alterações na oferta turística municipal. A primeira iniciativa nesse sentido ocorreu no final de 1992, quando Bonito recebeu uma expedição franco-brasileira com o propósito de pesquisar a Gruta do Lago Azul, até então conhecida apenas pelos moradores locais e alguns aventureiros. Em seguida à expedição, foram feitas as filmagens sobre as belezas naturais do local e posteriormente apresentadas nacionalmente pela Rede Globo de Televisão. A partir desse primeiro destaque na televisão, Bonito passou a ser procurado e divulgado por muitos outros canais de televisão, bem como por jornais e revistas especializadas. Essa primeira intervenção da mídia, pode-se dizer, não teve um caráter de "mídia de viagens",[3] mas acabou reverberando em uma série de ações que passaram a influenciar diretamente a atividade turística na região.

Embora as filmagens tenham sido de caráter exploratório, motivaram fluxos consideráveis de turistas, demandando uma série de reestruturações tanto físicas quanto relacionadas à prestação de serviços. De repente, a população local viu-se obrigada a passar, numa escala de tempo muito pequena, do setor primário (agricultura e pecuária) para o setor terciário (serviços). Essas mudanças acarretaram transformações sociais relevantes. De um lado, a descaracterização de algumas atividades típicas da região; de outro, novas oportunidades de emprego que exigiram a adaptação da mão-de-obra, o que resultou em um número crescente de cursos e palestras para a comunidade local envolvida com o turismo. Também é conveniente lembrar que, no que se refere à "mídia sustentável", têm sido significativos os avanços na cadeia evolutiva do turismo em Bonito. Além do enfoque inicial, referente à beleza exótica e fantástica da natureza bonitense, atualmente o município teve destaque em jornais do Estado e até mesmo em âmbito nacional, graças ao sistema de gestão do turismo. Note-se que a existência de um sistema singular de gestão do turismo vem exercendo forte interesse em administradores de outras localidades do país.

TRANSFORMAÇÕES DO SETOR TURÍSTICO NA ESTRUTURA PÚBLICA MUNICIPAL

Logo após a exposição de Bonito em rede nacional, inicia-se uma modificação na estrutura organizacional do poder público local no que se re-

---

[3] Esse tipo de mídia foi criado para influenciar ou aconselhar diretamente o turista (Swarbrooke, 2000a, p. 79).

GESTÃO AMBIENTAL E SUSTENTABILIDADE NO TURISMO

fere ao turismo. Foi em 1991, com a Lei n. 573, que o poder público municipal de Bonito inseriu em sua organização estrutural, pela primeira vez, a palavra *turismo*. À época, chamou-se o órgão encarregado do turismo de Secretaria Municipal de Turismo, Esporte e Lazer. As principais incumbências da Secretaria eram a articulação com organismos estaduais e a divulgação dos atrativos turísticos do município que, nessa época, compreendiam a Gruta do Lago Azul, o Balneário Municipal, o Passeio de Bote e a Ilha do Padre. Logo em seguida, outros passeios foram abertos. Nesse primeiro momento, não se verificam preocupações com a formulação de uma política ou um plano de desenvolvimento turístico para o município, apenas propostas incipientes de serviços de divulgação e apoio operacional básico.

No período de 1993 a 1996, houve a eclosão de uma série de ações importantes para o desenvolvimento do turismo. Várias propostas, ações e atitudes que estavam sendo implementadas pelas pessoas envolvidas com o turismo no município encontraram respaldo no poder público da época, convergindo para a realização de fatos importantes para a história do turismo de Bonito. Entre elas, verificam-se a realização, em 1993, do primeiro curso de guias de turismo no município (considerado por muitos um divisor de águas para o turismo local), a participação no Programa Nacional de Municipalização do Turismo (PNMT), a criação do Comtur e Fundo Municipal do Turismo (Futur), em 1995, e a implementação do *voucher* único (ordem de serviço).

De todas, o curso de guia de turismo foi uma das principais soluções encontradas para controlar e atender à crescente demanda turística, que ascenderia ainda mais pela interferência da mídia. Em decorrência da fragilidade dos ambientes naturais de Bonito, o papel e a participação dos guias especializados no meio ambiente local são muito importantes. A presença de guias conscientes e sensíveis à questão ambiental tem contribuído para a sustentabilidade ambiental e econômica de muitos passeios, em médio e longo prazos. Outra singularidade com relação aos guias de turismo em Bonito refere-se ao Decreto n. 11/95, que obriga o acompanhamento de guia de turismo local com formação específica da região, e devidamente credenciado pela prefeitura, para qualquer passeio turístico no município, excetuando-se as áreas licenciadas para *camping*. Na verdade, trata-se de uma medida que acaba favorecendo a divulgação da cultura e história local, assim como a conservação ambiental.

Sobre o Comtur, pode-se concluir que a sua importância está relacionada com o aprimoramento de um sistema de autogestão que já estava instalado em Bonito, mas que apresentava sérios problemas de ordem operacional, comprometendo a qualidade do processo. Agências de turismo,[4] guias e atrativos não conseguiam a articulação necessária para o bom andamento da atividade. Apesar disso, a participação desses atores foi aumentando. O número de passeios, que até 1991 era em torno de seis, em 1995 passou a ser quatorze, chegando atualmente a 25 sítios turísticos, com diversas modalidades de práticas turísticas. O mesmo ocorre com o restante do *trade* e também com o número de turistas. Foi o que Von Behr (2001, p.31) chamou de "resultado do incremento da atividade turística e de uma conscientização cada vez maior de segmentos da sociedade local".

Esse contexto resultou na Lei n. 695/95, que criou oficialmente o Conselho Municipal de Turismo e o Futur,[5] com o propósito de organizar e estabelecer algumas regras para exploração da atividade turística. O conselho assume caráter deliberativo, consultivo e de assessoramento, responsável pela conjunção entre o poder público e a sociedade civil. Com relação à sua composição, tem-se um número majoritário de assentos representando a iniciativa privada em detrimento ao poder público. Outro fator importante refere-se à presidência do conselho, que até a última gestão era ocupada sempre por um membro não pertencente à prefeitura. A constituição do Conselho Municipal de Turismo levou os vários setores que compõem o *trade* a buscarem uma organização mais eficiente, o que resultou na criação das associações representativas de diversos segmentos turísticos de Bonito, além de outras entidades diretamente interessadas no desenvolvimento da atividade.

---

[4] Neste trabalho, não será considerada a legislação nacional específica que classifica as agências de viagens ou agências de viagens e turismo. Para mais informações, consultar Ministério do Turismo.

[5] O objetivo do Fundo Municipal do Turismo (Futur) é concentrar recursos de várias procedências para promover a consolidação da atividade do município, sendo administrado pelo Conselho Municipal de Turismo.

A primeira ação oficial do Comtur foi a Resolução Normativa n. 1/95,[6] assinada pelo primeiro presidente, instituindo o *voucher* único, padronizando o mesmo modelo para todas as agências. É importante ressaltar que, apesar de ter sido uma resolução do Comtur, esse processo teve início um ano antes, resultado de muitas discussões e negociações, uma vez que alteraria a maneira de trabalhar do *trade* e implicaria a supervisão da prefeitura sobre todas as atividades das agências. Essas agências já utilizavam um *voucher* particular para fazer os passeios. A partir do instante em que todos concordaram com a idéia de um *voucher* padronizado, criou-se a norma. Mas era um sistema que já estava efetivado. A normatização apenas consolidou o que, na verdade, era um "acordo de cavalheiros". A concordância do *trade*, em especial das agências, com uma proposta nesse sentido, aconteceu porque as agências vislumbraram que a prefeitura conseguiria, de maneira descentralizada, uma estatística fiel da venda dos serviços turísticos, evitando-se, dessa forma, uma sobretaxa injusta das agências. Como atesta Lunas (2000, p.43), "o ISS, Imposto Sobre Serviços, era cobrado de forma estimativa pela Prefeitura, o que era alvo de constantes reclamações". Assim, a padronização do *voucher* criava perspectivas positivas para os proprietários de agências, de modo a facilitar o gerenciamento dos recursos e dos serviços. Com o passar do tempo, foram feitos alguns aperfeiçoamentos quanto à forma, mas a função principal continua a mesma, já há algum tempo, sem alterações.

O sistema de gestão de Bonito foi implantado com o intuito de controlar a arrecadação de impostos (ISS) e funcionou. Acabou servindo para controlar a capacidade de suporte de alguns atrativos, organizar as reservas turísticas, coletar dados e agregar os prestadores de serviços turísticos. Compreende-se que a sustentabilidade ambiental foi um bônus, ou seja, conseqüência de uma nova consciência do *trade* acerca da importância dos recursos naturais para o desenvolvimento do turismo.

---

[6] A Resolução n. 1/95 compreende oito artigos, dos quais se destacam alguns pontos. O art. 2º obriga as agências de turismo do município a requisitarem à Secretaria Municipal de Turismo e Desenvolvimento Econômico os blocos de *voucher* numerados. O art. 4º obriga os proprietários de áreas e locais de visitação turística do Município a exigirem o *voucher* padronizado. O art. 5º estabelece a obrigatoriedade da prestação de contas semanal ao Departamento de Tributação da prefeitura por meio da apresentação dos talonários de *voucher*. Por fim, o art. 7º responsabiliza as agências de turismo pelo recolhimento destes à prefeitura. Desse modo, a agência só poderá retirar outro bloco de *voucher* quando já tiver entregado o anterior.

A necessidade de resgatar esse histórico deve-se à busca de respostas para um importante questionamento: por que o sistema ganhou notoriedade? De maneira simples, seria possível responder: entre uma constelação de fatores, o *voucher* padronizado sobressaiu. Porém, reconhece-se a complexidade do sistema. Ainda assim, sintética e cronologicamente, tem-se, entre 1992 e 2005, a seguinte sucessão de acontecimentos: natureza com imenso poder de atração; fluxo espontâneo de turistas e excursionistas; organização civil autônoma; interferência da mídia; primeiro curso de guia; fluxo turístico induzido; fortes preocupações ambientais por parte de alguns atores; interferência do PNMT e atuação relevante do *trade*; criação do Comtur e Futur; criação do *voucher* único; início da formação das associações de classe; criação do Conselho Municipal de Meio Ambiente (Comdema); elaboração do relatório preliminar do programa Melhores Práticas para o Ecoturismo, em parceria com o Fundo Brasileiro para a Biodiversidade (Funbio) – 2002.

Verifica-se a existência de um ciclo que se retroalimenta em função da questão ambiental e do associativismo, ainda que frágil, instaurado pelo Comtur e por associações. Hoje, a evolução do turismo de Bonito e sua sustentabilidade significam a luta por um controle ambiental rigoroso, o que acaba beneficiando as propriedades (em longo prazo) e o sistema (em curto prazo), uma vez que o município já é vendido, inclusive, pela eficiência ecológica do sistema gestor. Tem-se, dessa forma, o *feedback* necessário à vitalidade do ciclo.

A CAPACIDADE DE SUPORTE DO AMBIENTE E O CASO DE BONITO

Em regiões como o município de Bonito, a preocupação em se planejar o turismo mitigando aspectos negativos e buscando formas de potencializar os impactos positivos assume tons prioritários. Isso porque Bonito é tido como um exemplo de ecoturismo no Brasil, o que pressupõe, entre outras coisas, eficiência nos mecanismos de conservação da natureza. Além disso, Bonito busca cada vez mais apontar para a possibilidade de executar um turismo sustentável, que, entre outras premissas, visa à otimização das paisagens apropriadas pelo turismo. Há tempos já se sabe que o uso demasiado de qualquer ambiente excede a sua capacidade natural de resiliência.

GESTÃO AMBIENTAL E SUSTENTABILIDADE NO TURISMO

Para que o turismo realizado em Bonito continue a ter indícios mais claros de ecoturismo e turismo sustentável, a manutenção dos limites de visitação é fundamental.

Uma das formas mais adequadas para estabelecer os limites de visitação de um determinado destino ou atrativo é por meio da capacidade de suporte ou capacidade de carga. Swarbrooke (2000b, p.77-9) menciona que a capacidade de carga pode ser de seis tipos distintos: física, ambiental, econômica, sociocultural, infra-estrutural e perceptiva. Destas, destaca-se a ambiental, pelo fato de o ambiente natural ser a base maior do turismo realizado em Bonito. Logo, precisa ser conservado, para que a atividade possa se manter em longo prazo.

Para o cálculo dos limites de capacidade de carga de um atrativo natural existem diversas metodologias, de ordem mais quantitativa ou qualitativa. Mitraud (2003, p.317) cita ao menos quatro das mais conhecidas: a capacidade de carga de cifuentes, o limite de mudança aceitável (LAC), o manejo de impactos de visitação (VIM) e o monitoramento e a avaliação de projetos. Segundo essa autora, nenhuma dessas metodologias é por si só suficiente e completa para estabelecer os limites de visitação em áreas naturais. Todavia, entende-se que, embora não sejam completas, tais metodologias auxiliam no apontamento dos limites máximos de uso, baseando-se em fatores de ordem biótica e abiótica. Assim, na falta de metodologias mais completas e abrangentes, o uso das que estão atualmente disponíveis torna-se indispensável para o planejamento da atividade turística. Conclui-se então que o uso das metodologias de controle de visitantes com base em aspectos ligados à manutenção das condições ambientais é um dos fatores primordiais para que uma atividade possa adquirir aspectos sustentáveis pela dimensão ecológica.

No caso de Bonito, nem sempre os limites de visitação são estabelecidos por meio de metodologias como as citadas. Embora a maioria dos atrativos possua um limite no número diário de visitantes, essa limitação é feita, em muitos casos, mais em razão da capacidade de atendimento e das limitações físicas dos atrativos,[7] e menos por conta da capacidade de suporte do ambiente. Em alguns poucos atrativos, estudos de capacidade de carga já foram realizados. Como exemplo, há o caso do Balneário Munici-

---

[7] Conforme esclarece Swarbrooke (2000b, p.78), a capacidade de suporte baseada em fatores físicos ou infra-estruturais não denota nenhum comprometimento em relação à conservação do ambiente.

pal, no Rio Formoso. A sua capacidade diária de visitas atual é de mil pessoas. Obviamente, se esse valor fosse obtido por meio de metodologias científicas, esse número seria menor. Afinal, é difícil acreditar que mil pessoas por dia, num rio com cachoeiras formadas por frágeis tufas calcárias, abundância de ictiofauna e vegetação ciliar parcialmente subtraída, seja um número razoável de visitantes se levada em conta a capacidade de resiliência do ambiente. No entanto, verifica-se um ponto positivo: um percentual dessa capacidade é reservado para a população local que, além disso, não paga taxa de acesso. Constata-se nisso uma boa política de gestão turística que concilia a atividade com as necessidades da população local.

De modo geral, embora os atrativos possuam limites claros e definidos de visitação, o método utilizado para chegar a tais limites é cientificamente questionável. Afinal, com base na capacidade de atendimento, entende-se que, caso um determinado proprietário de atrativo resolva ampliar a sua estrutura, haverá certamente um alto custo ambiental diretamente proporcional. Com mais estrutura, podem-se atender mais pessoas. E num ambiente frágil como o carste de Bonito e região, um aumento no número de turistas pode certamente resultar na diminuição da conservação do ambiente e na redução gradual da manutenção da atividade em longo prazo.

COMERCIALIZAÇÃO E GESTÃO DO TURISMO E SEUS REFLEXOS SOBRE A SUSTENTABILIDADE

Em Bonito, a natureza, o manejo dos atrativos turísticos e a forma de comercialização dos ingressos moldaram um sistema de gestão peculiar, em que se podem, facilmente, encontrar características de autogestão, embora seja possível verificar algumas contradições ao conceito ao se observar a estrutura de poder do sistema. Segundo Carvalho (1995, p.121), a autogestão somente é possível quando o grupo controla os meios e os produtos da produção, e, nesse sentido, a gestão do turismo em Bonito se aproxima muito desse sistema.

Os principais *stakeholders*[8] relacionados ao turismo regional podem ser classificados, não necessariamente na mesma ordem de importância,

---

[8] Atores interessados no processo de desenvolvimento turístico regional.

em: agências de turismo, associação comercial (proprietários de restaurantes e lojas de suvenires), comunidade em geral, guias de turismo, meios de hospedagem, operadores de botes, organizações não-governamentais (ONGs), poderes públicos federal, estadual e municipal, atrativos turísticos particulares e transportadores. Este grupo tem debatido os desígnios do turismo e buscado soluções para os dilemas que cercam o conflito entre o crescimento da visitação e a sustentabilidade da atividade turística.

As dificuldades são maiores em sistemas turísticos com diversos acessos (Figura 40.1) como é o caso de uma cidade ou região, diferentemente de uma ilha onde as alternativas são mais restritas e é possível determinar as quantidades e os limites de entrada, de modo a reduzir os impactos ambientais provocados por excesso de visitação. A primeira situação é aplicável à região de Bonito, onde existem diversas entradas: a rodovia BR-060, que liga Campo Grande ao município de Jardim e o município de Bela Vista a Jardim, a rodovia MS-178 que liga Miranda a Bodoquena e a BR-267 que liga Porto Murtinho a Jardim, além do recém-inaugurado Aeroporto de Bonito.

Em Bonito, as agências de turismo, devido às características locais, são receptivas, já que, diferentemente de outros destinos, são os únicos canais pelos quais o turista e mesmo as operadoras podem comercializar os atra-

Figura 40.1 – A região turística de Bonito e suas formas de acesso.

tivos do município. Em outros lugares, geralmente, os turistas podem optar por escolher e comprar os passeios diretamente no local, e as operadoras também compram diretamente do responsável pelo passeio (iniciativa pública ou privada) e encarregam-se de distribuir e comercializar destinos. Todo e qualquer interessado em realizar passeios em Bonito deve procurar uma das agências locais para efetuar a compra dos atrativos. Esse processo dificulta também a comercialização de pacotes pelas agências emissoras. Estas empresas, geralmente de pequeno porte, não possuem poder de negociação para diminuir custos e tampouco podem se arriscar a comprar antecipadamente os atrativos sem a certeza de vendê-los. Vendem o destino apenas em formato de FIT ou *forfait*.[9]

Já operadoras que freqüentemente levam grupos à cidade conseguem negociar valores. Mas, como citado anteriormente, o acordo não é feito única e exclusivamente com os responsáveis pelos atrativos, mas também com uma agência de turismo local. As operadoras que atualmente comercializam Bonito incluem praticamente os mesmos atrativos em seus pacotes. Os demais passeios são oferecidos como opcionais. Os passeios inclusos são os mais procurados pelos turistas, o que significa que as operadoras trabalham no limite da capacidade estipulada na alta temporada. Todo o sistema é controlado pelo *voucher* único.

A região recebeu um número estimado de 75 mil turistas em 2004. Os visitantes compraram em 2005, segundo a prefeitura de Bonito, aproximadamente 224 mil ingressos para o acesso aos diversos pontos turísticos ali disponíveis.

Como já exposto, o surgimento do *voucher* único se deu, principalmente, em razão do interesse da prefeitura em controlar a arrecadação do imposto sobre serviços turísticos, entretanto, ele somente foi efetivamente incorporado ao processo de comercialização local em virtude dos atrativos turísticos estarem, em sua maioria, localizados em áreas particulares, pelo fato de a comercialização dos ingressos ser realizada por pequenas agências receptivas.[10] A sua aceitação também se deve a uma

---

[9] FIT (*For Independent Tour*): viagem planejada e cotizada para atender especificamente ao desejo do turista ou passageiro. O cliente é quem define aonde quer ir, como quer ir, o meio de transporte e o tempo de que dispõe (Pelizzer, 2005, p.66).

[10] Segundo Pelizzer (2005, p.2) são agências que "prestam serviços locais aos clientes das operadoras, realizando em sua cidade ou região os serviços incluídos na programação de um turista ou de um grupo de turistas".

preocupação coletiva com os possíveis impactos ambientais da visitação, já que, desde as origens do sistema, os atores optaram pela criação de normas que exigissem a presença de guias treinados durante a visitação, o que provocou, quase que incidentalmente, a criação do *voucher* único. Nesse documento, cujo controle é centralizado pela prefeitura de Bonito, são informados o número de ingressos vendidos, os valores envolvidos e o nome do líder do grupo. É por meio do *voucher* unificado[11] que guias de turismo, atrativos, agências e, principalmente, a prefeitura de Bonito controlam seus ganhos.

O sistema de *voucher* unificado acaba por promover um controle relativamente rigoroso do número de ingressos vendidos, pelo fato de os principais atores do *trade* atuarem como fiscais do processo de registro dos visitantes, já que todos têm interesses financeiros envolvidos em sua emissão. O guia turístico exige sua emissão para controlar a parte que lhe é devida, incluída no preço do ingresso. Pelo mesmo motivo, a agência receptiva faz questão de emiti-lo, e o dono do atrativo turístico, por sua vez, controla os valores a receber da agência de turismo que efetuou a venda. Como a prefeitura centraliza a distribuição do *voucher*, ela pode, com isso, evitar que haja sonegação do imposto sobre serviço cobrado no valor do ingresso. Dessa forma, a prefeitura não fornecerá novas quantidades quando uma agência receptiva estiver inadimplente.

Apesar desse controle autogerido, o sistema apresenta falhas quanto ao controle dos balneários que possuem um modelo de *voucher* diferenciado dos demais atrativos e, por isso, não são alvo de uma vigilância ostensiva dos guias de turismo. Esse descontrole vale tanto para os balneários públicos como para os balneários localizados em áreas particulares. Quanto aos demais atrativos, o rigor somente é quebrado em épocas de alta temporada, quando alguns atrativos conseguem vender ingressos sem emitir o *voucher* a turistas que os procuram diretamente e excluem as agências do processo.

Para discutir a relação entre a sustentabilidade e o controle de visitantes na região de Bonito, faz-se necessário analisar e discutir as atividades exploradas pelos proprietários de atrativos e pelo próprio poder público.

---

[11] Não são permitidos outros documentos para a comercialização dos passeios na localidade. É emitido pela prefeitura de Bonito em dois modelos: um específico para os balneários e outro para os demais atrativos existentes.

Para a presente discussão, as modalidades foram classificadas em: flutuação, trilhas e visitação, balneário, passeio de bote, aventura e mergulho. Entre essas, os balneários e os passeios de bote são os que provocam maior impacto ambiental.

No caso dos balneários, os impactos são decorrentes das alterações promovidas nas margens de rios de classe especial da região e pela sobrecarga de visitantes em algumas épocas do ano. Já os passeios de botes provocam danos nas frágeis estruturas das cachoeiras da região que são formadas pela longa deposição e pela formação de turfas calcárias; o constante atrito dos barcos carregados com até vinte turistas de cada vez tem provocado um desgaste constante. Os passeios de flutuação, embora provoquem impactos menores, também são fonte de preocupação dos ambientalistas, em razão das alterações que provocam no comportamento da ictiofauna local. Por fim, as atividades que causam menor impacto são os passeios em trilhas ecológicas e a visitação a pontos turísticos, como a Gruta do Lago Azul, além dos mergulhos e da aventura, que mantêm controles mais rigorosos sobre o comportamento do turista ou são feitos em pequenos grupos, de forma a não provocar danos ao ambiente.

A Figura 40.2 representa a preferência dos visitantes, com base na análise da venda de ingressos em 2004. Pode-se verificar que a maior parte dos ingressos (66%) é direcionada a passeios de flutuação, trilhas e visitação aos atrativos de grande beleza cênica da região.

Figura 40.2 – Distribuição das vendas de ingressos em 2004.

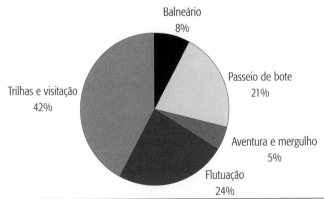

Fonte: Programa de Gerenciamento do Imposto sobre Serviços de Qualquer Natureza (ISSQN) e Estatística do Turismo em Bonito, MS.

Como já apontado, não se pode confiar inteiramente nos números referentes aos ingressos vendidos aos balneários para a discussão da sustentabilidade do turismo. Além disso, o ingresso dos moradores é franqueado dessa forma, os impactos causados pelos banhistas podem ser considerados o mais sério problema de funcionamento, e os procedimentos de licenciamento dos atrativos, que em parte poderiam resolver os conflitos entre a exploração econômica e o meio ambiente, têm sido um instrumento controverso de gestão ambiental.

A Resolução Semades/MS n. 331/98 regulamentou o licenciamento ambiental dos empreendimentos turísticos de Mato Grosso do Sul, com todas as fases normais de Licença Prévia, Licença de Instalação, Licença de Operação, Renovação de Licença Prévia, Renovação de Licença de Instalação e Renovação de Licença de Operação. Embora boa parte dos atrativos da região tenha algum tipo de licença, apenas cerca de 5% deles mantêm Licença de Operação.

Apesar das dificuldades quanto aos licenciamentos, percebe-se uma consciência coletiva na região quanto aos limites que a natureza pode suportar, principalmente nos atrativos que recebem maior número de visitantes. Enquanto não se incorporam critérios científicos para os limites de capacidade de carga de atividades, como a flutuação ou as trilhas ecológicas, alguns empresários adotam, com a concordância do Ministério Público e do órgão licenciador do Estado, posturas sensatas quanto ao tamanho dos grupos nas trilhas ou à quantidade diária de visitantes em seus atrativos. Em alguns atrativos turísticos, como a Gruta do Lago Azul, já foram realizados estudos mais cuidadosos para determinar o número adequado de visitantes. Nesse atrativo, limitou-se a 305 por dia o número máximo de visitantes.

O bom senso quanto à limitação de visitas tem a contribuição positiva do conhecimento coletivo do número de visitantes que freqüentam os atrativos da região, por meio do sistema de *voucher* único.

CONSIDERAÇÕES FINAIS

Como foi possível observar, o sistema turístico de Bonito possui alguns prós e contras no que diz respeito aos métodos de conservação ambiental dos atrativos. A organização do *trade* e do poder público, representada pelo Comtur, e o sistema de comercialização apontam claramente para o número máximo de visitantes que o destino pode receber diariamente em seus atrativos. Isso é possível pela existência de dois pontos relevantes. O primeiro é o *voucher* único. Por meio desse instrumento, sabe-se exatamente o número total de visitantes que podem ir por dia a cada atrativo. O sistema também auxilia no controle de arrecadação de impostos para o município e na distribuição do mercado pelas agências de receptivo. As agências, aliás, representam o segundo ponto de relevância. Em Bonito, o turista não tem acesso ao atrativo se não for via agência. Isso certamente contribui para limitar o número de visitantes, sobretudo nos atrativos mais procurados, promovendo ainda uma distribuição melhor do fluxo turístico.

Por sua vez, os métodos utilizados para a determinação do número de visitantes nos atrativos carecem de base científica. A limitação pela capacidade de atendimento faz da natureza uma refém das necessidades do mercado, algo questionável em termos conservacionistas e sustentáveis. Entende-se então que uma mudança precisa ser feita nesse sentido, a fim de dar mais respaldo para a manutenção da atividade turística em Bonito, com perspectivas de continuidade futura. Os limites precisam ser revistos, bem como os métodos usados para se chegar a esses limites. Um possível resultado positivo desse esforço será uma distribuição mais equilibrada do fluxo turístico por toda a região, privilegiando atrativos que, na atualidade, recebem poucos visitantes.

Para a região, pode representar a distribuição do fluxo de turistas, dando a oportunidade para municípios como Bodoquena e Jardim de colher mais frutos do desenvolvimento turístico local. Para o ambiente, isso pode representar a salvação, pois diminui o ritmo da silenciosa degradação promovida pelo uso excessivo, degradação esta que não tem cheiro de fumaça como em um incêndio, mas que destrói tanto quanto. E, por fim, se para o ambiente essa revisão dos limites de visitação pode vir a ser benéfica, conseqüentemente, para a sobrevivência do destino turístico, talvez seja a diferença entre a manutenção e o declínio da atividade. Daí sim, o *trade* local, que a princípio parecia ser prejudicado com a ação, poderá perceber que talvez seja essa a única forma de manter a atividade como uma das mais importantes para os bonitenses. Assim, a sustentabilidade, anseio de planejadores turísticos nas mais diferentes regiões do globo, há de ganhar um forte aliado para a sua concretização prática em Bonito e região.

REFERÊNCIAS

BAHL, M. **Viagens e roteiros turísticos.** Curitiba: Protexto, 2004.

BOFF, L. **Ecologia, mundialização e espiritualidade: a emergência de um novo paradigma.** São Paulo: Ática, 1999.

BOGGIANI, P.C. Ciência, meio ambiente e turismo em Bonito: a combinação que deu certo? In: BANDUCCI JÚNIOR, Á.; MORETTI, E.C. (Orgs.). **Qual o paraíso? Turismo e ambiente em Bonito e no Pantanal.** São Paulo: Chronos; Campo Grande: Universidade Federal de Mato Grosso do Sul, 2001. p.151-65.

BOGGIANI, P.C. et al. **Estudo de impacto ambiental da visitação turística do monumento natural Gruta do Lago Azul – Bonito, MS.** 2.ed. Campo Grande: UFMS, 1994. 153p. Versão digital.

BRASIL. Ministério do Meio Ambiente. Secretaria de Biodiversidade e Florestas. **Avaliação e ações prioritárias para a conservação da biodiversidade da Mata Atlântica e Campos Sulinos.** Brasília: Ministério do Meio Ambiente, Secretaria de Biodiversidade e Florestas, 2000.

_____. Ministério do Planejamento, Orçamento e Gestão. Instituto Brasileiro de Geografia e Estatística. **IBGE Cidades@.** Disponível em: http://www.ibge.gov.br/cidadesat/. Acessado em: 24 maio 2005.

CARVALHO, N.V. **Autogestão: o nascimento das ONG's.** 2.ed. São Paulo: Brasiliense, 1995.

KOHLER, H.C. Geomorfologia cárstica. In: GUERRA, A.J.T.; CUNHA, S.B. da. (Orgs.). **Geomorfologia: uma atualização de bases e conceitos.** 5.ed. Rio de Janeiro: Bertrand Brasil, 2003.

LINO, C.F. **Cavernas: o fascinante Brasil subterrâneo.** 2.ed. São Paulo: Gaia, 2001.

LUNAS, J.R. da S. **Turismo sustentável: descrição e avaliação da gestão do turismo de Bonito-MS.** Brasília: Editora da UnB, 2000. 118p.

MATO GROSSO DO SUL. Resolução Semades/MS nº. 331/98. Regulamenta o licenciamento ambiental dos empreendimentos turísticos de Mato Grosso do Sul. 1998.

MATO GROSSO DO SUL; IPLAN; FAPEMS et al. **Plano regional de desenvolvimento sustentável da região Sudoeste.** Campo Grande: Seplanct, 2002.

MITRAUD, S. Monitoramento e controles de impacto de visitação. In: _____. (Org.) **Manual de ecoturismo de base comunitária.** Brasília: WWF, 2003.

[OMT] ORGANIZAÇÃO MUNDIAL DE TURISMO. **Introdução ao turismo.** Trad. Dolores Martín Rodriguez Córner. São Paulo: Roca, 2001.

PELIZZER, H.Â. **Turismo de negócios: qualidade na gestão de viagens empresariais.** São Paulo: Pioneira Thomson Learning, 2005.

RUSCHMANN, D.V. DE M. **Turismo e planejamento sustentável: a proteção do meio ambiente.** Campinas: Papirus, 1997.

SEATON, A.V.; PALMER, C. **Understanding VFR tourism behaviour: the first five years of the United Kingdom tourism survey.** Tourism Management, Grã-Bretanha, Annals of Tourism Research, v. 18, n. 6, p. 345-55, 1997.

SWARBROOKE, J. **Turismo sustentável: meio ambiente e economia.** Trad. Esther Eva Horovitz. 2.ed. São Paulo: Aleph, 2000a.

_____. **Turismo sustentável: gestão e marketing.** Trad. Esther Eva Horovitz. 2.ed. São Paulo: Aleph, 2000b.

VON BEHR, M. **Serra da Bodoquena: história, cultura e natureza.** São Paulo: Free, 2001.

WÖBER, K.W. Standardizing city tourism statistics. **Tourism Management,** Grã-Bretanha, Annals of Tourism Research, v. 27, n. 1, p. 51-68, 2000.

Adaptação de Hotel de Selva para o Ecoturismo na Amazônia

41

Carlos Ricardo Rossetto
Engenheiro Civil e Administrador, Univali
Tristão Sócrates Baptista Cavalcante
Administrador e Economista, Uninorte

INTRODUÇÃO

Próximo a 2013, ano em que expira o modelo de desenvolvimento da Zona Franca de Manaus, o estado do Amazonas defronta-se com o término de mais um ciclo econômico e com a possibilidade de sua economia entrar novamente em um marasmo, prejudicando assim o progresso econômico e social dessa região (Rebelo, 1999; Ruschmann, 2000).

Surge, dessa forma, o turismo, precisamente o naturalista, em sua modalidade turismo ecológico ou ecoturismo, que se fundamenta na oferta da natureza pouco transformada pelo homem, nas suas relações e inter-relações espaciais e nos vestígios culturais por meio das áreas de conservação. Caracteriza-se, ainda, por uma política de planejamento e de manejo dos recursos naturais, de educação ambiental, de conhecimento da natureza, da conscientização e da integração das comunidades marginais ao turismo e ao desenvolvimento sustentável, sendo uma opção de atividade econômica pautada nas potencialidades naturais da região, sem a vulnerabilidade política do modelo atual (Silva, 2000; Pires, 1999).

Em estudo sobre o comportamento do mercado, a Organização Mundial de Turismo (OMT, 1997) concluiu que o turismo, a partir da década de 1990, sofreria profundas modificações, resultado das transformações sociais e econômicas ocorridas no mundo. Além disso, segundo a OMT, haverá maior conscientização em relação ao equilíbrio ambiental e à sobrevivência do homem na terra, o que levará o turismo ecológico a assumir a liderança e a mais rápida taxa de crescimento.

O grande desafio estratégico das organizações será acompanhar o ritmo dessas mudanças (Eisenhardt, 1999; Markides apud Goes e Meyer, 1990). Essa preocupação estabelece um novo paradigma: o ambiente em constante mutação pode levar ao fracasso das organizações que não se adaptarem ou não se anteciparem às mudanças.

A indústria do turismo também se enquadra na regra de estar sempre em adaptação com o ambiente, assim várias modalidades de turismo vêm sendo desenvolvidas mundialmente. No estado do Amazonas não poderia ser diferente, a atividade turística desenvolveu-se com o advento da Zona Franca de Manaus, mesmo que inicialmente não contemplasse a atividade turística, pois esta cresceu estimulada pela área comercial, que detinha praticamente o monopólio do comércio de artigos importados no Brasil. Dessa forma, aproveitando os monumentos históricos originados do primeiro grande ciclo econômico do Amazonas, Ciclo da Borracha, formava-se o complexo cujo nome poderia ser oferta turística. O parque hoteleiro urbano, então, era formado por vinte estabelecimentos registrados e 64 estabelecimentos não-registrados, aliados ainda a três apart-hotéis, dos quais apenas um encontra-se registrado na Secretaria de Turismo do Estado do Amazonas.

No governo do presidente Fernando Collor de Mello, o Brasil iniciou sua abertura econômica e o estado do Amazonas mudou o foco do atrativo comerciante, ou seja, sua área comercial deixou de ser o grande atrativo turístico. Em 1979, instalou-se o primeiro alojamento de selva e, no início dos anos de 1980, começaram a operar os estabelecimentos denominados alojamentos de selva, que dariam suporte ao turismo ecológico, hoje compostos de sete alojamentos de selva registrados e nove não registrados, porém somente sete unidades destes estão em funcionamento regular.

As tentativas de adaptação por parte dos empresários do setor turístico foram feitas de forma intuitiva e bastante aleatória, não havendo no Estado estudos que buscassem a identificação de padrões de comportamento ou de variáveis influenciadoras que pudessem fornecer subsídios e facilitar a tomada de decisão dos executivos.

O presente estudo pretende, dessa forma, determinar quais foram as mudanças, como elas se desenvolveram e o que provocou a ocorrência das mesmas dentro de dois grupos atuantes na área turística, no estado do Amazonas.

REVISÃO BIBLIOGRÁFICA

Organizações

O desenvolvimento da teoria das organizações tem sido influenciado por mudanças sociais, políticas, econômicas e tecnológicas na sociedade como um todo. Motivados por essas mudanças, os teóricos das organizações começaram a desenvolver novos paradigmas. Um deles deixa claro que o meio ambiente mais amplo exerce uma influência considerável no sucesso empresarial. As organizações passam a ser inseridas em um meio social, econômico e político denominado ambiente (Hampton, 1992; Hall, 1984; Nadler e Tushman, 2000; Abell, 1999).

Noe (1997) afirma que existem forças provocadoras de mudanças nas organizações e classifica-as da seguinte maneira: forças ambientais e internas. As forças ambientais vão além do controle administrativo. As forças internas operam dentro das firmas e estão geralmente dentro dos controles da administração. As organizações, seguindo o raciocínio do autor, apresentam mudanças significativas sem um forte choque a seus ambientes. O ambiente externo inclui muitas forças econômicas, tecnológicas e políticas/sociais que podem começar o processo de mudança. As organizações que estudam e praticam a mudança organizacional concordam que esses ambientes proporcionam o necessário, mas não o suficiente para a mudança. Esse processo também envolve os administradores que deverão estar atentos a mudanças para que ações sejam tomadas. As forças internas para mudança, ocorridas dentro das organizações, podem usualmente ser traçadas para o processo e os problemas comportamentais.

Kinlaw (1997), Hawken et al. (1999) e Desimone e Popoff (1997) afirmam que as organizações, para se tornarem competitivas, deverão atender a dois pontos principais:

- Quanto antes as organizações enxergarem a questão ambiental como uma oportunidade competitiva, maior será sua probabilidade de sobreviver e lucrar;
- É pela ênfase da questão ambiental como uma oportunidade de lucro que se podem controlar melhor os prejuízos causados ao meio ambiente.

As organizações, portanto, são vistas como sistemas abertos que precisam se adaptar às condições externas, em constante mudança, e necessitam realizar trocas com o ambiente, por meio de *inputs* e *outputs*. A principal característica dos sistemas abertos é sua adaptabilidade, ou seja, o seu processo contínuo de aprendizagem e de auto-organização em face das condições do ambiente.

Ambiente organizacional

Considera-se, neste estudo, que nem tudo o que acontece no ambiente, geral ou específico, é significativo ou sequer chega a ser conhecido pelos membros das organizações (Beinhocker, 1999). Trata-se de um fenômeno ligado aos processos de atenção e de percepção do homem, isto é, nenhum indivíduo é capaz de captar toda gama de informações que está ao seu redor; mesmo que o fizesse, nada garante que a percepção do que ele captou seja correta ou mesmo útil para suas atividades (Weick, 1973). Esse tipo de consideração faz surgir uma distinção analítica do ambiente, de grande interesse para o desenvolvimento desta pesquisa. Essa distinção reside no fato de que, muito embora o ambiente possa ser distinguido de diferentes maneiras, ele só existirá para a organização na extensão em que for percebido pelos seus integrantes.

O ambiente percebido corresponde a uma interpretação subjetiva do ambiente real. Embora essas percepções também sejam eventos reais do ponto de vista de suas conseqüências, elas ocorrem dentro da organização. Isso é importante, pois as pessoas agem de acordo com o que percebem e não com os fatos reais (Bowditch e Buono, 1992).

Neste estudo, os ambientes, objetivos e percebidos, constituem o contexto em que as escolhas estratégicas foram formuladas e implementadas. Conseqüentemente, o pesquisador distinguiu o papel que cada tipo de ambiente teve nesse processo.

Stakeholders

O termo *stakeholder* refere-se a grupos que têm direito legitimado sobre a organização (Freeman e Reed, 1983). Os autores consideram que qualquer indivíduo ou grupo que pode afetar a obtenção dos objetivos constitui um *stakeholder*. Podem-se incluir acionistas, credores, gerentes, empregados, consumidores, fornecedores, comunidade local e público em geral.

A abordagem dos *stakeholders* diz respeito a grupos ou indivíduos (Frooman, 1999, p.191). O mesmo autor afirma que esta abordagem busca responder as seguintes perguntas: quem são eles? O que eles querem? O que eles fazem para obter o que querem?

A teoria diz que os *stakeholders* devem ser considerados, por parte dos gestores do negócio, os alvos da gestão, objeto de sua atenção e das ações que interfiram nos resultados econômicos das empresas (Campbell, 1997).

Frooman (1999) refere-se ao enfoque estratégico e à influência dos *stakeholders*, ou seja, à alavancagem que eles têm sobre a empresa:

*   Estratégias de retenção: são difundidas como aquelas em que os *stakeholders* interrompem o fornecimento de um recurso para uma empresa com a intenção de fazê-la mudar de comportamento;
*   Estratégias de uso: são aquelas nas quais o *stakeholder* continua a fornecer um recurso, mas com algumas restrições ou compromissos por parte da empresa.

Em resumo, estratégias de retenção determinam se uma empresa obtém um recurso, enquanto a estratégia de uso busca determinar condições para que se continue a fornecer determinado recurso. (Frooman, 1999). Sejam estratégias de retenção sejam de uso, os *stakeholders* buscam nessas empresas alguma mudança de comportamento. Em todo caso, o *stakeholder* usa sua relação de recurso com a empresa para alavancar a demanda. Se o *stakeholder* tiver êxito empregando sua estratégia, a empresa mudará seu comportamento.

Do ponto de vista da empresa, as estratégias de retenção e de uso podem parecer chegar ao mesmo resultado. As estratégias de retenção são usadas quando o balanço de poder pende para o lado do *stakehol-*

der. Em outras palavras, quando a empresa é mais dependente do *stakeholder* que ele dela, ele pode usar retenção e tentar impor custos à empresa. Estratégias de uso, contudo, são usadas quando o poder é distribuído equitativamente entre os dois e os custos são distribuídos da mesma forma (Frooman, 1999, p.180).

Frooman (1999) ressalta de forma bastante simplificada que, quanto à aproximação, um *stakeholder* que emprega uma estratégia de retenção está preparado para fechar inteiramente o fluxo de recursos para uma empresa, enquanto aquele que emprega uma estratégia de uso não está. Claramente, o que fará a ameaça ser concreta é a habilidade do *stakeholder* para simplesmente caminhar longe da relação, sem dano para si mesmo. Isso, segundo o autor, acontecerá quando a empresa for unilateralmente dependente do *stakeholder*.

Para este estudo, analisaram-se os principais *stakeholders* das mudanças estratégicas, sejam elas de retenção, sejam de uso, segundo Frooman (1999).

Além disso, utilizou-se o conceito de Gargiulo (apud Frooman, 1999) que dividiu esse caminho em direto e multipassos, demonstrando que eles existem como forças estratégicas interorganizacionais e acontecem dentro do contexto de teoria de dependência de recurso:

- Estratégias diretas: nas quais o próprio *stakeholder* manipula o fluxo de recursos para a empresa, por retenção ou uso;
- Estratégias indiretas: nas quais o stakeholder utiliza-se de ações indiretas contra o objetivo da organização, ou seja, ele se utiliza de outro agente (aliado) para que este manipule o fluxo de recursos da organização (por retenção ou uso).

Mudança estratégica

Definição de mudança estratégica

Muito embora cada uma dessas definições contribua para que se possa definir a mudança estratégica, neste estudo, será adotada a definição de Pettigrew (1987) que significa uma investigação empírica de diferenças ao longo do tempo sobre uma ou mais dimensões da estratégia. As dimensões da estratégia são representadas por contexto, processo e conteúdo.

Processo, contexto e conteúdo da mudança

Esta seção apresenta uma revisão das dimensões da estratégia, relacionando-a ao modelo de Pettigrew (1987): conteúdo, processo e contexto.

Figura 41.1 – Modelo de estudo do processo da mudança estratégica.

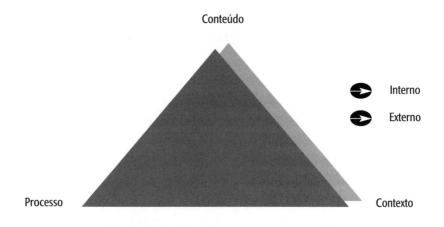

Fonte: Pettigrew 1987.

Processo da mudança

A adoção do conceito de processo como uma seqüência de eventos que descrevem como as coisas mudam no decorrer do tempo e da teoria de processo teleológico permitem que os dados sejam analisados através do tempo e a realização de uma análise holística e dinâmica do processo de mudança, não se preocupando com mudanças episódicas (Pettigrew et al., 1988).

Contexto da mudança

Para Pettigrew e Whipp (1991), o contexto pode ser dividido em externo e interno. O contexto externo é formado pelas condições econômicas, competitivas, políticas e sociais do ambiente; o contexto interno refere-se ao espaço em que vão surgir as idéias de mudança. O contexto da mudança é constituído por estratégia atual, recursos, cultura, competências e processo político. Whipp et al. (1989) afirmam que existem poucas dúvidas e que a adaptação para mudanças competitivas no contexto tem sido um fator-chave para o sucesso das organizações.

Conteúdo da mudança

O conteúdo da mudança foi analisado de acordo com a visão de Frooman (1999) e Gargiulo (1993), já explicitado no item "*Stakeholders*".

PROCEDIMENTOS METODOLÓGICOS

O artigo descreveu as mudanças estratégicas que ocorreram ao longo do período de 1980-97, segundo a percepção da coalizão dominante. Para tanto, empregou-se a abordagem qualitativa (Ludke e André, 1986; Triviños, 1992).

Este artigo visa tratar os dados focalizando definições, significados e descrições, refinando-os e colocando-os em um contexto, e retratando-os em palavras, em vez de números. Desta forma, os pesquisadores coletaram dados sobre o fenômeno em estudo e trabalham com eles de alguma maneira – organizaram-nos e compararam-nos com idéias, hipóteses e definições categóricas, como uma maneira de testá-los.

O que diferencia a abordagem qualitativa de outras formas de abordagem é a crença no fato de o ambiente no qual as pessoas encontram-se ter uma grande relevância sobre o que elas pensam e como elas agem. As ações devem ser interpretadas dentro desses contextos, ou seja, é clara a convicção de que as ações humanas são sensíveis ao contexto.

Mintzberg (1979) descreve sua jornada dentro da abordagem qualitativa, salientando sete temas básicos que formam a base para este estudo. Esses temas corroboram com muito do que se tem dito sobre as diversas atividades que devem compor um estudo dito qualitativo: este deve ser tão puramente descritivo quanto o pesquisador possa ser hábil para fazê-lo; o estudo depende de metologias simples; ser tão indutivo quanto possível; deve ser sistemático por natureza; deve ser mensurado em termos organizacionais reais; deve assegurar que os dados sistemáticos sejam suportados por dados contados nas entrevistas; e deve ainda integrar diversos elementos organizacionais dentro de configurações de tipos ideais ou puros.

Coleta e análise de dados

Os dados utilizados originaram-se de várias fontes e de maneira sistemática, de modo que se pode descrevê-los da seguinte forma:

- Dados primários: obtidos em estudo de campo, por meio de entrevistas semi-estruturadas (Minayo, 1993) que possibilitaram ao entrevistado discorrer sobre o tema proposto, sem respostas ou condições prefixadas pelo pesquisador;
- Dados secundários: obtidos em jornais, revistas especializadas do setor, revistas gerais sobre negócios, periódicos, livros, dissertações e publicações da própria organização.

Coleta dos dados

Neste estudo, os pesquisadores foram simples observadores externos do fenômeno estudado. Esse fenômeno relacionou-se com as mudanças estratégicas ocorridas em duas organizações do setor do turismo ecológico, no estado do Amazonas, no período de 1985 a 2000.

A partir da definição do problema, passou-se a uma revisão bibliográfica detalhada para definir os aspectos mais importantes a serem considerados no estudo do processo de adaptação estratégica organizacional. Concomitantemente a isso, definiu-se a metodologia a ser utilizada para a coleta dos dados.

Numa fase posterior à revisão de literatura e da definição da metodologia, desenvolveu-se uma pesquisa exploratória que compreendeu, inicialmente, a análise dos dados secundários. Nesse levantamento exploratório foram obtidas cópias de alguns documentos de apoio, os quais foram emitidos no transcurso do processo de mudanças estratégicas. Por meio deste, avaliou-se a dificuldade de obtenção dos dados e das informações, o que resultou no aperfeiçoamento da estratégia final. Mas a principal fonte, ou seja, a fonte mais importante de informações dos estudos de caso, foram as entrevistas. Questionaram-se os principais executivos das empresas, os quais identificaram as principais pessoas integrantes do processo e que podiam auxiliar na investigação.

As entrevistas permitiram que os pesquisadores conhecessem a opinião dos informantes que participaram nas diversas etapas do processo de mudança estratégica, o que possibilitou a construção de um quadro geral consistente.

À medida que os dados foram sendo coletados, os pesquisadores procuraram identificar temas e relações, construindo interpretações e gerando novas questões e/ou aperfeiçoando as anteriores, o que, por sua vez, os levou a buscar novos dados, complementares ou mais específicos, que testassem suas interpretações, num processo de sintonia fina, caminhando até a análise final. Tal fato provocou o retorno a novas entrevistas, a fim de que os pesquisadores pudessem validar alguns dados relatados pelos entrevistados.

Análise dos dados

A metodologia utilizada para análise deste estudo foi a *direct research* (Mintzberg, 1979; Mintzberg e McHugh,1985), que pode ser descrita nas seguintes tarefas:

* Coleta de dados de fontes secundárias, seguida de entrevistas. Nessa etapa, foi dada ênfase à comparação constante dos dados, com o objetivo de identificar categorias;

* Construção de uma lista de eventos, com base nos dados primários e secundários, enfatizando os eventos críticos. O método da lista de eventos proposto por Miles e Huberman (1984) permite uma visão geral do processo de mudança estratégica. Métodos semelhantes a esse são usados por Pettigrew (1987), Child e Smith (1987) e Mintzberg e McHugh (1985);

* Definição dos períodos e das mudanças estratégicas, com base na interpretação dos pesquisados e do pesquisador;

* Definição dos *stakeholders* e de suas estratégias de retenção/diretas e uso/indiretas (Frooman, 1999; Gargiulo, 1993).

ESTUDO DE CASO DAS MUDANÇAS ESTRATÉGICAS

Neste item, são descritos os processos de adaptação estratégica em dois grupos do setor ecoturístico, localizados nas proximidades de Manaus, capital do Amazonas, detentores de um empreendimento hoteleiro de pequeno porte e um de médio porte; este em fase de ampliação.

Mudanças Estratégicas do Grupo Manoel Bessa Filho

Fases do processo de mudanças estratégicas do Acajatuba Jungle Lodge

Para explicar as mudanças estratégicas, foram identificados os eventos críticos que mais as influenciaram quando adotadas pela organização (Quadro 41.1). Com base nesses eventos críticos, definiram-se os períodos estratégicos (Quadro 41.2) Descreveu-se, então, o processo de mudanças estratégicas ocorridas durante a sua história e, segundo a percepção dos informantes, determinaram-se os *stakeholders* que provocaram essas mudanças.

Com base no Quadro 41.1, entre 1982 e 2003 foram definidos quatro períodos estratégicos do Acajatuba Jungle Lodge (Quadro 41.2). Esses períodos, caracterizados pelo conjunto de decisões tomadas pela empresa, que estabeleceram um padrão de comportamento estratégico, foram identificados utilizando-se como referencial a base teórica que norteia esta pesquisa.

Stakeholders do período 1

Nesse período, havia quatro *stakeholders*: o cliente em potencial, o concorrente Ariaú Amazon Towers, os três sócios e os governos federal, estadual e municipal. A influência dos três sócios fica evidenciada quando eles estimulam o proprietário atual à abertura do hotel. Os governos federal, estadual e municipal, como grandes protetores do meio ambiente, por meio de leis ambientais, e bem representativo é também o cliente em potencial, pela necessidade dos hotéis tomarem decisões em função de uma demanda insatisfeita.

Utilizando estratégias de retenção/diretas, conforme o item "*Stakeholders*", têm-se o proprietário atual do hotel e os seus três sócios. Nas estratégias de uso/indiretas, detectaram-se o cliente em potencial, o concorrente Ariaú Amazon Towers e o governo em suas esferas, demonstrados na Figura 41.2.

944 GESTÃO AMBIENTAL E SUSTENTABILIDADE NO TURISMO

Quadro 41.1 - Eventos críticos das mudanças estratégicas do Hotel Acajatuba Jungle Lodge.

Evento Crítico	Ano
1. O interesse do público europeu em conhecer a Amazônia	1982
2. Constituição da sociedade	1987
3. Inauguração do Hotel Acajatuba Jungle Lodge	1989
4. Reconcepção do negócio do turismo ecológico	1990
5. Modificação da estrutura arquitetônica do hotel – fase I	1991
6. Permuta de foco de demanda – mudança de segmento do mercado	1991
7. Início da divulgação do produto junto às operadoras	1991
8. Primeira reserva efetuada por grupos por meio de operadoras	1992
9. Primeira expansão do hotel	1992
10. Crise financeira	1994
11. Abertura da agência de turismo receptivo	1995
12. Divulgação do produto pela mídia nacional	1996
13. Concretização da nova concepção arquitetônica	1997
14. Elevação da qualidade das habitações	1998
15. Introdução da home page na internet	1999
16. Dinamização da melhoria da qualidade das habitações – fase II	2000
17. Elaboração de plano para completar a planta do hotel	2001
18. Inauguração de mais duas unidades	2003

Fonte: Pesquisa dos autores em 2000.

Quadro 41.2 – Períodos estratégicos do processo de mudança estratégica.

Períodos estratégicos	Anos
1. A concepção do negócio	1982–1989
2. Reorientação estratégica	1990–1992
3. Consolidação do negócio	1993–1998
4. Busca por uma nova fase do empreendimento	1999–2003

Fonte: Pesquisa dos autores em 2000.

Stakeholders do período 2

Detectou-se, claramente, que no período de adaptação o hotel sofreu a influência de vários *stakeholders*. No primeiro momento, o go-

Figura 41.2 – *Stakeholders* do período 1.

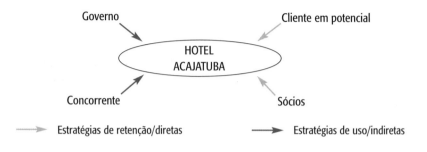

Fonte: Pesquisa dos autores em 2001.

verno atuou com estratégias de retenção/diretas: o governo Collor com suas medidas de abertura da economia provocou o término do turismo de compras, o que, sem dúvida, serviria de atrativo de captação também para o turismo ecológico, permitindo, assim, que o custo elevado do transporte para a região amazônica pudesse proporcionar maior satisfação para o turismo interno. Tal fato provocou uma dependência muito grande para o turismo de selva da demanda turística internacional. A Secretaria de Estado da Cultura, Turismo e Desporto (SEC) teve um papel relevante na divulgação do hotel. Em um segundo momento, pela fragilidade financeira dos sócios, a política cambial implantada afetou a sua rentabilidade e provocou também a queda da demanda internacional por produtos brasileiros.

O cliente foi outro *stakeholder* muito atuante durante todo o período, por meio das estratégias de retenção/diretas, sobretudo quando se trata do cliente "operadoras", que promove exigências quanto à planta mínima do hotel e à majoração de preços. O cliente (hóspede) atua por meio de estratégias de uso/indiretas (Gargiulo, 1993), porque, por meio de sua ficha de avaliação, efetua críticas ou elogios e sugestões que norteiam o gerenciamento do hotel.

Os funcionários são outros *stakeholders* que merecem destaque, sempre atuando por meio das estratégias de uso/indiretas, quando do fornecimento de suas sugestões para o melhor funcionamento e concepção arquitetônica do hotel e na alta rotatividade que interfere, sem dúvida, na qualidade dos serviços. Com a mesma atuação, aparecem os fornecedores, ante a logística necessária para o fornecimento, e a comunidade local que espera usufruir dos benefícios proporcionados pelo ecoturismo.

Finalmente, a agência receptiva Aventura Turismo tem forte influência na reorientação estratégica, atuando segundo estratégias de retenção/diretas, por meio dos estudos efetuados para o melhor desempenho do hotel (Figura 41.3).

Figura 41.3 – Stakeholders do período 2.

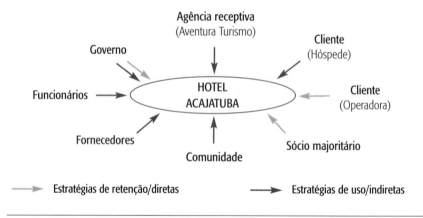

Fonte: Pesquisa dos autores em 2001.

Stakeholders do período 3

Nesse período, detectaram-se os seguintes *stakeholders*: o governo, os clientes, os fornecedores, o proprietário, a mídia nacional, as instituições financeiras e a Secretaria de Cultura, Turismo e Desporto (SEC).

Com estratégias de retenção/diretas, identificou-se que o proprietário aliado à sua capacidade financeira, mais precisamente à decisão de operar quase na totalidade com recursos próprios, dirige a velocidade dos investimentos.

Por meio de estratégias de uso/indiretas, observaram-se os seguintes aspectos: o governo como fiscalizador da legislação ambiental; o hóspede que avalia o hotel e fornece subsídios para melhorias com base na concepção de uma nova planta arquitetônica; o fornecedor ante a logística de distribuição; a mídia nacional que impulsionou a área de marketing; as instituições financeiras que disponibilizaram recurso quando solicitado; e a SEC, que se mobilizou para dar tratamento uniforme à divulgação dos empreendimentos ecoturísticos (Figura 41.4).

Figura 41.4 – Stakeholders do período 3.

Fonte: Pesquisa dos autores em 2001.

Stakeholders do período 4

Nesse período, identificaram-se os seguintes *stakeholders*: o governo, os clientes, o proprietário e a internet.

Com estratégias de retenção e estratégias diretas, identificou-se o proprietário que, aliado à sua capacidade financeira, mais precisamente à decisão de operar quase na totalidade com recursos próprios, amplia a planta do hotel com mais 25 cabanas e mais dois módulos construídos em terrenos vizinhos.

Por meio de estratégias de uso e de estratégias indiretas, registraram-se os seguintes aspectos: o governo como fiscalizador da legislação ambiental; o hóspede que avalia o hotel e fornece subsídios para melhorias, principalmente nos banheiros; e a internet que proporciona novas formas de captação de turistas e impulsiona um novo canal de marketing (Figura 41.5).

Figura 41.5 – Stakeholders do período 4.

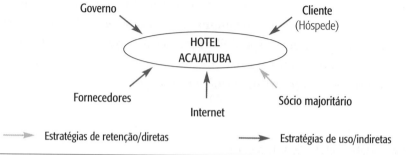

Fonte: Pesquisa dos autores em 2001.

MUDANÇAS ESTRATÉGICAS DO GRUPO FRANCISCO RITTA BERNARDINO ATÉ 2003: UMA PERSPECTIVA HISTÓRICO-INTERPRETATIVA

Fases das mudanças estratégicas do Grupo Francisco Ritta Bernardino

Para explicar as mudanças estratégicas foram identificados os eventos críticos que mais influenciaram nas mudanças estratégicas adotadas pela organização (Quadro 41.3), bem como os *stakeholders* que as influenciaram.

Com base no Quadro 41.4, entre 1980 e 2003 definiram-se os três períodos estratégicos do Grupo Francisco Ritta Bernardino. Esses períodos foram caracterizados pelo conjunto de decisões tomadas pela empresa, que estabeleceu um padrão de comportamento estratégico, e delimitados a partir do referencial teórico, norteador desta pesquisa.

Stakeholders do período 1

Os *stakeholders* desse período foram o governo e o empresário. Ambos atuaram com estratégias de retenção/diretas: o governo, por meio da legislação da Zona Franca de Manaus, propiciou o turismo de compras, e o empresário aproveitou a demanda existente e inaugurou o Hotel Mônaco (Figura 41.6).

ADAPTAÇÃO DE HOTEL DE SELVA PARA O ECOTURISMO NA AMAZÔNIA | **949**

Quadro 41.3 – Eventos críticos das mudanças estratégicas do Grupo Francisco Ritta Bernardino.

Evento Crítico	Ano
1. Inauguração do Hotel Mônaco	1980
2. Inauguração da agência receptiva Rio Amazonas	1983
3. Contato com Jacques Cousteau	1983
4. Inauguração do Hotel Ariaú Amazon Towers	1986
5. Mudança de segmento de mercado	1987
6. Acordo com as duas maiores operadoras nacionais	1987
7. Primeira ampliação do Ariaú Amazon Towers	1990
8. Participação em eventos com a chancela da Embratur	1990
9. Inauguração do Hotel Terra Verde (hotel de selva)	1995
10. Realização da segunda ampliação do Ariaú Amazon Towers	1995
11. Inauguração do Hotel Flutuante Móvel Amazon Fisch	1996
12. Início da participação em feiras de negócios	1997
13. Abertura de uma agência captadora em Miami	1998
14. Concepção e implantação do Plano de Controle Ambiental	1999
15. Apresentação de projeto à Superintendência do Desenvolvimento da Amazônia (Sudam)	1999
16. Terceira ampliação do Hotel Ariaú Amazon Towers	2000
17. Abertura de uma agência captadora em Lisboa (Portugal)	2001
18. Início da quinta ampliação do Hotel Ariaú Amazon Towers	2001
19. Início da construção de um hotel urbano, categoria cinco estrelas	2002

Fonte: Pesquisa dos autores em 2000.

Quadro 41.4 – Períodos das mudanças estratégicas do Grupo Francisco Ritta Bernardino.

Períodos Estratégicos	Anos
1. Ingresso no setor hoteleiro	1980-1982
2. Consolidação do negócio	1983-1994
3. Desenvolvimento de mercado	1995-2002

Fonte: Pesquisa dos autores em 2000.

Figura 41.6 – Stakeholders do período 1.

Fonte: Pesquisa dos autores em 2001.

Stakeholders do período 2

Os *stakeholders* desse período foram o proprietário, o explorador e oceanógrafo francês Jacques Cousteau, o governo, os funcionários, os fornecedores, o cliente em potencial, os hóspedes, as operadoras e a Embratur.

Com estratégias de retenção/diretas, foi possível relacionar o seguinte aspecto: o explorador e oceanógrafo francês, quando apresentou sua opinião com relação ao futuro da Amazônia; o proprietário, quando decidiu construir o Ariaú e os funcionários definiram os aspectos estratégicos e operacionais da empresa; o governo, no primeiro momento, quando da criação da Zona Franca de Manaus, que abria mercado para o turismo de compras, incentivando os empresários a ingressarem no segmento turístico, e, no segundo momento, quando o governo Collor abriu a economia brasileira, retirou o diferencial do comércio local, quanto à importação de produtos, encerrou praticamente o turismo de compras e impulsionou o turismo ecológico por meio da demanda interna; as operadoras, que exercem influência na planta mínima necessária dos hotéis e impõem determinadas condições para vender o produto aos turistas.

Nas estratégias de uso/indiretas, identificaram-se os funcionários com experiência em construções nativas, que dirigem a parte operacional da construção do hotel; os clientes (hóspedes) que, por meio de suas avaliações, fornecem informações úteis para a melhoria das instalações e dos serviços; e ainda o governo que, pela Embratur, divulga o produto ecológico em seus eventos (Figura 41.7).

Figura 41.7 – *Stakeholders* do período 2.

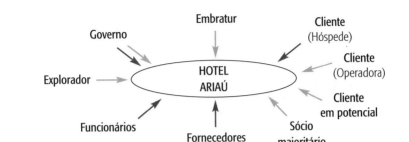

Fonte: Pesquisa dos autores em 2001.

Stakeholders do período 3

Os *stakeholders* desse período foram o proprietário, o governo, as operadoras, os funcionários, os fornecedores, a comunidade local, a mídia nacional e internacional e as personalidades.

Como estratégias de retenção/diretas foi possível relacionar os seguintes aspectos: o proprietário, que realizou investimentos na expansão do Ariaú e criou alternativas de captação própria de turistas; o governo, que exigiu o Plano Formal de Controle Ambiental para conceder os incentivos de redução da alíquota de Imposto de Renda; e as operadoras, em grande número, atualmente 315, que efetuam a exigência de plantas mínimas.

Nas estratégias de uso/indiretas, relacionam-se os funcionários, tanto no tocante ao atendimento como no que se refere à escassez de profissionais especializados; os fornecedores, pela logística de distribuição do lixo e na educação ambiental para os funcionários e moradores ribeirinhos, ressaltando as empresas terceirizadas como responsáveis pelo cumprimento da política ambiental, e a comunidade local, que exige sua participação de forma amena no processo do ecoturismo. Também merecem destaque a mídia nacional e internacional e as personalidades nacionais e internacionais que freqüentaram o hotel (Figura 41.8).

GESTÃO AMBIENTAL E SUSTENTABILIDADE NO TURISMO

Figura 41.8 – *Stakeholders* do período 3.

Mídia nacional e internacional

Governo

Cliente (Hóspede)

Funcionários → HOTEL ARIAÚ

Cliente (Operadora)

Personalidades

Fornecedores

Comunidade

Sócio majoritário

┄┄> Estratégias de retenção/diretas

──> Estratégias de uso/indiretas

Fonte: Pesquisa dos autores em 2001.

CONSIDERAÇÕES FINAIS

As empresas desse setor apresentaram características empreendedoras, haja vista o ingresso em um setor novo e que os dirigentes dos hotéis analisados não tinham experiência com esse tipo de turismo, atuando sempre de forma empreendedora em busca do aprendizado e, sobretudo, levando em consideração a influência do ambiente externo, direcionando suas estratégias de acordo com a atuação dos *stakeholders*.

Os *stakeholders* mais atuantes em termos de estratégias de retenção foram os proprietários, que desenvolviam seus planos de investimento direcionados principalmente pelos clientes representados pelas operadoras, e o governo, que por meio de suas políticas governamentais extinguiu praticamente o turismo de compras, restringindo a dependência do turismo ecológico, já que o turismo de negócios dificilmente substitui a característica de complementaridade, tão necessária para melhorar a relação custo-benefício proveniente da distância do estado do Amazonas dos grandes centros emissores nacionais e internacionais.

As estratégias desenvolvidas pelos dois grupos foram sempre de nível corporativo e de negócios de forma combinada, uma realimentando a outra, e as mudanças ocorreram sempre provocadas pelo contexto externo, ficando as de contexto interno atreladas às modificações necessárias na organização para que as estratégias sejam implementadas.

Concluiu-se também que, embora sejam grupos de diferentes portes do mesmo setor, apresentaram coincidentemente as mesmas mudanças estratégicas quanto ao conteúdo e ao contexto. Em alguns momentos foram utilizadas as mesmas estratégias, ficando a diferença de atuação diretamente relacionada com a disponibilidade financeira de seus titulares, já que ambas são de natureza estritamente familiar.

A concepção do negócio foi centrada no cliente. Em todos os períodos estratégicos, as melhorias, tanto de serviços quanto de concepção arquitetônica, concentraram-se nas necessidades e prioridades deles, pesquisadas não por amostragem, mas individualmente.

As organizações estudadas, forçadas pela própria concepção do negócio, procuraram sempre cumprir com a legislação ambiental pertinente e, cada uma à sua maneira, tenta reverter a situação social das comunidades próximas ao seu estabelecimento, cumprindo assim um dos preceitos do ecoturismo.

Ressalta-se que os empreendimentos deverão observar em suas expansões o tamanho adequado à capacidade de carga ideal, a fim de não interferir no ecossistema e evitar a descaracterização dos hotéis.

CONTRIBUIÇÕES E PROPOSIÇÕES

A grande contribuição deste estudo vem de seu caráter pioneiro no setor do ecoturismo e seu desenvolvimento pode ser estudado pela atuação de suas organizações, já que não houve nenhum direcionamento para esse tipo de turismo de forma planejada.

Como proposições para novos estudos, destacam-se as indicadas a seguir, que enriquecerão, sobremaneira, o diagnóstico do setor do ecoturismo:

- Estudar os motivos que levam a um número muito elevado de mortalidade desses empreendimentos, já que, dos dezesseis estabelecimentos existentes, apenas sete estão em operação;
- Propor um modelo de gestão hoteleira para a região amazônica com rígidos critérios de gerenciamento ambiental, a fim de atingir, além da hotelaria de selva, também os hotéis urbanos, resguardando, assim, o diferencial constituído das paisagens ímpares da região.

REFERÊNCIAS

ABELL, D.F. Competing today while preparing for tomorrow. **Sloan Management Review**, p. 73-91, 1999.

ANSOFF, H.I. **Estratégia empresarial**. São Paulo: McGraw-Hill, 1977.

BEINHOCKER, E.D. Robust adaptive strategies. **Sloan Management Review**, p. 95-106, 1999.

BOURGEOIS, L.J. Strategy and environment: a conceptual Integration. **Academy of Management**. Review, v. 5, n. 25-39, 1980.

BOWDITCH, J.I.; BUONO, A.F. **Elementos de comportamento organizacional**. São Paulo: Pioneira, 1992.

CAMPBELL, A. **Stakeholders: the case in favor long range planning**. Grã-Bretanha, v. 30, n. 3, p. 446-9, 1997.

CHILD, J.; SMITH, C. The context and process of organizational transformation. Cadbury limited in its sector. **Journal of Manangement Studies**, v. 24, n. 6, p. 565-96, 1987.

DESIMONE, L.D.; POPOFF, E. **Eco-efficience: the business link to sustainable the development**. Cambridge: MIT Press, 1997.

EISENHARDT, K. O limiar do caos. **HSM Management**, São Paulo, v. 3, n. 13, p. 87-92, mar./abr. 1999.

FREEMAN, R.E.; REED, D.L. Stockholder and stakeholders: a new perspective on corporate governance. California, **Management Review**, p. 88-103, Spring, 1983.

FROOMAN, J. Stakeholders influence strategies. **Academy of management review**. 1999. Disponível em: http://www.findarticles.com/cf.

GARGIULO, M. Two-step leverage: managing constraint in organizational politics. **Administrative Science Quaterly**, n. 38, p. 1-19, 1993.

GITMAN, L.J. **Princípio de administração financeira**. 7.ed. São Paulo: Harbra, 1997.

GOES, J.B.; MEYER, A.D. Patterns of strategic change, environmental change and performance: a longitudinal study of California Hospitals. **Academy of Management Proceedings**, v. 50, p. 85-9, 1990.

HALL, R.H. **Organizações estruturas e processos**. Rio de Janeiro: Prentice Hall, 1984.

HAMPTON, D. **Administração contemporânea**. 3.ed. São Paulo: McGraw-Hill, 1992.

HAWKEN, P. et al. **Capitalismo natural: criando a próxima revolução industrial**. São Paulo: Cultrix, 1999.

KIMBERLY, J.R. Issues in the design of longitudinal organizational research. **Sociological Methods and Research**, v. 4, n. 3, p. 321-47, 1976.

KINLAW, D.C. **Empresa competitiva e ecológica: desempenho sustentado na era ambiental**. São Paulo: Makron Books, 1997.

ADAPTAÇÃO DE HOTEL DE SELVA PARA O ECOTURISMO NA AMAZÔNIA | **955**

LUDKE, M.; ANDRÉ, M.E.D.A. **Estudos em educação: abordagens qualitativas.** São Paulo: Pedagógica Universitária, 1986.

MILES, M.B.; HUBERMAN, A.M. **Qualitative data analysis: a source book of new methods.** Beverly Hills: Sage, 1984.

MINAYO, M.C.S. **O desafio do conhecimento.** São Paulo, Hucitec, Abrasco, 1993.

MINTZBERG, H. An emerging strategy of "direct" research. **Administrative Science Quartely,** v. 24, p. 582-9, dez. 1979.

MINTZBERG, H.; MCHUGH, A. Strategy formation in an adhocracy. **Administrative Science Quarterly,** v. 30, n. 1, p. 160-97, 1985.

NADLER, D.A.; TUSHMAN, M.L. A organização do futuro. **HSM Management,** São Paulo, v. 3, n. 18, p. 58-66, 2000.

NIELSON, R.P. Cooperative strategy. **Strategic Management Review,** v. 9, p. 474-92, 1988.

NOE, R.A. et al. **Readings in humans resource mangement.** Nova York: McGraw-Hill, 1997.

[OMT] ORGANIZAÇÃO MUNDIAL DE TURISMO. **Introducción e Tedqual: una metodologia para calidad en educación y formation turisticas.** Madri: OTM, 1997.

PETTIGREW, A. Context and action in the transformation of the firm. **Journal of Management Studies,** v. 24, n. 6, p. 649-70, 1987.

PETTIGREW, A.; WHIPP, R. **Manging change for competitive sucess.** Oxford: Blackwell Publishers, 1991.

PETTIGREW, A. et al. **The management of strategic change.** Oxford: Basil Blackwell, 1988.

PIRES, B.C.C. Gestão em agências de ecoturismo e sua inserção no contexto da sustentabilidade. **Turismo: Visão e Ação,** v. 1, n. 2, p. 45-69, 1999.

REBELO, S.M. Plano Municipal de Educação Turística (PMET): um modelo para os municípios brasileiros de potencial turístico. **Turismo: Visão e Ação,** v. 1, n. 2, p. 89-103, 1999.

RODRIGUES, C.R.; DINIZ FILHO, N.V. **Teoria dos** *stakeholders*: **uma análise crítica.** 2000. Disponível em: http://www.ufsc.br.

ROSSETTO, C. R. **Adaptação estratégica organizacional: um estudo multicaso na indústria da construção civil.** Florianópolis, 1998. 193f. Tese (Doutorado em Engenharia da Produção). UFSC, 1998.

ROWLEY, T.J. Moving beyond dydatic ties: a newbook theory of stakeholders influences. **Academy of Management Review,** vol. 22, n. 4, p. 887-910, 1997.

RUSCHMANN, D.M.A experiência do turismo ecológico no Brasil: um novo nicho de mercado ou um esforço para atingir a sustentabilidade. **Turismo: Visão e Ação,** ano 2, n. 5, p. 81-90, out/1999-mar/2000.

GESTÃO AMBIENTAL E SUSTENTABILIDADE NO TURISMO

SILVA, J.A.S. Pensando o planejamento face à intervenção do estado no turismo: a questão do sistema de informações. **Turismo: Visão e Ação**, ano 2, n. 5, p. 9-22, 2000.

STONER, J.A. **Administração**. Rio de Janeiro: Prentice-Hall, 1985.

TRIVIÑOS, A.N.S. **Introdução ao estudo em ciências sociais: o estudo qualitativo em educação**. São Paulo: Atlas, 1992.

WEICK, K.E. **A psicologia social da organização**. São Paulo: Edgard Blücher, 1973.

WHIPP, R.; ROSENFELD, R.; PETTIGREW, A. Culture and competitiveness: evidence from two mature UK Industries. **Journal of Management Studies (UK)**, v. 26, n. 6, p. 561-85, 1989.

YIN R. K. **Case study research: design an methods**. California: Sage Publications Inc, 1984.

Produção Turística em Cidades Saudáveis: Fernando de Noronha

42

Marcia Faria Westphal
Socióloga, Faculdade de Saúde Pública da USP
Hildemar Silva Brasil
Economista, Escola de Comunicações e Artes da USP

INTRODUÇÃO

A produção turística é caracterizada pelo conjunto de serviços que são prestados aos visitantes e aos turistas durante sua estada em uma localidade. As plantas de produção adotadas pelos diversos empreendedores buscam otimizar os lucros privados e minimizar os custos operacionais, além da apropriação dos espaços públicos e demais serviços ofertados pelo Estado, tais como, saúde, educação, segurança, infra-estrutura básica, entre outros.

Na última década, esta produção deslocou-se para os ambientes naturais em decorrência do crescimento vertiginoso da demanda mundial para visitar as reservas ecológicas, verdadeiros santuários onde a fauna e a flora manifestam-se com toda a sua exuberância.

O turismo ecológico, como ficou conhecido na literatura, vem sendo reconhecido como um investimento tanto econômico como social. Considera-se uma atividade econômica rentável para os responsáveis pelos empreendimentos e importante para a população que reside no local. Seus reflexos, tanto em termos de capacitação e ampliação do seu capital social, como de geração de emprego e renda, são a expressão da importância, bem como o fato de favorecer a educação ambiental dos turistas. Conseqüentemente, o turismo ecológico é um agente de melhoria da qualidade de vida e dos níveis de saúde da população local.

A saúde do ambiente físico dos paraísos ecológicos e das pessoas que residem nas reservas pode sofrer alteração nos campos social, econômico, político e ambiental propriamente dito. No campo social, devido à convivência com outros costumes, gastronomia, hábitos de consumo, e, principalmente, pelo confronto com novos valores éticos e morais trazidos pelos turistas. No campo econômico, isso ocorre pela abertura de novas oportunidades de trabalho e geração de renda que o turismo traz consigo. No campo político, pelas novas definições de prioridades que os gestores públicos adotam quando querem promover um destino turístico, com destaque para obras de uso público e melhoramento dos serviços de saúde, educação e segurança. No campo ambiental, devido ao monitoramento intensivo das visitas a fim de evitar a depredação e o mau uso dos insumos naturais por turistas e produtores (CMMAD, 1991; Conselho Mundial para o Desenvolvimento Sustentável, 1996; Embratur, 1995).

O Distrito Estadual de Fernando de Noronha, situado em Pernambuco, é um exemplo atual de espaço de preservação que utiliza o turismo como fonte geradora de receitas e tributos para o seu desenvolvimento. Mundialmente conhecido, esse destino turístico atrai pessoas dos cinco continentes em busca dos mergulhos e outros esportes aquáticos, além da contemplação de golfinhos e demais atividades oferecidas (Lima, 2000; Machado, 2000).

Este texto apresenta os resultados de um estudo de caso[1] sobre o turismo em Fernando de Noronha, conforme o entendimento de Ludke e André (1986), que privilegia dados descritivos de pessoas, situações e acontecimentos, com o objetivo de qualificar, contextualizar dados quantitativos que pontuam as mudanças, os avanços e/ou retrocessos desta atividade e seus resultados para a população local[2] (Brasil, 2007).

---

[1] Estudo de caso consta de pesquisa documental realizada em várias fontes citadas no texto. Inclui também os resultados de uma pesquisa domiciliar, referida como "pesquisa direta dos autores".

[2] Fontes secundárias de informações utilizadas:

Fontes	Descrição
Ministério da Saúde (MS)	Indicadores de Saúde
Fundação IBGE	Censos 1991 e 2000
Governo do Estado de Pernambuco	Leis e Decretos Estaduais
Administração da Ilha de Fernando de Noronha	Plano de Turismo de Fernando de Noronha
Instituto de Pesquisas Econômicas e Aplicadas (Ipea)	Índice de Desenvolvimento Humano – IDH (1991 e 2000)
Ministério do Meio Ambiente e Instituto Brasileiro do Meio Ambiente e dos Recursos Naturais	Plano de Manejo – Resumo Executivo – 2002

PRODUÇÃO TURÍSTICA EM CIDADES SAUDÁVEIS: FERNANDO DE NORONHA | **959**

A pesquisa foi realizada entre os anos de 2004 e 2006. Buscou-se identificar os reflexos do crescimento do fluxo e da produção turística na reserva ecológica, sobre a qualidade de vida dos nativos e migrantes que lá residem.

Foram utilizadas hipóteses segundo as quais a atividade turística é geradora de riqueza (OMT, 1998). Seus impactos econômicos vão desde a geração direta de postos de trabalho e seus respectivos salários, passando pela geração de divisas internacionais (balanço de pagamentos) e pela geração de tributos. O modelo de gestão dessa atividade numa determinada localidade será um dos determinantes dos ganhos e perdas sociais, culturais e ambientais e um melhor ou pior nível de bem-estar social e econômico da população receptora.

Como a pesquisa avaliativa a que este ensaio se refere considerou a atividade turística como indutora do desenvolvimento humano, levou-se em consideração as seguintes premissas para a coleta e análise dos dados:

- A atividade do turismo resulta em um elevado grau de internalização dos lucros e externalização das perdas para estar comprometida com o modelo de desenvolvimento adotado neste trabalho;

- A promoção do empoderamento (*empowerment*) e desenvolvimento humano facilitam a participação da população na tomada de decisões políticas locais;

- O grau de inserção dos ilhéus na exploração das atividades econômicas, no apoio e na direção (gestão privada) dos negócios do turismo, deve ser evidente;

- A atividade do turismo é capaz de gerar mudanças no comportamento social da população, modificando seus hábitos e cultura com reflexos sobre sua saúde e qualidade de vida.

Técnicas de coleta de dados primários utilizados:

População-alvo	Técnica	Coleta
Conselho Distrital de Fernando de Noronha	Grupo Focal	Direta
Empresários do Turismo	Entrevista Gravada	Direta
Gestores do Turismo	Entrevista	Direta
Chefes das Famílias	Amostragem Domiciliar	Direta

Para mais informações, ver tese de doutorado de Hildemar Silva Brasil – Turismo, Saúde e qualidade de vida em Fernando de Noronha/PE – http://www.dedalus.usp.br.

GESTÃO AMBIENTAL E SUSTENTABILIDADE NO TURISMO

Como referência, será usado um modelo de desenvolvimento local proposto pela Organização Mundial de Saúde (OMS), "Municípios/Cidades Saudáveis", orientado na direção do modelo de desenvolvimento de Sen (2005), com suas características, princípios e valores, justapondo conhecimentos e teorias nos campos do turismo, da saúde pública e da economia.

CIDADES SAUDÁVEIS, QUALIDADE DE VIDA E DESENVOLVIMENTO LOCAL

Cidade Saudável: uma proposta de desenvolvimento local

Considerando os problemas urbanos contemporâneos e as possibilidades que a cidade oferece para a realização de projetos sociais, a OMS e suas agências regionais, como a Organização Pan-americana de Saúde (OPAS), iniciaram o movimento "Municípios/Cidades Saudáveis", com o intuito de motivar governos e sociedades civis a desenvolverem estratégias, em diversos setores das políticas, com a implementação de projetos interinstitucionais e intersetoriais, visando à realização de ações de melhoria das condições de vida e saúde da população urbana e, portanto, de sua qualidade de vida (Mendes, 2000).

O senso comum tem considerado e entendido a proposta de Cidades Saudáveis de várias maneiras. Muitos técnicos, ou mesmo representantes da população, acreditam que seja uma forma de avaliação da cidade, que vai permitir destacá-la para receber prêmios ou selos de qualidade. Na verdade, não é esta a conotação que ela assume, tanto para a Organização Mundial de Saúde, como para os acadêmicos defensores da proposta (Westphal et al., 2006).

Cidades Saudáveis é o nome que se dá a um projeto de desenvolvimento econômico e social, que objetiva colocar a saúde e suas múltiplas determinações como um dos critérios da tomada de decisões no plano de desenvolvimento local. É também um movimento de luta por um estilo de desenvolvimento sustentável "que satisfaça as necessidades das gerações atuais – preservando o meio ambiente –, sem comprometer a capacidade das futuras de satisfazer suas próprias necessidades" (Guimarães, 1998-1999).

O equacionamento de problemas e potencialidade de um determinado espaço geográfico, seja uma cidade, um bairro ou um distrito administrativo como Fernando de Noronha, dentro do modelo de desenvolvimento que integra esforços para melhoria das condições econômicas, sociais e humanas, exige um esforço coordenado do Estado e da sociedade civil no planejamento e implementação de políticas integradas de inclusão social, de preservação ambiental, de promoção da eqüidade social no acesso a bens e serviços produzidos e ofertados (Westphal et al., 2006; Mendes, 2000).

O movimento Cidades Saudáveis focaliza a eqüidade e a participação social como forma de mobilização e de democratização do processo de decisão e busca mudanças na forma de gestão dos diferentes níveis de governo, sobretudo o local. Enfatiza a noção de processo e compromisso compartilhado. Uma comunidade não é saudável por decreto. Transforma-se por um processo longo, que requer decisão e vontade política. É também fundamental que se definam as atividades que serão desenvolvidas para diminuir a pobreza, gerar trabalho e renda, melhorar a infra-estrutura urbana e de transporte, ampliar a eqüidade no acesso e na qualidade dos serviços de educação, saúde, cultura e lazer, e outros, identificados pela comunidade local como necessários; ainda, facilitar os aportes de recursos, buscar o compromisso dos responsáveis e as formas de monitorar e avaliar o cumprimento das metas. O turismo é o exemplo de uma atividade econômica que tem o potencial para desencadear esse processo e o compromisso.

Conceitos de desenvolvimento

O desenvolvimento deve ser encarado como um processo complexo de mudanças e transformações de ordem econômica, política, e principalmente, humana e social. Desenvolvimento nada mais é do que o crescimento transformado para satisfazer as mais diversificadas necessidades do ser humano, tais como: saúde, educação, transporte, lazer, alimentação, dentre outras (Oliveira, 2002).

O reconhecimento das necessidades individuais e coletivas das pessoas inseridas no meio ambiente físico e natural fomentou a reflexão e a introdução de novos conceitos sobre desenvolvimento, particularmente a idéia de desenvolvimento humano. A principal característica dessa nova visão é a de que o homem está inserido no meio ambiente em que vive e deve uti-

GESTÃO AMBIENTAL E SUSTENTABILIDADE NO TURISMO

lizar-se dos recursos naturais e tecnológicos com responsabilidade socio-ambiental visando satisfazer suas necessidades (Sen e Nussbaum, 1992).

O desenvolvimento humano pode ser concebido como um processo de mudança estrutural, global e contínuo de liberação individual e coletiva que tem como objetivo satisfazer as necessidades humanas e melhorar a qualidade de vida das gerações presentes e futuras (Mateo Rodrigues, 1997). Vale salientar que esse conceito não significa apenas uma elevação dos padrões materiais de vida, mas também, constitui-se em um processo contínuo de geração de novas expectativas dos indivíduos visando seu crescimento pessoal e social.

Para Sen e Nussbaum (1992), os seres humanos são agentes, beneficiários e juízes do progresso. São os meios primários de toda a produção. O desenvolvimento deve melhorar a vida das pessoas. Deve ser definido em relação àquilo que estas pessoas podem e devem fazer. No trabalho desses economistas, o conceito de bem-estar de uma pessoa está relacionado ao conjunto de efetivações consideradas sob dois prismas: o primeiro, de efetivações básicas ou elementares, por exemplo, alimentar-se adequadamente, e o segundo, de efetivações complexas, como desenvolver o auto-respeito, participar social e politicamente da comunidade em que reside. A avaliação do bem-estar de uma pessoa deve basear-se na avaliação do conjunto de efetivações elementares e complexas (Sen e Nussbaum, 1992).

Assim, a prosperidade econômica é apenas um dos meios para enriquecer a vida das pessoas e não um objeto a se alcançar por si mesmo. O correto seria considerar a qualidade de vida das pessoas como fim último e produção e prosperidade como meios para atingi-la, ao invés de considerarmos as noções de produção e prosperidade como sinônimo de progresso e as pessoas como meios pelos quais o aumento da produção é obtido (Sen e Nussbaum, 1992).

Qualidade de vida
e condições determinantes

A melhoria da qualidade de vida, resultado do processo de desenvolvimento local, na perspectiva do movimento de Cidades Saudáveis, seria decorrente do grau de desenvolvimento humano alcançado, e este se refere aos quatro pilares citados, os quais são: engajamento social e empoderamento da população no sentido de conseguir autonomia no processo de tomada de decisões; um patamar de realização econômica com eqüidade

PRODUÇÃO TURÍSTICA EM CIDADES SAUDÁVEIS: FERNANDO DE NORONHA | **963**

e uma remuneração justa que coadune com uma distribuição da riqueza gerada; implementação de políticas públicas que permitam a sustentabilidade do modelo em prol da comunidade, dentro dos planos educacional, saúde pública, da correta exploração dos recursos naturais, entre outros; e, finalmente, ao componente ambiental que deve apontar para uma educação que vise à conservação dos ecossistemas existentes no espaço geográfico local (Sen e Nussbaum, 1992).

As concepções de cidades saudáveis, de desenvolvimento humano e de qualidade de vida adotadas para análise da questão do turismo indicam que uma cidade ou um distrito administrativo saudável deve ter seus problemas equacionados por atores, que conjuntamente objetivam maximizar a qualidade de vida e as condições de saúde de sua população. Esse mesmo conjunto de atores deve procurar minimizar perdas e danos causados pelas práticas produtivas adotadas, bem como pelo consumo exacerbado de itens descartáveis prejudiciais à saúde mental e física das pessoas (Mendes, 2000; Brasil, 2007).

A preservação do meio ambiente saudável dependeria sobremaneira das decisões coletivas características da gestão integrada e participativa e de políticas públicas que pudessem controlar as mudanças culturais negativas da sociedade de consumo capitalista, que colocam o consumo e o ganho econômico acima de qualquer coisa. Várias estratégias, desde a ampliação de recursos de investimento na criação de infra-estrutura, como programas de capacitação para o trabalho, entre outros, precisariam ser adotadas pelo governo local em consonância com o governo estadual e federal para que as premissas se tornem realidade e que permitam às pessoas se capacitarem para alcançar funcionalidades elementares, tais como alimentar-se, ter abrigo, saúde, e as que envolvem auto-respeito e integração social – tomar parte na vida da comunidade (Sen e Nussbaum, 1992, p.83).

Nessa perspectiva, "qualidade de vida não deve ser entendida com um conjunto de bens, conforto e serviços, mas através destes, das oportunidades efetivas, das quais as pessoas dispõem para ser e realizar [ações concretas pela qualidade de vida] no passado e no presente [...] e no futuro" (Herculano, 1998).

O resultado desse processo deveria ser procurado não só pela quantidade de bens adquiridos pelos indivíduos, mas também pelas possibilidades de participação social nos processos de tomada de decisão, pelas possibilidades abertas pelo governo à governança social; pelo empoderamento da população e pelo aumento do seu capital social, pelo grau de confiança nas autoridades locais que devem ser transparentes nas suas ações e nos investimentos que faz ou que permite serem feitos; pela ampliação das ações intersetoriais realizadas e pelo apoio à formação de redes sociais de apoio a decisões que favoreçam a eqüidade social.

CENÁRIO DO ESTUDO: DISTRITO DE FERNANDO DE NORONHA, ASPECTOS GEOGRÁFICOS, DEMOGRÁFICOS E POLÍTICOS

Aspectos geográficos

Segundo informações obtidas no site oficial da Administração Estadual de Fernando de Noronha, o Arquipélago compreende uma área total de 26 km² de singular importância biológica e científica, sendo um dos principais destinos turísticos do Brasil. É composto por 21 ilhas e ilhotas, das quais Fernando de Noronha é a maior, com cerca de 17 km². Situa-se no Oceano Atlântico, distante 345 km do Cabo de São Roque (RN), 360 km de Natal (RN), 545 km de Recife (PE) e 710 km de Fortaleza (CE).[3]

O arquipélago é, na verdade, formado pelo topo das montanhas de uma cordilheira de origem vulcânica, com sua base localizada a cerca de 4.000 m de profundidade: a Dorsa Mediana do Atlântico.

O clima é tropical, quente oceânico, de estações bem definidas. A pluviometria média é de 1.300 mm anuais, com maiores índices entre março e maio e estiagem entre agosto e janeiro. A temperatura média é de 25,4°C, com ventos constantes de direção predominante sudeste (SE) e velocidade média 6,6 m/s, com maiores intensidades entre julho e agosto. A umidade relativa do ar é constante, com média anual de 81%, com insolação média máxima no mês de novembro (312,5 h) e mínima em abril (216,8 h).

Não existem cursos d'água perenes. As pequenas bacias, a reduzida capacidade de retenção de água e o clima de acentuada estiagem propiciam riachos temporários, como: Riacho Mulungú (Praia do Cachorro), Córrego de Atalaia (Praia de Atalaia) e Riacho Maceió, que alimenta a Barragem do Xaréu e abastece a população (Baía do Sueste).

---

[3] Fernando de Noronha. Administração do Arquipélago. Disponível em http://noronha.pe.gov.br/ctudo_adm.asp. Acessado em 2006.

A região possui peculiaridades de fauna, flora e ecossistemas devido ao isolamento, além de ser caracterizada por uma ampla gama de *habitat* e numerosas comunidades marinhas, incluindo espécies endêmicas. Tais recursos, hoje protegidos, são importantes atrativos turísticos.

O Arquipélago de Fernando de Noronha constitui um grande banco de alimentação e reprodução para toda a fauna marinha do Nordeste brasileiro, além de representar local de alimento e descanso para espécies migratórias, tanto paleárticas quanto neárticas. Ainda, encontram-se nesse espaço os últimos vestígios de Mata Atlântica insular e o único manguezal oceânico do Atlântico Sul. Segundo estudo realizado pelo Ministério do Meio Ambiente (2002), o Arquipélago é considerado área de extrema importância biológica para a conservação da zona marinha. (ADEFN, 2001 e 2005; Machado, 2000; Lima, 2000)

Aspectos demográficos

A população do Distrito de Fernando de Noronha está estimada atualmente em 2.322 habitantes pela Fundação IBGE, com um tamanho médio das famílias de aproximadamente 3,87 pessoas por domicílio (IBGE, 2004). Essa média aproxima-se do tamanho das famílias na região nordeste, 3,7 pessoas, e está acima da média brasileira, que é de 3,4 pessoas.

Composição da população

Nota-se que, nos últimos anos, o Distrito de Fernando de Noronha tem recebido um grande contingente de pessoas, o que caracteriza um forte fluxo migratório. Em 1991, a composição da população por naturalidade era de 44,72% de pessoas nascidas em Fernando de Noronha; 29,3% representavam os não naturais que viviam na ilha a menos de uma década (migrantes) e 25,98% os não naturais que já residiam a mais de 10 anos (haole) (IBGE, 2004). Disponível em: http://www.ibge.gov.br). A pesquisa domiciliar direta por amostragem realizada em 2005 confirmou esta distribuição na população atual.

O tempo médio de residência estimado na mesma pesquisa mostrou que o processo migratório está crescendo, pois cerca de 36,5% dos respondentes residiam a menos de 10 anos na localidade.

O principal motivo da migração foi a busca pelo trabalho, que representa 64,57% do total de migrantes (pesquisa direta 2005).

GESTÃO AMBIENTAL E SUSTENTABILIDADE NO TURISMO

Tanto a população migrante como a flutuante no Distrito de Fernando de Noronha têm crescido. Os dados da Tabela 42.1, a seguir, demonstram que ambas vêm crescendo apesar da Administração da ilha realizar um controle migratório e um controle de trânsito e permanência das pessoas, além da cobrança da Taxa de Preservação Ambiental, que inibe a permanência longa de visitantes.

Tabela 42.1 – Evolução da população residente e flutuante de Fernando de Noronha – média mensal.

Ano	1999	2000	2001	2002	2003	2004	2005
Turistas / Média Mensal	6.123	6.005	6.896	7.341	6.454	5.626	5.917
Turistas / Total Anual	49.512	47.450	57.568	62.551	51.463	54.866	58.087
População Residente	1.997	2.051	2.099	2.128	2.165	2.201	2.277

Fonte: Dados do site http://noronha.pe.gov.br/ctudo_adm.asp (2006) e estimativas do autor.

População ativa e população dependente

A população em idade ativa evoluiu de 1.245 para 1.837 pessoas entre 1991 e 2005, indicando uma taxa de crescimento anual de 2,81% para uma taxa média anual de 5,73% de crescimento do Produto Interno Bruto (PIB). Na ótica da força de trabalho, esse segmento da população (PIA) atinge a proporção de 80,69% da população total, com uma predominância etária entre 26 e 50 anos. A razão de dependência entre a população menor de 15 anos e igual ou superior a 65 anos em relação à população com idade entre 15 e 64 anos encontrada para o Distrito de Fernando de Noronha foi de 33,9%, inferior às médias nacional (57,7%), regional (64,6%), estadual (61,5%) e da própria capital pernambucana (51,4%).

Esses dados reforçam a idéia de que o desemprego aberto[4] em Fernando de Noronha é quase nulo, pois o cálculo da taxa que mede este fenômeno, tendo como referência a procura por trabalho nos últimos sete dias, apresentou o valor inexpressivo de 0,31%.

Aspectos políticos

A área do Arquipélago de Fernando de Noronha encontra-se administrativamente fragmentada entre o Governo do Estado de Pernambuco

---

[4] Total de pessoas procurando trabalho nos sete dias anteriores ao levantamento de campo.

(desde 1988, Administração de Fernando de Noronha – ADEFN), o Comando da Aeronáutica e o Instituto Brasileiro do Meio Ambiente e dos Recursos Naturais Renováveis – Ibama (2003).

A ADEFN representa o Governo do Estado de Pernambuco e divide a administração da Área de Proteção Ambiental (APA) com o Ibama, dentro de suas competências. A área sob jurisdição da primeira corresponde a 33,7%, e o Ibama responde por 52,79% da porção terrestre do Arquipélago de Fernando de Noronha. O Comando da aeronáutica responde por 13,51% do território, como área de segurança nacional.

Conforme dispõe o art. 96 da Constituição do Estado de Pernambuco, o Arquipélago de Fernando de Noronha constitui região geoeconômica, social e cultural do estado, instituído sob a forma de Distrito Estadual, com natureza de Autarquia Territorial, regendo-se por Estatuto Próprio, com personalidade de direito público interno e dotado de autonomia administrativa e financeira.

Segundo o art. 1º da Lei Estadual n.11.304 de 28.12.1995, o Distrito Estadual de Fernando de Noronha exerce sobre toda a sua extensão a jurisdição plena atribuída às competências estadual e municipal, bem como os poderes administrativos e de segurança próprios do ente público.

Além disso, podemos também considerar de importância relativa no contexto sociopolítico desse novo Distrito a Lei Estadual n.11.304/95, que aprova a Lei Orgânica do Distrito Estadual, dispõe sobre medidas de natureza administrativa, cria o Conselho Distrital e dá outras providências. O Conselho Distrital, com atribuições consultivas, é o elemento de ligação entre os anseios da população residente e o novo governo estadual instalado até os dias atuais.

TURISMO EM FERNANDO DE NORONHA

A principal atividade econômica existente atualmente em Fernando de Noronha é o turismo, que vem movimentando nos últimos 10 anos um volume de recursos físicos, humanos e financeiros significativos para gerar ocupação e renda, bem como receita pública, decorrente de tributos pagos pelas empresas (*cluster* produtivo de Noronha) e do recolhimento da Taxa de Preservação Ambiental (TPA) com os visitantes da ilha.

Após a consolidação do turismo, o Distrito de Fernando de Noronha tornou-se atrativo para investidores e trabalhadores, que, vindos do continente, encontraram uma oportunidade de empreendimento ou de ocupação, apesar da existência do controle migratório.

Estabelecendo-se uma relação direta entre a chegada de turistas e a evolução do PIB, estimou-se para o ano de 2005 um fluxo anual de 58.087 turistas, gerando um valor de R$ 12,5 milhões no total da riqueza gerada e um PIB per capita de R$ 5.494,80.

Segundo o resumo executivo realizado pelo Ministério do Meio Ambiente em 2005, o emprego gerado na ilha é composto por 27% de ocupações nas atividades turísticas e 30% nas atividades administrativas, que também incorpora funções ligadas direta e indiretamente ao turismo. O comércio, a pesca e a agropecuária são as outras atividades que existem na região.

A pesca em Fernando de Noronha já foi a principal atividade econômica e ainda se caracteriza pela forma artesanal com a qual é praticada, utilizando pequenas embarcações que operam em zonas próximas do arquipélago.

A agricultura é considerada de subsistência e é exercida de forma rústica e com baixa produtividade (Ministério do Meio Ambiente, 2005).

Avaliação da produção turística

Em período recente, a Fundação de Pesquisas Econômicas (Fipe) da Universidade de São Paulo elaborou, em parceria com a Embratur, um estudo sobre os principais Parques Naturais no Brasil, entre eles o Parque Nacional Marinho de Fernando de Noronha (Parnamar).

As estatísticas apresentadas a seguir mostram uma avaliação do produto turístico e da produção de serviços prestados em Fernando de Noronha a partir das manifestações da demanda anual que visitou esse parque marinho no ano de 2002.

Os seguintes aspectos foram considerados: acesso ao parque, sua conservação, o transporte na ilha, os preços dos serviços, as condições de higiene e limpeza e a avaliação geral pelos turistas.

Segundo a Tabela 42.2, existe uma média de aprovação do destino turístico estimada em 93%, apesar da alta reprovação obtida pelo item relativo aos preços dos serviços praticados na ilha, que atingiu o patamar de 81%. Tal comportamento deve-se ao custo do frete das mercadorias que chegam à ilha, uma vez que a grande parte dos insumos básicos, alimentos e demais produtos são importados do continente por via aérea ou marítima. Outro fator que contribui para a alta de preços é a estrutura de mercado, que tende a uma oferta caracterizada como concorrência monopolística e, em muitos casos, essa estrutura facilita o abuso na formação de preços.

Tabela 42.2 – Avaliação do turismo em Fernando de Noronha.

Aspectos Avaliados	Aprovação (%)	Reprovação (%)	Total (%)
Acesso ao Parque	65	35	100
Conservação do Parque	84	16	100
Preços dos serviços	19	81	100
Transporte	67	33	100
Condições de Higiene	79	21	100
Avaliação Geral	93	7	100

Fonte: Adaptado de Pesquisa Fipe/Embratur 2002.

Outros dois aspectos que merecem comentários referem-se ao acesso ao parque e ao transporte precário existente na ilha. Apesar de haver, atualmente, um ônibus público circular que a atravessa, existem limitações quanto aos horários de funcionamento (até as 23h) e o mesmo circula apenas na BR-363 e nos bairros urbanizados, deixando o restante da ilha sem cobertura de transporte. O meio comum são os bugues que funcionam como táxi, cujos preços, dependendo da hora, podem ser elevados (Bozzano, 2001; Brasil, 2007; Embratur, 1995; Ibama, 2003; Lima 2000; Sebrae/PE, 2005).

Turismo e qualidade de vida

O movimento Cidades Saudáveis objetiva a melhoria da qualidade de vida da população local. Para avaliar se o turismo impactou na qualidade de vida da população de Fernando de Noronha, como se espera de uma localidade saudável, apresenta-se, a seguir, a análise realizada a partir de dados secundários, coletados inicialmente em uma série histórica desde que essa atividade foi implantada no distrito.

O referencial de Cidades Saudáveis preconiza, como um dos condicionantes do desenvolvimento humano, que a população tenha uma renda adequada e que para o conjunto da população haja eqüidade na distribuição da renda como resultado do processo de desenvolvimento econômico, social e humano. Essas condições devem permitir ao cidadão satisfazer suas necessidades básicas e complementares no consumo de bens essenciais e que ajudem a produzir saúde física e mental no cotidiano das pessoas. O turismo movimentou, nos últimos anos, um volume de recursos físicos, humanos e financeiros significativos para gerar ocupação e renda, bem como gerou uma receita pública, decorrente de tributos pagos pelas empresas (*cluster* produtivo de Noronha) e do recolhimento da Taxa de Preservação Ambiental dos visitantes da ilha. O que apresenta-se, agora, é uma análise histórica da evolução e distribuição da renda no Distrito Administrativo de Fernando de Noronha.

A renda e sua distribuição em Fernando de Noronha

O Produto Interno Bruto de Fernando de Noronha cresceu 153,84% e o PIB per capita passou de R$ 1.959,00 para R$ 4.600,00 entre os anos de 2000 e 2004, enquanto o PIB brasileiro no mesmo período cresceu 8,95% e o PIB per capita 2,77%. Em 2000, o PIB per capita noronhense era de apenas 19,29% do valor médio brasileiro, em 2004 ele avançou para 45,09%, indicando um aumento na riqueza gerada naquele espaço insular. Estimou-se para o ano de 2005, em Fernando de Noronha, a partir da série histórica da Fundação IBGE, um valor do produto interno bruto de R$ 12,5 milhões a preços correntes, o que representa um PIB per capita de R$ 5.494,80. A média de crescimento anual do PIB entre 2000 e 2005 foi de 26,9%, impulsionada pelo aumento expressivo do fluxo turístico, que cresceu 22,4% no mesmo período.

Em relação ao início da década (2000) o PIB per capita cresceu de R$ 1.959,00 para R$ 5.494,80, ou seja, aumentou 2,8 vezes em termos nominais. A taxa de preservação ambiental cobrada aos turistas gerou em 2005 um valor total de R$ 4,92 milhões para uma permanência média de três dias, o que representa 39,3% do PIB gerado para aquele ano.

A renda média familiar estimada para o período foi de R$ 2.655,24, o equivalente a 8,64 salários mínimos, demonstrando um alto poder aquisitivo em relação à região nordeste, cuja média não ultrapassa cinco salários mínimos.

No que tange ao componente de renda média dos residentes (mensurada a preços de 2000), os resultados encontrados para o período proposto supõem uma leve queda real entre os anos de 2000 e 2005, estimada em 9,09% (Tabela 42.3). Apesar disso, o valor encontrado na pesquisa direta permanece superior àquele encontrado em 1991.

PRODUÇÃO TURÍSTICA EM CIDADES SAUDÁVEIS: FERNANDO DE NORONHA | 971

Tabela 42.3 – Estatísticas de IDH e renda média dos residentes.

Ano de Referência	Renda Média (em R$ de 2000)	Taxa Crescimento (%)	Índice de Renda (IDHM-R)
1991	231,73	–	0,682
2000	558,95	141,20	0,829
2005	508,11	-9,09	0,813

Fonte: Adaptada de Ipea 2005 e pesquisa direta dos autores 2005.

Esses resultados permitem afirmar que o cidadão noronhense tem uma renda maior que os demais habitantes do estado de Pernambuco e da região nordeste. Essa evidência comparativa entre o ano de 1991, 2000 e 2005 demonstra que o crescimento do turismo, sob a ótica econômica da renda média dos residentes, trouxe aumento significativo, apesar do recuo do patamar médio em 2005.

A renda média dos trabalhadores ocupados atingiu o valor nominal de R$ 1.140,72 a preços de 2005, o que representa uma média de 3,71 salários mínimos. No Brasil, essa média salarial era de 3,10, enquanto no nordeste o valor caía para 1,71 salário mínimo. A renda média per capita, baseada no fator trabalho estimada para aquele ano foi de R$ 765,22 ou 2,49 salários mínimos, enquanto no mesmo período a renda per capita nacional era de R$ 330,33, segundo dados do Instituto de Pesquisas Econômicas e Aplicadas (Guimarães, 1996).

Levando-se em conta o aspecto distributivo da renda gerada, o índice de Gini, encontrado para os anos de 1991 e 2005 (Tabela 42.4), representa uma leve piora, significando um aumento da concentração de renda pessoal (Hoffmann, 1998).

Tabela 42.4 – Distribuição de renda (índice de Gini).

Ano	Índice de Gini
1991	0,4460
2005 (*)	0,4766

Fonte: Adaptada de Fundação IBGE 1991.
(*) Pesquisa direta dos autores.

A mudança na composição da força de trabalho por meio da inserção de migrantes com maior nível de escolaridade na disputa pelas ocupações com melhor remuneração e o surgimento de novos pequenos empresários (tubarões) vindos do continente devem e continuarão a alterar o processo distributivo da riqueza a favor destes últimos. Esse quadro fica agravado quando o potencial de capital humano nativo não consegue obter uma melhor qualificação, além do segundo grau ofertado pela escola pública local, impossibilitando seu crescimento dentro do mercado de trabalho.

A ausência de uma política de financiamentos a pequenos negócios na ilha pelos órgãos financeiros responsáveis pelo desenvolvimento na região, no caso, o Banco do Nordeste, agrava mais ainda a situação de concorrência desleal encontrada pelos empresários nativos com pouco capital financeiro. Dentro da escala de consumo divulgada pela Pesquisa de Orçamento Familiar realizada entre os anos de 2002 e 2003 para o Brasil, o valor total do dispêndio mensal familiar com despesas correntes (alimentação, habitação, vestuário, saúde, educação, recreação e lazer e outras necessidades) foi estimada em R$ 1.465,31 (R$ 1.666,39 a preços de 2005) e o dispêndio per capita em R$ 404,78 (R$ 460,33 a preços de 2005), ou seja, o cidadão noronhense tem poder de compra para efetivar essas despesas e ainda gerar uma pequena poupança estimada em 9,4% de seu rendimento médio mensal (Guimarães, 1996).

Acesso à educação

A estratégia de Cidades Saudáveis preconizou como uma das condições necessárias à construção de um ambiente saudável o acesso universal à saúde, à educação e aos demais serviços básicos. A educação desenvolve competência e promove a inclusão, portanto, precisa ser considerada nos processos de mudança social (Matui, 2001).

A taxa de escolarização encontrada na população em idade escolar residente na Ilha de Fernando de Noronha foi de 95,24%. A pesquisa direta (2005) também revelou que a relação entre o número de crianças em idade escolar matriculadas e o total de crianças nessa faixa etária era de 96,15%, ou seja, quase a totalidade de menores estava cursando o ensino básico, fundamental ou médio.

A análise evolutiva da educação em Fernando de Noronha foi aferida por meio das taxas utilizadas na construção do Índice de Desenvolvimento Humano (IDH): alfabetização de adultos e a freqüência escolar. A Tabela 42.5 auxilia a evidenciar a crescente melhora nas taxas de alfabetização e freqüência escolar entre os anos de 1991 a 2005. O valor do Índice de Educação do IDH (IDHM – educação), atinge o patamar de 0,963, sendo considerado, portanto, um excelente nível frente à realidade da região Nordeste e mesmo do Brasil.

Tabela 42.5 – Estatísticas de desenvolvimento humano – IDHM – Educação.

Ano de Referência	Alfabetização de Adultos (%)	Taxa Bruta de Freqüência Escolar (%)	Índice de Educação (IDHM-E)
1991	88,35	75,34	0,840
2000	93,13	90,61	0,923
2005	95,47	98,01	0,963

Fonte: Ipea 2005 e pesquisa direta dos autores 2005.

Sabe-se que a educação é um dos componentes principais do capital humano frente a um sistema produtivo que se moderniza em progressão geométrica e se torna cada vez mais exigente em relação ao perfil da mão-de-obra e suas qualificações. A remuneração auferida pelos trabalhadores está intimamente associada à sua escolaridade e a sua experiência, como demonstram os dados da Tabela 42.6 (anos de trabalho, cursos de especialização).

Tabela 42.6 – Renda média do trabalho por escolaridade – Fernando de Noronha.

Escolaridade	Renda Média
1º Grau	R$ 958,54
2º Grau	R$ 1.240,63
Superior	R$ 1.741,30

Fonte: Pesquisa direta dos autores 2005.

GESTÃO AMBIENTAL E SUSTENTABILIDADE NO TURISMO

Importante ressaltar nesse contexto que os indicadores apresentados são influenciados pela participação dos migrantes (haole) no universo de referência da pesquisa domiciliar, uma vez que esse subgrupo apresenta na composição da escolaridade 23,81% de pessoas com nível superior, elevando assim o potencial humano para o desenvolvimento de atividades mais complexas e de melhor remuneração.

Acesso à saúde e aos serviços básicos de saúde

Fernando de Noronha possui um único hospital e um programa de saúde da família que atende à população de todos os bairros da ilha. O hospital tem poucos leitos e não atende casos complicados, que são enviados ao continente para atendimento. Apesar disso, os resultados encontrados pelo Ipea revelam um aumento de 4,46 anos de vida entre os anos de 1991 e 2000, o que resulta em uma taxa média de crescimento anual de 0,68%. A estatística referente ao ano de 2005 foi projetada utilizando-se os dados demográficos amostrais da pesquisa direta aplicada naquele ano.

A natalidade continua alta (93,2%), mas a mortalidade foi reduzida quase pela metade (41,7%) entre os anos de 1994 e 2004, influenciando o comportamento da longevidade nessa década, que vem apresentando crescimento significativo entre 1991 e 2000 (9,72%) e entre 2000 e 2005 (4,67%), induzindo à conclusão de que a saúde e a qualidade de vida existentes em Fernando de Noronha apresentam padrões elevados frente à média nacional e regional (Tabela 42.7).

O índice de envelhecimento (população de 65 anos ou mais em relação à população menor de 15 anos) calculado foi de 22,2%, bem abaixo das médias encontradas no país (33%), na região nordeste (29,4%), no estado de Pernambuco (32,6%) e na capital, Recife, que atinge 41,7%.

Tabela 42.7 – Longevidade.

Ano de referência	Esperança de vida ao nascer (em anos)	Índice de longevidade (IDHM-L)
1991	70,65	0,761
2000	75,11	0,835
2005	77,45	0,874

Fonte: Ipea 2005 e pesquisa direta dos autores 2005.

É fato conhecido que a presença de água, esgoto e lixo é fundamental para a manutenção de um bom nível de saúde e também para a proteção ambiental, especialmente em um paraíso ecológico como Fernando de Noronha. O acesso à água potável atinge a 97,58% da população atualmente. Apesar do alto índice de domicílios ligados à rede geral, o volume de água que chega é pequeno e a qualidade da água é ruim, além do freqüente racionamento que compromete a qualidade de vida dos residentes.

Outro fator importante para a qualidade de vida do povo de Noronha refere-se ao saneamento básico e à coleta de lixo, sendo que o primeiro se expandiu de 54,07% dos domicílios em 1991 para 64,81% em 2005, e o segundo já atinge a totalidade da população. Apesar do avanço, ainda persistem condições desfavoráveis de saneamento para 35,19% de domicílios, ou seja, uma população de 801 pessoas aproximadamente, comprometendo sua saúde.

Índice de Desenvolvimento Humano (IDH)

O cálculo do IDH para o Distrito de Fernando de Noronha mostra, no plano do desenvolvimento humano, que a população residente no Distrito vem obtendo uma melhora significativa na sua qualidade de vida no período compreendido entre 1999 e 2005, período em que o indicador de desenvolvimento (Tabela 42.8) saltou de 0,761 para 0,883, colocando esse espaço econômico e social em lugar de destaque no ranking nacional e estadual.

Conclui-se, ainda, que a atividade turística tem presença significativa na geração de emprego e renda, dinamizando a economia local e gerando recursos públicos de monta expressiva em relação ao produto interno bruto da localidade.

Tabela 42.8 – Índice de Desenvolvimento Humano – IDH Fernando de Noronha.

Ano de Referência	Índice de Longevidade (IDHM-L)	Índice de Educação (IDHM-E)	Índice de Renda (IDHM-R)	Índice de Desenvolvimento Humano Municipal (IDH-M)
1991	0,761	0,840	0,682	0,761
2000	0,835	0,923	0,829	0,862
2005	0,874	0,963	0,813	0,883

Fonte: Adaptada de Ipea 2005 e estimativa dos autores.

GESTÃO AMBIENTAL E SUSTENTABILIDADE NO TURISMO

A qualidade de vida sob essa abordagem é melhor nos primeiros anos dessa década, apresentando um índice de desenvolvimento humano elevado para os padrões da região nordeste, onde se situa o Distrito de Fernando de Noronha.

O turismo na percepção da população local

As análises quantitativas de dados secundários indicam que o turismo teve efeitos positivos para a população residente no Distrito de Fernando de Noronha. Será que a população percebe essa realidade da mesma forma?

A pesquisa populacional por amostragem (pesquisa direta), uma das técnicas utilizadas neste estudo de caso, pretende responder a essa questão.

Contato da população residente com o turista

A primeira condição para responder às questões era saber se o entrevistado tem contato constante com os turistas. Foi constatado que 84,68% dos entrevistados têm ou teve contato com os turistas e, na grande maioria dos casos, de caráter profissional (74,34%). Os outros 15,32% da população tiveram um contato informal com eles fornecendo informações de natureza geral. De qualquer forma, a relação existe e a troca, a partir da observação de diferenças e semelhança de costumes, a avaliação dos valores e as diferenças de poder aquisitivo permeiam as mesmas e interferem positiva e negativamente na cultura da população local, ocasionam conflitos de idéias, interesses e outros.

Os residentes percebem os turistas em quatro categorias: os que trazem renda (15,85%); os que são simpáticos (60,98%); os mais conscientes, ou seja, preocupados com o homem e o meio ambiente (19,51%); e os desinformados (3,66%). Essa estatística reforça o parágrafo anterior, de que o turista está interessado em conhecer a ilha e seus recursos naturais em primeiro lugar. A simpatia percebida pelos residentes deve-se à indiferença dos turistas ao modelo sociopolítico de gestão existente na ilha e que poucos tomam conhecimento, e nem manifestam tal interesse. Nota-se que nas apresentações noturnas no espaço cedido pelo Ibama, pouco ou quase nada é discutido em relação à preservação dos costumes, crenças e demais hábitos dos residentes, mas somente da fauna e da flora existentes. Fica pelo menos no inconsciente dos que assistem a mensagem de que a população tem pouca importância no contexto local.

Inserção da população local nas atividades turísticas

Dos entrevistados, 79,03% estavam ou estiveram atuando em atividades relacionadas ao turismo. A Tabela 42.9 apresenta a distribuição percentual da mão-de-obra alocada nas atividades turísticas exercidas na Ilha de Fernando de Noronha.

Tabela 42.9 – Segmento do turismo em que trabalha/trabalhou.

Atividade	(%)
Pousadas	46,77
Bares e restaurantes	11,29
Agência de viagens	6,45
Transporte	4,84
Administração pública	4,84
Guia turístico	11,29
Outras	14,52
Total	100,00

Fonte: Pesquisa direta dos autores 2005.

As atividades turísticas estão crescendo?

Para 60,33% dos residentes entrevistados, o turismo está crescendo, já para outros 26,45% o turismo cresceu muito, ou seja, em 86,78% dos casos, a percepção afirmada é a de que essa atividade está em ampla ascensão e corrobora com a convicção daqueles que concordam em afirmar que o turismo é a "salvação da ilha". No mesmo item, vale a pena chamar atenção para o surgimento de opiniões sobre a prática do turismo de massa na região. Em 1% dos casos ouvidos pelos pesquisadores, a preocupação com a popularização da atividade e a conseqüente massificação do destino esteve presente. Os cruzeiros marítimos são, na grande maioria, os responsáveis pela presença dessa modalidade de turismo e perfil de turistas, cuja educação ambiental não corrobora com os princípios da gestão do meio ambiente no espaço receptivo insular.

O impacto do turismo na vida dos residentes

Em relação à percepção do impacto do turismo sobre a vida dos residentes, a pesquisa identificou dois grupos mutuamente exclusivos: no primeiro estão aqueles que afirmaram mudanças em suas vidas depois do advento da atividade turística na ilha. Esse grupo representa 80,18% do total de entrevistados, cujas principais mudanças positivas foram: aumento da renda e do poder de compra, melhoria da qualidade de vida e da infra-estrutura, mais cultura, mais oportunidades de trabalho e de emprego, melhor conscientização ambiental, enfim, mudança de vida para todos. Como impactos negativos, a pesquisa revelou os seguintes aspectos: o aumento da poluição do ar na ilha, decorrente do aumento da presença de carros circulando na ilha; falta de água; dificuldades em obter autorização para reforma ou construção das moradias e pousadas; maior atenção aos interesses dos grandes empresários em detrimento dos pequenos; maior degradação e a presença de turistas sem consciência ambiental, que degrada o ambiente físico da ilha e aumenta produção do lixo não degradável na mata e nas águas do entorno da ilha; crescimento descontrolado; carestia; inserção das drogas e do uso delas pela comunidade local; problemas na gestão pública que se distancia dos anseios locais; desestruturação social e familiar.

Segundo a pesquisa direta, o turismo influenciou e ajudou os residentes a: aumentar os ganhos da família (79,28%); comprar mais alimentos (78,38%); na melhoria dos transportes (71,17%) e acesso à energia elétrica (78,38%). Em relação ao acesso à educação, ao lazer, ao saneamento básico, aos medicamentos e aos serviços de saúde, a grande maioria afirmou que o turismo teve baixa influência, perfazendo uma média de 41,25%. A atividade turística na ilha, portanto, nesse sentido, pouco auxiliou no empoderamento da população local, uma vez que a mesma não tem pressionado as autoridades locais a melhorar o seu acesso aos serviços citados. A mobilização da população local por suas demandas poderia interferir mais eficazmente na melhoria da sua qualidade de vida, o aumento do capital social e o atendimento de seus direitos de cidadãos.

Percepção da influência do turismo sobre a qualidade de vida em Fernando de Noronha

Chefes de família

Nessa etapa da investigação procurou-se estabelecer a relação entre o modelo de exploração do turismo em Fernando de Noronha e seus reflexos sobre a qualidade de vida dos ilhéus e de suas famílias. As respostas foram agrupadas de acordo com o método do Discurso do Sujeito Coletivo,[5] que consiste no agrupamento (clusterização) das construções verbais assemelhadas, gravadas e transcritas, resultantes das entrevistas realizadas em campo.

Para cada questão aplicada aos chefes de família, obtivemos as principais expressões utilizadas para elaboração das sínteses das idéias centrais (ICs), a intensidade das representações por meio das proporções obtidas e uma transcrição das expressões com maior intensidade.

A grande maioria dos entrevistados considerou sua qualidade de vida como ótima e boa, representando 69,47% do total de respostas. Algumas expressões utilizadas para avaliar a qualidade de vida na pesquisa direta comprovam que a população percebe o turismo como uma ação positiva para suas vidas:

"Boa, não falta nada, a renda aumentou e me sinto bem em morar aqui"; "Ótima, muito boa. Excelente!"; "Em relação ao meio ambiente, muito boa."

Do total entrevistado, 26,33% denotaram um grau de insatisfação com sua qualidade de vida, manifestado nas expressões citadas a seguir:

"Não é boa, não está boa não! Não tenho qualidade de vida, pois não tenho lazer, falta abastecimento e moradia. Está ruim, difícil"; "Mais ou menos. Regular. As coisas são caras, mas é estável, razoável"; "Abaixo do esperado".

Essas opiniões enfatizaram o descontentamento dessa parcela da população por meio do posicionamento dos chefes de família. Questões relacionadas ao atendimento de necessidades da população local, tais como lazer para os residentes, o abastecimento de água e as necessidades de moradia não foram previstas no planejamento local.

Os indicadores de qualidade de vida utilizados para identificar a percepção dos chefes das famílias residentes em Fernando de Noronha foram

---

[5] Essa técnica "consiste numa forma não matemática de representar (e de produzir), de modo rigoroso, o pensamento de uma coletividade, o que se faz mediante uma série de operações sobre os depoimentos e que culmina em discursos-síntese que reúnem respostas de diferentes indivíduos, com conteúdos discursivos de sentido semelhante" (Lefèvre e Lefèvre, 2003).

980 | GESTÃO AMBIENTAL E SUSTENTABILIDADE NO TURISMO

identificados a partir dos conceitos utilizados como marcos teóricos da investigação, ou seja, o conceito de Cidades Saudáveis, de qualidade de vida e o modelo de desenvolvimento humano. O modelo de desenvolvimento inclui as necessidades básicas (efetivações) relacionadas às condições materiais de vida: saúde, educação, renda, habitação, trabalho, segurança, tranqüilidade, alimentação, prática de esportes, transporte adequado, bem como às efetivações complexas, tais como as necessidades relacionadas às funcionalidades elementares, como a sensação de liberdade, bom relacionamento, amizade, respeito ao meio ambiente, direito ao lazer.

Vale comentar alguns aspectos na construção desse conceito: o direito à liberdade, protagonizado por apenas 2,81% dos respondentes, corresponde à idéia de poder ir e vir, escolher seus governantes, optar por uma melhor condição de vida. O respeito ao meio ambiente também é um componente presente nessa definição, representando 7,87% das respostas, o que demonstra a preocupação das famílias locais com a preservação do meio ambiente natural que garante uma boa qualidade do ar e demais insumos para a vida humana na ilha, bem como, constitui-se no principal atrativo para a visitação turística.

Saúde e educação aparecem como muito importantes para essas pessoas, suas intensidades foram de 10,67% e 7,30% respectivamente. Essa preocupação é decorrente da pequena infra-estrutura para atendimento da saúde na ilha, e o fato está bem demonstrado quando 43,57% das pessoas estão associadas a planos de saúde para atendimento emergencial no continente. Algumas opiniões captadas na pesquisa direta enfatizam a importância dessas efetivações para as pessoas, como se segue:

> "Qualidade de vida é estar vivo hoje, é saúde, é ter saúde, é ter serviços de saúde. É a saúde dos meus filhos. Qualidade de vida é educação, é ter estudo. É poder cuidar da educação, poder dar educação. Qualidade de vida é ver os netos estudando no continente."

O item educação parece ser a mais intensa preocupação expressa pelos entrevistados nas questões levantadas a partir das perguntas estimuladoras, pois a ilha dispõe apenas de uma escola pública que oferece educação formal até o segundo grau, limitando os anseios daqueles que querem seguir uma profissão mais especializada ou mesmo um curso superior. Essa barreira no passado era vencida utilizando-se de um sistema de bolsas de estudo que permitiam aos concludentes do segundo grau uma oportunidade de tentar novos caminhos na área educacional fora da ilha.

A preocupação com o trabalho e a renda também despontaram como de grande importância para os ilhéus, em 13,4% dos casos. As frases a seguir, retiradas dos depoimentos coletados, comprovam esse posicionamento:

"Qualidade de vida é trabalho, trabalho para todos, ter um bom emprego, um trabalho que gosta. Qualidade de vida é estar bem financeiramente, ter negócio próprio, pagar as contas mas com preços justos. É também ter casa própria e não precisar pagar aluguel. Qualidade de vida é poder se manter na ilha, tendo o suficiente para viver, mas também é ter o que gosta, melhorar as coisas, bons preços, isto é, ter satisfação."

Outras características sobre a qualidade de vida também foram abordadas pelos entrevistados, a saber: respeito ao meio ambiente, uma boa alimentação, boa moradia, prática do lazer e dos esportes e ao bom relacionamento entre as famílias residentes. Estes aspectos somam 30,34% das respostas.

Finalmente, os itens eleitos como de maior importância para a qualidade de vida dos ilhéus foram a tranqüilidade e a segurança, com uma intensidade de 26,4%. O crescimento da população migrante no longo prazo deve alterar sobremaneira os usos e costumes da população local, influenciando o ambiente social no sentido de reduzir esse grau de tranqüilidade e segurança. Em todos os locais onde o turismo provocou um crescimento vertiginoso e um fluxo migratório intenso, esses itens (tranqüilidade e segurança) foram ameaçados e, por que não dizer, drasticamente modificados, tornando o ambiente social com baixa segurança e pouca tranqüilidade. As manifestações dos entrevistados que serão tratadas posteriormente demonstram que a população residente já percebe mudanças nesses aspectos no Distrito de Fernando de Noronha.

Em relação ao sentimento dos residentes sobre os reflexos do turismo em suas vidas, 58% destes expressaram afirmativamente que essa atividade promoveu impactos de ordem negativa em suas vidas. Esses foram: a falta de água, aumento do fluxo migratório, maior uso de drogas, desenvolvimento desenfreado (ao contrário de um desenvolvimento humano), maior carestia dos produtos comercializados, o materialismo das pessoas, a sensação de que grandes empresários estão comprando a ilha (fato notório e verdadeiro), o aumento do número de veículos e a melhoria das moradias e sua ampliação.

Esse conjunto de insatisfações soma-se à pouca capacidade que o turismo teve em pressionar os gestores locais para realizarem uma gestão integrada dos diferentes setores de governo e com participação da sociedade civil, para que os resultados do crescimento econômico se reflitam no desenvolvimento social e humano, garantindo a eqüidade na distribuição dos resultados desse processo. O descaso por parte dos gerentes locais, por exemplo, no que tange a um melhor atendimento de emergência médicas e hospitalares, pois uma pequena parcela da população sabe que em caso de emergência cirúrgica o paciente deverá ser transportado para o continente, o que não parece tarefa fácil nas condições atuais. A pouca ligação social dos turistas com os nativos também contribui para essa inércia dos visitantes que apenas se incomodam com as belezas naturais e com os passeios contratados. As palestras ministradas no Ibama pouco contribuem para uma consciência social e os problemas da ilha, como a falta de água, por exemplo, limitando-se a tratar apenas de educação ambiental, como se os moradores da ilha não fizessem parte deste ambiente.

Avaliação da gestão do turismo em Fernando de Noronha[6]

O Conselho Distrital é o representante legítimo da população residente em Fernando de Noronha frente ao Governo do Estado de Pernambuco, através da Administração Estadual da localidade. Seu papel consiste na discussão, apresentação de propostas e projetos, além da validação das contas públicas executadas pelo gestor público da ilha, portanto, uma função meramente consultiva.

Apesar da fragilidade política, o Conselho manifesta na maioria dos seus membros os sentimentos dos ilhéus nos planos político, econômico, social e ambiental. A entrevista em grupo realizada no ano de 2005 com esses membros subsidiou a reflexão sobre os impactos da atividade turística no seio da sociedade noronhense.

A visão do grupo de representantes sobre o turismo ficou segmentada em dois grandes blocos. No primeiro destaca-se a melhoria da qualidade de vida, melhor abastecimento de alimentos básicos nos supermercados e a geração de recursos financeiros para auxiliar nos tratamentos de saúde, exames médicos de maior complexidade, tais como ultra-sonografia e tomografia, como demonstram os depoimentos a seguir apresentados:

---

[6] As análises aqui apresentadas foram feitas a partir da triangulação de dados obtidos com os dados do grupo focal e das entrevistas com empresários, seguindo as orientações metodológicas de Minayo (1997).

"Com o turismo, a qualidade de vida melhorou muito. Quando eu cheguei aqui ainda se lutava por uma fruta no supermercado. Eu era diretora da escola, [então] pedia àquele que coordenava a Cobal que deixasse a gente que trabalhava ter prioridade, porque era fila, era empurra-empurra, era briga, muita, para pegar comida, frutas e verduras, e ele dizia que não, que tinha que ter a nossa vez como todas as outras têm. Hoje, graças a Deus eu tenho um carro, tem supermercados, tem alimentação, isso e aquilo outro, um preço caro, mas é o preço de quem se desenvolve, e assim por diante.

Outra vantagem também do turismo é que trouxe esses transatlânticos e é isso que ajuda a gente, porque é o conselho distrital que administra esse dinheiro e com isso nós ajudamos hospital, pessoas que necessitam, uma verba a mais que vem para o conselho distrital e é o conselho distrital que administra esse dinheiro. Esse conselho vai dar uma perna mecânica, cadeira de rodas, e N coisas." (Entrevista em Grupo)

O segundo bloco de opiniões dos Conselheiros está associado a problemas de natureza social e das relações interpessoais, tais como: a desagregação das famílias; o aumento no uso de drogas; ao fluxo intenso de migrantes que se deslocaram para a ilha em busca de oportunidades de trabalho após o crescimento do turismo. Segundo eles, esses problemas provocaram mudanças nos hábitos e costumes vigentes até então, bem como ameaçaram e continuam ameaçando as oportunidades de trabalho presente e futura para os ilhéus. Como ficou demonstrado no item "Composição da população" (p.967 deste capítulo), 36,5% da população atual está na ilha a menos de 10 anos, caracterizando-se como migrantes, segundo o conceito adotado pela Fundação IBGE.

O discurso abaixo comprova essas afirmativas:

"Em relação ao turismo, é importante dizer [que] sim, que ele prejudicou muito a vida do povo, desagregou as famílias e virou aquele sentido da ambição, da ganância sem a preocupação com o próximo, do individualismo.

Esse progresso desenfreado que a gente passa, por exemplo, (com) o desenvolvimento do mercado de trabalho precisa da mão-de-obra, a gente já não está dando mais conta, então solicita lá fora e já vai crescendo, vai enchendo. É uma preocupação para o futuro porque vem aí os nossos filhos que vão estar disputando com aqueles que estavam lá sem o emprego. Essa pessoa que vem, já começa a se enraizar e assim vai, acaba trazendo pessoas boas, mas também pessoas ruins. Nós já tivemos aqui pessoas que já foram para o marginalismo. Há uma revolta da juventude porque tem falta de emprego, trabalho, e enfim, esse turismo sustentável e ecológico que a gente tanto almejava, foi jogado no esgoto.

Nós também sentimos muita falta daquela vida de antigamente, a gente não perdeu de fato aquela solidariedade, aquela amizade, que um ajudava o outro, que precisava de açúcar o outro tinha, se o outro tinha peixe a gente trocava, era um troca-troca e eu sinto falta porque com o progresso desenfreado de Noronha não existe mais isso. Com o turismo virou aquele sentido da ambição, da ganância sem a preocupação com o próximo, do individualismo. Noronha cresceu de uma forma! Antigamente, você andava no escuro, só pelos passos você já sabia quem era. Tinha setecentos habitantes, seiscentos, todo mundo se conhecia. Hoje a gente vê as pessoas, escuta a voz delas e não sabe quem é." (Entrevista em Grupo)

Essa mudança na composição da população também provocou um sentimento de repúdio manifestado pelos ilhéus em relação aos que chegavam para trabalhar e permanecer na ilha. As afirmações abaixo, de um conselheiro, demonstram a existência de um conflito permanente entre os nativos e os haole por trabalho e pelo choque cultural que os novos integrantes produziram na cultura local – antes com traços de solidariedade, companheirismo e outros:

"Peguei tudo isso, peguei toda essa confusão, essa discriminação, essa raiva, essa rejeição com quem vinha de fora: muita guerra, muita discriminação, muito ódio. Não por raiva, talvez, daqueles que moravam aqui, mas porque eles se sentiam no direito de, já que moravam aqui, já que enfrentaram todas as dificuldades, achavam-se no direito de também escolher a sua vida.

No presente, eu sou conselheira, terceiro mandato, sou haole (como era considerada). Agora não me considero mais uma haole, porque deixei de ser estranha, para fazer parte da comunidade." (Entrevista em Grupo)

Encontra-se também no discurso de Conselheiros e no grupo de empresários entrevistados uma forte preocupação com a sustentabilidade do turismo na ilha decorrente de uma gestão responsável e eficaz no sentido de maximizar o lucro social e internalizar os custos ambientais e sociais. O ritmo de crescimento acelerado é incompatível com o desenvolvimento humano desejado para aquela sociedade e para o uso correto dos insumos naturais. Abaixo estão as opiniões de Conselheiros sobre esse assunto:

"É feito uma árvore, né, a árvore dá seus frutos, ela serve e tudo mais, mas também há momentos, que se a gente não podar ela direitinho, ou ela vai cair em cima de você, ou o contrário, vai sufocar e vai morrer, e nós estamos desse jeito, o turismo e o desenvolvimento é faca de dois gumes [...] o turismo hoje em Noronha, ele é bem recebido, eu não trabalho com o turismo, mas o meu povo ainda trabalha, e, ou a gente sabe fazer a definição ou do contrário".

E dos empresários da ilha:

"O Distrito Estadual de Fernando de Noronha precisa de sustentabilidade de longo prazo, ela não deve crescer muito. Então, é meio conflitante, como se diz, a curva econômica não cruza com a curva ótica, o Estado, e até a classe empresarial, gostaria que a economia fosse mais acelerada, mas, por outro lado, aquilo que faz a ilha ser desejada pode ser corrompido com um nível de turismo mais forte" (Pesquisa em Grupo e Individual).
Economicamente, às vezes, o Estado e até a classe empresarial gostariam que a economia fosse mais acelerada. Então, há um conflito muito grande porque, às vezes, o que é ideal para a economia pode não ser o ideal para o social, o que é ideal para a natureza não é o ideal para o econômico. Aquilo que faz a ilha ser desejada pode ser corrompido com um nível de turismo mais forte. Algumas pessoas acham que a ilha deveria ser aberta para os brasileiros conhecerem, mas se a gente criar condições para ser mais fácil vir para a ilha, vem mais pessoas, e se vem mais pessoas, há um impacto maior. Então, como é que a gente vai dizer quem merece vir para a ilha e quem não merece vir? Qual o critério? Hoje é o econômico, porque é a única linguagem que se entende. É injusto? É, mas existe outra forma? Ninguém criou. A ilha é um destino muito caro para um padrão brasileiro, isso torna a ilha um destino de elite, o que é muito conflitante. Tem que seguir um parâmetro técnico, mesmo que ele não seja perfeito. Tem que ter um número convencional que diga: Noronha suporta X. Isso não pode ficar assim aleatório, tem que ter um valor e ver o que acontece. O que não pode é ficar aumentando o número de pessoas na ilha por uma conveniência econômica, entendeu? Isso é perigoso, isso vai gerar uma conseqüência que pode estragar a galinha dos ovos de ouro, como diz a estória." (Pesquisa Individual)

Em relação à governança, parece que a mesma não é praticada na ilha. A liberdade política exercida pelos ilhéus é limitada. Os Conselheiros admitem que a população deveria participar com maior efetividade na escolha do administrador da ilha, bem como da gestão administrativa. Apesar de auditar as contas do Distrito, o Conselho reconhece que seu papel é meramente figurativo e que suas decisões precisam da adesão do administrador para se concretizar. O discurso citado a seguir auxilia na evidência dessas colocações:

"O meu sonho para Fernando de Noronha é ser independente, como nossos irmãos brasileiros, com um governador ou representante que nós queremos, é isso, democracia e não uma ditadura disfarçada. Até hoje não escolhemos o administrador, então a gente aceita aqueles que são indicados pelo governador e nós achamos que a gente deve escolher e no dia em que a gente achasse que ele não estava administrando de acordo com a conveniência nossa, do povo, a gente tinha o direito de dizer basta e lutar contra. Por mais que eu queira bem, qualquer administrador que chegue aqui, eu vejo que ele cai aqui de pára-quedas.

Primeiro era a administração direta, passou da direta para a autarquia. Nós estamos trabalhando, já há algum tempo, para a autonomia de Fernando de Noronha, mas uma autonomia consciente, que a gente estude os prós e os contras de todas as maneiras. Na autarquia a gente tem mais autonomia porque o dinheiro fica a maior parte na ilha, mas, hoje, é administrado pelo administrador, pela cúpula dele e nós não damos nenhum aval sobre a parte orçamentária e achamos que o orçamento deveria passar, prioritariamente, pelo conselho distrital, pois a população escolhe os conselheiros. A gente tem que saber para onde deve ir esse dinheiro, para atender as prioridades do povo e isso não é feito. Mesmo que a prestação de contas chegue a nós, a gente dá o nosso parecer para o tribunal de contas, com nossas observações, mas fica por isso mesmo, quer dizer, não é pesquisado profundamente para saber se houve superfaturamento." (Pesquisa em Grupo)

Outro aspecto importante encontrado no discurso dos Conselheiros e dos empresários e que se reflete na qualidade de vida dos ilhéus diz respeito ao processo de formação educacional dessa população. A falta de capacitação dos professores, a falta de acompanhamento permanente dos alunos e a grade de disciplinas são os principais problemas encontrados. Segundo os entrevistados, a educação é um instrumento importante para a transformação social. Para os empresários locais deveria existir um sistema de bolsas para que os egressos da escola, com segundo grau completo, complementassem sua formação no continente e pudessem retornar com uma bagagem de conhecimento maior para ajudar no desenvolvimento da ilha. Os trechos a seguir evidenciam essas colocações:

"A educação é a seguinte, falta acompanhamento mesmo em relação ao professorado, o professorado tem uma capacitação vez ou outra. Mas em compensação é muito solto, viaja muito, deixa a escola solta: os meninos não têm assim aquela disciplina que deveria ter dentro de uma escola, inclusive à noite, à noite há muita demanda. Eles estão pouco presentes na escola. A nossa escola, diz o governo que é uma das melhores, pode até ser, mas para a nossa necessidade, não, precisamos de mais." (Pesquisa em Grupo)

O acesso aos serviços básicos (água e esgoto e coleta de lixo) pela população da ilha, como já apresentado, é universal no que tange à coleta de lixo e ligações das residências à rede de abastecimento de água, e parcial no que se refere ao esgoto. Apesar disso, o Conselho demonstrou algumas preocupações que refletem a realidade do dia a dia de quem mora na ilha. O fornecimento de água é instável e a estação de tratamento de esgoto necessita de uma limpeza nas caixas, além disso, os "ladrões" utilizados nas lagoas de tratamento jogam o esgoto em determinadas praias. Essas colocações comprometem o meio ambiente senão nesse momento, mas cumulativamente, e também a saúde e a qualidade de vida dos residentes e turistas e pode vir a ser um obstáculo ao desenvolvimento do turismo sustentável nessa localidade.

"De março até junho, julho, não choveu 30, 20% da capacidade, então para a nossa sorte hoje, a gente tem um dessalinizador que, querendo ou não, está suprindo a gente. A água chega dia sim, dois não, e assim a gente vai andando... Então, graças a Deus esse dessalinizador está quebrando um galho.
Em relação ao lixo, temos um tratamento de compostagem: o lixo é tratado, o biodegradável é tratado para virar adubo e o outro é mandado para fora: são prensados latas, plásticos e mandados para fora. Mas a gente precisar ir fazer uma visita para ver como é que está atualmente este cuidado, esse tratamento, pois esta semana eu passei por lá e estava mal cheiro e dizem que a usina de tratamento não fede, não tem mal odor.
Outra coisa, tem uma empresa aí, eu tenho testemunhado durante a semana, eles estão levando até a madeira, houve até denuncia. Também foi multada a empresa que estava enterrando alguns lixos. A parte ecológica vai ter que monitorar isso.
O esgoto, eu queria dizer para vocês que é uma grande preocupação nossa. Quando foi feito o esgoto, diminuiu mais de 70% as pestes sérias. Só que o esgoto precisa de uma reparação: não há limpeza nas caixas e depois que eles

988 | GESTÃO AMBIENTAL E SUSTENTABILIDADE NO TURISMO

colocaram ladrões nessas lagoas que vão jogar o esgoto em determinadas praias, a poluição começa a chegar em determinadas praias e a gente não pode nem regular isso. Chegamos até a conversar isso com o administrador, poderia fazer um tratamento desse esgotamento na lagoa e a água voltar novamente para as casas e ser reutilizada." (Pesquisa direta dos autores, 2005, e pesquisa em grupo, 2005)

Para os empresários, a situação atual ainda não atingiu o esperado. Entretanto, a infra-estrutura de abastecimento de água, tratamento de esgoto e coleta de lixo é melhor do que no passado recente, quando tudo era precário. O turismo acelerou o processo de melhoramentos nessas áreas e hoje, apesar das dificuldades encontradas, o ambiente viabiliza os negócios.

"Acho que a gente, hoje, está com louvor porque água, não tinha de jeito nenhum mesmo sendo o número de pessoas habitando a ilha um terço do que tem hoje. Não tinha água. Não tinha água aqui no porto, por exemplo, vinha de um poço aqui ao lado que era praticamente água do mar, não dava para beber. Água para beber era de telhado, quem é morador sabe. Hoje tem água racionada e que não tinha, as pessoas tem que ter memória. Saneamento não tinha, tem um ruim, mas tem, não tinha nenhum. O esgoto passava aqui do lado e era um esgoto a céu aberto, a maioria dos esgotos era assim. Tem problemas, tem, se você for ali tem água, embora seja água racionada. A gente está conseguindo manter o turismo numa seca terrível e está funcionando plenamente, não como já foi no passado. Não foi cancelado nenhum vôo como já foi no passado porque não tinha água na ilha e tinha que ser mesmo." (Pesquisa Individual)

Como ficou evidenciado, a avaliação da população em relação à atividade turística é dual: por uma lado consideram que ela impulsionou o crescimento econômico, mas ainda não conseguiu despertar as autoridades gestoras do Distrito para a necessidade de um melhoramento na formação da mão-de-obra promovendo parcerias para a realização de cursos técnicos e de especialização nos diversos segmentos que o turismo exige, tais como, hotelaria, alimentos e bebidas, agenciamento receptivo, mergulho, orientação náutica, pesca esportiva, atividades relacionadas ao ecoturismo, educação ambiental para o turismo, informações turísticas, recreação e lazer e outras ocupações conexas com o turismo. Para 58,75% dos

PRODUÇÃO TURÍSTICA EM CIDADES SAUDÁVEIS: FERNANDO DE NORONHA | **989**

residentes, o turismo teve pouca influência no acesso aos serviços de educação (escola), e para 12,36% dos chefes que responderam a pesquisa domiciliar, a educação constitui-se atualmente em um grande problema para a ilha, pois segundo os depoimentos coletados, existe uma "baixa capacitação dos professores, e os alunos não têm as disciplinas que deveriam ter na escola" (Pesquisa Direta, 2005).

Em relação ao poder e à governança local, há um conflito no ar. As pessoas estão acomodadas à situação de não terem poder para interferir nos destinos da ilha e nos novos horizontes do consumo que descortinam para o local.

Na realidade não existe eleição direta para a escolha do Administrador da ilha, nem condições que permitam a um ilhéu garantir sua participação num processo de eleição indireta pela Assembléia Legislativa do Estado. No campo político, é claro, a população residente demonstra seus anseios por escolher seus governantes e participar de forma mais ativa do processo de definição de alternativas e investimentos nas áreas econômica e social visando o bem-estar de todos os residentes. A escolha do Administrador, por um método indireto, tem provocado reações da população local no sentido de um movimento libertador que propõe as soluções para as necessidades básicas e complexas da comunidade.

A organização social e uma maior participação popular com o fortalecimento do Conselho Distrital constituem-se em prioridade para 25,72% dos entrevistados, ou seja, eles explicitam a necessidade de liberdade política do povo de Noronha. Isso é um princípio da promoção da saúde e da estratégia de Cidades Saudáveis na construção de ambientes saudáveis. A participação popular e o exercício do poder pluralístico fortalecem as comunidades e possibilitam o seu empoderamento para a solução de seus problemas:

> "Tem que melhorar a gestão da administração. A administração local tem que se preocupar mais com Noronha: administrar bem os recursos captados e os que são da ilha, reverter a receita da taxa para a ilha, controlar o turismo de massa, baixar os preços, desburocratizar, olhar mais para os ilhéus, ser mais justa. Enfim, ter olhos no futuro, sem tanta política. É necessário à administração reunir a população para dar mais informações e conscientizar os moradores, por exemplo, para o uso adequado da água. Fazer um acordo com a população. Além disso, é necessário dar mais direitos à população, dar cursos para o ilhéu competir no mercado de trabalho, fazer campanhas de alcoólicos anônimos e mais policiamento nas ruas." (Pesquisa Direta, 2005)

Gestão Integrada é um princípio básico da estratégia de Cidades Saudáveis. A estrutura administrativa e o modelo de gestão adotados para a ilha não favorecem ações conjuntas. A administração da cidade é dividida entre o Ibama, o Governo de Pernambuco e a gestão distrital local. Essa administração não permite o enfrentamento dos problemas de forma que as ações representem uma visão da complexidade das questões de desenvolvimento econômico, do turismo, do meio ambiente e do desenvolvimento social e humano inserido no processo de desenvolvimento local sustentado. A qualidade de vida da comunidade local e a preservação do meio ambiente, no momento dando sinais positivos e negativos, corre riscos com esse modelo de turismo desintegrado das questões do meio ambiente e sociais. Se tudo isso fosse equacionado dentro de uma gestão integrada e participativa, os problemas continuariam existindo, mas poderiam ser resolvidos gradativamente a partir da visão ampla e intersetorial da administração local aproveitando as potencialidades da população local e do turismo (Benevides, 1996).

CONSIDERAÇÕES FINAIS

Uma projeção para o ano de 2010, considerando-se as taxas anuais de crescimento, coloca a população da ilha em um patamar de 2.859 habitantes e um total de turistas estimados em 89.200 por ano, o que representa uma média mensal de 10.292 pessoas em busca de serviços básicos de hotelaria, água, esgoto, iluminação pública e atendimento médico. Esse dado por si só é alarmante e serve como balizador para as autoridades locais no sentido de traçar uma estratégia para lidar com tal problema.

Não basta apenas promover o turismo incentivando o crescimento do número de leitos e apartamentos, é preciso dotar o Distrito de Fernando de Noronha de apoio estrutural para um bom atendimento aos turistas, promovendo o aumento da internalização dos ganhos, além de um planejamento que insira políticas públicas voltadas para o desenvolvimento humano daquela comunidade (Beni, 2000).

À luz dos princípios do movimento Cidades Saudáveis, conclui-se este trabalho avaliando que a participação popular e o exercício do poder pluralístico em Fernando de Noronha se resumem à eleição do Conselho Distrital e a sua atuação enquanto fórum consultivo, não exercendo a representatividade junto ao executivo, que se situa fora dos limites geográficos do Distrito (Recife/PE) (Feuetstein, 1996).

No tocante à redução da pobreza e a eqüidade na distribuição dos recursos econômicos, podemos enfatizar que a renda per capita dobrou entre 1991 e 2005, sendo o turismo a atividade promotora de tal mudança, como também uma boa distribuição dessa renda gerada, conforme demonstrou o Coeficiente de Gini, apresentado anteriormente.

Existe um forte desequilíbrio entre a oferta e a demanda dos recursos necessários ao desenvolvimento do turismo na localidade, começando pela qualificação da mão-de-obra, que acaba se refletindo em um aumento da importação de trabalhadores para o turismo, pressionando ainda mais os serviços básicos ofertados.

O fato da economia noronhense importar a quase totalidade de bens e serviços de que necessita para satisfazer a demanda local e a demanda flutuante desloca o vetor de preços para cima, provocando um alto custo de vida para os residentes. Esse aspecto dificulta a elaboração de uma dieta saudável (nutrição adequada) sob dois ângulos da questão: diversidade na oferta de produtos e preços elevados. O acesso universal à saúde e à educação está garantido na ilha, entretanto, a pesquisa revelou que ambos os serviços necessitam de uma ampliação física e melhora na qualidade e no escopo dos serviços prestados. Essas áreas precisam estar contempladas e integradas nas políticas públicas voltadas para o desenvolvimento de Fernando de Noronha, buscando-se a intersetorialidade com os demais segmentos públicos e privados.

O acesso aos serviços básicos, como fornecimento de água, energia e coleta de lixo, também se revelou satisfatório na pesquisa direta, entretanto, algumas evidências de falta de água constante e de um sistema de saneamento limitado a uma parcela da população revelam a urgência na solução desses problemas. Trata-se de um ambiente sensível aos impactos negativos provocados pelo lixo e pela falta de saneamento básico, comprometendo a saúde futura da população e a preservação do meio ambiente terrestre e marinho.

A justiça deverá ser estabelecida para todos quando da emancipação desse Distrito e o fortalecimento do empoderamento dessa comunidade frente ao quadro atual.

A inquietação dos ilhéus com a perda das origens causada, em primeiro lugar, pelo forte movimento migratório, e em segundo, pela necessidade de seus filhos nascerem no território de Fernando de Noronha deprecia a condição psicossocial da comunidade.

Identificou-se, também, uma forte preocupação com o avanço das drogas e da prostituição na ilha, além de uma melhoria qualitativa no sistema educacional, adequando-se à nova realidade socioeconômica. No campo da saúde física e mental, urgem providências para prover um atendimento hospitalar capaz de responder às demandas por saúde de turistas e residentes.

Conclui-se que Fernando de Noronha tem, no turismo, uma alternativa limpa para o seu desenvolvimento, mas que com o tempo, não sendo promovida a população local e abertos espaços para sua inserção nesse mercado de trabalho, poderão ocasionar problemas de deterioração das condições de vida das pessoas que moram no local. A população tem necessidades e anseios que precisam ser atendidos pela implementação de políticas públicas coerentes com as demandas manifestadas. O processo de crescimento da atividade turística sem um planejamento adequado e uma capacidade de carga bem definida irá comprometer ainda mais o meio ambiente e a saúde e qualidade de vida, excluindo parcela da comunidade dos benefícios gerados.

REFERÊNCIAS

[ADEFN] ADMINISTRAÇÃO DE FERNANDO DE NORONHA. **Plano de gestão do Arquipélago de Fernando de Noronha, ecoturismo e desenvolvimento sustentável.** Fernando de Noronha/PE, 2001.

_____. **Modernização do plano de gestão do Arquipélago de Fernando de Noronha, ecoturismo e desenvolvimento sustentável.** Fernando de Noronha/PE, 2005.

BENEVIDES, M.V.M. **A cidadania ativa: referendo, plebicito e iniciativa popular.** São Paulo: Ática, 1996.

BENI, M.C. **Análise estrutural do turismo.** São Paulo: Senac, 2000.

BOZZANO, D. P. **Planificación y desarrollo de produtos ecoturisticos desde la perspectiva de la sostenibilidad.** Ponencia apresentada na Conferencia Preparatoria para o Ano Internacional do Ecoturismo, Cuiabá, agosto, 2001.

BRASIL, H.S. **Turismo, saúde e desenvolvimento humano.** São Paulo, 2007. Tese (Doutorado). Faculdade de Saúde Pública da USP.

[CMMAD] COMISSÃO MUNDIAL SOBRE MEIO AMBIENTE E DESENVOLVIMENTO. **Nosso futuro comum.** 2.ed. Rio de Janeiro: FGV, 1991.

CONSELHO MUNDIAL PARA O DESENVOLVIMENTO SUSTENTÁVEL. **Eco-efficiency Leadership for Improved Economic and Enviromental Performance,** Relatório impresso, 1996.

EMBRATUR. **Diretrizes para uma política nacional de ecoturismo.** Brasília: Embratur, 1994.

PRODUÇÃO TURÍSTICA EM CIDADES SAUDÁVEIS: FERNANDO DE NORONHA | **993**

_____. **Programa Nacional de Ecoturismo.** Brasília: Embratur, 1995.

FEUETSTEIN, M.T. **Avaliação: como avaliar programas de desenvolvimento com a participação da comunidade.** São Paulo: Paulinas, 1996.

[FIPE] FUNDAÇÃO INSTITUTO DE PESQUISAS ECONÔMICAS. **Estudo sobre o turismo praticado em ambientes naturais conservados.** São Paulo, 2002.

FUNDAÇÃO SEADE. Monitoramento de prioridades de desenvolvimento com eqüidade social. In: KEINERT, T.M.M.; KARRUZ, A.P. (Orgs.). **Qualidade de vida: observatórios, experiências e metodologias.** São Paulo: Annablume, 2002.

GODFREY, K.B. **Sustainable tourism: what is it really? Economic Commission for Europe.** Committee on Human Settlements. Nicosia: Cyprus, 1994.

GUIMARÃES, E.A. **Relatório sobre o desenvolvimento humano no Brasil, 1996.** Brasília: PNUD/IPEA, 1996.

GUIMARÃES, R.P. **Agenda 21 e desenvolvimento sustentável: o desafio político da sustentabilidade.** Debates sócio ambientais, v. 4, n. 1, p. 10-13, nov./fev., 1998-1999.

HANCOCK, T; DUHL, L.J. **Health cities: promoting health in the urban conext.** Copenhagen: FADL (WHO Healthy Cities Paper), 1986.

HERCULANO, S. A qualidade de vida e seus indicadores. **Ambiente & Sociedade**, v. 1, n. 2, p. 77-99, 1º semestre de 1998.

HOFFMANN, R. **Distribuição de renda, medidas de desigualdade e pobreza.** São Paulo: Edusp, 1998.

HUNTER, C.; GREEN, H. **Tourism and environment: a sustainable relationship.** London: Routledge, 1995.

[IBAMA] INSTITUTO BRASILEIRO DO MEIO AMBIENTE E DOS RECURSOS NATURAIS RENOVÁVEIS. **Plano de manejo: APA Fernando de Noronha – Rocas – São Pedro e São Paulo.** Resumo Executivo, 2003.

[IBGE] INSTITUTO BRASILEIRO DE GEOGRAFIA E ESTATÍSTICA. **Pesquisa Nacional por Amostragem de domicílios.** Rio de Janeiro: Instituto Brasileiro de Geografia e Estatística. 2004. Disponível em: http://www.ibge.gov.br.

_____. Estatísticas do censo demográfico. Disponível em: http://www.ibge.gov.br, 1991.

[IPEA] INSTITUTO DE PESQUISA ECONÔMICA APLICADA. **Indicadores de desenvolvimento humano**, Ipeadata, disponível em http://www.ipea.gov.br, 1991-2005.

LEFÈVRE F.; LEFÈVRE, A.M.C. **O Discurso do sujeito coletivo: um novo enfoque em pesquisa qualitativa.** Caxias do Sul: Educs, 2003.

LEVIN, L.S.; ZIGLIO, E. Health promotion as an investment strategy: considerations on theory and practice. **Health Promotion International**, v. 11, n. 1, p. 33-40, 1996.

LIMA, J.C.R. **Nas águas do Arquipélago de Fernando de Noronha.** São Paulo, 2000. Tese (Doutorado). PUC/SP.

LUDKE, M.; ANDRÉ, M. **Pesquisa em educação: abordagens qualitativas.** São Paulo: Epeu, 1986.

MACHADO, O. **Archipelago de Fernando de Noronha,** Noticia Histórica. 2.ed., 2000. SBD-FFLCH-USP, tombo: 53443, São Paulo.

MATEO RODRIGUES, J.M. Desenvolvimento Sustentável: níveis conceituais e modelos. In: CAVALCANTI, A.P.B. (Org.). **Desenvolvimento Sustentável e Planejamento: bases teóricas e conceituais.** Fortaleza: UFC, 1997.

MATUI, J. **Cidadão e professor em Florestan Fernandes.** São Paulo: Cortez, 2001.

MENDES, R. **Cidades Saudáveis no Brasil e os Processos Participativos: os casos de Jundiaí e Maceió.** São Paulo, 2000. Tese (Doutorado). Universidade de São Paulo, Faculdade de Saúde Pública.

MINAYO, M.C.S. **Triangulação de métodos em avaliação de programas e serviços de saúde,** IV Congresso Latinoamericano de Ciências Sociales y Medicina, 2 a 6 de junho de 1997, Cocoyoc, Mor. México.

[MMA] MINISTÉRIO DO MEIO AMBIENTE. **Avaliação e Ações Prioritárias para a Conservação da Biodiversidade das Zonas Costeiras e Marinha.** Secretaria de Biodiversidade e Floresta, Brasília, 2002.

_____. **Resumo executivo, Fernando de Noronha.** Brasília, 2005.

OLIVEIRA, G.B. Uma discussão sobre o conceito de desenvolvimento. **Revista Fae,** Curitiba, v. 5, n. 2, maio/ago., 2002.

[OMS] ORGANIZAÇÃO MUNDIAL DE SAÚDE. **Determinantes sociais da saúde: os fatos concretos, escritório regional na Europa,** janeiro, 2001.

[OMT] ORGANIZACIÓN MUNDIAL DEL TURISMO. **Introducción al Turismo.** Madri, 1998.

[PNUD] PROGRAMA DAS NAÇÕES UNIDAS PARA O DESENVOLVIMENTO. **Relatório de Desenvolvimento Humano,** 2003.

_____. **Atlas do Desenvolvimento Humano no Brasil,** jul. 2003.

SEBRAE/PE. **Plano de Turismo de Fernando de Noronha/PE,** ago. 2005.

SEN, A. **Desenvolvimento como liberdade.** Trad. Laura Teixeira Motta. São Paulo: Companhia das Letras, 2005.

SEN, A.; NUSSBAUM M. **The Quality of Life.** Oxford: Clarendon, 1992.

TEIXEIRA, E.L. **Plano de Gestão do Ecoturismo no Arquipélago de Fernando de Noronha,** Preparatory Conference for the International Year of Ecotourism, Cuiabá, agosto, 2001.

ZIGLIO, E. Princípios, metodologia e práticas de investimento para saúde. **Promotion & Educational Journal**, v. VII/2, 2000.

WESTPHAL, M.F.; ZIGLIO E. Políticas públicas e investimentos: a intersetorialidade, **Revista de Desenvolvimento Econômico e Social**, São Paulo, 2005.

WESTPHAL, M.F.; MENDES, R.; COMARU, F.A. A promoção da saúde e as cidades. In: CASTRO, A.; MALO, M. **SUS: resignificando a promoção da saúde**. São Paulo: Hucitec/Organização Panamericana de Saúde, 2006.

[WTTC] WORLD TRAVEL TOURISM & COUNCIL. Disponível em: http://www.wttc.org.

Índice
Remissivo

Índice Remissivo

A

Agências de viagens operadoras de ecoturismo 479-81, 483, 486-9
Agenda 21 38-9, 274, 284
Água 12, 339
Alimento orgânico 746
Ambientes insulares 26
Análise de sensibilidade 214, 232
Análise do ciclo de vida 47, 54
Análise multicritério 205, 207, 217, 221, 233
Animação turística 136
Aquecimento global 7-8, 467
Áreas de preservação permanente 57-8
Áreas de proteção ambiental 279, 284, 290
Áreas de proteção ambiental (APAs) 279, 283-4, 290, 295
Áreas de proteção integral 286
Áreas de relevante interesse ecológico 283, 291, 295-6
Áreas protegidas 20, 27, 265, 272-8, 283-4, 286, 289, 298, 386, 442, 470
Assembléia de Nova Delhi 273
Associação das Micro e Pequenas Empresas (Ampe) 591
Associação Brasileira da Indústria de Hotéis (Abih) 120
Associação Brasileira de Agentes de Viagens (Abav) 591
Associação Brasileira de Empresas de Eventos 591
Associação Comercial e Industrial de Florianópolis (Acif) 591
Atividade hoteleira 108
Atividade turística 63, 70-1, 73-4, 77-80, 94, 134-6, 138, 139, 141, 143, 183, 201, 427-8
Atividades comerciais 594, 597
Atrativos turísticos 422-4, 439, 465
Atributos únicos 874, 880
Aumento do nível dos mares 8
Automação predial 664
Autonomia 582
Avaliação Ambiental Estratégica (AAE) 175-8, 180-4, 192, 196, 198-9
Avaliação de Impacto Ambiental 178
Avaliação de Impacto Ambiental (AIA) 175, 178

B

Bacia hidrográfica 332-3
Balneário Camboriú 589
Biodigestores 341
Biodiversidade 14-7, 20, 385-6, 443, 449
Bioma 316
Biomas 16, 315, 317, 355
Biosfera 5-6,27
Biota 266
Buraco na camada de ozônio 10

C

I Conferência Mundial sobre Parques Nacionais 271
Cadeia turística 587
Camada de ozônio 7, 10, 25
Canais de distribuição 559
Capital social 556, 558
Captação de eventos 689-90, 693, 697, 699-701, 708, 722
Captação e realização de eventos 726

Carta de Turismo Cultural 89-90, 95
Centro de Eventos Centrosul 589, 591
Centro de Integração Empresa/Escola (CIEE) 590-1, 594, 597
Chuva 8
Ácida 7, 11, 15, 25
Cidade Saudável 962
Classificação hoteleira 111, 113, 117
Clorofluorcarbonos (CFCs) 10
Clusters turísticos 879
Código Florestal 57, 277-8, 285
Coleta seletiva 343
Comissão de Parques Nacionais e Áreas Protegidas 271
Competitividade 481-2, 485, 577-8, 584, 588, 590, 874, 879, 881
Comunicação 751
Comunidade 303, 305, 307, 539, 758, 772
Comunidade receptora 537, 539
Comunidade sustentável 327
Comunidades locais 587
Comunidades tradicionais 278
Condutor ambiental local 357, 362-3, 368, 370, 372
Conferência da Biosfera 272
Conferência das Nações Unidas sobre o Meio Ambiente (Eco 72) 272
Conferência Mundial das Nações Unidas sobre Meio Ambiente e Desenvolvimento 274
Congress and Convention Association 699
Congresso Mundial de Parques Nacionais 273
Conselho Brasileiro de Turismo Sustentável (CBTS) 40
Conservação 427
Convenção da Biodiversidade 274
Convenção Panamericana 270
Convenção para a Biodiversidade 284
Convenção para Preservação da Fauna e

da Flora em seu Estado Natural 269
Convenção sobre a Proteção do Patrimônio Mundial, Cultural e Natural 90, 92, 271-2
Convention & Visitors Bureau 591, 594, 694, 696, 699, 731
Cooperação Mista dos Transportes de Turismo e Similares (Comitra) 591
Corredores ecológicos 16, 290, 317-8
Criação de parques 268-9
Cúpula Mundial sobre Desenvolvimento Sustentável 276

D

Declaração de Estocolmo 273
Degradação dos Solos 7, 13-4
Deposição ácida 11-2
Desastres Naturais 6-7, 17, 24
Desenvolvimento 146, 580, 585, 590, 963
Econômico 138, 352, 357
Local sustentável 588
Regional 133, 393
Socioambiental 130
Sustentado 799
Sustentável 37-42, 105, 134, 143, 160, 178, 182, 205, 325, 351-4, 356, 420, 427-8, 464, 467-8, 546, 550-1, 635-9, 787, 801-3, 805, 808, 814-6, 819, 852, 874, 892-4, 935, 962
Turístico 32, 75-6, 81, 139, 143, 146-50, 597
Design for environment (DfE) 45
Design sustentável 45
Desintermediação 559, 568, 575
Destinações turísticas 538, 459-50, 577, 588
Diagnóstico do lazer 783
Dimensões de sustentabilidade 585
Direcionalidade 581-2

ÍNDICE REMISSIVO 1001

Distribuição direta 566, 568-9, 571
Distribuição indireta 565-6, 569
Diversidade biológica 283-4, 289, 293, 295, 298
Diversidade cultural 89, 96

E

Eco 92 284
Ecodesenvolvimento 798, 803
Ecodesign 45-9, 51, 54, 58, 60-2
Ecorregiões 16-7
Ecossistema 8, 10, 15, 24-7, 105-7, 292-3, 331, 385
Ecoturismo 45, 77, 275, 285, 304-5, 308-9, 324-5, 353-4, 357-8, 363, 389, 408, 412, 419, 433, 450, 452, 463, 466-8, 587
Educação ambiental 304-6, 308-9, 311-2, 353, 363, 395, 458, 803-6, 808
Efeito estufa 7-8, 10, 25, 276
Eficiência coletiva 581
Embratur 117-20, 123, 591
Empreendimentos turísticos 536-9, 541, 543-5, 548-52, 554-6
Empresa Organizadora de Eventos 693-4
Empresas Prestadoras de Serviços 693, 708
Empresas turísticas 760
Energia 635-8, 640-4, 646-7, 649-51, 654-8
    Elétrica 656, 666
    Passiva 50-1
Envelhecimento populacional 675
Escassez da água 7, 12-3
Espaço turístico 422-4
Espaços mais confortáveis 677
Especialização 581
Estações ecológicas 279, 284, 291
Estações Ecológicas (EE) 292
Estratégia 579

Estratégia coletiva 580
Estratégia Mundial para Conservação 274
Estratégias de combate ao desperdício e eficiência energética 650
Estratégias energéticas para incentivo às energias renováveis 651
Estratégias energéticas e transporte 652
Estratégias energéticas para o desenvolvimento sustentável 639, 641, 646, 657, 693
Estratégias energéticas, arquitetura e urbanismo 651
Estratégias energéticas sustentáveis 649
Estrutura das aglomerações 582-3
Estrutura receptiva 111, 114-5, 117
Estruturas governamentais 33
Estudo de Impacto Ambiental (EIA) 58, 176, 295, 345-6
Eventos 592-7, 599, 689, 691, 719, 738

F

Fauna sinantrópica 344
Federação da Associação de Micro e Pequenas Empresas de Santa Catarina (Fampesc) 591
Fenômeno Turístico 85-6
Floresta estadual 296
Floresta municipal 296
Floresta nacional 269, 277-84, 286, 291, 295-6
Floresta Nacional de Araripe-Apodi 278
Florestas pluviais tropicais 27
Força motriz 469
Fundação para a Conservação da Natureza (Funatura) 283-4

G

GDS 567
Gestão ambiental 37, 39, 41-2, 175,

536-41, 543-46, 548-56, 608-10, 613, 737-9, 741, 751, 755

Gestão de demanda e receita 36

Gestão de eventos 689-90, 702, 704, 709

Gestão de oferta e custos 36

Gestão do Desenvolvimento Turístico 146-7

Gestão do turismo 132, 134, 149-50

Gestão Integrada de Recursos 647

Globalização do turismo 95

Governo 772, 780, 782

Guias de turismo 366-7, 375

H

Hemisfério ocidental 267

Hospitalidade 100-1, 103-4, 109, 111, 115, 806

Comercial 103

Privada 102-3

Hotel 100, 105

Hotelaria 100

Hotspots 16-7, 28

I

Icomos 89, 271

Identidade cultural 548

Ilha de Bonaire 540-1

Impacto ambiental 4, 6, 19, 71, 74, 76-7, 79-80, 276, 295, 501, 517, 521, 605

Impactos negativos 464-5, 468

Incentivos financeiros 59

Incentivos fiscais 118

Inclusão social 586-8

Indicadores 465-6, 471, 474-6, 764

Indicadores de desenvolvimento 147, 640

Indicadores de sustentabilidade 134, 146, 207, 642, 659

Indicadores energéticos 640-1, 646,

657

Indústria da hospitalidade 100

Indústria do turismo 73

Instituto Brasileiro de Desenvolvimento Florestal (IBDF) 279

Instituto Brasileiro de Meio Ambiente e dos Recursos Naturais Renováveis (Ibama) 283-4, 286, 298

Instrumento de gestão ambiental 538, 545

Instrumentos tecnológicos 105

Interdependência 3-4, 539, 556, 581-2

Intermediação 559, 562, 569

International Association of Convention & Visitours Bureau (IACVB) 699, 709

Interpretação ambiental 353, 363, 366, 376

Interpretação da natureza 394, 404

Investimento 586, 594, 596, 599, 703-4

ISO 14000 608

ISO 9000 608

IUCN 271, 273-5, 279, 289-90

L

Lagamar 469, 476

Lazer 94, 108, 467, 779-85

Leis de zoneamento 57

Licenciamento 58, 544

Lista do Patrimônio Mundial 93

Localidades receptoras 130

Localização geográfica 582

M

Man and Biosfere (MaB) 273

Manejo 275, 279, 283-4, 386, 389

Marketing de relacionamento 479-80, 484-6, 491

Marketing de serviços 100

Marketing turístico 137

Massas de ar 6, 8

Índice remissivo

Mata Atlântica 470
Materiais 744
Megaeventos 691, 705-6
Meio de hospedagem 103, 105, 108-9,
111, 114, 118, 677
Meio ambiente 6-7, 19, 21, 420, 466
Meios hoteleiros 100, 106
Melhor idade 675
Mercado competitivo 480
Mercado turístico 112, 115
Metasig 146-7, 149-50
Metodologia multicritério 209
Metodologias PEC & SiGOS 166
Modelo de Carroll 766
Modelo de Navran 764
Modelo DPSIR 146, 148
Modificação do clima global 15
Monumento nacional 283
Monumento Natural 291, 294
Mudança nas zonas climáticas 8
Mudanças climáticas 7-8, 246, 256

N
Necessidades Físicas 679-80
Necessidades Psicossociais 681
Necessidades Visuais 680, 682-3
Neutralização de emissões
de carbono 750
Normas técnicas 587
Novo Código Florestal 278

O
Operação hoteleira 99
Ordenamento jurídico
internacional 85, 88-9
Organização de eventos 702, 704
Organização Mundial do Turismo
(OMT) 88-9, 95, 114, 463
Organizações Turísticas 760-1, 767-8
Órgãos públicos 46, 54, 60-2

P
Padrões classificatórios 113-4
Parâmetros acústicos 684
Parâmetros ambientais 681, 685
Parâmetros de iluminação 682
Parâmetros térmicos 681
Parcerias 538-41, 543-7, 549-56
Parque estadual 287, 294
Parque municipal 294
Parque nacional 269, 278, 280, 283, 286
Parque Nacional Araguaia 278
Parque Nacional da Serra
da Capivara 280
Parque Nacional de
Aparados da Serra 278
Parque Nacional de Foz do Iguaçu 283
Parque Nacional de Itatiaia 278
Parque Nacional de Pacaás Novos 280
Parque Nacional de Paulo Afonso 278
Parque Nacional de Yellowstone 268
Parque Nacional do Cabo Orange 280
Parque Nacional do Jaú 280
Parque Nacional do Pantanal
Mato-grossense 280
Parque Nacional do Pico da
Neblina 280
Parque Nacional dos Lençóis
Maranhenses 280
Parque nacional marinho 283
Parque Nacional Serra dos Órgãos 278
Parque Nacional Ubajara 278
Parque Turístico do Alto Ribeira
(Petar) 278
Parques de caça 279
Patrimônio Cultural e Natural da
Humanidade 85-6, 90-2, 94, 96
Patrimônio da Humanidade 283
Patrimônio natural 283
Pegada ecológica 319-20
Perda da biodiversidade 7, 14, 17
Performance bonds 62

GESTÃO AMBIENTAL E SUSTENTABILIDADE NO TURISMO

Permacultura 328
Planejamento do desenvolvimento 141
Planejamento e Gestão do Desenvolvimento do Turismo Sustentável 134
Planejamento estratégico 134-5, 137, 139, 144, 481, 483, 493, 653, 873, 878
Planejamento Integrado de Recursos 644
planejamento operacional 139
planejamento turístico 132, 137, 142-4, 434
Plano de manejo 281, 286, 290, 292-3, 295-6, 298, 388, 394, 405
Poder público 32, 34, 37, 42
Política de eventos 723, 727
Política do turismo 34, 138
Política Nacional de Meio Ambiente 176, 282
Políticas públicas 386, 390, 401, 587
Políticas públicas, 386
Poluição da água 7, 12-3, 15
Poluição da atmosfera 15
Poluição do ar 7, 11
Poluição do solo 15
Pós-evento 692-3
Pós-ocupação 687
Pré-evento 692, 696
Preservação 580, 588
Processo Integrado de Planejamento do Turismo 134
Processo tecnológico 105
Prodetur/NE 537
Produto turístico 111-2, 562-3, 566-70, 580, 588
Programa das Nações Unidas para o Meio Ambiente (Pnuma) 272, 274
Programa de Certificação do Turismo Sustentável 40, 61
Programa turístico 421
Protocolo de Kyoto 276

Q

Qualidade ambiental 7, 536, 543, 548, 551
Qualificação 587

R

Radiação UVR 10
Real Horto 277
Reciclagem 106
Recomendação Relativa à Salvaguarda dos Conjuntos Históricos e a sua Função na Vida Contemporânea 90
Recreação 390, 394, 398, 404-5, 412
Recursos 581, 584-5
Rede de valor 581
Rede internacional 587
Redes de empresas 577-8, 580, 584
Redes externas 585
Refúgio de vida silvestre 283, 291, 294
Regulamentação hoteleira 117
Reintermediação 559
Relacionamento com intermediários 572
Relações com intermediários 574
Relações sociais 578, 583, 600
Relatório de Impacto Ambiental (Rima) 345
Representação política 590-3, 595-7
Reserva Biológica da Serra Negra 278
Reserva Biológica de Atol das Rocas 280
Reserva Biológica de Una 280
Reserva Biológica do Lago Piratuba 280
Reserva Biológica do Rio Trombetas 280
Reserva da Biosfera da Mata Atlântica 283
Reserva de Desenvolvimento Sustentável 287, 291, 295, 297
Reserva de fauna 283, 291, 297
Reserva ecológica 277, 283
Reserva extrativista 283-4, 297

ÍNDICE REMISSIVO | 1005

Reserva particular do patrimônio natural (RPPN) 285-6, 290, 298
Reservas biológicas 279-80, 282, 284, 291-3
Reservas da biosfera 273-4, 279, 286, 290
Reservas do patrimônio mundial 279
Reservas extrativistas 279, 284, 291, 295, 297
Resíduos 737, 740, 742, 746-48, 753
    Sólidos 326, 330-1, 341-3, 346
Responsabilidade 596
    Discricionária ou filantrópica 766, 769
    Econômica 765, 768
    Ética 766, 769
    Formal 589, 597
    Legal 765, 769
    Social 100, 613, 616, 621, 737, 742-3, 749, 752, 757, 759-61, 763-65, 817, 842
    Socioambiental 738, 740, 742, 746, 752, 754
    Resultados conjuntos 581
Reúso de água 338
Rio+10 276
Riscos à saúde 237
Roteiro turístico 422, 438

S

Salinização 14
Saneamento 328, 344-5
Santa Catarina Turismo (Santur) 589, 591
Savanas 27
Sazonalidade no turismo 588
Segmentação do mercado turístico-hoteleiro 116
Segmento de eventos 689-91, 693-4, 697-8, 701-2, 705, 707-9, 718, 721,
Sense of place 46

Serviço de informação 593, 596-7, 599
Setor de eventos 701-4
Setor turístico 32-3
Sistema brasileiro de classificação hoteleira 117
Sistema Brasileiro de Classificação dos Meios de Hospedagem 119
Sistema de classificação 114
Sistema de indicadores 149
Sistema de transportes 468
Sistema de Unidades de Conservação, 279, 282
Sistema Nacional de Áreas Protegidas 289
Sistema Nacional de Unidades de Conservação (Snuc) 266, 283-5, 289-90, 321, 387, 390, 392, 398, 414, 464, 540
Sistema oficial de classificação dos meios de hospedagem 111
Sistema turístico 3, 136, 141-2
Sistemas Globais de Distribuição 567
Sítios privilegiados 266
Sociedade sustentável 803
Sociosfera 5
Soft-loans 59
Softwares para eventos 693
Stakeholder 55, 539-41, 543, 546-7, 549-54, 556, 606-9, 611-22, 625-9
Stockholders 613, 619
Sustentabilidade 37, 41, 100, 104-5, 109, 129-30, 134, 177, 206-7, 272, 288, 295, 325, 352, 354, 373-4, 420, 429, 433-4, 516, 585, 588-9, 649, 739, 805, 814, 874, 894, 915
    Ambiental 37, 75, 393, 400, 405, 588, 590, 597, 599
    Cultural 586
    Ecológica 37, 586, 599
    Econômica 386, 391, 398, 586
    Espacial 586

No turismo 586, 587
Política 586
Social 585
Tecnológica 586
Turística 32, 818

T

Tecnologia 106
Intermediária 48
Mais limpa 745
Alternativa 106
Ativa 662-3, 666, 668, 672
Solar passiva 662, 665, 668, 672
Tecnosfera 5
Tempestades 8
Teoria dos *stakeholders* 607, 611-3, 619-22, 758, 762
Terceira idade 675, 677, 679-81, 683, 685
Terceirização de serviços 392, 410
Terminal 469
Tipologia 116, 581, 601
de hóspedes 122
hoteleira 115, 122
Transevento 692, 696
Transporte rodoviário 465
Tratado de Londres 91
Tratamento de água 332-3
Treinamento 578, 590-3, 596
Trust-funds 59-60
Turbulência 551
Turismo 3, 6, 8, 10-4, 17, 19-22, 24-6, 32, 41-2, 48, 63, 72, 76, 81, 85-6, 129-31, 134, 146, 182, 187, 205, 207, 235, 272, 288, 303-4, 323, 327, 347, 420, 441, 579, 588, 638, 641, 647, 649, 813
"Anti-estresse" 78
Alternativo 26, 82
Cultural 78, 89-90, 94
De aventura 77

De base sustentável 158, 166
De eventos 608, 689-91, 699, 702-4, 707-8, 719, 723, 726, 730, 732-3
De lazer e diversão 78
De massa 25, 324, 419
De natureza 389
De negócios 78, 715, 717
E meio ambiente 176
Ecológico 75, 77, 86, 325, 959
Esportivo 441, 452
Internacional 85-6, 88-9, 94-5
Na natureza 75
Para o litoral 78
Rural 78
Social 88
Sustentável 37-41, 78, 130, 154, 205, 258, 389, 395, 397, 403, 420, 432, 586-7, 600, 805, 814-5, 817, 892-4
Turista 136

U

Unesco 270-4, 283, 286
Unidade de conservação (UC) 20, 27, 195, 268, 275, 278-80, 283-6, 288-9, 294, 305-8, 317, 320-8, 331, 336, 338, 341-2, 345-8, 362-3, 368, 385, 419, 424-8, 432-5, 437-8, 441-4, 446, 449-52, 457, 458, 463-4, 467, 469
De uso sustentável 285-6, 295, 444
De conservação marinha 280
De proteção integral 283-6, 291, 308, 444
Uso direto 274, 278
Uso indireto 278, 283
Uso público em UC 389
Uso sustentável 107, 386

V

Valor econômico de eventos 704

Valores corporativos 758
Vantagem comparativa 874
Vantagem competitiva 551, 578-82, 584, 588, 598, 600, 876
Veículo 469, 472-3, 475
Viabilidade econômica 876
Viabilidade financeira do evento 703
Viajantes 100
Vida selvagem 24
Visitação em UC 389
Visitação pública 387-8, 390, 397-8, 410, 414

W
WWF 274, 284-5

Y
Yellowstone 273

Z
Zona de amortecimento 290
Zona de recuperação 281
Zona de uso especial 281
Zona de uso extensivo 281
Zona de uso intensivo 281
Zona histórico-cultural 281
Zona intangível 281
Zona primitiva 281
Zona turística 422
Zonas antropológicas protegidas 273
Zonas climáticas 8
Zonas protegidas de interesse arqueológico ou histórico 273
Zoneamento 271, 273, 281-2, 292, 298, 322
Zoneamento ambiental 545

Dos Editores
e Autores

Dos Editores

Arlindo Philippi Jr. – Engenheiro civil, sanitarista e de segurança do trabalho. Mestre e doutor em Saúde Ambiental pela USP. Pós-doutorado em Política e Gestão Ambiental pelo Massachussetts Institute of Technology, EUA. Livre-docente em Política e Gestão Ambiental pela USP. É professor do Departamento de Saúde Ambiental, presidente da Comissão de Pós-graduação da Faculdade de Saúde Pública da USP e coordenador científico do Sistema de Informações Ambientais para o Desenvolvimento Sustentável (Siades). É, ainda, coordenador da Área Interdisciplinar da Capes e autor de livros, artigos e publicações na área ambiental.

Doris van de Meene Ruschmann – Doutora e mestre em Turismo pela USP, onde é docente no curso de Turismo. Criou e implantou o mestrado e o doutorado em Turismo na Univali. Publicou cinco livros sobre Turismo, destacando-se *Turismo e Planejamento Sustentável*, atualmente em sua 13ª edição. Diretora técnica da empresa Ruschmann Consultores de Turismo, em São Paulo, onde desenvolve e coordena projetos de desenvolvimento sustentável e de marketing em turismo no Brasil e no exterior.

Dos Autores

Adriano Lucchesi Pires Bastos – Mestre em Turismo pela ECA-USP, com MBA em Economia do Turismo pela FEA-USP e bacharelado em Administração pela Fundação Getúlio Vargas (Eaesp-SP). Possui experiência profissional nas áreas de administração e marketing em empresas de turismo, além de agências de viagens. Atualmente, é sócio-diretor da Atlantic Connection Travel.

Alcyane Marinho – Graduada em Educação Física pela Unesp de Rio Claro (SP). Mestre e doutora pela Faculdade de Educação Física, Área de Estudos do Lazer, da Unicamp. Docente do Centro de Ciências da Saúde e do Esporte (Cefic) da Universidade do Estado de Santa Catarina (Udesc), Florianópolis (SC). Pesquisadora e vice-líder do Laboratório de Estudos do Lazer (LEL), do Departamento de Educação Física da Unesp de Rio Claro (SP), cadastrada e certificada na base de dados do Diretório de Grupos de Pesquisa do CNPq. Organizadora dos livros *Turismo, lazer e natureza* e *Viagens, lazer e esporte: o espaço da natureza*, publicados pela Editora Manole. Autora de capítulos de livros e artigos que versam a temática "Lazer, natureza e aventura".

Ana Luisa Howard de Castilho – Arquiteta e urbanista, mestre em Estruturas Ambientais Urbanas e doutora em Planejamento Urbano e Regional pela FAU-USP. No início dos anos de 1990, atuou na Vila de Paranapiacaba junto da Secretaria de Habitação da Prefeitura Municipal de Santo André. Durante a mesma década, foi consultora para o Plano de Desenvolvimento Sustentável para a Vila de Paranapiacaba e responsável pela pesquisa e estruturação dos subsídios para o plano de regularização fundiária, bem como pela indicação ao World Monuments Fund, da Vila de Paranapiacaba como um dos Cem Monumentos Ameaçados do Mundo. Nos anos 2000, atuou na definição da Zona Especial de Interesse do Patrimônio/Paranapiacaba e como consultora da MRS-Logística para questões de preservação do Pátio Ferroviário da Vila. É co-organizadora do livro *Intervenções em centros urbanos: objetivos, estratégias e resultados*. Atualmente, é colaboradora da Editora Neotropica e coordenadora técnica do documentário "Porto de Santos: navegando pela história".

Ana Maria da Silva Hosaka – É bacharel em Turismo e mestre em Ciências da Comunicação, na linha de Turismo e Lazer pela ECA-USP, com especialização em mercado editorial pela Fundação Instituto de Administração (FIA). Como docente em cursos de graduação em Turismo, lecionou na ECA-USP, nas Faculdades Integradas de Santo André (Fefisa) e na Faculdade Pentágono. É colaboradora e editora de livros universitários nas áreas de Turismo, Meio Ambiente e Administração, além de palestrante.

Ana Tereza Tessari Vicente – É graduada, especialista e mestre em Turismo e Hotelaria pela Univali, além de possuir graduação em Serviço Social pela UEL. Atuou como Secretária Municipal de Turismo na Prefeitura Municipal de Penha (SC), entre 1997 e 2000. É professora titular na Univali nas disciplinas Sistema de Turismo e Gestão de Políticas no Turismo desde 1998.

Anete Alberton – Doutora e mestre em Engenharia de Produção e especialista em Engenharia de Segurança do Trabalho pela UFSC. É graduada em Administração, Engenharia Civil e Educação Artística pela Fundação Universidade do Rio Grande (Furg). É professora da Univali nas áreas de finanças, gestão do mercado de energia, gestão empresarial, marketing estratégico e gestão estratégica de pessoas, além de pesquisadora dos Grupos de Estudos em Estratégia e Performance (Geep), de Pesquisa em Gestão Ambiental e Social (GAS) e de Estudos em Organizações Turísticas e Hoteleiras (Geoth).

Anna Júlia Passold – Engenheira Florestal pela UFPR com mestrado em Conservação de Ecossistemas Florestais pela Esalq-USP. Atualmente, é coordenadora de projetos no Instituto Ekos Brasil, desenvolvendo e implantando ferramentas técnico-científicas e manejo de unidades de conservação em ONGs, Órgãos Estaduais de Meio Ambiente (Oemas) e empresas. Tem experiência em projetos de planejamento, implantação, manejo e monitoramento de unidades de conservação, com ênfase em uso público, como consultora do Ministério do Meio Ambiente, Ibama, Fundação Florestal do Estado de São Paulo, CI-Brasil, TNC, Ipef, Senac e Projeto Biota-Fapesp.

ANEXO – DOS AUTORES **1015**

Athos Henrique Teixeira – Pela Univali, possui graduação e mestrado em Turismo e Hotelaria, além de especialização em Turismo – Planejamento, Gestão e Marketing. É professor titular dessa faculdade e atua, também, como gerente administrativo da Agência Acadêmica de Turismo (Acatur) desde a sua implantação, em 1996. É autor de capítulos de livros sobre turismo e de trabalhos apresentados em congressos.

Beatriz Veroneze Stigliano – Bacharel e mestre em Turismo pela ECA-USP. Mestre em Leisure and Environments pelo programa Wice-Wageningen University (Holanda). Doutoranda em Ciência Ambiental pelo Procam-USP. Professora e coordenadora do curso de Turismo da UFSCar, *campus* Sorocaba. É avaliadora do Sinaes, parecerista da revista *Turismo em Análise*, da ECA-USP, e membro associado da Associação Nacional de Pesquisa e Pós-graduação em Turismo (Anptur).

Carlos Alberto Barbosa de Souza – Engenheiro mecânico pela UFPR e arquiteto e urbanista pela UFSC, onde atualmente é mestrando do programa de PósARQ. É professor de disciplinas de projeto arquitetônico da Univali, consultor da empresa StudioH – Planejamento e Projeto de Hotéis e sócio-proprietário do escritório Arquidesc, especializado em projetos de arquitetura bioclimática.

Carlos Alberto Cioce Sampaio – Administrador, mestre e doutor nas temáticas planejamento e gestão organizacional para o desenvolvimento sustentável, e pósdoutor em Ecossocioeconomia. É pesquisador CNPq-P&Q. Foi professor visitante da Escola de Altos Estudos em Ciências Sociais (Centro de Estudos Contemporâneos sobre o Brasil), na França, em 1996; da Universidade Austral do Chile, em 2005; e da Universidade de Mondragón, na Espanha, em 2008.

Carlos Alberto Tomelin – Graduado em Turismo pela PUC-RS, pós-graduado em Metodologia do Ensino Superior, Marketing e Turismo, mestre em Turismo e Hotelaria e doutor em Administração e Turismo na área de concentração em Gestão de Empresas Turísticas pela Univali. Além de dirigir o Centro de Ciências Sociais – Comunicação, Turismo e Lazer da Univali, coordenou os cursos de graduação e pós-graduação em Turismo e Hotelaria e idealizou a primeira agência escola do país. Pratica e participa do mercado de agências de viagens e turismo como profissional, pesquisador e educador.

Carlos Ricardo Rossetto – Doutor e mestre em Engenharia de Produção pela UFSC, graduado em Administração pela Universidade de Passo Fundo (UPF), e em Engenharia Civil pela Universidade Católica de Pelotas (UCPEL). Atualmente, é coordenador e professor do programa de pós-graduação em Administração e Turismo da Univali e professor visitante da Universidad Nacional de San Augustin, no Peru. É autor de livros e possui capítulos publicados em diversas obras.

Carolina Braghirolli – Graduada em Turismo pela Associação de Ensino de Santa Catarina, com especialização em Turismo Empreendedor, pela ENE/UFSC e mestrado em Turismo e Hotelaria pela Univali. Atualmente, é sócia-gerente da Planejare Consultoria e Serviços Turísticos Ltda. e docente da Faculdade Estácio de Sá Santa Catarina, nos cursos de Turismo e Administração, além de ser responsável pelos laboratórios de Planejamento e Organização do Turismo e Planejamento e Organização de Eventos.

Carolina Piccin Silberberg – Advogada e especialista em gestão ambiental pela FSP-USP, com ênfase em responsabilidade socioambiental de indústrias químicas. Especialista em auditoria ambiental (ISO 14001:2001) pelo Iema (Institute of Environmental Management and Assessment), membro do corpo técnico ambiental da ABTG (Associação Brasileira de Tecnologia Gráfica) e sócia-membro do comitê técnico julgador do Prêmio Planeta Casa, da revista *Casa Cláudia*.

Caroline Valença Bordini – Doutora em Turismo pela ECA-USP, mestre e bacharel em Turismo e Hotelaria pela Universidade do Vale do Itajaí. Atua como gerente de projetos e consultora especializada em planejamento do turismo para a Ruschmann Consultores, desde 2002. É docente em cursos de graduação e pós-graduação, nas áreas de planejamento e consultoria em turismo.

Daniella Mac Dowell – Advogada e especialista em Direito Ambiental pela FSP-USP, com ênfase em mecanismo de desenvolvimento limpo e crédito de carbono. Especialista em Aspectos e Impactos Ambientais de Empreendimentos pela Universidade Secovi. Mestre em Saúde Ambiental pela FSP-USP, com ênfase na capacitação de recursos humanos na área ambiental. Membro da Comissão de Meio Ambiente da OAB-SP. Autora do capítulo "Direito administrativo ambiental", do livro *Curso Interdisciplinar de Direito Ambiental*. Sócia-membro do CBCS (Conselho Brasileiro de Construção Sustentável).

Delsio Natal – Graduado em Biologia pelo Instituto de Biociências da USP; sanitarista pela FSP-USP; possui mestrado e doutorado pela FSP-USP, instituição na qual atua como livre-docente. Sua linha de pesquisa versa sobre ecologia de mosquitos (Diptera: Culicidae) e epidemiologia de agravos cujos agentes infecciosos são veiculados por insetos vetores. É orientador no programa de pós-graduação da FSP-USP, onde trabalha no departamento de Epidemiologia.

ANEXO – DOS AUTORES | **1017**

Diego do Nascimento Bastos – Economista pela UFRJ. Mestrando em Planejamento Energético, área de concentração Planejamento Ambiental, pelo Programa de Planejamento Energético/Instituto Alberto Luiz Coimbra de Pesquisa em Engenharia (Coppe/UFRJ). Pesquisador do Laboratório Interdisciplinar de Meio Ambiente.

Dores Cristina Grechi – Bacharel em Turismo e Hotelaria pela Univali, mestre em Meio Ambiente e Desenvolvimento Sustentável pela UnB e doutoranda em Economia do Desenvolvimento pela UFRGS. Foi membro do Conselho Municipal de Turismo de Dourados (MS), de 2000 a 2007, e do Fórum Estadual de Turismo de MS, de 2003 a 2007. É professora e pesquisadora do curso de Turismo da UEMS no curso de Turismo com ênfase em ambientes naturais, desde agosto de 2000, e colaboradora no grupo de pesquisa do CNPq Políticas Públicas e Turismo.

Edlaine Faria de Moura Villela – Graduada pela Faculdade de Ciências Agrárias e Veterinárias da Unesp. Mestranda em Saúde Pública e especialista em Saúde Ambiental pela FSP-USP. Sua linha de pesquisa versa sobre Epidemiologia de agravos cujos agentes infecciosos são veiculados por insetos vetores.

Elaine Ferreira – Mestre e doutora em Engenharia de Produção pela UFSC. Pesquisadora e professora no programa de pós-graduação em Administração e Turismo da Univali. Participou de projetos de pesquisa financiados pelo CNPq e Fapesc. Tem artigos publicados nas áreas de sustentabilidade, gestão ambiental e responsabilidade social.

Elenara Viera de Viera – Graduada em Hotelaria pela Universidade de Caxias do Sul (UCS-RS). Especialista em Gestão Hoteleira e Turística pelo Centre International de Glion, Suíça, e em Administração Estratégica pela Estácio de Sá. Mestranda em Turismo e Hotelaria pela Univali. É consultora, palestrante e professora do Centro de Treinamento Hoteleiro, em Porto Alegre (RS). Atua na hotelaria desde 1991, sendo autora de dezessete livros, além de colaborar em jornais e revistas especializadas nessa área.

Emílio Lèbre la Rovere – Engenheiro elétrico, com especialização em Engenharia Industrial e de Sistemas, pela PUC-RJ. Economista pela UFRJ. Mestre em Engenharia de Sistemas pela Coppe/UFRJ. Doutor em Economia pela École des Hautes Études en Sciences Sociales (Ehess), Universidade de Paris. Professor associado e coordenador do Laboratório Interdisciplinar de Meio Ambiente e Mudanças Climáticas, na Coppe/UFRJ. Co-autor de diversos relatórios do Painel Intergover-

1018 | GESTÃO AMBIENTAL E SUSTENTABILIDADE NO TURISMO

namental de Mudanças Climáticas (IPCC) e membro do Grupo de Trabalho do IPCC em Suporte a Dados e Cenários de Impacto em Análises Climáticas (Tgica). Autor de numerosos livros, artigos e publicações na área ambiental.

Ernesto Hsieh – Graduado em Engenharia Química pela UFRGS, com especialização em Administração Hoteleira pelo Senac, e mestre em hospitalidade pela Universidade Anhembi Morumbi. Atuou como professor do Senac e das Faculdades Integradas Renascença. Desde 2005, atua como empresário do ramo hoteleiro.

Éverton Luís Pellizzaro de Lorenzi Cancelier – Graduado em Direito, pela UFSC, e em Administração, pela Udesc. Mestre em Administração pela UFSC e doutor em Administração pela FEA-USP. Atualmente, é professor da Univali nos cursos de mestrado em Administração e em Turismo e Hotelaria. Atua na área de Administração, com ênfase em Administração de Empresas e Turismo.

Fernando Fernandes da Silva – É graduado em Direito pela Faculdade de Direito da USP. Especialista, mestre e doutor em Direito Internacional também por essa instituição. Atualmente, leciona em cursos de graduação e pós-graduação na Universidade Católica de Santos, na Faculdade de Direito de Sorocaba e na Fundação Escola de Sociologia e Política de São Paulo.

Flavia Mastrobuono – Possui graduação e mestrado em Turismo pela ECA-USP. Atuou no Convention Bureau da cidade de Joinville, coordenando diversos eventos na localidade, em Santa Catarina, na Santur e na "Casa de Santa Catarina", em São Paulo. Atualmente, é professora da Universidade Anhembi Morumbi, atuando sobretudo em temas relativos a turismo e eventos.

Francisco Antonio dos Anjos – Graduado em Geografia pela Univali, mestre em Geografia e doutor em Engenharia de Produção/Gestão Ambiental pela UFSC. Pós-doutorado em Geografia Urbana pela Unesp, *campus* de Presidente Prudente, com complementação do estágio na Universidade Politécnica da Catalunha, no departamento de Urbanismo e Ordenamento do Território. Atualmente é professor da Univali, no departamento de Arquitetura e Urbanismo e nos cursos de mestrado em Turismo e Hotelaria e doutorado em Administração e Turismo.

Gilda Collet Bruna – Arquiteta e urbanista, doutora e livre-docente pela FAU-USP. Foi diretora desta instituição e diretora-presidente da Emplasa (atual Empresa Paulista de Planejamento Metropolitano S/A do Estado de São Paulo). É professora e coordenadora do programa de pós-graduação em Arquitetura e Urbanismo da Universidade Presbiteriana Mackenzie.

ANEXO – DOS AUTORES | 1019

Gregório Jean Varvakis Rados – Possui graduação em Engenharia Mecânica pela UFRS, mestrado em Engenharia de Produção pela UFSC e doutorado em Manufacturing Engineering pela Loughborough University. Atualmente, é professor associado da UFSC. Tem experiência na área de Administração, com ênfase em Gestão de Processos e Gestão de Serviços, atuando principalmente nos seguintes temas: qualidade, produtividade, melhoria contínua, tecnologia de informação, sustentabilidade e fluxo informacional.

Helena Ribeiro – Graduada em Geografia pela Pontifícia Universidade Católica de São Paulo, mestre em Geografia pela University of California Berkeley e doutora em Geografia Física pela USP. Atualmente é professora titular da USP, vice-diretora da FSP-USP e editora científica da revista *Saúde e Sociedade*. Tem experiência na área de Geociências, com ênfase em Climatologia Geográfica.

Heliana Vilela de Oliveira Silva – Engenheira civil pela UFMT. Mestre e doutora em planejamento energético, área de concentração Planejamento Ambiental, pelo Programa de Planejamento Energético/Instituto Alberto Luis Coimbra de Pesquisa de Engenharia (Coppe/UFRJ). Analista Ambiental da Fundação Estadual de Engenharia do Meio Ambiente (Feema). Pesquisadora do Laboratório Interdisciplinar de Meio Ambiente. Autora de artigos e publicações na área ambiental.

Heros Augusto Santos Lobo – Bacharel em Turismo pela UAM, especialista em Gestão e Manejo Ambiental em Sistemas Florestais pela Ufla, mestre em Geografia pela UFMS e doutorando em Geociências e Meio Ambiente pela Unesp de Rio Claro. É professor e pesquisador em cursos de bacharelado em Turismo, tendo atuado na UEMS e na PUC-Campinas, entre outras instituições. É membro da Sociedade Brasileira de Espeleologia (SBE), coordenador da seção de espeleoturismo e editor-chefe do periódico técnico-científico *Pesquisas em Turismo e Paisagens Cársticas*. Também é membro da Associação Nacional de Pesquisa e Pós-graduação em Turismo (Anptur).

Hildemar Silva Brasil – Professor doutor e pesquisador do curso de Turismo da ECA-USP. Atua na área de desenvolvimento humano e turismo e indicadores macroeconômicos do turismo. É graduado e pós-graduado em Economia pela Universidade Federal do Ceará, mestre em Turismo pela ECA-USP e doutor em Saúde Pública pela FSP-USP.

Izabella Mônica Vieira Teixeira – Bióloga pela UnB. Mestre e doutora em Planejamento Energético, área de concentração Planejamento Ambiental, pelo Programa de Planejamento Energético/Instituto Alberto Luiz Coimbra de Pesquisa de Engenharia (Coppe/UFRJ). Analista Ambiental do Ibama. Pesquisadora do Laboratório Interdisciplinar de Meio Ambiente. Autora de artigos e publicações na área ambiental. Exerce, atualmente, a função de Subsecretária de Estado do Ambiente do Rio de Janeiro.

João Edson Fagundes – Bacharel em Filosofia pelo Centro Universitário de Brusque (SC). Bacharel e mestre em Turismo e Hotelaria pela Univali. Pesquisador da área de Turismo Religioso, formatou o roteiro turístico "Caminhos de Santa Paulina", lançado no mercado em julho de 2008. Atualmente, é professor de Filosofia e Sociologia da rede estadual de ensino de Santa Catarina e assessor de gestão da Fundação Itajaiense de Turismo (Fitur), da Prefeitura Municipal de Itajaí.

Joaquim Rondon da Rocha Azevedo – Arquiteto e mestre em Ciências Ambientais pela USP, Leed Accredited Professional. Atualmente, é o responsável pelo desenvolvimento do programa de sustentabilidade da empresa JHS, e pelo desenvolvimento de empreendimentos no interior de São Paulo e em Punta del Este, Uruguai. Gerenciou o desenvolvimento de empreendimentos turísticos, imobiliários e projetos de conservação em dezoito estados brasileiros, tendo ainda atuado como consultor em projetos para instituições como o Ministério do Turismo, Ministério do Meio Ambiente, Conservation International, WWF-Brasil, Wetlands International, Instituto de Hospitalidade, Sebrae, entre outros.

José Roberto da Silva Lunas – Bacharel em Administração de Empresas e doutor em Desenvolvimento Sustentável pela UnB. É consultor de planejamento do Programa de Desenvolvimento do Turismo do Sul do Brasil para Mato Grosso do Sul (Prodetur/Sul-MS), professor e pesquisador da UEMS desde 1994, onde atualmente leciona nos cursos de Turismo com ênfase em Ambientes Naturais e de especialização em Planejamento e Gestão Ambiental – ênfase em Avaliação Ambiental Estratégica.

Josildete Pereira de Oliveira – Graduada em Arquitetura e Urbanismo pela UFBA. Mestre em Natureza, Meio Ambiente e Sociedade (DEA – Nature, Environnement, Société) e doutora em Geografia pela Université de Caen Basse, Normandie, França. Atualmente é professora e pesquisadora da Univali, avaliadora de cursos de graduação do banco de avaliadores do Sinaes-Basis do Inep/MEC e avaliadora *ad hoc* das revistas *Perspectivas Contemporâneas* e *Turismo Visão e Ação*.

Karina Toledo Solha – Bacharel em Turismo, mestre e doutora em Ciências da Comunicação, Turismo e Lazer pela ECA-USP. Docente da Faculdade de Turismo e diretora adjunta do Centro de Linguagem e Comunicação da PUC-Campinas. Docente e pesquisadora do curso de Lazer e Turismo da EACH-USP. Avaliadora *ad hoc* do MEC para a área de Turismo. Membro do corpo editorial da revista *Turismo em Análise*, da ECA-USP. Pesquisadora e consultora na área de pesquisa e planejamento turístico.

Leandro Bertoli Neto – Possui graduação em Arquitetura e Urbanismo pela Universidade Federal de Santa Catarina, especialização e mestrado em Turismo e Hotelaria pela Univali. Atualmente trabalha na Santa Catarina Turismo S.A. (Santur) e é professor titular da Univali. Tem experiência na área de Arquitetura e Urbanismo, com ênfase em consultoria de projetos hoteleiros, atuando principalmente nos seguintes temas: meios de hospedagem de turismo, planejamento hoteleiro, sistemas de classificação hoteleira, planejamento turístico e projetos interdisciplinares de hotelaria.

Lindemberg Medeiros de Araujo – Possui licenciatura em Geografia, mestrado em Recursos Ambientais pela University of Salford e doutorado em Planejamento Turístico pela Sheffield Hallam University, Inglaterra. Professor da Ufal, no Instituto de Geografia, Desenvolvimento e Meio Ambiente e no mestrado em Arquitetura (Dinâmicas do Espaço Habitado). Nessa instituição, também coordena o Laboratório de Turismo Sustentável. É bolsista do CNPq, nas áreas de Geografia e Turismo.

Lineu Belico dos Reis – Professor livre-docente do Departamento de Energia e Automação Elétrica da Escola Politécnica da USP. É coordenador de pesquisas, projetos em convênios com empresas e leciona em cursos de graduação, pós-graduação e especialização com características multidisciplinares, nas áreas de energia, energia elétrica, meio ambiente e desenvolvimento sustentável. Pela Editora Manole, é autor do livro *Geração de Energia Elétrica: tecnologia, inserção ambiental, planejamento, operação e análise de viabilidade*, e co-autor das obras *Energia, Recursos Naturais e a Prática do Desenvolvimento Sustentável* e *Energia Elétrica e Sustentabilidade*.

Luciana Carla Sagi – Mestre em Hospitalidade e bacharel em Turismo pela Universidade Anhembi Morumbi. Técnica em processamento de dados pela FEI. Atualmente, é consultora e gerente de projetos em planejamento estratégico sustentável do turismo e fortalecimento institucional no Brasil e no exterior pela empresa Ruschmann Consultores de Turismo e da IPK International Tourism Consulting Group, World Travel Co.

Lucila Maria de Souza Campos – Graduada em Engenharia de Produção – Materiais pela UFSCar, mestre e doutora em Engenharia de Produção pela UFSC. Atua como professora e pesquisadora no programa de pós-graduação em Administração e Turismo da Univali. Centra suas investigações em gestão social, em temas como gestão e auditoria ambiental, terceiro setor, economia social e avaliação de

1022 GESTÃO AMBIENTAL E SUSTENTABILIDADE NO TURISMO

desempenho, com diversas publicações sobre o assunto. É auditora ambiental líder pela *Environmental Resources Management/Certification and Verification Systems* – ERM/CVS desde 1999. Atua como consultora de empresas.

Luiz Fernando Ferreira – Biólogo, especialista em Turismo e Meio Ambiente pelo Senac-SP e mestre pelo Programa de Integração da América Latina (Prolam) da USP. Trabalha no Ministério do Meio Ambiente, onde atualmente exerce as funções de gerente de capacitação do Programa Nacional de Ecoturismo e de coordenador de Turismo Sustentável no Programa de Revitalização da Bacia do Rio São Francisco. É coordenador e docente dos cursos de MBA em Turismo Sustentável e de Especialização em Direito Ambiental da Universidade Católica de Brasília pela Fundação Universa.

Marcelo de Andrade Roméro – Professor titular da FAU-USP, onde atualmente exerce o cargo de vice-diretor. Professor e pesquisador visitante de universidades em Portugal e nos Estados Unidos. Foi co-fundador do Núcleo de Pesquisa em Tecnologia da Arquitetura e Urbanismo (Nutau) da USP, é diretor editorial do Instituto de Ciência e Tecnologia em Resíduos e Desenvolvimento Sustentável (ICTR), editor-chefe da *Revista Brasileira de Ciências Ambientais* e pesquisador da Rede Cyted.

Marcia Faria Westphal – Professora titular da Faculdade de Saúde Pública da USP. Presidente do Centro de Estudos, Pesquisa e Documentação em Cidades Saudáveis. Foi vice-presidente para a América Latina do International Union for Health Promotion and Education e vice-diretora da Faculdade de Saúde Pública da USP. É graduada em Ciências Políticas e Sociais pela PUC-SP, fez mestrado e doutorado em Saúde Pública pela USP.

Maria Cassiana Borin Sanche – Mestre em Turismo e Hotelaria pela Univali. Bacharel em Turismo pela Faculdade Estácio de Sá de Ourinhos (Faeso). Docente e orientadora do curso de Turismo com ênfase em Meio Ambiente do Instituto Educacional Bom Jesus/Ielusc, em Joinville, nas áreas de agenciamento e transportes. Profissional e pesquisadora do setor de agências de viagens e turismo. Experiência na concepção e coordenação de agências escola em instituições de ensino superior em Turismo.

Maria Cecília Focesi Pelicioni – Assistente social, educadora de Saúde Pública e Ambiental, mestre e doutora em Saúde Pública. Livre-docente em Educação em Saúde Ambiental, é professora do Departamento de Prática de Saúde Pública da FSP-USP. Pesquisadora e coordenadora dos cursos de especialização em Educação Ambiental da Faculdade de Saúde Pública pelo Nisam-USP.

ANEXO – DOS AUTORES | 1023

Maria do Carmo Barêa Coutinho – Bióloga, especialista em Turismo e Meio Ambiente pelo Senac-SP e mestre pelo Programa de Integração da América Latina (Prolam), da USP. É consultora em turismo e meio ambiente desde 1993 e, atualmente, é professora do curso de Turismo do Instituto de Educação Superior de Brasília (Iesb) e do curso de MBA em Turismo Sustentável da Universidade Católica de Brasília pela Fundação Universa.

Maria José Barbosa de Souza – Mestre em Administração pela FEA-USP e doutora em Ciências da Comunicação pela ECA-USP. Professora e pesquisadora da Univali, no programa de pós-graduação em Administração e Turismo. Possui artigos e livros publicados nas áreas de marketing, responsabilidade social e turismo, além de projetos de pesquisa financiados pela Finep, CNPq e Fapesc.

Marta Poggi e Borges – Graduada em Economia pela Unesp, especialista em Planejamento e Marketing Turístico e mestre em Ciências da Comunicação, linha de pesquisa Turismo e Lazer, pela USP. Atualmente é professora e pesquisadora da Unimep, além de consultora de turismo do Sebrae. Tem experiência de mais de dez anos em Turismo, atuando também no mercado de agências e operadoras de viagens em nível gerencial e em projetos de consultoria com ênfase nas áreas de planejamento, gestão e marketing do turismo.

Oswaldo Dias dos Santos Junior – Mestre em Turismo e Hotelaria pela Univali. Graduado em Turismo pela Universidade Paulista. Atualmente é professor adjunto do curso de Turismo do Centro Universitário Curitiba. Tem experiência na área de transportes, atuando profissionalmente em empresas aéreas. Desenvolve pesquisas relacionadas ao planejamento turístico em áreas naturais, lazer e recreação em unidades de conservação, educação e interpretação ambiental e manejo de visitantes.

Patrícia Cristina Statella Martins – Bacharel em Turismo pela PUC-Campinas, especialista em Gestão Empreendedora de Negócios e mestre em Geografia pela UFMS. É professora, pesquisadora e coordenadora do curso de Turismo com ênfase em Ambientes Naturais da UEMS. Membro do Conselho Municipal de Turismo de Dourados, do Fórum Estadual de Turismo de Mato Grosso do Sul e da Associação Nacional de Pesquisa e Pós-Graduação em Turismo (Anptur). Participa, ainda, do Grupo de Trabalho e Pesquisa em Turismo e Movimento Espacial da Fronteira (GTTUR).

Paulo dos Santos Pires – Engenheiro Florestal pela Universidade Federal de Santa Maria, mestre em Engenharia Florestal (Área de Conservação da Natureza) pela UFPR e doutor em Ciências (Área de Geografia Humana) pela USP. Atualmente, é coordenador, docente e pesquisador da Univali, no curso de graduação e no mestrado acadêmico em Turismo e Hotelaria. É, também, consultor *ad hoc* da Fundação o Boticário de Proteção à Natureza.

Priscilla Jacqueline Zimmermann Weidgenant – Bacharel em Turismo e Hotelaria e pós-graduada em Consultoria Empresarial pela Univali. Graduanda em Administração com ênfase em Gestão Empresarial na Univali e pós-graduanda em Gestão da Segurança de Alimentos no Senac. Iniciou o exercício de consultoria na área de Alimentos e Bebidas.

Rafaela Gonçalves Rosa – Graduada em Turismo e Hotelaria, especialista em Turismo – Planejamento, Gestão e Marketing, e mestre em Turismo e Hotelaria pela Univali. Tem experiência na área do Turismo, com ênfase em gestão e planejamento. Atua principalmente nos seguintes temas: turismo, sustentabilidade, planejamento, gestão, marketing e estratégia de competitividade, desenvolvendo, nos últimos anos, atividades de acompanhamento e gestão da sustentabilidade no empreendimento Ilha de Porto Belo, em Santa Catarina.

Renata Ferraz de Toledo – Graduada em Ciências Biológicas pela Unesp, *campus* de Botucatu (SP). Especialista em Educação Ambiental pela FSP-USP. Mestre e doutora em Saúde Pública pela FSP-USP. Possui experiência nas áreas de educação ambiental, educação em saúde, promoção da saúde, unidades de conservação, metodologias participativas e saúde indígena. Pesquisadora de Desenvolvimento Científico Regional (DCR) Amazonas/CNPq/Fapeam junto ao Núcleo de Pesquisas em Ciências Humanas e Sociais do Instituto Nacional de Pesquisas da Amazônia (Inpa).

Sabrina Rodrigues de Sousa – Tecnóloga em Gestão e Saneamento Ambiental pelo Centro Universitário Hermínio Ometto (Uniararas). Mestre em Engenharia Ambiental pelo Programa de Pós-graduação em Engenharia Ambiental (PPGEA) da UFSC. Possui experiência na implementação e manutenção de sistemas de gestão da qualidade e meio ambiente, tendo atuado na indústria do setor automotivo por cinco anos.

Sara Joana Gadotti do Anjos – Administradora pela Fundação Universidade Regional de Blumenau, mestre em Engenharia de Produção/Inovação Tecnológica e doutora em Engenharia de Produção/Gestão de Negócios pela UFSC. Pós-doutorada na Espanha em Gestão da Qualidade em Destinos Turísticos. Professora do programa de pós-graduação em Turismo e Hotelaria da Univali. Pesquisadora nas temáticas logística e qualidade no turismo.

ANEXO – DOS AUTORES **1025**

Savanna da Rosa Ramos – Mestre em Turismo e Hotelaria pela Univali, graduada em Turismo pela Universidade de Santa Cruz do Sul (Unisc). Professora de pós-graduação do curso de especialização MBA em Turismo do Centro de Extensão Universitária Keynes, em Londrina (PR). Professora do Centro Universitário de Maringá (Cesumar) nos cursos de Turismo e Hotelaria, Artes Visuais e Gastronomia em disciplinas ligadas a Turismo e Organização de Eventos, atuando principalmente com as seguintes temáticas: turismo, eventos, cultura e sociedade, pesquisa, metodologia científica e ensino no turismo e, ainda, estágios em turismo e hotelaria.

Sebastião Roberto Soares – Possui graduação em Engenharia Sanitária pela UFSC, mestrado e doutorado em Gestão e Tratamento de Resíduos pelo Institut National des Sciences Appliquées de Lyon, França. Foi professor visitante (pós-doutorado) na École Polytechnique de Montréal, Canadá. Atualmente, é professor associado do Departamento de Engenharia Sanitária e Ambiental da UFSC. Atua na área de gestão ambiental, com ênfase em Análise do Ciclo de Vida.

Silvana Audrá Cutolo – Bióloga sanitarista. Mestre e doutora em Saúde Pública na área de Saúde Ambiental pela FSP-USP. Professora colaboradora das disciplinas de pós-graduação em Saúde Ambiental nessa instituição. Atualmente, participa do programa de pós-doutoramento do Núcleo de Pesquisa em Geoquímica e Geofísica da Litosfera (Nupegel) da USP. Atua nas áreas de ecologia aquática, engenharia ambiental, gestão ambiental, estudo de impacto ambiental, reúso de água, tecnologias sustentáveis e manejo de ecossistemas naturais.

Sílvia Regina Cabral – Graduada, pós-graduada e mestre em Turismo e Hotelaria pela Univali. Atualmente, é coordenadora do curso de Turismo e Hotelaria do Centro de Ciências Sociais Aplicadas, Comunicação, Turismo e Lazer da Univali, após ter atuado como diretora municipal de marketing na cidade de Balneário Camboriú (SC) e diretora municipal de Turismo na cidade de Itajaí (SC), além de coordenar cursos de pós-graduação *lato sensu* em Turismo e Hotelaria e presidir a ABBTUR – Seccional SC. Pratica e participa ativamente de projetos de gestão públicos e privados nos órgãos de Turismo do estado de Santa Catarina.

Silvia Regina Morel Corrêa – Doutora em Energias Renováveis pela Escola Técnica Superior de Arquitetura de Barcelona, Espanha. Arquiteta e urbanista pela UFRS. Desenvolveu prática profissional como arquiteta nas cidades de Porto Alegre e Florianópolis, em áreas como arquitetura e iluminação. Atualmente é professora do Departamento de Arquitetura da FAU-UFRGS.

Sônia Maria Sfair Kinker – Mestre em Ciência Ambiental pela Universidade de São Paulo (Procam-USP) e especialista em ecoturismo pelo Senac. Atualmente é diretora de áreas protegidas da Secretaria de Meio Ambiente do Estado do Pará. Tem experiência em gestão de projetos, planejamento do turismo e planejamento, implantação e manejo de unidades de conservação, com ênfase em uso público, como consultora do Ministério do Meio Ambiente, Ministério do Turismo, Ibama, Secretarias Estaduais de Meio Ambiente, ONGs (WWF-Brasil, CI-Brasil, SOS Mata Atlântica, TNC) e iniciativa privada. Atuou como docente na Universidade Católica de Brasília, no Senac e no Sebrae.

Tadeu Fabrício Malheiros – Engenheiro ambiental, mestre em Engenharia Ambiental pela Universidade de Karlsuhe, Alemanha; doutor em Saúde Pública pela FSP-USP. Possui experiência profissional em gestão ambiental. Atualmente, é professor na Escola de Engenharia de São Carlos-USP, com pesquisa na temática de política ambiental e indicadores de sustentabilidade.

Tristão Sócrates Baptista Cavalcante – Graduado em Administração e Economia pela Universidade Federal do Amazonas. Possui mestrado em Economia e Empresa pela Universidade de Ilhas Baleares, Espanha, e mestrado e doutorado em Engenharia de Produção pela UFSC. Atualmente dirige a Fundação Encontro das Águas, responsável pela pós-graduação *lato sensu* e *stricto sensu* do Centro Universitário do Norte (Uninorte), onde exerce os cargos de diretor de pós-graduação e pesquisa e de professor.

Valdir Fernandes – Cientista social, mestre e doutor na temática política e gestão ambiental. Atualmente realiza pós-doutorado em saúde e gestão ambiental na FSP-USP, em parceria com o Cepema – Centro de Capacitação e Pesquisa em Meio Ambiente, da USP. É Academic Partner do projeto Advancing Sustainability da Alcoa Foundation.

Valmir Emil Hoffmann – Graduado em Ciências Econômicas pela Univali, mestre em Administração de Empresas pela UFSC e doutor na mesma área pela Universidade de Saragoza, Espanha. Atua como professor e pesquisador no programa de pós-graduação em Administração e Turismo da Univali. Centra suas investigações em estratégia e competitividade, em temas como relações interorganizacionais, redes de empresas e aglomerações territoriais *(clusters)*, com diversas publicações sobre o assunto. Atua como consultor de empresas.

Vinicius Lino Rodrigues de Jesus – Coordenador do curso de Turismo da União Pioneira de Integração Social (Upis). Possui Mestrado em Integração da América

Latina pela USP, especialização em Turismo Cultural pela Universidade de Barcelona, graduação em Turismo pela USP e em Hotelaria pelo Senac. Tem experiência na área de Turismo, com ênfase em Turismo Cultural e Gestão Urbana.

COLEÇÃO AMBIENTAL

ARLINDO PHILIPPI JR.
COORDENADOR

Curso de Gestão Ambiental

Arlindo Philippi Jr.
Marcelo de Andrade Roméro
Gilda Collet Bruna

Saneamento, Saúde
e Ambiente

Arlindo Philippi Jr.

Educação Ambiental
e Sustentabilidade

Arlindo Philippi Jr.
Maria Cecília Focesi Pelicioni

Curso Interdisciplinar
de Direito Ambiental

Arlindo Philippi Jr.
Alaôr Caffé Alves

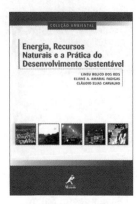

Energia, Recursos Naturais e a Prática do Desenvolvimento Sustentável
Lineu Belico dos Reis
Eliane A. Amaral Fadigas
Cláudio Elias Carvalho

Reúso de Água
Pedro Caetano Sanches Mancuso
Hilton Felício dos Santos

Empresas, Desenvolvimento e Ambiente
Gilberto Montibeller F.

Energia Elétrica e Sustentabilidade
Lineu Belico dos Reis
Eldis Camargo Neves da Cunha

Para maiores informações visite nosso site:
www.manole.com.br/colecaoambiental